Bock/Müller/Pöppelbaum/Seitz/Sterzinger/Vogt
Besteuerung der Land- und Forstwirtschaft

Zusätzliche digitale Inhalte für Sie!

Dieses Buch bietet Ihnen mehr als nur eine gedruckte Version! Nutzen Sie die folgenden Möglichkeiten, die Ihnen für dieses Produkt in der NWB Datenbank zur Verfügung stehen.

Online-Version

Sie haben das gedruckte Exemplar Ihres Buches nicht zur Hand oder möchten etwas schnell recherchieren? Dann nutzen Sie die Online-Version Ihres Buches. Diese steht Ihnen nach Eingabe des folgenden Freischaltcodes direkt zur Verfügung.

Schalten Sie sich Ihre digitalen Mehrwerte direkt frei:

Scannen Sie den QR-Code **oder** rufen Sie die Seite www.nwb.de auf.
Geben Sie den Freischaltcode ein und folgen Sie dem Anmeldedialog. Fertig!

Ihr Freischaltcode

BJEX-FZRR-NHFB-MKGR-NOIM-CL

www.nwb.de

Besteuerung der Land- und Forstwirtschaft

Von
Richter am Finanzgericht Torsten Bock,
Dipl.-Ing. agr. Klaus Müller,
Dipl.-Fw. (FH) Sabrina Pöppelbaum,
Dipl.-Fw. (FH), LL.B. Thomas Seitz,
Ministerialrat Dr. Christian Sterzinger,
Dipl.-Fw. (FH) Renate Vogt
unter Mitarbeit von Dipl.-Fw. (FH) LL.M. Martina Ehlers,
Dipl.-Fw. (FH) Michael Merx und
Regierungsdirektor Dieter J. Zens

12., aktualisierte Auflage

nwb

Bearbeitervermerk:

T. Bock: D
K. Müller: C I-V
S. Pöppelbaum: C VI
T. Seitz: B I-III, V, VII, X 5-8
C. Sterzinger: E
R. Vogt: A, B IV, VI, VIII, IX, X 2-4, H
M. Ehlers: F
M. Merx: B X 1
D. Zens: G

ISBN 978-3-482-**68252**-0 · 12., aktualisierte Auflage 2026

NWB Verlag GmbH & Co. KG
Eschstr. 22
44629 Herne
service@nwb.de

Satz: SATZ-ART Prepress & Publishing GmbH, Bochum
Druck: GGP Media GmbH, Pößneck

Um eine gute Lesbarkeit zu gewährleisten, verwenden wir in Fachtexten in der Regel geschlechtsspezifische Personenbezeichnungen. Selbstverständlich sind damit alle Menschen gleichermaßen gemeint.

Druckprodukt mit finanziellem
Klimabeitrag
ClimatePartner.com/16605-2105-1001

Scannen Sie den QR-Code oder besuchen Sie **Climate-Partner.com/16605-2105-1001**, um mehr über unsere Druckprodukte mit finanziellem Klimabeitrag zu erfahren.

VORWORT

Der Befund, dass die Besteuerung der Land- und Forstwirtschaft in der täglichen Praxis von Steuerberatung und Verwaltung – steuerartenübergreifend – zahlreiche Fragen und Gestaltungsprobleme aufwirft, hat unverändert Bestand. Diesem Umstand Rechnung tragend, zeichnet das vorliegende Standardwerk in gewohnt verlässlicher Qualität und Tiefe die Entwicklungen aus Gesetzgebung, Rechtsprechung und Finanzverwaltung unter Berücksichtigung einschlägiger Literaturmeinungen seit Erscheinen der Vorauflage im Jahr 2023 nach.

Im Bereich der Einkommensteuer wurde ein neuer Abschnitt zur Erzeugung von Strom und Wärme auf land- und forstwirtschaftlichen Grundstücken und Gebäuden (einschließlich der Steuerbefreiung nach § 3 Nr. 72 EStG) sowie zu der steuerlichen Behandlung von Entschädigungen, die für die Inanspruchnahme von land- und forstwirtschaftlichen Grundstücken z. B. für den Bau von Hochspannungsleitungen geleistet werden, aufgenommen. Darüber hinaus wurden insbesondere die Verlängerung der Tarifermäßigung nach § 32c EStG um zwei Betrachtungszeiträume, die Anpassungen bei den Buchführungsgrenzen (vgl. § 141 AO) und die besonderen Abschreibungen bei betrieblichen Elektrofahrzeugen (vgl. § 7 Abs. 2a EStG) eingearbeitet.

In der Neuauflage wird der Fokus bei der Grundsteuer auf die Regelungen nach der Reform gelegt. Bezüglich der Regelungen auf Grundlage der Einheitswerte kann auf die 11. Auflage zurückgegriffen werden. An den jeweiligen Stellen wurde auf abweichende Länderregelungen hingewiesen, insbesondere ein Überblick gegeben, wie im aktuellen Recht die Wohngebäude erfasst werden, zu denen der ehemalige Wohnteil gehört. Erste ergangene Urteile wurden ebenfalls eingearbeitet. Die Kommentierung zur Erbschaft- und Schenkungsteuer wurde neu strukturiert und ebenfalls um aktuelle Rechtsprechung ergänzt.

Im Bereich des Umsatzsteuerrechts ist an dieser Stelle insbesondere der Hinweis auf die durch das Jahressteuergesetz 2024 eingetretenen Änderungen des § 24 UStG angezeigt.

Das Autorenteam, das von Berufs wegen mit der steuerlichen Materie vertraut ist, hat ein Buch von Praktikern für Praktiker geschrieben. Demzufolge legen Verlag und Autorenteam großen Wert auf eine verständliche und nutzerorientierte Darstellung des komplexen Stoffes. Eine klare Gliederung, umfangreiche weiterführende Hinweise auf Literatur- und Verwaltungsäußerungen sowie zahlreiche Übersichten ermöglichen der

Leserschaft wie gewohnt eine vertiefte Auseinandersetzung mit der Rechtsmaterie zur Beantwortung der unterschiedlichsten Fragestellungen auf diesem Rechtsgebiet.

Mit dieser Neuauflage gehen personelle Veränderungen in der Autorenschaft einher. Verlag und aktuelles Autorenteam sprechen aus gegebenem Anlass Herrn Dirk Eisele, der seit der 4. Auflage (2003) an dem Werk mitgewirkt hat, herzlichen Dank für sein großes und prägendes Engagement aus.

Für Hinweise, Anregungen und Kritik aus dem Leserkreis sind Verlag und Autorenteam offen und dankbar.

Herne, im Januar 2026 — Verlag und Autorenteam

INHALTSÜBERSICHT

INHALTSVERZEICHNIS

LITERATURVERZEICHNIS

1. Bücher und Schriften

B

Bieg/Waschbusch, Buchführung, 10. Aufl. Herne 2021

Bilke/Heining/Mann, Lehrbuch Buchführung und Bilanzsteuerrecht, 13. Aufl. Herne 2021

Birkenfeld/Wäger, Das große Umsatzsteuer-Handbuch, Loseblatt, Köln

Bordewin/Brandt, Kommentar zum EStG, Loseblatt, Heidelberg

Brandis/Heuermann, EStG, KStG, GewStG, Loseblatt, München

D

Düsing/Martinez, Agrarrecht, 2. Aufl. München 2022

E

Eisele, Erbschaftsteuerreform 2009, 2. Aufl. Herne 2009

Eisele, Erbschaftsteuerreform 2016 – Die Anpassung des Erbschaft- und Schenkungsteuerrechts an die Rechtsprechung des Bundesverfassungsgerichts, Herne 2016

Eisele/Wiegand, Grundsteuerreform 2022/2025 – Neuregelungen nach der Entscheidung des Bundesverfassungsgerichts, Herne 2020

F

Felsmann/Giere/König/Wiegand/Muser/Pape, Einkommensbesteuerung der Land- und Forstwirte, Loseblatt, Bonn (zitiert: Felsmann, Einkommensbesteuerung)

G

Gerardy/Möckel/Troff/Bischoff, Praxis der Grundstücksbewertung, Loseblatt, Landsberg

Grootens, Grundsteuergesetz, Bewertungsgesetz (Auszug), Kommentar, 3. Aufl. Herne 2025

Grüneberg, Bürgerliches Gesetzbuch Kommentar, 82. Aufl. München 2023

Gunsenheimer, Die Einnahmenüberschussrechnung nach § 4 Abs. 3 EStG, 15. Aufl. Herne 2019

H

Hartmann/Metzenmacher, Kommentar zum Umsatzsteuergesetz, Loseblatt, Berlin

Herrmann/Heuer/Raupach, Einkommensteuer- und Körperschaftsteuerrecht, Kommentar, Loseblatt, Köln (zitiert: Bearbeiter in H/H/R)

Hofmann, Grunderwerbsteuergesetz, Kommentar, 12. Aufl. Herne 2025

Hopt, HGB, 41. Aufl. München 2022

Horschitz/Groß/Schnur/Lahme/Zipfel, Erbschaft- und Schenkungsteuer, Bewertungsrecht, 19. Aufl. Stuttgart 2018

Hübschmann/Hepp/Spitaler, Kommentar zur AO und FGO, Loseblatt, Köln (zitiert: Bearbeiter in H/H/Sp)

K

Kanzler/Kraft/Bäuml/Marx/Hechtner/Geserich (Hrsg.), Einkommensteuergesetz Kommentar online (zitiert: KKB/Bearbeiter)

Kirchhof/Söhn/Mellinghoff, Einkommensteuergesetz, Kommentar, Loseblatt, Heidelberg (zitiert: Bearbeiter in K/S/M)

Klein, Abgabenordnung, Kommentar, 16. Aufl. München 2022

Köhne, Landwirtschaftliche Taxationslehre, 4. Aufl. 2007

Kreutziger/Schaffner/Stephany, Bewertungsgesetz, Kommentar, 6. Aufl. München 2024

Krumm/Paeßens, Grundsteuergesetz mit Bewertungsgesetz und Landesgrundsteuergesetzen, Kommentar, München 2022

Küffner/Zugmaier, Umsatzsteuer-Kommentar, Loseblatt, Herne

L

Lademann, Kommentar zum Einkommensteuergesetz, Loseblatt, Stuttgart

Leingärtner, Besteuerung der Landwirte, Loseblatt, München

Leissen/Eisele, Grundsteuerreform – Hauptfeststellung 2022/Grundsteuer 2025/Baulandmobilisierung, 2. Aufl. München 2022

Littmann/Bitz/Pust, Das Einkommensteuerrecht, Loseblatt, Stuttgart

Lippross/Seibel, Basiskommentar Steuerrecht, Loseblatt, Köln

M

Märkle/Hiller, Die Einkommensteuer bei Land- und Forstwirten, 12. Aufl. Stuttgart 2019

Mannek, Die große Grundsteuer-Reform 2020, Köln 2020

Münchener Kommentar zum BGB, 9. Aufl. München 2022

Myßen/Adam/Gragert/Vogt/Wißborn, Renten, Raten, Dauernde Lasten, 17. Aufl. Herne 2021

O

Offerhaus/Söhn/Lange, Kommentar zum Umsatzsteuergesetz, Loseblatt, Heidelberg

P

Pahlke, Grunderwerbsteuergesetz Kommentar, 8. Aufl., München 2025

Piltz, Recht und Bewertung landwirtschaftlicher Betriebe – Abfindung und Nachabfindung bei Erbfall, Schenkung, Scheidung, 3. Aufl. Berlin 2020

R

Rau/Dürrwächter, Kommentar zum Umsatzsteuergesetz, Loseblatt, Köln

Reiß/Kraeusel/Langer, Kommentar zum Umsatzsteuergesetz, Loseblatt, Bonn

Richter, Handbuch der Rentenbesteuerung, Loseblatt, Heidelberg

Rössler/Troll, Bewertungsgesetz mit Landesgrundsteuergesetzen, Loseblatt, München

Roscher, GrStG – Erstkommentierung zum reformierten Grundsteuergesetz mit Bewertungsrecht, Freiburg 2020

Rüttinger/Horn/Görner/Reiling, Umsatzsteuer in der Land- und Forstwirtschaft, Loseblatt, Bonn

S

Schmidt, Gesellschaftsrecht, 5. Aufl. Köln 2016

Schmidt, Kommentar zum EStG, 44. Aufl. München 2025

Schwarz/u. a., Kommentar zur AO, Loseblatt, Freiburg

Sikorski, Umsatzsteuer im Binnenmarkt, 12. Aufl. Herne 2024

Sölch/Ringleb, Kommentar zum Umsatzsteuergesetz, Loseblatt, München

Staudinger, Kommentar zum BGB, 15. Aufl. Berlin 2014

Strodthoff, Kommentar zur Kraftfahrzeugsteuer, Loseblatt und online

T

Tipke/Kruse, AO – FGO, Loseblatt, Köln

Troll/Eisele, Grundsteuergesetz, Kommentar, 12. Aufl. München 2021

V

Viskorf, Grunderwerbsteuergesetz, Kommentar, 21. Aufl. München 2024

Viskorf/Schuck/Wälzholz, Erbschaftsteuer- und Schenkungsteuergesetz, Bewertungsgesetz, Kommentar, 7. Aufl. Herne 2023

W

Wäger, Kommentar zum Umsatzsteuergesetz, 3. Aufl. Köln 2024

Weymüller, Kommentar zum Umsatzsteuergesetz, BeckOK UStG

2. Aufsätze und Beiträge

A

Abetz, Altersklassen- oder Hiebsatzverfahren bei der Herleitung der Einheitswerte des forstwirtschaftlichen Vermögens, AFZ 1964, 45

Adel/Thummert/Wenzl, Probleme bei der Bedarfsbewertung von Grundvermögen im ländlichen Raum am Beispiel ehemaliger landwirtschaftlicher Hofstellen, INF 1997, 610

B

Bahrs, Die Agrarreform 2005: ein neues Kapitel im landwirtschaftlichen Steuerrecht, INF 2006, 176, 224, 262

Bahrs, Die Bewertung des landwirtschaftlichen Vermögens für die Erbschaftsteuer, HLBS-Report 2008, 120

Ballmann/Wahl, Abgrenzung des landwirtschaftlichen Hofladens vom Gewerbebetrieb, Steuer-Journal 2009 Nr. 18, 16

Barkhaus, Anwendung des Körperschaftsteuer-Modernisierungsgesetzes im Bereich der Land- und Forstwirtschaft - ein Fall für die Praxis?, AgrB 2022, 73

Bartels, Abfindung weichender Erben mit landwirtschaftlichen Grundstücken, INF 1985, 433

Bauer, Viehzuschlag, StEL 1993, 141

Bauer, Weinbaubetrieb und Abfindungsbrennereien, StEL 1993, 114

Bauer, Viehzuschlag nach § 41 BewG, StEL 1994, 179

Bauer, Keine Durchschnittssatzbesteuerung bei Verpachtung eines luf-Betriebs, KFR F. 7 UStG § 24, 2/02, 309

Bauer, Änderung der Nutzung land- und forstwirtschaftlicher Flächen, KFR F. 3 EStG § 4, 1/03, 153

Baumgartner/Lange, Umsatzsteuer bei Ersatz von Wildschäden – Praxishinweise für Jagdgenossenschaften, Jagdpächter und Landwirte, MwStR 2024, 5

Becker, Zwang zur steuerfreien Vermietung an Pauschallandwirte – Auswirkungen des BFH-Urteils v. 1.3.2018 – V R 35/17, NWB 2018, 2200

Becker, Steuerfreie Vermietung an Pauschallandwirte – Finanzverwaltung passt UStAE mit BMF-Schreiben v. 6.11.2020 an BFH-Rechtsprechung an, NWB 2021, 336

Behrle, Beendigung eines ruhenden landwirtschaftlichen Betriebs, KFR F. 3 EStG § 13, 1/99, 311

Behrle, Pferdehaltung und -zucht, Nebenerwerbsbetrieb oder Liebhaberei, KFR F. 3 EStG § 13, 1/00, 267

Behrle, Aufgabegewinn bei landwirtschaftlicher Betriebsaufgabe, KFR F. 3 EStG § 13, 2/00, 427

Beyme, Aktuelle Steuergesetzgebung im Bereich der Land- und Forstwirtschaft, HLBS-Report 2012, 109

Beyme, Aktuelle Steuergesetzgebung mit Bezug zur Land- und Forstwirtschaft, HLBS-Report 2013, 169

Bichel, Buchführungspflicht nach § 141 Abs. 1 AO für den Verpächter eines land- und forstwirtschaftlichen Betriebs, StBp 1983, 41, 185

Bitz, Der Nießbrauch an Personengesellschaftsanteilen, DB 1987, 1506

Bohlmann, Rechtsfolgen der Umsatzbesteuerung bei der Verpachtung landwirtschaftlicher Betriebe, UR 1992, 2

Böhme, Die Jagd im Steuerrecht, DStZ 1985, 612

Bolin/Butke, Abgrenzung der Land- und Forstwirtschaft zur Liebhaberei, INF 2001, 70

Bordewin, Entschädigung für Wirtschaftserschwernisse im Vergleichswert zu berücksichtigen, RWP 1990/1199 SG 1.3, 3474

Bremer, Die Bilanzierung „eisern" gepachteten Inventars in der Übergangsbilanz, INF 1990, 482

Brenner, Generationsübergreifende Beurteilung des Totalgewinns bei einem land- und forstwirtschaftlichen Betrieb, KFR F. 3 EStG § 13, 1/01, 77

Bruckmeier, Die Verrechnung der AK und HK für das stehende Holz, INF 2005, 620

Brunckhorst, Ertragsteuerliche Beurteilung des Anbaus von Cannabis zu medizinischen Zwecken, DStR 2022, 1750

Brunckhorst, Land- und Forstwirtschaft 2.0: Neue Produktionsverfahren – Ertragsteuerliche Beurteilung von Aquakultur, Hydroponik und Aquaponik sowie Agroforstwirtschaft und Agrophotovoltaik, EStB 2022, 97

Bruschke, Die (ungewollte) Mitunternehmerschaft in der Land- und Forstwirtschaft, ZSteu 2006, 315

Bruschke, Die Bewertung des LuF-Vermögens für die Erbschaft- und Schenkungsteuer, ErbStB 2009, 320

Bruschke, Der Liquidationswert bei der Bewertung des land- und forstwirtschaftlichen Vermögens, ErbStB 2011, 317

Bruschke, Der neue Grundsteuerwert für die Land- und Forstwirtschaft, ErbStB 2022, 78

Bruschke, Grundsteuerreform: Flächenbewertung bei Windenergieanlagen, ErbStB 2022, 347

Buob, Wald als Liebhaberei?, INF 1987, 386

Burkart, Entwicklungstendenzen zu umsatzsteuerlichen Abgrenzungsfragen im Gartenbau, HLBS-Report 2003, 140

C

Christoffel, Steuerliche Maßnahmen aus dem Entwurf eines HHBeglG 2004, StWK Gruppe 10, 47 (17/2003)

v. Cölln, Bewertung des forstwirtschaftlichen Vermögens für Zwecke der Erbschaft- und Schenkungsteuer, ZEV 2011, 182

D

Debatin, Die Land- und Forstwirtschaft im Spiegel des internationalen Steuerrechts, DB 1988, 1285

Depiereux, Der Forstwirt wider Willen, DStR 1992, 319

Deuringer, Landwirtschaft und Erbrecht, Deutsche Erbrechtszeitschrift Heft 3/2006, 17

Diedenhofen, Die Besteuerung der landwirtschaftlichen Tierhaltungskooperationen nach Bewertungsänderungsgesetz 1971, DB 1971, 2086

Drüen, Gewillkürtes Betriebsvermögen bei Einnahmenüberschussrechnung – Anmerkung z. BFH-Urteil v. 2.10.2003, FR 2004, 94

E

Ebert, Die Einkommensbesteuerung der Land- und Forstwirtschaft, NWB F. 3d, 347 und 365

Ehehalt, Pauschalierung der LSt für Aushilfskräfte in luf-Betrieben, BFH-PR 2006, 55

Eisele, Erfassung des Weinüberbestands im sonstigen Vermögen, INF 1995, 264

Eisele, Die vermögensteuerliche Behandlung des Holzüberbestands, INF 1995, 682

Eisele, Die steuerliche Bedarfsbewertung der forstwirtschaftlichen Nutzung, AFZ/Der Wald 1997, 1036

Eisele, Abgrenzungs- und Einzelfragen zur Bedarfsbewertung des land- und forstwirtschaftlichen Vermögens, StWa 1998, 20

Eisele, Die Aufteilung des Betriebswerts bei der Bedarfsbewertung des land- und forstwirtschaftlichen Vermögens, INF 1999, 519

Eisele, Steuerliche Bedarfsbewertung des land- und forstwirtschaftlichen Vermögens (Übungen), SteuerStud 1999, 230

Eisele, Bedarfsbewertung des land- und forstwirtschaftlichen Vermögens – Die Aufteilung des Betriebswerts nach §§ 48a, 49 BewG (Fallstudie), SteuerStud 2001, 594

Eisele, Erbschaftsteuerliches Bewertungsrecht – Bewertungsvergleich für Zwecke der Rückanwendungsoption beim land- und forstwirtschaftlichen Vermögen, NWB 2008, 1207

Eisele, Neufassung des Bodenschätzungsgesetzes durch das JStG 2008 – Gesetz zur Schätzung des landwirtschaftlichen Kulturbodens, NWB F. 9, 2917

Eisele, ErbStRG: Bewertung des land- und forstwirtschaftlichen Vermögens, NWB 2009, 3997

Eisele, Die Erbschaftsteuer-Richtlinien und – Hinweise 2011 – Regelungen zum Bewertungsrecht, NWB 2012, 373

Eisele, Erbschaftsteuerliche Immobilienbewertung: Aktuelle Entwicklungen beim Verkehrswertnachweis durch Gutachten und Kaufpreis, ZEV 2014, 295

Eisele, Der Anfang vom Ende der „klassischen" Einheitsbewertung? – Grundsteuer zunehmend unter Verfassungsdruck: der Vorlagebeschluss des BFH vom 22. 10. 2014 – II R 16/13, NWB 2015, 260

Eisele, Reform der Grundsteuer: Berücksichtigung nichtsteuerlicher Lenkungsziele?, StWa 2015, 83

Eisele, Steueränderungsgesetz 2015: Änderung des erbschaftsteuerlichen Bewertungsrechts, NWB 2015, 3751

Eisele, Reform der Grundsteuer Teil I: Grundvermögen – Neuausrichtung bei Bewertungsziel und Bewertungsverfahren, NWB 2016, 2410

Eisele, Reform der Grundsteuer Teil II: Grundvermögen in Sonderfällen/Land- und forstwirtschaftliches Vermögen/Gesetzgebungskompetenz, NWB 2016, 2486

Eisele, Reform der Grundsteuer – Das Ende einer „unendlichen Geschichte"?, StWa 2017, 23

Eisele, Die Verschonungsbedarfsprüfung – ein Novum im Erbschaft- und Schenkungsteuerrecht, StWa 2018, 43

Eisele, Erbschaft- und Schenkungsteuer: Der Vorwegabschlag bei Familienunternehmen unter Berücksichtigung der Anwendungserlasse vom 22.6.2017, StWa 2018, 130

Eisele, UStAVermG: Änderungen des Erbschaftsteuer- und Schenkungsteuergesetzes – Tarifbegrenzung durch Entlastungsbetrag, Stundungsregelung sowie Verschonungsbedarfsprüfung, NWB 2019, 259

Eisele, Änderung des ErbStG durch das Brexit-Steuerbegleitgesetz, NWB 2019, 1451

Eisele, Reform der Grundsteuer – Gesetzentwurf liegt vor! – Teil I: Kernaussagen/Verfahrensfragen/Bewertung des Grundvermögens für Zwecke der Grundsteuer B, NWB 2019, 2043

Eisele, Reform der Grundsteuer – Gesetzentwurf liegt vor! – Teil II: Bewertung des land- und forstwirtschaftlichen Vermögens für Zwecke der Grundsteuer A/Änderungen des Grundsteuergesetzes, NWB 2019, 2127

Eisele, Reform der Grundsteuer auf der Zielgeraden (Teil 1 und Teil 2), StWa 2019, 123, 143

Eisele, Reform der Grundsteuer – Gesetzentwurf liegt vor! – Teil III: Baulandmobilisierung durch Einführung einer optionalen Grundsteuer C, NWB 2019, 2204

Eisele, Entwurf eines JStG 2020 – Teil 3: Änderungen des Erbschaftsteuer- und Schenkungsteuergesetzes, NWB 2020, 2892

Eisele, Erbschaftsteuerliche Immobilienbewertung: Verkehrswertnachweis durch Sachverständigengutachten - Eine aktuelle Bestandsaufnahme, NWB 2021, 686

Eisele, Fondsstandortgesetz: Nachjustierungen beim reformierten grundsteuerlichen Bewertungsrecht, NWB 2021, 2031

Eisele, Grundsteuerreform-Umsetzungsgesetz: Änderungen beim reformierten Bewertungs- und Grundsteuerrecht sowie bei der Grundbesitzbewertung, NWB 2021, 2903

Eisele, Grundsteuerliches Bewertungsrecht nach der Reform 2022/2025 – Ländererlasse zum Verfahrensrecht und zum Grundvermögen, NWB 2022, 498

Eisele, Umsetzung der Grundsteuerreform in Deutschland – föderale Vielfalt oder föderaler Flickenteppich? – Teil 1: Das Bundesmodell nach dem Grundsteuer-Reformgesetz als Regelkonzeption, StWa 2022, 63

Eisele, Umsetzung der Grundsteuerreform in Deutschland – föderale Vielfalt oder föderaler Flickenteppich? – Teil 2: Abweichungsgesetzgebung durch Öffnungsklausel – Alternativmodelle verschiedener Länder, StWa 2022, 123

Eisele, Grundsteuerreform: Anwendung des Grundsteuergesetzes ab 1.1.2025 – Koordinierte Ländererlasse vom 22.6.2022, NWB 2022, 2190

Engel, Ausgewählte Fragen zur Erbschaftsteuer bei der Land- und Forstwirtschaft, INF 1998, 616

Engel, Besteuerung der Land- und Forstwirtschaft, Änderungen durch das StEntlG 1999/2000/2002, NWB F. 3d, 613

Engel, Erbschaftsteuer bei land- und forstwirtschaftlichem Vermögen – Ein Verstoß gegen das Gleichheitsgebot des Grundgesetzes?, DStZ 2003, 75

Englisch, Ausnahmen und Ermäßigungen bei der Umsatzsteuer, UR 2011, 401

Esser, Das Alkoholsteuergesetz mit der verbrauchsteuerrechtlichen Anschlussregelung zum Ende des deutschen Branntweinmonopols, ZfZ 2013, 225

Eversloh, Kein Verzicht auf Steuerfreiheit bei Vermietung an Pauschallandwirt, jurisPR-SteuerR 33/2018 Anm. 6

F

Feldhaus, Entschädigungsleistungen in der Landwirtschaft aus ertragsteuerlicher und umsatzsteuerlicher Sicht, INF 1985, 457

Feldhaus, Steuerliche Auswirkungen der Flächenstilllegung landwirtschaftlicher Nutzflächen, INF 1989, 415

Feldhaus, Abschläge nach § 41 Bewertungsgesetz wegen viehloser Bewirtschaftung, INF 1989, 127

Felix, Hoferbfolge, Erbauseinandersetzung und Einkommensteuer – Hofübergabe und Einkommensteuer, FR 1991, 613 ff. und 656

Felsmann, Nochmals – Buchführungspflicht nach § 141 Abs. 1 AO für den Verpächter eines land- und forstwirtschaftlichen Betriebes, StBp 1983, 184

Felsmann, Die Verpachtung landwirtschaftlicher Betriebe, INF 1985, 371 ff. und 389

Felsmann, Einkunftsverlagerung in der Land- und Forstwirtschaft an nahe stehende Personen – ein Vergleich der ertragsteuerlichen Wirkungen, Vorträge der 36. Godesberger Steuerfachtagung 1986, 113

Feuerstein, Stand und Entwicklung der landwirtschaftlichen Bodenpreise, INF 1990, 536

Fichtelmann, Einheitliche und gesonderte Gewinnfeststellung nach § 215 Abs. 2 AO bei Eintritt und Ausscheiden von Gesellschaften und bei Auflösung der Gesellschaft während des Wirtschaftsjahres, DStR 1972, 399

Fichtelmann, Anmerkungen zum BFH-Urteil 18. 12. 1984 VIII R 95/84, FR 1985, 502

Fichtelmann, Die stillschweigend begründete Ehegatten-Gesellschaft – die Ansicht des BFH ist bedenklich, GStB 2013, 92

Fischer, Kein ermäßigter Steuersatz für die Lieferung von Holzhackschnitzeln, jurisPR-SteuerR 49/2018 Anm. 5

Fischer-Tobies/Koepsell, Steuerliche Behandlung der Entschädigungen für Wirtschaftserschwernisse in der Land- und Forstwirtschaft, INF 1993, 97

Flämig, Entschädigungsleistungen in der Landwirtschaft aus ertragsteuerlicher und umsatzsteuerlicher Sicht, INF 1985, 457

Flaspöhler, Abschaffung der land- und forstwirtschaftlichen Einheitswerte (I, und Nachtrag), INF 1991, 563, INF 1992, 13 und 98

Freudenberg, Betriebsteilungen in der Land- und Forstwirtschaft, INF 1989, 177

Freund, Die Einkommensbesteuerung der Land- und Forstwirtschaft, NWB F. 3d, 489

Fritsch, Umsatzsteuerliche Änderungen durch das StEntlG 1999/2000/2002, BB 1999, 1576

Fritsch, Durchschnittsatzbesteuerung bei Beweidungsleistungen eines Schäfers, UStB 2019, 32

Fromm, Die Photovoltaikanlage im steuerlichen Kontext, DStR 2010, 207

G

Gallus, Anforderungen an den Steuergesetzgeber für einen erfolgreichen Strukturwandel der Land- und Forstwirtschaft, DStZ 1989, 22

Gast, Zur Anwendung des Forstschäden-Ausgleichsgesetzes für das Wirtschaftsjahr 1985, INF 1986, 39

Gehle, Besteuerung der Landwirtschaft – wohin?, Agrar- u. Umweltrecht 2008, 225

Geisler, Die Einheitsbewertung des land- und forstwirtschaftlichen Vermögens – die Verteilung des Einheitswerts nach § 49 BewG, INF 1985, 10

Gekle, Fallstricke und Leitlinien für den Sachverständigen bei der Bewertung landwirtschaftlicher Hofstellen im Zuge der steuerlichen Betriebsaufgabe, HLBS-Report 2003, 151

Giere, Zur Besteuerung von Einkünften auf Forstgenossenschaften und ähnlichen Realgemeinden, INF 1983, 543

Giere, Veräußerung, Verpachtung und Übertragung von land- und forstwirtschaftlichen Betrieben, INF 1986, 362

Giere, Einzelfragen zur ertragsteuerrechtlichen Abgrenzung der Einkünfte bei landwirtschaftlichen Mitunternehmerschaften, HLBS-Report 2012, 67

Gierlich, Einstellung der landwirtschaftlichen Erwerbstätigkeit (§ 3 Nr. 27 EStG), NWB F. 3d, 483

Gmach, Neuere BFH-Rechtsprechung zur Einkommensbesteuerung in der Land- und Forstwirtschaft, FR 1990, 729

Gragert/Wißborn, Zweifelsfragen zur Übertragung und Überführung von einzelnen Wirtschaftsgütern nach § 6 Abs. 5 EStG, NWB 2012, 972

Graß, Die Entwicklung der landwirtschaftlichen Vermögensnachfolge in den Jahren 2013 und 2014, ZEV 2015, 327

Greite, Lohnsteuerpauschalierung für Aushilfskräfte der LuF, NWB F. 6, 4687

Groh, Die Erbauseinandersetzung im Einkommensteuerrecht – Zum Beschluss des Großen Senats vom 5. 7. 1990 GrS 2/89, DB 1990, 2135

Groh, Erben als „Durchgangsunternehmer" – Anm. zu den BFH-Urteilen vom 24. 9. 1991 VIII R 349/83 und 29. 10. 1991 VIII R 51/89, DB 1992, 1312

Grziwotz, Der Ehegatte als weichender Hoferbe, DB 1991, 2259

Gschwendner, Zur „Treuhandlösung" beim Nießbrauch und bei der Testamentsvollstreckung an einem Kommanditanteil – Zugleich eine Besprechung des BFH-Urteils vom 16. Mai 1995 VIII R 18/93, DStZ 1995, 708

Günther, Abbauflächen als landwirtschaftliches Vermögen, EStB 2008, 276

H

Haakshorst, Die Behandlung vertraglich übernommener Erschließungskosten beim Erbbauberechtigten, NWB F. 3, 5937

Hagedorn/Klare, Einkommensteuerliche Überlegungen zur Erhöhung der Mobilität land- und forstwirtschaftlich genutzter Flächen, Agrar R 1986, 273

Halaczinsky, Verlustabzugsverbot nach § 55 Abs. 6 gilt auch bei Einkünften aus VuV, KFR F. 3, EStG § 55, 1/98, 239

Halaczinsky, Bewertung land- und forstwirtschaftlicher Betriebe – Die Auswirkungen der Erbschaftsteuerreform im Überblick, ErbStB 2009, 130

Halaczinsky, Abgrenzung des land- und forstwirtschaftlichen Vermögens vom Betriebsvermögen, ErbStB 2012, 175

Halaczinsky, Verpachteter LuF-Betrieb, ErbStB 2014, 13

Hartmann, Umsatzsteuerliche Behandlung von Gesellschaftsgründungen im Bereich der Land- und Forstwirtschaft, UR 1995, 297

Heinen, Abgrenzung der land- und forstwirtschaftlichen Vermögen vom Grundvermögen bei unbebauten Grundstücken, INF 1992, 145

Heinrichshofen, Missbräuchlicher Vorsteuerabzug, IStR 2006, 280

Heins, Einkommensteuerliche und umsatzsteuerliche Behandlung von Biogasanlagen, HLBS-Report 2003, 70

Herzig, Faktische Mitunternehmerschaft in der Landwirtschaft – Kritik an der Rechtsprechung des Bundesfinanzhofs, 36. Godesberger Steuerfachtagung 1986, 39

Herzig, Faktische Mitunternehmerschaft in der Landwirtschaft, BB 1986, 533

Hessler, Neuordnung des Landpachtrechts, NWB F. 23, 275

Heuermann, Lohnsteuerpauschalierung und Abfärbung, StBp 2005, 368

Hiller, Lohnunternehmer in der Land- und Forstwirtschaft, INF 1988, 177

Hiller, Schenkung von Grundstücken in der Land- und Forstwirtschaft – Mustergültige Gestaltungen –, INF 1989, 110

Hiller, Betriebsstilllegungen und -abgaben im Sinne des FELEG, INF 1989, 457

Hiller, Schenkung von Grundstücken in der Land- und Forstwirtschaft – Mustergültige Gestaltungen –, INF 1989, 110

Hiller, Die Erbauseinandersetzung in der Land- und Forstwirtschaft, INF 1991, 100

Hiller, Die Hofübergabe im Spiegel der neuen BFH-Rechtsprechung, INF 1991, 145

Hiller, Steuergestaltungen im Hinblick auf den Strukturwandel in der Landwirtschaft, INF 1992, 225

Hiller, Abbau von Steuerprivilegien der Land- und Forstwirtschaft, INF 1992, 343

Hiller, Das Wirtschaftsjahr land- und forstwirtschaftlicher Betriebe, INF 1994, 297

Hiller, Ertragsteuerliche Bewertung von Tieren, INF 1995, 161

Hiller, Land- und forstwirtschaftliche Betriebe als Liebhabereibetriebe, GodStFachtg 2002, 95

Hiller, Aktuelle Einblicke in die Einkommensbesteuerung der Forstwirtschaft, INF 2003, 104

Hiller, Nochmals: AK und HK für das stehende Holz, INF 2005, 745

Hiller, Der Nebenerwerbslandwirt in den alten und neuen Bundesländern, LSW Gruppe 5, 1651

Horn, Einzelaspekte zur umsatzsteuerlichen Behandlung von Leistungen nach R 135 EStR im Anwendungsbereich des § 24 UStG, HLBS-Report 2002, 73

Horn, Problematik der Abgrenzung von Dienstleistungen im Bereich der Land- und Forstwirtschaft, HLBS-Report 2003, 133

Horn, Abgrenzung der Land- und Forstwirtschaft vom Gewerbebetrieb aus umsatzsteuerlicher Sicht, HLBS-Report 2011, 158

Hörster, Gesetz zur Umsetzung unionsrechtlicher Vorgaben im Umsatzsteuerrecht – Erstes Steuergesetz der neuen Legislaturperiode, NWB 2022, 18

Hubert, Zur Grundbesitzbewertung für Zwecke der Grundsteuer - Die koordinierten Ländererlasse vom 9.11.2021, StuB 2022, 455

Hummel, Gemeinschafts- und verfassungsrechtlicher Gleichheitsgrundsatz bei Subventionen im Rahmen der Durchschnittssatzbesteuerung des § 24 UStG – Zugleich Anmerkung zur Nichtanwendung nationaler Gesetze durch den BFH, Urt. v. 16.4.2008 – XI R 73/07, UR 2009, 73

Huschens, Rechtsmissbrauch zur Erlangung des Vorsteuerabzugs?, EU-UStB 2006, 3

Huschens, Änderungen im Umsatzsteuerrecht in 2019 und zum Jahreswechsel 2019/2020 (Teil 3) Änderungen im UStG und in der UStDV, USt direkt digital 2/2020, 8

Huschens, Änderungen des Umsatzsteuerrechts durch das JStG 2020 (Teil 1), UVR 2021, 45

Hutmacher, Umsatzsteuerliche Aspekte der eisernen Verpachtung eines land-und forstwirtschaftlichen Betriebs, INF 2007, 214, 262

Hutmacher, Erbschaftsteuerreform: Die Bewertung und Verschonung des land- und forstwirtschaftlichen Vermögens, ZEV 2008, 22

Hutmacher, Erbschaftsteuerreform: Einzelheiten zur Bewertung und Verschonung des land- und forstwirtschaftlichen Vermögens – Diskussionsentwurf für eine Verordnung zur Durchführung der Bewertung des land- und forstwirtschaftlichen Vermögens, ZNotP 2008, 218

Hutmacher, Die Bewertung des Wirtschaftsteils eines Betriebs der Land- und Forstwirtschaft nach der „LuFBewV", ZEV 2008, 182

Hutmacher, Die Bewertung und Besteuerung von land- und forstwirtschaftlichem Vermögen – Die Änderungen gegenüber dem Regierungsentwurf, ZEV 2009, 22

Hutmacher, Die Übertragung des landwirtschaftlichen Betriebs – Von der Bilanz des Landwirts zum Grundbesitzwert und zur Erbschaftsteuer, ZNotP 2011, 211

J

Jäckel, Bewertung und Besteuerung des land- und forstwirtschaftlichen Vermögens, FR 2009, Beilage zu 11/2009, 33

Jänsch, Sind Zuschläge zum Einheitswert bei übernormaler Viehhaltung für Mastvieh zulässig?, INF 1974, 277

Janz, Durchschnittsbesteuerung bei einer Kommanditgesellschaft ohne Mitunternehmerschaft, USt direkt digital 6/2018, 2

Jungen/Köster/Schleep, Deutsche Besteuerung nach Durchschnittssätzen und EU-Vertragsverletzungsverfahren – Eine analytische Überprüfung der unterstellten Subventionswirkung des § 24 UStG, Teil 1 UR 2021, 133 und Teil 2 UR 2021, 182

K

Kälberer, Land- und Forstwirtschaft: Steuerliche Privilegierung land- und forstwirtschaftlicher Einkünfte, GStB 2022, 15

Kanzler, Neuere Rechtsprechung zur Einkommensbesteuerung der Land- und Forstwirtschaft, FR 1991, 645

Kanzler, Der Wirtschaftsüberlassungsvertrag – Rettungskonstruktion oder Gestaltungsmöglichkeit zur gleitenden Hofnachfolge, FR 1992, 239

Kanzler, Nachträgliche Veränderungen eines ruhenden landwirtschaftlichen Betriebs, KFR F. 3 EStG § 4, 3/99, 151

Kanzler, Umstellung des Wirtschaftsjahres bei Forstbetrieben, FR 2000, 112

Kanzler, Nerzzüchter unterliegen nicht der Verlustausgleichsbeschränkung des § 15 Abs. 4 EStG, FR 2003, 524

Kanzler, Die Willkürung von Betriebsvermögen bei Einnahmenüberschussrechnung – Anmerkung z. BFH-Urteil v. 2.10.2003, FR 2004, 93

Kanzler, Von Steckenpferden und ihren Reitern – einige Gedanken zur Liebhaberei, DStZ 2005, 766

Kanzler, Zum gewerblichen Grundstückshandel der Land- und Forstwirte – Ein vermeidbares Übel, DStZ 2013, 822

Kanzler, Die neue Tarifglättung für die Einkünfte aus Land- und Forstwirtschaft – § 32c EStG reloaded, DStZ 2017, 210

Kanzler, Von der Tarifglättung zur Tarifermäßigung bei den Einkünften aus Land- und Forstwirtschaft, NWB 2020, 462

Kanzler, Das Anwendungsschreiben des BMF zur Tarifermäßigung bei den Einkünften aus Land- und Forstwirtschaft nach § 32c EStG – Neue Aufgaben für die Rechtsprechung, FR 2020, 974

Kanzler, Das BMF-Schreiben zur Tarifermäßigung bei den Einkünften aus Land- und Forstwirtschaft, NWB 2020, 3879

Kempfler, Die Bewertung landwirtschaftlicher Betriebe im Hinblick auf pflichtteilsrechtliche Ansprüche, ZEV 2011, 337

Kessler, Die Einstellung der Tätigkeit – ein neues Tatbestandsmerkmal der Betriebsveräußerung und Betriebsaufgabe? BB 1986, 1441

Kilb, Einheitlichkeit oder Trennung von Lieferungen und Leistungen im Gartenbau – Quo vadis –, HLBS-Report 2005, 145

Kilches, Grundstück als land- und forstwirtschaftliches Vermögen trotz Überlassung zum Braunkohleabbau, BFH-PR 2008, 441

Kirchhoff/Leisner, Bodengewinnbesteuerung, MinBlELF, Heft 306, 1985

Kleeberg, Wahl des Wirtschaftsjahres durch Landwirte und Forstwirte?, BB 1979, 1029

Kleeberg, Der Bilanzposten „stehendes Holz" in der Forstwirtschaft bei fehlendem Bestandsvergleich, FR 1998, 189

Klein, Altenteilsleistungen, NWB F. 3d, 443

Klenk, Durchschnittssatzbesteuerung für land- und forstwirtschaftliche Betriebe – Vorschlag für eine gemeinschaftsrechtskonforme Fassung des § 24 UStG, UR 2002, 597

Klenk, Durchschnittssatzbesteuerung für land- und forstwirtschaftliche Betriebe, UR 2003, 597

Klenk, Landwirtschaftlicher Betrieb und Gewerbebetrieb des Pauschallandwirts, UR 2009, 79

Klenk, Der personelle Anwendungsbereich der Durchschnittssatzbesteuerung, UR 2017, 175

Köhne, Stellungnahme zur künftigen Bewertung des landwirtschaftlichen Vermögens für die Erbschaftsbesteuerung, HLBS-Report 3/2007, 83

Köhne, Die Bewertung des land- und forstwirtschaftlichen Vermögens für die Erbschaftsteuer, Schriftenreihe des HLBS Heft 184 (März 2010), 7

Koops, Innenumsätze zwischen Gewerbe und Landwirtschaft – Probleme des Vorsteuerabzugs und der Pauschalierung, DB 1989, 197

Krause, Grundbesitzbewertung von Betrieben der Land- und Forstwirtschaft – Anwendungsfragen, Praxisprobleme und Lösungsansätze, NWB 2012, 3864

Krause, Grundbesitzbewertung von Betrieben der Land- und Forstwirtschaft – der Wirtschaftsteil, aktuelle Rechtsfragen und Lösungsansätze, NWB 2014, 110

Krause, Grundbesitzbewertung von Betrieben der Land- und Forstwirtschaft – Betriebswohnungen/Wohnteil, Nachbewertungsvorbehalt und Reinvestition des Veräußerungserlöses, NWB 2014, 271

Krause/Grootens, Bewertung des Wohnteils und der Betriebswohnungen eines LuF-Betriebs, NWB-EV 2010, 180 und 203

Krause/Grootens, Bewertung des Wohnteils und der Betriebswohnungen eines LuF-Betriebs – Bewertung unter Berücksichtigung der ErbStR 2011, NWB-EV 2012, 198

Krömker, Verluste aus Weinbaubetrieb aus Liebhaberei, EStB 2003, 375

Kroschel u. a., Der Referentenentwurf zur Steuerreform der rot-grünen Bundesregierung: Abkehr von dem Ziel der Vereinfachung des Steuerrechts, DB 1998, 2387

Kruhl, Gesetzgeber beschließt „Gesetz zur Anpassung steuerlicher Vorschriften der Land- und Forstwirtschaft", BB 1998, 1289

Kruhl, Durchschnittssatz für land- und forstwirtschaftliche Betriebe nach § 24 UStG ab 1.1.2022 neu geregelt, UStB 2022, 55

L

Lammers, Tarifglättung bei Einkünften aus Land- und Forstwirtschaft, DStR 2017, 1576

Landsittel, Land- und forstwirtschaftliches Vermögen vor einem Paradigmenwechsel und bei der Nachfolge? Ausblick und Gestaltungsmöglichkeiten, ZErb 2007, 95, 180

Lang, Bewertungsrechtliche Behandlung von auf Mastvieh beruhenden Tierüberbeständen, INF 1975, 39

Lange, Umsatzbesteuerung der Land- und Forstwirte nach Durchschnittssätzen – Entwicklungen und Tendenzen, UR 2003, 517

Lehr, Fotovoltaik Anlage, NWB ZAAAK-28828

Leingärtner, Die Dreiteilung der Wirtschaftsgüter in notwendiges Betriebsvermögen, gewillkürtes Betriebsvermögen und notwendiges Privatvermögen und ihre Folgen – Anmerkung z. BFH-Urteil v. 4.11.1982, FR 1983, 214

Leingärtner, Das Junktim zwischen landwirtschaftlicher und gewerblicher Tierzucht und -haltung, INF 1988, 387

Lindner, Bodengewinnbesteuerung in der Landwirtschaft – Fallbeispiele, Lösungen und Begründungen, INF 1989, 220

Lindner, Einkommensteuergesetz (EStG) – Bestimmungen für den betrieblichen Bereich der Einkünfte aus Land- und Forstwirtschaft, INF 1991, 370 ff. und 388

Lippross, Unterschiedliche Besteuerung der Lieferung von Waldhackschnitzeln und von Hackschnitzeln aus der Holzverwertung („Holzhackschnitzeln") – Kuriosität oder Verstoß gegen den Grundsatz der Neutralität der Mehrwertsteuer?, UR 2013, 212

Loeckx, Die Liebhaberei in der Rspr. des BFH seit 1998, EStB 2004, 375

Loose, Anm. zum BFH Urteil vom 22. 10. 2014, II R 10/14 in jurisPR-SteuerR 7/2015

Loritz, Aktuelle Rechtsfragen der steuerlichen Bewertung am Beispiel land- und forstwirtschaftlichen Vermögens, ZSteu 2004, 102

Lucas, Sogenannte „Faktische Mitunternehmerschaft" – Mehr Transparenz durch die neuere Rechtsprechung des Bundesfinanzhofs?, FR 1986, 112

Lücke, Auswirkung der Grundsteuerreform auf Investitionen in erneuerbare Energien, NWB 2022, 3270

Lüpke, Grundstücksverkehr mit land- und forstwirtschaftlichen Grundstücken, NWB F. 23, 245

Lüpke, Anerbenrecht bei land- und forstwirtschaftlichen Besitzungen, NWB F. 23, 225

M

Märkle, Rückwirkende Zurechnung laufender Einkünfte aus dem Nachlassvermögen bei zeitnaher Erbauseinandersetzung oder Sachvermächtniserfüllung?, DStR 1993, 506

Märkle, Neue einkommensteuerrechtliche Probleme nach Erbfall und Erbauseinandersetzung (Teil II), DStR 1994, 812

Marquardt, Erbschaft- und Schenkungsteuer im Bereich der Land- und Forstwirtschaft – aktuelle Rechtsentwicklungen, HLBS-Report 2012, 73

Meng/Ritter/Humolli, Berücksichtigung von steuerbefreiten Flächen bei der Grundsteuerzerlegung, DStR 2014, 1752

Metz, Zur Bewertung der weinbaulichen Nutzung bei der Hauptfeststellung der Einheitswerte des land- und forstwirtschaftlichen Vermögens auf den 1. 1. 1964, INF L 1968, 273

Meurer, Der Umsatzsteuer-Anwendungserlass – Änderungen seit dem 19.2.2019, UStB 2020, 28

Meyne-Schmidt, Ertragsteuerliche Behandlung von Milchquoten, Zuckerrüben- und Eigenjagdrechten sowie Bodenschätzen, StBp 2000, 215

Milch, Steuerliche Abgrenzung zwischen landwirtschaftlicher und gewerblicher Tierhaltung, INF 1985, 193

Mindermann/Lukas, Liebhaberei – eine rein steuerliche Angelegenheit?, NWB 2012, 182

Möckel, Die Europarechtswidrigkeit von § 24 UStG, DStZ 2002, 824

Müller, B., Sozialversicherungsrechtliche Beurteilung von zeitlich begrenzten Saisonbeschäftigungen in der LuF im Beitrittsgebiet, INF 1991, 111

Müller, S., Aktuelle umsatzsteuerrechtliche Entwicklungen in der Land- und Forstwirtschaft, HLBS Steuerfachtagung 2013, 99

Müller-Feldhammer, Das Ertragswertverfahren bei der Hofübergabe, ZEV 1995, 161

Münchehofer/Springer, Nachweis des niedrigen gemeinen Wertes bei der steuerlichen Bedarfsbewertung, DStZ 2006, 725

N

Nacke, Aktuelle EuGH-Urteile mit besonderer Bedeutung für das nationale Umsatzsteuerrecht – Ein Überblick über die Folgewirkungen, NWB 2018, 2314

Nägele, Saisonarbeitsverträge in der Land- und Forstwirtschaft – Steuer- und Sozialversicherungspflicht, INF 1988, 325

Neeser, Austauschbar oder vergleichbar? – Die fragwürdige Entscheidung des BFH zu Holzhackschnitzeln BFH v. 21.4.2022, V R 2/22 (V R 6/18) und deren dramatische Auswirkungen, UVR 2022, 274

Nieskens, Umsatzsteuerliche Änderungen im Rahmen des Steuervergünstigungsabbaugesetzes, UR 2003, 313

Nieskens, Das nahende Ende des § 24 UStG, EuGH-U Rep 2004, 55

Nieskens, Grundsatz vom Verbot rechtsmissbräuchlicher Gestaltungen, EU-UStB 2018, 5

Nolte, Steuerliche Behandlung landwirtschaftlicher Tierhaltungskooperationen, NStR Land- und Forstwirtschaft, Tierhaltung, Darstellung 1

O

Ortenburg, Zur Bedeutung des „stehenden Holzes" bei der Einkommenbesteuerung von Forstwirten, DStZ 2005, 782

Ostmeyer, Bilanzsteuerliche Behandlung der unentgeltlich überlassenen landwirtschaftlichen Betriebe, INF 1986, 175

Ostmeyer, Die bilanzsteuerliche Behandlung der entgeltlich überlassenen landwirtschaftlichen Betriebe, INF 1989, 199

Ostmeyer, Abwicklung landwirtschaftlicher Pachtverhältnisse mit einer Verpachtung, INF 2000, 7

P

Pape, Teilbetriebe in der Forstwirtschaft – Änderung der höchstrichterlichen Rechtsprechung –, INF 1991, 270

Paulick, Fragen zur landwirtschaftlichen Buchführung nach der AO 1977, FR 1978, 329

Paus, Betriebsunterbrechung oder Betriebsaufgabe bei Betriebsverpachtung, DStZ 1986, 354

Paus, Einlage von Bodenschätzen ins Betriebsvermögen – Anmerkungen z. BFH-Urteil v. 19. 7. 1994, INF 1995, 200

Petzoldt, Nießbrauch an Personengesellschaftsanteilen, DStR 1992, 1171

Pieske-Kontny, Besteuerung einer Imkerei – Teil 2: Umsatzbesteuerung nach Durchschnittssätzen, StBp 2025, 209

Plückebaum, Realteilung: Resümee nach Ergehen des Urteils des BFH vom 19.1.1982, FR 1982, 586

Potjans/Joost, Vorsteuerabzug bei Vorräten und Waren aufgrund der Änderung des § 24 UStG zum 1.1.2022, NWB 2021, 3032

Potjans/Joost, Umsatzbesteuerung von Land- und Forstwirten nach der Änderung zum 1.1.2022 - Darstellung und Einordnung des BMF-Schreibens v. 2.6.2022, NWB 2022, 3375

R

Radtke, Die Pauschalierung der Lohnsteuer in Weinbaubetrieben (§ 40a Abs. 2 EStG), INF 1990, 169

Raude, Der Hofübergabevertrag in der notariellen Praxis, ErbR 2016, 69

Reiter, Biogasanlagen im Ertragsteuerrecht, AgrB 2019, 145

Richter/Winter, Neue ertragsteuerliche Voraussetzungen einer (Teil-)Betriebsveräußerung bzw. -aufgabe?, DStR 1986, 145

Riegler, Bewertung von mit land- und forstwirtschaftlichem Grund und Boden im Zusammenhang stehenden Milchlieferrechten, DStZ 2003, 685

Riegler, Besteuerung landwirtschaftlicher Umsätze nach Durchschnittssätzen – Im Lichte der Pauschalregelung für landwirtschaftliche Erzeuger der Mehrwertsteuersystemrichtlinie, UR 2015, 329

Rieke, Abschläge beim Einheitswert bei viehlos bzw. schwachbewirtschafteten Betrieben der Land- und Forstwirtschaft, INF 1983, 581

Rieke, Zahlung von Erschließungskosten durch Erbbauberechtigte als Einnahmen des Erbbauverpflichteten, INF 1985, 169

Ritzrow, Zur Abgrenzung des Betriebes einer Land- und Forstwirtschaft, Pferdezucht, Reitschule, eines Springreitsports- und Trabrennstalls von der Liebhaberei, StW 2000, 45

Ritzrow, Pferdehaltung und Pferdezucht, EStB 2009, 205

Roemer, Die Hoferklärung in der notariellen Praxis, RNotZ 2015, 556

Roland, Einkommensteuerliche Änderungen durch das Gesetz zur Änderung des Forstschäden-Ausgleichsgesetzes, DStZ 1985, 552

Rosenau, Der Nießbrauch in rechtlicher und steuerrechtlicher Sicht, DB 1969, Beilage Nr. 3

Rößler, Anmerkung zu BFH 17. 7. 1984 BStBl 86 II 48, BB 1986, 510

Rothenberger, Landwirtschaftliche Durchschnittssatzbesteuerung und Organschaft, UStB 2018, 2

Rothenberger, Anm. zum BFH-Urteil vom 29. 09. 2015, II R 23/14, ErbStB 2016, 40

Ruby, Das Landwirtschaftserbrecht: Ein Überblick, ZEV 2006, 351

S

Schild, Pauschalierende Ermittlung des Gewinns am Weinbau, INF 2007, 382

Schindler, Bildung einer Rückstellung für Wiederaufforstungskosten, BB 1985, 239

Schindler, Begriff des Waldes, der Forstwirtschaft, des forstwirtschaftlichen Betriebes und Teilbetriebes aus der Sicht der Waldgesetze und des Einkommensteuerrechts, StBp 1986, 224

Schindler, Kalamitätsfolgehiebe i. S. d. § 5 Abs. 2 Forstschädenausgleichsgesetz, StBp 1991, 83

Schindler, Das Landgut im Erbrecht und im Steuerrecht, StBp 1992, 63

Schlienkamp, Änderungen des Umsatzsteuergesetzes durch das Mißbrauchsbekämpfungs- und Steuerbereinigungsgesetz, UR 1994, 133

Schmidt, Anmerkung zu BFH 17. 7. 1984 BStBl 1986 II 48, FR 1985, 78

Schmitz, Aktuell vor dem Bundesfinanzhof anhängige Revisionsverfahren zu Umsatzsteuer in der Land- und Forstwirtschaft, Agrar- u. Umweltrecht 2012, 297

Schnekenburger, Der Landwirt als Energieerzeuger, HLBS-Report 2005, 135

v. Schönberg, Wiedereinrichter und Liebhaberei in der Land- und Forstwirtschaft, FR 1992, 246

v. Schönberg, Verluste aus Nerzzucht, NWB F. 3, 12593 (39/2003)

v. Schönberg, Ehegatten-Mitunternehmerschaft bei Einkünften aus LuF, HFR 2004, 639

v. Schönberg, Einkünftequalifikation bei Tierhaltung und Tierzüchtung, HFR 2005, 416

v. Schönberg, Zur unentgeltlichen Betriebsübertragung unter Zurückbehaltung nicht wesentlicher Betriebsgrundlagen, HFR 2005, 735

v. Schönberg, Zu den Merkmalen der Liebhaberei bei einem Forstbetrieb, HFR 2005, 964

v. Schönberg, Umbau der landwirtschaftlichen Stallgebäude, HFR 2005, 961

Schoor, Vermögensübertragung gegen Rente oder dauernde Last nach der Neufassung des Rentenerlasses, INF 2003, 271

Schröder, Abbauland in Brandenburg, GuG 2000, 353

Schröder/Fuchs, Probleme beim Übergang von der Liebhaberei zum Gewerbebetrieb oder Betrieb der Land- und Forstwirtschaft, StBp 1990, 261

Schrömbges, Wem ist die Milchproduktion in gepachteten Anlagen zuzurechnen?, ZfZ 1991, 109

Schüler-Täsch, Aktuelle Entwicklung der Rechtsprechung zur Durchschnittssatzbesteuerung der Land- und Forstwirte gemäß § 24 UStG, MwStR 2013, 540

Schultz, Sonderfragen bei der Besteuerung der Schafhaltungsbetriebe, INF 1984, 60

Schulze-Temming, Sind Aufwendungen für die Jagd steuerlich abzusetzen?, INF 1989, 322 und 1990, 433

Schulze zur Wiesche, Vermögensübertragungen im Wege der vorweggenommenen Erbfolge, BB 1986, 1134

Schwaiger, Gemeinschaftsrechtswidrigkeit der Pauschalbesteuerung der Land- und Forstwirte, SWK Steuern 756 (16/2004)

Schwenke, Das Altersklassenverfahren im Rahmen der Einheitsbewertung, Forstarchiv 1968, 101

Schwenke, Steuerliches und außersteuerliches Wertermittlungsverfahren in der Forstwirtschaft, INF 1976, 229

Seeger, Erbauseinandersetzung und vorweggenommene Erbfolge im Einkommensteuerrecht, DB 1992, 1010

Seer, Die steuerliche Behandlung sog. Übergabeverträge, NWB F. 2, 6985

Selter, Besteuerung unentgeltlichen Erwerbs von land- und forstwirtschaftlichem Vermögen nach dem Beschluss des BVerfG v. 7. 11. 2006, AuUR 2007, 121

Sender/Weilbach, Umsatzsteuerliche Behandlung von Pferdezucht und Teilnahme an Pferderennen bei Liebhaberei, UR 2006, 375

Söbbeke, Landwirtschaftserbrecht: Die nordwestdeutsche HöfeO, ZEV 2006, 395

Söbbeke, Landwirtschaftserbrecht: die Hofübergabe zu Lebzeiten, ZEV 2006, 493

Söffing, Erbauseinandersetzung in einkommensteuerrechtlicher Sicht (Teil II), DB 1991, 828

Sommerfeldt, Die Berücksichtigung der verstärkten Tierhaltung bei der Einheitsbewertung der land- und forstwirtschaftlichen Betriebe, DStZ/A 1978, 181

Sommerfeldt, Die neueste Rechtsprechung des BFH zur Bewertung der verstärkten Tierhaltung, DStZ 1980, 448

Sommerfeldt, Zur bewertungsrechtlichen Behandlung von Brütereien, StQ 46, 33

Sommerfeldt, Die Bodenschätzung der Finanzverwaltung, DStZ 1994, 2

Sommerfeldt, Die Rechtsprechung zur Bodenschätzung der Finanzverwaltung, DStZ 1995, 718

Speich, Liebhaberei im Steuerrecht, NWB F. 3, 6399

Spindler, Die Wertverrechnung bei privaten dauernden Lasten, DB 1986, 450

Spindler, Zur steuerrechtlichen Behandlung der vom Erbbauberechtigten übernommenen Erschließungskosten, DB 1994, 650

Stephany, Die Realteilung von Personengesellschaften nach neuer Rechtslage im Fall der Land- und Forstwirtschaft, INF 2002, 718

Stephany, Die Besteuerung von Ausgleichsflächen, INF 2003, 658

Stephany, Einkommensteuerliche Behandlung der Verpachtung eines land- und forstwirtschaftlichen Betriebs im Ganzen, HLBS-Report 2003, 7

Stephany, Steuerliche Behandlung von Photovoltaik- und Biogasanlagen bei Land- und Forstwirten, AuUR 2006, 5

Stephany, Erbschaftsteuerreform 2009: Die Auswirkungen auf das land- und forstwirtschaftliche Vermögen, AuUR 2009, 141

Steppert, Die Gründung von Gesellschaften zwischen Angehörigen in der Land- und Forstwirtschaft – ein Steuererstattungsmodell?, UR 1991, 132

Sterzinger, Änderungen des UStG und der UStDV durch das sog. JStG 2019 und das BEG III, UR 2020, 1

Sterzinger, Änderungen des UStG, der UStDV und der EUStBV durch das sog. Jahressteuergesetz 2020, UR 2020, 941

Sterzinger, Bedeutung des Neutralitätsgrundsatzes für Steuersatzermäßigungen, Besprechung zu BFH v. 21.4.2022 - V R 2/22 (V R 6/18), USt direkt digital 16/2022, 8

Sterzinger, Vorsteuerabzug und Vorsteuerberichtigung bei Land- und Forstwirten, UR 2023, 711

Sterzinger, Aktuelle Änderungen des UStG und der UStDV durch das JStG 2024 und weitere Änderungsgesetze, UR 2024, 869

Stöckel, Sind Windfarmen/-parks dem Grundvermögen zuzurechnen? – Abgrenzung des land- und forstwirtschaftlichen Vermögens vom Grundvermögen, NWB 2013, 292

Strunz, Umsatzsteuerliche Fragen bei landwirtschaftlichen und gewerblichen Gärtnereien, UVR 1991, 67

Stuhrmann, Arbeitsverträge zwischen Ehegatten, NWB F. 3, 6091

Sydow, Änderungen der ESt durch das StEntlG 1999/2000/2002, NWB F. 3b, 5241

T

Taschenmacher, Vergleichszahlen der Hauptbewertungsstützpunkte, DStZ/A 1968, 57

Tehler, Teilweise Gemeinschaftsrechtswidrigkeit der Durchschnittssätze für land- und forstwirtschaftliche Betriebe nach § 24 UStG, UR 2007, 917

Thissen, Veräußerung und Übertragung landwirtschaftlicher Betriebe im Umsatzsteuerrecht unter besonderer Berücksichtigung einer vorausgehenden Betriebsverpachtung, DStZ 1992, 582

Tiedtke, Die Entgeltlichkeit von Vermögensübertragungen im Wege der vorweggenommenen Erbfolge, StuW 1991, 381

Tsyganov, Die Besteuerung der Cannabis-Anbauvereinigungen, DStR 2025, 1498

v. Twickel Freiherr, Und ewig(?) rauschen die Wälder, FR 2008, 612

v. Twickel Freiherr, Drum prüfe, wer sich ewig bindet... – Mitunternehmerschaft bei Landwirtsehegatten, DStR 2009, 411

U

Ulbrich, Differenzbesteuerung bei von Landwirten erworbenen Gegenständen – zugleich Anmerkung zu FG Münster v. 29.3.2022 – 5 K 1589/21 U, MwStR 2022, 734

Urban, Besteuerung der Imkereien – Einheitsbewertung, Einkommensteuer und Umsatzsteuer im Überblick, SWK Steuern 2001, 408

V

Voigt, Aktuelle förderpolitische und steuerliche Themen im Bereich der Forstwirtschaft, AgrB 2022, 20

Voß, Forstschädenausgleichsgesetz (FschAusglG) und Betriebsausgabenpauschsatz, StBp 3/98, 74

Voß, Inhalt und Aufbau von Forstbetriebsgutachten für steuerliche Zwecke, StBp 2003, 137

W

Wäger, Kein Vorsteuerabzug aus einem rechtsmissbräuchlich zum alleinigen Zweck des Erlangens eines Steuervorteils gestalteten Umsatz, UR 2006, 240

Wäger, Rechtsprechungsauslese 2017, UR 2018, 45

Walsemann, Die Klassifikation der landwirtschaftlichen Betriebe in Deutschland von 1971 bis 2001, WiSta 2003, 191

Walter, Grundbesitzbewertung bei Abbau- und Substanzbetrieben, INF 2005, 457

Weber, Pflichtteilsregelung bei land- und forstwirtschaftlichem Vermögen – Mustergültige Gestaltungen –, INF 1989, 468

Wendt, Betriebsvermögenstransfers bei land- und forstwirtschaftlichen Mitunternehmerschaften, HLBS Steuerfachtagung 2012, 35

Wesche, Erbschaftsteuer bei land- und forstwirtschaftlichem Vermögen, DStZ 2003, 497

WGC, Binnenfischerei, also Fischzucht und Teichwirtschaft, keine gewerbliche Tierzucht, INF 1987, 141

Widmann, Jahressteuergesetz 2020: Die umsatzsteuerlichen Änderungen, MwStR 2021, 6

Widmann, Betriebsvorrichtungen als Gegenstand von Umsätzen, UR 2024, 5

Widmann, Umsatzsteuerrechtliche Fragen bei Cannabis-Anbauvereinigungen, UR 2025, 4

Widmann, Jahressteuergesetz 2024: Die Änderungen des UStG und der UStDV, MwStR 2025, 6

Wiegand, Die ertragsteuerliche Behandlung von Biogasanlagen, INF 2006, 497

Wiegand, Neue steuerrechtliche Anforderungen zur Bestimmung land- und forstwirtschaftlicher Nebenbetriebe?, HLBS-Report 2006, 86

Wiegand, Die Besteuerung der Land- und Forstwirtschaft aus der Sicht der BFH-Rspr. des Jahres 2007, INF 07/2008

Wiegand, Zweifelsfragen zur ertragsteuerlichen Behandlung von Biogasanlagen, HLBS-Report 2007, 107

Wiegand, Die Neuregelung des erbschaftsteuerlichen Bewertungsrechts auf Grundlage der künftigen Bewertungsverordnungen, ZEV 2008, 129

Wiegand, Die Bewertung des land- und forstwirtschaftlichen Vermögens nach dem Gesetz zur Reform des Erbschaftsteuer- und Bewertungsrechts, StW 2010, 56

Wiegand, Die Bewertung des land- und forstwirtschaftlichen Vermögens für Zwecke der Erbschaft-/Schenkungsteuer – ein Fall für Sachverständige?, GuG 2011, 268

Wiegand, Abgrenzung der Land- und Forstwirtschaft vom Gewerbe, NWB 2012, 460

Wiegand, Neue Regelung zur Abgrenzung der Land- und Forstwirtschaft vom Gewerbe, HLBS-Report 2012, 3

Wiegand, Neue Regelungen zur Bewertung des Feldinventars, NWB 2013, 2330

Wiegand, Die Ermittlung des Gewinns aus Land- und Forstwirtschaft nach Durchschnittssätzen im neuen Gewand – Neufassung des § 13a EStG durch das ZollKodex-AnpG, NWB 2015, 250

Wiegand, Einführung in die Tarifglättung für Einkünfte aus Land- und Forstwirtschaft, NWB 2017, 649

Wiegand, Besteuerung der Land- und Forstwirtschaft – Aktuelle Fragen zu ertragsteuerrechtlichen Besonderheiten des Weinbaus, NWB 2018, 28

Wiegand, Die Einschlagsbeschränkung für das Forstwirtschaftsjahr 2020/2021 – Steuerrechtliche Auswirkung des Forstschäden-Ausgleichsgesetzes sowie § 34b EStG, NWB 2021, 1826

Wiegand, Bewertung des land- und forstwirtschaftlichen Vermögens für Zwecke der reformierten Grundsteuer – Ländererlasse regeln praktische Umsetzung, NWB 2022, 517

Winkler, Neue Rspr. zur Abgrenzung von landwirtschaftlichen Dienstleistungen, HLBS-Report 2005, 69

Wittwer, Aktuelle Rechtsprechung zur Ertragsbesteuerung in der Land- und Forstwirtschaft, HLBS Steuerfachtagung 2012, 7

Wittwer, Aktuelle Rechtsprechung zur Ertragsbesteuerung in der Land- und Forstwirtschaft, HLBS Steuerfachtagung 2013, 7

Woerner, Einschränkung des Mitunternehmerbegriffs durch den Bundesfinanzhof, BB 1986, 704

Wolter, Steuerliche Sonderregelung für landwirtschaftliche Tierhaltungskooperationen, DStZ 1971, 326

Z

Zugmaier, Zur Abgrenzung zwischen land- und wirtschaftlichem Nebenbetrieb bei Direktmarketing, INF 1997, 579

Zugmaier, Das Verpächterwahlrecht bei der Verpachtung gewerblicher, land- und forstwirtschaftlicher sowie freiberuflicher Betriebe, FR 1997, 597

ABKÜRZUNGSVERZEICHNIS

	A
a. A.	anderer Ansicht
a. a. O.	am angegebenen Ort
abg.	Rechtsausführungen abgelehnt
Abs.	Absatz
Abschn.	Abschnitt
AEAO	Anwendungserlass zur AO
AEBewGrSt	Anwendungserlass zur Bewertung des Grundbesitzes für Zwecke der Grundsteuer ab 1.1.2022
AEGrStG	Erlass zur Anwendung des Grundsteuergesetzes ab 1.1.2025
AELV	Arbeitseinkommensverordnung Landwirtschaft
a. F.	alte Fassung
AfA	Absetzungen für Abnutzung
AfS	Absetzung für Substanzverringerung
AFZ	Allgemeine Forstzeitschrift (Zs.)
AGBGB	Ausführungsgesetz zum BGB
AgrarR	Agrarrecht (Zs.)
agw. Belastungen	außergewöhnliche Belastungen
AK	Anschaffungskosten
ALG	Gesetz über die Alterssicherung der Landwirte
allg. M.	allgemeine Meinung
Alt.	Alternative
AltEinkG	Alterseinkünftegesetz
AmtshilfeRLUmsG	Amtshilferichtlinie-Umsetzungsgesetz
ÄndG	Änderungsgesetz
Anm.	Anmerkung
Anw.	Anweisung
AO	Abgabenordnung 1977
ArbG	Arbeitgeber
ArbN	Arbeitnehmer

Art.	Artikel
ASEG	Agrarsoziales Ergänzungsgesetz
aufg.	aufgehoben
Aufl.	Auflage
Az.	Aktenzeichen

B

BA	Betriebsausgaben
BAnz	Bundesanzeiger
BauGB	Bundesbaugesetz (ab 1. 7. 87: Baugesetzbuch)
Bay.	Bayern
BayLfSt	Bayerisches Landesamt für Steuern
BayRS	Bayerische Rechtssammlung
BB	Betriebs-Berater (Zs.); Brandenburg
BBB	BeraterBriefBetriebswirtschaft (Zs.)
BE	Betriebseinnahmen
Bek.	Bekanntmachung
Beschl.	Beschluss
best.	Rechtsausführungen bestätigt
BewG	Bewertungsgesetz
BewRGr	Richtlinien für die Bewertung des Grundvermögens
BewRL	Richtlinien für die Bewertung des land- und forstwirtschaftlichen Vermögens
BFH	Bundesfinanzhof
BFHE	Entscheidungen des Bundesfinanzhofs
BFH/NV	Sammlung amtlich nicht veröffentlichter Entscheidungen des BFH (Zs.)
BFH-PR	Entscheidungen des Bundesfinanzhofs für die Praxis der Steuerberatung (Zs.)
BGB	Bürgerliches Gesetzbuch
BGBl	Bundesgesetzblatt
BGH	Bundesgerichtshof
BGHZ	Entscheidungen des Bundesgerichtshofs in Zivilsachen
BJagdG	Bundesjagdgesetz
BMF	Bundesministerium der Finanzen

BMWF	Bundesminister für Wirtschaft und Finanzen
BodSchätzG	Gesetz über die Schätzung des Kulturbodens
Bp	Betriebsprüfung
BPO	Betriebsprüfungsordnung
BR	Bremen
BReg.	Bundesregierung
bspw.	beispielsweise
BStBl	Bundessteuerblatt
BT-Drucks.	Bundestags-Drucksache
Buchst.	Buchstabe
BuW	Betrieb und Wirtschaft (Zs.)
BV	Betriebsvermögen
BVerfG	Bundesverfassungsgericht
BVerwG	Bundesverwaltungsgericht
BW	Baden-Württemberg
BWaldG	Bundeswaldgesetz

D

DB	Der Betrieb (Zs.)
d. h.	das heißt
DMBilG	DM-Bilanzgesetz
DMEB	DM-Eröffnungsbilanz
Drucks.	Drucksache
DStR	Deutsches Steuerrecht (Zs.)
DStZ (/E)	Deutsche Steuer-Zeitung (Ausgabe E)

E

EEAO	Einführungserlass zur AO
EFG	Entscheidungen der Finanzgerichte (Zs.)
EGAO	Einführungsgesetz zur AO
EGBGB	Einführungsgesetz zum BGB
EGE	Europäische Größeneinheit

einschl.	einschließlich
EMZ	Ertragsmesszahl
EnergieStG	Energiesteuergesetz
ErbStB	Erbschaft-Steuerberater (Zs.)
ErbSt(G)	Erbschaftsteuer(gesetz)
ErbStR	Erbschaftsteuer-Richtlinien
ErbStRG	Erbschaftsteuer-Reformgesetz
Erl.	Erlass
ErsWWErl	Gleichlautende Ländererlasse betr. die Ermittlung von Ersatzwirtschaftswerten und die Festsetzung der Grundsteuermessbeträge für Betriebe der Land- und Forstwirtschaft
EStB	Der Ertrag-Steuer-Berater (Zs.)
EStDV	Einkommensteuer-Durchführungsverordnung
ESt(G)	Einkommensteuer(gesetz)
EStH	Einkommensteuer-Handbuch
EStR	Einkommensteuer-Richtlinien
est(recht)lich	einkommensteuer(recht)lich
EuGH	Europäischer Gerichtshof
EuGH-URep	Der Umsatzsteuerreport des Europäischen Gerichtshofs
EÜR	Einnahmenüberschussrechnung
EuroEG	Gesetz zur Einführung des EURO
evtl.	eventuell
EW	Einheitswert

F

f. (ff.)	folgend (fortfolgende)
FA	Finanzamt
FAG	Forstschäden-Ausgleichsgesetz
FELEG	Gesetz zur Förderung der Einstellung der landwirtschaftlichen Erwerbstätigkeit
FG	Finanzgericht
FGO	Finanzgerichtsordnung
FinBeh	Finanzbehörde
FinMin	Finanzminister(ium)

FinVerw	Finanzverwaltung
FlurbG	Flurbereinigungsgesetz
fm	Festmeter (m^3)
FMBl	Amtsblatt FinMin Bayern
FR	Finanz-Rundschau (Zs.)
FZV	Fahrzeug-Zulassungsverordnung

G

GAL	Gesetz über eine Altershilfe für Landwirte
GAP	Reform der Gemeinsamen Agrarpolitik
GBO	Grundbuchordnung
Gem. RdErl.	Gemeinsamer Runderlass
gem.	gemäß
GewSt(G)	Gewerbesteuer(gesetz)
GG	Grundgesetz
ggf.	gegebenenfalls
GKG	Gerichtskostengesetz
gl. A.	gleicher Ansicht
GLE	Gleich lautende Erlasse der obersten Finanzbehörden der Länder
GnD	Gewinnermittlung nach Durchschnittssätzen
GodStFachtg	Vorträge der Godesberger Steuerfachtagung
grds.	grundsätzlich
GrEStFestG	Gesetz über die Festsetzung des Steuersatzes für die/bei der Grunderwerbsteuer
GrESt(G)	Grunderwerbsteuer(gesetz)
GrEStSG	Gesetz über die Festsetzung des Steuersatzes bei der Grunderwerbsteuer
GrS	Großer Senat
GrSt(G)	Grundsteuer(gesetz)
GrStR	Grundsteuer-Richtlinien
GrStRG	Grundsteuer-Reformgesetz
GuG	Grundstücksmarkt und Grundstückswert (Zs.)
GVBl	Gesetz- und Verordnungsblatt Bayern

H

H	Hinweis
HA	Hamburg
ha	Hektar
HBeglG	Haushaltsbegleitgesetz
HBSt	Hauptbewertungsstützpunkt
HE	Hessen
HFR	Höchstrichterliche Finanzrechtsprechung (Zs.)
HGB	Handelsgesetzbuch
HK	Herstellungskosten
HLBS-Report	Hauptverband der Landwirtschaftlichen Buchstellen und Sachverständigen Report (Zs.)
HöfeO	Höfeordnung
HZAZustV	Hauptzollamtszuständigkeitsverordnung

I

IAB	Investitionsabzugsbetrag
i. d. F.	in der Fassung
i. d. R.	in der Regel
i. H.	in Höhe
ImmoWertV	Immobilienwertermittlungsverordnung
INF	Die Information für Steuerberater und Wirtschaftsprüfer (Zs.)
InvZul	Investitionszulage
i. R. d.	im Rahmen des/der
i. S.	im Sinne
IStR	Internationales Steuerrecht (Zs.)
i. V.	in Verbindung

J

JStG	Jahressteuergesetz
Juris PR	Juris Praxisreport

K

K.	Karte
KapGes	Kapitalgesellschaft
KBA	Kraftfahrt-Bundesamt
KdöR	Körperschaft des öffentlichen Rechts
KG	Kommanditgesellschaft
KiSt	Kirchensteuer
Kj	Kalenderjahr
Komm.	Kommentar
KraftStDV	Kraftfahrzeugsteuer-Durchführungsverordnung
KraftSt(G)	Kraftfahrzeugsteuer(gesetz)
KSt(G)	Körperschaftsteuer(gesetz)
kstpfl.	körperschaftsteuerpflichtig
KStZ	Kommunale Steuerzeitschrift
KVLG	Gesetz über die Krankenversicherung der Landwirte

L

LaFG	Gesetz zur Förderung der bäuerlichen Landwirtschaft
LAK	Landwirtschaftliche Alterskasse
LandwKartei	Landwirtschafts-Kartei BW
LaVo	Landwirtschafts-Anpassungsverordnung
LfSt	Landesamt für Steuern
LJG	Landesjagdgesetz
LN	Landwirtschaftliche Nutzung
LoF	Land- oder Forstwirtschaft
lof	land- oder forstwirtschaftlich
LPartG	Gesetz über die eingetragene Lebenspartnerschaft
LPG	Landwirtschaftliche Produktionsgenossenschaft
LSt(JA)	Lohnsteuer(-Jahresausgleich)
LSW	Lexikon des Steuer- und Wirtschaftsrechts
lt.	laut
LuF	Land- und Forstwirtschaft bzw. Land- und Forstwirt
luf	land- und forstwirtschaftlich

LVZ	Landwirtschaftliche Vergleichszahl
LwKG	Landwirtschaftskammergesetz

M

m. E.	meines Erachtens
MF	Ministerium der Finanzen
MinBlELF	Ministerialblatt des Bundesministers für Ernährung, Landwirtschaft und Forsten (Zs.)
Mio.	Million
Mrd.	Milliarde
MV	Mecklenburg-Vorpommern
MWL	Ministerium für Wirtschaft, Tourismus, Landwirtschaft und Forsten
m. w. N.	mit weiteren Nachweisen
MwSt	Mehrwertsteuer
MwStSystRL	Richtlinie 2006/112/EG des Rates vom 28. 11. 2006 über das gemeinsame Mehrwertsteuersystem (Mehrwertsteuer-Systemrichtlinie)
MwStVO	Durchführungsverordnung (EU) Nr. 282/2011

N

nBV	notwendiges Betriebsvermögen
ND	Niedersachsen
n. F.	neue Fassung
NJW	Neue Juristische Wochenschrift (Zs.)
Nr.	Nummer
nrkr.	nicht rechtskräftig
n. v.	nicht veröffentlicht
NW	Nordrhein-Westfalen
NWB	Neue Wirtschafts-Briefe (Zs.)
NWB DokStR	NWB Dokumentation Steuerrecht (Zs.)
NWB EN-Nr.	NWB Eilnachrichten-Nr. in NWB
NWB EV	NWB Erben und Vermögen (Zs.)

O

o. a.	oben angegeben
o. Ä.	oder Ähnliche(s)
OFD	Oberfinanzdirektion(en)
OHG	Offene Handelsgesellschaft

P

PersGes	Personengesellschaft(en)
PV	Privatvermögen

R

R	Richtlinie
r.	rechte
RAO	Reichsabgabenordnung
RAP	Rechnungsabgrenzungsposten
RdErl.	Runderlass
RealSt2007-2011 HebSFudG BE	Gesetz über die Festsetzung der Hebesätze für die Realsteuern für die Kalenderjahre 2007 bis 2011 und des Steuersatzes für die Grunderwerbsteuer
RechtsVO	Rechtsverordnung
Rev.	Revision
RfE	Rücklage für Ersatzbeschaffung
RFH	Reichsfinanzhof
RGBl	Reichsgesetzblatt
RGZ	Entscheidungen des Reichsgerichts in Zivilsachen
Rh.-Pf., RP	Rheinland-Pfalz
rkr.	rechtskräftig
Rspr.	Rechtsprechung
RStBl	Reichssteuerblatt
Rz.	Randziffer

S

S.	Seite
s. (a.)	siehe (auch)
SächsGrEStSatzG	Sächsisches Gesetz über die Bestimmung des Steuersatzes bei der Grunderwerbsteuer
SBV	Sonderbetriebsvermögen
SchenkSt	Schenkungsteuer
Schl.-Holst.	Schleswig-Holstein
Schr.	Schreiben
SDB	Standarddeckungsbeitrag
SL	Saarland
s. o.	siehe oben
sog.	so genannt
Sp.	Spalte
ST	Sachsen-Anhalt
StÄndG	Steueränderungsgesetz
StBauFG	Städtebauförderungsgesetz (ab 1.7.1987: Baugesetzbuch [BauGB])
StBp	Die steuerliche Betriebsprüfung (Zs.)
StEK	Steuererlasse in Karteiform (Zs.)
StEL	Steuerrechtliche Entscheidungen zur Land- und Forstwirtschaft
StEntlG	Steuerentlastungsgesetz 1999/2000/2002
StLex	Steuerlexikon (Zs.)
Stpfl.	Steuerpflichtige(r)
StQ	Steuerliche Quintessenz
str.	streitig
StraBEG	Strafbefreiungserklärungsgesetz
StRK	Steuerrechtsprechung in Karteiform (Zs.)
st. Rspr.	ständige Rechtsprechung
StStud	Steuer & Studium (Zs.)
StVergAbG	Steuervergünstigungsabbaugesetz
StVj	Steuerliche Vierteljahresschrift (Zs.)
StVZO	Straßenverkehrs-Zulassungs-Ordnung
StWa	Steuer-Warte (Zs.)
StWK	Steuer-und Wirtschaftskurzpost

s. u.	siehe unten
SWK	Steuer- und Wirtschaftskartei

T

Tz.	Textziffer
TH	Thüringen

U

u. a.	unter anderem
u. Ä.	und Ähnliche(s)
u. dergl.	und dergleichen
u. E.	unseres Erachtens
UmwStG	Gesetz über steuerliche Maßnahmen bei Änderung der Unternehmensform
UR	Umsatzsteuer-Rundschau (Zs.)
Urt.	Urteil
UStAE	Umsatzsteuer-Anwendungserlass
UStDV	Umsatzsteuer-Durchführungsverordnung
USt(G)	Umsatzsteuer(gesetz)
UStR	Umsatzsteuer-Richtlinien
ust(recht)lich	umsatzsteuer(recht)lich
usw.	und so weiter
u. U.	unter Umständen
UVR	Umsatzsteuer- und Verkehrsteuer-Recht (Zs.)

V

v.	vom
VE	Vieheinheiten
VermBG	Vermögensbildungsgesetz
Vfg.	Verfügung
vgl.	vergleiche
v. H.	vom Hundert

VO	Verordnung
VOL	VO über die Aufstellung von Durchschnittssätzen für die Ermittlung des Gewinns aus LuF
VSt(G)	Vermögensteuer(gesetz)
VStR	Vermögensteuer-Richtlinien
v. T.	vom Tausend
VuV	Vermietung und Verpachtung
VV BY LfSt	Verwaltungsvorschrift Bayerisches Landesamt für Steuern
VZ	Veranlagungszeitraum

W

WG	Wirtschaftsgut, Wirtschaftsgüter
WHG	Wasserhaushaltsgesetz
WiGBl	Gesetzblatt der Verwaltung des Vereinigten Wirtschaftsgebietes
Wj	Wirtschaftsjahr
WK	Werbungskosten
WVZ	Weinbauvergleichszahl

Z

z. B.	zum Beispiel
ZErb	Zeitschrift für die Steuer- und Erbrechtspraxis
ZEV	Zeitschrift für Erbrecht und Vermögensnachfolge
ZfZ	Zeitschrift für Zölle und Verbrauchsteuern
ZIP	Zeitschrift für Wirtschaftsrecht
ZMR	Zeitschrift für Miet- und Raumrecht
ZPO	Zivilprozessordnung
ZRFG	Zonenrandförderungsgesetz
Zs.	Zeitschrift
ZSteu	Zeitschrift für Steuern und Recht
z. T.	zum Teil
zw.	zwischen
zz.	zurzeit

A. Einführung, Überblick

I. Allgemeines

Land- und Forstwirtschaft (LuF) ist eine betriebliche Betätigung mit Lebewesen, um Pflanzen und Pflanzenteile mit Hilfe der Naturkräfte zu gewinnen und um Tiere zu betreuen. Das Steuerrecht für LuF muss daher aus der Natur der Sache bei der Gewinnermittlung, der Bilanzierung und der Bewertung berücksichtigen, dass sich der Wert von „Wirtschaftsgütern" durch das Wachstum in einer oder in mehreren Vegetationsperioden oder Tierhaltungsperioden verändert. Für LuF sind daher besondere gesetzliche Bestimmungen und rechtliche Beurteilungen von Bedeutung, die sich vielfältig auswirken. 1

Die Ursachen für die Sonderproblematik liegen einmal in den Besonderheiten der luf Tätigkeit selbst. So weisen die landwirtschaftlichen Betriebe noch zahlreiche typische Eigenarten auf, die sie von der übrigen Wirtschaft unterscheiden. Auch besteht ein die Landwirtschaft z. B. von der gewerblichen Wirtschaft unterscheidendes Merkmal darin, dass der Grund und Boden nicht nur den Standort bildet, sondern den maßgebenden Produktionsfaktor ausmacht. Die besonderen Produktionsbedingungen setzen dem landwirtschaftlichen Betrieb von der Natur her Schranken und führen zu einem Betriebsrisiko eigener Art. Insoweit ist die Landwirtschaft z. B. gegenüber den gewerblichen Betrieben in natürlicher und wirtschaftlicher Hinsicht benachteiligt.[1] Die Abhängigkeit von Grund und Boden als unmittelbarer Produktionsgrundlage führt zu weiteren Abhängigkeiten und Notwendigkeiten (z. B. im Rahmen des Erbrechts, wonach ein Hof im Allgemeinen nur einem Erben, dem Hoferben, zufällt, was zur Folge hat, dass die übrigen „weichenden" Erben vielfach nur unter Aufdeckung „stiller Reserven" abgefunden werden können). 2

Grund und Boden ist nicht beliebig vermehrbar. Die Inanspruchnahme landwirtschaftlicher Flächen für Wohnungsbau, Gewerbegebiete, Straßenbau und Versorgungsleitungen und folgend für Ersatz- und Ausgleichsflächen nach dem BNatSchG und länderspezifischen Kompensationsverordnungen ist enorm. Seit der Bankenkrise im Jahr 2008 werden für Grund und Boden immer höhere Preise bezahlt.[2] Für den Veräußerungsfall erleichtern die Übersichten und Erläuterungen im Handbuch eine Prüfung der Betriebsvermögenseigenschaft von Grundstücken im Familienbesitz. 3

---

1 Siehe hierzu auch BVerfG 11.5.1970, BStBl 1970 II S. 579.

2 Z. B. http://www.agrarbericht-2018.bayern.de/tabellen-karten/files/k18.pdf.

4 Die deutsche Agrarpolitik ist mittlerweile untrennbar verbunden mit der Gemeinsamen Agrarpolitik der EU (GAP). Danach werden landwirtschaftliche Betriebe staatlich gefördert. Zum einen erhalten die Landwirte Direktzahlungen (erste Säule) in Abhängigkeit von der landwirtschaftlichen Fläche und konkreten Umweltleistungen (Greening). Zum anderen stehen staatliche Mittel zur Förderung der ländlichen Entwicklung (zweite Säule) zur Verfügung. Der BRH[1] kritisiert die Erfassung dieser Agrarsubventionen.

5 Es kommt hinzu, dass die – nationale und europäische – Agrar- und Ernährungspolitik als ein wesentlicher Bestandteil der allgemeinen Wirtschafts- und Gesellschaftspolitik Einfluss nehmen muss und auch tatsächlich Einfluss nimmt. So greift bspw. die Wirtschaftspolitik mit der Sicherung der Versorgung der Bevölkerung und der Wirtschaft mit Agrargütern einerseits und mit dem Abbremsen einer Überproduktion andererseits in vielfältiger Weise in die Betriebsstrukturen ein und schränkt dadurch – mit positiven und negativen Auswirkungen auf den einzelnen luf Betrieb – einen Wettbewerb nicht unerheblich ein.

6 Eine weitere Herausforderung für die luf Betriebe sind die extremer werdenden Wetterbedingungen und die damit einhergehenden Unwetter. Die Auswirkungen von Sturm, Hochwasser oder Dürre haben die luf Betriebe in den vergangenen Jahren regelmäßig immer wieder beschäftigt.

7 All diese Gesichtspunkte beeinflussen auch sehr stark die Agrarstruktur und die Möglichkeiten für einen Strukturwandel. Als häufig vorkommende Diversifizierungsform (als Nebenbetrieb der Landwirtschaft) sind zu nennen:[2]

- Gewinnung von Festbrennstoffen (ohne die der Urproduktion zugeordnete Forstwirtschaft);
- Erzeugung erneuerbarer Energien;
- landwirtschaftsnahe Dienstleistungen für andere Landwirte, Gewerbe- und Privatkunden sowie die öffentliche Hand, z. B. Winterdienst, Landschaftspflege;
- die Verarbeitung und Direktvermarktung landwirtschaftlicher Erzeugnisse, einschließlich der Bauernhofgastronomie;
- erlebnisorientierte Angebote auf dem Bauernhof für die verschiedensten Zielgruppen;

---

1 BRH-Jahresbericht 2018, Tz. 33, S. 293.

2 http://www.agrarbericht-2018.bayern.de/landwirtschaft-laendliche-entwicklung/diversifizierung.html.

- der Agrotourismus, insbesondere in Urlaubsregionen, ... und
- die Pensions- und Reitsportpferdehaltung.

Diese Betätigungen erfordern vielfach Sonderregelungen auch auf steuerlichem Gebiet. Beispielhaft seien genannt:

- Abgrenzung des Gewerbebetriebs von der LuF;[1]
- Festsetzung von Obergrenzen bei Tierzucht und Tierhaltung und Verlustabzugsbeschränkung bei gewerblicher Tierzucht und gewerblicher Tierhaltung;[2]
- Förderung von landwirtschaftlichen Zusammenschlüssen;[3]
- Ermittlung des Gewinns aus LuF nach Durchschnittssätzen;[4]
- besondere Steuersätze bei außerordentlichen Einkünften aus Forstwirtschaft und[5]
- erhöhter Steuerfreibetrag.[6]

Umsatzsteuer und Einkommensteuer haben unterschiedliche Zielsetzungen. 8
Die Umsatzsteuer als Verkehrsteuer besteuert den Austausch (Verkehr) von Lieferungen und Leistungen. Die Einkommensteuer als Ertragsteuer besteuert die Einkünfte, also den Gewinn.

Innerhalb der Gewinneinkünfte besteht grundsätzlich ein Gleichklang bei der 9
Gewinnermittlung. Zu den eingangs ausgeführten einkunftsartbezogenen Besonderheiten gehören z. B. bei den Einkünften aus LuF

- die Gewinnglättung des § 4a Abs. 2 Nr. 1 EStG mit den Folgerungen bei der Bilanzänderung[7] oder der Anrechnung von Steuerabzugsbeträgen,[8]
- die Tarifermäßigung bei Einkünften aus Land- und Forstwirtschaft nach § 32c EStG,

1 R 15.5 EStR.
2 § 13 Abs. 1 Nr. 1 Satz 2 EStG, § 15 Abs. 4 EStG.
3 § 13 Abs. 1 Satz 5 und Abs. 4 EStG, § 5 Abs. 1 Nr. 14 KStG, § 51a BewG.
4 § 13a EStG.
5 § 34b EStG.
6 § 13 Abs. 3 EStG.
7 R 4.4 Abs. 1 Satz 10 EStR.
8 BFH 18.9.2007 – I R 54/06, BStBl 2018 II S. 694.

- Übertragung eines Betriebs unter Nießbrauchsvorbehalt – generationen- und betriebsübergreifende Totalgewinnprognose bei doppelter Betriebsstruktur,[1]
- Übertragung eines Betriebs unter Nießbrauchsvorbehalt nicht auf Gewerbebetrieb übertragbar,[2]
- Versorgungsleistungen auch für Wohnteil eines Betriebs der LuF,[3]
- steuerfreie Entnahme des Grund und Bodens bei Errichtung durch Betriebsinhaber oder Altenteilerwohnung,[4]
- Besonderheiten bei der Forstwirtschaft bei einer Ertragsprognose für mehr als 100 Jahre, für das Vorliegen eines Betriebs oder eines Teilbetriebs,[5]
- Durchschnittssätze für luf Betriebe.[6]

II. Struktur der Landwirtschaft

10 Ein Landwirt ernährt heute 147 Personen. Nur noch 9 % des Gesamtverbrauchs müssen von Verbrauchern für Nahrungsmittel ausgegeben werden. „*Das romantisierende Bild von Acker, Stall und Bauer lebt weiter, obwohl sich die Realität weiterentwickelt hat. Haben wir Mut und ersetzen wir die Potemkinschen Streichelbauernhöfe in unseren Köpfen. Landwirtschaft ist heute Hightech. Mit GPS, Drohne und Traktor mit präziser digitaler Technik, mit dem Roboter im Kuhstall.*“[7]

11 Auch ist die saisonale und strukturelle Teilzeitbeschäftigung von Arbeitskräften stark verbreitet. Inhaltlich erfährt die Landwirtschaft einen Wandel dahin gehend, dass neben dem ständig wachsenden Bedarf an Nahrungsmitteln auch der weltweite Energiebedarf steigt. Damit liegt die Herausforderung darin, dem ständig steigenden Bedarf an Biomasse zur Energiegewinnung gerecht zu werden, ohne dabei die Versorgung mit Nahrungsmitteln zu vernachlässigen. Es erfordert eine effektive Nutzung der zur Verfügung stehenden Ressourcen; nicht nur durch die Steigerung der Produktion von Agrargütern, sondern auch

---

1 BFH 7.4.2016 – IV R 38/13, BStBl 2016 II S. 765 (Forstwirtschaft); BFH 23.10.2018 – VI R 5/17, NWB AAAAH-04519 (Landwirtschaft); BFH 18.4.2018 – I R 2/16, BStBl 2018 II S. 567 (Allgemein).

2 BFH 25.1.2017 – X R 59/14, NWB LAAAG-47393.

3 § 10 Abs. 1a Nr. 2 EStG; Wohnteil i. S. des § 34 Abs. 3 EStG, BT-Drucks. 16/7036 S. 16.

4 § 13 Abs. 5 EStG; bei §§ 15 und 18: Grundstück gehört im VZ 1986 zu BV.

5 BFH 9.3.2017 – VI R 86/14, BStBl 2017 II S. 981.

6 § 24 UStG.

7 Berliner Rede von Bundesministerin Julia Klöckner zur Lage und Zukunft der Landwirtschaft am 10.10.2018.

durch die Vermeidung von Nahrungsmittelverlusten bei Lagerung, Transport und Verarbeitung. Dabei darf nicht außer Acht gelassen werden, dass eine immer weiter steigende Vielzahl von Rahmenbedingungen beachtet werden muss; beispielsweise genannt seien hier Klimaschutzregelungen, Schutz von Umwelt und Biodiversität und die Regelungen zur Qualitätssicherung.

Zum Beispiel hat ein Landwirt nach der neuen Düngegesetzgebung vom 28.4.2020[1] folgende (außersteuerlichen) Aufzeichnungs-, Bilanzierungs- und Dokumentationspflichten zu erfüllen:

- Präzisierung und Vereinheitlichung der Düngebedarfsermittlung für Stickstoff und Phosphat mit Verpflichtung zur Aufzeichnung
- Einbeziehung aller organischen und organisch-mineralischen Düngemittel in die Obergrenze von 170 kg Stickstoff pro Hektar im Durchschnitt der landwirtschaftlich genutzten Fläche
- Weitere Einschränkung der Herbstdüngung entsprechend dem Nährstoffbedarf der Pflanzen durch die Ausweitung der Sperrfristen auf Acker- und Grünland
- Konkretisierung der allgemeinen Ausbringungsbeschränkungen anhand der Aufnahmefähigkeit des Bodens und Ausweitung der Mindestabstände zu Oberflächengewässern
- Zusätzliche Vorgaben zur emissionsarmen Ausbringung von Wirtschaftsdüngern auf Ackerland ab 2020 und Grünland ab 2025
- Plausibilisierung der Nährstoffbilanzierung (Feld-Stall-Bilanz) und Einschränkung des Nährstoffüberschusses durch die Absenkung der Kontrollwerte für Stickstoff und Phosphat
- Verpflichtung von zunächst viehintensiven Betrieben und den meisten Biogasanlagen mit Wirtschaftsdüngereinsatz zur Erstellung einer innerbetrieblichen Stoffstrombilanz für Stickstoff und Phosphat
- Verpflichtung der Bundesländer zu zusätzlichen Maßnahmen in besonders nitratbelasteten Gebieten sowie Einzugsgebieten mit eutrophierten Gewässern (sog. Rote Gebiete Nitrat).

1 BGBl 2020 I S. 846.

12 Der kontinuierliche Prozess der agrarstrukturellen Anpassung spiegelt sich in der Abnahme der landwirtschaftlichen Betriebe wider. Aus dem bundesdeutschen **Agrarbericht 2023**[1] ergeben sich folgende Daten:

Im Jahr 2020 gab es in Deutschland nach den Ergebnissen der Landwirtschaftszählung rund 262.800 landwirtschaftliche Betriebe. Im Vergleich zur Landwirtschaftszählung 2010 ging die Zahl der Betriebe um rund 36.100 zurück. Im Vergleich der Jahre entspricht dies einer jährlichen Abnahmerate von 1,1 % (2020 zu 2010) (Tabelle 1). Damit lag die Abnahmerate deutlich niedriger als der frühere langjährige Mittelwert von etwa 3 %. Der Strukturwandel verlangsamt sich. In einigen Bundesländern nahm die durchschnittliche Flächenausstattung der Betriebe 2020 im Vergleich zu 2010 leicht ab. In den Betriebsgrößenklassen bis 100 Hektar landwirtschaftlich genutzte Fläche (LF) hat die Zahl der Betriebe zum Teil erheblich abgenommen. Dennoch verfügen rund 68 % der Betriebe über weniger als 50 Hektar LF. Die landwirtschaftlichen Betriebe bewirtschafteten 2020 rund 16,6 Mio. Hektar Landfläche (LF). Die durchschnittliche Flächenausstattung erreichte somit rund 63 Hektar LF im Vergleich zu 56 Hektar im Jahr 2010. Rund 55 % der LF wird von Betrieben bewirtschaftet, die über mehr als 100 Hektar LF verfügen. Bundesweit besteht ein Ost-West- und Nord-Süd-Gefälle der Betriebsgrößen. Allerdings lassen Angaben zur Flächenausstattung allein keine Aussagen über die betriebliche Wettbewerbsfähigkeit zu.

13 Die Gewinnsituation stellt sich bei den luf Betrieben wie folgt dar:[2]

ABB: Einkommen der Haupterwerbsbetriebe

Wirtschaftsjahr	Gewinn je Unternehmen		Gewinn plus Personalaufwand je AK	
	€	Veränderung gegen Vorjahr in %	€	Veränderung gegen Vorjahr in %
2010/11	54 375	.	30 892	.
2011/12	55 572	+ *2,2*	32 142	+ *4,0*
2012/13	62 535	+ *12,5*	35 548	+ *10,6*
2013/14	63 380	+ *1,4*	36 390	+ *2,4*
2014/15	43 271	– *31,7*	27 405	– *24,7*
2015/16	41 251	– *4,7*	26 875	– *1,9*
2016/17	57 203	+ *38,7*	33 858	+ *26,0*
2017/18	65 662	+ *14,8*	37 618	+ *11,1*
2018/19	54 530	– *17,0*	33 169	– *11,8*
2019/20	63 867	+ *17,1*	37 369	+ *12,7*
2020/21	55 769	– *12,7*	34 052	– *8,9*
2021/22	81 935	+ *46,9*	46 118	+ *35,4*

Quelle: BMEL

1 Im Internet unter www.bmel.de (Agrarpolitischer Bericht 2023 der Bundesregierung). Der bundesdeutsche Agrarbericht erscheint alle vier Jahre.

2 Agrarbericht 2023 der Bundesregierung v. 8.11.2023, S. 26.

Die Landwirtschaft steht heute vor großen Herausforderungen. Da sind zum einen die enormen wirtschaftlichen Risiken durch stärkere Preisschwankungen (jedoch tendenziell stagnierende Produktpreise), zunehmende Wetterextreme, steigende Kosten für Baumaßnahmen, knapper werdende Flächen, die wiederum steigende Pachtpreise nach sich ziehen. Schließlich finden sich höhere Erwartungen und Anforderungen der Gesellschaft hinsichtlich Tierwohl, Wasserschutz und Ökologie in der Zunahme von rechtlichen Auflagen wieder. Häufig gibt es aufgrund unbefriedigender Erlössituationen eine schlechtere Stundenentlohnung sowie längere und ungünstigere Arbeitszeiten im Vergleich zu anderen Berufen. Und das alles begleitet von einer gefühlt sinkenden gesellschaftlichen Akzeptanz.

III. Aktuelle Gesetzgebungsverfahren

Gesetz für ein steuerliches Investitionssofortprogramm zur Stärkung des Wirtschaftsstandorts Deutschland vom 18.7.2025, BGBl 2025 I Nr. 161: 14

- Wiedereinführung und Aufstockung der degressiven AfA für bewegliche Wirtschaftsgüter des Anlagevermögens (§ 7 Abs. 2 EStG)
- Absenkung des Thesaurierungssteuersatzes nach § 34a EStG für nicht entnommene Gewinne von derzeit 28,25 % in drei Stufen auf 27 % (VZ 2028/2029), 26 % (VZ 2030/2031) und 25 % (ab dem VZ 2032) (§ 34a Abs. 1 Satz 1)
- Einführung einer arithmetisch-degressiven Abschreibung für neu angeschaffte Elektrofahrzeuge (§ 7 Abs. 2a – neu – EStG)
- Anhebung der Bruttolistenpreisgrenze bei der sog. Dienstwagenbesteuerung für die Begünstigung von Elektrofahrzeugen auf 100.000 € (§ 6 Abs. 1 EStG)

Steuerfortentwicklungsgesetz vom 23.12.2024, BGBl 2024 I Nr. 449: 15

- Anhebung des Grundfreibetrags
- Anpassung des ESt-Tarifs
- Anhebung der Kinderfreibeträge
- Anhebung der Freibeträge für den SolZ
- Erhöhung des Kindergeldes

Gesetz zur steuerlichen Freistellung des Existenzminimums 2024 vom 5.12.2024, BGBl 2024 I Nr. 386: 16

- Anhebung des Grundfreibetrags

17 Jahressteuergesetz 2024 vom 5.12.2024, BGBl 2024 I Nr. 387:

- Vereinheitlichung der maximal zulässigen Bruttoleistung für die Steuerbefreiung von PV-Anlagen
- Aufhebung der Verlustverrechnungsbeschränkung des § 20 Abs. 6 Satz 5 und 6 EStG
- Erweiterter Datensatz der E-Bilanz
- Erhöhter Abzug von Kinderbetreuungskosten

18 Gesetz zur Verlängerung der Tarifermäßigung für Einkünfte aus Land- und Forstwirtschaft vom 23.10.2024, BGBl 2024 I Nr. 321:

- Abmilderung von Gewinnschwankungen für die Land- und Forstwirtschaft infolge des Klimawandels und allgemein schwankender Witterungsbedingung durch Verlängerung der aktuell gültigen Tarifermäßigung bis 2028, Änderung §§ 32c und 52 EStG

IV. Geplante Gesetzgebungsverfahren

19 Gesetz zur Anpassung des Mindeststeueranpassungsgesetzes und zur Umsetzung weiterer Maßnahmen (MinStAnpG).

20 Zweites Betriebssteuerrentenstärkungsgesetz.

21 Steueränderungsgesetz:

- Anhebung der Entfernungspauschale bereits ab dem ersten Entfernungskilometer auf 38 Cent
- Entfristung der Mobilitätsprämie
- Anhebung der Übungsleiter- und Ehrenamtspauschale
- Ermäßigter Steuersatz für Restaurant- und Verpflegungsdienstleistungen in der USt

22 Entwurf eines Standortförderungsgesetzes:

- Verbesserung der Möglichkeit zur Gewinnübertragung aus der Veräußerung von Anteilen an Kapitalgesellschaften (§ 6b Abs. 10 EStG)

23–36 *(Einstweilen frei)*

B. Einkommensteuer

I. Einkünfte aus Land- und Forstwirtschaft

1. Begriff, Allgemeines

Der Umfang der Einkünfte, die als Einkünfte aus LuF der Einkommensbesteuerung zugrunde gelegt werden, ist in § 13 Abs. 1 und 2 EStG umschrieben. § 13 EStG enthält **keine allgemeine Begriffsbestimmung;** er zeigt aber die **wesentlichen Betriebsarten** auf, die steuerlich regelmäßig zu Einkünften aus LuF führen. Die Einkünfte aus den verschiedenen Betriebsarten werden dabei einzeln aufgezählt. Die Aufzählung ist erforderlich, um einerseits die Besteuerungstatbestände in gesetzlich notwendiger Klarheit festzulegen, was mit einer allgemeinen Begriffsbestimmung nicht zu erreichen wäre, und anderseits eine Abgrenzung sowohl zu den anderen Einkunftsarten des EStG als auch – wegen mitunter unterschiedlicher Voraussetzungen und steuerlicher Folgen (z. B. Umfangbegrenzung bei Tierzucht und Tierhaltung; verschiedene Steuersätze bei außerordentlichen Einkünften aus Forstwirtschaft; Einbeziehung von Gewinnen aus bestimmten Betriebsarten bei der Gewinnermittlung nach § 13a EStG) – zwischen den einzelnen Betriebsarten innerhalb der Einkunftsart „LuF" zu erreichen. 37

Die Einkünfte aus LuF gehören, neben denen aus Gewerbebetrieb und selbständiger Arbeit, zu den Gewinneinkünften.[1] Voraussetzung für die Einordnung unter diese drei Einkunftsarten ist die Erfüllung der Tatbestandsmerkmale, die in § 15 Abs. 2 EStG aufgeführt sind. Vor allem ist auch die **Gewinnerzielungsabsicht** (vgl. Rz. 136 ff.) eine allgemeine Voraussetzung für die steuerliche Berücksichtigung von luf Einkünften, wobei es genügt, wenn die Gewinnerzielungsabsicht lediglich als **Nebenzweck** verfolgt wird.[2] Es muss sich ferner um eine **planmäßige, selbständige und nachhaltige Tätigkeit mit Beteiligung am allgemeinen wirtschaftlichen Verkehr** handeln. Da dies auch Merkmale der gewerblichen Tätigkeit sind, kann insbesondere die Abgrenzung zu den Einkünften aus Gewerbebetrieb (vgl. Rz. 115 ff.), die bei der ESt im Rahmen des § 15 EStG zu erfassen sind und die der GewSt unterliegen, bedeutsam und schwierig sein. Ob die LuF in der Form eines Einzelunternehmens oder einer PersGes betrieben wird, ist für die Frage, ob Einkünfte aus LuF vorliegen, im Grundsatz ohne Bedeutung (s. aber Rz. 128 ff.); teilweise enthält § 13 EStG ohnehin Sonderregelungen 38

1 § 2 Abs. 2 Nr. 1 EStG.

2 § 13 Abs. 7, § 15 Abs. 2 Satz 3 EStG.

für Einkünfte aus Personengemeinschaften (gemeinschaftliche Tierhaltung, Rz. 66 ff.; bestimmte Genossenschaften und Realgemeinden, Rz. 101 f.).

39 **Luf Betriebe von juristischen Personen des öffentlichen Rechts** (z. B. Bund, Länder, Gemeinden, ggf. auch Kirchen) gehören nach § 4 Abs. 1 KStG nicht zu den Betrieben gewerblicher Art. Sie bleiben daher ertragsteuerfrei, was diesen Betrieben erhebliche Wettbewerbsvorteile bringt. Zu den Besonderheiten von luf Betrieben von Kapitalgesellschaften vgl. Rz. 1360 f.

40 § 13 Abs. 1 EStG fasst in seiner Nr. 1 Einkünfte aus LuF im engeren Sinne zusammen, die Nrn. 2 bis 4 umfassen auch die Einkünfte aus LuF im weiteren Sinne. Die Nr. 1 enthält die Betriebsarten, die die planmäßige Nutzung der natürlichen Kräfte des Bodens zur Erzeugung pflanzlicher Produkte und die – unmittelbare oder mittelbare (z. B. Veredelung) – Verwertung der dadurch gewonnenen Erzeugnisse[1] zum Inhalt haben. Dabei wird zwischen der luf **Urproduktion** einerseits und der **Tierzucht und Tierhaltung** andererseits unterschieden. Zur ersten Gruppe zählen die reine Landwirtschaft, die Forstwirtschaft, der Weinbau, der Gartenbau, der Obstbau, der Gemüsebau, die Baumschulen und alle anderen Betriebe, die Pflanzen und Pflanzenteile mit Hilfe der Naturkräfte erzeugen.

41 Zum Wesen eines luf Betriebes gehören immer, wie es der BFH[2] vereinfacht ausgedrückt hat, einerseits eine **auf Gewinn gerichtete** luf **Betätigung** (Ackerbau, Viehzucht usw.) und andererseits ein **luf Betriebsvermögen** (BV), das der Betätigung als Grundlage dient und sie erst ermöglicht. Insbesondere wenn eine luf Betätigung vorliegt, ist für den Begriff der LuF im Grundsatz weder eine bestimmte Mindestgröße noch eine Hofstelle oder ein voller luf Besatz an Betriebsmitteln (Betriebsgebäude, Maschinen, sonstige Betriebsmittel) erforderlich.[3] Eine luf Betätigung kann auch auf Stückländereien betrieben werden.[4] Für die steuerliche Beurteilung kann die LuF auch im Nebenbetrieb,[5] im Nebenerwerb oder (teilweise) durch Lohnunternehmer betrieben werden. Eine geringe Größe oder ein geringer Besatz können aber ein wichtiges Indiz für eine fehlende, nachhaltige, auf Gewinnerzielung gerichtete luf Betätigung sein. Nicht entscheidend ist, ob die LuF auf eigenen oder gepachteten Grundstücken be-

1 R 15.5 Abs. 1 EStR.

2 BFH 28.3.1985, BStBl 1985 II S. 508.

3 BFH 30.8.2007, BStBl 2008 II S. 113; ebenso Felsmann, Einkommensbesteuerung, Abschnitt A 1 Rz. 13.

4 BFH 30.8.2007, BStBl 2008 II S. 113.

5 Zur Gewinnerzielungsabsicht bei einem Nebenbetrieb s. BFH 30.8.2007 – IV R 12/05, NWB TAAAC-73399 = BFH/NV 2008 S. 759.

trieben wird. Die Bewirtschaftung von luf Flächen für den Eigenbedarf genügt dann nicht, wenn wegen einer sehr geringen Nutzfläche nur solche Erträge erzielt werden können, wie sie ein (privater) Gartenbesitzer i. d. R. für Eigenbedarfszwecke erzielt. Ein solcher Gartenbesitzer strebt nicht nach einem echten, wirtschaftlich ins Gewicht fallenden Gewinn.[1]

Zu den Einkünften aus LuF zählen auch solche aus **Hilfsgeschäften** der luf Betätigung. Ein Hilfsgeschäft stellt z. B. die Veräußerung luf Grundstücke dar. Die Veräußerung der luf genutzten Grundstücke ist aber dann kein Hilfsgeschäft eines landwirtschaftlichen Betriebs mehr, sondern Gegenstand eines selbständigen gewerblichen Unternehmens, wenn ein Landwirt wiederholt innerhalb eines überschaubaren Zeitraumes luf Grundstücke oder Betriebe in Gewinnabsicht veräußert, die er bereits in der Absicht der alsbaldigen Weiterveräußerung erworben hat,[2] oder wenn er selbst die Aufstellung eines Bebauungsplans betreibt.[3] Zur Abgrenzung zum gewerblichen Grundstückshandel vgl. Rz. 133. 42

Zur LuF gehören auch alle dazu notwendigen **Nebentätigkeiten**, es sei denn, eine solche Tätigkeit wird ohne Beziehung zum eigenen luf Betrieb ausgeübt.[4]

Zu den Einkünften aus LuF gehören nach ausdrücklicher gesetzlicher Regelung in § 13 Abs. 2 EStG auch die Einkünfte aus einem luf **Nebenbetrieb** (s. Rz. 103 ff.) sowie der **Nutzungswert der Wohnung** in einem Baudenkmal (hierzu im Einzelnen Rz. 580 ff.). Dies ist bedeutsam für die Fälle, in denen nach der allgemeinen Begriffsbestimmung in § 13 Abs. 1 EStG eine Erfassung bei den Einkünften aus LuF sonst nicht möglich wäre. 43

Zu den Einkünften aus LuF zählen auch Einkünfte aus anderen Einkunftsarten, wenn diese im Rahmen eines luf Betriebes anfallen. In aller Regel trifft dies auf die **Erträge aus betrieblichem Kapitalvermögen** und auf Einkünfte aus der **Vermietung oder Verpachtung landwirtschaftlichen Vermögens** zu. Die Einkünfte aus Kapitalvermögen und aus Vermietung und Verpachtung sind insoweit subsidiär.[5] 44

1 BFH 5.5.2011, BStBl 2011 II S. 792.
2 BFH 28.6.1984, BStBl 1984 II S. 798.
3 BFH 8.11.2007, BStBl 2008 II S. 231.
4 BFH 22.1.2004, BStBl 2004 II S. 512.
5 § 20 Abs. 8, § 21 Abs. 3 EStG.

2. Landwirtschaft

45 Landwirtschaft ist die Tätigkeit der **Bodenbewirtschaftung** im Rahmen der **Urproduktion** pflanzlicher Erzeugnisse und die Verwertung ggf. einschl. Be- und Verarbeitung (Veredelung) der gewonnenen Erzeugnisse durch Verkauf oder durch Eigenverbrauch (einschl. der Verwertung als Viehfutter). Es werden auch dann landwirtschaftliche Einkünfte erzielt, wenn auf Wiesen erzeugtes Gras auf dem Halm verkauft wird und der Käufer sämtliche Erntearbeiten übernimmt. In einem solchen Fall ist keine Hofstelle erforderlich.[1]

Das bloße Abmähen von Grünflächen und die ausschließliche Verwendung des Schnittguts für im Privatbereich gehaltene Tiere stellt keine landwirtschaftliche Tätigkeit dar, auch wenn der Stpfl. für seine Tätigkeit Agrarförderungen erhält.[2] In solchen Fällen können die Förderzahlungen jedoch als Einkünfte aus Leistungen (§ 22 Nr. 3 EStG) der Besteuerung unterliegen.

Eine bestimmte Mindestgröße eines luf Betriebs ist grundsätzlich nicht erforderlich. Sowohl die Rechtsprechung als auch die FinVerw gehen vom Vorliegen eines luf Betriebs aus, wenn die Größe der bewirtschafteten Flächen (in Abgrenzung zur privaten Gartenbewirtschaftung) mind. 3.000 m^2 beträgt. Bei Sonderkulturen wie z. B. Gemüse-, Blumen- und Zierpflanzenbau, Baumschulen oder Weinbau kann bereits eine geringere Fläche ausreichen.[3]

3. Tierzucht und Tierhaltung

a) Tierzucht und Tierhaltung bei Einzelunternehmen

aa) Allgemeines

46 Zu den Einkünften aus LuF gehören auch die Einkünfte aus Tierzucht und Tierhaltung, soweit der Tierbestand für die LuF typisch ist (wobei nicht typischerweise in Deutschland übliche Tiere entscheidend sind, sondern es darauf ankommt, ob diese Tiere der Ernährung dienen, z. B. auch Wachteln, Alpakas, Trampeltiere, Dromedare)[4] und der Betrieb eine ausreichende pflanzliche Futtergrundlage bietet. Tierzucht und Tierhaltung umfasst alle Nutztierarten und deren Haltungsformen, die mit einer landwirtschaftlichen Bodenbewirtschaftung im

1 Vgl. BFH 26.8.2004 – IV R 52/02, NWB MAAAB-42759 = BFH/NV 2005 S. 674.

2 BFH 3.11.2023 – VI B 2/23, BFH/NV 2024 S. 13 = NWB PAAAJ-52522.

3 Vgl. z. B. BFH 5.5.2011, BStBl 2011 II S. 792.

4 So auch Schmidt/Kulosa, EStG, § 13 Rz. 31 ff.; R 13.2 Abs. 1 EStR; zur Alpaka-Zucht FG Münster 18.3.2022 – 4 K 1666/17 E.

Zusammenhang stehen.[1] Die landwirtschaftliche Tierhaltung muss noch eine Verbindung zur Urproduktion aufweisen. Zur Tierhaltung zählen **sowohl die eigenen**[2] **als auch die fremden Tiere** des Betriebs, die ihre **pflanzliche Futtergrundlage im eigenen Betrieb** erhalten können. Deshalb ist z. B. die Aufzucht und Veräußerung von Hunden keine luf, sondern allenfalls eine – jedoch nicht i. S. des § 15 Abs. 4 EStG bestehende – gewerbliche Tierzucht oder Tierhaltung.[3] Auch die Unterhaltung eines Wildparks stellt keine luf Tätigkeit dar, weil es an der planmäßigen Nutzung der natürlichen Kräfte des Bodens zur Erzeugung von Futter für die Tiere fehlt.[4] Die Züchtung und das Halten von Kleintieren, wie Meerschweinchen, Zwergkaninchen, Hamstern, Ratten und Mäusen, die als Haustiere oder als Lebendfutter für andere Tiere verwendet werden, stellen ungeachtet einer vorhandenen Futtergrundlage eine gewerbliche Tätigkeit dar, nicht eine luf Tierzucht und -haltung.[5]

Einkünfte aus Tierzucht und Tierhaltung sind nach ausdrücklicher gesetzlicher 47
Regelung nur dann solche aus LuF, wenn die Tierbestände den in § 13 Abs. 1 Nr. 1 Satz 2 EStG angegebenen Umfang nicht übersteigen. Die umfangmäßige Begrenzung richtet sich nach der Anzahl der Tiere – umgerechnet in **Vieheinheiten** (VE) – in Abhängigkeit von der Größe der regelmäßig landwirtschaftlich genutzten Fläche. Dieser Maßstab stellt eine nicht widerlegbare gesetzliche Fiktion für eine der wesentlichen Voraussetzungen der Zurechnung von Tierzucht und Tierhaltung zur Landwirtschaft dar, dass nämlich die erzeugten und die gehaltenen Tiere eine **ausreichende pflanzliche Futtergrundlage** in dem betreffenden Betrieb haben müssen. Damit wird vor allem in diesem Bereich eine notwendige gesetzliche Abgrenzung zwischen der – flächengebundenen – landwirtschaftlichen Tierzucht und Tierhaltung einerseits und der – mehr oder minder flächenlosen – gewerblichen Tierzucht und Tierhaltung andererseits geschaffen. Agrarpolitisch wird mit dieser Einschränkung das Ziel verfolgt, die Produktionsgrundlage für möglichst viele selbständige bäuerliche Betriebe zu bewahren und ausreichende Bestandsgrößen für landwirtschaftliche Betriebe in der Tierhaltung gerade auch im Hinblick auf die Wettbewerbsfähigkeit und die Sicherung von landwirtschaftlichem Einkommen zu ermöglichen.[6]

1 Felsmann, Einkommensbesteuerung, Abschnitt A 1 Rz. 203.

2 Zur Zuordnung in Pension gegebener Tiere vgl. BFH 13.9.2022 – XI R 33/20, BStBl 2023 II S. 578.

3 BFH 30.9.1980, BStBl 1981 II S. 210; für eine Nerzzuchtfarm BFH 19.12.2002, BS tBl 2003 II S. 507, vgl. auch Kanzler, FR 2003 S. 524 und v. Schönberg, NWB F. 3 S. 12593.

4 Leingärtner/Stalbold, Besteuerung der Landwirte, Kap. 6 Rz. 26.

5 BFH 16.12.2004, BStBl 2005 II S. 347; vgl. auch v. Schönberg, HFR 2005 S. 416.

6 Vgl. Milch, INF 1985 S. 193.

48 Zur Bestimmung der Grenze in § 13 Abs. 1 Nr. 1 Satz 2 bis 4 EStG (**VE-Höchstzahl**) sind die Feststellungen des maßgeblichen Tierbestandes und der maßgeblichen Fläche erforderlich. Dabei ist jeweils auf den einzelnen Betrieb des Betriebsinhabers abzustellen; bei PersGes kommt es auf die Verhältnisse der PersGes selbst und nicht etwa auf die betrieblichen Verhältnisse des eingebrachten oder zur Nutzung überlassenen Einzelbetriebes an. Welche VE nach den Feststellungen des maßgeblichen Tierbestandes und der maßgeblichen Fläche dann, bezogen auf die ha-Fläche, die Höchstgrenze darstellen (VE-Höchstzahl), ist in § 13 Abs. 1 Nr. 1 Satz 2 EStG festgelegt. Sie betragen

für die ersten 20 ha	nicht mehr als 10 VE je ha,
für die nächsten 10 ha	nicht mehr als 7 VE je ha,
für die nächsten 20 ha	nicht mehr als 6 VE je ha,
für die nächsten 50 ha	nicht mehr als 3 VE je ha,
für die weitere Fläche	nicht mehr als 1,5 VE je ha.

49 Hat ein Landwirt als Gesellschafter bzw. Mitglied einer Erwerbs- und Wirtschaftsgenossenschaft, einer Gesellschaft oder eines Vereins Tierhaltungsmöglichkeiten auf eine Tierhaltungsgemeinschaft übertragen (s. Rz. 68 ff.), sind für die Berechnung der VE-Höchstzahl die in seinem Betrieb erzeugten oder gehaltenen VE mit den von der Tierhaltungsgemeinschaft im Rahmen der übertragenen Viehhaltungsmöglichkeiten erzeugten und gehaltenen VE zusammenzurechnen.[1]

bb) Maßgeblicher Tierbestand und maßgebliche Fläche

50 Bei der Feststellung des maßgeblichen Tierbestandes ist von der regelmäßigen und nachhaltigen Erzeugung (Mastvieh) und von der Haltung (übriges Vieh) während des Wj auszugehen.[2] Abweichend hiervon ist bei Mastrindern mit einer Mastdauer von weniger als einem Jahr, bei Kälbern und Jungvieh, bei Schafen unter einem Jahr und bei Damtieren unter einem Jahr stets vom Jahresdurchschnittsbestand auszugehen.[3] Der ermittelte Tierbestand wird dann – gemessen an dem Futterbedarf – in VE umgerechnet. Für diese Umrechnung ist der gesetzliche Umrechnungsschlüssel (VE-Schlüssel) in Anlage 1 zum BewG i. V. mit § 51 Abs. 4 BewG (ab 2025: § 241 Abs. 5 BewG i. V. mit Anlage 34) verbindlich. Dieser VE-Schlüssel entspricht nun dem bisherigen Umrechnungs-

1 § 51a Abs. 4 BewG; ab Wj 2025/2026 § 13b Abs. 4 EStG.

2 R 13.2 Abs. 1 EStR.

3 R 13.2 Abs. 1 Satz 4 EStR; BFH 17.10.1991, BStBl 1992 II S. 378.

schlüssel in R 13.2 EStR.[1] Diese neue Anlage 1 zum BewG ist erstmals für Bewertungsstichtage nach dem 31.12.2011 zwingend anzuwenden.[2] In diesem VE-Schlüssel wird zwischen den Tieren, die nach dem Jahresdurchschnittsbestand und denen, die nach der Jahreserzeugung umgerechnet werden, unterschieden. Unter Jahresdurchschnittsbestand ist i. d. R. 1/13 der Summe aus Jahresanfangsbestand und den zwölf Monatsendbeständen zu verstehen.

Maßgebliche Fläche sind die vom Inhaber des Betriebs **regelmäßig** landwirtschaftlich genutzten Flächen.[3] Hierzu rechnen neben den eigentlichen **landwirtschaftlich genutzten Flächen** wie Grünland-, Hackfrucht- und Kornanbauflächen auch die Flächen der landwirtschaftlichen **Sonderkulturen** i. S. des § 52 BewG wie z. B. Hopfen- und Spargelanbau. Nicht zu den landwirtschaftlichen Flächen rechnen die forstwirtschaftlichen Nutzungen, die Weinbauflächen, das Gelände gärtnerischer Nutzungen, Abbauland, Geringstland, Unland sowie die Hof- und Gebäudeflächen. Obstbaulich genutzte Flächen, die so angelegt sind, dass eine regelmäßige landwirtschaftliche Unternutzung stattfindet, sind mit der Hälfte zu berücksichtigen; Almen und Hutungen sind mit einem Viertel anzusetzen.[4] Zugepachtete Flächen sind in die Berechnung einzubeziehen, verpachtete Flächen sind bei der Berechnung regelmäßig auszuscheiden. Soweit eine ansonsten gewerblich genutzte Fläche nur einmalig der landwirtschaftlichen Nutzung zugeführt wird, ist sie nicht in die Berechnung einzubeziehen. Flächen, die aufgrund öffentlicher Förderungsprogramme stillgelegt werden, gelten nach R 13.2 Abs. 3 EStR weiterhin als landwirtschaftlich genutzt. Bei der Berechnung ist der letzte angefangene Hektar anteilig zu berücksichtigen.[5] 51

cc) Übersteigen der VE-Höchstzahl

Die Höchstzahl der aufgrund des maßgeblichen Tierbestandes errechneten VE, die bei der maßgeblichen Fläche nicht überschritten werden darf, um noch eine landwirtschaftliche Tierzucht oder Tierhaltung annehmen zu können, ergibt sich aus § 13 Abs. 1 Nr. 1 Satz 2 EStG (VE-Höchstzahl, Rz. 48). Übersteigt die Zahl der VE nachhaltig die angegebene Höchstzahl, so gehört – mit bestimmten Besonderheiten bei Tierhaltungsgemeinschaften (s. Rz. 68 ff.) – der Tierbestand ganz oder teilweise, ggf. auch nur einzelne Tierzweige, zur gewerblichen Tierzucht und Tierhaltung. Der betreffende Tierzweig bildet dann mit den diesem Tier- 52

1 Art. 10 des BeitrRLUmsG v. 7.12.2011, BGBl 2011 I S. 2592.

2 § 205 Abs. 4 BewG.

3 § 13 Abs. 1 Nr. 1 Satz 2 EStG; R 13.2 Abs. 3 EStR.

4 R 13.2 Abs. 3 EStR.

5 BFH 13.7.1989, BStBl 1989 II S. 1036.

zweig dienenden WG einen **selbständigen Gewerbebetrieb**. Für die Frage der Nachhaltigkeit wird im Allgemeinen ein Beobachtungszeitraum von drei Jahren zugrunde gelegt und eine gewerbliche Tierhaltung erst mit Wirkung ex nunc – d. h. im vierten Jahr[1] – angenommen, wenn die Höchstzahl in drei Wirtschaftsjahren nacheinander überschritten wird (allmählicher Strukturwandel).[2] Ein nur **vorübergehendes Überschreiten** der Höchstzahl führt noch nicht zu einem Gewerbebetrieb. Wird ein Betrieb übernommen und im Wesentlichen unverändert fortgeführt, so bleibt der Charakter des Betriebs als luf Betrieb oder als Gewerbebetrieb erhalten, der Dreijahreszeitraum beginnt bei einem Wechsel des Betriebsinhabers nicht neu.[3] Wird dagegen ein **Strukturwandel** schlagartig herbeigeführt, gibt vor allem der Stpfl. durch eine Ausweitung des Tierbestands oder auf andere Weise zu erkennen, dass er den Betrieb – in Richtung Gewerbebetrieb – dauerhaft umstrukturieren will, so wird bei Überschreiten der Höchstzahl bereits von Anfang an ein Gewerbebetrieb angenommen werden müssen.[4] Wird die VE-Höchstzahl um mehr als 10 % überschritten und wird dadurch zugleich ein zusätzlicher Bedarf an landwirtschaftlichen Flächen von mehr als 10 % erforderlich, ist regelmäßig von einem sofortigen Strukturwandel auszugehen.[5]

53 Übersteigt die Anzahl der VE nachhaltig die Höchstzahl, so ist damit nicht die gesamte Tierzucht und Tierhaltung gewerblich; es werden vielmehr die **einzelnen Zweige des Tierbestandes** im Ganzen und einheitlich beurteilt. So gehören die Zweige des Tierbestandes weiterhin zur landwirtschaftlichen Nutzung, deren VE zusammen die Grenzen nicht überschreiten.[6] Hat ein Betrieb einen Tierbestand mit mehreren Zweigen, so richtet sich deren Zurechnung nach ihrer Flächenabhängigkeit. Der gewerblichen Tierzucht und Tierhaltung sind zuerst die weniger flächenabhängigen Zweige des Tierbestands zuzurechnen. **Weniger flächenabhängig** ist die Erzeugung und Haltung von Schweinen und Geflügel, **mehr flächenabhängig** die Erzeugung und Haltung von Pferden, Rindvieh und Schafen.[7] Innerhalb der beiden Gruppen der weniger oder mehr flächenabhängigen Tierarten ist jeweils zuerst der Zweig der gewerblichen Tierzucht und Tierhaltung zuzurechnen, der die größere Zahl von VE hat. Als besondere Zweige gelten bei jeder Tierart jeweils Zugvieh, Zuchtvieh, Mastvieh und das übrige

1 R 13.2 Abs. 2 Satz 7 EStR i. V. mit R 15.5 EStR; s. a. Schmidt/Kulosa, EStG, § 13 Rz. 40.

2 Vgl. BFH 14.12.2006, BStBl 2007 II S. 516; BFH 19.2.2009, BStBl 2009 II S. 654.

3 R 15.5 Abs. 2 Satz 5 EStR.

4 BFH 4.2.1976, BStBl 1976 II S. 423; vgl. aber auch BFH 27.11.1980, BStBl 1981 II S. 518; R 13.2 Abs. 2 EStR.

5 BFH 19.2.2009, BStBl 2009 II S. 654.

6 § 13 Abs. 1 Nr. 1 Satz 4 EStG; § 51 Abs. 2 BewG, ab 2025 § 241 Abs. 2 BewG.

7 R 13.2 Abs. 2 Satz 5 EStR; im Einzelnen s. Anlage 2 zum BewG, ab 2025 Anlage 35 zum BewG.

Nutzvieh. Zuchtvieh gilt nur dann als eigener Zweig, wenn die erzeugten Jungtiere überwiegend zum Verkauf bestimmt sind. Andernfalls ist das Zuchtvieh dem Zweig zuzurechnen, dem es überwiegend dient. Eine Nichtzuordnung von Tieren kommt nicht in Betracht.[1]

BEISPIEL Die regelmäßige landwirtschaftlich genutzte Fläche beträgt 6 ha. Folgender Tierbestand ist vorhanden 54

120 Mastschweine aus selbsterzeugten Ferkeln	19,20 VE
35 Kühe	35,00 VE
45 Mastkälber	13,50 VE
150 Legehennen	3,00 VE
	70,70 VE

Die nach § 13 Abs. 1 Nr. 1 Satz 2 EStG zulässige VE-Höchstzahl beträgt 60 VE. Im Beispielsfall sind zunächst die weniger flächenabhängigen Tierzweige der gewerblichen Tätigkeit zuzuordnen, hier Mastschwein- bzw. Legehennenhaltung. Innerhalb dieser Gruppe ist zuerst der Tierzweig mit der höchsten VE-Zahl als gewerblich einzustufen. Im Beispielsfall ist daher die Mastschweinehaltung als gewerbliche Tierhaltung anzusehen. Die Legehennenhaltung bleibt dem Bereich LuF zugeordnet, da nach Ausscheiden der Mastschweinehaltung die zulässige VE-Höchstzahl unterschritten wird.

Wird durch Willensentscheidung des Landwirts die Tierhaltung oder ein Zweig 55
der Tierhaltung von der landwirtschaftlichen Nutzung getrennt (z. B. Putenmast auf einem zugekauften, gesondert gelegenen Grundstück), so muss der abgetrennte Teil als **selbständige wirtschaftliche Einheit** behandelt werden, wenn objektive betriebliche Merkmale gegeben sind oder geschaffen werden, die den abgetrennten Teil nach der Verkehrsanschauung auch als selbständige wirtschaftliche Einheit erscheinen lassen.[2]

dd) Sonderfälle der Tierzucht und Tierhaltung

(1) Pelztiere

Pelztiere sind von der erläuterten Umrechnung ausdrücklich ausgeschlossen 56
(§ 51 Abs. 5 BewG, ab 2025 § 241 Abs. 4 BewG). Sie gehören danach nur dann zur landwirtschaftlichen Nutzung, wenn die erforderlichen Futtermittel überwiegend von den vom Inhaber des Betriebs landwirtschaftlich genutzten Flä-

1 § 51 Abs. 2 und 3 BewG, ab 2025 § 241 Abs. 2 und 3 BewG; R 13.2 Abs. 2 EStR; BFH 13.9.2022 – XI R 33/20, BStBl 2023 II S. 578.

2 Siehe auch FG Schleswig-Holstein 18.9.1986, rkr., EFG 1987 S. 117.

chen gewonnen sind. Mit Urteil vom 19.12.2002[1] hat der BFH seine Rspr.[2] geändert. Ein Nerzzuchtbetrieb betreibt keine gewerbliche Tierzucht i. S. der §§ 13, 15 Abs. 4 EStG, da die Futtermittel bei Fleischfressern nicht in einem luf Betrieb erzeugt werden können.[3] Danach kann eine Nerzfarm, die auf landwirtschaftlichen Nutzflächen betrieben wird, kein landwirtschaftlicher Betrieb sein; sie stellt deshalb ohne solche Nutzflächen auch keine gewerbliche Tierzucht oder Tierhaltung i. S. von § 15 Abs. 4 EStG dar.

(2) Reitbetriebe

57 Bei **Reitbetrieben** (einschl. der Pferdezucht und Pferdehaltung) ergeben sich häufig Schwierigkeiten, weil die Abgrenzung zum Gewerbebetrieb einerseits und zur Liebhaberei andererseits problematisch sein kann. Diese besondere Problematik ergibt sich aus der veränderten Funktion des Pferdes, weil gerade die Pferdehaltung zunehmend primär nicht mehr landwirtschaftlichen, sondern anderen Zwecken dient. Die Fallgestaltungen (z. B. bei allgemeiner Pferdezucht, Vollblutzucht, Pensionstierhaltung, Vermietung von Pferden, Zurverfügungstellen von Reitanlagen, Reitunterricht, zusätzliche Ausgabe von Speisen und Getränken) sind so vielgestaltig, dass die Entscheidung, ob ein Betrieb der LuF, ein Gewerbebetrieb oder gar eine Liebhaberei vorliegt, nur nach den Umständen des Einzelfalls und unter Berücksichtigung des Gesamtgepräges des Betriebes getroffen werden kann. Abgrenzungsmerkmale sind vom BFH vor allem in den Urteilen vom 16.11.1978,[4] vom 16.7.1987,[5] vom 23.9.1988,[6] vom 24.1.1989,[7] vom 27.1.2000,[8] vom 17.12.2008,[9] vom 8.5.2019[10] und zuletzt vom 4.11.2021[11] zusammengestellt worden, wobei sich inzwischen eine gegenüber der früheren Verwaltungsauffassung und auch der früheren Rspr. großzügigere Auffassung zugunsten einer Einordnung in die LuF zeigt. Allgemein kann danach die Abgrenzung der Einkunftsarten etwa nach folgenden Grundsätzen vorgenommen werden, wobei die verschiedenen Formen des Reitbetriebes zunächst für sich betrachtet werden müssen.[12]

1 BStBl 2003 II S. 507.
2 BFH 29.10.1987, BStBl 1988 II S. 264.
3 Ebenso Leingärtner, INF 1988 S. 387.
4 BStBl 1979 II S. 246.
5 BStBl 1988 II S. 83.
6 BStBl 1989 II S. 111.
7 BStBl 1989 II S. 416.
8 BStBl 2000 II S. 227.
9 BStBl 2009 II S. 453.
10 BFH 8.5.2019 – VI R 8/17, NWB XAAAH-31772 = BFH/NV 2019 S. 1332.
11 BFH 4.11.2021 – VI R 26/19, NWB RAAAI-57737 = BFH/NV 2022 S. 417.
12 Siehe hierzu auch H 15.5 „Reitpferde" EStH.

Das Halten von Reitpferden zu privaten Zwecken begründet auch bei einmaliger Reproduktion eines Fohlens keinen landwirtschaftlichen Betrieb.[1] Die **Pferdezucht** und die **Haltung von eigenen Reitpferden** zu erwerbswirtschaftlichen Zwecken gelten hingegen grds. als landwirtschaftliche Betätigung: Die Einkünfte daraus sind Einkünfte aus LuF, wenn der Tierbestand des gesamten Betriebs die in § 13 Abs. 1 Nr. 1 EStG genannten VE-Höchstsätze nicht überschreitet. Ein luf Betrieb wird nicht dadurch zu einem Gewerbebetrieb, dass er Pferde zukauft, sie während einer nicht nur kurzen Aufenthaltsdauer zu Reit- oder Turnierpferden ausbildet und dann weiterverkauft.[2] Bei reinen Pferdezuchtbetrieben, die der LuF zuzuordnen sind, ist stets die Frage der **Liebhaberei** zu prüfen (Rz. 136 ff.). Ist der Pferdezuchtbetrieb als Gewerbebetrieb zu behandeln, so können Verluste hieraus nicht mit Verlusten aus anderen Einkunftsarten ausgeglichen werden (s. Rz. 78 ff.). Zum Betrieb eines Trabrennstalls s. Rz. 158. 58

Die **reine Pensionstierhaltung** von Reitpferden ist ebenfalls der LuF zuzuordnen, wenn für den gesamten Tierbestand des Betriebs (also für die eigenen und fremden Tiere zusammen) die Flächendeckung nach § 13 Abs. 1 Nr. 1 EStG gegeben ist (vgl. auch Rz. 64). Die Pensionsreitpferdehaltung rechnet auch dann zur landwirtschaftlichen Tierhaltung, wenn den Pferdeeinstellern Reitanlagen (auch Reithalle) zur Verfügung gestellt werden.[3] Neben der Pensionstierhaltung ist auch die Vermietung von Pferden zu Reitzwecken bei vorhandener flächenmäßiger Futtergrundlage als landwirtschaftlich anzusehen, wenn keine weiteren ins Gewicht fallenden Leistungen erbracht werden, die nicht der Landwirtschaft zuzurechnen sind.[4] 59

Der Bereich der Landwirtschaft wird aber überschritten, wenn weitere, nicht der Landwirtschaft zuzurechnende Dienstleistungen und Tätigkeiten hinzukommen, die als Schwerpunkt der betrieblichen Betätigung dem Betrieb das Gepräge geben.[5] So sind insbesondere die Gästebewirtung und Gästeunterbringung gewerbliche Tätigkeiten. 60

Der Landwirt, der selbst **Reitunterricht** erteilt, übt insoweit im Allgemeinen eine **freiberufliche Tätigkeit** aus. Daran ändert sich nichts, wenn sich der Landwirt dabei der Mithilfe fachlich vorgebildeter Arbeitskräfte (z. B. Reitlehrer) bedient 61

1 BFH 8.5.2019 – VI R 8/17, NWB XAAAH-31772 = BFH/NV 2019 S. 1332.

2 BFH 31.3.2004, BStBl 2004 II S. 742; BFH 17.12.2008, BStBl 2009 II S. 453; BFH 4.11.2021 – VI R 26/19, NWB RAAAI-57737 = BFH/NV 2022 S. 417.

3 BFH 23.9.1988, BStBl 1989 II S. 111.

4 BFH 24.1.1989, BStBl 1989 II S. 416; H 15.5 „Reitpferde" EStH.

5 BFH 24.1.1989, BStBl 1989 II S. 416.

und dabei selbst noch aufgrund eigener Fachkenntnisse leitend und eigenverantwortlich tätig bleibt.[1]

Vermietet der Landwirt – neben der Erteilung von Reitunterricht – auch eigene Reitpferde und/oder nimmt er fremde Reitpferde in Pension, so können die verschiedenen Betriebsteile derart miteinander verflochten sein, dass der gesamte Pferdehaltungs- und Reitbetrieb einen **einheitlichen Betrieb** darstellt. Die Einkünfte sind dann unter Berücksichtigung aller Umstände des Einzelfalls, insbesondere des Gesamtgepräges des Betriebes, nur einer Einkunftsart zuzuordnen. Werden die Pferdevermietung und der Reitunterricht im Rahmen eines luf Betriebes ausgeübt, sind die beiden Betätigungen aber zusammengenommen von untergeordneter Bedeutung, so können sie insgesamt noch der LuF zugeordnet werden.

62 Bei der Abgrenzung ist die landwirtschaftliche Pferdezucht regelmäßig für sich zu betrachten, denn der Zuchtbetrieb hängt i. d. R. mit den anderen Formen des Reitbetriebes nicht so eng zusammen, dass eine einheitliche Behandlung zwingend wäre. Etwas anderes kann ausnahmsweise dann gelten, wenn die aufgezogenen Pferde überwiegend im gewerblichen Vermietungs- und Reitbetrieb verwendet werden.[2]

63 Wird neben einem gewerblichen Reitbetrieb noch LuF betrieben, so ist diese i. d. R. nicht in den Gewerbebetrieb einzubeziehen. Es bestehen dann **zwei Betriebe** – ein luf Betrieb und der Reitbetrieb als Gewerbebetrieb. Ein **einheitlicher Gewerbebetrieb** kann in einem derartigen Fall nur dann angenommen werden, wenn der luf Betrieb dem Reitbetrieb untergeordnet ist und eine Trennung der Betriebsteile nicht ohne Nachteile für den Gesamtbetrieb möglich wäre.[3]

(3) Pensionstierhaltung

64 Zur Frage der Abgrenzung gewerblicher und landwirtschaftlicher Tierzucht und Tierhaltung bei Betrieben, die fremde Tiere halten (**Pensionstierhaltung**), wird in der Rspr. eine landwirtschaftliche Tätigkeit angenommen, sofern die Tiere nicht privaten,[4] gewerblichen[5] oder freiberuflichen Zwecken dienen; entscheidend ist auch hier der Umfang im Verhältnis zur Haupttätigkeit. Ferner kann aus

1 § 18 Abs. 1 Nr. 1 EStG; BFH 16.11.1978, BStBl 1979 II S. 246.

2 BFH 16.7.1987, BStBl 1988 II S. 83.

3 Vgl. für Gasthof und Landwirtschaft BFH 27.1.1995 – IV B 109/94, NWB XAAAB-37256 = BFH/NV 1995 S. 772.

4 Vgl. FG München 19.7.1984, EFG 1985 S. 11.

5 Vgl. BFH 30.9.1980, BStBl 1981 II S. 210; BFH 16.7.1987, BStBl 1988 II S. 83.

der Art der Tiere (so bei Tierarten wie z. B. Kamelen, Singvögeln, Hunden oder Katzen, sofern diese nicht zu luf Zwecken verwendet werden) auf den Bezug zur Landwirtschaft geschlossen werden (Tendenz zum gewerblichen Betrieb). Zur Abgrenzung der Einkunftsart bei Pensionspferdehaltung vgl. Rz. 59 ff.

Die Tiere sind demjenigen zuzurechnen, der das wirtschaftliche Risiko für die Tierhaltung trägt. Das kann je nach vertraglicher Ausgestaltung und tatsächlicher Durchführung der zivilrechtliche Eigentümer oder der Aufzüchter sein.[1] Für die Frage, ob und inwieweit die Einkünfte aus der Haltung solcher Tierbestände zu den Einkünften aus LuF zu rechnen sind, sind die Abgrenzungsmerkmale des § 13 Abs. 1 Nr. 1 EStG maßgebend.

Sind die Tiere, die zur Aufzucht in einen fremden Betrieb gegeben worden sind, dem **Eigentümer** zuzurechnen und hält dieser im eigenen Betrieb und in fremden Betrieben zusammen nicht mehr Tiere, als er nach der VE-Höchstzahl des § 13 Abs. 1 Nr. 1 EStG halten kann, so sind bei ihm die Einkünfte aus den Tierbeständen, die er zur Aufzucht in fremde Betriebe gegeben hat, Einkünfte aus LuF. Der Aufzüchter erbringt in diesem Fall lediglich eine (gewerbliche) Dienstleistung. Die Einkünfte daraus können ggf. unter den Voraussetzungen von R 15.5 EStR noch den Einkünften aus LuF zugerechnet werden.

Sind die Tiere hingegen dem **Aufzüchter** zuzurechnen, ist die Frage, ob die Einkünfte aus der Aufzucht fremder Tiere zu den Einkünften aus LuF gehören, ebenfalls nach § 13 Abs. 1 Nr. 1 EStG zu beurteilen. Danach sind die eigenen Tierbestände des Betriebs und die im Betrieb aufgezogenen Tiere zusammenzurechnen.

Zur Berücksichtigung von Gewinnen aus Pensionstierhaltung im Rahmen des § 13a EStG vgl. Rz. 485.

(Einstweilen frei) 65

b) Gemeinschaftliche Tierzucht und Tierhaltung

aa) Personengesellschaften

Land- und forstwirtschaftliche Einzelbetriebe können sich zum Zwecke einer einheitlichen Bewirtschaftung zu einer Personengesellschaft zusammenschließen. Die Abgrenzung zwischen landwirtschaftlicher und gewerblicher Tierzucht 66

1 BFH 13.9.2022 – XI R 33/20, BStBl 2023 II S. 578; BFH 4.11.2021 – VI R 26/19, NWB RAAAI-57737 = BFH/NV 2022 S. 417.

und Tierhaltung richtet sich in diesem Fall ebenfalls nach § 13 Abs. 1 Nr. 1 Satz 2 EStG; maßgebend hierfür sind die **Verhältnisse der Gesellschaft**, nicht die der Gesellschafter. Überschreiten bei der Gesellschaft ein oder mehrere Tierzweige die maßgebende VE-Höchstzahl (Rz. 52), so kann dies zur Gewerblichkeit der Gesamttätigkeit führen;[1] haben sich die Gesellschafter allerdings zu zwei – personenidentischen – Schwesternpersonengesellschaften zusammengeschlossen, kann eine der Gesellschaften gewerblich tätig sein, während die andere Gesellschaft weiterhin luf Einkünfte erzielen kann.[2]

67 Die Erläuterungen zur Tierzucht und zur Tierhaltung bei Einzelunternehmen (s. Rz. 46 ff.) gelten bei Personengesellschaften gleichermaßen.

bb) Tierhaltungsgemeinschaften

(1) Allgemeines

68 Neben der Möglichkeit eines Zusammenschlusses zu einer „normalen" Personengesellschaft gehören nach der Sonderregelung des § 13 Abs. 1 Nr. 1 Satz 5 EStG Einkünfte aus Tierzucht und Tierhaltung einer Gesellschaft, bei der die Gesellschafter als Unternehmer (Mitunternehmer) anzusehen sind, auch dann zu den Einkünften aus LuF, wenn die Voraussetzungen des § 51a BewG (ab Wj 2025/2026 § 13b EStG) erfüllt sind und andere Einkünfte der Gesellschafter aus dieser Gesellschaft ebenfalls zu den Einkünften aus LuF gehören. Diese Sonderregelung ermöglicht es, dass Landwirte sich zu einer **gemeinsamen Tierzucht oder Tierhaltung** zusammenschließen, ohne – wie in den Gesellschaftsfällen (Rz. 66) – ihre landwirtschaftlich genutzten Flächen oder auch nur die Nutzung selbst in die Gesellschaft einzubringen. Ohne diese Regelung würde die Gesellschaft als solche, falls ihr nicht entsprechend große landwirtschaftliche Nutzflächen zur Verfügung stehen, regelmäßig die VE-Höchstzahl überschreiten und dann eine gewerbliche Tätigkeit ausüben. Die Gewinnanteile sind bei den beteiligten Landwirten als Einkünfte aus LuF zu behandeln; die besonderen steuerlichen Regelungen für die LuF bleiben also erhalten.

69 Zur landwirtschaftlichen Nutzung gehört auch die Tierzucht und Tierhaltung von Erwerbs- und Wirtschaftsgenossenschaften oder von Vereinen, wenn die

1 Abfärbetheorie, vgl. § 15 Abs. 3 Nr. 1 EStG.

2 Vgl. Felsmann, Einkommensbesteuerung, Abschnitt A 1 Rz. 394; a. A. Leingärtner/Stalbold, Besteuerung der Landwirte, Kap. 7 Rz. 4.

Voraussetzungen des § 51a BewG (ab Wj 2025/2026 § 13b EStG) vorliegen; in diesen Fällen sind deren Gewinne nach den Vorschriften des KStG zu besteuern.[1]

Die Erläuterungen zur Tierzucht und Tierhaltung bei Einzelunternehmen (s. Rz. 46 ff.) gelten für die Tierhaltungsgemeinschaften gleichermaßen. 70

(2) Voraussetzungen

Voraussetzung für die in Rz. 68 bis 70 genannten Sonderregelungen ist, dass 71

- andere Einkünfte der Gesellschafter aus dieser Gesellschaft ebenfalls luf Einkünfte sind, die Gesellschaft daneben also vor allem keine gewerbliche Tätigkeit (z. B. eine Großschlächterei) ausübt, und
- die Voraussetzungen des § 51a BewG (ab Wj 2025/2026 § 13b EStG) erfüllt sind.

Die Voraussetzungen nach § 51a Abs. 1 BewG bzw. § 13b Abs. 1 EStG sind Folgende: 72

a) Alle Gesellschafter oder – bei Erwerbs- und Wirtschaftsgenossenschaften oder Vereinen – Mitglieder müssen
   - **Inhaber eines Betriebs** der LuF mit selbstbewirtschafteten regelmäßig landwirtschaftlich genutzten Flächen sein (Verpächter eines gesamten landwirtschaftlichen Betriebs scheiden damit aus),[2]
   - nach dem Gesamtbild der Verhältnisse **hauptberuflich** LuF sein (dies setzt voraus, dass der Betriebsinhaber mindestens 50 % seiner Arbeitskraft im luf Betrieb einsetzt;[3] Gewerbetreibende, Freiberufler oder Arbeitnehmer, die nur nebenher eine Landwirtschaft betreiben, scheiden damit ebenfalls aus),
   - **Landwirte** i. S. des § 1 Abs. 2 des Gesetzes über die Alterssicherung der Landwirte sein (ab dem Wj 2025/2026 gilt dies als erfüllt, wenn der Landwirt im Inland in der gesetzlichen Rentenversicherung versicherungspflichtig ist oder auf ihn das Recht der sozialen Sicherheit eines

1 § 51a Abs. 1 Satz 1 BewG bzw. § 13b Abs. 1 Satz 1 EStG; vgl. auch Freibetrag nach § 25 Abs. 2 KStG.

2 BFH 27.11.2019 – II R 43/16, BStBl 2020 II S. 739 und BFH 16.5.2024 – VI R 6/22, BStBl 2024 II S. 734, zur Beteiligung einer Personengesellschaft; BFH 18.11.2020 – VI R 39/18, NWB EAAAH-74737 = BStBl 2021 II S. 532 zur Beteiligung bei Gütergemeinschaft.

3 OFD Niedersachsen 29.8.2016 – S 3121 - 8 - St 286, NWB XAAAF-83732; BFH 16.5.2024 – VI R 6/22, BStBl 2024 II S. 734.

anderen Mitgliedstaats der EU, des EWR oder der Schweiz anzuwenden ist) und dies durch eine entsprechende Bescheinigung nachweisen und

- die sich nach § 13 Abs. 1 Nr. 1 Satz 2 EStG für sie ergebende **Möglichkeit zur landwirtschaftlichen Tiererzeugung oder Tierhaltung** in VE ganz oder teilweise auf die Gesellschaft bzw. Genossenschaft oder den Verein **übertragen** haben (diese Voraussetzung ist durch besondere, laufend (und ab dem Wj 2025/2026 auch zeitnah) zu führende Verzeichnisse nachzuweisen).[1]

73 b) Die Anzahl der von der Gesellschaft (bzw. der Genossenschaft oder dem Verein) im Wirtschaftsjahr erzeugten oder gehaltenen VE darf die Summe der von den Gesellschaftern auf die Gesellschaft übertragenen Möglichkeiten zur Tierhaltung in VE und auch die Summe der VE, die sich nach § 13 Abs. 1 Nr. 1 Satz 2 EStG auf der Grundlage der Summe der von allen Gesellschaftern regelmäßig landwirtschaftlich genutzten Flächen ergibt, nicht nachhaltig überschreiten. Diese Voraussetzungen sind durch besondere, **laufend** (und ab dem Wj 2025/2026 auch zeitnah) **zu führende Verzeichnisse** nachzuweisen.[2]

74 c) Die Betriebe der einzelnen Gesellschafter (bzw. der Mitglieder) dürfen nicht mehr als 40 km von der Produktionsstätte der Gesellschaft (bzw. der Genossenschaft oder des Vereins) entfernt liegen.[3]

75 Die Gesellschaft (bzw. die Genossenschaft oder der Verein) kann die landwirtschaftliche Tierzucht oder Tierhaltung allein aufgrund der von ihren Mitgliedern übertragenen Tierhaltungsmöglichkeiten betreiben, ohne selbst landwirtschaftliche Nutzflächen zu bewirtschaften.[4] Bewirtschaftet **die Gesellschaft selbst** auch nachhaltig landwirtschaftliche Nutzflächen, so sind diese bei der Ermittlung der maßgebenden Grenzen wie Flächen von Gesellschaftern zu behandeln, die ihre Möglichkeit der landwirtschaftlichen Tiererzeugung oder Tierhaltung auf die Gesellschaft übertragen haben.[5] Die tatsächliche Übertragung der Tierhaltungsmöglichkeit auf die Gesellschaft mindert den Umfang der zulässigen Tierzucht oder Tierhaltung bei dem Landwirt in seinem Einzelunternehmen entsprechend (vgl. Rz. 49).[6]

---

1 § 51a Abs. 1 Satz 1 Nr. 1 BewG bzw. § 13b Abs. 1 Satz 1 Nr. 1 EStG.

2 § 51a Abs. 1 Satz 1 Nr. 2 BewG bzw. § 13b Abs. 1 Satz 1 Nr. 2 EStG; FG Niedersachsen 11.5.2016, EFG 2016 S. 1885.

3 § 51a Abs. 1 Satz 1 Nr. 3 BewG bzw. § 13b Abs. 1 Satz 1 Nr. 3 EStG.

4 § 51a Abs. 2 BewG bzw. § 13b Abs. 2 EStG.

5 § 51a Abs. 3 BewG bzw. § 13b Abs. 3 EStG.

6 § 51a Abs. 4 BewG bzw. § 13b Abs. 4 EStG.

(3) Überschreiten der VE-Höchstzahl

Die Grundsätze über die Tierzucht oder Tierhaltung bei Einzelunternehmen (s. Rz. 52 ff.) gelten gleichermaßen. Wird durch die gemeinschaftliche Tierhaltung der Gesellschaft die VE-Höchstzahl überschritten, ist der jeweilige Tierzweig aus der landwirtschaftlichen Tierhaltung auszuscheiden. In einem solchen Fall können die Einkünfte aus der Gesellschaft insgesamt nicht mehr den Einkünften aus LuF zugeordnet werden, da die Gesellschafter (Mitunternehmer) aus dem betroffenen Tierzweig gewerbliche Einkünfte erzielen.[1] Überschreitet die Tierhaltung des Einzelbetriebes des Gesellschafters die VE-Höchstzahl, sei es wegen Übertragung auf die Gesellschaft, sei es aus anderen Gründen, so führt dies **nur beim Einzelunternehmer** zur **gewerblichen** Tierzucht oder Tierhaltung, nicht dagegen auch bei der Gesellschaft selbst. Verliert hingegen ein angeschlossener Landwirt die Landwirteigenschaft, so hat dies unmittelbar Auswirkungen auf die Gesellschaft, wenn der Gesellschafter nicht sofort ausscheidet.[2] 76

(4) Übertragung von Wirtschaftsgütern auf eine Tierhaltungsgemeinschaft

Werden einzelne WG eines luf Betriebs auf einen der gemeinschaftlichen Tierhaltung dienenden Betrieb i. S. des § 34 Abs. 6a BewG einer Erwerbs- oder Wirtschaftsgenossenschaft oder eines Vereins gegen Gewährung von Mitgliedsrechten übertragen, so führt dies zu einer **Entnahme** und damit zu einer Gewinnrealisierung. Nach § 13 Abs. 6 EStG kann die insoweit entstehende ESt auf bis zu fünf Jahre verteilt werden. Die jährlich zu entrichtenden Teilbeträge können gleich oder unterschiedlich hoch sein, müssen aber jeweils mindestens ein Fünftel dieser Steuer betragen. Nicht darunter fallen Übertragungen auf Mitunternehmerschaften i. S. des § 13 Abs. 1 Nr. 1 Satz 5 EStG. In diesem Fall erfolgt die Übertragung der Wirtschaftsgüter zu Buchwerten gem. § 6 Abs. 5 Satz 3 EStG. Auch für den Fall der Übertragung eines ganzen Betriebs oder Teilbetriebs ist § 13 Abs. 6 EStG nicht vorgesehen. 77

c) Verluste aus gewerblicher Tierzucht oder gewerblicher Tierhaltung

aa) Allgemeines

Nach § 15 Abs. 4 EStG dürfen Verluste aus gewerblicher Tierzucht oder gewerblicher Tierhaltung weder mit anderen Einkünften aus Gewerbebetrieb noch mit Einkünften aus anderen Einkunftsarten ausgeglichen werden. Diese Vorschrift wurde 1971 als § 2a EStG geschaffen, mit einigen Änderungen dann als § 15 Abs. 2 EStG 1975 und als § 15 Abs. 3 EStG 1983 übernommen und ab 1986 als 78

1 § 13 Abs. 1 Nr. 1 Satz 5 EStG.

2 Wolter, DStZ 1971 S. 326.

§ 15 Abs. 4 EStG fortgeführt. Die **Einschränkungen der Verlustberücksichtigung** (Verlustausgleich und Verlustabzug) ist aus agrarpolitischen Gründen **zum Schutz der Landwirtschaft** aufgenommen worden. Anlass war, dass gewerbliche Unternehmer zunehmend dazu übergegangen waren, die Tierzucht und Tierhaltung für die Betätigung von Abschreibungsgesellschaften mit Verlustzuweisungen nutzbar zu machen. Wegen der bestehenden Wettbewerbsungleichheit wollte der Gesetzgeber mit dieser Maßnahme das Vordringen der industriellen Veredelungsproduktion hemmen und im Wesentlichen auf Bodenbewirtschaftung beruhende landwirtschaftliche Tierzucht und Tierhaltung, die damals der wichtigste Zweig der deutschen Landwirtschaft war, schützen. Diese Absicht des Gesetzgebers und der in der Vorschrift liegende Sinn und Zweck spielen bei der Auslegung eine bedeutende Rolle. Der Gesetzgeber hat die Einschränkung der Verlustberücksichtigung aber nicht auf Abschreibungs- oder Buchverluste begrenzt, sondern alle Verluste aus gewerblicher Tierzucht und gewerblicher Tierhaltung einbezogen.[1]

Gegen die Beschränkung der gewerblichen Tierzucht und Tierhaltung und gegen die damit verbundene Förderung der landwirtschaftlichen Tierzucht und Tierhaltung zum Zwecke der Erhaltung einer gesunden Landwirtschaft werden grds. keine verfassungsrechtlichen Bedenken erhoben.[2] Insbesondere hat der BFH[3] auch hervorgehoben, die Regelung verstoße weder gegen den im Steuerrecht als Grundsatz der Steuergerechtigkeit ausgeprägten Gleichheitssatz des Art. 3 Abs. 1 GG noch gegen das Grundrecht der Berufsfreiheit nach Art. 12 Abs. 1 GG oder sonstige Verfassungsgrundsätze. Ein Verstoß gegen die Vorschriften der EU liegt ebenfalls nicht vor.[4]

bb) Begriff der gewerblichen Tierzucht und gewerblichen Tierhaltung

79 Entgegen dem strikten Wortlaut wird nicht jede Tierzucht und Tierhaltung, die sich als gewerblich darstellt, von der Vorschrift erfasst. Der BFH hat in verschiedenen Urteilen[5] bei seiner Gesetzesauslegung m. E. zu Recht auf den besonderen Sinn und Zweck der Vorschrift abgestellt. Er hat die Einschränkung der Verlust-

1 Vgl. BFH 5.2.1981, BStBl 1981 II S. 359 und BFH 21.9.1995, BStBl 1996 II S. 85.

2 BVerfG 8.12.1970, BVerfGE 29 S. 337.

3 BFH 29.10.1987, BStBl 1988 II S. 264.

4 BFH 24.4.2012 – IV B 84/11, NWB WAAAE-11225 = BFH/NV 2012 S. 1313.

5 BFH 5.2.1981, BStBl 1981 II S. 359; BFH 12.8.1982, BStBl 1983 II S. 36; BFH 4.10.1984, BStBl 1985 II S. 133; BFH 29.10.1987, BStBl 1988 II S. 264, mit kritischer Anm. Leingärtner, INF 1988 S. 387; BFH 1.2.1990, BStBl 1991 II S. 625, mit Anm. Kanzler, FR 1991 S. 645, 647; BFH 19.12.2002, BStBl 2003 II S. 507, mit Anm. Kanzler, FR 2003 S. 524.

berücksichtigung auf die Einkünfte begrenzt, die zumindest dem Grunde nach, vor allem auch nach der Art der zugrunde liegenden Tätigkeit, Einkünfte aus LuF sein können, jedoch nach den allgemeinen Abgrenzungskriterien, auch nach den rechtsformabhängigen Kriterien, zu Einkünften aus Gewerbebetrieb führen. Gewerbliche Tierzucht und gewerbliche Tierhaltung ist danach jede Tierzucht und Tierhaltung, der nach den Vorschriften des § 13 Abs. 1 Nr. 1 EStG i. V. mit §§ 51, 51a BewG (ab Wj 2025/2026 § 241 BewG, § 13b EStG) **keine oder keine ausreichende eigene landwirtschaftliche Nutzfläche als Futtergrundlage** zur Verfügung steht.[1] Andererseits sollen für Tierhaltungen, die sachlich, d. h. nach ihren landwirtschaftlichen Nutzflächen, reine Landwirtschaft darstellen, über ihren Inhaber aber mit einem andersartigen Gewerbebetrieb verbunden sind und deshalb formal als Teil des Gewerbebetriebs behandelt werden müssen, vom Sinn und Zweck der Bestimmung her die Wettbewerbsvorteile nicht beseitigt werden. Die Einschränkung der Verlustberücksichtigung will der BFH also nur auf solche Tierhaltungen anwenden, die wegen der fehlenden landwirtschaftlichen Nutzflächen als Futtergrundlage Gewerbebetriebe darstellen.[2] Hieraus ergibt sich Folgendes:

- Wird neben der Tierzucht oder Tierhaltung, die für sich gesehen als land- 80
wirtschaftliche Tätigkeit einzuordnen wäre, eine gewerbliche Tätigkeit als Haupttätigkeit ausgeübt, so ist § 15 Abs. 4 EStG nicht anzuwenden, wenn die Tierzucht oder Tierhaltung sich als **Nebenbetrieb der gewerblichen Tätigkeit** darstellt und auf ausreichender pflanzlicher Futtergrundlage beruht.[3] Dies gilt auch dann, wenn eine tierzüchterische Tätigkeit sich nicht als Nebenbetrieb einer gewerblichen Tätigkeit, sondern als **integrierter Bestandteil eines Gewerbebetriebs** darstellt und deshalb nicht gesondert betrachtet werden kann.[4]
- Ist die Tierzucht oder Tierhaltung **von vornherein dem gewerblichen Be- 81
reich** zuzuordnen, handelt es sich also begrifflich – unabhängig von der VE-Höchstzahl – gar nicht um eine Tierzucht oder Tierhaltung i. S. des § 13 Abs. 1 Nr. 1 Satz 2 EStG (z. B. Halten von landwirtschaftsfremden Tierarten), so ist § 15 Abs. 4 EStG nicht anzuwenden.[5] Nach BFH 14.9.1989[6] ist z. B. eine

1 BFH 12.8.1982, BStBl 1983 II S. 36; BFH 4.11.2021 – VI R 26/19, NWB RAAAI-57737 = BFH/NV 2022 S. 417.

2 Vgl. aber auch: FG Schleswig-Holstein 18.9.1986, rkr., EFG 1987 S. 117, betr. eine Legehennenfarm, die nicht als Betriebszweig der LuF zu qualifizieren ist.

3 BFH 1.2.1990, BStBl 1991 II S. 625, mit Anm. Kanzler, FR 1991 S. 645, 647.

4 BFH 21.9.1995, BStBl 1996 II S. 85.

5 BFH 19.12.2002, BStBl 2003 II S. 507.

6 BStBl 1990 II S. 152, mit Anm. Kanzler, FR 1990 S. 84 und FR 1991 S. 645, 646.

Geflügel-Brüterei eine gewerbliche Tätigkeit und mithin keine gewerbliche Tierzucht i. S. des § 15 Abs. 4 EStG.

82 ► Gewerbliche Tierzucht oder Tierhaltung nach § 15 Abs. 4 EStG liegt vor, wenn bei einem zunächst landwirtschaftlichen Tierhaltungsbetrieb **wegen Überschreitens der VE-Höchstzahl** ein oder mehrere Tierzweige zur gewerblichen Tätigkeit führen.

83 ► Die Voraussetzungen des § 15 Abs. 4 EStG sind nicht gegeben, wenn KapGes, Erwerbs- und Wirtschaftsgenossenschaften oder auch eine GmbH & Co. KG[1] **nur aufgrund ihrer Rechtsform** gewerbliche Tierhaltungseinkünfte beziehen, sich ihre Tierzucht und Tierhaltung aber in den Grenzen des § 13 Abs. 1 Nr. 1 Satz 2 EStG (VE-Höchstzahl) hält.

84 ► Die Voraussetzungen des § 15 Abs. 4 EStG sind ebenfalls nicht erfüllt, wenn eine landwirtschaftliche Tierzucht oder Tierhaltung die VE-Höchstzahl des § 13 Abs. 1 Nr. 1 EStG nicht überschreitet und deren Einkünfte nur deshalb als gewerbliche gelten müssen, weil die Landwirtschaft **im Rahmen eines einheitlichen gewerblichen Betriebs einer Personengesellschaft** (z. B. eines Gaststättenbetriebs oder einer Wurst- und Fleischfabrik) betrieben wird.[2]

84/1 Bei Mitunternehmerschaften ist im Feststellungsverfahren über das Vorliegen und die Höhe der Einkünfte aus gewerblicher Tierzucht oder gewerblicher Tierhaltung zu entscheiden.[3]

cc) Einschränkung der Verlustberücksichtigung

85 Der für den jeweiligen VZ ermittelte Verlust aus gewerblicher Tierzucht oder gewerblicher Tierhaltung darf **weder in demselben VZ noch im Wege des Verlustabzugs** nach § 10d EStG mit Einkünften aus anderen Einkunftsarten oder mit anderen gewerblichen Einkünften verrechnet werden. Auch wenn in einem einheitlichen Betrieb neben gewerblicher Tierzucht oder Tierhaltung noch eine andere gewerbliche Tätigkeit ausgeübt wird, darf ein Verlust aus der Tierzucht oder Tierhaltung nicht mit einem Gewinn aus der anderen gewerblichen Tätigkeit verrechnet werden.[4]

1 BFH 4.11.2021 – VI R 26/19, NWB RAAAI-57737 = BFH/NV 2022 S. 417.

2 BFH 4.10.1984, BStBl 1985 II S. 133; BFH 1.2.1990, BStBl 1991 II S. 625.

3 BFH 4.11.2021 – VI R 26/19, NWB RAAAI-57737 = BFH/NV 2022 S. 417.

4 BFH 21.9.1995, BStBl 1996 II S. 85.

Betreibt ein Stpfl. gewerbliche Tierzucht oder gewerbliche Tierhaltung in **mehreren selbständigen Betrieben** (ggf. auch in einem Betrieb des Ehegatten),[1] so kann der in einem Betrieb erzielte Gewinn aus gewerblicher Tierzucht oder gewerblicher Tierhaltung mit dem in einem anderen Betrieb des Stpfl. erzielten Verlust aus gewerblicher Tierzucht oder Tierhaltung **bis zum Betrag von 0 €** verrechnet werden.[2] Ferner können die nicht abziehbaren Verluste eines VZ nach Maßgabe des § 10d EStG mit Gewinnen aus gewerblicher Tierzucht oder gewerblicher Tierhaltung des Vorjahres (Verlustrücktrag) oder späterer Jahre (Verlustvortrag) verrechnet werden.[3] Die nicht ausgeglichenen Verluste aus gewerblicher Tierzucht oder gewerblicher Tierhaltung sind gesondert festzustellen. Zum Abzug von definitiven Verlusten aus gewerblichen Tierhaltungsbetrieben vgl. das Revisionsverfahren VI R 29/24. 86

Bei der Ermittlung des Gewinns für Zwecke der Gewerbesteuer können die Verluste aus gewerblicher Tierzucht oder gewerblicher Tierhaltung mit anderen gewerblichen Einkünften verrechnet werden.[4] 86/1

4. Forstwirtschaft

Forstwirtschaft ist die planmäßige Nutzung der natürlichen Kräfte des Grund und Bodens zur Gewinnung und Verwertung von Rohholz und anderen Walderzeugnissen. Eine forstwirtschaftliche Tätigkeit erfordert grundsätzlich eine geschlossene mit Forstpflanzen bestockte Grundfläche, auf der nahezu ausschließlich Baumarten mit dem Ziel einer langfristigen Holzentnahme erzeugt werden.[5] In den Bereich der Forstwirtschaft fällt nicht nur die Aufzucht, Gewinnung und Verwertung von Hölzern, sondern auch die Aufforstung und Durchforstung (Bestandspflege) von Waldbeständen und die Schädlingsbekämpfung in diesem Bereich. Auch der Verkauf auf dem Stamm und die Verarbeitung im eigenen Sägewerk (zum Sägewerk als Nebenbetrieb, s. Rz. 109 f.) sind forstwirtschaftliche Verwertung. Zur Forstwirtschaft gehören auch alle (gewerblichen) Nebentätigkeiten, die nach den Regelungen der R 15.5 EStR den Einkünften aus LuF zugeordnet werden können (vgl. Rz. 115 ff.). Eine Gleichstellung der Forst- 87

1 BFH 6.7.1989, BStBl 1989 II S. 787.

2 R 15.10 EStR.

3 § 15 Abs. 4 Satz 2 EStG; vgl. hierzu im Einzelnen BMF 29.11.2004, BStBl 2004 I S. 1097.

4 R 7.1 Abs. 3 Satz 1 Nr. 4 GewStR.

5 BMF 18.5.2018, BStBl 2018 I S. 689.

wirtschaft bezogen auf die Gewinnermittlung anderer Erwerbsbetriebe hat die FinVerw bzw. der Gesetzgeber durch 2 Maßnahmen erreicht.[1]

1. durch die Streichung des § 6 Abs. 1 Nr. 2 Satz 4 EStG (für Stichtage nach dem 31.12.1998), der es Forstbetrieben bis dahin erlaubte, das nicht abnutzbare Anlagevermögen und das Umlaufvermögen mit dem über den AK/HK liegenden Teilwert zu bewerten
2. durch die Streichung der „Waldwertminderung", die bis zum Wj 1998/99 i. H. von 3 % erlaubt war.[2]

88 Bauernwaldungen stellen unabhängig von deren Flächengröße grundsätzlich notwendiges BV eines einheitlichen luf Betriebes dar. Bei Privatwaldungen ist zunächst darauf abzustellen, ob die Flächen nach den bewertungsrechtlichen Grundsätzen einer forstwirtschaftlichen Nutzung zuzurechnen sind. Liegt nach diesen Grundsätzen eine forstwirtschaftliche Tätigkeit vor, ist ertragsteuerlich regelmäßig von einem Forstbetrieb auszugehen, wenn mindestens eine der im Eigentum des Stpfl. stehenden Flächen mit Bäumen bestanden ist, die als selbständiges Wirtschaftsgut Baumbestand zu beurteilen sind.[3] Ein Baumbestand innerhalb eines luf Betriebs tritt nur dann als selbständiges Wirtschaftsgut nach außen in Erscheinung, wenn er eine Flächengröße von zusammenhängend mindestens einem Hektar aufweist. Baumbestände auf verschiedenen räumlich voneinander entfernt liegenden Flurstücken stehen nicht in einem einheitlichen Nutzungs- und Funktionszusammenhang und sind deshalb auch dann selbständige Wirtschaftsgüter, wenn deren Größe einen Hektar unterschreitet.[4] Nach diesen Grundsätzen kann eine forstwirtschaftliche Fläche von weniger als 1 ha bereits einen forstwirtschaftlichen Betrieb darstellen. Eine bestimmte Mindestfläche muss demnach nicht vorhanden sein. Die frühere Rspr. des BFH, die eine **bestimmte Mindestgröße** als Grundvoraussetzung für die Annahme eines forstwirtschaftlichen Betriebes vorsah, erscheint daher überholt.[5]

Ein forstwirtschaftlicher Betrieb erfordert eine selbständige nachhaltige Betätigung, die mit der Absicht, Gewinn zu erzielen, unternommen wird.[6] Weil bei Waldungen die Umtriebszeit, also die Zeit zwischen der Aufforstung und der Holzernte, sehr groß und bei den verschiedenen Holzarten unterschiedlich ist,

1 Vgl. auch Hiller, INF 2003 S. 104 ff.

2 Zuletzt R 212 Abs. 1 Satz 3 und 4 EStR 1996.

3 BMF 18.5.2018, BStBl 2018 I S. 689.

4 BMF 16.5.2012, BStBl 2012 I S. 595.

5 BFH 26.6.1985, BStBl 1985 II S. 549; BFH 18.5.2000, BStBl 2000 II S. 524.

6 BFH 9.3.2017, BStBl 2017 II S. 981.

müssen für die Annahme eines forstwirtschaftlichen Betriebes Besonderheiten berücksichtigt werden, die bei den anderen Betriebsarten in dieser Form vielfach nicht auftreten. So hat der BFH[1] für **Bauernwaldungen** und entsprechende **kleine Privatwaldungen**, die nur eine oder wenige Altersklassen an Baumbeständen aufweisen, zu Recht die Auffassung vertreten, dass die einzelnen Voraussetzungen nicht in jedem Jahr erfüllt sein können, sondern vielmehr innerhalb der Gesamtumtriebszeit der vorhandenen Altersklassen zu beurteilen sind.[2] Er stellt deshalb bei der Beurteilung der einzelnen Merkmale auf die Gesamtbetrachtung des Waldes von der ersten Aufforstung des Bestandes bis zur Holzernte ab. Werden bereits hergestellte Baumbestände im Rahmen einer Betriebsgründung erworben, ist der Zeitraum zwischen dem Erwerb der Flächen bis zur Hiebsreife der Baumbestände zu betrachten.[3] Bei dieser Auffassung hat auch die Entscheidung des Großen Senats,[4] wonach für die Frage der Gewinnerzielungsabsicht auf den **Totalgewinn** abzustellen ist (s. Rz. 147 ff., 156, 159), eine große Rolle gespielt.

Für die Frage der Gewinnerzielungsabsicht wird auch berücksichtigt werden müssen, dass nicht nur der Eigentümer, dem die Holzernte schließlich zufällt, Gewinne erzielen kann, sondern auch der Eigentümer, der die von ihm selbst aufgeforstete Forstfläche vor der Holzernte an einen Forstwirt veräußert, weil er durch den ihm während der Zeit der Eigentümerschaft zufallenden natürlichen Zuwachs der Nutzhölzer einen jährlichen Wertzuwachs erzielt und damit am Gesamtgewinn, der durch die Nutzung im Wege der Holzernte erzielt wird, sozusagen im Vorgriff teilnimmt.[5]

Wegen der erforderlichen Gesamtbetrachtung werden an das Erfordernis der 89
laufenden Bewirtschaftung nur geringe Anforderungen zu stellen sein. Ggf. wird ein forstwirtschaftlicher Betrieb auch dann anzunehmen sein, wenn der Stpfl. **keine Bewirtschaftungsmaßnahmen** (z. B. Anpflanzung oder Durchforstung) durchführt und **keine Holzeinschläge** vornimmt.[6] Selbst die Bestockung einer Fläche durch Samenanflug oder durch Stockausschlag kann zur Annahme eines Forstbetriebs führen.[7]

1 BFH 26.6.1985, BStBl 1985 II S. 549; BFH 15.10.1987, BStBl 1988 II S. 257; BFH 13.4.1989, BStBl 1989 II S. 718; s. a. Buob, INF 1987 S. 386; BFH 18.5.2000, BStBl 2000 II S. 524.

2 Siehe insoweit auch BFH 13.12.1990, BStBl 1991 II S. 452.

3 BFH 9.3.2017, BStBl 2017 II S. 981.

4 BFH 25.5.1984, BStBl 1984 II S. 751.

5 BFH 26.6.1985, BStBl 1985 II S. 549.

6 BFH 18.3.1976, BStBl 1976 II S. 482; BFH 17.1.1991, BStBl 1991 II S. 566, mit Anm. Kanzler, FR 1991 S. 395; BFH 9.3.2017, BStBl 2017 II S. 981; s. a. BMF 18.5.2018, BStBl 2018 I S. 689.

7 BFH 15.10.1987, BStBl 1988 II S. 257; BFH 13.4.1989, BStBl 1989 II S. 718; BFH 18.5.2000, BStBl 2000 II S. 524.

Ein forstwirtschaftlicher **Teilbetrieb** ist nach der Rspr. des BFH[1] dann anzunehmen, wenn die übertragene Teilfläche vom Erwerber als selbständiges, lebensfähiges Forstrevier fortgeführt werden kann, d. h., wenn die räumlich zusammenhängenden Forstflächen für sich gesehen die Voraussetzungen eines forstwirtschaftlichen Betriebes i. S. des § 13 EStG erfüllen (selbst dann, wenn sie – wie bei Bauernwaldungen üblich – jahrelang keinen forstwirtschaftlichen Ertrag bringen).

5. Weinbau

90 Die **Erzeugung** von Weintrauben und die sich daran anschließende **Be- und Verarbeitung der eigenerzeugten Trauben** zu Wein durch Keltern und kellermäßige Behandlung ist eine luf Tätigkeit im Bereich des Hauptbetriebs;[2] zweifelhaft, ob dies auch für einen vollabliefernden Winzer gilt, der Weintrauben zur Herstellung des für den Eigenverbrauch bestimmten Haustrunks entnimmt.[3] Soweit in nicht unwesentlichem Umfang auch fremde Erzeugnisse (Trauben, Most, Traubensaft oder Wein) zugekauft und verarbeitet werden oder statt des bloßen Verkaufs ein größerer Handel betrieben wird, können Probleme in der Abgrenzung zum Gewerbebetrieb auftreten (wegen der Annahme von Nebenbetrieben s. Rz. 103 ff.; wegen des Zukaufs von Trauben s. Rz. 121). Sind die hinzugelieferten Trauben jedoch Entgelt für die Verpachtung von eigenen Weinbauflächen und werden selbst eigene Flächen bewirtschaftet, handelt es sich bei der Verarbeitung der selbst erzeugten Trauben und der zugelieferten Pachttrauben um eine luf Tätigkeit.[4]

Der BFH[5] hält Weinbau auch schon auf einer kleineren Fläche als 30 Ar für geeignet, einen landwirtschaftlichen Betrieb darzustellen. Für die Frage der Gewinnerzielungsabsicht eines Winzers ist eine langfristige Beurteilung (Totalgewinnprognose) notwendig.[6]

Die **Rebanlage als Ganzes** ist ein Wirtschaftsgut des Anlagevermögens, denn der einzelne Rebstock ist keiner selbständigen Bewertung und Nutzung fähig.[7]

---

1 BFH 17.1.1991, BStBl 1991 II S. 566; s. a. BMF 18.5.2018, BStBl 2018 I S. 689.

2 BFH 27.2.1987 – III R 270/83, NWB NAAAB-29476 = BFH/NV 1988 S. 85; BFH 11.10.1988, BStBl 1989 II S. 284; BMF 19.10.2017, BStBl 2017 I S. 1431.

3 FG Baden-Württemberg 15.9.1988, rkr., EFG 1989 S. 51.

4 BFH 27.2.1987 – III R 270/83, NWB NAAAB-29476 = BFH/NV 1988 S. 85.

5 BFH 1.2.1990, BStBl 1990 II S. 428.

6 BFH 25.11.2004 – IV R 8/03, NWB AAAAB-44814 = BFH/NV 2005 S. 854; zur Gewinnerzielung beim Weinbau: Schild, INF 2007 S. 382.

7 BFH 30.11.1978, BStBl 1979 II S. 281.

In einzelnen Bundesländern werden von der FinVerw zur Vereinfachung jährlich pauschalierte Betriebsausgaben für Weinbaubetriebe ermittelt und festgelegt (vgl. hierzu auch die Anlage LuF zur Anlage EÜR).[1]

6. Garten-, Obst- und Gemüsebau, Baumschulen

Zum Gartenbau gehören auch der **Obstbau**, der **Gemüsebau** (z. B. auch der Anbau von Zuckermais[2]), die **Baumschulen** sowie der **Blumen- und Zierpflanzenbau** (z. B. auch die Produktion von Rollrasen[3]). Auch bei privaten **Friedhofs- und Landschaftsgärtnereien** kann es sich um Gartenbaubetriebe in diesem Sinne handeln. Da sich gerade auch bei diesen Betriebsarten die Arbeiten nicht mehr auf eine bloße Bodenbewirtschaftung beschränken, treten hier besonders häufig Zweifelsfragen bei der Abgrenzung zum Gewerbebetrieb auf. 91

Die Abgrenzung der LuF vom Gewerbe wurde mit den Verwaltungsanweisungen vom 15.12.2011[4] und vom 19.12.2011[5] neu geregelt und mit den EStÄR 2012 auch in R 15.5 EStR übernommen.[6] Anlass für eine grundlegende Überarbeitung war das Urteil des BFH vom 25.3.2009,[7] in welchem er von seiner bisherigen Rechtsprechung[8] abgewichen ist. 92

Zu Gärtnereien, die **Blumenvermittlungsgeschäfte** betreiben, s. FinMin Baden-Württemberg vom 7.11.1969;[9] zu Baumschulbetrieben s. a. H 15.5 EStH. 93

7. Sonstige land- und forstwirtschaftliche Nutzung

Nach § 13 Abs. 1 Nr. 2 EStG i. V. mit § 62 BewG (ab 2025: § 242 BewG) gehören Binnenfischerei, Teichwirtschaft, Fischzucht, Imkerei, Wanderschäferei und Saatzucht ausdrücklich zur LuF, selbst wenn sie mit dem Betrieb einer LuF im engeren Sinne nicht im Zusammenhang stehen; dies gilt auch dann, wenn beim 94

1 Siehe auch Felsmann, Einkommensbesteuerung, Abschnitt A 1 Rz. 157 ff.
2 BFH 16.6.2009, BStBl 2009 II S. 896.
3 FG Brandenburg 31.7.1997, rkr., EFG 1998 S. 16.
4 BStBl 2011 I S. 1217.
5 BStBl 2011 I S. 1249.
6 Vgl. auch Wiegand, NWB 6/2012 S. 460, NWB QAAAE-01384.
7 BStBl 2010 II S. 113.
8 BFH 15.11.1956, BStBl 1957 III S. 37; BFH 27.11.1980, BStBl 1981 II S. 518; BFH 12.12.1996, BStBl 1997 II S. 427.
9 LandwKartei Abschnitt A. zu I Nr. 2.

Stpfl. kein luf Betrieb i. S. des § 13 Abs. 1 Nr. 1 EStG besteht.[1] Zu den sonstigen luf Nutzungen gehören auch der Pilzanbau, die Produktion von Nützlingen, die Weihnachtsbaumkulturen und die Kurzumtriebsplantagen.[2] Bei der Bewirtschaftung von **Energieholz-, Biomasse- und Kurzumtriebsplantagen**, sog. KUP, handelt es sich folglich um keine forstwirtschaftliche Nutzung.

95 **Binnenfischerei** zählt zur LuF, auch wenn die Gewässer (z. B. Forellenteiche) angepachtet sind und kein eigener landwirtschaftlicher Besitz vorhanden ist. Fischfang auf See und in den Küstengewässern ist immer als gewerbliche Betätigung einzustufen; **Sportfischerei** gehört zur Liebhaberei. **Fischzucht** für die Binnenfischerei zählt ebenfalls zur LuF, nach der Rechtsprechung auch, wenn sie in künstlichen Behältern erfolgt.[3] Zierfische sind keine typischen luf Erzeugnisse; deren Zucht stellt keine LuF dar.[4] Das Fangen von Schlammröhrenwürmern (Tubifex) ist keine Fischzucht;[5] zur Forellenzucht vgl. FG Bremen vom 27.6.1986.[6] Bei der Weiterverarbeitung gemästeter Forellen zu geräuchertem Forellenfilet handelt es sich um einen landwirtschaftlichen Nebenbetrieb zu der Teichwirtschaft als landwirtschaftlichem Hauptbetrieb.[7]

Zu Sonderfragen bei der Besteuerung von **Schafhaltungsbetrieben** vgl. Schultz.[8]

8. Jagd

96 Einkünfte aus der Jagd gehören, anders als z. B. die Einkünfte aus einer Fischerei usw., nur dann zu den Einkünften aus LuF, wenn die Jagd mit dem Betrieb einer Landwirtschaft oder einer Forstwirtschaft im Zusammenhang steht.[9] Es muss, worauf gerade bei der Jagdausübung besonders hinzuweisen ist, i. d. R. eine **Gewinnerzielungsabsicht** vorhanden sein; andernfalls ist eine Liebhaberei anzunehmen[10] (s. Rz. 136 ff.). Die Voraussetzungen im Einzelnen, unter denen ein

1 BFH 20.10.1960, BStBl 1961 III S. 7.

2 BMF 10.11.2015, BStBl 2015 I S. 877, Rz. 10.

3 Niedersächsisches FG 7.2.2002, EFG 2002 S. 871.

4 BFH 13.3.1987, BStBl 1987 II S. 467.

5 BFH 29.4.1971, BFHE 102 S. 427.

6 EFG 1986 S. 601 rkr., mit Anm. wgc, INF 1987 S. 141.

7 BFH 23.10.1993 – XI R 61/90, NWB GAAAB-34379 = BFH/NV 1994 S. 419.

8 INF 1984 S. 60.

9 § 13 Abs. 1 Nr. 3 EStG; BFH 11.7.1996 – IV R 71/95, NWB WAAAB-38075 = BFH/NV 1997 S. 103.

10 BFH 20.1.2005 – IV R 6/03, NWB QAAAE-01384 = BFH/NV 2005 S. 1511.

solcher Zusammenhang bejaht wird, hat der BFH[1] ausführlich dargestellt. Dessen Ausführungen sind im Schrifttum durchweg auf Zustimmung gestoßen.[2] Danach wird folgende Auffassung vertreten:

Ein Zusammenhang ist immer anzunehmen, wenn ein LuF zusammenhängende, in seinem Eigentum stehende Ländereien, die einen **Eigenjagdbezirk**[3] bilden (i. d. R. mindestens 75 ha), sowohl luf als auch zur Jagdausübung selbst nutzt. Ein Zusammenhang besteht auch dann, wenn der Pächter eines Betriebes das Eigenjagdrecht mitgepachtet hat und die Jagd ausübt. Verpachtet ein LuF seine Eigenjagd, so gehören die Pachteinnahmen zu den Einkünften aus LuF. Einkünfte aus einer zusätzlich zur Eigenjagd zugepachteten Jagd stehen nur dann in ausreichendem Zusammenhang mit dem luf Betrieb, wenn die Zupachtung aus zwingenden öffentlich-rechtlichen Gründen erfolgt oder zur ordnungsgemäßen Bewirtschaftung des luf Betriebs erforderlich ist oder wenn die zugepachteten Jagdflächen überwiegend eigenbetrieblich genutzt werden. Zwingend öffentlich-rechtliche Gründe liegen vor, wenn dem Besitzer der Eigenjagd entweder durch behördlichen Akt fremde Jagdflächen zur Bejagung zugewiesen werden oder der Steuerpflichtige zur Vermeidung einer – ernstlich drohenden – behördlichen Maßnahme einen Pachtvertrag abschließt.[4] Ist Inhaberin des luf Betriebs eine Personengesellschaft, kann der erforderliche Zusammenhang der Einkünfte aus der Jagd mit dem Betrieb der Personengesellschaft regelmäßig nur gegeben sein, wenn das Jagdausübungsrecht einem Gesellschafter zusteht.[5] 97

Liegt ein **gemeinschaftlicher Jagdbezirk**[6] vor, also ein Bezirk von Grundstücken mehrerer Grundeigentümer, die wegen geringer Einzelgröße ihrer Grundstücke keinen Eigenjagdbezirk bilden (die Grundeigentümer, die zu einem gemeinschaftlichen Jagdbezirk gehören, bilden die sog. **Jagdgenossenschaft,** eine öffentlich-rechtliche Körperschaft),[7] so ist zwischen folgenden Varianten zu unterscheiden: Betreibt die Jagdgenossenschaft als solche die Jagd selbst, erzielt sie 98

1 BFH 13.7.1978, BStBl 1979 II S. 100; BFH 11.7.1996 – IV R 71/95, NWB WAAAB-38075 = BFH/NV 1997 S. 103; BFH 21.3.1997 – IV B 55/96, NWB CAAAB-38997 = BFH/NV 1997 S. 563; BFH 16.5.2002, BStBl 2002 II S. 692.

2 Felsmann, Einkommensbesteuerung, Abschnitt A 1 Rz. 361 ff.; Leingärtner/Kreckl, Besteuerung der Landwirte, Kap. 10; Böhme, DStZ 1985 S. 612; Schulze-Temming, INF 1989 S. 322; ders., INF 1990 S. 433.

3 § 7 BJagdG; ggf. abweichende Mindestfläche in einzelnen Bundesländern.

4 BFH 11.7.1996 – IV R 71/95, NWB WAAAB-38075 = BFH/NV 1997 S. 103 und BFH 16.5.2002, BStBl 2002 II S. 692.

5 BFH 22.5.2019 – VI R 11/16, BStBl 2019 II S. 607.

6 § 8 BJagdG.

7 § 9 BJagdG.

keine Einkünfte aus LuF (es fehlt am Zusammenhang mit einem luf Betrieb). Verpachtet sie das Jagdrevier an einen oder mehrere Pächter (sog. **Jagdgemeinschaft**), liegen nur bei dem Jagdpächter Einkünfte aus LuF vor, der die Jagd überwiegend auf eigenen oder zugepachteten luf genutzten Flächen ausübt. Liegen die Voraussetzungen bei einem Jagdpächter nicht vor, sei es, dass er die Jagd nicht überwiegend auf seinen eigenen Flächen ausübt, sei es, dass er keine eigenen luf genutzten Flächen besitzt (z. B. Gewerbetreibender), wird insoweit die Jagdausübung in aller Regel der privaten Lebensführung zuzuordnen sein,[1] es sei denn, die Jagd steht mit einer anderen Einkunftsart im Zusammenhang (z. B. gewerblicher Handel mit Wild).

99 Ob diese vom BFH beim gemeinschaftlichen Jagdbezirk herausgearbeitete Abgrenzung, die allerdings praktikabel ist, in allen Fällen zu sachgerechten Ergebnissen führt, mag bezweifelt werden. Oft hängt es von außerhalb der eigentlichen luf Tätigkeit liegenden Zufälligkeiten ab (z. B. Bildung eines Jagdbezirks als Gemeindejagd oder gemeindeübergreifend; Aufteilung bei Verpachtung von Teilen eines Jagdreviers, sog. Jagdbögen; interne zivilrechtlich wirksame Aufteilung der Jagdausübung innerhalb einer Jagdgemeinschaft; Zupacht von Grundstücksflächen während der Laufzeit eines Jagdpachtvertrages), ob die Jagd überwiegend auf eigenem Grund und Boden ausgeübt wird. Diese können den notwendigen sachlichen Zusammenhang nicht begründen oder aufheben.

100 Da die Jagdausübung selbst keinen selbständigen luf Betrieb darstellt, sondern die Einkünfte aus Jagd nur im Zusammenhang mit einem – aus anderen Gründen bestehenden – Betrieb der Landwirtschaft oder der Forstwirtschaft zu den Einkünften aus LuF gehören, kann auch für die Frage nach der **Gewinnerzielungsabsicht** nicht auf die Jagdausübung selbst, sondern muss auf **den ganzen luf Betrieb** abgestellt werden. Das bedeutet, dass die Jagdausübung – für sich betrachtet – selbst dann keine Liebhaberei ist, wenn sie nur Verluste erwirtschaftet.[2] Derartige Verluste sind im Rahmen des luf Betriebes zu beurteilen und bei dessen Gewinnermittlung zu erfassen.

9. Einkünfte aus bestimmten Genossenschaften und Realgemeinden

101 **Hauberg-, Wald-, Forst- und Laubgenossenschaften** sowie ähnliche[3] Realgemeinden sind juristische Personen. Sie sind nach § 3 Abs. 2 KStG nur insoweit

1 BFH 20.1.2005 – IV R 6/03, NWB QAAAE-01384 = BFH/NV 2005 S. 1511.

2 BFH 13.7.1978 – IV R 35/77, BStBl 1979 II S. 100.

3 Zum Begriff der Ähnlichkeit vgl. FG Niedersachsen 16.9.2025 – 10 K 121/22, Rev. BFH: VI R 18/25.

kstpfl., als sie einen Gewerbebetrieb unterhalten oder verpachten, der über den Rahmen eines Nebenbetriebs hinausgeht. Die übrigen Einkünfte der Realgemeinden sind unmittelbar bei den Beteiligten zu versteuern, und zwar nach § 13 Abs. 1 Nr. 4 EStG als Einkünfte aus LuF.[1] Diese gesetzliche Regelung besteht seit 1965. Die damalige Gesetzesänderung hatte insbesondere zur Folge, dass mit der Zuordnung zu den Einkünften aus LuF auch die steuerlichen Sonderregelungen einschl. der Steuervergünstigungen für die Einkunftsart anzuwenden sind.[2]

Unterhält oder verpachtet eine Realgemeinde einen Gewerbebetrieb, der über 102
den Rahmen eines Nebenbetriebs hinausgeht, ist die Realgemeine insoweit kstpfl. Die Gewinne, die die Realgemeinde in diesem Bereich erzielt, können an die Beteiligten ausgeschüttet werden. Die Ausschüttungen sind bei den Beteiligten als Einkünfte aus Kapitalvermögen oder, wenn die Beteiligung zum luf BV gehört, über § 20 Abs. 8 EStG als Einkünfte aus LuF zu erfassen.[3] Die übrigen Einkünfte der Realgemeinde werden einheitlich und gesondert festgestellt[4] und sind bei den Beteiligten anteilig als Einkünfte aus LuF zu erfassen. Insoweit liegen keine Ausschüttungen der Realgemeinde vor.

II. Einkünfte aus land- und forstwirtschaftlichen Nebenbetrieben

1. Allgemeines

Zu den Einkünften aus LuF gehören nach § 13 Abs. 2 Nr. 1 EStG auch Einkünfte 103
aus luf Nebenbetrieben.

2. Begriff des Nebenbetriebes

a) Bestehen eines Hauptbetriebes

Als Nebenbetrieb gilt nach ausdrücklicher Gesetzesdefinition ein Betrieb, der 104
dem luf Hauptbetrieb zu dienen bestimmt ist. Die Anerkennung eines luf Nebenbetriebs setzt mithin einen luf Hauptbetrieb desselben Unternehmers voraus.[5] Es muss sich dabei um einen **„eigenen" Hauptbetrieb** handeln. Der eigene

1 Siehe auch Giere, INF 1983 S. 543; BFH 28.4.1988, BStBl 1988 II S. 885.
2 Vgl. a. BFH 9.10.1986, BStBl 1987 II S. 169.
3 Siehe auch Schmidt/Kulosa, EStG, § 13 Rz. 58.
4 §§ 179, 180 AO; BFH 9.10.1986, BStBl 1987 II S. 169.
5 BFH 12.3.1992, BStBl 1992 II S. 982.

Hauptbetrieb ist hierbei nicht als Eigentum aufzufassen, d. h. eine Eigentümeridentität bei Hauptbetrieb und Nebenbetrieb ist nicht erforderlich. Vielmehr kommt es z. B. bei gepachteten Hauptbetrieben und solchen Nebenbetrieben, die im Eigentum des Pächters stehen, auf die **Inhaberidentität** bei beiden an. So gelten bspw. auch die im gepachteten Hauptbetrieb erzeugten Rohstoffe nach wirtschaftlicher Betrachtungsweise als Eigenerzeugung des Pächters. Der Nebenbetrieb muss in funktionaler Hinsicht vom Hauptbetrieb abhängig sein. Die Verbindung darf nicht nur zufällig oder vorübergehend und nicht ohne Nachteil für den Hauptbetrieb lösbar sein.[1]

104/1 Ausgehend von der dienenden Funktion des Nebenbetriebs liegt nach R 15.5 Abs. 3 EStR ein **Nebenbetrieb** vor, wenn

- überwiegend im eigenen Hauptbetrieb erzeugte Rohstoffe be- oder verarbeitet werden und die dabei gewonnenen Erzeugnisse überwiegend für den Verkauf bestimmt sind oder
- ein LuF Umsätze aus der Übernahme von Rohstoffen (z. B. organische Abfälle) erzielt, diese be- oder verarbeitet und die dabei gewonnenen Erzeugnisse nahezu ausschließlich im Hauptbetrieb verwendet

und die **Erzeugnisse** im Rahmen einer ersten Stufe der Be- oder Verarbeitung, die noch dem luf Bereich zuzuordnen ist, hergestellt werden. Die Be- oder Verarbeitung eigener Erzeugnisse im Rahmen einer zweiten Stufe der Be- oder Verarbeitung ist eine gewerbliche Tätigkeit. Die Be- oder Verarbeitung fremder Erzeugnisse ist stets eine gewerbliche Tätigkeit. Diese Produkte (im Rahmen einer zweiten Stufe be- oder verarbeitete eigene Erzeugnisse und be- oder verarbeitete fremde Erzeugnisse) können noch der LuF zugerechnet werden, wenn sie im Rahmen der Direktvermarktung abgesetzt werden und wenn die Umsätze aus diesen Tätigkeiten dauerhaft insgesamt nicht mehr als ein Drittel des Gesamtumsatzes und nicht mehr als 51.500 € im Wj betragen.

Werden überwiegend im eigenen Hauptbetrieb erzeugte Rohstoffe be- und verarbeitet und werden die dabei gewonnenen Erzeugnisse überwiegend im eigenen Hauptbetrieb verwendet, so zählt dies zur **luf Urproduktion** (s. a. Rz. 106).

Werden eigene Erzeugnisse, die unbearbeitet oder nicht weiter verarbeitet sind, vermarktet, so ist auch die Vermarktung grds. der **luf Urproduktion** zuzurechnen. Es liegt beispielsweise keine Be- oder Verarbeitung vor, wenn die eigenen Erzeugnisse lediglich gereinigt, getrocknet, sortiert und in handelsübliche Por-

1 R 15.5 Abs. 3 EStR.

tionen verpackt werden. Dies zählt noch zur luf Urproduktion.[1] Dabei ist nicht entscheidend, ob die Produkte ab Hof, im eigenen Laden oder auf dem Großmarkt veräußert werden.[2] Vgl. dazu auch Rz. 122.

Diese Regelungen entsprechen auch in etwa der Regelung in den EStR 2008 (zur Neuregelung der Abgrenzung der LuF zum Gewerbe sowie zur Anwendungsregelung vgl. Rz. 115 ff.). Neu ist, dass auch hier entsprechend den Grundsätzen des BFH eine Trennung der einzelnen Tätigkeiten vorzunehmen ist. Weiterhin ist die bislang gültige Umsatzgrenze von 10.300 € für Produkte der zweiten Verarbeitungsstufe (R 15.5 Abs. 3 Satz 2 EStR 2008) weggefallen. Die zugekauften Produkte müssen nicht mehr der Angebotsabrundung dienen.

b) Abgrenzung zum selbständigen Hauptbetrieb

Mit der Definition des Nebenbetriebs ist zunächst zum Ausdruck gebracht, dass 105
ein selbständiger Hauptbetrieb nicht dazu gehört, also weder ein selbständiger luf Betrieb noch ein selbständiger Gewerbebetrieb oder ein anderer selbständiger Hauptbetrieb.[3] Bestehen bei Zusammentreffen von landwirtschaftlicher und gewerblicher Tätigkeit bei einem Stpfl. **zwei Hauptbetriebe,** sind die Voraussetzungen für einen Nebenbetrieb mithin nicht gegeben. In den Fällen, in denen die durch die landwirtschaftliche Betätigung gewonnenen Erzeugnisse in einem Be- und Verarbeitungsbetrieb (s. Rz. 109) verwertet werden (z. B. Schafe aus einer Schäferei in einer Hammelschlächterei), hat der BFH für die Frage, ob ein einheitlicher Gewerbebetrieb oder zwei einkommensteuerrechtlich selbständige Betriebe vorliegen, stets darauf abgestellt, ob die Verbindung des landwirtschaftlichen und des gewerblichen Betriebes nur zufällig, vorübergehend und ohne Nachteil für das Gesamtunternehmen lösbar ist oder aber ob sie planmäßig und im Interesse des Hauptbetriebes gewollt war.[4] Im Rahmen dieser Prüfung sind die **Gesamtumstände des Einzelfalls** zu berücksichtigen; dabei spielt auch das Ausmaß, in dem die Erzeugnisse des landwirtschaftlichen Betriebs in den Be- und Verarbeitungsbetrieb geliefert werden, eine bedeutsame Rolle. So wird ein selbständiger Gewerbebetrieb angenommen, wenn die eingesetzte Rohstoffmenge überwiegend zugekauft wird und das be- oder verarbeitete Produkt überwiegend für den Verkauf bestimmt ist.

1 Vgl. Felsmann, Einkommensbesteuerung, Abschnitt A 6 Rz. 38.

2 BFH 30.8.1960, BStBl 1960 III S. 460; BFH 6.12.2001, BStBl 2002 II S. 701.

3 Zum Prüfungsschema in dieser Frage s. Anm. zu BFH 12.1.1989, BStBl 1989 II S. 432, in HFR 1989 S. 502.

4 BFH 16.12.1965, BStBl 1966 III S. 193; BFH 19.5.1971, BStBl 1972 II S. 8; BFH 12.1.1989, BStBl 1989 II S. 432; BFH 8.11.2007, BStBl 2008 II S. 356.

c) Abgrenzung zum integrierten Betriebsteil

106 Ein luf Nebenbetrieb liegt ferner nicht vor, wenn es sich lediglich um einen integrierten Bestandteil eines **einheitlichen** luf Betriebs handelt. Das wird insbesondere angenommen werden müssen, wenn in einem **Sonderbetriebszweig** z. B. Produkte der landwirtschaftlichen Urproduktion erzeugt werden, in größerem Rahmen Hilfstätigkeiten der luf Tätigkeit ausgeführt werden (z. B. Brüterei für landwirtschaftliche Hühnerhaltung), oder luf Erzeugnisse nach Be- oder Verarbeitung überwiegend im eigenen Betrieb der LuF verwendet werden. In diesen Fällen sind die Einkünfte hieraus bereits unmittelbar nach § 13 Abs. 1 Nr. 1 EStG solche aus LuF.

d) Unterordnungsverhältnis

107 Nach der Definition des § 13 Abs. 2 Nr. 1 EStG muss der Nebenbetrieb stets in einem bestimmten Unterordnungsverhältnis zum Hauptbetrieb stehen. Der Nebenbetrieb muss sich wirtschaftlich als Teil des luf Betriebes darstellen. Seine Tätigkeit muss den Hauptbetrieb **ergänzen und fördern;** der Hauptbetrieb muss dem ganzen Betrieb sein **Gepräge** geben.[1] Der Nebenbetrieb muss in funktionaler Hinsicht vom Hauptbetrieb abhängig sein.[2] Typischerweise wird der Nebenbetrieb die Aufgabe haben, der landwirtschaftlichen Haupttätigkeit Produkte zu verschaffen, bestimmte Produkte zu verarbeiten oder anderweitig zu veredeln oder den Hauptbetrieb auf andere Weise, etwa durch Verwertung von Produkten, ggf. auch von Rückständen oder Abfällen, zu fördern. Die wirtschaftliche Bedeutung eines Nebenbetriebes wird daher regelmäßig hinter der des Hauptbetriebes zurücktreten. Ein wichtiges Merkmal für die Annahme eines Nebenbetriebes liegt darin, dass es sich bei der Verbindung der Betriebe um eine **planmäßige Verbindung** handelt, die im Interesse des Hauptbetriebes gewollt ist, eine zufällige, vorübergehende und ohne Nachteile für den Gesamtbetrieb lösbare Verbindung wird gegen einen Nebenbetrieb sprechen.[3]

108 Haupt- und Nebenbetrieb setzen eine **Unternehmeridentität** voraus.[4] Ein Nebenbetrieb kann vorliegen, wenn die von einem Mitunternehmer ausgeübte Tätigkeit dem gemeinsam mit anderen geführten landwirtschaftlichen Haupt-

1 BFH 12.1.1989, BStBl 1989 II S. 432, zur Frage, ob eine Baumschule und landschaftspflegerische Leistungen für eine Stadt einen einheitlichen Betrieb darstellen; zur Frage, wann ein Gasthof und ein landwirtschaftlicher Betrieb als einheitliches gewerbliches Unternehmen zu gelten haben, s. BFH 27.1.1995 – IV B 109/94, NWB XAAAB-37256 = BFH/NV 1995 S. 772.

2 R 15.5 Abs. 3 Satz 2 EStR.

3 BFH 4.12.1962, BStBl 1963 III S. 243.

4 BFH 12.3.1992, BStBl 1992 II S. 982.

betrieb zu dienen bestimmt ist.[1] Es kann ebenfalls ein Nebenbetrieb vorliegen, wenn er ausschließlich von LuF gemeinschaftlich betrieben wird und nur in deren Hauptbetrieben erzeugte Rohstoffe im Rahmen einer ersten Stufe der Be- oder Verarbeitung be- oder verarbeitet werden, oder nur Erzeugnisse gewonnen werden, die ausschließlich in diesen Betrieben verwendet werden.[2]

e) Be- und Verarbeitungsbetriebe, Substanzbetriebe, Verwertungsbetriebe

Es wird vielfach zwischen verschiedenen Arten von Nebenbetrieben unterschie- 109
den, nämlich den **Be- und Verarbeitungsbetrieben**, z. B. Brennereien, Sägewerke (Molkereien, Zuckerfabriken u. Ä. werden eher selbständige Gewerbebetriebe sein), den **Substanzbetrieben**, z. B. Sandgruben, Kiesgruben, Torfstiche und den **Verwertungsbetrieben**, die gegen Entgelt z. B. organische Abfälle übernehmen und diese be- oder verarbeiten.

Ein **Be- und Verarbeitungsbetrieb** ist als landwirtschaftlicher Nebenbetrieb an- 110
zusehen, wenn die eingesetzte Rohstoffmenge überwiegend im eigenen luf Hauptbetrieb erzeugt wird und die be- oder verarbeiteten Produkte überwiegend für den Verkauf bestimmt sind.[3] Bei Verarbeitungsbetrieben ist vor allem festzustellen, ob das letztendlich hergestellte Produkt noch als Produkt der LuF angesehen werden kann. Deutlich machen lässt sich die Problematik am **Beispiel eines Sägewerks.** Solange in einem dem luf Betrieb angeschlossenen Sägewerk lediglich Rundholz zerteilt und in Balken und Bretter zugeschnitten wird, rechnet die FinVerw die Tätigkeit noch zur LuF. Man kann diese Tätigkeit als **erste Bearbeitungsstufe** bezeichnen. Sobald der Betrieb eine **weitere Bearbeitung** vornimmt, z. B. Hölzer hobelt, schleift oder imprägniert, liegt grds. eine gewerbliche Tätigkeit vor (s. Rz. 104/1).

Die Herstellung von Perlwein oder Sekt durch einen Weinbaubetrieb im Rahmen eines Nebenbetriebs kann eine luf Tätigkeit darstellen. Zu den Voraussetzungen vgl. BMF vom 19.10.2017.[4]

Ein **Substanzbetrieb**, der dauernd und nachhaltig Substanz (z. B. Selbstausbeu- 111
te von Bodenschätzen) auch an Fremde veräußert, wird als luf Nebenbetrieb angesehen, wenn die gewonnene Substanz überwiegend im eigenen Hauptbe-

1 BFH 22.1.2004, BStBl 2004 II S. 512.

2 R 15.5 Abs. 3 Satz 8 EStR.

3 R 15.5 Abs. 3 EStR.

4 BStBl 2017 I S. 1431.

trieb verwendet wird.[1] Andernfalls stellt der nachhaltige, auf Gewinnerzielung gerichtete Verkauf von Bodensubstanz i. d. R. eine gewerbliche Tätigkeit dar.

112 Bei der Entsorgung organischer Abfälle (z. B. Klärschlamm) handelt es sich um eine Tätigkeit im Rahmen eines **Verwertungsbetriebs**. Dies kann im Rahmen eines Nebenbetriebs noch der luf Tätigkeit zugerechnet werden, R 15.5 Abs. 3 und 4 EStR. Das Einsammeln, Abfahren und Sortieren organischer Abfälle, das mit der Ausbringung auf Flächen oder der Verfütterung an Tiere des selbst bewirtschafteten luf Betriebs in unmittelbarem sachlichem Zusammenhang steht, ist eine luf Tätigkeit. Andernfalls handelt es sich um eine grds. gewerbliche Tätigkeit, die unter den Voraussetzungen des R 15.5 Abs. 9 bis 11 EStR noch der luf Tätigkeit zugerechnet werden kann (vgl. a. Rz. 125 f).[2] Ein Landwirt, der auch einen Gewerbebetrieb für Klärschlammtransporte unterhält, erzielt hingegen auch insoweit Einkünfte aus Gewerbebetrieb und nicht aus LuF, als er den Klärschlamm auf selbstbewirtschafteten Flächen der LuF ausbringt.[3]

113–114 *(Einstweilen frei)*

III. Abgrenzung zu anderen Einkunftsarten

1. Abgrenzung zum Gewerbebetrieb

Literatur: *Wiegand*, Abgrenzung der Land- und Forstwirtschaft vom Gewerbe, NWB 2012 S. 460.

a) Allgemeines

115 Die Abgrenzung zwischen dem Betrieb der LuF einerseits und dem Gewerbebetrieb andererseits ist vor allem dadurch erschwert, dass es in den Steuergesetzen selbst an der Abgrenzung der Begriffe fehlt. Die Schwierigkeiten resultieren ferner daraus, dass in der modernen Betriebsführung die Unterschiede in der luf Tätigkeit einerseits und der gewerblichen Tätigkeit andererseits verwischen. Zwar ist die Landwirtschaft durch starke Spezialisierung gekennzeichnet. Das hat aber in den jeweiligen Betriebszweigen zunehmend zu gemischten Tätigkeiten geführt, die auch in den gewerblichen Bereich hineinreichen (z. B. Zukauf, Handel, Dienstleistungen).

1 R 15.5 Abs. 3 Satz 9 EStR.

2 R 15.5 Abs. 4 EStR.

3 BFH 8.11.2007, BStBl 2008 II S. 356.

Der BFH hat seine langjährige Rechtsprechung zur einkommensteuerlichen Behandlung der Handelstätigkeit eines LuF mit Urteil vom 25.3.2009[1] grundlegend geändert. Dabei hat er neue Abgrenzungskriterien für ein Handelsgeschäft aufgestellt. Die FinVerw nahm dies zum Anlass zunächst diese neuen Abgrenzungskriterien für ein Handelsgeschäft eines LuF weitestgehend zu übernehmen und im Anschluss die Abgrenzungsregelungen zwischen luf Tätigkeit und gewerblicher Tätigkeit (R 15.5 EStR 2008) gänzlich zu überarbeiten. Da davon auch das Bewertungsrecht betroffen war, wurden die neuen Regelungen im Rahmen eines einheitlichen Ländererlasses vom 15.12.2011[2] für die Bewertung und mit BMF-Schreiben vom 19.12.2011[3] für die Einkommensteuer bekannt gegeben. Die Regelungen wurden einheitlich ab 1.1.2012 in Kraft gesetzt. Für den Bereich der Einkommensteuer wurde eine großzügige Übergangsregelung vorgesehen (vgl. Rz. 120). Zwischenzeitlich wurden auch die Einkommensteueränderungsrichtlinien 2012 (EStÄR 2012)[4] verabschiedet, in die diese Regelungen entsprechend übernommen wurden. 116

b) Die neuen Abgrenzungsregelungen und Übergangsregelung

Die neuen Abgrenzungsregelungen übernehmen im Kern den Gedanken der Abgrenzungskriterien des BFH (Urteil vom 25.3.2009, a. a. O.) – die Abgrenzung nach den Tätigkeitsbereichen und der Wertschöpfung. 117

R 15.5 EStR sieht zwei verschiedene Tätigkeitsgruppen vor:[5]

- Absatz eigener Erzeugnisse und damit in unmittelbarem Zusammenhang stehende Tätigkeiten (R 15.5 Abs. 3 bis 8 EStR) und
- Verwendung von Wirtschaftsgütern des Betriebsvermögens für außerbetriebliche Zwecke und Dienstleistungen, die in einem sachlichen Zusammenhang zur LuF stehen (R 15.5 Abs. 9 und 10 EStR).

Für beide Gruppen gilt nach R 15.5 Abs. 11 EStR jeweils die zu prüfende relative Grenze von einem Drittel des Gesamtumsatzes (entspricht hier der Summe der Betriebseinnahmen ohne Umsatzsteuer) des Betriebs und die absolute Grenze von 51.500 € im Wirtschaftsjahr. Danach können an sich gewerbliche Tätigkeiten, die innerhalb einer der beiden genannten Gruppen die Voraussetzungen 118

1 BStBl 2010 II S. 113.
2 BStBl 2011 I S. 1213.
3 BStBl 2011 I S. 1249.
4 BStBl 2013 I S. 276.
5 Wiegand, NWB 2012 S. 460.

für eine Zurechnung zur LuF dem Grunde nach erfüllen, typisierend der LuF zugerechnet werden, wenn die Umsätze (entspricht hier den Betriebseinnahmen ohne Umsatzsteuer) aus diesen Tätigkeiten (jeweils gesondert pro Gruppe zu prüfen) dauerhaft insgesamt nicht mehr als ein Drittel des Gesamtumsatzes und nicht mehr als 51.500 € betragen. Weitere **Voraussetzung** ist, dass die Umsätze aus den Tätigkeiten **beider Gruppen zusammen** dauerhaft insgesamt nicht mehr als 50 % des Gesamtumsatzes betragen.

119 Wird eine der Grenzen dauerhaft überschritten, liegt insoweit unter den Voraussetzungen des Strukturwandels (R 15.5 Abs. 2 EStR) ein Gewerbebetrieb vor. Der daneben bestehende Betrieb der LuF bleibt hiervon grundsätzlich unberührt. Lediglich das Überschreiten der Grenzen stellt keinen sofortigen Strukturwandel dar, es müssen darüber hinaus weitere Umstände hinzukommen, die einen sofortigen Strukturwandel begründen können.

Hervorzuheben ist, dass nur die gewerblichen Tätigkeiten bei Überschreiten der Grenzen nicht mehr zur LuF gerechnet werden können. Werden z. B. in einem Hofladen auch zugekaufte Produkte veräußert und betragen die Umsätze hieraus dauerhaft mehr als 51.500 € im Wj, so sind nur diese Umsätze als gewerbliche Einkünfte zu qualifizieren; der Verkauf der eigenen Produkte im Hofladen bleibt weiterhin Teil der LuF. Bei Mitunternehmerschaften ist jedoch in diesem Zusammenhang die Abfärbetheorie zu beachten.[1]

120 R 15.5 Abs. 14 EStR sieht eine großzügige Übergangsregelung zur Anwendung der neuen Abgrenzungsregelungen vor. Danach können Steuerpflichtige, für die sich aus der Anwendung der neuen Abgrenzungsregelungen Verschlechterungen gegenüber der Richtlinienregelung in R 15.5 EStR 2008 ergeben, die Richtlinienregelung nach R 15.5 EStR 2008 für diejenigen Wirtschaftsjahre weiter anwenden, die vor der Veröffentlichung der EStÄR 2012 im Bundessteuerblatt beginnen. Die EStÄR 2012 vom 25.3.2013[2] wurden in der Ausgabe Nr. 5 des BStBl vom 28.3.2013 veröffentlicht. Damit sind die neuen Regelungen erstmals zwingend für Wirtschaftsjahre anzuwenden, die nach dem 28.3.2013 beginnen. Das heißt, die bisherigen Grundsätze nach R 15.5 EStR 2008 konnten i. d. R. noch bis zum Wj 2012/2013 bzw. bei Wj gleich Kalenderjahr bis einschließlich Wj 2013 angewandt werden.

Spätestens ab Wj 2013/2014 bzw. Wj 2014 sind danach die neuen Abgrenzungsregelungen maßgebend. Liegen die Voraussetzungen des sofortigen

1 R 15.5 Abs. 1 Satz 8 EStR; § 15 Abs. 3 Nr. 1 EStG.

2 BStBl 2013 I S. 276.

Strukturwandels nicht vor, so kommt es nach den Grundsätzen des allmählichen Strukturwandels bei Überschreiten der Grenzen erst nach Ablauf weiterer drei Wj zur Änderung der Einkunftsart (also ab Wj 2016/2017 bzw. Wj 2017).

c) Definition der eigenen und fremden Erzeugnisse

Entscheidend für die Frage der Abgrenzung der luf Tätigkeit von der eines Gewerbebetriebs ist oft die Einordnung der Erzeugnisse. R 15.5 Abs. 5 EStR definiert, wann es sich (noch) um eigene Erzeugnisse des luf Betriebs handelt, wann um fremde. Danach gelten als **eigene Erzeugnisse** alle luf Erzeugnisse, die im Rahmen des Erzeugungsprozesses im eigenen Betrieb gewonnen werden. Hierzu gehören auch Erzeugnisse der ersten Stufe der Be- oder Verarbeitung und zugekaufte Waren, die als Roh-, Hilfs- oder Betriebsstoffe im Erzeugungsprozess verwendet werden. 121

Rohstoffe sind Waren, die im Rahmen des Erzeugungsprozesses weiterkultiviert werden, z. B. Jungtiere, Saatgut oder Jungpflanzen.

Hilfsstoffe sind Waren, die nicht als überwiegender Bestandteil in eigene Erzeugnisse eingehen, z. B. Futtermittelzusätze, Siliermittel, Starterkulturen und Lab zur Milchverarbeitung, Trauben, Traubenmost und Verschnittwein zur Weinerzeugung, Verpackungsmaterial sowie Blumentöpfe für die eigene Produktion oder als handelsübliche Verpackung. Die Frage, ob Hilfsstoffe als überwiegender Bestandteil in eigene Erzeugnisse eingehen, ist m. E. auf das einzelne Produkt bezogen zu prüfen, nicht auf die gesamte selbst erzeugte Produktpalette des Betriebs. D. h. z. B. bei einem Weinbaubetrieb ist auf die einzelne Weinsorte abzustellen. Als Vergleichsgröße darf nicht die gesamte im Betrieb produzierte Traubenmenge herangezogen werden, sofern verschiedene Traubensorten selbst erzeugt werden.

Werden in einem Weinbaubetrieb eigene Erzeugnisse und zugekaufte Trauben, Traubenmost oder Verschnittwein untrennbar miteinander vermischt oder vermengt und überwiegt dabei der Anteil der eigenen Erzeugnisse, handelt es sich bei dem Enderzeugnis (z. B. Flasche oder Fass Wein) insgesamt um ein eigenes Erzeugnis, vgl. BMF vom 19.10.2017.[1]

Betriebsstoffe sind Waren, die im Erzeugungsprozess verwendet werden, z. B. Düngemittel, Treibstoff und Heizöl.

1 BStBl 2017 I S. 1431.

Unerheblich ist, ob es sich bei der zugekauften Ware um ein luf Urprodukt im engeren Sinne oder um ein gewerbliches Produkt handelt.

Als **fremde Erzeugnisse** gelten alle zur Weiterveräußerung zugekauften Erzeugnisse, Produkte oder Handelswaren, die nicht im luf Erzeugungsprozess des eigenen Betriebs verwendet werden. Dies gilt unabhängig davon, ob es sich um betriebstypische bzw. betriebsuntypische Erzeugnisse, Handelsware zur Vervollständigung einer für die Art des Erzeugungsbetriebs üblichen Produktpalette oder andere Waren aller Art handelt. Werden zugekaufte Roh-, Hilfs- oder Betriebsstoffe weiterveräußert, gelten diese zum Zeitpunkt der Veräußerung als fremde Erzeugnisse. Dies gilt unabhängig davon, ob die Veräußerung gelegentlich, z. B. bei Verkauf von Diesel im Rahmen der Nachbarschaftshilfe oder laufend, z. B. bei Verkauf von Blumenerde erfolgt. Die hieraus erzielten Umsätze sind bei der Abgrenzung entsprechend zu berücksichtigen.

d) Absatz eigener Erzeugnisse

aa) Absatz eigener Erzeugnisse i. V. mit fremden und gewerblichen Erzeugnissen

122 Hierbei handelt es sich um die Kernaussagen des BFH-Urteils vom 25.3.2009.[1] Nach R 15.5 Abs. 6 EStR ist bei Zukauf und Handelsgeschäften wie folgt zu verfahren:

Werden ausschließlich eigene Erzeugnisse abgesetzt, stellt dies eine Vermarktung im Rahmen der LuF dar, selbst wenn diese Erzeugnisse über ein eigenständiges Handelsgeschäft oder eine Verkaufsstelle (z. B. Großhandelsbetrieb, Einzelhandelsbetrieb, Ladengeschäft, Marktstand oder Verkaufswagen) abgesetzt werden. Unerheblich ist die Anzahl der Verkaufsstellen oder ob die Vermarktung in räumlicher Nähe zum Betrieb erfolgt.

Werden neben den eigenen Erzeugnissen auch fremde Erzeugnisse (i. S. von R 15.5 Abs. 5 Satz 7 EStR) oder gewerbliche Erzeugnisse (i. S. von R 15.5 Abs. 3 Satz 5 und 6 EStR) abgesetzt, liegen eine luf und eine gewerbliche Tätigkeit vor. Die gewerbliche Tätigkeit kann noch der LuF zugerechnet werden, wenn die Umsätze aus dieser **Tätigkeitsgruppe** (Vermarktung eigener Erzeugnisse und damit in unmittelbarem Zusammenhang stehende Tätigkeiten) dauerhaft insgesamt nicht mehr als ein Drittel des Gesamtumsatzes und nicht mehr als 51.500 € betragen, vgl. hierzu Rz. 117 f.

1 BStBl 2010 II S. 113.

Der ausschließliche Absatz fremder oder gewerblicher Erzeugnisse ist von Beginn an stets eine gewerbliche Tätigkeit. Auf die Art und den Umfang der Veräußerung kommt es dabei nicht an.

bb) Absatz eigener Erzeugnisse i. V. mit Dienstleistungen

123 Der Transport und das Einbringen von Pflanzen stellen an sich noch keine schädlichen Dienstleistungen dar. Es ist aber zu prüfen, ob die Dienstleistung des LuF darüber hinausgeht. Nach R 15.5 Abs. 7 EStR ist eine Dienstleistung eines LuF im Zusammenhang mit dem Absatz eigener Erzeugnisse, die über den Transport und das Einbringen von Pflanzen hinausgeht (z. B. Grabpflege, Gartengestaltung) grds. eine einheitlich zu beurteilende Tätigkeit mit Vereinbarungen über mehrere Leistungskomponenten – gemischter Vertrag. Dabei ist von einer einheitlich gewerblichen Tätigkeit auszugehen, wenn nach dem jeweiligen Vertragsinhalt der Umsatz aus den Dienstleistungen und den fremden Erzeugnissen überwiegt. Die gewerbliche Tätigkeit kann noch der LuF zugerechnet werden, wenn die Umsätze aus dieser **Tätigkeitsgruppe** (Vermarktung eigener Erzeugnisse und damit in unmittelbarem Zusammenhang stehende Tätigkeiten) dauerhaft insgesamt nicht mehr als ein Drittel des Gesamtumsatzes und nicht mehr als 51.500 € betragen, vgl. hierzu Rz. 117 f.

cc) Absatz eigenerzeugter Getränke i. V. mit besonderen Leistungen

124 Die bisherigen Sonderregelungen des R 15.5 Abs. 8 EStR 2008 sind entfallen. Es gelten hier die allgemeinen Regelungen zum Absatz eigener Erzeugnisse. Nach R 15.5 Abs. 8 EStR ist der Ausschank von eigen erzeugten Getränken (i. S. von R 15.5 Abs. 5 EStR), z. B. Wein, lediglich eine Form der Vermarktung und somit eine luf Tätigkeit. Werden daneben durch einen LuF Speisen und andere Getränke abgegeben, liegt insoweit eine gewerbliche Tätigkeit vor. Die gewerbliche Tätigkeit kann noch der LuF zugerechnet werden, wenn die Umsätze aus dieser **Tätigkeitsgruppe** (Vermarktung eigener Erzeugnisse und damit in unmittelbarem Zusammenhang stehende Tätigkeiten) dauerhaft insgesamt nicht mehr als ein Drittel des Gesamtumsatzes und nicht mehr als 51.500 € betragen, vgl. hierzu Rz. 117 f.

e) Verwendung von Wirtschaftsgütern des Betriebsvermögens und Dienstleistungen

aa) Verwendung von Wirtschaftsgütern

125 Verwendet ein LuF Wirtschaftsgüter seines luf Betriebsvermögens, indem er diese Dritten entgeltlich überlässt oder mit ihnen für Dritte Dienstleistungen verrichtet, stellt dies nach R 15.5 Abs. 9 EStR eine gewerbliche Tätigkeit dar. Dies gilt auch, wenn in diesem Zusammenhang fremde Erzeugnisse verwendet werden, z. B. bei Düngearbeiten im Lohn und bei Gestellung des Düngers durch den Lohnunternehmer.[1] Wenn der Einsatz der Wirtschaftsgüter des luf Betriebsvermögens für eigene luf Zwecke einen Umfang von 10 % nicht unterschreitet, kann die gewerbliche Tätigkeit noch der LuF zugerechnet werden, wenn die Umsätze aus dieser **Tätigkeitsgruppe** (Verwendung von Wirtschaftsgütern und Dienstleistungen) dauerhaft insgesamt nicht mehr als ein Drittel des Gesamtumsatzes und nicht mehr als 51.500 € betragen, vgl. hierzu Rz. 117 f. Dagegen liegt ohne weiteres von Beginn an stets eine gewerbliche Tätigkeit vor, wenn ein LuF Wirtschaftsgüter, die er eigens zu diesem Zweck angeschafft hat, für Dritte verwendet.[2]

bb) Land- und forstwirtschaftliche Dienstleistungen

126 Sofern ein LuF Dienstleistungen ohne Verwendung von eigenen Erzeugnissen oder eigenen Wirtschaftsgütern verrichtet, ist dies nach R 15.5 Abs. 10 EStR eine gewerbliche Tätigkeit. Wenn ein funktionaler Zusammenhang dieser Tätigkeit mit typisch luf Tätigkeiten besteht, kann die gewerbliche Tätigkeit noch der LuF zugerechnet werden, wenn die Umsätze aus dieser **Tätigkeitsgruppe** (Verwendung von Wirtschaftsgütern und Dienstleistungen) dauerhaft insgesamt nicht mehr als ein Drittel des Gesamtumsatzes und nicht mehr als 51.500 € betragen, vgl. hierzu Rz. 117 f.

f) Weitere Regelungen der R 15.5 EStR

127 Zur Erzeugung von Strom und Wärme und zur Inanspruchnahme von luf Grundstücken für die Errichtung und den Betrieb von Versorgungsleitungen vgl. Rz. 1365 ff.

---

1 Siehe auch Wiegand, NWB 2012 S. 460.

2 Vgl. auch BFH 23.1.1992, BStBl 1992 II S. 651, zur Anschaffung eines Forstspezialschleppers.

Zur **Beherbergung von Fremden** gilt nach R 15.5 Abs. 13 EStR Folgendes:

Die Abgrenzung der Einkünfte aus Gewerbebetrieb gegenüber denen aus LuF richtet sich bei der Beherbergung von Fremden nach den Grundsätzen von R 15.7 EStR (Abgrenzung des Gewerbebetriebs von der Vermögensverwaltung). Aus Vereinfachungsgründen ist keine gewerbliche Tätigkeit anzunehmen, wenn weniger als vier Zimmer und weniger als sechs Betten zur Beherbergung von Fremden bereitgehalten werden und keine Hauptmahlzeit gewährt wird.

g) Bedeutung der Rechtsform

Beschränkt sich ein Stpfl. im Rahmen eines Einzelunternehmens auf die Ausübung von LuF, so bezieht er regelmäßig auch Einkünfte aus LuF, selbst wenn er als **„Kann-Kaufmann"** (§ 2 HGB) in das Handelsregister eingetragen ist.[1] 128

Wird der Betrieb einer LuF **in der Form einer Personengesellschaft** geführt, so ändert dies an der Einordnung der Einkünfte grds. nichts. Auch im Handelsregister eingetragene Gesellschaften erzielen nicht notwendig immer Einkünfte aus Gewerbebetrieb.[2] Allerdings müssen sie dann – im Gegensatz zum Einzelunternehmen – **ausschließlich LuF** betreiben. 129

Betreibt eine Personengesellschaft in Australien eine Citrus-Plantage, so sind die Einkünfte nach dortigem Recht (Einkünfte aus der Nutzung landwirtschaftlich genutzter Grundstücke) in Australien zu versteuern. Sie sind im Inland steuerbefreit; etwaige Verluste sind nicht verrechenbar.[3]

Ist eine OHG, KG oder eine andere Gesellschaft, bei der die Gesellschafter als Unternehmer (Mitunternehmer) des Betriebes anzusehen sind (z. B. Gesellschaft bürgerlichen Rechts), auch noch gewerblich tätig (auch bei einer luf Haupttätigkeit), so sind die gesamten Einkünfte, selbst bei nur geringfügiger gewerblicher Tätigkeit,[4] solche aus Gewerbebetrieb. Dies folgt aus § 15 Abs. 3 Nr. 1 EStG.[5] Etwas anderes gilt nur, wenn die Bagatellgrenze für die Nichtanwendung der Abfärberegelung nicht überschritten ist, d. h., wenn die Nettoumsatzerlöse aus der gewerblichen Tätigkeit 3 % der Gesamtnettoumsatzerlöse der Gesell- 130

1 Vgl. BFH 17.1.1985, BStBl 1985 II S. 291.

2 BFH 19.3.1981, BStBl 1981 II S. 528.

3 BFH 13.5.1993 – IV R 69/92, BFH/NV 1994 S. 100.

4 BFH 9.7.1964, BStBl 1964 III S. 530; BFH 10.11.1983, BStBl 1984 II S. 152; BFH 11.10.1988, BStBl 1989 II S. 284.

5 Vgl. KKB/Bäuml/Meyer, § 15 EStG Rz. 490 ff.

schaft und den absoluten Betrag von 24.500 € im VZ nicht übersteigen.[1] Dies gilt unabhängig davon, ob aus der gewerblichen Tätigkeit ein Gewinn oder Verlust erzielt wird.[2]

131 Sind an einer Personengesellschaft ausschließlich Kapitalgesellschaften beteiligt[3] oder sind die persönlich haftenden Gesellschafter **nur Kapitalgesellschaften** und nur diese (oder Personen, die nicht Gesellschafter sind) zur Geschäftsführung befugt (**gewerblich geprägte Personengesellschaft**, z. B. GmbH & Co. KG), so ist sie selbst dann ein Gewerbebetrieb, wenn sie sich ausschließlich luf betätigt. Dies ergibt sich seit 1986 aus § 15 Abs. 3 Nr. 2 EStG, der durch das Steuerbereinigungsgesetz 1986[4] eingefügt worden ist. Mit dieser Gesetzesänderung sind die Grundsätze der früheren sog. **Geprägerechtsprechung,** die vom Großen Senat des BFH mit Beschluss 25.6.1984[5] aufgegeben worden war, gesetzlich verankert worden. Aus diesem Grunde ist insoweit das BFH-Urteil 17.1.1985,[6] das noch von der Aufgabe der sog. Geprägerechtsprechung ausgegangen ist, überholt.

132 Die Tätigkeit von **Kapitalgesellschaften** gilt nach § 8 Abs. 2 KStG stets als gewerbliche Tätigkeit. Kapitalgesellschaften i. S. des § 1 Abs. 1 Nr. 1 KStG können daher **keine Einkünfte aus LuF** erzielen, auch dann nicht, wenn die Tätigkeit bei einem Einzelunternehmen oder einer Personengesellschaft unstreitig als luf Betätigung eingestuft werden würde.

h) Abgrenzung bei Veräußerung von Grundstücken

133 Nach ständiger Rspr. des BFH,[7] der sich die FinVerw angeschlossen hat, führt die Veräußerung von Grund und Boden, der zum Anlagevermögen eines luf Betriebes gehört, grds. zu Einnahmen aus LuF, weil die Veräußerung ein **Hilfsgeschäft** der luf Tätigkeit ist. Eine solche Veräußerung bleibt auch dann noch Teil der landwirtschaftlichen Tätigkeit, wenn ein großes, bisher landwirtschaft-

1 BFH 27.8.2014, BStBl 2015 II S. 1002.

2 § 15 Abs. 3 Nr. 1 Satz 2, § 52 Abs. 23 Satz 1 EStG; BFH 12.4.2018 – IV R 5/15, BStBl 2020 II S. 118, zur bisherigen Fassung des § 15 Abs. 3 Nr. 1 EStG.

3 BFH 12.11.1972, BStBl 1973 II S. 405.

4 BGBl 1985 I S. 2436.

5 BStBl 1984 II S. 751.

6 BStBl 1985 II S. 291.

7 BFH 5.12.1968, BStBl 1969 II S. 236; BFH 13.3.1969, BStBl 1969 II S. 483; BFH 17.12.1970, BStBl 1971 II S. 456; BFH 14.11.1972, BStBl 1973 II S. 239; BFH 7.2.1973, BStBl 1973 II S. 642; BFH 28.6.1984, BStBl 1984 II S. 798; BFH 8.9.2005, BStBl 2006 II S. 166; BFH 8.11.2007, BStBl 2008 II S. 231 und BStBl 2008 II S. 359; dazu auch Kanzler, DStZ 2013 S. 822.

lich genutztes Areal parzelliert wird und zahlreiche Parzellen an verschiedene Erwerber mit Gewinn veräußert werden. Auch die Übernahme von Kosten der Planung und Erschließung, die Bereitstellung von Ausgleichsflächen für Belange des Naturschutzes und der Abwasserversorgung sowie die unentgeltliche Bereitstellung von Straßenland sind unschädlich.[1] Erst wenn der Landwirt eine **über die Parzellierung und Veräußerung hinausgehende Aktivität** entfaltet, insbesondere die **Aufstellung eines Bebauungsplans** betreibt und/oder sich aktiv an der **Erschließung** des bisher landwirtschaftlich genutzten Areals als Baugelände beteiligt, sind die Grundstücksveräußerungen keine landwirtschaftlichen Hilfsgeschäfte mehr, sondern Gegenstand eines selbständigen gewerblichen Grundstückshandels.[2] In diesen letztgenannten Fällen kann die entfaltete Tätigkeit nach der Verkehrsauffassung nicht mehr zu den für einen Landwirt üblichen Tätigkeiten gerechnet werden. Siehe auch Rz. 42.

Ob Baulanderschließung und anschließende Verwertung noch private Vermögensverwaltung ist, wird von der Rspr. für Einkünfte aus Gewerbebetrieb und Einkünfte aus LuF nach gleichen Grundsätzen entschieden.[3] Zur Abgrenzung zwischen privater Vermögensverwaltung und **gewerblichem Grundstückshandel** Hinweis auf BMF vom 26.3.2004 und die BFH-Urteile vom 14.5.2025.[4]

2. Abgrenzung zur Vermietung und Verpachtung

Nach § 21 Abs. 3 EStG sind Einkünfte, die dem Grunde nach solche aus Vermietung und Verpachtung sind, den anderen Einkunftsarten, also auch solchen aus LuF, zuzurechnen, soweit sie zu diesen gehören. § 21 EStG ist damit subsidiär gegenüber § 13 EStG. Das bedeutet, dass Vermietungseinkünfte nur dann nach § 21 EStG zu besteuern sind, wenn sie keine luf Einkünfte sind. Land- und forstwirtschaftliche Einkünfte sind sie regelmäßig dann, wenn eine Vermietung oder Verpachtung nach wirtschaftlichen Gesichtspunkten und nach der Verkehrsauffassung in einem **engen wirtschaftlichen Zusammenhang** mit dem landwirtschaftlichen Betrieb steht. Bei einer Unterverpachtung bei einem luf Pachtbetrieb ist ein solcher Zusammenhang i. d. R. nicht gegeben.[5] 134

1 BFH 14.5.2025 – VI R 8/23, NWB SAAAJ-99045; VI R 9/23, NWB DAAAJ-99050; VI R 10/23, NWB OAAAJ-99042; VI R 11/23, NWB YAAAJ-99043.

2 BFH 8.11.2007, BStBl 2008 II S. 231.

3 Gmach, FR 1990 S. 729 unter 1b.

4 BStBl 2004 I S. 434; BFH 14.5.2025 – VI R 8/23, NWB SAAAJ-99045; VI R 9/23, NWB DAAAJ-99050; VI R 10/23, NWB OAAAJ-99042; VI R 11/23, NWB YAAAJ-99043.

5 BFH 9.5.2023 – VI R 38/20, BFH/NV 2023 S. 1057 = NWB JAAAJ-43439.

135 Die Abgrenzung zwischen beiden Einkunftsarten kann mitunter dann zweifelhaft werden, wenn nicht einzelne WG, sondern der landwirtschaftliche Betrieb im Ganzen oder als Teilbetrieb verpachtet wird. Macht bei einer Verpachtung eines Betriebes im Ganzen der Verpächter gem. BFH[1] von seinem Wahlrecht[2] Gebrauch und erklärt die Aufgabe des Betriebes, so stellen die Pachteinnahmen Einkünfte aus VuV dar. Eine luf Betriebsverpachtung setzt voraus, dass der Betrieb zuvor von dem Verpächter oder im Fall des unentgeltlichen Erwerbs von seinem Rechtsvorgänger selbst bewirtschaftet worden ist.[3] Hierzu im Einzelnen Hinweis auf Rz. 725 ff.

IV. Liebhaberei – Gewinnerzielungsabsicht

1. Allgemeines

136 Der ESt unterliegen nach § 2 Abs. 1 EStG Einkünfte aus solchen Tätigkeiten, die als Einkunftsquellen dienen. Einkunftsquelle ist eine Tätigkeit nur, wenn sie auf Dauer gesehen darauf gerichtet ist, Gewinn zu **erzielen**. Auch wenn eine Tätigkeit rein äußerlich in die Form eines Gewerbebetriebes oder eines luf Betriebes gekleidet ist, ist sie ertragsteuerlich nicht relevant, wenn sie wirtschaftlich nicht auf die Erzielung eines Gewinns ausgerichtet ist. Es ist also die **Gewinnerzielungsabsicht** (auch als bloßer Nebenzweck[4]) von entscheidender Bedeutung; bei Überschusseinkünften kommt es auf die Absicht an, auf die Dauer der Vermögensnutzung gesehen nachhaltig Überschüsse zu erzielen. Fehlt diese Absicht trotz wirtschaftlicher Betätigung, so wird allgemein von der steuerlich unbeachtlichen „Liebhaberei" gesprochen. Steuersystematisch gesehen fehlt also ein Tatbestandsmerkmal. Von daher gesehen ist dies nicht anders zu werten als das Fehlen jedes anderen Tatbestandsmerkmals auch, das Voraussetzung für die Annahme steuerbarer Einkünfte ist. Generell zur Liebhaberei im Steuerrecht s. Langenkämper[5] und Mindermann/Lukas;[6] zur Liebhaberei in der Rspr. zur Besteuerung der LuF Kanzler.[7]

1 BFH 13.11.1963, BStBl 1964 III S. 124; BFH 18.3.1964, BStBl 1964 III S. 303.

2 Vgl. bisher R 16.5 EStR 2008, für Betriebsaufgaben nach dem 4.11.2011 s. § 16 Abs. 3b EStG (§ 52 Abs. 34 Satz 9 EStG).

3 BFH 20.4.1989, BStBl 1989 II S. 863.

4 § 13 Abs. 7, § 15 Abs. 2 Satz 3 EStG.

5 NWB VAAAD-99613.

6 NWB VAAAD-99613.

7 Kanzler in KKB, § 2 Rz. 61 ff.

Im Bereich der LuF hat der BFH die Grundsätze der „Liebhaberei"-Rspr. vor allem für solche landwirtschaftliche Betriebe, für Gestüte und ähnliche Betriebe und auch für das Betreiben einer an sich dem gewerblichen Bereich zugehörigen Reitschule (mit Nebenbetrieben) entwickelt, deren Beibehaltung trotz ständig hoher Verluste als vom wirtschaftlichen Erfolg unabhängig persönliche Passion einer gehobenen Lebenshaltung erklärbar ist.[1] 137

Von dieser Ausgangslage her hat der BFH (GrS) in seinem **grundlegenden Beschluss 25.6.1984**[2] die Auffassung vertreten, dass im betrieblichen Bereich unter einer gewöhnlich als Liebhaberei bezeichneten Betätigung, die nicht Grundlage der Einkünfte i. S. der Einkunftsarten des § 2 Abs. 1 Nr. 1 bis 3 EStG sein kann (nicht steuerbare Einkünfte), vor allem solche Tätigkeiten zu verstehen sind, die ohne Gewinnerzielungsabsicht ausgeübt werden, oder allgemein ausgedrückt, nicht der Erzielung positiver Einkünfte dienen, sondern aus **persönlichen,** nicht wirtschaftlichen **Gründen** der Lebensführung betrieben werden. Der BFH verlangt in einer **zweistufigen Prüfungsreihenfolge** das Vorliegen von Dauerverlusten (1. Stufe) und ein persönliches Moment (2. Stufe). Diese allgemeinen Grundsätze hat der BFH alsdann in seinem Urteil 19.11.1985[3] verdeutlicht. Gleiches gilt für die Abgrenzung zwischen einer luf Erwerbstätigkeit und einer steuerrechtlich unbeachtlichen Liebhaberei.[4] Der BFH geht davon aus, dass auf die fehlende Gewinnerzielungsabsicht als **innere Tatsache** nur aus den **objektiven Umständen und Verhältnissen** geschlossen werden kann.[5] Der BFH hat aber – insofern im Gegensatz zu seiner früheren Rspr., die mehr auf den Periodengewinn abstellte – die Gewinnerzielungsabsicht als Streben nach Betriebsvermögensmehrung in Gestalt eines **Totalgewinns,** d. h. eines positiven Gesamtergebnisses des Betriebs von der Gründung bis zur Veräußerung, Aufgabe oder Liquidation definiert. Diese für Gewerbebetriebe eingeführte Definition gilt auch für die selbständige Arbeit und die LuF.[6] Der Beurteilung für den Be- 138

1 BFH 27.1.2000, BStBl 2000 II S. 227; BFH 24.8.2000, BStBl 2000 II S. 674 für Liebhaberei bei einem Forstbetrieb s. BFH 20.1.2005 – IV R 6/03, NWB TAAAB-56541 = HFR 2005 S. 961 mit Anm. v. Schönberg; s. a. BFH 20.9.2007, BFH/NV 2008 S. 532; BFH 10.1.2012 – IV B 137/10, NWB IAAAE-03549 = BFH/NV 2012 S. 732.

2 BStBl 1984 II S. 751, 764.

3 BStBl 1986 II S. 289, mit Bespr. Söffing, NWB F. 3 S. 6257.

4 Siehe BFH 28.11.1985, BStBl 1986 II S. 293.

5 BFH 31.7.2002, BStBl 2003 II S. 282; BFH 17.11.2004, BStBl 2005 II S. 336.

6 BFH 15.11.1984, BStBl 1985 II S. 205; BFH 13.12.1984, BStBl 1985 II S. 455; BFH 21.3.1985, BStBl 1985 II S. 399; BFH 28.11.1985, BStBl 1986 II S. 293; s. a. BFH 30.1.1986, BStBl 1986 II S. 516; BFH 30.10.1986, BStBl 1987 II S. 89.

reich der Gewinneinkünfte entsprechend sieht der BFH bei Überschusseinkünften[1] eine einkommensteuerrechtlich relevante Betätigung oder Vermögensnutzung nur dann als gegeben an, wenn die Absicht besteht, **auf Dauer gesehen nachhaltig** Überschüsse zu erzielen. Ein Landwirt mit Gewinnermittlung nach Durchschnittssätzen nach § 13a EStG (vgl. Rz. 442) kann mangels nachgewiesener tatsächlicher Verluste aber nicht geltend machen, sein Betrieb sei ein einkommensteuerrechtlich nicht relevanter Liebhabereibetrieb.[2] Bei tatsächlichen Verlusten ist für eine steuerliche Berücksichtigung ein wirksamer Antrag nach § 13a Abs. 2 EStG erforderlich (vgl. Rz. 438, 439).

Die BFH-Rspr. zur „Liebhaberei" ist verfassungsgemäß.[3]

2. Voraussetzungen der Liebhaberei

138/1 Zu den zweistufigen Prüfschritten (1. Stufe: Dauerverluste, 2. Stufe: persönliches Moment) des BFH-Beschlusses 25.6.1984 ergibt sich folgendes vereinfachtes Prüfschema:

1 § 2 Abs. 1 Nr. 4 bis 7 EStG.

2 BFH 24.7.1986, BStBl 1986 II S. 808; BFH 1.12.1988, BStBl 1989 II S. 234; BFH 6.3.2003, BStBl 2003 II S. 702, BFH 17.3.2010 – IV R 60/07, NWB ZAAAD-45413.

3 BVerfG 18.11.1986 – 1 BvR 330/86, DStZ/E 1987 S. 21; BVerfG 28.10.1986 – 1 BvR 325/86, NWB EN-Nr. 386/87; BVerfG 21.3.1996 – 2 BvR 2392/95.

ABB. 1: Gewinnerzielungsabsicht (GEA) nach BFH 25.6.1984

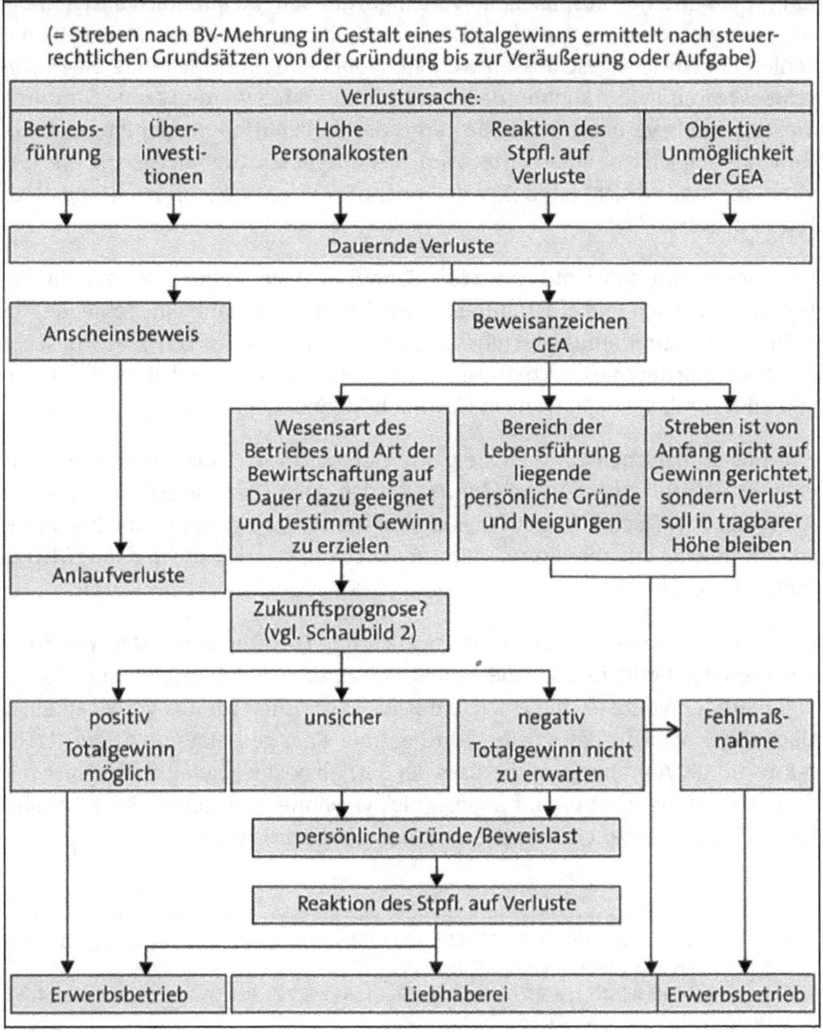

Bei einer Tätigkeit kann die Gewinnabsicht später einsetzen oder wegfallen.

a) Subjektives Absichtsmerkmal, objektive Beweisanzeichen

Entscheidend ist die **fehlende subjektive Gewinnerzielungsabsicht.** Die Absicht 139
des Stpfl. steht also im Vordergrund der Betrachtung (subjektive Betrachtungs-

weise). Die Absicht ist aber eine innere Tatsache, die, wie alle sich in der Vorstellung von Menschen abspielenden Vorgänge, nur anhand äußerlicher Merkmale beurteilt werden kann. Aus objektiven Umständen muss auf das Vorliegen oder Fehlen der Absicht geschlossen werden, wobei einzelne Umstände einen **Anscheinsbeweis** liefern können, der vom Stpfl. entkräftet werden kann.[1] Die durch die Betätigung verursachte ESt-Ersparnis darf bei Beurteilung der Frage, ob ein Gewinn möglich ist und erwartet wird, nicht berücksichtigt werden.[2] Ohne Gewinnerzielungsabsicht handelt, wer Einnahmen nur erzielt, um seine Selbstkosten zu decken.[3]

140 Gewinnerzielungsabsicht kann selbst dann fehlen, wenn der Stpfl. eine luf Tätigkeit tatsächlich und ernsthaft ausführt. Andererseits kann eine fehlende Absicht nicht allein daraus geschlossen werden, dass ein Stpfl. z. B. aus falscher Einschätzung der Marktverhältnisse oder seiner eigenen Fähigkeiten eine Tätigkeit aufnimmt, die objektiv nicht Gewinn bringend möglich ist.[4]

141 Ein **Beweisanzeichen** für eine Gewinnerzielungsabsicht kann nach dem BFH eine Betriebsführung sein, bei der der Betrieb nach seiner Wesensart und der Art seiner Bewirtschaftung auf die Dauer gesehen dazu geeignet und bestimmt ist, mit Gewinn zu arbeiten, was eine **in die Zukunft gerichtete und langfristige Beurteilung** erfordert.[5]

142 Ein wichtiger objektiver Umstand ist auch das **Fortführen des Betriebs trotz andauernder Verluste** über die betriebsspezifische Anlaufzeit hinaus. Solche andauernden Verluste sind i. d. R. ein Beweisanzeichen für das Vorliegen einer Liebhaberei, weil die Betriebsfortführung trotz eines geschlossenen Verlustzeitraums für die Annahme spricht, dass der Betrieb bei gleichbleibender Form der Betriebsführung nicht darauf angelegt ist, Gewinne zu erzielen.[6] Bei einer längeren Gewinnphase scheidet „Liebhaberei" aber i. d. R. aus.[7]

---

1 BFH 12.6.1978, BStBl 1978 II S. 620; BFH 19.11.1985, BStBl 1986 II S. 289; Söffing, NWB F. 3 S. 6257; BFH 21.8.1990 – VIII R 25/86, BStBl 1991 II S. 564.

2 § 15 Abs. 2 Satz 2 EStG; s. a. BFH 25.6.1984, BStBl 1984 II S. 751; BFH 7.11.2012 – X B 4/12, NWB QAAAE-26232 = BFH/NV 2013 S. 370.

3 BFH 22.8.1984, BStBl 1985 II S. 61.

4 Paus, DStZ 1985 S. 450; s. a. BFH 2.2.1989, BFH/NV 1989 S. 692; 21.1.1999, BStBl 1999 II S. 638.

5 BFH 5.5.1988, BStBl 1988 II S. 778; BFH 24.8.2000, BStBl 2000 II S. 674; BFH 20.1.2005 – IV R 6/03, NWB TAAAB-56541 = BFH/NV 2005 S. 1511.

6 BFH 15.11.1984, BStBl 1985 II S. 205; BFH 24.8.2000, BStBl 2000 II S. 674.

7 BFH 19.7.1990, BStBl 1991 II S. 333, mit Anm. Kanzler, FR 1991 S. 645, 646; BFH 16.3.2000 – IV R 53/98, NWB WAAAA-96979 = BFH/NV 2000 S. 1090.

Im Rahmen der Verlustanalyse muss der Stpfl. glauben machen können, dass er nach seiner Konzeption, seinen Vorstellungen mit Gewinn rechnen konnte und nur objektive Möglichkeiten verkannt hat und dass er versucht, die Verlustursachen durch Strukturmaßnahmen zu beseitigen, oder den Betrieb einstellt.

Verlustanalyse:

- Ausmaß und Entwicklung der Verluste
- Verhältnis der Verluste zu den Gewinnen oder Überschüssen
- Ursachen, auf Grund deren im Gegensatz zu vergleichbaren Betrieben, Tätigkeiten oder Rechtsverhältnissen kein Gewinn oder Überschuss erzielt wird
- Marktgerechtes Verhalten im Hinblick auf angebotene Leistungen
- Marktgerechtes Verhalten im Hinblick auf die Preisgestaltung
- Art und Ausmaß der Bemühungen zur Verbesserung der Ertragslage durch strukturverbessernde Maßnahmen (z. B. Rationalisierungsmaßnahmen)

Für Verluste, die in der **Anlaufzeit** eines erworbenen Betriebes entstehen, vor 143
allem dann, wenn der Betrieb neu aufgebaut werden muss, werden mitunter andere Überlegungen angestellt werden müssen.[1] Verluste der Anlaufzeit können nur dann steuerlich nicht anerkannt werden, wenn aufgrund der bekannten Entwicklung des Betriebes eindeutig feststeht, dass der Betrieb, wie er vom Stpfl. betrieben wird, von vornherein nicht in der Lage war, nachhaltig Gewinne zu erzielen und deshalb nach objektiver Beurteilung von Anfang an keine Einkunftsquelle i. S. des ESt-Rechts darstellte.[2]

Ein objektives Beweisanzeichen für das Fehlen einer Gewinnerzielungsabsicht 144
bei der Tätigkeit einer Personengesellschaft kann nach Auffassung des BFH[3] auch sein, wenn die Gesellschaft nach Art ihrer Betriebsführung keine Mehrung ihres Gesellschaftsvermögens in Gestalt eines positiven Totalergebnisses erreichen kann und ihre Tätigkeit nach der Gestaltung des Gesellschaftsvertrags allein darauf angelegt ist, ihren Gesellschaftern Steuervorteile dergestalt zu vermitteln, dass durch Verlustzuweisungen andere an sich zu versteuernde Einkünfte nicht, und die Verlustanteile letztlich nur in Form buchmäßiger Veräußerungsgewinne versteuert werden müssen.

1 BFH 23.5.2007 – X R 33/04, BStBl 2007 II S. 874.

2 BFH 15.11.1984, BStBl 1985 II S. 205; BFH 21.3.1985, BStBl 1985 II S. 399.

3 BFH 21.11.2000, BStBl 2001 II S. 789.

b) Totalgewinn

145 Die Grundsätze der Rechtsprechung des GrS werden in der nachfolgenden Übersicht im Überblick dargestellt:

ABB. 2: Totalerfolg

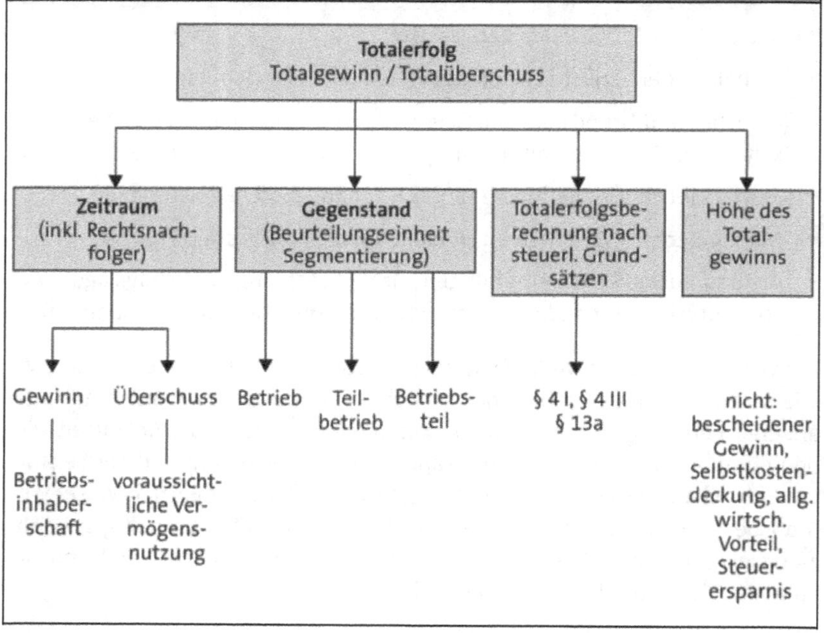

146 Der BFH stellt in seinem Beschluss vom 25.6.1984[1] erstmals auf den Totalgewinn und nicht mehr – wie vorher – auf den einzelnen Periodengewinn ab. Als Totalgewinn definiert er das **positive Gesamtergebnis** des Betriebes **von der Gründung bis zur Veräußerung, Aufgabe oder Liquidation**. Damit wird – stärker als früher – bei hohen Anlaufverlusten die Möglichkeit eröffnet, diese später wieder auszugleichen. Andererseits genügt es nicht mehr – insoweit liegt in der neueren Rspr. eine Verschärfung –, dass nach einer Periode höherer Anlaufverluste der Stpfl. geringfügige Gewinne erzielt; eine Gewinnerzielungsabsicht kann dann nur bejaht werden, wenn der Stpfl. aufgrund von Erwägungen, die sich durch objektive Umstände begründen lassen, davon ausgehen konnte, dass im Laufe der Gesamtentwicklung des Betriebes Periodengewinne in einer Gesamthöhe erwirtschaftet werden, die nicht nur die bisher angefallenen Verluste

1 BStBl 1984 II S. 751.

ausgleichen, sondern darüber hinaus zu einer echten Mehrung des BV führen.[1] Wird sowohl eine Landwirtschaft als auch eine Forstwirtschaft betrieben, so ist die Frage der Gewinnerzielungsabsicht getrennt nach Betriebszweigen zu beurteilen (**Segmentierung**).[2]

Der zeitliche Maßstab für die Beurteilung des Totalgewinns ergibt sich im Regel- 147
fall aus der Gesamtdauer der Betätigung. Feste zeitliche Vorgaben gibt es dabei nicht. Der Zeitraum, innerhalb dessen ein positives Ergebnis erzielbar sein muss, ist stets einzelfallbezogen zu beurteilen.[3]

Nach der Rechtsprechung des BFH ist die Prognose des Totalgewinns bei sog. 148
Generationenbetrieben in der LuF auch auf den Rechtsnachfolger zu erstrecken, weil die Besonderheiten der entsprechenden Betriebe (etwa Umtriebszeiten) eine Ausdehnung der Totalgewinnperiode auf mehr als nur eine Generation gebieten.[4] Diese Rechtsprechung soll insbesondere den in der LuF üblichen Hofübergabeverträgen (sog. Generationenfolge) Rechnung tragen.[5] In der neueren Rechtsprechung geht der BFH in Fällen mit einer Nutzungsüberlassung als Vorstufe zu der später geplanten unentgeltlichen Hofübergabe (z. B. Nießbrauch, Pachtvertrag, Betriebsüberlassungsvertrag, Wirtschaftsüberlassungsvertrag) von einer generationen- und betriebsübergreifenden Totalgewinnprognose (**Verklammerung**) aus. Soweit während dieser Zeit zwei Betriebe (Eigentümerbetrieb und Nutzerbetrieb) existieren, sind diese im Rahmen der Totalgewinnprogose fiktiv zu konsolidieren. Dies hat zur Folge, dass etwaige Leistungsbeziehungen zwischen diesen Betrieben zur Ermittlung eines Totalgewinns eliminiert werden. Bei einem forstwirtschaftlichen Betrieb[6] hat der BFH die Totalgewinnprognose auf die restliche Umtriebszeit des aufstehenden Baumbestands von oft mehr als 100 Jahren angenommen. Bei einem landwirtschaftlichen Betrieb hat der BFH eine Totalerfolgsprognose für 30 Jahre vorgenommen.[7]

Bringt ein Steuerpflichtiger sein land- und forstwirtschaftliches Einzelunterneh- 148/1
men in eine Personengesellschaft zu Buchwerten nach § 24 UmwStG ein, so ist der zeitliche Maßstab für die Beurteilung der Gewinnerzielungsabsicht des

1 BFH 15.11.1984, BStBl 1985 II S. 205; BFH 21.3.1985, BStBl 1985 II S. 399.

2 BFH 13.12.1990, BStBl 1991 II S. 452; BFH 20.1.2005 – IV R 6/03, NWB TAAAB-56541 = BFH/NV 2005 S. 1511; BFH 25.6.1996, BStBl 1997 II S. 202.

3 BFH 11.10.2007, BStBl 2008 II S. 465, mit Anm. Kanzler, FR 2008 S. 981; aufgegeben mit BFH 7.4.2016 – IV R 38/13, BStBl 2016 II S. 765.

4 BFH 24.8.2000 – IV R 46/99, BStBl 2000 II S. 674.

5 BFH 18.4.2018 – I R 2/16, BStBl 2018 II S. 567.

6 BFH 7.4.2016 – IV R 38/13, BStBl 2016 II S. 765.

7 BFH 23.10.2018 – VI R 5/17, NWB AAAAH-04519.

Einzelunternehmens der Zeitraum von der Gründung bis zu dessen Einbringung in die Personengesellschaft.[1]

149 Die Totalgewinnbeurteilung ist **objektbezogen.** Es kann nur der **einzelne** – für sich lebensfähige – **Betrieb** des Stpfl. beurteilt werden, und nicht etwa der Gesamttätigkeitsbereich einer Einkunftsart.[2] In die Gesamtbetrachtung sind auch zu erwartende stpfl. Gewinne aus der Veräußerung des Anlagevermögens (stille Reserven) einzubeziehen.[3] Allgemeingültige Kriterien für die Totalgewinnbetrachtung können nicht aufgestellt werden. Das liegt insbesondere auch daran, dass außerplanmäßige Verluste, die nicht generell aus der Betrachtung ausgeklammert werden können, gegenüber planmäßigen Verlusten nicht zuverlässig abgegrenzt werden können.

c) Persönliche Gründe

149/1 Die Grundsätze der früheren Rspr. zur Liebhaberei hat der BFH insoweit eingeschränkt, als jetzt noch andere, **weitere Beweisanzeichen** hinzutreten müssen, um eine steuerlich unbeachtliche Tätigkeit zu unterstellen. Er fordert[4] zusätzlich, es müsse der Schluss möglich sein, dass der Stpfl. die verlustbringende Tätigkeit nur aus im Bereich seiner Lebensführung liegenden **persönlichen Gründen oder Neigungen** unterhält.[5] Dafür kann z. B. sprechen, dass der Stpfl. wegen anderer hoher Einkünfte oder aufgrund seines Vermögens finanziell in der Lage ist, die jährlich anfallenden Verluste zu tragen.[6] Ferner kann das Alter des Stpfl. Anzeichen für die Frage sein, ob ein Totalüberschuss möglich erscheint.[7]

d) Wechsel vom Erwerbsbetrieb zur Liebhaberei und umgekehrt

149/2 Die fehlende Gewinnerzielungsabsicht kann von Anfang an und auf Dauer vorliegen. Die Gewinnabsicht kann aber auch erst später einsetzen oder später

1 BFH 13.12.2023 – VI R 3/22, BStBl 2024 II S. 823.

2 BFH 13.12.1990, BStBl 1991 II S. 452.

3 BFH 25.6.1984, BStBl 1984 II S. 751; BFH 21.3.1985, BStBl 1985 II S. 399; BFH 4.6.2009 – IV B 69/08, NWB WAAAD-27364 = BFH/NV 2009 S. 1644.

4 BFH 13.12.1984, BStBl 1985 II S. 455; BFH 15.11.1984, BStBl 1985 II S. 205; BFH 17.6.1998, BStBl 1998 II S. 727; BFH 2.6.1999 – X R 149/95, NWB RAAAA-62841 = BFH/NV 2000 S. 23.

5 BFH 19.11.1985, BStBl 1986 II S. 289; BFH 30.10.1986, BStBl 1987 II S. 19; BFH 28.8.1987, BStBl 1988 II S. 10; BFH 5.5.1988, BStBl 1988 II S. 778; BFH 31.5.2001, BStBl 2002 II S. 276; BFH 26.2.2004, BStBl 2004 II S. 455; BFH 10.1.2012 – IV B 137/10, NWB IAAAE-03549 = BFH/NV 2012 S. 732; H 15.3 „Persönliche Gründe“ EStH.

6 BFH 14.12.2004, BStBl 2005 II S. 392.

7 FG Baden-Württemberg 12.9.2001, NWB AAAAB-06358 = EFG 2002 S. 23.

wegfallen[1] mit der Folge, dass eine einkommensteuerrechtlich relevante Tätigkeit entsprechend später beginnt (Wechsel von der Liebhaberei zum gewerblichen oder luf Betrieb) bzw. später wegfällt (Wechsel vom gewerblichen oder luf Betrieb zur Liebhaberei).[2] Wird ein einkommensteuerrechtlich relevanter Betrieb der LuF von einem bestimmten Zeitpunkt an der Liebhaberei zugeordnet, so ist in dieser Änderung der steuerrechtlichen Beurteilung keine Betriebsaufgabe mit der Folge zu sehen, dass das BV als unter Auflösung der stillen Reserven in das Privatvermögen überführt angesehen werden müsste.[3]

3. Steuerliche Auswirkungen

Wenn ein luf Betrieb **von Anfang an** als Liebhaberei-Betrieb behandelt wird, 150
so sind – für die Dauer der Liebhaberei – etwaige Gewinne nicht als Einkünfte i. S. des ESt-Rechts anzusetzen; Verluste sind vom Verlustausgleich sowie vom Verlustabzug nach § 10d EStG ausgeschlossen. Die Wirtschaftsgüter des Liebhaberei-Betriebes sind **Privatvermögen**.

Hat allerdings zuerst ein luf Betrieb bestanden und ist dieser erst im Laufe der Zeit in einen Liebhaberei-Betrieb umzustufen, so liegt nach der Rspr.[4] eine Betriebsaufgabe nicht vor, es ändert sich lediglich die ertragsteuerliche Beurteilung der laufenden Einkünfte mit folgenden steuerlichen Folgerungen: Die im BV vorhandenen stillen Reserven der WG des AV werden nicht gewinnverwirklichend aufgelöst, sondern eingefroren und festgeschrieben,[5] und zwar gesondert festgestellt.[6] Diese gesondert festgestellten stillen Reserven werden erst dann steuerlich erfasst, wenn der Liebhabereibetrieb veräußert oder tatsächlich aufgegeben wird oder wenn aus dem Liebhabereibetrieb einzelne WG veräußert oder entnommen werden.

Schuldzinsen für betrieblich begründete Verbindlichkeiten sind auch nach dem Übergang zur Liebhaberei (anteilig) als nachträgliche Betriebsausgaben abziehbar, soweit im Zeitpunkt des Übergangs zur Liebhaberei die Verbindlichkeiten nicht durch die Verkehrswerte des Aktivvermögens abgedeckt sind.[7]

1 BFH 16.3.2012 – IV B 155/11, NWB YAAAE-08752.

2 BFH 18.5.2000, BStBl 2000 II S. 524; BFH 30.12.2004, BFH/NV 2005 S. 1042.

3 BFH 29.10.1981, BStBl 1982 II S. 381; BFH 30.1.1986, BStBl 1986 II S. 516.

4 BFH 29.10.1981, BStBl 1982 II S. 381; BFH 30.1.1986, BStBl 1986 II S. 516.

5 H 16 Abs. 2 „Liebhaberei" EStH.

6 § 8 der VO über die gesonderte Feststellung von Besteuerungsgrundlagen nach § 180 Abs. 2 AO v. 19.12.1986, BStBl 1987 I S. 2.

7 H 24.2 „Nachträgliche Werbungskosten/Betriebsausgaben" EStH.

Es besteht keine Rechtsgrundlage für einen zwangsweisen Wechsel der Gewinnermittlungsart im Zeitpunkt des Strukturwandels, der eine Steuerpflicht eines Übergangsgewinns nach sich ziehen würde. Es handelt sich weder um eine Betriebsveräußerung, Betriebsaufgabe oder Einbringung noch ordnet § 8 der VO zu § 180 Abs. 2 AO einen Übergang an. Der Stpfl. kann auf den Zeitpunkt des Strukturwandels von einer EÜR zum Betriebsvermögensvergleich übergehen und einen Übergangsgewinn ermitteln. Dies würde eine vereinfachende Wirkung für die Folgejahre bei den WG des Umlaufvermögens entfalten.[1]

4. Verfahrensrecht

150/1 Die Feststellung, ob und zu welchem Zeitpunkt Liebhaberei anzunehmen ist, liegt auf dem Gebiet der Tatsachenwürdigung.[2] Nachträglich bekanntgewordene Tatsachen können daher zu einer Änderung nach § 173 Abs. 1 Nr. 1 AO führen. Unsicherheiten in der Beurteilung der Gewinnerzielungsabsicht sind grds. geeignet, den Erlass vorläufiger ESt-Bescheide nach § 165 AO zu rechtfertigen,[3] ggf. nicht unter Berücksichtigung des Verlustes. Die Vorläufigkeit ist aufzuheben, sobald die Ungewissheit entfällt.

5. Einzelfälle aus der Rechtsprechung

151 a) Auch ein **Gutshof,** den der Eigentümer und sein Ehegatte hauptberuflich selbst bewirtschaften, kann ein Liebhaberei-Betrieb sein, wenn die aufgrund von Überinvestitionen Jahr für Jahr anfallenden Verluste nur deshalb in Kauf genommen wurden und finanziell getragen werden konnten, weil von Anfang an Zuschüsse in Millionenhöhe vonseiten der Eltern die eigentliche Existenzgrundlage bildeten.[4]

152 b) Eine mit andauernden Verlusten arbeitende **Reitschule mit Pferdeverleih und Pensionspferdehaltung** stellt dann keine Liebhaberei im steuerlichen Sinne dar, wenn der Stpfl. aus der Erkenntnis, dass mit dem Betrieb keine Gewinne zu erzielen sind, die Konsequenzen zieht, indem er ihn nach den Anlaufjahren als

---

1 BFH 11.5.2016 – X R 61/14, BStBl 2016 II S. 939.

2 BFH 29.10.1981 – IV R 138/78, BStBl 1982 II S. 381; BFH 6.12.1994 – IX R 11/91, BStBl 1995 II S. 192.

3 BFH 25.10.1989, BStBl 1990 II S. 278; BFH 4.9.2008 – IV R 1/07, BStBl 2009 II S. 335.

4 BFH 22.7.1982, BStBl 1983 II S. 2; s. a. FG München 7.5.2001 – 13 K 909/98, rkr., NWB EAAAB-09689 (im Falle eines „Hausmannes" als Landwirt, wobei die Ehefrau hohe Einkünfte hat).

eigengewerblichen Betrieb einstellt und mangels sofortiger Verkäuflichkeit als verpachteten Betrieb fortführt.[1]

c) Werden aus dem Betrieb eines **Gästehauses** während eines Zeitraumes von acht oder mehr Jahren ausschließlich Verluste erzielt, so rechtfertigt dieser Umstand für sich allein nicht den Schluss, das auch in den Folgejahren Verluste erwirtschaftende Gästehaus werde ohne Gewinnerzielungsabsicht betrieben.[2] 153

d) Sind die im Betrieb eines **Gestüts** durch die Art der Bewirtschaftung in den ersten acht Jahren entstandenen Verluste so hoch, dass der Stpfl. davon ausgehen musste und auch davon ausgegangen ist, dass diese Verluste im Laufe der Gesamtentwicklung des Betriebes durch spätere Gewinne einschließlich möglicher Veräußerungsgewinne auch nicht annähernd ausgeglichen werden können, so sind die Verluste nicht steuerbare Einkünfte aus Liebhaberei.[3] 154

e) Eine **Obstplantage** (Kiwi-Zucht) stellt nur dann einen landwirtschaftlichen Betrieb und keine Liebhaberei dar, wenn ihre Nutzung bei realistischer Beurteilung Erträge abwerfen kann, die als Einnahmequelle von Gewicht sein können (Gewinne aus dem Verkauf von 10 bis 20 Zentnern Obst reichen nicht aus).[4] 155

f) **Weinbau** ist schon auf einer kleineren Fläche als 30 ar geeignet, einen landwirtschaftlichen Betrieb darzustellen.[5] Zur Frage der Mindestgröße und damit zur Liebhaberei bei **Privatwaldungen** Hinweis auf Rz. 88, 1189 und 1244. Die Absicht, die Weinbautradition der Familie fortzuführen ist ein persönliches Motiv, das die fehlende Gewinnerzielungsabsicht bei der Führung eines Weinbaubetriebs mit langjährigen Verlusten indiziert, BFH 14.7.2003.[6] 156

g) Bei der vom Gesetzgeber vorgeschriebenen Reingewinnermittlungsmethode nach **§ 13a EStG a. F.**, die grds. zu keinem Verlustausweis gelangen konnte, ist ESt rechtlich die Gewinnerzielungsabsicht unwiderleglich gesetzlich vermutet,[7] s. aber Rz. 138 und 165. 157

1 BFH 15.11.1984, BStBl 1985 II S. 205.

2 BFH 13.12.1984, BStBl 1985 II S. 455.

3 BFH 21.3.1985, BStBl 1985 II S. 399; s. insoweit auch BFH 28.11.1985, BStBl 1986 II S. 293, zur Frage der Gewinnerzielungsabsicht bei einer mit Pferdezucht verbundenen landwirtschaftlichen Betätigung; Gewinnregelung bejaht bei Gewinnen aus Trabrennzucht BFH 16.3.2000 – IV R 53/98, NWB WAAAA-96979 = BFH/NV 2000 S. 1090.

4 BFH 19.1.1989 – IV R 62/88, NWB MAAAB-30975 = BFH/NV 1989 S. 775.

5 BFH 1.2.1990, BStBl 1990 II S. 428.

6 BStBl 2003 II S. 804; BFH 15.5.1997, BFH/NV 1997 S. 668.

7 BFH 24.7.1986, BStBl 1986 II S. 808; 1.12.1988, BStBl 1989 II S. 234.

158 h) Die Einkünfte aus dem Betrieb eines **Trabrennstalls** sind als wettähnliche Gewinne nicht generell steuerfrei; ob ein Gewerbebetrieb oder „Liebhaberei" vorliegt, richtet sich nach den Umständen des Einzelfalls. Bei einer längeren Gewinnphase scheidet „Liebhaberei" i. d. R. aus.[1]

159 i) Ein **Forst** ist kein Liebhabereibetrieb, wenn ein Veräußerungsgewinn erzielt werden kann, der etwaige zuvor erwirtschaftete Verluste übersteigt[2] oder wenn eine planmäßige Aufforstung stattfindet.[3]

160 j) Sollen und können Verlustquellen beseitigt werden, so ist trotz größerer Verluste bei einem **landwirtschaftlichen Betrieb** nicht von Liebhaberei auszugehen.[4]

161 Erwirbt ein Stpfl., der nicht aktiver Landwirt ist, einen **verpachteten Betrieb** der Landwirtschaft, so liegt keine Liebhaberei, sondern Einkünfte aus VuV vor.[5]

162 Auch einen sog. Generationenbetrieb **(Weinbaubetrieb)** muss der Stpfl. mit Gewinnerzielungsabsicht bewirtschaften, andernfalls liegt Liebhaberei vor. Handelt der Rechtsnachfolger wieder mit Gewinnerzielungsabsicht, so sind die von ihm erzielten Verluste als Anfangsverluste eines neu eröffneten Betriebs anzuerkennen.[6]

163 Bei einer **Pferdezucht** mit nur wenigen Zuchtstuten (8 bis 5) kann der erste Anschein für eine fehlende Gewinnerzielungsabsicht sprechen.[7]

164 Ein **Forstwirt,** der seinen Gewinn nicht nach § 4 Abs. 1 oder 3 EStG ermittelt, kann mangels nachgewiesener Verluste nicht geltend machen, sein Betrieb sei eine einkommensteuerlich irrelevante Liebhaberei.[8]

165 Das Fehlen einer Gewinnerzielungsabsicht kann u. a. damit begründet werden, dass die Tierzucht auf der schmalen Basis von nur wenigen **Zuchttieren** erfolgt ist. Die tierschutzrechtliche Beurteilung, unter welchen Voraussetzungen eine

1 BFH 19.7.1990, BStBl 1991 II S. 333, mit Anm. Kanzler, FR 1991 S. 645, 646; s. a. BFH 16.3.2000 – IV R 53/98, NWB WAAAA-96979 = BFH/NV 2000 S. 1090.

2 BFH 17.5.1994 – IV B 76/93, NWB RAAAB-34786 = BFH/NV 1994 S. 855.

3 BFH 29.3.2001 – IV R 88/99, BStBl 2002 II S. 791.

4 BFH 9.11.1995 – IV R 96/93, NWB IAAAB-37303 = BFH/NV 1996 S. 316.

5 BFH 29.3.2001, BStBl 2002 II S. 791.

6 BFH 24.8.2000, BStBl 2000 II S. 674.

7 BFH 31.5.2000 – IV B 137/99, NWB MAAAA-65601 = BFH/NV 2001 S. 44; BFH 27.1.2000 – IV R 33/99, BStBl 2000 II S. 227.

8 BFH 18.5.2000, BStBl 2000 II S. 524.

gewerbliche Vogelzucht gegeben ist, besagt nichts darüber, ob eine solche Betätigung eine mit Gewinnerzielungsabsicht betriebene Tätigkeit ist.[1]

(Einstweilen frei) 166–170

V. Gewinnermittlung

1. Die Gewinnermittlungsmethoden

Der Gewinn aus LuF[2] ist wie folgt zu ermitteln: 171

a) Gewinnermittlung durch Bestandsvergleich – Bilanzierung – (§ 4 Abs. 1 EStG)

Die Gewinnermittlung durch Bestandsvergleich[3] kann als gesetzliche Verpflichtung bestehen oder freiwillig durchgeführt werden. 172

Eine **gesetzliche Verpflichtung** zur Buchführung und Bilanzierung kann sich aus anderen Gesetzen als Steuergesetzen ergeben. Diese Verpflichtung ist auch für die Besteuerung zu erfüllen; vgl. Rz. 195.[4] Soweit nicht bereits Buchführungs- und Bilanzierungspflicht nach § 140 AO besteht, kann sich diese aus § 141 Abs. 1 Nr. 1, 3 oder 5 AO ergeben. Für die Buchführung und Bilanzierung nach § 141 AO gelten die handelsrechtlichen Bestimmungen der §§ 238, 240, 241, 242 Abs. 1 und §§ 243 bis 256 HGB sinngemäß, sofern sich nicht aus den Steuergesetzen etwas anderes ergibt.[5]

Wird der Gewinn **freiwillig** durch Bestandsvergleich ermittelt, so ist zu unterscheiden:

- Bei Landwirten, die zur Gewinnermittlung nach § 13a EStG nicht berechtigt sind und die ihren Gewinn nach § 4 Abs. 1 EStG ermitteln, ist der so ermittelte Gewinn der Besteuerung zugrunde zu legen.
- Bei Vorliegen der Voraussetzungen des § 13a EStG ist der durch Bilanzierung ermittelte Gewinn **auf Antrag** des Stpfl. nach Maßgabe des § 13a Abs. 2 EStG der Besteuerung zugrunde zu legen.

1 BFH 16.6.2010 – X B 214/09, NWB IAAAD-49266 = BFH/NV 2010 S. 1811.
2 § 2 Abs. 2 Nr. 1 EStG.
3 § 4 Abs. 1 EStG.
4 § 140 AO.
5 § 141 Abs. 1 Satz 2 AO.

Das Wahlrecht zur Gewinnermittlung durch Bestandsvergleich ist erst dann rechtswirksam ausgeübt, wenn der Landwirt zeitnah eine Eröffnungsbilanz aufstellt, eine ordnungsmäßige Buchführung einrichtet und auf Grund von Bestandsaufnahmen einen Abschluss macht.[1]

b) Gewinnermittlung nach Durchschnittssätzen (§ 13a Abs. 3 bis 7 EStG)

173 Der Gewinn ist nach § 13a EStG zu ermitteln, wenn die folgenden Voraussetzungen sämtlich erfüllt sind:

- eine gesetzliche Verpflichtung zur Buchführung und Bilanzierung besteht nicht,[2]
- am 15.5. des Wirtschaftsjahres werden Flächen der landwirtschaftlichen Nutzung selbst bewirtschaftet und diese Flächen ohne Sondernutzungen überschreiten nicht 20 Hektar,[3]
- der Tierbestand übersteigt insgesamt nicht 50 Vieheinheiten,[4]
- die selbst bewirtschafteten Flächen der forstwirtschaftlichen Nutzung überschreiten nicht 50 Hektar[5] und
- die selbst bewirtschafteten Flächen der Sondernutzungen überschreiten nicht die in Anlage 1a genannten Grenzen.[6]

Beim **Wechsel der Gewinnermittlungsart** (z. B. Übergang von § 13a EStG zur Bilanzierung) ist zu beachten, dass die Gewinnermittlung nach § 13a EStG zum Teil einer Gewinnermittlung nach § 4 Abs. 1 EStG und zum Teil einer Gewinnermittlung nach § 4 Abs. 3 EStG entspricht.[7]

c) Gewinnermittlung in sonstigen Fällen

174 Land- und Forstwirte, die weder zur Buchführung (Rz. 172) verpflichtet sind noch die Voraussetzungen des § 13a Abs. 1 Nr. 2 bis 5 EStG erfüllen, können ihren Gewinn

- nach § 4 Abs. 1 EStG oder
- nach § 4 Abs. 3 EStG ermitteln.

1 BFH 19.10.2005, BStBl 2006 II S. 509.
2 § 13a Abs. 1 Satz 1 Nr. 1 EStG; §§ 140, 141 Abs. 1 und 2 AO.
3 § 13a Abs. 1 Satz 1 Nr. 2 EStG.
4 § 13a Abs. 1 Satz 1 Nr. 3 EStG.
5 § 13a Abs. 1 Satz 1 Nr. 4 EStG.
6 § 13a Abs. 1 Satz 1 Nr. 5 EStG, Anlage 1a Nr. 2 Spalte 2.
7 BMF 10.11.2015, BStBl 2015 I S. 877, Rz. 26 und 81 ff.

Ist eine Gewinnermittlung weder nach § 4 Abs. 1 EStG (weil der Stpfl. keine Bücher geführt hat) noch nach § 4 Abs. 3 EStG (weil der Stpfl. Betriebseinnahmen und BA nicht aufgezeichnet hat) möglich, so ist der Gewinn nach den Grundsätzen des § 4 Abs. 1 EStG zu schätzen.[1]

d) Beweiskraft der Buchführung – Schätzung der Besteuerungsgrundlagen

Die Buchführung und die Aufzeichnungen des Stpfl., die den Vorschriften der 175
§§ 140 bis 148 AO entsprechen, sind der Besteuerung zugrunde zu legen, soweit nach den Umständen des Einzelfalls kein Anlass besteht, ihre sachliche Richtigkeit zu beanstanden.[2] Diese gesetzliche Vermutung der Richtigkeit verliert ihre Wirksamkeit (mit der Folge einer Schätzung nach § 162 AO), wenn es nach Verprobung (oder aus anderen Gründen) unwahrscheinlich ist, dass das ausgewiesene Ergebnis mit den tatsächlichen Verhältnissen übereinstimmt.[3]

Die erforderliche Schätzung kann eine Teilschätzung oder eine Vollschätzung sein. Zunächst ist zu prüfen, ob der Gewinn durch eine Teilschätzung richtiggestellt werden kann. Eine Vollschätzung kommt nur dann in Betracht, wenn sich die Buchführung in wesentlichen Teilen als unbrauchbar erweist.[4]

Das FA hat bei der Schätzung alle Umstände zu berücksichtigen, die für die Schätzung von Bedeutung sind.[5] Die Schätzung hat das Ziel, den Gewinn nach einer anerkannten, für den betreffenden Landwirt **brauchbaren Schätzungsmethode** zu ermitteln, die unter allen möglichen Methoden die größte Wahrscheinlichkeit der Richtigkeit für sich hat.[6] Die **Schätzung nach Richtsätzen** ist i. d. R. die brauchbarste Methode.[7] Die Schätzung kann Gegenstand einer tatsächlichen Verständigung sein.[8] Der Stpfl. hat i. d. R. auch im Rechtsbehelfsverfahren keinen Anspruch auf eine Betriebsprüfung bzw. die Einholung eines Sachverständigengutachtens zur genauen Ermittlung seines Gewinns.[9]

Zu den Einzelheiten der Schätzung vgl. Rz. 536 ff.

(Einstweilen frei) 176

1 R 13.5 Abs. 1 Satz 3 EStR.
2 § 158 AO.
3 AEAO zu § 158 Sätze 1 und 2.
4 AEAO zu § 158 Satz 10.
5 § 162 Abs. 1 Satz 2 AO.
6 BFH 8.11.1984, BStBl 1985 II S. 352.
7 BFH 8.11.1984, BStBl 1985 II S. 352; vgl. auch R 13.5 Abs. 1 EStR.
8 BFH 6.2.1991, BStBl 1991 II S. 673.
9 BFH 8.11.1984, BStBl 1985 II S. 352.

2. Gewinnermittlungszeitraum; das Wirtschaftsjahr in der Land- und Forstwirtschaft

Literatur: *Kleeberg*, Wahl des Wj durch Land- und Forstwirte, BB 1979 S. 1029; *Hiller*, Das Wj land- und forstwirtschaftlicher Betriebe, INF 1994 S. 297; *Kanzler*, Umstellung des Wj bei Forstbetrieben, FR 2000 S. 112.

a) Das Wirtschaftsjahr als Gewinnermittlungszeitraum

177 Bei der LuF ist der Gewinn nach dem Wirtschaftsjahr zu ermitteln.[1] Es darf grds. zwölf Monate nicht übersteigen.[2] Vgl. jedoch auch Rz. 186.

Das Wj in der LuF ist grds. **fest bestimmt**. Ein abweichendes Wj in dem Sinne, dass der LuF wie bei Gewerbetreibenden, deren Firma in das Handelsregister eingetragen ist, einen beliebigen Abschlusszeitraum im Einvernehmen mit dem FA wählen kann, gibt es für die LuF nicht. Wegen der Wahl eines vom Normalwirtschaftsjahr abweichenden Wj nach § 8c EStDV vgl. Rz. 179 ff.

Maßgebend ist der luf Betrieb. Bei mehreren Betrieben unterschiedlichen Inhalts kann der Stpfl. nach verschiedenen Wj den Gewinn ermitteln. Die Art der Gewinnermittlung (Bilanzierung, Schätzung usw.) hat grds. keinen Einfluss auf die Bestimmung des Wj. Eine Ausnahme gilt lediglich für den Fall des § 8c Abs. 3 EStDV (vgl. Rz. 185).

Das luf Wj stellt nur auf die Einkünfte ab (z. B. auch für luf Nebenbetriebe). Es gilt deshalb auch für LuF, die als Kaufmann im Handelsregister eingetragen sind und für Gesellschaften mit luf Betrieben. Das luf Wj gilt nicht bei Betrieben von KapGes, die kraft ihrer Rechtsform gewerbliche Einkünfte beziehen.[3]

Die Regelung für das Wj für LuF findet auch Anwendung bei **Verpachtung** eines luf Betriebs, wenn der Verpächter weiterhin Einkünfte aus LuF bezieht.[4]

Ein durch **Strukturwandel** zum gewerblichen Betrieb gewordener Betrieb der LuF muss nach „Umwandlung" sein Wj dem der gewerblichen Betriebe anpassen. Das abweichende Wj kann beibehalten werden, wenn hierfür die Voraussetzungen nach § 4a Abs. 1 Satz 2 Nr. 2 oder Nr. 3 EStG gegeben sind.

1 § 4a Abs. 1 Satz 1 EStG.
2 § 240 Abs. 2 Satz 2 HGB.
3 § 7 Abs. 4 KStG.
4 BFH 11.3.1965, BStBl 1965 III S. 286; H 4a „Verpachtung eines Betriebs der Land- und Forstwirtschaft" EStH.

Bei LuF gibt es **kein einheitliches Wirtschaftsjahr**. Es sind folgende Fälle zu unterscheiden:

aa) Grundsätzliche Regelung

Grundsätzlich gilt als Wj der Zeitraum vom 1.7. bis 30.6.[1] 178

bb) Andere Zeiträume

Nach § 4a Abs. 1 Satz 2 Nr. 1 Satz 2 EStG kann für einzelne Gruppen von LuF ein 179
anderer Zeitraum als der vom 1.7. bis 30.6. als Wj bestimmt werden, wenn das aus wirtschaftlichen Gründen erforderlich ist. Diese Regelung ist in § 8c EStDV getroffen worden. Danach kann der LuF abweichend vom Normalwirtschaftsjahr folgende Wj wählen:

(1) Wirtschaftsjahr von Betrieben mit einem Futterbauanteil von 80 % und mehr der Fläche der landwirtschaftlichen Nutzung

Wj ist der Zeitraum vom 1.5 bis 30.4.[2] Bei der Beurteilung, ob der Futterbauanteil 180
80 % und mehr der landwirtschaftlichen Nutzung ausmacht, sind nur die **reinen landwirtschaftlichen Nutzflächen** zu berücksichtigen. Flächen für Gebäude, Hofraum, Wege, Gräben, Feldraine, Wasser, Unland, Steinbrüche, Sandgruben und ähnlich genutzte Flächen bleiben unberücksichtigt. Dem Futterbauanteil sind alle Flächen zuzuordnen, die nach ihrer objektiven Zweckbestimmung mit der Hauptfrucht dem Anbau von Futter für Vieh des eigenen Betriebs dienen (z. B. Grünland, Futterrüben, Klee). Nicht dem Futteranbauanteil zuzurechnen sind Flächen, die dem Zwischen- und Nachfruchtfutteranteil dienen (z. B. Leguminosen nach der Getreideernte) oder als Nebenfruchtflächen genutzt werden (z. B. Zuckerrübenanbau), bei dem die Blätter für den eigenen Betrieb siliert werden.

(2) Wirtschaftsjahr bei reiner Forstwirtschaft

Wj ist der Zeitraum vom 1.10. bis 30.9.[3] 181

(3) Wirtschaftsjahr bei reinem Weinbau

Wj ist der Zeitraum vom 1.9. bis 31.8.[4] 181/1

1 § 4a Abs. 1 Satz 2 Nr. 1 Satz 1 EStG.
2 § 8c Abs. 1 Satz 1 Nr. 1 EStDV.
3 § 8c Abs. 1 Satz 1 Nr. 2 EStDV.
4 § 8c Abs. 1 Satz 1 Nr. 3 EStDV.

(4) Andere land- und forstwirtschaftliche Nutzung in geringem Umfang

182 Ein Betrieb i. S. der Nr. (1), (2) und (3) liegt auch dann vor, wenn daneben in geringem Umfang noch eine andere luf Nutzung vorhanden ist.[1] Überschreitet die andere luf Nutzung einen geringen Umfang, gilt als Wj der Zeitraum vom 1.7. bis 30.6. Eine **„unschädliche" andere luf Nutzung** in geringem Umfang liegt nach Auffassung des BFH[2] nur vor, wenn der Vergleichswert der anderen luf Nutzung etwa **10 %** des Wertes der gesamten luf Nutzungen nicht übersteigt.

(5) Kalenderjahr als Wirtschaftsjahr

183 Alle luf Betriebe können für Wj, die nach dem 31.12.2018 beginnen, das Kj als Wj wählen.[3] Bei der Umstellung ist ein verlängertes Wj (z. B. 1.7.2019 bis 31.12.2020) zu bilden. Erst ab dem folgenden Kj (in dem Beispiel 2021) ist das Kj der Gewinnermittlungszeitraum. Vor der Neuregelung konnten nur Gartenbaubetriebe, Obstbaubetriebe, Baumschulbetriebe und reine Forstbetriebe das Kj als Wj wählen.

(6) Abweichende Wirtschaftsjahre durch Festsetzung der Oberfinanzdirektionen

184 Soweit die OFDen vor dem 1.1.1955 ein anderes Wj als das nach § 4a Abs. 1 Satz 2 Nr. 1 EStG (vgl. Rz. 178) festgesetzt haben, kann dieser andere Zeitraum als Wj bestimmt werden.[4] Für den Weinbau verbleibt es beim Wj 1.9. bis 31.8.[5]

cc) Wirtschaftsjahr für Gewerbebetriebe, die gleichzeitig buchführende Land- und Forstwirte sind

185 Gewerbebetriebe, die nicht im Handelsregister eingetragen sind und die deshalb ihren Gewinn nicht für den Zeitraum, für den sie regelmäßig Abschlüsse machen, ermitteln können,[6] haben ihren Gewinn grundsätzlich für das Kj zu ermitteln.[7] Sind sie jedoch gleichzeitig buchführende LuF (die also aufgrund einer gesetzlichen Verpflichtung oder ohne eine solche Verpflichtung Bücher führen und regelmäßig Abschlüsse machen),[8] können sie **mit Zustimmung des FA** den nach § 4a Abs. 1 Satz 2 Nr. 1 EStG für LuF maßgebenden Zeitraum als Wj für den

---

1 § 8c Abs. 1 Satz 2 EStDV.

2 BFH 3.12.1987, BStBl 1988 II S. 269; H 4a „Wirtschaftsjahr bei Land- und Forstwirten" EStH.

3 § 8c Abs. 2 Satz 1, § 84 Abs. 2 EStDV.

4 § 8c Abs. 1 Satz 3 Halbsatz 1 EStDV.

5 § 8c Abs. 1 Satz 3 Halbsatz 2 EStDV.

6 § 4a Abs. 1 Satz 2 Nr. 2 Satz 1 EStG.

7 § 4a Abs. 1 Satz 2 Nr. 3 Satz 1 EStG.

8 § 8c Abs. 3 EStDV.

Gewerbebetrieb bestimmen, wenn sie für den Gewerbebetrieb Bücher führen und für diesen Zeitraum regelmäßig Abschlüsse machen.[1]

Der BFH[2] hat sich zu der Frage geäußert, wie zu verfahren ist, wenn der LuF erst nach Beginn des Wj erkennen kann, dass sich ein Gewerbebetrieb aus dem luf Betrieb herausgelöst hat. In diesem Fall reicht es für die Ausübung des Wahlrechts zur Bestimmung eines dem luf Wj entsprechenden Wj für den Gewerbebetrieb aus, wenn er dem FA einen einheitlichen Jahresabschluss für den Gesamtbetrieb verbunden mit einer sachlich nachvollziehbaren Aufteilung des Gewinns auf den luf Betrieb und den Gewerbebetrieb vorlegt.

Bei Vorliegen der Voraussetzungen wird man von einer Zustimmungspflicht des FA ausgehen müssen, wenn Bücher tatsächlich geführt werden, in denen die Betriebseinnahmen und Betriebsausgaben für den luf Betrieb und für den Gewerbebetrieb getrennt aufgezeichnet werden und wenn der Stpfl. für beide Betriebe getrennte Abschlüsse erstellt. Geldkonten brauchen nicht getrennt geführt zu werden.[3] Die EStR gehen bei Vorliegen der genannten Voraussetzungen von einer Zustimmungspflicht des FA aus.[4]

Eine ordnungsgemäße Buchführung ist nicht Voraussetzung. Die Buchführung darf andererseits nicht mit so schwerwiegenden Mängeln behaftet sein, dass von einer Buchführung nicht mehr gesprochen werden kann. Der Stpfl. ist **an die Wahl gebunden,** solange nicht besondere Gründe für die Rückkehr zum Kj als Wj vorliegen. Da der Stpfl. mit dem abweichenden Wj keine über die gesetzliche Buchführungspflicht hinausgehende Buchführungspflicht übernommen hat, hat er es aber in der Hand, durch Unterlassen der Buchführung und Abschlüsse vom abweichenden Wj abzugehen.

b) Rumpfwirtschaftsjahr/verlängertes Wirtschaftsjahr

Das Wj umfasst grds. einen Zeitraum von zwölf Monaten.[5] Es darf einen Zeitraum 186
von weniger als zwölf Monaten umfassen **(Rumpfwirtschaftsjahr)**, wenn der Be-

1 § 4a Abs. 1 Satz 2 Nr. 3 Satz 2 EStG.

2 BFH 7.11.2013, BStBl 2015 II S. 226; H 4a „Wirtschaftsjahr für Gewerbebetrieb eines Land- und Forstwirts" EStH.

3 Jahndorf in K/S/M, § 4a Rz. B 93.

4 R 4a Abs. 2 Satz 2 EStR.

5 § 8b Satz 1 EStDV.

trieb eröffnet, erworben, aufgegeben oder veräußert wird.[1] Die Aufzählung ist nicht abschließend.[2] Der Strukturwandel steht insoweit einer Betriebsaufgabe gleich.

Ein Wj kann ausnahmsweise mehr als zwölf Monate betragen (ein Rumpf-Wj ist also nicht zu bilden), wenn ein LuF von einem vom Kj abweichenden Wj auf ein mit dem Kj übereinstimmendes Wj (§ 8c Abs. 2 Satz 1 EStDV) umstellt. In diesem Fall verlängert sich das letzte vom Kj abweichende Wj um den Zeitraum bis zum Beginn des ersten mit dem Kj übereinstimmenden Wj (sog. **verlängertes Wj**).[3] Zur Umstellung auf das Weinbau-Wj vgl. § 8c Abs. 2 Satz 3 EStDV.

BEISPIEL Der reine Forstbetrieb hat ein Wj vom 1.10. bis zum 30.9. Im Jahr 2014 stellt er sein WJ auf das Kj um.

Am 30.9. endet das (normale) Wj. Für die Zeit vom 1.10. bis 31.12. ist jedoch kein Rumpf-Wj zu bilden; das Wj verlängert sich vielmehr um den Zeitraum vom 1.10. bis 31.12., so dass das Wj nun 15 Monate umfasst.

Wegen der Bedenken gegen die Verlängerung des Wj unter dem Gesichtspunkt des § 240 Abs. 2 HGB (das handelsrechtliche Wj beträgt zwölf Monate) vgl. die erwägenswerten Ausführungen von Hiller.[4]

Wj i. S. des § 6b Abs. 3 EStG und im Rahmen des § 7g Abs. 6 Nr. 2 EStG sind auch das Rumpf-Wj gem. § 8b Satz 2 EStDV oder das verlängerte Wj gem. § 8c Abs. 2 Satz 2 EStDV.[5]

187 Bei **Wechsel des Betriebsinhabers** (auch bei unentgeltlichem Betriebsübergang) innerhalb eines Wj ist stets ein Rumpfwirtschaftsjahr zu bilden,[6] d. h., es sind jeweils getrennte Gewinnermittlungen durchzuführen. Bei unentgeltlichen Betriebsübertragungen ist für Zwecke des § 6b EStG[7] und des § 7g EStG[8] das Rumpf-Wj beim Übergeber mit dem Rumpf-Wj beim Übernehmer zu verklammern und lediglich als ein Wirtschaftsjahr zu werten.

Aus Vereinfachungsgründen wird im **Erbfall** (nicht bei vertraglicher Übertragung) nicht beanstandet, wenn der Gewinn einheitlich für das gesamte Wj ermittelt und zeitanteilig auf den alten und neuen Hofinhaber aufgeteilt wird.

1 § 8b Satz 2 EStDV.
2 BFH 17.7.1974, BStBl 1974 II S. 692.
3 § 8c Abs. 2 Satz 2 EStDV.
4 INF 1989 S. 297.
5 BFH 23.4.2009 – IV R 9/06, BStBl 2010 II S. 664; BFH 28.7.2021 – X R 30/19, BStBl 2022 II S. 439.
6 BFH 23.8.1979, BStBl 1980 II S. 8.
7 BFH 23.4.2009 – IV R 9/06, BStBl 2010 II S. 664.
8 BMF 15.6.2022, BStBl 2022 I S. 945, Rz. 30.

Voraussetzung ist, dass der alte und der neue Hofinhaber den Gewinn nach derselben Methode ermitteln.[1] Bei **Einbringung des Betriebs in eine Gesellschaft** hat die Gesellschaft eine Eröffnungsbilanz aufzustellen.[2] Es sind Rumpfwirtschaftsjahre zu bilden.[3] Das Gleiche gilt bei **Auflösung einer PersGes** durch Ausscheiden des vorletzten Gesellschafters und Übernahme des Betriebs durch den letzten Gesellschafter.[4]

Bei **Ein- und Austritt von Gesellschaftern** während eines Wj unter Fortbestand 188
der Gesellschaft im Übrigen liegt nach Ansicht der Rechtsprechung kein Wechsel des Wj vor. Eine Zwischenbilanz ist nicht zu erstellen.[5] Für die Berechnung des Veräußerungsgewinns des ausscheidenden Gesellschafters ist der Anteilswert jedoch zwingend nach § 4 Abs. 1 EStG zu ermitteln.[6]

c) Umstellung des Wirtschaftsjahres

aa) Ausübung des Wahlrechts durch den Land- und Forstwirt

Für die Ausübung des Wahlrechts zur Bestimmung des Wj ist keine bestimmte 189
Form vorgeschrieben. Das Wahlrecht wird grds. durch die Erstellung des Jahresabschlusses ausgeübt. Der Landwirt kann das Wahlrecht aber auch außerhalb des Veranlagungsverfahrens durch besonderen Antrag ausüben.[7] In § 4a EStG ist keine Frist für den Antrag vorgesehen.[8] Das Wahlrecht steht dem LuF bei jeder Gewinnermittlungsart zu.[9]

---

1 BMF 24.9.1980 – IV B 4 – S 2239-20/80.

2 BFH 11.10.1973, BStBl 1974 II S. 65; BFH 9.12.1976, BStBl 1977 II S. 241; BFH 26.5.1994, BStBl 1994 II S. 891.

3 Vgl. BFH 25.3.2004 – IV R 49/02, NWB XAAAB-24503 = BFH/NV 2004 S. 1247.

4 BFH 10.2.1989, BStBl 1989 II S. 519; BFH 3.6.1997 – VIII B 73/96, NWB CAAAB-39301 = BFH/NV 1997 S. 838.

5 Vgl. BFH 14.9.1978, BStBl 1979 II S. 159; m. E. zweifelhaft, vgl. dazu Fichtelmann, DStR 1972 S. 399.

6 BFH 29.4.2011 – VIII B 42/10, NWB MAAAD-85246 = BFH/NV 2011 S. 1345.

7 BFH 7.11.2013 – IV R 13/10, BStBl 2015 II S. 226; BFH 24.1.1963, BStBl 1963 III S. 142; H 4a „Antrag auf Umstellung des Wirtschaftsjahres außerhalb des Veranlagungsverfahrens" EStH.

8 Nacke in Brandis/Heuermann, § 4a EStG Rz. 41.

9 BFH 23.9.1999 – IV R 4/98, BStBl 2000 II S. 5.

bb) Zustimmungspflichtige Vorgänge

189/1 Für die erstmalige Wahl des Wj bedarf es keiner Zustimmung durch das FA.[1]

Stellt ein buchführender LuF das Wj vom Kj auf ein abweichendes Wj oder ein abweichendes Wj auf ein anderes abweichendes Wj um, kann dies nur im Einvernehmen mit dem FA erfolgen.[2]

Diese Regelung ist bei den nicht buchführenden LuF analog anzuwenden.[3] Ein Regel-Ausnahmeverhältnis, das den Verzicht auf das Zustimmungserfordernis rechtfertigen könnte, besteht nach Ansicht des BFH allenfalls zwischen dem Normal-Wj der LuF einerseits und dem Regel-Wj der Forstwirte (Winzer oder Futterbaubetriebe) oder dem Kj anderseits.[4]

cc) Entscheidung durch das FA

190 Die Entscheidung des FA ist eine Ermessensentscheidung, die es durch einen selbständig anfechtbaren Verwaltungsakt ausspricht und auf die die Regelungen des Festsetzungsverfahrens (§§ 155 ff. AO) nicht angewendet werden können.[5] Die Entscheidung kann konkludent im Veranlagungsverfahren oder durch besonderen Bescheid getroffen werden. Der Bescheid gilt als Grundlagenbescheid i. S. des § 171 Abs. 10 AO.[6]

Die Zustimmung zur Umstellung des Wj ist vom FA nur dann zu erteilen, wenn der Stpfl. in der Organisation des Betriebes gelegene gewichtige Gründe für die Umstellung anführen kann. Es ist jedoch nicht erforderlich, dass die Umstellung des Wj betriebsnotwendig ist.[7]

191 Eine fehlerfreie Ermessensausübung durch das FA setzt einen umfassenden und einwandfrei ermittelten Sachverhalt voraus.[8] Die fehlende (oder fehlerhafte) Ermessensausübung muss vom FA nachgeholt werden; das FG ist nicht zuständig und daher hierzu nicht berechtigt (vgl. § 102 FGO).

Die Versagung der Zustimmung des FA ist z. B. dann ermessensfehlerfrei, wenn für die Umstellung keine beachtlichen betriebswirtschaftlichen Gründe, sondern nur steuerliche Gründe geltend gemacht werden, also nur eine Steuer-

1 BFH 9.11.2006 – IV R 21/05, BStBl 2010 II S. 230.
2 § 8b Satz 2 Nr. 2 Satz 2 EStDV.
3 BFH 23.9.1999 – IV R 4/98, BStBl 2000 II S. 5.
4 BFH 23.9.1999 – IV R 4/98, BStBl 2000 II S. 5.
5 BFH 24.1.1963, BStBl 1963 III S. 142.
6 BFH 23.9.1999, BStBl 2000 II S. 5.
7 BFH 9.1.1974, BStBl 1974 II S. 238.
8 BFH 15.6.1983, BStBl 1983 II S. 672.

pause angestrebt wird.[1] Als steuerlicher Grund können auch andere steuerliche Vorteile angesehen werden, die über den Weg der Umstellung des Wj erreicht werden sollen.[2]

d) Erfassung der Gewinne/Verluste; Gewinnfeststellung

Bei LuF ist der Gewinn des Wj nach dem zeitlichen Anteil auf das Kj, in dem das Wj beginnt, und auf das Kj, in dem das Wj endet, aufzuteilen.[3] Das gilt auch bei Rumpfwirtschaftsjahren und bei verlängerten Wirtschaftsjahren. 192

Bei der Ermittlung des Gewinns besteht grds. keine Bindung an den der ESt-Veranlagung für das Vorjahr zugrunde gelegten Gewinn des Wj; das gilt auch dann, wenn die ESt-Veranlagung des Vorjahres bereits bestandskräftig ist.

BEISPIEL ▸ Der Gewinn für das Wj 2012/13 wurde mit 50.000 € erklärt und mit 25.000 € der Veranlagung des Jahres 2012 zugrunde gelegt. Bei der Veranlagung 2013 wird festgestellt, dass der Gewinn des Wj 60.000 € beträgt. Für die Veranlagung 2013 ist ein anteiliger Gewinn von 30.000 € zu erfassen, nicht etwa der Restgewinn von 35.000 €.

Auf die Art der Gewinnermittlung kommt es nicht an. Das gilt bei der Gewinnschätzung[4] ebenso wie bei der Gewinnermittlung durch Vermögensvergleich.[5]

Beim Vermögensvergleich wird der Bilanzzusammenhang gewahrt; denn maßgebend ist die Bilanz, die der letzten Veranlagung zugrunde liegt. Es kann dabei vorkommen, dass sich ein Teil der Gewinn- oder Verluständerung nicht auswirkt; denn die Veranlagung des vorhergehenden Jahres kann nur geändert werden, wenn die Voraussetzungen hierfür (z. B. nach § 173 AO) vorliegen. Dieses Ergebnis wird vom BFH[6] ausdrücklich in Kauf genommen.

BEISPIEL ▸ Der Gewinn für das Wj 2010/11 beträgt lt. Erklärung 70.000 €. Bei der Veranlagung 2011 wird ein anteiliger Gewinn von 35.000 € angesetzt. Im Zuge der Veranlagung 2011 wird festgestellt, dass der Gewinn des Wj nicht 70.000 €, sondern durch den Ansatz einer Rückstellung nur 60.000 € beträgt. Für die Veranlagung 2011 beträgt der zu erfassende Gewinnanteil 30.000 €. Wenn die Voraussetzungen für eine Änderung der Veranlagung 2010 nicht vorliegen, bleibt es bei der Erfassung des zu hohen Gewinnanteils von 35.000 €.

1 BFH 12.3.1965, BStBl 1965 III S. 287; BFH 24.4.1980, BStBl 1981 II S. 50; vgl. auch BFH 12.7.2007, BStBl 2007 II S. 775.
2 BFH 24.4.1980, BStBl 1981 II S. 50.
3 § 4a Abs. 2 Nr. 1 EStG.
4 BFH 19.1.1960, BStBl 1960 III S. 229.
5 BFH 6.12.1990, BStBl 1991 II S. 356.
6 BFH 6.12.1990, BStBl 1991 II S. 356.

Ab dem VZ 2007 kommt eine Bilanzberichtigung durch den Stpfl. nicht mehr in Betracht, wenn die Bilanz einer Steuerfestsetzung zugrunde liegt, die nicht mehr aufgehoben oder geändert werden kann.[1] Eine Bilanzberichtigung ist demnach bei LuF mit abweichendem Wj nur noch denkbar, wenn die Veranlagungen für beide VZ noch aufgehoben oder geändert werden können.

Veräußerungsgewinne[2] sind in die Aufteilung nicht einzubeziehen; sie sind vielmehr nach ausdrücklicher gesetzlicher Regelung in dem Kj zu erfassen, in dem sie entstanden sind.[3] Umstritten ist, wie die Gewinne aus einer Betriebsaufgabe zu behandeln sind. Nach dem Wortlaut des Gesetzes werden von der Aufteilung nur Veräußerungsgewinne ausgenommen: Aufgabegewinne müssten daher aufgeteilt werden. Dem steht jedoch entgegen, dass grundsätzlich Aufgabegewinne Veräußerungsgewinnen gleichgestellt werden.[4] Es erscheint deshalb geboten, Aufgabegewinne Veräußerungsgewinnen gleichzustellen. Der Grund für die Erfassung im Kj des Anfalls, die Inanspruchnahme des § 34 EStG zu ermöglichen,[5] besteht in gleichem Maße für Aufgabegewinne. Veräußerungs- und Aufgabe**verluste** sind m. E. nicht im Kj des Anfalls zu erfassen, sondern nach allgemeinen Grundsätzen auf die einzelnen Kalenderjahre zu verteilen. Der Grund ist m. E. darin zu sehen, dass eine Inanspruchnahme steuerlicher Vergünstigungen nicht in Rede steht.[6]

Feststellungszeitraum für die gesonderte Feststellung der Einkünfte aus LuF ist das Kalenderjahr.[7]

e) Beendigung des Wirtschaftsjahres

193 Das Wj endet mit der endgültigen Aufgabe/Veräußerung des luf Betriebs. Der Begriff der Aufgabe ist mit dem in § 16 EStG identisch. Bei Verpachtung des Betriebs bleibt das Wj für den Verpächter bestehen, soweit dieser weiterhin Einkünfte aus LuF bezieht.[8] Einen interessanten Fall behandelt das BFH-Urteil vom

1 § 4 Abs. 2 Satz 1 Halbsatz 2 EStG; BFH 19.7.2011, BStBl 2011 II S. 1017.
2 § 14 EStG.
3 § 4a Abs. 2 Nr. 1 Satz 2 EStG.
4 Vgl. § 16 Abs. 3 Satz 1 i. V. mit § 14 Satz 2 EStG; Fink in H/H/R § 4a Anm. 72; Jahndorf in K/S/M § 4a Rz. 20; für Einbeziehung wohl auch BFH 2.8.2000, BStBl 2003 II S. 67.
5 Vgl. Jahndorf in K/S/M § 4a EStG Rz. 20.
6 Zustimmend Jahndorf in K/S/M § 4a Rz. C 21.
7 BFH 19.7.1984, BStBl 1985 II S. 148; vgl. auch FG Rheinland-Pfalz 29.6.1983, rkr., EFG 1984 S. 358: Wahlrecht des FA; Tipke/Kruse, Tz. 22 zu § 141 AO.
8 BFH 11.3.1965, BStBl 1965 III S. 286; Kirchhof/Lambrecht, EStG, § 4a Rz. 6.

25.3.2004:[1] Ein Baumschulenbesitzer verpachtete seinen Betrieb an eine OHG, an der er als Gesellschafter (Mitunternehmer) beteiligt ist. Mit der Verpachtung endete das Wj des Einzelunternehmers, weil der verpachtete Betrieb aufhört, ein selbständiges Unternehmen zu sein. Die „Verpachtung" wird vom BFH als Einbringung zur Nutzung angesehen mit der Folge, dass das verpachtete Unternehmen als SBV des MU angesehen wird.

Das aufgrund der Betriebsbeendigung zu bildende Rumpf-Wj ist als vollgültiges Wj anzusehen.[2]

3. Buchführungspflicht

Literatur: *v. Känel*, Doppelte Buchführung, 2007; *Bieg/Waschbusch*, Buchführung, 10. Aufl. 2021; *Bilke/Heining/Mann*, Lehrbuch Buchführung und Bilanzsteuerrecht, 13. Aufl. 2021.

a) Umfang der Buchführungspflicht

Land- und Forstwirte, die nach § 141 Abs. 1 Satz 1 Nr. 1, 3 und 5 AO zur Buchführung verpflichtet sind, haben ihren Gewinn nach handelsrechtlichen Grundsätzen zu ermitteln. Sie haben neben den jährlichen Bestandsaufnahmen und den jährlichen Abschlüssen Anbauverzeichnisse zu führen.[3] In den Anbauverzeichnissen ist nachzuweisen, mit welchen Fruchtarten die selbstbewirtschafteten Flächen im abgelaufenen Wj bestellt waren.[4] Die Pflicht zur Führung von Anbauverzeichnissen gilt auch für die Buchführungspflicht nach § 140 AO und die freiwillige Buchführung.[5] 193/1

Bei Nichtführung von Anbauverzeichnissen ist die Buchführung nicht ordnungsgemäß, so dass eine Schätzung des Gewinns vorzunehmen ist.[6] 193/2

b) Buchführungspflichtige Personen

Als buchführungspflichtige Personen kommen diejenigen in Betracht, die als Unternehmer Einkünfte aus einem luf Betrieb beziehen. Unternehmer kann der **Eigentümer, Pächter, Nießbraucher oder ein sonstiger Nutzungsberechtigter** 194

1 BFH 25.3.2004 – IV R 49/02, NWB XAAAB-24503 = BFH/NV 2004 S. 1247.
2 BFH 28.7.2021 – X R 30/19, BStBl 2022 II S. 439.
3 § 142 Satz 1 AO.
4 § 142 Satz 2 AO.
5 Allgemeine Meinung, jedoch vereinzelt umstritten.
6 BFH 23.3.1972, BStBl 1972 II S. 754.

sein.[1] Der Verpächter ist bei Vorliegen der übrigen Voraussetzungen buchführungspflichtig, solange er den Betrieb im Ganzen verpachtet und nicht die Aufgabe des Betriebs erklärt hat.[2]

c) Voraussetzungen der Buchführungspflicht

aa) Buchführungspflicht nach außersteuerlichen Bestimmungen

195 Soweit der LuF nach anderen Gesetzen als den Steuergesetzen Bücher und Aufzeichnungen zu führen hat, die für die Besteuerung von Bedeutung sind, hat er die Verpflichtungen, die ihm nach anderen Gesetzen obliegen, auch für die Besteuerung zu erfüllen.[3]

Eine solche Buchführungspflicht ergibt sich für den LuF, der durch Eintragung in das Handelsregister nach § 3 HGB zum Kaufmann (sog. Kannkaufmann) wird. Der Kaufmann ist buchführungspflichtig nach §§ 238 ff. HGB. Die Eintragung in das Handelsregister kann der LuF beantragen (eine Verpflichtung hierzu besteht in keinem Fall), dessen Betrieb nach Art und Umfang einen in kaufmännischer Weise eingerichteten Geschäftsbetrieb erfordert.[4]

Der LuF bleibt Kaufmann (und damit buchführungspflichtig) bis zur Löschung der Eintragung. Eine Löschung findet allerdings nur nach den allgemeinen Vorschriften statt, welche für die Löschung kaufmännischer Firmen gelten.[5] Löschung ist z. B. möglich (u. U. geboten), wenn sich der Betriebsumfang vermindert und damit nicht mehr einen in kaufmännischer Weise eingerichteten Geschäftsbetrieb erfordert.

Der als Kaufmann eingetragene LuF unterliegt der Buchführungspflicht,[6] die auch im steuerlichen Interesse zu erfüllen ist.[7] An der Zuordnung als luf Einkünfte wird durch die Eintragung nichts geändert.

Gesetz i. S. des § 140 AO ist jede Rechtsnorm (Buchführungs- und Aufzeichnungspflichten aus Handels-, Gesellschafts- und Genossenschaftsrecht). Auch eine ausländische Rechtsnorm kann eine Buchführungspflicht nach § 140 AO begründen.[8]

1 Vgl. RFH 24.11.1932, RStBl 1932 S. 1130.
2 Vgl. Rz. 221 wegen des Übergangs der Buchführungspflicht bei Verpachtung.
3 § 140 AO.
4 § 3 Abs. 2 i. V. mit § 2 HGB.
5 § 3 Abs. 2 HGB.
6 §§ 238 ff. HGB.
7 Kleeberg in K/S/M, Rz. A 57 zu § 13 EStG.
8 § 4 AO; vgl. auch AEAO zu § 140; BFH 14.11.2018 – I R 81/16, BStBl 2019 II S. 390.

Eine Buchführungspflicht nach § 140 AO wird deshalb nicht begründet durch die sog. Auflagenbuchführung (zur Erlangung staatlicher Förderleistungen) oder durch freiwillige Buchführung als Testbetrieb nach dem Landwirtschaftsgesetz.[1]

Die Buchführungspflicht beginnt mit der Erfüllung der Voraussetzungen; einer besonderen Mitteilung durch das FA an den Stpfl. bedarf es nicht, beim Kannkaufmann also mit der Eintragung in das Handelsregister.

Unterhält der LuF einen mit dem Betrieb der LuF verbundenen gewerblichen Nebenbetrieb, so kann er nur in Ansehung dieses Nebenbetriebs die Eintragung beantragen.[2]

Verstöße gegen außersteuerliche Buchführungs- und Aufzeichnungspflichten 196
stehen Verstößen gegen steuerrechtliche Buchführungs- und Aufzeichnungspflichten gleich (Hinweis auf Schätzung nach § 162 Abs. 2 AO oder Steuergefährdung nach § 379 Abs. 1 AO).[3]

bb) Buchführungspflicht nach § 141 AO

Die Buchführungspflicht nach § 141 AO findet nur Anwendung, wenn sich nicht 197
bereits aus § 140 AO eine Buchführungspflicht ergibt. Die Bestimmung gilt auch für LuF.[4]

Die Buchführungspflicht nach § 141 AO kann auch dann bestehen, wenn von dem Wahlrecht nach § 241a HGB Gebrauch gemacht wird.[5]

(1) Betriebsbezogenheit der Buchführungspflicht nach § 141 AO

Die Buchführungspflicht betrifft **jeweils den einzelnen Betrieb** (die organisa- 197/1
torische Zusammenfassung personeller, sachlicher und anderer Arbeitsmittel zu einer selbständigen Einheit)[6] des Stpfl.[7] Unter Betrieb ist der Betrieb i. S. der §§ 14, 16 EStG zu verstehen.[8]

---

1 Allg. M., vgl. Kleeberg in K/S/M, Rz. A 57 zu § 13 EStG; vgl. auch BMF 15.12.1981, BStBl 1981 I S. 878, Tz. 1.2.

2 § 3 Abs. 3 HGB.

3 AEAO zu § 140.

4 AEAO zu § 141, Nr. 1 Abs. 1.

5 AEAO zu § 141, Nr. 1 Abs. 1.

6 Vgl. BFH 29.3.2001 – IV R 62/99, NWB GAAAA-67061 = BFH/NV 2001 S. 1248.

7 BFH 2.6.1978, BStBl 1978 II S. 477; FG Münster 27.6.1978, EFG 1979 S. 61.

8 BFH 13.10.1988, BStBl 1989 II S. 7; BFH 29.3.2001 – IV R 62/99, NWB GAAAA-67061 = BFH/NV 2001 S. 1248.

Soweit SBV **eines Gesellschafters** vorhanden ist – es ist grds. in die Prüfung der Buchführungspflicht einzubeziehen[1] – ist nicht der Gesellschafter buchführungspflichtig, sondern die Gesellschaft. Die Buchführungspflicht der Gesellschaft ergibt sich nicht aus § 140 AO, da die Personengesellschaft nach § 238 Abs. 1 HGB nur für das Gesamthandsvermögen buchführungspflichtig ist, nicht für das SBV. Die Buchführungspflicht für das SBV ergibt sich jedoch aus § 141 AO. Eine Buchführungspflicht des Gesellschafters besteht nicht, da er keinen selbständigen Betrieb unterhält und das Handelsrecht SBV nicht kennt.[2]

Bei **mehreren Betrieben** ist die Buchführungspflicht jeweils **gesondert zu prüfen**, so dass es vorkommen kann, dass der Stpfl. mit einem Betrieb buchführungspflichtig ist, mit einem anderen nicht.[3] Eine Zusammenrechnung der beiden Betriebe oder mehrerer Betriebe zur Erreichung der Buchführungsgrenzen ist nicht zulässig. Mehrere Betriebe im vorgenannten Sinne liegen auch vor, wenn ein Pächter das Pachtverhältnis über einen (buchführungspflichtigen) Betrieb aufgibt und einen neuen Betrieb pachtet. Für den neuen Betrieb kann sich die Buchführungspflicht aus § 141 Abs. 3 AO ergeben. Mehrere Betriebe von Ehegatten werden auch bei Gleichartigkeit nicht zusammengerechnet, soweit nicht eine Mitunternehmerschaft gegeben ist (vgl. Rz. 693 ff.).

198 Bei **Betriebsverlegung** (wegen Abgrenzung zur Betriebsaufgabe vgl. Rz. 883) wird die bestehende Buchführungspflicht nicht berührt. Eine andere Frage ist, inwieweit durch eine Veränderung des Betriebsumfangs sich Auswirkungen ergeben. Bei **Betriebsaufgabe und Neueröffnung** kann für den neuen Betrieb nicht an die Buchführungspflicht des aufgegebenen Betriebs angeschlossen werden. Bei Betriebseröffnung kann eine Buchführungspflicht nicht bestehen. Der Betrieb kann erstmals nach Ergehen der Mitteilung des FA buchführungspflichtig werden.

(2) Voraussetzungen der Buchführungspflicht nach § 141 AO

199 Land- und Forstwirte sind buchführungspflichtig, wenn nach den Feststellungen des FA für den einzelnen Betrieb eine der nachstehend aufgeführten Voraussetzungen erfüllt ist:

- Ab 2024: Es werden im Kj Umsätze von mehr als 800.000 € erzielt. In Vorjahren gilt eine Grenze von 600.000 €. Übersteigt der Umsatz in einem Vorjahr die Grenze von 600.000 €, liegt der Umsatz im Kj 2023 aber nicht über

1 Vgl. BFH 29.10.1990, BStBl 1991 II S. 401.

2 Vgl. BFH 23.10.1990, BStBl 1991 II S. 401; BFH 11.3.1992, BStBl 1992 II S. 797.

3 Goerke in H/H/Sp, Rz. 28 zu § 141 AO.

800.000 €, ergeht keine Mitteilung über den Beginn der Buchführungspflicht mehr.[1] Der Gesamtumsatz ist nach § 19 Abs. 2 Satz 1 UStG zu ermitteln (vgl. hierzu auch Abschnitt 19.2 UStAE).

Für die LuF, die der Durchschnittssatzbesteuerung nach § 24 UStG unterliegen und die ihre Umsätze nicht in vollem Umfange aufgezeichnet haben,[2] hat das FA den Umsatz anhand von Richtsätzen zu schätzen.[3] Die Umsätze müssen auf den Betrieb entfallen. Umsätze mehrerer Betriebe desselben Stpfl. werden nicht zusammengerechnet. Maßgebend ist die Bemessungsgrundlage nach § 10 UStG, also ohne USt.

- Ab 2024: Es wird im Kalenderjahr ein Gewinn aus LuF von mehr als 80.000 € erzielt. In Vorjahren gilt eine Grenze von 60.000 €. Übersteigt der Gewinn in einem Vorjahr die Grenze von 60.000 €, liegt der Gewinn im Kj 2023 aber nicht über 80.000 €, ergeht keine Mitteilung über den Beginn der Buchführungspflicht mehr.[4] Ausgangsgröße ist der in der Gewinnfeststellung/Steuerfestsetzung zugrunde zu legende Gewinn.[5] Bei einem vom Kj abweichenden Wj sind folglich die zeitanteiligen Gewinne aus zwei Wirtschaftsjahren heranzuziehen.[6] Wenn der luf Betrieb nicht während des ganzen Kj bestanden hat, ist eine Umrechnung auf einen Jahresgewinn nicht vorzunehmen. Erhöhte Absetzungen für Abnutzung oder Sonderabschreibungen sind für die Ermittlung der Buchführungsgrenze nicht zu berücksichtigen.[7] Erhöhte Absetzungen für Abnutzung sind nur insoweit dem Gewinn zuzurechnen, als diese die Absetzungsbeträge nach § 7 Abs. 1 oder 4 EStG übersteigen.[8] Der Freibetrag nach § 13 Abs. 3 EStG mindert nicht den Gewinn. Rücklagen nach dem ForstSchAusglG (vgl. Rz. 1312 ff.) dürfen bei der Ermittlung der Gewinngrenze nicht berücksichtigt werden.[9]
- Bisher bestand auch eine Buchführungspflicht für Betriebe mit selbst bewirtschafteten luf Flächen mit einem Wirtschaftswert (§ 46 BewG) von mehr als 25.000 € (vgl. 11. Auflage). Durch das GrStRefG[10] wurde diese Regelung zum 1.1.2025 aufgehoben. Dies führt nicht automatisch zum Wegfall

1 Art. 97 § 19 Abs. 3 EGAO.
2 Vgl. §§ 22, 24 UStG, § 67 UStDV.
3 Niedersächsisches FG 24.8.1978, EFG 1979 S. 60.
4 Art. 97 § 19 Abs. 3 EGAO.
5 Schleswig-Holsteinisches FG 12.5.1981, rkr., EFG 1981 S. 484; Tipke/Kruse, Tz. 22 zu § 141 AO.
6 Vgl. AEAO zu § 141, Nr. 3.
7 § 7a Abs. 6 EStG; AEAO zu § 141, Nr. 4.
8 § 7a Abs. 3 EStG; AEAO zu § 141, Nr. 4.
9 § 3 Abs. 5 ForstSchAusglG.
10 Grundsteuer-Reformgesetz v. 26.11.2019, BGBl 2019 I S. 1794.

der Buchführungspflicht. Hierfür ist zusätzlich eine Feststellung des FA nach § 141 Abs. 2 Satz 2 AO erforderlich.[1]

200 Ein **einmaliges Überschreiten** der Grenze genügt.[2] Die Anweisung,[3] dass bei einmaligem Überschreiten der Buchführungsgrenzen Befreiung von der Buchführungspflicht gem. § 148 AO bewilligt werden soll, wenn nicht zu erwarten ist, dass die Grenze auch später überschritten werde, findet m. E. im Gesetz keine Stütze.[4] Die Ansicht, dass von § 148 AO auch die vorübergehende Befreiung von der Buchführungspflicht gedeckt werde, wird nun auch vom BFH[5] geteilt.

Auf welche Umstände die Überschreitung der Gewinngrenze zurückzuführen ist, ist gleichgültig. Auch ein **einmaliges Ereignis** begründet die Buchführungspflicht.[6] Die Verwaltung hat keinen Ermessensspielraum.[7]

cc) Freiwillige Buchführung nach § 13a Abs. 2 EStG

201 Auf **Antrag** des Stpfl. ist für einen Betrieb i. S. des § 13a Abs. 1 EStG (Gewinnermittlung nach Durchschnittssätzen) der Gewinn für vier aufeinander folgende Wj nicht nach den Abs. 3 bis 7 des § 13a EStG zu ermitteln.[8] In Betracht kommt eine Gewinnermittlung nach § 4 Abs. 1 oder § 4 Abs. 3 EStG.[9]

202 Ob ein solcher **Antrag** gestellt ist, ist erforderlichenfalls durch Auslegung festzustellen. Ein Antrag ist gestellt, wenn der Stpfl. gegenüber dem FA erklärt, dass der durch Vermögensvergleich bzw. Überschussrechnung ermittelte Gewinn der Besteuerung zugrunde gelegt werden soll. Das Führen der Bücher und die Erstellung eines Abschlusses bzw. die Erfassung der Einnahmen und Ausgaben ist Voraussetzung des Antrags, berührt jedoch den Inhalt des Antrags nicht. Der Antrag setzt nicht voraus, dass der Wille des Stpfl. auf Gewinnermittlung durch Bestandsvergleich bzw. durch Ermittlung des Überschusses erkennbar die Bindung für vier aufeinander folgende Wj umschließt.[10]

1 BFH 28.6.1984 – IV R 118/82, BStBl 1984 II S. 782.
2 Schleswig-Holsteinisches FG 12.5.1981, rkr., EFG 1981 S. 484.
3 Vgl. AEAO zu § 141, Nr. 4.
4 Schleswig-Holsteinisches FG 12.5.1981, rkr., EFG 1981 S. 484.
5 BFH 17.9.1987, BStBl 1988 II S. 20.
6 Schleswig-Holsteinisches FG 12.5.1981, EFG 1981 S. 484.
7 FG Saarland 18.12.1996, EFG 1997 S. 587.
8 § 13a Abs. 2 Satz 1 EStG.
9 Vgl. § 13a Abs. 2 Satz 2 EStG.
10 BFH 28.1.1988, BStBl 1988 II S. 530.

Der Antrag ist **schriftlich** zu stellen.[1] Er muss eindeutig sein.[2] Ein wirksamer Antrag liegt z. B. darin, dass der Stpfl. den entsprechenden Teil der Steuererklärung ausfüllt bzw. ankreuzt.[3] Andererseits hat der BFH in der Einreichung einer Steuererklärung mit einer lediglich auf das Kj abgestellten EÜR keinen Antrag gesehen.[4] Das Fehlen der Anlage L schließt eine wirksame Antragstellung nicht aus.[5] 203

Der Antrag ist bis zur Abgabe der Steuererklärung, spätestens jedoch zwölf Monate nach Ablauf des ersten Wj, auf das er sich bezieht, zu stellen.[6] Die **Antragsfrist** ist eine wiedereinsetzungsfähige Ausschlussfrist.[7] Da sich der Antrag immer auf das gerade abgelaufene Wj bezieht, ist es nicht möglich, den Antrag, mit dem die Antragsfrist versäumt wurde, auf ein Wj zu beziehen, für das die Antragsfrist noch nicht abgelaufen ist.[8] Davon unabhängig ist zu prüfen, ob dies dem Willen des Antragstellers entspricht. 204

Der Antrag kann innerhalb der Frist des § 13a Abs. 2 Satz 3 EStG **zurückgenommen** werden.[9] 205

Wird der Gewinn eines der vier Wj durch den Stpfl. nicht durch Betriebsvermögensvergleich oder durch Vergleich der BE mit den BA ermittelt, ist der Gewinn für den gesamten Zeitraum von 4 Wj nach § 13a Abs. 3 bis 7 EStG zu ermitteln.[10] Bereits bestandskräftige Veranlagungen sind nach § 175 Abs. 1 Satz 1 Nr. 2 AO zu ändern. 206

Geht der Betrieb im laufenden Wirtschaftsjahr im Ganzen zur Bewirtschaftung auf einen neuen Eigentümer, Miteigentümer, Nutzungsberechtigten oder durch Umwandlung über und hat der bisherige Betriebsinhaber seinen Gewinn nach § 4 Abs. 1 oder § 4 Abs. 3 EStG ermittelt, darf der neue Betriebsinhaber den Gewinn des zu bildenden Rumpfwirtschaftsjahres nicht nach Durchschnittssätzen ermitteln.[11]

---

1 § 13a Abs. 2 Satz 3 EStG.
2 BFH 4.6.1992, BStBl 1993 II S. 125.
3 BFH 28.1.1988, BStBl 1988 II S. 530.
4 BFH 28.1.1988, BStBl 1988 II S. 532.
5 BFH 4.6.1992, BStBl 1993 II S. 125.
6 § 13a Abs. 2 Satz 3 EStG.
7 BFH 28.12.1988, BStBl 1988 II S. 532; BFH 1.12.1988, BStBl 1989 II S. 234.
8 BFH 1.12.1988, BStBl 1989 II S. 234.
9 § 13a Abs. 2 Satz 4 EStG.
10 § 13a Abs. 2 Satz 2 EStG.
11 § 13a Abs. 1 Satz 3 EStG; BMF 10.11.2015, BStBl 2015 I S. 877, Rz. 22.

207 Wenn innerhalb der vier Jahre eine der Buchführungsgrenzen des § 141 Abs. 1 AO überschritten wird, hat das FA den Stpfl. vor Beginn des nächstfolgenden Wj auf den Beginn der Buchführungspflicht **hinzuweisen**. Der Vierjahreszeitraum i. S. des § 13a Abs. 2 Satz 2 EStG verkürzt sich entsprechend.[1] Hat der Stpfl. den Gewinn durch Überschussrechnung ermittelt, ergibt sich eine Buchführungspflicht nur dann, wenn er rechtzeitig auf den Beginn der Buchführungspflicht hingewiesen worden ist (vgl. Rz. 218 ff.).

208 Werden innerhalb des Vierjahreszeitraums die Voraussetzungen des § 13a Abs. 1 Satz 1 Nr. 2 bis 5 oder des Satzes 2 EStG nicht mehr erfüllt, so ist der LuF vor Beginn des nächstfolgenden Wj darauf hinzuweisen, dass der Gewinn nicht mehr nach Durchschnittssätzen zu ermitteln ist. Der Vierjahreszeitraum i. S. des § 13a Abs. 2 Satz 2 EStG verkürzt sich entsprechend.[2]

209 Nach **Ablauf des Vierjahreszeitraums** ist der Gewinn wieder nach Durchschnittssätzen zu ermitteln, wenn die Voraussetzungen des § 13a Abs. 1 Satz 1 oder 2 EStG

- erfüllt sind und der Stpfl. von der Möglichkeit der erneuten Ausübung des Wahlrechts zur Buchführung/Überschussermittlung keinen Gebrauch macht,
- nicht mehr erfüllt sind, der Stpfl. aber noch nicht zur Buchführung aufgefordert oder darauf hingewiesen worden ist, dass der Gewinn nicht mehr nach Durchschnittssätzen zu ermitteln ist.[3]

210–214 *(Einstweilen frei)*

d) Entstehung und Beginn der Buchführungspflicht

aa) Entstehung und Erfüllung der Buchführungspflicht

215 Die **Buchführungspflicht entsteht**, wenn die nach § 141 Abs. 1 AO erforderlichen Voraussetzungen vorliegen. Die **Erfüllung dieser Verpflichtung** ist aber an die Mitteilung des FA nach § 141 Abs. 2 AO gebunden. Nach § 13a Abs. 1 Satz 4 EStG ist der Gewinn nach Durchschnittssätzen letztmalig für das Wj zu ermitteln, das nach Bekanntgabe der Mitteilung endet, durch die die FinBeh auf den Beginn der Buchführungspflicht (§ 141 Abs. 2 AO) oder den Wegfall einer anderen Voraussetzung (wie in Satz 1 benannt) hingewiesen hat. Entstehung und Erfüllung der Buchführungspflicht sind zu trennen und gehen zeitlich auseinander, da die

1 BMF 10.11.2015, BStBl 2015 I S. 877, Rz. 25.

2 BMF 10.11.2015, BStBl 2015 I S. 877, Rz. 25.

3 BMF 10.11.2015, BStBl 2015 I S. 877, Rz. 25.

Mitteilung jeweils erst nach Entstehung der Buchführungspflicht ergehen kann. Der in der AO 1977 vorgesehene Beginn der Buchführungspflicht nach entsprechender Mitteilung des FA legalisiert einen Zustand, den die Rspr. bereits zum Rechtszustand nach der RAO unter Berufung auf Treu und Glauben begründet hatte.[1]

Die Entstehung der Erfüllungspflicht erst durch eine Mitteilung des FA soll dem Stpfl. die rechtzeitige Einstellung auf die Buchführung ermöglichen. Die Mitteilung nach § 141 Abs. 2 AO ist unabhängig davon, in welcher Weise der Stpfl. bisher seinen Gewinn ermittelt hat, und ist auch dann erforderlich, wenn schon **bisher bilanziert** worden ist.[2]

Die Notwendigkeit der Mitteilung hängt nicht davon ab, ob der Stpfl. steuerlich beraten wird.[3] Der Gesetzeswortlaut gestattet keine Ausnahme. Die gegenteilige Entscheidung des BFH[4] zur Rechtslage vor Inkrafttreten des § 141 Abs. 2 Satz 1 AO ist überholt.

bb) Feststellung der Finanzbehörde

Die Mitteilung an den Stpfl. über den Beginn der Buchführungspflicht setzt die 216
Feststellung der Überschreitung der Buchführungsgrenzen voraus.

Der **Rechtscharakter der „Feststellung"** ist umstritten. Nach der einen Ansicht ist sie lediglich eine tatsächliche Handlung, die in der Kenntnisnahme vom Sachverhalt und der daraus zu ziehenden Folgerung besteht.[5] Nach anderer Ansicht stellt sie einen Verwaltungsakt dar mit deklaratorischem Inhalt.[6] Die Frage, ob die Buchführungsgrenze überschritten sei, lasse sich nicht lediglich im Wege der Kenntnisnahme im Sinne einer einfachen Wahrnehmung beantworten. Erforderlich seien neben Sachverhaltsermittlungen tatsächliche und rechtliche Wertungen und Berechnungen. Die Feststellungen hätten den Charakter von

1 Vgl. BFH 9.5.1957, BStBl 1957 III S. 291.

2 Niedersächsisches FG 25.10.1979, rkr., EFG 1980 S. 77; FG Münster 15.6.1983, rkr., EFG 1984 S. 149; a. A. Niedersächsisches FG 17.1.1979, EFG 1979 S. 264, durch BFH 15.4.1981 – IV R 70/79, n. v., bestätigt.

3 Niedersächsisches FG 25.10.1979, rkr., EFG 1980 S. 77.

4 BFH 29.10.1981, BStBl 1982 II S. 161.

5 Vgl. Paulick, FR 1978 S. 329; Niedersächsisches FG 24.8.1978, EFG 1979 S. 60; FG Nürnberg 28.7.1982, EFG 1983 S. 53; Niedersächsisches FG 9.1.1986, rkr., EFG 1986 S. 268; FG Düsseldorf 21.5.1986, EFG 1986 S. 534; Goerke in H/H/Sp, Rz. 55 zu § 141 AO.

6 BFH 23.6.1983, BStBl 1983 II S. 768; FG Münster 15.6.1983, EFG 1984 S. 149; Tipke/Kruse, Rz. 24 zu § 141 AO.

Entscheidungen. Aus rechtsstaatlichen Erwägungen sei es angezeigt zu verlangen, dass diese Entscheidungen dem Stpfl. in einer überprüfbaren und anfechtbaren Form bekannt gegeben werden.

Diese „Feststellung" ist **nach Auffassung des BFH** von der Begründung des Verwaltungsaktes zu unterscheiden. Der Feststellungspflicht ist genügt, wenn sich das FA aufgrund **summarischer Berechnung eine feste Überzeugung** von dem Überschreiten der Buchführungsgrenze gebildet hat und diese mit Außenwirkung feststellen will.[1] Diese Begründung erfordert nach Ansicht des BFH zumindest eine überschlägige Berechnung der Grundlagen für die Überschreitung der Buchführungsgrenze.

Aus der **Selbständigkeit der „Feststellung" ergibt sich nach Auffassung des BFH und der FinVerw, dass diese**

- in einem Steuerbescheid oder
- außerhalb eines Steuerbescheids durch eine besondere Mitteilung an den Stpfl. ergehen kann oder
- mit der Mitteilung nach § 141 Abs. 2 AO verbunden werden kann und dann mit dieser zusammen einen einheitlichen Verwaltungsakt bildet.[2]

Ist in der Mitteilung eine entsprechende „Feststellung" nicht enthalten, kann diese bis zu Beginn der Buchführungspflicht nachgeholt werden.[3]

Gegen die Annahme eines selbständigen Verwaltungsaktes bestehen Bedenken. Das gilt insbesondere auch in Ansehung der vom BFH daraus gezogenen Folgerungen:

(1) Wenn man der Feststellung einen **eigenständigen Charakter** zuerkennt, dann muss sie im Hinblick auf die Buchführungsgrenze getroffen werden. Eine an anderer Stelle für andere Zwecke (mehr oder minder zufällig) sich ergebende Feststellung (z. B. Feststellung eines bestimmten Gewinns in einem Steuerbescheid) ist ohne nähere Erläuterung keine „Feststellung" i. S. des § 141 AO. Diese Feststellung als zweckgerichtetes Handeln erfordert die Feststellung im Hinblick auf die Erfüllung der Buchführungsgrenzen.

---

1 BFH 23.6.1983, BStBl 1983 II S. 768; BFH 31.8.1994 – X R 110/90, NWB KAAAB-35380 = BFH/NV 1995 S. 390.

2 AEAO zu § 141, Nr. 2.

3 BFH 23.6.1983, BStBl 1983 II S. 768.

(2) Wenn es sich bei der Feststellung um einen Verwaltungsakt handelte, bliebe dieser Charakter auch dann erhalten, wenn er mit der „Mitteilung" verbunden wird. Es gibt keine einleuchtende Erklärung dafür, warum die Feststellung bei äußerer Verbindung mit der Mitteilung Bestandteil eines einheitlichen Verwaltungsaktes werden sollte.

(3) Wenn es sich um **zwei Verwaltungsakte** handelte, müssten sie auch nebeneinander Bestand haben können. Das Unterlassen der Feststellung kann dann nicht rückwirkend geheilt werden. Ist die Mitteilung ohne Feststellung ergangen, dann ist diese fehlerhaft. Die Fehlerhaftigkeit der Mitteilung kann nicht rückwirkend geheilt werden. Es handelt sich insoweit nicht um einen unbeachtlichen Formfehler i. S. des § 126 Abs. 1 AO.

M. E. ist der Ansicht, dass es sich lediglich um ein **tatsächliches Handeln** handelt, der Vorzug zu geben:

Der Begriff der Feststellung i. S. des § 141 Abs. 1 Satz 1 AO ist so auszulegen, dass die getroffene Feststellung nur die Verpflichtung für das FA auslöst, auf den Beginn der Buchführungspflicht durch Erlass der entsprechenden Mitteilung hinzuwirken. Im Hinblick auf die Mitteilung (als Verwaltungsakt) erhält die Feststellung allenfalls die Bedeutung einer **Begründung des Verwaltungsaktes.** Fehlt die „Feststellung" (im Sinne einer Begründung), so kann diese nach § 126 Abs. 1 Nr. 2 AO nachgeholt und damit der Mangel des Verwaltungsaktes geheilt werden. Diese Ansicht vermeidet die Schwierigkeiten, die dem BFH in diesem Punkte erwachsen. Der BFH umgeht zwar die Auswirkungen seiner Ansicht dadurch, dass auch er die Feststellung nachholen lässt; § 141 AO setze lediglich die Feststellung der FinBeh bei Ergehen der Mitteilung voraus, so dass es genüge, wenn eine solche Feststellung vor dem Beginn des für die Buchführungspflicht maßgebenden Wj getroffen werde. Man muss allerdings fragen, welche Bedeutung diese Feststellung nach Erlass des Verwaltungsaktes haben soll, wenn nicht die einer Begründung.

Der Hinweis des BFH, dass mit der Feststellung tatsächliche und rechtliche Wertungen verbunden seien, vermag die Annahme eines selbständigen Verwaltungsaktes nicht zu begründen. Das Ziel des Verwaltungshandelns ist die Mitteilung über den Beginn der Buchführungspflicht. Nur darauf kommt es an. Bevor das FA diesen Verwaltungsakt erlässt, muss es selbstverständlich wertend und entscheidend tätig werden. Aber das sind **Vorarbeiten für den Verwaltungsakt „Mitteilung"** und gehen letztlich in diesen ein. Ohne die vorherige Meinungsbildung, dass die Buchführungsgrenzen überschritten sind, kann das

FA keine Mitteilung erlassen. § 141 AO unterscheidet sich insoweit nicht von anderen steuerlichen Entscheidungen. Bevor z. B. das FA eine Änderung nach § 173 AO vornimmt, muss es sich darüber im Klaren sein, dass die Voraussetzungen hierfür vorliegen. Ein selbständiger, der Änderung vorausgehender Verwaltungsakt ist das sicherlich nicht. Bei § 141 AO kann es nicht anders sein.

cc) Mitteilung über den Beginn der Buchführungspflicht

(1) Rechtsnatur der Mitteilung

217 Die Mitteilung über den Beginn der Buchführungspflicht nach § 141 Abs. 2 AO ist ein **rechtsgestaltender und zugleich belastender Verwaltungsakt** mit Dauerwirkung; sie löst die Buchführungspflicht aus und schafft damit einen rechtlichen Dauerzustand für die Zukunft.[1] Die Mitteilung behält die Wirkung bis zur Aufhebung, und zwar auch dann, wenn eine inzwischen eingetretene Gesetzesänderung den Verwaltungsakt inhaltlich unrichtig macht.[2]

Nach dem rechtmäßigen Eintritt der Buchführungspflicht kann diese **nicht mehr rückwirkend entfallen**, sondern nur durch eine Mitteilung über den Wegfall der Buchführungspflicht (vgl. Rz. 222 ff.).

(2) Form und Inhalt der Mitteilung; Bekanntgabe

218 Eine **besondere Form** ist für die Mitteilung nicht vorgesehen. Sie muss jedoch ein Mindestmaß der Anforderungen erfüllen, die an einen Verwaltungsakt zu stellen sind.[3] Sie kann als gesonderter Verwaltungsakt ergehen oder mit einem Steuerbescheid verbunden werden. In jedem Falle bleibt der selbständige Charakter des Verwaltungsaktes erhalten.

Die Formulierung in § 141 Abs. 3 AO „Hinweis nach Absatz 2 auf den Beginn der Buchführungspflicht" verlangt, dass das FA den Zeitpunkt angibt, ab dem Bücher zu führen sind. Die **Angabe des Zeitpunkts des Beginns** ist jedoch nach Auffassung des BFH[4] **auslegungsfähig**. Das FA hat dem Stpfl. am 6.5.1981 mitgeteilt, dass er ab 1.7.1979 buchführungspflichtig sei. Zuzustimmen ist dem BFH, dass die Buchführungspflicht nicht rückwirkend begründet werden konnte, auch wenn zu dieser Zeit bereits die Voraussetzungen der Buchführungspflicht

1 BFH 2.12.1982, BStBl 1983 II S. 254; BFH 3.12.1987, BStBl 1988 II S. 269; BFH 19.10.1989 – IV R 10/88, NWB GAAAB-30938 = BFH/NV 1990 S. 617; BFH 30.10.2014, BStBl 2015 II S. 478.

2 BFH 2.12.1982, BStBl 1983 II S. 254.

3 BFH 19.10.1989 – IV R 10/88, NWB GAAAB-30938 = BFH/NV 1990 S. 617.

4 BFH 17.10.1985, BStBl 1986 II S. 39.

gegeben waren. Die Anordnung wird dadurch aber nach Auffassung des BFH nicht insgesamt unwirksam oder nichtig. Die Anordnung der Buchführungspflicht ab 1.7.1979 beinhalte auch die Buchführungspflicht für die folgenden Jahre. Der Auslegung des BFH, dass bei verständiger Würdigung jedenfalls die Buchführungspflicht ab 1.7.1981 begründet werden sollte, ist daher zu folgen.

Eine **sinnlose Zeitangabe** für den Beginn der Buchführungspflicht begründet für den Beginn des nächsten Wj die Buchführungspflicht, weil die sinnlose Zeitangabe ohne weiteres als **technischer Schreibfehler** erkennbar ist; denn wenn der Stpfl. bei dieser Sachlage keine Rückfrage beim FA hielt, ist davon auszugehen, dass ihm klar geworden ist, dass ihn das FA zur Führung von Büchern ab dem nächsten Wj auffordern wollte.[1]

Zu der Mitteilung über den Beginn der Buchführungspflicht gehört, zumindest wenn mehrere Möglichkeiten der Festlegung des Wj in Betracht kommen, nach pflichtgemäßem Ermessen auch die Angabe, wann die **Buchführungsperiode** (also das Wj) **beginnt**. Es handelt sich bei dieser Zeitbestimmung um „eine Art Nebenbestimmung“ i. S. des § 120 Abs. 2 Nr. 2 AO zum eigentlichen Regelungsinhalt.[2] Obwohl sich diese Festlegung nicht aus § 141 AO ergibt, hält der BFH eine Verbindung mit der Buchführungsmitteilung im Interesse des Stpfl. und auch der Verwaltungsökonomie für geboten. Eine solche Festlegung ist nicht erforderlich, wenn der Stpfl. sich über den Beginn der Buchführungsperiode nicht im Unklaren sein konnte.

Eine falsche Bezeichnung der Periode macht den Verwaltungsakt insoweit rechtswidrig, lässt aber die Wirksamkeit des Verwaltungsaktes insgesamt unberührt. Bei Bestandskraft verbleibt es bei der im Verwaltungsakt angegebenen Periodizität. Eine Änderung ist nur nach allgemeinen Vorschriften zulässig (z. B. auch durch eine neue in die Zukunft wirkende Mitteilung). Bei Anfechtung der Mitteilung ist der Verwaltungsakt insoweit vom FA zu ändern. Das FG hat den Verwaltungsakt insoweit aufzuheben, das FA hat ihn anschließend entsprechend zu ändern bzw. neu zu erlassen.[3]

Die Mitteilung muss an denjenigen **Adressaten** ergehen, der zur Buchführung 219
verpflichtet ist. Das ist der Betriebsinhaber, bei Gesellschaften die Gesellschaft. Ist die Mitteilung unterblieben, an den falschen Adressaten gerichtet oder aus

1 BFH 24.10.1985 – IV R 185/84, NWB SAAAB-28138 = BFH/NV 1987 S. 547.

2 BFH 3.12.1987, BStBl 1988 II S. 269.

3 BFH 3.12.1987, BStBl 1988 II S. 269.

sonstigen Gründen unwirksam, beginnt die Buchführungspflicht nicht,[1] z. B. an den Verpächter anstatt an den Pächter eines Betriebs[2] oder an die Ehefrau anstatt an den Ehemann oder umgekehrt.[3]

Betriebsinhaber ist der, der nach außen als solcher auftritt. Werden aus einer Innengesellschaft (z. B. zwischen Ehegatten) keine steuerlichen Folgen gezogen (z. B. durch Einreichung einer entsprechenden Steuererklärung mit Verteilung der Einkünfte auf die Ehegatten), so genügt die Mitteilung an den nach außen auftretenden Ehegatten.[4]

Probleme ergeben sich bei der Adressierung der Mitteilung, wenn der **Betriebsinhaber nicht hinreichend sicher bestimmbar** ist. In diesen Fällen wird der Beginn der Buchführungspflicht nicht bis zu einer endgültigen Bestimmung des Betriebsinhabers (z. B. im Veranlagungsverfahren) hinausgeschoben. Gehören die Grundstücke beiden Ehegatten (z. B. bei Gütergemeinschaft) – i. d. R. wird dadurch eine Mitunternehmerschaft begründet, vgl. Rz. 711 –, ist über die Mitunternehmerschaft in einem Verfahren nach § 180 AO aber noch nicht entschieden, ist die Mitteilung rechtswirksam bekannt gegeben, wenn sie an denjenigen Ehegatten adressiert und bekannt gegeben wird, der bei summarischer Prüfung prima facie als Unternehmer (Betriebsinhaber) in Betracht kommt.[5] Meines Erachtens kann von der letzten Steuererklärung ausgegangen werden, soweit nicht konkrete Umstände eine andere Beurteilung rechtfertigen (z. B. wenn bekannt ist, dass der Betrieb in eine Gesellschaft eingebracht worden ist).[6] Wird ein Ehegatte allein als Unternehmer angesehen und insoweit bestandskräftig veranlagt, genügt eine Mitteilung an ihn.[7]

219/1 Beim einmaligen Überschreiten der Buchführungsgrenzen (z. B. bei Veräußerung von Grund und Boden) soll auf Antrag nach § 148 AO Befreiung von der Buchführungspflicht bewilligt werden, wenn nicht zu erwarten ist, dass die Grenze auch später überschritten wird.[8]

---

1 FG Rheinland-Pfalz 26.2.1975, rkr., EFG 1975 S. 530.

2 Niedersächsisches FG 24.3.1976, EFG 1977 S. 41.

3 BFH 26.11.1987, BStBl 1988 II S. 238.

4 BFH 23.1.1986, BStBl 1986 II S. 539; BFH 9.4.1987 – IV R 308/84, NWB AAAAB-29784 = BFH/NV 1987 S. 622; BFH 26.11.1987, BStBl 1988 II S. 238; AEAO zu § 141, Nr. 4; FG Baden-Württemberg 28.8.1985, rkr., EFG 1986 S. 55.

5 BFH 23.1.1986, BStBl 1986 II S. 539; BFH 26.11.1987, BStBl 1988 II S. 238; AEAO zu § 141, Nr. 4.

6 Zur hinreichenden Bestimmbarkeit s. a. BFH 29.6.1969, BFH/NV 1969 S. 613.

7 BFH 23.1.1986, BStBl 1986 II S. 539.

8 AEAO zu § 141, Nr. 4; BMF 15.12.1981, BStBl 1981 I S. 878, Tz. 2.4.

(3) Zeitpunkt der Mitteilung

In der AO ist keine Frist für die Mitteilung nach § 141 Abs. 2 AO vorgesehen. Damit der Stpfl. jedoch die notwendigen Vorbereitungen treffen kann, muss die Mitteilung dem Stpfl. angemessene Zeit vor Beginn der Buchführungspflicht zugehen. Nach AEAO zu § 141, Nr. 4 soll die Bekanntgabe **mindestens einen Monat vor Beginn der Buchführungspflicht** erfolgen. Ob bei einem kürzeren Zeitraum ein Verstoß gegen Treu und Glauben vorliegt, ist nach den Umständen des Falles zu entscheiden. Generell wird man nicht von der Unwirksamkeit der Mitteilung ausgehen können. Auch eine Frist von weniger als einem Monat steht nach Ansicht des BFH der Wirksamkeit nicht entgegen. Wenn eine Umstellung der Gewinnermittlung nicht mehr rechtzeitig möglich ist, können dem Stpfl. nach § 148 Satz 1 AO Erleichterungen gewährt werden.[1] 220

(4) Wirkung der Mitteilung

Nach Ansicht des BFH wäre eine nachträglich statuierte Buchführungspflicht für den Stpfl. nicht erfüllbar.[2] Die **Wirkung der Mitteilung** tritt daher stets **ex nunc** ein, d. h., dass nach Beginn eines Wj die Buchführungspflicht nur jeweils für das folgende Wj begründet werden kann. 220/1

Aus welchen Gründen eine Mitteilung unterblieben ist bzw. nicht wirksam geworden ist, ist ohne Bedeutung. Sie wirkt auch dann nicht ex tunc, wenn **falsche Angaben** des Stpfl. die rechtzeitige „Feststellung" und Mitteilung verhindert haben.[3]

Davon zu unterscheiden ist die Frage, ob der Stpfl. seinen Gewinn noch nach Durchschnittssätzen ermitteln darf. Hat der Stpfl. die Durchschnittssatzbesteuerung aufgrund wissentlich falscher Angaben (z. B. Angabe zu geringer Flächen) erreicht, so bedarf es keiner Mitteilung über den Wegfall der Voraussetzungen gem. § 13a Abs. 1 Satz 4 EStG. Das FA ist in einem solchen Fall zur Schätzung des Gewinns aus LuF befugt, so als habe es rechtzeitig vom Wegfall der Voraussetzungen Kenntnis erlangt und eine entsprechende Wegfallmitteilung erlassen.[4] Hat der Stpfl. für das Jahr, in dem die Voraussetzungen für die Gewinnermittlung nach Durchschnittssätzen letztmalig vorgelegen haben, keine Steuererklärung eingereicht, obwohl er dazu verpflichtet gewesen wäre, ist der Gewinn des

1 BFH 29.3.2007, BStBl 2007 II S. 816.
2 BFH 29.11.2001, BStBl 2002 II S. 147.
3 BFH 31.3.1977, BStBl 1977 II S. 549.
4 BFH 29.11.2001, BStBl 2002 II S. 147.

Betriebes ab dem folgenden Wj nicht mehr nach Durchschnittssätzen zu ermitteln. Auch in diesem Fall bedarf es keiner Wegfallmitteilung.[1]

e) Übergang der Buchführungspflicht (§ 141 Abs. 3 AO)

221 Die Buchführungspflicht geht kraft Gesetzes[2] auf denjenigen über, der den **buchführungspflichtigen Betrieb im Ganzen fortführt**. Der Betrieb kann durch den (neuen) Eigentümer (Kauf oder unentgeltlicher Erwerb, durch Erbfall, vorweggenommene Erbregelung, Einbringung, Umwandlung eines Einzelunternehmens in eine Personengesellschaft oder Auseinandersetzung einer Mitunternehmerschaft und Übernahme durch einen Mitunternehmer),[3] oder durch einen Nutzungsberechtigten fortgeführt werden.[4] Die Nutzungsberechtigung kann dinglicher oder schuldrechtlicher Natur sein (z. B. Nießbrauch, Nutzungsüberlassung; aber auch Pächter des ganzen Betriebs). Die **Buchführungspflicht des Verpächters** wird, soweit er weiterhin Einkünfte aus LuF hat, durch die Verpachtung nicht berührt.[5] Der Hinweis, dass eine Buchführung nicht übergehen und zugleich fortbestehen könne,[6] trifft nicht den Kern der Sache. Unabhängig davon ist die Frage zu entscheiden, ob dem Verpächter Buchführungserleichterungen zu bewilligen sind und ob nicht überhaupt die Buchführungspflicht entfallen ist (weil kein Betrieb mehr besteht).

Übernahme des Betriebs im Ganzen bedeutet Übernahme der wesentlichen Betriebsgrundlagen. Der Begriff ist im Wesentlichen identisch mit dem Betriebsbegriff der §§ 14, 16 EStG.[7] Übernahme der Hofstelle und des Grund und Bodens genügt.[8] Ein Betrieb im Ganzen geht nicht über bei Übergang eines von zwei Teilbetrieben. Für den Fortbestand der Buchführungspflicht des veräußernden Betriebs kommt es nicht darauf an, welchen Wert der zurückbehaltene Teilbetrieb hat.[9] Ein Übergang findet auch dann nicht statt, wenn zwar der Hof auf den Sohn übertragen wird, dieser aber den Betrieb an die Eltern zurückverpach-

1 BFH 30.10.2014, BStBl 2015 II S. 478.

2 § 141 Abs. 3 Satz 1 AO.

3 Vgl. BFH 19.4.1987 – IV R 308/84, NWB AAAAB-29784 = BFH/NV 1987 S. 622; BMF 15.12.1981, BStBl 1981 I S. 878, Tz. 2.3.

4 BFH 6.11.2003 – IV R 27/02, NWB IAAAB-17484 = BFH/NV 2004 S. 753.

5 Gl. A. Bichel, StBp 1983 S. 185; Wätzig, INF 1982 S. 437.

6 Felsmann, StBp 1983 S. 184.

7 BFH 13.10.1988, BStBl 1989 II S. 7.

8 BMF 15.12.1981, BStBl 1981 I S. 878, Tz. 2.3.

9 BFH 24.2.1994, BStBl 1994 II S. 677.

tet.[1] Das gilt allerdings nicht für den Fall, dass nur einzelne Teile des luf Betriebs oder ein Teilbetrieb zurückverpachtet werden.

Probleme können sich ergeben, wenn der Übernehmer des Betriebs bereits einen weiteren gesonderten Betrieb bewirtschaftet. Nur bei Zusammenführung der beiden Betriebe erstreckt sich die Buchführungspflicht auf beide Betriebe. Werden die Betriebe weiterhin gesondert geführt, ist für jeden Betrieb die Buchführungspflicht (der Übergang der Buchführungspflicht) gesondert zu prüfen.[2]

Bei Pachtbetrieben ist die Überlassung der wesentlichen Betriebsgrundlagen erforderlich.[3] Bei parzellenweiser Verpachtung an mehrere Pächter geht die Buchführungspflicht nicht über.[4]

Der Übergang der Buchführungspflicht tritt auch bei **Einbringung eines Betriebes in eine PersGes** und bei Auflösung einer Gesellschaft und Übernahme eines Betriebes durch einen Gesellschafter ein.[5]

Der Übergang der Buchführungspflicht erfolgt kraft Gesetzes. Eines Hinweises nach § 141 Abs. 2 AO (vgl. Rz. 217 ff.) bedarf es nicht.[6] Der Übergang der Buchführungspflicht findet auch dann statt, wenn die Erfüllung der bereits vor dem Übergang begründeten Buchführungspflicht erst nach dem Übergang zu erfolgen hat. Hat z. B. das FA dem Stpfl. mitgeteilt, dass er ab dem Wj 2013/14 buchführungspflichtig ist und hat der Stpfl. bereits Ende 2013 seinen Betrieb an seinen Sohn übergeben, so hat dieser ab dem Wj 2013/14 die Buchführungspflicht zu erfüllen. Eine Mitteilung des FA dürfte aber dennoch sinnvoll sein, da der Betriebsübernehmer möglicherweise tatsächlich keine Kenntnis erhalten hat.

Die Buchführungspflicht für einen gepachteten luf Betrieb geht nicht über, wenn das Pachtverhältnis endet und der Pächter anschließend einen neuen Betrieb pachtet. Für den neuen Pachtbetrieb ist die Buchführungspflicht erst dann begründet, wenn für ihn die Voraussetzungen des § 141 AO vorliegen.[7]

---

1 BFH 6.11.2003 – IV R 27/02, NWB IAAAB-17484 = BFH/NV 2004 S. 753.
2 BFH 30.6.2005 – IV B 206/03, NWB VAAAB-63570 = BFH/NV 2005 S. 1966.
3 Kleeberg in K/S/M, § 13 Rz. B 97.
4 Kleeberg in K/S/M, § 13 Rz. B 97.
5 BFH 23.2.1978, BStBl 1978 II S. 477; BFH 20.4.1978, BStBl 1978 II S. 479; a. A. BFH 1.7.1997 – IV B 35/96, NWB DAAAB-38988 = BFH/NV 1997 S. 856: bei Auflösung einer zweigliedrigen PersGes sind die Voraussetzungen des § 13a Abs. 1 Satz 1 EStG selbständig in der Person des übernehmenden Gesellschafters zu prüfen.
6 § 141 Abs. 3 Satz 2 AO.
7 BFH 20.11.1984, BStBl 1986 II S. 431.

Bei einer **Realteilung** (vgl. Rz. 896) findet ein Übergang der Buchführungspflicht nicht statt, da nicht ein Betrieb im Ganzen übergeht, sondern dieser gerade „zerschlagen“ wird.[1]

Die Befugnis und Verpflichtung zur Gewinnermittlung nach Durchschnittssätzen geht nicht über.[2]

Der Übergang der Buchführungspflicht entbindet nicht von der Verpflichtung des Erwerbers bzw. Übertragenden, ggf. ein Rumpfwirtschaftsjahr zu bilden.[3]

f) Ende der Buchführungspflicht

222 Die Begründung der Buchführungspflicht durch eine Mitteilung des FA ist ein **Verwaltungsakt mit Dauerwirkung**. Er wird in seiner Rechtswirksamkeit nicht durch die Änderung der ihm zugrunde liegenden tatsächlichen Verhältnisse beeinträchtigt.[4] Die **Beseitigung** erfolgt **durch Aufhebung** (§ 141 Abs. 2 Satz 2 AO). Bis zur Aufhebung bleibt der Verwaltungsakt bestehen.[5] Ein Widerruf nach § 131 AO kommt nicht in Betracht, da § 141 Abs. 2 Satz 2 AO als speziellere Norm Vorrang hat.[6]

223 Die Buchführungspflicht endet mit Ablauf des Wj, das auf das Wj folgt, in dem die FinBeh feststellt, dass die Voraussetzungen der Buchführungspflicht (vgl. Rz. 193/1 ff.) nicht mehr vorliegen.[7]

BEISPIEL Nach der Bilanz zum 30.6.12 ist Buchführungspflicht nicht mehr gegeben. Das FA teilt dies dem Stpfl. am 29.4.13 mit.

Die Buchführungspflicht endet mit Ablauf des Wj zum 30.6.14.

Die Buchführungspflicht endet nicht allgemein mit **Wegfall der Buchführungsvoraussetzungen**.[8]

Auf die Gründe, die zum Wegfall der Buchführungspflicht führen, kommt es deshalb nicht an. Auch bei Gesetzesänderungen endet die Buchführungspflicht nur

1 BFH 10.3.1983, HFR 1983 S. 399; vgl. auch die Anm. hierzu S. 400.

2 BFH 26.6.1986, BStBl 1986 II S. 741; BFH 26.5.1994, BStBl 1994 II S. 891; BMF 10.11.2015, BStBl 2015 I S. 877, Rz. 16 ff.

3 BFH 23.8.1979, BStBl 1980 II S. 8.

4 § 124 Abs. 2 AO; vgl. auch BFH 2.12.1982, BStBl 1983 II S. 254.

5 BFH 2.12.1982, BStBl 1983 II S. 254.

6 FG München 13.10.1981, EFG 1982 S. 167; BFH 2.12.1982, BStBl 1983 II S. 254.

7 § 141 Abs. 2 Satz 2 AO.

8 BFH 2.12.1982, BStBl 1983 II S. 254; BFH 28.6.1984, BStBl 1984 II S. 782.

nach Maßgabe des § 141 Abs. 2 Satz 2 AO.[1] Die Feststellung, dass die Buchführungsvoraussetzungen nicht mehr gegeben sind, muss nicht anhand der letzten Veranlagung getroffen werden; auch eine frühere Veranlagung kann die Feststellung rechtfertigen, wenn diese bisher unterlassen wurde. Der Wegfall der Buchführungspflicht wird dann nicht wirksam, wenn das FA vor dem Erlöschen der Verpflichtung wiederum das Bestehen der Buchführungspflicht feststellt.[2]

Der Wegfall der Buchführungspflicht ist nach dem Gesetzeswortlaut lediglich 224
an die „Feststellung" des FA, dass die Voraussetzungen der Buchführungspflicht nicht mehr vorliegen, geknüpft. Die Formulierung in § 141 Abs. 2 Satz 2 AO unterscheidet sich von der für den Beginn der Buchführungspflicht[3] dadurch, dass der Wegfall nicht von der Bekanntgabe der Feststellung (Mitteilung) abhängt. Die Frage, welche **Folgerungen aus dieser unterschiedlichen Gesetzesformulierung** zu ziehen sind, ist umstritten.

Nach einer Ansicht hängt der Wegfall der Buchführungspflicht lediglich von der entsprechenden Feststellung ab; einer Bekanntgabe der Feststellung des Wegfalls der Buchführungspflicht bedarf es danach nicht (wenn diese auch für zweckmäßig erachtet wird, weil sonst der Stpfl. von dem Wegfall keine Kenntnis erhält).[4]

Nach anderer Ansicht ist die Feststellung ein Verwaltungsakt,[5] weil eine behördeninterne Erkenntnis allein keine Rechtsfolgen für den Stpfl. auslösen könne. Als Verwaltungsakt bedürfe die Feststellung der Bekanntgabe. Der VA kann danach auch durch schlüssiges Verhalten ergehen. Auf den Erlass des Verwaltungsaktes hat der Stpfl. bei Vorliegen der Voraussetzungen einen Rechtsanspruch.[6]

Es ist anzunehmen, dass der Gesetzgeber mit den unterschiedlichen Formulierungen auch **unterschiedliche Inhalte** schaffen wollte. Da im Allgemeinen der Wegfall der Buchführungspflicht für den Stpfl. eine Erleichterung bedeutet, kommt er bei dem Erfordernis der „Nurfeststellung" auch dann in deren Genuss, wenn z. B. Formfehler begangen werden (die bei Mitteilung über den Beginn der Buchführungspflicht als Verwaltungsakt Rechtsfolgen nicht auslösen würden, z. B. Mängel in der Zustellung). Warum sollte z. B. der Stpfl., der keine Buchfüh-

1 BFH 2.12.1982, BStBl 1983 II S. 254; BFH 28.6.1984, BStBl 1984 II S. 782.
2 AEAO zu § 141, Nr. 4.
3 § 141 Abs. 2 Satz 1 AO.
4 BMF 15.12.1981, BStBl 1981 I S. 878, Tz. 2.2.
5 Tipke/Kruse, Rz. 49 zu § 141 AO.
6 Tipke/Kruse, Rz. 49 zu § 141 AO.

rung hat, aber zur Buchführung aufgefordert worden war, geschätzt werden an Stelle einer Gewinnermittlung nach § 13a EStG, nur weil die Feststellung des FA über den Wegfall der Buchführungspflicht nicht mitgeteilt worden ist? Die Ansicht, dass die Mitteilung (als Verwaltungsakt) Voraussetzung für den Wegfall der Buchführungspflicht sei, ist weder vom Gesetzeswortlaut her gerechtfertigt noch entspricht sie den Interessen des Stpfl. Dass eine **Mitteilung zweckmäßig** ist, steht dabei außer Frage.

Unabhängig davon, wie man die „Feststellung" und eine damit zusammenhängende Mitteilung über den Wegfall der Buchführungspflicht beurteilt, stellt die **Ablehnung der Feststellung des Endes der Buchführungspflicht einen Verwaltungsakt** dar (wegen der Anfechtung vgl. Rz. 226, 230).

Die Buchführungspflicht endet nicht, wenn die FinBeh erneut die Feststellung trifft, dass die Voraussetzungen für die Buchführungspflicht erfüllt sind; die Mitteilung hierüber muss dem Stpfl. während des Wj zugehen, nach dessen Ablauf die Buchführungspflicht endet.[1]

Ein einmaliges Unterschreiten der Buchführungsgrenzen bleibt i. d. R. ohne Auswirkung.

225 Die **Buchführungspflicht endet** spätestens mit Aufgabe/Veräußerung des Betriebs bzw. Ende des Insolvenzverfahrens. Bei einem gepachteten Betrieb endet sie auch dann mit der Beendigung des Pachtvertrags, wenn der LuF anschließend einen anderen Betrieb pachtet. Für den neu gepachteten Betrieb wird die Buchführungspflicht erst dann begründet, wenn die Voraussetzungen des § 141 AO erfüllt sind.[2] Wegen des Übergangs der Buchführungspflicht vgl. Rz. 221.

g) Rechtsbehelfsverfahren

aa) Anfechtung der Mitteilung über den Beginn der Buchführungspflicht

226 Die Mitteilung ist mit **Einspruch** anfechtbar.[3] Für die Entscheidung maßgebend ist der Sachverhalt zur Zeit der Feststellung. Eine spätere Änderung macht nicht den Beginn der Buchführungspflicht hinfällig, sondern begründet lediglich eine Änderung für die Zukunft. Der in seiner Begründung unrichtig gewordene Verwaltungsakt bleibt in seiner Dauerwirkung bis zur Aufhebung bestehen.[4]

1 BFH 28.6.1984, BStBl 1984 II S. 782; AEAO zu § 141, Nr. 4.
2 BFH 29.11.1984, BStBl 1986 II S. 431.
3 § 347 Abs. 1 Satz 1 Nr. 1 AO.
4 BFH 2.12.1982, BStBl 1983 II S. 254.

Die Aufhebung der Mitteilung im Rechtsbehelfs- bzw. Klageverfahren hat zur Folge, dass die Verpflichtung zur Buchführung zu dem in der Mitteilung bezeichneten Zeitpunkt nicht begonnen hat. Dies gilt auch dann, wenn die Entscheidung erst nach dem Beginn der Buchführungspflicht rechtskräftig geworden ist.[1]

Die Mitteilung über den Beginn der Buchführungspflicht ist ein **vollziehbarer Verwaltungsakt**; die **Aussetzung der Vollziehung** nach § 361 Abs. 2 AO, § 69 FGO ist unter den dort genannten Voraussetzungen möglich.[2] Die Aussetzung bewirkt, dass der Stpfl. zunächst der Verpflichtung zur Buchführung nicht nachkommen muss. 227

Schwierigkeiten ergeben sich, wenn in der Hauptsache die Buchführungspflicht bejaht wird. Bewirkt die Aussetzung der Vollziehung für die Zeit der Aussetzung eine endgültige Befreiung von der Buchführung (beginnt also praktisch eine neue Buchführungspflicht nach Beendigung der Aussetzung) oder ist aus der Vorläufigkeit der Aussetzungsmaßnahme zu folgern, dass die Buchführungspflicht aufgeschoben, aber eben nicht aufgehoben ist?

Die Beurteilung kann an der Erkenntnis nicht vorbeikommen, dass tatsächlich eine Buchführung (es sei denn, es waren entsprechende Vorarbeiten geleistet worden, was aber wiederum dem Sinn der Aussetzung widerspräche) nicht besteht und auch nicht mehr erstellt werden kann.[3] Der BFH[4] stellt deshalb zu Recht die Frage, ob mit der Aussetzung nicht ein dem Gedanken der **Vorläufigkeit der Aussetzung widersprechender endgültiger Zustand** geschaffen wird. Wäre das der Fall, müsste eine Aussetzung überhaupt ausscheiden. Der BFH verneint dies mit dem (m. E. nicht überzeugenden) Hinweis, dass damit im Hinblick auf die Gewinnermittlung keine endgültige Entscheidung getroffen werde, dass also die Gewinnermittlungspflicht weiter bestehe und – wenn auch nicht aufgrund einer Buchführung – durch eine **Schätzung nach den Grundsätzen des § 4 Abs. 1 EStG** vollzogen werden könne.[5] Eine rückwirkende Erstellung der Buchführung wird nicht gefordert.[6]

1 BFH 2.12.1982, BStBl 1983 II S. 254.

2 BFH 6.12.1979, BStBl 1980 II S. 427; zustimmend Goerke in H/H/Sp, Anm. 64 zu § 141.

3 Vgl. Niedersächsisches FG 5.2.1979, EFG 1979 S. 424, das die Aussetzung der Vollziehung deshalb abgelehnt hat.

4 BFH 6.12.1979, BStBl 1980 II S. 427.

5 A. A. Paulick, FR 1978 S. 329, der weiterhin für eine Gewinnermittlung nach § 13a EStG eintritt, wofür allerdings auch keine Rechtsgrundlage zu finden ist; gl. A. wie BFH BMF 15.12.1981, BStBl 1981 I S. 878, Tz. 2.1.3.

6 Gl. A. Paulick, FR 1978 S. 329.

228 Bei Rechtsstreitigkeiten über den Beginn der Buchführungspflicht konnte nach der früheren Rechtsprechung im gerichtlichen Verfahren von einem Streitwert von 4.000 DM ausgegangen werden.[1] Nunmehr beträgt der Streitwert nach dem GKG 5.000 €.[2]

229 Geht während des Rechtsbehelfs- bzw. des Klageverfahrens die Buchführungspflicht auf einen anderen über (vgl. Rz. 221),[3] so wird das anhängige Verfahren davon nicht berührt. Es tritt insbesondere keine Erledigung der Hauptsache ein, da die Buchführungspflicht für den Stpfl. ihre Bedeutung behält.

Die Entscheidung bindet nur den Stpfl., nicht auch seinen Rechtsnachfolger. Der Übergang der Buchführungspflicht bewirkt keinen Eintritt des Rechtsnachfolgers in die verfahrensmäßige Stellung des Rechtsvorgängers. Der **Rechtsnachfolger** kann zum Verfahren hinzugezogen[4] bzw. zum Klageverfahren beigeladen[5] werden. Um eine notwendige Hinzuziehung[6] bzw. Beiladung[7] handelt es sich dabei nicht.

bb) Wegfall der Buchführungspflicht

230 Die Buchführungspflicht wird durch einen (belastenden) VA begründet, dessen Wirkungen auch dann fortbestehen, wenn sich die tatsächlichen Verhältnisse, die den VA gerechtfertigt haben, ändern.[8] Das FA muss (von Amts wegen; ein entsprechender Antrag ist jedenfalls hilfreich) das Ende der Buchführungspflicht feststellen. Hierauf hat der Stpfl. einen Rechtsanspruch.

Gegen die Ablehnung des FA ist Einspruch gegeben nach § 347 Abs. 1 Satz 1 Nr. 1 AO.

Zum vorläufigen Rechtsschutz vgl. Rz. 227.

1 BFH 30.9.1983, BStBl 1984 II S. 39.
2 § 52 Abs. 2 GKG.
3 § 141 Abs. 3 AO.
4 § 360 AO.
5 § 60 FGO.
6 § 360 Abs. 3 AO.
7 § 60 Abs. 3 FGO.
8 § 124 Abs. 2 AO; vgl. BFH 2.12.1982, BStBl 1983 II S. 254.

4. Betriebsvermögen

a) Begriffsbestimmung und Bedeutung des Betriebsvermögens

Der Begriff des Betriebsvermögens hat im ESt-Recht keine ausdrückliche Defini- 231
tion gefunden. Er ergibt sich aus dem Zusammenhang der Gewinnermittlungsvorschriften. Gewinn ist der Unterschiedsbetrag zwischen dem BV am Schluss des Wj und dem BV am Schluss des vorangegangenen Wj.[1] Das bedeutet jedoch nicht, dass dem BV nur bei Gewinnermittlung durch Bestandsvergleich Bedeutung zukommt; auch bei den Gewinnermittlungen nach § 13a und § 4 Abs. 3 EStG spielt es eine Rolle.

Zum Beginn der Eigenschaft als nBV vgl. BFH 24.9.1998[2], BFH 19.7.2011[3] und BFH 19.12.2019.[4]

Für die Zurechnung zum BV gelten für die LuF grds. die gleichen Regeln wie bei 232
Gewerbebetrieben.[5] Das gilt auch für luf Nebenbetriebe. Zu Nebenbetrieben Hinweis auf Rz. 104 ff. Zur Behandlung von Wohnungen des LuF vgl. Rz. 580 ff.

Einen einheitlichen Begriff des BV gibt es nicht: Die Anforderungen sind unterschiedlich danach, ob es sich um notwendiges, gewillkürtes oder geduldetes BV handelt. Zur Abgrenzung des Anlagevermögens vom Umlaufvermögen vgl. BFH 31.5.2001.[6]

b) Notwendiges Betriebsvermögen

WG sind nBV, wenn und soweit sie unmittelbar für eigene betriebliche Zwe- 233
cke genutzt werden. Es ist dabei erforderlich, dass sie objektiv erkennbar zum unmittelbaren Einsatz im Betrieb selbst bestimmt sind. Abzustellen ist auf die tatsächliche Zweckbestimmung (die konkrete Funktion des WG im Betrieb). Die Funktionszuweisung muss endgültig sein, wobei schon die abschließende Bestimmung genügt, dass das WG in Zukunft betrieblich genutzt wird. Daran fehlt es, wenn der Einsatz des WG im Betrieb erst als möglich in Betracht kommt,

1 § 4 Abs. 1 Satz 1 EStG.
2 BStBl 1999 II S. 55.
3 BStBl 2012 II S. 93.
4 BStBl 2021 II S. 427.
5 Vgl. BFH 6.3.1991, BStBl 1991 II S. 829; BFH 12.9.1991, BStBl 1992 II S. 134; vgl. auch BFH 18.5.2000, BStBl 2000 II S. 524.
6 BStBl 2001 II S. 673.

aber noch nicht sicher ist.[1] NBV ist auch dann gegeben, wenn das WG nicht in der Buchführung und in den Bilanzen ausgewiesen ist.[2]

Vgl. Rz. 235 für den Erwerb verpachteter Grundstücke.

Für die Zugehörigkeit zum BV sind zu unterscheiden:

aa) Wirtschaftsgüter, die nicht Grundstücke oder Grundstücksteile sind

234 Werden sie zu mehr als 50 % eigenbetrieblich genutzt, sind sie in vollem Umfang nBV.[3] Werden sie zu mehr als 90 % privat genutzt, sind sie in vollem Umfang Privatvermögen.[4] Bei einer Nutzung von mindestens 10 % bis zu 50 % kann das gesamte WG als gewillkürtes BV behandelt werden.[5] Es kann nur einheitlich BV oder Privatvermögen sein.[6] Wird das WG in mehreren Betrieben des Stpfl. genutzt, so ist für die Zurechnung zum BV die gesamte eigenbetriebliche Nutzung maßgebend.[7]

bb) Grundstücke und Grundstücksteile

235 Grundstücke und Grundstücksteile, die ausschließlich und unmittelbar für eigenbetriebliche Zwecke des Stpfl. genutzt werden, gehören regelmäßig zum nBV.[8] Grund und Boden bilden eine Einheit; sie können nur einheitlich als BV oder als Privatvermögen behandelt werden.[9] Auch sog. Abbauland – das sind Betriebsflächen, die durch Abbau der Bodensubstanz für den Betrieb nutzbar gemacht werden, z. B. Sand-, Kies und Lehmgruben sowie Steinbrüche, Torfstiche u. a. – gehört zum BV, wenn der Abbau durch Dritte stattfindet; sie verlieren hierdurch nicht ihre ursprüngliche Zweckbestimmung.

Erwirbt ein Landwirt ein verpachtetes Grundstück, wird es mit dem Erwerb zum nBV, wenn die beabsichtigte Eigenbewirtschaftung in einem Zeitraum von bis zu zwölf Monaten erfolgt. Ein vom Verpächter eines ruhenden luf Verpachtungsbetriebs erworbenes verpachtetes landwirtschaftliches Grundstück ist nur dann

---

1 BFH 19.11.2011, BStBl 2012 II S. 93.
2 R 4.2 Abs. 1 Satz 2 EStR.
3 R 4.2 Abs. 1 Satz 4 EStR; BFH 13.3.1964, BStBl 1964 III S. 455; BFH 23.5.1991, BStBl 1991 II S. 798.
4 R 4.2 Abs. 1 Satz 5 EStR.
5 R 4.2 Abs. 1 Satz 6 EStR.
6 BFH 24.9.1959, BStBl 1959 III S. 466; BFH 11.9.1969, BStBl 1970 II S. 317.
7 R 4.2 Abs. 1 Satz 7 EStR.
8 R 4.2 Abs. 7 Satz 1 EStR.
9 BFH 27.1.1977, BStBl 1977 II S. 388; BFH 12.7.1979, BStBl 1980 II S. 5.

dem nBV zuzuordnen, wenn es innerhalb von zwölf Monaten in eines der bestehenden Pachtverhältnisse einbezogen wird. Er kann, wenn diese Voraussetzungen nicht erfüllt werden, das Grundstück jedoch als gewillkürtes BV behandeln. Ein Grundstück, das mehr als 100 km von der Hofstelle entfernt liegt, kann regelmäßig weder dem notwendigen noch dem gewillkürten BV eines aktiv bewirtschafteten oder eines verpachteten luf Betriebs zugeordnet werden.[1]

Erfüllt ein Grundstück zu mehr als der Hälfte die Voraussetzungen für die Behandlung als BV, können weitere Grundstücksteile, die nicht als gewillkürtes BV ausgewiesen werden können, nicht als BV behandelt werden.[2] Wird nur ein Teil des Gebäudes eigenbetrieblich genutzt, so gehört der zum Gebäude gehörende Grund und Boden anteilig zum nBV. Der Umfang des anteiligen Grund und Bodens ist unter Berücksichtigung der Verhältnisse des Einzelfalls zu ermitteln.[3]

cc) Gebäudeteile, die selbständige Wirtschaftsgüter sind

Als selbständige WG gelten Gebäudeteile, die nicht in einem einheitlichen Nut- 236
zungs- und Funktionszusammenhang mit dem Gebäude stehen.[4] Ein Gebäudeteil ist selbständig, wenn er besonderen Zwecken dient, also in einem von der eigentlichen Gebäudenutzung verschiedenen Nutzungs- und Funktionszusammenhang steht.[5] Selbständige Gebäudeteile in vorgenanntem Sinne sind:[6]

- Betriebsvorrichtungen

  Betriebsvorrichtungen[7] sind selbständige WG, weil sie nicht in einem einheitlichen Nutzungs- und Funktionszusammenhang mit dem Gebäude stehen. Sie gehören auch dann zu den beweglichen WG, wenn sie wesentliche Bestandteile eines Grundstücks sind.[8]

- Scheinbestandteile

  Scheinbestandteile sind gegeben, wenn bewegliche WG zu einem vorübergehenden Zweck in ein Gebäude eingefügt werden, z. B. wenn der Verpächter eines luf Betriebs zur Erfüllung besonderer Bedürfnisse des Pächters

1 BFH 19.12.2019 – VI R 53/16, NWB CAAAH-46275 = BStBl 2021 II S. 427; BFH 19.7.2011 – IV R 10/09, BStBl 2012 II S. 93.

2 R 4.2 Abs. 10 Satz 1 EStR.

3 R 4.2 Abs. 7 Satz 2 EStR.

4 R 4.2 Abs. 3 Satz 1 EStR.

5 R 4.2 Abs. 3 Satz 2 EStR.

6 Vgl. R 4.2 Abs. 3 Satz 3 EStR.

7 Zum Begriff vgl. BFH 11.12.1991, BStBl 1992 II S. 278.

8 R 7.1 Abs. 3 Satz 2 EStR.

Anlagen einfügt, deren Nutzungsdauer nicht länger als die Dauer des Pachtvertrags ist.[1]

- Ladeneinbauten und die weiteren in R 4.2 Abs. 3 Satz 3 Nr. 3 EStR genannten **selbständigen Gebäudeteile**; sie werden in der LuF keine große Rolle spielen. Gänzlich auszuschließen sind sie nicht, z. B. Verkaufsraum eines Weingutes.
- **Sonstige Einbauten eines Pächters eines luf Betriebs.**[2]
- **Sonstige selbständige Gebäudeteile**

  Sie liegen vor, wenn ein Grundstück teils eigenbetrieblich, teils fremdbetrieblich, teils zu eigenen und teils zu fremden Wohnzwecken genutzt wird.[3] Der einzelne Raum ist hierbei die kleinste Einheit, die einer gesonderten Zuordnung fähig ist.[4]

Ein Gebäudeteil ist unselbständig, wenn er der eigentlichen Nutzung als Gebäude dient.[5]

dd) Notwendiges Betriebsvermögen bei Personengesellschaften

237 BV der Personengesellschaft sind zunächst einmal alle WG, die im Gesamthandseigentum der Gesellschafter (Mitunternehmer) stehen.[6] WG, die einem, mehreren oder allen Gesellschaftern gehören und nicht Gesamthandsvermögen sind, gehören zum nBV, wenn sie entweder unmittelbar dem Betrieb der Personengesellschaft dienen (Sonderbetriebsvermögen I) oder zur Begründung oder Stärkung der Beteiligung des Gesellschafters (Mitunternehmers) an der Personengesellschaft eingesetzt werden sollen (Sonderbetriebsvermögen II).[7]

ee) Verbindlichkeiten

238 Sie stellen nur dann nBV dar, wenn der sie begründende Vorgang einen tatsächlichen oder wirtschaftlichen Zusammenhang mit dem Betrieb aufweist.[8]

Keine Betriebsschulden sind die sog. Erbfallschulden (vgl. Rz. 830).

---

1 R 7.1 Abs. 4 EStR.
2 R 4.2 Abs. 3 Satz 3 Nr. 4 EStR.
3 R 4.2 Abs. 4 Satz 1 EStR.
4 BFH 10.10.2017, BStBl 2018 II S. 181.
5 R 4.2 Abs. 5 Satz 1 EStR.
6 R 4.2 Abs. 2 Satz 1 EStR.
7 R 4.2 Abs. 2 Satz 2 EStR.
8 Vgl. grundlegend BFH 4.7.1990, BStBl 1990 II S. 817, zur Aufteilung bei Kontokorrentkrediten.

c) Umfang des Betriebsvermögens – Einzelfälle

Literatur: *Paus*, Einlage von Bodenschätzen ins Betriebsvermögen – Anmerkungen z. BFH-Urteil vom 19.7.1994, INF 1995 S. 200.

- **Aktien** an einer **Zuckerfabrik** sind nBV, wenn damit die Lieferung von Zuckerrüben verbunden ist.[1] Das gilt auch für den Fall, dass bereits vor Einführung der Europäischen Zuckermarktordnung die nur mit dem Anteilsbesitz verbundene Anbau- und Lieferverpflichtung nicht beachtet wurde und wenn den Lieferbeziehungen eine Branchenvereinbarung i. S. der VO (EWG) Nr. 206/68 zu Grunde liegt.[2] 239
- **Baumbestand** in der Forstwirtschaft – WG ist der einzelne Bestand als kleinste forstwirtschaftliche Planungs- und Bewirtschaftungseinheit, soweit dieser eine für die Annahme eines selbständigen WG ausreichende Größe aufweist. In der Regel ist hierfür eine Größe von mindestens 1 ha erforderlich (vgl. Rz. 1218 ff.).[3]
- **Biogasanlagen**, soweit ein luf Nebenbetrieb vorliegt (vgl. Rz. 1365/13), sind nBV. Zu den Nutzungsdauern der Wirtschaftsgüter einer Biogasanlage vgl. BMF 11.4.2022.[4]
- **Bodenschätze**

  BV können nur solche Bodenschätze sein, die im Eigentum des Grundeigentümers stehen, nicht jedoch sog. bergfreie Bodenschätze.[5] Während es zur Gewinnung bergfreier Bodenschätze einer Bergbauberechtigung nach dem Bundesberggesetz bedarf, die das Recht zur Gewinnung und Aneignung der jeweiligen Bodenschätze gewährt (die für den LuF keine Bedeutung haben und daher bei der weiteren Erörterung ausscheiden), folgt das Recht zur Gewinnung der im Eigentum des Grundeigentümers stehenden Bodenschätze aus dem Inhalt des Eigentums.[6]

  Die im Eigentum des Grundeigentümers stehenden Bodenschätze gehören entweder zu den grundeigenen Bodenschätzen i. S. des Bundesberggesetzes, deren Abbau dem Bergrecht unterliegt, oder zu den sonstigen Grundeigentümerbodenschätzen (das Bundesberggesetz findet keine Anwendung). Die Eigenschaft als bergfreier oder grundeigener Bodenschatz bestimmt

---

1 RFH 23.5.1933, RStBl 1006.

2 BFH 11.12.2003, BStBl 2004 II S. 280.

3 BFH 5.6.2008, BStBl 2008 II S. 968; BMF 16.5.2012, BStBl 2012 I S. 595.

4 BStBl 2022 I S. 633.

5 Vgl. § 3 Bundesberggesetz.

6 §§ 903, 93, 94 BGB.

sich nach dem Bundesberggesetz. Im Beitrittsgebiet gilt gemäß Anlage I Kap. V Abschnitt III Sachgebiet D Nr. 1 des Einigungsvertrags vom 31.8.1990 i. V. mit Art. 1 des Gesetzes vom 23.9.1990[1] ein erweiterter Geltungsbereich des Bergrechts. Diese unterschiedliche Rechtslage ist durch das Gesetz vom 15.4.1996[2] an die Rechtslage im alten Bundesgebiet angeglichen worden. Es gilt jedoch eine Bestandsschutzregelung.[3]

Bergfreie Bodenschätze sind z. B. Stein- und Braunkohle, Erdöl, Erdgas, im Beitrittsgebiet auch weitere mineralische Rohstoffe (z. B. hochwertige Kiese). Grundeigene Bodenschätze sind z. B. bestimmte Tone, Quarz und Quarzit, im Beitrittsgebiet alle nicht zur Kategorie der bergfreien Bodenschätze gehörenden mineralischen Rohstoffe. Der Bodenschatz ist grds. unselbständiger Teil des Grund und Bodens.[4] Er entsteht als vom Grund und Boden zu unterscheidendes selbständiges WG, wenn er zur nachhaltigen Nutzung in den Verkehr gebracht wird.[5] Eine nachhaltige Nutzung ist bei einer eher unbeabsichtigten Verwertung von Kies als notwendiges Abfallprodukt von Erdarbeiten zum Bau einer Verkehrsstraße nicht gegeben.[6] Die Entdeckung oder die Tatsache des Bekanntwerdens reicht für die Annahme eines WG noch nicht aus.[7] Nachhaltig in den Verkehr gebracht ist der Bodenschatz, wenn mit seiner Aufschließung begonnen wird oder mit einer alsbaldigen Aufschließung zu rechnen ist. Das ist spätestens in dem Zeitpunkt der Fall, in dem die erforderlichen öffentlich-rechtlichen Genehmigungen zum Abbau erteilt sind.[8]

Die Frage, ob ein Bodenschatz nBV oder Privatvermögen ist, richtet sich nach seiner Nutzung[9] unabhängig davon, ob das Grundstück BV ist. Wird die Ausbeute einem Pächter übertragen, sind die im eigenen Grund und Boden entdeckten Bodenschätze schon vom Objekt her nicht geeignet, einem luf Be-

1 BGBl 1990 II S. 885, 1004.

2 BGBl 1996 I S. 602.

3 Vgl. BMF 7.10.1998, BStBl 1998 I S. 1221.

4 BFH 14.10.1982, BStBl 1983 II S. 203; BFH 13.9.1988, BStBl 1989 II S. 37; BFH 7.12.1989, BStBl 1990 II S. 317; BFH 4.12.2006, BStBl 2007 II S. 508; BMF-Schreiben 7.10.1998, BStBl 1998 I S. 1221.

5 Vgl. BFH 7.12.1989, BStBl 1990 II S. 317; BFH 4.12.2006, BStBl 2007 II S. 508; BFH 4.2.2010, steuer aktuell 2016 Nr. 126.

6 BFH 15.6.2005 – IV B 139/03, NWB LAAAB-61252 = BFH/NV 2005 S. 1991.

7 BFH 23.6.1977, BStBl 1977 II S. 825; BFH 1.7.1987, BStBl 1987 II S. 865; BFH 26.11.1993, BStBl 1994 II S. 293; BFH 4.9.1997, BStBl 1998 II S. 657; BFH 15.6.2005 – IV B 139/03, NWB LAAAB-61252 = BFH/NV 2005 S. 1991.

8 BFH 26.11.1993, BStBl 1994 II S. 293; BFH 4.9.1997, BStBl 1998 II S. 657.

9 BFH 28.10.1982, BStBl 1983 II S. 106.

trieb zu dienen und diesen zu fördern; sie können daher nicht gewillkürtes BV sein.[1]

NBV ist der Bodenschatz, wenn er unter dem luf genutzten Grund und Boden entdeckt und von Anfang an überwiegend für Zwecke der LuF gewonnen und verwertet wird, z. B. für den Bau von Forstwegen oder von Betriebsgebäuden.[2] Privatvermögen ist der Bodenschatz folglich dann, wenn er in einem luf genutzten Grundstück entdeckt, aber nicht überwiegend für luf Zwecke verwendet wird. Eine Willkürung als BV scheidet aus,[3] z. B. auch bei einem Erdölvorkommen, das einem Mineralölunternehmen zur Ausbeute übertragen wird.[4]

Wird das den Bodenschatz enthaltende Grundstück an einen Abbauunternehmer veräußert und zahlt dieser nicht nur den Kaufpreis für den Grund und Boden, sondern zusätzlich auch für den Bodenschatz, so ist der Bodenschatz im Regelfall ebenfalls nachträglich in den Verkehr gebracht und damit als WG (des Privatvermögens) entstanden. Es sei, so der BFH 4.9.1997,[5] davon auszugehen, dass der Abbauunternehmer den Kaufpreis deshalb aufgewendet habe, um demnächst mit der Ausbeute zu beginnen.[6] Diese Vermutung gilt jedoch nicht, wenn nach den Umständen des Einzelfalles ausnahmsweise nicht in absehbarer Zeit mit dem Beginn der Aufschließung gerechnet werden kann, z. B. weil der Antrag auf Erteilung der Abbaugenehmigung bereits abgelehnt worden ist.[7] Zum Ganzen vgl. BMF 7.10.1998.[8]

Eine bodenschatzführende Schicht (Salzvorkommen) wird nicht zu einem gegenüber dem Grund und Boden selbständigen WG, wenn diese weder abgebaut noch einem anderen Nutzungs- und Funktionszusammenhang als der Grund und Boden zugeführt werden soll (Verwendung der Hohlräume als Tiefspeicher).[9]

Der im eigenen Grund und Boden (Privatvermögen) entdeckte und damit unentgeltlich und originär erworbene Bodenschatz ist bei Zuführung zum

1 BFH 28.10.1982, BStBl 1983 II S. 106.

2 BFH 28.10.1982, BStBl 1983 II S. 106; Plückebaum in K/S/M, Rz. B 155 zu § 4 EStG.

3 BMF 7.10.1998, BStBl 1998 I S. 1221 – unter 3c.

4 Vgl. BFH 16.12.1982, BStBl 1983 II S. 373.

5 BStBl 1998 II S. 657.

6 Vgl. auch BFH 23.6.1977, BStBl 1977 II S. 825.

7 BFH 4.9.1997, BStBl 1998 II S. 657.

8 BStBl 1998 I S. 1221; auch BFH 4.12.2006, BStBl 2007 II S. 508.

9 BFH 6.12.1990, BStBl 1991 II S. 346.

(gewerblichen) BV mit dem Teilwert anzusetzen.[1] Zur Zulässigkeit von Absetzungen für Substanzverringerung vgl. Rz. 334.

- **Eigenjagdrecht**

  Das Eigenjagdrecht (zivilrechtlich Bestandteil des Grundstücks)[2] steht dem Eigentümer einer land-, forst- oder fischereiwirtschaftlich nutzbaren zusammenhängenden Fläche von i. d. R. mindestens 75 ha[3] zu. Der Eigentümer kann es selbst nutzen oder verpachten.

  Das Eigenjagdrecht ist ein selbständiges nicht abnutzbares immaterielles WG.[4] Es ist nBV des luf Betriebs. In der Bilanz auszuweisen ist es nur bei entgeltlichem Erwerb.[5] Bei Anschaffung von luf Flächen, die einen Eigenjagdbezirk bilden, ist das Eigenjagdrecht mit den anteiligen AK zu bilanzieren. In den DM-Eröffnungsbilanzen zum 21.6.1948 bzw. 1.7.1990 war ein Wert nicht anzusetzen.

  Übergangsregelung: Soweit bei Anschaffung von Grundstücken nach dem 30.6.1970 bzw. nach dem 30.6.1990 eine Aufteilung nicht vorgenommen worden ist, kann dies durch eine Bilanzberichtigung richtig gestellt werden.[6]

  Ist der Grund und Boden bei Anschaffung vor dem 1.7.1970 nach § 55 Abs. 1 EStG mit dem doppelten Ausgangswert bewertet worden, so lässt es die Verwaltung zu, die für das Eigenjagdrecht tatsächlich entstandenen Anschaffungskosten gewinnneutral über das Kapitalkonto einzubuchen. Aus Billigkeitsgründen wird es nicht beanstandet, wenn die Bilanzberichtigung erst in der Schlussbilanz des ersten nach dem 29.6.1999 endenden Wj vorgenommen worden ist.[7]

- **Feldinventar**. Zur Notwendigkeit der Aktivierung vgl. Rz. 286.

- **Genossenschaftsanteile** sind nBV, wenn erhebliche Geschäftsbeziehungen bestehen, insbesondere bei **Absatz- und Vermarktungsgenossenschaften**.[8]

1 BFH 4.12.2006, BStBl 2007 II S. 508 – für ein Kiesvorkommen.
2 § 96 BGB, § 3 Abs. 1 BJagdG.
3 § 7 BJagdG; BFH 16.5.2002, BStBl 2002 II S. 692.
4 BMF 23.6.1999, BStBl 1999 I S. 593; Kirchhof/Kube, ESt Kompakt-Kommentar, 8. A. Rz. 13 zu § 13.
5 § 5 Abs. 2 EStG.
6 Minderung der Buchwerte des Grund und Bodens, vgl. BMF 23.6.1999, BStBl 1999 I S. 593.
7 BMF 23.6.1999, BStBl 1999 I S. 593.
8 RFH 2.3.1933, RStBl 1933 S. 585 für eine Gemüseverwertungsgenossenschaft; vgl. BFH 1.10.1981, BStBl 1982 II S. 250; BFH 20.3.1980, BStBl 1980 II S. 439; BFH 23.9.2009, BStBl 2010 II S. 227.

- **Grasnarbe** ist kein vom Grund und Boden zu unterscheidendes WG bei **Weideland**.[1]
- **Grund und Boden** ist bei **Selbstbewirtschaftung** nBV.[2] Er besteht nur aus dem Mutterboden (Ackerkrume) und dem darunter liegenden Erdreich.[3] Bei **Weideland** gehört auch die Grasnarbe zum Grund und Boden,[4] nicht jedoch der sonstige **Aufwuchs**.[5] Bei **Hinzuerwerb** von luf genutztem bzw. sofort nutzbarem Boden wird dieser nBV, sofern aus den Erklärungen und dem Verhalten oder aus sonstigen zwingenden Umständen erkennbar ist, dass der Grund und Boden zum Zweck der betrieblichen Nutzung angeschafft worden ist. Hat der LuF ein erworbenes Grundstück in zulässiger Weise seinem BV zugeordnet, dann verliert es diese Eigenschaft als Teil des BV nicht, wenn er das ursprüngliche Ziel landwirtschaftlicher Nutzung später nicht mehr verwirklicht.[6] Grundstücke, die im Umlegungsverfahren zugeteilt werden, stellen nBV dar, wenn das in das Umlegungsverfahren eingebrachte Grundstück BV war.[7]
- **Erwirbt ein Nichtlandwirt** ein landwirtschaftliches Anwesen und **verpachtet** er es im unmittelbaren Anschluss an den Erwerb, fallen die erworbenen Grundstücke und Gebäude in das Privatvermögen. Aus der Verpachtung erzielt der Stpfl. Einkünfte aus VuV.[8]

  Erwirbt ein **LuF** einzelne, **verpachtete Grundstücke**, so setzt die Zuordnung zum nBV voraus, dass der Landwirt seinen Willen zur beabsichtigten eigenbetrieblichen Nutzung des erworbenen Grundstücks eindeutig bekundet und sich dieser Bewirtschaftungswille in einem überschaubaren Zeitraum auch tatsächlich verwirklichen lässt (z. B. durch Kündigung eines langfristigen Pachtvertrags).[9]

---

1 BFH 16.2.1984, BStBl 1984 II S. 424.
2 BFH 12.9.1991, BStBl 1992 II S. 134.
3 BFH 24.3.1982, BStBl 1982 II S. 643.
4 BFH 16.2.1984, BStBl 1984 II S. 424.
5 BFH 14.3.1961, BStBl 1961 III S. 398; BFH 30.10.1967, BStBl 1968 II S. 30.
6 BFH 26.11.1987 – IV R 139/85, NWB WAAAB-29742 = BFH/NV 1989 S. 225; BFH 12.9.1991, BStBl 1992 II S. 134.
7 BFH 27.8.1992, BStBl 1993 II S. 225.
8 BFH 20.4.1989, BStBl 1989 II S. 863.
9 BFH 12.9.1991, BStBl 1992 II S. 134; BFH 24.9.1998, BStBl 1999 II S. 55; BFH 19.7.2011, BStBl 2012 II S. 93.

Im Einzelnen gilt Folgendes:

- Die beabsichtigte Eigenbewirtschaftung muss in einem Zeitraum von bis zu zwölf Monaten erfolgen.
- Ein Grundstück, das mehr als 100 km von der Hofstelle entfernt liegt, ist regelmäßig kein nBV.
- Die obigen Grundsätze gelten auch für einen verpachteten luf Betrieb, wenn die erworbene Fläche in das Pachtverhältnis einbezogen wird.[1]

Die Art der Gewinnermittlung spielt bei der Entscheidung, ob es sich um nBV handelt, keine Rolle.[2]

- **Landarbeiterwohnungen** gehören grds. zum nBV.[3] Kleeberg[4] will nBV nur bei Überlassung im Rahmen eines **Deputates** anerkennen, hingegen verneinen, wenn ein **normaler Mietvertrag** abgeschlossen worden ist. Auf die Abgrenzung Deputat oder Mietvertrag ist m. E. nicht abzustellen.[5] M. E. liegt nBV vor, wenn die Wohnung **dauernd dazu dient**, dem Personal überlassen zu werden. Mit einem Gewerbebetrieb, bei dem im Allgemeinen nur gewillkürtes BV vorliegen wird, lässt sich die Situation in der LuF nicht vergleichen. Vielfach ist Personal nur zu bekommen, wenn eine Wohnung zur Verfügung gestellt wird.
- **Milchreferenzmenge** (Milchlieferrecht, Milchquote) ist ein einheitliches, selbständiges immaterielles WG des Anlagevermögens.[6] Es kann zugeteilt (Abspaltung vom Grund und Boden bei Einführung der Milchreferenzmenge 1984) oder selbständig erworben werden (entgeltlich oder unentgeltlich).[7] Eine Aktivierung kommt nur bei entgeltlichem Erwerb oder bei Einlage in das BV in Betracht.[8] Bei einem entgeltlichen Erwerb sind die Anschaffungskosten maßgebend.[9] Wird ein Grundstück mit einem Milchlieferungsrecht (nach dem 29.9.1993) erworben, ist ein einheitlicher Kaufpreis aufzuteilen.[10] Sind zum 31.3.2015 noch aktivierte abgespaltene Buchwerte für Milchlie-

1 BFH 19.7.2011, BStBl 2012 II S. 93.
2 BFH 12.9.1991, BStBl 1992 II S. 134.
3 Vgl. BFH 1.12.1976, BStBl 1977 II S. 315.
4 In K/S/M, Rz. B 153 zu § 13 EStG.
5 Gl. A. Niedersächsisches FG 29.8.2002 – 12 K 732/96, NWB AAAAB-11263 = EFG 2003 S. 758.
6 BFH 24.8.2000, BStBl 2003 II S. 64; BMF 5.11.2014, BStBl 2014 I S. 1503, Rz. 7.
7 BMF 5.11.2014, a. a. O., Rz. 7.
8 R 5.5 Abs. 2 EStR.
9 BMF 5.11.2014, a. a. O., Rz. 27.
10 BMF 5.11.2014, a. a. O., Rz. 27.

ferrechte vorhanden, fallen diese auf die zugehörigen Milcherzeugungsflächen zurück.[1] Siehe auch Rz. 267 ff.

- **Ökopunkte** dienen der Kompensation von Eingriffen in den Naturhaushalt und beruhen auf einer landesgesetzlichen Regelung.[2] Die ertragsteuerliche Einordnung von Ökopunkten ist umstritten. Zum Teil wird die Auffassung vertreten, dass es sich hierbei um immaterielle Wirtschaftsgüter des Umlaufvermögens handelt.[3] Verbleibt eine zeitraumbezogene Verpflichtung (z. B. eine Unterhalts- und Pflegeverpflichtung) beim Veräußerer, geht die FinVerw hingegen grds. von einer Nutzungsüberlassung aus. Zur Zuordnung von Ausgleichsflächen zum luf BV vgl. BMF 3.8.2004 und 11.10.2021.[4]
- **Pflanzen und Kulturen** stellen nBV dar. Zur Aktivierung vgl. Rz. 288 ff.
- **Vermietung/Verpachtung von Grundflächen als Camping- oder Golfplatz u. Ä.** Die vermieteten/verpachteten Flächen stellen zwar kein nBV dar; sie können jedoch als **geduldetes BV** weitergeführt werden, wenn sie vorher schon BV waren. Ausscheiden aus dem BV ist anzunehmen, wenn der LuF dabei Dienstleistungen erbringt, die die Vermietung/Verpachtung zum Gewerbebetrieb macht.[5]
- **Vieh** des LuF stellt grds. nBV dar. Es handelt sich um Anlagevermögen, wenn es nicht zum Verkauf bestimmt ist, z. B. Zuchttiere, Legehennen oder Milchkühe. Es stellt Umlaufvermögen dar, soweit es nach Fertigstellung (zum Begriff vgl. Rz. 299) zum **Verkauf** steht, z. B. aus Schweinemast oder Geflügelhaltung. BV liegt nicht vor, wenn das Tier der persönlichen Lebenshaltung dient, z. B. als Reitpferd benutzt wird; wenn es im Übrigen aber z. B. als Zugpferd dient, handelt es sich um BV.
- **Vorräte.** Zur Aktivierung vgl. Rz. 287.
- **Wildwiesen und Wildäcker** können auch dann BV sein, wenn sie nicht in der Bodenschätzung erfasst sind, aber tatsächlich landwirtschaftlich genutzt werden, z. B. zur Heugewinnung.[6]

---

1 BMF 5.11.2014, a. a. O., Rz. 9a.

2 § 16 Abs. 2 Satz 1 BNatSchG.

3 Leingärtner/Wendt, Besteuerung der Landwirte, Kap. 29a Rz. 135.

4 BMF 3.8.2004, BStBl 2004 I S. 716; BMF 11.10.2021, BStBl 2021 I S. 2025.

5 Vgl. BFH 6.10.1982, BStBl 1983 II S. 80; BFH 30.11.1989 – IV R 49/88, NWB SAAAB-30973 = BFH/NV 1991 S. 363; BFH 3.5.2007 – IV B 79/06, NWB VAAAC-59271 = BFH/NV 2007 S. 2084.

6 BFH 15.3.2001 – IV B 72/00, NWB SAAAA-67044 = BFH/NV 2001 S. 1238.

d) Gewillkürtes Betriebsvermögen

240 Es handelt sich um WG, die ihrer Natur und Bestimmung nach weder eindeutig nBV noch notwendiges Privatvermögen sind. Dazu gehören auch WG, die zwar nicht überwiegend, aber auch nicht nur in untergeordnetem Umfang (im Allgemeinen **mehr als 10 %**) betrieblich genutzt werden. Voraussetzung der Behandlung als gewillkürtes BV ist – neben der Eindeutigkeit des Widmungsaktes[1] –, dass im Allgemeinen zwischen WG und Betrieb ein gewisser objektiver Zusammenhang in der Weise besteht, dass das WG **den Betrieb zu fördern bestimmt und geeignet** ist.[2] Der Zuordnungswille muss klar bekundet werden.[3]

241 Gewillkürtes BV ist auch bei luf Betrieben zulässig.[4] Allerdings sind dabei gewisse **Einschränkungen** zu machen, die sich aus der Besonderheit der Einkunftsart ergeben.[5] Gewillkürtes BV können nur solche WG sein, deren Nutzung innerhalb der LuF möglich ist. WG, die dem Betrieb der LuF wesensfremd sind und denen eine sachliche Beziehung zum Betrieb fehlt, können nicht als gewillkürtes BV behandelt werden,[6] z. B. dem Privatvermögen zuzuordnende Bodenschätze (vgl. Rz. 239) oder ein Mietwohnhaus, das auf zugekauftem Grund und Boden errichtet wurde.[7]

242 Gewillkürtes BV ist auch bei einer Gewinnermittlung nach § 4 Abs. 3 EStG zulässig.[8] Die Zuordnung eines WG zum gewillkürten BV muss unmissverständlich durch entsprechende zeitnah erstellte Aufzeichnungen dokumentiert werden.[9] Die Zuordnung eines sowohl privat als auch betrieblich genutzten WG scheidet bei EÜR aus, wenn das WG nur in geringfügigem Umfang betrieblich genutzt wird.[10] Zur „zeitnahen" Dokumentation vgl. Drüen.[11]

1 BFH 15.4.1981, BStBl 1981 II S. 618.
2 Vgl. BFH 22.5.1975, BStBl 1975 II S. 804; BFH 19.7.2011, BStBl 2012 II S. 93.
3 BFH 19.7.2011, BStBl 2012 II S. 93.
4 BFH 23.5.1991, BStBl 1991 II S. 798.
5 BFH 28.10.1982, BStBl 1983 II S. 106; BFH 23.5.1991, BStBl 1991 II S. 798; BFH 24.1.2008, BStBl 2009 II S. 449.
6 BFH 19.1.1982, BStBl 1982 II S. 526; BFH 28.10.1982, BStBl 1983 II S. 106.
7 BFH 28.7.1994 – IV R 80/92, NWB KAAAA-97284 = BFH/NV 1995 S. 288.
8 BFH 2.10.2003, BStBl 2004 II S. 985, in Abkehr von der bisherigen Rechtsprechung.
9 BFH 2.10.2003, BStBl 2004 II S. 985; BFH 16.6.2004 – XI R 17/03, NWB OAAAB-36115 = BFH/NV 2005 S. 173.
10 BFH 16.6.2004 – XI R 17/03, NWB OAAAB-36115 = BFH/NV 2005 S. 173; betrieblicher Nutzungsanteil zwischen 10 und 50 %, vgl. Kanzler, FR 2004 S. 93.
11 FR 2004 S. 94.

Nach den für die Land- und Forstwirtschaft geltenden allgemeinen Grundsätzen ist die Bildung und Beibehaltung von gewillkürtem BV auch bei der Gewinnermittlung nach § 13a EStG möglich.[1]

e) Betriebsvermögen bei verpachteten land- und forstwirtschaftlichen Betrieben

Das Betriebsvermögen eines verpachteten luf Betriebs richtet sich grundsätzlich nach den allgemeinen Grundsätzen. Das Betriebsvermögen des eigenbewirtschafteten Betriebs wird fortgesetzt. 242/1

Die Zusammensetzung des BV kann sich ändern.[2] Neu angeschaffte WG, die der Verpächter für seinen verpachteten luf Betrieb anschafft und dem Pächter zur Nutzung im Rahmen des Pachtverhältnisses überlässt, rechnen zum nBV.[3] Hinzukommende Nutzflächen werden nBV, wenn sie nach dem Erwerb in den bestehenden Pachtvertrag einbezogen werden;[4] denn es macht keinen Unterschied, ob sie bei anderweitig verpachteten Nutzflächen für die Verstärkung eines eigenbewirtschafteten Betriebs oder eines verpachteten Betriebs erworben werden.[5] Diese Annahme setzt voraus, dass die hinzuerworbenen WG geeignet und endgültig dazu bestimmt sind, dem verpachteten luf Betrieb auf Dauer zu dienen.[6] Außerdem muss eine Bewirtschaftung durch den Pächter in einem überschaubaren Zeitraum möglich sein. Ein Zeitraum von bis zu zwölf Monaten gilt, wie bei Eigenbewirtschaftung, auch bei Verpachtung. Ist die Einhaltung der Zwölf-Monatsfrist nicht möglich, kann das Grundstück als gewillkürtes BV behandelt werden.[7]

Bei einer Entfernung des erworbenen Grundstücks von dem verpachteten Betrieb von ca. 80 bis 90 km sind besonders strenge Anforderungen an die Intensität der Verknüpfung der Betriebsteile zu stellen. Allein die Größe der hinzuerworbenen Fläche ist kein Indiz für eine Zurechnung zum BV.[8]

---

1 BMF 10.11.2015, BStBl 2015 I S. 877, Rz. 44; R 4.2 Abs. 16 EStR; R 4.3 Abs. 3 Satz 5 EStR.

2 BFH 28.11.1991, BStBl 1992 II S. 521.

3 BFH 26.3.1991 – VIII R 104/87, NWB VAAAA-97211 = BFH/NV 1991 S. 671; BFH 19.7.2011, BStBl 2012 II S. 93; BFH 19.12.2019 – VI R 53/16, NWB CAAAH-46275 = BStBl 2021 II S. 427.

4 BFH 24.9.1998, BStBl 1999 II S. 55; BFH 19.7.2011, BStBl 2012 II S. 93.

5 BFH 19.7.2011, BStBl 2012 II S. 93.

6 BFH 24.9.1998, BStBl 1999 II S. 55.

7 BFH 19.7.2011, BStBl 2012 II S. 93.

8 BFH 19.7.2011, BStBl 2012 II S. 93.

f) Nutzungsänderung – sog. geduldetes Betriebsvermögen

243 Geduldetes BV[1] liegt vor, wenn bei nichtbuchführenden Stpfl. ein WG die Eigenschaft als nBV verliert, **ohne** jedoch **notwendiges Privatvermögen zu werden**. Bereits durch das Gesetz vom 25.6.1980[2] hatte der Gesetzgeber eine ähnliche Regelung getroffen: Nach § 4 Abs. 1 Satz 7 EStG liegt im Falle einer Änderung der Nutzung eines WG, die bei Gewinnermittlung nach § 4 Abs. 1 Satz 1 EStG (Betriebsvermögensvergleich) keine Entnahme ist, auch bei Gewinnermittlung (nach § 4 Abs. 3 EStG oder) nach § 13a EStG keine Entnahme vor.[3]

g) Sonderbetriebsvermögen des Gesellschafters

244 Auch bei luf Gesellschaften (Mitunternehmerschaften) kann es notwendiges und gewillkürtes SBV eines Gesellschafters geben. Zum notwendigen Sonderbetriebsvermögen rechnen insbesondere WG, die der Gesellschafter der Gesellschaft zur Nutzung überlassen hat,[4] z. B. bei Verpachtung einer Baumschule an eine Personengesellschaft, an der der Verpächter (Einzelunternehmer) beteiligt ist.[5]

WG können als gewillkürtes SBV behandelt werden, wenn sie objektiv geeignet und subjektiv dazu bestimmt sind, den Betrieb der Gesellschaft (Sonderbetriebsvermögen I) oder die Beteiligung des Gesellschafters (Sonderbetriebsvermögen II) zu fördern.[6]

Die Einschränkungen, die für die Bildung gewillkürten Betriebsvermögens gelten (vgl. Rz. 241), sind auch für das SBV von Gesellschaftern zu beachten.

Die Widmung als SBV muss eindeutig und klar sein. Dem buchmäßigen Ausweis kommt insofern besondere Bedeutung zu (wenngleich dieser nicht stets entscheidend ist), als aus der Aufnahme eines WG in die Buchführung i. d. R. auf den Willen des Gesellschafters geschlossen werden kann, das betreffende WG seinem BV zuzurechnen.[7] Die Buchung der Einlage kann nicht nachgeholt

---

1 Zum Begriff vgl. BFH 10.12.1992, BStBl 1993 II S. 342; BFH 12.12.1992, BStBl 1993 II S. 430; BFH 17.1.2002, BStBl 2002 II S. 356; Leingärtner, FR 1983 S. 214.

2 BStBl 1980 I S. 400.

3 Vgl. BFH 4.11.1982, BStBl 1983 II S. 448, vgl. auch BFH 14.5.2009, BStBl 2009 II S. 811.

4 BFH 16.2.1995, BStBl 1995 II S. 592.

5 BFH 25.3.2004 – IV R 49/02, NWB XAAAB-24503 = BFH/NV 2004 S. 1247.

6 BFH 23.10.1990, BStBl 1991 II S. 401.

7 Vgl. BFH 13.10.1983, BStBl 1984 II S. 294; BFH 23.10.1990, BStBl 1991 II S. 401.

werden. Zur Buchführung ist die Gesellschaft verpflichtet (vgl. Rz. 197/1).[1] Der Ausweis in der „Buchhaltung" des Gesellschafters genügt nicht.[2]

Werden im gemeinschaftlichen Eigentum der Ehegatten befindliche Grundstücke in das Alleineigentum eines Ehegatten übertragen, spricht eine tatsächliche Vermutung dafür, dass die bestehenden wirtschaftlichen Beziehungen aufrechterhalten werden (gemeinschaftliche Bewirtschaftung) und es sich deshalb um SBV des Mitunternehmers (nicht um einen selbständigen Betrieb) handelt.[3] Für die Annahme eines selbständigen Betriebs ist auch nicht die Aufstellung einer gesonderten Erfolgsrechnung ausreichend, in der über den gemeinsamen Betrieb vereinnahmte und verausgabte Beträge dem Ehegatten zugewiesen werden. Entscheidend ist, ob die Flächenbewirtschaftung organisatorisch und sachlich miteinander verflochten bleibt.

BEISPIEL (1) Eine dem SBV zuzurechnende Wohnung wird entnommen, wenn diese an Mitunternehmer unentgeltlich zu Wohnzwecken überlassen wird.[4]

(2) Ein LuF kann ein Mietwohnhaus, das er auf zugekauftem Grund und Boden errichtet, nicht als SBV behandeln.[5]

(3) Ein WG des SBV wird nicht entnommen, wenn am Gesellschaftsanteil und am WG ein Nießbrauchsrecht bestellt wird.[6]

h) Anlage- und Umlaufvermögen

Der Unterscheidung von Anlage- und Umlaufvermögen kommt bei LuF insbesondere bei Tieren eine besondere Bedeutung zu. 245

Zum Anlagevermögen rechnen nur Gegenstände, die dazu bestimmt sind, dauernd dem Betrieb zu dienen (§ 247 Abs. 2 HGB, vgl. auch die Gliederung in § 266 Abs. 2 HGB).[7]

Zum Umlaufvermögen gehören Wirtschaftsgüter, die zur Veräußerung, Verarbeitung oder zum Verbrauch angeschafft oder hergestellt werden.[8]

1 BFH 23.10.1990, BStBl 1991 II S. 401.
2 BFH 23.10.1990, BStBl 1991 II S. 401.
3 BFH 16.2.1995, BStBl 1995 II S. 592.
4 BFH 8.2.1996, BStBl 1996 II S. 308.
5 BFH 28.7.1994 – IV R 80/92, NWB KAAAA-97284 = BFH/NV 1995 S. 288.
6 BFH 1.3.1994, BStBl 1995 II S. 241.
7 R 6.1 Abs. 1 Satz 1 EStR.
8 R 6.1 Abs. 2 EStR.

Nur Gegenstände des Anlagevermögens können abschreibungsfähig sein (§ 6 Abs. 1 Nr. 1 Satz 1, § 7 EStG). Die Qualifikation als Anlage- oder Umlaufvermögen bestimmt sich allein nach deren Zweckbestimmung, nicht nach deren Bilanzierung.[1]

5. Gewinnermittlung durch Bilanzierung (Betriebsvermögensvergleich)

Literatur: *Meyne-Schmidt*, Ertragsteuerliche Behandlung von Milchquoten, Zuckerrüben- und Eigenjagdrechten sowie Bodenschätzen, StBp 2000 S. 215; *Riegler*, Bewertung von mit land- und forstwirtschaftlichem Grund und Boden im Zusammenhang stehenden Milchlieferrechten, DStZ 2003 S. 685.

a) Buchführungsgrundsätze – Ordnungsmäßigkeit der Buchführung – Buchführungserleichterungen

aa) Allgemeines

246 Zur Buchführungspflicht vgl. Rz. 193/1 ff.

Für die Buchführung von LuF gelten grds. die gleichen Vorschriften wie für Gewerbetreibende. Für die **Ordnungsmäßigkeit der Buchführung** finden deshalb die R 5.2 bis 5.4 EStR sinngemäße Anwendung,[2] wobei § 141 Abs. 1 AO (Buchführungspflicht aus steuerlichen Gesichtspunkten) und § 142 AO (ergänzende Vorschriften für LuF) unberührt bleiben.[3]

247 Die §§ 238, 240, 241, 242 Abs. 1 und die §§ 243 bis 256 HGB gelten sinngemäß, soweit sich nicht aus den Steuergesetzen etwas anderes ergibt.[4] Der Maßgeblichkeitsgrundsatz gilt nicht, weil LuF grds. keine Handelsbilanz haben. Das Aktivierungsverbot des § 5 Abs. 2 EStG gilt auch für LuF, die ihren Gewinn nach § 4 Abs. 1 EStG ermitteln.[5] Sie haben RAP nach § 5 Abs. 5 EStG zu bilden,[6] z. B. für ein Entgelt für eine zeitlich nicht begrenzte Dauerleistung (Verpflichtung, den Be-

1 R 6.1 Abs. 1 Satz 2 EStR.

2 R 4.1 Abs. 5 Satz 1 EStR; BFH 18.2.1966, BStBl 1966 III S. 496.

3 R 4.1 Abs. 5 Satz 2 EStR.

4 § 141 Abs. 1 Satz 2 AO.

5 Vgl. BFH 8.11.1979, BStBl 1980 II S. 146.

6 BFH 20.11.1980, BStBl 1981 II S. 398.

trieb nicht zu erweitern[1]). Zu Entschädigungen im Zusammenhang mit der dauerhaften Inanspruchnahme von betrieblichen Grundstücken vgl. Rz. 1365/15 f.

Bei Gewinnermittlung nach § 4 Abs. 1 EStG (oder § 5 EStG oder § 5a EStG) ist nach § 5b EStG erstmals für Wirtschaftsjahre, die nach dem 31.12.2011 beginnen, der Inhalt der Bilanz sowie der Gewinn- und Verlustrechnung nach amtlich vorgeschriebenem Datensatz dem Finanzamt durch Datenfernübertragung zu übermitteln (**E-Bilanz**).[2] 248

Das für das jeweilige Wj gültige aktualisierte Datenschema der Taxonomien wird jährlich von der Verwaltung veröffentlicht, zuletzt für die Bilanzen des Wj 2023 bzw. 2023/2024.[3] Die Taxonomien können unter www.esteuer.de abgerufen werden. Unter www.taxonomie.hessen.de wird ein strukturierter Taxonomie-Browser zur Verfügung gestellt.

Für die Buchführung von LuF sind **Erleichterungen** zugelassen.[4] Im Wesentlichen handelt es sich um Folgendes: 249

bb) Ersatz von Grundbüchern

Eine geordnete und übersichtliche Sammlung und Aufbewahrung der **Kontoauszüge von ständigen Geschäftspartnern** ersetzt die betreffenden Grundbücher, wenn die darin ausgewiesenen Geschäftsvorfälle unter Hinweis auf den dazugehörigen Beleg mit dem erforderlichen Buchungstext erläutert werden. Voraussetzung ist, dass diese Auszüge in **regelmäßigen Zeitabschnitten** (etwa einen Monat) vorliegen.[5] 250

cc) Verzicht auf Bestandsaufnahme

Die Bestandsaufnahme braucht sich nicht auf das **stehende Holz** zu erstrecken. § 141 Abs. 1 Satz 4 AO wurde zwar durch das AmtshilfeRLUmsG[6] aufgehoben, eine Änderung des materiellen Rechts war damit jedoch nicht verbunden; vgl. 251

1 BFH 15.2.2017 – VI R 96/13, BStBl 2017 II S. 884.

2 Siehe hierzu BMF 28.9.2011, BStBl 2011 I S. 855; BMF 5.6.2012, BStBl 2012 I S. 598 sowie Anwendungszeitpunktverschiebungsverordnung vom 20.12.2010, BGBl 2010 I S. 2135.

3 Vgl. BMF 21.6.2022, BStBl 2022 I S. 954.

4 Vgl. BMF 15.12.1981, BStBl 1981 I S. 878, Tz. 3 ff.

5 BMF 15.12.1981, BStBl 1981 I S. 878, Tz. 3.1.1.

6 Gesetz zur Umsetzung der Amtshilferichtlinie sowie zur Änderung steuerlicher Vorschriften vom 26.6.2013, BGBl 2013 I S. 1809.

auch die Gesetzesbegründung:[1] „... Die jährliche Bestandsaufnahme braucht sich daher aus steuerlichen Gründen nicht auf das stehende Holz zu erstrecken. Da sich dies bereits aus den allgemeinen Bewertungsvorschriften ergibt, bedarf es keiner zusätzlichen Regelung in § 141 Abs. 1 Satz 4 AO."

Bei Betrieben mit jährlicher Fruchtfolge kann für das **Feldinventar** und die **stehende Ernte** sowie für selbstgewonnene, nicht zum Verkauf bestimmte **Vorräte** (vgl. auch Rz. 286 f.) auf eine Bestandsaufnahme (und daher auch auf eine Bewertung) verzichtet werden; diese Wirtschaftsgüter brauchen auch in der Bilanz nicht erfasst zu werden.[2]

dd) Anbauverzeichnis

252 Land- und Forstwirte (dazu gehören auch Gartenbaubetriebe, Saatzuchtbetriebe, Baumschulen und ähnliche Betriebe),[3] die nach § 141 Abs. 1 Nr. 1, 3 oder 5 AO zur Buchführung verpflichtet sind, haben neben den jährlichen Bestandsaufnahmen und den jährlichen Abschlüssen ein Anbauverzeichnis zu führen.[4] Die Führung des Anbauverzeichnisses ist an das Bestehen der Buchführungspflicht geknüpft.

§ 142 Satz 1 AO verpflichtet zur Führung eines Anbauverzeichnisses nach dem Wortlaut des Gesetzes nur bei Buchführung nach § 141 AO. Die Frage, ob bei **Buchführungspflicht nach § 140 AO** oder bei **freiwilliger Buchführung** ein Anbauverzeichnis zu führen ist, ist deshalb umstritten,[5] dürfte aber zu bejahen sein.[6]

253 Im Anbauverzeichnis ist nachzuweisen, mit welchen **Fruchtarten** die selbstbewirtschafteten Flächen im abgelaufenen Wj bestellt waren.[7] Zu den selbstbewirtschafteten Flächen gehören die **zugepachteten,** nicht jedoch die verpachteten Flächen. Ob das Anbauverzeichnis seinen angeblichen Zweck, der **Mengenkontrolle der Geldrechnung**[8] zu dienen, erfüllen kann, erscheint angesichts der Tatsache, dass Mengenangaben nicht verlangt werden können,[9] zweifelhaft.

1 BT-Drucks. 17/13033 S. 101.
2 BMF 15.12.1981, BStBl 1981 I S. 878, Tz. 3.1.3.
3 Vgl. R 13.6 EStR.
4 § 142 Satz 1 AO.
5 Gegen Verpflichtung zur Führung eines Anbauverzeichnisses Leingärtner/Kanzler, Besteuerung der Landwirte, Kap. 29 Rz. 61; Tipke/Kruse, Rz. 3 zu § 142 AO.
6 Vgl. Kleeberg in K/S/M, § 13 EStG Rz. A 63, 65; Felsmann, Einkommensbesteuerung, Abschnitt B 2 Rz. 59.
7 § 142 Satz 2 AO.
8 So Schmidt/Kulosa, EStG, § 13 Rz. 201.
9 Vgl. Tipke/Kruse, Rz. 6 zu § 142 AO.

Zum Inhalt des Anbauverzeichnisses ist in dem BMF-Schreiben vom 15.12.1981[1] ausgeführt: 254

3.3 . . .Die selbstbewirtschaftete Fläche ist unter Angabe ihrer Größe in die einzelnen Nutzungs- und Kulturarten aufzuteilen; Flur- und Parzellenbezeichnungen oder ortsübliche Bezeichnungen sind anzugeben. Unproduktive Flächen, wie z. B. Hofraum, Dauerwege, Lagerplätze, Gebäudeflächen, sollen gleichfalls angegeben werden.

3.3.1 Das Anbauverzeichnis muss grds. nach den Verhältnissen zum Beginn eines Wirtschaftsjahres aufgestellt werden. Fruchtarten, die innerhalb eines Wirtschaftsjahres bestellt und abgeerntet werden, sind fortlaufend zusätzlich anzugeben.

Im gärtnerischen Gemüsebau und im Blumen- und Zierpflanzenanbau ist zum 1. eines jeden Kalendervierteljahres anzugeben, welche Kulturen am Stichtag in den einzelnen Quartieren, Gewächshäusern usw. stehen.

3.3.2 In den Anbauverzeichnissen der **gärtnerischen Betriebe,** Teilbetriebe oder Betriebsteile sind die Nutzungsteile Gemüsebau, Blumen- und Zierpflanzenbau, Obstbau, Baumschulen gesondert auszuweisen. Zu den einzelnen Nutzungsteilen gehören auch die Mutterpflanzenquartiere, Saatkämpen und Jungpflanzenanzuchtflächen. Sie sind besonders zu kennzeichnen. Das gilt auch für Dauerkulturen und mehrjährige Kulturen. Es ist zwischen Freiland-, Niederglas- sowie heizbaren und nicht heizbaren Hochglasflächen zu unterscheiden. Bei mehrstöckiger Bepflanzung ist die insgesamt bepflanzte Fläche anzugeben.

Beim **Gemüse-, Blumen- und Zierpflanzenbau** sind die einzelnen Arten mit ihren handelsüblichen Bezeichnungen anzugeben. Als Grundlage für die Anbauverzeichnisse im gärtnerischen Gemüsebau und im Blumen- und Zierpflanzenbau haben sich maßstabsgerechte Lagepläne und – insbesondere für Glasflächen – Grundrisszeichnungen bewährt.

Beim **Obstbau** sind die einzelnen Arten und diese wiederum unterteilt nach Sorten und Erziehungsformen (z. B. Halbstamm, Hochstamm) anzugeben. Bei den Obstbäumen ist unter Angabe der Zahl der Bäume eine weitere Aufgliederung in Jungpflanzen und im Ertrag stehende Bäume erforderlich. Bei Beeren ist die Fläche anzugeben.

1 BStBl 1981 I S. 878.

Der Nutzungsteil **Baumschulen** ist mindestens wie folgt aufzugliedern:

Rhododendron und Azaleen

Sonstige Ziergehölze aller Art

Forstpflanzen, die üblicherweise als Massenartikel gezogen werden

Heckenpflanzen, die üblicherweise als Massenartikel gezogen werden

Obstgehölze aller Art.

Die in Containern gezogenen Pflanzen sind gesondert auszuweisen.

Bei Samen-, Saat- und sonstigen **Pflanzenzuchtbetrieben** sind Lage, Art und Umfang des Vermehrungsanbaues anzugeben.

3.3.3 **Forstwirtschaftlich genutzte Flächen** sind in Holzboden-, Nichtholzboden- und sonstige Flächen (Nebenflächen) aufzugliedern. Die Holzbodenflächen sind nach Holzarten unter Angabe der Altersklassen aufzuteilen. Die im Wirtschaftsjahr kultivierten Flächen sind getrennt nach Wiederaufforstungen und Erstaufforstungen auszuweisen. Diese Angaben stellen in der Forstwirtschaft das Anbauverzeichnis dar.

Ein Anbauverzeichnis erübrigt sich, wenn für einen Forstbetrieb oder Forstbetriebsteil ein amtlich anerkanntes Betriebsgutachten oder ein Betriebswerk vorliegt.

Ist bei Gartenbaubetrieben, Saatzuchtbetrieben, Baumschulen und ähnlichen Betrieben ein Gewerbebetrieb nach § 15 EStG gegeben, so ist § 142 AO zwar nicht unmittelbar anwendbar, der Stpfl. hat aber dennoch Bücher zu führen, die inhaltlich diesem Erfordernis entsprechen.[1]

Bei Baumschulbetrieben ist bei elektronischer Übermittlung des Jahresabschlusses die Berechnung des Pflanzen- oder Flächenwerts anhand des Anbauverzeichnisses im Datensatz darzulegen.[2]

255 Zum **Teichverzeichnis** (bestritten, ob insoweit ein Anbauverzeichnis zu führen ist).[3]

1 R 13.6 Satz 2 und 3 EStR.

2 BMF 13.12.2022, BStBl 2022 I S. 1673, Rz. 9.

3 Vgl. Tipke/Kruse, Rz. 6 zu § 142 AO; Biedermann, INF 1982 S. 53; Leingärtner/Kanzler, Besteuerung der Landwirte, Kap 29 Rz. 61.

ee) Aufzeichnungen von Holzaufnahme und Holzeingang

Hierzu ist im BMF-Schreiben vom 15.12.1981[1] ausgeführt: 256

3.4 Forstbetriebe haben die Holzaufnahme und den Holzeingang aufzuzeichnen. Zu diesem Zweck ist das eingeschlagene und aufgearbeitete Nutzholz und Brennholz (Derbholz) aufzumessen und mit fortlaufenden Nummern zu versehen. Aus den Aufzeichnungen muss sich auch die Holzart, die Holzsorte (Güte und Stärkeklasse) und die Holzmenge (Kubikmeter, Stückzahl u. Ä.) ergeben.

3.4.1 Der Nachweis über die Holzaufnahme und den Holzeingang kann in entsprechend aufgegliederter Form durch Führung von Holzaufnahmelisten oder Nummernbüchern und Holzeingangsbüchern (Holzeinschlagsbuch, Holzeinnahmebuch, Fällungsnachweis) geführt werden. Er ist insbesondere im Hinblick auf § 34b EStG geboten, um die Voraussetzung der Angabe der unterschiedlichen Nutzungen zu erfüllen.

3.4.2 Werden Nummernbücher geführt, sind die Nummernbücher eines Wirtschaftsjahres fortlaufend zu kennzeichnen. Die Schlussnachweisung eines jeden Nummernbuchs ist in das Holzeinschlagsbuch zu übertragen. Am Ende des Wirtschaftsjahres ist das Holzeinschlagsbuch mengenmäßig abzuschließen.

Dabei soll erläutert werden, ob es sich um Mengen mit Rinde oder ohne Rinde handelt. Außerdem ist das am Schluss des Wirtschaftsjahres vorhandene eingeschlagene Holz in das Holzeingangsbuch – getrennt nach Holzsorten – einzutragen. Auf diese Weise ist unter Berücksichtigung der Anfangsbestände eine Abstimmung mit dem Holzausgangsbuch möglich.

ff) Führung eines Warenausgangsbuchs

Nach § 144 Abs. 1 AO haben gewerbliche Unternehmer, die nach der Art ihres 257
Geschäftsbetriebs Waren regelmäßig an andere gewerbliche Unternehmen zur Weiterveräußerung oder zum Verbrauch als Hilfsstoffe liefern, den erkennbar für diese Zwecke bestimmten Warenausgang gesondert aufzuzeichnen. Die Verpflichtung gilt auch für LuF, die nach § 141 AO buchführungspflichtig sind,[2] nicht für andere Fälle, z. B. freiwillig buchführende Landwirte.[3] Die Frage, ob **Verkäufe an andere luf Betriebe** aufzuzeichnen sind, wird überwiegend verneint; dies wird allerdings für nicht sachgerecht und zudem gleichheitswidrig ge-

1 BStBl 1981 I S. 878, Tz. 3.4 bis 3.4.2.
2 § 144 Abs. 5 AO.
3 Tipke/Kruse, Rz. 4 zu § 144 AO.

halten.[1] Da die Verwaltung[2] von der Aufzeichnungspflicht von Waren ausgeht, „die erkennbar zur **gewerblichen Weiterverwendung** bestimmt sind“, dürften Schwierigkeiten nicht zu erwarten sein. Etwas anderes ergibt sich m. E. auch nicht aus AEAO zu § 144 AO Satz 2.[3]

Unter die Aufzeichnungspflicht fallen auch solche Produkte, die vom Erwerber nicht unmittelbar weiterveräußert, sondern zuvor be- oder verarbeitet werden.[4]

258 Über den Gesetzeswortlaut hinaus fordert Tz. 3.4.3 des BMF-Schreibens vom 15.12.1981[5] auch die Aufzeichnung der entgeltlichen oder unentgeltlichen **Holzlieferungen:**

3.4.3 Forstbetriebe haben außerdem nach Maßgabe der Tz. 4 sämtliche entgeltlichen und unentgeltlichen Holzlieferungen – Holzausgang – aufzuzeichnen (§ 144 Abs. 5 AO).

Aus den Aufzeichnungen müssen sich ergeben:

- das Verkaufsdatum,
- die Anschrift des Erwerbers,
- die Holzart,
- die Holzsorte (Stärke und Güteklasse),
- die Menge,
- der Preis.

Zur Vollständigkeit der Aufzeichnungen gehört auch die Angabe der Entnahmen und der Lieferungen an Betriebsangehörige.

3.4.4 Der Nachweis über den Holzausgang kann anhand von Durchschlägen der fortlaufend nummerierten Holzzettel geführt werden.

Diese können auch in Verkaufslisten zusammengefasst werden. Holzart und Holzsorte können sich auch aus dem Nummernbuch ergeben.

1 Vgl. Görke in H/H/Sp, § 144 AO Rz. 8f und Tipke/Kruse, Rz. 3 zu § 144 AO.
2 Vgl. BMF 15.12.1981, BStBl 1981 I S. 878, Tz. 4.
3 BMF 31.1.2014, BStBl 2014 I S. 290.
4 BMF 15.12.1981, BStBl 1981 I S. 878, Tz. 4 Abs. 2.
5 BStBl 1981 I S. 878.

gg) Aufzeichnung von Entnahmen

Entnahmen sind grds. aufzuzeichnen. Die Ordnungsmäßigkeit der Buchführung wird nicht berührt, wenn Entnahmen für den **Eigenverbrauch** (Naturalentnahmen) nach den Richtsätzen der OFDen am Ende des Wj gebucht werden.[1] 259

hh) Permanente Inventur in forstwirtschaftlichen Betrieben

In einem forstwirtschaftlichen Betrieb kann eine permanente Inventur[2] erstellt werden, wenn das **Holzeinschlagsbuch** (Holzeinnahmebuch, Fällungsnachweis) und das **Holzausgangsbuch** (Holzausgabebuch, Verwertungsnachweis) ordnungsgemäß geführt wird.[3] 260

ii) Verzeichnis über Grund und Boden und Milchlieferrechte

Der Stpfl. hat über den zu seinem BV gehörenden Grund und Boden sowie die Milchlieferrechte – bei jeder Art von Gewinnermittlung – ein Verzeichnis zu führen, in dem u. a. die (Buch-)Wertentwicklungen des jeweiligen Grundstücks, die vorgenommene Abspaltung für das Milchlieferrecht, Teilwertabschreibungen, Wertaufholungen sowie die Zusammensetzung und die (Buch-)Wertentwicklung des Milchlieferrechts auszuweisen sind.[4] Zum Auslaufen der Milch-Garantiemengen-Verordnung zum 1.4.2015 vgl. Rz. 271. 261

b) Bilanzierung von Wirtschaftsgütern

Zu bilanzieren ist das einzelne WG. Das ist bei den meisten WG unproblematisch, stößt jedoch wegen der in der LuF vorhandenen Besonderheiten auf Schwierigkeiten. Das gilt besonders bei Waldbeständen. Der einzelne Baum ist kein bilanzierungsfähiges WG. Als solches kann bei stehendem Holz „der einzelne Bestand als kleinste forstwirtschaftliche Planungs- und Bewirtschaftungseinheit" angesehen werden, sofern hierfür die erforderliche Größe von i. d. R. mindestens 1 ha gegeben ist.[5] Die Verwaltung hat hierzu ausführlich Stellung genommen, vgl. BMF 16.5.2012.[6] 262

1 Vgl. BMF 15.12.1981, BStBl 1981 I S. 878, Tz. 3.1.2.
2 Vgl. H 5.3 „Permanente Inventur" EStH.
3 BMF 15.12.1981, BStBl 1981 I S. 878, Tz. 3.4.5.
4 BMF 5.11.2014, BStBl 2014 I S. 1503, Rz. 46.
5 BFH 5.6.2008, BStBl 2008 II S. 960 und 968.
6 BStBl 2012 I S. 595.

263 Als WG beim stehenden Holz ist danach der in einem selbständigen Nutzungs- und Funktionszusammenhang stehende **Baumbestand** anzusehen. Dieser ist ein vom Grund und Boden getrennt zu bewertendes Wirtschaftsgut des nicht abnutzbaren Anlagevermögens.[1] Ein Baumbestand innerhalb eines luf Betriebs tritt i. d. R. nur dann als selbständiges WG nach außen in Erscheinung, wenn er eine Flächengröße von zusammenhängend mindestens 1 ha aufweist. Jedes selbständige WG Baumbestand ist im Bestandsverzeichnis auszuweisen.[2]

Bei der Bilanzierung des Wirtschaftsguts Baumbestand ist zwischen Holznutzungen in Form von Kahlschlägen und anderen Holznutzungen zu unterscheiden, vgl. dazu BMF 16.5.2012, a. a. O., und Rz. 1227.

aa) Entschädigungen für Wirtschaftserschwernisse

264 Nach R 131 Abs. 3 EStR 1990 konnte für Entschädigungen für Wirtschaftserschwernisse, die grds. Betriebseinnahmen darstellen, ein **Schuldposten „Wirtschaftserschwernisse"** gebildet werden, der in den folgenden Jahren jeweils um den Betrag zu vermindern war, der von der Mehrbelastung anteilig auf dieses Jahr entfällt. Für die Abschreibung konnte ein Zeitraum von 20 Jahren zugrunde gelegt werden; es konnte dabei von gleichen Jahresbeträgen ausgegangen werden.

In dieser Beurteilung ist durch die Entscheidung des BFH vom 17.5.1990[3] eine Änderung eingetreten.[4] Es wird wie folgt unterschieden:[5]

(1) Entschädigungsregelung ist in einem Vertrag enthalten, der vor dem 1.1.1993 abgeschlossen worden ist

265 Ist – wie oben dargelegt – ein Schuldposten „Wirtschaftserschwernisse" gebildet worden, so wird aus Billigkeitsgründen zugelassen, diesen Schuldposten weiterhin in **gleichen Jahresbeträgen**, längstens innerhalb eines Zeitraums von **20 Jahren,** aufzulösen. Es verbleibt also insoweit bei der bisherigen Behandlung.

Diese Übergangsregelung ist mit Ablauf des Wj 2011 bzw. 2011/2012 ausgelaufen (Verteilung auf max. 20 Jahre).

---

1 Vgl. auch BFH 18.2.2015, BStBl 2015 II S. 763.

2 BMF 16.5.2012, BStBl 2012 I S. 595.

3 BStBl 1990 II S. 891.

4 Vgl. auch BFH 13.9.1990, BStBl 1992 II S. 598; BFH 29.11.1990, BStBl 1992 II S. 715; BFH 9.12.1993, BStBl 1995 II S. 202.

5 BMF 5.3.1992, BStBl 1992 I S. 187; zur zeitlichen Anwendung vgl. z. B. ESt-Kartei BY § 13 Karte 5.4.1.

(2) Die Entschädigungsregelung ist in einem Vertrag enthalten, der nach dem 31.12.1992 geschlossen worden ist

Ein **passiver Rechnungsabgrenzungsposten** gem. § 5 Abs. 5 Nr. 2 EStG kann **nicht** gebildet werden, da die Entschädigung keine Einnahme ist, die Ertrag für eine bestimmte Zeit nach dem Abschlussstichtag darstellt, sondern lediglich erhöhten betrieblichen Aufwand auch für künftige Wj ausgleicht. 266

Ebenfalls **ausgeschlossen** ist die Bildung einer **Rückstellung oder eines sonstigen Schuldpostens,** da es sich bei den Aufwendungen aus Wirtschaftserschwernissen weder um ungewisse Verbindlichkeiten noch um drohende Verluste aus schwebenden Geschäften handelt.[1]

bb) Milchreferenzmenge/Milchlieferrechte

Die Quotenregelung zur Regulierung des Milchmarktes wurde letztmals bis zum 31.3.2015 verlängert.[2] Sie bestand neben der „neuen" Agrarförderung (GAP, vgl. Rz. 273). 267

Zunächst war das Recht zur Milchgewinnung und -vermarktung ein unselbständiges Recht, das in dem WG Grund und Boden mitenthalten war und daher zusammen mit diesem WG bewertet wurde. Mit Erlass der Milchgarantiemengen-Verordnung (MGV) vom 25.5.1984[3] wurde zur Regelung des Milchmarkts eine Produktionseinschränkung durch Einführung eines Milchlieferrechts eingeführt. Das Milchlieferrecht wurde den Milcherzeugern in Abhängigkeit von der selbst bewirtschafteten Fläche zugeteilt. Zunächst konnte das Milchlieferrecht nur mit dem dazugehörigen Grund und Boden übertragen werden (sog. Flächenakzessorietät). Mit dem Wegfall der Flächenakzessorietät zum 30.9.1993 wurden die Milchlieferrechte dann selbständig handelbar.

(1) Wirtschaftsgut Milchlieferrecht

Das Milchlieferrecht ist ein einheitliches, selbständiges immaterielles Wirtschaftsgut des Anlagevermögens,[4] das zugeteilt sowie entgeltlich oder auch unentgeltlich erworben worden sein kann. 268

1 BMF 5.3.1992, BStBl 1992 I S. 187; dazu kritisch Fischer-Tobies/Koepsell, INF 1993 S. 97.

2 Vgl. BMF-Schreiben 25.6.2008, BStBl 2008 I S. 682, Rz. 22.

3 BGBl 1984 I S. 720.

4 BFH 24.8.2000, BStBl 2003 II S. 64; BMF 5.11.2014, BStBl 2014 I S. 1503, Rz. 7.

Nach der Rspr. des BFH[1] ist die Zuweisung einer Milchreferenzmenge (Milchlieferrecht) keine unentgeltliche Zuwendung eines bis dahin im Betrieb nicht vorhandenen WG durch den Gesetzgeber oder die Verwaltungsbehörde. Die ursprünglich auf den Grund und Boden entfallenden AK setzen sich vielmehr teilweise in dem abgespaltenen Vermögensgegenstand „Milchlieferrecht" fort. Deshalb kommt auch für ein zugeteiltes Milchlieferrecht der Ansatz eines Aktivpostens in Betracht (§ 4 Abs. 1 i. V. mit § 5 Abs. 2 EStG).

(2) Buchwert des Milchlieferrechts

269 Der Buchwert des Milchlieferrechts war zum Zeitpunkt der Einführung dieses Rechts (2.4.1984) aus dem (Buch-)Wert des Grund und Bodens abzuleiten, unabhängig davon, ob der Grund und Boden bereits am 1.7.1970 zum Betriebsvermögen gehört hat oder in der Zeit vom 1.7.1970 bis einschließlich 1.4.1984 Betriebsvermögen geworden ist.[2] Der Wert des Grund und Bodens war dazu im Verhältnis der am 2.4.1984 für das Milchlieferrecht einerseits und den für den nackten Grund und Boden andererseits erzielbaren örtlichen Marktpreis aufzuteilen.[3] Das galt auch für einen zum 1.7.1970 festgestellten pauschalen Buchwert nach § 55 Abs. 1 EStG oder den nachgewiesenen höheren Teilwert nach § 55 Abs. 5 EStG. Weitere Ausführungen zur steuerlichen Behandlung sowie zur Aufteilung des Buchwerts vgl. BMF 5.11.2014.[4]

Dem Buchwert kam vor allem bei Veräußerungen Bedeutung zu. Zu beachten gilt, dass sich § 55 Abs. 6 EStG auch auf das Milchlieferrecht erstreckt.

Nach dem Dritten Gesetz zur Änderung des MAVG vom 24.7.1990[5] waren die Länder ermächtigt, von den Milchproduzenten Milchlieferrechte aufzukaufen und dafür eine bestimmte Vergütung zu gewähren. Die entsprechende steuerliche Behandlung der sog. Milchaufgabevergütung richtete sich nach dem BMF-Schreiben vom 15.4.1991 (vgl. auch Rz. 310).[6] Hatte der nach § 4 Abs. 1 EStG bilanzierende Landwirt von der Möglichkeit Gebrauch gemacht, einen passiven Rechnungsabgrenzungsposten zu bilden, der über einen Zeitraum von zehn Jahren aufzulösen war,[7] ist nach BMF 5.11.2014, Rz. 37[8] zu verfahren.

1 Vgl. BFH 25.11.1999, BStBl 2003 II S. 61; BFH 24.8.2000, BStBl 2003 II S. 64.
2 BMF 5.11.2014, BStBl 2014 I S. 1503, Rz. 8.
3 BFH 24.8.2000, BStBl 2003 II S. 64; BMF 5.11.2014, BStBl 2014 I S. 1503, Rz. 8.
4 BStBl 2014 I S. 1503.
5 BGBl 1990 I S. 1470.
6 BStBl 1991 I S. 497.
7 BMF 15.4.1991, BStBl 1991 I S. 497.
8 BStBl 2014 I S. 1503.

Wird das Milchlieferrecht entschädigungslos eingezogen und ist es mit dem abgespaltenen Buchwert nach § 55 Abs. 1 EStG bilanziert, ist die Buchwertabspaltung rückgängig zu machen. Ist der Grund und Boden nicht mehr vorhanden, ist der durch die Ausbuchung des Milchlieferrechts entstandene Verlust nach § 55 Abs. 6 Satz 1 EStG nicht abziehbar.[1]

(3) Abschreibung des Wirtschaftsguts Milchlieferrecht

Die Frage, ob das entgeltlich erworbene Milchlieferrecht als abnutzbares oder nichtabnutzbares WG zu qualifizieren ist, hat der BFH mit Urteil vom 29.4.2009[2] dahingehend entschieden, dass es sich bei Milchlieferrechten um abnutzbare immaterielle WG handelt, unabhängig davon, ob diese entgeltlich erworben oder abgespalten wurden.[3] Der Auffassung des BFH in verschiedenen Urteilen[4] hat sich die FinVerw angeschlossen.[5] Danach ist eine AfA für entgeltlich erworbene Milchlieferrechte vorzunehmen. Für ein Milchlieferrecht, das vom Wert des Grund und Bodens abgespalten wurde, gilt dies gleichfalls, wenn dieses entweder nach dem 30.6.1970 und vor dem 2.4.1984 angeschafft oder in das BV eingelegt worden ist oder wenn es mit dem höheren Teilwert nach § 55 Abs. 5 EStG bewertet worden ist. Dabei war von einer Nutzungsdauer von zehn Jahren auszugehen; bei nach dem 31.3.2005 entgeltlich erworbenen Milchlieferrechten war hingegen der 31.3.2015 als Endzeitpunkt für die lineare Abschreibung zu berücksichtigen. Wird ein Milchlieferrecht von einem nach § 55 Abs. 1 EStG pauschal ermittelten Buchwert abgespalten, sind Abschreibungen nicht zulässig.[6] 270

(4) Auslaufen der Milch-Garantiemengen-Verordnung zum 31.3.2015

Die Milch-Garantiemengen-Verordnung ist zum 31.3.2015 ausgelaufen. Im Zeitpunkt des Wegfalls der Milchlieferrechte (mit Ablauf des 31.3.2015) kommt es zu einem Rückfall der zu diesem Zeitpunkt noch aktivierten abgespaltenen Buchwerte nach § 55 Abs. 1 bis 4 EStG für Milchlieferrechte, die bis zu diesem Zeitpunkt nicht veräußert oder entnommen worden sind, auf die Buchwerte 271

1 BFH 17.1.2019 – VI R 52/16, BStBl 2019 II S. 472.
2 BStBl 2010 II S. 958.
3 BFH 29.4.2009, a. a. O., Rz. 22.
4 BFH 29.4.2009, a. a. O.; BFH 10.6.2010, BStBl 2012 II S. 551; BFH 9.9.2010, BStBl 2011 II S. 171; BFH 28.11.2013, BStBl 2014 II S. 966.
5 BMF 5.11.2014, BStBl 2014 I S. 1503, Rz. 28.
6 Vgl. hierzu auch Felsmann, Einkommensbesteuerung, Abschnitt A 26 Rz. 332 und Schmidt/Kulosa, EStG, § 13 Rz. 256.

des Grund und Bodens der zugehörigen Milcherzeugungsflächen.[1] Dahingehend hatte sich der BFH auch schon im Urteil vom 9.9.2010[2] geäußert (Rückgängigmachung der Buchwertaufspaltung nach dem Wegfall der Lieferrechte).[3]

cc) Zuckerrübenlieferrechte

272 Die Marktordnung für **Zuckerrübenlieferrechte** sollte nach GAP bis 30.9.2015 befristet sein. Davon ist auch die FinVerw (s. u.) ausgegangen. Nach einer weiteren Verlängerung bis zum Ende des Zuckerwirtschaftsjahres 2016/2017 ist die Marktordnung zum 30.9.2017 ausgelaufen. Nach dem BFH-Urteil vom 16.10.2008[4] sind Zuckerrübenlieferrechte selbständige immaterielle abnutzbare Wirtschaftsgüter. Die Nutzungsdauer ist nach der bei Aufstellung der Bilanz voraussichtlichen Dauer des Fortbestandes der Quotenregelung zu schätzen. Im neueren Urteil des BFH vom 17.3.2010[5] wurde eine Nutzungsdauer von zehn Jahren nicht beanstandet. Zu Einzelheiten zur einkommensteuerlichen Behandlung von Zuckerrübenlieferrechten vgl. Vfg. des BayLfSt vom 20.7.2009.[6] Zur Verlängerung der Zuckermarktordnung hat sich die FinVerw noch nicht geäußert. M. E. sollte es bei der bisherigen AfA-Reihe bleiben, der Endzeitpunkt sollte nicht erneut nach hinten verschoben werden. Für neu angeschaffte Zuckerrübenlieferrechte müsste allerdings der neue Endzeitpunkt berücksichtigt werden.

Bei nicht an Aktien gebundenen Zuckerrübenlieferrechten kam eine Buchwertabspaltung vom Buchwert des Grund und Bodens in Betracht. Der abgespaltene Buchwert unterlag keiner AfA.[7]

dd) Zeitpunkt der Aktivierung des Anspruchs an die EU – Abschreibungen bei entgeltlichem Erwerb

273 Die nach der GAP-Reform 2003 zugeteilten **Zahlungsansprüche** (Betriebsprämie, Stilllegungsprämie und besondere Zahlungsansprüche) sind bei einem entgeltlichen Erwerb einzeln als immaterielle WG zu aktivieren. Dementsprechend sind Abschreibungen auch nur bei entgeltlichem Erwerb zulässig. Zu Teilwertabschreibungen vgl. BMF-Schreiben vom 25.6.2008[8] und zum Zeitpunkt der Ak-

1 BMF 5.11.2014, BStBl 2014 I S. 1503, Rz. 9a.
2 BStBl 2011 II S. 171.
3 Siehe auch Schmidt/Kulosa, EStG, § 13 Rz. 256.
4 BStBl 2010 II S. 28.
5 BStBl 2014 II S. 512.
6 S 2134.2.1-6/11 St33.
7 BFH 9.9.2010 – IV R 2/10, BStBl 2011 II S. 171.
8 BStBl 2008 I S. 682, Rz. 20.

tivierung von Auszahlungsforderungen vgl. BMF vom 13.10.2008.[1] Entgeltlich erworbene Zahlungsansprüche sind linear abzuschreiben. Bei der Abschreibung kann von einer Nutzungsdauer von zehn Jahren ausgegangen werden.[2] Diese Zahlungsansprüche sind zum 31.12.2014 eingezogen worden. Spätestens dann muss ein zu diesem Zeitpunkt noch vorhandener Buchwert gewinnmindernd aus dem Betriebsvermögen ausscheiden.

Nach dem 31.12.2014 entgeltlich erworbene Zahlungsansprüche (GAP-Reform 2013) sind ebenfalls auf zehn Jahre linear abzuschreiben.[3]

c) Bewertung des land- und forstwirtschaftlichen Betriebsvermögens – Anschaffungs- und Herstellungskosten

Literatur: *Wiegand*, Neue Regelungen zur Bewertung des Feldinventars, NWB 2013 S. 2330.

aa) Allgemeine Grundsätze

Für die Bewertung des luf Betriebsvermögens gelten die allgemeinen Grundsätze des § 6 EStG. Für den Grund und Boden sind die Sondervorschriften des § 55 EStG zu beachten (vgl. Rz. 277 und Rz. 1114 ff.). Zur Viehbewertung vgl. BMF 14.11.2001[4] und BMF 8.12.2025[5] (vgl. Rz. 293 ff.). Zur Bewertung von Milchlieferrechten s. BMF 5.11.2014[6] (vgl. Rz. 267 ff.). 274

Anschaffungskosten eines Wirtschaftsguts sind alle Aufwendungen, die geleistet werden, um das Wirtschaftsgut zu erwerben und in einen dem angestrebten Zweck entsprechenden (betriebsbereiten) Zustand zu versetzen.[7] Vgl. auch R 6.2 EStR.

Herstellungskosten sind alle Aufwendungen, die durch den Verbrauch von Gütern und die Inanspruchnahme von Diensten für die Herstellung des Wirtschaftsguts, seine Erweiterung oder für eine über seinen ursprünglichen Zustand hinausgehende wesentliche Verbesserung entstehen.[8] Vgl. näher R 6.3 EStR. R 6.3 Abs. 1 EStR 2012 sieht erstmals vor, dass auch die allgemeinen Ver-

1 BStBl 2008 I S. 939, Rz. 40 (Neufassung).
2 BMF 13.12.2016, BStBl 2017 I S. 33, Rz. 19.
3 OFD Frankfurt am Main 21.7.2017 – S 2230 A-105-St 216.
4 BStBl 2001 I S. 864.
5 IV C 6 - S 2170/00015/002/094, NWB YAAAK-06135.
6 BStBl 2014 I S. 1503.
7 Vgl. § 255 Abs. 1 HGB; BFH 13.4.1988, BStBl 1988 II S. 892.
8 Vgl. § 255 Abs. 2 HGB; BFH 4.7.1990, BStBl 1990 II S. 830.

waltungskosten, die angemessenen Aufwendungen für soziale Einrichtungen des Betriebs, Aufwendungen für freiwillig soziale Leistungen und Aufwendungen für die betriebliche Altersversorgung zu den Herstellungskosten gehören, soweit sie durch die Herstellung des Wirtschaftsguts veranlasst sind. Gem. BMF-Schreiben vom 25.3.2013[1] war es bis zur Verifizierung des damit verbundenen Erfüllungsaufwandes, spätestens bis zu einer Neufassung der EStR nicht zu beanstanden, wenn bei der Ermittlung der Herstellungskosten weiter nach R 6.3 Abs. 4 EStR 2008 verfahren wird. D. h. der Steuerpflichtige hat weiterhin ein Bewertungswahlrecht entsprechend § 255 Abs. 2 HGB, die o. g. Kosten dürfen, müssen aber nicht in die Ermittlung der Herstellungskosten einbezogen werden. Voraussetzung für die Berücksichtigung als Teil der Herstellungskosten ist, dass in der Handelsbilanz (sofern vorhanden) entsprechend verfahren wird. Dieses Wahlrecht wurde mit dem Gesetz zur Modernisierung des Besteuerungsverfahrens vom 18.7.2016[2] in § 6 Abs. 1 Nr. 1b EStG gesetzlich festgeschrieben.

bb) Behandlung abziehbarer Vorsteuern

275 Der Vorsteuerbetrag nach § 15 UStG gehört, soweit er bei der USt abgezogen werden kann, nicht zu den Anschaffungs- oder Herstellungskosten des WG, auf dessen Anschaffung oder Herstellung er entfällt.[3]

BEISPIEL Der Landwirt A schafft einen Mähdrescher für 50.000 € an. Auf der Rechnung sind ferner zusätzlich 19 % Umsatzsteuer (Vorsteuer) = 9.500 € ausgewiesen. Die Begleichung erfolgt umgehend.

Bei Vorliegen der Voraussetzungen des § 9b EStG stellen nur die 50.000 € Anschaffungskosten dar. 9.500 € sind bei der Gewinnermittlung durch Bestandsvergleich als Vorsteuerforderung, bei der Gewinnermittlung durch EÜR als sofort abzugsfähige BA zu behandeln.[4]

Die Voraussetzungen des § 9b EStG liegen auch dann vor, wenn die Vorsteuer nach § 24 UStG pauschaliert wird. Von den Anschaffungs- bzw. Herstellungskosten abzuziehen ist der tatsächlich in Rechnung gestellte Betrag.[5]

Bei Berichtigung des Vorsteuerabzugs nach § 15a UStG sind die Mehrbeträge als Betriebseinnahmen, die Minderbeträge als Betriebsausgaben zu behandeln; die

---

1 BStBl 2013 I S. 296.

2 BGBl 2016 I S. 1679.

3 § 9b Abs. 1 EStG.

4 BFH 29.6.1982, BStBl 1982 II S. 755.

5 Vgl. a. Felsmann, Einkommensbesteuerung, Abschnitt B 10 Rz. 36; BFH 9.9.2010 – IV R 47/08, NWB WAAAD-59502 = BFH/NV 2011 S. 426.

Herstellungskosten oder Anschaffungskosten bleiben unberührt (§ 9b Abs. 2 EStG).

cc) Bewertung einzelner Wirtschaftsgüter

Grundsätzlich ist das **einzelne Wirtschaftsgut** zu bewerten. Soweit Ausnahmen 276 **(Gruppen- oder Sammelbewertung)** zugelassen sind, gelten diese grds. auch für die LuF.

(1) Grund und Boden

Der Begriff des Grund und Bodens ist nicht nach den Vorschriften des bürger- 277 lichen Rechts, sondern nach **steuerlichen Gesichtspunkten** und den Grundsätzen ordnungsmäßiger Buchführung und Gewinnermittlung abzugrenzen.[1] Grund und Boden ist der nackte Grund und Boden; dazu zählt nicht nur die sog. Ackerkrume, sondern auch das darunter befindliche Erdreich, vgl. dazu z. B. BFH 24.1.2008.[2] Nicht dazu gehören z. B. Gebäude (vgl. Rz. 283 f.), Bodenschätze (vgl. Rz. 239), Anlagen auf oder im Grund und Boden (vgl. Rz. 285) oder das Feldinventar (vgl. Rz. 286). Grund und Boden in der ehemaligen DDR wurde in der Eröffnungsbilanz mit seinem Verkehrswert angesetzt.[3]

Es ist zu unterscheiden zwischen:

(a) Grund und Boden, der bereits mit Ablauf des 30.6.1970 zum Anlagevermögen gehört hat

Der Grund und Boden eines LuF gehörte zwar zum Betriebsvermögen, der Wert 278 des Grund und Bodens, der zum Anlagevermögen gehörte, blieb aber nach § 4 Abs. 1 Satz 5 EStG i. d. F. vom 23.9.1958[4] bei der Gewinnermittlung außer Ansatz. Das hatte zur Folge, dass bei Veräußerung oder Entnahme stille Reserven nicht der Besteuerung unterlagen. Das BVerfG[5] erklärte diese Regelung, da dem Gleichheitsgrundsatz widerstreitend, für verfassungswidrig. Durch das 2. StÄndG 1971 vom 10.8.1971[6] wurde § 4 Abs. 1 Satz 5 EStG mit Wirkung zum 1.7.1970 ersatzlos gestrichen und mit § 55 EStG eine **Übergangsregelung** ge-

1 BFH 14.3.1961, BStBl 1961 III S. 398; BFH 30.11.1978, BStBl 1979 II S. 281.

2 BStBl 2009 II S. 449.

3 § 9 Abs. 1 Satz 1 DMBilG.

4 BGBl 1958 I S. 673.

5 11.5.1970, BStBl 1970 II S. 579.

6 BStBl 1971 I S. 373 = BGBl 1971 I S. 1266.

schaffen. Grund und Boden wurde nun auch bei Gewinnermittlung luf Betriebe erfasst, wobei die Art der Gewinnermittlung keine Rolle spielt.

Als Anschaffungs- oder Herstellungskosten gilt bei Grund und Boden, der bereits mit Ablauf des 30.6.1970 zum Anlagevermögen gehört hat, das Zweifache des nach § 55 Abs. 2 bis 4 EStG zu ermittelnden Ausgangsbetrags.[1] Zur Ermittlung des Ausgangsbetrags vgl. Rz. 1117/1 ff. Ein höherer Teilwert konnte nachgewiesen werden, § 55 Abs. 5 EStG.

(b) Anschaffungs- oder Herstellungskosten – zusätzliche Anschaffungs- oder Herstellungskosten

279 Für die Ermittlung der **Anschaffungskosten** gelten die allgemeinen Grundsätze. Die Anschaffungskosten sind für **jedes Grundstück** (Eintragung im Grundbuch mit eigener Plan-Nr.) festzustellen. Auch bei zusammenhängenden Grundstücken kann ein durchschnittlicher Anschaffungspreis nicht gebildet werden.[2]

280 **Herstellungskosten** kommen für Grund und Boden nur ausnahmsweise in Betracht, nämlich dann, wenn bisher Grund und Boden nicht bestanden hat (z. B. bei Trockenlegung von Gewässern). Herstellungskosten liegen auch vor, wenn ein bisher nicht nutzbarer Boden nutzbar gemacht wird. Herstellungskosten sind auch bei Grund und Boden nicht ausgeschlossen, z. B. wenn „Unland" urbar gemacht wird[3] oder bei Maßnahmen zur nachhaltigen Änderung der Beschaffenheit des Bodens,[4] z. B. Anlage eines Weinberges.

281 **Bodenverbesserungen** stellen i. d. R. weder Anschaffungs- noch Herstellungskosten dar, z. B. Entfernen von Baumwurzeln zur landwirtschaftlichen Nutzung anstelle einer bisherigen forstwirtschaftlichen,[5] Planierung einer Schafweide zwecks besserer anderer Nutzung,[6] Aufbringung von Muttererde, Umbrechen und Einsäen einer Wiese. Die Kosten sind sofort abzugsfähige Betriebsausgaben.

1 § 55 Abs. 1 EStG; beachte aber ggf. die Buchwertabspaltung von Milchlieferrechten nach BMF 5.11.2014, BStBl 2014 I S. 1503 oder Zuckerrübenlieferrechten nach BFH 9.9.2010, BStBl 2011 II S. 171.

2 Vgl. BFH 29.9.1971, BStBl 1972 II S. 13.

3 BFH 26.6.1975, BStBl 1976 II S. 8; BFH 16.2.1984, BStBl 1984 II S. 424.

4 Vgl. BFH 8.11.1979, BStBl 1980 II S. 147.

5 BFH 26.6.1975, BStBl 1976 II S. 8.

6 BFH 19.12.1962, BStBl 1963 III S. 207.

(c) Teilwert – Ansatz des niedrigeren Teilwerts

Teilwert ist der Betrag, den ein Erwerber des ganzen Betriebs im Rahmen des Gesamtkaufpreises für das einzelne WG bei Fortführung des Betriebs ansetzen würde.[1] Der Teilwert kann angesetzt werden, wenn dieser auf Grund einer voraussichtlich dauernden Wertminderung niedriger ist als der Buchwert. Das gilt für abnutzbare WG genauso wie für nicht abnutzbare, z. B. für den Grund und Boden.[2] 282

Die Ermittlung des Teilwerts ist mit Schwierigkeiten verbunden. Die marktbedingten Schwankungen bei Grundstücken werden jedenfalls auch von der FinVerw[3] nicht als den Teilwert mindernder Umstand angesehen. Eine Minderung des Teilwerts kann eintreten z. B. bei Bodenverschmutzung (durch Öl oder Giftstoffe).[4]

Es besteht ein Wertaufholungsgebot.[5] Der Stpfl. hat zu jedem Bilanzstichtag neu zu prüfen, ob die Voraussetzungen einer Teilwertabschreibung vorliegen. Hat sich der Wert eines WG nach einer vorangegangenen Teilwertabschreibung wieder erhöht, so ist diese Betriebsvermögensmehrung bis zum Erreichen der Bewertungsobergrenze (= um die zulässigen Abzüge geminderte Anschaffungs- oder Herstellungskosten oder an deren Stelle tretender Wert) steuerlich zu erfassen. Es kommt dabei nicht darauf an, ob die konkreten Gründe für die vorherige Teilwertabschreibung weggefallen sind. Auch eine Erhöhung des Teilwerts aus anderen Gründen führt zu einer Korrektur des Bilanzansatzes.[6]

(2) Gebäude

Gebäude sind gegenüber dem Grund und Boden **selbständige WG**.[7] 283

Beim Übergang von der Gewinnermittlung nach § 13a EStG zur Gewinnermittlung durch Bestandsvergleich sind die Buchwerte der abnutzbaren Anlagegüter zu schätzen.[8] Seit dem Wj 2015 bzw. 2015/2016 können auch die im Verzeichnis nach § 13a Abs. 7 Satz 3 EStG ausgewiesenen Buchwerte herangezogen werden.

---

1 § 6 Abs. 1 Nr. 1 Satz 3 EStG.

2 § 6 Abs. 1 Nr. 2 Satz 2 EStG.

3 Vgl. BMF 2.9.2016, BStBl 2016 I S. 995.

4 Vgl. BMF 2.9.2016, a. a. O., Rz. 11 bis 13 i. V. mit BMF 11.5.2010, BStBl 2010 I S. 495.

5 § 6 Abs. 1 Nr. 2 Satz 3 i. V. mit § 6 Abs. 1 Nr. 1 Satz 4 EStG.

6 Vgl. BMF 2.9.2016, a. a. O., Rz. 27.

7 Vgl. § 6 Abs. 1 Nr. 1 und 2 EStG.

8 BFH 12.12.1985, BStBl 1986 II S. 392.

284 Gebäude in der ehemaligen DDR sind nach dem DMBilG mit den Wiederherstellungskosten oder Wiederbeschaffungskosten[1] unter Berücksichtigung des Wertabschlags für zwischenzeitliche Nutzung, höchstens jedoch mit dem Zeitwert anzusetzen.[2]

(3) Anlagen auf oder im Grund und Boden

285 Es handelt sich – unabhängig von der bürgerlich-rechtlichen Eigenschaft als wesentliche Bestandteile, § 94 BGB – um **selbständige WG,** z. B. Zäune, Be- und Entwässerungsanlagen, Ufer- und Wegbefestigungen.[3] Maßgebend für die Bewertung sind die **Anschaffungs-** oder **Herstellungskosten**.

(4) Feldinventar und stehende Ernte

286 Feldinventar und stehende Ernte werden als **selbständige WG** behandelt, wobei das Feldinventar bzw. die stehende Ernte einer abgrenzbaren landwirtschaftlichen Nutzfläche jeweils als selbständiges Wirtschaftsgut des Umlaufvermögens anzusehen ist.[4] Die Wirtschaftsgüter Feldinventar/stehende Ernte sind mit den AK/HK einzeln zu bewerten, § 6 Abs. 1 Nr. 2 Satz 1 EStG. Für die Bewertung können entweder betriebsindividuelle Durchschnittswerte oder standardisierte Werte (z. B. BMEL-Jahresabschluss) zugrunde gelegt werden.[5] Im April 2022 wurden die Werte im BMEL-Jahresabschluss aktualisiert. Für den Umstellungsgewinn im Wj 2021/2022 kann eine den steuerlichen Gewinn mindernde Rücklage gebildet werden.[6]

Bei landwirtschaftlichen Betrieben oder Teilbetrieben kann zur Vereinfachung der Bewertung von einer Aktivierung der Wirtschaftsgüter des Feldinventars bzw. der stehenden Ernte abgesehen werden, vgl. R 14 Abs. 3 EStR. Voraussetzung dafür ist, dass in der Schlussbilanz des Betriebs für vorangegangene Wirtschaftsjahre oder bei einem Wechsel von der Gewinnermittlung nach Durchschnittssätzen zur Einnahmenüberschussrechnung im Rahmen der Übergangsbilanz keine Aktivierung des Feldinventars bzw. der stehenden Ernte vorgenommen wurde, R 14 Abs. 3 Satz 2 EStR.[7] Bei der bloßen Nichtaktivierung

---

1 § 7 DMBilG.

2 § 10 Abs. 1 Satz 1 DMBilG.

3 R 14 Abs. 1 Satz 3 EStR; BFH 18.2.2015, BStBl 2015 II S. 763.

4 BFH 18.3.2010, BStBl 2011 II S. 654; sowie R 14 Abs. 2 EStR.

5 R 14 Abs. 2 Satz 8 EStR.

6 BMF 8.11.2022, BStBl 2022 I S. 1489.

7 BFH 12.12.2013 – IV R 31/10, NWB OAAAE-55566 = BFH/NV 2014 S. 514; BFH 16.1.2020 – VI R 49/17, NWB SAAAH-49080 = BFH/NV 2020 S. 762.

des Feldinventars in der Bilanz ohne weitere Erläuterungen handelt es sich um keinen Billigkeitsantrag.[1] Die Entscheidung des FA über den Billigkeitsantrag bezieht sich auf einen bestimmten Zeitraum (Bilanzstichtag oder VZ) und entfaltet daher keine Dauerwirkung.[2]

Körperschaften, die kraft Rechtsform ausschließlich gewerbliche Einkünfte erzielen, steht nur ein eingeschränktes Aktivierungswahlrecht zu.[3]

(5) Selbstgewonnene, nicht zum Verkauf bestimmte Vorräte

Die selbstgewonnenen, nicht zum Verkauf bestimmten Vorräte (z. B. Heu, Stroh, 287
Silofutter, Trockenfutter, Dünger) gehören zum Umlaufvermögen und sind grds. mit den AK/HK anzusetzen.[4] Es kann jedoch auf eine Bestandsaufnahme und Bewertung verzichtet werden.[5]

(6) Pflanzenbestände und Kulturen

Mehrjährige Kulturen und Dauerkulturen sind zu aktivieren. **Mehrjährige Kultu- 288
ren** sind Pflanzungen, die nach einer Kulturzeit im Betrieb von mehr als einem Jahr einen einmaligen Ertrag abwerfen, der zum Verkauf bestimmt ist (z. B. Baumschulkulturen). Auch **Topfpflanzen** können mehrjährige Kulturen sein. Da sie zum Umlaufvermögen gehören, sind sie nach § 6 Abs. 1 Nr. 2 EStG zu bewerten.[6]

Dauerkulturen sind Pflanzen, die während einer Reihe von Jahren Erträge durch 289
ihre zum Verkauf bestimmten Blüten, Früchte oder anderen Pflanzenteile liefern (z. B. Spargel-, Rhabarber- und Hopfenanlagen, Obst- und Rebanlagen). Sie stellen abnutzbare WG des Anlagevermögens dar, deren Bewertung sich nach § 6 Abs. 1 Nr. 1 EStG richtet. **Topfpflanzen** können auch erstmals zum Schluss des Wj aktiviert werden, das nach deren Anschaffung oder Herstellung beginnt.[7]

Bei mehrjährigen Kulturen und Dauerkulturen entsprechen die Anlagekosten 290
den **Anschaffungs-** oder **Herstellungskosten.** Dazu gehören z. B. die Aufwendungen für Jungpflanzen, für Baumpfähle und Bindematerial, für Drahtschutz und für Veredelungsarbeiten. **Pflegekosten** sind aus Vereinfachungsgründen

1 BFH 9.5.2019 – VI R 48/16, NWB LAAAH-23034 = BFH/NV 2019 S. 908.

2 BFH 16.1.2020 – VI R 49/17, NWB SAAAH-49080 = BFH/NV 2020 S. 762.

3 BFH 7.12.2005 – I R 123/04, NWB VAAAB-81714 = BFH/NV 2006 S. 1097; R 8.3 KStR.

4 BFH 14.4.1988 – IV R 96/86, BStBl 1988 II S. 672.

5 BMF 15.12.1981, BStBl 1981 I S. 878, Tz. 3.1.3.

6 BMF 15.12.1981, BStBl 1981 I S. 878, Tz. 3.2.

7 BMF 15.12.1981, a. a. O., Tz. 3.2.

nicht zu aktivieren; auch auf die Aktivierung von Gemeinkosten kann i. d. R. verzichtet werden. Die Aktivierung ist jedoch möglich.[1]

Für **mehrjährige Baumschulkulturen** ist eine vereinfachte Bewertung zulässig. Der Pflanzenbestandswert setzt sich bei dieser vereinfachten Bewertung aus dem Flächenwert und dem Pflanzenwert zusammen.

Die aktuelle Vereinfachungsregelung der FinVerw[2] gilt in den Wj ab 2023/2024. Die Vorgängerregelung konnte in den Wj 2013/2014 bis 2022/2023 angewendet werden.[3] Durch die erstmalige Anwendung der neuen Vereinfachungsregelung kann im Wj 2023/2024 bzw. 2024 ein Gewinn entstehen. In Höhe von 80 % des Gewinns kann eine den steuerlichen Gewinn mindernde Rücklage gebildet werden. Die Rücklage ist in den folgenden Wj mit mindestens 25 % der gebildeten Rücklage gewinnerhöhend aufzulösen.

291 Die Dauerkultur ist **fertig gestellt**, sobald sie ihrer Zweckbestimmung entsprechend genutzt werden kann. Die bestimmungsgemäße Nutzbarkeit beginnt mit der Ertragsreife. Die **Ertragsreife** tritt i. d. R. ein:[4]

- bei Rosen
  im Wj der Anpflanzung
- bei Stauden, bei Beerenobst, bei Äpfeln und Birnen in Dichtpflanzung (über 1.600 St/ha Bodenfläche)
  im ersten Wj nach dem Wj der Anpflanzung
- bei Hopfen und bei Spargel
  im zweiten Wj nach dem Wj der Anpflanzung
- bei Weinbau, bei den übrigen Obstgehölzen, bei Ziergehölzen (einschließlich Schnitt- und Bindegrün) und bei Mutterpflanzen aller Arten
  im dritten Wj nach dem Wj der Anpflanzung.

292 Soweit im Einzelfall keine abweichenden tatsächlichen Feststellungen getroffen werden, kann eine Dauerkultur in den o. a. Wj als fertig gestellt angesehen werden. Die AfA kann im Wj der Fertigstellung in Höhe des für ein volles Wj zulässigen Betrags vorgenommen werden.[5]

1 Vgl. BMF 15.12.1981, a. a. O., Tz. 3.2.1.

2 BMF 13.12.2022, BStBl 2022 I S. 1673.

3 BMF 27.6.2014, BStBl 2014 I S. 1094; BMF 5.10.2018, BStBl 2018 I S. 1037; BMF 26.11.2021, BStBl 2021 I S. 2451.

4 BMF 17.9.1990, BStBl 1990 I S. 420.

5 BMF 17.9.1990, BStBl 1990 I S. 420.

(7) Bewertung von Tieren

Für das Anlage- und das Umlaufvermögen gelten einheitliche Bewertungsgrundsätze (Einzelbewertung, Gruppenbewertung, Bewertungsstetigkeit).[1] 293

Nach rund 30 Jahren hat die FinVerw neue Richtwerte für die Viehbewertung veröffentlicht.[2] Das BMF-Schreiben vom 8.12.2025 ist für Wj anzuwenden, die nach dem 31.12.2025 beginnen. Entsteht durch die neuen Richtwerte im Wj 2026 oder 2026/2027 ein Umstellungsgewinn, kann dieser auf zehn Jahre verteilt werden.[3] Mit Ausnahme der Übergangsregelung kann das BMF-Schreiben vom 8.12.2025 auch schon in früheren Wirtschaftsjahren angewandt werden.

(a) Wahlrecht des Steuerpflichtigen

Der Landwirt kann 294

- seine Tiere einzeln bewerten und mit den Anschaffungs- oder Herstellungskosten ansetzen (Einzelbewertung)[4] oder
- zur Erleichterung der Bewertung seine Tiere nach Tierarten und Altersklassen jeweils zu einer Gruppe zusammenfassen und mit dem gewogenen Durchschnittswert[5] ansetzen (Gruppenbewertung).[6]

(b) Einzelbewertung

Der Stpfl. kann sich hier folgender Verfahren bedienen: 295

- Betriebsindividuelle Wertermittlung.

  Die Anschaffungs- oder Herstellungskosten sind nach den Verhältnissen des Betriebs zu ermitteln. Ein niedrigerer Teilwert[7] kann ggf. angesetzt werden.[8]

---

1 BMF 14.11.2001, BStBl 2001 I S. 864, Rz. 29; BMF 8.12.2025 – IV C 6 - S 2170/00015/002/094, NWB YAAAK-06135, Rz. 30.

2 BMF 8.12.2025 – IV C 6 - S 2170/00015/002/094, NWB YAAAK-06135.

3 BMF 8.12.2025 – IV C 6 - S 2170/00015/002/094, NWB YAAAK-06135, Rz. 31 ff.

4 BMF 14.11.2001, BStBl 2001 I S. 864, Rz. 11 ff.; BMF 8.12.2025 – IV C 6 - S 2170/00015/002/094, NWB YAAAK-06135, Rz. 11 ff.

5 § 240 Abs. 4 HGB.

6 BMF 14.11.2001, BStBl 2001 I S. 864, Rz. 14 ff.; BMF 8.12.2025 – IV C 6 - S 2170/00015/002/094, NWB YAAAK-06135, Rz. 14 ff.

7 § 6 Abs. 1 Nr. 1 Satz 2, Nr. 2 Satz 2 EStG.

8 BMF 14.11.2001, BStBl 2001 I S. 864, Rz. 11; BMF 8.12.2025 – IV C 6 - S 2170/00015/002/094, NWB YAAAK-06135, Rz. 11.

- Werte aus vergleichbaren Musterbetrieben.[1]
- Richtwerte.

  Die Anschaffungs- oder Herstellungskosten können auch mit den Richtwerten der FinVerw angesetzt werden.[2] Dies ist jedoch nicht möglich, wenn die tatsächlichen Werte erheblich von den Richtwerten abweichen (z. B. bei Zuchttieren wie Zuchthengsten und Zuchtbullen, Turnier- und Reitpferden). Beträgt der tatsächliche Kaufpreis mindestens 5.000 € oder übersteigt dieser das 2,5-fache des Richtwerts, liegt eine erhebliche Abweichung vor.[3]

(c) Gruppenbewertung

296 Die Gruppenbewertung braucht nicht für den gesamten Tierbestand des Betriebs gewählt zu werden. Sie kann auf bestimmte Tiergruppen beschränkt werden; insoweit besteht dann auch eine Bindung für künftige Bilanzen.

Tiergruppe kann nicht nur eine **Tierart** (z. B. Schweine, Rindvieh) sein, sondern auch eine **Altersklasse** oder ein **Geschlecht** innerhalb einer Tierart.[4] An die Gliederung der Anlage (vgl. Rz. 300) ist der Stpfl. nicht gebunden,[5] er muss jedoch seine (abweichende) Gliederung grds. in künftigen Bilanzen beibehalten.[6]

Keine Tiergruppe bilden besonders wertvolle Tiere, die Gruppenbewertung ist insoweit nicht zulässig.[7]

Die Gruppenbewertung kann wie folgt vorgenommen werden:

- Betriebsindividuelle Wertermittlung.

  Ermittlung des gewogenen Durchschnittswertes nach den Verhältnissen des Betriebs.

---

1 Vgl. hierzu BFH 4.6.1992, BStBl 1993 II S. 276; BFH 1.10.1992, BStBl 1993 II S. 284; BMF 14.11.2001, BStBl 2001 I S. 864, Rz. 12; BMF 8.12.2025 – IV C 6 - S 2170/00015/002/094, NWB YAAAK-06135, Rz. 12.

2 BMF 14.11.2001, BStBl 2001 I S. 864; BMF 8.12.2025 – IV C 6 - S 2170/00015/002/094, NWB YAAAK-06135.

3 BMF 14.11.2001, BStBl 2001 I S. 864, Rz. 13; BMF 8.12.2025 – IV C 6 - S 2170/00015/002/094, NWB YAAAK-06135, Rz. 13.

4 BMF 14.11.2001, BStBl 2001 I S. 864, Rz. 14; BMF 8.12.2025 – IV C 6 - S 2170/00015/002/094, NWB YAAAK-06135, Rz. 14.

5 Vgl. BMF 14.11.2001, BStBl 2001 I S. 864, Rz. 14; BMF 8.12.2025 – IV C 6 - S 2170/00015/002/094, NWB YAAAK-06135, Rz. 14 „kann".

6 BMF 14.11.2001, BStBl 2001 I S. 864, Rz. 19; BMF 8.12.2025 – IV C 6 - S 2170/00015/002/094, NWB YAAAK-06135, Rz. 19; Hiller, INF 1995 S. 161.

7 BMF 14.11.2001, BStBl 2001 I S. 864, Rz. 15; BMF 8.12.2025 – IV C 6 - S 2170/00015/002/094, NWB YAAAK-06135, Rz. 15.

- Ermittlung nach Werten von vergleichbaren Musterbetrieben.[1]
- Ermittlung nach Richtwerten.

  Es können Richtwerte der FinVerw (Rz. 300) angesetzt werden.

(d) Bewertungsstetigkeit

Die gewählte Bewertungsmethode sowie das Wertermittlungsverfahren sind für die jeweilige Tiergruppe grds. beizubehalten.[2] Von der Gruppenbewertung der Tiere des Anlagevermögens kann für Neuzugänge eines Wj der jeweiligen Tiergruppe einheitlich zur Einzelbewertung übergegangen werden.[3] Der **Übergang auf eine andere Bewertungsmethode** oder auf ein anderes Wertermittlungsverfahren ist auch dann möglich, wenn sich die betrieblichen Verhältnisse wesentlich geändert haben (z. B. bei Strukturwandel).[4] 297

(e) Herstellungskosten

Der Begriff der Herstellungskosten ergibt sich aus § 255 Abs. 2 HGB. 298

Im Einzelnen rechnen zu den Herstellungskosten:[5]

- **Material- und Fertigungseinzelkosten**

  Dazu rechnen die Anschaffungskosten für Jungtiere, Kosten des selbst hergestellten oder zugekauften Futters (einschließlich Feldbestellungskosten; Pachtzinsen für Futterflächen), Deck- und Besamungskosten (einschließlich Embryotransfer) ohne Erzeugung eines Jungtieres und die Fertigungslöhne bis zum Zeitpunkt der Fertigstellung (vgl. Rz. 299), Transport- und Fahrtkosten, die bei der Fertigung entstehen.
- **Material- und Fertigungsgemeinkosten**

  Dazu rechnen z. B. die Kosten für den Tierarzt, Medikamente, Tierversicherungen, Energie, Abwasser, Gülleentleerung, AfA, laufender Unterhalt für bewegliche und unbewegliche Wirtschaftsgüter des Anlagevermögens, die der Tierhaltung dienen, sowie Miet- und Pachtzinsen für derartige Wirtschaftsgüter.

---

1 Vgl. BFH 4.6.1992, BStBl 1993 II S. 276; BFH 1.10.1992, BStBl 1993 II S. 284; BFH 6.8.1998, BStBl 1999 II S. 14.

2 § 252 Abs. 1 Nr. 6 HGB; vgl. BFH 14.4.1988, BStBl 1988 II S. 672; BMF 14.11.2001, BStBl 2001 I S. 864, Rz. 19; BMF 8.12.2025 – IV C 6 - S 2170/00015/002/094, NWB YAAAK-06135, Rz. 19.

3 BFH 15.2.2001, BStBl 2001 II S. 548 und 549.

4 Vgl. BMF 14.11.2001, BStBl 2001 I S. 864, Rz. 20; BMF 8.12.2025 – IV C 6 - S 2170/00015/002/094, NWB YAAAK-06135, Rz. 20.

5 Vgl. BMF 14.11.2001, BStBl 2001 I S. 864, Rz. 2 bis 7; BMF 8.12.2025 – IV C 6 - S 2170/00015/002/094, NWB YAAAK-06135, Rz. 2 bis 7.

- **Kosten der allgemeinen Verwaltung**

  Sie brauchen nicht erfasst zu werden (z. B. Beiträge zur Berufsgenossenschaft, zur Landwirtschaftskammer). Sie sind in den Richtwerten lt. Anlage nicht enthalten.[1] Durch das Gesetz zur Modernisierung des Besteuerungsverfahrens vom 18.7.2016[2] wurde in § 6 Abs. 1 Nr. 1b EStG gesetzlich festgelegt, dass die angemessenen Kosten der allgemeinen Verwaltung nicht in die Herstellungskosten einbezogen werden müssen.

  Nicht zu den Herstellungskosten gehören Umsatzsteuer, Ertragsteuern und Vertriebskosten.[3]

- **Herstellungskosten von Jungtieren bis zur Geburt**

  Ein Jungtier ist zum Zeitpunkt der Geburt mit den bis dahin als Betriebsausgaben behandelten Herstellungskosten zu bewerten. Deck- und Besamungskosten (einschl. Embryotransfer) beim Muttertier sind Herstellungskosten des Jungtieres. AfA und Unterhaltskosten des Muttertieres während der Tragzeit sind bei reinen Zuchttieren nur für den Embryotransfer ohne Milchproduktion Herstellungskosten des Jungtieres, bei Färsen notwendige Herstellungskosten zur Fertigstellung als Milchkuh und bei Milchkühen sofort abziehbarer Unterhaltsaufwand des Muttertieres. In anderen Fällen sind die vor der Geburt entstandenen Herstellungskosten eines Jungtieres auf kalkulatorischem Weg von den Herstellungs-/Erhaltungskosten des Muttertieres und ggf. des Vatertieres abgrenzbar.[4]

(f) Zeitpunkt der Fertigstellung von Tieren des Anlagevermögens

299 Ein Tier ist fertig gestellt, wenn es ausgewachsen ist. Das ist bei männlichen Zuchttieren der Zeitpunkt, in dem sie zur Zucht eingesetzt werden können, bei weiblichen Zuchttieren die Vollendung der ersten Geburt[5] und bei Gebrauchstieren die erste Ingebrauchnahme. Turnier- und Rennpferde gelten mit ihrem ersten Einsatz als fertig gestellt,[6] Reitpferde mit Beginn des Zureitens.[7]

---

1 BMF 14.11.2001, BStBl 2001 I S. 864, Rz. 4; BMF 8.12.2025 – IV C 6 - S 2170/00015/002/094, NWB YAAAK-06135, Rz. 4.

2 BGBl 2016 I S. 1679.

3 BMF 14.11.2001, BStBl 2001 I S. 864, Rz. 5; BMF 8.12.2025 – IV C 6 - S 2170/00015/002/094, NWB YAAAK-06135, Rz. 5.

4 Vgl. BMF 14.11.2001, BStBl 2001 I S. 864, Rz. 7; BMF 8.12.2025 – IV C 6 - S 2170/00015/002/094, NWB YAAAK-06135, Rz. 7.

5 Vgl. BFH 9.12.1988, BStBl 1989 II S. 244.

6 Vgl. BFH 23.7.1981, BStBl 1981 II S. 672.

7 BMF 14.11.2001, BStBl 2001 I S. 864, Rz. 8; BMF 8.12.2025 – IV C 6 - S 2170/00015/002/094, NWB YAAAK-06135, Rz. 8.

(g) Richtwerte der FinVerw für die Viehbewertung (Anlage zu den BMF-Schreiben vom 14.11.2001 und 8.12.2025[1])

TAB. Richtwerte für die Viehbewertung 300

Richtwerte	**2001**			**2025**		
Tierart und Tiergruppe in € je Tier	Anschaffungs-/ Herstellungskosten	Schlachtwert	Gruppenwert	Anschaffungs-/ Herstellungskosten	Schlachtwert	Gruppenwert **ohne** Schlachtwert[2]
Spalte 1	Spalte 3	Spalte 5	Spalte 7	Spalte 2	Spalte 3	Spalte 4
Pferde[3]						
Pferde bis 1 Jahr	800,00		800,00	879,00		879,00
Pferde 1 bis 2 Jahre	1.400,00		1.400,00	2.336,00		2.336,00
Pferde 2 bis 3 Jahre	2.000,00		2.000,00	3.490,00		3.490,00
Pferde über 3 Jahre	2.600,00	400,00	1.500,00	4.068,00	300,00	2.034,00
Rinder						
Mastkälber	275,00		275,00	378,00		378,00
Männl. bis ½ Jahr	200,00		200,00	322,00		322,00
Männl. über ½ bis 1 Jahr	335,00		335,00	442,00		442,00
Männl. über 1 bis 1½ Jahre	500,00		500,00	630,00		630,00
Männl. über 1½ Jahre	700,00		700,00	848,00		848,00
Weibl. bis ½ Jahr	180,00		180,00	314,00		314,00
Weibl. über ½ bis 1 Jahr	300,00		300,00	438,00		438,00
Weibl. über 1 bis 2 Jahre	500,00		500,00	668,00		668,00
Weibl. über 2 Jahre (Färsen)	750,00		750,00	924,00		924,00
Kühe	800,00	550,00	675,00	1.033,00	900,00	516,00

1 BMF 14.11.2001, BStBl 2001 I S. 864; BMF 8.12.2025 – IV C 6 - S 2170/00015/002/094, NWB YAAAK-06135.

2 BMF 8.12.2025 – IV C 6 - S 2170/00015/002/094, NWB YAAAK-06135, Rz. 29.

3 Bei Richtwerten 2001: Kleinpferde sind mit jeweils $^2/_3$ und Ponys mit $^1/_3$ der Werte anzusetzen.

Richtwerte	**2001**			**2025**		
Tierart und Tiergruppe in € je Tier	Anschaf-fungs-/ Herstel-lungs-kosten	Schlacht-wert	Grup-penwert	Anschaf-fungs-/ Herstel-lungs-kosten	Schlacht-wert	Grup-penwert **ohne** Schlacht-wert[2]
Spalte 1	Spalte 3	Spalte 5	Spalte 7	Spalte 2	Spalte 3	Spalte 4
Schweine						
Ferkel bis 25 kg	30,00		30,00	35,00		35,00
Läufer (25 bis 50 kg)	50,00		50,00	60,00		60,00
Mastschweine über 50 kg	80,00		80,00	101,00		101,00
Jungsauen (ab 90 kg)	200,00		200,00	163,00		163,00
Zuchtsauen	210,00	150,00	180,00	218,00	210,00	109,00
Schafe						
Lämmer bis ½ Jahr	30,00		30,00	43,00		43,00
Schafe ½ bis 1 Jahr	50,00		50,00	98,00		98,00
Jungschafe über 20 Monate	70,00		70,00	124,00		124,00
Mutterschafe über 20 Monate	75,00	25,00	50,00	139,00	60,00	69,00
Geflügel						
Aufzuchtküken	1,00		1,00	1,31		1,31
Junghennen	2,95		2,95	3,14		3,14
Legehennen	4,50	0,40	2,45	4,68	0,50	2,34
Masthähnchen	0,65		0,65	0,876		0,876
Puten	7,25		7,25	9,31		9,31
Enten	2,25		2,25	3,46		3,46
Gänse	5,30		5,30	8,50		8,50

(8) Bewertung von stehendem und eingeschlagenem Holz

301 Für die Bewertung von stehendem Holz vgl. Rz. 1218 ff. und für die Bewertung von eingeschlagenem Holz Rz. 1236 ff.

(9) Bodenschätze

302 Im BV entstandene Bodenschätze sind mit 0 € zu bewerten. Wird der Bodenschatz in das Betriebsvermögen eingelegt, hat die Einlage mit dem Teilwert zu

erfolgen (vgl. auch Rz. 239). Beim Abbau des eingelegten Bodenschatzes dürfen Absetzungen für Substanzverringerung (vgl. Rz. 234) nicht vorgenommen werden.[1] Erwirbt eine Personengesellschaft ein Grundstück und einen darin enthaltenen Bodenschatz von ihrem Gesellschafter und wird für den Bodenschatz ein gesonderter Kaufpreis vereinbart, ist der Bodenschatz als abnutzbares bewegliches Wirtschaftsgut zu behandeln.[2]

(10) Milchreferenzmenge

Zur Bewertung vgl. Rz. 239 „Milchreferenzmenge" und Rz. 267 ff. 303

d) Betriebseinnahmen

Betriebseinnahmen sind Zugänge zum BV in Form von Geld oder Geldeswert, 304
die durch den Betrieb veranlasst sind.[3] Der allgemeine Betriebseinnahmebegriff gilt auch für die LuF. Einnahmen, die aus BV resultieren, sind grds. Betriebseinnahmen.

Beispielhaft seien hier genannt: Betriebseinnahmen sind insbesondere Einnahmen aus der Lieferung von Erzeugnissen, aus betrieblichen Leistungen, Zahlungsansprüche nach der GAP-Reform, aus betrieblichen Versicherungen (z. B. Hagelversicherung), Zuschüsse und Beihilfen, Entschädigungen, Prämien, Ausgleichszahlungen etc.[4] Im Weiteren wird auf einzelne Beispiele eingegangen, die speziell für die LuF von Bedeutung sind. Zur steuerlichen Behandlung von z. T. länderspezifischen luf Fördermaßnahmen vgl. auch die Übersicht OFD Hannover 23.9.1993.[5]

(1) Zuschüsse und Beihilfen aus öffentlichen Mitteln zählen zu den Betriebs- 305
einnahmen, dazu zählen auch: **Aufforstungsbeihilfen** und andere **Zuschüsse für Ernteschäden, Holzvermarktungsbeihilfen** etc.

(2) **Entschädigungen**, die LuF für die Zurverfügungstellung von **naturschutz-** 306
rechtlichen Ausgleichsflächen (Ersatzflächenpools für Ausgleichsmaßnahmen nach den Naturschutzgesetzen) erhalten, sind steuerpflichtige Betriebseinnahmen. Sie sind in dem Wj zu berücksichtigen, dem sie wirtschaftlich zuzurechnen sind. Ggf. ist ein passiver RAP gem. § 5 Abs. 5 Satz 1 Nr. 2 EStG zu bilden.[6]

---

1 BFH 4.12.2006 – GrS 1/05, BStBl 2007 II S. 508; BFH 4.2.2016 – IV R 46/12, BStBl 2016 II S. 607.
2 BFH 1.9.2022 - IV R 25/19, BStBl 2023 II S. 695.
3 Herrschende Meinung, vgl. z. B. BFH 14.4.1988, BStBl 1988 II S. 633.
4 Vgl. hierzu Felsmann, Einkommensbesteuerung, Abschnitt B 6 Rz. 8 ff.
5 S 2230-310-StH 251.
6 Vgl. hierzu BMF 3.8.2004, BStBl 2004 I S. 716.

307 (3) **Entschädigungen für Wirtschaftserschwernisse** stellen grds. Betriebseinnahmen dar. Zur bilanziellen Behandlung vgl. Rz. 264 ff.

308 (4) Einnahmen aus **„Ferien auf dem Bauernhof“**, d. h. Einnahmen aus der Vermietung von Zimmern an Feriengäste (einschließlich der Verabreichung von Kost) können einen Gewerbebetrieb darstellen. Aus Vereinfachungsgründen ist keine gewerbliche Tätigkeit anzunehmen, wenn weniger als vier Zimmer und weniger als sechs Betten zur Beherbergung von Fremden bereitgehalten werden und keine Hauptmahlzeit gewährt wird,[1] vgl. Rz. 127.

Soweit weder Einkünfte aus Gewerbebetrieb noch aus LuF gegeben sind, liegen Einkünfte aus **Vermietung und Verpachtung** vor.

309 (5) **Prämien und Zuschüsse nach dem Gesetz zur Umsetzung der Reform der Gemeinsamen Agrarpolitik** (GAP-ReformG) vom 21.7.2004[2] zählen zu den steuerpflichtigen Betriebseinnahmen. Zur ertragsteuerlichen Behandlung der einzelnen Zahlungsansprüche (Betriebsprämie, Stilllegungs-Zahlungsanspruch, etc.) vgl. BMF vom 25.6.2008.[3]

310 (6) **Milchaufgabevergütungen**, die nach dem mittlerweile ausgelaufenen 3. Gesetz zur Änderung des Milchaufgabevergütungsgesetzes vom 24.7.1990[4] von den Ländern bei Aufkauf der Milchlieferrechte dem Milchproduzenten gezahlt wurden, sind Betriebseinnahmen. Ein Buchwert für die abgegebenen Milchlieferrechte kann abgesetzt werden.[5] Zur Bilanzierung vgl. Rz. 267 ff.

Die Regelung gilt auch für Zahlungen, die der eine Anlieferungsreferenzmenge aufgebende Landwirt im sog. **Partnerverfahren** (ein anderer Landwirt übernimmt die Anlieferungsreferenzmenge) erhält,[6] die ebenfalls zwischenzeitlich ausgelaufen sind.

311 (7) **Zinsverbilligungszuschüsse**, die nach dem Agrarkreditprogramm und dem Agrarinvestitionsförderprogramm (AFP) gewährt werden, zählen zu den steuerpflichtigen Betriebseinnahmen. In Höhe des erhaltenen Einmalbetrags ist ein

1 R 15.5 Abs. 13 EStR; zur Abgrenzung gegenüber einem Gewerbebetrieb vgl. auch R 15.7 EStR.
2 BGBl 1990 I S. 1763.
3 BStBl 2008 I S. 682; BMF 13.10.2008, BStBl 2008 I S. 939; BMF 13.12.2016, BStBl 2017 I S. 33.
4 BGBl 1990 I S. 1470.
5 BMF 5.11.2014, BStBl 2014 I S. 1503, Rz. 35; zur Ermittlung des Buchwertes vgl. BMF 5.11.2014, BStBl 2014 I S. 1503, Rz. 12.
6 BMF 15.4.1991, BStBl 1991 I S. 497.

passiver RAP zu bilden und während der Laufzeit des Darlehens gewinnerhöhend aufzulösen.[1]

(8) Zuschüsse zum Beitrag nach § 32 des Gesetzes über die Alterssicherung der Landwirte (ALG) sind steuerfrei (§ 3 Nr. 17 EStG). Nach § 32 Abs. 1 ALG erhalten versicherungspflichtige Landwirte einen Zuschuss zu ihrem Beitrag und zum Beitrag für mitarbeitende Familienangehörige, wenn das jährliche Einkommen weniger als 60 % der sozialversicherungsrechtlichen Bezugsgröße beträgt. Das jährliche Einkommen ist das Einkommen des Landwirts und seines nicht dauernd von ihm getrennt lebenden Ehegatten. Ein Ausgleich mit Verlusten aus anderen Einkunftsarten und mit Verlusten des Ehegatten ist ausgeschlossen.[2] Die Steuerfreiheit führt dazu, dass Aufwendungen insoweit nicht als Sonderausgaben[3] oder Betriebsausgaben abgezogen werden dürfen.[4] 312

(9) **Prämien zur endgültigen Aufgabe von Rebflächen** nach der Verordnung über die Gewährung von Prämien für die endgültige Aufgabe des Weinbaus vom 9.11.2000[5] i. V. mit der Verordnung (EG) Nr. 1493/1999 des Rates vom 17.5.1999 über die gemeinsame Marktorganisation für Wein (ABl. EG L 179/1) stellen steuerpflichtige Betriebseinnahmen dar. 313

(10) Land- und forstwirtschaftliche Dienstleistungen **ohne Verwendung von WG des Betriebs** sind grds. eine gewerbliche Tätigkeit. Unter den Voraussetzungen von R 15.5 Abs. 10 und 11 EStR kann diese Tätigkeit noch der LuF zugerechnet werden, wenn ein funktionaler Zusammenhang mit typisch luf Tätigkeiten besteht. Vgl. hierzu Rz. 126. Die Einnahmen hieraus sind steuerpflichtige Einnahmen aus Gewerbebetrieb oder LuF. 314

Die bisherige Unterscheidung zwischen Dienstleistungen, die für andere Betriebe der LuF, und Dienstleistungen, die nicht für andere Betriebe der LuF (sondern Dritte) erbracht werden (R 15.5 Abs. 10 EStR 2008), ist entfallen.

(11) Land- und forstwirtschaftliche Dienstleistungen **bei Verwendung von Wirtschaftsgütern**, die er eigens zu diesem Zweck angeschafft hat, stellen von Anfang an einen gewerblichen Betrieb dar. 315

1 OFD München 5.8.2004, ESt-Kartei BY § 13 Karte 9.2.

2 § 32 Abs. 3 ALG.

3 § 10 Abs. 1 Nr. 2 EStG.

4 § 3c Abs. 1 EStG.

5 BGBl 2000 I S. 1502.

Verwendet ein LuF WG seines BV auch außerhalb seines Betriebs, indem er sie einem Dritten entgeltlich überlässt oder mit ihnen für Dritte Dienstleistungen verrichtet, stellt diese Betätigung grds. eine gewerbliche Tätigkeit dar. Unter den Voraussetzungen der R 15.5 Abs. 9 und 11 EStR kann diese Tätigkeit noch der LuF zugerechnet werden, wenn der Einsatz der verwendeten WG für eigene luf Zwecke einen Umfang von 10 % nicht unterschreitet. Vgl. hierzu Rz. 125. Die dadurch erzielten Einnahmen sind steuerpflichtige Betriebseinnahmen.

316 (12) Die **Produktionsaufgaberente** rechnet zu den Einkünften aus LuF (§ 13 Abs. 2 Nr. 3 EStG), ausgenommen der Grundbetrag bis zu einem Höchstbetrag von 18.407 € nach § 3 Nr. 27 EStG, der zusammen mit dem Ausgleichsgeld nach dem Gesetz zur Förderung der Einstellung der landwirtschaftlichen Erwerbstätigkeit steuerfrei ist. Steuerpflichtig sind auch Vergütungen im Rahmen von Länderprogrammen.

317 (13) **Zuchtprämien** und andere Preise stellen Betriebseinnahmen dar, wenn sie in ursächlichem Zusammenhang mit der luf Tätigkeit stehen.[1]

318 (14) Zu den Einkünften bei zugepachteter Jagd vgl. BFH 11.7.1996.[2]

319 (15) Zahlungen aus dem Programm zur Förderung von umweltgerechter Landwirtschaft, Erhaltung der Kulturlandschaft (z. B. in Bayern und auch in Thüringen – KULAP) stellen, wenn sie im Rahmen eines luf Betriebs anfallen, Betriebseinnahmen dar, sonst Einkünfte nach § 22 Nr. 3 EStG.[3]

320 (16) Verträge über die **Ausbeutung von Bodenschätzen**

Bei Vorliegen eines Ausbeutevertrags ist vorweg zu klären, ob es sich wirtschaftlich gesehen um eine Nutzungsüberlassung oder um eine Veräußerung handelt. In der Regel werden die Verträge einkommensteuerrechtlich als Pachtverträge behandelt, vgl. BFH-Rechtsprechung.[4] Bei einer Veräußerung ergeben sich für den veräußernden LuF keine steuerlichen Auswirkungen, da es sich um eine Veräußerung aus dem Privatvermögen handelt.[5] Der Ausbeutevertrag selbst kann kein gewillkürtes BV sein. Einnahmen aus einem Nutzungsvertrag führen nicht

1 BFH 1.10.1964, BStBl 1964 III S. 629; BFH 16.1.1975, BStBl 1975 II S. 558; BFH 9.5.1985, BStBl 1985 II S. 427.

2 IV R 71/95, NWB WAAAB-38075 = BFH/NV 1997 S. 103.

3 Vgl. BFH 13.2.2008 – IX R 63/06, BFH/NV 2008 S. 1138.

4 BFH 6.5.2003 – IX R 64/98, NWB JAAAA-71596 = BFH/NV 2003 S. 1175; BFH 16.12.2004, BStBl 2005 II S. 278.

5 BFH 28.10.1982, BStBl 1983 II S. 106; H 4.2 Abs. 1 „Bodenschatz" EStH.

zu Betriebseinnahmen, da es sich um eine Nutzungsüberlassung im Privatvermögen handelt – daher Einkünfte aus Vermietung und Verpachtung.[1] Durch den Ausbeutevertrag ändert sich die Zugehörigkeit des Grundstücks zum BV nicht.[2]

e) Betriebsausgaben

Der Begriff der Betriebsausgaben ist in allen Fällen der Gewinnermittlung der 321
Gleiche. Unterschiede können sich allenfalls aus dem System (z. B. hinsichtlich des Zeitpunktes der Auswirkung) ergeben. Betriebsausgaben sind Aufwendungen, die durch den Betrieb veranlasst sind;[3] für die LuF ergeben sich insoweit keine Besonderheiten. Im Folgenden werden in Einzelfällen Aufwendungen erörtert, die in der LuF eine besondere Bedeutung haben. Eine abschließende Darstellung ist hierbei nicht beabsichtigt.

aa) Absetzung für Abnutzung

Für die Absetzung für Abnutzung gelten für luf Betriebe grds. die allgemeinen 322
Regeln.[4] Auf die R 7.1 bis 7.5 EStR kann deshalb verwiesen werden. Vgl. auch die allgemeinen Vorbemerkungen zu den AfA-Tabellen.[5]

Für den Bereich der LuF bestehen AfA-Tabellen, die grds. zugrunde zu legen sind. Diese sind aber für die Gerichte nicht bindend, BFH vom 19.11.1997.[6] Zu den Folgerungen aus dem vorgenannten BFH-Urteil und zur weiteren Anwendung der davor gültigen AfA-Tabellen vgl. BMF vom 15.6.1999.[7]

(1) Allgemein verwendbare Anlagegüter (BStBl 2000 I S. 1532)

Die Tabelle ist für alle Anlagegüter anzuwenden, die nach dem 31.12.2000 ange- 323
schafft oder hergestellt worden sind. Sind Anlagegüter sowohl in der AfA-Tabelle allgemein verwendbarer Anlagegüter als auch in einer branchengebundenen AfA-Tabelle aufgeführt, gilt für die branchenzugehörigen Stpfl. die Branchentabelle, z. B. Traktoren und Schlepper oder Kombiwägen.[8]

---

1 BFH 19.7.1994, BStBl 1994 II S. 846; BFH 16.10.1997, BStBl 1998 II S. 185.

2 Vgl. auch BMF 7.10.1998, BStBl 1998 I S. 1221.

3 § 4 Abs. 4 EStG.

4 § 7 EStG.

5 BStBl 2001 I S. 860.

6 BStBl 1998 II S. 59.

7 BStBl 1999 I S. 543.

8 BStBl 2001 I S. 860 – allgemeine Vorbemerkung Nr. 1.

(2) Landwirtschaft und Tierzucht (BStBl 1996 I S. 1416)

324 Die AfA-Tabelle gilt für alle Anlagegüter, die nach dem 30.6.1996 angeschafft oder hergestellt worden sind.

Die Tabelle gilt für folgende Wirtschaftszweige: Marktfruchtbau, Milchviehhaltung, Rindermast, Futterbau, Schweinehaltung, Geflügelhaltung, tierische Veredelung.

Die AfA-Tabelle geht für die durchschnittliche Nutzungsdauer von Anlagegütern, deren Nutzungsdauer von den Bodenverhältnissen abhängt, von mittelschweren und überwiegend ebenen Böden aus. Abweichungen nach oben und unten sind daher möglich (z. B. bei Hanglage, schwere Lehmböden, Sandböden). Der Stpfl. muss Umstände, die eine Abweichung rechtfertigen, darlegen.

(3) Forstwirtschaft (BStBl 1996 I S. 159)

325 Die Tabelle gilt für alle Anlagegüter, die in Wj angeschafft oder hergestellt worden sind, die nach dem 30.9.1995 beginnen.

Die Tabelle gilt für die Forstwirtschaft und für Dienstleistungen auf der forstwirtschaftlichen Erzeugerstufe.

Bei der Ermittlung der betriebsgewöhnlichen Nutzungsdauer sind die in der Forstwirtschaft branchenüblichen Witterungs- und sonstigen Einflüsse berücksichtigt.

Zur Einordnung einzelner Wirtschaftsgüter

Fahrwege (Pos. 2.1.1) sind alle befestigten und natürlich festen Wege, die nach ihrer Bauart ganzjährig mit schweren, im Forstbetrieb vorkommenden Lasten befahrbar sind. Maschinenwege (Pos. 2.1.2) sind alle anderen ortsfesten und kartenmäßig festgelegten Wege ohne Unterbau; Rückegassen sind keine Maschinenwege. Die AfA-Sätze für Be- und Entwässerungsanlagen (Pos. 3) gelten nur, soweit sie nicht Bestandteil von Wegen und Straßen werden. Der AfA-Satz für Rohholzaufbereitungsanlagen (Pos. 4.7.2) gilt nicht bei Einzelaktivierung; in diesen Fällen ist die Tabelle für den Wirtschaftszweig „Sägeindustrie und Holzbearbeitung" anzuwenden.

Der Baumbestand ist ein nicht abnutzbares WG des Anlagevermögens (vgl. Rz. 332 und 1218 ff.).[1]

1 BFH 5.6.2008, BStBl 2008 II S. 960; zum Wirtschaftsgut Baumbestand vgl. BMF 16.5.2012, BStBl 2012 I S. 595.

(4) Gartenbau (BStBl 1998 I S. 955)

Die AfA-Tabelle gilt für alle Anlagegüter, die nach dem 31.12.1997 angeschafft oder hergestellt worden sind. 326

Die Tabelle gilt für folgende Wirtschaftszweige: Gemüsebau, Obstbau, Zierpflanzenbau, Baumschulen, allg. Gartenbau, sonst. allg. Gartenbau (und für gewerbliche Gärtnereien).

Soweit Anlagegüter (z. B. Öfen) üblicherweise mehrschichtig genutzt werden, sind keine Schichtzuschläge mehr möglich.

(5) Hopfenanbau (BStBl 1997 I S. 90)

Die AfA-Tabelle gilt für alle Anlagegüter, die nach dem 30.6.1996 angeschafft oder hergestellt worden sind. 327

(6) Tabakanbau (BStBl 1996 I S. 3)

Die AfA-Tabelle gilt für alle Anlagegüter, die nach dem 30.6.1995 angeschafft oder hergestellt worden sind. 328

(7) Weinbau- und Weinhandel (BStBl 1992 I S. 3)

Die AfA-Tabelle gilt für alle Anlagegüter, die nach dem 31.12.1988 angeschafft oder hergestellt worden sind. 329

Die Tabelle gilt für folgende Wirtschaftszweige: Weinbau, Herstellung und Verarbeitung von Traubenwein, Großhandel mit Wein, Einzelhandel mit Wein und Spirituosen.

Bei der Bemessung der Nutzungsdauer ist bereits eine mehrschichtige Nutzung berücksichtigt. Ebenfalls berücksichtigt sind branchenübliche Einflüsse von Nässe (Dampf), Staub, Säuren und Laugen sowie Kälte- und Hitzeeinwirkungen.

Wiederbepflanzungsrechte im Weinbau sind immaterielle Wirtschaftsgüter. Bei diesen Rechten handelt es sich jedenfalls bis zum 30.6.2011 um nicht abnutzbare Wirtschaftsgüter.[1]

1 BFH 6.12.2017, BStBl 2018 II S. 353.

(8) Binnenfischerei, Teichwirtschaft, Fischzucht und fischwirtschaftliche Dienstleistungen (BStBl 1991 I S. 514)

330 Die AfA-Tabelle gilt für alle Anlagegüter, die nach dem 31.12.1990 angeschafft oder hergestellt worden sind.

Die Tabelle gilt für folgende Wirtschaftszweige: Fluss- und Seefischerei, Teichwirtschaft, Fischzucht und Dienstleistungen auf der fischwirtschaftlichen Erzeugerstufe.

(9) Abschreibungen bei Elektrofahrzeugen

330/1 Werden nach dem 30.6.2025 und vor dem 1.1.2028 angeschaffte betriebliche Fahrzeuge des Anlagevermögens (z. B. Hoflader) rein elektrisch betrieben, können im Jahr der Anschaffung 75 %, im zweiten Jahr 10 %, im dritten und vierten Jahr jeweils 5 %, im fünften Jahr 3 % und im sechsten Jahr 2 % der Anschaffungskosten als Abschreibungen abgezogen werden. Daneben ist der Abzug einer linearen AfA, einer degressiven AfA und von Sonderabschreibungen nicht zulässig.[1] Die Regelung gilt auch bei der Anschaffung von Fahrzeugen ohne Straßenzulassung und von gebrauchten Fahrzeugen.

(10) Abschreibungen bei Tieren

331 Für die AfA sind Tiere als **Anlagevermögen und Umlaufvermögen** zu unterscheiden. Zum Anlagevermögen gehören Tiere, die nach der Fertigstellung nicht zur sofortigen Veräußerung, Verarbeitung oder zum Verbrauch bestimmt sind (z. B. Zuchttiere, Milchvieh, Legehennen).[2]

Zum Umlaufvermögen gehören Tiere, die zur Veräußerung, Verarbeitung oder zum Verbrauch im Betrieb bestimmt sind (z. B. Masttiere). Für sie kommt allenfalls eine Teilwertabschreibung (vgl. Rz. 282) in Betracht.[3] Wenn von Anfang an eine weitere Verwendung als Schlachtvieh geplant ist, sind die Tiere des Anlagevermögens im Anschluss an die Nutzung im Betrieb in Umlaufvermögen umzuwidmen.[4]

AfA kann ab dem Zeitpunkt der Fertigstellung (vgl. Rz. 299) vorgenommen werden. Der Umfang richtet sich nach der betriebsgewöhnlichen Nutzungsdauer.

---

1 § 7 Abs. 2a EStG; BT-Drucks. 21/323 S. 22.

2 BMF 14.11.2001, BStBl 2001 I S. 864, Rz. 21; BMF 8.12.2025 – IV C 6 - S 2170/00015/002/094, NWB YAAAK-06135, Rz. 21.

3 BMF 14.11.2001, BStBl 2001 I S. 864, Rz. 29; BMF 8.12.2025 – IV C 6 - S 2170/00015/002/094, NWB YAAAK-06135, Rz. 30.

4 BMF 8.12.2025 – IV C 6 - S 2170/00015/002/094, NWB YAAAK-06135, Rz. 22.

Bemessungsgrundlage sind die Anschaffungs- oder Herstellungskosten abzüglich des Schlachtwerts, wenn eine Umwidmung zu Umlaufvermögen von Anfang an geplant ist.[1] Schlachtwert ist der Veräußerungserlös, der bei vorsichtiger Beurteilung nach Beendigung der Nutzung erzielbar sein wird.[2] Der Schlachtwert kann betriebsindividuell, mit Wertansätzen aus vergleichbaren Musterbetrieben oder mit den Richtwerten der FinVerw (vgl. Rz. 300) ermittelt werden. Die Bemessungsgrundlage ist nicht um den Schlachtwert zu reduzieren, wenn eine Umwidmung in Umlaufvermögen nicht geplant ist.[3]

Für die Prüfung der Voraussetzungen des § 6 Abs. 2 und 2a EStG sind die Anschaffungs- oder Herstellungskosten ohne Abzug eines Schlachtwerts heranzuziehen. Beim Sammelposten bleibt der Schlachtwert stets außer Ansatz, bei der Bewertungsfreiheit nach § 6 Abs. 2 EStG kommt es auf die geplante Weiterverwendung an.[4]

Der betriebsgewöhnlichen Nutzungsdauer können folgende Werte zu Grunde gelegt werden (individuelle Abweichungen sind also möglich):

Zuchthengste	5 Jahre
Zuchtstuten	10 Jahre
Zuchtbullen	3 Jahre
Milchkühe	3 Jahre
übrige Kühe	5 Jahre
Zuchteber und -sauen	2 Jahre
Zuchtböcke und -schafe	3 Jahre
Legehennen	1,33 Jahre
Damtiere	10 Jahre

(11) Abschreibung beim Baumbestand

Nach dem BFH-Urteil vom 5.6.2008[5] ist das „stehende Holz" eines Betriebs 332 bzw. das Wirtschaftsgut Baumbestand ein nicht abnutzbares WG des Anlage-

1 BMF 14.11.2001, BStBl 2001 I S. 864, Rz. 24; BMF 8.12.2025 – IV C 6 - S 2170/00015/002/094, NWB YAAAK-06135, Rz. 24.

2 BFH 4.6.1992, BStBl 1993 II S. 276; BFH 1.10.1992, BStBl 1993 II S. 284.

3 BMF 14.11.2001, BStBl 2001 I S. 864, Rz. 24; BMF 8.12.2025 – IV C 6 - S 2170/00015/002/094, NWB YAAAK-06135, Rz. 24.

4 BMF 8.12.2025 – IV C 6 - S 2170/00015/002/094, NWB YAAAK-06135, Rz. 14 und 25 f.

5 BStBl 2008 II S. 968.

vermögens. Da es keiner wirtschaftlichen oder technischen Abnutzung unterliegt, kommt eine AfA nicht in Betracht. Zur ggf. in Frage kommenden Buchwertminderung bei Kahlschlägen und Ernte hiebsreifer Bestände vgl. BMF vom 16.5.2012[1] und Rz. 1218 ff.

(12) AfA für WG land- und forstwirtschaftlicher Nebenbetriebe

333 Es finden die allgemeinen Grundsätze Anwendung, z. B. für Brennereien oder Sägewerke.

bb) Absetzung für Substanzverringerung (AfS)

334 Nach § 7 Abs. 6 EStG ist bei Bergbauunternehmen, Steinbrüchen und anderen Betrieben, die einen Verbrauch der Substanz mit sich bringen, Absatz 1 entsprechend anzuwenden; dabei sind Absetzungen nach Maßgabe des Substanzverzehrs zulässig (Absetzung für Substanzverringerung, AfS). Das gilt nicht für im eigenen Grund und Boden entdeckte und damit unentgeltlich und originär erworbene Bodenschätze.[2]

cc) Sonderabschreibungen

335 An dieser Stelle werden nur Sonderabschreibungen/Bewertungsfreiheiten behandelt, die speziell für die LuF gelten bzw. bei denen besondere Probleme für die LuF entstehen.

Sonderabschreibungen und degressive AfA nach § 7 Abs. 2 EStG für Tiere können nur bei Einzelbewertung in Anspruch genommen werden.[3]

(1) Investitionsabzugsbeträge und Sonderabschreibungen zur Förderung kleiner und mittlerer Betriebe

335/1 § 7g EStG wurde im Laufe der Zeit wiederholt geändert bzw. ergänzt. Bei der nachfolgenden Darstellung wurden die Änderungen durch das Wachstumschancengesetz vom 27.3.2024[4] berücksichtigt. Zu Zweifelsfragen vgl. BMF vom 15.6.2022.[5]

---

1 BStBl 2012 I S. 595.

2 BFH 4.12.2006, BStBl 2007 II S. 508 für ein Kiesvorkommen.

3 BMF 14.11.2001, BStBl 2001 I S. 864, Rz. 27; BMF 8.12.2025 – IV C 6 - S 2170/00015/002/094, NWB YAAAK-06135, Rz. 28.

4 BGBl 2024 I Nr. 108.

5 BStBl 2022 I S. 945.

(a) Regelungsinhalt des § 7g EStG

Die Bestimmung enthält zwei Vergünstigungen: (1) den Investitionsabzugsbetrag (Abs. 1 bis 4) und (2) die Inanspruchnahme von Sonderabschreibungen (Abs. 5 und 6). Die Vergünstigungen können auch von Betrieben der LuF in Anspruch genommen werden. 336

Stpfl. können für die künftige Anschaffung oder Herstellung eines abnutzbaren beweglichen WG des Anlagevermögens bis zu 40 % (ab Wj 2019/2020 bzw. Wj 2020 50 %) der voraussichtlichen Anschaffungs- oder Herstellungskosten gewinnmindernd abziehen (Investitionsabzugsbetrag; § 7g Abs. 1 Satz 1 EStG). Unabhängig davon können Sonderabschreibungen im Jahr der Anschaffung oder Herstellung und in den folgenden vier Jahren bis zu insgesamt 20 % (bei nach dem 31.12.2023 angeschafften/hergestellten WG 40 %) der Anschaffungs- oder Herstellungskosten in Anspruch genommen werden (§ 7g Abs. 5 und Abs. 6 EStG).

(b) Voraussetzungen der Inanspruchnahme von Abzugsbeträgen

Die Inanspruchnahme des Abzugsbetrags setzt voraus, dass 337

- der Gewinn nach § 4 oder § 5 EStG ermittelt wird und dass der Gewinn im Jahr des Abzugs 200.000 € nicht überschreitet. Bei der Ermittlung des maßgeblichen Gewinns bleiben die Investitionsabzugsbeträge und die Hinzurechnungsbeträge außer Ansatz. Diese Voraussetzungen müssen grds. ab dem Wj 2019/2020 bzw. dem Wj 2020 vorliegen. Endet das Wj 2019/2020 vor dem 18.7.2020, kann der LuF wählen, ob für dieses Wj die Neuregelung oder die Vorgängerregelung angewandt werden soll.[1] Bei der Vorgängerregelung war Voraussetzung, dass der Wirtschaftswert oder Ersatzwirtschaftswert des luf Betriebes am Schluss des Wj, in dem der Abzug vorgenommen wird, 125.000 € (§ 7g Abs. 1 Satz 2 Nr. 1 Buchst. b EStG) oder bei der Gewinnermittlung nach § 4 Abs. 3 EStG der Gewinn ohne Berücksichtigung des Investitionsabzugsbetrages 100.000 € (§ 7g Abs. 1 Satz 2 Nr. 1 Buchst. c EStG) nicht überschreitet;
- der Stpfl. beabsichtigt, das begünstige WG mindestens bis zum Ende des dem Wj der Anschaffung oder Herstellung folgenden Wj in einer inländischen Betriebsstätte des Betriebs ausschließlich oder fast ausschließlich betrieblich zu nutzen (§ 7g Abs. 1 Satz 1 EStG); ab dem Wj 2019/2020 bzw. Wj 2020 ist auch die Vermietungsabsicht begünstigt;

1 § 52 Abs. 16 Satz 1 EStG; BT-Drucks. 19/22850.

- der Stpfl. die Summen der Abzugsbeträge und der nach den Absätzen 2 bis 4 hinzuzurechnenden oder rückgängig zu machenden Beträge nach amtlich vorgeschriebenen Datensätzen durch Datenfernübertragung übermittelt (§ 7g Abs. 1 Satz 2 Nr. 2 EStG). Hierfür stehen die E-Bilanz bzw. die Anlage EÜR zur Verfügung.[1]

Der Inanspruchnahme von Abzugsbeträgen steht es nicht entgegen, dass dadurch ein Verlust entsteht oder sich erhöht (§ 7g Abs. 1 Satz 3 EStG). Die Höhe des Abzugsbetrags ist jedoch begrenzt: Die Summe der Beträge, die im Wj des Abzugs und in den drei vorangegangenen Wj insgesamt abgezogen und nicht hinzugerechnet oder rückgängig gemacht wurden, darf je Betrieb 200.000 € nicht übersteigen (§ 7g Abs. 1 Satz 4 EStG).

Investitionsabzugsbeträge können ohne weitere Angaben entweder im Rahmen der Steuererklärung oder – bei Vorliegen der verfahrensrechtlichen Voraussetzungen – nach der erstmaligen Steuerfestsetzung (z. B. im Rechtsbehelfsverfahren oder durch Änderungsantrag nach § 172 Abs. 1 Satz 1 Nr. 2 Buchst. a AO) geltend gemacht werden. Investitionsabzugsbeträge, die in den Wj ab 2020/2021 bzw. 2021 nach dem Eintritt der Unanfechtbarkeit (nach Ablauf der Einspruchsfrist) der erstmaligen Steuerfestsetzung in Anspruch genommen worden sind, können nur noch verwendet werden, wenn das begünstigte WG im Zeitpunkt der Inanspruchnahme noch nicht angeschafft oder hergestellt worden war.[2]

Der Investitionsabzugsbetrag wird außerhalb der Gewinnermittlung abgezogen, daher kommt es auf die Möglichkeit einer Änderung im Wege einer Bilanzänderung nicht mehr an.[3]

(c) Folgen der Anschaffung oder Herstellung des begünstigten Wirtschaftsgutes

338 Im Wj der Anschaffung oder Herstellung eines begünstigten WG können bis zu 40 % (bei ab dem Wj 2019/2020 bzw. Wj 2020 gebildeten IAB 50 %) der Anschaffungs- oder Herstellungskosten gewinnerhöhend (außerhalb der Bilanz) dem Gewinn wieder zugerechnet werden. Der Hinzurechnungsbetrag darf den abgezogenen und noch nicht wieder hinzugerechneten oder rückgängig gemachten Betrag nicht überschreiten (§ 7g Abs. 2 Satz 1 EStG).

---

1 BMF 15.6.2022, BStBl 2022 I S. 945, Rz. 20 ff.

2 § 7g Abs. 2 Satz 2, § 52 Abs. 16 Satz 2 EStG; BT-Drucks. 19/22850; BMF 15.6.2022, BStBl 2022 I S. 945, Rz. 25 und 58 Nr. 2.

3 BMF 15.6.2022, BStBl 2022 I S. 945, Rz. 52.

BEISPIEL ▸ Der Landwirt L hat zur Anschaffung eines Mähdreschers einen Investitionsabzugsbetrag von 40 % aus 80.000 € = 32.000 € in Anspruch genommen. Bei Lieferung kostet das WG 85.000 €.

Die Auflösung von 40 % der Anschaffungskosten ist durch die Höhe des Abzugsbetrags begrenzt, so dass nur 32.000 € hinzuzurechnen sind.

Dem Stpfl. steht ein Wahlrecht hinsichtlich der Auswirkungen zu: er **kann** im Wj der Anschaffung oder Herstellung die Anschaffungs- oder Herstellungskosten um bis zu 40 % (bei ab dem Wj 2019/2020 bzw. Wj 2020 gebildeten IAB 50 %), höchstens jedoch um die Hinzurechnung nach § 7g Abs. 2 Satz 1 EStG (s. o.) gewinnmindernd herabsetzen. In gleichem Umfange verringert sich die Bemessungsgrundlage für die AfA sowie die Anschaffungs- oder Herstellungskosten i. S. von § 6 Abs. 2 und Abs. 2a EStG (§ 7g Abs. 2 Satz 3 EStG).

Die gewinnmindernde Herabsetzung der Anschaffungs- und Herstellungskosten hat innerbilanzielle Wirkung. Es gelten daher insoweit die Bilanzänderungsgrundsätze.[1]

(d) Rückgängigmachung des Investitionsabzugsbetrags

Soweit der Investitionsabzugsbetrag nicht bis zum Ende des dritten auf das Wj 339
des jeweiligen Abzugs folgenden Wj nach § 7g Abs. 2 EStG hinzugerechnet wurde (z. B. weil das in Aussicht genommene WG nicht angeschafft worden ist), ist der Abzug rückgängig zu machen (§ 7g Abs. 3 Satz 1 EStG), wodurch sich eine Gewinnerhöhung ergibt.

Für den Fall, dass eine Steuerfestsetzung oder gesonderte Gewinnfeststellung bereits ergangen ist, beinhaltet § 7g Abs. 3 Satz 2 EStG eine eigene Änderungsgrundlage. Das gilt auch dann, wenn die Steuerfestsetzung bzw. die Gewinnfeststellung bestandskräftig ist; das hat Auswirkungen auf die Festsetzungsfrist – sie endet insoweit nicht, bevor die Festsetzungsfrist für den VZ abgelaufen ist, in dem das dritte auf das Wj des Abzugs folgende Wj endet (§ 7g Abs. 3 Satz 3 EStG).

(e) Rückgängigmachung wegen Nichterfüllung der Nutzungs- bzw. Verbleibensvoraussetzungen

Wird das angeschaffte WG nicht bis zum Ende des dem Wj der Anschaffung oder 340
Herstellung folgenden Wj in einer inländischen Betriebsstätte des Betriebs ausschließlich oder fast ausschließlich betrieblich genutzt, sind die Herabsetzung

1 BFH 27.5.2020 – XI R 12/18, BStBl 2020 II S. 779; BMF 15.6.2022, BStBl 2022 I S. 945, Rz. 53.

der Anschaffungs- oder Herstellungskosten, die Verringerung der Bemessungsgrundlage und die Hinzurechnung nach § 7g Abs. 2 EStG rückgängig zu machen (§ 7g Abs. 4 Satz 1 EStG). Wurde der IAB ab dem Wj 2019/2020 bzw. 2020 gebildet, kann das WG auch (längerfristig) vermietet werden. Die Nutzungs- und Verbleibensvoraussetzungen sind wirtschaftsjahrbezogen, nicht zeitraumbezogen (keine Zweijahresfrist) zu prüfen.[1]

Die Investitionsabzugsbeträge können nach den Regelungen des § 7g Abs. 2 EStG auf andere begünstigte Investitionen übertragen, nach § 7g Abs. 3 EStG vorzeitig rückgängig gemacht oder für eventuelle künftige Investitionen verwendet werden. Spätestens nach Ablauf der Investitionsfrist sind die nicht verwendeten Investitionsabzugsbeträge gem. § 7g Abs. 3 EStG im Wirtschaftsjahr des ursprünglichen Abzugs rückgängig zu machen.[2]

(f) Inanspruchnahme von Sonderabschreibungen

(aa) Voraussetzungen

341 Die Inanspruchnahme von Sonderabschreibungen hängt von folgenden Voraussetzungen ab (§ 7g Abs. 6 EStG):

- Bei einem Abzug ab dem Wj 2019/2020 bzw. 2020 darf der Gewinn des Jahres vor der Investition 200.000 € nicht überschreiten. Bei der Ermittlung des maßgeblichen Gewinns bleiben die Investitionsabzugsbeträge und die Hinzurechnungsbeträge außer Ansatz. Endet das Wj 2019/2020 vor dem 18.7.2020, kann der LuF wählen, ob für dieses Wj die Neuregelung oder die Vorgängerregelung angewandt werden soll.[3] Bei der Vorgängerregelung darf der Wirtschaftswert oder Ersatzwirtschaftswert des Betriebes am Ende des vorangegangenen Wj 125.000 € oder bei Gewinnermittlung nach § 4 Abs. 3 EStG der Gewinn des Vorjahres 100.000 € nicht überschreiten.
- Das WG muss im Jahr der Anschaffung oder Herstellung und im darauf folgenden Wj in einer inländischen Betriebsstätte des Betriebs des Stpfl. ausschließlich oder fast ausschließlich (mindestens 90 %)[4] betrieblich genutzt werden. Ab dem Wj 2019/2020 bzw. 2020 kann das WG auch (längerfristig) vermietet werden.[5]

1 BFH 28.7.2021 – X R 30/19, NWB TAAAH-93537 = BStBl 2021 II S. 439; BMF 15.6.2022, BStBl 2022 I S. 945, Rz. 39.
2 BMF 15.6.2022, BStBl 2022 I S. 945, Rz. 49 f.
3 § 52 Abs. 16 Satz 1 EStG; BT-Drucks. 19/22850.
4 BMF 15.6.2022, BStBl 2022 I S. 945, Rz. 33 ff.
5 § 52 Abs. 16 Satz 1 EStG; BT-Drucks. 19/22850.

(bb) Höhe der Sonderabschreibungen

Im Jahr der Anschaffung oder Herstellung und in den vier folgenden Jahren können Sonderabschreibungen bis zu insgesamt 20 % (bei nach dem 31.12.2023 angeschafften/hergestellten WG 40 %) der Anschaffungs- oder Herstellungskosten in Anspruch genommen werden (§ 7g Abs. 5 EStG). Es ist zulässig, die gesamte Sonderabschreibung in einem Jahr vorzunehmen. 341/1

Die Absetzungen für Abnutzung bemessen sich nach Ablauf des maßgebenden Begünstigungszeitraums nach dem Restwert und der Restnutzungsdauer (§ 7a Abs. 9 EStG).

(cc) Folgen des Verlustes der Anspruchsgrundlagen

Entfallen später die Anspruchsgrundlagen für die Inanspruchnahme, sind die Sonderabschreibungen rückgängig zu machen, wobei die für den Investitionsabzugsbetrag geltende Regelung § 7g Abs. 4 EStG (vgl. Rz. 340) entsprechend gilt (§ 7g Abs. 6 Nr. 2 EStG). 341/2

(g) Anwendung des § 7g EStG auf Gesellschaften und Gemeinschaften

Die Vergünstigungen des § 7g EStG können auch von Gesellschaften (Mitunternehmerschaften) und Gemeinschaften (z. B. Erbengemeinschaft, auch sog. Zweckgemeinschaften von Ehegatten, vgl. Rz. 696), in Anspruch genommen werden (§ 7g Abs. 7 Satz 1 EStG). Bei der Prüfung der Betragsgrenzen sind die Werte aus der Gesamthandsbilanz und den Ergänzungs- und Sonderbilanzen zusammenzurechnen.[1] 342

Die Bildung des IAB und die Anschaffung des begünstigten WG kann in unterschiedlichen Vermögensbereichen der Gesellschaft erfolgen (z. B. Abzug vom Gesamthandsgewinn und Anschaffung im SBV; Abzug vom Sonderbetriebsgewinn des Gesellschafters 1 und Anschaffung im SBV des Gesellschafters 2). In dem Vermögensbereich, in dem die Anschaffung erfolgt, ist der IAB hinzuzurechnen.[2] 343

Bei IAB, die in den Wj ab 2020/2021 bzw. 2021 gebildet werden, gilt eine vermögensbereichsbezogene Betrachtungsweise. Die Anschaffung muss daher in dem Vermögensbereich vorgenommen werden, in dem der Abzug des IAB erfolgt ist.[3]

1 BMF 15.6.2022, BStBl 2022 I S. 945, Rz. 4.
2 BFH 15.11.2017 – VI R 44/16, BStBl 2019 II S. 466; BMF 26.8.2019, BStBl 2019 I S. 870.
3 § 7g Abs. 7 Satz 2 und 3 EStG; BT-Drucks. 19/22850; BMF 15.6.2022, BStBl 2022 I S. 945, Rz. 5 und 58 Nr. 3.

dd) Arbeitslöhne an Familienangehörige

344 Vgl. hierzu die Ausführungen unter Rz. 620 ff.

ee) Beköstigung von Personal

345 Aufwendungen für die Beköstigung von Betriebsangehörigen können nach den Werten der SachBezV abgesetzt werden.[1] Der Stpfl. ist jedoch hierzu nicht verpflichtet, sondern kann einen tatsächlich entstandenen höheren Aufwand geltend machen, den er allerdings nachweisen muss.

ff) Beiträge zur betrieblichen Unfallversicherung

346 Sie stellen grds. Betriebsausgaben dar. Das Abzugsverbot des § 3c EStG greift in diesen Fällen nicht. Die Leistungen aus einer solchen Versicherung gehören zwar zu den Betriebseinnahmen, sie sind aber nach § 3 Nr. 1 Buchst. a EStG steuerfrei.[2]

gg) Leistungen nach EG-Vorschriften zur Vermeidung von Überproduktion

347 Leistungen, die dem LuF aufgrund von EG-Vorschriften zur Vermeidung der luf Überproduktion auferlegt werden, stellen Betriebsausgaben dar. Dazu gehört z. B. die Milchabgabe für Überschussmilch.[3]

hh) Fahrten zwischen Wohnung und Betriebsstätte

348 Solche Fahrten werden bei einem Landwirt i. d. R. nicht vorkommen. Ausgeschlossen ist dies jedoch nicht bei einem Forstwirt, der in einiger Entfernung von der Wohnung einen Wald (Betriebsstätte) unterhält. Mehraufwendungen für Verpflegung sind im Rahmen des § 4 Abs. 5 Satz 1 Nr. 5 EStG als BA abziehbar (vgl. hierzu auch Rz. 1194).

ii) Übertragung stiller Reserven

349 Für die Übertragung stiller Reserven kommen § 6b EStG und R 6.6 EStR (Rücklage für Ersatzbeschaffung) in Frage. Beide Möglichkeiten stehen **selbständig nebeneinander**. Im Einzelfall können die Voraussetzungen sowohl des § 6b EStG

1 Vgl. LfSt Niedersachsen v. 7.5.2021 – S 2163-20-St 282, NWB JAAAG-80504.

2 Vgl. Der Senator für Finanzen der Freien Hansestadt Bremen 2.6.2004 – S 2144-5786-110, NWB MAAAB-25146.

3 BFH 11.2.2003 – IV B 151/01, NWB TAAAA-70401 = BFH/NV 2003 S. 1040.

als auch die nach R 6.6 Abs. 1 EStR erfüllt sein. Der Stpfl. hat dann ein **Wahlrecht**, von welcher Vergünstigung er Gebrauch machen will.[1]

(1) Übertragung stiller Reserven bei Reinvestitionen nach § 6b EStG

Die Vergünstigung nach § 6b hat bei luf Betrieben eine besondere Bedeutung, weil gerade in Grund und Boden und Gebäuden sich häufig **größere stille Reserven** angesammelt haben. § 6b EStG setzt Buchführung nach § 4 Abs. 1 EStG voraus.[2] Bei Gewinnermittlung nach § 4 Abs. 3 oder § 13a EStG kommt § 6c EStG zum Zuge (dazu Rz. 404 ff.). 350

Nach § 6b EStG kann der Gewinn aus der Veräußerung bestimmter Anlagegüter (nicht von Umlaufvermögen)[3] dadurch ausgeglichen werden, dass dieser bei den Anschaffungs- oder Herstellungskosten bestimmter Wirtschaftsgüter **abgezogen** wird. Soweit ein Abzug (mangels eines neuen WG) im Wj der Veräußerung nicht vorgenommen wird, kann eine den steuerlichen Gewinn mindernde **Rücklage** gebildet werden.[4] Der Gewinn kann auch auf ein Wirtschaftsgut, das im Jahr vor der Veräußerung angeschafft oder hergestellt worden ist, übertragen werden.[5] 351

Im Folgenden werden nur Fragen behandelt, die speziell in der LuF von Bedeutung sind.

► **Abzug des bei der Veräußerung entstandenen Gewinns**

Der Abzug des bei der Veräußerung entstandenen Gewinns ist wie folgt zulässig: 352

Übertragung auf	Gewinn aus der Veräußerung von
1. Grund und Boden	Grund und Boden
2. Aufwuchs mit Grund und Boden	Grund und Boden Aufwuchs mit Grund und Boden
3. Gebäude einschl. Erweiterung, Ausbau und Umbau	Grund und Boden Aufwuchs mit Grund und Boden Gebäude

1 Vgl. hierzu aber BFH 29.6.1995, BStBl 1996 II S. 60.
2 § 6b Abs. 4 Nr. 1 EStG.
3 § 6b Abs. 4 Nr. 2 EStG; vgl. BFH 25.10.2001, BStBl 2002 II S. 289, für den Fall der Parzellierung zur Aufbereitung als Bauland.
4 § 6b Abs. 3 EStG.
5 § 6b Abs. 1 Satz 1 EStG.

353 Veräußerung ist die entgeltliche Übertragung des wirtschaftlichen Eigentums an einem WG.[1] Das WG ist in dem Zeitpunkt übertragen, in dem der Erwerber die Verfügungsmacht erlangt hat. Für die Veräußerung ist es gleichgültig, ob der LuF das WG freiwillig veräußert oder ob die Veräußerung unter Zwang erfolgt (z. B. Enteignung oder drohende Enteignung, Zwangsversteigerung). Als Veräußerung ist auch ein Tausch anzusehen.[2]

354 Keine Veräußerung ist die Überführung eines WG aus einem Betrieb in einen anderen Betrieb des Stpfl. und die Überführung eines WG in das Privatvermögen oder das Ausscheiden eines WG aus dem Betriebsvermögen infolge höherer Gewalt.[3] Eine nach § 6b nicht begünstigte Entnahme liegt vor, wenn der Stpfl. für die Hingabe eines betrieblichen WG ein WG des notwendigen Privatvermögens erwirbt oder von einer privaten Schuld befreit wird.[4] Eine nach § 6b EStG begünstigte Veräußerung kann jedoch vorliegen, wenn der Tausch betrieblich veranlasst ist und der Sachleistungsanspruch auf das eingetauschte Grundstück entnommen wird.[5]

355 Eine Veräußerung (und damit eine Gewinnrealisierung) ist nicht gegeben, wenn in einem Umlegungs- oder Flurbereinigungsverfahren Grundstücke eingebracht werden und daraus im Zuteilungswege neue Grundstücke erlangt werden.[6]

356 **Aufwuchs auf dem Grund und Boden** sind Pflanzen (Bäume, Rebstöcke u. a.), die auf dem Grund und Boden wachsen und noch darin verwurzelt sind. Der Anwendung des § 6b EStG steht es nicht entgegen, wenn Aufwuchs auf Grund und Boden und der dazugehörige Grund und Boden an zwei **verschiedene Erwerber** veräußert werden, wenn die Veräußerungen in engem sachlichen (wirtschaftlichen) und zeitlichen Zusammenhang stehen und auf einem einheitlichen Willensentschluss beruhen.[7]

357 Der Anschaffung oder Herstellung von **Gebäuden** steht ihre Erweiterung, ihr Ausbau oder ihr Umbau gleich.[8]

1 BFH 27.8.1992, BStBl 1993 II S. 225; R 6b.1 EStR.
2 Vgl. BFH 29.6.1995, BStBl 1996 II S. 60; R 6b.1 Abs. 1 Satz 3 EStR.
3 R 6b.1 Abs. 1 Satz 4 EStR; BFH 27.8.1992 – IV R 89/90, BStBl 1993 II S. 225.
4 BFH 23.6.1981, BStBl 1982 II S. 18.
5 BFH 29.6.1995, BStBl 1996 II S. 60.
6 BFH 13.3.1986, BStBl 1986 II S. 711; BFH 27.8.1992, BStBl 1993 II S. 225.
7 BFH 7.5.1987, BStBl 1987 II S. 670.
8 § 6b Abs. 1 Satz 3 EStG.

Der Abzug ist bei dem Gewinn aus LuF nicht zulässig, wenn der Gewinn bei der Veräußerung von Wirtschaftsgütern eines **Gewerbebetriebs** entstanden ist.[1]

Zur Anwendung des § 6b EStG in dem Falle, dass ein Landwirt einen ihm allein gehörenden Hof veräußert und – gemeinsam mit seiner Ehefrau – ein Wirtschaftsgebäude auf dem Ehegattenhof errichtet.[2]

Das Wahlrecht zur Gewinnübertragung kann nach der Einreichung der Steuerbilanz beim FA nur im Wege der Bilanzänderung ausgeübt werden.[3]

► **Bildung einer steuermindernden Rücklage**

Soweit der Stpfl. den Abzug nach § 6b Abs. 1 EStG nicht vorgenommen hat, kann er **im Wj der Veräußerung** eine den steuerlichen Gewinn mindernde Rücklage bilden (§ 6b Abs. 3 Satz 1 EStG). Zur Erfüllung der Aufzeichnungspflichten nach § 5 Abs. 1 Satz 2 EStG ist bei der Bildung einer steuerfreien Rücklage der Ansatz in der Steuerbilanz ausreichend.[4] Für die Bildung der Rücklage ergeben sich für LuF im Übrigen keine Besonderheiten. 358

► **Voraussetzungen des Abzugs bzw. der Bildung der Rücklage (§ 6b Abs. 4 EStG)**

Die Vornahme des Gewinnabzugs bzw. die Bildung der Rücklagen ist gem. § 6b Abs. 4 Nr. 1 bis 5 EStG davon abhängig, dass 359

- der Gewinn nach § 4 Abs. 1 EStG ermittelt wird (Nr. 1),
- die veräußerten WG im Zeitpunkt der Veräußerung **mindestens sechs Jahre ununterbrochen zum Anlagevermögen** einer inländischen Betriebsstätte gehört haben (Nr. 2),
- die angeschafften oder hergestellten WG zum Anlagevermögen einer **inländischen Betriebsstätte** gehören (Nr. 3),
- der bei der Veräußerung entstandene **Gewinn** bei der Ermittlung des im Inland steuerpflichtigen Gewinns **nicht außer Ansatz** bleibt (Nr. 4) und
- der Abzug nach § 6b Abs. 1 EStG und die Bildung und Auflösung der Rücklage nach § 6b Abs. 3 EStG in der **Buchführung** verfolgt werden können (Nr. 5).

1 § 6b Abs. 4 Satz 2 EStG.

2 Siehe BFH 12.7.1990 – IV R 44/89, NWB ZAAAB-31652 = BFH/NV 1991 S. 599.

3 Vgl. BFH 21.1.1992, BStBl 1992 II S. 958; BFH 30.8.2001, BStBl 2002 II S. 49.

4 R 6b.2 Abs. 2 EStR.

Zu Einzelfragen der Sechsjahresfrist nach § 6b Abs. 4 Nr. 2 EStG vgl. R 6b.3 EStR und für LuF in der ehemaligen DDR (für Altjahre) vgl. BMF 11.11.1994.[1]

► **Bilanzielle Behandlung der Rücklagen**

360 Rücklagen müssen in der Bilanz nicht für jedes WG gesondert ausgewiesen werden, sondern können **in einem Posten zusammengefasst** werden. Wegen der Beschränkungen bei der Übertragbarkeit der stillen Reserven (vgl. Rz. 352) muss sich aber im Einzelnen aus der Buchführung ergeben, bei welchem WG der in der Rücklage ausgewiesene Gewinn entstanden ist, auf welche WG er übertragen und wann die Rücklage gewinnerhöhend aufgelöst worden ist.[2]

Die rückwirkende Aufstockung der Rücklage ist zulässig, z. B. wenn sich der Veräußerungspreis erhöht.[3] Der Stpfl. kann eine Rücklage rückwirkend bilden, wenn durch die Erhöhung des Veräußerungspreises erstmalig ein Veräußerungsgewinn entsteht.[4]

► **Auflösung der Rücklage**

361 Bis zur Höhe der gebildeten Rücklage können Stpfl. bei den Anschaffungs- oder Herstellungskosten der in § 6b Abs. 1 Satz 2 EStG bezeichneten WG (vgl. Rz. 352), die **in den folgenden vier Wj angeschafft oder hergestellt** worden sind, im Wj der Anschaffung oder Herstellung einen Betrag abziehen; beim Abzug gelten die Beschränkungen, die bei Übertragung der stillen Reserven Anwendung finden, entsprechend.[5]

362 Die Vierjahresfrist verlängert sich bei **neu hergestellten Gebäuden** auf sechs Jahre, wenn mit ihrer Herstellung vor dem Schluss des vierten auf die Bildung der Rücklage folgenden Wj begonnen worden ist.[6] Die **Fristverlängerung** hängt also von einer doppelten Bedingung ab: Herstellungsbeginn vor Ablauf von vier Jahren, Fertigstellung vor Ablauf von sechs Jahren. Der Herstellungsbeginn ist anzunehmen, wenn das Investitionsvorhaben ins Werk gesetzt wird. Dies kann vor den eigentlichen Bauarbeiten liegen. Reine Vorbereitungsarbeiten reichen nicht aus.[7]

---

1 BStBl 1994 I S. 854.
2 R 6b.2 Abs. 3 EStR.
3 BFH 13.9.2000, BStBl 2001 II S. 641.
4 BFH 10.3.2016, BStBl 2016 II S. 984.
5 § 6b Abs. 3 Satz 2 EStG.
6 § 6b Abs. 3 Satz 3 EStG.
7 BFH 9.7.2019 – X R 7/17, BStBl 2020 II S. 635.

Die Rücklage ist gem. § 6b Abs. 3 Satz 4 und 5 EStG **gewinnerhöhend aufzulösen**, 363

- in Höhe des abgezogenen Betrages,
- am Ende des vierten auf ihre Bildung folgenden Wj, soweit nicht ein späterer Abzug von Herstellungskosten bei einem Gebäude in Betracht kommt (vgl. Rz. 362),
- spätestens am Ende des sechsten auf ihre Bildung folgenden Wj (vgl. Rz. 362).

Die Auflösung der Rücklage ohne entsprechenden Abzug (also soweit der Gewinn nicht auf ein begünstigtes WG übertragen worden ist) führt zu einem außerbilanziellen Gewinnzuschlag i. S. des § 6b Abs. 7 EStG.[1] 363/1

Wird der Gewinn in einem Wj, das in den nach § 6b Abs. 3 maßgebenden Zeitraum fällt, geschätzt, weil keine Bilanz aufgestellt wurde, so ist die Rücklage in diesem Wj gewinnerhöhend aufzulösen und ein Betrag in Höhe der Rücklage im Rahmen der Gewinnschätzung zu berücksichtigen.[2] 363/2

Bei einer Betriebsveräußerung hat der Stpfl. das Wahlrecht, eine zuvor gebildete Rücklage im Rahmen der Betriebsveräußerung aufzulösen oder für die Zeit weiterzuführen, für die sie ohne Veräußerung des Betriebes zulässig gewesen wäre.[3]

- **§ 6b EStG bei Personengesellschaften**

Die Vergünstigungen des § 6b EStG können auch von Personengesellschaften (Ehegattengesellschaften) und sonstigen Personenvereinigungen (z. B. Gütergemeinschaft) in Anspruch genommen werden. Zu den Übertragungsmöglichkeiten zwischen dem Betriebsvermögen eines Einzelunternehmens, dem Sonderbetriebsvermögen des Stpfl. bei einer Personengesellschaft und dem Gesamthandsvermögen einer Personengesellschaft vgl. R 6b.2 Abs. 6 bis 8 EStR. Vor der Anschaffung oder Herstellung des Reinvestitionswirtschaftsguts kann die Rücklage nicht in das andere Betriebsvermögen übertragen werden.[4] Zu den Zweifeln, ob aus § 6b EStG eine Befugnis zu gestuften Verwaltungsverfahren bei rechtsträgerübergreifender Übertragung stiller Reserven abgeleitet werden kann, vgl. BFH 16.12.2021.[5] 363/3

1 R 6b.2 Abs. 5 EStR.

2 R 6b.2 Abs. 4 EStR.

3 R 6b.2 Abs. 10 EStR.

4 BFH 22.11.2018 – VI R 50/16, BStBl 2019 II S. 313.

5 BFH 16.12.2021 – IV R 7/19, BStBl 2023 II S. 378

- **Reinvestition im Ausland**

363/4 Voraussetzung für die Übertragung der stillen Reserven ist, dass die angeschafften oder hergestellten WG zum Anlagevermögen einer inländischen Betriebsstätte gehören.[1] Werden WG angeschafft oder hergestellt, die einem Betriebsvermögen des Stpfl. in einem anderen Mitgliedstaat der EU/des EWR zuzuordnen sind, kann jedoch die auf den Veräußerungsgewinn entfallende Steuer auf Antrag in fünf gleichen Jahresraten entrichtet werden.[2]

(2) Übertragung stiller Reserven bei Ersatzbeschaffung nach R 6.6 EStR

364 Die Gewinnverwirklichung durch Aufdeckung stiller Reserven kann in **bestimmten Fällen der Ersatzbeschaffung** unter der Voraussetzung vermieden werden, dass

- ein WG des Anlage- oder Umlaufvermögens infolge höherer Gewalt oder infolge oder zur Vermeidung eines behördlichen Eingriffs gegen Entschädigung aus dem Betriebsvermögen ausscheidet,
- innerhalb einer bestimmten Frist ein funktionsgleiches Ersatzwirtschaftsgut angeschafft oder hergestellt wird, auf dessen Anschaffungs- oder Herstellungskosten die aufgedeckten stillen Reserven übertragen werden, und
- das Wirtschaftsgut wegen der Abweichung von der Handelsbilanz in ein besonderes laufend zu führendes Verzeichnis aufgenommen wird (§ 5 Abs. 1 Satz 2 EStG).

Bei einem LuF wird i. d. R. keine Handelsbilanz geführt. Wird die steuerfreie Rücklage in der Steuerbilanz gebildet, ist die Aufnahme der Rücklage in das besondere, laufend zu führende Verzeichnis nicht erforderlich. Werden die aufgedeckten stillen Reserven auf ein WG übertragen, ist das WG in das besondere, laufend zu führende Verzeichnis aufzunehmen. Soweit sich die erforderlichen Angaben aus der Buchführung ergeben, ist diese Dokumentation m. E. ausreichend.[3]

Diese Grundsätze gelten auch bei der Gewinnermittlung nach § 4 Abs. 3 EStG.[4]

1 § 6b Abs. 4 Satz 1 Nr. 3 EStG.
2 § 6b Abs. 2a EStG; BMF 7.3.2018, BStBl 2018 I S. 309.
3 Vgl. auch BMF 12.3.2010, BStBl 2010 I S. 239, Rz. 22.
4 R 6.6 Abs. 5 Satz 1 EStR.

► **Ausscheiden eines Wirtschaftsgutes infolge höherer Gewalt oder behördlichen Eingriffs**

Höhere Gewalt liegt vor, wenn das WG infolge von **Elementarereignissen** (z. B. Brand, Sturm, Überschwemmung) oder durch andere unabwendbare Ereignisse (z. B. Diebstahl, unverschuldeter Unfall) aus dem BV ausscheidet, nicht jedoch schon bei jedem Zufallsereignis.[1] 365

Als **behördlicher Eingriff** kommt vor allem (auch in der LuF) die **Enteignung** durch Gesetz oder aufgrund Gesetzes[2] in Betracht. Einem Ausscheiden aufgrund behördlichen Eingriffs steht eine **freiwillige Veräußerung** gleich, wenn damit ein als sicher geltender behördlicher Eingriff vermieden werden soll.[3] Es müssen die tatbestandlichen Voraussetzungen eines Gesetzes erfüllt sein, das eine Enteignung zulässt, und es muss ernsthaft mit dieser zu rechnen sein.[4] Der drohende behördliche Eingriff muss das Hauptmotiv für die Veräußerung sein.[5] Die Veräußerung infolge einer **wirtschaftlichen Zwangslage** steht einem behördlichen Eingriff nicht gleich.[6] Gleiches gilt für die Ausübung eines – vertraglich vereinbarten – Wiederkaufsrechts durch die Gemeinde.[7] 366

Beim **Tausch** von Grundstücken in einem **Umlegungs- oder Flurbereinigungsverfahren** besteht zwischen eingebrachten und den im Zuteilungswege erhaltenen Grundstücken Identität; das hat zur Folge, dass eine Gewinnrealisierung jedenfalls insofern nicht eintritt, als die Grundstücke gleichwertig sind.[8] 367

► **Entschädigung**

Als Entschädigung gilt nur die Leistung, die für das aus dem BV ausscheidende WG selbst gezahlt wird. Leistungen für Schäden, die nur die Folge des Ausscheidens sind, fallen nicht darunter.[9] 368

1 R 6.6 Abs. 2 Satz 1 EStR.
2 BFH 14.11.1990, BStBl 1991 II S. 222.
3 Vgl. BFH 12.3.1969, BStBl 1969 II S. 381.
4 BFH 29.3.1979, BStBl 1979 II S. 412; BFH 21.2.1978, BStBl 1978 II S. 428.
5 BFH 8.10.1975, BStBl 1976 II S. 186.
6 BFH 20.8.1964, BStBl 1964 III S. 504.
7 BFH 21.2.1978, BStBl 1978 II S. 428.
8 Vgl. BFH 13.3.1986, BStBl 1986 II S. 711.
9 BFH 29.4.1982, BStBl 1982 II S. 568.

► Übertragung aufgedeckter stiller Reserven auf ein Ersatzwirtschaftsgut

369 Die Übertragung der stillen Reserven ist nur statthaft, wenn das ausgeschiedene oder beschädigte WG durch ein **wirtschaftlich gleichartiges und ebenso genutztes** WG ersetzt wird.[1] Ein geeignetes WG bei Veräußerung eines als Feld genutzten Grundstücks ist z. B. wieder ein als Feld oder Weide zu nutzendes Grundstück, nicht jedoch ein Betriebsgebäude. Bei Veräußerung eines Grundstücks mit aufstehendem Gebäude verfährt die Verwaltung großzügig. Es wird zugelassen, dass die im Grund und Boden und in dem Gebäude enthaltenen stillen Reserven jeweils auf neu angeschafften Grund und Boden oder neu angeschaffte oder hergestellte Gebäude übertragen werden.[2]

370 Die Übertragung der stillen Reserven erfolgt bei bilanzierenden LuF in der Weise, dass beim Ersatzwirtschaftsgut die Anschaffungs- oder Herstellungskosten um die übertragenen stillen Reserven gekürzt werden.

Wird die für das ausgeschiedene Wirtschaftsgut erhaltene Entschädigung nicht in vollem Umfang zur Anschaffung oder Herstellung des Ersatzwirtschaftsgutes verwendet, dürfen die stillen Reserven nur anteilig auf das Ersatzwirtschaftsgut übertragen werden.[3]

BEISPIEL

Buchwert des ausgeschiedenen WG	20.000 €
Entschädigung	40.000 €
aufgedeckte stille Reserven	20.000 €
Anschaffungskosten des Ersatzwirtschaftsgutes	35.000 €

Die anteilig zu übertragenden stillen Reserven ergeben sich wie folgt:

$$\frac{20.000\text{ € (stille Reserven)} \times 35.000\text{ € (Anschaffungskosten)}}{40.000\text{ € (Entschädigung)}} = 17.500\text{ €}$$

Das Ersatzwirtschaftsgut ist wie folgt anzusetzen:

35.000 € ./. 17.500 € = 17.500 €.

In Höhe von 2.500 € (nicht übertragbare stille Reserven) liegt ein steuerpflichtiger Gewinn vor.

1 BFH 29.4.1999, BStBl 1999 II S. 488.

2 R 6.6 Abs. 3 EStR.

3 Vgl. BFH 3.9.1957, BStBl 1957 III S. 386.

► **Bildung einer steuermindernden Rücklage**

Soweit am Schluss des Wj, in dem das WG aus dem BV ausgeschieden ist, noch kein Ersatzwirtschaftsgut beschafft worden ist, kann in der Steuerbilanz eine gesondert auszuweisende steuerfreie **„Rücklage für Ersatzbeschaffung"** gebildet werden, wenn zu diesem Zeitpunkt eine Ersatzbeschaffung ernstlich geplant und zu erwarten ist.[1] Ist das nicht der Fall, ist der Gewinn voll im Wj des Ausscheidens des WG zu erfassen. Die **Höhe der Rücklage** richtet sich nach dem Unterschiedsbetrag zwischen Buchwert und Entschädigung/Entschädigungsanspruch (aufgedeckte stille Reserven). Die Rücklage kann **nur im Wj des Ausscheidens** des WG aus dem BV, nicht auch in späteren Jahren gebildet werden. Möglich ist die Nachholung durch Bilanzänderung oder aus Anlass einer Berichtigung der Veranlagung.[2] 371

► **Auflösung der Rücklage**

Die Rücklage ist **am Schluss des ersten auf die Bildung folgenden Wj** gewinnerhöhend aufzulösen, wenn bis dahin ein Ersatzwirtschaftsgut weder angeschafft noch hergestellt ist. Die Einjahresfrist verlängert sich bei Rücklagen für Ersatzbeschaffung, die aufgrund des Ausscheidens eines **Wirtschaftsguts i. S. des § 6b Abs. 1 Satz 1 EStG** gebildet worden sind, auf vier Jahre; bei **neu hergestellten Gebäuden** verlängert sich die Frist auf sechs Jahre.[3] 372

Diese Verlängerung der Fristen in den EStÄR 2012 geht auf das Urteil des BFH vom 12.1.2012[4] zurück. Der BFH war der Ansicht, dass die Rücklage für Ersatzbeschaffung und § 6b EStG einem vergleichbaren Zweck dienen. Deshalb hielt er es für angemessen, für die Reinvestitionsfrist der RfE an den in § 6b Abs. 3 EStG zum Ausdruck gebrachten Rechtsgedanken anzuknüpfen. Eine über die Fristen des § 6b Abs. 3 EStG hinausgehende Möglichkeit zur Fristverlängerung besteht daher nicht.

Die Fristen für die Beschaffung des Ersatzwirtschaftsgutes sind relativ kurz bemessen, so dass in manchen Fällen die Steuervergünstigung nicht in Anspruch genommen werden könnte. Die Frist von einem Jahr kann deshalb **angemessen** auf bis zu vier Jahre **verlängert werden**, wenn der Stpfl. glaubhaft macht, dass die Ersatzbeschaffung ernstlich geplant und zu erwarten ist, aber aus besonderen Gründen noch nicht durchgeführt werden konnte.[5] Eine Verlängerung auf bis zu sechs Jahre ist möglich, wenn die Ersatzbeschaffung im Zusammenhang 373

1 R 6.6 Abs. 4 Satz 1 EStR.

2 R 6.6 Abs. 4 Satz 2 EStR.

3 BFH 12.1.2012, BStBl 2014 II S. 443; R 6.6 Abs. 4 Satz 3 und 4 EStR.

4 BStBl 2014 II S. 443.

5 R 6.6 Abs. 4 Satz 5 EStR.

mit der Neuherstellung eines Gebäudes erfolgt.[1] Die Verlängerung ist zweckmäßigerweise vor Ablauf der Frist zu beantragen; sie kann aber m. E. auch noch nach deren Ablauf (z. B. bei Abgabe der Steuererklärung) beantragt und gewährt werden (z. B. auch dadurch, dass eine noch gebildete Rücklage nicht beanstandet wird). Der Ablauf der Frist hindert nicht deren Verlängerung, da es sich nicht um eine Ausschlussfrist handelt.

► **Bildung einer Rücklage bei Beschädigung von Wirtschaftsgütern**

374 Wird ein WG durch höhere Gewalt oder infolge behördlichen Eingriffs beschädigt und kann die **Reparatur erst in einem späteren Wj** durchgeführt werden, so kann in Höhe der Entschädigung eine Rücklage gebildet werden, die im Zeitpunkt der Reparatur in voller Höhe aufzulösen ist.[2]

Ist die Reparatur bei beweglichen Gegenständen am Ende des ersten und bei Wirtschaftsgütern i. S. des § 6b Abs. 1 Satz 1 EStG am Ende des vierten auf die Bildung der Rücklage folgenden Wj noch nicht durchgeführt, ist die Rücklage zu diesem Zeitpunkt aufzulösen. Die Ausführungen zu den individuellen Fristverlängerungen (vgl. Rz. 373) gelten entsprechend.[3]

(3) Drittaufwand

375 Drittaufwand liegt vor, wenn ein Dritter den Aufwand (zu den Anschaffungs- oder Herstellungskosten oder BA) trägt. Der Aufwand kann vom Stpfl. geltend gemacht werden, wenn es sich um einen Fall der sog. Abkürzung des Zahlungswegs handelt. Abkürzung des Zahlungswegs bedeutet Zuwendung eines Geldbetrags an den Stpfl. in der Weise, dass der Zuwendende im Einvernehmen mit dem Stpfl. dessen Schuld tilgt, statt den Geldbetrag unmittelbar zuzuwenden.[4] Aufwendungen sind auch dann BA des Stpfl., wenn sie auf einem von einem Dritten im eigenen Namen, aber im Interesse des Stpfl. abgeschlossenen Werkvertrag beruhen und der Dritte die geschuldete Zahlung auch selbst leistet.[5] Die Regeln über den Drittaufwand finden keine Anwendung auf Kreditverbindlichkeiten und andere Dauerschuldverhältnisse, z. B. Miet- oder Pachtverträge.[6]

1 R 6.6 Abs. 4 Satz 6 EStR.
2 R 6.6 Abs. 7 Satz 1 und 2 EStR.
3 R 6.6 Abs. 7 Satz 3 und 4 EStR.
4 BFH 23.8.1999, BStBl 1999 II S. 782.
5 BFH 15.11.2005, BStBl 2006 II S. 623; BFH 15.1.2008, BStBl 2008 II S. 572; BFH 28.9.2010, BStBl 2011 II S. 271.
6 BMF 7.7.2008, BStBl 2008 I S. 717.

f) Einlagen

Einlagen – die Zuführung von Wirtschaftsgütern zum BV im Laufe des Wj[1] – sind nicht das Ergebnis betrieblichen Wirtschaftens. Sie erhöhen zwar das BV zum Ende des Wj; das Ergebnis des Vermögensvergleichs wird jedoch insofern korrigiert, als Einlagen die ausgewiesene Vermögensmehrung (den Gewinn) mindern.[2] Für LuF ergeben sich im Übrigen in der rechtlichen Beurteilung keine Besonderheiten. 376

g) Entnahmen

Literatur: *Gragert/Wißborn*, Zweifelsfragen zur Übertragung und Überführung von einzelnen Wirtschaftsgütern nach § 6 Abs. 5 EStG, NWB 2012 S. 972.

Entnahmen sind alle WG (Barentnahmen, Waren, Erzeugnisse, Nutzungen und Leistungen, auch wenn sie in der Bilanz nicht angesetzt werden können[3]), die der Stpfl. dem Betrieb für sich, für seinen Haushalt oder für andere betriebsfremde Zwecke im Laufe des Wj entnommen hat.[4] Entnahmen mindern das BV zum Ende des Wj; da sie das **Betriebsergebnis nicht mindern dürfen**, ist das Ergebnis des Vermögensvergleichs um den Betrag der Entnahmen zu erhöhen.[5] 377

Eine Entnahme erfordert regelmäßig eine Entnahmehandlung, die von einem Entnahmewillen getragen wird.[6] Wirtschaftsgüter, die zur Zeit der Aufnahme in das BV zulässigerweise zum BV gerechnet worden sind, bleiben daher grds. so lange BV, bis sie durch eine eindeutige, unmissverständliche (ausdrückliche oder schlüssige) Entnahmehandlung des Stpfl. Privatvermögen werden.[7]

Der Tatbestand der Entnahme ist auch erfüllt, wenn der Stpfl. die Folgen (insbesondere Gewinnverwirklichung) nicht richtig eingeschätzt hat.[8]

Die Entnahme muss **eindeutig dokumentiert** werden. Bei buchführenden LuF ist insbesondere der Ausweis in der Buchführung von Bedeutung. Stpfl., die keine Bücher führen und die deshalb die Entnahme nicht durch eine Buchung zum Ausdruck bringen können, können ihren Entnahmewillen wirksam durch 378

1 § 4 Abs. 1 Satz 8 EStG.
2 § 4 Abs. 1 Satz 1 EStG.
3 R 4.3 Abs. 4 EStR.
4 § 4 Abs. 1 Satz 2 EStG.
5 § 4 Abs. 1 Satz 1 EStG.
6 R 4.3 Abs. 3 Satz 1 EStR.
7 R 4.3 Abs. 3 Satz 2 EStR.
8 BFH 31.1.1985, BStBl 1985 II S. 395.

eine entsprechende Mitteilung an das FA bekannt geben.[1] Die Entnahme von notwendigem BV kann nicht durch bloße Erklärung erfolgen; vielmehr ist die endgültige Lösung des betrieblichen Zusammenhangs oder eine Änderung der persönlichen Zurechnung erforderlich.[2]

378/1 Der Stpfl. kann die Verbindung des WG mit dem Betrieb auch durch **schlüssiges Verhalten** lösen.[3] Dazu muss der Stpfl. die sich aus der Entnahme ergebenden Folgerungen ziehen und regelmäßig den Gewinn aus der Entnahme des WG erklären.[4] Die objektiv falsche Zuordnung der Einkünfte zu der Einkunftsart Vermietung und Verpachtung ist i. d. R. weder subjektiv als Entnahmehandlung gemeint noch objektiv entsprechend zu verstehen. Das gilt auch bei langjähriger Einreichung unzutreffender Steuererklärungen und entsprechender Veranlagung.[5]

Als schlüssige Entnahmehandlung ist eine bloße Nutzungsänderung landwirtschaftlich genutzter Flächen nur dann anzuerkennen, wenn das Grundstück damit zum notwendigen Privatvermögen wird.[6]

379 Eine Entnahme liegt auch ohne Entnahmeerklärung vor, wenn die betriebliche Nutzung auf Dauer so verändert wird, dass das WG seine Beziehung zum Betrieb verliert **und dadurch zum notwendigen Privatvermögen** wird.[7]

BEISPIELE (1) Entnahme, wenn der Vater das lebende und tote Inventar auf seinen Sohn überträgt.[8]

(2) Entnahmen zur Abfindung weichender Erben

Wird im Wege vorweggenommener Erbfolge ein luf Betrieb mit der Auflage übertragen, weichende Erben mit bestimmten Gegenständen des BV abzufinden, so trifft diese Verpflichtung den Übernehmer, der die entsprechenden Entnahmen zu versteuern hat.[9]

(3) Übertragung von einzelnen Betriebsgrundstücken unter Zurückbehaltung des Nießbrauchsrechts

1 BFH 30.11.1989 – IV R 49/88, NWB SAAAB-30973 = BFH/NV 1991 S. 363.

2 BFH 12.11.1992, BStBl 1993 II S. 430; BFH 17.1.2002, BStBl 2002 II S. 356; BFH 14.5.2009, BStBl 2009 II S. 811.

3 BFH 9.8.1989, BStBl 1990 II S. 128; BFH 14.5.2009, BStBl 2009 II S. 811.

4 BFH 21.8.1996 – X R 78/93, NWB KAAAB-38750 = BFH/NV 1997 S. 226; BFH 4.6.2007 – IV B 88/06, NWB QAAAC-58373 = BFH/NV 2007 S. 2088; BFH 14.5.2009, BStBl 2009 II S. 811.

5 BFH 4.6.2007 – IV B 88/06, NWB QAAAC-58373 = BFH/NV 2007 S. 2088.

6 BFH 13.3.1986, BStBl 1986 II S. 711; BFH 26.11.1987 – IV R 139/85, NWB WAAAB-29742 = BFH/NV 1989 S. 225; BFH 14.5.2009, BStBl 2009 II S. 811; BFH 23.9.2009, BStBl 2010 II S. 270.

7 R 4.3 Abs. 3 Satz 4 EStR.

8 BFH 19.2.1976, BStBl 1976 II S. 415.

9 Vgl. auch BFH 27.8.1992, BStBl 1993 II S. 225.

Das Grundstück gilt als entnommen; das Nießbrauchsrecht selbst kann nicht mit dem Teilwert in das BV eingelegt werden; jedoch können die eigenen Aufwendungen, die im Zusammenhang mit dem betrieblich genutzten Grundstück stehen, durch Absetzung einer entsprechenden Einlage gewinnmindernd berücksichtigt werden.[1]

(4) Entnahmen im Zuge der Erbauseinandersetzung

Vgl. die Ausführungen unter Rz. 807 ff.

(5) Bei Entnahme von Grund und Boden zur Errichtung einer Betriebsleiterwohnung oder einer Altenteilerwohnung. In diesen Fällen bleibt der Entnahmegewinn außer Ansatz.[2]

(6) Entnahme, wenn der luf Betrieb unentgeltlich auf die Mieterin eines betrieblichen Wohnhauses übertragen wird.[3]

Davon zu unterscheiden sind Grundstücke, die zwar nicht dauerhaft für private Zwecke verwendet werden, die aber aufgrund der vorgenommenen Nutzungsänderung in der Zukunft nicht mehr landwirtschaftlich oder forstwirtschaftlich genutzt werden können. 380

BEISPIELE (1) Bebauung der Grundstücke mit **Einfamilienhäusern**, die an betriebsfremde Personen vermietet werden.[4]

(2) Entgeltliche Bestellung eines **Erbbaurechts** und anschließende Bebauung durch den Erbbauberechtigten.[5]

Solche Grundstücke bleiben bis zu einer Entnahme gewillkürtes (geduldetes) Betriebsvermögen, sofern die Nutzungsänderung nicht einen Umfang annimmt, durch den sich der Charakter des landwirtschaftlichen Betriebes verändert und die Vermögensverwaltung die landwirtschaftliche Betätigung verdrängt.[6]

Unschädlich in diesem Sinne ist eine Nutzungsänderung von weniger als 10 % der betrieblichen Fläche.[7] Ist die Geringfügigkeitsgrenze von 10 % überschritten, kommt es für das Vorliegen einer Entnahme regelmäßig nicht auf einen Vergleich der Erträge aus der Vermögensverwaltung und der LuF oder auf die Anwendung anderer Abgrenzungskriterien an.[8]

---

1 BFH 16.12.1988, BStBl 1989 II S. 763.

2 § 13 Abs. 5 EStG.

3 BFH 16.1.2020 – VI R 22/17, NWB UAAAH-49088 = BStBl 2020 II S. 639.

4 BFH 22.8.2002, BStBl 2003 II S. 16.

5 BFH 26.2.1970, BStBl 1970 II S. 419; BFH 26.11.1987, BStBl 1988 II S. 490; BFH 10.4.1990, BStBl 1990 II S. 961; BFH 10.12.1992, BStBl 1993 II S. 342; BFH 31.3.2021 – VI R 30/18, NWB KAAAH-86597 = BStBl 2022 II S. 312.

6 BFH 24.3.2011, BStBl 2011 II S. 692.

7 BFH 10.12.1992, BStBl 1993 II S. 342; BFH 22.8.2002, BStBl 2003 II S. 16; BFH 24.3.2011, BStBl 2011 II S. 692.

8 BFH 31.3.2021 – VI R 30/18, NWB KAAAH-86597 = BStBl 2022 II S. 312.

Diese Grundsätze gelten bei der Bestellung von Erbbaurechten auch dann, wenn ein verbilligter Erbbauzins vereinbart wurde, sofern dieser die Geringfügigkeitsgrenze von 10 % des ortsüblichen vollen Erbbauzinses nicht unterschreitet.[1]

381 Von dieser Fallgruppe sind die Grundstücke zu unterscheiden, die nach einer anderweitigen – nicht dauerhaften – Nutzung wieder für landwirtschaftliche oder forstwirtschaftliche Zwecke eingesetzt werden können.

BEISPIELE (1) Verpachtung bisher betrieblich genutzter Grundstücke,[2] z. B. an einen Golf-Club, wenn eine luf Nutzung nach Ablauf des Pachtvertrags nicht ausgeschlossen ist. Auf den Anteil der verpachteten Flächen an der Gesamtbetriebsfläche kommt es nicht an.[3]

(2) Ein ursprünglich landwirtschaftlich genutztes Grundstück, das verpachtet war und nach Ablauf der Pachtzeit brach liegt.[4]

(3) Vermietung einer alten Hofstelle, die bisher zum notwendigen BV gehörte, an einen Gewerbetreibenden, nachdem die Hofstelle nach Verlegung der Betriebsstätte nicht mehr landwirtschaftlich genutzt wird.[5]

(4) Bestellung eines Nießbrauchsrechts (Zuwendungsnießbrauch) an einem Gesellschaftsanteil und an einem Grundstück, das zum SBV gehört.[6]

(5) Verpachtung von Flächen zur Nutzung als Photovoltaik-Freiflächenanlage (vgl. Rz. 1365/2).

In diesen Fällen haben die Grundstücke durch die Nutzungsänderung zwar ihren Charakter als notwendiges BV verloren, der Stpfl. kann die Grundstücke jedoch weiterhin als gewillkürtes BV behandeln. Es besteht für ihn jedoch auch die Möglichkeit, das jeweilige Grundstück durch ausdrückliche Entnahmeerklärung unter Aufdeckung der stillen Reserven aus dem BV zu entnehmen.

382 Eine Entnahme liegt auch nicht vor in Fällen einer Strukturänderung mit der Folge, dass die Einkünfte aus dem Betrieb einer anderen Einkunftsart zuzurechnen sind (luf Betrieb wird zum Gewerbebetrieb).[7]

---

1 BFH 24.3.2011, BStBl 2011 II S. 692.

2 BFH 30.11.1989 – IV R 49/88, NWB SAAAB-30973 = BFH/NV 1991 S. 363.

3 BFH 3.5.2007 – IV B 79/06, NWB VAAAC-59271 = BFH/NV 2007 S. 2084.

4 BFH 30.1.1986, BStBl 1986 II S. 516; BFH 17.1.2002, BStBl 2002 II S. 356.

5 BFH 17.8.1972, BStBl 1972 II S. 924.

6 BFH 1.3.1994, BStBl 1995 II S. 241.

7 R 4.3 Abs. 2 Satz 4 EStR.

Die Einbringung von Grundstücken in ein Umlegungsverfahren führt nicht zu einer Entnahme; die Betriebsvermögenseigenschaft wird durch die zurückerhaltenen Grundstücke fortgesetzt.[1]

Die unentgeltliche Überlassung einer Grundstücksfläche als Gartenland an den Sohn stellt keine Entnahme dar, da die Fläche dadurch noch nicht dauerhaft einer betrieblichen Nutzung entzogen wird.[2]

Bei den folgenden Überführungs-/Übertragungsvorgängen von einzelnen WG 383
des BV sind die Buchwerte fortzuführen, sofern die Besteuerung der stillen Reserven sichergestellt ist. Dabei ist es gleichgültig, um welche Art von BV es sich handelt (luf, gewerblich oder freiberuflich).[3]

(1) Überführung von BV/SBV in ein anderes BV/SBV desselben Stpfl.[4]

(2) Übertragung von WG aus dem BV/SBV eines Mitunternehmers in das Gesamthandsvermögen einer Gesellschaft (MU) oder umgekehrt, wenn die Übertragung unentgeltlich oder gegen Gewährung von Gesellschaftsrechten erfolgt.[5]

(3) Übertragung von WG zwischen den SBV verschiedener Mitunternehmer derselben Mitunternehmerschaft, wenn die Übertragung unentgeltlich erfolgt.[6]

(4) Übertragung von WG zwischen den Gesamthandsvermögen verschiedener Mitunternehmerschaften, wenn es sich dabei um zwei beteiligungsidentische Schwesternpersonengesellschaften handelt und die Übertragung unentgeltlich erfolgt.[7]

Bei den Vorgängen (2), (3) und (4) ist die sog. Sperrfrist nach § 6 Abs. 5 Satz 4 EStG zu beachten.[8] Eine Sperrfristverletzung liegt jedoch nicht vor, wenn die stillen Reserven dem Übertragenden zugeordnet bleiben (z. B. bei Bruttobilanzierung).[9]

---

1 BFH 6.2.1986, BStBl 1986 II S. 666; BFH 7.1.1996, BStBl 1997 II S. 245; BFH 14.7.2016 – IV R 19/13, NWB BAAAF-84224 = BFH/NV 2016 S. 1702.

2 BFH 23.9.2009, BStBl 2010 II S. 270.

3 BMF 8.12.2011, BStBl 2011 I S. 1279, Rz. 5 und 12.

4 § 6 Abs. 5 Satz 1 und 2 EStG.

5 § 6 Abs. 5 Satz 3 Nr. 1 und Nr. 2 EStG.

6 § 6 Abs. 5 Satz 3 Nr. 3 EStG.

7 § 6 Abs. 5 Satz 3 Nr. 4 EStG; § 52 Abs. 12 Satz 15 ff. EStG.

8 FG Baden-Württemberg 7.8.2020 – 13 K 378/19, NWB IAAAH-65146 = EFG 2020 S. 1831, zu einer Sperrfristverletzung durch Errichtung einer Betriebsleiterwohnung.

9 BFH 31.7.2013 – I R 44/12, BStBl 2015 II S. 450; BFH 26.6.2014 – IV R 31/12, BStBl 2015 II S. 463.

384 Veräußert eine Personengesellschaft ein WG aus dem BV an einen Gesellschafter zu Bedingungen, die bei entgeltlicher Veräußerung zwischen Fremden üblich sind und wird das WG **beim Erwerber Privatvermögen**, so ist der realisierte Gewinn regelmäßig insgesamt Gewinn aus der Veräußerung von Betriebsvermögen; auch soweit der Erwerber am Gesellschaftsvermögen beteiligt ist, liegt keine Entnahme vor.[1] Vgl. zum Problem der Behandlung von Übertragungen von WG zwischen Personengesellschaften und ihren Gesellschaftern Rz. 383.

385 Die Entnahme ist ein tatsächlicher Vorgang und kann weder rückbezogen noch rückgängig gemacht werden.[2]

386 Entnahmen des Steuerpflichtigen für sich, für seinen Haushalt oder für andere betriebsfremde Zwecke sind nach § 6 Abs. 1 Nr. 4 Satz 1 EStG mit dem Teilwert anzusetzen. Der Teilwert ist auch bei den WG anzusetzen, bei denen eine vorherige teilweise Privatnutzung als Nutzungsentnahme erfasst worden ist.[3]

6. Gewinnermittlung nach § 4 Abs. 3 EStG (Überschuss der Betriebseinnahmen über die Betriebsausgaben)

a) Voraussetzungen der Gewinnermittlung nach § 4 Abs. 3 EStG

Literatur: *Gunsenheimer*, Die Einnahmenüberschussrechnung nach § 4 Abs. 3 EStG, 15. Aufl., 2019.

387 Der LuF,

- bei dem die Voraussetzungen des § 13a EStG (Gewinnermittlung nach Durchschnittssätzen) nicht erfüllt sind und
- der auch nicht zur Buchführung (Bilanzierung) verpflichtet ist,

kann seinen Gewinn freiwillig nach § 4 Abs. 1 EStG oder nach § 4 Abs. 3 EStG ermitteln.[4] Dieses Wahlrecht steht dem Steuerpflichtigen prinzipiell unbefristet zu, ist formal allein durch die Bestandskraft der Steuerfestsetzung bzw. Feststellung begrenzt und muss nicht bereits zu Beginn des Wirtschaftsjahres ausgeübt werden.[5] Ein Stpfl., der eine Eröffnungsbilanz aufstellt, eine kaufmännische

1 BFH 10.7.1980, BStBl 1981 II S. 84; BFH 28.7.1998, BStBl 1999 II S. 53.

2 BFH 15.4.1993 – IV R 12/91, NWB LAAAA-97275 = BFH/NV 1994 S. 87; BFH 17.9.1997 – IV R 97/96, NWB EAAAA-97409 = BFH/NV 1998 S. 311.

3 BFH 24.9.1959, BStBl 1959 III S. 466; BFH 16.6.2020 – VIII R 9/18, BStBl 2020 II S. 845.

4 R 13.5 Abs. 1 Satz 2 EStR.

5 BFH 19.10.2005, BStBl 2006 II S. 509; BFH 19.3.2009, BStBl 2009 II S. 659.

Buchführung einrichtet und aufgrund von Bestandsaufnahmen Abschlüsse erstellt, hat eine Gewinnermittlung durch Bestandsvergleich gewählt.[1] Denn derjenige, der tatsächlich Bücher führt **und** Abschlüsse macht, ist von der Gewinnermittlung nach § 4 Abs. 3 EStG ausgeschlossen.[2]

Voraussetzung der Gewinnermittlung nach § 4 Abs. 3 EStG ist, dass die Betriebseinnahmen und Betriebsausgaben aufgezeichnet werden. Vgl. hierzu auch Rz. 394.

Wird der Gewinn nach § 4 Abs. 3 EStG ermittelt, ist die Gewinnermittlung nach amtlich vorgeschriebenem Datensatz durch Datenfernübertragung zu übermitteln.[3] Ab dem Wirtschaftsjahr 2017 bzw. 2017/2018 ist die Anlage EÜR auch dann in elektronischer Form an die FinVerw zu übermitteln, wenn die Betriebseinnahmen unter 17.500 € liegen.[4] Die in den Vorjahren vorgesehene Nichtbeanstandungsregelung wird nicht mehr fortgeführt. Auf die elektronische Übermittlung kann somit nur noch in sog. Härtefällen verzichtet werden (§ 60 Abs. 4 Satz 2 und 3 EStDV).[5]

Der LuF, bei dem die Voraussetzungen des § 13a Abs. 1 EStG gegeben sind, kann 388
seinen Gewinn auf Antrag für **vier aufeinander folgende Wj**[6] auch – es besteht insoweit ein Wahlrecht zwischen Bilanzierung und Gewinnermittlung nach § 4 Abs. 3 EStG – durch Vergleich der Betriebseinnahmen mit den Betriebsausgaben ermitteln.[7] Gewinnermittlung nach § 4 Abs. 3 EStG ist nur zulässig, wenn keine Bücher geführt und Abschlüsse gemacht werden.[8]

Voraussetzung ist ein schriftlicher Antrag des Stpfl., der nur bis zur Abgabe der 389
Steuererklärung für das Kj, in dem das Wj beginnt, gestellt werden kann. Der Antrag ist jedoch spätestens zwölf Monate nach Ablauf des ersten Wirtschaftsjahres, auf das er sich bezieht, zu stellen.[9] Da es sich bei der Zwölfmonatsfrist um eine Ausschlussfrist handelt, kommt ggf. Wiedereinsetzung in den vorigen

1 BFH 2.6.2016, BStBl 2017 II S. 154.
2 Ausdrücklich in § 4 Abs. 3 Satz 1 EStG.
3 § 60 Abs. 4 EStDV.
4 BMF 9.10.2017, BStBl 2017 I S. 1381.
5 BFH 16.6.2020 – VIII R 29/19, NWB VAAAH-63471 = BStBl 2021 II S. 290.
6 Zum Begriff des Wirtschaftsjahres i. d. Sinne vgl. Bruckmeier in K/S/M, Rz. C 6 ff. zu § 13a EStG.
7 § 13a Abs. 2 Satz 1 EStG.
8 § 4 Abs. 3 Satz 1 EStG.
9 § 13a Abs. 2 Satz 3 EStG.

Stand[1] in Betracht.[2] Ein verspäteter Antrag kann als Antrag für das folgende Wj zu deuten sein.[3]

Innerhalb dieser Frist kann der Antrag auch zurückgenommen werden.[4] Die Rücknahme des Antrags ist ausgeschlossen, wenn der Antrag in einer Steuererklärung gestellt wurde.[5]

390 Die Wirksamkeit des Antrags setzt das Ausfüllen der Anlage L nicht unbedingt voraus.[6]

Der Antrag kann auch durch konkludente Handlung gestellt werden. Ob ein wirksamer Antrag gestellt ist, ist erforderlichenfalls durch Auslegung zu ermitteln.[7] Ein wirksamer Antrag liegt jedenfalls vor, wenn eine auf das Wj abgestellte vollständige Gewinnermittlung vorgelegt wird.[8] Kein wirksamer Antrag liegt hingegen vor bei Vorlage einer vom Wj abweichenden Gewinnermittlung für das Kj.[9]

391 Der Antrag wird nur wirksam, wenn die vorgelegte Einnahmenüberschussrechnung auf tatsächlichen Aufzeichnungen der Betriebseinnahmen und Betriebsausgaben beruht.[10] Gleiches gilt für die Bilanzierung.

Werden nach Antragstellung keine Bücher geführt und auch keine Aufzeichnungen für Betriebseinnahmen und Betriebsausgaben, so ist der Gewinn nach Durchschnittssätzen zu ermitteln.

392 Zur Neuregelung des § 13a EStG durch das ZollkodexAnpG[11] hat die Verwaltung für die Wirtschaftsjahre 2015 ff. bzw. 2015/2016 ff. ein Anwendungsschreiben herausgegeben, BMF 10.11.2015.[12] Nach Rz. 90 des genannten Schreibens sind die R 13a.1 und R 13a.2 EStR für Wirtschaftsjahre, die nach dem **30**.12.2015 enden, nicht mehr anzuwenden. Inhaltlich hat sich an dieser Stelle (Antrag nach § 13a Abs. 2 EStG) nichts geändert. Im Folgenden wird jeweils auf die R 13a (für

1 § 110 AO.
2 Vgl. Felsmann, Einkommensbesteuerung, Abschnitt C 2 Rz. 129 ff.
3 Zweifel bei Felsmann, Einkommensbesteuerung, Abschnitt C 2 Rz. 130.
4 § 13a Abs. 2 Satz 4 EStG.
5 Vgl. Bruckmeier in K/S/M, § 13a EStG Rz. C 10; Nacke in Brandis/Heuermann, § 13a EStG Rz. 52.
6 BFH 4.6.1992, BStBl 1993 II S. 125.
7 H 13a.1 „Antrag nach § 13a Abs. 2 EStG" EStH.
8 BFH 4.6.1992, BStBl 1993 II S. 125.
9 BFH 28.1.1988, BStBl 1988 II S. 532.
10 BFH 18.3.1993, BStBl 1993 II S. 549.
11 BGBl 2014 I S. 2417.
12 BStBl 2015 I S. 877.

Wj bis 2014 bzw. 2014/2015) und die Rz. im BMF-Schreiben (für Wj ab 2015 bzw. 2015/2016) verwiesen.

Die Folge des Antrags nach § 13a Abs. 2 EStG ist, dass der Stpfl. für die nächsten vier Wj aus der Gewinnermittlung nach Durchschnittssätzen ausscheidet.[1] Folgendes gilt es zu beachten:

(1) Innerhalb des Vierjahreszeitraums werden die Voraussetzungen zur Buchführungspflicht[2] erfüllt.

Der Stpfl. ist rechtzeitig vor Beginn des nächstfolgenden Wirtschaftsjahres auf den Beginn der Buchführungspflicht hinzuweisen.[3] Ist er darauf hingewiesen worden, verkürzt sich der Vierjahreszeitraum entsprechend.[4]

(2) Innerhalb des Vierjahreszeitraums werden die Voraussetzungen für eine Gewinnermittlung nach § 13a Abs. 1 Satz 1 Nr. 2 bis 4 EStG a. F. bzw. § 13a Abs. 1 Satz 1 Nr. 2 bis 5 bzw. Satz 2 EStG nicht mehr erfüllt.

Der Stpfl. ist vor Beginn des nächstfolgenden Wj darauf hinzuweisen, dass der Gewinn nicht mehr nach Durchschnittssätzen zu ermitteln ist.[5] Ist er darauf hingewiesen worden, verkürzt sich der Vierjahreszeitraum entsprechend.[6]

(3) Nach Ablauf des Vierjahreszeitraums ist der Gewinn wieder nach Durchschnittssätzen zu ermitteln,

(a) wenn die Voraussetzungen des § 13a Abs. 1 Satz 1 EStG a. F. bzw. § 13a Abs. 1 Satz 1 oder 2 EStG erfüllt sind und der Stpfl. von der Möglichkeit einer erneuten Antragstellung keinen Gebrauch macht[7] oder

(b) wenn die Voraussetzungen nicht mehr gegeben sind, der Stpfl. aber weder zur Buchführung aufgefordert noch darauf hingewiesen worden ist, dass der Gewinn nicht mehr nach Durchschnittssätzen zu ermitteln ist.[8]

---

1 R 13a.1 Abs. 4 Satz 1 EStR bzw. BMF 10.11.2015, BStBl 2015 I S. 877, Rz. 25.

2 § 141 Abs. 1 AO.

3 R 13a.1 Abs. 4 Satz 2 Nr. 1 EStR bzw. BMF 10.11.2015, BStBl 2015 I S. 877, Rz. 25 Satz 2 Nr. 1.

4 R 13a.1 Abs. 4 Satz 2 Nr. 3 Satz 1 EStR bzw. BMF 10.11.2015, BStBl 2015 I S. 877, Rz. 25 Satz 2 Nr. 3 Satz 1.

5 R 13a.1 Abs. 4 Satz 2 Nr. 2 EStR bzw. BMF 10.11.2015, BStBl 2015 I S. 877, Rz. 25 Satz 2 Nr. 2.

6 R 13a.1 Abs. 4 Satz 2 Nr. 3 Satz 1 EStR bzw. BMF 10.11.2015, BStBl 2015 I S. 877, Rz. 25 Satz 2 Nr. 3 Satz 1.

7 R 13a.1 Abs. 4 Satz 2 Nr. 4 Buchst. a EStR bzw. BMF 10.11.2015, BStBl 2015 I S. 877, Rz. 25 Satz 2 Nr. 4 Buchst. a.

8 R 13a.1 Abs. 4 Satz 2 Nr. 4 Buchst. b EStR bzw. BMF 10.11.2015, BStBl 2015 I S. 877, Rz. 25 Satz 2 Nr. 4 Buchst. b.

b) Aufzeichnungspflichten

393 Die Gewinnermittlung nach § 4 Abs. 3 EStG erfordert vom LuF grds. keine besonderen Aufzeichnungen. Nach § 4 Abs. 3 Satz 5 EStG sind lediglich die **WG des Anlagevermögens** (abnutzbare und nicht abnutzbare) und die in § 4 Abs. 3 Satz 4 EStG **genannten WG des Umlaufvermögens** in besondere, laufend zu führende Verzeichnisse aufzunehmen. Aufzuzeichnen sind unter Angabe des Tages der Anschaffung oder Herstellung die Anschaffungs- oder Herstellungskosten oder der an deren Stelle getretene Wert. Ein **Anbauverzeichnis** ist nicht zu führen.[1]

394 Grundsätzlich genügt zur Gewinnermittlung nach § 4 Abs. 3 EStG das Vorhandensein von **Belegen für Betriebseinnahmen und Betriebsausgaben**; die Aufzeichnung der einzelnen Geschäftsvorfälle wird von § 4 Abs. 3 EStG nicht gefordert. Allerdings besteht durch die Einführung der Verpflichtung zur Abgabe einer Einnahmenüberschussrechnung auf amtlich vorgeschriebenem Vordruck bzw. mittlerweile zur elektronischen Übermittlung nach amtlich vorgeschriebenem Datensatz gem. § 60 Abs. 4 EStDV (vgl. Rz. 387 und 411) eine gewisse Aufzeichnungspflicht. Unabhängig davon sind BE nach § 22 Abs. 2 Nr. 2 UStG aufzuzeichnen.

Zu den besonderen Aufzeichnungspflichten bei Inanspruchnahme der Vergünstigung nach § 6c Abs. 2 EStG vgl. Rz. 408.

c) Überschussermittlung

395 Die Gewinnermittlung nach § 4 Abs. 3 EStG besteht in der Gegenüberstellung von Betriebseinnahmen und Betriebsausgaben. Ein Überschuss der Betriebseinnahmen ist Gewinn, ein Überschuss der Betriebsausgaben Verlust.

Tragendes Prinzip der Gewinnermittlung nach § 4 Abs. 3 EStG ist die **Außerachtlassung von Bestandsveränderungen**. Entscheidend ist lediglich der Zufluss von Einnahmen und der Abfluss von Betriebsausgaben.[2] Für die Gewinnermittlung von LuF ergeben sich insoweit keine Besonderheiten. Zu den Begriffen Betriebseinnahmen und Betriebsausgaben vgl. Rz. 304 ff. und 321 ff.

---

1 § 142 Satz 1 AO.

2 § 11 EStG.

aa) Allgemein geltende Grundsätze

(1) **Betriebseinnahmen und Betriebsausgaben** sind in dem Wj zu erfassen, in dem sie **zu- bzw. abgeflossen** sind.[1] Das gilt auch für Vorschüsse, Teil- und Abschlagszahlungen.[2] § 11 Abs. 1 Satz 2 EStG, wonach regelmäßig wiederkehrende Einnahmen, die dem Stpfl. kurze Zeit vor Beginn oder kurze Zeit nach Beendigung des Kj, zu dem sie wirtschaftlich gehören, zugeflossen sind, als in dem Kj bezogen gelten, zu dem sie wirtschaftlich gehören, gilt auch für die LuF, z. B. für Pachtzahlungen.[3] Gleiches gilt gem. § 11 Abs. 2 Satz 2 EStG für Betriebsausgaben. Einnahmen, die auf einer Nutzungsüberlassung beruhen und für einen Zeitraum von mehr als fünf Jahren geleistet werden, können vom Stpfl. gleichmäßig auf den Zeitraum, für den die Vorauszahlung geleistet wird, verteilt werden (§ 11 Abs. 1 Satz 3 EStG). Ausgaben, die auf einer solchen Nutzungsüberlassung beruhen, sind nach § 11 Abs. 2 Satz 3 EStG gleichmäßig zu verteilen. 396

(2) **Abnutzbare WG** sind nicht im Wj der Anschaffung oder Herstellung als Betriebsausgaben abzusetzen. Auch hier finden die Regelungen zur AfA oder AfS (§ 7 EStG) sowie die Vorschriften über die Bewertungsfreiheit für geringwertige Wirtschaftsgüter (§ 6 Abs. 2 EStG) und die Bildung eines Sammelpostens (§ 6 Abs. 2a EStG) Anwendung.[4] Soweit Anschaffungs- oder Herstellungskosten für abnutzbare WG des Anlagevermögens bis zur Veräußerung noch nicht als AfA berücksichtigt worden sind, sind sie als BA abzusetzen, soweit die AfA nicht willkürlich unterlassen wurden.[5]

(3) Anschaffungs- oder Herstellungskosten **nicht abnutzbarer WG des Anlagevermögens** (z. B. Grund und Boden, Genossenschaftsanteile, Wald einschließlich Erstaufforstung) und von **WG des Umlaufvermögens**, die in § 4 Abs. 3 Satz 4 EStG genannt sind, sind erst im Zeitpunkt des Zuflusses des Veräußerungserlöses oder bei Entnahme im Zeitpunkt der Entnahme als Betriebsausgaben zu berücksichtigen.[6]

(4) Die **WG des Anlagevermögens** und die in § 4 Abs. 3 Satz 4 genannten **WG des Umlaufvermögens** sind unter Angabe des Tages der Anschaffung oder Herstellung und der Anschaffungs- oder Herstellungskosten oder des an deren Stelle

1 § 11 EStG.

2 R 4.5 Abs. 2 EStR.

3 BFH 23.9.1999, BStBl 2000 II S. 121.

4 § 4 Abs. 3 Satz 3 EStG.

5 H 4.5 Abs. 3 „Veräußerung abnutzbarer Wirtschaftsgüter/Unterlassene AfA“ EStH.

6 § 4 Abs. 3 Satz 4 EStG.

getretenen Werts (z. B. bei Einlage) in besondere, laufend zu führende **Verzeichnisse** aufzunehmen.[1]

(5) **Gewillkürtes Betriebsvermögen** wird nun auch bei Gewinnermittlung nach § 4 Abs. 3 EStG zugelassen.[2] Eine Willkürung als BV scheidet aus, wenn der Anteil der betrieblichen Nutzung weniger als 10 % beträgt. Die Zuordnung zum BV muss unmissverständlich dokumentiert werden; ein sachverständiger Dritter muss ohne weitere Erklärung die Zugehörigkeit zum BV erkennen können. Der Zuordnungsakt muss sich dabei nicht aus der eigentlichen Buchführung ergeben.[3] Die Aufnahme in das betriebliche Bestandsverzeichnis[4] kann genügen.[5] Fehlt ein Anlagenverzeichnis, kann in der Erklärung von Pachteinnahmen bei den Einkünften aus LuF kein eindeutiger Widmungsakt gesehen werden.[6]

Werden WG, die nicht zum BV gehören, auch betrieblich genutzt, so können Aufwendungen (einschl. der anteiligen AfA), die durch die betriebliche Nutzung entstehen, als BA abgezogen werden, wenn die betriebliche Nutzung nicht nur von untergeordneter Bedeutung ist und der betriebliche Nutzungsanteil sich leicht und einwandfrei anhand von Unterlagen nach objektiven, nachprüfbaren Merkmalen – ggf. im Wege der Schätzung – von den nicht abziehbaren Kosten der Lebensführung trennen lässt.[7]

bb) Durchschnittsbewertung für Tiere

397 Die für buchführende LuF zugelassene Gruppenbewertung für Tiere (vgl. Rz. 293 ff.) kann sinngemäß auch bei der Gewinnermittlung nach § 4 Abs. 3 EStG unter den folgenden Voraussetzungen in Anspruch genommen werden:[8]

Bei **Tieren im Anlagevermögen** (vgl. hierzu Rz. 331) sind **laufende Verzeichnisse** über diese Tiere im Rahmen der Aufzeichnungen nach § 4 Abs. 3 EStG in jedem

1 § 4 Abs. 3 Satz 5 EStG.

2 BFH 2.10.2003, BStBl 2004 II S. 985; BFH 16.6.2004 – XI R 17/03, NWB OAAAB-36115 = BFH/NV 2005 S. 173 in Abweichung von der früheren Rechtsprechung, vgl. BFH 13.3.1964, BStBl 1964 III S. 455.

3 BFH 22.9.1993, BStBl 1994 II S. 172.

4 Vgl. R 5.4 Abs. 1 EStR.

5 BFH 22.9.1993, BStBl 1994 II S. 172; BFH 2.10.2003, BStBl 2004 II S. 985; BFH 16.6.2004 – XI R 17/03, NWB OAAAB-36115 = BFH/NV 2005 S. 173.

6 FG Münster 8.3.2023 – 6 K 3211/21 E, BB 2023 S. 1200.

7 R 4.7 Abs. 1 Satz 2 EStR; H 4.7 „Gemischt genutzte Wirtschaftsgüter" EStH.

8 BMF 14.11.2001, BStBl 2001 I S. 864; BMF 8.12.2025 – IV C 6 - S 2170/00015/002/094, NWB YAAAK-06135.

Fall zu führen. Die Anschaffungs- oder Herstellungskosten müssen sich aus dem Verzeichnis ergeben.[1]

Für den Fall der Durchschnittsbewertung kann der Landwirt statt der einzeln ermittelten Anschaffungs- oder Herstellungskosten die Durchschnittswerte ansetzen (vgl. hierzu Rz. 296), und zwar im gleichen Umfang und unter den gleichen Voraussetzungen wie ein den Gewinn nach § 4 Abs. 1 EStG ermittelnder Landwirt.

Soweit die **Tiere Umlaufvermögen** sind, besteht keine Aufzeichnungspflicht. Die 398
Anschaffungs- und Herstellungskosten sind im Zeitpunkt der Verausgabung als Betriebsausgaben abziehbar. Zur Abgrenzung zum Anlagevermögen vgl. BFH 31.5.2001.[2]

Die über den jeweiligen Durchschnittswert liegenden Anschaffungs- oder Herstellungskosten können sofort als Betriebsausgaben abgezogen werden.

Beim Übergang von der Gewinnermittlung nach § 13a EStG zur Gewinnermittlung nach § 4 Abs. 3 EStG sind nach Wahl des Stpfl. die Tiere des Umlaufvermögens mit einzeln ermittelten Anschaffungs- oder Herstellungskosten oder mit Durchschnittssätzen gewinnmindernd anzusetzen.[3]

Wechselt der Stpfl. zur Gewinnermittlung nach § 4 Abs. 1 EStG, nachdem er von der Gewinnermittlung nach Durchschnittssätzen nach § 13a EStG zur Gewinnermittlung nach § 4 Abs. 3 EStG übergegangen war, ist für die Bewertung der Tiere die Bewertungsmethode zugrunde zu legen, die beim Wechsel zur Gewinnermittlung nach § 4 Abs. 3 EStG angewandt wurde.[4]

cc) Entschädigungen für Wirtschaftserschwernisse

Zur Ausgangslage vgl. zunächst Rz. 264 ff.

(1) Entschädigungen aus einem vor dem 1.1.1993 abgeschlossenen Vertrag

Hat der Stpfl. die Entschädigung vom Zeitpunkt des Zuflusses an auf einen Zeit- 399
raum von höchstens 20 Jahren verteilt, so wurde aus Billigkeitsgründen zuge-

1 § 4 Abs. 3 Satz 5 EStG.

2 BStBl 2001 II S. 673; BFH 15.2.2001, BStBl 2001 II S. 549.

3 R 13.3 Nr. 4 EStR 2005; zur weiteren Anwendung vgl. Leingärtner/Kanzler, Besteuerung der Landwirte, Kap. 27 Rz. 139.

4 BFH 16.6.1994, BStBl 1994 II S. 932.

lassen, die Einnahmen weiterhin über den ursprünglich gewählten Zeitraum, höchstens 20 Jahre, zu verteilen.[1]

(2) Entschädigungen aus einem nach dem 31.12.1992 abgeschlossenen Vertrag

400 Die Entschädigung ist im Zeitpunkt des Zuflusses voll als Betriebseinnahme zu erfassen; eine Verteilung über einen bestimmten Zeitraum ist nicht zulässig.[2]

dd) Ermittlung der Einkünfte aus forstwirtschaftlichen Betrieben

401 Forstwirtschaftliche Betriebe, die nicht zur Buchführung verpflichtet sind, den Gewinn nicht nach § 4 Abs. 1 EStG ermitteln und deren forstwirtschaftlich genutzte Fläche 50 Hektar nicht übersteigt, können ihren Gewinn aus Holznutzungen durch einen **pauschalen Abzug der Betriebsausgaben** ermitteln (vgl. Rz. 1209 ff.). Der Abzug zur Abgeltung der Betriebsausgaben beträgt 55 % der Einnahmen aus der Verwertung des eingeschlagenen Holzes. Der Abzug setzt einen Antrag des Forstwirts voraus.[3]

402 Wird das Holz auf dem Stamm verkauft, beträgt der Pauschbetrag zur Abgeltung der Betriebsausgaben 20 % der Einnahmen aus der Verwertung des stehenden Holzes.[4]

Durch die pauschalen Betriebsausgaben sind sämtliche Betriebsausgaben mit Ausnahme der Wiederaufforstungskosten und der Minderung des Buchwerts für ein Wirtschaftsgut Baumbestand (vgl. Rz. 263 und 1218 ff.) abgegolten.[5]

Der pauschale Abzug der Betriebsausgaben gilt nicht für die Ermittlung des Gewinns aus Waldverkäufen sowie für die übrigen Einnahmen und die damit in unmittelbarem Zusammenhang stehenden Betriebsausgaben.[6]

ee) Vorschusszahlungen für Winterraps

403 Der Vorschuss ist im Zeitpunkt des Zuflusses als Betriebseinnahme zu erfassen.[7]

1 BMF 5.3.1992, BStBl 1992 I S. 187.
2 BMF 5.3.1992, BStBl 1992 I S. 187.
3 § 51 Abs. 1 und Abs. 2 EStDV.
4 § 51 Abs. 3 EStDV.
5 § 51 Abs. 4 EStDV.
6 § 51 Abs. 5 EStDV.
7 BMF 23.12.1993, BStBl 1994 I S. 17.

ff) Gewinn aus der Veräußerung bestimmter Wirtschaftsgüter und Übertragung stiller Reserven nach § 6c EStG

(1) Voraussetzungen und Folgen des Abzugs nach § 6c EStG

Ermittelt der LuF den Gewinn nach § 4 Abs. 3 EStG (oder nach § 13a EStG), ist § 6b EStG (vgl. Rz. 350 ff.) mit Ausnahme des § 6b Abs. 4 Satz 1 Nr. 1 EStG (Gewinnermittlung nach § 4 Abs. 1 EStG vorhanden) entsprechend anzuwenden. 404

Der Abzug nach § 6b Abs. 1 und 3 EStG (vgl. Rz. 352) ist somit nur zulässig, soweit der Gewinn entstanden ist bei der Veräußerung von

- Grund und Boden
- Gebäuden oder
- Aufwuchs auf Grund und Boden (vgl. Rz. 356) mit dem dazugehörigen Grund und Boden, wenn der Aufwuchs zu einem luf Betrieb gehört.[1]

Für die Ermittlung des nach § 6c EStG begünstigten Gewinns gilt § 6b Abs. 2 EStG.[2] Der Gewinn aus der Veräußerung eines begünstigten WG entsteht also ohne Rücksicht auf den Zeitpunkt des Zuflusses des Veräußerungspreises im Zeitpunkt der Veräußerung (bei Übergang des wirtschaftlichen Eigentums).[3] Der frühere oder spätere tatsächliche Zufluss des Veräußerungserlöses wird nicht als Betriebseinnahme behandelt.[4] 405

Soweit ein Abzug[5] nicht vorgenommen worden ist, kann bei Gewinnermittlung nach § 4 Abs. 1 EStG eine Rücklage gebildet werden (vgl. Rz. 358). Bei der Gewinnermittlung nach § 4 Abs. 3 EStG ist die Bildung einer Rücklage ausgeschlossen. § 6c Abs. 1 Satz 2 EStG sieht deshalb vor, dass die Bildung der **Rücklage** als fiktive **Betriebsausgabe**[6] und ihre **Auflösung** als **Betriebseinnahme** zu behandeln ist.[7] Für ein Beispiel vgl. H 6c „Berechnungsbeispiel" EStH. 406

Das auf Gewinnübertragung gerichtete Wahlrecht wird in der Gewinnermittlung des Veräußerungsjahrs durch Abzug von den AK/HK des Reinvestitionsguts oder Bildung einer Rücklage ausgeübt, die bei der Gewinnermittlung nach § 4 Abs. 3 EStG als Betriebsausgabe vorzunehmen ist. Die Ausübung des Wahlrechts

1 § 6c Abs. 1 Satz 1 EStG i. V. mit § 6b Abs. 1 Satz 1 EStG.
2 R 6c Abs. 1 Satz 1 EStR.
3 R 6c Abs. 1 Satz 2 EStR.
4 R 6c Abs. 1 Satz 4 EStR.
5 § 6b Abs. 1 EStG.
6 R 6c Abs. 1 Satz 6 EStR.
7 R 6c Abs. 1 Satz 7 und 8 EStR.

setzt demnach voraus, dass zunächst der Gewinn erklärt wird, der sodann durch Abzug einer Betriebsausgabe wieder neutralisiert wird. Wird der Gewinn aus einem Grundstückstausch nicht erfasst, kann ein (konkludenter) Antrag auf Gewinnübertragung nicht unterstellt werden.[1] Das auf Gewinnübertragung gerichtete Wahlrecht ist nicht befristet und kann daher bis zum Eintritt der formellen Bestandskraft der Steuerfestsetzung ausgeübt werden.[2]

407 Soweit der Stpfl. den Abzug vorgenommen hat, kann er von den Anschaffungs- oder Herstellungskosten **keine AfA oder Sonderabschreibungen** mehr vornehmen.[3]

(2) Aufzeichnungsvoraussetzungen

408 Voraussetzung für den Abzug nach § 6c Abs. 1 EStG ist, dass die WG, bei denen ein Abzug von den Anschaffungs- oder Herstellungskosten oder von dem Wert nach § 6b Abs. 5 EStG vorgenommen worden ist, in **besondere, laufend zu führende Verzeichnisse** aufgenommen werden.[4] Die Aufzeichnungspflicht ist materielle Voraussetzung der Inanspruchnahme der Vergünstigung. Die besonderen Aufzeichnungen dienen der Verfolgbarkeit in der Buchführung,[5] die bei der Gewinnermittlung nach § 4 Abs. 3 EStG sonst nicht gewährleistet wäre.

409 Das Verzeichnis muss im Einzelnen enthalten:

- den Tag der Anschaffung oder Herstellung der Reinvestitionsobjekte, bei denen der Abzug von den Anschaffungs- oder Herstellungskosten vorgenommen wird;
- die Anschaffungs- oder Herstellungskosten der Reinvestitionsobjekte;
- den Abzug nach § 6b Abs. 1 oder 3 i. V. mit § 6c Abs. 1 EStG;
- die Absetzungen für Abnutzung und die Abschreibungen (soweit nach dem Abzug noch ein Rest an Anschaffungs- oder Herstellungskosten verbleibt);
- die fiktiven Betriebsausgaben oder Betriebseinnahmen nach § 6b Abs. 3 i. V. mit § 6c Abs. 1 Satz 2 EStG.

Das Verzeichnis ist m. E. vom Beginn der Anwendung der Regelungen des § 6c EStG an zu führen.[6]

---

1 BFH 6.12.2017 – VI R 68/15, BStBl 2019 II S. 128.
2 BFH 12.4.2022 – VI R 22/20, BStBl 2023 II S. 384.
3 § 6b Abs. 6 EStG.
4 § 6c Abs. 2 Satz 1 EStG.
5 Vgl. § 6b Abs. 4 Satz 1 Nr. 5 EStG.
6 Vgl. Felsmann, Einkommensbesteuerung, Abschnitt C 4 Rz. 9.

gg) Übertragung stiller Reserven bei Ersatzbeschaffung

Zu den allgemeinen Voraussetzungen vgl. Rz. 364 ff. Für die Gewinnermittlung 410
nach § 4 Abs. 3 EStG sind folgende Besonderheiten zu beachten:

- Ist die Entschädigungsleistung höher als der im Zeitpunkt des Ausscheidens noch nicht abgesetzte Teil der Anschaffungs- oder Herstellungskosten, so kann der darüber hinausgehende Betrag im Wj der Ersatzbeschaffung von den Anschaffungs- oder Herstellungskosten des Ersatzwirtschaftsgutes sofort voll abgesetzt werden.[1]
- Fließt die Entschädigungsleistung nicht in dem Wj zu, in dem der Schaden entstanden ist, so wird es aus Billigkeitsgründen nicht beanstandet, wenn der Stpfl. den Schaden in dem Wj berücksichtigt, in dem die Entschädigung geleistet wird.[2] Es soll damit verhindert werden, dass sich die Entschädigungsleistung in vollem Umfang auf den Steuersatz (Progression) auswirkt, ohne durch den Schaden (Abzug des Restbuchwerts) gemindert zu werden.

BEISPIEL Der Stpfl. hat im Wj 01 durch Brand ein Betriebsgebäude verloren (Restbuchwert 120.000 €). Er erhält dafür im Wj 02 eine Entschädigung von 200.000 €.

Der Stpfl. kann im Wj 02 sowohl den Restbuchwert absetzen als auch die Entschädigung berücksichtigen. Er muss den Schaden (Restbuchwert von 120.000 €) nicht bereits im Wj 01 berücksichtigen.

- Wird der Schaden nicht in dem Wj beseitigt, in dem er eingetreten ist oder in dem die Entschädigung gezahlt wird, so ist es aus Billigkeitsgründen nicht zu beanstanden, wenn sowohl der Schaden als auch die Entschädigungsleistung erst in dem Wj berücksichtigt werden, in dem der Schaden beseitigt wird.[3]

BEISPIEL Ein Betriebsgebäude ist im Wj 01 abgebrannt (Buchwert 200.000 €). Die Entschädigung von 400.000 € wird im Wj 02 gezahlt. Das neue Betriebsgebäude wird im Wj 03 fertig gestellt.

Im Wj 03 wird sowohl der Schaden (Abzug des Restbuchwertes von 200.000 €) als auch die Entschädigung berücksichtigt.

d) Unterlagen zur Steuererklärung

Nach § 60 Abs. 4 EStDV ist bei Gewinnermittlung nach § 4 Abs. 3 EStG die Ein- 411
nahmenüberschussrechnung nach amtlich vorgeschriebenem Datensatz durch

1 R 6.6 Abs. 5 Satz 2 EStR.

2 R 6.6 Abs. 5 Satz 3 EStR.

3 R 6.6 Abs. 5 Satz 4 EStR.

Datenfernübertragung zu übermitteln. Hat der Stpfl. mehrere Betriebe (LuF/gewerbliche Betriebe), ist für jeden Betrieb eine gesonderte Gewinnermittlung zu übermitteln. Für die Übermittlung der Anlage EÜR kann z. B. das Online-Portal www.elster.de der FinVerw genutzt werden. Aufgrund der elektronischen Übermittlungspflicht wird der Vordruck Anlage EÜR nicht mehr auf den Internetseiten der FinVerw zum Papierausdruck zur Verfügung gestellt. Ab dem Wirtschaftsjahr 2017 bzw. 2017/2018 ist die Anlage EÜR auch dann in elektronischer Form an die FinVerw zu übermitteln, wenn die Betriebseinnahmen unter 17.500 € liegen.[1] Die in den Vorjahren vorgesehene Nichtbeanstandungsregelung wird nicht mehr fortgeführt.

Die Anlage AVEÜR (Anlagenverzeichnis) ist notwendiger Bestandteil der Anlage EÜR. Übersteigen die im Wj angefallenen Schuldzinsen, ohne die Berücksichtigung der Schuldzinsen für Darlehen zur Finanzierung von Anschaffungs- oder Herstellungskosten von WG des Anlagevermögens, den Betrag von 2.050 €, ist bei Einzelunternehmen auch die Anlage SZ notwendiger Bestandteil der Anlage EÜR.

Ab dem Wirtschaftsjahr 2019 bzw. 2019/2020 können die Richtbeträge für Weinbaubetriebe und pauschale Betriebsausgaben für Holznutzungen nach § 51 EStDV in der Anlage LuF geltend gemacht werden.[2]

7. Besonderheiten der Gewinnermittlung in den neuen Bundesländern – nachrichtlich

412 Nach Anlage I, Kap. IV, Sachgebiet B, Abschnitt II, Nr. 14 des Einigungsvertrags vom 31.8.1990[3] tritt das Recht der Bundesrepublik Deutschland auf dem Gebiet der Besitz- und Verkehrssteuern im beigetretenen Teil Deutschlands grds. am 1.1.1991 in Kraft. Bis dahin gilt das Recht der ehemaligen DDR.

Die Einführung der DM ab 1.7.1990 in der ehemaligen DDR machte es jedoch notwendig, das Rechnungswesen der Unternehmer mit Sitz in der ehemaligen DDR neu zu ordnen. Mit Wirkung ab 1.7.1990 wurden im Wesentlichen die Gewinnermittlungsvorschriften der Bundesrepublik Deutschland übernommen.[4]

1 BMF 9.10.2017, BStBl 2017 I S. 1381.

2 BMF 16.9.2020, BStBl 2020 I S. 995.

3 BGBl 1990 II S. 885.

4 StAnpG v. 22.6.1990, Sonderdruck GBL DDR Nr. 1427.

Außerdem war es erforderlich, zum 1.7.1990 die Vermögensgegenstände und Schulden im Rahmen der zu erstellenden DM-Eröffnungsbilanz neu zu bewerten. Soweit Stpfl. ihren Gewinn nach einer Überschussrechnung ermittelt haben, haben sie die WG unter Angabe ihres Wertes zum 1.7.1990 in ein Anlageverzeichnis aufzunehmen. Grundlage ist das DMBilG. 413

Auf den 30.6.1990 haben bilanzierende Unternehmen auf der Grundlage der Rechnungsführungsvorschriften der ehemaligen DDR einen Abschluss, nichtbilanzierende Unternehmen entsprechend den für sie geltenden Vorschriften grds. ein Inventar auf Mark-Grundlage zu erstellen.

Die Folge dieser Umstellung ist das Entstehen von zwei Wj für das Jahr 1990. 414
Das gilt auch für LuF, die nach § 4a EStG-DDR den Gewinn nach einem vom Kj abweichenden Wj ermitteln. Die durch die Umstellung zum 1.7.1990 bedingten Vermögensänderungen unterliegen nicht der ESt.[1]

Weitere Einzelheiten ergeben sich aus BMF 17.6.1991.[2]

Anpassungshilfen und standortbezogene Zuschläge nach §§ 1 bis 7 der Landwirtschafts-AnpassungshilfenVO (LaAV) vom 23.7.1991[3] stellen stpfl. Betriebseinnahmen dar.[4]

8. Gewinnermittlung nach Durchschnittssätzen – GnD (§ 13a EStG)

a) Allgemeines

Mit Art. 5 ZollkodexAnpG vom 22.12.2014 wurde eine grundlegende Neufas- 415
sung des § 13a EStG bekanntgegeben.[5] Art. 5 ist am 1.1.2015 in Kraft getreten (vgl. Art. 16). Nach § 52 Abs. 22a EStG ist die Neuregelung erstmals für das Wirtschaftsjahr anzuwenden, das nach dem 30.12.2015 endet. Zur Gewinnermittlung nach § 13a EStG a. F. vgl. die 7. Auflage, zur Übergangsproblematik vgl. Rz. 491.

1 § 51 DMBilG.
2 BStBl 1991 I S. 598.
3 BGBl 1991 I S. 1598.
4 BMF 20.12.1991, BStBl 1992 I S. 13.
5 BGBl 2014 I S. 2417, BStBl 2015 I S. 58.

Mit der Neufassung wurde neben einer neuen Grundsystematik der Anwenderbereich ausgeweitet, die Regelung verkompliziert und erhöhter Bürokratieaufwand geschaffen.[1]

Der Gewinn aus LuF **ist** zwingend nach den Grundsätzen des § 13a EStG (Durchschnittssätzen) zu ermitteln, **soweit** § 13a Abs. 1 EStG diese Gewinnermittlungsart nicht ausschließt oder der Stpfl. nicht freiwillig nach § 13a Abs. 2 EStG eine andere Art der Gewinnermittlung wählt. Die Gewinnermittlung nach Durchschnittssätzen steht als **selbständige Gewinnermittlungsart** neben den Gewinnermittlungen nach § 4 Abs. 1, § 4 Abs. 3, § 5 und § 5a EStG. Die GnD[2] entspricht dem Bestandsvergleich nach § 4 Abs. 1 EStG,[3] d. h., sie soll eine Art Bestandsvergleich sein, obwohl sie faktisch zwei Gewinnermittlungen beinhaltet, und zwar die Ermittlung des eigentlichen Durchschnittssatzgewinns nach § 13a Abs. 3, 4 und Abs. 6 Satz 2 EStG und die gesondert zu ermittelnden Gewinne nach § 13a Abs. 5 und Abs. 6 Satz 3 und Abs. 7 EStG. Dies erlangt besondere Bedeutung beim Wechsel der Gewinnermittlungsart[4] (s. a. Rz. 489 ff.).

TAB. Gewinnermittlung nach Durchschnittssätzen § 13a EStG

Gewinnermittlung nach Durchschnittssätzen § 13a EStG (entspricht Gewinnermittlungsmethode § 4 Abs. 1 EStG)	Gewinnermittlungsmethode
Gewinn der landwirtschaftlichen Nutzung nach § 13a Abs. 3 Satz 1 Nr. 1 = Grundbetrag nach § 13a Abs. 4	§ 4 Abs. 1
Gewinn der forstwirtschaftlichen Nutzung nach § 13a Abs. 3 Satz 1 Nr. 2 und Abs. 5	§ 4 Abs. 3
Gewinn der Sondernutzungen nach § 13a Abs. 3 Satz 1 Nr. 3 und Abs. 6 Satz 2 (über Grenzen Anlage 1a Nr. 2 Spalte 3 EStG)	§ 4 Abs. 1
Gewinn der Sondernutzungen nach § 13a Abs. 3 Satz 1 Nr. 3 und Abs. 6 Satz 2 (bis zu Grenzen der Anlage 1a Nr. 2 Spalte 3 EStG = Gewinn 0 €)	§ 4 Abs. 1
Gewinn der Sondernutzungen nach § 13a Abs. 3 Satz 1 Nr. 3 und Abs. 6 Satz 3 (in Anlage 1a Nr. 2 Spalte 1 EStG nicht genannt)	§ 4 Abs. 3
Sondergewinne nach § 13a Abs. 3 Satz 1 Nr. 4 und Abs. 7	§ 4 Abs. 3
Einnahmen aus Vermietung und Verpachtung von WG des luf BV nach § 13a Abs. 3 Satz 1 Nr. 5	§ 4 Abs. 3

1 Vgl. Kanzler, DStZ 2015 S. 375.

2 § 13a EStG.

3 BFH 26.10.1989, BStBl 1990 II S. 292; BFH 24.1.1985, BStBl 1985 II S. 255.

4 BFH 24.1.1985, BStBl 1985 II S. 255.

Einnahmen aus Kapitalvermögen, soweit sie zu den Einkünften aus LuF gehören	§ 4 Abs. 3
Verausgabte Miet-, Pacht- und Schuldzinsen, die nach § 13a Abs. 3 abgegolten sind	§ 4 Abs. 1
Verausgabte Miet-, Pacht- und Schuldzinsen im Rahmen § 13a Abs. 6 Satz 3	§ 4 Abs. 3

Das Wesen der GnD und ihr eigentlicher Zweck liegen in dem **Vereinfachungseffekt**. Diese Gewinnermittlungsart soll es ermöglichen, durch ein pauschales Verfahren den Gewinn von kleinen Landwirten zu erfassen, ohne dass diese Bücher und Aufzeichnungen führen müssen und ohne dass sie Gefahr laufen, mit zu hohen Gewinnen besteuert zu werden.[1] An die Stelle der Ermittlung des tatsächlichen Gewinns (Verlusts) aus einer Buchführung mit Jahresabschluss tritt eine **Gewinnschätzung mit gesetzlich festgelegten Durchschnittswerten**. Die Durchschnittssätze mit dem jährlich gleich bleibenden fiktiven Gewinn können natürlich nicht den individuellen Verhältnissen des Einzelfalls Rechnung tragen.[2] § 13a EStG nimmt dies in Kauf, weil gewöhnlich innerhalb mehrerer Wj ein Ausgleich eintritt und es im Großen und Ganzen zu einer zutreffenden Besteuerung kommt. Für **Gewinnschwankungen** nach oben, z. B. in günstigen Ertragsjahren oder nach unten bei Naturkatastrophen, ist deshalb kein Raum.[3] Bei Naturkatastrophen z. B. Dürre, Hochwasser, kann aber ein Ausgleich aus Billigkeitsgründen in Betracht kommen. Für Ertragsausfälle kann die aus dem Ansatz des Grundbetrages und den Zuschlägen für Sondernutzungen resultierende ESt ganz oder teilweise erlassen werden.[4] Zur Verfassungsmäßigkeit der GnD BFH 13.10.1983;[5] Barth.[6] Zum Nachweis der Wirtschaftlichkeit von Nebenerwerbsbetrieben für Zwecke der Stundung von Erschließungsbeiträgen nach § 135 Abs. 4 BauGB.[7] 416

Die GnD hat in der Besteuerung der LuF eine lange Tradition. Nach der Währungsreform wurde der Gewinn aus LuF nach der VO über die Aufstellung von Durchschnittssätzen für die Ermittlung des Gewinns aus Land- und Forstwirt- 417

1 BFH 18.3.1982, BStBl 1982 II S. 549.

2 BFH 12.12.1985, BStBl 1986 II S. 392; BFH 22.8.1951, BStBl 1951 III S. 183.

3 BFH 1.12.1988, BStBl 1989 II S. 234; FG München 14.3.1991 – 15 K 11270/87, rkr.

4 Vgl. bundeseinheitlicher Maßnahmenkatalog bei Naturkatastrophen.

5 BStBl 1984 II S. 198.

6 BB 1979, 1546.

7 BayVGH 6.3.2006 – 6 ZB 03.2947.

schaft (VOL) vom 2.6.1949,[1] die an die Stelle der VOL vom 31.12.1936[2] trat, ermittelt. Für Wj, die nach dem 31.12.1964 begannen, war der Gewinn nach § 12 des Gesetzes über die Ermittlung des Gewinns aus Land- und Forstwirtschaft nach Durchschnittssätzen (GDL) vom 15.9.1965,[3] für Wj, die nach dem 31.12.1973 begannen, nach § 13a EStG a. F.,[4] und für Wj, die nach dem 30.6.1980 begannen, nach § 13a EStG i. d. F. des Gesetzes über die Neuregelung der Einkommensbesteuerung der Land- und Forstwirtschaft vom 25.6.1980[5] zu ermitteln. Für Wj, die nach dem 30.12.1999 enden, ist § 13a EStG i. d. F. des StEntlG erstmals anzuwenden.[6] Zum Gesetzgebungsverfahren des ZollkodexAnpG vom 22.12.2014 vgl. Hinweis auf BT- und BR-Drucksachen.[7] Die Neuregelung ist erstmals für das Wirtschaftsjahr anzuwenden, das nach dem 30.12.2015 endet (§ 52 Abs. 22a EStG).

418 Die GnD baut durch zahlreiche Verweise auf der **Bedarfsbewertung** auf, errechnet sich aus den in § 13a Abs. 3 EStG aufgezählten Bestandteilen und bildet ein aufeinander abgestimmtes System.[8]

	Betriebsteil/ Tätigkeit	**Höchst-grenzen**	**Gewinn-methode**	**Gewinn-ermittlung**	**Rz.**
§ 13a Abs. 4	Landwirtschaft	≤ 20 ha	§ 4 Abs. 1	Gewinn	448
§ 13a Abs. 4	Tierhaltung	≤ 50 VE	§ 4 Abs. 1	Gewinn	450
§ 13a Abs. 5	Forstwirtschaft	≤ 50 ha	§ 4 Abs. 3	BE – BA-Pauschal 55 %/20 %	457
§ 13a Abs. 5	übrige Forstwirtschaft		§ 4 Abs. 3	BE – BA	459

1 WiGBl 1949 S. 95; FMBl 1949 S. 195.
2 RStBl 1937, 1.
3 BStBl 1965 I S. 552.
4 BStBl 1974 I S. 233.
5 BStBl 1980 I S. 400.
6 BStBl 1999 I S. 304.
7 BT-Drucks. 18/3017, 18/3158, 18/3441 bzw. BR-Drucks. 432/14, 432/1/14, 432/14 (B); 592/14, 592/1/14, 592/2/14, 592/14 (B).
8 BFH 31.3.1960, BStBl 1960 III S. 229; 13.5.1965, BStBl 1965 III S. 478; 17.9.1987, BStBl 1988 II S. 55.

	Betriebsteil/ Tätigkeit	**Höchst-grenzen**	**Gewinn-methode**	**Gewinn-ermittlung**	**Rz.**
§ 13a Abs. 6 Satz 2	Sondernutzungen: Weinbau, Obstbau, Gemüsebau, Zierpflanzenbau, Baumschulen, Spargel, Hopfen, Binnenfischerei, Teichwirtschaft, Fischzucht, Imkerei, Wanderschäferei, Weihnachtsbaumkultur	Anlage 1a Nr. 2 Spalte 2	§ 4 Abs. 1	Gewinn	460/2
§ 13a Abs. 6 Satz 3	Sondernutzung: z. B. Gemüse oder Blumen unter Kunststoff, Tabak, Saatzucht, Pilzanbau, Nützlinge, Kurzumtriebskulturen, Bambus	keine Grenzen	§ 4 Abs. 3	BE – BA	462
§ 13a Abs. 7 Satz 1 Nr. 1a	Veräußerung/ Entnahme GuB, dazugehöriger Aufwuchs, Gebäude, immaterielle WG, Beteiligungen	-	§ 4 Abs. 3	BE – BA	466
§ 13a Abs. 7 Satz 1 Nr. 1b	Veräußerung/Entnahme übrige WG AV und Tiere, wenn Erlös > 15.000 €	> 15.000 € je WG	§ 4 Abs. 3	BE – BA	473
§ 13a Abs. 7 Satz 1 Nr. 1c	Entschädigungen für Verlust, Untergang oder Wertminderung der in a und b genannten WG	-	§ 4 Abs. 3	BE – BA	476
§ 13a Abs. 7 Satz 1 Nr. 1d	Auflösung von Rücklagen	-	§ 4 Abs. 3	BE – BA	478

	Betriebsteil/ Tätigkeit	Höchstgrenzen	Gewinnmethode	Gewinnermittlung	Rz.
§ 13a Abs. 7 Satz 1 Nr. 2	BE und BA nach § 9b EStG (Umsatzsteuer)		§ 4 Abs. 3	BE – BA	480
§ 13a Abs. 7 Satz 1 Nr. 3	BE aus dem Grunde nach gewerblichen Tätigkeiten; Abbauland, Nebenbetriebe	-	§ 4 Abs. 3	BE – BA Pauschal 60 %	481
§ 13a Abs. 7 Satz 1 Nr. 4	Rückvergütungen aus Hilfs- und Nebengeschäften	-	§ 4 Abs. 3	BE – BA	486
§ 13a Abs. 3 Satz 1 Nr. 5	Einnahmen aus VuV von WG des luf BV	-	§ 4 Abs. 3	BE (Bruttobesteuerung)	447
§ 13a Abs. 3 Satz 1 Nr. 6	Einnahmen aus Kapitalvermögen, soweit sie zu den Einkünften aus LuF gehören	-	§ 4 Abs. 3	BE (Bruttobesteuerung)	447/5
§ 13a Abs. 3	Pacht-, Miet- u. Schuldzinsen	-	§ 4 Abs. 1	abgegolten	447/10
§ 13a Abs. 3	Abbauland, nicht gewerblicher Natur		§ 4 Abs. 1	abgegolten	423/3
§ 13a Abs. 3	Geringstland		§ 4 Abs. 1	abgegolten	423/3

b) Voraussetzungen

419 Der Gewinn ist für einen Betrieb der LuF nach Durchschnittssätzen[1] zu ermitteln, wenn

- der Stpfl. nicht aufgrund gesetzlicher Vorschriften verpflichtet ist, für den Betrieb Bücher zu führen und regelmäßig Abschlüsse zu machen und
- in diesem Betrieb am 15.5. innerhalb des Wj Flächen der landwirtschaftlichen Nutzung (§ 160 Abs. 2 Satz 1 Nr. 1 Buchst. a BewG) selbst bewirt-

1 § 13a EStG.

schaftet werden und diese Flächen 20 ha ohne Sondernutzungen nicht überschreiten und

- die Tierbestände insgesamt 50 VE nicht übersteigen und
- die selbst bewirtschafteten Flächen der forstwirtschaftlichen Nutzung (§ 160 Abs. 2 Satz 1 Nr. 1 Buchst. b BewG) 50 ha nicht überschreiten und
- die selbst bewirtschafteten Flächen der Sondernutzungen nach § 13a Abs. 6 EStG die in Anlage 1a Nr. 2 Spalte 2 EStG genannten Grenzen nicht überschreiten und
- ein Antrag nach § 13a Abs. 2 EStG nicht gestellt wurde.

Diese Voraussetzungen müssen für den jeweiligen Betrieb sämtlich vorliegen. 420
Selbst bei Vorliegen eines Ausschließungsgrundes nach § 13a Abs. 1 Satz 1 EStG ist der Gewinn eines steuerlich erfassten Landwirts noch so lange nach Durchschnittssätzen zu ermitteln, bis die FinBeh auf den Wegfall hingewiesen hat.[1] Bei einem steuerlich nicht erfassten Landwirt vgl. Rz. 431, bei einer Neugründung vgl. Rz. 431 und bei unrichtigen Erklärungen vgl. Rz. 427.

aa) Keine Buchführungspflicht

§ 13a Abs. 1 Satz 1 Nr. 1 verlangt eine gesetzliche Buchführungspflicht nach 421
§§ 140, 141 AO für das maßgebende Wj. § 13a EStG ist daher weiterhin anwendbar bei freiwilliger Buchführung und ohne wirksamen Antrag nach § 13a Abs. 2 EStG; vgl. aber Rz. 425.

bb) Keine Überschreitung der Flächengrenze von 20 ha selbstbewirtschafteter landwirtschaftlicher Flächen

Die Flächen der landwirtschaftlichen Nutzung müssen „selbst bewirtschaftet"[2] 422
werden „und" dürfen „20 ha" nicht überschreiten. Das Nichtvorliegen selbstbewirtschafteter landwirtschaftlicher Flächen (neu ab 2015) ist nicht mehr Ausschlusskriterium, weil nach § 13a Abs. 1 Satz 2 nunmehr für die in der Anlage 1a Nr. 2 EStG bezeichneten 15 Sondernutzungen auch ohne landwirtschaftliche Flächen der Gewinn nach § 13a EStG ermittelt werden kann.

Die Einkünfte aus LuF sind dem zuzurechnen, der das Fruchtziehungsrecht hat (vgl. Rz. 422/1 und 1197), d. h., bei den Berechnungen des § 13a EStG sind die

1 § 13a Abs. 1 Satz 4 EStG.

2 Zu § 13a EStG a. F.: BFH 13.12.2012 – IV R 51/10, BStBl 2013 II S. 857.

selbstbewirtschafteten (Brutto-)Flächen demjenigen zuzurechnen, der das Fruchtziehungsrecht hat.

422/1 Stichtag für die Flächenverhältnisse ist der 15.5. innerhalb des Wj (neu ab 2015; bisher: Verhältnisse zu Beginn des Wj), weil die Landwirte zu diesem Tag für die Betriebsprämien (Mehrfachantrag Agrarförderung) die Flächen dem Grunde nach ermitteln müssen (der Höhe nach allerdings nur die tatsächlich bewirtschafteten Nettoflächen). Bei einem Rumpf-Wj nach dem 15.5. ist auf die Verhältnisse am Ende des Wj abzustellen.[1] Für Zwecke des § 13a EStG sind durch den Verweis auf § 160 BewG (neu ab 2015; bisher: § 34 BewG) die Flächen nach dem Liegenschaftskataster (also einschl. Wege, Hecken, Gräben, Grenzraine, Gebäudeflächen) maßgebend (R 13a.2 Abs. 1 Satz 2 EStR; R B 160.1 Abs. 1, 2 ErbStR). Flächenzu- und -abgänge vor oder nach dem 15.5. bleiben unberücksichtigt.

Nach den allgemeinen unionsrechtlichen Regelungen, z. B. in Art. 44 Abs. 2 der VO (EG) Nr. 1782/2003[2] ist „eine beihilfefähige Fläche jede landwirtschaftliche Fläche des Betriebs, die als Ackerland oder Dauergrünland genutzt wird". Art. 2 Buchst. h VO (EG) Nr. 73/2009[3] enthält eine vergleichbare Regelung. Die in einem Mehrfachantrag beantragten Zahlungsansprüche, die entsprechend den im Flächennutzungsnachweis beantragten beihilfefähigen Flächen zuerkannt werden, werden grundsätzlich dem Betriebsinhaber zuerkannt, der die angegebenen Flächen tatsächlich nutzt, also tatsächlich bewirtschaftet, zunächst unabhängig von der zivilrechtlichen Nutzungsvereinbarung. Nur in Fällen von Doppelbeantragungen oder anderen offensichtlichen Unstimmigkeiten kommt es jedoch für die Zuweisung der Zahlungsansprüche darauf an, dass der Betriebsinhaber für die der Zuweisung der Zahlungsansprüche zugrundeliegenden Flächen auch das zivilrechtliche Nutzungsrecht nachweist.[4]

422/2 Maßgebend sind die landwirtschaftlichen Flächen mit einem Verweis auf § 160 BewG *„... und* ***diese*** *Flächen 20 ha* ***ohne Sondernutzungen*** *nicht übersteigen."* § 13a Abs. 1 Satz 1 Nr. 2 enthält (anders in § 13a Abs. 1 Satz 1 Nr. 5) keine Verweisung auf Sondernutzungen nach Abs. 6.[5] Zu den Sondernutzungen gehören Hopfen, Spargel und Tabak (neu ab 2015; bisher: § 34 BewG landwirtschaftliche

1 BMF 10.11.2015, BStBl 2015 I S. 877, Tz. 15.

2 ABl. L 270/1.

3 ABl. L 30/16.

4 VG München, Urteil 25.6.2008 – M 18 K 07.2865, Rz. 25; VG Aachen, Urteil 3.1.2008 – 6 K 898/07, Rz. 33.

5 Vgl. Rz. 423; a. A. BMF 10.11.2015, BStBl 2015 I S. 877, Tz. 4, die auf § 13a Abs. 6 verweist.

Nutzung) und andere Sonderkulturen, wenn keine landwirtschaftliche Nutzung vorliegt. Die Bagatellflächen des Abschnitt 1.13 BewRL[1] gehörten daher bisher zur landwirtschaftlichen Nutzfläche nach § 13a Abs. 1 Satz 1 Nr. 2 (Spargel, Gemüsebau Intensitätsstufe 2, Erdbeeren und Strauchbeerenobst je 1.000 m², Baumschule 500 m², Obstbau bis 30 od. 60 Stämme). Aufgrund des eindeutigen Verweises auf § 160 BewG können die pragmatischen Vereinfachungsregelungen des Abschnitt 1.13 BewRL im Geltungsbereich des § 13a EStG n. F. nicht mehr angewendet werden (vgl. Rz. 460). Nach der Gesetzesformulierung wären selbstbewirtschaftete Flächen, die im Grundvermögen bewertet sind, nicht zu erfassen.[2] Die FinVerw ordnet Hof- und Gebäudeflächen anteilig den jeweiligen Nutzungen, aus Vereinfachungsgründen der landwirtschaftlichen Nutzung zu.[3] Zur selbstbewirtschafteten Fläche gehören auch Flächen, die nicht mehr bewirtschaftet werden (z. B. Brachland, durch Flächenstilllegung, Flächenumwidmung, Landschaftspflege, Bewirtschaftungsauflagen[4]). Auch nicht in Gewinnerzielungsabsicht bewirtschaftete Flächen (Rz. 136 ff., 1083)[5] und Flächen im Ausland (z. B. Traktatländereien in den Niederlanden)[6] sind im Rahmen der GnD zu erfassen.

cc) Keine Überschreitung der Tierbestandsgrenze von 50 VE

Zur Umrechnung der Tierbestände vgl. Rz. 50. Die Tierbestände müssen **nachhaltig** (wie beim Strukturwandel; R 15.5 Abs. 2 EStR) überschritten sein (vgl. 422/3
R 13a.1 Abs. 1 EStR).[7]

1 BStBl 1967 I S. 403.

2 Vgl. aber BMF 10.11.2015, BStBl 2015 I S. 877, Tz. 4.

3 BMF 10.11.2015, BStBl 2015 I S. 877, Tz. 14.

4 Vgl. BFH 18.3.1993, BStBl 1993 II S. 549; FG Rheinland-Pfalz 28.7.1979, rkr., EFG 1979 S. 595.

5 BFH 24.7.1986, BStBl 1986 II S. 808; BFH 1.12.1988, BStBl 1989 II S. 234; Niedersächsisches FG 17.7.1989, rkr., EFG 1990 S. 174.

6 Vgl. BMF 10.11.2015, BStBl 2015 I S. 877, Tz. 1; Riegler/Riegler, IStR 2015 S. 185; BMF 16.12.2015, BStBl 2015 I S. 1085; für andere Flächen im Ausland je nach DBA: z. B. mit Österreich, bei Zugangsvoraussetzungen des § 13a Abs. 1 berücksichtigen, Besteuerungsrecht bei Österreich, vgl. BFH 2.4.2014 – I R 68/12, BStBl 2014 II S. 875, kein Progressionsvorbehalt nach § 32b Abs. 1 Satz 2 Nr. 1 EStG, wenn Betriebsstätte im Belegenheitsstaat BFH 10.2.1988 – VIII R 159/84, BStBl 1988 II S. 653, BFH 3.2.1993 – I R 80-81/92, BStBl 1993 II S. 462, BFH 19.5.1993 – I R 80/92, BStBl 1993 II S. 655; Progressionsvorbehalt, wenn Betriebsstätte nicht vorhanden.

7 BMF 10.11.2015, BStBl 2015 I S. 877, Tz. 5.

dd) Keine Überschreitung der Flächengrenze von 50 ha forstwirtschaftliche Nutzung (neu)

422/4 Maßgebend sind die forstwirtschaftlichen Flächen allerdings mit einem Verweis auf § 160 BewG. Nach R B 160.3 ErbStR gehören dazu alle Flächen, die dauernd der Erzeugung von Rohholz gewidmet sind (Holzboden- und Nichtholzbodenfläche). Nicht zur forstwirtschaftlichen Nutzung gehören: In der Flur oder im bebauten Gebiet gelegene bodengeschätzte Flächen, die mit einzelnen Baumgruppen, Baumreihen oder mit Hecken bestockt sind oder Baumschulen bzw. Weihnachtsbaumkulturen dienen (R B 160.3 Abs. 2 Satz 7 ErbStR).

422/5 Maßgebend sind m. E. – mangels gesetzlicher Regelung – die Verhältnisse zu Beginn des Wj.[1] In der Agrarförderung sind die Forstflächen nicht entscheidungserheblich.

422/6 Reine Forstbetriebe sind vom § 13a EStG ausgeschlossen, weil es sich nicht (mehr ab 2015) um eine reine Sondernutzung i. S. des § 13a Abs. 1 Satz 2 EStG handelt. Außerdem kann bei einer Gewinnermittlung nach § 4 Abs. 3 EStG wahlweise auf die Betriebsausgabenpauschalierung nach § 51 EStDV (vgl. Rz. 1209) verzichtet werden.

422/7 Betriebe, die bisher nicht die Zugangsvoraussetzungen des § 13a EStG erfüllten (weil forstwirtschaftliche Nutzung über 2.000 DM bewertungsrechtlicher Wert = ca. 15 ha) sind ab Wj 2015/16 wieder im § 13a EStG, falls sie keinen Antrag nach § 13a Abs. 2 stellen (§ 13a Abs. 1 Satz 5).

ee) Keine Überschreitung der jeweiligen Flächengrenze in Anlage 1a Nr. 2 Spalte 2 EStG (neu) bei Flächen der Sondernutzungen

423 § 13a Abs. 1 Satz 1 Nr. 5 enthält bei den selbstbewirtschafteten (Brutto-; Rz. 422/1) Flächen der jeweiligen Sondernutzungen eine Verweisung auf Sondernutzungen nach § 13a Abs. 6 – vgl. Rz. 460 ff. – (= durch Verweis auf Sondernutzungen nach § 160 Abs. 2 Satz 1 Nr. 1c bis e BewG [= (c) weinbauliche Nutzung, (d) gärtnerische Nutzung und (e) übrige luf Nutzung] i. V. mit der Anlage 1a Nr. 2 EStG), die die in Anlage 1a Nr. 2 Spalte 2 EStG genannten jeweiligen 15 Grenzen nicht überschreiten. Die Regelung des § 160 Abs. 2 Satz 2 BewG (Bagatellflächen) findet bei § 13a Abs. 6 keine Anwendung;[2] die Bagatellflächen (vgl. Rz. 422/2) gehören daher nach dem Gesetzeswortlaut auch zu § 13a Abs. 1 Satz 1 Nr. 5. Für die in Anlage 1a Nr. 2 nicht genannten Sondernutzungen beste-

1 A. A. BMF 10.11.2015, BStBl 2015 I S. 877, Tz. 7, Verhältnisse am 15.5.

2 Vgl. BT-Drucks. 18/3017.

hen keine Zugangsgrenzen, da der Gewinn insoweit ohnehin nach den Grundsätzen des § 4 Abs. 3 EStG zu ermitteln ist (vgl. § 13a Abs. 6 Satz 3 EStG).[1]

Der Höhe nach wurde die bisherige bewertungsrechtliche Grenze von 2.000 DM je Sondernutzung durch eine genaue (Brutto-)Flächengrenze in Anlage 1a Nr. 2 Spalte 2 des EStG nur für die dort genannten 15 Nutzungen ersetzt. Die Prüfbitte des Bundesrats zum Zustandekommen der Flächengrenze blieb erfolglos.[2] Für die forstwirtschaftliche Nutzung (die ab 2015 nicht mehr zu den Sondernutzungen gehört) wurde eine spezielle Flächengrenze von 50 ha eingeführt (Rz. 422/4). Für nicht genannte Sondernutzungen (z. B. Tabak) besteht keine Zugangsbeschränkung (da ohnehin dann isolierte Gewinnermittlung nach § 4 Abs. 3 EStG; Rz. 462). 423/1

Maßgebend sind m. E. – mangels gesetzlicher Regelung (wie z. B. bei der landwirtschaftlichen Nutzung, Rz. 422/1) – die Verhältnisse zu Beginn des Wj. Die FinVerw stellt allerdings auf den 15.5. und bei nicht flächengebundenen Nutzungen auf die Verhältnisse des laufenden Wj ab.[3] 423/2

Nicht mehr zu den Sondernutzungen gehören (ab 2015, durch Verweisung auf § 160 BewG) die Nebenbetriebe (Rz. 1430) und das Abbauland (neu ab 2015; Zuschlag nach § 13a Abs. 7 Satz 1 Nr. 3 EStG, wenn gewerblicher Natur, ansonsten abgegolten) und das Geringstland (neu ab 2015; bleibt nach § 13a Abs. 3 EStG außer Ansatz). 423/3

ff) Erstmals § 13a EStG bei reinen Sondernutzungsbetrieben (§ 13a Abs. 1 Satz 2 EStG)

Nach der Neuregelung (vgl. Rz. 415) können auch reine Sondernutzungsbetriebe, soweit sie nicht die jeweiligen 15 Flächen- bzw. Mengengrenzen in der Anlage 1a Nr. 2 Spalte 2 EStG überschreiten (neu ab 2015: also ohne selbstbewirtschaftete landwirtschaftliche Flächen; Rz. 422) den Gewinn nach § 13a EStG ermitteln. Zu berücksichtigen ist, dass Hof- und Gebäudeflächen Teil der jeweiligen Nutzung sind.[4] Das bedeutet, dass z. B. Betriebe mit reiner weinbaulicher Nutzung, reiner gärtnerischer Nutzung, reine Imkereibetriebe usw., den Gewinn bereits ab dem Wj 2015/16 erstmals sofort nach § 13a EStG ermitteln können, falls sie keinen Antrag nach § 13a Abs. 2 stellen (vgl. § 13a Abs. 1 Satz 5 EStG). 424

1 BMF 10.11.2015, BStBl 2015 I S. 877, Tz. 12.
2 BR-Drucks. 432/1/14.
3 Vgl. BMF 10.11.2015, BStBl 2015 I S. 877, Tz. 13.
4 BMF 10.11.2015, BStBl 2015 I S. 877, Tz. 14.

Für in der Anlage 1a Nr. 2 EStG nicht aufgeführte reine Sondernutzungen wie z. B. Tabak, Gemüseanbau unter Kunststoff, Blumenanbau, Pilzanbau ist § 13a EStG nicht möglich.

424/1 Bei Imkereien gehört der GuB des Standorts der Bienenkästen zur Sondernutzung und nicht zur landwirtschaftlichen Nutzung (R B 160.11 ErbStR).

424/2 § 13a Abs. 1 Satz 2 („*Sondernutzungen ... die in Anlage 1a Spalte 2 genannten Grenzen nicht überschreiten*") enthält wie § 13a Abs. 1 Satz 1 Nr. 2 keine Verweisung auf Sondernutzungen nach § 13a Abs. 6, wie in § 13a Abs. 1 Satz 1 Nr. 5 (vgl. Rz. 422/2, 423).

gg) Bindung an bisherige Gewinnermittlungen § 4 Abs. 1 oder 3 EStG im Wj eines Betriebsübergangs (§ 13a Abs. 1 Satz 3 EStG)

424/3 Geht im laufenden Wj der Betrieb **im Ganzen**[1] zur Bewirtschaftung als Eigentümer, Miteigentümer, Nutzungsberechtigter oder durch Umwandlung über und wurde der Gewinn bisher nach § 4 Abs. 1 oder 3 EStG ermittelt, bleibt es bei dieser Gewinnermittlung. Erfüllt der Übernehmer die Zugangsvoraussetzung nach § 13a Abs. 1 Satz 1 bleibt es im laufenden Wj (= restlichen Rumpf-Wj) bei dieser Gewinnermittlung. Erst im folgenden Wj ist ein Wechsel zum § 13a EStG möglich.

424/4 Bei Betriebsübernahmen oder in Neugründungsfällen, bestimmt sich die Zulässigkeit der Gewinnermittlung nach Durchschnittssätzen nach § 13a Abs. 1 Sätze 1 und 2, soweit nicht der Übergeber eine tatsächliche Gewinnermittlung nach § 4 Abs. 1 oder Abs. 3 durchführt (vgl. § 13a Abs. 1 Satz 3). Werden die Zugangsvoraussetzungen bereits vom Übergeber nicht erfüllt, ist beim Übernehmer eine Wegfallmitteilung nicht erforderlich.[2] Dies gilt auch in Fällen der erstmaligen steuerlichen Erfassung.[3]

c) Mitteilung über den Wegfall der Voraussetzungen der Gewinnermittlung nach Durchschnittssätzen (nach § 13a Abs. 1 Satz 4 EStG)

425 Die FinBeh hat aus Gründen der Rechtssicherheit durch eine **besondere Mitteilung** auf die letztmalige Anwendung des § 13a EStG hinzuweisen. Erst mit Ablauf des Wj, in dem die FinBeh rechtzeitig auf den Wegfall der GnD und/oder

1 BFH 24.2.1994 – IV R 4/93, BStBl 1994 II S. 677; AEAO zu § 141 Nr. 5.

2 BMF 10.11.2015, BStBl 2015 I S. 877, Tz. 16.

3 Vgl. BMF 27.3.1981, BStBl 1981 I S. 282, Tz. 2.1.2.

den Beginn der Buchführungspflicht (Rz. 215) hingewiesen hat, ist § 13a EStG erstmals nicht mehr anwendbar.

Die Mitteilung ist ein rechtsgestaltender Verwaltungsakt.[1] 426

Es gilt das Gleiche wie für die Mitteilung nach § 141 Abs. 2 AO (Rz. 217 ff.). Allerdings ist eine Feststellung der FinBeh in Form eines Verwaltungsakts nicht erforderlich.[2]

Für die **wirksame Bekanntgabe**[3] der Mitteilung nach § 13a Abs. 1 Satz 4 EStG 427
gilt entsprechend Rz. 218 ff. die Frist von einem Monat vor Beginn des neuen Wj.[4] Dies gilt bei der Aufforderung zur Buchführungspflicht selbst dann, wenn der Stpfl. die Steuererklärung nicht ordnungsgemäß abgegeben hat.[5] Bei vorsätzlich zu geringen Flächenangaben ist dagegen eine Mitteilung nicht mehr erforderlich.[6] Ein geringfügiges Überschreiten der Monatsfrist durch die FinBeh um wenige Tage ist unschädlich.[7] Der Stpfl. muss noch die notwendigen Vorkehrungen für die Gewinnermittlung nach § 4 Abs. 3 oder § 4 Abs. 1 EStG treffen können (Rz. 220).

Gegen die Mitteilung ist das **Einspruchsverfahren**[8] gegeben (Rz. 1845). Die Mit- 428
teilung soll auch aus Gründen der Rechtssicherheit neben der Begründung,[9] Angaben über die künftigen Gewinnermittlungsmöglichkeiten[10] enthalten.[11] Der Wegfall der GnD wird durch einen Einspruch nicht außer Kraft gesetzt. Bei ernstlichen Zweifeln wird die FinBeh ggf. auf Antrag die Vollziehung (mindestens bis zum 15.5.) aussetzen.[12]

Das Wort „letztmalig" in § 13a Abs. 1 Satz 4 EStG bedeutet nicht, dass eine Rück- 429
kehr zur GnD in einem späteren Zeitpunkt ausgeschlossen ist. Der Gewinn ist

1 FG Nürnberg 21.7.1982, rkr., EFG 1983 S. 29; FG München 22.9.1987, rkr., EFG 1988 S. 371.
2 BFH 23.6.1983, BStBl 1983 II S. 768.
3 Vgl. zur Bekanntgabe von schriftlichen Verwaltungsakten AEAO § 122.
4 BMF 27.3.1981, BStBl 1981 I S. 282, Tz. 2.3.3.
5 BFH 31.3.1977, BStBl 1977 II S. 549.
6 BFH 29.11.2001, BStBl 2002 II S. 147; FG München 29.9.2009, EFG 2010 S. 210; nachfolgend BFH 22.9.2010 in NZB grds. Bedeutung bejaht aber wegen Verfahrensfehler zurückverwiesen; BFH 30.10.2014 – IV R 61/11, BStBl 2015 II S. 478.
7 BFH 29.3.2007 – IV R 14/05, BStBl 2007 II S. 816; BFH 23.6.1983, BStBl 1983 II S. 768.
8 § 347 AO.
9 § 121 AO.
10 § 4 Abs. 1 oder § 4 Abs. 3 EStG.
11 BMF 27.3.1981, BStBl 1981 I S. 282, Tz. 2.3.1.
12 § 361 AO; BFH 6.12.1979, BStBl 1980 II S. 427.

erneut nach Durchschnittssätzen zu ermitteln, wenn die Voraussetzungen des § 13a Abs. 1 Satz 1 EStG wieder gegeben sind, soweit nicht § 13a Abs. 2 EStG entgegensteht (§ 13a Abs. 1 Satz 5 EStG).

430 Ist eine Mitteilung ergangen und liegen die **Voraussetzungen der GnD bis zum Beginn des auf die Bekanntgabe der Wegfallmitteilung folgenden Wj. (Satz 1 Nr. 4, 5) oder bis zum 15.5.** innerhalb des Wj. (Satz 1 Nr. 2) **wieder vor** (z. B. durch Verpachtung, Aufgabe von Pachtflächen, Betriebsteilung), hat die FinBeh die Rechtswirkungen dieser Mitteilung wieder zu beseitigen. § 13a EStG ist weiterhin anzuwenden.[1] § 141 Abs. 2 Satz 2 AO (Feststellung, Folgejahr) gilt nur bei der Buchführungspflicht (Rz. 223). Hier ist erst im **Folgejahr** der Gewinn erneut nach Durchschnittssätzen zu ermitteln, falls nicht von der Möglichkeit des § 13a Abs. 2 EStG Gebrauch gemacht wird.

431 Die Mitteilung ist Voraussetzung für den Wegfall der GnD.[2] Sie ist im Falle der erstmaligen steuerlichen Erfassung oder der Wiedererfassung nicht erforderlich bei Betrieben, die weder nach § 13a EStG a. F.[3] noch nach dem geltenden § 13a EStG die Voraussetzungen der GnD erfüllen. So bedarf es auch keines Hinweises in Form der Mitteilung im Falle der **Neugründung eines Betriebs,** falls der Betrieb nicht alle Voraussetzungen des § 13a Abs. 1 EStG erfüllt[4] und im Falle unrichtiger Flächenangaben vgl. Rz. 427. Der Gewinn ist vielmehr von Anfang an zu schätzen, wenn keine Bücher oder Aufzeichnungen geführt werden. Die FinVerw beanstandet allerdings in Neugründungsfällen für das Rumpf-Wj eine Gewinnermittlung nach § 13a nicht.[5] Auch die Übernahme eines (nichtbuchführungspflichtigen) Betriebs im Ganzen zur Bewirtschaftung als Eigentümer oder als Nutzungsberechtigter sowie die Einbringung eines luf Betriebes in eine neu gegründete Personengesellschaft gelten als Neugründung i. S. des § 13a EStG.[6] Liegen die Zugangsvoraussetzungen von Anfang an nicht vor, besteht kein Vertrauensschutz, wenn das FA dies jahrelang nicht beanstandet hat.[7]

1 BMF 27.3.1981, BStBl 1981 I S. 282, Tz. 2.3.4 und 2.3.5; R 13a.1 Abs. 3 EStR.
2 § 13a Abs. 1 Satz 4 EStG.
3 Vgl. Rz. 417.
4 BFH 26.6.1986, BStBl 1986 II S. 741; BFH 26.5.1994, BStBl 1994 II S. 891.
5 BMF 10.11.2015, BStBl 2015 I S. 877, Tz. 19 und 21.
6 BMF 10.11.2015, BStBl 2015 I S. 877, Tz. 16.
7 BFH 23.8.2017 – VI R 70/15, BStBl 2018 II S. 174.

d) Antrags- und Wahlrecht nach § 13a Abs. 2 EStG

Der Gewinn aus LuF ist nach Durchschnittssätzen zu ermitteln, soweit beim Stpfl. nicht rechtzeitig mitgeteilte Ausschließungsgründe vorliegen. Im Hinblick auf die hohen Grundbetragsansätze bei einem extensiv wirtschaftenden Betrieb oder ggf. einem Verlustausgleich oder dem Zuschuss für die Alterskasse (vgl. Rz. 1008), ist es überlegenswert, die GnD für vier Wj nach § 13a Abs. 2 EStG vorübergehend zu verlassen (Rz. 201). 432

Land- und Forstwirte, deren Betrieb die Voraussetzungen für die GnD erfüllt, können daher beantragen, anstelle der GnD den Gewinn 433

- durch Betriebsvermögensvergleich[1] oder
- durch Vergleich der Betriebseinnahmen mit den Betriebsausgaben (EÜR)[2]

für vier aufeinander folgende Wj zu ermitteln.

Das Wahlrecht setzt voraus: (1) einen Betrieb i. S. des § 13a Abs. 1 EStG, (2) einen fristgerechten schriftlichen Antrag und (3) eine tatsächliche Gewinnermittlung nach § 4 Abs. 1 oder § 4 Abs. 3 EStG in allen vier Wj. 434

Sind (2) und (3) nicht erfüllt, ist der Gewinn weiterhin nach § 13a EStG zu ermitteln.

Der Stpfl. ist an das einmal ausgeübte Wahlrecht und die selbstgewählte Gewinnermittlungsart **für vier Wj gebunden,** falls der Antrag nicht innerhalb der Antragsfrist zurückgenommen wird. Die Hinzurechnungen und Abrechnungen nach R 4.6 EStR sind zu beachten. Ein Wechsel der Gewinnermittlungsart innerhalb der vier Wj ist möglich.[3] 435

Wird der tatsächliche Gewinn für den ganzen Zeitraum nicht nach § 4 Abs. 1 oder § 4 Abs. 3 EStG mit den dafür erforderlichen Unterlagen ermittelt, ist der Gewinn weiterhin nach § 13a EStG zu ermitteln. Bereits bestandskräftige Bescheide sind nach § 175 Abs. 1 Satz 1 Nr. 2 AO zu ändern. 436

Nach Ablauf des vierten Wj ist der Gewinn wieder nach Durchschnittssätzen zu ermitteln, wenn die Voraussetzungen des § 13a Abs. 1 Satz 1 oder 2 EStG erfüllt sind und der Landwirt keinen Antrag nach § 13a Abs. 2 EStG stellt oder die Voraussetzungen nicht mehr erfüllt sind und der Landwirt noch nicht zur Buchfüh- 437

1 § 4 Abs. 1 EStG.

2 § 4 Abs. 3 EStG.

3 BFH 2.6.2016 – IV R 39/13, BStBl 2017 II S. 154.

rung aufgefordert oder darauf hingewiesen worden ist, dass der Gewinn nicht mehr nach Durchschnittssätzen zu ermitteln ist.[1]

438 Der Antrag ist bis zur Abgabe der Steuererklärung, jedoch **spätestens zwölf Monate** (Ausschlussfrist)[2] nach Ablauf des ersten Wj, auf das er sich bezieht, schriftlich zu stellen. Er kann innerhalb dieser Frist zurückgenommen werden, d. h. höchstens innerhalb dieser zwölf Monate, wenn nicht vorher die Steuererklärung abgegeben wurde. Ein verspätet abgegebener Antrag kann u. U. als wirksamer künftiger Antrag gewertet werden.[3] Die vereinfachte Steuererklärung für Arbeitnehmer ist nach Auffassung des FG Rheinland-Pfalz[4] keine Steuererklärung i. S. des § 13a Abs. 2 EStG. Falls kein Härtefall vorliegt, ist eine nicht elektronisch übermittelte Erklärung keine wirksame Steuererklärung.

439 § 13a Abs. 2 EStG verlangt einen **schriftlichen Antrag,** d. h. eine **ausdrückliche** Willensäußerung mit bestimmten Maßgaben hinsichtlich Inhalts, Form und Frist. Die Anlage L der ESt-Erklärung enthält einen formulierten Antrag. Eine konkludente Willensäußerung kann ausreichen, falls der Stpfl. überhaupt eine Willensäußerung abgeben wollte. Dies setzt voraus, dass er die rechtliche Bedeutung einer solchen Erklärung und auch die Umstände kennt, die als Erklärung gedeutet werden können.[5] Kein wirksamer Antrag liegt vor, wenn eine vom Wj abweichende Gewinnermittlung für das Kj vorgelegt wird.[6] Eine Beschränkung des Antrags auf einzelne Betriebszweige ist nicht möglich.[7] Maßgeblich für die Ausübung des Wahlrechts ist die tatsächliche Handhabung der Gewinnermittlung.[8]

440 Ein verspätet gestellter Antrag kann allerdings in einen Antrag für das folgende Wj umgedeutet werden.[9]

---

1 BMF 10.11.2015, BStBl 2015 I S. 877, Rz. 25.

2 § 110 AO; BFH 28.1.1988, BStBl 1988 II S. 532; Nds. FG 22.1.2008, EFG 2008 S. 1203.

3 BFH 27.1.1994 – IV R 55/93, NWB EAAAB-34815 = BFH/NV 1994 S. 863; vgl. Rz. 440.

4 FG Rheinland-Pfalz 20.11.2009, EFG 2011 S. 791, BFH 13.12.2012 – IV R 51/10, BStBl 2013 II S. 857, offengelassen.

5 BFH 28.1.1988, BStBl 1988 II S. 530, 532; BFH 19.8.1991, BFH/NV 1992 S. 512; BFH 4.6.1992, BStBl 1993 II S. 125.

6 BFH 28.1.1988, BStBl 1988 II S. 532; Sächsisches FG 10.6.2003 – 2 K 2343/01, NWB NAAAB-05911.

7 Vgl. BT-Drucks. 18/3017.

8 BFH 2.6.2016 – IV R 39/13, BStBl 2017 II S. 154.

9 BFH 27.1.1994 – IV R 55/93, NWB EAAAB-34815 = BFH/NV 1994 S. 863.

Bei der Übernahme eines Betriebs im Ganzen zur Bewirtschaftung als Eigentümer oder als Nutzungsberechtigter geht die jeweilige Gewinnermittlungsart nach § 13a Abs. 2 EStG nicht über (vgl. Rz. 431).[1] 441

e) Ermittlung des Durchschnittssatzgewinns (§ 13a Abs. 3 EStG)

Der Durchschnittssatzgewinn (Rz. 415 ff.) bildet mit seinen in § 13a Abs. 3 EStG 442
aufgeführten Bestandteilen ein aufeinander abgestimmtes System (Rz. 418), vgl. Anlage 13a in Rz. 447/11. Daher sind Gewinne aus Betriebszweigen, die nicht nach Durchschnittssätzen oder Zuschlagssätzen zu ermitteln sind (z. B. Forstwirtschaft, Bodengewinne),[2] zwar gesondert zu ermitteln, aber in den Durchschnittssatzgewinn einzubeziehen.[3] Bei Prüfung der **Liebhaberei** ist der Totalgewinnprognose die GnD zugrunde zu legen.[4]

Der Durchschnittssatzgewinn ist die Summe aus § 13a Abs. 3 Satz 1 Nrn. 1 bis 6 443
(Rz. 418), unter Berücksichtigung der Beschränkungen des § 13a Abs. 3 Sätze 2 und 3, die für alle Gewinnbestandteile gelten (Zur Eigenständigkeit der Gewinnermittlung nach § 13a EStG neben den Gewinnermittlungen nach § 4 Abs. 1 und Abs. 3 vgl. Rz. 415).

Mit dem Ansatz des Durchschnittssatzgewinns nach § 13a Abs. 3 EStG ist für 444
den Betrieb der Gewinn aus LuF erfasst. **Die mit dem Gesetzeswortlaut in § 13a Abs. 3 Satz 1 Nrn. 5 und 6, in Abs. 3 Satz 2 und in Abs. 5, 6, 7 nicht erfassten Betriebsvorgänge, Betriebseinnahmen oder Betriebsausgaben sind mit Ansatz des Durchschnittssatzgewinns abgegolten.**

Der Durchschnittssatzgewinn ist für das Wj zu ermitteln. Bei einem Rumpf-Wj 445
durch Neugründung, Veräußerung, Aufgabe, Betriebsübergabe, Umstellung des Wj sind die Bestandteile des Durchschnittssatzgewinns nur für diesen Zeitraum zeitanteilig (z. B. durch Zwölftelung) zu erfassen, soweit es nicht auf den tatsächlichen Zufluss oder Abfluss ankommt.[5]

1 Vgl. BFH 26.6.1986, BStBl 1986 II S. 741; BMF 10.11.2015, BStBl 2015 I S. 877, Rz. 22.

2 § 13a Abs. 5, 6 EStG.

3 BFH 25.2.1982, BStBl 1982 II S. 538; BFH 24.1.1985, BStBl 1985 II S. 255.

4 BFH 6.3.2003, BStBl 2003 II S. 702; BFH 17.3.2010 – IV R 60/07, NWB ZAAAD-45413 = BFH/NV 2010 S. 1446.

5 BFH 6.12.1956 – IV 246/55 U, BStBl 1957 III S. 65; BFH 8.6.2022 – VI R 30/20, BStBl 2023 II S. 80; BMF 4.1.2023, BStBl 2023 I S. 175.

446 Bei der Gewinnermittlung für das i. d. R. vom Kj abweichende Wj besteht auch bei der GnD – verfahrensrechtlich – die Möglichkeit einer unterschiedlichen Berechnung des Gewinns desselben Wj in zwei VZ (vgl. Rz. 192).[1]

aa) Einnahmen aus Vermietung und Verpachtung von WG des land- und forstwirtschaftlichen Betriebsvermögens (= Gewinnermittlung nach Grundsätzen § 4 Abs. 3 EStG) nach § 13a Abs. 3 Satz 1 Nr. 5 EStG

447 Mit § 13a Abs. 3 Satz 1 Nr. 5 werden die Einnahmen[2] aus VuV von WG des luf Betriebsvermögens erfasst. Auf die Art der Nutzung (landwirtschaftlich, forstwirtschaftlich, Sondernutzung) kommt es nicht an.[3] Nach BT-Drucks. 18/3017 sollen diese zielgenauer geregelt werden. Der Begriff umfasst die Entgelte für die Überlassung von WG des BV wie z. B. Grund und Boden, Gebäude, Mietwohnungen, bewegliche oder immaterielle WG. Auf die Bezeichnung des Vertrags über eine Nutzungsüberlassung kommt es nicht an. Vermietung und Verpachtung entspricht nicht den Einkünften aus Vermietung und Verpachtung nach § 21 EStG (kein Verweis auf § 21 Abs. 3 EStG), sondern es handelt sich um die Vermietung und Verpachtung von WG des luf BV. Zur Abgrenzung zwischen Graskauf und Pacht (Grasgewinnungsvertrag) vgl. Wollny.[4] Vereinnahmte Miet- und Pachtzinsen sind sämtliche Gegenleistungen für eine entgeltliche Nutzungsüberlassung von WG. Beispiele: Stellplatz bei der Pensionspferdehaltung, Kippgebühren,[5] Dachflächen für Fotovoltaikanlagen, Urlaub auf dem Bauernhof. Die Nutzungsentgelte dürfen nicht um Betriebsausgaben gemindert werden.[6] Bei vermieteten Wohnungen gehören Umlagen und Nebenentgelte zum Nutzungsentgelt.[7] Die FinVerw ordnet die Vermietung von Ferienzimmern der vermögensverwaltenden Vermietung zu.[8]

447/1 Die vereinnahmten Pachtzinsen sind wegen der Bruttobesteuerung nicht mehr um die anteiligen Betriebsausgaben, z. B. gezahlte GrSt, ggf. Unfallversicherung, AfA bei Gebäuden, zu vermindern (vgl. Rz. 447/10). Die Vorschrift soll jetzt nach dem Wortlaut (vereinnahmt; früher eingenommene) ausgelegt werden.[9] Der

1 BFH 6.12.1990, BStBl 1991 II S. 356; BFH 19.7.1984, BStBl 1985 II S. 148; 31.3.1960, BStBl 1960 III S. 229.

2 Nicht die Gewinne; BFH 5.12.2002 – IV R 28/02, BStBl 2003 II S. 345.

3 BMF 10.11.2015, BStBl 2015 I S. 877, Tz. 37.

4 INF 1973 S. 221.

5 BFH 23.5.1985 – IV R 27/82, NWB RAAAB-28160 = BFH/NV 1986 S. 85.

6 BMF 10.11.2015, BStBl 2015 I S. 877, Tz. 77.

7 BFH 14.5.2009, BStBl 2009 II S. 900.

8 BMF 10.11.2015, BStBl 2015 I S. 877, Tz. 75.

9 Vgl. BFH 5.12.2002, BStBl 2003 II S. 345.

BFH meint, dass eine Überbesteuerung nicht vorliege und im Übrigen die GnD vom Stpfl. abgewählt werden könne.[1]

Einnahmen aus der Veräußerung von (entstandenen aber noch nicht zugeflossenen) Miet- oder Pachtzinsforderungen (vgl. § 21 Abs. 1 Satz 1 Nr. 4 EStG) 447/2
können daher nur bei einer wirtschaftlichen Betrachtung nach Satz 1 Nr. 5 zu erfassen sein.

Einnahmen aus einer Nutzungsüberlassung von mehr als fünf Jahren können 447/3
nach § 11 Abs. 1 Satz 3 EStG verteilt werden.[2]

Prämien, die für die Stilllegung landwirtschaftlicher Nutzflächen aufgrund öffentlicher Förderungsprogramme gezahlt werden, sind nicht als Miet- und Pachtzinsen anzusehen und deshalb mit Ansatz des Grundbetrages abgegolten.[3]

Die Einkünfte aus der Unterverpachtung gepachteter Flächen gehören bei einem luf Pachtbetrieb regelmäßig zu den Einkünften aus VuV.[4]

Bei einer **Betriebsverpachtung im Ganzen** sind die entsprechenden Pachteinnahmen bis zur Mitteilung über den Wegfall der GnD zu erfassen (vgl. Rz. 425).

Zahlungen für das Jagdausübungsrecht (**Jagdpacht**) bei der Verpachtung einer 447/4
Eigenjagd (§ 7 BJagdG 75 ha; z. B. Art. 8 BayJG 81,755 ha) sind bei teilweise verpachteten Betrieben nach § 13a Abs. 3 Satz 1 Nr. 5 anzusetzen. Jagdpacht-Zahlungen der **Jagdgenossenschaft** (einer KdöR) sind als Ausschüttungen nach § 20 Abs. 1 Nr. 1 EStG nach § 13a Abs. 3 Satz 1 Nr. 6 EStG zu erfassen (vgl. Rz. 447/6). Zufließende Zahlungen für die Übernahme eines **Grünlandumbruchverbotes** (= Duldungsleistung über einen Zeitraum von fünf Jahren; damit auch kein § 13a Abs. 7 Satz 1 Nr. 1c) sind beim zustimmenden Verpächter als Teil des Pachtzinses zu erfassen. Legt der Zahlungsempfänger Grünland auf eigenen Flächen an, ist die Zahlung aufzuteilen in eine Gegenleistung für die Neuanlage von Grünland, die mit dem Grundbetrag abgegolten ist und in eine Duldungsleistung i. S. des § 22 Nr. 3 EStG, die mit dem Durchschnittssatzgewinn nach § 13a Abs. 3 abgegolten ist, falls in der Duldungsleistung nicht eine Nutzungsüberlassung gesehen werden kann.

---

1 BFH 14.5.2009, BStBl 2009 II S. 900.

2 BFH 20.7.2018 – IX R 3/18, NWB RAAAG-98240 = BFH/NV 2018 S. 1266; BFH 12.12.2023 – IX R 18/22, BStBl 2024 II S. 402, bei unbestimmter Laufzeit keine Verteilung; BFH 4.6.2019 – VI R 34/17, BStBl 2021 II S. 5, Verteilung bei unbestimmter Laufzeit; vgl. Rz. 477 ff.

3 BMF 10.11.2015, BStBl 2015 I S. 877, Tz. 53.

4 BFH 9.5.2023 – VI R 38/20, BFH/NV 2023 S. 1057 = NWB JAAAJ-43439.

bb) Einnahmen aus Kapitalvermögen (= Gewinnermittlung nach Grundsätzen § 4 Abs. 3 EStG), soweit sie zu den Einkünften aus Land- und Forstwirtschaft gehören (§ 20 Abs. 8 EStG) nach § 13a Abs. 3 Satz 1 Nr. 6 EStG

447/5 Mit Satz 1 Nr. 6 werden die Einnahmen[1] aus Kapitalvermögen, soweit sie zu den Einkünften aus LuF (§ 20 Abs. 8 EStG) gehören, erfasst. Das Teileinkünfteverfahren nach § 3 Nr. 40 EStG ist daher zu berücksichtigen. Aufgrund der Bruttobesteuerung kommt § 3c Abs. 2 EStG allerdings nicht zur Anwendung. Bei der Kirchensteuer (Zuschlagsteuern) ist die Bemessungsgrundlage um die nach § 3 Nr. 40 EStG steuerfreien Teile zu erhöhen.[2]

447/6 Jagdpachtzahlungen der Jagdgenossenschaft (vgl. Rz. 447/4) sind als Ausschüttung nach § 20 Abs. 1 Nr. 1 EStG zu erfassen.[3] Nach BMF vom 10.11.2015[4] ist die Jagdpacht allerdings nach § 13a Abs. 3 Satz 1 Nr. 5 (= VuV) zu erfassen. § 3 Nr. 40 EStG kommt damit nicht in Betracht.

cc) Abzugsverbote und Abgeltungswirkung nach § 13a Abs. 3 Satz 2 EStG

447/7 Die Abzugsbeschränkungen gelten für alle Gewinnbestandteile, auch für Betriebszweige des Abs. 6 Satz 3 (vgl. Rz. 462).

447/8 Nach § 13a Abs. 3 Satz 2 finden die Vorschriften von § 4 Abs. 4a (= nur die Beschränkung des Schuldzinsenabzugs bei Überentnahmen), § 6 Abs. 2 (= geringwertige Anlagegüter) und § 6 Abs. 2a (= Sammelpostenbewertung) sowie zum Investitionsabzugsbetrag (= § 7g Abs. 1 EStG) und zu Sonderabschreibungen (z. B. § 7g Abs. 5 EStG) keine Anwendung. Bei der Gewinnermittlung nach § 13a Abs. 6 Satz 3 EStG, bei der der Gewinn nach § 4 Abs. 3 EStG zu ermitteln ist, sind daher mit diesen Nutzungen zusammenhängende Schuldzinsen abziehbar (vgl. Rz. 463). **Zinsverbilligungszuschüsse** nach dem Agrarkreditprogramm sind im Wj des Zuflusses mit den Schuldzinsen zu verrechnen. Die FinVerw lässt auch eine Verteilung auf den Zeitraum der Zinsverbilligung, längstens auf zehn Jahre, zu.[5]

---

1 Nicht die Gewinne; BFH 5.12.2002 – IV R 28/02, BStBl 2003 II S. 345.
2 Vgl. § 51a Abs. 2 EStG; KKB/Kanzler, § 51a EStG Rz. 13 ff.
3 FG Bremen 16.3.2004 – 1 K 413/02 (1), EFG 2004 S. 1551, Tz. 78.
4 BStBl 2015 I S. 877, Tz. 37.
5 BMF 11.3.1985, BB 1985 S. 712.

dd) Festlegung der AfA-Methode nach § 13a Abs. 3 Satz 3 EStG

Bei abnutzbaren WG des Anlagevermögens gilt die AfA in gleichen Jahresbeträgen nach § 7 Abs. 1 Satz 1 bis 5 EStG als in Anspruch genommen; vgl. auch Rz. 487. 447/9

ee) Abgeltungswirkung bei bisher abziehbaren Miet-, Pacht- und Schuldzinsen (allerdings nicht in Fällen des § 13a Abs. 6 Satz 3 EStG)

Diese Aufwendungen sind ab 2015 durch die Bruttobesteuerung nicht mehr gesondert abziehbar. Zur Änderung von Pachtverträgen unter Angehörigen vgl. Rz. 770, 720. Bei allen Gewinnbestandteilen des § 13a EStG findet eine Bruttobesteuerung statt.[1] Für weitere Betriebsausgaben wie Lohnaufwendungen, Steuerberatungskosten gilt dies entsprechend. Ein Abzug kann daher nur noch bei den Gewinnbestandteilen im Rahmen des § 13a Abs. 6 Satz 3 EStG erfolgen. 447/10

ff) Besondere elektronisch zu übermittelnde Gewinnermittlung (§ 13a Abs. 3 Satz 4 EStG) und Anlageverzeichnis (§ 13a Abs. 7 Satz 4 EStG)

Die Gewinnermittlung ist nach amtlich vorgeschriebenem Datensatz elektronisch zu übermitteln. § 13a Abs. 3 Satz 5 enthält eine Härtefallregelung, nach der ein amtlich vorgeschriebener Vordruck (= Anlage 13a) der Steuererklärung beizufügen ist.[2] 447/11

gg) Zu- und Abrechnungen bei Wechsel der Gewinnermittlungsart

§ 13a EStG ist eine Gewinnermittlung nach § 4 Abs. 1 EStG. Zu- und Abrechnungen (vgl. Rz. 489 ff.) sind daher im Wj des Übergangs außerhalb der Gewinnermittlung vorzunehmen (vgl. R 4.6 und Anlage zu R 4.6 EStR). Bei einem Wechsel der Gewinnermittlungsart innerhalb des § 13a EStG im Wj 2015/16 (Rz. 491) ist eine Verteilung auf drei Wj nicht möglich. 447/12

hh) Beteiligungserträge aus Mitunternehmeranteilen

Gehört zum Betriebsvermögen des luf Betriebes ein Mitunternehmeranteil (vgl. Rz. 471), sind die gesondert und einheitlich festgestellten Einkünfte neben den Gewinnbestandteilen des § 13a Abs. 3 EStG anzusetzen, da die von der Mitunternehmerschaft erzielten Einkünfte nicht in den nach § 13a EStG pauschal ermittelten Einkünften enthalten sind (vgl. § 13a Abs. 1 Satz 1 Nr. 2 EStG: **„in** 447/13

1 Zu verfassungsrechtlichen Bedenken s. Kanzler, DStZ 2015 S. 375, 381.

2 BMF 22.10.2015, BStBl 2015 I S. 795.

diesem Betrieb [...] Flächen der landwirtschaftlichen Nutzung [...] selbst bewirtschaftet werden"). Die Mitunternehmerschaft ist ein selbständiges Subjekt der Gewinnerzielung, Gewinnermittlung und Einkünftequalifikation.[1] Die auf Ebene der Mitunternehmerschaft ermittelten Einkünfte werden daher nicht von der Abgeltungswirkung des § 13a Abs. 3 EStG auf Ebene des Gesellschafters erfasst.

f) Grundbetrag aus landwirtschaftlicher Nutzung (= Gewinnermittlung nach § 4 Abs. 1 EStG) nach § 13a Abs. 4 EStG

448 Der Umfang der landwirtschaftlichen Nutzflächen (Rz. 422/2) bestimmt sich nach den Verhältnissen am maßgebenden Stichtag (= 15.5. innerhalb des Wj – Rz. 422/1). Mit dem Gewinn pro ha von 350 € nach Anlage 1a Nr. 1 EStG sind im Wj alle Betriebseinnahmen und Betriebsausgaben abgegolten, mit Ausnahme der besonderen Geschäftsvorfälle in § 13a Abs. 7 und in Abs. 3 Nrn. 5 und 6. Bei einem **Rumpf-Wj** ist der Grundbetrag zeitanteilig zu berechnen (Rz. 445).

Der Vater übergibt seinen Betrieb zum 1.6.

LÖSUNG ▸ Der Grundbetrag ist nach Monaten aufzuteilen. Beim Übergeber sind $^{11}/_{12}$ (1.7. bis 31.5.) und beim Übernehmer $^{1}/_{12}$ (1.6. bis 30.6.) zu berücksichtigen. Beim Übernehmer ist eine Verteilung über § 4a Abs. 2 Nr. 1 EStG nicht möglich.[2]

449 Zur Abgrenzung zwischen Graskauf und Pacht (**Grasgewinnungsvertrag**) vgl. Wollny.[3]

449/1 Entschädigungszahlungen für die Aufforstung landwirtschaftlicher Flächen zur Einrichtung von Ersatzflächenpools für die Vornahme von Ausgleichsmaßnahmen nach den Naturschutzgesetzen sind mit Ansatz des Grundbetrags abgegolten.[4] Soweit die Entschädigung für eine Wertminderung des Grund und Bodens gewährt wird, handelt es sich um einen Sondergewinn i. S. des § 13a Abs. 7 Satz 1 Nr. 1c EStG (vgl. Rz. 476 ff.). Soweit die Entschädigung für eine Gebrauchsüberlassung eines eigenen Grundstücks zum Zwecke der ökologischen Aufwertung gewährt wird, handelt es sich um Einnahmen aus VuV (vgl. Rz. 447 ff.).[5]

450 Bei nicht nur geringfügigen (eigenen und fremden; vgl. Rz. 422/3) Tierbeständen (> 25 VE) ist ein Zuschlag von 300 €/VE zu erfassen. Für die ersten 25 VE ist

---

1 BFH 21.10.2015 – IV R 43/12, BStBl 2016 II S. 517.

2 BFH 8.6.2022 – VI R 30/20, BStBl 2023 II S. 80; BMF 4.1.2023, BStBl 2023 I S. 175.

3 INF 1973 S. 221.

4 BFH 11.9.2013 – IV R 57/10, NWB EAAAE-52237 = BFH/NV 2014 S. 316.

5 BFH 20.7.2018 – IX R 3/18, NWB RAAAG-98240 = BFH/NV 2018 S. 1266.

ein Zuschlag von 0 €/VE anzusetzen. Das Gesetz enthält keine Regelungen zur Ermittlung der Tierbestände (nachhaltig wie in § 13a Abs. 1 Satz 1 Nr. 3 oder Anzahl nach den Verhältnissen zu Beginn des Wj, da nach dem Gesetzeswortlaut nur für die Flächen der landwirtschaftlichen Nutzung der Stichtag 15.5. gilt). Eine Ermittlung zum 15.5. wäre im Interesse des Landwirts. Zu diesem Zeitpunkt muss der Tierbestand auch für die Agrarförderung erklärt werden (vgl. Rz. 422/1). Die FinVerw lässt die Tiere, die im Bereich des § 13a Abs. 7 Satz 1 Nr. 3 gehalten werden – zur Vermeidung einer Doppelbesteuerung – außer Betracht.[1] Angefangene ha und VE sind anteilig zu berücksichtigen (vgl. Anlage 1a Nr. 1 EStG).

(Einstweilen frei) 451–456

g) Gewinn aus forstwirtschaftlicher Nutzung (= Gewinnermittlung nach § 4 Abs. 3 EStG) nach § 13a Abs. 5 EStG

Der Umfang der forstwirtschaftlichen Nutzflächen dem Grunde (Rz. 422/4) und der Höhe (zu welchem Zeitpunkt) nach bestimmt sich (mangels einer gesetzlichen Regelung wie z. B. bei der landwirtschaftlichen Nutzung) nach den Verhältnissen am Beginn des Wj (Rz. 422/5). Nach Auffassung der FinVerw sind die Verhältnisse am 15.5. des laufenden Wj maßgebend.[2] Der Gewinn aus der forstwirtschaftlichen Nutzung mit Verweisung auf § 160 Abs. 2 Nr. 1b BewG ist nach § 51 EStDV zu ermitteln (R B 160.3 ErbStR; R 34b.3 Abs. 2 Satz 1, 2 und Abs. 3 EStR). Zur forstwirtschaftlichen Nutzung nach § 160 Abs. 2 Nr. 1b BewG gehören – allerdings nur – alle WG, die der Erzeugung und Gewinnung von Rohholz dienen und der normale Bestand an umlaufenden Betriebsmitteln (= eingeschlagenes Holz innerhalb des Nutzungssatzes). 457

Nach dem Wortlaut des Gesetzes gehören danach nicht zur forstwirtschaftlichen Nutzung: eingeschlagenes Holz über dem Nutzungssatz (oder einem mehrjährigen Nutzungssatz; § 171 BewG). Diese Holznutzungen gehören bewertungsrechtlich zum übrigen Vermögen. Eingeschlagenes Holz über dem Nutzungssatz wäre nach der Systematik des § 13a EStG im Durchschnittssatzgewinn nach § 13a Abs. 3 EStG enthalten. Beim Übergangsgewinn (von § 13a Abs. 5 auf § 13a Abs. 3) von der Gewinnermittlung nach § 4 Abs. 3 EStG zu einer Gewinnermittlung nach § 4 Abs. 1 EStG sind bei den Vorräten (vgl. Rz. 489) nur die Einschlagskosten (= Buchwert des eingeschlagenen Holzes) als Abrechnung zu berücksichtigen. Bei der Gesetzesauslegung ist außerdem zu berücksichti- 458

1 BMF 10.11.2015, BStBl 2015 I S. 877, Tz. 31.

2 BMF 10.11.2015, BStBl 2015 I S. 877, Tz. 8.

gen, dass der Gesetzgeber auch bei anderen Gewinnbestandteilen, z. B. den Forellenhaltungsbetrieben eine äußerst lukrative Niedrigstbesteuerung normiert hat. Nach Auffassung der FinVerw sind allerdings alle Holzerlöse zu erfassen.[1] Für Holznutzungen sind die Betriebsausgaben-Pauschsätze von 55 % bzw. 20 % der Einnahmen nach § 51 EStDV[2] bzw. im Jahr einer Einschlagsbeschränkung 90 % bzw. 65 % der Einnahmen nach § 4 ForstSchAusglG zu berücksichtigen (vgl. Rz. 1330 ff.). Damit sind sämtliche Betriebsausgaben nach den Grundsätzen des § 4 Abs. 3 abgegolten, die die forstwirtschaftlichen Flächen betreffen.[3] Die Wiederaufforstungskosten und ggf. eine Buchwertminderung (vgl. Rz. 1210) sind daneben zu berücksichtigen. Prämien für z. B. Wiederaufforstung sind als Betriebseinnahmen zu erfassen.[4]

459 Nicht zur forstwirtschaftlichen Nutzung gehören außerdem: Einnahmen aus Nebennutzungen (vgl. R 34b.3 Abs. 2 Satz 3 EStR; Abschnitt 4.32 BewRL), wie aus Nebenerzeugnissen (z. B. Schmuckreisig, Rinde, Harz, Birkensaft, Faschinen), Christbäume aus dem Wald (Abschnitt 7.34 BewRL), Saatgut, Pflanzgut, Jagd (Rz. 447/6, 447/4), Einnahmen aus der Veräußerung von WG des Anlagevermögens (soweit nicht § 13a Abs. 7 Satz 1 Nr. 1a oder 1b einschlägig ist, Rz. 466, 473). Diese bewertungsrechtlich zum übrigen Vermögen gehörenden WG können aufgrund der gesetzlichen Typisierung im § 13a EStG nicht erfasst werden, mit Ausnahme der besonderen Geschäftsvorfälle in § 13a Abs. 7 und in § 13a Abs. 3 Satz 1 Nrn. 5 und 6. Nach Auffassung der FinVerw sind die Gewinne für die übrige Forstwirtschaft nach § 51 Abs. 5 EStDV zu erfassen.[5] Das würde bedeuten tatsächliche Betriebseinnahmen vermindert um die damit unmittelbar im Zusammenhang stehenden Betriebsausgaben (unter Berücksichtigung der Abzugsverbote und Beschränkungen des § 13a Abs. 3 Sätze 2 und 3, vgl. Rz. 447/7, 447/9).

459/1 Nicht zu den Gewinnen i. S. des § 13a Abs. 5 EStG gehören Einkünfte aus **Hauberg-, Wald-, Forst- und Laubgenossenschaften** (Rz. 101 ff. und Rz. 1198),[6] da sie i. d. R. nicht zum notwendigen BV eines Betriebs rechnen. Sie sind vielmehr als Gewinnanteil eines gesonderten Betriebs zu erfassen.[7] Zu Gemeindenutzungsrechten vgl. Rz. 1199.

1 BMF 10.11.2015, BStBl 2015 I S. 877, Tz. 35, 36.
2 Für das Wj, das nach dem 31.12.2011 beginnt, § 84a Abs. 3a EStDV; Rz. 1209.
3 BMF 10.11.2015, BStBl 2015 I S. 877, Tz. 36.
4 BFH 17.9.1987, BStBl 1988 II S. 324; BMF 16.5.2012, BStBl 2012 I S. 595.
5 BMF 10.11.2015, BStBl 2015 I S. 877, Tz. 37.
6 § 13 Abs. 1 Nr. 4 EStG.
7 BFH 9.10.1986, BStBl 1987 II S. 169.

Für den Gewinn aus Holznutzungen können auch die Vergünstigungen des § 34b EStG in Betracht kommen (vgl. Rz. 1249).

h) Gewinn aus Sondernutzungen nach § 13a Abs. 6 Satz 2 EStG (= Gewinnermittlung nach § 4 Abs. 1 EStG) und nach § 13a Abs. 6 Satz 3 EStG (= Gewinnermittlung nach § 4 Abs. 3 EStG)

(1) Begriff der Sondernutzungen nach § 13a Abs. 6 Satz 1 EStG

Nach § 13a Abs. 6 Satz 1 EStG „**gelten** die in § 160 Abs. 2 Satz 1 Nr. 1 Buchst. c bis e BewG [= (c) weinbauliche Nutzung, (d) gärtnerische Nutzung und (e) übrige luf Nutzung] i. V. mit der Anlage 1a Nr. 2 EStG genannten Nutzungen **als** Sondernutzungen". 460

Nach der Gesetzesbegründung[1] wird *„durch eindeutige Definition des Begriffs der Sondernutzungen klargestellt, welche Grenzen bei der Prüfung zu berücksichtigen sind; die Besonderheiten des § 160 Abs. 2 Satz 2 BewG finden mangels Bezugnahme auf die Vorschrift keine Anwendung. Der Rückgriff auf die Nutzungen bietet zudem den Vorteil, dass den Land- und Forstwirten bzw. deren steuerlichen Beratern diese Abgrenzung bekannt ist. Durch Berücksichtigung von Durchschnittssätzen können z. B. nunmehr auch spezialisierte Betriebe mit Forstwirtschaft, Sonderkulturen, Weinbau, Gartenbau und sonstigen luf Nutzungen den Gewinn nach Durchschnittssätzen ermitteln."* 460/1

In der Anlage 1a Nr. 2 EStG sind 15 Sondernutzungen aufgeführt. Durch den Rückgriff auf das BewG können für die Begriffsdefinitionen die Abgrenzungen der R B 160.4 bis 160.17 ErbStR bzw. § 175 BewG herangezogen werden. Danach gehören zum **Obstbau**: Baumobst, Strauchbeerenobst, Erdbeeren, Holunder, Haselnüsse, Walnüsse, zum **Gemüsebau**: auch Anbau von Tee-, Gewürz- und Heilkräutern, Gemüsesamenvermehrung, Meerrettich(Kren-)anbau, Gemüse der 2. Intensitätsstufe (Chinakohl, Porree, Gurken), Flächen unter Glas; für Flächen unter Kunststoff (vgl. Rz. 462), zum **Blumenbau:** auch Anbau von Blumen zum Selberpflücken, vgl. Rz. 461; zum Zierpflanzenbau: auch Schmuckreisig, Bindegrün, Rollrasen, Flächen unter Glas; für Flächen unter Kunststoff (vgl. Rz. 462); zwischen der gewinnintensiven **Forellen-** und der gewinnextensiven **Karpfenteichwirtschaft** wird nicht unterschieden. Der Bundesrat wollte bei der Teichwirtschaft sogar noch eine Erhöhung der Flächengrenzen.[2] Zu den ver- 460/2

1 BT-Drucks. 18/3017.

2 BR-Drucks. 432/1/14.

fassungsrechtlichen Bedenken gegenüber der „Peanuts"-Besteuerung bei den Forellenhaltungsbetrieben vgl. Rz. 458; KKB/Seitz, § 13a EStG Rz. 41.

(2) Gewinne nach § 13a Abs. 6 Satz 2 EStG

461 Für die genannten 15 Sondernutzungen ist jeweils ein Gewinn von 1.000 € anzusetzen, wenn sie die Flächengrenze der Anlage 1a Nr. 2 Spalte 3 EStG überschreiten. In einem Rumpf-Wj ist diese Gewinnpauschale zeitanteilig zu erfassen (vgl. Rz. 445). Für Sondernutzungen bis zur Flächengrenze der Anlage 1a Nr. 2 Spalte 3 EStG wird kein Gewinn (= Gewinn 0 €) angesetzt. In Anlage 1a Nr. 2 Spalte 3 EStG kann daher m. E. für diese Betriebszweige erstmalig eine gesetzlich geregelte Mindestgröße gesehen werden.[1] Bei Überschreiten der Flächengrenzen der Spalte 2 vgl. Rz. 423.

Nach dem eindeutigen Wortlaut in § 13a EStG, Anlage 1a Nr. 2 EStG, der in der Zeile „Nutzungsteil Blumen- und Zierpflanzenbau" als Oberbegriff nur für die Freilandflächen und den Unterglasanbau bei den Zierpflanzen Flächenangaben in den Spalten 2 und 3 anführt, gehört der Blumenanbau (Freiland und Unterglas) zu den Sondernutzungen nach § 13a Abs. 6 Satz 3 EStG. Bei Blühflächen für Bienen, die über Patenschaften vermarktet werden, handelt es sich um eine landwirtschaftliche Nutzung.

(3) Gewinne nach § 13a Abs. 6 Satz 3 EStG (Auffangklausel)

462 Für die in der Anlage 1a Nr. 2 EStG nicht genannten Sondernutzungen ist der Gewinn nach § 4 Abs. 3 EStG zu ermitteln. Hierzu gehören z. B. Gemüsebau unter Kunststoff, Blumenbau (vgl. Rz. 461), Tabak, Saatzucht (nicht: Saatgutvermehrung, s. Rz. 460/2), Pilzanbau, Nützlinge, Kurzumtriebskulturen (Energie- und Industrieholz), Bambusanbau.

463 Die Abgeltungsregelungen des § 13a Abs. 3 Satz 2 und 3 EStG (Rz. 447/7, 447/9) sind zu beachten; d. h. hier sind die mit den Betriebszweigen zusammenhängenden Miet-, Pacht- und Schuldzinsen (nur die Beschränkungen nach § 4 Abs. 4a EStG bei Überentnahmen finden keine Anwendung) oder weitere (anteilige) Betriebsausgaben abziehbar.

1 Vgl. KKB/Seitz, § 14 EStG Rz. 17.

i) Sondergewinne (= Gewinnermittlung nach § 4 Abs. 3 EStG) nach § 13a Abs. 7 EStG

§ 13a Abs. 7 enthält eine abschließende Aufzählung von besonderen Tätigkeitsbereichen und außerordentlichen Geschäftsvorfällen, die in den Gewinnbestandteilen des § 13a Abs. 4 bis 6 sowie in § 13a Abs. 3 Satz 1 Nrn. 5 und 6 nicht berücksichtigt sind. Über die in § 13a Abs. 7 aufgeführten Geschäftsvorfälle hinaus können daher für weitere Erträge oder für Erträge, die in § 13a Abs. 4 bis 6 sowie in § 13a Abs. 3 Satz 1 Nrn. 5 und 6 nicht erfasst sind, keine Sondergewinne angesetzt werden. Derartige Erträge sind durch die Typisierung der Gewinnbestandteile mit § 13a Abs. 3 abgegolten. 464

Die Sondergewinne sind nach den Grundsätzen des § 4 Abs. 3 EStG (einschl. der damit verbundenen Aufzeichnungs- und Aufbewahrungspflichten; FinVerw[1]) zu ermitteln. Für den Gewinnverwirklichungszeitpunkt ist § 11 EStG zu beachten. Sondergewinn bedeutet, dass auch Verluste berücksichtigt werden können.[2] 465

(1) Sondergewinn nach § 13a Abs. 7 Satz 1 Nr. 1 EStG aus der Veräußerung oder Entnahme von bestimmten WG des Anlagevermögens, von Tieren, aus bestimmten Entschädigungszahlungen und aus der Auflösung von Rücklagen

(a) Sondergewinn nach § 13a Abs. 7 Satz 1 Nr. 1a EStG aus der Veräußerung oder Entnahme von Grund und Boden und dem dazugehörigen Aufwuchs, den Gebäuden, den immateriellen WG und den Beteiligungen

Auf die ausführlichen Darstellungen zum Begriff der Veräußerung in Rz. 1105, KKB/Kanzler, § 6b EStG Rz. 71 und zum Begriff der Entnahme in Rz. 1105, KKB/Hallerbach, § 4 EStG Rz. 255 ff. wird hingewiesen. 466

Der **Begriff „Grund und Boden"** umfasst nur den nackten GuB (Rz. 1073).[3] Die Begriffsabgrenzung erfolgt nicht nach bürgerlich-rechtlichen oder bewertungsrechtlichen Regelungen, sondern ist nach einkommensteuerrechtlichen Regelungen vorzunehmen.[4] **Nicht zum GuB rechnen:** Gebäude, Bodenschätze (soweit sie als WG bereits entstanden sind), Eigenjagdrechte, grundstücksglei- 467

1 BMF 10.11.2015, BStBl 2015 I S. 877, Tz. 41.

2 BFH 25.6.1984 – GrS 4/82, BStBl 1984 II S. 751, 766, Abs. 4; BMF 10.11.2015, BStBl 2015 I S. 877, Tz. 28.

3 BFH 24.8.1989 – IV R 38/88, BStBl 1989 II S. 1016; BFH 16.2.1984 – IV R 229/81, BStBl 1984 II S. 424.

4 Vgl. auch KKB/Kanzler, § 6b EStG Rz. 77; R 14 Abs. 1 EStR.

che Rechte, Be- und Entwässerungsanlagen, stehendes Holz, Obst- und Baumschulanlagen, Rebanlagen, Spargelanlagen, Feldinventar, Rechte, den GuB zu nutzen, Anlagen auf dem GuB (Damm, Mönch, Umlaufgraben eines Teichs). Beurteilungseinheit ist die einzelne Flurnummer oder mehrere Flurnummern, die in einem Nutzungs- und Funktionszusammenhang stehen.

468 Der **Begriff „und dem dazugehörigen Aufwuchs"** ist wie bei § 6b EStG auszulegen (vgl. dortige Gesetzesformulierung *„GuB und dem dazugehörigen Aufwuchs"*).[1] Mit dem Abs. 7 sollen außerordentliche Geschäftsvorfälle zusätzlich zum laufenden Gewinn besteuert werden. Zum Aufwuchs gehören nach Abs. 7 neben dem Feldinventar, mehrjährige Kulturen, Dauerkulturen sogar Baumschulerzeugnisse.[2]

469 Zum **Begriff „Gebäude"** vgl. die Ausführungen KKB/Kanzler, § 6b EStG Rz. 80 und in R 7.1 Abs. 5 EStR. Nicht zum Gebäude gehören die Betriebsvorrichtungen.[3]

470 Zum **Begriff „immaterielle WG"** vgl. die Ausführungen KKB/Hallerbach, § 4 EStG Rz. 137, und KKB/Bisle/Dönmez, § 5 EStG Rz. 95, 185; H 5.5 EStH. Auf einen entgeltlichen oder unentgeltlichen Erwerb kommt es nicht an.

471 Zum **Begriff „Beteiligung"** vgl. die Ausführungen KKB/Bisle/Dönmez, § 5 EStG Rz. 142 oder allgemein zu § 271 HGB; Beteiligungen sind Anteile an anderen Unternehmen, die bestimmt sind, dem eigenen Geschäftsbetrieb durch Herstellung einer dauernden Verbindung zu jenen Unternehmen zu dienen. Abgrenzung zu Forderungen und Ausleihungen vgl. KKB/Bisle/Dönmez, § 5 EStG Rz. 109. Aufgrund der einkunftsartbezogenen Betrachtungsweise bei der Zugehörigkeit von WG zum Betriebsvermögen sind wohl alle Anteile an Personengesellschaften,[4] Genossenschaften, Körperschaften, die einen Zusammenhang mit dem luf Betrieb haben, als Beteiligung anzusehen. Mitunternehmeranteile, die als gesondertes BV zu behandeln sind, gehören nicht dazu.[5] Eine Beteiligung an einer Maschinengemeinschaft (nur an einem einzelnen WG, das der Land-

1 KKB/Kanzler, § 6b EStG Rz. 78; BFH 7.5.1987 – IV R 150/84, BStBl 1987 II S. 670.

2 Die bürgerlich-rechtlich bewegliche Sachen sind, vgl. BFH 14.8.1986 – IV R 341/84, BStBl 1987 II S. 23.

3 Sog. „Abgrenzungserlass" GLE 5.6.2013, BStBl 2013 I S. 734, mit Beispielen in alphabetischer Form.

4 Anteil an Personengesellschaft ist kein bilanzierbares WG; Ansatz nach der Spiegelbildmethode, BFH 4.3.2009 – I R 58/07, BFH/NV 2009 S. 1953; Beteiligung an Personengesellschaft im notwendigen BV: BFH 1.10.1981, BStBl 1982 II S. 250, Tz. 14, 16; BFH 23.9.2009, BStBl 2010 II S. 227, Tz. 19.

5 BMF 10.11.2015, BStBl 2015 I S. 877, Tz. 45.

wirt anteilig aktiviert) ist keine Beteiligung i. S. des § 13a Abs. 7 Satz 1 Nr. 1a. Allenfalls der anteilige 15.000 € übersteigende Veräußerungspreis ist nach § 13a Abs. 7 Satz 1 Nr. 1b zu erfassen.[1]

Zum Anlageverzeichnis und zur elektronischen Übermittlungspflicht vgl. die Ausführungen unter Rz. 447/11, 499. 472

(b) Sondergewinn aus der Veräußerung oder Entnahme der übrigen WG des Anlagevermögens und von Tieren, wenn der Veräußerungspreis oder Entnahmewert für das jeweilige WG mehr als 15.000 € betragen hat, nach § 13a Abs. 7 Satz 1 Nr. 1b EStG

Aufgrund der Kritik des Bundesrechnungshofs[2] über die Nichterfassung von 473 wertvollem Anlagevermögen wurde in der Neuregelung eine Bagatellgrenze von 15.000 € eingeführt, für alle (nicht wie bisher nur bei einer Betriebsumstellung) übrigen (nicht unter § 13a Abs. 7 Satz 1 Nr. 1a fallenden) WG des Anlagevermögens und für die Tiere (des Anlage- und des Umlaufvermögens[3]). Veräußerungspreis ist der Kaufpreis einschl. Umsatzsteuer. Bei einem Tausch ist durch Rabattgewährung für ein eingetauschtes WG der Sondergewinn unter Beachtung des § 42 AO gestaltbar. Zum Entnahmewert vgl. Rz. 1109.

Zu im Wj 2015/16 vereinnahmten Veräußerungserlösen aus Veräußerungen 474 (ohne Betriebsumstellung) der vorangegangenen Wj (über 15.000 €) vgl. die Ausführungen unter Rz. 495.

Für WG des § 13a Abs. 7 Satz 1 Nr. 1b besteht keine Aufzeichnungspflicht 475 (Rz. 501). Der Landwirt muss allerdings die Buchwerte unter Beachtung des Abs. 7 Satz 2 ermitteln und ist insoweit beweislastpflichtig.[4]

(c) Sondergewinn aus Entschädigungen für den Verlust, den Untergang oder die Wertminderung der in § 13a Abs. 7 Satz 1 Nr. 1a und Nr. 1b EStG genannten Wirtschaftsgüter nach § 13a Abs. 7 Satz 1 Nr. 1c EStG

Bei Entschädigungen für den Verlust, den Untergang oder die Wertminderung 476 für die in § 13a Abs. 7 Satz 1 Nr. 1a und Nr. 1b EStG genannten WG des Anlagevermögens und der Tiere (Rz. 466 bis 473) ist ein Sondergewinn anzuset-

1 BMF 10.11.2015, BStBl 2015 I S. 877, Tz. 46.
2 Vgl. BR-Drucks. 23/12; BT-Drucks. 17/8428 und BT-Drucks. 18/3300.
3 BFH 19.1.2017 – IV R 10/14, BStBl 2017 II S. 466.
4 BFH 26.2.2010 – IV B 25/09, NWB CAAAD-42496 = BFH/NV 2010 S. 1116, Tz. 4; BMF 10.11.2015, BStBl 2015 I S. 877, Tz. 50.

zen. Mit dem unbestimmten Rechtsbegriff „Entschädigung“[1] werden die verschiedensten Zahlungen angesprochen. Die steuerliche Behandlung richtet sich ausschließlich nach dem tatsächlichen Grund der Zahlung. Durch den Verweis auf die Nr. 1b muss bei den übrigen WG die Entschädigung mehr als 15.000 € betragen.

477 Nach der Gesetzesbegründung[2] sind *„auch Entschädigungen für Wirtschaftsgüter des Anlagevermögens nach § 13a Abs. 7 Satz 1 Nummer 1 Buchstabe c EStG zwecks zutreffender Erfassung des Totalgewinns als außergewöhnliche Geschäftsvorfälle zu berücksichtigen. Sie können jedoch unter den dort genannten Voraussetzungen den Regelungen der R 6.6 EStR (= Rücklage für Ersatzbeschaffung) unterliegen. Bei anderen Entschädigungen (insbesondere für Wirtschaftsgüter des Umlaufvermögens) ist davon auszugehen, dass diese als Ersatz für entgangene Einnahmen gewährt werden und beim Grundbetrag bzw. den pauschalen Betriebsausgaben zu erfassen sind.“* Nach Auffassung der FinVerw[3] sind *„[53] Entschädigungen, die als Ersatz für entgangene Einnahmen oder als Ersatz für erhöhte Betriebsausgaben gewährt werden, bei entsprechendem Veranlassungszusammenhang mit dem Gewinn der landwirtschaftlichen Nutzung nach § 13a Abs. 4 EStG und dem Gewinn aus Sondernutzungen nach § 13a Abs. 6 Satz 2 EStG abgegolten. Bei der forstwirtschaftlichen Nutzung sind diese Entschädigungen nach den Regelungen des § 51 EStDV zu erfassen. Pauschale Betriebsausgaben sind nur zu berücksichtigen, soweit die Zahlungen auf entgangene Einnahmen aus Holznutzungen entfallen. [54] Einheitlich gewährte Entschädigungen sind für die Anwendung der vorstehenden Grundsätze nach deren wirtschaftlichen Gehalt aufzuteilen.“*

477/1 **BEISPIEL** Kein Sondergewinn für eine Entschädigung für Hagelschäden beim Aufwuchs, weil hier nur ein Ersatz für entgangene Betriebseinnahmen und keine Entschädigung (i. V. mit dem GuB) „für den dazugehörigen“ Aufwuchs gezahlt wird. Werden dagegen für die Inanspruchnahme von luf Grundbesitz Entschädigungen für den Holzbestand sowie für Mindererlöse und Hiebsunreife für das stehende Holz gezahlt, findet nach der Gesetzesformulierung eine Doppelbesteuerung nach § 13a Abs. 7 Satz 1 Nr. 1c

1 H 6.6 (1) „Entschädigung“ EStH; BFH 25.9.2015 – IV R 44/11, BStBl 2015 II S. 470, Tz. 26.

2 BT-Drucks. 18/3017.

3 BMF 10.11.2015, BStBl 2015 I S. 877 Tz. 53, 54.

und nach § 13a Abs. 5 (R 34b.3 Abs. 4 EStR) statt. Nach Auffassung der FinVerw sind diese Entschädigungen nach den Regelungen des § 51 EStDV zu erfassen.[1] Zu weiteren Beispielen zu Entschädigungen im Zusammenhang mit einer Grundstücksveräußerung vgl. die Rechtsprechung[2] oder die Entschädigungsrichtlinie Landwirtschaft (LandR 19).

Bei Entschädigung für eine mit einer Dienstbarkeit abgesicherte Rohrleitung oder bei einer Retentionsfläche für gesteuerte Flutpolder[3] kann wegen § 55 Abs. 6 EStG kein anteiliger Buchwert berücksichtigt werden.

Die einkommensteuerliche Behandlung von Entschädigungszahlungen wirken sich für zum Betriebsvermögen gehörende Grundstücksflächen bei der jeweiligen Gewinnermittlungsart wie folgt aus: 477/2

Zahlung für	§ 4 Abs. 1	§ 4 Abs. 3	§ 13a Abs. 3 Satz 1 Nr. 5 **VuV** = § 4 Abs. 3	§ 13a Abs. 4 **LN** = § 4 Abs. 1	§ 13a Abs. 5 **FN** = § 4 Abs. 3	§ 13a Abs. 6 Satz 2 **15 SN** = § 4 Abs. 1	§ 13a Abs. 6 Satz 3 **andere SN** = § 4 Abs. 3	§ 13a Abs. 7 Satz 1 Nr. 1c **Entschädigung** = § 4 Abs. 3
Wertminderung GuB	Gewinn ggf. TWA	BE						BE
Wirtschaftserschwernis oder Ersatz für erhöhte Ausgaben	Gewinn kein RAP[1]	BE		abgegolten	abgegolten, s. jedoch BMF 10.11.2015, Rz. 53	abgegolten	BE	keine BE BMF 10.11.2015 Rz. 53

1 BMF 10.11.2015, BStBl 2015 I S. 877, Tz. 53.

2 FG Sachsen-Anhalt 2.10.2014 – 5 K 1727/10, EFG 2015 S. 193; FG Sachsen-Anhalt 2.10.2014 – 5 K 1131/09, EFG 2015 S. 197.

3 BFH 21.11.2018 – VI R 54/16, BStBl 2019 II S. 311.

1 BFH 17.5.1990 – IV R 21/89, BStBl 1990 II S. 891; BMF 5.3.1992, BStBl 1992 I S. 187.

Zahlung für	§ 4 Abs. 1	§ 4 Abs. 3	§ 13a Abs. 3 Satz 1 Nr. 5 **VuV** = § 4 Abs. 3	§ 13a Abs. 4 **LN** = § 4 Abs. 1	§ 13a Abs. 5 **FN** = § 4 Abs. 3	§ 13a Abs. 6 Satz 2 **15 SN** = § 4 Abs. 1	§ 13a Abs. 6 Satz 3 **andere SN** = § 4 Abs. 3	§ 13a Abs. 7 Satz 1 Nr. 1c **Entschädigung** = § 4 Abs. 3
Entgehende Einnahmen	Gewinn[1] RAP	BE		abgegolten	BE, s. BMF 10.11.2015, Rz. 53	abgegolten	BE	keine BE BMF 10.11.2015 Rz. 53
Nutzungsüberlassung	Gewinn[2] RAP[3]	BE[1] Wahlrecht: Verteilung § 11 Abs. 1[4]	BE[1] Wahlrecht: Verteilung § 11 Abs. 1[3]					

1 Nach BFH 19.4.1994 – IX R 19/90, BStBl 1994 II S. 640, Rz. 25 „kein § 24 Nr. 1 und damit kein § 34 Abs. 2 Nr. 2 EStG, weil ein schadensauslösendes Ereignis, das unmittelbar zum Wegfall von Einnahmen geführt hat, nicht vorliegt. Aus diesem Grund wird mit dem Geldbetrag auch kein ‚konkreter Schaden' abgedeckt."

2 Zwar § 24 Nr. 3 EStG, aber nach § 34 Abs. 2 Nr. 3 EStG nur für einen Zeitraum von mehr als drei Jahren **nachgezahlte** Nutzungsvergütungen.

3 BFH 17.10.1968 – IV 84/65, BStBl 1969 II S. 180; Rz. 13: Ewige Renten sind rechnerisch wie auf bestimmte Zeit gezahlte Renten zu behandeln. Bei Zugrundelegung eines Satzes von 4 % an Zinsen und Zinseszinsen und bei Unterstellung nachschüssiger Zahlung ist der Barwert einer ewigen Rente das Fünfundzwanzigfache der Jahresrente. Umgekehrt ergibt sich durch Anwendung der entsprechenden Quotienten bei gegebenem Barwert der Jahresbetrag der Rente. In Höhe dieses Betrages ist der Passivposten jährlich gewinnerhöhend aufzulösen. Der Senat hat deshalb keine Bedenken, wenn hiernach ein Zeitraum von höchstens 25 Jahren zugrunde gelegt wird. BFH 15.2.2017 – VI R 96/13, BStBl 2017 II S. 884, Rz. 44 sieht bei einer immerwährenden Duldungsverpflichtung eine Verteilung des passiven Rechnungsabgrenzungspostens auf eine Laufzeit von 25 Jahren als sachgerecht an.

4 BFH 4.6.2019 – VI R 34/17, BStBl 2021 II S. 5.

Bei zum **Privatvermögen gehörenden Grundstücken** sind die Entschädigungszahlungen nur für eine zeitliche beschränkte Gebrauchsüberlassung als Einkünfte aus VuV zu erfassen.[1] Nach § 11 Abs. 1 Satz 3 EStG können Einnahmen, die auf einer Nutzungsüberlassung i. S. des § 11 Abs. 2 Satz 3 EStG beruhen, insgesamt auf den Zeitraum gleichmäßig verteilt werden, für den die Vorauszahlung geleistet wird. Es bestehen keine Bedenken, den Verteilungszeitraum von mindestens 25 Jahren – entsprechend dem BFH-Urteil vom 17.10.1968[2] – auch im Rahmen des § 11 Abs. 1 EStG anzuwenden. Damit könnte der für die dauerhafte Nutzungsüberlassung gezahlte Einmalbetrag auch bei den Einkünften aus VuV über einen Zeitraum von 25 Jahren verteilt als Einnahme erfasst werden.[3] Die Entschädigung für die Wertminderung des Grund und Bodens sowie für eine immerwährende Gebrauchsüberlassung[4] sind der nicht steuerbaren privaten Vermögensebene zuzurechnen und somit bei keiner Einkunftsart zu erfassen. 477/3

Das Hauptproblem bei der einkommensteuerlichen Behandlung der Entschädigungen ist die Aufteilung der Zahlungen auf die einzelnen Entschädigungspositionen. Auch wenn das Entgelt als Entschädigung für die Einräumung einer Dienstbarkeit bezeichnet ist, ist das Entgelt nach dem wirtschaftlichen Gehalt aufzuteilen.[5]

(d) Sondergewinn aus der Auflösung von Rücklagen nach § 13a Abs. 7 Satz 1 Nr. 1d EStG

§ 13a Abs. 7 Satz 1 Nr. 1d ist auf alle erfolgswirksam gebildeten Rücklagen anzuwenden. 478

§ 13a Abs. 6 Satz 1 Nr. 4 EStG a. F (= bis Wj 2014/15) führte explizit die Rücklage nach § 6c EStG und die Rücklage für Ersatzbeschaffung (für Vorgänge des § 13a Abs. 6 Satz 1 Nrn. 1, 2 EStG a. F. erforderlich) auf. Die Auflösung umfasst auch die Gewinnerhöhung nach § 6b Abs. 7 EStG (= Verzinsungsbetrag). Weitere gewinn- 479

1 BFH 2.7.2018 – IX R 31/16, BStBl 2018 II S. 759.

2 BFH 17.10.1968 – IV 84/65, BStBl 1969 II S. 180; BFH 15.2.2017 – VI R 96/13, BStBl 2017 II S. 884, Rz. 44.

3 Nach BFH 20.7.2018 – IX R 3/18, NWB RAAAG-98240 = BFH/NV 2018 S. 1226, keine Verteilung bei unbestimmter Laufzeit; Verteilung möglich, wenn anhand objektiver Umstände – auch im Wege der Schätzung – der Vorauszahlungszeitraum feststellbar bzw. bestimmbar ist, vgl. BFH 4.6.2019 – VI R 34/17, BStBl 2021 II S. 5.

4 BFH 2.7.2018 – IX R 31/16, BStBl 2018 II S. 759; BFH 20.7.2018 – IX R 3/18, NWB RAAAG-98240 = BFH/NV 2018 S. 1226; BFH 23.7.2019 – IX R 28/18, BStBl 2019 II S. 701, Rz. 28.

5 BMF 10.11.2015, BStBl 2015 I S. 877, Rz. 54.

neutrale Rücklagen (z. B. § 4g EStG, Rücklage für im Voraus gewährte Zuschüsse nach R 6.5 Abs. 4 EStR) waren, soweit sie nicht Vorgänge des § 13a Abs. 6 Satz 1 Nrn. 1, 2 EStG a. F. betrafen, mit Ansatz des Grundbetrages abgegolten und waren daher im Rahmen des Wechsels der Gewinnermittlungsart hinzuzurechnen.

(2) Sondergewinn Betriebseinnahmen oder Betriebsausgaben nach § 9b Abs. 2 EStG gem. § 13a Abs. 7 Satz 1 Nr. 2 EStG

480 Tatsächliche Betriebseinnahmen oder Betriebsausgaben aus der Berichtigung von Vorsteuern nach § 15a UStG sind als Sondergewinn zu erfassen.

Nach der Gesetzesbegründung[1] wird damit den Veränderungen im Bereich der USt Rechnung getragen. § 9b Abs. 2 EStG kommt nur noch zur Anwendung, wenn ein Zusammenhang zu einer Einkunftsart besteht, vgl. das AIFM-StAnpG.[2] Bei Landwirten, die ihre Umsätze nach § 24 UStG oder als Regelversteuerer versteuern, gehören allerdings die Vorsteuern grundsätzlich nicht zu den AK/HK. Das sachliche Erfordernis dieser Zurechnung ist schwer nachvollziehbar.

(3) Sondergewinn Einnahmen aus dem Grunde nach gewerblichen Tätigkeiten, die dem Bereich der Land- und Forstwirtschaft zugerechnet werden, nach § 13a Abs. 7 Satz 1 Nr. 3 EStG

481 Die BT-Drucks. 18/3017 verweist hierzu auf die Abgrenzungsregelungen des R 15.5 EStR: „*Danach gehören bestimmte grundsätzlich gewerbliche Tätigkeiten innerhalb der dort genannten Grenzen noch zu den Einkünften aus LuF. Mit der Nr. 3 wird sichergestellt, dass die daraus erzielten Gewinne, die bei der Festsetzung der Beträge nach* ***Abs. 4*** *nicht berücksichtigt wurden, mit 40 % der zugeflossenen Einnahmen gesondert erfasst werden.*" Der Gesetzesformulierung nach gilt die Abgrenzung auch für die Bestandteile des Abs. 5 und des Abs. 6.

482 In einem ersten Schritt ist zu klären, ob die Tätigkeiten noch im Bereich der LuF sind. Die FinVerw grenzt nach den Grundsätzen der R 15.5 EStR ab (vgl. Rz. 115 ff.). In einem zweiten Schritt sind die (bereits) dem Grunde nach gewerblichen – aber nach R 15.5 EStR noch dem Bereich der LuF zuzuordnenden – Betätigungen mit den anteiligen (dem Grunde nach gewerblichen) Einnahmen zu erfassen. Dies bedeutet, dass Einnahmen, die mit Ansatz der Gewinnbestandteile des § 13a Abs. 4, des Abs. 5 und des Abs. 6 Satz 2 bereits abgegolten sind, zu trennen sind. Dies verlangt eine komplizierte, aufwendige, trennende Erfassung

1 BT-Drucks. 18/3017.

2 18.12.2013, BGBl 2013 I S. 4318 = BStBl 2014 I S. 2.

der Betriebseinnahmen (= Aufzeichnungspflicht für sämtliche Betriebseinnahmen; Rz. 502). Die Umsatzsteuer-Beträge für eine umsatzsteuerlich einheitliche Leistung oder nicht dem § 24 UStG unterliegende Vorgänge sind anteilig aufzuteilen. Diese von der Gesetzesformulierung erforderliche gesonderte Erfassung stellt künftig die Rechtfertigungsfrage für die Regelungen in R 15.5 EStR (1/3-Umsatz-Grenze, 51.500 € und 50 %-Grenze). Aufgrund dieser Vollerfassung sieht das Gesetz allerdings einen BA-Abzug von 60 % vor.

Bei den früheren Fassungen des § 13a wirkte sich der Wechsel eines im Grund- 483
betragsbereich erzeugten Produkts, das im Gewinnkorrekturbereich verbraucht wurde (z. B. selbsterzeugtes Futter für die Pensionsviehhaltung), bis 1998 mit dem Marktpreis als Betriebsausgaben aus.[1] Ab dem Wj 1998/99 ist eine Bewertung mit dem höheren Teilwert wegen der Neufassung des § 6 Abs. 1 Nr. 2 Satz 4 EStG nicht mehr zulässig. Diese Produkte können daher nurmehr mit den tatsächlichen Anschaffungs- oder Herstellungskosten angesetzt werden (§ 6 Abs. 5 EStG). Diese BA sind Teil der BA-Pauschalierung von 60 %.

Zur Abgrenzung zu Einkünften aus Gewerbebetrieb vgl. Rz. 115 und nachfolgendes Prüfschema:

1 BFH 14.4.1988, BStBl 1988 II S. 774.

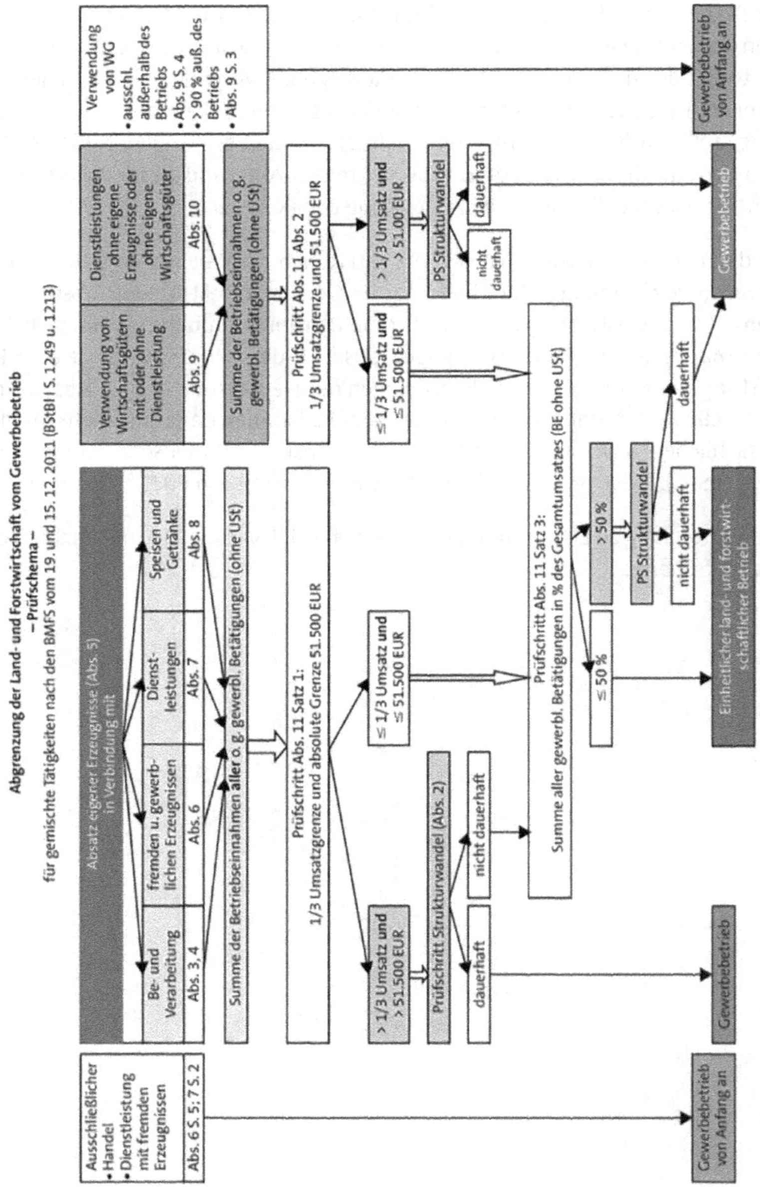

Abgrenzung der Land- und Forstwirtschaft vom Gewerbebetrieb
– Prüfschema –
für gemischte Tätigkeiten nach den BMFS vom 19. und 15. 12. 2011 (BStBl I S. 1249 u. 1213)
Ausschließlicher
• Handel
• Dienstleistung mit fremden Erzeugnissen
Abs. 6 S. 5; 7 S. 2
Absatz eigener Erzeugnisse (Abs. 5) in Verbindung mit
Be- und Verarbeitung
Abs. 3, 4
fremden u. gewerblichen Erzeugnissen
Abs. 6
Dienstleistungen
Abs. 7
Speisen und Getränke
Abs. 8
Verwendung von Wirtschaftsgütern mit oder ohne Dienstleistung
Abs. 9
Dienstleistungen ohne eigene Erzeugnisse oder ohne eigene Wirtschaftsgüter
Abs. 10
Verwendung von WG
• ausschl. außerhalb des Betriebs
• Abs. 9 S. 4
• > 90 % auß. des Betriebs
• Abs. 9 S. 3
Summe der Betriebseinnahmen aller o. g. gewerbl. Betätigungen (ohne USt)
Summe der Betriebseinnahmen o. g. gewerbl. Betätigungen (ohne USt)
Prüfschritt Abs. 11 Satz 1:
1/3 Umsatzgrenze und absolute Grenze 51.500 EUR
Prüfschritt Abs. 11 Abs. 2
1/3 Umsatzgrenze und 51.500 EUR
> 1/3 Umsatz und > 51.500 EUR
≤ 1/3 Umsatz und ≤ 51.500 EUR
≤ 1/3 Umsatz und ≤ 51.500 EUR
> 1/3 Umsatz und > 51.00 EUR
Prüfschritt Strukturwandel (Abs. 2)
PS Strukturwandel
dauerhaft
nicht dauerhaft
Prüfschritt Abs. 11 Satz 3:
Summe aller gewerbl. Betätigungen in % des Gesamtumsatzes (BE ohne USt)
≤ 50 %
> 50 %
PS Strukturwandel
nicht dauerhaft
dauerhaft
Gewerbebetrieb von Anfang an
Gewerbebetrieb
Einheitlicher land- und forstwirtschaftlicher Betrieb
Gewerbebetrieb
Gewerbebetrieb von Anfang an

Beispiele zu Abs. 7 Satz 1 Nr. 3: 484

- Verkauf von eigenen Produkten der zweiten Be- und Verarbeitungsstufe (Rz. 110 ff.; R 15.5 Abs. 3 Satz 5 EStR);
- Verkauf von be- und verarbeiteten fremden Produkten nach R 15.5 Abs. 3 Satz 6, 7 EStR (Rz. 122 ff.);
- Entsorgung organischer Abfälle auf fremden Flächen (Rz. 112; R 15.5 Abs. 4 EStR);
- Verkauf von fremden Erzeugnissen im Rahmen der R 15.5 Abs. 6 Satz 3 EStR;
- Dienstleistungen im Zusammenhang mit dem Absatz eigener Erzeugnisse nach R 15.5 Abs. 7 EStR;[1]
- Absatz von Speisen und Getränken (Strauß- und Buschenwirtschaften) nach R 15.5 Abs. 8 EStR;
- Dienstleistungen und/oder Verwendung von WG nach R 15.5 Abs. 9, 10 EStR.

Die Pensionstierhaltung kann unter § 13a Abs. 7 Satz 1 Nr. 3 EStG fallen.[2] Die 485
Entschädigung für die Aufforstung landwirtschaftlicher Flächen zur Einrichtung von Ersatzflächenpools für die Vornahme von Ausgleichsmaßnahmen nach den Naturschutzgesetzen (Rz. 1177) fällt nicht darunter.[3]

(4) Sondergewinn Rückvergütungen nach § 22 KStG aus Hilfs- und Nebengeschäften nach § 13a Abs. 7 Satz 1 Nr. 4 EStG

Die genossenschaftliche Rückvergütung ist eine Überschussbeteiligung außer- 486
halb der Gewinnermittlung, quasi eine Feinabstimmung der Lieferbeziehungen. Ein Sondergewinn ist nur für Rückvergütungen aus Hilfs- und Nebengeschäften veranlasst. Nur soweit die Voraussetzungen des § 22 KStG nicht vorliegen, liegt eine verdeckte Gewinnausschüttung vor, die nach § 13a Abs. 3 Satz 1 Nr. 6 zu erfassen ist (vgl. Rz. 447/5). Zum Mitgliedergeschäft, zur Abgrenzung zur vGA, zur Bagatellregelung bei Nebengeschäften nach R 22 Abs. 12 KStR vgl. Klein.[4]

1 BMF 10.11.2015, BStBl 2015 I S. 877, Rz. 65 mit Mindestgrenzen.

2 BFH 29.11.2007 – IV R 49/05, BStBl 2008 II S. 425; BMF 10.11.2015, BStBl 2015 I S. 877, Rz. 70, 72 mit Vereinfachungsregelung; Rz. 64.

3 BFH 11.9.2013 – IV R 57/10, NWB EAAAE-52237 = BFH/NV 2014 S. 316.

4 Klein in Mössner/Oellerich/Valta, § 22 KStG.

(5) Buchwertermittlung im Rahmen des § 13a EStG und Aufzeichnungspflichten nach § 13a Abs. 7 Satz 2 bis 4 EStG

487 Bei der Buchwertermittlung von abnutzbaren Anlagegütern ist die lineare AfA zu berücksichtigen (vgl. Rz. 447/9). Die Buchwertminderung des stehenden Holzes (nicht abnutzbares Anlagevermögen) ist keine AfA (Rz. 1218).[1]

Zu den Aufzeichnungspflichten vgl. Rz. 499 ff.

(6) Aktualisierung der Werte der Anlage 1a des EStG durch das BMF aufgrund der Ermächtigung nach § 13a Abs. 8 EStG

488 Absatz 8 ermächtigt das BMF mit Zustimmung des Bundesrats im Rahmen einer Rechtsverordnung, (nur) die Pauschsätze und die Flächengrenzen anzupassen. Eine Anpassung der Nutzungen ist im Rahmen einer Verordnung nicht zulässig.

(7) Wechsel der Gewinnermittlungsmethode

489 Bei einem zwangsweisen oder freiwilligen Wechsel der Gewinnermittlungsart wird durch Korrekturposten oder durch Korrektur des Gewinns im Übergangsjahr erreicht, dass dem Stpfl. durch diesen Übergang keine steuerlichen Nachteile, aber auch keine steuerlichen Vorteile entstehen, d. h., dass auf eine längere Zeitperiode gesehen die Gewinne versteuert werden, die bei einem konstanten Vermögensvergleich ausgewiesen worden wären.[2]

490 Bei jedem noch nicht endgültig abgeschlossenen Geschäftsvorgang bzw. bei jedem im Zeitpunkt des Übergangs bilanzierten oder zu bilanzierenden Aktiv- oder Passivwert sind folgende Fragen zu untersuchen: *Frage 1*: Welche Gewinnauswirkung sieht das Gesetz vor? *Frage 2*: Welche Gewinnauswirkung ist nach der bisherigen Gewinnermittlungsart bereits eingetreten (durch Mehrung oder Minderung des Betriebsvermögens bzw. durch den Ansatz von Betriebseinnahmen oder Betriebsausgaben)? *Frage 3:* Welche Gewinnauswirkung ist bei der neuen Gewinnermittlungsart zu erwarten? Daraus ergibt sich eine Hinzurechnung oder eine Abrechnung (als Teil des laufenden Gewinns).

(a) Wechsel innerhalb des § 13a EStG aufgrund der Neuregelung im ZollkodexAnpG

491 Je nach Gewinnbestandteil oder Betriebszweig ist ein Wechsel der Gewinnermittlungsmethode (vgl. Rz. 489) zu überprüfen.

---

1 BFH 5.6.2008 – IV R 67/05, IV R 50/07, BStBl 2008 II S. 960, 968.

2 BFH 23.7.1970 – IV 270/65, BStBl 1970 II S. 745.

Im **VZ 2015** (für das Wj 2015/16) ergeben sich innerhalb des § 13a EStG nachfolgende Methodenwechsel mit entsprechender Berücksichtigung eines **Übergangsgewinns – ÜG –**. 492

TAB. Wechsel der Gewinnermittlungsmethode von § 13a EStG a. F. auf § 13a EStG n. F.

Gewinnermittlung nach Durchschnittssätzen § 13a Abs. 3 – 6 EStG a. F. (= § 4 Abs. 1 EStG) (Wj 2014 bzw. 2014/15)	**Gewinn-ermitt-lungs-methode**	**Über-gangs-gewinn – ÜG –**	**Gewinn-ermitt-lungs-methode**	**Gewinnermittlung nach Durchschnittssätzen § 13a Abs. 3 – 7 EStG n. F.** (= § 4 Abs. 1 EStG) (Wj 2015 bzw. 2015/16)
Grundbetrag				**Gewinn der landw. Nutzung**
§ 13a Abs. 4 EStG a. F.	§ 4 Abs. 1		§ 4 Abs. 1	§ 13a Abs. 4 EStG
einschl. (= abgegolten)				einschl. (= abgegolten)
► Nutzungswert der Wohnung-Baudenkmal	§ 4 Abs. 1		§ 4 Abs. 1	► Nutzungswert der Wohnung-Baudenkmal
► Tabak	§ 4 Abs. 1	**ÜG**	§ 4 Abs. 3	Sondernutzung § 13a Abs. 6 Satz 3 EStG
► Bagatellflächen Abschnitt 1.13 BewRL	§ 4 Abs. 1		§ 4 Abs. 1	
z. B. Baumschule 500 m²	§ 4 Abs. 1		§ 4 Abs. 1	z. B. Bagatellfläche Baumschule ► 400 m² Sondernutzung § 13a Abs. 6 Satz 2 EStG = Gewinn 0 € ► 401-500 m² Sondernutzung § 13a Abs. 6 Satz 2 EStG = Gewinn 1 000 €
– Wirtschaftserschwernis	§ 4 Abs. 1		§ 4 Abs. 1	§ 13a Abs. 4 EStG
– Gebrauchsüberlassung	§ 4 Abs. 3		§ 4 Abs. 3	§ 13a Abs. 3 Satz 1 Nr. 5 EStG
– Wertminderung GuB	§ 4 Abs. 1	**ÜG**	§ 4 Abs. 3	Sondergewinn nach § 13a Abs. 7 Satz 1 Nr. 1c EStG
► Gemüsebau unter Kunststoff	§ 4 Abs. 1	**ÜG**	§ 4 Abs. 3	Sondernutzung § 13a Abs. 6 Satz 3 EStG

Gewinnermittlung nach Durchschnittssätzen § 13a Abs. 3 – 6 EStG a. F. (= § 4 Abs. 1 EStG) (Wj 2014 bzw. 2014/15)	**Gewinnermittlungsmethode**	**Übergangsgewinn – ÜG –**	**Gewinnermittlungsmethode**	**Gewinnermittlung nach Durchschnittssätzen § 13a Abs. 3 – 7 EStG n. F.** (= § 4 Abs. 1 EStG) (Wj 2015 bzw. 2015/16)
Zuschläge für Sondernutzungen § 13a Abs. 5 EStG a. F.				
► Vergleichswert/ Einzelertragswert < 501 DM mit Grundbetrag § 13a Abs. 4 EStG abgegolten ⇒Zuschlag 0 €	§ 4 Abs. 1		§ 4 Abs. 1	Flächen **bis** Anlage 1a Nr. 2 Spalte 3 EStG = Sondernutzung § 13a Abs. 6 Satz 2 EStG = Gewinn 0 €
► Vergleichswert/ Einzelertragswert >500 DM ⇒Zuschlag **jeweils** 512 €	§ 4 Abs. 1		§ 4 Abs. 1	Flächen **über** Anlage 1a Nr. 2 Spalte 3 EStG = Sondernutzung § 13a Abs. 6 Satz 2 EStG = Gewinn 1.000 €
für jeweils	§ 4 Abs. 1		§ 4 Abs. 1	s. o.
– Sonderkultur Hopfenbau, Sonderkultur Spargelbau, Weinbau, gärtnerische Nutzung (= Gemüse, Spargel, Obst, Baumschulen)	§ 4 Abs. 1		§ 4 Abs. 1	s. o.
– und jede einzelne Nutzungsart der sonstigen luf Nutzung, z. B. Binnenfischerei, Teichwirtschaft, Fischzucht für Binnenfischerei und Teichwirtschaft, Imkerei, Wanderschäferei, Weihnachtsbaumkultur	§ 4 Abs. 1		§ 4 Abs. 1	s. o.
Blumenbau	§ 4 Abs. 1	**ÜG**	§ 4 Abs. 3	§ 13a Abs. 6 Satz 3 EStG

Gewinnermittlung nach Durchschnittssätzen § 13a Abs. 3 – 6 EStG a. F. (= § 4 Abs. 1 EStG) (Wj 2014 bzw. 2014/15)	**Gewinn-ermitt-lungs-methode**	**Über-gangs-gewinn – ÜG –**	**Gewinn-ermitt-lungs-methode**	**Gewinnermittlung nach Durchschnittssätzen § 13a Abs. 3 – 7 EStG n. F.** (= § 4 Abs. 1 EStG) (Wj 2015 bzw. 2015/16)
Saatzucht (nicht Saatgutvermehrung = landw. Nutzung)	§ 4 Abs. 1	**ÜG**	§ 4 Abs. 3	Sondernutzung § 13a Abs. 6 Satz 3 EStG
Pilzanbau	§ 4 Abs. 1	**ÜG**	§ 4 Abs. 3	Sondernutzung § 13a Abs. 6 Satz 3 EStG
Nützlingsproduktion	§ 4 Abs. 1	**ÜG**	§ 4 Abs. 3	Sondernutzung § 13a Abs. 6 Satz 3 EStG
Kurzumtriebskultur sowie	§ 4 Abs. 1	**ÜG**	§ 4 Abs. 3	Sondernutzung § 13a Abs. 6 Satz 3 EStG
– Abbauland	§ 4 Abs. 1		§ 4 Abs. 1	§ 13a Abs. 4 EStG abgegolten
– Geringstland	§ 4 Abs. 1		§ 4 Abs. 1	§ 13a Abs. 3 EStG abgegolten
	§ 4 Abs. 1		§ 4 Abs. 1	Sondernutzung § 13a Abs. 6 Satz 2 EStG
– Nebenbetriebe	§ 4 Abs. 1	**ÜG**	§ 4 Abs. 3	Sondernutzung § 13a Abs. 6 Satz 3 EStG
	§ 4 Abs. 1	**ÜG**	§ 4 Abs. 3	Sondergewinn § 13a Abs. 7 Satz 1 Nr. 3 EStG
Sondergewinne nach § 13a Abs. 6 EStG a. F.				
► **Nr. 1** – Forstwirtschaftliche Nutzung	§ 4 Abs. 3		§ 4 Abs. 3	Gewinn der forstw. Nutzung § 13a Abs. 5 EStG
			§ 4 Abs. 3	+ Sondergewinn nach § 13a Abs. 7 Satz 1 Nr. 1a EStG
		ÜG	§ 4 Abs. 1	§ 13a Abs. 3 EStG kein Ansatz (s. a. Rz. 458)
► **Nr. 2** – Veräußerung oder Entnahme von				
– Grund und Boden und Gebäude und	§ 4 Abs. 3		§ 4 Abs. 3	Sondergewinn nach § 13a Abs. 7 Satz 1 Nr. 1a EStG

Gewinnermittlung nach Durchschnittssätzen § 13a Abs. 3 – 6 EStG a. F. (= § 4 Abs. 1 EStG) (Wj 2014 bzw. 2014/15)	**Gewinn-ermitt-lungs-methode**	**Über-gangs-gewinn – ÜG –**	**Gewinn-ermitt-lungs-methode**	**Gewinnermittlung nach Durchschnittssätzen § 13a Abs. 3 – 7 EStG n. F.** (= § 4 Abs. 1 EStG) (Wj 2015 bzw. 2015/16)
– WG des übrigen Anlagevermögens bei Betriebsumstellung	§ 4 Abs. 3		§ 4 Abs. 3	Sondergewinn nach § 13a Abs. 7 Satz 1 Nr. 1a und Nr. 1b EStG
► **Nr. 3** – Dienstleistungen und vergleichbare Tätigkeiten für Nichtlandwirte mit 65 % BA-Pauschale	§ 4 Abs. 3		§ 4 Abs. 3	Sondergewinn nach § 13a Abs. 7 Satz 1 Nr. 3 EStG mit 60 % BA-Pauschale
(s. a. Nebenbetriebe)	§ 4 Abs. 1	ÜG	§ 4 Abs. 3	Sondergewinn nach § 13a Abs. 7 Satz 1 Nr. 3 EStG
► **Nr. 4** – Auflösung von Rücklagen nach § 6c EStG	§ 4 Abs. 3		§ 4 Abs. 3	Sondergewinn nach § 13a Abs. 7 Satz 1 Nr. 1d EStG
– Auflösung von Rücklagen für Ersatzbeschaffung	§ 4 Abs. 3		§ 4 Abs. 3	Sondergewinn nach § 13a Abs. 7 Nr. 1d EStG
– Brandentschädigung Gebäude Gesetzesauslegung BFH 25.9.2014 – IV R 44/11, BStBl 2015 II S. 470	§ 4 Abs. 3		§ 4 Abs. 3	§ 13a Abs. 7 Satz 1 Nr. 1c EStG
Vereinnahmte Miet- und Pachtzinsen				
§ 13a Abs. 3 Satz 1 Nr. 4 EStG a. F.	§ 4 Abs. 3		§ 4 Abs. 3	Einnahmen VuV § 13a Abs. 3 Satz 1 Nr. 5 EStG
Mit Pachtzinsen zusammenhängende Aufwendungen (mit Grundbetrag abgegolten)	*§ 4 Abs. 1*		§ 4 Abs. 1	*§ 13a Abs. 3 EStG kein Ansatz*

Gewinnermittlung nach Durchschnittssätzen § 13a Abs. 3 – 6 EStG a. F. (= § 4 Abs. 1 EStG) (Wj 2014 bzw. 2014/15)	**Gewinn-ermitt-lungs-methode**	**Über-gangs-gewinn – ÜG –**	**Gewinn-ermitt-lungs-methode**	**Gewinnermittlung nach Durchschnittssätzen § 13a Abs. 3 – 7 EStG n. F.** (= § 4 Abs. 1 EStG) (Wj 2015 bzw. 2015/16)
Vereinn. Kap.ertr., die aus Kap.anlagen von Veräuß. erlösen § 13a Abs. 6 Satz 1 Nr. 2 EStG stammen	§ 4 Abs. 3		§ 4 Abs. 3	► Einnahmen Kapitalvermögen § 13a Abs. 3 Satz 1 Nr. 6 EStG
Verausgabte Pachtzinsen und d. L., die BA sind § 13a Abs. 3 Satz 2 EStG a. F.	§ 4 Abs. 3	**ÜG**	§ 4 Abs. 1	§ 13a Abs. 3 EStG kein Ansatz
Schuldzinsen § 13a Abs. 3 Satz 2 EStG a. F.	§ 4 Abs. 3	**ÜG**	§ 4 Abs. 1	§ 13a Abs. 3 EStG kein Ansatz

Beispiele:

- Pachtvorauszahlung noch im Wj 2014/15: 493
  - bei Abfluss BA (§ 13a Abs. 3 Satz 2 EStG a. F.)
  - Wj 2015/16 ist die Pacht nach § 13a Abs. 3 EStG abgegolten (Aktiver Rechnungsabgrenzungsposten) → ÜG-Zurechnung
- Forderung aus Nebenbetrieb (gewerblicher Natur)
  - § 13a Abs. 5 EStG a. F. = § 4 Abs. 1 EStG = Wj 2014/15 gewinnerhöhend
  - § 13a Abs. 7 Satz 1 Nr. 3 EStG = § 4 Abs. 3 EStG bei Zufluss nochmals BE → ÜG-Abrechnung

Zu- und Abrechnungen sind außerhalb der Gewinnermittlung im Wj des Übergangs vorzunehmen. 494

Im Wj 2015/16 vereinnahmte Veräußerungserlöse aus Veräußerungen des übrigen Anlagevermögens (ohne Betriebsumstellung) in vorangegangenen Wj bleiben wegen des Rückwirkungsverbotes außer Ansatz.[1] 495

1 BVerfG 7.7.2010 – 2 BvL 14/02, 2 BvL 2/04, 2 BvL 13/05, BStBl 2011 II S. 76.

(b) Wechsel zwischen den Methoden in Wj nach dem Übergangsjahr zu § 4 Abs. 3 EStG

496

Gewinnermittlung nach Durchschnittssätzen § 13a Abs. 3 bis 7 EStG	**Gewinnermittlungsmethode**	**Übergangsgewinn – ÜG –**	**Gewinnermittlungsmethode**	**Gewinnermittlung nach EÜR** (= § 4 Abs. 3 EStG)
Vermietung und Verpachtung § 13a Abs. 3 Satz 1 Nr. 5 EStG	§ 4 Abs. 3	–	§ 4 Abs. 3	
Kapitalvermögen § 13a Abs. 3 Satz 1 Nr. 6 EStG	§ 4 Abs. 3	–	§ 4 Abs. 3	
Gewinn der landw. Nutzung § 13a Abs. 4 EStG	§ 4 Abs. 1	ÜG	§ 4 Abs. 3	
Gewinn der forstw. Nutzung § 13a Abs. 5 mit BA-Pauschale § 51 EStDV	§ 4 Abs. 3	–	§ 4 Abs. 3	Wahlrecht § 51 EStDV
Sondernutzung § 13a Abs. 6 Satz 2 EStG	§ 4 Abs. 1	ÜG	§ 4 Abs. 3	
Sondernutzung § 13a Abs. 6 Satz 3 EStG	§ 4 Abs. 3	–	§ 4 Abs. 3	
Sondergewinn nach § 13a Abs. 7 Satz 1 Nr. 3 EStG mit 60 % BA-Pauschale	§ 4 Abs. 3	–	§ 4 Abs. 3	EÜR mit tatsächlichem Abfluss der BA

497 Bei den BA-Pauschalen handelt es sich nur um eine Teilschätzung von BA. Der Wechsel von § 13a EStG nach den Grundsätzen des § 4 Abs. 3 EStG zu § 4 Abs. 3 EStG führt zu keinem Wechsel der Gewinnermittlungsart und zu keiner Korrektur der Betriebsausgaben.

(c) Wechsel zwischen den Methoden in Wj nach dem Übergangsjahr zu § 4 Abs. 1 EStG

498

Gewinnermittlung nach Durchschnittssätzen § 13a Abs. 3 bis 7 EStG	Gewinnermittlungsmethode	Übergangsgewinn – ÜG –	Gewinnermittlungsmethode	Gewinnermittlung nach Bestandsvergleich (= § 4 Abs. 1 EStG)
Vermietung und Verpachtung § 13a Abs. 3 Satz 1 Nr. 5 EStG	§ 4 Abs. 3	ÜG	§ 4 Abs. 1	
Kapitalvermögen § 13a Abs. 3 Satz 1 Nr. 6 EStG	§ 4 Abs. 3	ÜG	§ 4 Abs. 1	
Gewinn der landw. Nutzung § 13a Abs. 4 EStG	§ 4 Abs. 1	–	§ 4 Abs. 1	
Gewinn der forstw. Nutzung § 13a Abs. 5 EStG mit BA-Pauschale § 51 EStDV	§ 4 Abs. 3	ÜG	§ 4 Abs. 1	BA dürfen nur einmal berücksichtigt werden
Sondernutzung § 13a Abs. 6 Satz 2 EStG	§ 4 Abs. 1	–	§ 4 Abs. 1	
Sondernutzung § 13a Abs. 6 Satz 3 EStG	§ 4 Abs. 3	ÜG	§ 4 Abs. 1	
Sondergewinn nach § 13a Abs. 7 Satz 1 Nr. 3 EStG mit 60 % BA-Pauschale	§ 4 Abs. 3	ÜG	§ 4 Abs. 1	BA dürfen nur einmal berücksichtigt werden

(d) Wechsel zwischen den Methoden in Wj nach dem Übergangsjahr zu § 13a EStG

Beim Wechsel von der Gewinnermittlung nach § 4 Abs. 1 bzw. § 4 Abs. 3 EStG zur 498/1
Gewinnermittlung nach § 13a EStG ist auch ein Übergangsgewinn zu ermitteln.[1] Noch nicht hinzugerechnete Investitionsabzugsbeträge sind rückgängig zu machen, wenn der Landwirt zur Gewinnermittlung nach § 13a EStG übergeht.[2]

(8) Aufzeichnungs- und Dokumentationspflichten

(a) Elektronisch zu übermittelndes Anlageverzeichnis (§ 13a Abs. 7 Satz 3, 4 EStG)

§ 13a Abs. 7 Satz 3 EStG verlangt für die WG nach Abs. 7 Satz 1 Nr. 1a EStG (vgl. 499
Rz. 467 bis 471) die Aufnahme in ein laufend zu führendes Verzeichnis. Er geht

1 BFH 23.11.2022 – VI R 31/20, BStBl 2023 II S. 852; R 4.6 Abs. 1 Satz 1 EStR.

2 BMF 15.6.2022, BStBl 2022 I S. 945, Rz. 32.

damit weit über das nach § 13a Abs. 6 Satz 1 Nr. 2 EStG a. F. nach § 4 Abs. 3 Satz 5 EStG (Rz. 393) erforderliche Verzeichnis hinaus. Nach der Gesetzesformulierung wären der nackte GuB, der „dazugehörige" Aufwuchs (= Feldinventar, mehrjährige Kulturen, Dauerkulturen, aufstehender Baumbestand, Baumschulerzeugnisse; obwohl nur für den Fall der Veräußerung oder Entnahme erforderlich), Gebäude, immaterielle WG und Beteiligungen aufzunehmen (vgl. Rz. 466 ff.). § 13a Abs. 7 Satz 3 EStG geht damit weit über das Verzeichnis nach § 4 Abs. 3 Satz 5 EStG oder über ein Anbauverzeichnis nach § 142 AO hinaus. Allerdings führt die FinVerw im Vordruckmuster für die Härtefälle Anlage AV13a (= Anlageverzeichnis) beim dazugehörenden Aufwuchs nur das stehende Holz und die Dauerkulturen auf.[1] Zur Buchwert-Ermittlung am 1.7.1970 nach § 55 EStG vgl. Rz. 1114.

500 Zur Form eines lfd. zu führenden Verzeichnisses vgl. die Ausführungen unter KKB/Hallerbach, § 4 EStG Rz. 484.

500/1 Das BayLfSt hat zum besonderen, laufend zu führenden Verzeichnis nach § 13a Abs. 7 Satz 3 EStG ein **Merkblatt** herausgegeben.[2]

In der Anlage AV13a sind beim Grund und Boden nur die nach (1.) § 55 Abs. 2 bis 4 EStG und nach (2.) § 55 Abs. 5 EStG angesetzten Werte und (3.) die tatsächlichen AK/HK für nach dem 30.6.1970 erworbene Flächen anzuführen.

Flächen nach bewertungsrechtlichen Regelungen	**Wert nach § 55 Abs. 1, 2 bis 4 EStG Rz. 1119**	**Bezeichnung im Lika in 1970**
Landwirtschaftliche Nutzfläche (katastermäßig abgegrenztes Flurstück)	EMZ[1] x 8 = DM Umrechnung in Euro[2]	A, Agr, Gr, W, Str, Hu, G
Hopfen, Spargel, Gemüse, Obstbau (nur Grund und Boden)	4,10 €/m² wenn Antrag bis 30.6.1972	A (Hpf), A (Obst), Gr (Obst)
Blumen- und Zierpflanzenbau, Baumschulen (nur Grund und Boden)	5,12 €/m² wenn Antrag bis 30.6.1972	
Forstwirtschaftliche Nutzung (nur der Waldboden)	1,02 €	H, LH, NH, LNH, Gebüsch

1 BMF 22.10.2015, BStBl 2015 I S. 795, Tz. 8, 9; BMF 10.11.2015, BStBl 2015 I S. 877, Tz. 42.

2 Abzurufen unter http://www.finanzamt.bayern.de/Informationen/Steuerinfos/Zielgruppen/Land-_und_Forstwirte/2017_08_Merkblatt_zu_den_besonderen_laufend_zu_fuehrenden_Verzeichnissen.pdf.

1 Rz. 1124.

2 1 DM = 0,5112918 €.

Flächen nach bewertungsrechtlichen Regelungen	Wert nach § 55 Abs. 1, 2 bis 4 EStG Rz. 1119	Bezeichnung im Lika in 1970
Weinbauliche Nutzung (nur der Grund und Boden, nicht die Rebanlage)	2,56 € bis 12,78 €/m² je nach Lagenvergleichszahl	Wg
Sonstige land- und forstwirtschaftliche Nutzung, z. B. Teichwirtschaft, Imkerei, Wanderschäferei, Weihnachtsbaumkultur	1,02 €/m²	Wa, Wa mz
Hof- und Gebäudeflächen, Hausgärten	5,12 €/m²	GF, GFL, GFW
Geringstland	0,26 €/m²	GEr
Abbauland	0,52 €/m²	Abbaula, Kiesgr, Sandgr, Lehmgr
Unland	0,10 €/m²	U
Wirtschaftswege, Gräben, Grenzraine, Hecken	BMF 29.2.1972, BStBl 1972 I S. 102, Tz. 10 Abs. 8	Straße, Weg, Graben
unbebaute Flächen im Grundvermögen	EW mal 2 Umrechnung in Euro[1]	
bebaute Flächen im Grundvermögen	fiktiv, EW GuB mal 2 Umrechnung in Euro[2]	

(b) Freiwilliges Anlageverzeichnis zur Ermittlung der Buchwerte nach § 13a Abs. 7 Satz 1 Nr. 1b oder 1c EStG

Für Fälle des Abs. 7 Satz 1 Nr. 1b oder 1c ist ein freiwilliges Bestandsverzeichnis 501
angezeigt. Im Besteuerungsfall kann der zutreffende Buchwertansatz (lineare AfA, Rz. 447/9) für veräußerte, entnommene oder ausgeschiedene WG ermittelt werden. Der Stpfl. ist hier beweislastpflichtig.

(c) Aufzeichnungspflicht der Einnahmen aus dem Grunde nach gewerblichen Tätigkeiten nach § 13a Abs. 7 Satz 1 Nr. 3 EStG

Aufzeichnungspflicht besteht i. d. R. für Zwecke der Abgrenzung zur Gewerb- 502
lichkeit nach den Grundsätzen der R 15.5 EStR (Rz. 482). Bei einer dem Grunde nach gewerblichen Tätigkeit sind die Betriebseinnahmen zu trennen in rein luf Betriebseinnahmen (die mit dem Grundbetrag oder Pauschsatz abgegolten

1 1 DM = 0,5112918 €.

2 1 DM = 0,5112918 €.

sind) und in Betriebseinnahmen rein gewerblicher Natur (die nach Abs. 7 Satz 1 Nr. 3 anzusetzen sind).

(d) Weitere Verzeichnisse

503 Weitere Verzeichnisse sind zu führen beim Ausgleichsposten nach § 4g EStG, bei der Rücklage nach R 6.5 Abs. 4 EStR für im Voraus gewährte Zuschüsse bei § 4 Abs. 1 EStG und beim begünstigten Gewinn nach § 6c EStG.

(e) Verfahrensfragen

504 Fälle von sog. geringer Bedeutung nach § 180 Abs. 3 Satz 1 Nr. 2 AO[1] bei Ehegattenbetrieben: Wegen der Kompliziertheit der Regelungen kann m. E. allenfalls nur bei reiner landwirtschaftlicher Nutzung von einem Fall von geringer Bedeutung ausgegangen werden.

(f) Nutzungswert der Wohnung (§ 13 Abs. 2 Nr. 2 EStG)

505 Der Nutzungswert der Wohnung des Betriebsinhabers ist mit dem Ansatz des Gewinns nach § 13a Abs. 3 abgegolten. Im Rahmen der GnD erscheint eine entsprechende Fortführung der Nutzungswertbesteuerung für Gebäude, die Baudenkmäler sind, nicht sachgerecht, weil die mit dem Denkmalschutz verbundenen höheren Aufwendungen regelmäßig durch Buchführung oder andere Aufzeichnungen nach Ausübung des Wahlrechts nach § 13a Abs. 2 EStG nachgewiesen werden.

9. Gewinnverteilung bei Personengesellschaften

506 Bei der GnD kann eine im Gesellschaftsvertrag (z. B. Rz. 703) vereinbarte Gewinnverteilung nur dann angewendet werden, wenn sie **ausschließlich nach Köpfen oder nach prozentualen Verhältnissen** vorgesehen ist. Die unmittelbare Anwendung würde zu einem unzutreffenden Ergebnis führen. Der nach Durchschnittssätzen ermittelte Gewinn ist vielmehr nach dem Verhältnis aufzuteilen, das sich aus der Anwendung der Gewinnverteilungsabrede auf den tatsächlichen, erwirtschafteten Gewinn ergibt.

1 BFH 30.10.2014 – IV R 61/11, BStBl 2015 II S. 478; BFH 4.7.1985 – IV R 136/83, BStBl 1985 II S. 576.

10. ABC über die steuerliche Behandlung betrieblicher Vorgänge im § 13a EStG 507

	§ 13a Abs.								Rz.
	4	5	6 Satz 2	6 Satz 3	7	3 Nr. 5	3 Nr. 6	3 abgegolten Rz. 444	
Arbeiten für Dritte Siehe Dienstleistungen oder Maschinengestellung					x				
Ausgleichsmaßnahmen		x			x	x			485, 447/3, 1177
Abbauland					x			x	423/3
Bagatellflächen	x		x						422/2
Bambus				x					462
Baumschule			x						460/2
Beihilfen, s. Subventionen									
Betriebsprämien; s. Subventionen									
Blumen				x					460/2, 462
Brandentschädigung Gebäude					X				476
Buschenwirtschaft					x				484
Chinakohl			x						460/2
Christbaumkultur			x						460/2
Dienstleistungen									
► ohne Verwendung von WG des Betriebs (z. B. als Betriebshelfer)					x				484
► mit Absatz eigener Erzeugnisse					x				484
Siehe auch Nebentätigkeit.									
Energieholz				x					462
Entschädigungen, (s. a. Subventionen)									

	§ 13a Abs.								
	4	**5**	**6 Satz 2**	**6 Satz 3**	**7**	**3 Nr. 5**	**3 Nr. 6**	**3 abgegolten Rz. 444**	**Rz.**
Einheitlich gewährte Entschädigungen sind nach deren wirtschaftlichem Gehalt aufzuteilen. Entschädigungen für die Inanspruchnahme von luf Grundbesitz durch den Bau und Betrieb von Versorgungsleitungen, Brandentschädigungen für Gebäude, Entschädigungen für Wirtschaftserschwernisse, Entschädigungen im Zusammenhang mit der forstwirtschaftlichen Nutzung (z. B. Entschädigungen für An- und Durchschneidungen, Umwege, vorzeitige Holznutzung), Entschädigung für Aufforstung luf Nutzflächen	x	x	x	x	x	x			449/1, 477/1, 485, 1176, 1365/15
Erdbeeren			x						460/2
Flutpolder	x	x			x				477/1
Gemüse									
– Freiland			x						460/2
– unter Glas			x						460/2
– unter Kunststoff				x					462
– Intensitätsstufe 1	x								422/2
– Intensitätsstufe 2			x						462
Gemüsesamenvermehrung			x						460/2
Gewürzkräuter			x						460/2
Geringstland								x	423/3
Gewinnausschüttungen									
– aus zum BV gehörenden Beteiligungen							x		447/5, 471
– aus Genossenschaftsanteil							x		447/5
– Warenrückvergütung § 22 KStG	x							x	486

	§ 13a Abs.								
	4	**5**	**6 Satz 2**	**6 Satz 3**	**7**	**3 Nr. 5**	**3 Nr. 6**	**3 abgegolten Rz. 444**	**Rz.**
Grasgewinnungsvertrag, Graskauf	x								449, 447
Grünlandumbruchverbot Zahlungen für die Übernahme der Verpflichtung der Neuanlage von Grünland	x					x		x	447/4
Haselnüsse			x						460/2
Heilkräuter			x						460/2
Hochspannungsleitung						x			1365/15
Holunder			x						460/2
Holzerlöse, Holzverkauf auf dem Stamm		x							457
Hopfen			x						422/2, 460/2
Imkerei			x						424/1, 460/2
Industrieholz				x					462
Jagdverpachtung									
– Eigenjagd						x			447/4
– Jagdgenossenschaft							x		447/6
Kapitalerträge							x		447/5
Kippgebühren									
► wenn Zusammenhang mit Einkünften aus LuF[1]						x			447
► im Regelfall Einkünfte aus Gewerbebetrieb.[2]									
Kräuter			x						460/2
Kren			x						460/2
Kurzumtriebskultur				x					462, 1183
Lohndrusch					x				481
Lohntierhaltung; s. Pensionstierhaltung.									

1 Vgl. BFH 23.5.1985, BFH/NV 1986 S. 85.

2 Vgl. BFH 22.11.2001, BFH/NV 2002 S. 680.

	§ 13a Abs.								
	4	**5**	**6 Satz 2**	**6 Satz 3**	**7**	**3 Nr. 5**	**3 Nr. 6**	**3 abgegolten Rz. 444**	**Rz.**
Pflege von landwirtschaftlichen oder nichtlandwirtschaftlichen Flächen; s. Dienstleistungen oder Maschinengestellung									
Maschinengestellung									
Verwendung von WG neben Einsatz im eigenen Betrieb auch im fremden Betrieb.					x				481
z. B. Lohndrusch (Holzrücken); z. B. Holzrücken für Sägewerk, Schneeräumen, Winterdienst, Graben- und Drainagereinigung, Pflege von Biotopen, Straßenrändern –					x				481
Siehe auch Vermietung von WG, Dienstleistungen.									
Meerrettich			x						460/2
Nebenbetrieb	x	x			x				423/3
Nebentätigkeit									
Die Nebentätigkeit in Aufsichtsorganen von									
► landwirtschaftlichen Genossenschaften	x								
► forstwirtschaftlichen Genossenschaften		x							
Ehrenamtliche „Mandatsträger" z. B. in berufsständischen Einrichtungen	x	x	x	x					418, 444

	§ 13a Abs.								
	4	**5**	**6 Satz 2**	**6 Satz 3**	**7**	**3 Nr. 5**	**3 Nr. 6**	**3 abgegolten Rz. 444**	**Rz.**
Entschädigungen für die **Tätigkeit in Umlegungsausschüssen** i. S. des § 46 Abs. 2 BauGB gehören zu den Einkünften aus sonstiger selbständiger Arbeit nach § 18 Abs. 1 Nr. 3 EStG.[1] Entsprechendes gilt für die **Tätigkeit als Feldgeschworener.**[2]									
Nützlinge				x					462
Nutzungswert der Wohnung								x	505
Pensionstierhaltung									
– Aufzucht fremder Tiere	x				x				
– nur Vermietung Stellplatz						x			485, 447
– Gesamtleistung					x				485, 483
Pilzanbau				x					462
Prämien									
Siehe Subventionen.									
Reitschule									
Einkünfte nach § 18 EStG; bei Mithilfe anderer Personen § 15 EStG;[3] bei gleichzeitiger Vermietung von Pferden § 13 EStG vgl. auch Stichwort Tierhaltung; Gesamtbild									61
Sondernutzungen									
– § 13a Abs. 6 Satz 2 = Anlage 1a Nr. 2			x						460/2
– § 13a Abs. 6 Satz 3				x					462

1 FinMin Bayern 29.9.1983, LSt-Kartei BayLfSt § 3 EStG F. 3 K.16.

2 FinMin Bayern 25.8.1971 – 34-S 2337-076-37006/03.

3 Vgl. H 15.6 EStH.

	§ 13a Abs.								
	4	5	6 Satz 2	6 Satz 3	7	3 Nr. 5	3 Nr. 6	3 abgegolten Rz. 444	Rz.
Spargelanbau			x						422/2, 460/2
Subventionen									
In einer Reihe von staatlichen Förderprogrammen, finanziert aus staatlichen Haushaltsmitteln des Landes, des Bundes und der EU wird die wirtschaftliche Situation der LuF verbessert. Die Programme reichen von der einzelbetrieblichen Investitionsförderung bis zu flächenbezogenen Maßnahmen zur Förderung umweltschonender Landbewirtschaftungsmaßnahmen.[1] Bei den Beihilfen, Betriebsprämien (betriebsindividueller Betrag = BIB oder top up = flächenbezogene Beträge),[2] Ertragszuschüssen, Entschädigungen, Prämien, Zulagen, Zuschüssen, Zahlungsansprüchen aufgrund der Reform der gemeinsamen Agrarpolitik (GAP) handelt es sich um Betriebseinnahmen. Die EU-Zahlungsempfänger und die o. g. Zahlungen aus dem Agrarbereich sind unter „www.agrarzahlungen.de/agrarfonds/suche" abrufbar.	x 448	x 459	x 460/2	x 462	x 476			x	444

1 Vgl. im Einzelnen hierzu www.stmelf.bayern.de.

2 BMF 25.6.2008, BStBl 2008 I S. 682 und 13.10.2008, BStBl 2008 I S. 939.

	§ 13a Abs.								
	4	**5**	**6 Satz 2**	**6 Satz 3**	**7**	**3 Nr. 5**	**3 Nr. 6**	**3 abgegolten Rz. 444**	**Rz.**
Tabakanbau				x					422/2, 462
Tierhaltung									
Gewinne aus der Tierzucht und Tierhaltung, auch aus der übernormalen Tierhaltung sind mit dem Grundbetrag als Zuschlag zu erfassen. Soweit die Vermietung von Tieren (z. B. Reitpferden; Schafen, die fremde Grasflächen abweiden) dem luf Bereich zuzuordnen sind,[1] sind sie nach § 13a Abs. 7 Satz 1 Nr. 3 EStG zu erfassen.	x				x				450
Veräußerung von Grundbesitz					x				466
Veräußerung von Zuchttieren					x				473
Veräußerungs- /Entnahme-Vorgänge									
► Veräußerung/Entnahme von Grund und Boden und dem dazugehörigen Aufwuchs, den Gebäuden; den immateriellen WG, den Beteiligungen					x				466
► Veräußerung/Entnahme von WG des übrigen AV, Tiere					x				473

1 Schafe, die unter R 15.5 Abs. 9 EStR fallen; bei der USt funktionale Sicht, BFH 6.9.2018 – V R 34/17, BStBl 2019 II S. 344.

	§ 13a Abs.								
	4	**5**	**6 Satz 2**	**6 Satz 3**	**7**	**3 Nr. 5**	**3 Nr. 6**	**3 abgegolten Rz. 444**	**Rz.**
Vermietung von WG									
Vermietung/Verpachtung von zum BV gehörenden Grundstücken, Gebäuden, beweglichen WG (z. B. Maschinen, Geräte), immateriellen WG, Einnahmen für die Einräumung von Erbbaurechten, Dienstbarkeiten, Nießbrauchsrechten.					x	x			447, 477/1, 484
► Beherbergung von Urlaubern auf dem Bauernhof						x			308, 447
► Beherbergung von Arbeitnehmern auf dem Bauernhof						x			447
Siehe auch Maschinengestellung, Tierhaltung.									
Walnüsse			x						460/2
Wechsel der Gewinnermittlungsart Die Zu- und Abrechnungen sind nach Auffassung der FinVerw gesondert zu erfassen.[1] Ausgehend von Rz. 444 enthält § 13a Abs. 3 EStG neben dem Grundbetrag keinen Bestandteil Übergangsgewinn.									489
Weihnachtsbaumkultur			x						460/2
Wirtschaftserschwernis	x	x	x	x					476, 448
Zahlungsansprüche GAP									
Siehe Subventionen.									
Zinsen									
Siehe Kapitalerträge.									
Zuschüsse									
Siehe Subventionen.									

1 R 4.6 Abs. 1 Satz 1 EStR, Rz. 494.

(Einstweilen frei) 508–535

11. Schätzung des Gewinns

Nach § 162 AO hat das FA die Besteuerungsgrundlagen zu schätzen, wenn es sie nicht ermitteln kann. Diese Vorschrift ist auch im Bereich der LuF uneingeschränkt anzuwenden. Probleme bereitet häufig allerdings die Frage, nach welcher Gewinnermittlungsmethode zu schätzen ist und in welchem Umfang eine vom Betriebsinhaber vorgenommene Gewinnermittlung als Ausgangsbasis dienen kann, wenn die Gewinnermittlung nicht ordnungsgemäß ist. Ziel der Schätzung muss es sein, möglichst den tatsächlichen Gewinn des Wj festzustellen. Die Schätzung des Gewinns ist aber keine eigene Gewinnermittlungsart. Dem Steuerpflichtigen steht daher auch kein Wahlrecht zur Gewinnschätzung zu.[1] 536

a) Schätzung wegen Nichterfüllung von Buchführungspflichten

Der häufigste Fall der Schätzung der Besteuerungsgrundlagen ist in der Praxis der, dass der Betriebsinhaber einer bestehenden Verpflichtung zur Buchführung nicht nachkommt. In diesem Fall muss die **Gewinnschätzung nach den Grundsätzen des § 4 Abs. 1 EStG** erfolgen. Der Gewinn ist auch dann nach den Grundsätzen des Betriebsvermögensvergleichs zu schätzen, wenn der LuF nicht zur Gewinnermittlung nach § 13a EStG berechtigt ist[2] und die Gewinnermittlung durch EÜR nicht rechtswirksam gewählt hat. Richtsätze, die von den Finanzbehörden aufgestellt werden, können dabei als Anhalt dienen.[3] 537

Hat ein Stpfl. für einen Betrieb, für den keine Buchführungspflicht besteht, die Gewinnermittlung nach § 13a EStG aber ausgeschlossen ist, rechtswirksam die Gewinnermittlung nach § 4 Abs. 3 EStG gewählt, kann **eine Schätzung auch nach den Grundsätzen des § 4 Abs. 3 EStG** erfolgen.[4] Das Wahlrecht zur Gewinnermittlung nach § 4 Abs. 3 EStG muss nicht jährlich neu ausgeübt werden, sondern gilt bis zu einer wirksamen gegenteiligen Äußerung des Stpfl.[5] 538

Eine wirksame Wahl der EÜR liegt auch dann vor, wenn der LuF zwar keine Aufzeichnungen geführt hat, aber im Laufe des Wj Einnahme- und Ausgabebelege gesammelt und danach eine EÜR erstellt hat. Ein nicht buchführungspflichti-

1 Siehe auch Leingärtner/Kanzler, Besteuerung der Landwirte, Kap. 28 Rz. 2.

2 § 13a Abs. 1 EStG.

3 R 13.5 Abs. 1 Satz 4 EStR.

4 R 13.5 Abs. 1 Satz 3 EStR; BFH 15.4.1999, BStBl 1999 II S. 481.

5 BFH 24.9.2008, BStBl 2009 II S. 368.

ger LuF hat auch die EÜR gewählt, wenn er keine Bestandsaufnahmen durchführt, keine Jahresabschlüsse erstellt und wenn die laufenden Aufzeichnungen so mangelhaft sind, dass sie nicht als Buchführung angesehen werden können, aber eine Gewinnermittlung nach § 4 Abs. 3 EStG ermöglichen.[1] In beiden Fällen hat sich der Betriebsinhaber eindeutig für die Gewinnermittlung durch EÜR entschieden. Der Stpfl. kann daher nicht verlangen, dass sein Gewinn nach § 4 Abs. 1 EStG geschätzt wird.[2]

Hat ein Stpfl., der für seinen Betrieb zur GnD gem. § 13a EStG berechtigt ist, einen wirksamen Antrag nach § 13a Abs. 2 EStG gestellt, kommt aber seiner damit einhergehenden Verpflichtung zur Ermittlung des Gewinns gem. § 4 Abs. 1 EStG oder § 4 Abs. 3 EStG nicht nach, ist nach § 13a Abs. 2 Satz 2 EStG der Gewinn für den gesamten Vierjahreszeitraum nach § 13a EStG zu ermitteln. Eine Schätzung des Gewinns nach § 4 Abs. 1 EStG oder § 4 Abs. 3 EStG scheidet aus.[3] Ggf. ist nach den Grundsätzen des § 13a EStG zu schätzen.

b) Schätzung bei Buchführungsmängeln

539 Die Finanzbehörde hat nach § 162 Abs. 2 Satz 2 AO auch zu schätzen, wenn die Buchführung und die Aufzeichnungen der Besteuerung nach § 158 AO nicht zugrunde gelegt werden können oder wenn tatsächliche Anhaltspunkte für die Unrichtigkeit oder Unvollständigkeit der vom Stpfl. gemachten Angaben zu steuerpflichtigen Einnahmen oder Betriebsvermögensmehrungen bestehen. Weist die eingereichte Gewinnermittlung Mängel auf, kann sie aber als ausreichende Grundlage für die Gewinnermittlung angesehen werden, wird die FinBeh eine Zuschätzung vornehmen. Eine Vollschätzung kommt erst in Betracht, wenn sich die Buchführung in wesentlichen Teilen als unbrauchbar erweist.[4]

c) Festlegung der Schätzungsmethode durch die Finanzbehörde

540 Es ist grds. dem FA überlassen, **welche Schätzungsmethode** es anwenden will. Hier liegt eine **Ermessensentscheidung** des FA vor, bei der aber zu berücksichtigen ist, welche Schätzungsmethode den individuellen Verhältnissen des Betriebes am ehesten gerecht wird.[5]

1 BFH 9.2.1967, BStBl 1967 III S. 310.
2 BFH 2.3.1978, BStBl 1978 II S. 431.
3 Ebenso Felsmann, Einkommensbesteuerung, Abschnitt C 3 Rz. 19.
4 AEAO zu § 158.
5 BFH 21.8.1952, BStBl 1952 III S. 259; BFH 5.12.1957, BStBl 1958 III S. 52.

Bei der Schätzung muss die FinBeh versuchen, möglichst **alle wesentlichen Umstände**, die das Betriebsergebnis beeinflussen, zu berücksichtigen. Ziel einer jeden Schätzung ist es, ein Ergebnis zu erreichen, das dem tatsächlichen Betriebsergebnis möglichst nahekommt. Im Wesen einer Schätzung liegt dabei aber, dass Unwägbarkeiten vorkommen und in Kauf genommen werden müssen. Unsicherheiten gehen in jedem Fall zu Lasten des LuF, der seinen Steuererklärungspflichten oder seiner Verpflichtung zur Buchführung nicht nachgekommen ist. Derjenige, der seinen steuerlichen Verpflichtungen nicht nachkommt, muss damit rechnen, ggf. über das Maß seiner eigentlichen Steuerschuld hinaus bis zum oberen Schätzungsrahmen in Anspruch genommen zu werden.[1] Das bedeutet aber nicht, dass bei jeder Schätzung von der FinBeh ohne nähere Ermittlungen der Schätzungsrahmen voll ausgeschöpft werden darf. Auch bei Verletzung der Mitwirkungspflichten muss die FinBeh **im Rahmen des Zumutbaren den Sachverhalt ermitteln**.[2]

Generell muss ein LuF, der über Jahre hinweg seiner Verpflichtung zur Vorlage 541
von Abschlüssen nicht nachkommt, damit rechnen, dass er zum einen durch **Zwangsmaßnahmen**[3] zur Erfüllung seiner Mitwirkungspflichten angehalten wird, und zum anderen, dass die Schätzungen um **Unsicherheitszuschläge** erhöht werden. Bei einem Landwirt, dessen Gewinn (erstmals) geschätzt werden muss, soll nach der OFD München 19.5.2004[4] der Gewinn regelmäßig nicht unter dem Ergebnis des Vorjahres unter Berücksichtigung eines Sicherheitszuschlages von i. d. R. 10 % des Gewinns des Vorjahres liegen. Solche Sicherheitszuschläge sind zulässig, denn die Schätzung kann sich auch an der Schwere des Verstoßes gegen die Mitwirkungspflichten orientieren. Bei **wiederholten Verstößen** besteht grds. die Vermutung, dass das geschätzte Ergebnis dem tatsächlichen Ergebnis entspricht oder aber darunter liegt. Die FinBeh kann in solchen Fällen von einem noch möglichen Sachverhalt ausgehen, der aber an der Grenze des ungünstigsten Ergebnisses angesiedelt ist.[5]

1 BFH 9.3.1967, BStBl 1967 III S. 349.
2 BFH 20.5.1969, BStBl 1969 II S. 550; BFH 31.8.1967, BStBl 1967 III S. 686.
3 §§ 328 ff. AO.
4 ESt-Kartei § 13 K. 30.1.
5 BFH 13.1.1961, BStBl 1961 III S. 144; BFH 9.3.1967, BStBl 1967 III S. 349.

d) Die verschiedenen Methoden der Gewinnschätzung

aa) Gewinnschätzung in Anlehnung an das Verfahren der Gewinnermittlung nach Durchschnittssätzen (§ 13a EStG)

542 Eine Schätzung des Gewinns in Anlehnung an die Durchschnittssatzgewinnermittlung des § 13a EStG ist grds. ausgeschlossen. Lediglich in dem Fall, in dem der Stpfl., dessen Gewinn nach Durchschnittssätzen zu ermitteln ist, der Pflicht zur Abgabe einer Steuererklärung nicht nachkommt, oder aber nur unzureichende oder falsche Angaben macht, ist der Gewinn nach den Grundsätzen des § 13a EStG zu schätzen. Gleiches gilt für den Stpfl., der einen Antrag nach § 13a Abs. 2 EStG gestellt hat, den Gewinn aber nicht in allen vier Jahren nach der gewählten Gewinnermittlungsart ermittelt hat (vgl. Rz. 538).

bb) Schätzung durch Vermögensvergleich (Vermögenszuwachsrechnung)

543 Die Gewinnschätzung in Anlehnung an eine **Vermögenszuwachsrechnung** ist vergleichsweise schwierig, weil zu ihrer exakten Durchführung nicht nur möglichst umfassende Feststellungen über das gesamte betriebliche und private Vermögen zu Beginn und Ende des Feststellungszeitraums, sondern auch Ermittlungen über den privaten Verbrauch und private Vermögenszugänge erforderlich sind. Der Feststellungszeitraum kann auch mehrere Jahre umfassen. Schätzt das FA nach § 4 Abs. 1 EStG einen Zeitraum von mehreren Jahren, so kann der buchführungspflichtige, aber keine Bücher führende Landwirt nicht verlangen, dass für jedes einzelne Wj ein Vermögensvergleich mit Schlussbilanz erstellt wird. In der Regel genügt ein Gesamtvermögensvergleich.[1]

Eine sorgfältig durchgeführte Vermögenszuwachsrechnung stellt andererseits eine sehr genaue Gewinnschätzung dar. Wegen der Schwierigkeiten der Sachverhaltsfeststellung wird eine Vermögenszuwachsrechnung regelmäßig wohl nur von einer steuerlichen Außenprüfung vorgenommen werden. Die Vermögenszuwachsrechnung ist auch von der Rspr. als **geeignete Schätzungsmethode** allgemein anerkannt.[2]

544 Für den Vermögensvergleich ist zunächst die **Feststellung des Anfangs- und Endvermögens** von Bedeutung. Zu beiden Stichtagen müssen allerdings gleiche Wertmaßstäbe zugrunde gelegt werden. Forderungen und Schulden sind sowohl beim Anfangs- als auch bei der Ermittlung des Endvermögens zu be-

1 BFH 26.6.1986 – IV R 10/84, BFH/NV 1987 S. 682.

2 Vgl. z. B. BFH 2.7.1999 – V B 83/99, NWB QAAAA-63608 = BFH/NV 1999 S. 1450; BFH 7.6.2000 – III R 82/97, BFH/NV 2000 S. 1462.

rücksichtigen. Neben den Forderungen und Schulden, die dem Anfangsvermögen bereits zugerechnet waren, sind dem Endvermögen auch Forderungen und Schulden zuzurechnen, die aufgrund betrieblicher Vorgänge (Veräußerungen, Neuanschaffungen) im Berechnungszeitraum entstanden sind. Der durch den Vergleich des gesamten betrieblichen und privaten Anfangs- und Endvermögens errechnete Vermögenszuwachs ist um die außerbetrieblichen Vorgänge, die den Vermögensbestand beeinflusst haben, zu korrigieren.

Hierzu gehört insbesondere der **private Verbrauch**. Gerade hier liegt aber eine besondere Schwierigkeit für einen exakten Vermögensvergleich. Es sind nicht nur die regelmäßig nachvollziehbaren Aufwendungen für Versicherungen, Steuern, Altenteilsleistungen und Hausunkosten zu erfassen, sondern auch typische Aufwendungen der Lebensführung, wie Heizung, Licht, Strom, Bekleidungskosten und Aufwendungen für den Lebensunterhalt. Im Zweifel sind die Aufwendungen anhand der ungebundenen Privatentnahmen zu schätzen.

Private Vermögensmehrungen sind aus der Zuwachsrechnung auszuscheiden. 545
Es ist also erforderlich, die außerbetrieblichen Einkünfte (Leibrenten, Kapitalerträge u. Ä.) festzustellen und auch private Vermögenszugänge, wie Erbschaften, Schenkungen und Spielgewinne, zu ermitteln.

Kann der Betriebsinhaber den Vermögenszuwachs nicht mit hinreichender Sicherheit als privaten Vorgang glaubhaft machen, ist der Schluss zulässig, dass der Vermögenszugang aus bisher nicht versteuerten stpfl. Einkünften herrührt.[1] Die bloße Behauptung, Spiel- oder Wettgewinne erzielt zu haben, reicht nicht aus. Behauptet der Stpfl., Gegenstände des Privatvermögens veräußert zu haben, ist auch hier grds. ein Nachweis erforderlich. Regelmäßig muss ein Erwerber benannt und/oder der Kaufvertrag vorgelegt werden.

cc) Geldverkehrsrechnung

Nach BFH 21.2.1974[2] ist auch die **Geldverkehrsrechnung** eine anerkannte Me- 546
thode zur Gewinnschätzung. Die Vermögenszuwachsrechnung unterscheidet sich gegenüber der Geldverkehrsrechnung lediglich dadurch, dass die Mittelverwendung für Vermögensanlagen stärker betont wird. Beide Rechnungen vollziehen die Geldflüsse nach und lassen sich ineinander überführen.[3] Die Geldverkehrsrechnung geht von der Vorstellung aus, dass innerhalb eines bestimmten

1 BFH 2.7.1999 – V B 83/99, NWB QAAAA-63608 = BFH/NV 1999 S. 1450.
2 BStBl 1974 II S. 591; BFH 29.11.2005 – X B 111/05, NWB JAAAB-73871 = BFH/NV 2006 S. 484.
3 BFH 8.11.1989, BStBl 1990 II S. 268.

Zeitraumes nicht mehr Geld ausgegeben werden kann, als im Anfangsvermögen vorhanden war und aus Einkünften oder sonstigen Erträgnissen zufließt. Der Stpfl. hat keinen Anspruch auf eine bestimmte Schätzungsmethode und eine Überprüfung der Geldverkehrsrechnung durch eine Nachkalkulation.[1]

Auch diese Methode der Schätzung ist allerdings sehr ermittlungsaufwendig und wird grds. nur im Rahmen einer Außenprüfung angewandt.

Die Geldverkehrsrechnung kann sowohl für ein Wj als auch ungeteilt für mehrere Wj durchgeführt werden. Die Geldverkehrsrechnung kann als eine **abgeleitete Form der Vermögenszuwachsrechnung** angesehen werden, bei der jede einzelne Geldbewegung auf ihren vermögensändernden Charakter oder den privaten Verbrauch zu untersuchen ist. Das o. a. Urteil vom 21.2.1974 enthält ein allgemein gültiges Schema für eine Geldverkehrsrechnung. Weiterhin wird auf BFH 1.7.1987[2] hingewiesen.

dd) Schätzung nach Richtsätzen (in Anlehnung an die Betriebsergebnisse vergleichbarer, buchführender Betriebe)

547 Diese Gewinnschätzung in Anlehnung an die Betriebsergebnisse vergleichbarer buchführender luf Betriebe ist die in der Praxis am weitaus häufigsten angewandte Schätzungsmethode. Sie wird im Veranlagungsverfahren allgemein herangezogen, wenn ein buchführungspflichtiger LuF keine Bücher und Aufzeichnungen führt oder diese nicht beim FA vorlegt oder zu geringe Hektarangaben macht.[3]

548 Die Grundlagen für derartige Richtsatzschätzungen sind von der Verwaltung im Rahmen von sog. Richtsatzprüfungen ermittelt worden. Dabei handelt es sich um Prüfungen bei ausgewählten buchführenden Betrieben, die durchschnittliche Ergebnisse erwarten lassen. Aus der Summe der Richtsatzfeststellungen werden je nach Art der Bewirtschaftung **Roherträge je Hektar landwirtschaftlicher Nutzfläche** errechnet, die dann um bestimmte **individuelle Daten** (z. B. Sondergewinne aus Tierbeständen, Veräußerungsgewinne, Schuldzinsen, Miet- und Pachtaufwendungen) des zu schätzenden Betriebes **korrigiert** werden.[4] Bei

1 BFH 1.3.2005 – X B 158/04, NWB LAAAB-52008 = BFH/NV 2005 S. 1014.

2 I R 284-286/83, NWB GAAAB-29649 = BFH/NV 1988 S. 12 und BFH 7.6.2000 – III R 82/97, NWB YAAAA-65568 = BFH/NV 2000 S. 1462.

3 BFH 29.11.2001, BStBl 2002 II S. 147.

4 Zur Schätzung ab dem Wj 2002/2003 vgl. z. B. in Bayern ESt-Kartei des Bayerischen Landesamts für Steuern, K 31.1 ff. zu § 13 EStG.

den Roherträgen können i. d. R. keine individuellen gewinnmindernden Besonderheiten des Betriebs berücksichtigt werden.[1]

Die Hektarwerte sind nach Eigenart des Betriebes sehr unterschiedlich. Sie werden von den einzelnen Oberfinanzdirektionen festgesetzt (für Altjahre wurden diese auch bekannt gemacht, vgl. z. B. in Bayern vom Bayerischen Landesamt für Steuern für Wirtschaftsjahre ab 2002/2003 in der ESt-Kartei § 13 Karte 31.1 ff.).

Betriebe, die ihren Buchführungs- bzw. Aufzeichnungspflichten nicht nachkommen und deren Gewinn deshalb geschätzt werden muss, können von den Regelungen des § 7g EStG (**Investitionsabzugsbetrag** und **Sonderabschreibungen**) keinen Gebrauch machen. Rücklagen nach § 6b EStG sind im Rahmen der Schätzung gewinnerhöhend aufzulösen.[2] 549

Die Schätzung des Gewinns nach **Standarddeckungsbeiträgen** erfolgt in ähnlicher Weise. Dabei werden die Standarddeckungsbeiträge aus statistischen Unterlagen über die Buchführungsergebnisse vieler Betriebe ermittelt. Die weitere Berechnung des Gewinns entspricht in etwa der bei der Richtsatzschätzung. Dieses Schätzungsverfahren wird bereits seit Jahren in Baden-Württemberg angewandt.

(Einstweilen frei) 550–552

e) Möglichkeiten zur Änderung von Schätzungen

Wenn das FA den Gewinn eines nichtbuchführenden LuF geschätzt hat und erst im Anschluss an eine Außenprüfung die für einen Vermögensvergleich erforderlichen Besteuerungsgrundlagen und ein sich daraus ergebender Mehrgewinn bekannt werden, so liegen **neue Tatsachen** i. S. des § 173 Abs. 1 Nr. 1 AO vor. Diese Tatsachen führen zu einer Änderung einer bestandskräftigen Veranlagung.[3] Der BFH schließt mit dieser Entscheidung an BFH 3.12.1981[4] an. 553

Zur **Korrektur einer Schätzung** ist danach grds. erforderlich, dass Tatsachen bekannt werden, die die Schätzungsgrundlagen berühren. Der bloße Übergang zu einer anderen Schätzungsmethode ist nicht zulässig. Hier liegt ggf. ein Ermittlungsfehler des FA vor, denn es musste sich vor Durchführung der Schätzung darüber Klarheit verschaffen, welche Schätzungsmethode es anwenden wollte.

1 BFH 29.3.2001, BStBl 2001 II S. 484.

2 R 6b.2 Abs. 4 EStR.

3 BFH 24.10.1985, BStBl 1986 II S. 233.

4 BStBl 1982 II S. 273.

Zwei unterschiedliche Schätzungsmethoden dürfen nicht miteinander verbunden werden.[1]

554 Ein **Wechsel der Schätzungsmethode** ist allerdings dann zulässig, wenn Tatsachen festgestellt werden, die eine andere Schätzungsmethode verlangen.[2] Das ist immer dann der Fall, wenn das FA bei Kenntnis der nachträglich bekannt gewordenen Tatsachen eine andere Schätzungsmethode gewählt hätte oder die angewandte Schätzungsmethode bei den neu bekannt gewordenen Schätzungsgrundlagen versagt.[3]

12. Wechsel der Gewinnermittlungsart

a) Allgemeines

555 Der Übergang von der Gewinnermittlung nach § 4 Abs. 3 EStG zur Gewinnermittlung durch Bestandsvergleich erfordert bestimmte Zu- und Abschläge. Diese Korrekturen werden von dem Gedanken getragen, dass während des gesamten betrieblichen Wirkens ein **Gesamtgewinn** ermittelt werden soll, der bei beiden Gewinnermittlungsarten identisch sein muss.

556 Für LuF kommt neben dem Wechsel von der Gewinnermittlung durch EÜR zum Bestandsvergleich und umgekehrt noch der Wechsel von oder zur Gewinnermittlung nach Durchschnittssätzen oder von bzw. zur Gewinnschätzung nach Richtsätzen in Betracht. Hierbei ist zu beachten, dass die **Schätzung nach Richtsätzen eine Schätzung nach den Grundsätzen des § 4 Abs. 1 EStG** darstellt, denn die Richtsätze sind nach den Betriebsergebnissen buchführender Betriebe aufgestellt worden. Im Rahmen der Gewinnermittlung nach § 13a EStG wird der Gewinn der landwirtschaftlichen Nutzung (§ 13a Abs. 3 Satz 1 Nr. 1 EStG) und der in Anlage 1a Nr. 2 zu § 13a EStG genannten Sondernutzungen (§ 13a Abs. 3 Satz 1 Nr. 3 i. V. mit Abs. 6 Satz 2 EStG) nach den Grundsätzen des § 4 Abs. 1 EStG ermittelt. Alle übrigen Gewinne werden nach der Systematik des § 4 Abs. 3 EStG ermittelt.[4] Im Übrigen wird auf R 4.6 EStR und R 13.5 Abs. 2 EStR hingewiesen.

557 **Gewinnkorrekturen** sind grds. im ersten Wj nach dem Wechsel der Gewinnermittlungsart vorzunehmen. Zur Vermeidung von Härten ist beim Übergang zur Gewinnermittlung durch Betriebsvermögensvergleich zugelassen, einen durch

1 BFH 29.3.2001, BStBl 2001 II S. 484.
2 BFH 5.12.1957, BStBl 1958 III S. 52.
3 BFH 2.3.1982, BStBl 1984 II S. 504; AEAO zu § 173, Nr. 7.1.
4 BMF 10.11.2015, BStBl 2015 I S. 877, Rz. 26.

Zurechnungen entstandenen Übergangsgewinn auf bis zu drei Wj gleichmäßig zu verteilen.[1]

b) Übergang von der Gewinnermittlung nach Durchschnittssätzen zur Gewinnermittlung nach § 4 Abs. 1 EStG

Beim Wechsel von der Gewinnermittlung nach Durchschnittssätzen zum Bestandsvergleich sind die einzelnen Vermögensgegenstände grds. so in die Anfangsbilanz (Übergangsbilanz) einzustellen, als wenn der Gewinn schon immer durch Bestandsvergleich ermittelt worden wäre.[2] 558

Der LuF hat dabei die **Buchwerte zu schätzen**.[3] Die AK/HK beweglicher und unbeweglicher WG sind um die üblichen Absetzungen zu mindern, die den amtlichen AfA-Tabellen zu entnehmen sind. Durch das Wesen der Gewinnermittlung nach Durchschnittssätzen sind abweichende AfA-Sätze ausgeschlossen.[4]

Beim Übergang zur Buchführung haben LuF ein **Wahlrecht**, ob sie das Vieh in der Übergangsbilanz einzeln oder mit Durchschnittswerten bewerten, wenn bis zum Zeitpunkt des Übergangs zur Buchführung der Gewinn nach Durchschnittssätzen ermittelt worden ist.[5] Das einmal in Anspruch genommene Bewertungswahlrecht bindet den Landwirt nach den Grundsätzen der Bewertungsstetigkeit grds. auch für die Zukunft.[6] Das gilt auch für **besonders wertvolle Tiere,** wie **Masttiere**, die mit den AK oder HK anzusetzen sind, soweit sie dem Umlaufvermögen zuzurechnen sind.[7] Das Bewertungswahlrecht kann (nur) im Wege der Bilanzänderung ausgeübt werden,[8] wenn die Übergangsbilanz noch nicht einer bestandskräftigen ESt-Veranlagung zugrunde liegt, andernfalls erst in der nächsten, von der Bestandskraft noch nicht erfassten Schlussbilanz.[9] Wechselt der Stpfl. zur Gewinnermittlung nach § 4 Abs. 1 EStG, nachdem er von der Gewinnermittlung nach § 13a EStG zur Gewinnermittlung nach § 4 Abs. 3 559

1 R 4.6 Abs. 1 Satz 2 EStR.

2 BFH 14.4.1988, BStBl 1988 II S. 672.

3 BFH 12.12.1985, BStBl 1986 II S. 392; R 13.5 Abs. 2 Satz 3 EStR.

4 BFH 12.12.1985, BStBl 1986 II S. 392.

5 BFH 1.10.1992, BStBl 1993 II S. 284; vgl. auch BMF 14.11.2001, BStBl 2001 I S. 864; BMF 8.12.2025 – IV C 6 - S 2170/00015/002/094, NWB YAAAK-06135.

6 BFH 14.4.1988, BStBl 1988 II S. 672; vgl. auch H 13.3 „Bewertungswahlrecht" EStH; BMF 14.11.2001, BStBl 2001 I S. 864, Rz. 19 f.; BMF 8.12.2025 – IV C 6 - S 2170/00015/002/094, NWB YAAAK-06135, Rz. 19 f.

7 BFH 8.8.1991, BStBl 1993 II S. 272.

8 § 4 Abs. 2 Satz 2 EStG.

9 BFH 8.8.1991, BStBl 1993 II S. 272.

EStG übergegangen war, ist bei der Bewertung der Tiere die Bewertungsmethode zugrunde zu legen, die beim Wechsel zur Gewinnermittlung nach § 4 Abs. 3 EStG angewandt wurde.[1]

560 Bei der Gewinnermittlung nach § 13a EStG finden die Vorschriften über die geringwertigen Wirtschaftsgüter (§ 6 Abs. 2 EStG) und über die Sammelposten (§ 6 Abs. 2a EStG) keine Anwendung.[2] **Geringwertige Wirtschaftsgüter** sind daher in der Übergangsbilanz mit ihren Anschaffungs- oder Herstellungskosten, vermindert um die AfA nach § 7 EStG, anzusetzen, die während der Gewinnermittlung nach § 13a EStG angefallen wären.[3] Geringwertige Wirtschaftsgüter i. S. des § 6 Abs. 2 EStG, die nach dem 31.12.2007 und vor dem 1.1.2010 angeschafft oder hergestellt worden sind, sind nicht anzusetzen. Der Sammelposten nach § 6 Abs. 2a EStG für Wirtschaftsgüter, die nach dem 31.12.2007 und vor dem 1.1.2010 angeschafft oder hergestellt worden sind, ist mit dem Wert zu berücksichtigen, der sich bei der Gewinnermittlung nach § 4 Abs. 1 EStG ergeben hätte.[4]

561 Beim Wechsel der Gewinnermittlungsart von der Gewinnermittlung nach Durchschnittssätzen zur Buchführung (und umgekehrt) sind im Bereich des § 13a Abs. 3 Satz 1 Nr. 1 und 3 i. V. mit Abs. 6 Satz 2 (Gewinn der landwirtschaftlichen Nutzung und der in der Anlage 1a Nr. 2 zu § 13a EStG genannten Sondernutzungen) grds. **keine Gewinnkorrekturen** erforderlich.

In den übrigen Bereichen des § 13a Abs. 3 Satz 1 Nr. 2 bis 6 ist ein Übergangsgewinn nach den Grundsätzen des Übergangs von der Gewinnermittlung nach § 4 Abs. 3 EStG zur Buchführung (und umgekehrt) zu ermitteln.[5] In diesem Fall sind Zu- und Abrechnungen nach R 4.6 EStR erforderlich.

Gewinnkorrekturen wegen der vorhandenen Viehbestände sind nicht erforderlich, wenn diese beim Übergang zur Buchführung auch mit Durchschnittswerten bewertet werden. Viehbestände sind grds. mit den auch bei der Gewinnermittlung nach Durchschnittssätzen maßgebenden Durchschnittswerten anzusetzen (s. Rz. 559, 560), der Landwirt kann aber auch zur Einzelbewertung übergehen.[6]

---

1 BFH 16.6.1994, BStBl 1994 II S. 932.

2 § 13a Abs. 3 Satz 2 EStG.

3 BFH 17.3.1988, BStBl 1988 II S. 770.

4 R 13.5 Abs. 2 EStR.

5 BMF 10.11.2015, BStBl 2015 I S. 877, Rz. 81 f.

6 BFH 15.2.2001, BStBl 2001 II S. 549.

Nach R 14 Abs. 3 EStR kann zur Vereinfachung der Bewertung des Feldinventars/ der stehenden Ernte von einer Aktivierung dieser Wirtschaftsgüter abgesehen werden. Geht der LuF von der Gewinnermittlung nach Durchschnittssätzen zum Betriebsvermögensvergleich über, so kann er in der Übergangsbilanz dieses Wahlrecht ausüben.[1] Wird das Feldinventar/die stehende Ernte in der Übergangsbilanz oder zu einem späteren Zeitpunkt in einer Schlussbilanz aktiviert, so ist der LuF aus Gründen der Bewertungsstetigkeit auch für die Zukunft daran gebunden.[2] 562

Bei Aufstellung der Übergangsbilanz hat der Landwirt ebenfalls erstmals ein **Wahlrecht,** ob er seine selbstgewonnenen, nicht zum Verkauf bestimmten Futtervorräte aktivieren oder nach einer Vereinfachungsregel der FinVerw[3] auf die Aktivierung verzichten will.[4] 563

c) Übergang von der Gewinnermittlung nach Durchschnittssätzen zur Gewinnermittlung nach § 4 Abs. 3 EStG

Auf Antrag des Landwirts kann dieser den Gewinn nach § 4 Abs. 3 EStG ermitteln.[5] Reicht ein Landwirt mit der Einkommensteuererklärung lediglich eine auf das Kalenderjahr abgestellte EÜR ein, die einen Verlust ausweist, so reicht dies allein nicht für die Annahme eines Antrags nach § 13a Abs. 2 aus.[6] Allerdings ist für die wirksame Stellung dieses Antrags auf dem Formblatt „L“ nicht notwendig, dass das entsprechende Kästchen angekreuzt wird.[7] Entscheidend ist, dass der Antrag als empfangsbedürftige steuerrechtliche Willenserklärung unter Berücksichtigung des Empfängerhorizonts als entsprechender Antrag auslegungsfähig ist. Die Antragsfrist ist eine wiedereinsetzungsfähige Ausschlussfrist.[8] In Ergänzung zu den obigen Urteilen hat der BFH mit Urteil vom 4.6.1992[9] ausgeführt, dass die Einreichung einer § 4 Abs. 3 EStG-Rechnung ausreichend für die Ausübung des Wahlrechts ist, wenn der Stpfl. die Aufteilung auf die Kj vornimmt und diesen Betrag in den Mantelbogen der ESt-Erklärung einträgt. 564

1 R 14 Abs. 1 Satz 6 i. V. mit R 14 Abs. 3 Satz 1 und 2 EStR.
2 R 14 Abs. 3 Satz 2 EStR; BFH 18.3.2010, BStBl 2011 II S. 654.
3 BMF 15.12.1981, BStBl 1981 I S. 878.
4 BFH 14.4.1988, BStBl 1988 II S. 672 mit Anm. Kanzler, StEL 1988 S. 81.
5 § 13a Abs. 2 EStG.
6 BFH 28.1.1988, BStBl 1988 II S. 532.
7 BFH 28.1.1988, BStBl 1988 II S. 530.
8 BFH 28.1.1988, BStBl 1988 II S. 532.
9 BStBl 1993 II S. 125.

Ein LuF, der die Voraussetzungen des § 13a Abs. 1 EStG nicht erfüllt, aber auch nicht buchführungspflichtig ist und auch keine Bücher führt und keine Abschlüsse macht, kann seinen Gewinn ebenfalls nach § 4 Abs. 3 EStG ermitteln (vgl. Rz. 387 ff.).

565 Wie bereits vorstehend erläutert, entspricht die Gewinnermittlung nach Durchschnittssätzen teilweise der Gewinnermittlung durch Bestandsvergleich, teilweise aber auch der Gewinnermittlung nach § 4 Abs. 3 EStG. Für diese Bereiche (Gewinnermittlung nach § 4 Abs. 3 EStG) liegt kein Wechsel der Gewinnermittlungsart vor, Gewinnkorrekturen sind insoweit nicht vorzunehmen.

Für die Bereiche des § 13a Abs. 3 Satz 1 Nr. 1 und 3 i. V. mit Abs. 6 Satz 2 EStG (Gewinn der landwirtschaftlichen Nutzung und der in der Anlage 1a Nr. 2 zu § 13a EStG genannten Sondernutzungen) hat der LuF festzustellen, welche Betriebsvorgänge sich bereits erfolgswirksam ausgewirkt haben. Auf den Zeitpunkt des Wechsels der Gewinnermittlung sind die Buchwerte sämtlicher Wirtschaftsgüter zu ermitteln und als Übersicht aufzustellen, soweit diese Bedeutung für die Ermittlung des Übergangsgewinns haben.[1] Die Gewinnkorrekturen sind entsprechend R 4.6 EStR mittels Hinzurechnungen oder Abrechnungen vom Gewinn vorzunehmen, als wenn ein Übergang von der Gewinnermittlung nach § 4 Abs. 1 EStG zur EÜR vorgenommen werden würde.

566 Die AK der **Tiere des Umlaufvermögens** sind nach Wahl des Landwirts mit ihren AK (bzw. HK) oder mit Durchschnittswerten gewinnmindernd abzusetzen (s. Rz. 398, 559).[2]

d) Übergang zur Gewinnermittlung nach Durchschnittssätzen nach § 13a EStG n. F.

567 Beim Übergang zur Gewinnermittlung nach § 13a EStG n. F. sind einige Besonderheiten zu beachten, vgl. hierzu BMF 10.11.2015.[3]

568–579 *(Einstweilen frei)*

1 Siehe auch Felsmann, Einkommensbesteuerung, Abschnitt C 1 Rz. 137.

2 Vgl. H 13.3 EStH und BMF 14.11.2001, BStBl 2001 I S. 864.

3 BStBl 2015 I S. 877, Rz. 84 f.

13. Nutzungswert der Wohnung

Zu den Einkünften aus LuF gehörte nach der bis zum 31.12.1986 geltenden Fassung des EStG auch der **Nutzungswert der Wohnung** des LuF, wenn die Wohnung die bei Betrieben gleicher Art übliche Größe nicht überschritten hat.[1] 580

Durch das Gesetz zur Neuregelung der steuerrechtlichen Förderung des selbstgenutzten Wohnungseigentums vom 15.5.1986[2] ist hier insoweit eine Änderung eingetreten, als auch die Wohnung des LuF in die sog. **Privatgutlösung** einbezogen worden ist.

Nach der Neufassung des EStG durch das Gesetz zur Neuregelung der steuerrechtlichen Förderung des selbstgenutzten Wohneigentums waren die §§ 13 Abs. 2 Nr. 2 und 13a Abs. 3 Nr. 4 und Abs. 7 EStG letztmals für den VZ 1986 anzuwenden.[3] Dies bedeutet, dass seit dem 1.1.1987 die Wohnung des LuF unabhängig von der fortbestehenden Verbindung zum luf Betrieb grds. nicht mehr dem BV zuzurechnen ist. Die Besteuerung des Nutzungswerts der eigenen Wohnung und der Altenteilerwohnung entfällt. Beide Wohnungen werden in die sog. Privatgutlösung einbezogen. 581

Ausnahme hiervon ist die Wohnung des Steuerpflichtigen, die die übliche Größe bei Betrieben gleicher Art nicht überschreitet und das Gebäude oder der Gebäudeteil nach den jeweiligen landesrechtlichen Vorschriften ein **Baudenkmal** ist und diese Voraussetzungen im VZ 1986, d. h. zum Zeitpunkt des Wegfalls der Nutzungswertbesteuerung vorgelegen haben. Für diese ist auch nach geltendem Recht ein Nutzungswert für die Wohnung bei den Einkünften aus LuF anzusetzen (§ 13 Abs. 2 Nr. 2 und Abs. 4 EStG). Für diese Nutzungen kann die Nutzungswertbesteuerung abgewählt werden, vgl. Rz. 583.

Die **Privatgutlösung** gilt uneingeschränkt für Wohnungen, die nach dem 1.1.1987 fertig gestellt worden sind und für die der Antrag auf Baugenehmigung nach dem 28.2.1986 gestellt worden ist. 582

Für Gebäude, für die in 1986 die Voraussetzungen für die Anwendung des § 13 Abs. 2 Nr. 2 EStG a. F. oder § 13a Abs. 3 Nr. 4 EStG a. F. erfüllt waren, sah § 52 Abs. 15 Satz 2 EStG a. F. eine Übergangsregelung bis zum VZ 1998 vor.[4] Danach waren bis dahin die alten Vorschriften anwendbar. Gleiches gilt, wenn auf ei-

1 § 13 Abs. 2 Nr. 2 EStG bis 1986.
2 BGBl 2015 I S. 730.
3 § 52 Abs. 15 Satz 1 EStG a. F.
4 Vgl. hierzu BMF 12.11.1986, BStBl 1986 I S. 528.

nem zum luf BV rechnenden Grundstück ein Wohnhaus errichtet wurde, das zwar nach dem 31.12.1986 bezugsfertig geworden ist, für das aber der Bauantrag bereits vor dem 1.3.1986 gestellt worden ist. Maßgebend ist hierbei der Zeitpunkt des Eingangs des bauordnungsbehördlichen Bauantrags bei der zuständigen Baubehörde. Weiterhin war Voraussetzung, dass die neu errichtete Wohnung im Jahr der Fertigstellung zu Wohnzwecken des Betriebsinhabers oder des Altenteilers genutzt wurde.

583 War auf Wohngebäude die vorgenannte **Übergangsregelung** anwendbar, konnte der Betriebseigentümer für einen beliebigen VZ nach dem 31.12.1986 beantragen, dass die bisherigen Regelungen des § 13 Abs. 2 Nr. 2 EStG a. F. oder § 13a Abs. 3 Nr. 4 EStG a. F. ab diesem VZ nicht mehr angewendet werden. Der Eigentümer hatte somit ein **Wahlrecht**, zu welchem Zeitpunkt nach dem 31.12.1986 und vor dem 31.12.1998 er zur Privatgutlösung übergehen wollte. Hat der LuF keinen Antrag gestellt, war die Nutzungswertbesteuerung letztmals im VZ 1998 anzuwenden.

Für die in Rz. 581 genannten Wohnungen in Baudenkmalen, die die Voraussetzungen des § 13 Abs. 2 Nr. 2 und Abs. 4 EStG erfüllen, kann ein Stpfl. nach § 13 Abs. 4 Satz 2 EStG für einen Veranlagungszeitraum nach dem VZ 1998 unwiderruflich den Wegfall der Nutzungswertbesteuerung beantragen.

Mit dem Wegfall der Nutzungswertbesteuerung gilt die Wohnung mit dem dazugehörigen Grund und Boden zu dem Zeitpunkt als entnommen, bis zu dem die Nutzungswertbesteuerung letztmals angewendet wird. Der Entnahmegewinn bleibt nach § 52 Abs. 15 Satz 7 EStG a. F. bzw. bei Baudenkmalen nach § 13 Abs. 4 Satz 5 EStG außer Ansatz. Wird eine Wohnung, die vor dem 1.1.1987 vermietet war und bei der es sich um kein Baudenkmal handelt, nach dem 31.12.1998 für Wohnzwecke des Betriebsinhabers oder Altenteilers entnommen, unterliegt der Entnahmegewinn der Besteuerung.[1] Geht der Landwirt in der Übergangsphase jedoch von der Eigennutzung zur Fremdvermietung über, ist ab diesem Zeitpunkt die Übergangsphase beendet und eine steuerfreie Entnahme der Wohnung nicht mehr möglich.[2]

Ein Bestätigungsschreiben des Finanzamts über eine steuerfreie Entnahme stellt keinen Verwaltungsakt dar.[3] Eine Rechtsgrundlage für einen solchen Grundlagenbescheid ist nicht ersichtlich. Vielmehr wird erst im Steuerbescheid

1 § 13 Abs. 4 Satz 6 Nr. 2 EStG; BFH 16.1.2020 – VI R 22/17, BStBl 2020 II S. 639.
2 A. A. FG München 15.12.2022 – 15 K 518/21, Rev., BFH: VI R 19/23.
3 A. A. FG München 15.12.2022 – 15 K 518/21, Rev., BFH: VI R 19/23.

des VZ der Entnahme oder Veräußerung über die Steuerfreiheit entschieden. In Einzelfällen kann sich jedoch eine Bindung unter dem Gesichtspunkt von Treu und Glauben ergeben.[1]

VI. Begünstigung des nicht entnommenen Gewinns (Gewinnthesaurierung)

Literatur: *Gragert/Wißborn*, Die Thesaurierungsbegünstigung nach § 34a EStG, NWB EAAAC-50179; *Söffing/Worgulla*, Gewinnbegriff des § 34a EStG, NWB ZAAAD-13719; *Bäumer*, Die Thesaurierungsbegünstigung nach § 34a – einzelne Anwendungsprobleme mit Lösungsansätzen, DStR 2007 S. 2089; *Ley/Brandenberg*, Unternehmenssteuerreform 2008: Thesaurierung und Nachversteuerung bei Personengesellschaften, FR 2007 S. 1085; *Schiffers,* Sondertarif für nicht entnommene Gewinne nach § 34a – Fluch oder Segen?, GmbHR 2007 S. 841; *Schulze zur Wiesche,* Folgen der Entlastung des nicht entnommenen Gewinns für die Ertragsbesteuerung der Personengesellschaft, DB 2007 S. 1610; *Kessler/Pfuhl/Grether,* Die Thesaurierungsbegünstigung nach § 34a EStG in der steuerlichen (Beratungs-)Praxis, DB 2011 S. 185; *Bodden,* Aktuelle Brennpunkte der Thesaurierungsbesteuerung nach § 34a EStG, FR 2014 S. 920.

1. Gesetzliche Regelung im Überblick

Auf Antrag des Stpfl. sind die im zu versteuernden Einkommen enthaltenen 584
nicht entnommenen Gewinne aus LuF ganz oder teilweise mit einem Steuersatz von 28,25 % zu berechnen (§ 34a Abs. 1 Satz 1 EStG). Erstmals anzuwenden ist die Regelung für den VZ 2008 (§ 52 Abs. 34 EStG).

2. Voraussetzungen im Einzelnen

a) Gewinnermittlung durch Bilanzierung – Begünstigter Gewinn

Der Gewinn muss durch Bilanzierung nach § 4 Abs. 1 oder § 5 EStG ermittelt 585
werden. Bei Gewinnermittlung nach § 4 Abs. 3 EStG oder nach Durchschnittssätzen (§ 13a EStG) scheidet eine ermäßigte Besteuerung aus.[2] Zu den Folgen des Übergangs von der Bilanzierung zur Gewinnermittlung nach § 4 Abs. 3 oder § 13a EStG s. Rz. 591.

1 BFH 24.4.2008 – IV R 30/05, BStBl 2008 II S. 707.
2 BMF 12.3.2025, BStBl 2025 I S. 671,Tz. 17.

b) Nicht entnommener Gewinn

586 Der durch Bilanzierung ermittelte Gewinn ist um den positiven Saldo der Entnahmen und Einlagen des Wj zu vermindern (§ 34a Abs. 2 EStG). Um eine doppelte Begünstigung auszuschließen, ist der Gewinn auszuscheiden, soweit für ihn der Freibetrag nach § 16 Abs. 4 EStG oder die Steuerermäßigung nach § 34 Abs. 3 EStG in Anspruch genommen wird.[1]

Eine Tarifbegünstigung nach § 34a EStG kommt jedoch in Betracht, soweit es sich um einen Veräußerungsgewinn handelt, der nicht aus dem Unternehmen entnommen wurde (z. B. bei Veräußerung eines Teilbetriebs oder Veräußerung eines in einem Betriebsvermögen befindlichen Mitunternehmeranteils) und kein Antrag nach § 16 Abs. 4 oder § 34 Abs. 3 EStG gestellt wurde.[2]

Sind sowohl die Voraussetzungen für eine Tarifbegünstigung nach § 34a EStG als auch die Voraussetzung für eine Begünstigung nach § 34 Abs. 1 EStG erfüllt, kann der Steuerpflichtige wählen, welche Begünstigung er in Anspruch nehmen will. Dies gilt auch für übrige Tarifermäßigungen (z. B. § 34b EStG).[3]

Nicht abzugsfähige Betriebsausgaben (z. B. § 4 Abs. 4a und 5, §§ 4h bis 4k EStG) haben den Steuerbilanzgewinn gemindert; sie sind außerbilanziell hinzuzurechnen. Soweit der steuerpflichtige Gewinn auf Betriebsausgabenabzugsverboten beruht, kann keine Tarifbegünstigung nach § 34a EStG in Anspruch genommen werden.[4]

c) Antrag des Steuerpflichtigen

587 Die Inanspruchnahme der Vergünstigung erfordert einen Antrag, der grds. bei Abgabe der ESt-Erklärung für jeden Betrieb oder Mitunternehmeranteil gesondert zu stellen ist. Dem Stpfl. steht für jeden Betrieb oder Mitunternehmeranteil ein Wahlrecht zu, ob und in welcher Höhe er für den nicht entnommenen Gewinn die Tarifbegünstigung nach § 34a EStG in Anspruch nehmen will. Der Antrag kann für jeden Betrieb oder Mitunternehmeranteil bis zur Höhe des nicht entnommenen Gewinns gestellt werden.[5] Bei Einzelunternehmen gibt es keine zahlenmäßige Beschränkung des Gewinns.[6]

---

1 BMF 12.3.2025, BStBl 2025 I S. 671, Tz. 4.
2 BMF 12.3.2025, BStBl 2025 I S. 671, Tz 5.
3 BMF 12.3.2025, BStBl 2025 I S. 671, Tz. 6.
4 BMF 12.3.2025, BStBl 2025 I S. 671, Tz. 18.
5 BMF 12.3.2025, BStBl 2025 I S. 671, Tz. 7.
6 BMF 12.3.2025, BStBl 2025 I S. 671, Tz. 8.

Bei Mitunternehmerschaften kann jeder Mitunternehmer – also kein Zwang zur einheitlichen Antragstellung aller Mitunternehmer – den Antrag stellen, wenn die Beteiligung am Gewinn mehr als 10 % oder mehr als 10.000 € beträgt. Da auf den bilanziellen Gewinnanteil des Mitunternehmers abgestellt wird, sind außerbilanzielle Gewinnkorrekturen (z. B. nicht abzugsfähige Betriebsausgaben und Gewerbesteuer), die zur Ermittlung des steuerpflichtigen Gewinns ggf. vorzunehmen sind, bei der Berechnung, ob diese Antragsgrenze überschritten wird, nicht zu berücksichtigen.[1]

Für eine Änderung des Antrags gelten zunächst die allgemeinen Grundsätze der Ausübung von Wahlrechten.[2] Nach Eintritt der Unanfechtbarkeit kann der Antrag danach nur gestellt werden oder ein gestellter Antrag nur geändert werden, soweit die Steuerfestsetzung nach den §§ 129, 164, 165, 172 ff. AO oder nach entsprechenden Regelungen in Einzelsteuergesetzen korrigiert werden kann. Nach ausdrücklicher Regelung in § 34a Abs. 1 Satz 4 kann der Antrag bis zur Unanfechtbarkeit des ESt-Bescheids für den folgenden VZ vom Stpfl. ganz oder teilweise zurückgenommen werden. Bei einer Rücknahme des Antrags sind die Regelungen zur Verzinsung nach § 233a AO zu beachten.

3. Begünstigungsbetrag – Nachversteuerungspflichtiger Betrag

Der Begünstigungsbetrag ist der Teil des nicht entnommenen Gewinns, für 588
den der Steuer-pflichtige einen Antrag nach § 34a Abs. 1 EStG gestellt hat. Der Begünstigungsbetrag ist die Bemessungsgrundlage für die Steuer nach § 34a Abs. 1 Satz 1 EStG.[3] Ausgehend vom Begünstigungsbetrag ist der nachversteuerungspflichtige Betrag zu ermitteln (§ 34a Abs. 3 Satz 2 EStG).

Die Ermittlung und Fortschreibung des nachversteuerungspflichtigen Betrags (§ 34a Abs. 3 Satz 2 EStG) wird durch das nachfolgende Schema veranschaulicht:

Nachversteuerungspflichtiger Betrag zum 31.12. des vorangegangenen Veranlagungszeitraums

zzgl. nachversteuerungspflichtiger Betrag des laufenden Veranlagungszeitraums (§ 34a Abs. 3 EStG

1 BMF 12.3.2025, BStBl 2025 I S. 671, Tz. 9.
2 BMF 12.3.2025, BStBl 2025 I S. 671, Tz 10, vgl. Nr. 8 des AEAO vor §§ 172 bis 177.
3 BMF 12.3.2025, BStBl 2025 I S. 671, Tz 26.

zzgl. auf diesen Betrieb oder Mitunternehmeranteil von einem anderen Betrieb oder Mitunternehmeranteil desselben Steuerpflichtigen übertragener nachversteuerungspflichtiger Betrag (§ 34a Abs. 5 EStG)

zzgl. aus unentgeltlicher Übertragung eines (Teils eines) Betriebs oder (Teils eines) Mitunternehmeranteils oder aus Einbringung eines (Teils eines) Mitunternehmeranteils übernommener nachversteuerungspflichtiger Betrag (§ 34a Abs. 7 EStG)

abzgl. Nachversteuerungsbetrag des laufenden Veranlagungszeitraums (§ 34a Abs. 4, 5 und 6 EStG)

abzgl. auf einen anderen Betrieb oder Mitunternehmeranteil von diesem Betrieb oder Mitunternehmeranteil übertragener nachversteuerungspflichtiger Betrag (§ 34a Abs. 5 EStG)

abzgl. aus unentgeltlicher Übertragung eines (Teils eines) Betriebs oder (Teils eines) Mitunternehmeranteils oder aus Einbringung eines (Teils eines) Mitunternehmeranteils abgegebener nachversteuerungspflichtiger Betrag (§ 34a Abs. 7 EStG)

= 12.[1]

4. Nachversteuerung

589 Wenn der positive Saldo der Entnahmen und Einlagen des Wj bei einem Betrieb oder Mitunternehmeranteil den nach § 4 Abs. 1 oder § 5 EStG ermittelten Gewinn (Nachversteuerungsbetrag) übersteigt, ist eine Nachversteuerung durchzuführen, soweit zum Ende des vorangegangenen VZ ein nachversteuerungspflichtiger Betrag i. S. des § 34a Abs. 3 EStG festgestellt wurde (§ 34a Abs. 4 Satz 1 EStG). Bei einem Entnahmenüberhang kommt es also grds. zu einer Nachversteuerung. Außerbilanzielle Zurechnungen und Kürzungen sind bei der Ermittlung des Entnahmenüberhangs nicht zu berücksichtigen.[2] Steuerfreie Gewinnbestandteile können demzufolge entnommen werden, ohne eine Nachversteuerung auszulösen.[3] Im Falle eines Verlustes ist der Entnahmenüberhang so hoch wie der positive Saldo von Entnahmen und Einlagen. In dieser Höhe ent-

1 BMF 12.3.2025, BStBl 2025 I S. 671, Tz 28.
2 BMF 12.3.2025, BStBl 2025 I S. 671, Tz 32.
3 BMF 12.3.2025, BStBl 2025 I S. 671, Tz 19.

steht ein Nachversteuerungsbetrag (Ausnahme: Entnahmen zur Zahlung von Erbschaft-/Schenkungsteuer).[1]

Die Einkommensteuer auf den nachzuversteuernden Betrag beträgt 25 % (§ 34a Abs. 4 Satz 2 EStG). Dazu kommen noch der Solidaritätszuschlag und ggf. die Kirchensteuer.[2] Davon unberührt bleibt die Versteuerung der übrigen Einkünfte mit dem persönlichen Steuersatz.

Eine Nachversteuerung unterbleibt, soweit sie durch Entnahmen für die Erbschaft- bzw. Schenkungsteuer anlässlich der Übertragung des Betriebs oder Mitunternehmeranteils ausgelöst wird (§ 34a Abs. 4 Satz 3 EStG). Entnahmen zur Begleichung der Erbschaft- bzw. Schenkungsteuer für andere Betriebe oder Mitunternehmeranteile sind nicht abzuziehen. Probleme entstehen nicht, wenn der übergegangene Betrieb oder Mitunternehmeranteil der einzige Gegenstand der Erbfolge bzw. der Schenkung ist. Soweit in der Erbschaft bzw. der Schenkung noch andere Vermögensgegenstände enthalten sind, ist eine Herausrechnung des abzugsfähigen Teils erforderlich, die nach folgender Formel vorzunehmen ist:[3]

$$\text{Festgesetzte Erbschaftsteuer} \times \frac{\text{Erbschaftsteuerbemessungsgrundlage für den Betrieb oder den Mitunternehmeranteil}}{\text{Erbschaftsteuerbemessungsgrundlage}}$$

Wird die Erbschaft- bzw. Schenkungsteuer nur teilweise aus dem Betrieb entnommen (bei Vorhandensein anderen Vermögens oder steuerpflichtigen anderen Betriebsvermögens), gilt die Entnahme vorrangig als für die auf den Betrieb oder den Mitunternehmeranteil entfallende Steuer getätigt.[4]

5. Nachversteuerung bei Übertragung und Überführung einzelner Wirtschaftsgüter in ein anderes Betriebsvermögen

Grundsätzlich führt die Übertragung oder Überführung eines WG nach § 6 590
Abs. 5 Satz 1 bis 3 EStG zum Buchwert zu einer Nachversteuerung (§ 34a Abs. 5 Satz 1 EStG). Es besteht jedoch die Möglichkeit, statt einer Nachversteuerung beim Ursprungsbetrieb den (anteiligen) nachversteuerungspflichtigen Betrag in Höhe des Buchwerts des übertragenen WG auf das übernehmende Unter-

1 BMF 12.3.2025, BStBl 2025 I S. 671, Tz. 31.

2 BMF 12.3.2025, BStBl 2025 I S. 671, Tz. 31.

3 BMF 12.3.2025, BStBl 2025 I S. 671, Tz. 34.

4 BMF 12.3.2025, BStBl 2025 I S. 671, Tz. 35; vgl. das hierzu enthaltene Beispiel.

nehmen zu übertragen. Die Übertragung des nachversteuerungspflichtigen Betrags ist auf die Höhe des Nachversteuerungsbetrags, den die Übertragung des WG ausgelöst hätte, begrenzt.[1]

Die Bestimmung ist nicht anzuwenden, wenn Geldbeträge von einem Betrieb oder Mitunternehmeranteil in einen anderen Betrieb oder Mitunternehmeranteil des Stpfl. unter den Voraussetzungen des § 6 Abs. 5 EStG überführt oder übertragen werden.[2]

6. Sonstige nachversteuerungspflichtige Fälle

591 Eine Nachversteuerung des nachversteuerungspflichtigen Betrags ist zwingend vorgeschrieben (§ 34a Abs. 6 EStG):

- In den Fällen der (vollständigen) Betriebsveräußerung oder -aufgabe i. S. des § 14 EStG (§ 34a Abs. 6 Satz 1 Nr. 1 EStG). Die Realteilung steht dem gleich. Eine Teilveräußerung und Veräußerung eines Teilbetriebs löst keine Nachversteuerungspflicht aus, da eine Nachversteuerung im Rahmen des verbleibenden Teils des Betriebs oder Mitunternehmeranteils weiterhin möglich ist;
- in Umwandlungsfällen (§ 34a Abs. 6 Satz 1 Nr. 2 EStG), nämlich bei Einbringung des Betriebs oder Mitunternehmeranteils in eine Kapitalgesellschaft oder Genossenschaft und bei Formwechsel einer Personengesellschaft in eine Kapitalgesellschaft oder Genossenschaft.
- bei unentgeltlicher Aufnahme einer natürlichen Person in ein bestehendes Einzelunternehmen oder unentgeltlicher Übertragung eines Teils eines Mitunternehmeranteils auf eine natürliche Person. In diesen Fällen geht der nachversteuerungspflichtige Betrag anteilig auf den neuen Mitunternehmer über;[3]
- wenn der Gewinn nicht mehr nach § 4 Abs. 1 oder § 5 EStG ermittelt wird (§ 34a Abs. 6 Satz 1 Nr. 3 EStG);[4]
- wenn der Stpfl. dies beantragt (§ 34a Abs. 6 Satz 1 Nr. 4 EStG). Der Antrag kann auf einen Teilbetrag des nachversteuerungspflichtigen Betrags beschränkt werden. Ein solcher Antrag kann sinnvoll sein, um einem Betriebsnachfolger einen mit der Nachversteuerung unbelasteten Betrieb zu überlassen.

1 BMF 12.3.2025, BStBl 2025 I S. 671, Tz. 36.

2 BMF 12.3.2025, BStBl 2025 I S. 671, Tz. 37.

3 BMF 12.3.2025, BStBl 2025 I S. 671, Tz. 57 und 61.

4 BMF 12.3.2025, BStBl 2025 I S. 671, Tz. 51.

7. Stundung der aus der Nachversteuerung geschuldeten Steuer

Nur in den Fällen der Nachversteuerung nach den Nrn. 1 und 2 des § 34a Abs. 6 Satz 1 EStG (s. oben) kann die Steuer auf Antrag des Stpfl. oder seines Rechtsnachfolgers in regelmäßigen Teilbeträgen für einen Zeitraum von höchstens zehn Jahren seit Eintritt der ersten Fälligkeit zinslos gestundet werden, wenn ihre alsbaldige Einziehung mit erheblichen Härten für den Stpfl. verbunden wäre (§ 34a Abs. 6 Satz 2 EStG). Ob eine erhebliche Härte vorliegt, ist nach den Grundsätzen des § 222 AO zu prüfen.[1] Soweit eine Stundung nach § 34a Abs. 6 Satz 2 EStG nicht vorgesehen ist, gelten die allgemeinen Grundsätze der Stundung nach § 222 AO. Für die nach § 34a Abs. 6 Satz 2 EStG stundungsfähigen Beträge wird man eine Spezialvorschrift gegenüber § 222 AO annehmen müssen; die Bestimmung ist gegenüber § 222 AO ohnehin großzügiger, so dass für eine weitere Stundungsmöglichkeit kein Raum ist. Nach Ablauf der Zehnjahresfrist gelten dann allerdings wieder die allgemeinen Regeln nach § 222 AO. 592

8. Fortführung des nachversteuerungspflichtigen Betrags bei unentgeltlicher Übertragung des Betriebs oder Mitunternehmeranteils

Wird ein ganzer Betrieb oder ein ganzer Mitunternehmeranteil unentgeltlich übertragen (§ 6 Abs. 3 EStG), hat der Rechtsnachfolger den nachversteuerungspflichtigen Betrag fortzuführen (§ 34a Abs. 7 Satz 1 EStG). Im Falle der Einbringung in eine Personengesellschaft (§ 24 UmwStG) zu Buchwerten geht der für den eingebrachten Betrieb oder Mitunternehmeranteil festgestellte nachversteuerungspflichtige Betrag auf den neuen Mitunternehmeranteil über (§ 34a Abs. 7 Satz 2 EStG). Erfolgt die Einbringung nicht zu Buchwerten, ist der nachversteuerungspflichtige Betrag im Jahr der Einbringung in voller Höhe nachzuversteuern.[2] 593

Bei unentgeltlicher Aufnahme einer natürlichen Person in ein bestehendes Einzelunternehmen oder unentgeltlicher Übertragung eines Teils eines Mitunternehmeranteils auf eine natürliche Person geht der nachversteuerungspflichtige Betrag anteilig auf den neuen Mitunternehmer über. Dies gilt auch, wenn die Aufnahme oder Übertragung über eine zwischengeschaltete Mitunternehmerschaft

1 BMF 12.3.2025, BStBl 2025 I S. 671, Tz. 54.
2 BMF 12.3.2025, BStBl 2025 I S. 671, Tz. 55.

erfolgt. Zur Ermittlung des anteilig übergehenden nachversteuerungs-pflichtigen Betrags ist der Anteil des übertragenen Betriebsvermögens an dem Betriebsvermögen (Kapital aus Gesamthands-, Ergänzungs- und Sonderbilanz) des Rechtsvorgängers vor der Übertragung bezogen auf die Buchwerte maßgeblich. Andere Aufteilungsmaßstäbe sind nicht zulässig. Gleiches gilt bei Einbringung eines Teils eines Mitunternehmeranteils nach § 24 UmwStG zu Buchwerten.[1]

Findet die unentgeltliche Übertragung des Betriebs oder Mitunternehmeranteils nicht zum Ende eines Wj statt, ist auf den Zeitpunkt der Übertragung eine Schlussbilanz zu erstellen. Unterbleibt dies, sind die Entnahmen und Einlagen aufzuteilen: (1) vor dem Übertragungsstichtag sind sie dem Rechtsvorgänger und (2) nach dem Stichtag dem Rechtsnachfolger zuzurechnen. Maßgebend ist dabei der tatsächliche Zeitpunkt der Entnahmen und Einlagen. Der Gewinn ist im Wege der Schätzung auf den Rechtsvorgänger und den Rechtsnachfolger aufzuteilen.[2]

VII. Tarifermäßigung bei den Einkünften aus Land- und Forstwirtschaft

Literatur: *Kanzler,* Die neue Tarifglättung für die Einkünfte aus Land- und Forstwirtschaft – § 32c EStG reloaded, DStZ 2017 S. 210; *Lammers,* Tarifglättung bei Einkünften aus Land- und Forstwirtschaft, DStR 2017 S. 1576; *Wiegand*, Einführung in die Tarifglättung für Einkünfte aus Land- und Forstwirtschaft, NWB 9/2017 S. 649; *Kanzler*, Von der Tarifglättung zur Tarifermäßigung bei den Einkünften aus Land- und Forstwirtschaft, NWB 2020 S. 462; *Kanzler*, Das Anwendungsschreiben des BMF zur Tarifermäßigung bei den Einkünften aus Land- und Forstwirtschaft nach § 32c EStG – Neue Aufgaben für die Rechtsprechung, FR 2020 S. 974; *Kanzler*, Das BMF-Schreiben zur Tarifermäßigung bei den Einkünften aus Land- und Forstwirtschaft, NWB 2020 S. 3879.

1. Allgemeines

594 Durch das Gesetz zur weiteren steuerlichen Förderung der Elektromobilität und zur Änderung weiterer steuerlicher Vorschriften vom 12.12.2019[3] wurde § 32c EStG neu gefasst. Die EU-Kommission hat am 30.1.2020 durch Beschluss festgestellt, dass es sich um eine mit dem Binnenmarkt vereinbare Beihilfe handelt.

1 BMF 12.3.2025, BStBl 2025 I S. 671, Tz 57 und 61.
2 BMF 12.3.2025, BStBl 2025 I S. 671, Tz. 56.
3 BGBl 2019 I S. 2451.

Die Regelung ist damit mit Wirkung vom 30.1.2020 in Kraft getreten.[1] Die Tarifermäßigung kann in den VZ 2016, 2019 und 2022 zur Anwendung kommen.[2]

Durch das Gesetz zur Verlängerung der Tarifermäßigung für Einkünfte aus Land- und Forstwirtschaft vom 23.10.2024 wurde § 32c EStG um zwei weitere Betrachtungszeiträume (2023 bis 2025 und 2026 bis 2028) verlängert und punktuell angepasst.[3] Die Verlängerung der Tarifermäßigung unterlag einem partiellen Genehmigungsvorbehalt. Die EU-Kommission hat die erforderliche Genehmigung am 17.2.2025 erteilt.[4]

Es bestehen Zweifel an der Verfassungsmäßigkeit der Tarifermäßigung.[5]

2. Zugangsvoraussetzungen

Die Tarifermäßigung nach § 32c EStG wird unter folgenden Voraussetzungen gewährt: 594/1

a) Antrag des Steuerpflichtigen

Aus verfassungsrechtlichen Gründen ist nunmehr ein Antragswahlrecht des LuF vorgesehen. Bei dem Antrag, der bei dem für die Einkommensbesteuerung zuständigen FA zu stellen ist, handelt es sich um eine empfangsbedürftige steuerrechtliche Willenserklärung, die an keine bestimmte Form oder Frist gebunden ist.[6] Der erstmalige Antrag auf Tarifermäßigung kann für das letzte Jahr des Betrachtungszeitraums im Rahmen der Steuererklärung oder bis zum Eintritt der Bestandskraft auch außerhalb des Veranlagungsverfahrens (z. B. im Rechtsbehelfsverfahren) gestellt werden.[7] Solange der Einkommensteuerbescheid noch nicht bestandskräftig ist, kann der Antrag auch jederzeit zurückgenommen werden. 595

Mit der „Anlage 32c“ hat die FinVerw einen vorformulierten Antrag zur Verfügung gestellt. Die Anlagen für die VZ 2016, 2019 und 2022 finden sich auf den

1 BGBl 2020 I S. 597; BMF 18.9.2020, BStBl 2020 I S. 952, Rz. 1.
2 § 52 Abs. 33a EStG.
3 BGBl 2024 I Nr. 321.
4 § 52 Abs. 33a Satz 5 ff. EStG; BMF 4.9.2025, BStBl 2025 I S. 1695, Rz. 2.
5 FG Niedersachsen 24.4.2024 – 4 K 6/24, EFG 2024 S. 1322.
6 BMF 18.9.2020, BStBl 2020 I S. 952, Rz. 4 ff.; BMF 4.9.2025, BStBl 2025 I S. 1695, Rz. 4.
7 FG Niedersachsen 6.4.2022 – 3 K 20/22, NWB MAAAJ-16679 = EFG 2022 S. 941.

Internetseiten der FinVerw.[1] Ab dem VZ 2025 ist die Anlage 32c Teil der Einkommensteuererklärung.

b) Erklärungen des Steuerpflichtigen

596 Werden nur landwirtschaftliche Einkünfte i. S. des Art. 211 Abs. 3 VO (EU) Nr. 1308/2013 vom 17.12.2013 erzielt, müssen ab dem VZ 2025 keine beihilferechtlichen Erklärungen mehr abgegeben werden. Werden Einkünfte aus Forstwirtschaft und/oder Binnenfischerei, Teichwirtschaft oder Fischzucht für Binnenfischerei und Teichwirtschaft erzielt, sind folgende Erklärungen erforderlich:[2]

- Der LuF ist kein „Unternehmer in Schwierigkeiten" im Sinne der Rahmenregelung der EU für staatliche Beihilfen im Agrar- und Forstsektor und in ländlichen Gebieten.[3]
- Sofern der LuF zu einer Rückzahlung von Beihilfen auf Grund eines früheren Beschlusses der Europäischen Kommission zur Feststellung der Unzulässigkeit einer Beihilfe und ihrer Unvereinbarkeit mit dem Binnenmarkt verpflichtet worden ist, ist er dieser Rückforderungsanordnung vollständig nachgekommen.[4]
- Die Beihilfen wurden nicht zur Unterstützung von Fischereitätigkeiten gewährt, die mit schweren Verstößen gem. Art. 42 VO (EU) Nr. 1005/2008 vom 29.9.2008 verbunden sind und illegale, nicht gemeldete und unregulierte Fischerei (IUU-Fischerei) darstellen oder unterstützen.[5]
- Die Beihilfen wurden nicht zur Unterstützung des Betriebs, des Managements oder des Besitzes eines Fischereifahrzeugs, das auf der Unionsliste von IUU-Schiffen gem. Art. 40 Abs. 3 VO (EU) Nr. 1005/2008 geführt wird, oder eines Schiffes, das unter der Flagge eines Landes fährt, das nach Art. 33 VO (EU) Nr. 1005/2008 als nichtkooperierendes Drittland eingestuft wurde, gewährt.[6]

1 https://www.lfst.bayern.de/formulare/steuererklaerung/einkommensteuer/land-und-forstwirtschaft.

2 § 32c Abs. 5 Satz 4 EStG; BMF 4.9.2025, BStBl 2025 I S. 1695, Rz. 6 ff.

3 § 32c Abs. 5 Satz 1 Nr. 3 EStG; BMF 4.9.2025, BStBl 2025 I S. 1695, Rz. 7.

4 § 32c Abs. 5 Satz 1 Nr. 4 EStG.

5 § 32c Abs. 5 Satz 1 Nr. 5 Buchst. a EStG.

6 § 32c Abs. 5 Satz 1 Nr. 5 Buchst. b EStG.

- Die Beihilfen gehen mit einer Einhaltung der Vorschriften der VO (EU) Nr. 1379/2013 vom 11.12.2013 einher.[1]
- Die Beihilfen gehen nicht mit einer Erhöhung der Fangkapazität oder dem Bau neuer Schiffe einher, die unmittelbar und automatisch zu einem Verstoß des Mitgliedstaats gegen Art. 22 Abs. 7 VO (EU) Nr. 1380/2013 vom 11.12.2013 und die in Anhang II zu der VO festgelegten Obergrenzen für die Fangkapazität führen.[2]
- Der LuF, der Einkünfte aus Binnenfischerei, Teichwirtschaft oder Fischzucht für Binnenfischerei oder Teichwirtschaft erzielt, versichert, dass er für einen Zeitraum von fünf Jahren nach Bekanntgabe des Einkommensteuerbescheides, mit dem die Tarifermäßigung gewährt wird, die Bestimmungen der gemeinsamen Fischereipolitik einhalten wird.[3]

Wenn eine der vorgenannten Voraussetzungen nicht mehr vorliegt, hat der LuF dies dem zuständigen Finanzamt unverzüglich mitzuteilen.[4]

c) Betrachtungszeitraum

Eine Tarifermäßigung kommt nicht in Betracht, wenn nur in einem VZ des Be- 597
trachtungszeitraums Einkünfte aus LuF erzielt werden.[5] Der Betrachtungszeitraum umfasst stets drei VZ.[6] Der erste Betrachtungszeitraum umfasst die VZ 2014 bis 2016.[7] In einen Betrachtungszeitraum gehen somit regelmäßig die Ergebnisse von vier Wj ein (z. B. 2013/2014, 2014/2015, 2015/2016, 2016/2017). Als weitere Betrachtungszeiträume sind die VZ 2017 bis 2019, VZ 2020 bis 2022, VZ 2023 bis 2025 und VZ 2026 bis 2028 vorgesehen.[8]

Die in § 32c EStG i. d. F. des MarktordÄndG vorgesehenen abweichenden Betrachtungszeiträume bei Neugründungen[9] und verkürzten Betrachtungszeiträume bei Betriebsaufgaben/-veräußerungen[10] sind entfallen. Die Tarifermäßigung ist demnach auch in den Fällen der Neugründung, Veräußerung/Aufgabe,

1 § 32c Abs. 5 Satz 1 Nr. 5 Buchst. c EStG.
2 § 32c Abs. 5 Satz 1 Nr. 5 Buchst. d EStG.
3 § 32c Abs. 5 Satz 1 Nr. 6 EStG.
4 § 32c Abs. 5 Satz 3 EStG.
5 § 32c Abs. 1 Satz 3 EStG.
6 § 32c Abs. 1 Satz 1 EStG.
7 § 52 Abs. 33a Satz 2 EStG.
8 § 52 Abs. 33a Satz 3 und 5 EStG.
9 § 52 Abs. 33a Satz 5 ff. EStG i. d. F. des MarktordÄndG.
10 § 32c Abs. 5 Satz 1 EStG i. d. F. des MarktordÄndG.

Einbringung, Realteilung, unentgeltlichen Übertragung, Erbfolge und des Strukturwandels (zum Gewerbetrieb bzw. zur Liebhaberei) zu gewähren, wenn der LuF in mindestens zwei VZ des Betrachtungszeitraums luf Einkünfte erzielt und im Tarifermäßigungsjahr (2016, 2019, 2022, 2025 oder 2028) eine Veranlagung durchgeführt wird. Es kommt dabei nicht darauf an, ob im ersten, zweiten oder dritten VZ des Betrachtungszeitraums keine luf Einkünfte erzielt werden.[1]

d) Verlustrücktrag bzw. Verlustvortrag

598 Eine Tarifermäßigung kann nur unter folgenden weiteren Voraussetzungen gewährt werden:

- Werden im **ersten VZ** des Betrachtungszeitraums negative Einkünfte erzielt und können diese Einkünfte nicht bei der Ermittlung des GdE ausgeglichen werden, darf für diese Einkünfte kein Verlustrücktrag nach § 10d Abs. 1 **Satz 1** EStG in den letzten VZ des vorangegangenen Betrachtungszeitraums vorgenommen worden sein.[2] Ab dem Betrachtungszeitraum 2026 bis 2028 darf der Verlust des ersten VZ auch nicht in den zweiten VZ des vorangegangenen Betrachtungszeitraums zurückgetragen worden sein.[3] Der LuF hat demnach auf einen Verlustrücktrag zu verzichten.[4] Beim ersten Betrachtungszeitraum (VZ 2014 bis 2016) kommt diese Regelung aus Vertrauensschutzgründen nicht zur Anwendung.[5]
- Werden im **zweiten VZ** des Betrachtungszeitraums negative Einkünfte erzielt und können diese Einkünfte nicht bei der Ermittlung des GdE ausgeglichen und nicht vom GdE des Vorjahres abgezogen werden, darf für diese Einkünfte kein Verlustrücktrag nach § 10d Abs. 1 **Satz 2** EStG in den letzten VZ des vorangegangenen Betrachtungszeitraums vorgenommen worden sein.[6] Der LuF hat demnach auf einen Verlustrücktrag zu verzichten.
- Werden im **zweiten oder dritten VZ** des Betrachtungszeitraums negative Einkünfte erzielt und können diese Einkünfte nicht bei der Ermittlung des jeweiligen GdE ausgeglichen werden, darf der LuF keinen Antrag nach § 10d Abs. 1 Satz 6 EStG stellen, d. h. der LuF darf keine Begrenzung des jeweiligen Verlustrücktrages beantragen.[7]

---

1 BMF 4.9.2025, BStBl 2025 I S. 1659, Rz. 12 f., zum Erbfall Rz. 14 ff.
2 § 32c Abs. 5 Satz 1 Nr. 1 EStG.
3 Art. 2 Nr. 6 des Steueränderungsgesetzes 2025.
4 Antrag nach § 10d Abs. 1 Satz 6 EStG.
5 BMF 18.9.2020, BStBl 2020 I S. 952, Rz. 24.
6 § 32c Abs. 5 Satz 1 Nr. 1a EStG.
7 § 32c Abs. 5 Satz 1 Nr. 2 EStG.

Die im Betrachtungszeitraum erzielten negativen Einkünfte sollen demnach vorrangig innerhalb des Betrachtungszeitraums verrechnet werden. Eine Tarifermäßigung ist aber auch dann zu gewähren, wenn auf den Schluss des VZ vor Beginn des Betrachtungszeitraums ein verbleibender Verlustvortrag festgestellt worden ist, wenn im zweiten oder dritten VZ des Betrachtungszeitraums erzielte negative Einkünfte nicht (vollständig) zurückgetragen werden können oder wenn der LuF im ersten VZ nach Ablauf des Betrachtungszeitraums negative Einkünfte erzielt und keinen Antrag nach § 10d Abs. 1 Satz 6 EStG stellt.

Für eine Änderung des Antrags nach § 10d Abs. 1 Satz 6 EStG begründet § 32c EStG keine eigenständige Änderungsgrundlage. Es gelten insoweit nur die für die Durchbrechung der materiellen Bestandskraft maßgeblichen allgemeinen Korrekturvorschriften.[1]

3. Berechnung der Tarifermäßigung

Die FinVerw hat eine Berechnungshilfe zur Berechnung der Tarifermäßigung zur 598/1
Verfügung gestellt.[2]

a) Tatsächliche Einkünfte aus Land- und Forstwirtschaft

Zunächst sind für jeden VZ des Betrachtungszeitraums die tatsächlichen Ein- 599
künfte aus LuF zu ermitteln, die der Tarifermäßigung unterliegen. Hierzu sind von den Einkünften aus LuF (alle luf Einkunftsquellen) die außerordentlichen Einkünfte nach § 34 Abs. 2 EStG, die nach § 34a EStG begünstigten nicht entnommenen Gewinne und die Einkünfte aus außerordentlichen Holznutzungen i. S. des § 34b Abs. 1 und 2 EStG abzuziehen.[3] Die Tarifermäßigung erfasst nur Einkünfte i. S. des § 13 EStG. Daher sind auch die nicht tarifbegünstigten Veräußerungsgewinne (z. B. Gewinne aus der Veräußerung von Teilmitunternehmeranteilen, § 14 Abs. 1 Satz 2 i. V. mit § 16 Abs. 1 Satz 2 EStG) von den Einkünften aus LuF abzuziehen.[4]

1 BMF 4.9.2025, BStBl 2025 I S. 1695, Rz. 19; vgl. auch R 10d Abs. 3 EStR und BFH 17.9.2008 – IX R 72/06, BStBl 2009 II S. 639.

2 https://www.lfst.bayern.de/formulare/steuererklaerung/einkommensteuer/land-und-forstwirtschaft.

3 § 32c Abs. 4 EStG; BMF 4.9.2025, BStBl 2025 I S. 1695, Rz. 27 ff.

4 Wendt in H/H/R, § 32c EStG Rz. 15.

b) Fiktive durchschnittliche Einkünfte aus Land- und Forstwirtschaft

600 Zur Ermittlung der fiktiven durchschnittlichen Einkünfte aus LuF wird die Summe der tatsächlichen Einkünfte aus LuF gleichmäßig auf die VZ des Betrachtungszeitraums verteilt.[1]

c) Anteilige tatsächliche tarifliche Einkommensteuer

601 Für jeden VZ des Betrachtungszeitraums ist die tatsächliche tarifliche Einkommensteuer, die auf die steuerpflichtigen Einkünfte aus LuF i. S. des § 13 EStG entfällt, zu ermitteln. Die Ermittlung erfolgt nach folgender Formel (Verhältnisrechnung):[2]

$$\text{Anteilige tats. tarifliche ESt} = \text{Tats. tarifliche ESt} \times \frac{\text{Positive tats. Einkünfte aus LuF i. S. des § 13 EStG}}{\text{Summe der pos. Einkünfte (inkl. LuF)}}$$

Bei dieser Verhältnisrechnung wird die gesamte tarifliche Einkommensteuer einbezogen. Es werden demnach auch Steuerbeträge berücksichtigt, die nicht auf die nach § 32c EStG begünstigten Einkünfte entfallen (z. B. Steuerbeträge nach § 34 Abs. 1 oder 3, § 34a oder § 34b EStG).[3] Steuerermäßigungen, die auf die luf Einkünfte entfallen (z. B. Steuerermäßigung nach § 35b EStG), bleiben bei der Ermittlung der anteiligen tariflichen ESt unberücksichtigt.[4] Die Hinzurechnung des Anspruchs auf Kindergeld wird in der Verhältnisrechnung nicht berücksichtigt.[5]

Bei der Position „Positive tats. Einkünfte aus LuF i. S. des § 13 EStG“ handelt es sich um die nach § 32c EStG begünstigten Einkünfte.[6] Sind die begünstigten luf Einkünfte negativ, entfällt auf diese in dem betroffenen VZ keine anteilige Steuer.[7]

1 § 32c Abs. 2 Satz 3 EStG; BMF 4.9.2025, BStBl 2025 I S. 1695, Rz. 34 f.

2 § 32c Abs. 3 Satz 1 EStG.

3 A. A. Wendt in H/H/R, § 32c EStG Rz. 17.

4 Wendt in H/H/R, § 32c EStG Rz. 17.

5 § 2 Abs. 6 Satz 3 EStG; FG Niedersachsen 24.4.2024 – 4 K 6/24, EFG 2024 S. 1322; BMF 4.9.2025, BStBl 2025 I S. 1695, Rz. 22.

6 § 32c Abs. 4 EStG; BMF 4.9.2025, BStBl 2025 I S. 1695, Rz. 36; a. A. Wendt in H/H/R, § 32c EStG Rz. 30.

7 Wendt in H/H/R, § 32c EStG Rz. 30.

Zur Ermittlung der „Summe der pos. Einkünfte" werden innerhalb der Einkunftsart laufende und außerordentliche sowie positive und negative Einkünfte saldiert (horizontaler Verlustausgleich). Ist die Summe der Einkünfte aus einer Einkunftsart negativ, geht diese Einkunftsart nicht in die „Summe der pos. Einkünfte" ein.[1] Kapitalerträge, die nach § 32d Abs. 1 EStG besteuert werden, sind nicht einzubeziehen (vgl. § 2 Abs. 5b EStG).

Die anteilige tatsächliche tarifliche ESt der Einzeljahre ist aufzuaddieren.[2]

d) Anteilige fiktive tarifliche Einkommensteuer

Für jeden VZ des Betrachtungszeitraums ist die fiktive tarifliche Einkommensteuer, die auf die steuerpflichtigen Einkünfte aus LuF i. S. des § 13 EStG entfällt, zu ermitteln. Hierfür ist für jeden VZ des Betrachtungszeitraums eine Schattenberechnung durchzuführen, in der die tatsächlichen Einkünfte aus LuF durch die fiktiven durchschnittlichen Einkünfte aus LuF zu ersetzen sind.[3] Zur Ermittlung der anteiligen fiktiven tariflichen ESt ist die obige Formel wie folgt anzupassen:[4] 602

$$\text{Anteilige fiktive tarifliche ESt} = \text{Fiktive tarifliche ESt} \times \frac{\text{Pos. fiktive Einkünfte aus LuF i. S. des § 13 EStG}}{\text{Fiktive Summe der pos. Einkünfte (inkl. LuF)}}$$

Die anteilige fiktive tarifliche ESt der Einzeljahre ist aufzuaddieren.[5]

e) Berechnung bei Ehegatten/Lebenspartnern

Für die Tarifermäßigung ist bei Ehegatten/Lebenspartnern die gewählte Veranlagungsart im letzten VZ (Zusammenveranlagung oder Einzelveranlagung) des Betrachtungszeitraums maßgebend.[6] 603

Wählen Ehegatten/Lebenspartner im letzten VZ des Betrachtungszeitraums die **Zusammenveranlagung**, sind die jeweiligen Einkünfte der Ehegatten/Lebenspartner sowie die Einkommensteuern unabhängig von der Veranlagungsart (ggf. Einzelveranlagung) in den anderen VZ des Betrachtungszeitraums zusammenzurechnen.

1 BMF 4.9.2025, BStBl 2025 I S. 1695, Rz. 31.
2 BMF 4.9.2025, BStBl 2025 I S. 1695, Rz. 37.
3 § 32c Abs. 2 Satz 2 EStG; BMF 4.9.2025, BStBl 2025 I S. 1695, Rz. 34 f.
4 § 32c Abs. 3 Satz 2 EStG.
5 BMF 4.9.2025, BStBl 2025 I S. 1695, Rz. 37.
6 BMF 4.9.2025, BStBl 2025 I S. 1695, Rz. 39 ff.

Wird im letzten VZ des Betrachtungszeitraums eine **Einzelveranlagung** durchgeführt, sind für Zwecke der Berechnung der Tarifermäßigung bei einer vorangegangenen Zusammenveranlagung die tarifliche Einkommensteuer und die fiktive tarifliche Einkommensteuer nach dem Verhältnis der positiven Einkünfte der Ehegatten aufzuteilen. Die jeweiligen Einkünfte der Ehegatten/Lebenspartner sind unabhängig von der Veranlagungsart (ggf. Zusammenveranlagung) im jeweiligen VZ den Steuerpflichtigen getrennt zuzurechnen.

f) Vergleich der tatsächlichen und der fiktiven Steuerbelastung

aa) Ermäßigungsbetrag

604 Ist die Summe der anteiligen tatsächlichen tariflichen Einkommensteuer höher als die Summe der anteiligen fiktiven tariflichen Einkommensteuer, wird die tarifliche Einkommensteuer bei der Steuerfestsetzung des letzten VZ im Betrachtungszeitraum um den Unterschiedsbetrag ermäßigt.[1] Nach § 2 Abs. 6 Satz 1 EStG wird die Tarifermäßigung vor den übrigen Steuerermäßigungen von der tariflichen Einkommensteuer abgezogen. Ist für den letzten VZ des Betrachtungszeitraums nur eine niedrige Steuer festzusetzen, kann die Tarifermäßigung nach § 32c EStG zum Wegfall oder zur Verminderung der übrigen Steuerermäßigungen (z. B. § 35a EStG) führen.

Ist der Unterschiedsbetrag höher als die tarifliche Einkommensteuer des letzten VZ im Betrachtungszeitraum, wird der nicht zum Abzug gebrachte Unterschiedsbetrag im letzten VZ des Betrachtungszeitraums auf die Einkommensteuer angerechnet.[2]

Bei der Günstigerprüfung nach § 32d Abs. 6 EStG wird die festzusetzende Einkommensteuer einschließlich Zuschlagsteuern verglichen.[3] Hierbei kann es zu Friktionen kommen, da die Anrechnungsbeträge i. S. des § 36 Abs. 2 Nr. 4 EStG (Unterschiedsbetrag > tarifliche Einkommensteuer) nicht in die Günstigerprüfung einbezogen werden.

bb) Erhöhungsbetrag

605 War die Summe der anteiligen tatsächlichen tariflichen Einkommensteuer niedriger als die Summe der anteiligen fiktiven tariflichen Einkommensteuer, war

1 § 32c Abs. 1 Satz 2 EStG; BMF 4.9.2025, BStBl 2025 I S. 1695, Rz. 21.

2 § 36 Abs. 2 Nr. 4 EStG; BMF 4.9.2025, BStBl 2025 I S. 1695, Rz. 23; a. A. Lammers, DStR 2017 S. 1576: Anrechnung bei der Erhebung der Einkommensteuer des Folgejahres.

3 Levedag in Schmidt, EStG, § 32d Rz. 22.

die festzusetzende Einkommensteuer des letzten VZ im Betrachtungszeitraum nach § 32c Abs. 1 Satz 3 EStG i. d. F. des MarktordÄndG um den Unterschiedsbetrag zu erhöhen. In der aktuellen Fassung des § 32c EStG ist eine Erhöhung der tariflichen Einkommensteuer nicht mehr vorgesehen. Ergibt sich ein Erhöhungsbetrag, ist die Tarifermäßigung mit 0 € anzusetzen.[1]

g) Zuschlagsteuern

Bemessungsgrundlage für die Zuschlagsteuern ist i. d. R. die festzusetzende Ein- 606
kommensteuer.[2] Ermäßigungsbeträge i. S. des § 32c EStG sind daher grds. auch bei der Berechnung der Zuschlagsteuern zu berücksichtigen. Soweit eine Anrechnung nach § 36 Abs. 2 Nr. 4 EStG erfolgt, wirkt sich der Ermäßigungsbetrag auf die Berechnung der Zuschlagsteuern nicht aus.[3]

4. Verfahrensvorschriften

a) Änderung der Besteuerungsgrundlagen

Ändern sich in einem Einkommensteuerbescheid des Betrachtungszeitraums[4] 607
die Besteuerungsgrundlagen, ist der Steuerbescheid des letzten VZ des Betrachtungszeitraums zu ändern.[5] Eine Änderung ist aber nur dann möglich, wenn im letzten VZ des Betrachtungszeitraums eine Tarifermäßigung nach § 32c EStG gewährt worden ist. Wurde bislang keine Tarifermäßigung gewährt, ist eine Änderungsmöglichkeit nach § 32c Abs. 6 EStG nicht gegeben.

Ist eine Änderung möglich, endet die Festsetzungsfrist insoweit nicht, bevor die Festsetzungsfrist für den VZ abgelaufen ist, in dem sich die Besteuerungsgrundlagen geändert haben.[6]

Die mit dem Steuerbescheid verbundene Anrechnungsverfügung stellt einen eigenständigen Verwaltungsakt dar.[7] In § 32c Abs. 6 Satz 3 EStG ist daher für die Anrechnungsverfügung eine eigenständige Änderungsvorschrift vorgesehen.

---

1 BMF 4.9.2025, BStBl 2025 I S. 1695, Rz. 26.

2 § 51a Abs. 2 EStG; § 3 Abs. 2 SolzG.

3 Kanzler, DStZ 2017 S. 210; Wendt in H/H/R, § 32c EStG Rz. 9; BMF 4.9.2025, BStBl 2025 I S. 1695, Rz. 24 f.

4 A. A. Wendt in H/H/R, § 32c EStG Rz. 40: Änderungsbefugnis nur, wenn sich die Einkünfte des ersten oder zweiten VZ des Betrachtungszeitraums ändern.

5 § 32c Abs. 6 Satz 1 EStG; BMF 4.9.2025, BStBl 2025 I S. 1695, Rz. 48.

6 § 32c Abs. 6 Satz 2 EStG; BMF 4.9.2025, BStBl 2025 I S. 1695, Rz. 49.

7 BFH 15.4.1997, BStBl 1997 II S. 787.

b) Verstoß gegen EU-Vorschriften

608 Wird während eines Zeitraums von fünf Jahren nach Bekanntgabe des Einkommensteuerbescheides, mit dem die Tarifermäßigung für den jeweiligen Betrachtungszeitraum gewährt wird, durch die zuständige Behörde festgestellt, dass die Voraussetzungen des § 32c Abs. 5 Satz 1 Nr. 5 EStG (vgl. Rz. 596) nicht eingehalten wurden, ist die Tarifermäßigung rückgängig zu machen.[1] Damit das zuständige Finanzamt von dem Verstoß erfährt, hat der LuF diesen nach dessen Feststellung unverzüglich anzuzeigen.[2]

Ein solcher Verstoß gilt als rückwirkendes Ereignis i. S. des § 175 Abs. 1 Satz 1 Nr. 2 i. V. mit Abs. 2 AO.[3] Die Festsetzungsfrist für die Steuer endet nicht vor Ablauf von vier Jahren nach Ablauf des Kalenderjahres, in dem die Finanzbehörde von dem Verstoß Kenntnis erlangt hat.[4]

5. Veröffentlichung der Tarifermäßigungen

609 Die Finanzbehörden der Länder veröffentlichen die gewährten Tarifermäßigungen unter bestimmten Voraussetzungen in der öffentlich zugänglichen Beihilfentransparenzdatenbank der EU.[5]

In den Betrachtungszeiträumen 2014 bis 2016, 2017 bis 2019 und 2020 bis 2022 handelt es sich bei der Tarifermäßigung insgesamt um eine Beihilfe. Die Veröffentlichung erfolgt ab folgenden Beträgen:[6]

- Fischerei- und Aquakultursektor: 30.000 €
- Landwirtschaftliche Primärproduktion: 60.000 €
- Verarbeitung oder Vermarktung landwirtschaftlicher Erzeugnisse oder Forstwirtschaft: 500.000 €

In den Betrachtungszeiträumen 2023 bis 2025 und 2026 bis 2028 handelt es sich bei der Tarifermäßigung abhängig von den ausgeübten Tätigkeiten insge-

1 § 32c Abs. 7 Satz 1 EStG; BMF 4.9.2025, BStBl 2025 I S. 1695, Rz. 50.
2 § 32c Abs. 7 Satz 3 EStG; BMF 4.9.2025, BStBl 2025 I S. 1695, Rz. 51.
3 § 32c Abs. 7 Satz 2 EStG.
4 § 32c Abs. 7 Satz 4 EStG; BMF 4.9.2025, BStBl 2025 I S. 1695, Rz. 52.
5 § 30 Abs. 4 Nr. 2a AO; https://webgate.ec.europa.eu/competition/transparency/public/search/home, Nummer der Beihilfesache SA.47089.
6 BMF 24.11.2020, BStBl 2020 I S. 1217; BMF 18.9.2020, BStBl 2020 I S. 952, Rz. 12 f.

samt, teilweise oder nicht um eine Beihilfe. Die Veröffentlichung erfolgt für folgende Einkünftebestandteile ab folgenden Beträgen:[1]

- Einkünfte aus Binnenfischerei, Teichwirtschaft oder Fischzucht für Binnenfischerei und Teichwirtschaft: 10.000 €
- Einkünfte aus Forstwirtschaft: 100.000 €

(Einstweilen frei) 610–619

VIII. Beteiligung Dritter an land- und forstwirtschaftlichen Betrieben – Gesellschaften

1. Arbeitsverhältnisse

a) Arbeitsverhältnisse mit Ehegatten

Wegen der Überlegungen zum Abschluss eines Arbeitsvertrages mit Angehörigen vgl. Rz. 620 ff. Für Arbeitsverhältnisse im Beitrittsgebiet gelten seit dem 2. Halbjahr 1990 dieselben Grundsätze wie im übrigen Bundesgebiet.[2] Die nachfolgenden Grundsätze finden auch Anwendung auf getrenntlebende Ehegatten, jedenfalls dann, wenn Anhaltspunkte für das Fehlen gegenläufiger Interessen vorliegen.[3] 620

aa) Voraussetzungen der steuerlichen Anerkennung

(1) Abschluss eines Arbeitsvertrages

Ein Arbeitsverhältnis mit dem Ehegatten wird steuerlich anerkannt, wenn es **klar und eindeutig vereinbart** ist, **ernsthaft gewollt**, entsprechend der Vereinbarung auch **tatsächlich durchgeführt** wird und einem **Fremdvergleich** standhält.[4] Vertragliche Gestaltung und Durchführung müssen auch unter Fremden üblich sein.[5] Es ist selbstverständlich, dass nur auf dem Papier stehende Verträge steuerlich unbeachtlich sind. 621

1 Art. 211 Abs. 3 VO (EU) Nr. 1308/2013; BMF 4.9.2025, BStBl 2025 I S. 1695, Rz. 9 f.

2 BFH 15.9.1994, BStBl 1996 II S. 609.

3 BFH 1.12.2004 – X R 4/03, NWB TAAAB-42748 = BFH/NV 2005 S. 549.

4 BFH 17.7.1984, BStBl 1986 II S. 48; BFH 29 11.1988, BStBl 1989 II S. 281; BFH 4.9.1997, BFH/NV 1998 S. 202; R 4.8 Abs. 1 EStR.

5 BFH 25.7.1991, BStBl 1991 II S. 842.

622 An **Nachweis** des Bestehens der Vereinbarung und seiner Durchführung sind strenge Anforderungen zu stellen.[1] Der ArbG, der den Abzug als BA begehrt, hat grds. die objektive Beweislast (Feststellungslast) dafür, dass eine betriebliche Veranlassung gegeben ist.[2]

623 Ein **schriftlicher Arbeitsvertrag** ist für die steuerliche Anerkennung zwar nicht Voraussetzung, jedoch ist dieser aus Beweisgründen unbedingt anzuraten. Aus der bloßen Mithilfe im Betrieb allein kann nicht auf den Abschluss eines Arbeitsvertrags geschlossen werden. Ein **stillschweigender Abschluss** kann genügen, wenn im Übrigen deutlich zu erkennen ist, dass alle Folgerungen aus dem Arbeitsverhältnis gezogen worden sind (z. B. Anmeldung zur gesetzlichen Versicherung, Einbehaltung und Abführung der Lohnsteuer u. a.).

624 **Rückwirkende Vereinbarungen** werden steuerlich nicht anerkannt. Der Arbeitsvertrag sollte alle wesentlichen Punkte der Vereinbarung enthalten (z. B. Arbeitszeit, nicht jedoch bei geringfügiger Beschäftigung, wenn die Arbeitszeit von den betrieblichen oder beruflichen Erfordernissen abhängt; denn in einem solchen Fall ist die Unklarheit auf die Eigenart des Arbeitsverhältnisses zurückzuführen und nicht auf eine unübliche Gestaltung;[3] in einem anderen Fall hat der BFH[4] ein Arbeitsverhältnis mit flexibler Arbeitszeit nicht anerkannt, Urlaub, Gehaltsfortzahlung im Krankheitsfalle, Sondervergütungen usw.). Unabdingbar ist ein **ziffernmäßig bestimmtes Gehalt**. Der Hinweis auf Tarifverträge genügt, wenn die Eingruppierung feststellbar ist.

625 Ein unangemessen **niedriges** Gehalt steht der steuerlichen Anerkennung grds. nicht entgegen. Die Rspr. geht in einem solchen Fall von einer teilweisen unentgeltlichen Mitarbeit aus. Das Arbeitsentgelt darf aber nicht so niedrig sein, dass nicht mehr von einem rechtsgeschäftlichen Bindungswillen ausgegangen werden kann.[5] Abschnitt 23 Abs. 1 EStR 1990 enthielt die Anweisung, ein Arbeitsverhältnis nur anzuerkennen, wenn bei einer Vollbeschäftigung der Arbeitslohn mindestens den für versicherungsfreie Nebentätigkeit geltenden Betrag über-

1 BFH 15.2.1989, BStBl 1989 II S. 462; BFH 31.5.1989, HFR 1989 S. 659; BVerfG 16.7.1991, HFR 1992 S. 23.

2 Vgl. BFH 18.6.1997, BFH/NV 1998 S. 293.

3 BFH 25.11.1999 – IV R 44/99, NWB BAAAA-65674 = BFH/NV 2000 S. 699.

4 BFH 20.7.2004 – XI B 189/03, NWB UAAAB-36113 = BFH/NV 2005 S. 206.

5 BFH 28.7.1983, BStBl 1984 II S. 60; BFH 21.8.1985, BStBl 1985 II S. 124; BFH 22.3.1990, BStBl 1990 II S. 776.

steigt. In späteren Fassungen ist diese Einschränkung zwar nicht mehr enthalten, jedoch erscheint es zweifelhaft, ob in solchen Fällen ein rechtsgeschäftlicher Bindungswille besteht.

Die Vereinbarung eines unangemessen **hohen** Gehalts berührt im Allgemeinen nicht das Arbeitsverhältnis insgesamt. Das unangemessene Gehalt ist aber auf einen angemessenen Betrag zu reduzieren. Nur in einem angemessenen Umfange sind Gehaltszahlungen Betriebsausgaben.[1]

Wechselseitige Arbeitsverhältnisse (z. B. wenn ein Ehegatte eine Landwirtschaft 626
und der andere Ehegatte einen Gewerbebetrieb unterhält und der eine Ehegatte im Betrieb des anderen jeweils angestellt ist) werden steuerlich grds. nicht anerkannt, da sie einem Fremdvergleich nicht standhalten.[2]

(2) Durchführung des Arbeitsverhältnisses

Das Arbeitsverhältnis wird steuerlich nur anerkannt, wenn es entsprechend der 627
Vereinbarung durchgeführt wird.[3] Bei Freistellung aus privaten Gründen wird der Vertrag nicht entsprechend seinem Inhalt tatsächlich durchgeführt und kann deshalb keine steuerliche Anerkennung finden, z. B. wenn bei getrennt lebenden Ehegatten nur die Unterhaltsleistung verdeckt wird.[4]

Das Arbeitsverhältnis ist durchgeführt, wenn der ArbN die vereinbarte Arbeitsleistung erbracht (nicht der Fall bei Freistellung aus privaten Gründen[5]), und der ArbG das Arbeitsentgelt **wie bei fremden ArbN** in einer Weise gezahlt hat, dass es in den alleinigen Verfügungsbereich des ArbN-Ehegatten übergegangen ist. Es muss zu einer deutlichen Trennung der Einkommen- und Vermögensverhältnisse der Ehegatten kommen. In der Praxis führt vor allem die Zahlung immer wieder zu Schwierigkeiten. Die Rspr. hat hier strenge Regeln aufgestellt; andererseits sind diese Anforderungen ohne Mühe zu erfüllen – wenn man sie kennt.

1 BFH 28.7.1983, BStBl 1984 II S. 60.

2 BFH 12.10.1988, BStBl 1989 II S. 354; BFH 20.5.1988 – III R 51/85, NWB BAAAB-29493 = BFH/NV 1989 S. 19.

3 BFH 17.7.1984, BStBl 1986 II S. 48; BFH 11.7.1990 – III R 73/85, BFH/NV 1991 S. 659; BFH 4.9.1997 – IV B 110/96, BFH/NV 1998 S. 202.

4 BFH 1.12.2004 – X R 4/03, BFH/NV 2005 S. 549.

5 BFH 1.12.2004 – X R 4/03, NWB TAAAB-42748 = BFH/NV 2005 S. 549; zur Anerkennung bei flexibler Arbeitszeit vgl. BFH 20.7.2004 – XI B 189/03, BFH/NV 2005 S. 206.

Zwei Probleme sind von Bedeutung: die Zahlung zu den üblichen (vereinbarten) **Zahlungsterminen** und die Erlangung der **Verfügungsmacht** durch den ArbN-Ehegatten.

► **Zahlungen zu den üblichen Zahlungsterminen**

628 Die steuerliche Anerkennung ist nur gewährleistet, wenn das Gehalt zu den üblichen (vereinbarten) Zahlungsterminen geleistet wird. Üblich ist im Allgemeinen eine **monatliche Gehaltszahlung.** Die Vereinbarung unüblicher Zahlungen gefährdet die steuerliche Anerkennung (z. B. Zahlung nach Ablauf des Jahres). Maßstab ist, ob auch ein fremder ArbN mit der gewählten Zahlung sich einverstanden erklären würde.

Unregelmäßige Zahlungen (z. B. Nachholung für mehrere Monate) haben im Allgemeinen die Nichtanerkennung des Arbeitsverhältnisses insgesamt zur Folge, nicht nur im Umfang der unregelmäßigen Zahlungen.[1] Unregelmäßige Zahlungen sind ausnahmsweise unschädlich, wenn es sich nur um kurzfristige Verzögerungen aus betrieblichen Gründen handelt, die auch ein fremder ArbN in Kauf genommen hätte.[2]

Bei verspäteten Zahlungen ist aufgrund der Gesamtumstände zu entscheiden, ob Betriebsausgaben vorliegen. Gewichtige sonstige Umstände, die für ein ernsthaftes Arbeitsverhältnis sprechen (z. B. langjährige beanstandungsfreie Abwicklung des Arbeitsverhältnisses, Abführung von LSt und Sozialversicherungsbeiträgen), können den Ausschlag für die steuerliche Anerkennung geben.[3]

Die langzeitige Nichtauszahlung des Arbeitslohns hindert die steuerliche Anerkennung auch dann, wenn das Arbeitsverhältnis bereits seit mehreren Jahren ordnungsgemäß durchgeführt worden war und im Streitjahr ordnungsgemäß LSt und Sozialabgaben abgeführt wurden.[4]

► **Erlangung der Verfügungsmacht durch den Arbeitnehmer-Ehegatten**

629 Der ArbN-Ehegatte erlangt die **alleinige Verfügungsmacht** (Eintritt der Trennung der Einkommens- und Vermögensverhältnisse der Ehegatten):

1 BFH 14.10.1981, BStBl 1982 II S. 119.

2 BFH 5.12.1963, BStBl 1964 III S. 131.

3 BFH 26.6.1996 – X R 155/94, BFH/NV 1997 S. 182; BFH 7.9.1995 – III R 24/91, BFH/NV 1996 S. 320.

4 BFH 25.7.1991, BStBl 1991 II S. 842.

- durch bare Auszahlung;[1]
- durch Überweisung auf ein Konto (Sparbuch)[2] des ArbN-Ehegatten, auch wenn der ArbG-Ehegatte darüber ein Mitverfügungsrecht hat;[3]
- durch Überweisung auf ein eigenes Konto des ArbG-Ehegatten, wenn der ArbN-Ehegatte darüber ein Mitverfügungsrecht hat;[4]
- durch Überweisung auf ein sog. Oder-Konto;[5]
- wenn Teile des Arbeitslohns als vermögenswirksame Leistung nach dem Vermögensbildungsgesetz auf Verlangen des ArbN-Ehegatten auf ein Konto des ArbG-Ehegatten oder auf ein gemeinschaftliches Konto beider Ehegatten überwiesen werden.[6]

Der BFH hat in langjähriger Rechtsprechung Ehegatten-Arbeitsverhältnisse steuerlich nicht anerkannt, weil der Arbeitslohn auf ein gemeinschaftliches Konto der Eheleute überwiesen wurde; der Arbeitnehmer-Ehegatte habe kein alleiniges Verfügungsrecht. Das BVerfG hat mit Urteil vom 7.11.1995[7] diese Rechtsprechung als offensichtlich verfassungswidrig für gegenstandslos erklärt. Nach diesem Urteil kann die Frage der alleinigen Verfügungsmacht des Arbeitnehmer-Ehegatten zwar als Indiz i. S. eines äußerlich erkennbaren Merkmals für den betrieblichen oder privaten Anlass einer Vermögensverschiebung zwischen Eheleuten gewertet werden. Steht allerdings aufgrund anderer Indizien schon fest, dass ein Arbeitsverhältnis ernstlich vereinbart, tatsächlich erfüllt und angemessen entgolten worden ist bedarf es keiner weiteren Feststellungen oder Beweise. Die Anerkennung des Arbeitsverhältnisses darf nicht allein an der Überweisung des Arbeitslohns auf ein gemeinschaftliches Konto der Eheleute scheitern.

Die Übergabe eines **Schecks** stellt für sich noch keinen Zufluss dar, weil die Forderung dadurch nicht erlischt.[8] Zur Durchführung wie unter Fremden gehört

1 BFH 16.5.1990, BStBl 1990 II S. 908; BFH 26.8.2004 – IV R 68/02, NWB JAAAB-42760 = BFH/NV 2005 S. 553.

2 Vgl. BFH 4.11.1986, BStBl 1987 II S. 336.

3 BFH 16.1.1974, BStBl 1974 II S. 294.

4 BFH 5.2.1997 – X R 145/94, BFH/NV 1997 S. 347; noch kritisch: BFH 24.3.1983, BStBl 1983 II S. 663, überholt durch BVerfG 15.8.1996 – 2 BvR 3027/95.

5 BVerfG 7.11.1995, BStBl 1996 II S. 34, in Abweichung von der Rechtsprechung des BFH. Zur Problematik des Oder-Kontos allgemein vgl. Fichtelmann, EStB 2004 S. 452.

6 BFH 19.9.1975, BStBl 1976 II S. 81.

7 BStBl 1996 II S. 34.

8 Vgl. BGH 7.10.1965, BGHZ 44 S. 178.

jedoch die Tilgung der Forderung. Das ist nicht der Fall, da der Scheck nur erfüllungshalber, nicht an Erfüllungs statt angenommen wird.[1] Erst die Einlösung des Schecks und Gutschrift auf einem Konto des ArbN-Ehegatten führt zur Erfüllung.

630 Die Erlangung der Verfügungsmacht tritt nicht ein:

- wenn der ArbN-Ehegatte monatlich vom betrieblichen Bankkonto einen bestimmten Betrag abhebt und diesen selbst in das benötigte Haushaltsgeld und den ihm zustehenden Arbeitslohn aufteilt;[2]
- bei Überweisung auf ein privates Konto des ArbG-Ehegatten, auch wenn der ArbN-Ehegatte den Überweisungsauftrag unterschrieben hat und das private Konto ausschließlich der Ansammlung von Beträgen zur Tilgung gemeinsamer Darlehensschulden der Ehegatten dient;[3]
- wenn das Arbeitsentgelt **wechselweise in bar** ausgezahlt und auf ein gemeinschaftliches Konto der Ehegatten überwiesen wird. Bar ausgezahlte Beträge können in einem solchen Falle aber ausnahmsweise insoweit abziehbar sein, als diese in jeweils zusammenhängenden Zeiträumen geleistet werden und aus dieser Zahlungsweise geschlossen werden kann, dass wenigstens in dem Zeitraum der Barzahlungen die Einkommens- und Vermögenssphäre der Ehegatten klar und eindeutig getrennt waren. Ob das der Fall ist, ist nach den Umständen des Einzelfalls zu entscheiden.[4]

- **Beachtung der sonstigen Arbeitgeberpflichten**

631 Das Arbeitsverhältnis ist ein zivilrechtliches Rechtsverhältnis. Daraus ergeben sich auch öffentlich-rechtliche Verpflichtungen, z. B. Einbehaltung von **Lohnsteuer** und Beachtung der **versicherungsrechtlichen** Pflichten (Anmeldung zur gesetzlichen Versicherung, soweit Versicherungspflicht besteht). Zur steuerlichen Anerkennung gehört auch die Erfüllung dieser Verpflichtungen.

- **Verwendung des Arbeitsentgelts**

632 Ist das Arbeitsentgelt in die Verfügungsmacht des ArbN-Ehegatten gelangt, ist das Arbeitsverhältnis erfüllt. Die Verwendung durch den ArbN-Ehegatten berührt nicht mehr die Anerkennung des Arbeitsverhältnisses. Es ist insbesondere nicht ein Fremdvergleich derart anzustellen, was ein fremder Dritter mit seinem

1 Vgl. BFH 28.2.1990, BStBl 1990 II S. 548.
2 BFH 20.4.1989, BStBl 1989 II S. 655.
3 BFH 8.8.1990, BStBl 1991 II S. 16.
4 BFH 16.5.1990, BStBl 1990 II S. 908.

Gehalt gemacht hätte bzw. üblicherweise machen würde. Der ArbN-Ehegatte ist in seiner Verfügungsmöglichkeit durch steuerliche Gesichtspunkte nicht beschränkt.[1]

Der ArbN-Ehegatte kann z. B. das Gehalt für den Unterhalt der Familie verwenden; auch **Schenkungen** an den Ehegatten sind nicht ausgeschlossen. Bei voller oder überwiegender Schenkung ist allerdings zu befürchten, dass auf ein Scheinarbeitsverhältnis geschlossen wird. Das gilt vor allem dann, wenn Schenkungen ebenso regelmäßig wie Zahlungen des Gehalts vorgenommen werden.[2] 633

► **Darlehen an den Arbeitgeber-Ehegatten**

Zur steuerrechtlichen Anerkennung von Darlehensverträgen zwischen Angehörigen vgl. BMF vom 23.12.2010[3] unter Berücksichtigung der Änderungen durch BMF 29.4.2014.[4] 634

Die Gewährung von **Darlehen aus dem Arbeitsentgelt** steht der steuerlichen Anerkennung grds. nicht entgegen. Es sind zwei Fallgruppen zu unterscheiden:

- Das Arbeitsentgelt ist bereits in die **alleinige Verfügungsmacht** des ArbN-Ehegatten übergegangen.
- Es handelt sich um einen Fall der **Verwendung des Arbeitsentgelts.** Um den Verdacht eines Scheingeschäfts nicht aufkommen zu lassen, sollte nicht das gesamte Arbeitsentgelt als Darlehen zurückfließen. Es sollten auch regelmäßige Darlehensgewährungen vermieden werden. Darlehen sollten nicht unmittelbar anschließend an die Gehaltszahlungen vorgenommen werden.[5] An den Darlehensvertrag sind keine besonderen Anforderungen zu stellen.[6] Es kommt insbesondere nicht darauf an, ob das Darlehen selbst steuerlich Anerkennung findet (so dass evtl. Zinszahlungen keine BA sind).
- Die Gehaltsforderung wird **vor Erlangung der Verfügungsmacht** durch den ArbN-Ehegatten direkt in ein Darlehen umgewandelt.
- Voraussetzung der steuerlichen Anerkennung des Arbeitsverhältnisses ist, dass der ArbN-Ehegatte **mit der Umwandlung** in ein Darlehen die **Verfügungsmacht erlangt.** Dazu ist erforderlich, dass er zur Darlehensgewährung

1 BFH 4.11.1986, BStBl 1987 II S. 336; BFH 10.2.1988, BFH/NV 1989 S. 291.

2 Vgl. BFH 4.11.1986, BStBl 1987 II S. 336.

3 BStBl 2011 I S. 37.

4 BStBl 2014 I S. 809.

5 BFH 30.6.1971, BStBl 1972 II S. 112.

6 BFH 4.11.1986, BStBl 1987 II S. 336.

nicht verpflichtet ist. Es muss ihm freistehen, ob er Auszahlung verlangen kann oder der Umwandlung in ein Darlehen zustimmt.[1] Der Darlehensvertrag muss wie ein unter Fremden üblicher Vertrag mit eindeutigen Zins- und Rückzahlungsvereinbarungen abgeschlossen und durchgeführt werden.[2]

bb) Ausschluss von Arbeitsverhältnissen

635 Besteht zwischen den Ehegatten eine Mitunternehmerstellung aufgrund eines vereinbarten Gesellschaftsverhältnisses, oder z. B. aufgrund einer Ehegatten-Zweckgemeinschaft oder Gütergemeinschaft (vgl. dazu Rz. 693 ff.), liegt ein Arbeitsverhältnis der Ehegatten nicht vor. Der gezahlte Arbeitslohn kann nicht als Betriebsausgabe abgezogen werden, sondern ist Gewinnanteil.[3]

Als Mitunternehmer sind auch solche Personen anzusehen, die nicht in einem zivilrechtlichen Gesellschaftsverhältnis einer Außen- oder Innengesellschaft, sondern in einem wirtschaftlich vergleichbarem Gemeinschaftsverhältnis zueinander stehen. In Betracht kommen hierfür z. B. Gesamthandsgemeinschaften in der Form von Erben- oder Gütergemeinschaften sowie Bruchteilsgemeinschaften.

636 Bei einer **wirtschaftlichen Zweckgemeinschaft**, wie sie bei Landwirts-Ehegatten häufig anzutreffen ist, entfaltet das Arbeitsverhältnis daher i. d. R. keine Wirkung.[4]

Bei **Gütergemeinschaft** kann ein Arbeitsverhältnis nur anerkannt werden, wenn für das BV **Vorbehaltsgut**[5] vereinbart wird. Sinnvoll erscheint ein solche Vereinbarung allerdings nur dann, wenn das BV nur einen (geringen) Teil des Gesamtgutes umfasst (z. B. bei einer Gärtnerei), weil sonst der mit der Gütergemeinschaft verfolgte außersteuerliche Zweck vereitelt würde. Zur zivilrechtlichen Wirksamkeit der Vorbehaltsvereinbarung ist **notarielle Beurkundung** erforderlich;[6] ohne diese werden auch keine steuerlichen Folgen gezogen.

1 BFH 24.1.1990 – X R 152/87, BFH/NV 1990 S. 695; BFH 17.7.1984, BStBl 1986 II S. 48.

2 BFH 23.4.1975, BStBl 1975 II S. 579; vgl. zum Ganzen Fichtelmann, EStB 2001, S. 269 und BFH 28.1.1993 – IV R 109/91, BFH/NV 1993 S. 590; vgl. a. BMF 23.12.2010, BStBl 2011 I S. 37 unter Berücksichtigung der Änderungen durch BMF 29.4.2014, BStBl 2014 I S. 809.

3 Vgl. z. B. BFH 1.3.1966, BStBl 1966 III S. 277; vgl. a. Felsmann, Einkommensbesteuerung, Abschnitt A 11 Rz. 18.

4 BFH 6.2.1986, BStBl 1986 II S. 455.

5 § 1418 BGB.

6 § 1410 BGB.

Wechselseitige Arbeitsverhältnisse werden i. d. R. eingegangen, um die steuerlichen Vorteile der ArbN, z. B. ArbN-Pauschbetrag, in Anspruch nehmen zu können. Diese werden nur in Ausnahmefällen anerkannt. Hat z. B. jeder Ehegatte einen luf Betrieb und verpflichten sich die Ehegatten zur Mithilfe im jeweils anderen Betrieb, scheidet eine steuerliche Anerkennung aus, da der Unternehmer in erster Linie für seinen eigenen Betrieb tätig wird.[1] Es ist dabei grds. gleichgültig, ob es sich um ein Voll- oder Teilzeitarbeitsverhältnis handelt.[2] Der BFH hat in seinen Entscheidungen beispielsweise vom 12.10.1988[3] und vom 10.10.1997[4] Zugeständnisse gemacht, dass gegenseitigen Arbeitsverträgen zwischen Ehegatten die steuerliche Anerkennung nicht generell zu versagen sei, wobei aber die Wechselseitigkeit ein starkes Indiz dafür sei, dass die Verträge nicht dem entsprechen, was unter Fremden üblich ist. Maßgebend sind die Umstände des Einzelfalls. 637

cc) Sonderleistungen

(1) Weihnachtsgratifikationen

Nach der Rspr. ergibt sich Folgendes.[5] 638

Werden fremde ArbN im Betrieb beschäftigt, so ist für den ArbN-Ehegatten die betriebliche Veranlassung zu bejahen, wenn alle ArbN eine Weihnachtsgratifikation erhalten. Erhalten fremde ArbN keine Weihnachtsgratifikation, so ist die betriebliche Veranlassung für den ArbN-Ehegatten auch dann zu verneinen, wenn diesem darauf ein Rechtsanspruch eingeräumt worden ist (Notwendigkeit eines **internen Betriebsvergleichs**). Die allgemeine Üblichkeit außerhalb des Betriebs begründet für sich nicht die betriebliche Veranlassung. Bei dem internen Betriebsvergleich sind ArbN nicht einzubeziehen, bei denen die Nichtzahlung nicht den arbeitsrechtlichen Grundsatz der Gleichbehandlung verletzt (z. B. bei nur kurzer Beschäftigungszeit oder wenn dem ArbN bereits gekündigt ist).

Die Weihnachtsgratifikation ist in erster Linie eine **soziale Maßnahme.** Die Abzugsfähigkeit der Gratifikation für den ArbN-Ehegatten kann deshalb nicht da- 639

1 Vgl. BFH 26.2.1969, BStBl 1969 II S. 315.
2 Vgl. a. BFH 20.10.1983 – IV R 131/81, n. v.
3 BStBl 1989 II S. 354.
4 BFH/NV 1998 S. 448.
5 BFH 26.2.1988, BStBl 1988 II S. 606; vgl. auch BFH 10.3.1988, BStBl 1988 II S. 877.

mit gerechtfertigt werden, dass dieser eine höherwertige Tätigkeit ausgeübt habe als die anderen im Betrieb beschäftigten ArbN.

Dass der ArbN-Ehegatte der einzige ArbN ist, schließt die Gewährung einer Weihnachtsgratifikation nicht aus. Die betriebliche Veranlassung ist zu bejahen, wenn mit hoher Wahrscheinlichkeit davon ausgegangen werden kann, dass bei Beschäftigung familienfremder ArbN diesen aufgrund des Gleichbehandlungsgrundsatzes ebenfalls eine Weihnachtsgratifikation gewährt worden wäre.

Ist ein betriebsinterner Vergleich nicht möglich (s. oben), ist für die steuerliche Anerkennung erforderlich, dass dem ArbN-Ehegatten bereits zu Beginn des Jahres ein Rechtsanspruch hierauf zustand.

(2) Tantiemen

640 Tantiemen kommen in luf Betrieben weniger häufig vor als in gewerblichen Betrieben. Denkbar sind sie wohl vor allem in luf Nebenbetrieben. Die betriebliche Veranlassung ist nicht allein deshalb zu verneinen, weil keine fremden Arbeitnehmer mit vergleichbaren Tätigkeitsmerkmalen im Betrieb beschäftigt werden und auch bei anderen Betrieben gleicher Größenordnung keine vergleichbaren Beschäftigungsverhältnisse ermittelt werden können.[1] Die betriebliche Veranlassung ist zu bejahen, wenn die Tantieme unter den gegebenen Umständen mit hoher Wahrscheinlichkeit[2] auch einem fremden ArbN gewährt worden wäre. Werden keine fremden ArbN beschäftigt, so ist die betriebliche Veranlassung durch **Vergleich mit ArbN anderer Betriebe** (vorwiegend der gleichen Größenordnung) zu beurteilen.[3] Das Fehlen vergleichbarer Beschäftigungsverhältnisse in Betrieben gleicher Größenordnung steht der steuerlichen Anerkennung jedoch nicht entgegen.[4]

641 Die Tantieme muss von vornherein klar und eindeutig vereinbart sein (Festlegung der Berechnungsgrundlagen bzw. evtl. einer Obergrenze). Die Tantieme muss zum fest vereinbarten Lohn in einem Verhältnis stehen, das auch bei fremden ArbN üblich ist.[5] Eine Tantieme an einen ArbN in untergeordneter Stellung ist nicht üblich und kann daher insoweit auch beim Ehegatten nicht anerkannt werden.

---

1 BFH 18.12.2001, BStBl 2002 II S. 353.

2 BFH 8.1.2007 – XI B 60/06, NWB RAAAC-38788 = BFH/NV 2007 S. 707.

3 BFH 31.5.1989 – III R 154/86, NWB AAAAA-97740 = HFR 1989, 659; gegen externen Vergleich Pinkos, DB 1989 S. 2508.

4 BFH 18.12.2001, BStBl 2002 II S. 353.

5 BFH 17.4.1986, BStBl 1986 II S. 559; BFH 31.5.1989, a. a. O.

Es ist darauf zu achten, dass 642

- das **Rückwirkungsverbot** die Zusage der Tantieme bereits zum Jahresbeginn (Beginn des Wj) erfordert, wenn sie sich auf das gesamte Jahresergebnis (Wj) erstrecken soll[1] und
- die **Zahlung zu dem vereinbarten (üblichen) Termin** erfolgt. Den Erfordernissen wird genügt, wenn eine Zahlung nach Bilanzerstellung, **spätestens** zu einem bestimmten Zeitpunkt, vereinbart ist. Eine Zahlung erst im 3. Jahr nach Ablauf des Gewinnjahres ist keine Durchführung wie unter Fremden, daher keine steuerliche Anerkennung.[2] Für die Bilanzerstellung ist von der allgemeinen Übung auszugehen. Für die Folgen der verzögerten Zahlung bzw. der Verschaffung der Verfügungsmacht gelten die allgemeinen Grundsätze (vgl. Rz. 627 ff.).

Tantiemen stellen grds. keine a. o. Einkünfte i. S. des § 34 Abs. 2 Nr. 4 i. V. mit § 34 Abs. 1 EStG dar – keine Abgeltung für eine mehrjährige Tätigkeit.[3]

(3) Sozialleistungen

Heirats- und Geburtsbeihilfen,[4] Unterstützungen und Gewährung freier Unterkunft und Verpflegung, soweit sie tariflich oder vertraglich vereinbart sind, und ähnliche Zuwendungen an den ArbN-Ehegatten sind als BA abzugsfähig, wenn sie **im Betrieb üblich** sind. 643

(4) Abfindung bei Beendigung des Arbeitsverhältnisses

Abfindungen bei Auflösung eines Arbeitsverhältnisses waren im Rahmen des § 3 Nr. 9 EStG steuerfrei. Die Bestimmung ist ab 1.1.2006 aufgehoben. Zur Übergangsregelung vgl. § 52 Abs. 4a EStG i. d. F. des Gesetzes zum Einstieg in ein steuerliches Sofortprogramm vom 22.12.2005.[5] Bei betrieblicher Veranlassung fallen auch Leistungen an den ArbN-Ehegatten darunter. Für die Beurteilung der betrieblichen Veranlassung kommen die von der Rspr. für die Anerkennung von **Pensionszusagen/ Direktversicherungen** entwickelten Grundsätze zur Anwendung,[6] vgl. Rz. 647 ff. 644

1 BFH 29.11.1988, BStBl 1989 II S. 281; vgl. auch BFH 25.4.1989 – VIII R 207/84, NWB TAAAB-31158 = BFH/NV 1989 S. 495.

2 BFH 11.10.1989 – I R 161/85, NWB EAAAB-30875 = BFH/NV 1990 S. 364.

3 BFH 30.8.1966, BStBl 1966 III S. 545.

4 Die Steuerfreiheit beim Empfänger der Leistung gem. § 3 Nr. 15 EStG wurde mit Wirkung ab 1.1.2006 durch Gesetz zum Einstieg in ein steuerliches Sofortprogramm v. 22.12.2005, BStBl 2006 I S. 79 aufgehoben.

5 BStBl 2006 I S. 79.

6 BFH 25.1.1989 – I R 89/84, NWB HAAAB-30903 = BFH/NV 1989 S. 577.

Die betriebliche Veranlassung ist gegeben, wenn

- die Abfindung dem Grunde und der Höhe nach angemessen ist,
- die Zahlung eindeutig vereinbart und ernsthaft gewollt ist,
- ein steuerlich anerkanntes Arbeitsverhältnis vorliegt und
- familienfremde ArbN unter vergleichbaren Umständen eine entsprechende Abfindung erhalten hätten.[1]

Die Abfindung ist nicht betrieblich veranlasst, wenn die Kündigung wegen der ungünstigen betrieblichen Verhältnisse sozial gerechtfertigt war, wenn also auch ein fremder ArbN eine Abfindung nicht hätte beanspruchen können und sie auch nicht erhalten hätte.[2]

(5) Nebenleistungen

645 Nebenleistungen (z. B. Kfz-Überlassung) können nur dann als betrieblich veranlasst angesehen werden, wenn sie **ausdrücklich** vereinbart worden sind. Eine entsprechende tatsächliche Handhabung oder die betriebliche Üblichkeit genügt nicht.[3]

646 *(Einstweilen frei)*

dd) Altersversorgung

647 Gegenstand des Arbeitsverhältnisses mit Ehegatten können auch Leistungen für die Altersversorgung sein. Als solche kommen auch **Pensionszusagen**[4] oder **Direktversicherungen** nach § 4b EStG in Betracht. In gewerblichen Betrieben wird davon in erheblichem Umfange Gebrauch gemacht. In luf Betrieben wird die Altersversorgung des Betriebsinhabers bzw. seines Ehegatten üblicherweise durch Vereinbarung eines **Leibgedings bei Hofübergabe** sichergestellt. Für andere Vereinbarungen besteht daher weniger Bedürfnis. Soweit ersichtlich, wird von der Möglichkeit einer Pensionszusage nur wenig Gebrauch gemacht. Da die (betriebsexterne) Üblichkeit nicht (mehr) Kriterium der steuerlichen Anerkennung ist,[5] wäre die steuerliche Anerkennung auch in der LuF nicht ausgeschlossen, wenn im Übrigen die Voraussetzungen erfüllt sind.

---

1 Vgl. BFH 18.12.1984, BStBl 1985 II S. 327.
2 BFH 25.1.1989, BFH/NV 1989 S. 577.
3 BFH 21.9.1998 – XI R 1/98, NWB FAAAA-62926.
4 BVerfG 22.7.1970, BStBl 1970 II S. 652; BFH 15.7.1976, BStBl 1977 II S. 112.
5 Vgl. BFH 10.11.1982, BStBl 1983 II S. 173; entscheidend ist allein die betriebliche Veranlassung.

(1) Direktversicherung

Die Direktversicherung ist eine Lebensversicherung auf das Leben des ArbN, die durch den ArbG abgeschlossen wird und bei der der ArbN oder seine Hinterbliebenen hinsichtlich der Leistungen des Versicherers ganz oder teilweise bezugsberechtigt sind.[1] 648

Die **Vorteile** der Direktversicherung bestehen darin, dass 649

- der ArbG nicht zu laufenden Leistungen verpflichtet wird,
- die Leistungen des ArbG für vor dem 1.1.2005 ausgesprochene Versorgungszusagen als Arbeitslohn mit dem begünstigten Steuersatz nach § 40b EStG besteuert werden können; für Versorgungszusagen, die ab dem 1.1.2005 erteilt wurden, sind die Leistungen des ArbG steuerfrei nach § 3 Nr. 63 EStG,
- der ArbG die Aufwendungen sofort als Betriebsausgaben absetzen kann. Eine Aktivierung der Ansprüche aus der Direktversicherung ist dann nicht vorzunehmen, wenn am Schluss des Wj der Arbeitnehmer oder seine Hinterbliebenen bezugsberechtigt sind.[2]

Die Vorteile der Direktversicherung für den ArbG werden nicht dadurch ausgeschlossen, dass die Versicherung **beliehen oder zur Sicherung abgetreten** wird. Der ArbG muss sich der bezugsberechtigten Person gegenüber schriftlich verpflichten, sie im Falle des Eintritts des Versicherungsfalls so zu stellen, als ob die Beleihung bzw. Abtretung nicht erfolgt wäre.[3] 650

- **Voraussetzungen der steuerlichen Anerkennung**

Eine Direktversicherung zugunsten des ArbN-Ehegatten wird steuerlich anerkannt, wenn 651

- ein steuerlich anerkanntes Arbeitsverhältnis besteht,[4]
- eine ernstlich gewollte, klar und eindeutig vereinbarte Verpflichtung vorliegt und
- die Zusage dem Grunde nach angemessen ist.[5]

---

1 § 1b Abs. 2 Satz 1 BetrAVG.
2 § 4b Satz 1 EStG, vgl. näher R 4b Abs. 3 EStR.
3 § 4b Satz 2 EStG.
4 BFH 8.10.1986, BStBl 1987 II S. 205.
5 BMF 4.9.1984, BStBl 1984 I S. 495 und BMF 9.1.1986, BStBl 1986 I S. 7.

Liegen diese Voraussetzungen vor, sind die Versicherungsbeiträge insoweit abziehbar, als sie der Höhe nach angemessen sind.

(aa) Ernsthaftigkeit

652 Die Ernsthaftigkeit wirft keine Probleme auf; sie wird allein durch die Beitragszahlung des ArbG unter Beweis gestellt.[1]

(bb) Betriebliche Veranlassung

653 Die betriebliche Veranlassung ist zu verneinen, wenn die Zusage der Direktversicherung auf privaten Überlegungen beruht.[2] Sie ist zu bejahen, wenn sie einem Fremdvergleich standhält. Das ist i. d. R. der Fall, wenn auch familienfremden ArbN (interner Betriebsvergleich), die

- nach ihren Tätigkeits- oder Leistungsmerkmalen mit dem ArbN-Ehegatten vergleichbar sind oder
- eine geringwertigere Tätigkeit ausüben als der ArbN-Ehegatte und
- im Zeitpunkt des Abschlusses der Direktversicherung dem Betrieb nicht wesentlich länger angehört haben als der ArbN-Ehegatte

eine vergleichbare Direktversicherung eingeräumt oder ernsthaft angeboten worden ist.

Beim Fremdvergleich ist nur auf die Verhältnisse im Betrieb abzustellen.

654 Auch wenn der ArbN-Ehegatte der einzige ArbN ist, ist ein externer Betriebsvergleich nicht vorzunehmen. Die betriebliche Veranlassung ist zu bejahen, wenn unter den gleichen Umständen einem fremden ArbN eine Direktversicherung zugesagt worden wäre.[3]

Bei der sog. **Barlohnumwandlung** ist die betriebliche Veranlassung auch dann zu bejahen, wenn nur ein Teil der ArbN von dieser Möglichkeit Gebrauch macht.[4] Bei der echten Barlohnumwandlung (Umwandlung eines Lohnanspruchs) sind bei einem steuerlich anerkannten Arbeitsverhältnis zwischen Ehegatten (Personengesellschaft und Ehegatten eines Gesellschafters) die Versicherungsbeiträ-

---

1 Vgl. BFH 5.2.1987, BStBl 1987 II S. 557.

2 BFH 28.7.1983, BStBl 1984 II S. 60; BFH 8.10.1986, BStBl 1987 II S. 205; BFH 10.6.2008, BStBl 2008 II S. 973.

3 BMF 4.9.1984, BStBl 1984 I S. 495 und BMF 9.1.1986, BStBl 1986 I S. 7; BFH 8.10.1986, BStBl 1987 II S. 205.

4 BFH 11.9.1987, BFH/NV 1988 S. 225.

ge betrieblich veranlasst und regelmäßig ohne Prüfung einer Überversorgung als Betriebsausgaben zu berücksichtigen.[1]

Die betriebliche Veranlassung ist zu verneinen, wenn die Direktversicherung in 655
keinem angemessenen Verhältnis zum Arbeitslohn steht.[2] Bei vermindertem Arbeitslohn kann die Direktversicherung nur im Verhältnis zu diesem steuerlich anerkannt werden.[3] Die betriebliche Veranlassung ist nicht schon deshalb zu bejahen, weil Arbeitslohn und Direktversicherung (und evtl. sonstige Leistungen des ArbG) insgesamt angemessen sind.[4] Die bisherige zu geringe Bezahlung kann die betriebliche Veranlassung nicht begründen.[5]

Die Bezugsberechtigung des **Ehemanns** oder der gemeinschaftlichen Kinder für den Fall des Todes des ArbN steht der steuerlichen Anerkennung nicht entgegen.[6]

(b) Angemessenheit der Zuwendung

Als BA abzugsfähig sind nur angemessene Leistungen. Die Angemessenheit ist 656
zu verneinen, wenn

- die zusätzlichen Leistungen des ArbG nicht in einem angemessenen Verhältnis zum Arbeitslohn stehen oder
- die Leistungen an den ArbN-Ehegatten insgesamt einen angemessenen Betrag (Überversorgung) übersteigen. Die Überversorgung ist regelmäßig nicht zu prüfen bei einer sog. echten Barlohnumwandlung.[7]

Sind die laufenden Leistungen bereits angemessen, ist für eine zusätzliche Zuwendung in Gestalt einer Direktversicherung kein Raum mehr.

Die Zusage einer Direktversicherung darf darüber hinaus nicht zu einer **Über-** 657
versorgung führen.[8] Die betriebliche Veranlassung ist auch dann zu verneinen,

1 BFH 10.6.2008, BStBl 2008 II S. 973 in Abweichung von BFH 16.5.1995, BStBl 1995 II S. 873.
2 BFH 21.8.1984, BStBl 1985 II S. 124.
3 BFH 5.2.1987, BStBl 1987 II S. 557.
4 BFH 17.4.1986, BStBl 1986 II S. 559.
5 BFH 28.7.1983, BStBl 1984 II S. 60; BFH 21.8.1984, BStBl 1985 II S. 124; BFH 5.2.1987, BStBl 1987 II S. 557.
6 BFH 10.11.1982, BStBl 1983 II S. 173.
7 BFH 10.6.2008, BStBl 2008 II S. 973.
8 BFH 8.10.1986, BStBl 1987 II S. 205; BFH 5.2.1987, BStBl 1987 II S. 557; BFH 22.11.1995, BFH/NV 1996 S. 596.

wenn zwar insgesamt angemessene Leistungen vorliegen, aber die Direktversicherung zu einer Überversorgung führen würde.

Zur Beurteilung der Frage, ob eine Überversorgung eintritt (die in der Praxis nur sehr schwer zu entscheiden ist), hat der BFH ein vereinfachtes Verfahren gebilligt: Von der Angemessenheit kann ausgegangen werden, wenn die laufenden Aufwendungen für die Altersversorgung insgesamt (also einschließlich der ArbG- und ArbN-Anteile zur gesetzlichen Rentenversicherung, Beiträge zu Pensionskassen u. ä. Leistungen) **30 % des steuerlich anerkannten Arbeitslohns** nicht übersteigen.[1] Was zum letzten steuerlich anzuerkennenden Arbeitslohn gehört, bestimmt sich nach § 19 Abs. 1 EStG und § 2 LStDV. Von Bedeutung ist vor allem, dass auch pauschal besteuerte Leistungen für die Zukunftssicherung hierher rechnen.[2]

Versorgungsleistungen, die bis zu **75 % der letzten Aktivbezüge** erreichen, sind grds. als angemessen zu bezeichnen.[3] Zu den Auswirkungen der Anhebung der Altersgrenzen der gesetzlichen Rentenversicherung durch das RV-Altersgrenzenanpassungsgesetz vom 20.4.2007 vgl. BMF-Schreiben 5.5.2008.[4]

658 Eine besondere Regelung gilt für die Berechnung der Angemessenheit der Höhe nach für den Fall der **Befreiung des ArbN-Ehegatten von der gesetzlichen Rentenversicherungspflicht:** Beiträge zu einer Direktversicherung sind grds. je zur Hälfte aufzuteilen in ArbG- und ArbN-Anteile. Soweit die anteiligen Prämien die Funktion der ArbN-Beiträge erfüllen, stellen sie – unabhängig von ihrer lohnsteuerlichen Behandlung – zusätzlich Arbeitslohn dar. Beiträge, die an die Stelle der ArbG-Beiträge treten, sind kein zusätzlicher Arbeitslohn.[5]

(2) Pensionszusagen

659 Der Vorteil einer Pensionszusage besteht in erster Linie darin, dass der ArbG – Bilanzierung vorausgesetzt – eine gewinnmindernde Rückstellung[6] bilden kann, während eine Steuerpflicht auf Seiten des Pensionsberechtigten erst mit Zahlung der Pensionsleistungen nach Eintritt des Pensionsfalls eintritt.

1 BFH 8.10.1986, BStBl 1987 II S. 205.
2 BMF 9.1.1986, BStBl 1987 I S. 7.
3 BFH 18.2.1999, BFH/NV 1999 S. 1384, m. w. N.; BMF 4.9.1984, BStBl 1984 I S. 495 und BMF 9.1.1986, BStBl 1986 I S. 7.
4 BStBl 2008 I S. 569.
5 BMF 9.1.1986, BStBl 1987 I S. 7.
6 § 6a EStG.

(a) Voraussetzungen der steuerlichen Anerkennung

Die steuerliche Anerkennung setzt voraus, dass 660

- die Pensionsverpflichtung im Voraus klar und eindeutig vereinbart und ernsthaft gewollt ist (keine Rückstellung für eine Pensionszusage, mit der eine frühere Tätigkeit abgegolten werden soll),[1]
- die Zusage sowohl dem Grunde als auch der Höhe nach angemessen ist,
- der ArbG-Ehegatte tatsächlich mit der Inanspruchnahme aus der Verpflichtung rechnen muss und
- die künftige Erfüllung der Zusage sichergestellt ist.

Anhaltspunkt für die **Sicherstellung der Pensionsleistungen** sind z. B. der Abschluss einer **Rückdeckungsversicherung** (der steuerliche Gewinn, der sich aus der Bildung einer Rückstellung ergibt, wird dadurch weitgehend wieder rückgängig gemacht), die Errichtung eines **Wertpapierdepots** zur Sicherung der Pensionsansprüche, wenn die Ansprüche hieraus dem berechtigten Ehegatten zustehen,[2] die Vereinbarung einer **Kapitalabfindung bei vorzeitiger Betriebsbeendigung**[3] oder die vertragliche Vereinbarung über die Leistung der **Pensionszahlungen durch den Betriebsnachfolger**.[4] 661

Ein bisher zu niedriges Gehalt kann ggf. durch eine höhere Pensionszusage ausgeglichen werden. Erforderlich ist jedenfalls, dass in nachprüfbarer Weise klar und eindeutig ersichtlich ist, dass ein solcher Ausgleich gewollt ist.[5] Eine Rückstellung kann jedoch nicht gebildet werden, wenn dem ArbN-Ehegatten lediglich eine Pension zugesagt wird, jedoch kein laufender Arbeitslohn zu zahlen ist.[6] 662

An den Nachweis der **Ernsthaftigkeit der Pensionszusage** sind mit Rücksicht auf die persönlichen Beziehungen der Beteiligten strenge Anforderungen zu stellen. Die Ernsthaftigkeit ist zu verneinen, wenn nach den gegebenen Umständen bereits bei Erteilung der Zusage mit einer späteren Inanspruchnahme nicht zu rechnen ist.[7] 663

1 Vgl. BFH 10.3.1993, BStBl 1993 II S. 604.
2 FG Nürnberg 19.1.1977, EFG 1977 S. 159.
3 BFH 15.7.1976, BStBl 1977 II S. 112.
4 BFH 26.10.1982, BStBl 1983 II S. 209.
5 BFH 26.10.1982, BStBl 1983 II S. 209.
6 BFH 23.2.1984, BStBl 1984 II S. 551; BFH 25.7.1995, BStBl 1996 II S. 153.
7 BFH 14.7.1989, BStBl 1989 II S. 969.

664 Für die **betriebliche Veranlassung** ist auf den **betriebsinternen Fremdvergleich** abzustellen. Betrieblich veranlasst ist die Zusage, wenn und soweit mit hoher Wahrscheinlichkeit einem fremden ArbN im Betrieb bei vergleichbaren Umständen ebenfalls eine Pensionszusage erteilt worden wäre.[1] Die betriebliche Veranlassung ist zu verneinen, wenn vergleichbaren anderen ArbN keine vergleichbare Versorgungszusage erteilt worden ist.[2]

Eine betriebliche Veranlassung dem Grunde nach ist ohne weitere Prüfung anzunehmen, wenn die Pensionszusage an die Stelle einer **Sozialversicherung** tritt.[3] Die betriebliche Veranlassung ist zu verneinen, wenn persönliche Gründe für die Zusage maßgebend waren, z. B. wenn der Anspruch mit Scheidung der Ehe endet oder wenn damit **Erb- oder Pflichtteilsansprüche abgegolten** werden.[4]

665 Die steuerliche Anerkennung der Pensionszusage an den ArbN-Ehegatten erfordert nicht, dass alle ArbN im Betrieb eine solche Zusage erhalten haben. Der ArbG kann den Kreis der Berechtigten selbst bestimmen. Der Ehegatte muss nur zu dem Kreis von ArbN gehören, denen eine Zusage erteilt werden soll (z. B. die Gruppe der leitenden Angestellten).[5] Im Ausnahmefall kann der Ehegatte der einzige Berechtigte sein, wenn dies besonders begründet werden kann, z. B. durch eine nicht mit anderen vergleichbare Tätigkeit. Das gilt jedoch nicht, wenn vergleichbare Zusagen für familienfremde Arbeitnehmer im Betrieb fehlen.[6]

(b) Angemessenheit der Zusage

666 Für die Angemessenheit der Zusage der Höhe nach gelten grds. die Ausführungen zur Direktversicherung sinngemäß. Es sind insbesondere die Gesichtspunkte der **Gesamtversorgung** und der **Überversorgung** zu beachten.[7]

Steuerlich beachtlich ist nur eine Zusage auf **Alters-, Invaliden- und Waisenrente**. Für die Zusage einer **Witwen-/Witwerversorgung** kann eine Rückstellung nicht gebildet werden, da im Versorgungsfall Anspruch und Verpflichtung in

1 BFH 20.3.1980, BStBl 1980 II S. 450; BFH 29.5.1984, BStBl 1984 II S. 661; BFH 16.5.1990, BStBl 1990 II S. 1044; BFH 18.12.2001, BStBl 2002 II S. 353.

2 BFH 10.3.1993, BStBl 1993 II S. 604; vgl. auch BFH 18.12.2001, BStBl 2002 II S. 353.

3 BFH 15.7.1976, BStBl 1977 II S. 112; BFH 23.11.1988 – I R 363/83, BFH/NV 1989 S. 628.

4 BFH 19.2.1981, BStBl 1981 II S. 654.

5 Vgl. BFH 10.3.1993, BStBl 1993 II S. 604.

6 Vgl. BFH 16.5.1990, BStBl 1990 II S. 1044.

7 BFH 31.7.2018, BStBl 2019 II S. 197 = DStR 2019 S. 150; BFH 31.5.2017, BFH/NV 2018 S. 16; BFH 20.12.2016, BStBl 2017 II S. 678.

einer Person zusammenfallen.[1] Ausnahmsweise kann es anders sein, wenn die Witwen-/Witwerversorgung für den Fall zugesagt wird, dass der überlebende Ehegatte bei Eintritt des Versorgungsfalles nicht mehr Betriebsinhaber ist und mit der Übernahme der Pensionsverpflichtung durch den Erwerber zu rechnen ist.[2]

ee) Arbeitsverhältnis mit einer Personengesellschaft

Für die steuerliche Beurteilung ist von Bedeutung, welche Stellung der Ehegatte 667
des ArbN in der Gesellschaft einnimmt. Keine Besonderheiten gelten, wenn er **nicht beherrschender Gesellschafter** (bis 50 %) ist. Es kann dann angenommen werden, dass der Ehegatte des Gesellschafters wie ein fremder ArbN behandelt wird.[3]

Ist der Ehegatte des ArbN **beherrschender Gesellschafter** (Beteiligung von mehr als 50 %) gelten die für Arbeitsverhältnisse zwischen Ehegatten von der Rspr. aufgestellten Grundsätze.[4] Einige Besonderheiten sind jedoch zu beachten.[5]

Der Vollzug des Arbeitsverhältnisses erfordert Abfluss bei der Gesellschaft und 668
Zugang des Vermögens beim ArbN-Ehegatten. Da das Vermögen der Gesellschaft nicht das des Gesellschafters ist, ist der Arbeitslohn bei Zahlung stets bei der Gesellschaft abgeflossen. Der Zugang beim ArbN-Ehegatten tritt jedoch nicht ein, wenn der Arbeitslohn auf ein Konto überwiesen wird, über das nur der Gesellschafter-Ehegatte verfügungsberechtigt ist.[6] Ein Vermögenszugang beim ArbN-Ehegatten liegt hingegen vor, wenn die Überweisung auf ein gemeinschaftliches Konto der Ehegatten erfolgt, über das jeder Ehegatte ohne Mitwirkung des anderen verfügen kann.[7]

Anders als bei einem Einzelunternehmen kann eine **Pensionszusage** auch eine **Witwen-/Witweraltersversorgung** beinhalten.[8]

1 BMF 4.9.1984, BStBl 1984 I S. 495.
2 Vgl. BFH 16.2.1994 – XI R 32/93, NWB LAAAB-04944 = BFHE 174 S. 146.
3 R 4.8 Abs. 2 Satz 2 EStR.
4 R 4.8 Abs. 2 Satz 1 EStR.
5 Vgl. H 4.8 EStH.
6 BFH 24.3.1983, BStBl 1983 II S. 770.
7 BFH 24.3.1983, BStBl 1983 II S. 663.
8 BFH 29.1.1976, BStBl 1976 II S. 372; BMF 4.9.1984, BStBl 1984 I S. 495.

ff) Folgen der Nichtanerkennung eines Arbeitsverhältnisses

669 Aufwendungen des ArbG stellen keine Betriebsausgaben dar, sondern sind **private Zuwendungen.** Der ArbN-Ehegatte hat deshalb auch keinen Arbeitslohn zu versteuern. Vom Abzug ausgeschlossen sind auch Arbeitgeberbeiträge zur Sozialversicherung.[1]

Ungeachtet der Nichtanerkennung des Arbeitsverhältnisses können einzelne Aufwendungen als Betriebsausgaben anerkannt werden, wenn sie betrieblich veranlasst sind (z. B. Reisekosten für eine aus betrieblichen Gründen durchgeführte Dienstreise).

670–673 *(Einstweilen frei)*

b) Arbeitsverträge mit Kindern
Voraussetzungen der steuerlichen Anerkennung

674 Für die steuerliche Anerkennung von Ausbildungs- und Arbeitsverhältnissen mit Kindern gelten die für Ehegatten-Arbeitsverhältnisse ausgebildeten Grundsätze entsprechend.[2]

675 Bei minderjährigen Kindern (z. B. Ausbildungsverträgen) wird von der FinVerw[3] die Mitwirkung eines **Ergänzungspflegers** bei Vertragsabschluss nicht gefordert (in der Rspr. der Finanzgerichte jedoch strittig;[4] da sich der Stpfl. mit Erfolg gegenüber dem FA auf die Regelung der EStR berufen kann, wird von einer weiteren Erörterung abgesehen). Bei Verträgen zwischen Eltern und minderjährigen Kindern, die nicht Arbeitsverträge sind, ist jedoch ein Ergänzungspfleger zu bestellen.[5]

Arbeitsverträge mit **Kindern unter 15 Jahren** sind, da gegen ein gesetzliches Verbot verstoßend, nichtig und daher auch steuerlich nicht anzuerkennen.[6]

1 BFH 8.2.1983, BStBl 1983 II S. 496.

2 BFH 13.11.1986, BStBl 1987 II S. 121; BFH 10.3.1988, BStBl 1988 II S. 877; BFH 29.10.1997, BStBl 1998 II S. 149.

3 R 4.8 Abs. 3 EStR.

4 Zustimmend BFH 13.11.1986, BStBl 1987 II S. 121; FG Köln 12.12.1989, rkr., EFG 1990 S. 344; abl. FG Rheinland-Pfalz 12.12.1988, rkr., EFG 1989 S. 274; FG Schleswig-Holstein 11.9.1990, EFG 1991 S. 66.

5 BFH 23.4.1992, BStBl 1992 II S. 1024; BMF 24.7.1998, BStBl 1998 I S. 914.

6 R 4.8 Abs. 3 Satz 2 EStR.

Ein Arbeitsverhältnis wird nicht anerkannt, wenn dieses nur **gelegentliche** (geringfügige) **Hilfeleistungen** zum Gegenstand hat, wie sie zwischen Fremden nicht vereinbart worden wären,[1] die also üblicherweise auf familienrechtlicher Grundlage erfolgen.[2] Für die Üblichkeit lassen sich keine allgemeinen Regeln aufstellen. Entscheidend sind die Umstände des Einzelfalls.[3]

Die Gewährung freier Wohnung und Verpflegung kann als Teil der Arbeitsvergütung zu behandeln sein, wenn die Leistungen auf arbeitsvertraglicher Grundlage beruhen.[4] 676

Ein Arbeitsverhältnis ist zu verneinen, wenn dem Kind im Wesentlichen der **Unterhalt** geleistet wird (die Zuwendungen richten sich nach den Bedürfnissen des Kindes), nicht aber ein der Leistung entsprechendes Entgelt (z. B. nur Unterkunft, Verpflegung, Bekleidung und ein Taschengeld).[5]

Aufwendungen für die Ausbildung und die berufliche Fortbildung von Kindern stellen i. d. R. nichtabzugsfähige Lebenshaltungskosten dar.[6] Aufwendungen für die Fortbildung von im Betrieb mitarbeitenden Kindern können Betriebsausgaben sein, wenn – bei Vorliegen eines steuerlich anerkannten Arbeitsverhältnisses im Übrigen – 677

- die hierzu getroffenen Vereinbarungen klar und eindeutig sind und
- nach Inhalt und Durchführung dem zwischen Fremden Üblichen entsprechen (hätte der ArbG diese Aufwendungen für einen familienfremden ArbN gemacht),[7] insbesondere Bindungsfristen und Rückzahlungsklauseln (für den Fall vorzeitigen Ausscheidens aus dem Betrieb) enthalten.[8]

Als solche Aufwendungen kommen in Betracht die Fortzahlung des Gehalts während der Fortbildung (z. B. während eines Meisterlehrgangs) sowie die Erstattung von Fahrtkosten und Lehrgangsgebühren. Von den vorgenannten Fortbildungskosten sind zu unterscheiden Aufwendungen, die dazu dienen, den ArbN für seine gegenwärtige Stellung den Anforderungen gerecht werden zu lassen (z. B. Einweisung in neue Maschinen oder für neue Techniken des Land-

1 Vgl. BFH 17.3.1988, BStBl 1988 II S. 632; 23.6.1988, BFH/NV 1989 S. 219.
2 BFH 9.12.1993, BStBl 1994 II S. 298; BFH 13.7.1994 – I B 133/93, BFH/NV 1994 S. 861.
3 Vgl. BFH 13.7.1994 – I B 133/93, BFH/NV 1994 S. 861.
4 R 4.8 Abs. 3 Satz 3 EStR.
5 Vgl. BFH 19.8.1971, BStBl 1972 II S. 172.
6 § 12 Nr. 1 EStG; vgl. BFH 10.5.1966, BStBl 1966 III S. 490; BFH 29.10.1997, BStBl 1998 II S. 149.
7 Vgl. BFH 11.10.1973, BStBl 1974 II S. 200.
8 BFH 14.12.1990, BStBl 1991 II S. 305.

baus). Führerscheinkosten für den Sohn während der Lehrlingsausbildung stellen keine Betriebsausgaben dar.[1]

678 Tantiemevereinbarungen werden in der LuF nur selten vorkommen. Jedenfalls ist eine Rückwirkung ausgeschlossen.[2] Die betriebliche Veranlassung kann nicht allein deshalb verneint werden, weil keine fremden Arbeitnehmer mit vergleichbaren Tätigkeitsmerkmalen im Betrieb beschäftigt werden und auch bei anderen Betrieben gleicher Größenordnung keine vergleichbaren Beschäftigungsverhältnisse ermittelt werden können.[3]

679 Grundsätzlich bestehen zwar gegen die Zusage einer Altersversorgung auch im luf Betrieb keine Bedenken. Wird die Pensionszusage aber einem Kind erteilt, das als **Betriebsnachfolger** in Aussicht genommen ist, kommt m. E. eine steuerliche Anerkennung nicht in Betracht, weil mit einer Inanspruchnahme nicht zu rechnen ist.[4]

Bei **Direktversicherungen** kommen die allgemeinen Grundsätze zur Anwendung. Im Rahmen der Angemessenheit kann auch eine übertarifliche Entlohnung anerkannt werden, wenn die betriebliche Veranlassung gegeben ist.[5]

c) Arbeitsverhältnisse mit Eltern

680 Eine bürgerlich-rechtliche **Verpflichtung der Eltern zur Mitarbeit** besteht auch dann nicht, wenn die Eltern im Haushalt der Kinder leben und von diesen unterhalten werden. Gelegentlich wird bei Leibgedingvereinbarungen eine gewisse Mitarbeitspflicht der Eltern festgelegt. Insoweit handelt es sich nicht um ein Arbeitsverhältnis. Trotz einer solchen Regelung wird man ein Arbeitsverhältnis an deren Stelle nicht ausschließen können, wenn im Übrigen die Voraussetzungen hierfür vorliegen.

Für die steuerliche Anerkennung können nicht ohne weiteres die Anforderungen gestellt werden, die für Arbeitsverhältnisse zwischen Ehegatten gelten,[6] da unterschiedliche Interessenlagen bestehen. Vergleichbarer sind die Verhältnisse bei Arbeitsverhältnissen zwischen Eltern und (erwachsenen) Kindern.

1 FG Berlin 27.9.1966, EFG 1967 S. 167; vgl. auch BFH 29.10.1997, BStBl 1998 II S. 149.
2 Vgl. BFH 29.11.1988, BStBl 1989 II S. 281.
3 BFH 18.12.2001, BStBl 2002 II S. 353.
4 BFH 27.10.1993, BStBl 1994 II S. 111.
5 BFH 10.11.1982, BStBl 1983 II S. 173.
6 BFH 10.11.1982, BStBl 1983 II S. 173; BFH 18.5.1983, BStBl 1983 II S. 562.

In der steuerlichen Anerkennung zeigt sich die Rspr. verhältnismäßig großzügig. Eine **mündliche oder auch stillschweigende Vereinbarung** genügt, wenn nach außen hin Merkmale in Erscheinung treten, die ein Bestehen des Arbeitsverhältnisses darlegen,[1] bspw. neben der regelmäßigen Arbeitsleistung die ordnungsgemäße Zahlung des Arbeitsentgelts. Als unschädlich hat der BFH sogar die Nichteinbehaltung der Lohnsteuer und der Sozialversicherungsbeiträge angesehen.[2]

Ein **unangemessen niedriges Gehalt**, insbesondere wenn dafür ein betriebliches Interesse besteht, steht der steuerlichen Anerkennung nicht entgegen;[3] es kann sogar ein Grund für die Anerkennung einer Pensionszusage sein, die dafür als Ausgleich gedacht ist.[4] Es kommt dann auf die Angemessenheit insgesamt an.

d) Arbeitsverhältnis mit sonstigen nahen Angehörigen

Die Grundsätze für Arbeitsverhältnisse mit Ehegatten (Kindern) finden weitgehend Anwendung.[5] 681

2. Mitunternehmerschaft

Literatur: *Hiller,* Die Familiengesellschaft in der Landwirtschaft, INF 1985 S. 224; *Fichtelmann,* Voraussetzungen und Konsequenzen der verdeckten Mitunternehmerschaft, INF 1996 S. 257; *Fichtelmann,* Stille Gesellschaft mit (minderjährigen) Kindern, EStB 2000 S. 202; *Bode,* Ertragsteuerliche Behandlung der (unentgeltlichen) Aufnahme in ein Einzelunternehmen/eine Einzelpraxis nach dem UntStFG, DStR 2002, 114; *Fichtelmann,* Gewinnverteilung bei Familiengesellschaften – Fehlende steuerliche Anerkennung und zivilrechtlicher Ausgleich, EStB 2002 S. 398; *Hohaus/Eickmann,* Die Beteiligung Minderjähriger an vermögensverwaltenden Familien-Kommanditgesellschaften – Anforderungen für die steuerliche Anerkennung, BB 2004 S. 1707; *Tröger/Wilhelmi* (Hrsg.), Rechtsfragen der Familiengesellschaften – Symposion aus Anlass der Emeritierung von Prof. Dr. Harm Peter Westermann, Heidelberg 2006.

Mitunternehmer im steuerlichen Sinne kann sein, wer zivilrechtlich Gesellschafter ist, aber auch, wer in einem wirtschaftlich vergleichbaren Gemeinschafts- 682

---

1 BFH 30.7.1964 – I 399/61, HFR 1965 S. 57.

2 Vgl. BFH 8.3.1962, BStBl 1962 III S. 217; m. E. bedenklich.

3 BFH 18.5.1983, BStBl 1983 II S. 562.

4 BFH 10.11.1982, BStBl 1983 II S. 173; BFH 18.5.1983, BStBl 1983 II S. 562.

5 Vgl. BFH 25.7.2000 – IX R 6/97, NWB YAAAA- 66297 = BFH/NV 2001 S. 305; BFH 18.12.2001, BStBl 2002 II S. 353.

verhältnis steht, z. B. i. R. von Gesamthandsgemeinschaften (z. B. Erbengemeinschaft) oder Bruchteilsgemeinschaften.

a) Grundsätzliche Anforderungen an eine Mitunternehmerschaft; Ausschluss der faktischen Mitunternehmerschaft

683 Mitunternehmer ist, wer **unternehmerische Initiative** (Mitunternehmerinitiative) entfalten kann und **unternehmerisches Risiko** (Mitunternehmerrisiko) trägt.[1] Das setzt die Beteiligung am Gewinn und am Verlust und im Allgemeinen auch die Beteiligung an den stillen Reserven des Betriebs (einschließlich eines etwaigen Geschäftswertes, der aber bei luf Betrieben nur in Ausnahmefällen – z. B. bei einem landwirtschaftlichen Nebenbetrieb – Bedeutung gewinnen wird) voraus.[2]

684 Mitunternehmerschaft ist ein **eigenständiger steuerlicher Begriff,** der nicht identisch ist mit dem der bürgerlich-rechtlichen (Personen-)Gesellschaft. Auch wenn im Allgemeinen davon ausgegangen werden kann, dass ein Gesellschafter auch die Stellung eines Mitunternehmers einnimmt, so sind doch auch Fälle, insbesondere bei Familiengesellschaften, denkbar, in denen schon die Rechte als Gesellschafter so eingeengt sind (ohne aber die Rechtsstellung als Gesellschafter zu beseitigen), dass daraus eine Mitunternehmerstellung nicht mehr abgeleitet werden kann.[3]

685 Umgekehrt hatte die Rspr. in der Vergangenheit angenommen, dass auch ein Rechtsverhältnis anderer Art (z. B. Darlehen, Arbeitsverhältnis) oder eine Mehrheit einzelner Rechtsverhältnisse (Darlehen und Verpachtung von wesentlichen WG), insbesondere wenn diese mit einer Gewinnbeteiligung verbunden sind, die Annahme einer Mitunternehmerschaft rechtfertigen könne.[4] Diese Auffassung hat der BFH inzwischen verlassen. Mitunternehmerschaft setzt ein **Gesellschaftsverhältnis** (auch eine Innengesellschaft genügt diesen Anforderungen)[5] oder in Ausnahmefällen ein **wirtschaftlich vergleichbares Gemeinschaftsverhältnis** voraus.[6]

1 BFH 28.11.1974, BStBl 1975 II S. 498; 25.6.1984, BStBl 1984 II S. 751; 6.12.1988, BStBl 1989 II S. 705; BFH 3.5.1993, BStBl 1993 II S. 616; BFH 25.4.2006, BStBl 2006 II S. 595.

2 Vgl. BFH 25.6.1984, a. a. O.; BFH 27.2.1980, BStBl 1981 II S. 210; BFH 10.5.2007, BStBl 2007 II S. 927.

3 Vgl. BFH 8.2.1979, BStBl 1979 II S. 405.

4 Vgl. z. B. BFH 29.1.1976, BStBl 1976 II S. 332.

5 BFH 2.9.1985, BStBl 1986 II S. 10; BFH 8.11.1995, BStBl 1996 II S. 133.

6 BFH 25.6.1984, BStBl 1984 II S. 751; 22.1.1985, BStBl 1985 II S. 363; 6.12.1988, BStBl 1989 II S. 705.

Als wirtschaftlich einer Gesellschaft vergleichbares Gemeinschaftsverhältnis kommen die **Erbengemeinschaft**, die **Gütergemeinschaft** und die **Bruchteilsgemeinschaft** in Betracht. Darüber hinaus hält es der BFH für gerechtfertigt, von einer einem Gesellschafter einer PersGes wirtschaftlich vergleichbaren Stellung, die ausnahmsweise genügt, dann zu sprechen, wenn Personen wirtschaftlich so gestellt sind, als wären sie Gesellschafter.[1] Solche Fälle können nach Ansicht des BFH bei „fehlerhaften Gesellschaften" im Sinne des Zivilrechts u. U. auch dann gegeben sein, wenn Unterbeteiligte über ihre Hauptgesellschafter am Gewinn und Verlust und an den stillen Reserven beteiligt sind und als leitende Angestellte mit einem nicht unbedeutenden Dispositionsspielraum Einfluss auf die **Geschäftspolitik** und auf andere grds. Fragen der **Geschäftsführung** ausüben. Der BFH rechtfertigt die für die Unterbeteiligung geltende Beurteilung mit dem Hinweis auf die zivilrechtliche Rechtslage, wonach ein Unterbeteiligter infolge seiner starken Stellung in der OHG in manchen Beziehungen als Gesellschafter behandelt wird.[2] 686

Eine einem Gesellschafter vergleichbare Rechtsstellung hat nicht inne, wer, ohne Gesellschafter zu sein, als Angestellter, Darlehensgeber, Vermieter oder Verpächter einer Gesellschaft Dienste, Kapital oder WG zur Verfügung stellt und dafür eine angemessene Vergütung erhält.[3]

Eine Ausnahme von den strengen Anforderungen an Gesellschaftsverträge und Ehegatten-Mitunternehmerschaften macht der BFH für Mitunternehmerschaften bei Landwirtsehegatten. Dabei geht er in seiner Rechtsprechung davon aus, dass von einer Mitunternehmerschaft durch konkludente Handlung zwischen Landwirtsehegatten auszugehen ist, wenn kein ausdrücklicher Gesellschaftsvertrag und auch kein einer Personengesellschaft vergleichbares Gemeinschaftsverhältnis vorliegt, vgl. Rz. 696.[4] 687

Von der faktischen Mitunternehmerschaft zu trennen ist der **stillschweigende Abschluss eines Gesellschaftsvertrags,** durch den sich mehrere Personen zur Erreichung eines gemeinschaftlichen Zwecks (§ 705 BGB) zusammenschließen.[5] Ein solcher stillschweigender Abschluss kann schon darin gesehen werden, dass 688

1 BFH 22.1.1985, BStBl 1985 II S. 363.

2 Vgl. BGH 20.9.1973, BB 1973 S. 1368.

3 BFH 22.1.1985, BStBl 1985 II S. 363.

4 BFH 16.5.2018, BStBl 2019 II S. 60.

5 Sog. verdeckte Mitunternehmerschaft, vgl. BFH 8.11.1995, BStBl 1996 II S. 133; BFH 1.8.1996, BStBl 1997 II S. 272; BFH 16.5.2018, BStBl 2019 II S. 60, BFH 10.5.2007, BStBl 2007 II S. 927; H 15.8 Abs. 1 „Verdeckte Mitunternehmerschaft" EStH.

mehrere Personen durch gemeinsame Ausübung der Unternehmerinitiative und gemeinsame Übernahme des Unternehmerrisikos auf einen bestimmten gemeinschaftlichen Zweck hin tatsächlich zusammenarbeiten.[1] Für die Annahme eines Gesellschaftsverhältnisses aufgrund stillschweigender Vereinbarung sind bei der Beurteilung, wann aufgrund einer tatsächlichen Zusammenarbeit der Beteiligten die Erreichung eines gemeinsamen Zweckes als vereinbart anzusehen ist, an den Nachweis strengere Anforderungen zu stellen.

689 **Mitunternehmerschaft in der Forstwirtschaft** setzt grds. eine Vermögensgemeinschaft voraus.[2] Eine Gesellschaft, in der der eine Gesellschafter den Grundbesitz, ein anderer z. B. Maschinen, einbringt, ist steuerlich danach keine Mitunternehmerschaft.

Wegen einer Mitunternehmerschaft zwischen Nießbraucher und Nießbrauchsbesteller vgl. Rz. 789.

b) Auswirkungen der land- und forstwirtschaftlichen Mitunternehmerschaft

690 Über die Verweisung in § 13 Abs. 7 EStG ist § 15 Abs. 1 Satz 1 Nr. 2 EStG entsprechend anzuwenden. Leistungen, die der Gesellschafter für die Überlassung von WG zur Nutzung durch die Gesellschaft erhält, sind dem Gewinn zuzurechnen. Die WG werden SBV des Gesellschafters.[3]

691 Als **Gewerbebetrieb** gilt in vollem Umfange der Betrieb einer Personengesellschaft, wenn die Gesellschaft auch eine gewerbliche Tätigkeit i. S. des § 15 Abs. 1 Nr. 1 EStG ausübt.[4] Auch eine nur geringfügige gewerbliche Tätigkeit hat zur Folge, dass die Gesellschaft insgesamt eine gewerbliche Tätigkeit ausübt, z. B. Beteiligung an einem gewerblichen Betrieb. Etwas anderes gilt nur, wenn die Bagatellgrenze für die Nichtanwendung der Abfärberegelung nicht überschritten ist, d. h., wenn die Nettoumsatzerlöse aus der gewerblichen Tätigkeit 3 % der Gesamtnettoumsatzerlöse der Gesellschaft und den absoluten Betrag von 24.500 € im VZ nicht übersteigen.[5] Mit diesem Urteil hat der BFH erstmals die Geringfügigkeitsgrenze definiert. In früheren Urteilen hatte sich der BFH nicht festgelegt, allerdings Anhaltspunkte gegeben. Bei geringfügiger Beteiligung bzw. geringfügiger originärer gewerblicher Tätigkeit (1,25 %) sollte es nicht zur

1 BFH 27.2.1980, BStBl 1981 II S. 210; BFH 1.8.1996, a. a. O.
2 BFH 5.8.1971, BStBl 1972 II S. 114.
3 Vgl. BFH 18.7.1979, BStBl 1979 II S. 750.
4 § 15 Abs. 3 Nr. 1 EStG.
5 BFH 27.8.2014, BStBl 2015 II S. 1002.

Abfärbung kommen. Im Urteil vom 8.3.2004 hatte der BFH ernstliche Zweifel, ob bei einer originären gewerblichen Tätigkeit im Umfang von 2,81 % des Gesamtumsatzes die Abfärberegelung des § 15 Abs. 3 Nr. 1 EStG zum Tragen kommt.

Ist die luf Gesellschaft (Obergesellschaft) an einer gewerblich tätigen Gesell- 692
schaft (Untergesellschaft) beteiligt, werden die gesamten Einkünfte der Obergesellschaft zu gewerblichen Einkünften.[1] Die abweichende Entscheidung des BFH[2] für eine vermögensverwaltende KG wird, trotz Zustimmung des IV. Senats, von der Verwaltung über den entschiedenen Fall hinaus nicht angewendet.[3] Im diesem Nichtanwendungserlass wurde eine entsprechende Gesetzesänderung angekündigt, die mit dem Jahressteuergesetz 2007 (JStG 2007)[4] vom 13.12.2006 durch eine Änderung des § 15 Abs. 3 Nr. 1 EStG umgesetzt wurde.

c) Mitunternehmerschaft zwischen Ehegatten

aa) Voraussetzungen der steuerlichen Anerkennung von Gesellschaftsverträgen

Voraussetzung der steuerlichen Anerkennung ist, dass die Verträge ernsthaft, 693
klar und eindeutig vereinbart sind, einem Fremdvergleich standhalten und entsprechend dieser Vereinbarung auch durchgeführt werden.[5] Das Erfordernis der Klarheit wird im Allgemeinen eine **(ausdrückliche) Vereinbarung** verlangen. Aus Nachweisgründen ist dabei der Schriftform der Vorzug zu geben. Rechte und Pflichten der einzelnen Gesellschafter müssen sich eindeutig ergeben. Fehlt es hieran (z. B. bei Zweifelhaftigkeit bestimmter Regelungen), führt das zur Versagung der Mitunternehmerschaft insgesamt.[6] Einer stillschweigenden Vereinbarung sind daher von vornherein Grenzen gesetzt. Eine steuerliche Anerkennung kann allenfalls dann in Betracht kommen, wenn sich aus anderen Umständen die Vereinbarung eindeutig ablesen lässt (z. B. Leistung von Einlagen und entsprechende Verbuchung, Führung von Kapitalkonten und Zuteilung von Gewinnen). Wegen der meist überschaubaren Verhältnisse in der LuF dürfen die Anforderungen jedoch nicht überspannt werden. Wie problematisch und schwierig die konsequente Durchführung der dargestellten Grundsätze im Einzelfall ist, beweist die Entscheidung des BFH vom 2.9.1985.[7]

1 BFH 8.12.1994, BStBl 1996 II S. 264.
2 6.10.2004, BStBl 2005 II S. 383.
3 Vgl. BMF 18.5.2005, BStBl 2005 I S. 698.
4 BGBl 2007 I S. 2878.
5 BFH 26.8.1958, BStBl 1958 III S. 445; BFH 7.10.1982, BStBl 1983 II S. 73; BFH 8.11.1995, BStBl 1996 II S. 133; BFH 22.1.2004, BStBl 2004 II S. 500.
6 BFH 29.1.1976, BStBl 1976 II S. 328.
7 BStBl 1986 II S. 10.

Die von den Beteiligten gewählte Bezeichnung für das Rechtsverhältnis ist nicht maßgebend. Ob eine Gesellschaft vorliegt, ist danach zu beurteilen, welchem schuldrechtlichen Vertragstypus die vereinbarten Leistungen zuzurechnen sind.[1]

Die Rechtsprechung nimmt eine Mitunternehmerschaft auch dann an, wenn ein ausdrücklicher Gesellschaftsvertrag oder ein vergleichbares Gemeinschaftsverhältnis nicht vorliegt (vgl. Rz. 695 ff.).[2] Gerechtfertigt wird diese Abweichung von der allgemeinen Regel mit der besonderen Funktion des Grund und Bodens für die Landwirtschaft, der bei bestimmungsgemäßer Nutzung nicht nur den Gebrauch, sondern vor allem die Fruchtziehung ermöglicht.

bb) Mitunternehmerschaft ohne Vorliegen eines Gesellschaftsverhältnisses

694 Nach der Rspr. des BFH[3] kann eine Mitunternehmerschaft auch gegeben sein, wenn ihr ein einer Gesellschaft vergleichbares Gemeinschaftsverhältnis zugrunde liegt. Als solche Gemeinschaftsverhältnisse kommen in Betracht:

(1) Mitunternehmerschaft bei Gütergemeinschaft (Errungenschaftsgemeinschaft)

695 Die **Gütergemeinschaft** ist am häufigsten noch im bäuerlichen Bereich anzutreffen. Hierbei wird das Vermögen beider Ehegatten gemeinschaftliches Vermögen **(Gesamtgut)**.[4] Zum Gesamtgut gehören nicht **Sondergut** (Gegenstände, die nicht durch Rechtsgeschäft übertragen werden können)[5] und **Vorbehaltsgut**.[6] Vorbehaltsgut sind die in § 1418 Abs. 2 BGB genannten Gegenstände.

Die Gütergemeinschaft – vor allem auch in der LuF – wird in ständiger Rspr.[7] als **Mitunternehmerschaft** angesehen, da sie ein den in § 15 Abs. 1 Satz 1 Nr. 2 EStG genannten Gesellschaftsverhältnissen vergleichbares Gemeinschaftsverhältnis darstellt. Die Gütergemeinschaft hat als solche keine unmittelbare steuerliche Auswirkung. Aus der Zurechnung des Vermögens an beide Ehegatten je zur Hälfte wird für die Nutzung eine Gemeinschaft angenommen, wie sie auch zwischen fremden Personen bestehen könnte.

1 Für die zivilrechtliche Seite vgl. BGH 29.1.1951, NJW 1951 S. 308; BFH 2.9.1985, BStBl 1986 II S. 10.
2 Vgl. BFH 22.1.2004, BStBl 2004 II S. 500; BFH 25.9.2008, BStBl 2009 II S. 989.
3 Vgl. BFH 6.12.1988, BStBl 1989 II S. 705.
4 § 1416 Abs. 1 Satz 1 BGB.
5 § 1417 BGB.
6 § 1418 BGB.
7 BFH 18.2.1959, BStBl 1959 III S. 263; BFH 18.8.2005, BStBl 2006 II S. 165.

Die Ehegatten haben im Fall der Gewinnermittlung nach § 4 Abs. 1 EStG auch dann eine Gesellschaftsbilanz zu erstellen, wenn es sich um einen Fall von geringer Bedeutung i. S. des § 180 Abs. 3 Satz 1 Nr. 2 AO handelt.[1]

Die dargestellten Grundsätze gelten auch bei Errungenschaftsgemeinschaft, wenn das BV zum Gesamtgut gehört.[2]

(2) Wirtschaftliche Zweckgemeinschaft (Nutzungsgemeinschaft)

Die **wirtschaftliche Zweckgemeinschaft** ist eine Schöpfung der Rspr. des BFH. In 696
neueren Entscheidungen[3] wird die Bezeichnung „wirtschaftliche Zweckgemeinschaft" nicht mehr verwendet, sie wird aber im Folgenden beibehalten.

Die Mitunternehmerschaft beruht dabei darauf, dass der selbst bewirtschaftete luf Grundbesitz entweder den Ehegatten gemeinsam oder ein erheblicher Teil des landwirtschaftlichen Grundbesitzes jedem Ehegatten zu Alleineigentum oder zu Miteigentum gehört und die Ehegatten durch gemeinsame Ausübung von Unternehmerinitiative und gemeinsame Übernahme des Unternehmerrisikos auf einen bestimmten Zweck hin tatsächlich zusammenwirken.[4]

Eine wirtschaftliche Zweckgemeinschaft liegt demnach vor

1. wenn der luf Grundbesitz beiden Ehegatten **gemeinschaftlich gehört** und die Ehegatten in angemessenem Umfang in der LuF **mitarbeiten**.[5] Die Zusammenarbeit muss aus rein unternehmerischen Gründen praktiziert werden und über die Zusammenarbeit innerhalb der Ehe deutlich hinausgehen, wobei jedoch der Beitrag der Ehefrau für den gemeinsamen Betrieb wegen ihrer Bindung im Haushalt weit geringer sein kann als der des Ehemannes.[6] „Wenn beide Ehegatten nicht nur ihre Arbeitskraft, sondern in erheblichem Umfang auch ihr Vermögen einem Betrieb, der auf den Namen nur eines Ehegatten geführt wird, zur Verfügung stellen, so kann im Allgemeinen angenommen werden, dass sie ernsthaft eine Gemeinschaft zur Nutzung ihres

---

1 BFH 18.8.2005, BStBl 2006 II S. 165.

2 BFH 2.10.1980, BStBl 1981 II S. 63.

3 Vgl. z. B. BFH 22.1.2004, BStBl 2004 II S. 500.

4 BFH 25.9.2008, BStBl 2009 II S. 989; BFH 21.12.2016 – IV R 45/13, NWB LAAAG-37592 = BFH/NV 2017 S. 459; BFH 16.5.2018, BStBl 2019 II S. 60.

5 BFH 7.10.1982, BStBl 1983 II S. 73; BFH 30.6.1983, BStBl 1983 II S. 636; BFH 16.6.1994 – IV R 71-72/93, NWB PAAAB-34820 = BFH/NV 1995 S. 762; BFH 21.12.2016 – IV R 45/13, NWB LAAAG-37592 = BFH/NV 2017 S. 459; BFH 16.5.2018, BStBl 2019 II S. 60.

6 BFH 6.6.1995, BFH/NV 1996 S. 27.

beiderseitigen Vermögens begründen wollten."[1] Der BFH geht sogar so weit, dass die Feststellung, ein Ehegatte habe in einem solchen Falle ohne Gegenleistung die Nutzung seines Vermögens überlassen, „nur aufgrund eindeutiger Tatsachen getroffen werden könne". Die **gemeinschaftliche Nutzung** wird **vermutet** und kann vom FA nur aufgrund gegenteiliger Feststellung widerlegt werden.[2]

Von Bedeutung ist die Entscheidung des BFH vom 6.2.1986[3] insofern, als Betriebe der Landwirtschaft generell bei Miteigentum und gemeinsamer Arbeit im landwirtschaftlichen Betrieb als Mitunternehmerschaft behandelt werden. Im Entscheidungsfall handelte es sich um eine Blumengärtnerei. Der bloße Grund und Boden spielt hier nicht die Rolle wie bei einer herkömmlichen Landwirtschaft. Soweit die aufstehenden Gebäude beiden Ehegatten gehören, wird die Mitunternehmerschaft jedenfalls bejaht.[4] Der BFH lässt aber offen, wie zu entscheiden gewesen wäre, wenn z. B. die Gewächshäuser nur einem Ehegatten gehört hätten;[5]

2. wenn beide Ehegatten gemeinschaftlich einen luf Betrieb bewirtschaften (also beide Ehegatten mitarbeiten), und beide dafür einen **erheblichen Teil** der selbst bewirtschafteten landwirtschaftlichen und forstwirtschaftlichen Grundstücke zur Verfügung stellt (mindestens 10 % der luf Eigentums- und Pachtflächen).[6] Die Zupachtung von Grundstücken durch einen Ehegatten (an Stelle eigenen Grundbesitzes) hat der BFH im Gegensatz zur früheren Rechtsprechung nunmehr ebenfalls als für eine Mitunternehmerschaft geeignet angesehen.[7]

Der BFH hat die wirtschaftliche Zweckgemeinschaft auf die unter 1. und 2. genannten Tatbestände beschränkt und **eine Ausdehnung auf andere Fälle abgelehnt**, z. B. wenn der eine Ehegatte die in seinem Alleineigentum stehenden luf Flächen zur Bewirtschaftung überlässt, während der andere nur seine Arbeitskraft und Kapitalbeiträge einbringt.[8] Ebenso wenig reicht es aus, dass der andere Ehegatte das für eine Bewirtschaftung des Betriebs erforderliche Inventar,[9]

---

1 BFH 10.5.1960, BStBl 1960 III S. 326.
2 Vgl. auch BFH 14.8.1986, BStBl 1987 II S. 20 und 23.
3 BStBl 1986 II S. 455.
4 Vgl. BFH 29.6.2004 – IV B 126/03, NWB ZAAAB-35537 = BFH/NV 2005 S. 30.
5 Vgl. auch BFH 14.8.1986, BStBl 1987 II S. 23.
6 BFH 25.9.2008, BStBl 2009 II S. 989; BFH 21.12.2016 – IV R 45/13, NWB LAAAG-37592 = BFH/NV 2017 S. 459.
7 BFH 25.9.2008, a. a. O.; BFH 16.5.2018, BStBl 2019 II S. 60.
8 BFH 7.10.1982, BStBl 1983 II S. 73; BFH 16.5.2018, BStBl 2019 II S. 60.
9 BFH 26.11.1992, BStBl 1993 II S. 395; BFH 16.5.2018, BStBl 2019 II S. 60.

die ihm zu Eigentum übertragene Hofstelle[1] oder sonstige Grundstücke zur Verfügung stellt, bei denen die Besonderheiten der Nutzung von luf Grundstücken nicht gegeben sind. Entsprechendes gilt, wenn jeder Ehegatte einen eigenen landwirtschaftlichen Betrieb bewirtschaftet.[2]

Beträgt der Anteil eines Ehegatten an den zur Verfügung gestellten Grund- 697
stücken weniger als 10 %, wird, soweit nicht ein Gesellschaftsverhältnis nachgewiesen wird, keine Mitunternehmerschaft begründet. Der das Grundstück **überlassende Ehegatte** wird von der Rspr.[3] in diesem Falle als **selbständiger Unternehmer** angesehen. Als Unternehmer betätigt sich nach Auffassung des BFH jeder Eigentümer eines luf Grundstückes (das bei entsprechender Größe einen nachhaltigen Ertrag abwerfen kann), da er nicht nur die **Gebrauchsvorteile** erhält, sondern auch grds. **Eigentümer der Früchte**[4] wird.[5] Das gilt auch dann, wenn der andere Ehegatte diese Grundstücke mit bewirtschaftet. Wer nach außen als Unternehmer auftritt, ist nicht entscheidend. Der Eigentümer ist auch dann Unternehmer, wenn ein anderer für ihn den Betrieb führt.[6]

Um in den genannten Fällen die Mitunternehmerschaft auszuschließen, muss 698
der Eigentümer das Nutzungsrecht aufgrund eines **Pachtvertrags** oder eines sonstigen (auch unentgeltlichen) **Nutzungsüberlassungsvertrags** übertragen und die Aneignung und Verwertung der Früchte gestatten. Ein solcher Vertrag wird steuerlich allerdings nur anerkannt, wenn er klar und eindeutig vereinbart[7] und tatsächlich vollzogen wird und seinem Inhalt nach einem Fremdvergleich (nicht erforderlich bei unentgeltlicher Überlassung) standhält.

Die Beendigung der Mitunternehmerschaft setzt voraus, dass die Voraussetzun- 699
gen (Zurverfügungstellung der Grundstücke, Mitarbeit im erforderlichen Umfang) entfallen. Eine „Auflösung“ durch Vereinbarung der Parteien ohne Änderung der tatsächlichen Verhältnisse ist nicht möglich. Grund für die Beendigung kann z. B. die Überführung der Grundstücke in das Privatvermögen sein, nicht jedoch der Abschluss eines weiteren Gesellschaftsvertrags mit den Kindern.[8]

(Einstweilen frei) 700–702

1 BFH 27.1.1994, BStBl 1994 II S. 462; BFH 16.5.2018, BStBl 2019 II S. 60.
2 BFH 25.9.2008, a. a. O.
3 Vgl. BFH 2.2.1989, BStBl 1989 II S. 504.
4 § 99 BGB.
5 §§ 953 ff. BGB.
6 BFH 7.10.1982, BStBl 1983 II S. 73.
7 In der Regel schriftlich, BFH 14.8.1986, BStBl 1987 II S. 23.
8 BFH 28.7.1994 – IV R 81/93, BFH/NV 1995 S. 202.

d) Gesellschaftsverträge mit Kindern

aa) Allgemeine Grundsätze

703 Gesellschaftsverträge mit Kindern werden auch in der LuF **grds. steuerlich anerkannt**.[1] Gegenüber Gesellschaftsverträgen über gewerbliche Betriebe bestehen keine Unterschiede, da nach heutiger Auffassung[2] ein Gesellschaftsverhältnis nicht mehr als der Landwirtschaft fremd angesehen werden kann.[3] Auf die Größe des luf Betriebs ist dabei nicht mehr abzustellen, so dass auch bei kleineren Betrieben die steuerliche Anerkennung nicht ausgeschlossen ist.[4]

Die steuerliche Anerkennung erfordert grds. ein Gesellschaftsverhältnis. Eine Mitunternehmerschaft aufgrund einer Nutzungsgemeinschaft (wie sie bei Ehegatten anerkannt wird, vgl. Rz. 696 ff.) kommt nur bei Miteigentum in Betracht.

704 Die steuerliche Anerkennung erfordert eine **ernsthafte Vereinbarung** und eine **tatsächliche Durchführung** entsprechend dieser Vereinbarung. Für die Begründung des Gesellschaftsverhältnisses werden zwar grds. keine wirtschaftlich vernünftigen Gründe gefordert, so dass auch einer aus familienrechtlichen oder steuerlichen Gründen getroffenen Vereinbarung die Anerkennung allein aus diesen Erwägungen heraus nicht verweigert werden kann,[5] jedoch kann **das Fehlen wirtschaftlich vernünftiger Gründe** im Einzelfall für die Beurteilung der Ernsthaftigkeit der Vereinbarung von Bedeutung sein.[6] Voraussetzung der steuerlichen Anerkennung ist (als Maßstab der Ernsthaftigkeit) die Beachtung zivilrechtlicher Wirksamkeitsvoraussetzungen (z. B. Beachtung von Formvorschriften). Bei LuF sind auch die Bestimmungen des Grundstücksverkehrsgesetzes (GrdStVG) sowie des Anerbenrechts von Bedeutung.

Für die steuerliche Anerkennung eines Gesellschaftsverhältnisses spielt die Art der Gewinnermittlung keine Rolle. Es kann sich auch um einen Betrieb handeln, der seinen Gewinn nach § 13a EStG ermittelt.[7] Allerdings wird man auch in Rechnung stellen müssen, dass bei kleineren Betrieben, die gerade das Exis-

---

1 BFH 29.5.1956, BStBl 1956 III S. 246.

2 A. A. noch BFH 25.11.1952, BStBl 1953 III S. 13, wonach allenfalls in Ausnahmefällen eine steuerliche Anerkennung in Betracht kommen sollte.

3 BFH 29.5.1956, BStBl 1956 III S. 246.

4 BFH 26.5.1959, BStBl 1959 III S. 322.

5 BFH 29.5.1956, BStBl 1956 III S. 246.

6 BFH 3.8.1973, BStBl 1973 II S. 844.

7 BFH 26.5.1959, BStBl 1959 III S. 322.

tenzminimum einer Familie decken, wohl schon gewichtige Gründe für eine Gesellschaft vorliegen müssen, um deren Ernsthaftigkeit unter Beweis zu stellen.

Von erheblicher praktischer Bedeutung ist der Fall, dass der das Kind in den Be- 705
trieb aufnehmende Elternteil die ihm gehörenden Grundstücke (zunächst) zurückbehält. In dem Fall des Urteils vom 3.8.1973[1] hat der BFH diesen Umstand nicht als hinderlich für die Anerkennung der Mitunternehmerschaft gewertet. Es handelte sich um einen Weinbaubetrieb, in dem der Sohn eine qualifizierte Arbeit zu leisten und Führungsaufgaben zu übernehmen hatte. Der BFH sah es als ausreichend an, dass der Sohn am Gesellschaftsvermögen (einschließlich stiller Reserven) beteiligt wird, das **ab Gesellschaftsgründung** erworben wird. Die **Einbringung des beweglichen Anlagevermögens,** das der Vater vorher dem Sohn geschenkt hatte, sah der BFH ebenfalls als ausreichend an.[2]

Dass der Sohn als Einlage **lediglich seine Arbeitsleistung erbringt,** sah der BFH nicht als schädlich an, da die Mitarbeit für das Unternehmen nicht von untergeordneter Bedeutung war. Fremde Personen, die nur untergeordnete oder mechanische Arbeiten leisten, werden üblicherweise nicht als Gesellschafter aufgenommen, sondern auf einen Dienstleistungsvertrag angestellt. Es sei nach BFH auch in der steuerlichen Rechtsprechung anerkannt, dass der Beitrag (Einlage) des als Gesellschafter in das Unternehmen des Vaters eintretenden Sohnes nur in der Einbringung der eigenen Arbeitskraft zur Führung des Betriebs bestehen könne.[3]

Bei einer Gesellschaft mit Kindern kommt im Allgemeinen den Eltern ein natürliches Übergewicht zu. Das allein sieht der BFH jedoch nicht als schädlich an.[4]

bb) Schenkweise begründete Beteiligungen von Kindern

Behält sich ein Elternteil bei der unentgeltlichen Einräumung einer Unterbetei- 706
ligung an einem Anteil einer Personengesellschaft das Recht vor, jederzeit eine unentgeltliche Rückübertragung der Anteile von dem Kind zu verlangen, wird keine Einkunftsquelle auf das Kind übertragen. Gleiches gilt bei schenkweiser Übertragung eines Gesellschaftsanteils mit Rückübertragungsverpflichtung (R 15.9 Abs. 2 EStR).

1 BStBl 1973 II S. 844.
2 Vgl. BFH 25.11.1952, BStBl 1953 III S. 13.
3 Verweis auf RFH 15.6.1938 – VI 292/38, RStBl 1938 779; BFH 3.8.1973, BStBl 1973 II S. 844.
4 BFH 25.11.1952, BStBl 1953 III S. 13.

Eine Rückfallklausel, nach der die Unterbeteiligung ersatzlos an den Vater zurückfällt, wenn das Kind vor dem Vater stirbt und keine leiblichen (ehelichen) Abkömmlinge hinterlässt, steht der steuerlichen Anerkennung der Unterbeteiligung jedoch nicht entgegen.[1]

Schenkweise von ihren Eltern in eine KG aufgenommene Kinder können nur Mitunternehmer sein, wenn ihnen wenigstens annäherungsweise diejenigen Rechte eingeräumt sind, die einem Kommanditisten nach dem HGB zukommen.[2] Zu weiteren Ausführungen hierzu vgl. H 15.9 Abs. 2 „Allgemeines" EStH.

cc) Gesellschaftsverträge mit minderjährigen Kindern

707 Sollen **minderjährige Kinder** am luf Betrieb der Eltern bzw. eines Elternteils beteiligt werden, muss für den Abschluss des Gesellschaftsvertrags ein Ergänzungspfleger (§ 1909 BGB) bestellt werden.[3] Eine Vertretung durch die Eltern oder auch den nicht an der Gesellschaft beteiligten Elternteil ist nicht möglich aufgrund des Selbstkontrahierungsverbots nach § 181 BGB vgl. § 1795 BGB i. V. mit § 1629 Abs. 2 BGB. Die Bestellung eines Dauerergänzungspflegers ist hingegen nicht notwendig.[4]

Beteiligt ein Steuerpflichtiger sein durch einen Ergänzungspfleger vertretenes minderjähriges Kind an seinem Unternehmen, so hängt die steuerliche Anerkennung des Vertrags auch dann, wenn die Beteiligten nach dem Vertrag gehandelt haben, von der **familiengerichtlichen Genehmigung** (§ 1822 Nr. 3 BGB) ab, die nicht als stillschweigend erteilt angesehen werden kann.[5]

Die zivilrechtliche Rückwirkung der familiengerichtlichen Genehmigung eines Vertrags kann aber steuerlich nicht berücksichtigt werden, wenn die familiengerichtliche Genehmigung nicht unverzüglich nach Abschluss des Gesellschaftsvertrags beantragt und in angemessener Frist erteilt wird.[6]

---

1 BFH 27.1.1994, BStBl 1994 II S. 635.

2 BFH 24.7.1986, BStBl 1987 II S. 54.

3 BFH 9.7.1987, BStBl 1988 II S. 245; BFH 12.5.2016 – IV R 27/13, NWB MAAAF-82836 = BFH/NV 2016 S. 1559; BFH 16.12.2008 – VIII R 83/05, NWB OAAAD-21104 = BFH/NV 2009 S. 1118; BFH 19.12.2007, BStBl 2008 II S. 187.

4 BFH 29.1.1976, BStBl 1976 II S. 328.

5 BFH 4.7.1968, BStBl 1968 II S. 671; BFH 8.11.1972, BStBl 1973 II S. 287; BFH 12.5.2016 – IV R 27/13, NWB MAAAF-82836 = BFH/NV 2016 S. 1559.

6 BFH 1.2.1973, BStBl 1973 II S. 307.

Auch ein zwischenzeitlich volljährig gewordenes Kind kann den schwebend unwirksamen Vertrag nachträglich genehmigen. Die Genehmigung wirkt zivilrechtlich auf den Zeitpunkt des Vertragsabschlusses zurück. Zur steuerrechtlichen Anerkennung der **Rückwirkung** wird vorausgesetzt, dass es sich bei der Zeit bis zur Volljährigkeit um eine kurze Zeitspanne handelt und dass für den vorzeitigen Abschluss betriebliche Gründe vorlagen und mit der Rückbeziehung keine besonderen steuerlichen Vorteile erstrebt wurden.[1]

e) Angemessenheit der Gewinnverteilung

Die steuerliche Anerkennung einer Familiengesellschaft hat nicht ohne weiteres auch die Anerkennung der Gewinnverteilung zur Folge. Eine Gewinnverteilung ist steuerlich nur anzuerkennen, wenn sie **angemessen** ist, d. h. wenn sie auch bei Beteiligung Dritter unter den gegebenen Umständen vereinbart worden wäre oder wenigstens hätte vereinbart werden können.[2] 708

Ist die Gewinnverteilung nicht angemessen, kann das FA diese ändern, wenn die Bedenken gegen die Gewinnverteilung zu einer wesentlich anderen Gewinnverteilung führen, soweit also ein **offensichtliches Missverhältnis** zwischen Leistung und Gegenleistung besteht.[3] Steht die Gewinnverteilung in offensichtlichem Missverhältnis zu den Leistungen der Gesellschafter, so kann ein Missbrauch i. S. des § 42 AO vorliegen.[4]

Der BFH stützt seine Ansicht einmal auf den Begriff der **Einkommensverwendung** nach § 12 Nr. 2 i. V. mit § 15 Abs. 1 Nr. 2 EStG,[5] aber auch auf den **Bezug originärer Einkünfte**:[6] wenn nur derjenige Gesellschafter originäre Einkünfte beziehe, der Mitunternehmer sei, so könne auch der dem einzelnen Mitunternehmer zuzubilligende Gewinnanteil nur insoweit originäre Einkünfte sein, als er dem Gewicht der Mitunternehmerstellung im Verhältnis zur Mitunternehmerschaft anderer Gesellschafter entspreche und somit Erträge dieser Mitunternehmerstellung sind.

Die Angemessenheit der Gewinnverteilung ist nicht für jeden VZ erneut zu prüfen. Die Angemessenheitsprüfung ist eine Entscheidung **im Zeitpunkt der Vereinbarung** anhand der gegebenen Verhältnisse und der zu erwartenden 709

1 BFH 5.3.1981, BStBl 1981 II S. 435.

2 BFH 29.5.1972, BStBl 1973 II S. 5; R 15.9 Abs. 3 Satz 1 EStR.

3 BFH 31.1.1961, BStBl 1961 III S. 158.

4 R 15.9 Abs. 3 Satz 2 EStR.

5 BFH 29.5.1972, BStBl 1973 II S. 5.

6 BFH 29.1.1976, BStBl 1976 II S. 374.

Entwicklung (vornehmlich des Gewinns). Die als angemessen angesehene Gewinnverteilung bleibt so lange maßgebend, bis eine wesentliche Änderung der Verhältnisse auch zwischen fremden Gesellschaftern zu einer Änderung führen würde,[1] z. B. wenn vertraglich eine Abänderung (Kündigung) möglich ist. Eine günstigere Entwicklung als bei Vertragsabschluss voraussehbar, rechtfertigt für sich allein keine Beanstandung der Gewinnverteilung.

Die Beanstandung der Gewinnverteilung hat vor allem bei Kommanditisten und hier vor allem für den Fall der **Schenkung der Einlage** (z. B. Einbringung eines Einzelunternehmens in eine Gesellschaft; die Einlage des Kommanditisten wird durch Schenkung des Inhabers – Abbuchung vom Kapitalkonto – geleistet) Bedeutung erlangt.

Nach Auffassung des BFH ist es hierfür im Allgemeinen nicht zu beanstanden, wenn der vereinbarte Gewinnverteilungsschlüssel eine durchschnittliche Rendite von nicht mehr als 15 % des tatsächlichen Werts der Beteiligung ergibt. Der BFH[2] geht bei seinen Überlegungen davon aus, dass Gestaltungen der genannten Art unter Fremden nicht vorkommen dürften, so dass auch aus einem Fremdvergleich, der sonst Maßstab der Beurteilung von Rechtsverhältnissen unter Angehörigen ist, keine Erkenntnisse gewonnen werden könnten. Für den nur kapitalmäßig beteiligten Kommanditisten komme nur eine Beteiligung am Restgewinn (z. B. Vorabzug für Geschäftsführung oder die Überlassung von WG) in Betracht; maßgebend ist dabei das Verhältnis der tatsächlichen Werte der Beteiligungen, nicht deren Nominalwert.

710 Sind die Anteile hingegen nicht schenkweise übertragen worden, sondern ganz oder teilweise mit eigenen Mitteln von den aufgenommenen Familienangehörigen erworben worden, bildet die unter Fremden übliche Gestaltung den Maßstab für die Prüfung, ob die Gewinnverteilung angemessen ist.[3]

711 Bei **Mitunternehmerschaft aufgrund einer Gütergemeinschaft** ist zunächst von Bedeutung, dass die Ehegatten am BV zu gleichen Teilen beteiligt sind. Arbeiten daneben beide Ehegatten im Betrieb mit, ist im Allgemeinen eine gleichmäßige Aufteilung des Gewinns auf die Ehegatten gerechtfertigt.[4] Arbeitet nur ein Ehegatte im Betrieb mit oder sind die Arbeitsleistungen nicht gleichwertig (hinsichtlich des zeitlichen Aufwandes oder der Wertigkeit), so ist eine andere Auf-

1 BFH 29.5.1972, BStBl 1973 II S. 5; BFH 15.5.1975, BStBl 1975 II S. 692.
2 BFH 29.5.1972, BStBl 1973 II S. 5; BFH 24.7.1986, BStBl 1987 II S. 54.
3 BFH 4.6.1973, BStBl 1973 II S. 866.
4 BFH 18.2.1959, BStBl 1959 III S. 263.

teilung geboten, die den unterschiedlichen Beiträgen der Ehegatten Rechnung trägt.

Bei der **wirtschaftlichen Zweckgemeinschaft** (Mitunternehmerschaft aufgrund Miteigentums) ist im Wesentlichen die gleiche Situation gegeben wie bei der Gütergemeinschaft. Das Eigentum am Grundstück erfasst zwar nicht das Zubehör, jedoch ist zu beachten, dass bei einem Grundstücksgeschäft dieses sich im Zweifel auf das Zubehör erstreckt.[1] Arbeiten beide Ehegatten im Betrieb gleichwertig mit, ist eine Verteilung des Gewinns zu gleichen Teilen gerechtfertigt. Bei unterschiedlichen Beiträgen ist diesen bei der Gewinnverteilung Rechnung zu tragen.

Bei einer **Mitunternehmerschaft mit einem Kind** unter Zurückbehaltung der Grundstücke durch den Vater (vgl. Rz. 705) ist die Gewinnverteilung jedenfalls dann nicht zu beanstanden, wenn dem Sohn ein Gewinn in Höhe eines vergleichbaren Arbeitnehmers zusteht.

f) Folgen der Nichtanerkennung der Mitunternehmerschaft bzw. der Gewinnverteilung

Bei Nichtanerkennung der Mitunternehmerschaft bzw. der Beteiligung einzel- 712
ner Gesellschafter ist der Gewinn dem bisherigen Einzelunternehmer (z. B. bei Einbringung in eine Gesellschaft) oder den Gesellschaftern zuzurechnen, die als Mitunternehmer angesehen werden.[2]

Einer **Umdeutung in ein anderes Rechtsverhältnis** sind Grenzen gesetzt. Eine Gesellschaft (z. B. Kommanditgesellschaft) kann bei Leistung einer Einlage und wenn im Übrigen die Voraussetzungen einer Gesellschaft gegeben sind, u. U. als stille Gesellschaft behandelt werden.[3]

Ist nur die Gewinnverteilung zu beanstanden, so ist die Verteilung so vorzunehmen, als ob eine angemessene Gewinnverteilung vorgenommen worden wäre.[4]

Die Nichtanerkennung der Gesellschaft bzw. der Gewinnverteilung lässt, da nur den steuerlichen Bereich betreffend, die sich aus dem Gesellschaftsvertrag ergebenden **zivilrechtlichen Ansprüche unberührt,** soweit nicht im Einzelfall die steuerliche Anerkennung als Bedingung der zivilrechtlichen Ansprüche verein-

1 § 926 Abs. 1 BGB.

2 Vgl. BFH 29.4.1981, BStBl 1981 II S. 663.

3 BFH 29.4.1981, BStBl 1981 II S. 663; BFH 6.7.1995, BStBl 1996 II S. 269.

4 BFH 29.3.1973, BStBl 1973 II S. 650.

bart ist. Soweit das nicht geschehen ist, muss ein Gesellschafter bzw. der Betriebsinhaber mehr versteuern als ihm tatsächlich Ansprüche auf den Gewinn zustehen. Ob und in welchem Umfange hier ein Ausgleich beansprucht werden kann, ist unklar.[1] Eine vertragliche Regelung ist angesichts der unklaren Rechtslage unbedingt anzuraten.[2]

g) Die GmbH & Co. KG

713 Eine GmbH & Co. KG, die (ausschließlich) einen luf Betrieb unterhält, bezieht grds. Einkünfte aus LuF nach § 13 Abs. 1 Nr. 1 EStG.[3] Die Umwandlung der anteiligen Einkünfte der GmbH in gewerbliche Einkünfte erfolgt bei der GmbH.[4]

Die GmbH & Co. KG erzielt insgesamt gewerbliche Einkünfte, wenn es sich um eine gewerblich geprägte Personengesellschaft nach § 15 Abs. 3 Nr. 2 EStG handelt bzw. wenn sich die GmbH & Co. KG an einer gewerblich tätigen Gesellschaft beteiligt.

h) Gewinnfeststellung

714 Nach § 180 Abs. 1 Nr. 2 Buchst. a AO werden Einkünfte **gesondert festgestellt,** wenn an den Einkünften mehrere Personen beteiligt sind und die Einkünfte diesen Personen zuzurechnen sind.

Auf die **Gewinnfeststellung** kann **verzichtet** werden, wenn es sich um einen Fall von geringerer Bedeutung handelt.[5] Ein Fall von geringerer Bedeutung liegt vor, wenn die Einkünfte leicht zu ermitteln sind, nach einem einfachen Schlüssel auf die Beteiligten zu verteilen sind und wenn die Gefahr widersprüchlicher Entscheidungen bei den Beteiligten gering oder nahezu ausgeschlossen ist.[6] Die Tatsache, dass die Beteiligten Ehegatten sind, die voraussichtlich zusammenveranlagt werden, macht für sich den Fall noch nicht zu einem von geringerer Bedeutung.[7] Einen Fall von geringerer Bedeutung hat der BFH angenommen bei in Gütergemeinschaft lebenden Ehegatten, die mit ihren Einkünften aus LuF zusammenveranlagt werden.[8] Zwischenzeitlich hat der BFH im Urteil vom

1 Zusammenfassend vgl. Fichtelmann, EStB 2002 S. 398.
2 Vgl. Fichtelmann, EStB 2002 S. 398.
3 BFH 17.1.1985, BStBl 1985 II S. 291.
4 Vgl. BFH 11.12.1997, BStBl 1999 II S. 401; BFH 4.11.1999, BFH/NV 2000 S. 306.
5 § 180 Abs. 3 AO.
6 BFH 3.2.1976, BStBl 1976 II S. 396; BFH 4.7.1985, BStBl 1985 II S. 576.
7 BFH 3.2.1976, BStBl 1976 II S. 396.
8 BFH 4.7.1985, BStBl 1985 II S. 576.

22.1.2009[1] entschieden, dass bei Vorliegen einer Ehegattenmitunternehmerschaft eine gesonderte Gewinnfeststellung i. S. des § 180 Abs. 1 Nr. 2 Buchst. a AO vorzunehmen ist.

Auf einen Verzicht der Gewinnfeststellung ist im Steuerbescheid hinzuweisen. Davon kann nur abgesehen werden, wenn die Absicht des FA, keine gesonderte Gewinnfeststellung durchzuführen, den Stpfl. bekannt oder auch ohne schriftliche Begründung ohne weiteres erkennbar ist.[2]

IX. Einräumung von Nutzungsrechten und Betriebsübertragungen

1. Verpachtung und Betriebsüberlassung

a) Pachtverträge

aa) Allgemeines

Der Pachtvertrag ist ein schwebender Dauervertrag, bei dem über die **Gebrauchsgewährung** (Miete) hinaus ein **Nutzungsrecht** (Fruchtziehungsrecht) besteht.[3] Der Verpächter wird verpflichtet, dem Pächter den Gebrauch des verpachteten Gegenstandes und den Genuss der Früchte, soweit sie nach den Regeln einer ordnungsgemäßen Wirtschaft anzusehen sind, während der Pachtzeit zu gewähren, und der Pächter ist verpflichtet, dem Verpächter den vereinbarten Pachtzins zu entrichten. Bei der Verpachtung ist zwischen einer sog. schlichten Verpachtung und einer Verpachtung mit eisernem Inventar zu unterscheiden.[4] 715

bb) Landpachtverträge mit Angehörigen (Verwandtschaftspacht)

Nach ständiger Rspr. des BFH können bürgerlich-rechtliche Verträge zwischen nahen Angehörigen steuerlich nur dann anerkannt werden, wenn sie **eindeutig vereinbart** und **ernstlich gewollt** sind und demgemäß auch **tatsächlich durchgeführt** werden (vgl. Grundsatz in Rz. 621 f.).[5] 716

1 IV R 12/06, BFH/NV 2009 S. 933.

2 § 121 Abs. 2 Nr. 2 AO; vgl. BFH 4.7.1985, BStBl 1985 II S. 576.

3 § 581 BGB, Landpachtvertrag § 585 BGB.

4 Dazu BMF 21.2.2002, BStBl 2002 I S. 262.

5 BFH 27.2.1986, BFH/NV 1986 S. 460; BFH 24.7.1975, BStBl 1975 II S. 772; BFH 5.2.1988, BFH/NV 1988 S. 628; BFH 27.11.1989, BStBl 1990 II S. 160; BFH 12.7.2017 – VI R 59/15, BStBl 2018 II S. 461; BFH 12.7.2017 – VI R 60/15, NWB WAAAG-58239 = BFH/NV 2017 S. 1428.

Eine (geringe) Barpacht und zusätzliche altenteilsähnliche Leistungen können auch steuerrechtlich als Gegenleistung für die Nutzungsüberlassung eingeordnet werden. Selbst wenn der Nutzer ein sehr niedriges Entgelt zahlt, das weit hinter dem üblichen Entgelt zurückbleibt, handelt es sich trotzdem um Pacht und nicht um eine unentgeltliche Nutzungsüberlassung.[1]

(1) Unternehmenspacht

717 Bei der Unternehmenspacht wird durch den Landpachtvertrag ein Grundstück mit den seiner Bewirtschaftung dienenden Wohn- und Wirtschaftsgebäuden (Betrieb) überwiegend zur Landwirtschaft verpachtet.[2]

718 Beim Abschluss eines Pachtvertrages und bei der Durchführung dieses Vertrages müssen i. d. R. folgende Punkte beachtet werden.[3]

- Der Vertrag muss **schriftlich** abgeschlossen sein.[4]
- Der Pächter muss in der Lage sein, **selbständig und ordnungsgemäß** einen landwirtschaftlichen Betrieb zu bewirtschaften. Er muss tatsächlich die Betriebsführung ausüben und nach außen hin im eigenen Namen auftreten.
- Der Verpächter muss vollständig aus der Betriebsführung ausscheiden.
- Zur Höhe der vereinbarten Pacht Hinweis auf Rz. 716 und 773.[5]
- Über das Eigentum am **Inventar** und die vom Pächter übernommenen **Vorräte** müssen klare Vereinbarungen getroffen werden.[6]
- Die **stehende Ernte** und das **Feldinventar** sind bei der Pachtübernahme zu taxen (Sachdarlehen).[7] Bei Verpachtung mit eisernem Inventar[8] muss auch das gesamte lebende und tote Inventar getaxt werden.

719 Mit Anerkennung des Pachtvertrages sind die Einkünfte aus LuF dem Pächter zuzurechnen, vgl. Rz. 1197. Die Pachtzahlungen sind beim Pächter Betriebsausgaben und beim Verpächter, wenn er den Betrieb nicht aufgibt, Betriebseinnahmen. Einkommensteuerrechtlich entstehen zwei Betriebe.[9] Beim Verpächter

---

1 BFH 12.7.2017 – VI R 59/15, BStBl 2018 II S. 461; VI R 60/15, NWB WAAAG-58239.
2 § 585 BGB; BFH 5.5.1976, BStBl 1976 II S. 717.
3 Vgl. FinMin Bayern 13.11.1968, ESt-Kartei BayLfSt § 13 K. 8.1.
4 BFH 7.10.1981, BStBl 1982 II S. 78, 79.
5 BFH 12.7.2017 – VI R 59/15, BStBl 2018 II S. 461; VI R 60/15, NWB WAAAG-58239.
6 § 585 BGB; a. A. FG München 23.11.1982, rkr., INF 1983 S. 439.
7 BFH 6.12.1984, BStBl 1985 II S. 391.
8 § 585 und § 582a BGB, Fruchtziehungsrecht des Pächters § 956 BGB.
9 BFH 12.12.2013 – IV R 17/10, BStBl 2014 II S. 316; BFH 7.4.2016 – IV R 38/13, BStBl 2016 II S. 765.

fällt die Voraussetzung der GnD mangels selbst bewirtschafteter Fläche weg. Zur Wegfallmitteilung vgl. Rz. 425.

Eine unentgeltliche Betriebsüberlassung steht einer Verpachtung gleich.[1] Anders als bei der unentgeltlichen oder teilentgeltlichen Überlassung von Einzelwirtschaftsgütern ist bei der entsprechenden Überlassung des gesamten luf Betriebs grds. weder eine (Zwangs-)Entnahme in Form einer Betriebsaufgabe noch eine Nutzungsentnahme anzunehmen. Ein sich hierbei ergebender Verlust ist, sofern nicht die Voraussetzungen der Liebhaberei vorliegen, im Regelfall steuerlich abzugsfähig, Rz. 761, 771 und 773. 720

(2) Verpachtung von Einzelflächen oder Betriebsteilen

Pachtverträge über Einzelflächen oder Betriebsteile werden häufig deshalb mit Angehörigen abgeschlossen, um den Hoferben durch begrenzte Selbständigkeit auf die Hofnachfolge vorzubereiten oder auch um die Wirtschaftswertgrenze von 25.000 € (Buchführungspflicht, Rz. 198), die 50 ha-Grenze des § 51 EStDV und des § 13a Abs. 1 EStG (vgl. Rz. 1210, 422/4) bzw. der R 34b.6 Abs. 3 EStR (vgl. Rz. 1289) oder die 20 ha-Grenze oder die Flächengrenze der Anlage 1 a, Nr. 2 Spalte 2 EStG (Wegfall GnD, Rz. 422, 423) zu unterschreiten (vgl. Rz. 831). Es gelten daher hier besonders strenge Anforderungen. 721

Pachtverträge können mit steuerlicher Wirkung nur dann berücksichtigt werden, wenn die **Verträge klar und eindeutig abgeschlossen** sind und auch **tatsächlich wie vereinbart durchgeführt** werden. Scheinverträge sind für die Besteuerung unerheblich.[2] Das bedeutet, dass der Pächter das Grundstück allein bestellen muss und über die Erträge frei verfügen kann. Wird Anlagevermögen des Verpächters mitbenutzt, muss dies besonders geregelt sein. Außerdem ist für die Anerkennung des Pachtverhältnisses von Bedeutung, ob ein marktgerechter Pachtzins[3] vereinbart wurde und zu den vereinbarten Fälligkeitszeitpunkten gezahlt wird. Nach neuerer Rechtsprechung darf die Anforderung an die Fremdüblichkeit nicht überspannt werden (vgl. Rz. 772, 773).

Bei Pachtverträgen über bestellte Einzelflächen wird üblicherweise eine **Entschädigung für das Feldinventar** vereinbart. Es spricht gegen die Ernsthaftigkeit des Rechtsgeschäfts, wenn eine angemessene Entschädigung für das Feldinven- 722

1 BFH 24.2.2005 – IV R 28/00, NWB ZAAAB-52660 = BFH/NV 2005 S. 1062, unter Hinweis auf BFH 7.8.1979 – VIII R 153/77, BStBl 1980 II S. 181; und H 16 Abs. 5 „Betriebsüberlassung" EStH.

2 § 41 Abs. 2 AO.

3 BFH 12.7.2017 – VI R 59/15, BStBl 2018 II S. 461, Rz. 33 (höher § 12 EStG; < 10 % Gefälligkeit).

tar nicht vereinbart und nicht gezahlt wird. Bei Verpachtung an Minderjährige sind die Formvorschriften zu beachten (Abschlusspfleger).[1]

723 Durch **Missbrauch von rechtlichen Gestaltungsmöglichkeiten** kann die Steuerpflicht nicht umgangen werden.[2] Pachtverträge können deshalb nur anerkannt werden, wenn sie wirtschaftlich sinnvoll sind.[3] Die Entscheidung kann für den Einzelfall nur nach Würdigung aller Umstände getroffen werden.

(3) Pacht forstwirtschaftlicher Grundstücke

724 Pachtverhältnisse an Forstbetrieben/Forstflächen sind – im Gegensatz zur Landwirtschaft – eher die Ausnahme und beschränken sich nahezu ausschließlich auf Verträge zwischen nahen Angehörigen.

Pachtverhältnisse an Grundstücken umfassen die normale Fruchtziehung an diesen nach den Regeln einer ordnungsgemäßen Bewirtschaftung gegen Zahlung eines Pachtzinses. Im Gegensatz zur Landwirtschaft ist in der Forstwirtschaft die Abgrenzung der normalen Fruchtziehung vom Substanzeingriff durch eine Reihe von Unwägbarkeiten gekennzeichnet: Der forstwirtschaftliche Aufwuchs ist Produktionsmittel und Produkt zugleich, Kapital und Ertrag lassen sich nicht klar voneinander trennen. Dem Wesen der Pacht wird man – zumindest in quantitativer Hinsicht – dadurch gerecht, dass dem Pächter im Rahmen der ordnungsgemäßen Bewirtschaftung nur die Normalnutzung zusteht. Bei Pachtverhältnissen an Forstflächen ist grds. von zwei Forstbetrieben auszugehen: Neben dem Pachtbetrieb betreibt auch der Verpächter durch die Hinnahme des Wachstums des in seinem Eigentum verbleibenden Aufwuchses und der damit verbundenen stillen Reserven ebenfalls Forstwirtschaft.

Holznutzungen infolge höherer Gewalt (Kalamitätsnutzungen), Rz. 1249 ff., auf Pachtflächen werden stets von den Pächtern angezeigt, die mit ihrer Voranmeldung gleichzeitig für sich die Steuerermäßigung nach § 34b Abs. 1 Nr. 2 EStG beantragen. Die forstfachliche Anerkennung der Kalamitätsnutzungen wird üblicherweise ebenfalls gegenüber dem Pächter vorgenommen. Nach § 34b EStG kann dem Pächter für Holznutzungen infolge höherer Gewalt eine Tarifvergünstigung gewährt werden. Dabei ist allerdings zu beachten, dass dem Pächter aufgrund der vertraglichen Vereinbarungen nur die Einkünfte aus Holznutzungen innerhalb des Nutzungssatzes zustehen. Außerordentliche Holznutzungen sind

1 §§ 181, 1909 BGB.

2 § 42 AO.

3 BFH 4.8.1977, BStBl 1977 II S. 843.

dem Pächter damit nur insoweit zuzurechnen, als die ordentlichen Holznutzungen den Nutzungssatz noch nicht erreichen. Die Einkünfte aus den darüber hinausgehenden außerordentlichen Holznutzungen sind dem Forstbetrieb des Verpächters zuzurechnen.

b) Verpachtung land- und forstwirtschaftlicher Betriebe

aa) Rechtslage bei Aufgaben nach dem 4.11.2011

= Gesetzliche Betriebsfortführungsfiktion nach § 16 Abs. 3b EStG bei Betriebsunterbrechung, Verpachtung eines Betriebs im Ganzen sowie eines Mitunternehmeranteils 725

Die Neuregelung soll die gesetzlichen Voraussetzungen für Fälle einer allmählichen (schleichenden) Betriebsaufgabe bei verpachteten und ruhenden Betrieben sowohl für den Stpfl. als auch für die FinVerw eindeutig normieren. Die Grundsätze von R 16 Abs. 5 EStR und H 16 Abs. 5 EStH, die weitgehend inhaltsgleich zur gesetzlichen Regelung sind, gelten damit fort,[1] R 16 Abs. 5 EStR 2008 hatte folgenden Wortlaut:

R 16 Abs. 5 EStR 2008 – Betriebsverpachtung im Ganzen

(5) [1]Hat der Stpfl. die wesentlichen Betriebsgrundlagen im Ganzen verpachtet und besteht für ihn oder seinen Rechtsnachfolger objektiv die Möglichkeit, den Betrieb später fortzuführen, kann er gleichwohl die Betriebsaufgabe erklären (>Verpächterwahlrecht). [2]Da es sich bei der Einstellung der werbenden Tätigkeit nach § 16 Abs. 3 EStG grds. um eine Betriebsaufgabe handelt, sind die Voraussetzungen für die Ausübung des Wahlrechtes eng auszulegen. [3]Die Voraussetzungen für eine Betriebsverpachtung im Ganzen müssen nicht nur zu Beginn der Verpachtung, sondern während der gesamten Dauer des Pachtverhältnisses vorliegen. [4]Der Verpachtung eines Betriebs im Ganzen steht die Verpachtung eines Teilbetriebs gleich.

Bei den Tatbeständen des § 16 Abs. 3b EStG sind daher die nachfolgend dargestellten Grundsätze anzuwenden, soweit nicht eindeutige gesetzliche Regelungen vorliegen. Zur Betriebsunterbrechung im engeren Sinne und zur Betriebsverpachtung vgl. Übersicht Rz. 732. Bisher musste allerdings die Rechtsprechung mangels einer gesetzlichen Regelung die Voraussetzungen für die Ausübung des Wahlrechts eng auslegen.[2]

1 BT-Drucks. 17/5125.

2 BFH 26.2.1997 BStBl 1997 II S. 561.

§ 16 Abs. 3b EStG lässt bei der Betriebsaufgabe eine Rückbeziehung von drei Monaten zu. Die Beschränkungen des BFH bei der Wertbestimmung (vgl. Rz. 759) sind daher nicht mehr zu beachten. Die Betriebsaufgabe kann jetzt innerhalb von drei Monaten durch den Gesamtrechtsnachfolger (im Erbfall; nicht bei vorweggenommener Erbfolge)[1] erklärt werden. Eine Aufgabeerklärung innerhalb der drei Monate ist daher auf einen Zeitpunkt vor dem Erbfall, also auf den Erblasser möglich.

Zum Tatbestand der Tatsachen i. S. des § 16 Abs. 3b Satz 1 Nr. 2 EStG kann auf die Kriterien des § 173 AO zurückgegriffen werden.[2]

bb) Rechtslage bei Aufgaben vor dem 5.11.2011

= bisheriges Verpächterwahlrecht nach R 16 Abs. 5 EStR 2008

(1) Allgemeines

726 Bei Aufgaben vor dem 5.11.2011 sind von der Rechtsprechung entwickelte und von der FinVerw in ständiger Rechtspraxis angewendete Grundsätze zum Verpächterwahlrecht zu beachten.

Die Betriebsverpachtung ist eine Möglichkeit, die Hofübergabe vorzubereiten oder im Rahmen des Strukturwandels der „Erste Schritt" in Richtung Betriebsaufgabe (Rz. 863 ff.).

727 Nach der Rechtsprechung des BFH[3] kann der Verpächter im Fall der Verpachtung eines Betriebes im Ganzen **wählen**, ob er die Verpachtung als **Betriebsaufgabe** behandelt wissen will oder ob und wie lange er das BV während der Verpachtung **fortführen** will.

cc) Überblick über die Rechtsprechung zur Verpachtung von Betrieben

728 Zur Frage der steuerlichen Erfassung von Bodengewinnen ist für die Prüfung der Betriebsvermögenseigenschaft einer zu veräußernden Fläche oft zu klären, ob ausgehend von den Verpachtungen der Eltern, Großeltern, Urgroßeltern noch ein Betrieb existiert (vgl. Rz. 1078). Zum besseren Verständnis der in den Rz. 1095 dargestellten Übergangsregelungen wird die Rechtsprechungsentwicklung dargestellt.

1 BMF 22.11.2016, BStBl 2016 I S. 1236.
2 FG München 10.11.2009 – 13 K 2061/07.
3 BFH 13.11.1963, BStBl 1964 III S. 124; BFH 18.3.1964, BStBl 1964 III S. 303.

Nach der **früheren Rspr.** führte die Verpachtung eines Betriebes im Ganzen i. d. R. zum „Ruhen" des Betriebes. Das Ruhen des Betriebes bedeutete nicht zugleich auch die Aufgabe des Betriebes i. S. von § 16 Abs. 3 EStG und hatte damit nicht die sofortige Versteuerung der stillen Reserven des verpachteten Vermögens zur Folge. Der Verpächter konnte vielmehr wählen, ob er die stillen Reserven bei Beginn der Verpachtung oder erst später versteuern wollte. Zu versteuern waren in jedem Fall nur die bei Pachtbeginn vorhandenen stillen Reserven. Wurden diese stillen Reserven nicht sofort versteuert, so mussten sie besonders festgestellt werden. Sie wurden dann bei einer späteren tatsächlichen Überführung der verpachteten WG in das Privatvermögen oder bei ihrer Veräußerung versteuert, und zwar unabhängig davon, ob und in welcher Höhe sie noch vorhanden waren (vgl. hierzu Rz. 731). Die Pachteinnahmen wurden bei luf Betrieben als Einnahmen aus LuF und bei Gewerbebetrieben als Einnahmen aus Vermietung und Verpachtung behandelt. Teilwertabschreibungen auf das verpachtete BV waren während des Ruhens des Betriebes grds. nicht zulässig. 729

Mit Urteil 13.11.1963[1] hat der BFH den **Begriff des „ruhenden Betriebs" aufgegeben**. Nach dem Urteil kann der Verpächter eines Betriebes **wählen**, ob er die Verpachtung als **Betriebsaufgabe i. S. von § 16 Abs. 3 EStG** behandeln und damit die WG seines Betriebes in sein Privatvermögen überführen will mit der Folge der sofortigen Versteuerung der in den Buchwerten dieser WG enthaltenen stillen Reserven oder ob er den Betrieb nicht als aufgegeben ansehen und das bisherige BV auch während der Verpachtung als solches **fortführen** will. Erklärt der Stpfl., dass er den Betrieb mit der Verpachtung nicht aufgeben will oder gibt er keine Erklärung ab, so gilt der Betrieb als fortbestehend. Die verpachteten WG des Betriebes bleiben dann BV mit allen sich daraus ergebenden steuerlichen Folgen. Der Stpfl. hat in diesem Fall weiterhin Einkünfte aus LuF oder Gewerbebetrieb; Wertschwankungen des verpachteten BV sind im Rahmen des § 6 EStG zu berücksichtigen. Zur Gewinnermittlung vgl. Rz. 171, 772.[2] 730

Die in dem verpachteten BV enthaltenen stillen Reserven sind erst zu versteuern, wenn der Stpfl. die verpachteten WG in sein Privatvermögen überführt oder sie veräußert. Dabei sind die **im Zeitpunkt der Überführung oder der Veräußerung** vorhandenen stillen Reserven zu erfassen. Der Stpfl. kann die Aufgabe des Betriebes und die Überführung des bisherigen BV in das Privatvermögen mit der Folge der Versteuerung der dann noch vorhandenen stillen Reserven jederzeit

1 BStBl 1964 III S. 124.

2 R 14 Abs. 2 EStR; BMF 21.2.2002, BStBl 2002 I S. 262.

während der Verpachtung erklären.[1] Der Rechtsnachfolger tritt in die Rechtsstellung des Verpächters ein.[2]

dd) Rechtsgrundlage des Verpächterwahlrechts

731 Die Entscheidung des Großen Senats vom 13.11.1963, dass die bloße Verpachtung eines Betriebes im Ganzen nicht notwendig zur Betriebsaufgabe führt, dürfte rechtssystematisch kaum zu begründen sein, sie bietet aber dem Stpfl. den zweifellos begrüßenswerten Vorteil, dass er nicht zu der mit der Betriebsaufgabe notwendigerweise verbundenen Gewinnverwirklichung hinsichtlich der im Betrieb steckenden stillen Reserven gezwungen ist. Im Urteil vom 12.12.1973[3] bezeichnet der BFH das Wahlrecht als eine eng umgrenzte Ausnahme vom Gesetzesbefehl des § 16 Abs. 3 EStG bzw. als Rechtswohltat. Nach dem Urteil 29.10.1981,[4] in dem der BFH auch wieder auf eine frühere zwischenzeitlich aufgegebene Rspr. zurückgreift, liegt im **Prinzip der Besteuerung verwirklichter Gewinne** der tiefere Grund, warum die Rspr. z. B. im Falle der Betriebsverpachtung auf die Auflösung der stillen Reserven verzichtet hat, obwohl man die wesentlichen Merkmale der Betriebsaufgabe unschwer bejahen könnte. Es sollte die Besteuerung von erheblichen Gewinnen durch Auflösung der stillen Reserven vermieden werden, wenn die Gewinne nicht realisiert, sondern nur buchmäßig in Erscheinung getreten sind, vorausgesetzt, dass die Erfassung dieser stillen Reserven bei einem späteren tatsächlichen Realisierungsvorgang gewährleistet ist. Einen allgemeinen Rechtssatz des Inhalts, dass die Gewinnrealisierung in den Fällen hinausgeschoben werden kann, in denen die spätere Erfassung der stillen Reserven gesichert ist, gibt es nicht.[5]

ee) Voraussetzungen des Verpächterwahlrechts

732 Der Verpächter eines Betriebes (oder Teilbetriebes) konnte die Fortführung eines Betriebes und damit das Hinausschieben der Versteuerung der stillen Reserven nur wählen, wenn und solange eine **Verpachtung des Betriebes im Ganzen** vorliegt, d. h. solange die wesentlichen Grundlagen des Betriebes als einheitliches Ganzes verpachtet sind.[6] Hierbei wird nicht zwischen Haupterwerbsbetrieb einerseits und Nebenerwerbsbetrieb andererseits unterschieden.[7]

1 FinMin Bayern 29.12.1964, ESt-Kartei BayLfSt § 16 Abs. 3 K. 1.1, BStBl 1965 II S. 2.
2 BFH 17.10.1991, BStBl 1992 II S. 392.
3 BStBl 1974 II S. 208.
4 BStBl 1982 II S. 381.
5 BFH 11.12.1984, BStBl 1985 II S. 250.
6 FinMin Bayern 29.12.1964, BStBl 1965 II S. 2, 5 Abschnitt II 1.; BFH 26.2.1997, BStBl 1997 II S. 561.
7 BFH 7.11.1996, BFH/NV 1997 S. 558.

Das Verpächterwahlrecht besteht nur dann, wenn eine Betriebsverpachtung und nicht eine Vermietung einzelner Wirtschaftsgüter des Betriebsvermögens vorliegt. Eine Betriebsverpachtung erfordert die Überlassung der wesentlichen Betriebsgrundlagen, so dass bei wirtschaftlicher Betrachtung das bisherige Unternehmen in seinen wesentlichen Grundlagen übergeben wird und deshalb der Verpächter oder sein Rechtsnachfolger bei Beendigung des Vertrags den Betrieb ohne wesentliche Änderung wieder aufnehmen und fortsetzen könnte.[1]

Nach dem BMF vom 1.12.2000[2] berühren Veräußerungen und Entnahmen von Grundstücken das Fortbestehen eines im Ganzen verpachteten luf Betriebs nur dann, wenn die im Eigentum des Verpächters verbleibenden Flächen nicht mehr ausreichen, um nach Beendigung des Pachtverhältnisses einen luf Betrieb zu bilden. Das Schicksal der Wirtschaftsgebäude ist für die Annahme einer Zwangsbetriebsaufgabe unerheblich.

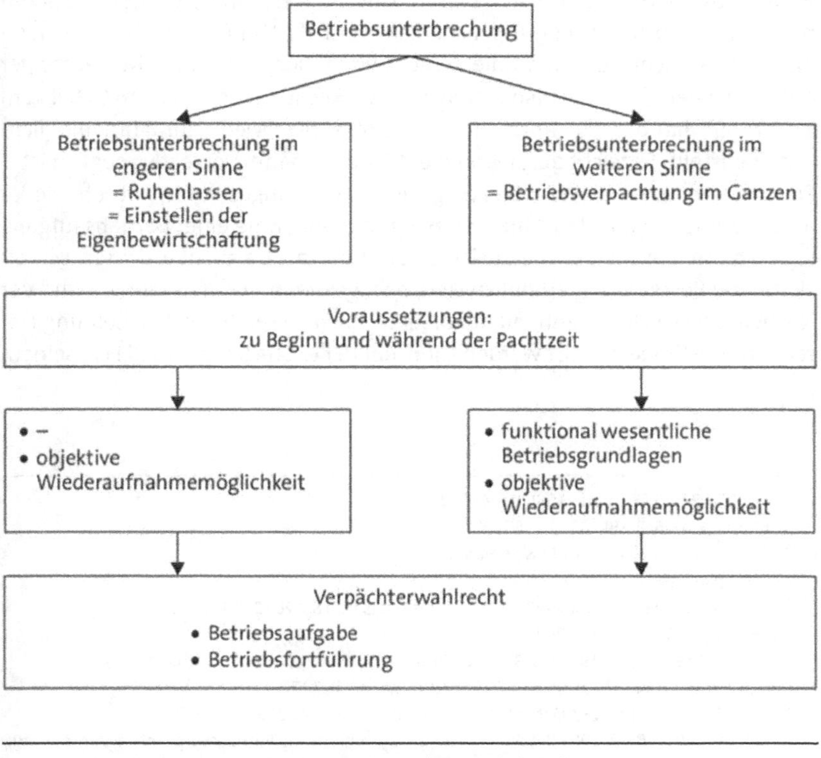

1 H 16 Abs. 5 „Abgrenzung Betriebsverpachtung/Betriebsaufgabe" EStH.

2 BStBl 2000 I S. 1556.

733 Werden die wesentlichen WG insgesamt verpachtet, bedeutet dies die Einstellung der luf Betätigung des bisherigen Betriebsinhabers. Die Einstellung kann allerdings entweder eine **endgültige Einstellung**[1] oder aber eine **bloße Betriebsunterbrechung**[2] sein. Während die endgültige Einstellung Betriebsaufgabe i. S. des § 16 Abs. 3 EStG[3] ist, lässt die bloße Betriebsunterbrechung den Fortbestand des Betriebes unberührt.[4] Die Annahme einer bloßen Betriebsunterbrechung setzt voraus, dass objektiv die im wirtschaftlichen Eigentum des bisherigen Betriebsinhabers verbleibenden und i. d. R. verpachteten WG es erlauben, die unterbrochene betriebliche Tätigkeit wieder aufzunehmen und fortzuführen. Für die Zeitdauer der Betriebsunterbrechung kommt es auf die Verhältnisse des Einzelfalls an. Es darf kein ewiges BV entstehen.[5] Entscheidend ist, dass der Betrieb nach Ablauf der Pacht ohne wesentliche Änderung fortgeführt werden kann.[6] Der eingestellte und wieder eröffnete Betrieb musste nach früherer Rechtsprechung wirtschaftlich als identisch anzusehen sein.[7] Zusätzlich muss der bisherige Betriebsinhaber die Absicht haben, die luf Tätigkeit künftig wieder aufzunehmen und fortzuführen. Er muss nicht die Betriebsfortführung in eigener Person planen.[8] Es reicht aus, wenn die Absicht von einem Gesamtrechtsnachfolger oder von einem Einzelrechtsnachfolger verwirklicht werden soll.[9] Im Urteil vom 19.3.2009[10] hat der BFH nurmehr auf die objektive Wiederaufnahmemöglichkeit abgestellt. Es reicht aus, wenn die Wiederaufnahme objektiv möglich ist.[11] Sind die verpachteten WG objektiv geeignet, den eingestellten Betrieb wieder aufzunehmen und fortzuführen, so hängt die Annahme einer Betriebsaufgabe letztlich von den subjektiven Absichten des Stpfl. ab. Da auch Absichten, soweit sie für die Besteuerung erheblich sind, nachgewiesen werden müssen und der Nachweis letztlich nur anhand der objektiv nach außen hin in Erscheinung tretenden Umstände geführt werden kann, hat der Große Senat des BFH in seinem

1 Vgl. BFH 27.2.1985, BStBl 1985 II S. 456 Tz. 1.
2 BFH 14.3.2006, BStBl 2006 II S. 591.
3 Betriebsaufgabe durch schlüssige Handlung.
4 BFH 19.4.1966, BStBl 1966 III S. 45.
5 Vgl. BFH 26.2.1997, BStBl 1997 II S. 561; Hessisches FG 16.2.2010, EFG 2011 S. 618.
6 BFH 11.2.1999, BFH/NV 1999 S. 1198.
7 BFH 16.3.1999, BStBl 1999 II S. 398; neu BFH 18.7.2018 – X R 36/17, NWB DAAAH-05594.
8 Hessisches FG 11.7.2005 – 9 K 4059/99, NWB EAAAB-72237.
9 BFH 10.6.2003 – IV B 25/02, NWB KAAAA-70456 = BFH/NV 2003 S. 1554.
10 BFH 19.3.2009, BStBl 2009 II S. 902 = H 16 Abs. 5 „Abgrenzung Betriebsverpachtung/Betriebsaufgabe“ EStH 2011.
11 R 16 Abs. 5 Satz 1 EStR.

Urteil vom 13.11.1963[1] auf die vom Stpfl. selbst über seine Absichten abgegebenen Erklärungen abgestellt (Rz. 730):

- **Erklärt** der Stpfl. **im Zeitpunkt der Verpachtung**, die soeben eingestellte Tätigkeit nicht wieder aufnehmen zu wollen, so ist die Verpachtung zugleich Betriebsaufgabe i. S. des § 16 Abs. 3 EStG. In diesem Fall ist die Betriebsaufgabe mit dem Übergang von Besitz, Nutzungen und Lasten auf den Pächter vollzogen und abgeschlossen. 734
- Gibt der Stpfl. **keine Betriebsaufgabeerklärung** gegenüber dem FA ab, so wird die Verpachtung aus Nachweisgründen als bloße Betriebsunterbrechung behandelt.
- Gibt der Stpfl. erst **während der Verpachtung eine Betriebsaufgabeerklärung** ab, so ist wiederum aus Nachweisgründen davon auszugehen, dass er erst im Zeitpunkt der Abgabe der Aufgabeerklärung seine ursprünglichen Absichten geändert und den Plan der Betriebsfortführung aufgegeben hat. In diesem Fall ist die Betriebsaufgabe, sofern ihre Verwirklichung keine weiteren Handlungen erforderlich macht, mit dem Zugang der Betriebsaufgabeerklärung beim FA vollzogen und abgeschlossen.[2]

Dem Verpächter steht das Wahlrecht nur zu, wenn alle Voraussetzungen sämtlich vorliegen. In jedem Einzelfall ist nach den **Gesamtumständen** zu prüfen, ob eine endgültige Einstellung der luf Betätigung oder eine bloße Betriebsunterbrechung vorliegt; es ist also die Bandbreite zwischen Betriebsfortführung, Betriebsabwicklung und Betriebszerschlagung auszuloten (vgl. Rz. 863 ff.). 735

Das **Verpächterwahlrecht besteht nicht,** wenn ein entgeltlich erworbener Betrieb in unmittelbarem Anschluss verpachtet wird.[3] Zur BV-Eigenschaft eines erworbenen aber noch verpachteten Betriebes bei bekundetem Bewirtschaftungswillen vgl. zuletzt BFH vom 19.7.2011.[4] Als überschaubaren Zeitraum, bis zu dem eine Eigenbewirtschaftung befolgen muss, sieht der BFH einen Zeitraum von bis zu 12 Monaten (bei Betriebsneugründung 24 Monate) an.[5] 736

1 BStBl 1964 III S. 124.

2 BFH 27.2.1985, BStBl 1985 II S. 456; FR 1985 S. 476.

3 BFH 20.4.1989, BStBl 1989 II S. 863, entgegen Abschnitt 139 Abs. 5 Satz 18 EStR 1987; BFH 15.10.1987, BStBl 1988 II S. 257, 260; BMF 23.11.1990, BStBl 1990 I S. 770.

4 BFH 19.7.2011 – IV R 10/09, BStBl 2012 II S. 93.

5 BFH 2.9.1991, BStBl 1992 II S. 134; BFH 17.6.1993, BStBl 1993 II S. 752; BFH 24.9.1998 – IV R 1/98, BStBl 1999 II S. 55; BFH 19.7.2011 – IV R 10/09, BStBl 2012 II S. 93.

Liegen die Voraussetzungen für das Verpächterwahlrecht nicht vor, kann die mangelnde Erklärung des Stpfl. den Betrieb aufzugeben allein nicht die Aufrechterhaltung des Betriebes bewirken.[1] Zu Treu und Glauben bei tatsächlich angenommener Betriebsverpachtung Niedersächsisches FG 10.11.1994.[2]

Wird ein luf Betrieb im Wege der Realteilung mit Einzelwirtschaftsgütern geteilt, kann das Verpächterwahlrecht nach der Realteilung erstmalig begründet oder fortgeführt werden, wenn die erhaltenen Wirtschaftsgüter bei dem Realteiler nach der Realteilung einen selbständigen luf Betrieb darstellen.[3]

Mit Urteilen vom 17.5.2018 hatte der BFH in Abweichung von der bisherigen Verwaltungsauffassung entschieden, dass im Falle der Realteilung dem übernehmenden Mitunternehmer kein Verpächterwahlrecht zusteht. In diesem Fall komme es zwingend zur Aufdeckung der stillen Reserven.

Mit Einführung des § 14 Abs. 3 EStG durch das JStG 2020 kann eine Auseinandersetzung von Mitunternehmerschaften und insbesondere von Erbengemeinschaften aber weiterhin steuerneutral erfolgen: „Werden im Rahmen der Aufgabe des Betriebs einer luf Mitunternehmerschaft Grundstücke an den einzelnen Mitunternehmer übertragen oder scheidet ein Mitunternehmer unter Mitnahme einzelner Grundstücke aus einer Mitunternehmerschaft aus, gelten diese unabhängig von ihrer Größe auch bei fortgeführter oder erstmaliger Verpachtung bis zur Veräußerung oder Entnahme bei diesem gem. § 14 Abs. 3 EStG weiterhin als Betriebsvermögen. Die gilt entsprechend für Grundstücke des bisherigen Sonderbetriebsvermögens des einzelnen Mitunternehmers."

Die gesetzliche Regelung fingiert nunmehr ausschließlich in Realteilungsfällen beim übernehmenden Mitunternehmer für sämtliche erhaltenen Grundstücke (verpachtete landwirtschaftliche Grundstücke und z. B. Mietwohngrundstücke) Betriebsvermögen mit der Folge, dass der übernehmende Mitunternehmer insoweit einen Betrieb begründet und diesem hierfür ein Verpächterwahlrecht zusteht. Es kommt dabei weder auf die Größe des landwirtschaftlichen oder forstwirtschaftlichen Grundstücks noch darauf an, ob dieses aus dem Gesamthandsvermögen oder aus einem Sonderbetriebsvermögen stammt.[4]

---

1 BFH 3.6.1997, BStBl 1998 II S. 373, FR 1997 S. 818; BFH 16.12.1997, BStBl 1998 II S. 379.

2 EFG 1995 S. 810; 1997 S. 1413 = Vorverfahren BFH 3.6.1997, BStBl 1998 II S. 379; FG Nürnberg 15.11.1995, EFG 1996 S. 643, BFH abgelehnt EFG 1997 S. 1077.

3 BMF 28.2.2006, BStBl 2006 I S. 228, Abschnitt IV Nr. 2. BMF 19.12.2018 – IV C 6 – S 2242/07/10002, BStBl 2019 I S. 6; a. A. BFH 17.5.2018 – VI R 66/15, NWB TAAAG-96184.

4 BT-Drucks. 19/23551, Gesetzesbegründung.

Voraussetzung für die Annahme von Betriebsvermögen ist jedoch, dass mindestens eine übertragene oder aus dem Sonderbetriebsvermögen überführte Fläche zur Erzeugung von Pflanzen und Tieren i. S. des § 13 Abs. 1 EStG zu dienen bestimmt ist. Erhält der übernehmende Mitunternehmer keine luf nutzbare Fläche, sondern lediglich andere Wirtschaftsgüter (z. B. ein Mietwohngrundstück), sind diese zwangsläufig in das Privatvermögen zu entnehmen.[1]

Gemäß § 52 Abs. 22c EStG ist § 14 Abs. 3 EStG erstmals auf Fälle anzuwenden, in denen die Übertragung oder Überführung der Grundstücke nach dem 16.12.2020 stattgefunden hat.

Auf unwiderruflichen Antrag des jeweiligen Mitunternehmers ist § 14 Abs. 3 EStG auch für Übertragungen oder Überführungen vor dem 17.12.2020 anzuwenden.

Das Antragswahlrecht soll den von der Veröffentlichung der Urteile des BFH vom 16.11.2017[2] sowie vom 17.5.2018[3] betroffenen Steuerpflichtigen die Möglichkeit eröffnen, eine Auseinandersetzung von Mitunternehmerschaften und insbesondere von Erbengemeinschaften weiterhin steuerneutral zu halten. Der Antrag bewirkt, dass hinsichtlich der auf den einzelnen Mitunternehmer übertragenen oder überführten Grundstücke grds. eine Buchwertfortführung eröffnet ist und dass die übertragenen oder überführten Wirtschaftsgüter bei dem Steuerpflichtigen Betriebsvermögen des luf (Verpachtungs-)Betriebs darstellen. Ferner steht dem übernehmenden Mitunternehmer das Verpächterwahlrecht zu, BMF-Schreiben vom 17.5.2022,[4] Rz. 902.

(1) Wesentliche Betriebsgrundlage

Das Verpächterwahlrecht erfordert die Abgabe der **wesentlichen Betriebsgrundlagen**, so dass bei wirtschaftlicher Betrachtung das bisherige Unternehmen in seinen wesentlichen Grundlagen zur Fortsetzung des Betriebes übergeben wird und deshalb der Verpächter oder sein Rechtsnachfolger am Ende der Pachtzeit den Betrieb wieder aufnehmen und fortführen könnte. Es muss daher nicht der Betrieb als geschlossener Organismus unter Beibehaltung seiner wirtschaftlichen Identität überlassen werden,[5] sondern es müssen mindestens alle im Eigentum des Verpächters stehenden wesentlichen Betriebsgrundlagen in einem **einheitlichen wirtschaftlichen Vorgang** abgegeben werden. Es reicht aus, 737

1 BT-Drucks. 19/23551, Gesetzesbegründung.

2 BFH 16.11.2017 – VI R 63/15, NWB WAAAG-70593.

3 BFH 17.5.2018 – VI R 66/15, NWB TAAAG-96184.

4 BStBl 2022 I S. 678.

5 BFH 26.6.1975, BStBl 1975 II S. 885, BFH 26.2.1997, BStBl 1997 II S. 561.

wenn in die Verpachtung die wesentlichen, dem Betrieb das Gepräge gebenden Betriebsgegenstände mit einbezogen werden.[1] Eine **branchenfremde Verpachtung** aller landwirtschaftlicher Flächen[2] führt nicht zur Betriebsaufgabe, wenn nach Ablauf des Nutzungsverhältnisses wieder eine landwirtschaftliche Eigenbewirtschaftung aufgenommen werden kann. Ebenso ist eine branchenfremde Teilverpachtung unschädlich.[3] Steht eine Nutzungsüberlassung zu außerlandwirtschaftlichen Zwecken einer Fortführung des Betriebs zu einem späteren Zeitpunkt nicht entgegen, hat der BFH im Urteil vom 15.10.1987[4] in der Vermietung von Stellplätzen für Wohnwagen und Sportboote und von Ferienwohnungen und im Urteil vom 20.1.2005[5] im Umbau und in der Vermietung eines Stallgebäudes (eines verpachteten landwirtschaftlichen Betriebs) keine Betriebsaufgabe gesehen. Im gewerblichen Bereich kommt es bei einer **branchenfremden Verpachtung** nicht zu einer Betriebsaufgabe, wenn der Verpächter den Betrieb nach Ablauf des Nutzungsverhältnisses ohne wesentliche Änderungen fortführen kann.[6]

Ist nach Ablauf des Pachtvertrages die landwirtschaftliche Nutzung nicht ausgeschlossen, also wieder möglich, ist die Nutzung durch den Pächter, ob zu landwirtschaftlichen oder außerlandwirtschaftlichen Zwecken, nicht entscheidungserheblich.[7] Verpachtete Flächen, die vom Pächter z. B. als Fotovoltaik-Freiflächenanlage oder als Golfplatz[8] genutzt werden, bleiben daher (gewillkürtes) Betriebsvermögen.

Ist nach Ablauf des Pachtvertrages die landwirtschaftliche Nutzung ausgeschlossen (z. B. infolge einer Bebauung, eines Erbbaurechts mit Bebauung), stellt sich die Frage, ob durch die Nutzungsänderung der Charakter des landwirtschaftlichen Betriebs derart beeinträchtigt wird, dass die Vermögensverwaltung die landwirtschaftliche Betätigung verdrängt. In Fällen von geringer Bedeutung (= **nicht mehr als 10 % der Gesamtfläche** des landwirtschaftlichen Betriebs) führt eine Nutzungsänderung nicht zu einer schlüssigen Entnahme-

1 BFH 12.12.1973, BStBl 1974 II S. 208; BFH 14.12.1978, BStBl 1979 II S. 300; BFH 22.5.1990, BStBl 1990 II S. 780.

2 OFD Nürnberg 3.12.1986, ESt-Kartei BayLfSt § 13 K. 21.1.4, StEK § 13 Nr. 482.

3 BFH 11.2.1999, BFH/NV 1999 S. 1198, vgl. hierzu Anm. v. Bornheim, DStZ 1999 S. 572.

4 BStBl 1988 II S. 260.

5 BFH/NV 2005 S. 1046.

6 BFH 28.8.2003, BStBl 2004 II S. 10; H 16 Abs. 5 „Branchenfremde Verpachtung" EStH.

7 Vgl. BFH 3.5.2007 – IV B 79/06, NWB VAAAC-59271 = BFH/NV 2007 S. 2084.

8 Vgl. OFD Nürnberg 3.12.1986, ESt-Kartei BayLfSt § 13 K. 21.1.4, StEK § 13 Nr. 482.

handlung. Der BFH hat mit Urteil vom 31.3.2021 – VI R 30/18[1] entschieden, dass eine endgültige Nutzungsänderung einer Fläche zu einer Entnahme führt, wenn die endgültige Nutzungsänderung mehr als 10 % der Gesamtfläche des Betriebs betrifft. Der BFH hat diese feste Flächengrenze von 10 % für das Vorliegen einer Entnahme aus Gründen der Rechtssicherheit und aus Vereinfachungsgründen festgelegt.[2] Für die Frage, ob eine endgültige Nutzungsänderung einer Fläche zu einer Entnahme führt, ist ausschließlich die Geringfügigkeitsgrenze von 10 % maßgebend, auf die Höhe der Erträge dieser Fläche oder auf die Anwendung anderer Abgrenzungskriterien kommt es nicht an.

Die Frage, welche WG zu den wesentlichen Betriebsgrundlagen (Rz. 737) gehören, lässt sich weder durch eine abstrakte Definition noch durch eine abschließende Aufzählung beantworten (vgl. a. Rz. 847 ff., 856). Entscheidend sind die Umstände des einzelnen Falles,[3] insbesondere ob ein Eigentümerbetrieb oder ein Pachtbetrieb vorliegt[4] die Funktion der einzelnen WG im Betrieb, die Art des Betriebes, aber auch die Höhe der stillen Reserven der jeweiligen WG.[5] Den Gegensatz zu den wesentlichen Betriebsgrundlagen bilden die WG von untergeordneter Bedeutung.[6] WG bilden vor allem dann eine wesentliche Betriebsgrundlage, wenn sie **zur Erreichung des Betriebszwecks erforderlich** sind und ein **besonderes wirtschaftliches Gewicht für die Betriebsführung** besitzen.[7] Außerdem ist zu berücksichtigen, dass die Verpachtung eines gewerblichen Grundstücks nicht mit der Verpachtung eines landwirtschaftlichen Betriebes vergleichbar ist.[8] 738

Bei einem luf Betrieb kommt den **Nutzflächen** die bedeutendste Funktion zu.[9] 739
Zu den wesentlichen, den Charakter des Betriebes bestimmenden WG gehört bei selbstbewirtschafteten Betrieben auch die **Hofstelle** mit den **Wirtschaftsge-**

1 BStBl 2022 II S. 312.

2 BFH, Urteil v. 31.3.2021 – VI R 30/18, NWB KAAAH-86597 = BStBl 2022 II S. 312.

3 Tatsachenfeststellung BFH 3.4.2001, BFH/NV 2001 S. 1383; BFH 4.11.1965, BStBl 1966 III S. 49.

4 BFH 18.3.1999, BStBl 1999 II S. 398.

5 BFH 19.2.1976, BStBl 1976 II S. 415; BFH 23.6.1977, BStBl 1977 II S. 719; BFH 26.4.1979, BStBl 1979 II S. 557; BFH 12.11.1985, BStBl 1986 II S. 299; BFH 11.10.2007, BStBl 2008 II S. 220; H 16 Abs. 8 EStH.

6 BFH 28.3.1985, BStBl 1985 II S. 508.

7 BFH 17.4.1997, BStBl 1998 II S. 388; BFH 28.3.1985, BStBl 1985 III S. 508.

8 BFH 18.5.2000, BFH/NV 2000 S. 1339.

9 BFH 26.4.1979, BStBl 1979 II S. 557; BFH 9.7.1981, BStBl 1982 II S. 20; BFH 14.8.1986, BStBl 1987 II S. 17; Rz. 741.

bäuden[1] einschl. der **sonstigen Anlagen auf oder im Grund und Boden**.[2] Mit Einstellung der Selbstbewirtschaftung und Verpachtung der landwirtschaftlichen Nutzflächen verlieren die Wirtschaftsgebäude allerdings ihre Funktion als wesentliche Betriebsgrundlage, s. Rz. 746 und 757. Das lebende und tote Inventar gehört i. d. R. nicht zu den wesentlichen Grundlagen.[3] Auch Pachtverträge können zu den wesentlichen Betriebsgrundlagen gehören.[4] Das **Wohnhaus** gehörte bisher (Rz. 580 ff.) zwar zum notwendigen BV, aber **nicht** zu den wesentlichen Betriebsgrundlagen.[5]

(2) Zurückbehalten/Veräußern von Wirtschaftsgütern im Zuge der Verpachtung

740 Behält ein Landwirt selbstbewirtschaftete Flächen oder eigengenutzte WG zurück, ist zu prüfen, ob diese WG eine wesentliche Betriebsgrundlage darstellen, weil sie für den Betrieb erforderlich, unentbehrlich, nicht jederzeit ersetzbar sind oder ob sie nur von untergeordneter Bedeutung sind und damit der Annahme einer Betriebsverpachtung im Ganzen nicht entgegenstehen (Rz. 848).

741 Der BFH hat mit Urteil vom 31.3.2021 – VI R 30/18,[6] aus Gründen der Rechtssicherheit und aus Vereinfachungsgründen eine feste Flächengrenze von 10 % für das Vorliegen einer wesentlichen Betriebsgrundlage festgelegt.[7] Damit gehört eine landwirtschaftliche Fläche, die mehr als 10 % (Geringfügigkeitsgrenze) der gesamten landwirtschaftlichen Nutzflächen beträgt, zu den wesentlichen Betriebsgrundlagen. Maßgebend ist ausschließlich die Geringfügigkeitsgrenze von 10 %, auf die Höhe der Erträge dieser Fläche oder auf die Anwendung anderer Abgrenzungskriterien kommt es nicht an.

Weitere Beispiele in H 16 Abs. 8 EStH angeführter Rspr.

742 Sind die zurückbehaltenen Flächen nach Rz. 741 von untergeordneter Bedeutung, steht dem Verpächter des Betriebes im Ganzen das Wahlrecht zu. Die zurückbehaltenen Flächen bleiben weiterhin BV des in verpachteter Form fortgeführten Betriebs, da sie für eine Wiederaufnahme der Bewirtschaftung in Re-

1 BFH 18.5.2000, BFH/NV 2000 S. 1339.

2 BFH 18.2.1971, BStBl 1971 II S. 485.

3 BFH 28.11.1991, BStBl 1992 II S. 521; BFH 2.3.1995, BFH/NV 1996 S. 110; 10.9.1996, BFH/NV 1997 S. 218.

4 BFH 11.4.1996, BFH/NV 1996 S. 787.

5 BFH 18.2.1982, BStBl 1982 II S. 536; § 52 Abs. 15 EStG 1997; Rz. 857.

6 BStBl 2022 II S. 312.

7 BFH, Urteil v. 31.3.2021 – VI R 30/18, NWB KAAAH-86597 = BStBl 2022 II S. 312.

serve gehalten werden.[1] Dies gilt auch dann, wenn die Flächen nicht nur für den eigenen Bedarf bewirtschaftet werden. Insoweit besteht **kein weiterer Betrieb**, sondern der Verpächter setzt seine eigenbetriebliche Tätigkeit fort, die den Tatbestand der Betriebsverpachtung nicht in Frage stellt.[2]

Bereits seit längerem verpachtete Einzelflächen oder eine Rückgabe vom Verpächter bisher zugepachteter Flächen hat auf die Frage des Vorliegens einer wesentlichen Betriebsgrundlage der Grundstücksfläche keinen Einfluss. 743

Stellen die zurückbehaltenen Flächen eine wesentliche Betriebsgrundlage dar, ist eine Verpachtung im Ganzen ebenso wenig wie eine Betriebsaufgabe gegeben. Vielmehr ist in aller Regel von einem **verkleinerten luf Betrieb** auszugehen. Die verpachteten Flächen sind gewillkürtes BV des verkleinerten Betriebes.[3] Zur Betriebsabwicklung vgl. BFH 27.2.1983.[4] Eine Betriebsaufgabe kann nicht schon dann angenommen werden, wenn die nach der Verkleinerung noch vorhandenen Flächen für eine ertragreiche Bewirtschaftung nicht mehr ausreichen.[5] 744

Einer Betriebsverpachtung im Ganzen steht nicht entgegen, wenn das zur Hofstelle gehörende Noch-BV-**Wohnhaus** (weil Baudenkmal) nicht mit verpachtet wird (Rz. 580 ff.). 745

Der Betriebsverpachtung steht auch nicht ein Rückbehalt der **Wirtschaftsgebäude** entgegen. Dies setzte nach früherer Auffassung allerdings voraus, dass die Zweckbestimmung der Gebäude aufrecht erhalten bleibt, also keine Umgestaltungsmaßnahmen (z. B. vollständiger Abbruch der Wirtschaftsgebäude und Anlage einer Grünfläche) ergriffen werden.[6] Der Verpächter muss sich die Möglichkeit offen halten, die bisherige Tätigkeit wieder aufzunehmen. Die Wirtschaftsgebäude werden lediglich bis zur Wiederaufnahme der Eigenbewirtschaftung in Reserve gehalten. Zur Rechtsprechungsentwicklung vgl. Rz. 757. 746

Die Veräußerung oder entgeltliche Übertragung von **lebendem oder totem Inventar** sowie von **Vorräten** an den Pächter führen nicht zu einer Betriebsaufgabe durch schlüssige Handlung. Das lebende und tote Inventar sowie die Vorräte 747

1 Vgl. BFH 26.4.1989, BFH/NV 1991 S. 357.
2 So BFH 17.10.1985, BFH/NV 1987 S. 84.
3 FG Hannover 25.3.1969, rkr., INF L 1969 S. 343; Niedersächsisches FG 1.7.1981, rkr., EFG 1982 S. 129.
4 BStBl 1984 II S. 364.
5 BFH 5.12.1996, BFH/NV 1997 S. 225; Hessisches FG 16.2.2010, EFG 2011 S. 618; BFH 5.5.2011 – IV R 48/8, BStBl 2011 II S. 792.
6 FinMin Bayern 15.12.1977, ESt-Kartei BayLfSt § 13 K. 11.2.

sind wegen der leichten Wiederbeschaffbarkeit i. d. R. nicht zu den wesentlichen Betriebsgrundlagen zu zählen (Rz. 737). Es gelten die Umstände des einzelnen Falles.[1] Der BFH hat bspw. im gewerblichen Bereich die Maschinen einer Metzgerei oder die Einrichtungsgegenstände einer Bäckerei nicht als wesentliche Betriebsgrundlage behandelt, weil sie dem Betrieb nicht das entscheidende Gepräge geben.[2] Allerdings hat der BFH 17.4.1997,[3] die Holzbearbeitungsmaschinen einer Schreinerei trotz der kurzfristig möglichen Wiederbeschaffbarkeit als wesentliche Betriebsgrundlage angesehen. Der BFH hat daher auch im Pferdebestand einer Reitschule keine wesentliche Betriebsgrundlage erblickt.[4]

Die Verwendung wesentlicher Betriebsgrundlagen des eingestellten Teilbetriebs im verbleibenden Teilbetrieb ist unschädlich. Dies gilt auch für Wirtschaftsgüter des gewillkürten BV, die an andere Pächter verpachtet werden.[5]

748 Zu Maßnahmen des Verpächters oder Pächters während der Pachtzeit s. Rz. 755 ff.

(3) Auswirkungen des Verpächterwahlrechts auf andere Steuerarten

749 Das Verpächterwahlrecht hat keine Auswirkungen auf die GewSt,[6] da beim Verpächter kein werbender (eigentlicher) Betrieb mehr gegeben ist[7] und keine Auswirkungen auf die USt (Rz. 1566),[8] da die USt nicht von einer Unterscheidung nach Vermögensarten, sondern nach Tätigkeiten ausgeht.

750 ff) Bestehende Übergangsregelungen zur Verpachtung land- und forstwirtschaftlicher Betriebe und von Einzelflächen

Weitere Ausführungen bei	Rz.
► einer Betriebsverpachtung vor dem 21.6.1948 (DM-Währungsreform)	1096
► einer Betriebsverpachtung vor dem 17.3.1964	1097
► einer Betriebsverpachtung vor dem 1.7.1970	1098

1 Vgl. z. B. BFH 26.10.1989, BStBl 1990 II S. 373.
2 BFH 14.12.1978, BStBl 1979 II S. 300; BFH 7.8.1979, BStBl 1980 II S. 181.
3 BStBl 1998 II S. 388.
4 BFH 15.11.1984, BStBl 1985 II S. 205, 208.
5 BFH 8.2.2007, BStBl 2009 II S. 699.
6 BFH 13.11.1963, BStBl 1964 III S. 124.
7 BFH 23.10.1986, BStBl 1987 II S. 64.
8 BFH 21.2.1980, BStBl 1980 II S. 613.

- einer Verpachtung einer Stückländerei vor dem 1.7.1970 1099
- einer parzellenweisen Verpachtung (= Verpachtung an mehrere Pächter) vor dem 15.4.1988 1100 ff.
- der Verpachtung von zum gewillkürten BV gehörenden Einzelflächen vor dem 1.7.1979 1103 ff.
- bodenrechtlichen Zwangsmaßnahmen in der früheren DDR 1104

(Einstweilen frei) 751–755

gg) Aufgabehandlungen während der Pachtzeit

Veräußerungen einzelner Grundstücke berühren das Fortbestehen des Betriebs gem. § 14 Abs. 2 EStG nicht. Wird nämlich ein luf Betrieb durch die Entnahme, Überführung oder Übertragung von Flächen verkleinert und verbleibt mindestens eine Fläche, die der Erzeugung von Pflanzen oder Tieren i. S. des § 13 Abs. 1 EStG zu dienen bestimmt ist, liegt unabhängig von der Größe dieser Fläche keine Betriebsaufgabe vor. Eine Betriebsaufgabe liegt erst dann vor, wenn sämtliche landwirtschaftlichen Nutzflächen unter Rückbehalt der Hofstelle veräußert werden.[1] 756

Im Urteil vom 18.3.1999[2] äußert der BFH, dass aufgrund der sich ständig ändernden Bewirtschaftungsformen auch die Wirtschaftsgebäude ihre frühere Bedeutung fortlaufend einbüßen. Viele der heute noch selbst wirtschaftenden Landwirte können oder wollen die früher unersetzlichen Wirtschaftsgebäude nicht mehr einsetzen, sei es weil diese völlig veraltet sind, sei es, weil durch Kooperation mit anderen Betrieben ihnen fremde, aber modernste Gebäude zur Verfügung stehen. Weiter führt er aus, dass dem lebenden und toten Inventar, gemessen am Wert des Eigenlandes kein entscheidendes Gewicht mehr zukomme. Dieser Rechtsansicht im luf Betrieb hat sich die FinVerw im BMF 1.12.2000[3] angeschlossen. 757

hh) Aufgabeerklärung

Die Aufgabe eines verpachteten Betriebs muss eindeutig und klar zum Ausdruck gebracht werden. Der Wille, wie verfahren werden soll, muss äußerlich erkennbar und von dem Bewusstsein getragen sein, dass es als Folge der Aufga- 758

1 BFH 16.12.2009, BStBl 2010 II S. 431; BFH 17.1.2002 – IV R 74/99, BStBl 2002 II S. 356.

2 BStBl 1999 II S. 398.

3 BStBl 2000 I S. 1556.

beerklärung zur Versteuerung der stillen Reserven kommt.[1] Fehlt es hieran, gilt das verpachtete Unternehmen als fortgeführt.[2]

Die Aufgabe eines Betriebs ist **dem zuständigen FA** innerhalb eines Monats **mitzuteilen**.[3] Erklärungen gegenüber der landwirtschaftlichen Berufsgenossenschaft, Alterskasse oder Krankenkasse oder gegenüber der Landwirtschafts- oder Gemeindeverwaltung sind für einkommensteuerliche Zwecke unwirksam.[4] Der Antrag auf Löschung des Hofvermerks nach § 1 HöfeO hat nur erbrechtliche Bedeutung und ist keine Aufgabeerklärung.[5] Entsprechendes gilt bei Antragstellung einer Produktionsaufgaberente.[6]

759 Für die Aufgabeerklärung ist **keine bestimmte Form** vorgeschrieben. Gibt ein Stpfl., der seinen Betrieb im Ganzen verpachtet hat, keine eindeutige Aufgabeerklärung ab, führt er die Einkünfte aus der Verpachtung in seiner ESt-Erklärung jedoch unter den Einkünften aus VuV auf, so gilt dies grds. nicht als Aufgabeerklärung (mit Ausnahme der Vertrauensschutzregelung bei der Neuregelung der Bodengewinnbesteuerung[7] (dazu Rz. 1098) und der Übergangsregelung bei Änderung der Rechtsprechung zur Betriebsverpachtung.[8] Darin ist nur eine Mitteilung über tatsächliche Geschehnisse und eine rechtliche Beurteilung, nicht aber eine steuerrechtliche Gestaltungserklärung zu erblicken.[9] Das FA soll jedoch in einem solchen Fall durch Rückfrage bei dem Stpfl. klären, ob er den Betrieb als aufgegeben oder auch während der Verpachtung als fortbestehend ansehen will.[10] Gibt der Stpfl. innerhalb der ihm gesetzten Frist keine eindeutige Aufgabeerklärung ab, ist von einer Fortführung des bisherigen Betriebs auszugehen mit der Folge, dass die Pachteinnahmen als Gewinn aus LuF zu erfassen sind. Teilt der Stpfl. mit, dass er den Betrieb als aufgegeben sieht, so ist die Abgabe der ESt-Erklärung, in der Einkünfte aus der Verpachtung als Einkünfte aus VuV aufgeführt sind, als Aufgabeerklärung anzusehen. Die Aufgabe des Betriebs für den vom Stpfl. gewählten Zeitpunkt ist anzuerkennen, wenn die Aufgabeerklä-

1 BFH 23.11.1995, BFH/NV 1998 S. 834; BFH 22.9.2004, BStBl 2005 II S. 160.

2 BFH 15.10.1987, BStBl 1988 II S. 260; BFH 20.6.1989, BFH/NV 1990 S. 102; vgl. auch BFH 14.11.1990, BFH/NV 1991 S. 591; BFH 23.11.1995, BFH/NV 1996 S. 398.

3 § 138 AO.

4 Niedersächsisches FG 1.7.1981, rkr., EFG 1982 S. 129; FG Baden-Württemberg 17.7.1995, EFG 1996 S. 138, rkr., EFG 1997 S. 257.

5 BFH 27.11.1997, BFH/NV 1998 S. 834.

6 BFH 20.1.1999, BFH/NV 1999 S. 1073; BFH 21.9.2000, BFH/NV 2001 S. 433.

7 BMF 29.2.1972, BStBl 1972 I S. 102, Tz. 6.

8 FinMin Bayern 29.12.1964, BStBl 1965 II S. 2, 5 Abschnitt II Nr. 5.

9 BFH 23.2.1989, BFH/NV 1990 S. 219.

10 BFH 19.8.1998, BFH/NV 1999 S. 454; BFH 7.12.1995, BFH/NV 1996 S. 663; Rz. 733.

rung spätestens drei Monate nach diesem Zeitpunkt abgegeben wird; wird die Aufgabeerklärung erst nach Ablauf dieser Frist abgegeben, so gilt der Betrieb erst im Zeitpunkt des Eingangs dieser Erklärung beim FA als aufgegeben.[1] Bei der Drei-Monats-Frist handelte es sich nicht um die steuerliche Anerkennung einer rückwirkend erklärten Betriebsaufgabe sondern um eine Vereinfachungsregelung.[2] Bei wertmäßig erheblichen Veränderungen innerhalb der Drei-Monats-Frist ist der Zeitpunkt des tatsächlichen Eingangs maßgebend.[3] Eine rückwirkende Erklärung der Betriebsaufgabe ist nicht möglich (nach 4.11.2011 vgl. Rz. 725).[4]

Die Aufgabeerklärung hat **sachverhaltsgestaltende Wirkung** und **kann nicht zurückgenommen werden**, auch wenn der Stpfl. die steuerlichen Folgen seiner Wahl nicht übersehen hat.[5] Zur Aufgabe durch schlüssige Handlung vgl. Rz. 755. 760

c) Betriebsüberlassungsvertrag/Wirtschaftsüberlassungsvertrag

aa) Allgemeines

Der Betriebsüberlassung (gleichbedeutend: Wirtschaftsüberlassungs-, Nutzungsüberlassungsvertrag) ist ein schuldrechtlicher Vertrag zur **unentgeltlichen Nutzungsüberlassung** eines luf Betriebs mit der Folge, dass dem Berechtigten und nicht dem Eigentümer die Einkünfte aus der aktiven Bewirtschaftung LuF zuzurechnen sind.[6] Durch den Abschluss eines Wirtschaftsüberlassungsvertrags entstehen zwei luf Betriebe, nämlich ein wirtschaftender Betrieb des Nutzungsberechtigten und ein Eigentümerbetrieb des Nutzungsverpflichteten. Die Betriebsüberlassung ist das Gegenstück zum Pachtvertrag. Der BFH hat den Betriebsüberlassungsvertrag wegen der besonderen Verhältnisse in der Landwirtschaft einkommensteuerrechtlich anerkannt.[7] 761

1 § 16 Abs. 3b Satz 2 und 3; BFH 11.9.1996, BFH/NV 1997 S. 219; BFH 18.12.1985, BFH/NV 1986 S. 726; BFH 27.2.1985, BStBl 1985 II S. 456.

2 BFH 27.2.1985, BStBl 1985 II S. 456; nach 4.11.2011 vgl. Rz. 725.

3 BFH 11.9.1996, BFH/NV 1997 S. 219.

4 BFH 28.9.1995, BStBl 1996 II S. 276.

5 BFH 22.9.2004 – III R 9/03, BStBl 2005 II S. 160; BFH 17.9.1997, BFH/NV 1998 S. 311; BFH 2.8.1983, BStBl 1983 II S. 736; el., DB 1970 S. 228 und DB 1976 S. 1994, zur Anfechtung bzw. zum Widerruf einer Betriebsaufgabeerklärung.

6 BFH 17.7.1975, BStBl 1975 II S. 779; BFH 7.10.1982, BStBl 1983 II S. 73.

7 BFH 24.7.1975, BStBl 1975 II S. 772; BFH 5.2.1976, BStBl 1976 II S. 335; ab 1.1.2008: BFH 12.7.2017 – VI R 59/15, BStBl 2018 II S. 461.

762 Das Eigentum[1] beinhaltet als Vollrecht die (1) Befugnis, (a) über die Substanz zu verfügen und (b) über die Nutzung zu bestimmen sowie (2) die Lasten, sowohl die Substanz- als auch die Ertragslasten, zu tragen. Wie die Eltern ihren Betrieb (das Eigentum) unentgeltlich, nur gegen Gewährung von Altenteilsleistungen auf die Kinder übertragen können,[2] ist es auch möglich, dass die Eltern nur die alleinige Nutzung (die Einkünfte) des gesamten Betriebes auf ein Kind ohne entsprechendes Entgelt, d. h. nur gegen Zahlung von Unterhaltsleistungen, überlassen (**Einkunftsverlagerung**). Die Anerkennung der Betriebsüberlassung soll den Zweck haben, neben dem Gesellschaftsvertrag und dem entgeltlichen Überlassungsvertrag (Pachtvertrag oder auch Nießbrauch) eine zusätzliche, besonders problemlose Anpassung der rechtlichen Stellung des Kindes im Betrieb an die tatsächlichen Verhältnisse hinsichtlich der Betriebsführung zu eröffnen und den Generationswechsel zu erleichtern.

763 Verträge zwischen Familienangehörigen sind aber steuerrechtlich nur anzuerkennen, wenn sie ernsthaft, klar und eindeutig vereinbart sind und das Vereinbarte auch tatsächlich durchgeführt wird (Rz. 716). Die **Ernsthaftigkeit** eines Vertragsverhältnisses ist vor allem daran zu messen, ob auch einander fremde Vertragspartner einen solchen Vertrag hätten abschließen und derart durchführen können, wie dies zwischen den Verwandten geschehen ist.[3] Der Betriebsüberlassungsvertrag lässt aber den Vergleich mit einem Vertrag, wie er unter Fremden abgeschlossen zu werden pflegt, nicht zu, weil es gerade sein Zweck ist, den besonderen Vermögensbeziehungen Rechnung zu tragen, die zwischen Eltern und Kindern in der LuF bestehen.

bb) Betriebsüberlassungsvertrag/Wirtschaftsüberlassungsvertrag vor dem 1.1.2008

764 Der Wirtschaftsüberlassungsvertrags war von dem Gedanken der späteren (unentgeltlichen) Hofübergabe und der Vorstellung bestimmt, es handele sich bei der Nutzungsüberlassung nur um eine Vorstufe zur unentgeltlichen Betriebsübertragung. Seit der Neuregelung des § 10 Abs. 1 Nr. 1a Satz 2 Buchst. b EStG durch das JStG 2008 ist der Sonderausgabenabzug indessen von einem Eigentumsübergang abhängig (vgl. Rz. 772). Damit ist aber auch der Beurteilung der der Betriebsübertragung vorgeschalteten Nutzungsüberlassung als unentgeltliches Geschäft die Grundlage entzogen. Für vor dem 1.1.2008 abgeschlossene

1 §§ 903 ff. BGB.
2 § 7 Abs. 1 EStDV a. E.; § 6 Abs. 3 EStG.
3 BFH 24.7.1975, BStBl 1975 II S. 772, Tz. 2.

Wirtschaftsüberlassungsverträge gelten aufgrund der Übergangsregelung die bisherigen Regelungen zum Sonderausgabenabzug weiter.[1]

Der BFH erkannte einen Betriebsüberlassungsvertrag nur dann an, wenn die genau umschriebenen Voraussetzungen sämtlich vorlagen,[2] dem Kind (Nutzungsberechtigten)

- das **alleinige Nutzungsrecht** am gesamten luf Vermögen,
- das **volle Verfügungsrecht** über das lebende und tote Inventar und
- die **alleinige Entscheidungsbefugnis** für alle zur Führung des Betriebs erforderlichen Maßnahmen

bis zum Eintritt des Erbfalls oder zumindest für einen nicht nur vorübergehenden Zeitraum eingeräumt werden.

765 Der Nutzungsberechtigte, i. d. R. der Sohn oder die Tochter, sollte der **künftige Hoferbe**[3] sein;[4] es war auch ein Betriebsüberlassungsvertrag mit einem Dritten denkbar, der nicht künftiger Hoferbe ist.[5]

766 Das **alleinige Nutzungsrecht** musste **am gesamten luf Vermögen**, d. h. am gesamten Betrieb oder am gesamten Teilbetrieb[6] eingeräumt werden. Der Nutzungsberechtigte, d. h. das den Hof tatsächlich bewirtschaftende Kind, musste den Betrieb **auf eigene Rechnung und Gefahr** bewirtschaften.

767 Der Nutzungsberechtigte musste das **volle Verfügungsrecht über das tote und lebende Inventar**, also über das bewegliche Anlagevermögen und über das Umlaufvermögen haben.[7] Die entgeltliche oder unentgeltliche Übertragung des Eigentums hierzu war wegen der damit verbundenen Auflösung der darin enthaltenen stillen Reserven nicht erforderlich.[8] Das volle Verfügungsrecht wurde auch durch die **Übernahme des Inventars zum Schätzwert** (sog. eiserne Verpachtung, § 582a BGB) eingeräumt. Es war ausreichend, wenn sich der Wert des überlassenen Inventars aus einem Verzeichnis der WG mit wertbestimmenden Angaben jederzeit – ggf. im Schätzungswege – ermitteln lässt. Ein sog. schlich-

1 BMF 11.3.2010, BStBl 2010 I S. 227, Rz. 81; § 52 Abs. 23g EStG.
2 BFH 5.2.1976, BStBl 1976 II S. 335.
3 BFH 21.3.1985, BStBl 1985 II S. 614.
4 BFH 6.12.1979, BStBl 1980 II S. 423, 427.
5 BFH 17.7.1989, BFH/NV 1990 S. 623; BFH 26.11.1992, BStBl 1993 II S. 395.
6 Vgl. § 7 Abs. 1 EStDV 1997 a. F.; § 6 Abs. 3 EStG.
7 Niedersächsisches FG 27.5.2004 – 11 K 842/99, NWB WAAAB-24953 = EFG 2004 S. 1681.
8 BFH 5.2.1976, BStBl 1976 II S. 335.

ter Pachtvertrag[1] konnte daher nicht in einen Betriebsüberlassungsvertrag umgedeutet werden (Rz. 715).

768 Der Nutzungsberechtigte musste die **alleinige Entscheidungsbefugnis** für alle zur Führung des Betriebs erforderlichen Maßnahme haben. Er musste die zur Betriebsführung erforderlichen Verträge im eigenen Namen abschließen und nach außen als Unternehmer auftreten.

769 Als eine Betriebsüberlassung von nicht nur vorübergehender Dauer sah der BFH eine Zeitraum von neun Jahren als ausreichend an.[2] In Anlehnung an die Grundsätze zur Anerkennung von Pachtverträgen (Rz. 718) war eine Mindestlaufzeit von sechs Jahren ausreichend.

770 Die vom BFH entschiedenen Fälle waren stets sog. **verunglückte Pachtverträge**.[3] Diesen Pachtverträgen war die steuerrechtliche Anerkennung zu versagen (Rz. 720), weil sie nicht dem entsprachen, was zwischen Fremden üblich ist, weil z. B. die vereinbarten Leistungen keinen echten Pachtzins darstellten, sondern mehr auf die notwendige Versorgung der Eltern abgestellt waren, also altenteilsähnlichen Charakter besaßen.[4] Die Nichtanerkennung eines Pachtvertrages hat zunächst zur Folge, dass die sog. Pachtzahlung beim Kind keine Betriebsausgaben (die bei § 13a EStG nicht mehr abziehbar sind; vgl. Rz. 447/10 und 720) und bei den Eltern keine Betriebseinnahmen, ggf. Einkünfte aus Vermietung und Verpachtung sind. Kann ein Kind aber als Unternehmer angesehen werden, sind ihm und nicht dem Eigentümer die Einkünfte zuzurechnen. Rechtsgrundlage für das Nutzungsrecht der Kinder, durch das die Kinder Unternehmer werden können, ist der Betriebsüberlassungsvertrag. Zur Abgrenzung zum Betriebsführungs- oder Managementvertrag vgl. BFH vom 6.6.1986.[5]

771 Der unentgeltliche Betriebsüberlassungsvertrag hatte für die Eltern (Nutzungsverpflichtete) – mit Ausnahme des Umstands, dass sie keine Pachteinnahmen, sondern dem § 22 EStG zuzuordnende Unterhaltsleistungen vonseiten des Kindes erhalten – dieselben Rechtsfolgen wie sie für die Verpachtung eines Betriebes im Ganzen galten[6] (vgl. Rz. 726 ff.). Der Nutzungsverpflichtete konnte **wie ein Verpächter wählen**, ob er die Aufgabe des Betriebs erklären oder den

1 § 582 BGB.
2 BFH 24.7.1975, BStBl 1975 II S. 772; zwölf Jahre BFH 5.2.1976, BStBl 1976 II S. 335; zehn Jahre BFH 23.6.1977, BStBl 1977 II S. 719.
3 BFH 24.7.1975, BStBl 1975 II S. 772; 19.2.1976, BStBl 1976 II S. 415.
4 Vgl. auch Niedersächsisches FG 12.4.1988, rkr., EFG 1988 S. 469.
5 BStBl 1986 II S. 891; BFH 13.12.1989, BFH/NV 1990 S. 667.
6 BFH 5.2.1976, BStBl 1976 II S. 335.

Betrieb fortführen wollte. Erklärte er nicht die Aufgabe des Betriebs, hatte er, abgesehen von den Versorgungsleistungen des Kindes,[1] im Übrigen weiterhin Einkünfte aus LuF.

Dem Nutzungsberechtigten waren die Einkünfte aus LuF zuzurechnen. Im Gegensatz zum Pachtvertrag kann der Nutzungsberechtigte anstelle fester ertragsorientierter Pachtzahlungen an den Nutzungsverpflichteten Leistungen zu erbringen haben, die der **Versorgung des Nutzungsverpflichteten nach Art von Altenteilsleistungen** dienen. Diese Versorgungsleistungen waren i. d. R. als Versorgungsleistungen bei den Sonderausgaben[2] abzuziehen. Bei nicht nur geringen Geldleistungen galt die Sachbehandlung bei den Altenteilsleistungen entsprechend (Rz. 910 ff.). Das Abzugsverbot des § 12 Nr. 2 EStG griff nur ein, wenn der Unterhaltscharakter der Leistung überwog. Anhaltspunkt hierfür war, ob der Wert der Gegenleistung, also der Pachtzins, der von einem fremden Pächter gefordert werden könnte, bei überschlägiger und großzügiger Berechnung weniger als die Hälfte des Werts der altenteilsähnlichen Versorgungsleistungen beträgt.

cc) Betriebsüberlassungsvertrag/Wirtschaftsüberlassungsvertrag nach dem 31.12.2007

Ab der Neufassung des § 10 Abs. 1a Nr. 2 EStG sind auf einem Wirtschafts- 772
überlassungsvertrag beruhende Leistungen des Nutzungsberechtigten an den Überlassenden allerdings nicht mehr als Sonderausgabensondern abziehbar.[3] Es fehlt insoweit an der nach dem eindeutigen Gesetzeswortlaut erforderlichen „Übertragung" begünstigten Vermögens. Nunmehr kann der Wirtschaftsüberlassungsvertrag auch hinsichtlich dieser Leistungen – und damit nicht nur hinsichtlich der Nutzungsüberlassung – ertragsteuerlich nach den Regeln des Pachtvertrags behandelt werden. Die Aufwendungen des Nutzungsberechtigten sind als Betriebsausgaben abziehbar, während der überlassende Eigentümer die Leistungen als Betriebseinnahmen zu versteuern hat. Nach Auffassung des BFH dürfen die Anforderungen an die Fremdüblichkeit nicht überspannt werden.[4]

1 § 22 EStG.

2 § 10 Abs. 1 Nr. 1a EStG a. F.

3 BFH 12.7.2017 – VI R 59/15, BStBl 2018 II S. 461; BFH 12.7.2017 – VI R 60/15, NWB WAAAG-58239 = BFH/NV 2017 S. 1428; BFH 25.6.2014 – X R 16/13, BStBl 2014 II S. 889; BMF 11.3.2010, BStBl 2010 I S. 227, Rz. 22.

4 BFH 12.7.2017 – VI R 59/15, BStBl 2018 II S. 461, Rz. 18 ff., 43; BFH 12.7.2017 – VI R 60/15, NWB WAAAG-58239 = BFH/NV 2017 S. 1428.

773 Der Nutzungsberechtigte hat an den Nutzungsverpflichteten vertraglich zumeist im Einzelnen geregelte Leistungen zu erbringen. Diese können mit der Nutzungsüberlassung bei entsprechendem Rechtsbindungswillen in einem Austauschverhältnis stehen. Vertraglich können dabei sowohl Geld- als auch Sach- und Dienstleistungen vereinbart sein. Zivilrechtlich ist anerkannt, dass eine Miete oder Pacht nicht nur in Geld, sondern auch in geldwerten Leistungen bestehen kann. Eine **(geringe) Barpacht** und zusätzliche altenteilsähnliche Leistungen können daher auch steuerrechtlich als Gegenleistung für die Nutzungsüberlassung eingeordnet werden. Selbst wenn der Nutzer ein **sehr niedriges Entgelt zahlt (sog. Gefälligkeitsmiete)**, das weit hinter dem üblichen Entgelt zurückbleibt, handelt es sich trotzdem um Miete bzw. Pacht und nicht um Leihe als unentgeltliche Nutzungsüberlassung. Steuerlich steht es der Anerkennung eines Wirtschaftsüberlassungsvertrags zwischen nahen Angehörigen und damit dem Abzug der Gegenleistung für die Nutzungsüberlassung als Betriebsausgabe ebenfalls nicht entgegen, dass eine unangemessen niedrige Gegenleistung vereinbart wurde, sofern das Missverhältnis nicht auf einen Mangel des geschäftlichen Bindungswillens schließen lässt. **Übersteigen** die Leistungen des Nutzungsberechtigten hingegen das **marktübliche Entgelt**, kann es sich insoweit um gem. § 12 Nr. 2 EStG nicht als Betriebsausgaben abziehbare Unterhaltsleistungen handeln. Zur steuerlichen Würdigung der vertraglichen Leistungen wie Kosten der Lebenshaltung, freie Kost, Übernahme der Lebenshaltungskosten oder dem Erfordernis einer Bezugnahme auf § 323a ZPO vgl. die Ausführungen in BFH vom 12.7.2017.[1]

2. Nießbrauchsbestellung

Literatur: *Lohr,* Der Nießbrauch an Unternehmen und Unternehmensteilen, Diss. Köln 1989; *Paus,* Unternehmensnießbrauch, BB 1990 S. 1675; *Janssen/Wickel,* Unternehmensnießbrauch, Berlin 1998; *Jansen/Jansen,* Der Nießbrauch in Zivil- und Steuerrecht, 8. Aufl., 2009; *Meyer/Ball,* Grundstücksübertragungen unter Nießbrauchsvorbehalt im Steuerrecht, StBp 2010 S. 185; *Wärholz,* Aktuelle Gestaltungsprobleme des Nießbrauchs am Anteil einer Personengesellschaft, DStR 2010 S. 1786.

1 Rz. 46 ff.

a) Nießbrauch an einem land- und forstwirtschaftlichen Betrieb

aa) Rechtliche Natur des Nießbrauchs an einem Unternehmen

Die Bestellung des Nießbrauchs an einem Unternehmen (Unternehmensnießbrauch) erfolgt durch **Bestellung an den einzelnen zum Unternehmen gehörenden Gegenständen**,[1] bei Grundstücken durch Einigung über die Rechtsänderung und Eintragung in das Grundbuch,[2] bei beweglichen Sachen durch Einigung und Übergabe.[3] 774

Nach Bestellung besteht der Nießbrauch an einem Unternehmen **als einheitliches** umfassendes dingliches **Recht**.[4]

Der Nießbrauch an einem Unternehmen ist nur dann ein Nießbrauch an einem Vermögen i. S. der §§ 1085 ff. BGB, wenn das Unternehmen das gesamte Vermögen des Nießbrauchsbestellers ausmacht. Ist das nicht der Fall, gelten die §§ 1030 ff. BGB.

Das Umlaufvermögen geht nach § 1067 BGB in das Eigentum des Nießbrauchers über.[5] Das Anlagevermögen verbleibt im Eigentum des Betriebsinhabers.

Die testamentarische Zuwendung eines Nießbrauchs begründet lediglich einen schuldrechtlichen Anspruch auf Bestellung des Nießbrauchs.[6]

Es sind Unternehmens- und Ertragsnießbrauch zu unterscheiden.[7] 775

Die Bestellung des **Nießbrauchs am Unternehmen** hat zur Folge, dass zwei Betriebe entstehen, nämlich ein ruhender Betrieb in der Hand des Eigentümers (des Nießbrauchsverpflichteten) und ein wirtschaftender Betrieb in der Hand des Nießbrauchsberechtigten. Das gilt auch für den Fall, dass der bisherige

---

1 §§ 1085 ff. BGB, wenn das Unternehmen das gesamte Vermögen einer Person umfasst, ansonsten §§ 1030 ff. BGB.

2 § 873 Abs. 1 BGB.

3 § 1032 BGB.

4 Palandt/Bassenge, BGB, 75. Aufl., Rz. 4 zu § 1085 BGB; BGH 18.11.1974, DB 1975 S. 146; BFH 4.11.1980, BStBl 1981 II S. 396; h. M.

5 Palandt/Bassenge, BGB, 75. Aufl., Rz. 5 zu § 1085 BGB.

6 § 2147 BGB.

7 Schmidt/Wacker, EStG, § 15 Rz. 144.

Eigentümer den Betrieb unentgeltlich überträgt und sich den Nießbrauch vorbehält.[1]

Die Übertragung des Betriebs unter Nießbrauchsvorbehalt ist eine unentgeltliche Betriebsübernahme **(Schenkung).** Die Einräumung des Nießbrauchs steht der Unentgeltlichkeit nicht entgegen, da es sich bei diesem weder bürgerlichrechtlich[2] noch steuerrechtlich um eine Gegenleistung für die Betriebsübertragung handelt.[3]

Der BFH hat im Wege der bereichsspezifischen Auslegung entschieden, dass ein land- und forstwirtschaftlicher Betrieb unentgeltlich im Wege der vorweggenommenen Erbfolge auch dann gem. § 6 Abs. 3 EStG ohne Aufdeckung stiller Reserven übertragen werden kann, wenn sich der Übertragende den Nießbrauch an dem land- und forstwirtschaftlichen Betrieb vorbehält. Der vorbehaltene Nießbrauch ist für die steuerneutrale Übertragung nach § 6 Abs. 3 EStG nicht als schädlich anzusehen, da die Einstellung der land- und forstwirtschaftlichen Betätigung des bisherigen Betriebsinhabers keine notwendige Voraussetzung für die Buchwertfortführung nach § 6 Abs. 3 EStG ist.[4]

Der Eigentümer als Nießbrauchsverpflichteter ist so lange Inhaber eines luf Betriebs, als er nicht die Betriebsaufgabe erklärt.[5]

Beim **Ertragsnießbrauch** steht dem Nießbraucher nur ein Anspruch auf einen (quotalen) Ertrag des Unternehmens zu. Trotz seiner dinglichen Berechtigung stehen ihm nur (ähnlich einem Kommanditisten) gewisse Kontrollrechte und der Anspruch auf (anteiligen) Gewinn zu. Der Nießbraucher ist in diesem Fall nicht Unternehmer.

1 BFH 26.2.1987, BStBl 1987 II S. 772; BFH 7.4.2016, BStBl 2016 II S. 765, BFH 25.1.2017 – X R 59/14, NWB LAAAG-47393 = BFH/NV 2017 S. 1077; BFH 23.10.2018 – VI R 5/17, NWB AAAAH-04519; BFH 8.5.2019 – VI R 26/17, BStBl 2019 II S. 660.

2 Palandt/Weidenkaff, BGB, 75. Aufl., Rz. 7 zu § 525 BGB.

3 BFH 23.8.1963, BStBl 1963 III S. 484; BFH 28.7.1981, BStBl 1982 II S. 378; BFH 26.2.1987, BStBl 1987 II S. 772; BFH 7.4.2016, BStBl 2016 II S. 765; BFH 25.1.2017 – X R 59/14, NWB LAAAG-47393 = BFH/NV 2017 S. 1077; BFH 23.10.2018 – VI R 5/17, NWB AAAAH-04519; BFH 8.5.2019 – VI R 26/17, BStBl 2019 II S. 660.

4 BFH 25.1.2017 – X R 59/14, BStBl 2019 II S. 730; BFH 8.8.2024 – IV R 1/20, BStBl 2025 II S. 122, BFH 29.1.2025 –X R 35/19, BFH/NV 2025 S. 742 = NWB DAAAJ-89813.

5 BFH 26.2.1987, BStBl 1987 II S. 772; BFH 7.4.2016, BStBl 2016 II S. 765; BFH 25.1.2017 – X R 59/14, NWB LAAAG-47393 = BFH/NV 2017 S. 1077; BFH 23.10.2018 – VI R 5/17, NWB AAAAH-04519; BFH 8.5.2019 – VI R 26/17, BStBl 2019 II S. 660.

Er hat bürgerlich-rechtlich einen Anspruch auf den Reingewinn; das ist der nach Bilanzierungsgrundsätzen ermittelte Gewinn.[1] Wegen der sich für die steuerrechtliche Beurteilung hieraus ergebenden Problematik vgl. Rz. 778 ff.

bb) Steuerliche Anerkennung des Nießbrauchs – Unternehmens- und Ertragsnießbrauch

Das Ziel, das mit der Bestellung des Nießbrauchs im Allgemeinen verfolgt wird, 776
nämlich die Verlagerung von Einkünften, wird nur erreicht, wenn in der Person des Nießbrauchers der Tatbestand der Einkunftserzielung erfüllt wird, wenn er also **Unternehmer** ist (Unternehmerinitiative und Unternehmerrisiko) und die **Erträge erwirtschaftet**.[2]

Der Nießbrauch an einem Unternehmen, auch an einem luf Betrieb, ist unbe- 777
strittener Bestandteil der steuerlichen Praxis. Seine steuerliche Anerkennung steht auch bei Einräumung unter Angehörigen grds. außer Streit.

Die **Nießbrauchbestellung unter Angehörigen** erfolgt im Allgemeinen unentgeltlich (allenfalls unter bestimmten Auflagen, die den Charakter der Schenkung insgesamt nicht beeinträchtigen). Für die steuerliche Anerkennung ergeben sich allein aus der Unentgeltlichkeit keine nachteiligen Folgen. Auch der **Dauer der Nießbrauchsbestellung** wird keine Bedeutung beigemessen.[3] Ein unentgeltlich begründetes Nutzungsrecht kann regelmäßig nur anerkannt werden, wenn der Überlassungsvertrag schriftlich abgeschlossen und das Nutzungsrecht für einen festgelegten Zeitraum vereinbart worden ist. Die Befristung eines dinglichen Nutzungsrechts führt zu dessen Erlöschen kraft Gesetzes, die des schuldrechtlichen Nutzungsrechts zur Beendigung der Rechtswirkung dieses Rechtsgeschäfts. Dies gilt nicht, wenn ein Fortbestehen des schuldrechtlichen Nutzungsrechts ausdrücklich oder konkludent auch für den Zeitraum nach Ablauf der (Bedingungs-)Frist vereinbart wird, vgl. BFH vom 16.1.2007.[4]

Die Frage, ob der Nießbraucher eine Unternehmerstellung erlangt hat, bedarf unter dem Gesichtspunkt der tatsächlichen Durchführung der Prüfung.

Für die einkommensteuerliche Beurteilung sind Ertragsnießbrauch und Unternehmensnießbrauch zu unterscheiden:

1 Palandt/Bassenge, BGB, 75. Aufl., Rz. 7 zu § 1085 BGB.
2 BFH 13.5.1980, BStBl 1981 II S. 295; BFH 4.11.1980, BStBl 1981 II S. 396.
3 BFH 23.10.2018 – VI R 5/17, NWB AAAAH-04519: Vorbehaltsnießbrauch für fünf Jahre.
4 BStBl 2007 II S. 579.

(1) Ertragsnießbrauch

778 Mit dem sog. **(quotalen) Ertragsnießbrauch** wird nach allgemeiner Meinung dem Nießbraucher eine Unternehmerstellung nicht eingeräumt.[1] Der Gewinn ist dem Unternehmer zuzurechnen, da er im eigenen Namen das Unternehmen betreibt.

Der Nießbrauchsberechtigte erhält entweder Bezüge, die z. B. bei schenkweiser oder vermächtnisweiser Zuwendung nicht einkommensteuerpflichtig sind, oder Bezüge, die bei Vorliegen der sonstigen Voraussetzungen Einkünfte i. S. des § 20 EStG oder § 22 Nr. 1 EStG a. F. bzw. § 22 Nr. 1b EStG n. F. sind.[2]

(2) Unternehmensnießbrauch

779 Durch den Nießbrauch entstehen zwei luf Betriebe.[3] Zu der Frage, wer von mehreren Miterben bei einem testamentarisch verfügten Nießbrauch Unternehmer/Mitunternehmer wird vgl. BFH vom 28.11.1979.[4]

cc) Gewinnermittlung beim Unternehmensnießbrauch

(1) Gewinnermittlung beim Nießbraucher

780 Der Nießbraucher hat alle steuerlichen Pflichten zu erfüllen, die einem Unternehmer obliegen. Er ist daher nach allgemeinen Grundsätzen (vgl. Rz. 199) zur Buchführung verpflichtet. Gemäß § 141 Abs. 3 AO geht die Buchführungspflicht auf denjenigen über, der den Betrieb im Ganzen zur Bewirtschaftung als Eigentümer oder Nutzungsberechtigter übernimmt. Der Nießbraucher gilt als Nutzungsberechtigter. Die Buchführungspflicht geht somit kraft Gesetzes auf ihn über. Ein Hinweis nach § 141 Abs. 2 AO auf den Beginn der Buchführungspflicht ist somit nicht erforderlich.

Die Gewinnermittlung ist das zentrale Thema des Unternehmensnießbrauchs.

---

1 BFH 28.11.1974, BStBl 1975 II S. 498; BFH 4.11.1980, BStBl 1981 II S. 396; Schmidt/Kulosa, EStG, § 13 Rz. 151 und Schmidt/Wacker, EStG, § 15 Rz. 144.

2 Leingärtner/Wendt, Besteuerung der Landwirte, Kap. 41 Rz. 70; Schmidt/Wacker, EStG, § 15 Rz. 144 und 308.

3 Vgl. BFH 18.3.1999, BStBl 1999 II S. 398; BFH 7.4.2016, BStBl 2016 II S. 765; BFH 25.1.2017 – X R 59/14, NWB LAAAG-47393 = BFH/NV 2017 S. 1077; BFH 23.10.2018 – VI R 5/17, NWB AAAAH-04519.

4 BStBl 1980 II S. 266.

Dem Nießbraucher stehen die Erträge aus der laufenden Bewirtschaftung zu. Ebenso sind ihm die von ihm getragenen Aufwendungen zuzurechnen.

In seiner Bilanz hat er nur die WG auszuweisen, die ihm (als wirtschaftlichem Eigentümer) gehören. Dabei ist im Wesentlichen der zivilrechtlichen Beurteilung zu folgen. Der Nießbrauchsverpflichtete bleibt dabei i. d. R. zivilrechtlicher Eigentümer der wesentlichen Betriebsgrundlagen, insbesondere der Grundstücke, Gebäude, Betriebsvorrichtungen und sonstiges Anlagevermögen. Der Nießbrauchsberechtigte erlangt deshalb auch steuerrechtlich kein wirtschaftliches Eigentum an den nießbrauchsbelasteten Wirtschaftsgütern. Grundsätzlich kann der Nießbraucher keine AfA auf die dem Eigentümer gehörenden WG in Anspruch nehmen.[1] Alleinige wesentliche Betriebsgrundlage ist grds. das Nießbrauchsrecht.

Soweit der Nießbraucher wirtschaftliches Eigentum (z. B. Umlaufvermögen) erlangt, hat er die WG in seiner Bilanz auszuweisen. Diese sind bei unentgeltlicher Übertragung nach § 6 Abs. 3 EStG mit den Buchwerten fortzuführen.

Nach § 1048 Abs. 1 BGB kann der Nießbraucher eines Grundstücks samt In- 781
ventar über einzelne Gegenstände des Inventars innerhalb der Grenzen einer ordnungsgemäßen Wirtschaft verfügen. Er hat für den gewöhnlichen Abgang sowie für die nach den Regeln einer ordnungsgemäßen Wirtschaft ausscheidenden Stücke **Ersatz zu beschaffen;** die vom Nießbraucher auf diese Weise angeschafften Stücke werden Eigentum des Nießbrauchsbestellers.[2] Das bedeutet, dass der Nießbraucher wie bei Pachterneuerungsverpflichtungen entsprechende **Rückstellungen** bilden kann, die im Allgemeinen dem Abschreibungsvolumen entsprechen.[3]

Nicht betroffen von der Regelung des § 1048 BGB sind **Grundstücke.** Den Wertverzehr hat der Eigentümer zu tragen. Auswirkungen auf die Gewinnermittlung des Nießbrauchers ergeben sich insoweit nicht.

Bei **entgeltlich bestelltem Nießbrauch** bleibt der Nießbrauchsbesteller zivil- 782
rechtlicher und wirtschaftlicher Eigentürmer der WG. Daher kann der Nießbraucher AfA auf die dem Eigentümer gehörenden WG nicht in Anspruch nehmen.[4]

1 BFH 28.9.1995, BStBl 1996 II S. 440.

2 Palandt/Bassenge, BGB, 75. Aufl., Rz. 1 zu § 1048 BGB.

3 Vgl. hierzu auch Felsmann, Einkommensbesteuerung, Abschnitt A 5 Rz. 41.

4 Schmidt/Kulosa, EStG, § 13 Rz. 152; vgl. a. BFH 28.9.1995, BStBl 1996 II S. 440.

Das Nießbrauchsrecht stellt bei entgeltlichem Erwerb ein selbständiges WG dar, das als wesentliche Betriebsgrundlage zum notwendigen BV gehört und zu aktivieren ist.[1] Der Nießbraucher kann AfA vornehmen, verteilt auf die Dauer des Nießbrauchs.

783 Bei **unentgeltlich bestelltem Nießbrauch** (i. d. R. zur Vorwegnahme der Erbregelung) sind zwei Alternativen zu unterscheiden. Zum einen kann der Hofeigentümer das Eigentum am Betrieb dem künftigen Hoferben übertragen und sich den Nießbrauch vorbehalten (Vorbehaltsnießbrauch) oder er bleibt selbst Eigentümer und dem künftigen Hoferben wird ein Nießbrauchsrecht am Betrieb bestellt (Zuwendungsnießbrauch).

Beim **Vorbehaltsnießbrauch** erzielt der bisherige Eigentümer, jetzt Nießbraucher, aus der aktiven Bewirtschaftung weiterhin die laufenden Einkünfte. Die AfA steht aber hier trotz fehlenden wirtschaftlichen Eigentums weiterhin dem Nießbraucher zu, da er die tatsächlichen AK/HK selbst getragen hat.[2] Der Vorbehaltsnießbraucher legt sein Nießbrauchsrecht, bewertet mit den ursprünglichen Anschaffungs- oder Herstellungskosten, abzüglich bis zur Übertragung in Anspruch genommener AfA, erhöhter Absetzungen und Sonderabschreibungen (= Buchwert der Wirtschaftsgüter), in das Betriebsvermögen seines bewirtschafteten Betriebs ein und schreibt von diesem Wert weiter ab, als wäre er Eigentümer des betreffenden Wirtschaftsguts.[3] Vgl. zum Vorbehaltsnießbrauch Rz. 785.

Beim **Zuwendungsnießbrauch** erzielt auch der Nießbraucher die laufenden Einkünfte aus LuF. Allerdings kann der Nießbraucher mangels wirtschaftlichen Eigentums und mangels tatsächlich selbst getragener Aufwendungen keine AfA auf die WG des Anlagevermögens des bisherigen Betriebs geltend machen.[4]

Gleiches gilt für den **Vermächtnisnießbrauch**.[5]

(2) Gewinnermittlung beim Nießbrauchsbesteller

784 Die Bestellung des Nießbrauchs an einem Unternehmen führt beim Nießbrauchsbesteller weder zu einer Entnahme des BV im Ganzen noch zu einer

1 BFH 4.11.1980, BStBl 1981 II S. 396.

2 Schmidt/Kulosa, EStG, § 13 Rz. 154; Leingärtner/Wendt, Besteuerung der Landwirte, Kap. 41 Rz. 41, 43 m. w. N.; BFH 28.9.1995 – IV R 7/94, BStBl 1996 II S. 440.

3 BFH, Urteil 28.9.1995, BStBl 1996 II S. 440.

4 Schmidt/Kulosa, EStG, § 13 Rz. 156.

5 BFH, Urteil 28.9.1995, BStBl 1996 II S. 440.

Entnahme des Nutzungsrechts.[1] Die **Aufdeckung stiller Reserven** ist mit der Bestellung des Nießbrauchs nicht verbunden. Es handelt sich **nicht um eine Betriebsaufgabe**.[2] Gewinne aus der Veräußerung von WG des BV sind dem Nießbrauchsbesteller zuzurechnen. Ansprüche auf Substanzerhaltung sind zu aktivieren. Das erfordert eine Gewinnermittlung auch während des Bestehens des Nießbrauchs. Das gilt nicht nur bei entgeltlicher Bestellung des Nießbrauchs. In diesem Falle bereitet auch die Vornahme der AfA keine Probleme, die dem Nießbrauchsbesteller zusteht.

Die bis zur Nießbrauchsbestellung beim Nießbrauchsverpflichteten bilanzierten WG des Umlaufvermögens wandeln sich mit der Nießbrauchsbestellung in eine Sachwertforderung.[3] Die bis zur Bestellung des Nießbrauchs bestehenden Verbindlichkeiten gehen nicht auf den Nießbraucher über.

Bei entgeltlicher Nießbrauchsbestellung gehört das Entgelt für die Nießbrauchsbestellung zu den Einnahmen der vom Nießbrauchsverpflichteten erzielten Einkünfte. Dabei tritt bei ihm auch Gewinnrealisierung hinsichtlich der im Umlaufvermögen liegenden stillen Reserven ein. Beim Nießbrauchsberechtigten führt das insoweit zu Anschaffungskosten des Umlaufvermögens.[4] Die Nießbrauchsbestellung bei einer Übertragung gegen Nießbrauchsvorbehalt zählt dabei nicht als Entgelt.

Der Nießbrauchsbesteller (Eigentümer) kann seinen „ruhenden" Betrieb durch ausdrückliche Erklärung aufgeben;[5] es treten dann die Folgen der Betriebsaufgabe nach § 14 Satz 2 i. V. mit § 16 Abs. 2 und Abs. 3 EStG ein.[6]

dd) Der Vorbehaltsnießbrauch an einem Unternehmen

Der sog. Vorbehaltsnießbrauch (vgl. auch Rz. 783) – der bisherige Eigentümer 785
behält sich bei der Übertragung den Nießbrauch vor – hat bei der Übertragung von Grundstücken, wie die stattliche Zahl höchstrichterlicher Entscheidungen zeigt, eine erhebliche praktische Bedeutung.

1 BFH 4.11.1980, BStBl 1981 II S. 396; BFH 8.5.2019 – VI R 26/17, BStBl 2019 II S. 660.

2 BFH 25.1.2017 – X R 59/14, NWB LAAAG-47393 = BFH/NV 2017 S. 1077; BFH 8.5.2019 – VI R 26/17, BStBl 2019 II S. 660.

3 Felsmann, Einkommensbesteuerung, Abschnitt A 5 Rz. 41.

4 Leingärtner/Wendt, Besteuerung der Landwirte, Kap. 41 Rz. 18.

5 § 16 Abs. 3b EStG.

6 BFH 26.2.1987, BStBl 1987 II S. 772, unter 2.

(1) Übertragung des Hofes unter Zurückbehaltung des Nießbrauchs und Bewirtschaftung durch den Nießbraucher

785/1 Der bei Veräußerung des Betriebs oder einzelner Grundstücke entstehende Gewinn ist dem Eigentümer zuzurechnen.[1]

Verpachten Nießbraucher und Nießbrauchsbesteller gemeinsam den Betrieb, kann sich zwischen beiden eine Mitunternehmerschaft ergeben, vgl. Rz. 789.[2]

(2) Übertragung des Hofes unter Vorbehalt des Nießbrauchs und anschließende Verpachtung durch den Nießbraucher an den Eigentümer

786 Der Nießbraucher kann in Ausübung seines Nießbrauchsrechts den luf Betrieb verpachten, auch an den Eigentümer. Diese Gestaltung (sog. „Rheinische Hofübergabe") ist durchaus üblich und anerkannt (im Einzelfall handelt es sich dabei auch um eine Vermögensübertragung gegen Versorgungsleistung).[3] Da sich in diesem Fall das Nutzungsrecht und das Eigentum in einer Hand vereinigen, sind Anlage- und Umlaufvermögen Betriebsvermögen des Eigentümers. Die Pachtzahlungen an den Nießbraucher können dabei neben der AfA als Betriebsausgaben abgezogen werden.[4]

ee) Nutzungsberechtigung nach § 14 Höfeordnung

787 Nach § 14 HöfeO[5] steht dem überlebenden Ehegatten des Erblassers, wenn der Hoferbe ein Abkömmling des Erblassers ist, bis zur Vollendung des 25. Lebensjahres des Hoferben die Verwaltung und Nutznießung an dem Hof zu. Es entstehen zwei Betriebe, einer in der Hand des Erben, ein weiterer beim überlebenden Ehegatten.[6]

Es handelt sich um ein **obligatorisches Recht** (Nutzungsrecht eigener Art), das dem des Nießbrauchs wirtschaftlich vergleichbar ist und auf das die Nießbrauchsvorschriften (Vermächtnisnießbrauch) sinngemäß anwendbar sind.[7]

---

1 BFH 26.2.1987, BStBl 1987 II S. 772; BFH 7.4.2016, BStBl 2016 II S. 765; BFH 25.1.2017 – X R 59/14, NWB LAAAG-47393 = BFH/NV 2017 S. 1077; BFH 23.10.2018 – VI R 5/17, NWB AAAAH-04519.

2 Vgl. BFH 14.11.1979, BStBl 1980 II S. 432.

3 Gem. BMF 11.3.2010, BStBl 2010 I S. 227, Tz. 25; BFH 24.2.2005 – IV R 28/00, NWB ZAAAB-52560 = BFH/NV 2005 S. 1062.

4 Gl. A. Leingärtner/Wendt, Besteuerung der Landwirte, Kap. 41 Rz. 74; ebenso Felsmann, Einkommensbesteuerung, Abschnitt A 5 Rz. 41.

5 BGBl 1976 I 1933.

6 BFH 16.3.1999, BStBl 1999 II S. 398.

7 Vgl. Leingärtner/Wendt, Besteuerung der Landwirte, Kap. 41 Rz. 90 f.

Die Einkünfte aus der Verwaltung und Nutznießung sind **dem Nutzungsberechtigten** steuerlich zuzurechnen.[1]

Die für die Gewinnermittlung beim Nießbrauch (vgl. Rz. 780 ff.) geltenden Grundsätze finden auf die Nutzungsberechtigung Anwendung. Der Nutzungsberechtigte ist nicht wirtschaftlicher Eigentümer.[2] Gewinne aus der Veräußerung von Wirtschaftsgütern des Anlagevermögens sind daher dem Eigentümer zuzurechnen.[3]

Begründung und Beendigung des Nutzungsrechts führen zu **keiner Gewinnrealisierung**.[4]

ff) Beendigung des Nießbrauchs – Betriebsaufgabe des Nießbrauchsbestellers

Der Wegfall des Nießbrauchs hat bei unentgeltlichem Nießbrauch für den Nieß- 788
brauchsbesteller keine Gewinnauswirkung.[5]

Der Nießbrauchsbesteller kann vom Zeitpunkt der Nutzungsüberlassung an jederzeit die Aufgabe seines Betriebs erklären.[6]

b) Nießbrauch und Mitunternehmerschaft

aa) Mitunternehmerschaft zwischen Nießbraucher und Nießbrauchsbesteller?

Für den Regelfall kann zwischen Nießbraucher und Nießbrauchsbesteller **keine** 789
Mitunternehmerschaft bestehen.[7] Eine einheitliche Gewinnfeststellung ist deshalb nicht vorzunehmen.

Einen Sonderfall behandelt die BFH-Entscheidung vom 14.11.1979:[8] Nießbraucher und Eigentümer verpachten das Unternehmen gemeinschaftlich an einen

1 Leingärtner/Wendt, Besteuerung der Landwirte, Kap. 41 Rz. 91; Felsmann, Einkommensbesteuerung, Abschnitt A 5 Rz. 67; BFH 28.9.1995, BStBl 1996 II S. 440.

2 BFH 26.3.1987, BStBl 1987 II S. 561; 28.9.1995, BStBl 1996 II S. 440; vgl. a. Felsmann, Einkommensbesteuerung, Abschnitt A 5 Rz. 66.

3 BFH 26.3.1987, BStBl 1987 II S. 561; BFH 28.9.1995, BStBl 1996 II S. 440.

4 Vgl. BFH 26.2.1976, BStBl 1976 II S. 378; Leingärtner/Wendt, Besteuerung der Landwirte, Kap. 41 Rz. 91.

5 Vgl. BFH 26.2.1976, BStBl 1976 II S. 378.

6 BFH 25.1.1996 – IV R 19/92, NWB UAAAB-38054 = BFH/NV 1996 S. 600; BFH 7.4.2016, BStBl 2016 II S. 765; BFH 25.1.2017 – X R 59/14, NWB LAAAG-47393 = BFH/NV 2017 S. 1077; BFH 23.10.2018 – VI R 5/17, NWB AAAAH-04519.

7 Leingärtner/Wendt, Besteuerung der Landwirte, Kap. 41 Rz. 75.

8 BStBl 1980 II S. 432.

Dritten; sie vereinbaren, die Erträge aus der Verpachtung zu teilen. In einem solchen Fall können die Pachterträge gemeinschaftliche Einkünfte sein. Das gilt auch dann, wenn der Teilverzicht auf die Ausübung des Nießbrauchs (zugunsten des Eigentümers) erst Jahre nach der schuldrechtlichen Vereinbarung dinglich wirksam wird.

bb) Mitunternehmerschaft zwischen mehreren Nießbrauchern?

790 Ist der Nießbrauch an einem Unternehmen mehreren Personen bestellt, werden diese – soweit sie sich nicht anderweitig einigen – i. d. R. eine **Mitunternehmerschaft** bilden. Steht ein Recht mehreren gemeinschaftlich zu, handelt es sich um eine **Gemeinschaft i. S. der §§ 741 ff. BGB**. Die Verwaltung steht den Teilhabern gemeinschaftlich zu.[1] Sie können damit **Unternehmerinitiative** entfalten. Da jeder Teilhaber den anderen Teilhabern gegenüber verpflichtet ist, die Lasten des gemeinschaftlichen Gegenstandes sowie die Kosten der Erhaltung, Verwaltung nach den Verhältnissen seines Anteils zu tragen,[2] tragen sie auch das **unternehmerische Risiko**. Damit sind alle Merkmale der Mitunternehmerschaft erfüllt. Eine abweichende Regelung über die Verwaltung (Geschäftsführung) nach § 745 BGB steht der Annahme der Mitunternehmerschaft der von der Verwaltung ausgeschlossenen Teilhaber nicht entgegen.

c) Nießbrauch an einzelnen Grundstücken des Betriebsvermögens

Folgende Fälle sind in der Praxis von Bedeutung:

aa) Unentgeltliche Übertragung von Grundstücken des Betriebsvermögens unter Zurückbehaltung eines Nießbrauchsrechts für den bisherigen Betriebsinhaber (Vorbehaltsnießbrauch)

791 Überträgt der Betriebsinhaber ein Grundstück des BV und behält er sich daran das Nießbrauchsrecht zurück, liegt insoweit eine **Entnahme** vor. Das vorbehaltene Nießbrauchsrecht entsteht erst nach der Entnahme im privaten Bereich.[3] Eine Entnahme findet nicht statt, wenn der Betriebsinhaber wirtschaftlicher Eigentümer bleibt, was jedoch im Normalfall nicht zutrifft.[4]

1 § 744 Abs. 1 BGB.

2 § 748 BGB.

3 BFH 28.2.1974, BStBl 1974 II S. 481; BFH 16.12.1988, BStBl 1989 II S. 763; BFH 20.9.1989, BStBl 1990 II S. 368; BFH 17.9.1992, BStBl 1993 II S. 218; BFH 16.12.1999 – IV R 53/99, BFH/NV 2000 S. 1078.

4 BFH 8.12.1983, BStBl 1984 II S. 202.

Eine **Einlage** des (unentgeltlich) erworbenen WG Nießbrauchsrecht mit dem Teilwert kommt nicht in Betracht.[1] Der Vorbehaltsnießbraucher kann jedoch seine eigenen Aufwendungen, die im Zusammenhang mit dem betrieblich genutzten Grundstück stehen, durch den Ansatz einer entsprechenden Einlage gewinnmindernd berücksichtigen.[2] Dazu gehören auch die abschreibbaren Anschaffungs- oder Herstellungskosten, die der Nießbraucher selbst getragen hat, ferner die laufenden Kosten auf das Grundstück. Das Nutzungsrecht an einem Gebäude wird wie ein einlagefähiges WG behandelt.[3] Die Einlage ist mit dem Entnahmewert des Gebäudes zu bewerten.[4]

Der Entnahmewert ist die AfA-Bemessungsgrundlage der Abschreibungen.[5]

Das Erlöschen des Nießbrauchsrechts durch den **Tod des Nießbrauchers** führt zu keiner erfolgswirksamen Ausbuchung eines etwaigen Restbuchwerts, weil nicht das Nießbrauchsrecht als solches aus der Bilanz ausscheidet. Das durch den Tod des Rechtsinhabers bedingte Erlöschen des Nießbrauchsrechts steht in keinem Zusammenhang mit Aufwendungen des Nießbrauchers, die dieser als Betriebsausgaben geltend machen könnte.[6]

bb) Übertragung eines Betriebs unter Zurückbehaltung des Nießbrauchs an einem Grundstück

Die Nießbrauchsbestellung führt im Fall einer Betriebsübertragung unter Zu- 792
rückbehaltung eines Nießbrauchs an einem Grundstück des BV i. d. R. nicht zu einer Entnahme des Grundstücks, weder beim bisherigen Eigentümer noch beim neuen Eigentümer des Betriebs.[7] Die Nießbrauchsverpflichtung ist in der Bilanz nicht auszuweisen. Aufwendungen im Zusammenhang mit der Nießbrauchsbelastung sind keine Betriebsausgaben.

Der Nießbraucher hat im Fall einer Verpachtung des Grundstücks die Pachtzahlungen zu versteuern. Werbungskosten stellen die Aufwendungen dar, die nach

1 BFH 16.12.1988, BStBl 1989 II S. 763.
2 BFH 16.12.1988, BStBl 1989 II S. 763.
3 BFH 30.1.1995, BStBl 1995 II S. 281.
4 Leingärtner/Wendt, Besteuerung der Landwirte, Kap. 41, Rz. 41.
5 BFH 9.8.1983, BStBl 1983 II S. 759; BFH 16.12.1988, BStBl 1989 II S. 763.
6 BFH 16.12.1988, BStBl 1989 II S. 763.
7 Vgl. a. Felsmann, Einkommensbesteuerung, Abschnitt A 5 Rz. 53.

dem der Nießbrauchsbestellung zugrunde liegenden Vertrag der Nießbraucher zu übernehmen hat.[1]

cc) Unentgeltliche Nießbrauchsbestellung an Grundstücken des Betriebsvermögens (Zuwendungsnießbrauch)

793 Die Bestellung eines Nießbrauchsrechts an einem Grundstück des BV führt, da Grundstück und Nießbrauch zwei verschiedene WG sind, nicht zwingend zu einer Entnahme des Grundstücks aus dem BV.[2] Eine Entnahme kann vorliegen, wenn der Nießbraucher wirtschaftlicher Eigentümer wird oder wenn der betriebliche Zusammenhang endgültig unterbrochen wird. Eine Entnahme ist jedenfalls dann nicht anzunehmen, wenn das Grundstück aufgrund des Nießbrauchs an den Betriebsinhaber verpachtet wird. Diese Gestaltung kann aber als Gestaltungsmissbrauch angesehen werden.[3]

Pachtzahlungen sind dann Betriebsausgaben beim Eigentümer, sofern diese nicht als Versorgungsabrede zu behandeln sind.[4]

Neben den Pachtzahlungen kann der Eigentümer (Nießbrauchsverpflichteter) keine sonstigen Grundstücksaufwendungen einschl. AfA für das Grundstück geltend machen, da er im Fall des unentgeltlichen Zuwendungsnießbrauchs keine Einkünfte mit dem Grundstück erzielt. Im Falle des entgeltlichen Zuwendungsnießbrauchs kann der Eigentümer alle ihn treffende Kosten absetzen, auch die AfA.[5]

794 *(Einstweilen frei)*

d) Nießbrauch an einem Gesellschaftsanteil

aa) Allgemeines

795 Wie ein Nießbrauchsrecht an einem Gesellschaftsanteil begründet werden kann, ist zivilrechtlich noch nicht abschließend geklärt. Nach früherer Auffassung war dies nur durch Übertragung des Gesellschaftsanteils auf den Nießbraucher mit schuldrechtlicher Treuhandbindung im Innenverhältnis möglich

1 Zur Behandlung der AfA etc. beim Nießbraucher vgl. Felsmann, Einkommensbesteuerung, Abschnitt A 5 Rz. 54.

2 Vgl. BFH 26.2.1970, BStBl 1970 II S. 419 für ein Erbbaurecht; vgl. auch BFH 1.3.1994, BStBl 1995 II S. 241.

3 Leingärtner/Wendt, Besteuerung der Landwirte, Kap. 41, Rz. 59, 60.

4 BFH 5.7.1984, BStBl 1986 II S. 322; BFH 15.5.1986, BStBl 1986 II S. 714.

5 Leingärtner/Wendt, Besteuerung der Landwirte, Kap. 41 Rz. 57 f.

(Treuhandlösung). Nach heutiger Auffassung kann ein Gesellschaftsanteil aber auch mit einem dinglichen Recht belastet werden (echte Nießbrauchslösung). Der Nießbrauch kann unentgeltlich, teilentgeltlich oder vollentgeltlich begründet werden.[1]

Ertragsteuerlich kann es dahingestellt bleiben, ob der Nießbrauch nach der Treuhandlösung oder nach der echten Nießbrauchslösung begründet worden ist.

bb) Der Nießbraucher als Gesellschafter und Mitunternehmer

Eine Mitunternehmerstellung des Nießbrauchers am Gesellschaftsanteil wird 796
begründet, wenn er aufgrund der getroffenen Vereinbarungen die rechtliche und tatsächliche Stellung eines Mitunternehmers erlangt.[2] Dazu muss der Nießbraucher neben einer Gewinnbeteiligung auch Unternehmerinitiative entfalten können. D. h. er muss Mitwirkungs- und Stimmrechte besitzen und ausüben. In der Regel steht dem Nießbraucher kein Anteil an den stillen Reserven zu – dies ist unschädlich für die Mitunternehmerstellung.[3]

Um den Tatbestand der Einkunftserzielung gem. § 13 EStG zu erfüllen, müssen 797
luf Erzeugnisse kraft eigenen Rechts produziert werden. Deshalb ist es nach Literaturmeinung bei Personengesellschaften, die LuF betreiben, zusätzliche Voraussetzung, dass das eingeräumte Nießbrauchsrecht dem Nießbraucher ein originäres Fruchtziehungsrecht vermittelt.[4]

Wenn der Nießbraucher Mitunternehmer ist, ist ihm steuerlich der entnahme- 798
fähige Gewinn zuzurechnen. Soweit der Gewinn dem Nießbraucher nicht zusteht (z. B. Anteil an Gewinnen aus der Veräußerung von Anlagevermögen), ist dieser restliche Teil dem Nießbrauchsbesteller zuzurechnen, vgl. Rz. 801.[5]

Im Fall eines Ertrags- oder Quotennießbrauchs wird der Nießbraucher nicht 799
zum Mitunternehmer. Die Bezüge des Nießbrauchers sind in diesem Fall entweder nicht einkommensteuerpflichtig (z. B. schenkweise oder vermächtnisweise

1 Vgl. Schmidt/Wacker, EStG, § 15 Rz. 305; Felsmann, Einkommensbesteuerung, Abschnitt A 5 Rz. 55.

2 Übereinstimmend: Schmidt/Wacker, EStG, § 15 Rz. 306; Leingärtner, Besteuerung der Landwirte, Kap. 41 Rz. 82; Felsmann, Einkommensbesteuerung, Abschnitt A 5 Rz. 55.

3 BFH 28.1.1992, BStBl 1992 II S. 605; BFH 6.5.2015 – II R 34/13, BStBl 2015 II S. 821; BFH 19.7.2018 – IV R 10/17, NWB QAAAG-97089 = BFH/NV 2018 S. 1268.

4 Siehe Felsmann, Einkommensbesteuerung, Abschnitt A 5 Rz. 55.

5 Leingärtner/Wendt, Besteuerung der Landwirte, Kap. 41 Rz. 82; Felsmann, Einkommensbesteuerung, Abschnitt A 5 Rz. 57; Schmidt/Wacker, EStG, § 15 Rz. 307.

Zuwendung), oder wiederkehrende Bezüge (Versorgungsleistungen nach § 22 Nr. 1b EStG) oder Betriebseinnahmen (z. B. bei entgeltlicher Nießbrauchsbestellung).[1]

cc) Der Nießbrauchsbesteller als Gesellschafter und steuerlicher Mitunternehmer

800 Bei der Bestellung des Nießbrauchs an einem Gesellschaftsanteil bleibt der Nießbrauchsbesteller i. d. R. Gesellschafter und Mitunternehmer, denn er trägt weiterhin ein Unternehmerrisiko und er kann Unternehmerinitiative entfalten.[2]

Ein Gesellschafter wird dann nicht Mitunternehmer, wenn er minderjährig ist und der mit ihm verwandte Nießbraucher bevollmächtigt wird, die Gesellschafts- und Stimmrechte für ihn wahrzunehmen.[3]

Der Gesellschafter kann hingegen trotz Übertragung der Stimm- und Verwaltungsrechte zur Ausübung durch den Nießbraucher Mitunternehmerinitiative entfalten, wenn er vereinbarungsgemäß die Stimmrechte im Bereich der Grundlagengeschäfte mit der Einschränkung persönlich ausüben darf, dass er dabei jeweils die Zustimmung des Nießbrauchers einholen muss.[4]

801 Dem Nießbrauchsbesteller sind jedenfalls die Gewinne aus der Realisierung der stillen Reserven sowie die nicht entnahmefähigen Gewinne zuzurechnen.[5] Hinsichtlich der Zurechnung von Verlustanteilen ist die Meinung geteilt. Zum einen wird die Meinung vertreten, dass die Verlustanteile ausschließlich auf den Nießbrauchsbesteller entfallen, es sei denn, dass nach einer Vereinbarung zwischen Besteller und Nießbraucher dieser den Verlust im Innenverhältnis zu tragen hat.[6] Zum anderen wird die Meinung vertreten, dass Verlustanteile dem Nießbraucher zuzurechnen sind, soweit sie die Einlage übersteigen.[7]

1 Vgl. Schmidt/Wacker, EStG, § 15 Rz. 308.

2 BFH 1.3.1994, BStBl 1995 II S. 241; BFH 3.12.2015 – IV R 43/13, NWB XAAAF-68569 = BFH/NV 2016 S. 742; BFH 6.5.2015 – II R 34/13, BStBl 2015 II S. 821; BFH 19.7.2018 – IV R 10/17, NWB QAAAG-97089 = BFH/NV 2018 S. 1268.

3 BFH 10.12.2008, BStBl 2009 II S. 312; Leingärtner/Wendt, Besteuerung der Landwirte, Kap. 41 Rz. 82.

4 BFH 16.12.2009 – II R 44/08, NWB OAAAD-38559 = BFH/NV 2010 S. 690.

5 Leingärtner/Wendt, Besteuerung der Landwirte, Kap. 41 Rz. 82.

6 Leingärtner/Wendt, Besteuerung der Landwirte, Kap. 41 Rz. 82; Felsmann, Einkommensbesteuerung, Abschnitt A 5 Rz. 57.

7 Schmidt/Wacker, EStG, § 15 Rz. 311.

Für den Fall des Ertrags- bzw. Quotennießbrauchs ist nur der Nießbrauchsbesteller Mitunternehmer. Ihm ist der Gewinnanteil zuzurechnen, auch soweit er diesen dem Nießbraucher überlassen muss. Je nachdem, was die Bezüge beim Nießbraucher sind (vgl. Rz. 799) sind die Zahlungen des Nießbrauchsbestellers korrespondierend dazu entweder Sonderbetriebsausgaben, Sonderausgaben oder nicht abzugsfähige Aufwendungen.[1]

(Einstweilen frei) 802–804

3. Vererbung land- und forstwirtschaftlicher Betriebe

Literatur: *Spiegelberger,* Renaissance der vorweggenommenen Erbfolge, DStR 2004 S. 1105; *Hallerbach,* Ertragsteuerliche Behandlung der Erbengemeinschaft und ihrer Auseinandersetzung, StB 2006 S. 572; *Röhrig/Doege,* Ausgewählte Aspekte der ertragsteuerlichen Behandlung der Erbengemeinschaft und Erbauseinandersetzung – Zugleich Anmerkung zu den BMF-Schreiben vom 14.3.2006 und 30.3.2006, DStR 2006 S. 969; *Schoor,* Der neue Erlass zur Erbauseinandersetzung, INF 2006 S. 669 u. 708; *Schulze zur Wiesche,* Die ertragsteuerliche Behandlung der Erbengemeinschaft und ihre Auseinandersetzung, StBp 2006 S. 269; *Zimmermann,* Verbindlichkeiten als Anschaffungskosten bei der Erbauseinandersetzung?, DB 2006 S. 1392.

a) Rechtliche Besonderheiten der Erbfolge im Bereich der Land- und Forstwirtschaft

Für die Erbfolge in luf Vermögen gelten weitgehend (unterschiedliche) **landesrechtliche Vorschriften.** In den Bundesländern Hamburg, Nordrhein-Westfalen, Niedersachsen und Schleswig-Holstein fallen bestimmte Höfe unter die Höfeordnung (HöfeO). In anderen Bundesländern (Baden-Württemberg, Bremen, Hessen und Rheinland-Pfalz) gelten für bestimmte Höfe sog. Landesanerbengesetze. Weder HöfeO noch Landesanerbengesetze bestehen in Bayern, Berlin, Brandenburg, Mecklenburg-Vorpommern, Saarland, Sachsen, Sachsen-Anhalt und Thüringen. Soweit keine Sonderregelung eingreift, kann § 2049 BGB (Landgut) und das Zuweisungsverfahren nach §§ 13 bis 17 Grundstücksverkehrsgesetz von Bedeutung sein.[2] 805

Soweit die **HöfeO** zur Anwendung kommt, wird der Nachlass gespalten. Der Hof geht unmittelbar und sofort auf den Hoferben als Alleinerben über;[3] da-

1 Schmidt/Wacker, EStG, § 15 Rz. 308.

2 Vgl. BMF 14.3.2006, BStBl 2006 I S. 253, Tz. 75.

3 § 4 HöfeO.

neben wird für das hofesfreie Vermögen eine Erbengemeinschaft begründet.[1] Soweit eine Miterbengemeinschaft in Ansehnung des Hofes ausgeschlossen ist, erhalten die Miterben einen schuldrechtlichen Anspruch im Sinne gesetzlich angeordneter Vermächtnisse. Ein luf Betrieb wird[2] nicht zerschlagen, wenn die Hofstelle auf den Hoferben übergeht, aber der testamentarische Alleinerbe Stückländereien in beträchtlichem Umfang bewirtschaften kann.[3]

806 *(Einstweilen frei)*

b) Erbfall und Erbauseinandersetzung als selbständige Rechtsvorgänge für die steuerliche Beurteilung

807 Erbfall und Erbauseinandersetzung bilden keine rechtliche Einheit. Mit dem Eintritt des Erbfalls werden die Miterben **Mitunternehmer**. Veräußerung der Anteile an der Erbengemeinschaft bzw. Ausscheiden werden als **entgeltliche Vorgänge** wie bei Veräußerung von Gesellschaftsanteilen bzw. bei Ausscheiden aus der Gesellschaft angesehen.[4]

Der **Erbfall** selbst wird als privater **(außerbetrieblicher)** Vorgang gewertet.[5] Aufwendungen hierfür stellen keine Betriebsausgaben dar, z. B. Kosten für den Erbschein, auch wenn sich dieser auf BV bezieht.

808 **Kosten eines Testamentsvollstreckers**[6] sind Betriebsausgaben, wenn sie betrieblich veranlasst sind. Das ist nicht der Fall, wenn sich die Testamentsvollstreckung in der Inbesitznahme des Nachlasses, der Errichtung eines Inventarverzeichnisses, der Feststellung und Begleichung der Nachlassverbindlichkeiten und der Verteilung des Reinnachlasses unter die Erben erschöpft.[7]

Verwaltet der Testamentsvollstrecker hingegen den luf Betrieb (oder auch den Anteil an einer PersGes), dann tritt die private Veranlassung durch den Erbfall gegenüber der verwalteten Tätigkeit (eine der Geschäftsführung vergleichbare Tätigkeit) zurück. In diesem Falle liegen Betriebsausgaben vor.[8]

1 Vgl. BGH 7.10.1958, BGHZ 28, S. 194; vgl. auch BMF 14.3.2006, BStBl 2006 I S. 253, Tz. 77.
2 BFH 18.3.1999 – IV R 65/98, BStBl 1999 II S. 398.
3 Vgl. Anm. Kanzler, FR 1999 S. 814.
4 BMF 14.3.2006, BStBl 2006 I S. 253, Tz. 14 ff.
5 BFH 17.4.1985, BStBl 1985 II S. 510; BFH 28.4.1989, BStBl 1989 II S. 618; BFH 17.6.1999, BStBl 1999 II S. 600.
6 §§ 2197 ff. BGB.
7 BFH 1.6.1978, BStBl 1978 II S. 499; BFH 8.11.2017, BStBl 2018 II S. 191.
8 BFH 1.6.1978, BStBl 1978 II S. 499; BFH 8.11.2017, BStBl 2018 II S. 191.

c) Übergang eines land- und forstwirtschaftlichen Betriebs auf den Alleinerben bzw. im Wege der Sonderrechtsnachfolge

Es ergeben sich folgende Auswirkungen: 809

- Der Erbe bzw. Sonderrechtsnachfolger hat gem. § 6 Abs. 3 EStG die Buchwerte des Erblassers fortzuführen;[1]
- der Erbe tritt gem. § 141 Abs. 3 AO in eine evtl. bestehende Buchführungspflicht des Erblassers ein (vgl. näher Rz. 221);
- im Jahr des Erbfalls sind für den Erblasser und für den Erben Rumpfwirtschaftsjahre zu bilden (vgl. näher Rz. 187).

Wegen der Abfindung von Vermächtnissen und Pflichtteilsansprüchen vgl. Rz. 831 ff.

d) Steuerliche Behandlung der Sonderrechtsnachfolge

Die steuerliche Beurteilung geht in Übereinstimmung mit der zivilrechtlichen Rechtsprechung davon aus, dass § 4 HöfeO keine Erbengemeinschaft begründet,[2] so dass die weichenden Erben die Abfindung nach § 12 HöfeO nicht für eine Erbquote am Hof als Entgelt für deren Aufgabe erhalten. Das Gleiche gilt für eine Nachabfindung nach § 13 HöfeO. Diese Grundsätze gelten auch für die übrigen Landes-Höfegesetze. 810

Land- und forstwirtschaftliches Vermögen, das nicht an der Sonderrechtsnachfolge teilnimmt (sog. hofesfreies Vermögen), ist der Erbengemeinschaft zuzurechnen. Soweit diese WG nicht anteilig dem Hoferben zuzurechnen sind, liegt eine Entnahme durch den Erblasser vor.[3]

Nehmen WG des Privatvermögens an der Sonderrechtsnachfolge teil (z. B. die Wohnung des Betriebsinhabers), findet insoweit ein unentgeltlicher Erwerb vom Erblasser statt, so dass Abfindungen nicht zu Anschaffungskosten führen.[4]

1 § 6 Abs. 3 EStG.
2 Vgl. BFH 26.3.1987, BStBl 1987 II S. 561.
3 BMF 14.3.2006, BStBl 2006 I S. 253, Tz. 78.
4 BMF 14.3.2006, BStBl 2006 I S. 253, Tz. 79.

e) Übergang eines land- und forstwirtschaftlichen Betriebs auf eine Erbengemeinschaft – Die Erbengemeinschaft als Mitunternehmerschaft – Zurechnung der Einkünfte

811 Der Nachlass geht, soweit nicht eine Sonderrechtsnachfolge hinsichtlich des Hofes eintritt, auf die Erben über. Sie bilden als Erbengemeinschaft eine Gesamthandsgemeinschaft.[1] Die Erben sind nicht gehalten, die Erbengemeinschaft auseinanderzusetzen. Die Erbengemeinschaft kann beliebig lange bestehen; eine stillschweigende Umwandlung in eine Gesellschaft findet nicht statt.

Die Erben werden hinsichtlich des luf Betriebs zu Mitunternehmern.[2] Auf die Dauer des Bestehens der Erbengemeinschaft kommt es dabei nicht an. Auch wenn die Erben sich alsbald nach dem Anfall der Erbschaft hinsichtlich des luf Betriebs auseinandersetzen, bleiben sie für diesen Zeitraum Mitunternehmer und beziehen Einkünfte aus LuF. Gehört zum Nachlass auch ein Gewerbebetrieb, findet § 15 Abs. 3 Nr. 1 EStG (sog. Abfärberegelung) keine Anwendung,[3] weil der Erbfall die Selbständigkeit der Betriebe unberührt lässt.

812 Die Erben werden auch dann Mitunternehmer, wenn der Erblasser durch eine **Teilungsanordnung**[4] nur einen bestimmten Erben zum Betriebsnachfolger bestimmt hat. Die nur schuldrechtlich wirkende Anordnung[5] lässt den Vermögensanfall an alle Erben in Gesamthandsgemeinschaft unberührt. Verhalten sich die Miterben tatsächlich bereits vor der Auseinandersetzung entsprechend der Teilungsanordnung (dem das Unternehmen fortführenden Miterben werden die Einkünfte zugeordnet), so ist eine rückwirkende Zurechnung der laufenden Einkünfte auch über einen längeren Zeitraum vorzunehmen. Bei einer späteren Auseinandersetzung ist der Vorgang so zu behandeln, als ob sich die Erbengemeinschaft unmittelbar nach dem Erbfall auseinandergesetzt hätte (Durchgangserwerb der Erbengemeinschaft).[6] Setzen sich die Erben einverständlich über die Teilungsanordnung hinweg, ist die tatsächliche Auseinandersetzung maßgebend.[7] Zur Abgrenzung der Teilungsanordnung vom Vorausvermächtnis vgl. BMF vom 14.3.2006.[8] Mitunternehmer wird auch der **Veräußerer eines Anteils am Nachlass.**

1 § 2032 Abs. 1 BGB.
2 Im Sinne von § 15 Abs. 1 Satz 1 Nr. 2 EStG.
3 BMF 14.3.2006, BStBl 2006 I S. 253, Tz. 4.
4 § 2048 BGB.
5 Palandt/Weidlich, BGB, 75. Aufl., Rz. 4 zu § 2048 BGB.
6 BMF 14.3.2006, BStBl 2006 I S. 253, Tz. 8.
7 BMF 14.3.2006, BStBl 2006 I S. 253, Tz. 67.
8 BStBl 2006 I S. 253, Tz. 68.

Die Mitunternehmerstellung der Miterben hat zur Folge, dass die Einkünfte aus dem luf Betrieb den Miterben ab dem Erbfall zuzurechnen sind. Die **Zurechnung** erfolgt **im Verhältnis ihrer Erbquote** (zu der sie auch am Vermögen beteiligt sind).[1] Die Zurechnung der Einkünfte endet mit der Auseinandersetzung über den Nachlass, die auch eine Teilauseinandersetzung allein für den luf Betrieb sein kann.

Setzen sich die Erben in der Weise auseinander, dass einer oder mehrere von 813
ihnen den luf Betrieb rückwirkend (zum Erbfall) übernehmen, so wird dadurch der dingliche Anfall (die Erbengemeinschaft wird Eigentümerin) nicht beseitigt; schuldrechtlich sind solche Vereinbarungen zulässig; steuerrechtlich wird die Rückwirkung auf den Zeitpunkt des Erbfalls (nicht auf einen anderen Zeitpunkt zwischen Erbfall und Auseinandersetzung, was zivilrechtlich durchaus gestattet wäre) mit der Folge anerkannt, dass auch die luf Einkünfte entsprechend der Vereinbarung zugerechnet werden, wenn die **Rückwirkung** nicht mehr als sechs Monate beträgt. Die Frist beginnt mit dem Erbfall.[2] Innerhalb dieser Frist muss eine klare und rechtlich bindende Vereinbarung (Formbedürftigkeit[3] der Auseinandersetzung, da Grundstücke veräußert werden) über die Auseinandersetzung und ihre Modalitäten vorliegen und diese Vereinbarung auch tatsächlich durchgeführt werden. Lediglich die Wertfindung (z. B. wenn ein Gutachten zur Wertermittlung erforderlich ist) kann außerhalb der Frist erfolgen.[4] Die Vollziehung einer Teilungsanordnung kann auch außerhalb der Sechs-Monatsfrist erfolgen.[5] In diesem Falle wird für die Erbengemeinschaft lediglich ein Durchgangserwerb angenommen.

f) Übertragung von Miterbenanteilen

Der Miterbe kann zwar über seinen Anteil am Nachlass verfügen;[6] die Verfü- 814
gung über seinen Anteil an den einzelnen Nachlassgegenständen ist ihm jedoch versagt.[7] Will der Miterbe über seinen Mitunternehmeranteil verfügen, kann er das nur durch **Abtretung seines Anteils am Nachlass.** Zulässig ist die Verfügung

1 Vgl. § 2038 Abs. 2 BGB; vgl. BMF 14.3.2006, BStBl 2006 I S. 253, Tz. 3.
2 Vgl. BMF 14.3.2006, BStBl 2006 I S. 253, Tz. 8.
3 Vgl. § 311b BGB.
4 BMF 14.3.2006, BStBl 2006 I S. 253, Tz. 9.
5 Vgl. BMF 14.3.2006, BStBl 2006 I S. 253, Tz. 8.
6 § 2033 Abs. 1 BGB.
7 § 2033 Abs. 2 BGB.

über einen Bruchteil des Erbteils. Dieser Teil erstreckt sich aber auf den gesamten Nachlass.[1]

Die Übertragung von Erbteilen kann sowohl an Miterben als auch an dritte Personen erfolgen. Bei Übertragung sämtlicher Anteile an einen Miterben vereinigt sich die Erbschaft in seiner Hand **(Anwachsung)**.[2]

Überträgt der Miterbe seinen Anteil an die übrigen Mitglieder der Erbengemeinschaft, wächst dieser Anteil den Miterben zur gesamten Hand zu.[3]

815 Steuerlich gesehen steht die Übertragung eines Erbteils (in Ansehnung der Beteiligung am Unternehmen) der **Übertragung eines Gesellschaftsanteils** gleich. Es macht dabei keinen Unterschied, ob die Übertragung auf einen Miterben oder auf einen Dritten vorgenommen wird.[4] Anschaffungskosten des Erwerbers und Veräußerungsgewinn des übertragenden Erben sind wie bei der Übertragung eines Gesellschaftsanteils zu errechnen. Das Kapitalkonto des Erblassers ist entsprechend der Erbquote auf die Miterben aufzuteilen. Da der Erbteil übertragen wird, bezieht sich die Gegenleistung hierauf. Sind neben dem Unternehmen andere Nachlassgegenstände vorhanden, ist eine Aufteilung nach dem Wertverhältnis vorzunehmen.

816 Das **Ausscheiden eines Erben gegen eine Abfindung** aus der Erbengemeinschaft ist wie das Ausscheiden aus einer Gesellschaft zu beurteilen (Anschaffungskosten für die verbleibenden Miterben, Veräußerungsgewinn für den ausscheidenden Erben). Bei **Abfindung in Sachwerten** kann sich für die verbleibenden Miterben im Hinblick auf ihren Anteil an den stillen Reserven der hingegebenen WG ein Gewinn ergeben. Gelangt die Sachwertabfindung beim ausscheidenden Miterben in ein Betriebsvermögen, hat der Miterbe die Buchwerte der Erbengemeinschaft fortzuführen.[5]

g) Auseinandersetzung der Erbengemeinschaft

817 Zur Auseinandersetzung einer Erbengemeinschaft allgemein vgl. BMF 14.3.2006 und 27.12.2018.[6]

1 Palandt/Weidlich, BGB, 75. Aufl., Rz. 1 f. zu § 2033 BGB.
2 Palandt/Weidlich, BGB, 75. Aufl., Rz. 4 zu § 2033 BGB.
3 Palandt/Weidlich, BGB, 75. Aufl., Rz. 1 und 4 zu § 2033 BGB.
4 BFH 5.7.1990, BStBl 1990 II S. 837.
5 BMF 27.12.2018, BStBl 2019 I S. 11.
6 BStBl 2006 I S. 253 und BStBl 2019 I S. 11.

aa) Fortsetzung durch eine Personengesellschaft

Die Umwandlung des Unternehmens in eine Personengesellschaft **(Teilauseinandersetzung)** ist möglich, bedarf aber des Abschlusses eines gesonderten Gesellschaftsvertrags. Eine stillschweigende Umwandlung ist ausgeschlossen. Die Gegenstände des Unternehmens der Erbengemeinschaft müssen auf diese gesonderte Gesamthandsgemeinschaft übertragen werden. Besonders augenfällig ist dies bei Grundstücken.[1] Die Personengesellschaft wird zu einem eigenständigen Unternehmensträger.[2] 818

Besteht die Erbengemeinschaft nur (noch) aus dem Unternehmen (wenn sich die Erben hinsichtlich des übrigen Vermögens bereits auseinandergesetzt haben oder wenn der Nachlass von Anfang nur aus dem Unternehmen bestand), können sie durch Einbringung ihrer Erbteile nach § 2033 BGB in die Gesellschaft die Erbengemeinschaft zum Erlöschen bringen.[3] Es ist jedoch nicht möglich, die Erbengemeinschaft ohne eine solche Vermögensübertragung durch formwechselnde Umwandlung in eine Personengesellschaft übergehen zu lassen.[4] 819

bb) Auseinandersetzung nach den gesetzlichen Vorschriften

Die Auseinandersetzung vollzieht sich nach §§ 2046 ff. BGB, ergänzt durch die Vorschriften über die **Auflösung der Gemeinschaft**.[5] 820

Kommt es zur Auseinandersetzung, sind zunächst die **Nachlassverbindlichkeiten** zu berücksichtigen,[6] insbesondere auch Verbindlichkeiten aus Pflichtteilen, Vermächtnissen und Auflagen. Soweit mangels flüssiger Mittel Gegenstände aus dem BV veräußert werden, sind Gewinne den Miterben zuzurechnen. Wird auf diesem Wege ein **Sachvermächtnis** erfüllt, ist die Entnahme gesamthänderisch den Miterben zuzurechnen.[7] Das nach Berichtigung der Verbindlichkeiten verbleibende Vermögen ist nach dem **Verhältnis der Erbteile aufzuteilen**.[8]

---

1 Vgl. § 873 BGB.

2 BGH 8.10.1984, BGHZ 1992 S. 259; BFH 9.7.1987, BStBl 1988 II S. 245.

3 BFH 9.7.1987, BStBl 1988 II S. 245.

4 BFH 9.7.1987, BStBl 1988 II S. 245; vgl. auch BGH 8.10.1984, BGHZ 1992 S. 259; jedoch str., vgl. Damrau, NJW 1985 S. 2236.

5 § 2042 Abs. 2 BGB, §§ 752 ff. BGB.

6 § 2046 Abs. 1 BGB.

7 BFH 5.7.1990, BStBl 1990 II S. 837.

8 § 2047 Abs. 1 BGB.

Bei der Verteilung des BV kann es sich um eine **Betriebsaufgabe** i. S. des § 16 Abs. 3 EStG handeln, soweit nicht eine Realteilung anzunehmen ist.[1] Der Gewinn ist den Erben im Verhältnis ihrer Erbteile zuzurechnen.

cc) Vertragliche Auseinandersetzung

821 Die Auseinandersetzung in der gesetzlichen Form entspricht vielfach weder den Interessen der beteiligten Erben noch den wirtschaftlichen Erfordernissen. Die Auseinandersetzung kann durch Vertrag z. B. in der Weise erfolgen, dass

- das vorhandene BV **unter die Erben verteilt** wird. Mit der Übertragung des Vermögens genügt die Erbengemeinschaft dem erbrechtlichen Auseinandersetzungsanspruch der Miterben; er wird durch die Auseinandersetzungsvereinbarung konstituiert.[2]
  Einkommensteuerrechtlich entspricht eine solche Auseinandersetzung ohne Betriebsfortführung der **Liquidation** einer Personengesellschaft. Durch die Verteilung des Vermögens (Entnahme) entsteht ein Aufgabegewinn, soweit nicht eine Realteilung i. S. von § 16 Abs. 3 Satz 2 bis 4 EStG in Betracht kommt. Ein etwaiger Entnahmegewinn ist allen Miterben zuzurechnen, es sei denn, dass der Gewinn nach den von den Miterben schriftlich getroffenen Vereinbarungen über die Erbauseinandersetzung dem entnehmenden Miterben zuzurechnen ist.[3]
  Erlangt ein Miterbe mehr an Vermögen als seinem Erbteil entspricht, muss er für die benachteiligten Erben eine **Abfindung** leisten. Für den übernehmenden Erben stellen die Leistungen **Anschaffungskosten**, für den berechtigten Miterben ein einem Veräußerungserlös gleich zu behandelndes **Entgelt** dar.
- die Erbengemeinschaft den Betrieb **auf einen Miterben überträgt** und dieser die **weichenden Miterben abfindet.** Es ergeben sich die gleichen Folgen wie bei der Übertragung der Erbteile an einen Miterben gegen Gewährung einer Abfindung: Anschaffungskosten für den erwerbenden Miterben, Veräußerungsgewinn für den abgefundenen Miterben.
- eine **Teilauseinandersetzung hinsichtlich einzelner Vermögensgegenstände** erfolgt (z. B. wenn einzelne zu Bauland gewordene Grundstücke aus dem BV entnommen und veräußert werden und der Erlös auf die Miterben verteilt

1 BMF 14.3.2006, BStBl 2006 I S. 253, Tz. 11 und BMF 27.12.2018, BStBl 2019 I S. 11.

2 BGH 31.10.1962, BGHZ 38 S. 187.

3 BMF 14.3.2006, BStBl 2006 I S. 253, Tz. 12.

wird). Es entsteht ein **laufender Gewinn,** der allen Miterben entsprechend ihrer Erbquote zugerechnet wird, wenn es durch die Veräußerung nicht zu einer zwingenden Betriebsaufgabe (Veräußerung wesentlicher Betriebsgrundlagen) kommt.

Probleme ergeben sich, wenn ein WG einem Miterben zu Lasten seiner Beteiligung am Restnachlass zugewiesen und von diesem in das Privatvermögen übernommen wird. Der BFH[1] hat es offen gelassen, ob der Entnahmegewinn allen Miterben oder nur dem empfangenden Miterben zuzurechnen ist. Die Verwaltung rechnet den Entnahmegewinn dem Gesamtgewinn der Mitunternehmerschaft zu, es sei denn, es wurde eine abweichende Vereinbarung von den Miterben getroffen.[2]

Davon zu unterscheiden ist der Fall, dass der übernehmende Erbe **Ausgleichszahlungen an die Erbengemeinschaft** oder die übrigen Miterben leistet: Hier handelt es sich um einen Veräußerungs- und Anschaffungsvorgang mit den üblichen Folgen auf Anschaffungskosten und Veräußerungsgewinn.

- die Grundstücke versteigert werden. Für einen mitbietenden Erben entstehen insoweit AK, als sein Bargebot den ihm zustehenden Anteil am Versteigerungserlös aller Grundstücke übersteigt.[3]

dd) Auseinandersetzung bei Vorhandensein von Betriebsvermögen und sonstigem Vermögen

Gehört zum Nachlass sowohl BV als auch außerbetriebliches Vermögen, so ist 822
für steuerliche Belange von Bedeutung, dass das Vermögen der Erbengemeinschaft nicht insgesamt zum BV wird. Die verschiedenen Vermögensarten bleiben auch bei der Erbengemeinschaft bestehen.

Daraus ergibt sich Folgendes:

- Bei einer **Erbteilsübertragung** ist der Vorgang beiden Bereichen zuzuteilen.
- Bei einer **Auseinandersetzung** ohne Abfindungszahlungen (Vermögensverteilung) kommt es in beiden Bereichen nicht zu Anschaffungskosten und Veräußerungsgeschäften. Die Erbquote des Miterben kann sowohl mit BV als auch mit Privatvermögen ausgefüllt werden. Der Miterbe führt grds. die Buchwerte im erhaltenen BV und die Steuerwerte im erhaltenen Privatver-

1 BFH 5.7.1990, BStBl 1990 II S. 837.

2 BMF 14.3.2006, a. a. O., Tz. 57.

3 BFH 29.4.1992, BStBl 1992 II S. 727.

mögen[1] fort. Bei der Überführung von BV in Privatvermögen kann es nach allgemeinen Grundsätzen zu einer Entnahme (Aufdeckung der stillen Reserven) kommen.

- Übernimmt der Miterbe im Zuge der Auseinandersetzung **Verbindlichkeiten der Erbengemeinschaft,** so hängt die Frage der steuerlichen Auswirkung davon ab, mit welchem Vermögen sie in Zusammenhang stehen und wie dieses Vermögen beim Erben verwendet wird. So kann z. B. Privatvermögen der Erbengemeinschaft zu BV beim Miterben und die damit zusammenhängenden Verbindlichkeiten Betriebsschulden werden.[2]

  Übernimmt ein Miterbe im Zuge der Auseinandersetzung Verbindlichkeiten, so bilden diese nach Auffassung des BFH[3] insoweit AK der von ihm übernommenen Nachlassgegenstände, als sie seinen Anteil am Nachlass übersteigen. Dieses Urteil ist über den entschiedenen Einzelfall hinaus nicht anzuwenden. Nach Ansicht des BMF[4] verstößt die Entscheidung gegen die vom GrS in seinem Beschluss vom 5.7.1990[5] aufgestellten Grundsätze, wonach die Erfüllung eines erbrechtlichen Auseinandersetzungsanspruchs auch dann zu einem Erwerb ohne Gegenleistung führt, wenn die wertmäßige Angleichung des zugewiesenen Vermögens durch eine überquotale Übernahme von Verbindlichkeiten der Erbengemeinschaft bewirkt wird. Nur soweit der (Saldo-)Wert des Erlangten den Wert des Erbanteils übersteige und hierfür Abfindungen zu zahlen seien, liege ein entgeltlicher Vorgang vor.

ee) Anschaffungskosten – Veräußerungsgewinn

823 Für Anschaffungs- und Veräußerungsgeschäfte hinsichtlich des Nachlasses ist nicht von Bedeutung, aus welchen Mitteln der erwerbende Erbe das Entgelt entrichtet (z. B. durch Verwertung oder Belastung des Nachlasses). Es besteht insoweit grds. kein Unterschied zu einer Personengesellschaft. Auch Mittel aus dem Privatvermögen führen zu Anschaffungskosten; sie erhöhen auch den Veräußerungsgewinn des ausscheidenden Miterben.

---

1 BFH 5.7.1990, BStBl 1990 II S. 837.

2 BFH 6.2.1987, BStBl 1987 II S. 423; BFH 5.7.1990, BStBl 1990 II S. 837; BMF 14.3.2006, BStBl 2006 I S. 253, Tz. 34.

3 BFH 12.12.2004, BStBl 2006 II S. 296.

4 BMF 30.3.2006, BStBl 2006 I S. 306; so auch BFH 19.12.2006, BStBl 2008 II S. 216; BMF 14.3.2006, a. a. O., Tz. 18 und 23 ff.

5 BStBl 1990 II S. 837.

ff) Erbvergleich

Wie ein Erbe (im Hinblick auf eine Erbauseinandersetzung) wird ein angeblicher Miterbe behandelt, der im Wege eines Erbvergleichs Ausgleichszahlungen erhält.[1] Begründet wird dies vom BFH damit, dass ein Miterbe bei Ausscheiden aus der Erbengemeinschaft den dabei erzielten Gewinn versteuern müsse; es sei kein Grund ersichtlich, einen aus einer behaupteten Erbengemeinschaft Ausscheidenden besser zu behandeln. Einem Erben steht auch derjenige gleich, der als das Testament anfechtender Erbprätendent, der zugleich als Pflichtteilsberechtigter in Betracht kommt, zur Vermeidung weiterer Streitigkeiten WG aus dem Nachlass erhält.[2] 824

h) Vererbung von Anteilen an einer Personengesellschaft

Der Erbfall in Ansehung eines Anteils an einer PersGes zieht bürgerlich-rechtlich erhebliche Probleme nach sich, die auch steuerlich von Bedeutung sind. 825

aa) Zivil- und handelsrechtliche Vorfragen

Im Allgemeinen wird es sich um eine **BGB-Gesellschaft** handeln. Eine KG kommt bei einem Betrieb der LuF nur unter den Voraussetzungen des § 3 HGB in Betracht. Der Unternehmer ist bei Vorliegen der Voraussetzungen des § 3 HGB (Kannkaufmann) berechtigt, aber nicht verpflichtet, die Eintragung in das Handelsregister herbeizuführen.[3] Nur bei Eintragung liegt eine Handelsgesellschaft vor. Dieser Fall wird in der weiteren Darstellung nicht behandelt, da er nahezu keine praktische Bedeutung hat. 826

Eine BGB-Gesellschaft wird mit dem Tode eines Gesellschafters aufgelöst, sofern sich aus dem Gesellschaftsvertrag nicht etwas anderes ergibt.[4] Bei Auflösung tritt der Erbe in die Liquidationsgesellschaft ein. Die Gesellschafter einschließlich der Erben können die Fortsetzung der Gesellschaft beschließen.

Der Gesellschaftsvertrag kann bestimmen, dass die Gesellschaft von den übrigen Gesellschaftern (also ohne die Erben) fortgeführt wird.[5] Der verstorbene Gesellschafter ist mit dem Tode aus der Gesellschaft ausgeschieden; sein Anteil

1 BFH 14.3.1996, BStBl 1996 II S. 310.
2 BFH 13.2.1997, BStBl 1997 II S. 535.
3 § 3 Abs. 2 HGB.
4 § 727 Abs. 1 BGB.
5 § 736 BGB.

wächst den anderen Gesellschaftern zu.[1] Der Abfindungsanspruch[2] steht den Erben zu, die aber selbst nicht Gesellschafter geworden sind.[3] Der Abfindungsanspruch kann unter bestimmten Voraussetzungen ausgeschlossen werden.[4]

827 Für die **Fortführung der Gesellschaft mit den Erben** ist zu beachten, dass die Gesellschafterstellung nicht übertragbar und daher nicht vererblich ist.[5] Der Gesellschaftsvertrag kann die Übertragung gestatten. Ob der Gesellschaftsanteil vererblich ist, ist eine gesellschaftsrechtliche Frage und daher im Gesellschaftsvertrag zu regeln. Wer Erbe wird, kann andererseits nur durch letztwillige Verfügung bestimmt werden, nicht durch eine Regelung im Gesellschaftsvertrag.

Ist nur ein Erbe vorhanden, tritt dieser in die Gesellschaft ein. Sind mehrere Erben vorhanden, die eine Erbengemeinschaft bilden, treten insoweit Schwierigkeiten auf, als die Erbengemeinschaft als solche nicht Gesellschafter werden kann. Der BGH[6] nimmt deshalb an, dass – unter Zurückdrängung erbrechtlicher Gesichtspunkte – hinsichtlich des Gesellschaftsanteils eine Sonderrechtsnachfolge eintritt, der zufolge die Miterben den Gesellschaftsanteil entsprechend ihrer Erbquote am Nachlass unmittelbar geteilt erwerben und mit dem Tode des Erblassers Gesellschafter werden. War z. B. A mit 50 % an der Gesellschaft beteiligt und setzt er seine beiden Kinder C und D zu gleichen Teilen als Erben ein, so werden diese mit je 25 % Gesellschafter.

Sind mehrere Erben vorhanden, kann aber nach dem Gesellschaftsvertrag nur ein Erbe Gesellschafter werden (sog. qualifizierte Nachfolgeklausel), so erwirbt der als Gesellschafter vorgesehene Erbe den Gesellschaftsanteil unmittelbar und im Ganzen. Die Erbquote behält ihre Bedeutung als Grundlage eines Wertausgleichs zwischen den Miterben.[7]

828 Soll die Gesellschaft mit einem Dritten (Nichterben) fortgesetzt werden, so kann dies nur durch Gewährung eines Eintrittsrechts geschehen. Bei der **Eintrittsklausel** im Gesellschaftsvertrag handelt es sich um einen Vertrag zuguns-

1 § 738 Abs. 1 BGB.

2 § 738 Abs. 1 Satz 2 BGB.

3 BGH 22.11.1956, BGHZ 22 S. 186.

4 BGH 22.11.1956, BGHZ 22 S. 186.

5 § 717 BGB.

6 BGH 22.11.1956, BGHZ 22 S. 186; BGH 10.2.1977, DB 1977 S. 1129; BGH 29.9.1977, DB 1977 S. 2318.

7 BGH 10.2.1977, DB 1977 S. 1129.

ten Dritter,[1] durch den der Begünstigte einen Anspruch gegen die übrigen Gesellschafter auf Aufnahme in die Gesellschaft erwirbt.[2]

Zu vermeiden ist eine Gestaltung, durch die zwar ein Eintrittsrecht begründet wird, das Abfindungsguthaben aber den Erben zusteht. Ist der eintrittsberechtigte Dritte nicht in der Lage – das Eintrittsrecht steht dem Dritten im Zweifel nur zu, wenn er eine Einlage leistet, die dem Abfindungsguthaben der Erben entspricht[3] –, den Gesellschaftsbeitrag zu leisten, führt die Abfindung der Erben zu einer Schwächung der Finanzkraft der Gesellschaft. Am zweckmäßigsten erscheint die (Mit-)Einsetzung als Erben und (soweit wirtschaftlich vertretbar) die Zuwendung des Gesellschaftsanteils als Vorausvermächtnis. In jedem Falle bleibt der Ausgleich der Erben auf diese beschränkt; die Gesellschaft wird davon nicht betroffen.[4]

bb) Steuerliche Beurteilung

Bei Auflösung der Gesellschaft wird der in die Liquidationsgesellschaft eintre- 829
tende Erbe Mitunternehmer.[5]

Wird die Fortsetzung der in Liquidation befindlichen Gesellschaft beschlossen und **scheiden die Erben unter Abfindung aus,** dann ist ihnen bis zum Zeitpunkt des Ausscheidens ein Anteil am laufenden Gewinn und der Veräußerungsgewinn zuzurechnen.[6]

Ist der **Erblasser** mit dem Tode aus der Gesellschaft **ausgeschieden** (die Gesellschaft wird nicht mit den Erben fortgesetzt), geht der Abfindungsanspruch auf die Erben über; im steuerlichen Sinne ist er jedoch in der Person des Erblassers entstanden, so dass dieser – ohne Rücksicht auf den Zeitpunkt der Zahlung an die Erben – einen steuerlichen Veräußerungsgewinn zu versteuern hat.[7]

Erben, die unmittelbar Gesellschafter werden, erlangen damit auch die Mitunternehmerstellung.[8] Die Auseinandersetzung der Gesellschafter-Erben erfolgt nach den Regeln, die für die Auseinandersetzung von Gesellschaftern gelten.

1 § 328 BGB.
2 Vgl. Karsten Schmidt, Gesellschaftsrecht, 4. Aufl., S. 1346 f.
3 Vgl. Karsten Schmidt, Gesellschaftsrecht, 4. Aufl., S. 1347.
4 Vgl. Karsten Schmidt, Gesellschaftsrecht, 4. Aufl., S. 1347.
5 BFH 12.1.1978, BStBl 1978 II S. 333; BFH 5.7.1990, BStBl 1990 II S. 837.
6 Vgl. BFH 21.12.1965, BStBl 1966 III S. 195.
7 BFH 26.7.1963, BStBl 1963 III S. 481; BFH 21.12.1965, BStBl 1966 III S. 195.
8 BFH 5.7.1990, BStBl 1990 II S. 837.

i) Erbfallschulden

aa) Erbfallschulden als notwendige Privatschulden

830 Erbfallschulden[1] sind grds. notwendige Privatschulden, und zwar auch dann, wenn sie durch BV im Nachlass veranlasst sind.[2] Zahlungen zur Abgeltung von Pflichtteilsansprüchen sind steuerlich auch dann nicht absetzbar, wenn sie aus laufenden BE erfolgen.[3]

bb) Vermächtnis

(1) Betrieb als Gegenstand eines Sachvermächtnisses

831 Besteht das Vermächtnis in der Überlassung eines ganzen Betriebs, geht der Betrieb zunächst auf die Erben über. Das gilt auch einkommensteuerlich.[4] Bei Erfüllung des Vermächtnisses (Übertragung des Betriebs) tritt jedoch keine Gewinnrealisierung ein, da der Betrieb unentgeltlich auf den Vermächtnisnehmer übergeht.[5]

Der Vermächtnisnehmer wird erst mit Erfüllung des Vermächtnisses Unternehmer; die ab Erbfall bis zum Zeitpunkt der Übertragung erzielten Einkünfte sind dem oder den Erben zuzurechnen. In Ausnahmefällen kann es anders sein – z. B. wenn sich der Vermächtnisnehmer schon ab Erbfall als Unternehmer betätigt hat.[6]

---

1 Vermächtnisse, Untervermächtnisse, Pflichtteilsansprüche, Abfindungsansprüche nach der HöfeO – sie sind als schuldrechtliche Abfindungsansprüche in Geld [§§ 12, 13 HöfeO] gegen den Hoferben als auf Gesetz beruhende Vermächtnisse anzusehen, vgl. BGH 7.10.1958, BGHZ 28 S. 195 – oder Abfindungen bei qualifizierter Nachfolgeklausel oder Eintrittsklausel.

2 BFH 2.3.1993, BStBl 1994 II S. 619; BFH 27.7.1993, BStBl 1994 II S. 625; BFH 2.3.1995, BStBl 1995 II S. 413; Zustimmung im Schrifttum, vgl. Schmidt/Wacker, EStG, § 16 Rz. 593.

3 BFH 2.3.1995, BStBl 1995 II S. 413.

4 BFH 21.10.1993, BFH/NV 1994 S. 788; BFH 16.5.1995, BStBl 1995 II S. 714.

5 § 6 Abs. 3 EStG; vgl. BFH 7.12.1990, BStBl 1991 II S. 350; BFH 12.3.1992, BStBl 1993 II S. 36; BFH 16.5.1995, BStBl 1995 II S. 714; Schmidt/Wacker, EStG, § 16 Rz. 27; BMF 14.3.2006, BStBl 2006 I S. 253, Tz. 61.

6 Vgl. BFH 24.9.1991, BStBl 1992 II S. 330; BMF 14.3.2006, BStBl 2006 I S. 253, Tz. 61; Schmidt/Wacker, EStG, § 16 Rz. 28; str. a. A. Märkle, DStR 1993 S. 506; Groh, DB 1992 S. 1312; Tiedke, ZEV 2007 S. 349: Der Vermächtnisnehmer ist bereits ab Erbfall Unternehmer, weil ihm die Früchte nach § 2184 BGB gehören.

(2) Vermächtnisnießbrauch an Gegenständen des Betriebsvermögens

Die Bestellung des Nießbrauchs führt nicht zu einer Entnahme des belasteten Gegenstands aus dem BV. 832

Dem Nießbraucher steht keine AfA-Befugnis zu.[1]

(3) Sachvermächtnis in Gegenständen des Betriebsvermögens

Besteht das Vermächtnis in der Zuwendung einzelner Gegenstände des BV, so hat das zunächst auf den Anfall des Nachlasses an die Erben keine Auswirkung.[2] Die Erfüllung des Sachvermächtnisses stellt daher eine **Entnahme des Erben** dar, dem auch der hierbei entstehende Gewinn zuzurechnen ist.[3] 833

In der Regel liegt ein entgeltlicher Erwerb vor, wenn der Vermächtnisnehmer für den Erwerb des vermachten Gegenstandes eine Gegenleistung erbringen muss, deren Wert die Zuwendung annähernd ausgleicht. Das gilt auch für den Fall, dass der Empfänger der Gegenleistung ein Dritter ist.[4]

Ein **Entnahmegewinn** entsteht auch, wenn das Wirtschaftsgut in das BV des Vermächtnisnehmers überführt wird, da es sich um das BV unterschiedlicher Personen handelt.[5]

Eine andere Beurteilung gilt bei einem **Vorausvermächtnis** (Vermächtnis an einen Erben).[6] Das Vermächtnis zugunsten eines Miterben bedeutet Überführung von einem BV, an dem der Vermächtnisnehmer beteiligt ist, in ein BV des Vermächtnisnehmers. Die Buchwerte sind fortzuführen.[7]

1 BFH 28.9.1993, BStBl 1994 II S. 319, BFH 28.9.1995, BStBl 1996 II S. 440; Schmidt/Kulosa, EStG, § 13 Rz. 156.

2 BFH 7.12.1990, BStBl 1991 II S. 350; BFH 24.9.1991, BStBl 1992 II S. 330; BFH 17.10.1991, BStBl 1992 II S. 392.

3 BFH 21.10.1993, BStBl 1994 II S. 385; BMF 14.3.2006, BStBl 2006 I S. 253, Tz. 60.

4 BFH 13.11.2002 – I 110/00, NWB UAAAA-70016 = BFH/NV 2003 S. 820.

5 BMF 14.3.2006, BStBl 2006 I S. 253, Tz. 60; so auch Schmidt/Wacker, EStG, § 16 Rz. 597.

6 § 2150 BGB.

7 § 6 Abs. 5 Satz 3 Nr. 1 EStG; BMF 14.3.2006, BStBl 2006 I S. 253, Tz. 65; vgl. Schmidt/Wacker, EStG, § 16 Rz. 597.

(4) Gesetzliches Vermächtnis

834 Soweit die HöfeO anwendbar und deshalb eine Miterbengemeinschaft ausgeschlossen ist, erhalten die weichenden Erben eine Abfindung (gesetzlich angeordnetes Vermächtnis).[1] Die weichenden Erben erhalten die Abfindung (einschließlich einer Nachabfindung[2]) nicht als Entgelt für die Aufgabe einer Erbquote am Hof. Die Abfindung ist daher kein Entgelt, so dass auch Aufwendungen für die Finanzierung der Abfindung keine BA darstellen. Diese Beurteilung gilt auch für die übrigen Landes-Höfegesetze.[3]

cc) Pflichtteilsansprüche

835 Der Pflichtteilsanspruch ist eine Geldforderung, die mit dem Erbfall entsteht.[4] Pflichtteilsberechtigt sind Abkömmlinge, Eltern und der Ehegatte des Erblassers. Der Pflichtteilsanspruch besteht in der Hälfte des gesetzlichen Erbteils.[5]

Die Begleichung eines Pflichtteilsanspruchs stellt lediglich die **Umschichtung im Privatvermögen** dar, die beim Empfänger nicht zu steuerpflichtigen Einnahmen, beim Leistenden nicht zu abzugsfähigen Aufwendungen führt.[6] Das gilt auch dann, wenn die Leistungen in wiederkehrenden Leistungen – Raten oder Renten – beglichen werden.[7] Soweit der Auszahlungsbetrag über dem auf den Stichtag ermittelten Barwert liegt, handelt es sich um Zinsen, wenn es sich um einen darlehensähnlichen Vertrag handelt. Beim Empfänger liegen steuerpflichtige Einnahmen aus Kapitalvermögen vor,[8] die jedoch beim Leistenden nicht abgezogen werden dürfen.[9]

dd) Abfindung von Erbfallschulden mit Wirtschaftsgütern des Betriebsvermögens

836 Wird ein Wirtschaftsgut des BV an Erfüllungs statt[10] für ein auf Geld gerichtetes Vermächtnis oder einer anderen Erbfallschuld gewährt, so liegt ein entgelt-

1 § 12 HöfeO.
2 § 13 HöfeO.
3 BMF 14.3.2006, BStBl 2006 I S. 253, Tz. 77.
4 Palandt/Weidlich, BGB, 75. Aufl., Rz. 7 zu § 2303 und Rz. 1 zu § 2317 BGB.
5 § 2303 BGB.
6 BFH 2.3.1993, BStBl 1994 II S. 619; BMF 14.3.2006, BStBl 2006 I S. 253, Tz. 35.
7 BFH 26.11.1992, BStBl 1993 II S. 298.
8 BFH 26.11.1992, BStBl 1993 II S. 298.
9 BFH 27.2.1992, BStBl 1992 II S. 612.
10 § 364 BGB.

liches Rechtsgeschäft vor, keine **Entnahme;** dies bedeutet, dass der Erbe das Wirtschaftsgut entgeltlich veräußert und der Vermächtnisnehmer Anschaffungskosten für das erhaltene Wirtschaftsgut hat.[1]

ee) Anschaffungskosten

Durch die Erbfallschulden entstehen für den Erben keine Anschaffungskosten für das im Erbweg erlangte BV. Der Erbe muss die Buchwerte fortführen.[2] 837

ff) Aufnahme von Darlehen zur Erfüllung von Erbfallschulden

Nimmt der Erbe ein Darlehen auf, um Erbfallschulden zu begleichen, handelt es sich nicht um Betriebsschulden, so dass die hierauf gezahlten **Zinsen keine Betriebsausgaben** darstellen,[3] auch keine Sonderbetriebsausgaben des eingetretenen Erben.[4] 838

gg) Nicht erfüllte Verbindlichkeiten

Sie sind grds. steuerlich unbeachtlich.[5] 839

hh) Stundung von Erbfallschulden-Zinszahlungen

Bei verzinslicher Stundung eines Pflichtteilsanspruchs aufgrund einer Vereinbarung mit dem Erben eines Betriebs stellen die Zinsen mangels Vorliegens einer Betriebsschuld keine Betriebsausgaben dar.[6] Das Gleiche gilt für Vermächtnisschulden, Erbersatzverbindlichkeiten oder Abfindungsschulden nach der HöfeO, Abfindungsschulden im Zusammenhang mit der Vererbung von Anteilen an einer Personengesellschaft im Wege der qualifizierten Nachfolgeklausel oder im Wege einer Eintrittsklausel.[7] 840

---

1 BMF 14.3.2006, BStBl 2006 I S. 253, Tz. 35; gl. A. Schmidt/Wacker, EStG, § 16 Rz. 599 m. w. N.

2 BMF 14.3.2006, BStBl 2006 I S. 253, Tz. 63; BFH 14.4.1992, BStBl 1993 II S. 275; BFH 2.3.1993, BStBl 1994 II S. 619; BFH 25.11.1993, BStBl 1994 II S. 623; BFH 27.7.1993, BStBl 1994 II S. 625; BFH 20.12.1994 – IX R 113/92, BFH/NV 1995 S. 959.

3 BFH 2.3.1993, BStBl 1994 II S. 619 für Pflichtteilsansprüche; BFH 25.11.1993, BStBl 1994 II S. 623 für Abfindungen an weichende Erben nach der HöfeO.

4 BFH 2.3.1993, BStBl 1994 II S. 619.

5 BFH 1.3.1994, BStBl 1995 II S. 241.

6 BFH 2.3.1993, BStBl 1994 II S. 619; vgl. auch BFH 14.4.1992, BStBl 1993 II S. 275.

7 Vgl. BFH 27.7.1993, BStBl 1994 II S. 625.

4. Betriebsübertragung/Betriebsveräußerung und Altenteilsvereinbarungen

Literatur: *Schoor,* Ermittlung des Gewinns bei Betriebsveräußerung und -aufgabe, INF 1996 S. 619; *Behrens/Schmitt,* Übertragung wesentlicher Betriebsgrundlagen im Vorfeld von Einbringungen nach §§ 20, 24 UmwG, FR 2002 S. 549; *Stephany,* Die Realteilung von Personengesellschaften nach neuer Rechtslage im Fall der Land- und Forstwirtschaft, INF 2002 S. 718; *Kempermann,* Vorweggenommene Unternehmensnachfolge bei Personengesellschaften im Steuerrecht, FR 2003 S. 321; *Crezelius,* Gewährung von Gesellschaftsrechten bei § 6 Abs. 5 EStG, §§ 20, 24 UmwStG, DB 2004 S. 397; *Meyne-Schmidt,* Betriebsaufgabe von verpachteten landwirtschaftlichen Betrieben, StBpr 2004 S. 235; *Fichtelmann,* Was tun beim Ruhen des Gewerbebetriebs? Fortführung oder Erklärung der Betriebsaufgabe?, EStB 2006 S. 373; *Rogal/Stangl,* Die Realteilung einer Personengesellschaft – Anmerkungen zum BMF-Schreiben vom 28.2.2006, FR 2006 S. 345; *Schulze zur Wiesche,* Die Realteilung einer Personengesellschaft unter Berücksichtigung des BMF-Schreibens vom 28.2.2006, DB 2006 S. 921; *Spiegelberger,* Die Realteilung in der Beraterpraxis – Einengende Auslegung im BMF-Schreiben vom 28.2.2006 widerspricht langjähriger BFH-Rechtsprechung, NWB F. 3 S. 14019; *Hutmacher,* Betriebsnachfolgeregelung in der Land- und Forstwirtschaft, Steuer Consultant 2007, Heft 10 S. 30; *Ley,* Einbringung nach §§ 20, 24 UmwStG in der Fassung des SEStEG, FR 2007 S. 109.

a) Unentgeltliche Betriebsübertragung (Übergabe in vorweggenommener Erbfolge)

841 Die unentgeltliche Betriebsübertragung – die Übertragung der **wesentlichen Betriebsgrundlagen**[1] in einem **einheitlichen Übertragungsakt** – wird im Allgemeinen ein Akt vorweggenommener Erbfolge sein. Die unentgeltliche Betriebsübertragung stellt weder eine Entnahme noch eine Betriebsaufgabe dar. Der Betrieb wird steuerrechtlich unverändert durch den Rechtsnachfolger fortgeführt.[2] Voraussetzung für eine Buchwertfortführung nach § 6 Abs. 3 EStG ist, dass alle funktional wesentlichen Betriebsgrundlagen mit übertragen werden.[3] Zur wesentlichen Betriebsgrundlage in der LuF vgl. Rz. 858 ff.

842 Der **Abgrenzung zur entgeltlichen Betriebsveräußerung** (vgl. Rz. 850 ff.) kommt insofern erhebliche Bedeutung zu, als nur bei der unentgeltlichen Betriebsübergabe die Buchwerte fortgeführt werden können und müssen.[4] Der Übergeber kann eine unentgeltliche Betriebsübertragung im Ganzen nicht als Betriebs-

---

1 BFH 7.8.1979, BStBl 1980 II S. 181.

2 BFH 24.10.1951, BStBl 1951 III S. 5; BFH 23.4.1971, BStBl 1971 II S. 686; BFH 26.2.1987, BStBl 1987 II S. 772.

3 BMF 3.3.2005, BStBl 2005 I S. 458, Rz. 3.

4 § 6 Abs. 3 EStG; BFH 26.4.1979, BStBl 1979 II S. 732.

veräußerung bzw. Betriebsaufgabe behandeln. Es steht ihm **kein Wahlrecht** zur Aufdeckung der stillen Reserven zu.

Die Verpflichtung zur Fortführung der Buchwerte besteht auch bei Übertragung eines verpachteten Betriebs oder eines Teilbetriebs oder bei Übertragung eines Mitunternehmeranteils.

Wegen der Behandlung bei Einbringung eines Betriebs in eine Mitunternehmerschaft vgl. Rz. 846.

Die Begriffe Betrieb, Teilbetrieb entsprechen denen des § 16 EStG.

Behält der Stpfl. bei der unentgeltlichen Übertragung aller funktional wesentlichen Grundlagen des Betriebs WG zurück, die keine funktional wesentlichen Betriebsgrundlagen darstellen, und veräußert er diese kurze Zeit nach der Übertragung oder überführt er sie in das Privatvermögen, so liegt insoweit ein **nicht steuerbegünstigter laufender Gewinn** vor.[1] 843

Werden nicht alle funktional wesentlichen Grundlagen des Betriebs oder Teilbetriebs übertragen, sondern werden funktional wesentliche Grundlagen zurückbehalten und in das Privatvermögen überführt, so liegt eine **Betriebsaufgabe** (vgl. Rz. 872) vor.[2]

§ 6 Abs. 3 EStG ist auch dann anwendbar, wenn sich ein landwirtschaftlicher Teilbetrieb durch Schenkung in einen gewerblichen Betrieb bzw. ein gewerblicher Betrieb in einen luf Betrieb wandelt.[3]

Bei einem Betrieb, der zur Liebhaberei übergegangen ist, werden die stillen Reserven zum Zeitpunkt des Wechsels vom Erwerbs- in einen Liebhabereibetrieb gesondert festgestellt. Eine Besteuerung der stillen Reserven wird erst vorgenommen, wenn der Betrieb tatsächlich veräußert oder aufgegeben wird.

b) Betriebsteilung – Übertragung von Teilbetrieben

Die **Teilung** eines luf Betriebs in der Weise, dass die wesentlichen Betriebsgrundlagen auf mehrere Erwerber übertragen werden, die nicht mitunternehmerisch verbunden sind, ist eine **Betriebsaufgabe** (vgl. Rz. 872); der hierbei entstehende Gewinn ist nach §§ 14, 34 Abs. 1 EStG begünstigt. § 6 Abs. 3 EStG ist nicht an- 844

1 BFH 19.2.1981, BStBl 1981 II S. 566.

2 BFH 27.7.1961, BStBl 1961 III S. 514.

3 BFH 26.4.1979, BStBl 1979 II S. 732.

wendbar.[1] In den Eröffnungsbilanzen der Betriebsnachfolger sind die Teilwerte anzusetzen. Diese Folgen können u. U. umgangen werden, wenn die späteren Übernehmer zunächst als Gesellschafter aufgenommen werden und danach eine Realteilung vorgenommen wird (vgl. Rz. 896 ff.).

845 Besteht ein Betrieb aus mehreren Teilbetrieben und wird ein Teilbetrieb unentgeltlich übertragen, können insoweit die Buchwerte nach § 6 Abs. 3 EStG fortgeführt werden. Eine Aufdeckung der stillen Reserven erfolgt in diesem Fall nicht.[2]

Bei **Übertragung eines Teilbetriebs** geht eine bestehende Buchführungspflicht nicht auf den Erwerber über.[3]

c) Einbringung eines land- und forstwirtschaftlichen Betriebs in eine Personengesellschaft

846 Eine „Umwandlung“ eines Einzelunternehmens in eine Personengesellschaft ist nach dem UmwG nicht vorgesehen; denn ein Einzelunternehmer ist kein formwechselnder Rechtsträger i. S. des § 191 UmwG.

Nach § 24 UmwStG 2006 kann ein Betrieb, Teilbetrieb oder Mitunternehmeranteil in eine Personengesellschaft eingebracht werden.[4] Die Einbringung in eine Gesellschaft kann, insbesondere wenn der vorhandene Betrieb an mehrere Beteiligte (Kinder) aufgeteilt werden soll, die Vorstufe zu einer Realteilung (vgl. Rz. 896) sein, wenn eine Aufteilung in Teilbetriebe nicht gegeben ist. § 24 UmwStG ist auch auf luf Betriebe anwendbar.[5]

In den Fällen der **unentgeltlichen Aufnahme einer natürlichen Person** in ein Einzelunternehmen ist § 24 UmwStG für beide Mitunternehmer nicht anzuwenden. Es ist zwingend die Vorschrift des § 6 Abs. 3 EStG (zwingende Buchwertfortführung) anzuwenden; § 6 Abs. 3 Satz 1 Halbsatz 2 EStG.[6]

Bei Einbringung eines Einzelunternehmens in eine Personengesellschaft sind zwar grds. die gemeinen Werte anzusetzen (was eine Aufdeckung und damit Versteuerung der stillen Reserven zur Folge hat), jedoch kann auf Antrag das

---

1 BFH 14.7.2016 – IV R 19/13, NWB BAAAF-84224 = BFH/NV 2016 S. 1702; BFH 16.11.2017 – VI R 63/15, NWB WAAAG-70593 = BFH/NV 2018 S. 369; BFH 20.4.2020 – VI S 9/19 (PKH), NWB KAAAH-54556 = BFH/NV 2020 S. 1051.

2 § 6 Abs. 3 EStG.

3 BFH 10.3.1983 – IV R 170/80, NWB IAAAB-02573 = HFR 1983 S. 399.

4 BFH 20.6.1989, BFH/NV 1990 S. 102; BFH 18.5.1995, BStBl 1995 II S. 70.

5 Rasche, a. a. O., § 24 Rz. 58.

6 BMF 11.11.2011, BStBl 2011 I S. 1314, Rz. 01.47.

übernommene BV mit dem Buchwert oder einem höheren Wert, höchstens jedoch mit dem gemeinen Wert angesetzt werden, soweit das Recht der BRD hinsichtlich der Besteuerung des eingebrachten BV nicht ausgeschlossen oder beschränkt wird (§ 24 Abs. 2 UmwStG). Diese Voraussetzungen werden bei luf Betrieben i. d. R. vorliegen, so dass von einer Genehmigung und damit der Fortführung der Buchwerte ausgegangen werden kann; denn bei Vorliegen der Voraussetzungen ist das Finanzamt zur Genehmigung verpflichtet.

Dass die Einräumung der Beteiligung auf einer Schenkung des Betriebsinhabers beruht, stets der Anwendung des § 24 UmwStG nicht entgegen. Ausnahme davon ist die bereits oben genannte unentgeltliche Aufnahme einer natürlichen Person in ein bestehendes Einzelunternehmen (§ 6 Abs. 3 Satz 1 Halbsatz 2 EStG).

d) Vereinbarung der Gütergemeinschaft

Die Vereinbarung der Gütergemeinschaft ist i. d. R. eine unentgeltliche Zuwen- 847
dung (§ 7 Abs. 1 Nr. 4 ErbStG) an den Ehegatten, der kein oder kein gleichwertiges Vermögen einbringt,[1] so dass ein **Veräußerungsgewinn nicht entsteht.** Die Buchwerte sind fortzuführen. § 24 UmwStG, der eine höhere Bewertung des eingebrachten BV vorsieht,[2] ist nicht anwendbar (keine Einbringung in eine Personengesellschaft).

e) Betriebsveräußerung – Betriebsaufgabe

Zu den Einkünften aus LuF gehören auch Gewinne, die bei der Veräußerung 848
eines luf Betriebs, eines Teilbetriebs oder eines Anteils an einem luf BV erzielt werden.[3] Der Veräußerung steht die Aufgabe eines Betriebes gleich.[4] Zur Abgrenzung zwischen Betriebsaufgabe, Betriebsabwicklung und Fortführung eines verkleinerten Betriebs vgl. BFH vom 5.12.1996.[5] Für die Erfassung des Veräußerungsgewinns ist die Art der Gewinnermittlung ohne Bedeutung. Auch bei Gewinnermittlung nach § 13a EStG ist § 14 EStG anwendbar.[6] Soweit der Gewinn nicht durch Bestandsvergleich ermittelt wird, ist im Zeitpunkt der Veräußerung ein fiktiver Bestandsvergleich vorzunehmen (vgl. näher Rz. 558 ff.).[7]

1 Vgl. BFH 2.3.1994, BStBl 1994 II S. 366 für Schenkungsteuer.

2 Vgl. § 24 Abs. 2 UmwStG.

3 § 14 Satz 1 EStG.

4 § 16 Abs. 3 Satz 1 i. V. m. § 14 Satz 2 EStG.

5 IV R 65/95, NWB SAAAB-38072 = BFH/NV 1997 S. 225.

6 BFH 12.4.1956, BStBl 1956 III S. 164.

7 § 16 Abs. 2 Satz 2 und Abs. 3 Satz 1 i. V. mit § 14 Satz 2 EStG.

Die **Abgrenzung des Veräußerungsgewinns vom laufenden Gewinn** hat einerseits die Bedeutung, für den Veräußerungsgewinn die Anwendung des § 34 Abs. 1 EStG sicherzustellen, andererseits aber auch, die Erfassung – entgegen der Aufteilungsregel – in dem Jahr des Anfalls[1] (vgl. Rz. 192) zu gewährleisten.

aa) Betriebsveräußerung – Unentgeltliche Betriebsübertragung

849 Betriebsveräußerung und (unentgeltliche) Betriebsübertragung setzen einen Betrieb im Ganzen voraus: bei der Betriebsveräußerung zur Annahme der Voraussetzungen des § 14 EStG[2] und bei der unentgeltlichen Übertragung zur Fortführung der Buchwerte nach § 6 Abs. 3 EStG.

(1) Unentgeltliche Betriebsübertragung – Abgrenzung zur Betriebsveräußerung

850 Vermögensübertragungen im Rahmen einer **vorweggenommenen Erbfolge** geschehen auf außerbetrieblichem Gebiet,[3] jedenfalls spricht in den Fällen, in denen Leistung und Gegenleistung nicht nach kaufmännischen Gesichtspunkten gegeneinander abgewogen werden, eine nur in Ausnahmefällen zu widerlegende Vermutung für den außerbetrieblichen Charakter der Betriebsübertragung.[4] Das kann z. B. der Fall sein, wenn die Beteiligten trotz objektiver Ungleichgewichtung von Leistung und Gegenleistung subjektiv von der Gleichwertigkeit ausgegangen sind.[5]

Die unentgeltliche Übertragung eines Betriebs im Wege vorweggenommener Erbfolge ist weder eine Entnahme noch eine Betriebsaufgabe. Der Betrieb wird unverändert durch den Rechtsnachfolger fortgeführt; er ist dabei an die Buchwerte seines Rechtsvorgängers gebunden.[6]

Eine unentgeltliche Übertragung liegt vor, wenn der luf Betrieb im Wege der **Schenkung**[7] auf den Rechtsnachfolger übergeht.

1 § 4a Abs. 2 Nr. 1 Satz 2 EStG.
2 Mit den Folgen einer steuerbegünstigten Betriebsveräußerung nach §§ 16, 34 EStG.
3 BFH 21.12.1977, BStBl 1978 II S. 332.
4 BFH 22.9.1982, BStBl 1983 II S. 99.
5 BFH 29.1.1992, BStBl 1992 II S. 465; BFH 16.12.1993, BStBl 1996 II S. 669; BFH 30.7.2003, BStBl 2004 II S. 211; vgl. a. BMF 13.1.1993, BStBl 1993 I S. 80 und Änderungen durch BMF 26.2.2007, BStBl 2007 I S. 269.
6 § 6 Abs. 3 EStG; BFH 24.10.1951, BStBl 1952 III S. 5; BFH 23.4.1971, BStBl 1971 II S. 686; BFH 26.2.1987, BStBl 1987 II S. 772; BFH 9.5.1996, BStBl 1996 II S. 476; BFH 21.9.2000, BFH/NV 2001 S. 433.
7 Das gilt auch für die vorweggenommene Erbfolge.

Die Übergabe luf Betriebe im Wege vorweggenommener Erbfolge erfolgt nur selten ohne eine **„Gegenleistung"** des Übernehmers. Es handelt sich im Allgemeinen um folgende Gegenleistungen: 851

- Zusage von Versorgungsleistungen an den Übergeber, dessen Ehegatten oder sonstige Angehörige (in erster Linie Geschwister),
- Übernahme von Schulden (seien sie betrieblicher oder persönlicher Natur),
- Leistung von Abstandszahlungen an den Übergeber oder Gleichstellungsgelder an dritte Personen (in erster Linie weichende Erben),
- Verpflichtung zur Überlassung von Gegenständen aus dem übernommenen Vermögen.

(Einstweilen frei) 852

- **Vereinbarung von Versorgungsleistungen**

Die Übertragung gegen (private) Versorgungsleistungen **(Altenteilsleistungen)** i. S. von § 10 Abs. 1a Nr. 2 EStG ist im steuerlichen Sinne ein **unentgeltliches Rechtsgeschäft.** Der BFH[1] hat es ausdrücklich abgelehnt, darin ein teilentgeltliches Rechtsgeschäft zu sehen. Das bedeutet, dass auf Seiten des Übergebers keine Veräußerung vorliegt und dass der Erwerber keine Anschaffungskosten hat und deshalb die Buchwerte fortführen muss.[2] Das gilt nicht nur für Versorgungszusagen an den Übergeber und dessen Ehegatten, sondern auch für Verpflichtungen gegenüber anderen Angehörigen.[3] 853

Von den privaten Versorgungsleistungen abzugrenzen sind die betrieblichen Versorgungsleistungen und betrieblichen Veräußerungsrenten.[4]

Zu Versorgungsleistungen vgl. Rz. 910 ff.

- **Übernahme von Schulden des Übergebers**

Zivilrechtlich wird in der Übernahme dinglicher Lasten eine reine Schenkung, in der Übernahme persönlicher Schulden eine Schenkung unter Auflage gesehen.[5] 854

In der Übernahme **betrieblicher Schulden** wird steuerlich kein Entgelt gesehen, so dass für den Betrieb insgesamt die Buchwerte fortzuführen sind und ein Ver-

1 BFH 25.4.1990, BStBl 1990 II S. 625.

2 § 6 Abs. 3 EStG; BFH 5.7.1990, BStBl 1990 II S. 847; BFH 22.9.1994, BStBl 1995 II S. 367.

3 BFH 5.7.1990, BStBl 1990 II S. 847.

4 Vgl. BMF 13.1.1993, BStBl 1993 I S. 80, Tz. 26; BMF 11.3.2010, BStBl 2010 I S. 227.

5 Vgl. BGH 7.4.1989, BGHZ 107, 156.

äußerungsgewinn nicht entsteht.[1] Dieselben Rechtsfolgen sind bei unentgeltlicher Übertragung von Mitunternehmeranteilen zu ziehen.[2] Schuldzinsen auf übernommene betriebliche Schulden stellen jedoch Betriebsausgaben dar.[3]

Soweit es sich jedoch um die Übernahme **außerbetrieblicher Verbindlichkeiten** handelt, liegt insoweit ein entgeltliches Rechtsgeschäft vor.[4]

- **Leistung von Abstandszahlungen an den Übergeber und Ausgleichszahlungen an Angehörige (weichende Erben)**

855 Erbringt der Übernehmer eigene Leistungen an den Übergeber oder an einen Dritten,[5] sind die Voraussetzungen eines Veräußerungs- und Anschaffungsgeschäfts gegeben.[6] Der BFH begründet das damit, dass der Übernehmer die Leistung auf sich nimmt, um die Verfügungsgewalt über das Vermögen des bisherigen Inhabers zu erlangen. Ob es sich hierbei um eine Schenkung unter Auflage oder um eine gemischte Schenkung handelt – zivilrechtlich ist die Rechtslage, ob es sich um eine Schenkung unter Auflage oder um eine gemischte Schenkung handelt, umstritten, vgl. die Nachweise in BFH 5.7.1990[7] –, ist für die steuerliche Beurteilung ohne Bedeutung. Entscheidend sei allein, dass es bei wirtschaftlicher Betrachtung keinen Unterschied mache, ob der Übernehmer beim Gleichstellungsgeld zunächst an den Übergeber die Leistung erbringt, damit dieser sie an den begünstigten Angehörigen weiterleite, oder ob er unter Vermeidung dieses Umwegs direkt an den Begünstigten leistet.

- **Überlassung von Gegenständen des übernommenen Vermögens**

856 Die **Unentgeltlichkeit** des Übertragungsaktes wird dadurch nicht berührt.[8] Die Verpflichtung ist keine Gegenleistung für die Übertragung des Vermögens; sie mindert von vornherein das übertragene Vermögen. In der Regel handelt es sich

1 BFH 23.4.1971, BStBl 1971 II S. 686; 24.8.1972, BStBl 1973 II S. 111; 5.7.1990, BStBl 1990 II S. 847; BMF 13.1.1993, BStBl 1993 I S. 80, Tz. 29.

2 BFH 24.8.1972, BStBl 1973 II S. 111; 5.7.1990, BStBl 1990 II S. 847.

3 BFH 8.11.1990, BStBl 1991 II S. 450; BMF 13.1.1993, BStBl 1993 I S. 80, Tz. 29.

4 BFH 8.11.1990, BStBl 1991 II S. 450; BMF 13.1.1993, BStBl 1993 I S. 80, Tz. 27.

5 Abstandsgelder, Gleichstellungsgelder an Übergeber oder Dritte; Übernahme von Verbindlichkeiten, die nicht zum BV gehören.

6 BFH 5.7.1990, BStBl 1990 II S. 847; BFH 22.9.1994, BStBl 1995 II S. 367; BMF 13.1.1993, BStBl 1993 I S. 80, Tz. 7 und 27.

7 BStBl 1990 II S. 847, 853.

8 BFH 5.7.1990, BStBl 1990 II S. 847; BMF 13.1.1993, BStBl 1993 I S. 80, Tz. 8.

um eine Entnahme des WG durch den Übergeber.[1] Es liegt weder ein Veräußerungs- noch ein Anschaffungsvorgang vor.[2]

(2) Begriff „Betrieb" – Veräußerung des ganzen Betriebs

(a) Allgemeine Grundsätze

Der bei der Veräußerung eines Betriebs erzielte Gewinn (Veräußerungsgewinn) 857
ist steuerpflichtig,[3] unterliegt aber als außerordentliche Einkünfte[4] dem besonderen Steuersatz nach § 34 Abs. 1 EStG.[5]

Eine Betriebsveräußerung im Ganzen liegt vor, wenn ein Betrieb mit seinen **wesentlichen Grundlagen** in einem einheitlichen Vorgang auf einen Erwerber entgeltlich übergeht, der Betrieb als geschäftlicher Organismus fortgeführt werden kann (nicht muss) und damit die landwirtschaftliche Betätigung des Veräußerers mit dem bisherigen BV endet.[6]

Für die Entscheidung, ob eine Betriebsveräußerung vorliegt, ist auf den Zeitpunkt abzustellen, in dem das wirtschaftliche Eigentum an den veräußerten WG übertragen wird.[7] Die Anerkennung einer Betriebsveräußerung setzt nicht voraus, dass der Veräußerer auch seine landwirtschaftliche Tätigkeit aufgibt. Einziges Kriterium ist der Übergang des wirtschaftlichen Eigentums.[8]

Welche WG als wesentliche Betriebsgrundlage in Betracht kommen und ob das Umlaufvermögen und das bewegliche Anlagevermögen zu den wesentlichen Betriebsgrundlagen gerechnet wird, richtet sich nach dem Einzelfall unter Berücksichtigung der spezifischen Verhältnisse des betreffenden Betriebs (funktionale Betrachtungsweise).[9] Bei der Veräußerung des dem Betrieb dienenden Grund und Bodens und Übernahme des toten und lebenden Inventars auf ein neu erworbenes landwirtschaftliches Gelände hat der BFH keine Betriebsaufgabe angenommen, weil wesentliche Teile des BV zurückbehalten worden seien.[10]

---

1 BMF 13.1.1993, BStBl 1993 I S. 80, Tz. 32.
2 BFH 5.7.1990, BStBl 1990 II S. 847.
3 § 16 Abs. 1 Nr. 1 EStG.
4 § 34 Abs. 2 Nr. 1 EStG.
5 § 14 EStG.
6 BFH 13.1.1966, BStBl 1966 III S. 168; BFH 24.7.1986, BStBl 1986 II S. 808; vgl. a. R 16 Abs. 1 EStR.
7 BFH 16.7.1970, BStBl 1970 II S. 738; BFH 3.10.1984, BStBl 1985 II S. 245, BFH 9.11.2011, BStBl 2012 II S. 638.
8 BFH 28.3.1985, BStBl 1985 II S. 508.
9 BFH 11.10.2007, BStBl 2008 II S. 220.
10 BFH 18.2.1971, BStBl 1971 II S. 485.

Umlaufvermögen bzw. bewegliches Anlagevermögen rechnen jedenfalls bei besonderen Umständen zu den wesentlichen Betriebsgrundlagen, z. B. wenn diese nicht ohne weiteres beschafft werden können (z. B. bei Tier- und Saatzuchtbetrieben).

858 Häufig behält sich der Veräußerer/Übergeber des Betriebs einzelne Grundstücke zurück. Es stellt sich die Frage, inwieweit dadurch eine Betriebsveräußerung/Übergabe im Ganzen ausgeschlossen wird.

Eine Betriebsveräußerung/Betriebsübergabe im Ganzen liegt nicht mehr vor, wenn die zurückbehaltenen Grundstücke dergestalt sind, dass nicht mehr alle **wesentlichen Betriebsgrundlagen** übergehen.

Steuerlich nachteilige Auswirkungen ergeben sich nicht bei einer Veräußerung, wenn die zurückbehaltenen Grundstücke in das Privatvermögen übernommen werden, weil dann insgesamt eine (steuerbegünstigte) **Betriebsaufgabe** vorliegt. Bedeutung aber gewinnt die Frage, wenn bei unentgeltlicher Übertragung eine Gewinnrealisierung nicht gewollt ist. Die Übertragung der WG, die keinen Betrieb darstellen, wäre eine **Entnahme.**

859 Das Schrifttum geht im Allgemeinen davon aus, dass Grundstücke bis zu **10 % der Gesamtfläche** unschädlich sind.[1]

Der BFH hat in seinem Urteil vom 24.2.2005 ausdrücklich entschieden, dass im Allgemeinen davon auszugehen ist, dass eine wesentliche Betriebsgrundlage nicht vorliegt, wenn weniger als 10 % der landwirtschaftlichen Grundstücksflächen zurückbehalten werden.[2] Diese feste Flächengrenze von 10 % hat der BFH nunmehr mit Urteil vom 31.3.2021 – VI R 30/18,[3] aus Gründen der Rechtssicherheit und aus Vereinfachungsgründen bestätigt.[4] Damit gehört eine landwirtschaftliche Flächen, die mehr als 10 % (Geringfügigkeitsgrenze) der gesamten landwirtschaftlichen Nutzflächen beträgt, zu den wesentlichen Betriebsgrundlagen. Maßgebend ist ausschließlich die Geringfügigkeitsgrenze von 10 %, auf die Höhe der Erträge dieser Fläche oder auf die Anwendung anderer Abgrenzungskriterien kommt es nach dem Urteil vom 31.3.2021 nicht an.

1 Schmidt/Kulosa, EStG, § 14 Rz. 3; Leingärtner/Stephany, Besteuerung der Landwirte, Kap. 50 Rz. 13; Felsmann, Einkommensbesteuerung, Abschnitt D 1 Rz. 160.

2 BFH 24.2.2005 – IV R 28/00; NWB ZAAAB-52560 = BFH/NV 2005 S. 1062.

3 NWB KAAAH-86597 = BStBl 2022 II S. 312.

4 BFH, Urteil v 31.3.2021 – VI R 30/18, NWB KAAAH-86597 = BStBl 2022 II S. 312.

Die 10-%-Grenze wendet der BFH weiterhin auch bei der Frage der **Nutzungsänderung** eines luf Betriebes an. Der BFH[1] hat entschieden, dass eine endgültige Nutzungsänderung einer Fläche zu einer Entnahme führt, wenn die endgültige Nutzungsänderung mehr als 10 % der Gesamtfläche des Betriebs betrifft. Der BFH hat diese feste Flächengrenze von 10 % für das Vorliegen einer Entnahme aus Gründen der Rechtssicherheit und aus Vereinfachungsgründen festgelegt.[2] Für die Frage, ob eine endgültige Nutzungsänderung einer Fläche zu einer Entnahme führt, ist ausschließlich die Geringfügigkeitsgrenze von 10 % maßgebend, auf die Höhe der Erträge dieser Fläche oder auf die Anwendung anderer Abgrenzungskriterien kommt es nicht an. 860

(b) Besonderheiten des forstwirtschaftlichen Betriebs

Forstwirtschaft ist die planmäßige Nutzung der natürlichen Kräfte des Grund und Bodens zur Gewinnung und Verwertung von Rohholz und anderen Walderzeugnissen. Eine forstwirtschaftliche Tätigkeit erfordert grundsätzlich eine geschlossene mit Forstpflanzen bestockte Grundfläche, auf der nahezu ausschließlich Baumarten mit dem Ziel einer langfristigen Holzentnahme erzeugt werden. Ertragsteuerlich reicht das Eigentum an einer forstwirtschaftlichen Fläche grundsätzlich unabhängig von der Flächengröße für die Annahme eines Erwerbsbetriebs aus, wenn Gewinnerzielungsabsicht besteht. Dies gilt auch dann, wenn der Eigentümer ohne eigene Bewirtschaftungsmaßnahmen (z. B. Anpflanzung oder Durchforstung) durch den natürlichen Baumwuchs an der Fruchtziehung beteiligt ist und dadurch einen Gewinn erzielen kann. Grundsätzlich bilden mehrere räumlich voneinander getrennte forstwirtschaftliche Flächen einen einheitlichen Betrieb.[3] Siehe auch Rz. 87 ff. 861

Bei der Prüfung der Gewinnerzielungsabsicht gelten für forstwirtschaftliche Flächen die sich aus der Rechtsprechung ergebenden allgemeinen Grundsätze[4] und folgende Besonderheiten: Die erforderliche Totalgewinnprognose ist grundsätzlich generationenübergreifend über den Zeitraum der durchschnittlichen Umtriebszeit des im Forstbetrieb vorherrschenden Baumbestands zu erstrecken.[5] Dies gilt zugleich betriebsübergreifend auch dann, wenn der Forstbetrieb zunächst unter Nießbrauchsvorbehalt an die nächste Generation übertragen wird. Die Totalgewinnprognose ist auch dann ungeachtet der Ent- 862

1 BFH, Urteil v. 31.3.2021 – VI R 30/18, NWB KAAAH-86597 = BStBl 2022 II S. 312.

2 BFH, Urteil v. 31.3.2021 – VI R 30/18, NWB KAAAH-86597 = BStBl 2022 II S. 312.

3 BMF 18.5.2018, BStBl 2018 I S. 689.

4 Z. B. BFH 25.6.1984, BStBl 1984 II S. 751.

5 BFH 7.4.2016, BStBl 2016 II S. 765 und BFH 9.3.2017, BStBl 2017 II S. 981.

stehung zweier Forstbetriebe für einen fiktiven konsolidierten Forstbetrieb zu erstellen. Werden bei einer Betriebsgründung bzw. einem Betriebserwerb bereits hergestellte Baumbestände erworben, ist der Prognosezeitraum regelmäßig nach dem Zeitpunkt des Erwerbs bis zur Hiebsreife der Baumbestände zu bemessen.[1] Die Prüfung der Gewinnerzielungsabsicht erfolgt auch bei räumlich getrennt liegenden Flächen für den gesamten als Einheit zu beurteilenden Forstbetrieb.[2]

Ein Erwerbsbetrieb liegt vor, wenn nach Ablauf der Umtriebszeit insgesamt ein Gewinn erzielt werden kann; ein Mindestgewinn (etwa von 500 €/Jahr) ist nicht erforderlich.[3] Für die Annahme eines ertragsteuerlichen Betriebs der Forstwirtschaft ist auch keine Mindestflächengröße mehr erforderlich.[4] Demzufolge ist grundsätzlich davon auszugehen, dass der Eigentümer einer forstwirtschaftlichen Fläche Einkünfte aus LuF erzielt, wobei die Flächen und der Baumbestand Betriebsvermögen darstellen.

Die Annahme eines Forstbetriebs kann auch für einen zwischenzeitlichen Eigentümer oder sonst Nutzungsberechtigten, der vor dem Holzeinschlag keine Einnahmen durch Holzverkäufe erzielt, gerechtfertigt sein, weil er am jährlichen Wertzuwachs des Holzes teilnimmt.[5] Dieselben Argumente gelten für den Fall, dass von vornherein (also seit dem Erwerb) die Absicht der Veräußerung besteht, weil sich in diesem Falle der Wertzuwachs bezüglich des Holzes regelmäßig in der Höhe des erzielten Veräußerungserlöses niederschlägt.[6]

863–865 *(Einstweilen frei)*

(3) Begriff „Teilbetrieb" – Veräußerung/Aufgabe eines Teilbetriebs

(a) Allgemeine Grundsätze

866 Ein Teilbetrieb ist ein mit einer gewissen Selbständigkeit ausgestatteter, organisch geschlossener Teil des Gesamtbetriebs, der für sich betrachtet alle Merkmale eines Betriebs i. S. des EStG aufweist und der **für sich allein lebensfähig** ist. Lebensfähig ist ein Teilbetrieb des Gesamtunternehmens, wenn von ihm seiner

1 BFH 7.4.2016, a. a. O.; BMF 18.5.2018, BStBl 2018 I S. 689.

2 BFH 9.3.2017, BStBl 2017 II S. 981.

3 BFH 9.3.2017, BStBl 2017 II S. 981.

4 BFH 9.3.2017, BStBl 2017 II S. 981; BMF 18.5.2018, BStBl 2018 I S. 689.

5 BFH 13.4.1989, BStBl 1989 II S. 718.

6 BFH 13.4.1989, BStBl 1989 II S. 718.

Struktur nach eine eigenständige betriebliche Tätigkeit ausgeübt werden kann.[1] Es kommt dabei entscheidend auf die Verhältnisse beim Veräußerer/Betriebsinhaber vor Betriebsveräußerung/Betriebsaufgabe an.[2] Eine völlig selbständige Organisation mit eigener Buchführung ist nicht erforderlich, andererseits genügt für die Annahme eines Teilbetriebs nicht die Möglichkeit einer technischen Aufteilung des Betriebs. Die erforderliche Eigenständigkeit des Teilbetriebs kann der Stpfl. nicht dadurch erreichen, dass er bestimmte abgegrenzte Tätigkeitsbereiche durch organisatorische Verselbständigung und durch gesonderten Vermögens- und Ergebnisausweis einrichtet.[3] Insgesamt sind die Anforderungen an einen luf Teilbetrieb geringer als an einen gewerblichen Teilbetrieb.[4]

Der Teilbetrieb setzt die nachhaltige auf stetige Gewinnerzielung ausgerichtete Betätigung mit den dafür erforderlichen Betriebsvorrichtungen und Betriebsmitteln voraus, die gegenüber anderen Betrieben rechtlich und selbständig ausgeübt wird. Zur Beurteilung eines im Aufbau befindlichen luf Teilbetriebs vgl. BFH vom 29.3.2001.[5]

Einzelne WG stellen in keinem Falle einen Teilbetrieb dar, auch wenn sie von wesentlicher Bedeutung für den Betrieb sind, z. B. das Wohngebäude nebst Stallungen[6] oder das gesamte tote und lebende Inventar.[7] Gleiches galt für ein Milchlieferungs- oder Zuckerrübenlieferungsrecht.[8] 867

1 BFH 19.2.1976, BStBl 1976 II S. 415; BFH 4.7.1973, BStBl 1973 II S. 838; 15.3.1984, BStBl 1984 II S. 486; BFH 26.10.1989, BStBl 1990 II S. 373; BFH 29.3.2001, BFH/NV 2001 S. 1248; vgl. auch R 16 Abs. 3 EStR; BFH 16.11.2017 – VI R 63/15, NWB WAAAG-70593 = BFH/NV 2018 S. 369; BFH 17.5.2018 – VI R 73/15, NWB UAAAG-96175 = BFH/NV 2018 S. 1249; BFH 17.5.2018 – VI R 66/15, NWB TAAAG-96184 = BFH/NV 2018 S. 1315, BFH 14.7.2016 – IV R 19/13, NWB BAAAF-84224 = BFH/NV 2016 S. 1702.

2 BFH 24.4.1969, BStBl 1969 II S. 397; BFH 16.7.1970, BStBl 1970 II S. 738; BFH 19.2.1976, BStBl 1976 II S. 415; BFH 26.10.1989, BStBl 1990 II S. 373.

3 Vgl. R 16 Abs. 3 Satz 2 bis 5 EStR.

4 Vgl. BFH 29.3.2001 – IV R 62/99, NWB GAAAA-67061 = BFH/NV 2001 S. 1248.

5 IV R 62/99, NWB GAAAA-67061 = BFH/NV 2001 S. 1248.

6 BFH 4.4.1968, BStBl 1968 II S. 411.

7 BFH 19.2.1976, BStBl 1976 II S. 415.

8 BFH 17.4.2007, BFH/NV 2007 S. 1853.

BEISPIEL

- Teilbetriebe sind der **Forstbetrieb** bei einem luf Betrieb, das **Sägewerk** eines Forstbetriebs oder das **Vorwerk** eines Gutes.[1]
- Ein einzelnes Wirtschaftsgut, insbesondere ein **landwirtschaftliches Grundstück**, mag es auch wertvoll sein und mit zu den funktional wesentlichen Grundlagen gehören, kann für sich allein keinen Betrieb/Teilbetrieb bilden.[2]
- Ein **landwirtschaftlicher Nebenbetrieb** wird im Allgemeinen ein Teilbetrieb sein.[3]
- **Lebendes und totes Inventar** sind für sich kein Teilbetrieb, und zwar auch dann nicht, wenn zugleich Grund und Boden sowie Wirtschaftsgebäude an den Erwerber verpachtet werden.[4]
- Hingegen ist in dem Fall von einem Teilbetrieb auszugehen, in dem ein gepachteter Betriebsteil vorliegt, der im Rahmen des Gesamtbetriebs die Kriterien eines Teilbetriebs erfüllt, wenn der Erwerber des lebenden und toten Inventars gleichzeitig in den Pachtvertrag des Teilbetriebs eintritt.[5]
- Ein im Aufbau befindlicher luf Betrieb, der für sich zwar noch nicht lebensfähig ist, kann ein luf Teilbetrieb sein, wenn bei Weiterverfolgung des Aufbauplans ein selbständiger lebensfähiger Organismus erwartet, und die künftige Selbständigkeit aufgrund der bereits vorhandenen wesentlichen Betriebsgrundlagen endgültig festgestellt werden kann.[6]

Ohne Bedeutung für die Abgrenzung wesentlicher und unwesentlicher Betriebsgrundlagen ist der Umstand, ob und in welchem Umfange stille Reserven enthalten sind.[7]

(b) Besonderheiten des forstwirtschaftlichen Teilbetriebs

868 An einen forstwirtschaftlichen Teilbetrieb sind nur geringe Anforderungen zu stellen.[8] Forstwirtschaftliche Flächen, die zum notwendigen Betriebsvermögen eines luf Betriebs gehören, sind insgesamt ohne weitere sachliche Voraussetzungen als selbständiger Teilbetrieb i. S. von § 14 EStG zu beurteilen, wenn mindestens eine dieser Flächen die Voraussetzungen für die Annahme eines selbständigen Betriebs der Forstwirtschaft erfüllt. Innerhalb eines bestehen-

1 Vgl. a. Felsmann, Einkommensbesteuerung, Abschnitt D 1 Rz. 174.
2 BFH 9.12.1960, BStBl 1961 III S. 124; BFH 9.7.1981, BStBl 1982 II S. 20; BFH 16.11.2017 – VI R 63/15, NWB WAAAG-70593 = BFH/NV 2018 S. 369.
3 RFH 14.1.1932, RStBl 399; vgl. a. Felsmann, Einkommensbesteuerung, Abschnitt D 1 Rz. 174.
4 Vgl. BFH 19.2.1976, BStBl 1976 II S. 415.
5 BFH 26.10.1989, BStBl 1990 II S. 373.
6 BFH 29.3.2001, BFH/NV 2001 S. 1248.
7 BFH 19.1.1983, BStBl 1983 II S. 312.
8 BFH 17.1.1991, BStBl 1991 II S. 566.

den Betriebs der Forstwirtschaft oder forstwirtschaftlichen Teilbetriebs können auch einzelne forstwirtschaftliche Flächen das Merkmal eines selbständigen Teilbetriebs i. S. von § 14 EStG erfüllen. Nach der Rechtsprechung des BFH genügt es, wenn von einem Forstareal eine räumlich zusammenhängende Waldfläche von einer Größe abgetrennt und übertragen oder veräußert wird, die der Erwerber als selbständiges, lebensfähiges Forstrevier fortführen kann.

Unterhält ein Eigentümer einen landwirtschaftlichen und einen forstwirtschaftlichen Betrieb oder betreibt er innerhalb eines luf Betriebs LuF, so ist die Gewinnerzielungsabsicht für beide Tätigkeitsbereiche grundsätzlich getrennt zu prüfen.[1]

Die Veräußerung **einzelner forstwirtschaftlicher Grundstücksflächen** (einschl. 869
des aufstehenden Holzes) stellt einen laufenden Geschäftsvorfall dar, soweit nicht ein Teilbetrieb gegeben ist.[2]

(Einstweilen frei) 870–871

bb) Betriebsaufgabe

(1) Allgemeine Grundsätze

Bei Einstellung der luf Tätigkeit hat der Stpfl. die Wahl zwischen einer steuerbe- 872
günstigten Betriebsaufgabe und der schrittweisen Abwicklung (die zu laufenden Betriebsergebnissen führt). Eine ausdrückliche Ausübung des Wahlrechts ist zwar nicht erforderlich, jedoch muss die Absicht des Stpfl. äußerlich erkennbar sein.[3] Vgl. auch Rz. 886 und 887 zu § 16 Abs. 3b EStG.

Betriebsaufgabe ist die endgültige Aufgabe der luf Tätigkeit. Sie ist von der Betriebsverlegung (vgl. Rz. 883), der Betriebsunterbrechung (vgl. Rz. 884) und von der Betriebsverkleinerung zu unterscheiden. Erbfall und unentgeltliche Übertragung (in vorweggenommener Erbfolge) stellen keine Betriebsaufgabe dar. Erben erwerben den Betrieb unentgeltlich i. S. des § 6 Abs. 3 EStG und haben die Buchwerte fortzuführen.[4] Vgl. auch Rz. 809.

1 BMF 18.5.2018, BStBl 2018 I S. 689.

2 R 14 Abs. 5 Nr. 2 Satz 1 EStR.

3 BFH 5.12.1996 – IV R 65/95, BFH/NV 1997 S. 225.

4 Vgl. BFH 2.2.1989 – IV R 46/87, BFH/NV 1990 S. 86.

Die Betriebsaufgabe gilt als Betriebsveräußerung.[1] Eine Betriebsaufgabe im Ganzen ist anzunehmen, wenn alle wesentlichen Betriebsgrundlagen innerhalb kurzer Zeit (in einem wirtschaftlich einheitlichen Vorgang) entweder

- in das Privatvermögen überführt werden,
- an verschiedene Erwerber veräußert oder
- teilweise veräußert und teilweise in das Privatvermögen übernommen werden

und damit der Betrieb als selbständiger Organismus zu bestehen aufhört.[2]

Eine Betriebsaufgabe erfordert eine Willensentscheidung oder Handlung des Stpfl., die darauf gerichtet ist, den Betrieb als selbständigen Organismus nicht mehr in seiner bisherigen Form bestehen zu lassen.[3] Die Betriebsaufgabe ist nicht deshalb ausgeschlossen, weil anschließend eine Betriebsaufspaltung begründet wird, bei der WG der bisherigen LuF das Besitzunternehmen bilden. Voraussetzung ist nur, dass zuvor die landwirtschaftliche Betätigung beendet wird.[4]

(2) Beginn und Ende der Betriebsaufgabe

873 Die Betriebsaufgabe beginnt mit vom Aufgabeentschluss getragenen **Handlungen**, die objektiv auf die Auflösung des Betriebs gerichtet sind.[5] Der Entschluss des Stpfl. zur endgültigen Einstellung des Betriebs muss nach außen hin dokumentiert und durch tatsächliche Maßnahmen umgesetzt werden.[6] Bloße Absichtserklärungen entfalten keine unmittelbare Auswirkung auf die Existenz des Betriebs.[7] Der Beginn einer Betriebsaufgabe kann auch die Veräußerung unwesentlicher Betriebsgrundlagen sein.[8]

1 § 14 Satz 2 i. V. mit § 16 Abs. 3 Satz 1 EStG.

2 Vgl. BFH 24.6.1976, BStBl 1976 II S. 670; BFH 29.10.1981, BStBl 1982 II S. 381; BFH 18.12.1990, BStBl 1991 II S. 512; BFH 5.6.1991, BFH/NV 1992 S. 97; R 16 Abs. 2 Satz 1 EStR; BFH 20.4.2020 – VI S 9/19 (PKH), NWB KAAAH-54556 = BFH/NV 2020 S. 1051; BFH 17.5.2018 – VI R 66/15, NWB TAAAG-96184 = BFH/NV 2018 S. 1315;BFH 16.11.2017 – VI R 63/15, NWB WAAAG-70593 = BFH/NV 2018 S. 369.

3 R 16 Abs. 2 Satz 1 EStR.

4 BFH 30.3.2006, BStBl 2006 II S. 652.

5 BFH 5.7.1984, BStBl 1984 II S. 711.

6 BFH 30.8.2007, BStBl 2008 II S. 113.

7 BFH 30.8.2007, BStBl 2008 II S. 113.

8 BFH 10.3.1998 – VIII R 62/96, BFH/NV 1998 S. 1211.

Der Zeitraum (vgl. Rz. 880), in dem die Betriebsaufgabe abgeschlossen sein muss, endet mit der **Veräußerung der letzten wesentlichen Betriebsgrundlage** bzw. der Überführung in das Privatvermögen. Es kommt nicht auf den Zeitpunkt an, in dem die stillen Reserven des Betriebs im Wesentlichen oder nahezu vollständig aufgedeckt worden sind.[1]

Verbleibt im Zuge der Betriebsaufgabe nach der Verwertung des sonstigen BV dem Stpfl. lediglich eine wesentliche Betriebsgrundlage (z. B. ein Grundstück, das nicht zu veräußern ist), wird diese auch ohne ausdrücklich dahingehende Erklärung notwendiges Privatvermögen.[2] Der Abwicklungszeitraum kann allerdings nicht dadurch abgekürzt werden, dass WG, die bei Aufgabe des Betriebs nicht veräußert worden sind, formell in das Privatvermögen übernommen werden, um sie anschließend privat zu veräußern; in solchen Fällen setzt der Stpfl. i. d. R. seine unternehmerische Tätigkeit fort.[3] 874

(Einstweilen frei) 875

(3) Wesentliche Betriebsgrundlagen – Betriebsaufgabe bei unentgeltlicher Betriebsübertragung und Zurückbehaltung bestimmter Wirtschaftsgüter durch den Übergeber

Der Begriff der wesentlichen Betriebsgrundlage fußt auf einer funktional-quantitativen Betrachtungsweise.[4] Als funktional wesentlich gelten sämtliche Wirtschaftsgüter, mit denen der Betrieb im eigentlichen Sinne betrieben wird und die für die Fortführung unerlässlich sind.[5] Als quantitativ wesentlich werden hingegen die Wirtschaftsgüter bezeichnet, die zwar für den Betrieb keine direkte Funktion ausüben, die aber erhebliche stille Reserven beinhalten (sog. quantitative Betrachtungsweise). Nach der Rechtsprechung des BFH[6] haben aber auch diese Wirtschaftsgüter aufgrund ihrer stillen Reserven eine gewisse herausgehobene Bedeutung für den Betrieb, da sie langfristig die Kapitalausstattung desselben beeinflussen können. 876

1 BFH 26.5.1993, BStBl 1993 II S. 710.

2 BFH 26.3.1991, BFH/NV 1992 S. 227; BFH 21.5.1992, BFH/NV 1992 S. 659; BFH 22.10.1992, BFH/NV 1993 S. 358.

3 BFH 16.9.1966, BStBl 1967 III S. 70; BFH 12.12.2000, BStBl 2001 II S. 282.

4 BFH 10.11.2005, BStBl 2006 II S. 176; BFH 25.2.2010, BStBl 2010 II S. 726.

5 BFH 17.4.1997, BStBl 1998 II S. 388.

6 U. a. BFH 24.8.1989, BStBl 1989 II S. 1014, BFH, Beschluss v. 20.4.2020 – VI S 9/19 (PKH), NWB KAAAH-54556.

877 Bei einer unentgeltlichen Betriebsübertragung im Ganzen (vor allem im Wege vorweggenommener Erbfolge) sind die **Buchwerte fortzuführen**.[1] Eine Betriebsaufgabe ist darin nicht zu sehen. Probleme ergeben sich, wenn sich der Übergeber WG zurückbehält. Im Einzelnen bestehen folgende Möglichkeiten.[2]

(a) Zurückbehaltung einer wesentlichen Betriebsgrundlage

878 Wird ein Betrieb unentgeltlich übertragen und werden zeitgleich funktional wesentliche Betriebsgrundlagen in das Privatvermögen überführt oder veräußert, kommt die Fortführung der Buchwerte nicht in Betracht, da der Betrieb nicht mit allen wesentlichen Betriebsgrundlagen übertragen worden ist. Es liegt eine steuerbegünstigte Betriebsaufgabe vor.[3]

Die Buchwertfortführung i. S. des § 6 Abs. 3 EStG ist nur dann zulässig, wenn funktional wesentliche Betriebsgrundlagen bereits vor der Übertragung des Betriebs veräußert oder entnommen worden sind. Übertragen wird dann der verkleinerte Betrieb zu Buchwerten gem. § 6 Abs. 3 EStG. Für die zuvor veräußerten oder entnommenen Betriebsgrundlagen sind die stillen Reserven aufzudecken. Insoweit entsteht laufender Gewinn.

Wird ein Betrieb unentgeltlich übertragen und werden funktional wesentliche Betriebsgrundlagen zurückbehalten, die zeitgleich in ein anderes Betriebsvermögen/Sonderbetriebsvermögen des Stpfl. überführt werden, sind für den verkleinerten Betrieb die Buchwerte gem. § 6 Abs. 3 EStG fortzuführen.

Für die in ein anderes Betriebsvermögen/Sonderbetriebsvermögen überführten Betriebsgrundlagen sind die Buchwerte gem. § 6 Abs. 5 EStG ebenfalls fortzuführen.[4] Die Vorschriften des § 6 Abs. 3 und Abs. 5 EStG sind gleichzeitig anwendbar, sofern die gleichzeitige Anwendung der beiden Buchwertprivilegien keine Betriebszerschlagung zur Folge hat.

---

1 § 6 Abs. 3 EStG, vgl. BFH 27.7.1961, BStBl 1961 III S. 514; BFH 7.8.1979, BStBl 1980 II S. 181.

2 Vgl. BFH 6.5.1999 – VIII B 78/98, NWB TAAAA-64404 = BFH/NV 1999 S. 1329; BFH 20.4.2020 – VI S 9/19 (PKH), NWB KAAAH-54556 = BFH/NV 2020 S. 1051, BFH 16.11.2017 – VI R 63/15, NWB WAAAG-70593; BFH 9.5.2019 – VI R 43/16, NWB NAAAH-31771 = BFH/NV 2019 S. 1335; BFH 8.5.2019 – VI R 26/17, BStBl 2019 II S. 660, BMF-Schreiben vom 5.5.2021.

3 BFH, Beschluss v. 20.4.2020 – VI S 9/19 (PKH), NWB KAAAH-54556.

4 BFH 2.8.2012 – IV R 41/11, BStBl 2019 II S. 715; BFH 12.5.2016 – IV R 12/15, BStBl 2019 II S. 726, BMF vom 5.5.2021.

(b) Zurückbehaltung einer unwesentlichen Betriebsgrundlage

Es wird ein Betrieb im Ganzen übertragen.[1] Die Buchwerte sind fortzuführen. Die Zurückbehaltung einer unwesentlichen Betriebsgrundlage ist hierauf ohne Einfluss. Werden diese WG in ein anderes BV desselben Stpfl. eingebracht, können auch insoweit gem. § 6 Abs. 5 EStG die Buchwerte fortgeführt werden. Ein steuerpflichtiger Gewinn entsteht nicht.[2] Bei Überführung in das Privatvermögen entsteht ein laufender Gewinn.[3] 879

Zum Begriff der wesentlichen Betriebsgrundlage in der LuF vgl. a. Rz. 858 ff.

Landwirtschaftliche Nutzflächen in einem Umfang von bis zu 10 % der landwirtschaftlichen Nutzflächen stellen im Allgemeinen keine wesentliche Betriebsgrundlage dar. Folglich gefährdet der Rückbehalt von bis zu 10 % der landwirtschaftlichen Nutzflächen nicht die unentgeltliche Betriebsübertragung gem. § 6 Abs. 3 EStG.

Fraglich ist, worauf sich die 10 %-Grenze bezieht, wenn einzelne Flächen des Betriebsvermögens aktiv bewirtschaftet und andere verpachtet werden.

Einzelne Länder vertreten die Auffassung, dass in die Berechnung der 10 %-Grenze alle im Eigentum des Betriebsinhabers stehenden landwirtschaftlichen Nutzflächen, die zum Betriebsvermögen gehören, einzubeziehen sind. Auf die Nutzung der einzelnen Fläche (aktive Bewirtschaftung, Verpachtung, Brachliegen) kommt es nicht an.[4]

Demgegenüber vertritt das Landesamt für Steuern Rheinland-Pfalz[5] die Auffassung, dass zur Überprüfung der sog. 10 %-Grenze lediglich die selbst bewirtschafteten Nutzflächen eines aktiven Betriebes zugrunde zu legen sind, da nur diese im Zeitpunkt des Übertragungsvorgangs für die Funktion des Betriebs von Bedeutung sein können.[6]

1 § 6 Abs. 3 EStG.

2 BFH 2.8.2012 – IV R 41/11, BStBl 2019 II S. 715; BFH 12.5.2016 – IV R 12/15, BStBl 2019 II S. 726.

3 BFH 24.2.2005 – IV R 28/00, NWB ZAAAB-52560 = BFH/NV 2005 S. 1062.

4 Bayerisches Landesamt für Steuern 8.10.2024, NWB WAAAJ-79702.

5 Landesamt für Steuern Rheinland-Pfalz 9.9.2025.

6 FG Düsseldorf 22.11.2024 – 3 K 2604/21 E, EFG 2025 S. 398 = NWB QAAAJ-84178, rkr.

(4) Dauer der Betriebsaufgabe

880 Eine Betriebsaufgabe erfordert, dass sie innerhalb kurzer Zeit durchgeführt wird. Naturgemäß kann sie – vor allem bei einem luf Betrieb – nicht in einem einzigen Akt vorgenommen werden. Entscheidend ist, dass die einzelnen Akte in zeitlicher Abfolge als ein einheitlicher Vorgang angesehen werden können.

Für die Beurteilung der **Angemessenheit der Frist** ist bei luf Betrieben in Rechnung zu stellen, dass ein größerer Grundbesitz bei einem beschränkten Interessentenkreis meist nicht in kurzer Zeit an den Mann zu bringen ist. Die Frist kann deshalb nicht zu kurz bemessen werden. Die Betriebsaufgabe muss jedenfalls nicht innerhalb eines Wj abgewickelt worden sein. Ein Zeitraum bis zu 18 Monaten wird als angemessen angesehen.[1]

(5) Bewertung

881 Die Bewertung der in das Privatvermögen übernommenen WG erfolgt nach allgemeinen Grundsätzen. Bestehende Pachtverträge zu marktüblichen Bedingungen sind i. d. R. keine wertbildenden Umstände, die bei Bemessung des gemeinen Wertes (Verkehrswert) des Grundstücks zu berücksichtigen sind.[2]

(6) Aufgabe eines Teilbetriebs – Abgrenzung zum Betriebsteil

882 Die Grundsätze der Betriebsaufgabe finden auch auf die Aufgabe eines Teilbetriebs Anwendung.[3] Zum Begriff des Teilbetriebs vgl. BFH vom 17.5.2018 und 16.11.2017.[4] Zur Abgrenzung von einem unselbständigen Betriebsteil vgl. BFH 10.3.1998.[5]

1 Vgl. auch Schmidt/Kulosa, EStG, § 14 Rz. 15; BFH 8.9.1976, BStBl 1977 II S. 66: 14 bis 18 Monate; BFH 16.9.1966, BStBl 1967 III S. 70: 14 Monate nicht unangemessen; wohl aber mehr als 36 Monate, BFH 26.4.2001, BStBl 2001 II S. 798.

2 BFH 12.12.1991, BStBl 1992 II S. 462.

3 BFH 17.5.2018 – VI R 73/15, NWB UAAAG-96175 = BFH/NV 2018 S. 1249; BFH 17.5.2018 – VI R 66/15, NWB TAAAG-96184 = BFH/NV 2018 S. 1315; BFH 16.11.2017 – VI R 63/15, NWB WAAAG-70593 = BFH/NV 2018 S. 369; BFH 14.7.2016 – IV R 19/13, NWB BAAAF-84224 = BFH/NV 2016 S. 1702; BFH 16.12.2009, BStBl 2009 II S. 432.

4 BFH 17.5.2018 – VI R 73/15, NWB UAAAG-96175 = BFH/NV 2018 S. 1249; BFH 17.5.2018 – VI R 66/15, NWB TAAAG-96184 = BFH/NV 2018 S. 1315; BFH 16.11.2017 – VI R 63/15, NWB WAAAG-70593 = BFH/NV 2018 S. 369; BFH 14.7.2016 – IV R 19/13, NWB BAAAF-84224 = BFH/NV 2016 S. 1702; BFH 16.12.2009, BStBl 2009 II S. 432.

5 BFH/NV 1998 S. 1209; BFH 13.7.1998, BFH/NV 1999 S. 38.

(7) Abgrenzungsfragen

(a) Betriebsverlegung

Eine Betriebsverlegung ist keine Betriebsaufgabe.[1] Werden im Zusammenhang mit einer Betriebsverlegung WG des BV veräußert oder entnommen, entsteht ein laufender Gewinn, der voll zu versteuern ist. 883

Die Probleme der Betriebsaufgabe/Betriebsverlegung tauchen bei der LuF vor allem in den Fällen auf, in denen aus dem Erlös des Verkaufs von zu Bauland gewordenen betrieblichen Grundstücksflächen an anderer Stelle ein Hof erworben wird. Die Abgrenzung ist danach zu treffen, ob nach dem Gesamtbild der Verhältnisse der bisherige und der neue Betrieb bei wirtschaftlicher Betrachtungsweise und nach der Verkehrsauffassung **wirtschaftlich identisch** sind.[2] Eine Betriebsverlegung ist i. d. R. anzunehmen, wenn wesentliche Betriebsgrundlagen, insbesondere WG mit erheblichen stillen Reserven, ohne Realisierung dieser stillen Reserven in den neuen Betrieb überführt werden.[3]

(b) Betriebsunterbrechung

Die Betriebsunterbrechung ist keine Betriebsaufgabe. Eine Betriebsunterbrechung setzt voraus, dass 884

1. **objektiv** die im (wirtschaftlichen) Eigentum des bisherigen Betriebsinhabers verbleibenden WG es erlauben, die unterbrochene Betriebstätigkeit wieder aufzunehmen und fortzuführen (wirtschaftliche Identität, vgl. BFH 26.2.1997[4]) und
2. der bisherige Betriebsinhaber **die Absicht** hat, die betriebliche Tätigkeit wieder aufzunehmen und fortzuführen.[5]

Eine **Fortführung des Betriebs** ist nur dann möglich, wenn und solange eine **Verpachtung des Betriebs im Ganzen möglich** wäre. Entfällt diese Voraussetzung, ist Betriebsaufgabe anzunehmen.[6] 885

---

1 BFH 3.10.1984, BStBl 1985 II S. 131.

2 BFH 28.6.2001, BStBl 2003 II S. 124.

3 BFH 27.10.1983, BStBl 1984 II S. 364.

4 BStBl 1997 II S. 561; BFH 18.3.1999, BStBl 1999 II S. 398.

5 BFH 19.1.1983, BStBl 1983 II S. 412; BFH 27.2.1985, BStBl 1985 II S. 456; BFH 18.3.1999, BStBl 1999 II S. 398.

6 Vgl. BFH 26.2.1997, BStBl 1997 II S. 561.

886 Die **Absicht**, die betriebliche Tätigkeit wieder aufzunehmen und fortzuführen, bedarf des **Nachweises**.

Das Problem der Nachweisschwierigkeiten hat der BFH 13.11.1963[1] in der Weise gelöst, dass er auf die vom Stpfl. selbst abgegebene Erklärung über seine Absichten abstellt. Diese zunächst für die Verpachtung im Ganzen entwickelten Grundsätze gelten auch in den Fällen, in denen der Stpfl. bei einem luf Betrieb den Viehbestand abschafft und die Grundstücke unbewirtschaftet lässt.[2]

Das führt praktisch dazu, dass der Stpfl. – sofern er objektiv noch einen Betrieb innehat[3] – ein Wahlrecht über die Aufgabe bzw. Fortführung des Betriebes hat. Die für die Verpachtung gewerblicher Betriebe entwickelten Grundsätze[4] gelten auch für luf Betriebe.[5] Auch die Grundsätze des koordinierten Ländererlasses gelten für die LuF.[6]

Danach wird aus Beweisgründen die Absicht einer dauernden Betriebseinstellung (Betriebsaufgabe) grds. nur bei einer entsprechenden eindeutigen und klaren Erklärung des Steuerpflichtigen gegenüber dem Finanzamt angenommen, die bei Beginn aber auch während der Pachtzeit abgegeben werden kann.

Dieses bisher aufgrund BFH-Rechtsprechung und entsprechender Richtlinienregelung in R 16 Abs. 5 EStR 2008 bestehende Verpächterwahlrecht wurde im Rahmen des StVereinfG 2011 vom 1.11.2011[7] als eindeutige gesetzliche Regelung in § 16 Abs. 3b EStG aufgenommen.

In Fällen der Betriebsunterbrechung und Betriebsverpachtung im Ganzen gilt ein Betrieb nicht als aufgegeben, bis

(a) der Steuerpflichtige die Aufgabe i. S. des § 16 Abs. 3 Satz 1 EStG ausdrücklich gegenüber dem Finanzamt erklärt oder

(b) dem Finanzamt Tatsachen bekannt werden, aus denen sich ergibt, dass die Voraussetzungen für eine Aufgabe i. S. des § 16 Abs. 3 Satz 1 EStG erfüllt sind.

---

1 BStBl 1964 III S. 124.

2 Vgl. Niedersächsisches FG 19.6.1981, EFG 1982 S. 128.

3 Vgl. BFH 2.2.1989, BFH/NV 1990 S. 86.

4 Vgl. BFH 13.11.1963, BStBl 1964 III S. 124; vgl. hierzu koordinierter Ländererlass 28.12.1964, BStBl 1965 II S. 5.

5 BFH 18.3.1964, BStBl 1964 III S. 303; BFH 23.2.1989, BFH/NV 1990 S. 219.

6 FinMin 17.12.1965, BStBl 1966 II S. 34.

7 BGBl 2011 I S. 2131.

Diese Aufgabeerklärung ist rückwirkend für den vom Steuerpflichtigen gewählten Zeitpunkt anzuerkennen, wenn die Erklärung spätestens drei Monate nach diesem Zeitpunkt abgegeben wird.[1]

Die **Erklärung der Betriebsaufgabe**, die gegenüber dem FA abzugeben ist,[2] muss **eindeutig, klar** und **ausdrücklich** sein. Das soll selbst dann gelten, wenn der Betriebsinhaber eine Landabgaberente und eine Altersrente bezieht.[3] Daran sind strenge Anforderungen zu stellen.[4] § 16 Abs. 3b EStG fordert eine ausdrückliche Aufgabeerklärung. Dadurch ist eine Aufgabe durch konkludente Handlung ausgeschlossen.[5] 887

Muss die Aufgabeerklärung von dem Bewusstsein getragen sein, dass damit als Folge die Versteuerung der stillen Reserven eintritt? Das forderte der BFH in seinem Urteil vom 19.8.1998 – X R 176/96.[6] Dem ist der BFH entgegengetreten.[7] Das gelte jedenfalls dann nicht bei ausdrücklicher Aufgabeerklärung; die stillen Reserven sind zu versteuern.

Die Behandlung als Pachteinnahmen (anstelle von Gewinn aus LuF) genügt allein nicht, um eine Betriebsaufgabe anzunehmen.[8]

Die geplante Betriebsfortführung muss nicht in der Person des bisherigen Betriebsinhabers erfolgen. Es genügt die (spätere) Fortführung durch einen Erben (Gesamtrechtsnachfolger) oder einen Einzelrechtsnachfolger i. S. des § 6 Abs. 3 EStG (z. B. wenn der Vater den Betrieb aus Gesundheitsgründen einstellen muss, der Sohn aber wegen seines Alters oder der noch nicht abgeschlossenen Berufsausbildung zunächst den Betrieb nicht übernehmen kann).

Für die parzellenweise Verpachtung der bisher selbst bewirtschafteten Ländereien gelten die vorstehend genannten Ausführungen entsprechend, wenn eine Wiederaufnahme der Eigenbewirtschaftung denkbar ist.[9] 888

1 § 16 Abs. 3b EStG.
2 § 16 Abs. 3b EStG.
3 BFH 21.9.2000 – IV R 29/99, BFH/NV 2001 S. 433.
4 BFH 12.3.1964, BStBl 1964 III S. 406.
5 Vgl. Schmidt/Wacker, EStG, § 16 Rz. 711.
6 BFH/NV 1999 S. 454.
7 Vgl. BFH 22.9.2004, BStBl 2005 II S. 160.
8 BFH 15.10.1987, BStBl 1988 II S. 260; BFH 22.4.1988 – III R 104/85, BFH/NV 1989 S. 18; BFH 2.2.1989 – IV R 46/87, BFH/NV 1990 S. 86; BFH 23.11.1995 – IV R 36/94, BFH/NV 1996 S. 398.
9 Vgl. ausführlich Felsmann, Einkommensbesteuerung, Abschnitt A 12 Rz. 76 m. w. N.

(c) Übergang zur Liebhaberei – keine Betriebsaufgabe

889 Soweit die luf Betätigung zunächst mit Gewinnerzielungsabsicht betrieben worden ist, diese allerdings ab einem späteren Zeitpunkt wegfällt und die Betätigung ab diesem Zeitpunkt als Liebhaberei (wegen der Begriffsbestimmung vgl. Rz. 136 ff.) anzusehen ist, führt der Wechsel vom steuerlich berücksichtigungsfähigen luf Betrieb zum steuerlich unbeachtlichen Betrieb der Liebhaberei nicht zu einer Betriebsaufgabe. Eine Aufdeckung der stillen Reserven erfolgt nicht.[1] Der Stpfl. kann aber die Betriebsaufgabe erklären (beim Übergang oder zu einem beliebigen späteren Zeitpunkt). Wird die Aufgabe im Zeitpunkt des Übergangs nicht erklärt, bleibt das bisher dem luf Betrieb dienende Vermögen weiterhin BV. Der Liebhabereibetrieb umfasst das gesamte BV im Zeitpunkt des Übergangs zur Liebhaberei. Die während des Bestehens des steuerlich relevanten Betriebs der LuF entstandenen stillen Reserven sind gem. § 8 der VO über die gesonderte Feststellung von Besteuerungsgrundlagen nach § 180 Abs. 2 AO vom 19.12.1986[2] auf den Zeitpunkt des Übergangs festzustellen. Dabei wird auf den Zeitpunkt des Übergangs zur Liebhaberei unabhängig von der Gewinnermittlungsart für jedes WG des Anlagevermögens der Unterschiedsbetrag zwischen dem gemeinen Wert und dem Wert, der nach § 4 Abs. 1 oder § 5 EStG anzusetzen wäre, gesondert und bei mehreren Beteiligten einheitlich festgestellt.

Eine Aufdeckung dieser festgestellten stillen Reserven findet erst statt, wenn sie realisiert werden; also wenn das betreffende Wirtschaftsgut veräußert oder entnommen wird bzw. wenn die Betriebsaufgabe erklärt wird oder wenn der Betrieb veräußert wird. Der dabei entstehende Gewinn rechnet zu den **nachträglichen Einkünften aus LuF**. Ein begünstigter Steuersatz kommt dabei nicht zur Anwendung.

890 Die Vermietung oder Verpachtung einzelner WG (insbesondere Grundstücke) oder auch des Liebhabereibetriebs im Ganzen können zu Einkünften aus Vermietung und Verpachtung nach § 21 EStG führen, wenn die Einkünfte keiner anderen Einkunftsart zuzurechnen sind (§ 21 Abs. 3 EStG). Dies ist im Falle der Annahme eines Liebhabereibetriebs i. d. R. gegeben.[3] Dies gilt nicht für WG die unmittelbar der Liebhabereitätigkeit dienen.[4]

1 BFH 29.10.1981, BStBl 1982 II S. 381; BFH 24.7.1986, BStBl 1986 II S. 808; BFH 19.11.1992, BStBl 1993 II S. 430; BFH 6.3.2006 – IV B 82/04, NWB NAAAB-84780 = BFH/NV 2006 S. 1291.

2 BGBl 1986 I S. 2663.

3 Vgl. Felsmann, Einkommensbesteuerung, Abschnitt A 4 Rz. 128.

4 Felsmann, Einkommensbesteuerung, Abschnitt A 4 Rz. 128.

Der Übergang zur Liebhaberei muss nicht notwendigerweise den **Gesamtbetrieb** umfassen.[1] Nach Auffassung des BFH[2] kann es unter dem Gesichtspunkt der Liebhaberei nicht gerechtfertigt werden, dass eine gewinnträchtige LuF durch Eingliederung einer verlustbringenden Liebhaberei steuerfrei bleibt. Zur Vermeidung eines solchen Ergebnisses kann es geboten sein, nicht nur selbständige **Teilbetriebe** und luf **Nebenbetriebe**, sondern auch bestimmte **selbständige Betriebsteile** (z. B. eine Pferdezucht) als Liebhaberei zu betrachten, im Übrigen aber die Gewinnermittlung auf die einer erwerbswirtschaftlichen Betätigung zugänglichen WG zu beschränken. 891

(Einstweilen frei) 892

(d) Keine Betriebsaufgabe bei Verkleinerung des land- und forstwirtschaftlichen Betriebs

Der luf Betrieb setzt weder eine bestimmte Größe noch einen vollen luf Besatz (Betriebsgebäude, Inventar usw.) voraus, so dass auch die letztlich noch verbleibenden Stückländereien gem. § 14 Abs. 2 EStG noch einen luf Betrieb darstellen.[3] 893

Es liegt gem. § 14 Abs. 2 EStG keine Betriebsaufgabe vor, wenn nur noch Flächen vorhanden sind, die für die ertragreiche Bewirtschaftung eines lebensfähigen Betriebs nicht ausreichen,[4] z. B. weil der Betrieb ständig verkleinert wurde. Das Gleiche gilt, wenn der Stpfl. infolge Alters oder Krankheit die Tierhaltung einstellt, die Flächen teilweise verpachtet und die Bewirtschaftung der LuF von den Kindern vornehmen lässt.[5]

(e) Keine Betriebsaufgabe bei Betriebsumstellung/Nutzungsänderung

Bei Betriebsumstellung oder Nutzungsänderung liegt keine Betriebsaufgabe vor.[6] 894

(Einstweilen frei) 895

---

1 BFH 24.2.1999 – X R 106/95, NWB CAAAA- 62833 = BFH/NV 1999 S. 1081.

2 BFH 28.11.1985, BStBl 1986 II S. 293.

3 BFH 31.3.1955, BStBl 1955 III S. 150; BFH 21.12.1965, BStBl 1966 III S. 138; BFH 12.11.1992, BStBl 1993 II S. 430; BFH 21.9.2000, BFH/NV 2001 S. 433.

4 BFH, Urteil v. 12.11.1992 – IV R 41/91, NWB QAAAA-94476 = BStBl 1993 II S. 430.

5 FG Baden-Württemberg, Urteil v. 31.8.1994 – 12 K 388/88, EFG 1995 S. 253, vgl. auch BFH, Urteil v. 21.9.2000 – IV R 29/99, NWB CAAAA-97064 = BFH/NV 2001 S. 433.

6 Vgl. BFH 12.11.1992, BStBl 1993 II S. 430.

f) Realteilung als besondere Form der Betriebsaufgabe

aa) Gegenstand der Darstellung

896 Die folgende Darstellung gilt für Realteilungen i. S. von § 16 Abs. 3 Satz 2 bis 4 EStG ab dem 1.1.2001.[1]

bb) Begriff der Realteilung

897 Grundsätzlich wird eine Gesellschaft durch die Versilberung des Gesellschaftsvermögens und die Verteilung des Überschusses[2] an die Gesellschafter aufgelöst. Bei einer „echten" Realteilung wird die Gesellschaft in der Weise aufgelöst, dass das gesamte Gesellschaftsvermögen unter den Mitunternehmern aufgeteilt wird durch Übertragung von Teilbetrieben, Mitunternehmeranteilen oder Einzelwirtschaftsgütern, wobei mindestens eine wesentliche Betriebsgrundlage (quantitative oder funktionale Betrachtungsweise) nach der Realteilung weiterhin Betriebsvermögen bei einem der bisherigen Mitunternehmer darstellt. Auf der Ebene der Mitunternehmerschaft liegt dabei eine Betriebsaufgabe vor. Eine Betriebsaufgabe auf Ebene der Mitunternehmerschaft und damit ein Fall der „echten" Realteilung liegt auch bei Ausscheiden eines Mitunternehmers unter Übertragung von Wirtschaftsgütern aus einer zweigliedrigen Mitunternehmerschaft und Fortführung des Betriebs durch den verbleibenden Mitunternehmer in Form eines Einzelunternehmens vor. Zu den Rechtsfolgen im Übrigen vgl. Rz. 898.

Die Anwendung der Realteilungsgrundsätze setzt nicht voraus, dass alle Mitunternehmer die ihnen zugeteilten Wirtschaftsgüter ausnahmslos in ein eigenes Betriebsvermögen übertragen. Ausreichend ist, dass jedenfalls einer der Realteiler eins der ihm zugeteilten Wirtschaftsgüter in ein eigenes Betriebsvermögen übernimmt, und zwar in

- einen bereits bestehenden Betrieb des Mitunternehmers oder
- in einen neu gegründeten Betrieb des Mitunternehmers oder
- in sein Sonderbetriebsvermögen bei einer anderen Mitunternehmerschaft.[3]

Eine „unechte" Realteilung liegt vor, wenn ein Mitunternehmer aus einer mehrgliedrigen Mitunternehmerschaft gegen Übertragung von Wirtschaftsgütern des Betriebsvermögens, die beim ausscheidenden Mitunternehmer zumindest

1 § 52 Abs. 34 Satz 4 EStG a. F.

2 Vgl. § 734 BGB.

3 § 16 Abs. 3 Satz 2 1. Halbsatz EStG.

teilweise weiterhin Betriebsvermögen darstellen, ausscheidet und wenn die Mitunternehmerschaft im Übrigen von den verbleibenden Mitunternehmern fortgeführt wird[1] (Ausscheiden eines Mitunternehmers gegen Sachwertabfindung, wobei das Wirtschaftsgut in ein Betriebsvermögen des Ausscheidenden überführt wird).

cc) Zwingende Fortführung der Buchwerte

Werden im Zuge einer Realteilung Teilbetriebe, Mitunternehmeranteile oder 898 einzelne WG in **das jeweilige BV des einzelnen Mitunternehmers** übertragen, so sind bei der Ermittlung des Gewinns der Mitunternehmerschaft die WG mit den Werten anzusetzen, die sich nach den Vorschriften über die Gewinnermittlung ergeben,[2] d. h., die stillen Reserven werden nicht aufgedeckt. Voraussetzung für die Fortführung der Buchwerte ist, dass die Besteuerung der stillen Reserven sichergestellt ist.[3] **Die Fortführung der Buchwerte ist zwingend.** Die Mitunternehmer haben kein Wahlrecht.

Die Möglichkeit der Realteilung mit Buchwertfortführung ist **an die Bilanzierung gebunden**, da nur insoweit die übereinstimmende Buchwertfortführung 899 und damit die steuerliche Erfassung der stillen Reserven sichergestellt ist. Gesellschaften, die den Gewinn nach § 13a EStG ermitteln, müssen deshalb zur Buchführung übergehen.

Für die Realteilung unter Gesellschaftern sind im Allgemeinen die tatsächlichen 900 Werte maßgebend. Diese stehen nicht immer im gleichen Verhältnis zu den Buchwerten, so dass sich die Summe der Buchwerte der von einem Gesellschafter übernommenen WG nur selten mit dem Buchwert seines Kapitalkontos decken wird.

BEISPIEL Summe der Buchwerte 100.000 € und Kapitalanteile A und B je 50.000 €. A erhält Buchwerte von 60.000 € und B von 40.000 € (gemeiner Wert je 100.000 €).

Die Kapitalkonten sind den jeweiligen Buchwerten der übernommenen WG anzupassen, so dass sich für A ein Kapitalkonto von 60.000 € und für B ein Kapitalkonto von 40.000 € ergibt. Gewinnauswirkungen ergeben sich dadurch nicht.[4]

1 BFH, Urteil 16.3.2017, BStBl 2019 II S. 24; BFH, Urteil 30.3.2017, BStBl 2019 II S. 29; BMF 19.12.2018, BStBl 2019 I S. 6.

2 § 16 Abs. 3 Satz 2 1. Halbsatz EStG.

3 § 16 Abs. 3 Satz 2 2. Halbsatz EStG.

4 Vgl. BMF 19.12.2018, BStBl 2019 I S. 6, Abschnitt VII.

dd) Realteilung mit Spitzenausgleich bei Buchwertfortführung

901 Die Realteilung mit Buchwertfortführung wird nicht dadurch ausgeschlossen, dass ein Gesellschafter WG mit einem höheren (gemeinen) Wert, als seinem Kapitalanteil entspricht, erhält und ein anderer Gesellschafter aus dem Privatvermögen abgefunden wird.[1]

Beim Spitzenausgleich mit Buchwertfortführung handelt es sich um einen Vorgang in der betrieblichen Sphäre der Realteiler. Beim ausgleichsberechtigten Mitunternehmer führt das zu Betriebseinnahmen, beim ausgleichsverpflichteten Mitunternehmer zu AK mit der Folge, dass die aus der steuerrechtlichen Schlussbilanz der Gesellschaft übernommenen Buchwerte der WG und das diesen angeglichene Kapitalkonto in der Fortführungs(eröffnungs)bilanz des ausgleichsverpflichteten Mitunternehmers entsprechend aufzustocken sind. Beim ausgleichsberechtigten Mitunternehmer führt der Spitzenausgleich zur Realisierung eines laufenden Gewinns.[2]

ee) Realteilung und Betriebsverpachtung im Ganzen

902 Erfolgt die Realteilung durch Übertragung von Teilbetrieben, können diese Teilbetriebe anschließend im Rahmen einer Betriebsverpachtung im Ganzen verpachtet werden.[3] Wird ein luf Betrieb im Wege der Realteilung mit Einzelwirtschaftsgütern geteilt, kann das Verpächterwahlrecht nach der Realteilung erstmalig begründet oder fortgeführt werden, wenn die erhaltenen Wirtschaftsgüter bei dem Realteiler nach der Realteilung einen selbständigen luf Betrieb darstellen.[4] Mit Urteilen vom 17.5.2018[5] hatte der BFH in zwei Fällen zu entscheiden, ob aus der Veräußerung von zuvor verpachteten Flächen, die dem Veräußerer im Rahmen einer Erbauseinandersetzung zugeteilt worden sind, Einkünfte aus LuF erzielt werden. In beiden Fällen waren luf Flächen unentgeltlich im Wege der Gesamtrechtsnachfolge auf eine Erbengemeinschaft übergegangen, die die geerbten Flächen nicht selbst bewirtschaftet, sondern verpachtet hat. Eine Betriebsaufgabe hat die Erbengemeinschaft nicht erklärt. Die Erbengemeinschaft setzt sich später in der Weise auseinander, dass jedem Miterben eine verpachtete Fläche zugeteilt wird. Jahre später veräußert ein

1 BFH 11.4.2013, BStBl 2014 II S. 242; BMF 19.12.2019, BStBl 2019 I S. 6, Abschnitt VI.

2 BMF 19.12.2018, BStBl 2019 I S. 6, Abschnitt VI.

3 BFH, Urteil 14.12.1978 – IV R 106/75, BStBl 1979 II S. 300.

4 BMF 1.12.2000, BStBl 2000 I S. 1556; BMF 19.12.2018, BStBl 2019 I S. 6, Abschnitt IV.2.

5 BFH, Urteil 17.5.2018 – VI R 66/15, NWB TAAAG-96184 = BFH/NV 2018 S. 1315; BFH, Urteil 17.5.2018 – VI R 73/15, NWB UAAAG-96175 = BFH/NV 2018 S. 1249.

Miterbe seine ihm zugeteilte verpachtete Fläche. Mit dem Tod des Erblassers ist der gesamte Nachlass unentgeltlich auf die Erbengemeinschaft übergegangen. Die Erbengemeinschaft ist bis zu ihrer Auseinandersetzung steuerlich als Mitunternehmerschaft zu beurteilen. Solange sie nicht die Betriebsaufgabe erklärt, gehören die geerbten Flächen zum Betriebsvermögen. Die Erbengemeinschaft kann insoweit das Verpächterwahlrecht in Anspruch nehmen. Setzt sich die Erbengemeinschaft in der Weise auseinander, dass jedem Miterben ein verpachtetes Grundstück zugeteilt wird, kommt es nach den Urteilen des BFH vom 17.5.2018[1] zwingend zur Aufdeckung der stillen Reserven. Das zugeteilte verpachtete Grundstück stellt aus folgenden Gründen kein Betriebsvermögen, sondern Privatvermögen dar:

- Dem Miterben steht kein Verpächterwahlrecht zu: Er kann nicht das Verpächterwahlrecht der Erbengemeinschaft fortführen, denn nach der Erbauseinandersetzung besteht der (vormalige) Betrieb der Erbengemeinschaft nicht mehr unverändert fort. Der Miterbe verpachtet nicht alle wesentlichen Betriebsgrundlagen der Erbengemeinschaft. Da dem vormaligen Miterben kein Verpächterwahlrecht zusteht, sind im Zeitpunkt der Erbauseinandersetzung die stillen Reserven des zugeteilten verpachteten Grundstücks zwingend aufzudecken.
- Auch nach Realteilungsgrundsätzen gehört das zugeteilte verpachtete Grundstück nicht zum Betriebsvermögen des vormaligen Miterben. Der Miterbe hat das verpachtete Grundstück nach der Erbauseinandersetzung nicht in einen neu eröffneten luf Betrieb überführt, da er zu keinem Zeitpunkt die Absicht hatte, die Flächen selbst zu bewirtschaften. Die Fläche ist auch nicht in einen bereits bestehenden (Verpachtungs-)Betrieb des vormaligen Miterben überführt worden. Die bloße Verpachtung landwirtschaftlicher Flächen führt nicht zu luf Betriebsvermögen des Verpächters.

Setzt sich eine Erbengemeinschaft, die ausschließlich verpachtete landwirtschaftliche Flächen besitzt, in der Weise auseinander, dass den Miterben verpachtete Flächen zugeteilt werden, dann führt die Erbauseinandersetzung zur Aufdeckung der stillen Reserven der verpachteten Flächen, wenn diese vom Miterben nicht selbst bewirtschaftet werden oder einem bereits bestehenden luf Betrieb zugeführt werden. Veräußern die vormaligen Miterben später die ihnen im Rahmen einer Erbauseinandersetzung zugeteilten verpachteten Flächen,

1 BFH, Urteil 17.5.2018 – VI R 66/15, NWB TAAAG-96184 = BFH/NV 2018 S. 1315; BFH, Urteil 17.5.2018 – VI R 73/15, NWB UAAAG-96175 = BFH/NV 2018 S. 1249.

dann erzielen sie nach der Rechtsprechung des BFH vom 17.5.2018[1] keine Einkünfte aus LuF.

Die FinVerw hatte bisher in der Erbauseinandersetzung über verpachtete Flächen keine Aufdeckung der stillen Reserven gesehen. Sie hatte in diesen Fällen den vormaligen Miterben das Verpächterwahlrecht zugestanden und in diesen Fällen auch die Realteilungsgrundsätze angewendet. Eine Aufdeckung der stillen Reserven der verpachteten Grundstücke erfolgte erst im Zeitpunkt ihrer Veräußerung.

Durch das Jahressteuergesetz 2020 ist § 14 EStG um die Absätze 2 und 3 ergänzt worden:

1. Verkleinerung eines luf Betriebs, § 14 Abs. 2 EStG:

   „Wird ein land- und forstwirtschaftlicher Betrieb durch die Entnahme, Überführung oder Übertragung von Flächen verkleinert und verbleibt mindestens eine Fläche, die der Erzeugung von Pflanzen und Tieren im Sinne des § 13 Abs. 1 EStG zu dienen bestimmt ist, liegt unabhängig von der Größe dieser Fläche keine Betriebsaufgabe vor.“ Die im Betrieb verbleibenden Flächen stellen weiterhin luf (Rest-)Betriebsvermögen dar. Verbleibt im Rahmen der Betriebsverkleinerung jedoch keine luf Fläche, sondern lediglich z. B. ein Mietwohngrundstück, so führt diese Betriebsverkleinerung zwingend zu einer Betriebsaufgabe.[2]

2. Verpächterwahlrecht bei Realteilung einer Mitunternehmerschaft, § 14 Abs. 3 EStG:

   Mit Urteilen vom 17.5.2018[3] hatte der BFH in Abweichung von der bisherigen Verwaltungsauffassung entschieden, dass im Falle der Realteilung dem übernehmenden Mitunternehmer kein Verpächterwahlrecht zusteht. In diesem Fall komme es zwingend zur Aufdeckung der stillen Reserven.

   Mit Einführung des § 14 Abs. 3 EStG durch das JStG 2020 kann eine Auseinandersetzung von Mitunternehmerschaften und insbesondere von Erbengemeinschaften weiterhin steuerneutral erfolgen:

   „Werden im Rahmen der Aufgabe des Betriebs einer land- und forstwirtschaftlichen Mitunternehmerschaft Grundstücke an den einzelnen Mitunternehmer übertragen oder scheidet ein Mitunternehmer unter Mitnahme einzelner

1 BFH 17.5.2018, a. a. O.

2 BT-Drucks. 19/23551, Gesetzesbegründung.

3 BFH 17.5.2018 – VI R 66/15, NWB TAAAG-96184 = BFH/NV 2018 S. 1315; VI R 73/15, NWB UAAAG-96175 = BFH/NV 2018 S. 1249.

Grundstücke aus einer Mitunternehmerschaft aus, gelten diese unabhängig von ihrer Größe auch bei fortgeführter oder erstmaliger Verpachtung bis zur Veräußerung oder Entnahme bei diesem gem. § 14 Abs. 3 EStG weiterhin als Betriebsvermögen. Dies gilt entsprechend für Grundstücke des bisherigen Sonderbetriebsvermögens des einzelnen Mitunternehmers."

Die gesetzliche Regelung fingiert nunmehr ausschließlich in Realteilungsfällen beim übernehmenden Mitunternehmer für sämtliche erhaltene Grundstücke (verpachtete landwirtschaftliche Grundstücke und z. B. Mietwohngrundstücke) Betriebsvermögen mit der Folge, dass der übernehmende Mitunternehmer insoweit einen Betrieb begründet und diesem hierfür ein Verpächterwahlrecht zusteht. Es kommt dabei weder auf die Größe des landwirtschaftlichen oder forstwirtschaftlichen Grundstücks noch darauf an, ob dieses aus dem Gesamthandsvermögen oder aus einem Sonderbetriebsvermögen stammt.[1]

Voraussetzung für die Annahme von Betriebsvermögen ist jedoch, dass mindestens eine übertragene oder aus dem Sonderbetriebsvermögen überführte Fläche zur Erzeugung von Pflanzen und Tieren i. S. des § 13 Abs. 1 EStG zu dienen bestimmt ist. Erhält der übernehmende Mitunternehmer keine luf nutzbare Fläche, sondern lediglich andere Wirtschaftsgüter (z. B. ein Mietwohngrundstück), sind diese zwangsläufig in das Privatvermögen zu entnehmen.[2]

Gemäß § 52 Abs. 22c EStG ist § 14 Abs. 3 EStG erstmals auf Fälle anzuwenden, in denen die Übertragung oder Überführung der Grundstücke nach dem 16.12.2020 stattgefunden hat.

Auf unwiderruflichen Antrag des jeweiligen Mitunternehmers ist § 14 Abs. 3 EStG auch für Übertragungen oder Überführungen vor dem 17.12.2020 anzuwenden.

Das Antragswahlrecht soll den von der Veröffentlichung der Urteile des BFH vom 16.11.2017[3] sowie vom 17.5.2018[4] betroffenen Steuerpflichtigen die Möglichkeit eröffnen, eine Auseinandersetzung von Mitunternehmerschaften und insbesondere von Erbengemeinschaften weiterhin steuerneutral zu halten. Der Antrag bewirkt, dass hinsichtlich der auf den einzelnen Mitunternehmer übertragenen oder überführten Grundstücke grds. eine Buchwertfortführung eröffnet ist und dass die übertragenen oder überführten

1 BT-Drucks. 19/23551, Gesetzesbegründung.

2 BT-Drucks. 19/23551, Gesetzesbegründung.

3 BFH 16.11.2017 – VI R 63/15, NWB WAAAG-70593.

4 BFH 17.5.2018 – VI R 66/15, NWB TAAAG-96184 = BFH/NV 2018 S. 1315.

Wirtschaftsgüter bei dem Steuerpflichtigen Betriebsvermögen des luf (Verpachtungs-)Betriebs darstellen.

Der Antrag ist bei dem Finanzamt zu stellen, das für die einheitliche und gesonderte Feststellung der Einkünfte der Mitunternehmerschaft zuständig ist.

Der Antrag stellt kein rückwirkendes Ereignis i. S. des § 175 Abs. 1 Satz 1 Nr. 2 AO dar.[1]

Mit Schreiben vom 17.5.2022[2] hat das BMF zur Übertragung und Überführung von land- und forstwirtschaftlichem Vermögen aus einer Mitunternehmerschaft und zum Verpächterwahlrecht bei land- und forstwirtschaftlichen Betrieben Stellung genommen.

Für den Fall, dass die Übertragung oder Überführung der Grundstücke vor dem 17.12.2020 stattgefunden hat und kein Antrag nach § 52 Abs. 22c Satz 2 EStG gestellt wurde, gilt Folgendes:

Wird eine funktionsfähige betriebliche Einheit (Betrieb) übertragen, kann das Verpächterwahlrecht vom Rechtsnachfolger fortgeführt oder erstmalig ausgeübt werden.

Wird ein Teilbetrieb nach § 16 Abs. 3 Satz 2 EStG übertragen, kann das Verpächterwahlrecht vom Rechtsnachfolger fortgeführt oder erstmalig ausgeübt werden. Erhält der übernehmende Realteiler daneben noch einzelne Wirtschaftsgüter aus einem anderen Teilbetrieb der bisherigen Mitunternehmerschaft, werden diese notwendigen Betriebsvermögen des erhaltenen Teilbetriebs, wenn sie dem Betrieb dergestalt dienen, dass sie (innerhalb von 12 Monaten nach der Übertragung) objektiv erkennbar zum unmittelbaren Einsatz im Betrieb bestimmt sind. Andernfalls bedarf es einer entsprechenden Zuordnungsentscheidung zu diesem Betriebsvermögen.

Werden einzelne Wirtschaftsgüter nach § 16 Abs. 3 Satz 2 EStG übertragen, kann das Verpächterwahlrecht zum Zeitpunkt der Übertragung neu begründet werden, wenn (innerhalb von 12 Monaten nach der Übertragung) eine aktive Bewirtschaftung der übertragenen Flächen erfolgt und der Rahmen einer privaten Gartenbewirtschaftung für Eigenbedarfszwecke überschritten wird.[3] Dies gilt auch für zuvor von der Mitunternehmerschaft aktiv bewirtschaftete Flächen.

1 BT-Drucks. 19/23551, Gesetzesbegründung.

2 BStBl 2022 I S. 678.

3 BFH v. 5.5.2011 – IV R 48/08, NWB XAAAD-87153 = BStBl 2011 II S. 792.

Ist daneben bereits ein Verpachtungsbetrieb vorhanden und werden die erhaltenen einzelnen Wirtschaftsgüter (innerhalb von 12 Monaten nach der Übertragung) an denselben/dieselben Pächter verpachtet, sind die erhaltenen Wirtschaftsgüter dem notwendigen Betriebsvermögen des bereits vorhandenen Verpachtungsbetriebs zuzuordnen.[1] Entsprechendes gilt, wenn die erhaltenen Wirtschaftsgüter an einen anderen Pächter (weiter) verpachtet werden und eine Entscheidung zur Zuordnung der Wirtschaftsgüter zum gewillkürten Betriebsvermögen vorliegt.

Die bloße Verpachtung von einzelnen Wirtschaftsgütern, insbesondere von landwirtschaftlichen Flächen allein, führt indessen nicht zu landwirtschaftlichem Betriebsvermögen des Verpächters. Die Wirtschaftsgüter werden daher ins Privatvermögen übertragen und stellen Entnahmen der Mitunternehmerschaft dar.

Werden Wirtschaftsgüter aus dem eigenen Sonderbetriebsvermögen überführt (§ 6 Abs. 5 Satz 2 EStG), stellen diese beim (bisherigen) Mitunternehmer weiterhin Betriebsvermögen dar, sofern der Umfang einer vergleichbaren privaten Gartenbewirtschaftung für Eigenbedarfszwecke überschritten wird. Dabei ist es unerheblich, ob die überführten Wirtschaftsgüter einen Betrieb oder Teilbetrieb bilden oder es sich insgesamt um einen Mitunternehmeranteil handelt.

Für den Fall, dass die Übertragung oder Überführung der Grundstücke nach dem 16.12.2020 stattgefunden hat oder die Übertragung oder Überführung der Grundstücke zwar vor dem 17.12.2020 stattgefunden hat, aber ein Antrag nach § 52 Abs. 22c Satz 2 EStG gestellt wurde, gilt Folgendes:

§ 14 Abs. 3 EStG erfasst sowohl die echte als auch die unechte Realteilung sowie die (ausschließliche) Überführung des bisherigen Sonderbetriebsvermögens, wenn Gegenstand die Übertragung oder Überführung von einzelnen Grundstücken ist. § 14 Abs. 3 EStG erfasst nicht die Übertragung von Betrieben, Teilbetrieben oder Mitunternehmeranteilen.

§ 14 Abs. 3 EStG fingiert zunächst in der ersten logischen Sekunde unabhängig von der Flächengröße und der Nutzung (z. B. aktiv bewirtschaftet oder verpachtet) für sämtliche übertragene und überführte Grundstücke ein neues Betriebsvermögen beim übernehmenden Mitunternehmer. Voraussetzung dafür ist, dass mindestens eine übertragene oder überführte Fläche der Erzeugung von Pflanzen oder Tieren i. S. des § 13 Abs. 1 EStG zu dienen bestimmt ist. Die tatsächliche Nutzung zur Erzeugung von Pflanzen oder Tieren

1 BFH v. 19.12.2019 – VI R 53/16, NWB CAAAH-46275 = BStBl 2021 II S. 427.

i. S. des § 13 Abs. 1 EStG im Zeitpunkt der Übertragung oder Überführung ist nicht erforderlich. Die Einstufung als Bauland schließt die Fähigkeit der Fläche zur Erzeugung von Pflanzen oder Tieren zu dienen bestimmt zu sein nicht aus.

Keine Flächen, die zur Erzeugung von Pflanzen oder Tieren i. S. des § 13 Abs. 1 EStG zu dienen bestimmt sind, sind

- Mietwohngrundstücke;
- Geschäftsgrundstücke und/oder
- Wirtschaftsgebäude (z. B. Hofstelle mit Zuwegungen ohne landwirtschaftlich nutzbare Fläche).

Sind die Voraussetzungen des § 14 Abs. 3 EStG gegeben,

- geht das überführte Sonderbetriebsvermögen nach § 6 Abs. 5 Satz 2 zwingend zu Buchwerten über und
- gehen die übertragenen Wirtschaftsgüter unter Beachtung der Sperrfrist nach § 16 Abs. 3 Satz 2 und 3 EStG zwingend zum Buchwert über; § 16 Abs. 3 Satz 4 EStG bleibt unberührt.

Die übernommenen Wirtschaftsgüter können Betriebsvermögen eines bereits bestehenden Betriebs werden. Sofern dies nicht der Fall ist, begründet das übernommene Betriebsvermögen einen neuen Betrieb, wenn die allgemeinen Voraussetzungen des § 13 Abs. 7 i. V. mit § 15 Abs. 2 Satz 2 und 3 EStG erfüllt sind. Es ist erforderlich, dass der Rahmen einer privaten Gartenbewirtschaftung für Eigenbedarfszwecke überschritten wird.[1]

Wird der Rahmen der privaten Gartenbewirtschaftung für Eigenbedarfszwecke nicht überschritten, liegt wegen der Fiktion des § 14 Abs. 3 EStG weiterhin Betriebsvermögen vor, ohne dass ein neuer Betrieb begründet wird. Die Betriebsvermögenseigenschaft der übernommenen Wirtschaftsgüter besteht in diesen Fällen jedoch nicht fort, wenn:

- die erhaltenen Flächen insgesamt verpachtet sind[2] oder
- keine Teilnahme am allgemeinen wirtschaftlichen Verkehr vorliegt, (z. B. Hofstelle mit brachliegender landwirtschaftlich nutzbarer Fläche)

und führt daher beim übernehmenden Realteiler zur Entnahme in das Privatvermögen. Dies stellt eine Sperrfristverletzung i. S. des § 16 Abs. 3 Satz 4 EStG dar.

1 BFH v. 5.5.2011 – IV R 48/08, NWB XAAAD-87153 = BStBl 2011 II S. 792.

2 BFH v. 17.5.2018 – VI R 73/15, NWB UAAAG-96175 = BStBl 2022 II S. 306.

Sofern mit den übernommenen Flächen ein neuer Betrieb begründet worden ist oder vor der Übernahme bereits ein bestehender Betrieb vorlag, können andere übernommene Wirtschaftsgüter, sofern sie nicht notwendiges Betriebsvermögen sind, in diesen Betrieben als gewillkürtes Betriebsvermögen behandelt werden.

Werden im Rahmen von § 14 Abs. 3 EStG Mietwohn- und/oder Geschäftsgrundstücke übertragen oder überführt, die kein notwendiges Betriebsvermögen (z. B. für Arbeitnehmerwohnungen) darstellen, sind diese nur dann (weiterhin) dem Betriebsvermögen zuzuordnen, wenn der Anteil der Mietwohn- und Geschäftsgrundstücke weniger als 10 % der Gesamtfläche des Betriebs beträgt.[1] Beträgt der Anteil mehr als 10 %, sind sämtliche übernommene Miet- und/oder Geschäftsgrundstücke ins Privatvermögen zu entnehmen. Dies stellt eine Sperrfristverletzung i. S. des § 16 Abs. 3 Satz 3 EStG dar.

Für Übertragungen und Überführungen vor dem 17.12.2020 kann nur der jeweilige Mitunternehmer, der an der realgeteilten Mitunternehmerschaft beteiligt war, oder sein Gesamtrechtnachfolger einen unwiderruflichen Antrag auf Anwendung des § 14 Abs. 3 EStG stellen. Der Antrag ist schriftlich bei dem Finanzamt zu stellen, das für die gesonderte und einheitliche Feststellung der Einkünfte der Mitunternehmerschaft zuständig ist. Der Antrag kann auch dann gestellt werden, wenn der Erlass oder die Änderung des Bescheids für den Feststellungszeitraum der Realteilung verfahrensrechtlich ausgeschlossen ist und in den Folgezeiträumen von land- und forstwirtschaftlichen Betriebsvermögen ausgegangen wurde.

ff) Gestaltungsmöglichkeiten zur Vermeidung eines Spitzenausgleichs

Der Notwendigkeit eines Spitzenausgleichs kann dadurch begegnet werden, 903
dass die Gesellschaft **Kredite** aufnimmt, **Entnahmen** beschränkt oder die Gesellschafter **Einlagen** leisten. Der BFH[2] deutet selbst eine solche Lösungsmöglichkeit an, ohne darin eine missbräuchliche Gestaltung[3] zu sehen. Mit diesen Maßnahmen wird eine Manövriermasse geschaffen, die es der Gesellschaft ermöglicht, ohne Rückgriff auf Ausgleichszahlungen der Gesellschafter alle Gesellschafter im Wert ihrer Beteiligung zu befriedigen.

1 BFH v. 31.3.2021 – VI R 30/18, NWB KAAAH-86597 = BStBl 2022 II S. 312.

2 BFH 1.12.1992, BStBl 1994 II S. 607.

3 § 42 AO.

gg) Sperrfrist

904 Soweit bei einer Realteilung, bei der einzelne WG übertragen worden sind, zum Buchwert übertragener Grund und Boden, übertragene Gebäude oder andere übertragene wesentliche Betriebsgrundlagen innerhalb einer Sperrfrist nach der Übertragung veräußert oder entnommen werden, ist rückwirkend der gemeine Wert anzusetzen.[1] Auch die Entnahme oder Veräußerung von Grund und Boden und Gebäuden des Anlagevermögens, die keine wesentlichen Betriebsgrundlagen darstellen, löst die Nachversteuerung aus.[2] Die Sperrfrist ist unbeachtlich, wenn im Zuge der Realteilung ein Betrieb, Teilbetrieb oder ein Mitunternehmeranteil übertragen worden ist.[3]

Im Falle der „unechten" Realteilung ist § 16 Abs. 3 Satz 3 EStG bei der von den verbleibenden Mitunternehmern fortgeführten Mitunternehmerschaft nicht anzuwenden.[4]

Die Sperrfrist beginnt im Zeitpunkt der Realteilung (Übergang des wirtschaftlichen Eigentums) und endet drei Jahre nach Abgabe der Feststellungserklärung der Mitunternehmerschaft für den VZ der Realteilung.[5] Die Sperrfrist ist taggenau nach §§ 187 ff. BGB zu ermitteln; die Anlaufhemmung des § 170 Abs. 2 AO ist nicht anwendbar. Auch gibt es keine Ablaufhemmungen oder Fristverlängerungstatbestände.[6]

Die schädliche Entnahme oder Veräußerung führt zu einer rückwirkenden Aufdeckung der in den veräußerten oder entnommenen WG enthaltenen stillen Reserven; die Aufdeckung der in anderen (nicht entnommenen bzw. veräußerten) WG enthaltenen stillen Reserven erfolgt nicht.[7]

Der bei Aufdeckung der stillen Reserven entstehende Gewinn ist bei Gesamthandsvermögen der Mitunternehmerschaft nach dem allgemeinen Gewinnverteilungsschlüssel zu verteilen, es sei denn, dass der Gewinn nach dem Gesellschaftsvertrag oder den von den Gesellschaftern schriftlich getroffenen

1 § 16 Abs. 3 Satz 3 EStG.
2 BMF 19.12.2018, BStBl 2019 I S. 6, Abschnitt VIII Abs. 1.
3 BMF 19.12.2018, BStBl 2019 I S. 6, Abschnitt VIII Abs. 1.
4 BMF 19.12.2018, a. a. O., Tz. 25.
5 § 16 Abs. 3 Satz 3 2. Halbsatz EStG; vgl. BMF 19.12.2018, BStBl 2019 I S. 6, Abschnitt VIII Abs. 1.
6 Kulosa in H/H/R, Rz. 561 zu § 16 EStG.
7 BMF 19.12.2018, BStBl 2019 I S. 6, Abschnitt IX Abs. 1; Kulosa in H/H/R, Rz. 562 zu § 16 EStG.

Vereinbarungen über die Realteilung allein dem entnehmenden oder veräußernden Realteiler zuzurechnen ist.[1]

Gewinne aus der Veräußerung oder Entnahme von Sonderbetriebsvermögen sind diesem zuzurechnen. Wird das SBV von einem anderen Realteiler übernommen, so ist der Gewinn diesem zuzurechnen, wenn dies in der schriftlichen Vereinbarung über die Realteilung vereinbart wurde.[2]

g) Übertragung von Mitunternehmeranteilen

Zu den Einkünften aus LuF gehören auch Gewinne, die bei Veräußerung eines 905
Anteils eines Gesellschafters, der als Mitunternehmer anzusehen ist, entstehen.[3]

Bei unentgeltlicher Übertragung hat der Übernehmer die Buchwerte fortzuführen.[4] Wegen der Abgrenzung zum entgeltlichen Rechtsgeschäft vgl. die Ausführungen Rz. 842 ff. und wegen der Auflösung einer wirtschaftlichen Zweckgemeinschaft vgl. Rz. 907.

h) Auflösung einer Mitunternehmerschaft

Die Auflösung einer Mitunternehmerschaft kann erfolgen: 906

1. **durch Kündigung des Gesellschaftsvertrages** bzw. **Vereinbarung der Auflösung der Gesellschaft.** Die Gesellschaft ist zu liquidieren. Während der Liquidation besteht die Mitunternehmerschaft fort. Die Liquidation kann dadurch geschehen, dass der luf Betrieb im Ganzen veräußert wird (es treten dann die in Rz. 857 ff. aufgezeigten Folgen ein) oder die WG im Rahmen einer Betriebsaufgabe veräußert bzw. in das Privatvermögen übernommen werden (vgl. Rz. 872 ff.)

   Möglich ist auch die Übernahme eines Betriebs durch einen Gesellschafter. Steuerlich handelt es sich dann um die Veräußerung von Mitunternehmeranteilen nach § 16 Abs. 1 Nr. 2 EStG;

2. **durch Veränderungen im (gemeinschaftlichen) Eigentum** einer wirtschaft- 907
lichen Zweckgemeinschaft, wenn dadurch die Voraussetzungen für eine

---

1 BMF 19.12.2018, BStBl 2019 I S. 6, Abschnitt IX Abs. 2.

2 BMF 19.12.2018, BStBl 2019 I S. 6, Abschnitt IX Abs. 2.

3 § 14 i. V. mit § 16 Abs. 1 Satz 1 Nr. 2 EStG.

4 § 6 Abs. 3 EStG.

Mitunternehmerschaft entfallen, z. B. wenn ein Ehegatte seinen Anteil am gemeinschaftlichen Eigentum veräußert bzw. unentgeltlich überträgt

- an den Ehegatten; im Zweifel wird der Betrieb als Einzelunternehmen weitergeführt. Im Allgemeinen treten die Folgen der Übertragung eines Mitunternehmeranteils ein;
- an ein (gemeinschaftliches) Kind der Ehegatten; die Nutzungsgemeinschaft endet. Die Übertragung des Miteigentums bedeutet nicht automatisch die Fortführung der Mitunternehmerschaft mit dem Kind; dazu bedarf es der Vereinbarung einer Gesellschaft;
- an fremde Personen; die Übertragung hat die Beendigung der Mitunternehmerschaft zur Folge, soweit diese nicht durch Gründung einer Gesellschaft neu begründet wird. Im Übrigen treten für den Übertragenden die Folgen aus der Veräußerung eines Mitunternehmeranteils ein (vgl. Rz. 905);

Die Beendigung einer Mitunternehmerschaft kann zu **Gewinnrealisierungen** führen, z. B. wenn der eine Ehegatte allein den Betrieb fortführt, der andere seine Grundstücke in das Privatvermögen überführt.

Die unentgeltliche Übertragung der die Mitunternehmerschaft begründenden Grundstücke steht der unentgeltlichen Übertragung eines Mitunternehmeranteils nicht gleich; die Mitunternehmerschaft wird nicht mit dem Erwerber fortgesetzt, es sei denn, es wird durch Abschluss eines Gesellschaftsvertrages eine Mitunternehmerschaft begründet;

908 3. **durch Auflösung der Gütergemeinschaft.** Die Gütergemeinschaft kann als Mitunternehmerschaft nicht anders behandelt werden als jede andere mit einem Gesamthandsvermögen ausgestattete Mitunternehmerschaft.[1] Mit der Aufhebung der Gütergemeinschaft endet die Mitunternehmerschaft. Die Auseinandersetzung der Gütergemeinschaft[2] kann geschehen durch

- **„Umwandlung“** (nicht im Sinne einer Umwandlung nach dem UmwG, die nicht möglich ist) in eine Gesellschaft. Erforderlich ist die Übertragung der Vermögensgegenstände durch Einzelübertragung von einer Gesamthandsgemeinschaft auf die andere. Steuerliche Auswirkungen ergeben sich nicht, soweit die Beteiligungsquote beibehalten wird;

1 Schmidt/Wacker, EStG, § 16 Rz. 419; Haep in H/H/R, Rz. 449 zu § 15 EStG; BFH 26.10.2011 – IV B 66/10, NWB FAAAD-99935 = BFH/NV 2012, 411.

2 § 1471 BGB.

- **Realteilung:** Die Grundsätze der Realteilung (vgl. Rz. 896 ff.) finden Anwendung;[1]
- **Übernahme des Betriebs durch einen Ehegatten.** Soweit nicht eine unentgeltliche Übertragung vorliegt, die die Fortsetzung der Buchwerte durch den Übernehmer zur Folge hat,[2] kann es sich auch um eine entgeltliche Veräußerung des Mitunternehmeranteils handeln, bei der der dabei entstehende Veräußerungsgewinn nach § 14 i. V. mit § 16 Abs. 1 Nr. 2 und § 34 EStG begünstigt ist.

4. **durch Auseinandersetzung einer Erbengemeinschaft.** Vgl. hierzu Rz. 817 ff. 909

i) Altenteilsvereinbarungen

aa) Begriffsbestimmung

Der Begriff des sog. Altenteils – auch Leibgeding oder Auszug genannt – ist gesetzlich nicht definiert, wird aber in einzelnen gesetzlichen Bestimmungen erwähnt. Nach Art. 96 EGBGB **bleiben landesgesetzliche Vorschriften** über einen mit der Überlassung eines Grundstücks in Verbindung stehenden Leibgedings-, Leibzuchts-, Altenteils- oder Auszugsvertrag **unberührt,** soweit sie das sich aus dem Vertrag ergebende Schuldverhältnis für den Fall regeln, dass nicht besondere Vereinbarungen getroffen werden (vgl. z. B. Art. 7 ff. AGBGB Bayern). 910

Das Altenteil kann rein schuldrechtlicher Natur sein, also ohne dingliche Sicherung.

Das Altenteilsrecht ist **kein einheitliches dingliches Recht**, auch wenn im Grundbuch eine zusammenfassende Eintragung als Altenteil möglich ist. Das Altenteilsrecht kann z. B. ein Wohnrecht[3] oder einen Anspruch auf wiederkehrende Leistungen aus dem Grundstück (durch Reallast)[4] umfassen.[5]

---

1 Geissler in H/H/R, Rz. 61 zu § 16 EStG; FG München 28.6.1993 – 15 K 462/93 rkr.; offengelassen BFH 21.3.2002, BStBl 2002 II S. 519.

2 § 6 Abs. 3 EStG.

3 Als Dienstbarkeit nach §§ 1090 bis 1092 BGB.

4 §§ 1105 ff. BGB.

5 Vgl. BFH 28.7.1983, BStBl 1984 II S. 97.

bb) Anforderung an die steuerliche Anerkennung einer Altenteilsvereinbarung

911 Die steuerliche Anerkennung setzt einen **zivilrechtlich wirksamen Vertrag** voraus, in dem die gegenseitigen Rechte und Pflichten klar und eindeutig vereinbart sind. Die Vereinbarung muss bei Beginn des Rechtsverhältnisses oder bei Änderung für die Zukunft getroffen werden.[1] Zum wesentlichen Inhalt einer solchen Vereinbarung gehört die Angabe des Umfangs des übertragenen Vermögens und der Höhe und des Umfangs der Versorgungsleistung sowie der Art und Weise der Zahlung.[2]

Die Leistungen müssen wie vereinbart auch tatsächlich erbracht werden; der Empfänger muss über die ihm zugeflossenen Einnahmen auch tatsächlich verfügen können. Werden Leistungen (z. B. eine Leibrente) nicht zum vereinbarten Zeitpunkt ausgezahlt, sondern beim Verpflichteten „stehen gelassen", ist zur steuerlichen Anerkennung ein wie unter Fremden geschlossener Darlehensvertrag erforderlich. Verzinsung, Laufzeit, Rückzahlung und Sicherung müssen einem Fremdvergleich standhalten.[3] An der **vertragsgemäßen Durchführung** fehlt es, wenn der Übernehmer den Übergeber „nach dessen aktuellem Bedarf" versorgt.[4] Zu den Nichtbeanstandungsgrenzen bei „unbaren Altersteilleistungen" vgl. Rz. 928 und Verfügung des Bayerischen Landesamts für Steuern vom 28.12.2020.[5]

cc) Abgrenzung

912 Wiederkehrende Leistungen (Altenteilsleistungen) im Zusammenhang mit der Übertragung eines luf Betriebes können im steuerlichen Sinne sein: (1) Versorgungsleistungen, (2) Unterhaltsleistungen und (3) wiederkehrende Leistungen im Austausch mit einer Gegenleistung aus einem Rechtsgeschäft (Veräußerung). Für die Abgrenzung ist es im Allgemeinen ohne Bedeutung, ob es sich um dingliche oder schuldrechtliche Verpflichtungen handelt.

1 BFH 20.5.1992 – X R 207/87, BFH/NV 1992 S. 805; BFH 15.7.1992, BStBl 1992 II S. 1020; BFH 18.1.1996 – XB 40/95, BFH/NV 1996 S. 471; BFH 3.3.2004, BStBl 2004 II S. 826.

2 BFH 31.8.1994 – X R 79/92, BFH/NV 1995 S. 382; BFH 13.12.2000 – X B 81/00, BFH/NV 2001 S. 600.

3 BFH 15.7.1992, BStBl 1992 II S. 1020; BFH 24.3.1993 – X R 4/92, BFH/NV 1993 S. 717; BFH 11.1.1996 – X B 128/95, BFH/NV 1996 S. 469.

4 BFH 31.8.1994 – X R 79/92, BFH/NV 1995 S. 382.

5 S 2221.1.1.1.1.-10/44 St32.

(1) Abgrenzung zu betrieblichen Veräußerungs- oder Versorgungsrenten

Altenteilsleistungen sind **grds. keine Betriebsausgaben**.[1] Ein Abzug als Betriebs- 913
ausgaben käme nur dann in Betracht, wenn es sich um eine betriebliche Veräußerungsrente oder um eine betriebliche Versorgungsrente handeln würde.[2]

Soweit Leistungen ihren Entstehungsgrund in einer letztwilligen Verfügung (Erbeinsetzung oder Vermächtnis) haben, gelten sie als Versorgungsleistungen, wenn sie bei einer Vermögensübergabe im Wege vorweggenommener Erbfolge zu Lebzeiten des Erblassers als Versorgungsleistungen zu beurteilen wären.[3] Keine Versorgungsleistungen liegen vor, sondern Veräußerungs- oder Unterhaltsleistungen, wenn der Empfänger der wiederkehrenden Leistungen nicht zum Generationsnachfolge-Verbund (das sind pflichtteilsberechtigte Personen) gehört[4] bzw. wenn die erzielbaren laufenden Nettoerträge des übergebenen Vermögens nicht die vereinbarten wiederkehrenden Leistungen abdecken.[5]

Die Übertragung eines luf Betriebs **an Kinder erfolgt grds. unentgeltlich.** Die in diesem Zusammenhang vereinbarten Versorgungsleistungen an die übergehenden Eltern sind privater Natur.[6] Für die Unentgeltlichkeit der Übertragung spricht eine widerlegbare Vermutung.[7] Die Widerlegung der Vermutung zugunsten einer betrieblichen Veräußerungsrente kann nur durch den Nachweis geführt werden, dass sich die Beteiligten bei der Bemessung der Rentenhöhe übereinstimmend von dem Gedanken einer **angemessenen Gegenleistung** für die erworbenen WG haben leiten lassen (Leistungsaustausch) und daher von der **Gleichwertigkeit beider Leistungen** ausgegangen sind[8] und dies eindeutig nachgewiesen ist.[9] Voraussetzung für einen entgeltlichen Vorgang ist, dass die Beteiligten subjektiv von der Gleichwertigkeit der beiderseitigen Leistungen ausgegangen sind.[10] Maßgebend ist primär die Vorstellung des Erwerbers.[11] Be-

1 BFH 16.9.1965, BStBl 1965 III S. 706; BFH 20.3.1984, BStBl 1985 II S. 43; BFH 30.10.1985, BStBl 1985 II S. 610.

2 BFH 28.7.1983, BStBl 1984 II S. 97.

3 BFH 11.10.2007, BStBl 2008 II S. 123; vgl. auch BMF 11.3.2010, BStBl 2010 I S. 227, Rz. 2.

4 BFH 26.11.2003, BStBl 2004 II S. 820; vgl. auch BMF 11.3.2010, BStBl 2010 I S. 227, Rz. 50.

5 Vgl. BMF 11.3.2010, BStBl 2010 I S. 227, Rz. 26.

6 BFH 9.10.1985, BStBl 1986 II S. 51; BFH 5.7.1990, BStBl 1990 II S. 847; BFH 15.7.1991, BStBl 1992 II S. 78; BFH 23.1.1992, BStBl 1992 II S. 526; BFH 15.7.1992, BStBl 1992 II S. 1020.

7 BFH 30.7.2003, BStBl 2004 II S. 211; BMF 11.3.2010, BStBl 2010 I S. 227, Rz. 5.

8 BFH 28.7.1983, BStBl 1984 II S. 97.

9 BFH 30.11.1967, BStBl 1968 II S. 263; vgl. auch BFH 29.1.1992, BStBl 1992 II S. 465; BFH 3.6.1992, BStBl 1993 II S. 23.

10 BFH 16.12.1993, BStBl 1996 II S. 669.

11 BFH 30.7.2003, BStBl 2004 II S. 211.

steht diese subjektive Gleichwertigkeit der Leistungen, so kann ein entgeltliches Rechtsgeschäft auch dann vorliegen, wenn die beiderseitigen Leistungen objektiv nicht gleichwertig sind.[1] Die Anforderungen an den Nachweis eines entgeltlichen Rechtsgeschäfts dürfen nicht überspannt werden.[2]

914 Eine **betriebliche Versorgungsleistung** wird von der Rspr. angenommen, wenn die Versorgungsleistung eindeutig aus betrieblichen Erwägungen heraus gewährt wird und als nachträgliche Vergütung für eine früher geleistete betriebliche Tätigkeit anzusehen ist. Die Entscheidung, ob für die Gewährung der Leistungen betriebliche oder außerbetriebliche Erwägungen maßgebend sind, ist vom Standpunkt des Verpflichteten aus zu beurteilen.[3]

Betriebliche Versorgungsleistungen sind – auch schon wegen der Art der Leistungen – in luf Betrieben nur in seltenen Ausnahmefällen denkbar[4] und jedenfalls nicht im Zusammenhang mit einer Betriebsübergabe.[5]

(2) Abgrenzung zu Unterhaltsleistungen i. S. von § 12 Nr. 2 EStG

915 Nach § 12 Nr. 2 EStG rechnen zu den nichtabzugsfähigen Kosten der Lebensführung freiwillige Zuwendungen, Zuwendungen aufgrund einer freiwillig begründeten Rechtspflicht und Zuwendungen an gegenüber dem Stpfl. oder seinem Ehegatten gesetzlich unterhaltsberechtigte Personen oder deren Ehegatten. Der Ausschluss gilt auch dann, wenn diese Zuwendungen auf einer besonderen Vereinbarung beruhen.

Altenteilsleistungen werden zwar in erster Linie zur Versorgung des Übergebers geleistet, als „vorbehaltene Vermögenserträge“[6] stellen sie jedoch keine Unterhaltsleistungen dar.

dd) Private Versorgungsleistungen

916 Private Versorgungsleistungen sind wiederkehrende Leistungen im Zusammenhang mit einer Vermögensübertragung i. d. R. zur vorweggenommenen Erbfolge (Vermögensübergabe) oder auf Grund einer Verfügung von Todes wegen,[7]

1 BFH 16.12.1993, BStBl 1996 II S. 669; BFH 30.7.2003, BStBl 2004 II S. 211.

2 BFH 2.5.2001 – VIII R 64/93, NWB QAAAA-67600 = BFH/NV 2002, 10; BFH 30.7.2003, BStBl 2004 II S. 211.

3 BFH 28.7.1983, BStBl 1984 II S. 97.

4 Vgl. BFH 28.7.1983, BStBl 1984 II S. 97.

5 BMF 13.1.1993, BStBl 1993 I S. 80, Rz. 26.

6 BFH 5.7.1990, BStBl 1990 II S. 847.

7 Vgl. BMF 11.3.2010, BStBl 2010 I S. 227, Rz. 2.

bei der sich der Übergeber in Gestalt der Versorgungsleistungen typischerweise Erträge aus seinem Vermögen vorbehält, die nun vom Übernehmer zu erwirtschaften sind.[1]

Durch das JStG 2008 vom 20.12.2007 wurde die Besteuerung der Vermögensübertragung gegen Versorgungsleistungen neu geregelt. Danach können nur noch Betriebsvermögen und GmbH-Anteile von tätigen Geschäftsführern privilegiert gegen Versorgungsleistungen übertragen werden.

Für **Vermögensübertragungen vor dem 1.1.2008** vgl. BMF vom 16.9.2004.[2]

Für **Übertragungen ab dem 1.1.2008** gilt Folgendes:

(1) Begriff und Gegenstand der Vermögensübergabe

Eine begünstigte Vermögensübertragung liegt nur vor bei Versorgungsleistungen im Zusammenhang mit der Übertragung 917

- eines Mitunternehmeranteils an einer Personengesellschaft, die eine Tätigkeit i. S. der § 13, § 15 Abs. 1 Satz 1 Nr. 1 oder des § 18 Abs. 1 EStG ausübt,
- eines Betriebs oder Teilbetriebs sowie
- eines mindestens 50 % betragenden Anteils an einer Gesellschaft mit beschränkter Haftung, wenn der Übergeber als Geschäftsführer tätig war und der Übernehmer diese Tätigkeit nach der Übertragung übernimmt.[3]

Übertragungen von anderem Vermögen sind nicht (mehr) begünstigt.

Weiterhin muss der Gegenstand der Vermögensübergabe ausreichend ertragbringend sein, um die Versorgung des Übergebers aus dem übernommenen Vermögen zumindest zu einem Teil zu sichern.[4] D. h. der langfristig erzielbare, durchschnittliche Jahresertrag des übergebenen Vermögens muss ausreichen, um die jährlichen Versorgungsleistungen zu erbringen.

Neben der Übertragung eines laufenden Betriebs oder Teilbetriebs kommt auch die **Übertragung eines verpachteten Betriebs** oder Teilbetriebs in Betracht, so-

1 BFH 5.7.1990, BStBl 1990 II S. 847; BFH 15.7.1991, BStBl 1992 II S. 78; BMF 11.3.2010, BStBl 2010 I S. 227, Rz. 3.

2 BStBl 2004 I S. 922.

3 BMF 11.3.2010, BStBl 2010 I S. 227, Rz. 7.

4 BMF 11.3.2010, BStBl 2010 I S. 227, Rz. 26.

fern der Betrieb oder Teilbetrieb mangels Betriebsaufgabeerklärung als fortgeführt gilt.[1]

Wenn mit dem luf Betrieb auch Wohnungen übertragen werden, die bewertungsrechtlich zum **Wohnteil** des Betriebs gehören (§ 160 Abs. 1 Nr. 3 und Abs. 9 BewG), können insoweit ebenfalls begünstigte Versorgungsleistungen vorliegen.[2]

Nicht mehr begünstigt sind sog. **Wirtschaftsüberlassungsverträge**, die Vorstufe zur Hof- und Betriebsübertragung sind.[3] Erst bei einer späteren tatsächlichen Übertragung des Hofes und des Betriebs im Zusammenhang mit wiederkehrenden Leistungen kann in diesen Fällen eine begünstigte Vermögensübertragung im Zusammenhang mit Versorgungsleistungen gegeben sein.[4]

Die Ablösung eines an begünstigtem Vermögen vorbehaltenen oder durch Vermächtnis eingeräumten **Nießbrauchsrecht**s gegen Versorgungsleistungen kann als begünstigte Vermögensübertragung angesehen werden, wenn die Ablösung in sachlichem Zusammenhang mit der Vermögensübertragung steht und nicht der lastenfreien Veräußerung des Vermögens dient.[5] Für die Anerkennung als Versorgungsleistungen kommt es nicht darauf an, ob die wiederkehrenden Leistungen bereits im Übertragungsvertrag selbst vereinbart wurden oder erst im Zusammenhang mit der Ablösung des Nießbrauchs vereinbart werden. Dies gilt insbesondere auch in Fällen des § 14 HöfeO und der sog. Rheinischen Hofübergabe.[6]

Wird **nicht begünstigtes Vermögen** (z. B. Aktien, Wertpapiere, Kapitalforderungen, Mietobjekte des Privatvermögens) oder nicht ausreichend ertragbringendes Vermögen übertragen, gelten die Regelungen eines (teil)entgeltlichen Geschäfts.[7]

---

1 BMF 11.3.2010, BStBl 2010 I S. 227, Rz. 12.

2 § 10 Abs. 1a Nr. 2 Satz 3 EStG; BMF 11.3.2010, BStBl 2010 I S. 227, Rz. 48.

3 Vgl. BFH 25.6.2014, BStBl 2014 II S. 889.

4 BMF 11.3.2010, BStBl 2010 I S. 227, Rz. 22.

5 BMF 11.3.2010, BStBl 2010 I S. 227, Rz. 25; vgl. a. Felsmann, Einkommensbesteuerung, Abschnitt A 14 Rz. 41.

6 BMF 11.3.2010, BStBl 2010 I S. 227, Rz. 25.

7 BMF 11.3.2010, BStBl 2010 I S. 227, Rz. 57.

(a) Ausreichend ertragbringende Wirtschaftseinheit

Ausreichend ertragbringendes Vermögen liegt vor, wenn nach überschlägiger Berechnung die Versorgungsleistungen nicht höher sind als der langfristig erzielbare Ertrag des übergebenen Vermögens.[1] Als unschädlich hat es der BFH angesehen, wenn die erzielbaren Erträge die Versorgungsleistungen geringfügig (bis zu 10 %) unterschreiten.[2] 918

Für einen (luf) Betrieb oder Teilbetrieb besteht die widerlegbare Vermutung (Beweiserleichterung), dass die Erträge ausreichen, um die wiederkehrenden Leistungen in der vereinbarten Höhe zu erbringen, wenn der Betrieb oder Teilbetrieb vom Übernehmenden tatsächlich fortgeführt wird.[3] Diese Vermutung ist bei verpachteten Betrieben oder Teilbetrieben nicht anzuwenden. Auf den **Wert des Vermögens kommt es bei Erfüllung der Ertragsvoraussetzungen nicht** an.[4]

Als Erträge im vorgenannten Sinne sind nur Einnahmen aus einer Tätigkeit i. S. der Einkunftsarten nach § 2 Abs. 1 EStG anzusehen (nicht Einnahmen aus einer Tätigkeit ohne Einkunfts- oder Gewinnerzielungsabsicht, z. B. aus einem luf Liebhabereibetrieb).[5]

Greift die Beweiserleichterung (s. o.) nicht, sind die Erträge aufgrund des steuerlichen Gewinns zu ermitteln. Hinzuzurechnen sind AfA, Sonderabschreibungen sowie außerordentliche Aufwendungen (z. B. große, nicht jährlich wiederkehrende Erhaltungsaufwendungen).[6] Ein Unternehmerlohn ist nicht abzuziehen.[7] Als zusätzlicher Ertrag ist auch die ersparte Nettomiete einer neben dem luf Betrieb übertragenen selbst genutzten Wohnung i. S. des § 10 Abs. 1a Nr. 2 Satz 3 EStG zu erfassen.

Greift die Beweiserleichterung bei einem luf Betrieb mit Gewinnermittlung nach Durchschnittssätzen gem. § 13a EStG nicht, kann die Ertragskraft ungeachtet der tatsächlichen Gewinnermittlung auch durch Betriebsvermögensvergleich oder Einnahmen-Überschussrechnung berechnet werden.[8]

1 BMF 11.3.2010, BStBl 2010 I S. 227, Rz. 27.
2 BFH 16.6.2004, BStBl 2005 II S. 130.
3 BMF 11.3.2010, BStBl 2010 I S. 227, Rz. 29.
4 Vgl. BMF 11.3.2010, BStBl 2010 I S. 227, Rz. 31; a. A. BFH 12.5.2003, BStBl 2004 II S. 100.
5 BMF 11.3.2010, BStBl 2010 I S. 227, Rz. 28.
6 Vgl. BMF 11.3.2010, BStBl 2010 I S. 227, Rz. 32.
7 BMF 11.3.2010, BStBl 2010 I S. 227, Rz. 32.
8 BMF 11.3.2010, BStBl 2010 I S. 227, Rz. 33.

Von einer Abdeckung der Versorgungsleistungen aus dem übernommenen Vermögen ist auszugehen, wenn nach den Verhältnissen im Zeitpunkt der Vermögensübertragung der durchschnittliche jährliche Ertrag ausreicht, um die jährlichen Versorgungsleistungen zu erbringen.[1] Aus **Vereinfachungsgründen** ist es **nicht zu beanstanden**, wenn zur Ermittlung des durchschnittlichen Ertrags die Gewinne des Jahres der Vermögensübertragung und die der beiden vorangegangenen Jahre herangezogen werden.[2]

BEISPIEL Die Gewinne aus dem 2016 übertragenen luf Vermögen betragen:

2014	15.000 €	15.000 €
2015	35.000 €	35.000 €
2016 (Übergeber und Übernehmer zusammen)		25.000 €
		75.000 €
durchschnittlich		25 000 €

AfA und Schuldzinsen haben die Gewinne wie folgt vermindert:

	AfA	Schuldzinsen
2014	5.000 €	2.000 €
2015	4.000 €	3.000 €
2016	6.000 €	2.500 €
	15.000 €	7.500 €
durchschnittlich	5.000 €	2.500 €

Bei durchschnittlichen Gewinnen von 25.000 € und durchschnittlichem Abzug für AfA und Schuldzinsen von 7.500 € ergibt sich ein durchschnittlicher Ertrag von 25.000 € + 7.500 € = 32.500 €.

Reicht der durchschnittliche jährliche Ertrag nach den Verhältnissen im Zeitpunkt der Vermögensübertragung nicht aus, um die jährlichen wiederkehrenden Leistungen zu erbringen, kann der Übernehmer nachweisen, dass für die Zukunft ausreichend hohe Nettoerträge zu erwarten sind. Dieser Nachweis gilt als erbracht, wenn die durchschnittlichen Erträge des Jahres der Vermögensübertragung und der beiden folgenden Jahre ausreichen, um die Versorgungsleistungen zu erbringen.[3]

1 BMF 11.3.2010, BStBl 2010 I S. 227, Rz. 34.

2 BMF 11.3.2010, BStBl 2010 I S. 227, Rz. 34.

3 BMF 11.3.2010, BStBl 2010 I S. 227, Rz. 35.

Wird ein nach der Übertragung gegen Versorgungsleistungen zunächst selbst bewirtschafteter Betrieb später verpachtet, ist zum Zeitpunkt der Verpachtung erneut zu prüfen, ob die Erträge ausreichen, um die Versorgungsleistungen zu erbringen.[1]

(b) Nachträgliche Umschichtung des übertragenen Vermögens

919 Der sachliche Zusammenhang der wiederkehrenden Leistungen mit der Vermögensübertragung endet grds., wenn der Vermögensübernehmer den Betrieb aufgibt oder ihm das übernommene Vermögen steuerrechtlich nicht mehr zuzurechnen ist.[2] Die Folge davon ist, dass die wiederkehrenden Leistungen ab diesem Zeitpunkt beim Übernehmer nicht mehr als Sonderausgaben nach § 10 Abs. 1a Nr. 2 EStG abgezogen werden dürfen, sondern Unterhaltsleistungen nach § 12 Nr. 2 EStG darstellen. Beim Übergeber des Vermögens sind sie als unentgeltliche Zuwendungen zu betrachten und deshalb nach § 22 Nr. 1 EStG nicht mehr steuerbar.[3]

Der sachliche Zusammenhang zwischen Vermögensübertragung und wiederkehrenden Leistungen endet nicht, wenn der Übernehmer seinerseits das übernommene Vermögen im Wege der vorweggenommenen Erbfolge überträgt. Geht dabei die Versorgungsverpflichtung nicht mit über, können die Versorgungsleistungen weiterhin abgezogen werden, wenn der Übernehmer diese aus ihm im Rahmen der weiteren Vermögensübertragung seinerseits eingeräumten Versorgungsleistungen oder aus einem an dem weiter übertragenen Vermögen vorbehaltenen Nießbrauchsrecht bewirken kann.[4]

Die Übertragung des übernommenen Vermögens auf einen Dritten ändert an der Beurteilung der wiederkehrenden Leistungen nichts, wenn mit dem Erlös zeitnah anderes Vermögen i. S. des § 10 Abs. 1a Nr. 2 Satz 2 EStG erworben wird.[5] Wird nur ein Teil des Veräußerungserlöses zur Anschaffung verwendet, ändert sich an der Beurteilung der wiederkehrenden Leistungen nichts, wenn diese durch die Erträge aus dem neu angeschafften Vermögen abgedeckt werden. Reicht der gesamte Erlös aus der Veräußerung nicht aus, die Anschaffung zu finanzieren, schadet es nicht, wenn der Übernehmer zusätzlich eigene Mittel zur Anschaffung aufwendet und der auf den reinvestierten Veräußerungserlös entfallende Anteil an den Erträgen ausreicht, um die vereinbarten wiederkehrenden

1 BMF 11.3.2010, BStBl 2010 I S. 227, Rz. 62.
2 BMF 11.3.2010, BStBl 2010 I S. 227, Rz. 37.
3 BFH 31.3.2004, BStBl 2004 II S. 830; BMF 11.3.2010, BStBl 2010 I S. 227, Rz. 37.
4 BMF 11.3.2010, BStBl 2010 I S. 227, Rz. 38.
5 BMF 11.3.2010, BStBl 2010 I S. 227, Rz. 41.

Leistungen zu erbringen.[1] Für die Beurteilung der Erträge aus der nachträglichen Anschaffung ist der Zeitpunkt der Anschaffung maßgeblich. Von ausreichenden Erträgen kann regelmäßig ausgegangen werden, wenn die durchschnittlichen Erträge des Jahres der nachträglichen Umschichtung und der beiden folgenden Jahre ausreichen, um die wiederkehrenden Leistungen zu erbringen. Letztlich kann das nur nach Ablauf des dritten Jahres festgestellt werden.

Schichtet der Übernehmer des Vermögens das überlassene Vermögen in nicht ausreichend ertragbringende Wirtschaftsgüter um, sind die wiederkehrenden Leistungen auch dann nicht als Sonderausgaben abziehbar, wenn die Beteiligten die geschuldeten Versorgungsleistungen an die Erträge der neu erworbenen Vermögensgegenstände anpassen, vgl. BFH vom 18.8.2010.[2]

(2) Anforderungen an die wiederkehrenden Leistungen

920 Versorgungsleistungen sind regelmäßig nur wiederkehrende Leistungen auf die **Lebenszeit des Empfängers.** Wiederkehrende Leistungen auf bestimmte Zeit oder die Lebenszeit des Berechtigten, die auf eine bestimmte Zeit beschränkt sind (sog. abgekürzte Leibrenten oder dauernde Lasten), sind stets nach den Grundsätzen über die einkommensteuerrechtliche Behandlung wiederkehrender Leistungen im Austausch mit einer Gegenleistung zu behandeln.[3] Das gilt auch für den Fall, dass Leistung und Gegenleistung nicht wie unter Fremden nach kaufmännischen Gesichtspunkten abgewogen sind.[4]

Um ein entgeltliches Veräußerungsgeschäft handelt es sich auch dann, wenn Eltern einem Kind einen Vermögensgegenstand gegen auf ihre Lebenszeit wiederkehrende Leistungen, die jedoch mindestens für eine bestimmte Mindestdauer zu zahlen sind (Mindestrente oder verlängerte Leibrente), übertragen, wenn die Mindestzeit der wiederkehrenden Leistungen voraussichtlich kürzer ist als die voraussichtliche durchschnittliche Lebenserwartung der bezugsberechtigten Person.[5]

(3) Empfänger von Vermögen

921 Eine begünstigte Vermögensübertragung ist stets unter Angehörigen, grds. aber auch unter Fremden möglich. Empfänger des Vermögens, aus dem eine Versor-

1 BMF 11.3.2010, BStBl 2010 I S. 227, Rz. 41.
2 BStBl 2011 II S. 633.
3 BMF 11.3.2010, BStBl 2010 I S. 227, Rz. 56.
4 BMF 11.3.2010, BStBl 2010 I S. 227, Rz. 5.
5 BFH 21.10.1999, BStBl 2002 II S. 650; vgl. auch BMF 11.3.2010, BStBl 2010 I S. 227, Rz. 56.

gungsleistung entspringen kann, können **Abkömmlinge** und grds. auch gesetzlich erbberechtigte entfernte Verwandte des Übergebers sein.[1] Hat der Übernehmer aufgrund besonderer persönlicher Beziehungen zum Übergeber ein persönliches Interesse an der lebenslangen angemessenen Versorgung des Übergebers oder sind die Vertragsbedingungen allein nach dem Versorgungsbedürfnis des Übergebers und der Leistungsfähigkeit des Übernehmers vereinbart worden, können auch nahe stehende Dritte wie Schwiegerkinder, Neffen oder Nichten, ausnahmsweise auch familienfremde Dritte Empfänger des Vermögens sein.[2]

(4) Empfänger von Versorgungsleistungen

Als Empfänger von Versorgungsleistungen kommen nur Personen in Betracht, 922
die im **Generationennachfolgeverbund** stehen. Das sind in erster Linie der Übergeber, dessen Ehegatte und die gesetzlich erbberechtigten oder pflichtteilsberechtigten Abkömmlinge des Übergebers;[3] es können jedoch auch entfernte Familienangehörige sein[4] oder Partner einer eingetragenen Lebenspartnerschaft.[5] Sind Empfänger der wiederkehrenden Leistungen die Geschwister des Übernehmers, besteht die wiederlegbare Vermutung, dass diese nicht versorgt, sondern gleichgestellt werden sollen.[6] Empfänger von Versorgungsleistungen können auch die Eltern des Übergebers (Großeltern des Übernehmers) sein, wenn der Übergeber das übergebene Vermögen seinerseits von den Eltern im Wege der Vermögensübertragung im Zusammenhang mit Versorgungsleistungen erhalten hat.[7]

(5) Versorgungsleistungen im Erbfall

Altenteilsleistungen werden im Allgemeinen im Rahmen einer vorweggenom- 923
menen Erbfolge (Hofübergabe) begründet. Die Gründe, die für die steuerliche Anerkennung als private Versorgungsleistung (Vorbehalt der Versorgungsleistungen) bestimmt sind, gelten jedoch auch, wenn die Altenteilslast durch letztwillige Verfügung (Elternteil vererbt den Hof an Abkömmling, für den überlebenden Ehegatten wird als Vermächtnis ein Altenteil ausgesetzt) begründet wird.[8]

1 BMF 11.3.2010, BStBl 2010 I S. 227, Rz. 4; BFH 16.12.1993, BStBl 1996 II S. 669.
2 BMF 11.3.2010, BStBl 2010 I S. 227, Rz. 4; BFH 16.12.1997, BStBl 1998 II S. 718.
3 BFH 27.2.1992, BStBl 1992 II S. 612; BFH 26.11.2003, BStBl 2004 II S. 820.
4 BFH 16.12.1993, BStBl 1996 II S. 669.
5 BMF 11.3.2010, BStBl 2010 I S. 227, Rz. 50.
6 BFH 20.10.1999, BStBl 2000 II S. 602; BMF 11.3.2010, BStBl 2010 I S. 227, Rz. 50.
7 BFH 23.1.1997, BStBl 1997 II S. 458.
8 Vgl. BFH 11.10.2007, BStBl 2008 II S. 123; BMF 11.3.2010, BStBl 2010 I S. 227, Rz. 2.

(6) Gegenstand und Inhalt der Versorgungsleistungen

924 Als Versorgungsleistungen sind alle im Übertragungsvertrag vereinbarten wiederkehrenden Leistungen in Geld oder Geldeswert zu verstehen. Dazu gehören insbesondere Geldleistungen, Übernahme von Aufwendungen und Sachleistungen. Gegenstand einer Altenteilsvereinbarung sind i. d. R.: Kost und Wohnung (einschließlich der damit zusammenhängenden Aufwendungen wie Strom und Wasser), Geldleistungen und Dienstleistungen (Wart und Pflege in gesunden und kranken Tagen) sowie Übernahme von Aufwendungen (z. B. Beiträge zur Krankenversorgung).

Dienstleistungen sind nur dann als Versorgungsleistungen zu behandeln, wenn sie im Auftrag des Verpflichteten von fremden Personen gegen Entgelt erbracht werden (z. B. Aufwendungen für eine Pflegerin)[1] bzw. wenn in Erfüllung dieser Verpflichtung Aufwendungen entstehen.[2] Die Pflegeleistung des Verpflichteten selbst (oder eines im Haus lebenden Angehörigen, z. B. Ehefrau) ist keine Versorgungsleistung.[3]

Bei Überlassung einer Wohnung sind nur die mit der Nutzungsüberlassung tatsächlich zusammenhängenden Aufwendungen anzusetzen. Das sind insbesondere Aufwendungen für Sachleistungen wie Strom, Heizung, Wasser und Instandhaltungskosten, zu denen sich der Übernehmer auf Grund einer klaren und eindeutigen Bestimmung im Übertragungsvertrag verpflichtet hat. Instandhaltungskosten sind nur abzugsfähig, soweit sie zur Erhaltung des vertragsgemäßen Zustandes der Wohnung im Zeitpunkt der Übertragung dienen.[4] Ein anteiliger Abzug für AfA, Schuldzinsen sowie anteilige Lasten (z. B. Grundsteuer), die vom Übernehmer als Eigentümer geschuldet werden, ist nicht zulässig.[5]

Vor dem BFH ist unter dem Az. X R 5/25 ein Verfahren anhängig, in dem geklärt wird, ob auch der Mietwert einer anlässlich der Übergabe eines land- und forstwirtschaftlichen Betriebes gegen Versorgungsleistungen an die Altenteiler überlassene Wohnung als Sonderausgabe gem. § 10 Abs. 1a Satz 1 Nr. 2 Satz 2 Buchst. b EStG (dauernde Last) abziehbar ist.

1 BFH 22.1.1992, BStBl 1992 II S. 552.

2 BFH 18.9.1991 – XI R 11/85, BFH/NV 1992 S. 234; BFH 27.8.1996, BStBl 1997 II S. 47.

3 BMF 11.3.2010, BStBl 2010 I S. 227, Rz. 45.

4 BFH 25.8.1999, BStBl 2000 II S. 21; BMF 21.7.2003, BStBl 2003 I S. 405.

5 BFH 25.3.1992, BStBl 1992 II S. 1012.

Die Kosten für die Beerdigung und das Grabmal des Altenteilers sind als Sonderausgaben abziehbar, da diese nach dem Zivilrecht zum Inbegriff „typischer" Versorgungsleistungen gehören.[1] Allerdings ist hierbei das Korrespondenzprinzip zu beachten. Nach Auffassung des BFH gilt hinsichtlich der Beerdigungskosten des Letztversterbenden Folgendes:

Hat sich der Vermögensübernehmer gegenüber den Vermögensübergebern in einem Vermögensübergabevertrag verpflichtet, die Kosten für eine angemessene Beerdigung sämtlicher Vermögensübergeber zu tragen, sind die entstandenen angemessenen Aufwendungen dann als dauernde Last abziehbar, wenn nicht der Vermögensübernehmer, sondern ein Dritter Erbe des Letztverstorbenen ist. Nur insoweit ist das Korrespondenzprinzip noch gewahrt, denn die Einnahmen i. S. der §§ 22 Nr. 1a, 24 Nr. 2 EStG in Höhe der ersparten Beerdigungskosten fließen dem Erben zu. Gleiches gilt für Grabpflegekosten.

In den BFH-Urteilen vom 19.1.2010[2] führt der BFH aus, dass nur in dem Fall, in dem der Vermögensübernehmer gleichzeitig auch Alleinerbe nach dem Letztversterbenden ist, ein Abzug der Beerdigungskosten usw. nicht in Betracht komme. In diesem Fall vereinen sich Forderung (Anspruch auf Entlastung der Beerdigungskosten) und Schuld (Verpflichtung zum Tragen der Beerdigungskosten) in einer Person.

(7) Rechtliche Einordnung der Versorgungsleistungen – Leibrente oder dauernde Last

Mit der Neuregelung der Versorgungsleistungen im Zusammenhang mit einer 925
Vermögensübertragung durch das JStG 2008 wurde aus Vereinfachungsgründen auf die bisherige Unterscheidung zwischen Renten und dauernden Lasten verzichtet. Die Versorgungsleistungen können beim Übernehmer in voller Höhe als Sonderausgaben abgezogen werden (§ 10 Abs. 1a Nr. 2 Satz 1 EStG). Beim Übergeber sind sie in voller Höhe als sonstige Einkünfte (wiederkehrende Bezüge; § 22 Nr. 1a EStG) zu versteuern.

Die bisher unterschiedliche Behandlung von dauernden Lasten und Leibrenten gilt für vor dem 1.1.2008 vereinbarte Vermögensübertragungen weiter (§ 52 Abs. 23g EStG a. F.).

1 BFH 15.2.2006, BStBl 2007 II S. 160.

2 Vgl. BFH 31.3.2004, BStBl 2004 II S. 830; BFH 19.1.2010 – X R 17/09, BStBl 2010 II S. 544; X R 32/09, BStBl 2011 II S. 162.

Zur Frage der Abgrenzung der Rente von der dauernden Last hat der BFH mit Urteilen vom 23.11.2016[1] sowie vom 3.5.2017[2] entschieden, dass die Verpflichtung zu wiederkehrenden Barleistungen in einem vor dem 1.1.2008 abgeschlossenen Vermögensübertragungsvertrag als Leibrente zu beurteilen ist, wenn die Vertragsparteien eine Abänderbarkeit der Höhe der Rentenleistungen materiellrechtlich von Voraussetzungen abhängig gemacht haben, die einer Wertsicherungsklausel entsprechen. Dies gilt selbst dann, wenn in diesem Zusammenhang auf § 323 ZPO Bezug genommen ist. Die wiederkehrenden Leistungen sind auch dann als Leibrente anzusehen, wenn die Abänderbarkeit der gesamten Versorgungsleistungen bei wesentlich veränderten Lebensbedürfnissen (Heimunterbringung, Pflegebedürftigkeit) ausgeschlossen wird.

(8) Nachträgliche Änderung der Versorgungsleistungen

926 Es liegt in der Natur der Versorgungsleistungen (die Abänderbarkeit ist auch ohne ausdrücklichen Vorbehalt gegeben), dass die Vertragsparteien auf geänderte Verhältnisse angemessen reagieren. Schwankungen der Höhe nach bedürfen zur steuerlichen Anerkennung der Darlegung, dass sie durch **nachweisbare Umstände** veranlasst sind (z. B. wenn ein Wohnungsrecht durch ein Zimmerwohnrecht und Verköstigung ersetzt wird, weil der Berechtigte das Wohnungsrecht nicht mehr ausschöpfen kann und auf die Verköstigung durch den Verpflichteten angewiesen ist),[3] die nach Maßgabe des Vertragstextes oder nach der Rechtsnatur des Vertrags erheblich sind. Diese Umstände müssen langfristig eine veränderte Leistungsfähigkeit des Verpflichteten und/oder eine andere Bedarfslage des Berechtigten anzeigen.[4] Liegen diese Voraussetzungen vor, können auch neu vereinbarte Versorgungsleistungen anerkannt werden, deren Wert den Wert der ursprünglich geschuldeten Versorgungsleistungen übersteigt.[5]

(9) Bewertung der Altenteilsleistungen

927 Unbare Altenteilsleistungen sind mit ihrem **tatsächlichen Wert** abzugsfähig.[6] Der Stpfl. muss die abzugsfähigen Beträge **nachweisen.** Wird ein Einzelnach-

1 BFH, Urteil 23.11.2016, BStBl 2017 II S. 512; BFH, Urteil 23.11.2016, BStBl 2017 II S. 517.

2 BFH, Urteil 3.5.2017, BFH/NV 2017 S. 1016.

3 Vgl. BFH 27.8.1996, BStBl 1997 II S. 47.

4 BFH 15.7.1992, BStBl 1992 II S. 1020; BMF 11.3.2010, BStBl 2010 I S. 227, Rz. 60.

5 BFH 27.8.1996, BStBl 1997 II S. 47.

6 BFH 9.10.1975, BStBl 1976 II S. 67; BFH 30.4.1976, BStBl 1976 II S. 539; BFH 23.5.1989, BStBl 1989 II S. 784.

weis nicht geführt, ist eine **Schätzung** vorzunehmen.[1] Die Werte der Sozialversicherungsentgeltverordnung (SvEV) sind anzusetzen.[2] Für ein Altenteilerehepaar ist der um 100 % erhöhte Wert anzusetzen.[3] Ein Abschlag kann nicht mit der Begründung vorgenommen werden, Landwirte bestritten die Verpflegung teilweise aus dem eigenen Betrieb.

Aus Vereinfachungsgründen ist der Abzug folgender Beträge für Verpflegung, Heizung/Beleuchtung und andere Nebenkosten nicht zu beanstanden.[4] 928

TAB.	Nichtbeanstandungsgrenzen für unbare Altenteilsleistungen					
	Einzelperson			Altenteilerehepaar		
Veranlagungszeitraum	Verpflegung €	Heizung Beleuchtung €	Gesamt €	Verpflegung €	Heizung Beleuchtung €	Gesamt €
2012	2.628	585	3.213	5.256	1.170	6.426
2013	2.688	598	3.286	5.376	1.196	6.572
2014	2.748	612	3.360	5.496	1.224	6.720
2015	2.748	612	3.360	5.496	1.224	6.720
2016	2.832	631	3.463	5.664	1.262	6.926
2017	2.892	645	3.573	5.784	1.290	7.074
2018	2.952	658	3.610	5.904	1.316	7.220
2019	3.012	672	3.684	6.024	1.344	7.368
2020	3.096	691	3.787	6.192	1.382	7.574
2021	3.156	705	3.861	6.312	1.410	7.722
2022	3.240	724	3.964	6.480	1.448	7.928

Maßgebend sind letztlich die tatsächlichen Werte, die im Einzelnen nachzuweisen sind. Der Wert der unbaren Altenteilsleistungen kann jedoch am Maßstab der Sozialversicherungsentgeltverordnung geschätzt werden.

1 BFH 27.8.1996, BStBl 1997 II S. 47.

2 BFH 21.6.1989, BStBl 1989 II S. 786; BFH 18.12.1990, BStBl 1991 II S. 354; BFH 27.8.1996, BStBl 1997 II S. 47 – dort jeweils noch Regelung nach SachBezV; vgl. BFH 17.8.2012 – III B 26/12, NWB PAAAE-19298 = BFH/NV 2012 S. 1963 – Schätzung von Aufwendungen für eine dem Kind vom Kindergeldberechtigten überlassene Unterkunft.

3 BFH 18.12.1990, BStBl 1991 II S. 354 – dort noch Regelung nach SachBezV; vgl. a. Vfg. des Bayerischen Landesamts für Steuern 30.3.2016 zu § 10 Abs. 1a Nr. 2 EStG, Az. S 2221.1.1-10/36 St32.

4 Vgl. Vfg. des Bayerischen Landesamts für Steuern 25.2.2019 – S 2221.1.1.1.1.-10/44 St32.

Die **nachweisbar gezahlten Barleistungen** können daneben als Leibrente oder dauernde Last berücksichtigt werden.[1]

j) Renten aus der landwirtschaftlichen Alterskasse (§ 22 Nr. 1 Satz 3 Buchst. a Doppelbuchst. aa EStG)

929 Sie rechnen zu den sonstigen Einkünften (§ 2 Abs. 1 Satz 1 Nr. 7 EStG). Es kann sich um Altersrenten, Renten aus Erwerbsminderung und wegen Todes nach dem Gesetz über die Alterssicherung der Landwirte (ALG) handeln. Steuerfrei sind z. B. Sachleistungen nach dem ALG (§ 3 Nr. 1 Buchst. b EStG), Geldleistungen nach §§ 10, 36 bis 39 ALG (§ 3 Nr. 1 Buchst. c EStG) sowie Beitragserstattungen nach den §§ 75 und 117 ALG (§ 3 Nr. 3 Buchst. b EStG).

5. Ermittlung des Veräußerungs- bzw. Aufgabegewinns

a) Allgemeines

930 Bei der Besteuerung von Veräußerungsgewinnen werden die stillen Reserven erfasst, die im Zeitpunkt der Veräußerung oder Aufgabe des Betriebs bei den einzelnen WG vorhanden sind.[2] Die Veräußerung oder Aufgabe eines Betriebs ist gleichsam der letzte Geschäftsvorfall, bei dem die bisher noch nicht verwirklichten Gewinne steuerlich erfasst werden. Die Vorschrift des § 14 EStG dient daher lediglich der Klarstellung.[3] Seinen Sinn erhält § 14 EStG erst aus der Verbindung mit der Tarifbegünstigung des § 34 EStG.[4] Für diese Vergünstigung ist der Gewinn (einschließlich des letzten Geschäftsvorfalls) daher in den **laufenden Gewinn** und den **Veräußerungsgewinn** zu unterteilen.[5]

931 Der **laufende Gewinn** ist der nach den allgemeinen Gewinnermittlungsvorschriften (§§ 4 bis 7 EStG) zu ermittelnde Betriebsgewinn des letzten (Rumpf-) Wj (= Unterschied zwischen dem BV in der Bilanz auf den letzten Tag, d. h. auf den Tag der Veräußerung oder Aufgabe[6] und dem BV in der „Anfangsbilanz" dieses letzten Wj). Der Unterschied jedoch zwischen dem BV, das sich aus der auf den Tag der Veräußerung oder Aufgabe nach den allgemeinen steuerlichen Vorschriften aufgestellten Bilanz ergibt, und dem Veräußerungs(Aufgabe-)preis

1 Vfg. des Bayerischen Landesamts für Steuern 25.2.2019 – S 2221.1.1.1.1.-10/44 St32.
2 BFH 13.12.1979, BStBl 1980 II S. 239.
3 BFH 3.6.1965, BStBl 1965 III S. 576.
4 BFH 18.12.1971, BStBl 1971 II S. 485 und BFH 19.5.1971, BStBl 1971 II S. 688.
5 RFH 31.8.1938, RStBl 1938 S. 975.
6 § 6 Abs. 2 EStDV.

abzüglich etwaiger Veräußerungs(Aufgabe-)kosten, ist der Veräußerungs(Aufgabe-)gewinn i. S. des § 16 EStG.[1] Die spezialgesetzlichen Regelungen des § 16 Abs. 2 EStG haben Vorrang vor den GoB.[2] Der Zeitpunkt der Aufgabe ist gesetzlich nicht bestimmt. Zweckmäßigerweise ist auf den Zeitpunkt der Beendigung der betrieblichen Tätigkeit abzustellen.[3] Die Regeln der laufenden Bilanzierung sind hier ohne Bedeutung. Dies gilt insbesondere für die Unterscheidung zwischen wertbeeinflussenden und wertaufhellenden Umständen.[4]

Veräußerungsgewinn ist nach § 14 i. V. mit § 16 Abs. 2 EStG der Betrag, um den 932
der Veräußerungspreis nach Abzug der Veräußerungskosten den Wert des BV im Zeitpunkt der Veräußerung übersteigt.

Aufgabegewinn ist der Betrag, um den die Summe der erlösten Veräußerungs- 933
preise und der gemeine Wert der nicht veräußerten WG im Zeitpunkt der Aufgabe den Wert des BV im Aufgabezeitpunkt übersteigt.[5]

Der Veräußerungs(Aufgabe-)gewinn kann auch eine negative Größe, also ein 934
Verlust sein, wenn der Veräußerungspreis geringer ist als der nach § 4 Abs. 1 oder § 5 EStG zu ermittelnde Wert des BV.[6] Im Rahmen des § 34 EStG sind Veräußerungsverluste nicht mit Veräußerungsgewinnen zu saldieren.

Aus den als Gewinnermittlung eigener Art anzusehenden Bestimmungen des 935
§ 16 Abs. 2 und 3 EStG ergibt sich folgende **Berechnungsformel:**

	Veräußerungspreis (Rz. 945)
+	gemeiner Wert der nicht veräußerten (Privatvermögen gewordenen) WG (Rz. 954)
–	Veräußerungs- bzw. Aufgabekosten (Rz. 960)
–	Wert des BV (Rz. 961) (= Buchwerte der veräußerten oder ins Privatvermögen überführten WG)
=	Veräußerungs- bzw. Aufgabegewinn

1 § 6 Abs. 2 EStDV, R 14 Abs. 1 Satz 6 EStR.

2 BFH 31.8.2006, BStBl 2006 II S. 906.

3 BFH 5.5.2015 – X R 48/13, NWB HAAAE-98621 = BFH/NV 2015 S. 1358.

4 BFH 19.5.2005, BStBl 2005 II S. 637.

5 § 14 i. V. mit § 16 Abs. 3 EStG; BFH 7.3.1996, BStBl 1996 II S. 415.

6 RFH 31.8.1938, RStBl 1938, 975, und BFH 12.6.1975, BStBl 1975 II S. 853.

b) Zeitpunkt der Gewinnverwirklichung

936 Der Veräußerungsgewinn entsteht grds. ohne Rücksicht auf den Zeitpunkt des Zufließens des Veräußerungspreises und unabhängig von der Art der Ermittlung des laufenden Gewinns im Zeitpunkt der Veräußerung; das ist der **Zeitpunkt der Besitzübergabe** sowie der **Übergang der Nutzungen und Lasten**[1] (Übertragung des wirtschaftlichen Eigentums; Rz. 1108). Dieser Grundsatz wird bei bestimmten Arten des Veräußerungserlöses (z. B. wiederkehrende Bezüge) durchbrochen.[2] Der Tag des notariellen Vertragsabschlusses oder der bürgerlich-rechtliche Eigentumsübergang ist ohne Belang. Ohne Bedeutung ist auch, ob der Unternehmer freiwillig veräußert oder ob die Veräußerung unter Zwang erfolgt (z. B. Zwangsversteigerung, Enteignung). Die Verwirklichung des Gewinns muss nach wirtschaftlichen Gesichtspunkten beurteilt werden.[3]

937 Der Veräußerungs(Aufgabe-)gewinn ist in dem VZ (Kj) zu erfassen, in den der Zeitpunkt der Veräußerung (Aufgabe) fällt (§ 4a Abs. 2 Nr. 1 EStG, Rz. 192).[4]

938 Wird die Veräußerung nach den vertraglichen Vereinbarungen im Jahreswechsel, also im Schnittpunkt der Kalenderjahre wirksam, ist unter Würdigung aller Umstände zu entscheiden, welchem Kj der Veräußerungsgewinn hinzuzurechnen ist.[5]

939 Eine **vertragliche Rückbeziehung des Veräußerungszeitpunkts** auf einen früheren Zeitpunkt wird steuerlich grds. nicht anerkannt.[6] Der Gesetz- und Richtliniengeber hat die Rückbeziehung nur in besonderen Fällen zugelassen (Rz. 759).[7]

940 Der Betriebsaufgabegewinn wird i. d. R. nicht an einem Tage verwirklicht, sondern in einem bestimmten Zeitraum zwischen der ersten und der letzten Betriebsaufgabehandlung.[8] Die Betriebsaufgabe beginnt mit der Einstellung der werbenden Tätigkeit und wird beendet mit der Veräußerung der letzten zu den wesentlichen Betriebsgrundlagen gehörenden Wirtschaftsgütern.[9] Siehe im Einzelnen Rz. 858 ff.

1 BFH 9.3.2017 – VI R 86/14, BStBl 2017 II S. 981, Rz. 29 ff.; BFH 28.11.2007, BStBl 2008 II S. 193, BFH 19.7.1993, BStBl 1993 II S. 897 unter C. II.2.b.

2 BFH 30.1.1974, BStBl 1974 II S. 452.

3 BFH 4.4.1968, BStBl 1968 II S. 411.

4 BFH 9.3.2017 – VI R 86/14, BStBl 2017 II S. 981 Rz. 31.

5 BFH 2.5.1974, BStBl 1974 II S. 707; BFH 10.3.1998, BStBl 1999 II S. 269.

6 BFH 21.12.1972, BStBl 1973 II S. 389.

7 §§ 2, 20 Abs. 6 UmwStG; R 16 Abs. 5 EStR 2008, § 16 Abs. 3b EStG: 3 Monate.

8 BFH 5.7.1984, BStBl 1984 II S. 711.

9 BFH 26.3.1991, BFH/NV 1992 S. 227; BFH 26.5.1992, BStBl 1992 II S. 710.

Der Veräußerungsgewinn ist auch bei einer in langfristigen Raten zu zahlenden Kaufpreisforderung im Zeitpunkt der Veräußerung verwirklicht. Von diesem Gewinnverwirklichungs-Grundsatz entwickelte die Rspr.[1] drei Ausnahmen, und zwar bei (1) **wagnisbehafteten Veräußerungsrenten** (z. B. Leibrenten R 16 Abs. 11 Satz 1 EStR, Umsatz- und Gewinnbeteiligungsrenten[2]), (2) Bezügen, die die **Versorgung des Veräußerers sichern** und eine **Laufzeit von mehr als zehn Jahren** haben[3] und (3) **Kaufpreiszahlungen,** die durch eine die laufende Preisentwicklung berücksichtigende **Sachwertklausel** gesichert sind.[4] Bei diesen wiederkehrenden Bezügen besteht ein **Wahlrecht** des Veräußerers bezogen auf den Gewinnverwirklichungszeitpunkt. Er kann den bei der Veräußerung zustehenden Gewinn nach § 16 EStG sofort versteuern[5] oder die laufenden Renten(Raten-)zahlungen beim tatsächlichen Zufluss als nachträgliche Betriebseinnahmen i. S. des § 13 i. V. mit § 24 Nr. 2 EStG behandeln,[6] sobald sie das Kapitalkonto und die Veräußerungskosten übersteigen.[7] 941

Das Wahlrecht findet nach BFH 26.7.1984[8] seine Rechtsgrundlage in der teleologischen Reduktion des Anwendungsbereichs der §§ 16, 34 EStG im Verhältnis zu § 24 Nr. 2 EStG und im „Grundsatz der Verhältnismäßigkeit der Besteuerung“. 942

c) Abgrenzung zum laufenden Gewinn

Die Abgrenzung ist wegen der Tarifermäßigung des § 34 EStG für den Veräußerungsgewinn erforderlich. Für die Ermittlung des laufenden Gewinns bis zum Veräußerungs(Aufgabe-)zeitpunkt[9] gelten die allgemeinen Gewinnermittlungsvorschriften (Rz. 171 ff.). Für die Abgrenzung des laufenden Gewinns vom Veräußerungs(Aufgabe-)gewinn kommt es darauf an, in welchem Zusammenhang der jeweils zu beurteilende **einzelne Geschäftsvorfall** steht.[10] So gehören Gewin- 943

1 BFH 12.6.1968, BStBl 1968 II S. 653; BFH 26.7.1984, BStBl 1984 II S. 829.
2 Vgl. aber H 16 Abs. 11 EStH; BFH 14.5.2000, BStBl 2000 II S. 572.
3 BFH 20.12.1988, BFH/NV 1989 S. 630, BFH 19.3.2007 – XI B 56/06, BFH/NV 2007 S. 1306, FG Köln 14.8.2008, EFG 2008 S. 1788, H 16 Abs. 11 „Ratenzahlung, Zeitrente, Zuflussbesteuerung“ EStH.
4 BFH 16.7.1964, BStBl 1964 III S. 622.
5 Die Renten[Raten-]zahlungen sind dann bei den sonstigen Einkünften nach § 22 EStG zu erfassen.
6 Kein Freibetrag nach § 16 Abs. 4 EStG und kein ermäßigter Steuersatz nach § 34 EStG.
7 BMF 3.8.2004, BStBl 2004 I S. 1187; FG München 17.4.1986, rkr., EFG 1986 S. 567.
8 BStBl 1984 II S. 829, BFH 11.11.2010, BStBl 2011 II S. 716.
9 Rz. 936; BFH 5.5.2015 – X R 48/13, NWB HAAAE-98621.
10 BFH 19.5.1971, BStBl 1971 II S. 688.

ne, die während und nach der Aufgabe eines Betriebs aus normalen Geschäften und ihrer Abwicklung anfallen, nicht zum begünstigten Veräußerungsgewinn.[1]

944 Zum laufenden Gewinn gehören auch die **Hinzurechnungen und Abrechnungen** entsprechend den in R 4.6 EStR zusammengefassten Rechtsprechungsgrundsätzen (Rz. 555 ff.). Danach ist ein LuF, der bisher zulässigerweise seinen Gewinn nach den Grundsätzen des § 4 Abs. 3 EStG ermittelt hat, im Fall der Veräußerung oder Aufgabe so zu behandeln, als wäre er im Augenblick der Veräußerung (Aufgabe) zunächst zur Gewinnermittlung durch Bestandsvergleich nach § 4 Abs. 1 EStG übergegangen.[2] Dadurch soll gewährleistet werden, dass die Gewinnermittlung nach § 4 Abs. 3 EStG letztlich zu dem **gleichen laufenden Gesamtgewinn** führt, wie er auch bei einer Gewinnermittlung nach § 4 Abs. 1 EStG angefallen wäre.[3] Die Hinzurechnungen können nicht auf 3 Jahre verteilt werden.[4] Entsprechendes gilt bei vorheriger Gewinnermittlung nach Durchschnittssätzen.[5]

Zur Feststellung der Höhe des Veräußerungsgewinns als auch zur Feststellung des Vorliegens eines Veräußerungsgewinns (Stufenverhältnis) bei einer Mitunternehmerschaft vgl. BFH vom 1.7.2010.[6]

d) Veräußerungs-(Aufgabe-)Preis

945 Zum Veräußerungspreis gehört alles, was der Veräußerer **anlässlich der Veräußerung oder im wirtschaftlichen Zusammenhang mit der Veräußerung** tatsächlich erhält.[7] Hierzu gehört auch die gesondert in Rechnung gestellte USt. Bestehen diese Gegenleistungen (Kaufpreis) nicht in einer Geldzahlung, sondern in der Begründung einer Geldforderung oder im Erwerb von Sachgütern, ist für die Ermittlung des Veräußerungsgewinns vom „Wert" der begründeten Geldforderung oder der erlangten Sachgüter im Zeitpunkt der Veräußerung auszugehen.[8]

1 BFH 25.6.1970, BStBl 1970 II S. 719; BFH 29.11.1988, BStBl 1989 II S. 602; BFH 21.11.1989, BFH/NV 1990 S. 625.
2 BFH 17.4.1986, BFH/NV 1987 S. 759; ebenso BFH 24.8.2000, BStBl 2003 II S. 67.
3 BFH 23.11.1961, BStBl 1962 III S. 199; BFH 13.12.1979, BStBl 1980 II S. 239.
4 BFH 13.9.2001, BStBl 2002 II S. 287.
5 § 13a EStG.
6 BFH 1.7.2010 – IV R 34/07, BFH/NV 2010 S. 2246.
7 BFH 19.7.1993, BStBl 1993 II S. 897; BFH 11.11.2010, BStBl 2011 II S. 716; BFH 31.8.2006, BStBl 2006 II S. 906.
8 Gemeiner Wert, BFH 19.1.1978, BStBl 1978 II S. 295; BFH 2.2.1990, BStBl 1990 II S. 497, BFH 25.6.2009, BStBl 2010 II S. 182.

aa) Kaufpreisforderung

Die Kaufpreisforderung oder ein sonst wie erzielter Erlös bei der Betriebsveräußerung geht nach der Rspr. des BFH mit der Übertragung des wirtschaftlichen Eigentums am Betrieb unmittelbar in das **notwendige Privatvermögen** des Veräußerers über.[1] Dies gilt auch für vom Erwerber nicht übernommene Verbindlichkeiten.[2] Der Ausfall der Kaufpreisforderung ist als Ereignis mit Wirkung für die Vergangenheit noch dem betrieblichen Bereich zuzuordnen, d. h. der Veräußerungsgewinn ist zu ändern.[3] 946

Bei der **Sofortzahlung in Bar- oder Buchgeld** ist der Wert der Gegenleistung gleich dem Nennwert des Geldes. Bei der Bemessung des Gewinns kann nach dem im ESt-Recht geltenden Nominalprinzip kein Abschlag wegen der inzwischen eingetretenen Geldentwertung vorgenommen werden.[4] Das bedeutet, dass für Zwecke der Besteuerung keine Umrechnung von €-Nennbeträgen auf andere Nennbeträge nach dem Maßstab eines Kaufkraftindexes stattfindet. Lautet der Kaufpreis auf eine ausländische Währung, ist er nach dem Kurswert (vgl. Bundesanzeiger, hilfsweise Umrechnungskurse für USt im BStBl) im Veräußerungszeitpunkt umzurechnen.[5] 947

Bei der **Schuldübernahme**[6] ist der Wert der Gegenleistung der Nenn- bzw. Zeitwert der übertragenen (auch privaten) Verbindlichkeiten oder Verpflichtungen.[7] Für die Ermittlung des Veräußerungsgewinns bildet es keinen relevanten Unterschied, ob der Erwerber dem Veräußerer als zusätzliches Entgelt die Befreiung von bestimmten Schulden gewährt oder ob er ihm ein zusätzliches Barentgelt in Höhe des zur Tilgung erforderlichen Betrags zahlt. Gegenstand der Veräußerung kann nur das Aktivvermögen sein. Teil des Veräußerungspreises ist daher auch eine Verpflichtung des Erwerbers, den Veräußerer von einer privaten (und demgemäß nicht bilanzierten) Schuld gegenüber einem Dritten von einer betrieblichen (zu Recht nicht bilanzierten) Schuld durch befreiende Schuldübernahme oder durch Schuldbeitritt mit befreiender Wirkung im Innenverhältnis freizustellen (Übernahme der durch die Veräußerung entstehenden Steuern). Gleiches gilt für die Verpflichtung zur Freistellung von einer dinglichen Last (z. B. 948

1 BFH 24.9.1976, BStBl 1977 II S. 127; BFH 19.1.1978, BStBl 1978 II S. 295; BFH 16.3.1989, BStBl 1989 II S. 557.

2 BFH 28.1.1981, BStBl 1981 II S. 464.

3 § 175 Abs. 1 Nr. 1 Satz 1 Nr. 2 AO; BFH 19.7.1993, BStBl 1993 II S. 897; AEAO zu § 175, Nr. 2.4.

4 BFH 12.6.1968, BStBl 1968 II S. 653; BFH 19.5.1971, BStBl 1971 II S. 626.

5 § 244 BGB, BFH 19.1.1978, BStBl 1978 II S. 295.

6 § 414 BGB.

7 BFH 31.5.1972, BStBl 1972 II S. 696; BFH 17.1.1989, BStBl 1989 II S. 563.

Altenteil, Nießbrauch), die ihrem Rechtsinhalt nach einer rein schuldrechtlichen Verpflichtung gleichwertig ist.[1]

949 Beim **Tausch**[2] stehen sich nach dem Grundsatz, dass ein Kaufmann nichts verschenkt, gleichwertige Gegenleistungen gegenüber. Es kann daher dahingestellt bleiben, ob im Veräußerungsfalle der Wert der Gegenleistung dem gemeinen Wert der erlangten WG oder nach den allgemeinen bilanzsteuerrechtlichen Grundsätzen dem gemeinen Wert der hingegebenen WG entspricht.[3]

950 Bei einer **gestundeten Kaufpreisforderung** ist der gemeine Wert als Wert der Gegenleistung anzusehen.[4] Kapitalforderungen sind mit dem Nennwert anzusetzen, soweit nicht besondere Umstände (z. B. Kapitalforderung ist uneinbringlich oder ernsthaft zweifelhaft oder unverzinslich, niedrig verzinslich oder hoch verzinslich)[5] einen höheren oder geringeren (auf- oder abgezinsten) Wert begründen.[6] Stundungszinsen für die zum Privatvermögen rechnende Kaufpreisforderung sind bei den Einkünften aus Kapitalvermögen zu erfassen (Rz. 946). Zum Ausfall einer gestundeten Kaufpreisforderung oder einer späteren vollen Erfüllung einer zunächst zweifelhaften Kaufpreisforderung s. 970.

951 Übt der Veräußerer bei einem Anspruch auf **wiederkehrende Bezüge** (z. B. Kaufpreisraten, Zeit- und Leibrenten) sein bestehendes Wahlrecht (Rz. 941) für eine Sofortversteuerung aus, ist als Wert der Gegenleistung der nach den Vorschriften des BewG zu ermittelnde Barwert anzusetzen. Ist die Kaufpreisforderung später (teilweise) uneinbringlich, ist der Veräußerungsgewinn rückwirkend zu ändern (Rz. 970).

952 Bei einer **Zwangsversteigerung** tritt der Versteigerungserlös an die Stelle des Veräußerungspreises.[7]

---

1 BFH 12.1.1983, BStBl 1983 II S. 595; BMF 13.1.1993, BStBl 1993 I S. 80 Tz. 9; BMF 26.2.2007, BStBl 2007 I S. 269.

2 § 480 BGB.

3 BFH 27.5.1970, BStBl 1970 II S. 743; BFH 14.12.1982, BStBl 1983 II S. 303. Zu Einzel-WG § 6 Abs. 6 EStG.

4 BFH 19.1.1978, BStBl 1978 II S. 295.

5 BFH 19.1.1978, BStBl 1978 II S. 295.

6 § 12 Abs. 1 BewG.

7 BFH 10.12.1969, BStBl 1970 II S. 310; BFH 26.4.1979, BStBl 1979 II S. 667; BFH 28.6.1977, BStBl 1977 II S. 827; BFH 25.7.1972, BStBl 1972 II S. 881.

bb) Entschädigungen, Prämien

Zum Veräußerungspreis rechnen auch **Entschädigungen** für das Feldinventar und die stehende Ernte,[1] für den Verzicht auf bestehende Miet- und Pachtrechte an Grundstücken,[2] für Umzugskosten des Betriebsinhabers, für die Aufgabe eines Nießbrauchs an einem Unternehmen (Rz. 785),[3] für Versicherungsleistungen[4] sowie **Prämien** für die Einstellung der Fabrikation,[5] ferner **Abfindungen** für Gewinne aus schwebenden Geschäften.[6] 953

cc) Aufgabewerte für (nicht veräußerte) ins Privatvermögen überführte Wirtschaftsgüter

Für Zwecke der Ermittlung des Aufgabegewinns ist nach § 16 Abs. 3 Satz 7 EStG für die nicht veräußerten Wirtschaftsgüter der gemeine Wert im Zeitpunkt der Aufgabe anzusetzen. Mit der Bezugnahme auf den „gemeinen Wert" i. S. des § 9 Abs. 2 BewG wird auf einen Stichtagswert verwiesen, wonach bei der Bewertung der Bestand und die Bewertung der Verhältnisse im Feststellungszeitpunkt maßgebend sind.[7] Zwar wird die Einheitsbewertung mehr noch als das Bilanzrecht durch ein striktes Stichtagsprinzip geprägt, eine rechtliche Vergleichbarkeit mit dem bewertungsrechtlichen Stichtagsprinzip besteht jedoch insofern, als § 16 Abs. 3 Satz 7 EStG ausdrücklich die Bewertung auf den Zeitpunkt der Aufgabe vorschreibt. Der gemeine Wert im Zeitpunkt der Aufgabe richtet sich nach dem zum Aufgabestichtag im gewöhnlichen Geschäftsverkehr zu erzielenden Preis (§ 9 Abs. 2 Satz 1 BewG). Der Wert eines Grundstücks wird wesentlich durch die Art und das Maß der baurechtlich zulässigen Nutzung bestimmt. Der gemeine Wert bestimmt sich nach der allgemeinen Werteinschätzung, wie sie in der Marktlage am Stichtag ihren Ausdruck findet. Umstände, die nicht diese zeitpunktbezogene „Momentaufnahme", sondern den Wert erst zu einem späteren Zeitpunkt beeinflussen, betreffen die Wertfindung für ein bereits in das Privatvermögen überführtes Wirtschaftsgut. Aus der Stichtagsbezogenheit folgt insbesondere, dass sich bei der Ermittlung eines Vermögenswerts nur solche Verhältnisse und Gegebenheiten auswirken, die im Bewertungszeitpunkt so hinreichend konkretisiert sind, dass mit ihnen als Tatsache zu rechnen ist.[8] 954

1 R 14 Abs. 1 EStR.

2 BFH 29.10.1970, BStBl 1971 II S. 92.

3 BFH 4.11.1980, BStBl 1981 II S. 396.

4 BFH 11.3.1982, BStBl 1982 II S. 707.

5 BFH 17.12.1975, BStBl 1976 II S. 224, und weiteren Entschädigungsarten.

6 RFH 29.3.1933, RStBl 1933, 637.

7 BFH 1.4.1998, BStBl 1998 II S. 569, BFH 22.12.2010 – I R 58/10, BFH/NV 2011 S. 711.

8 BFH 1.4.1998, BStBl 1998 II S. 569, BFH 13.5.1998 – II R 98/97, BFH/NV 1998 S. 1376.

955 Eine vergleichbare Rückbeziehung zum Zwecke einer nachträglichen Veränderung des Stichtagswertes kommt bei einer späteren Änderung in einem Bebauungsplan[1] oder einem Flächennutzungsplan[2] nicht in Betracht. Die hier für die Prüfung am Maßstab des § 175 Abs. 1 Satz 1 Nr. 2 AO einschlägige Bestimmung ist § 16 Abs. 3 Satz 3 EStG. Der maßgebende Stichtagswert wird in materiellrechtlicher Hinsicht durch Umstände, die erst später den gemeinen Wert beeinflussen, nicht rückwirkend geändert. Dies erschließt sich aus der Erwägung, dass der auf den Zeitpunkt der Betriebsaufgabe ermittelte gemeine Wert nicht lediglich zunächst nur aufgrund von Annahmen zu einem typischen Geschehensablauf errechnet, sondern real, realisierbar und verfügbar war. Eine etwaige spätere Wertänderung betrifft ein Wirtschaftsgut des Privatvermögens. Dies gilt sowohl zugunsten wie zu Lasten des Steuerpflichtigen. Daher wirkt eine spätere Änderung des baurechtlichen Nutzungsgrades eines Grundstücks infolge einer zuvor „nicht bekannten Sinnesänderung der Gemeinde“ nicht auf den Entnahmezeitpunkt zurück.[3]

Die zum Aufgabezeitpunkt dem Entnahmewert zugrunde gelegte Nutzungsart des Grundstücks wird dadurch nicht rückwirkend falsch. Die den Wert des Grundstücks beeinflussende Änderung des Flächennutzungsplans betraf ein bereits in das Privatvermögen überführtes Grundstück.

956 Durch die Vorschrift des § 16 Abs. 3 Satz 1 EStG wird zwar der Sachverhalt „Veräußerung“ dem Sachverhalt „Betriebsaufgabe“ gleichgestellt, die Wertansätze bzw. der Veräußerungsgewinn sind jedoch kraft ausdrücklicher gesetzlicher Regelung gerade nicht gleichartig zu ermitteln. Die vom Gesetzgeber vorgenommene Differenzierung bei der Ermittlung des Veräußerungsgewinns einerseits und des Betriebsaufgabegewinns andererseits berücksichtigt sachgerecht die möglichen, unterschiedlichen Lebenssachverhalte und begegnet ebenso wie das Stichtagsprinzip keinen verfassungsrechtlichen Bedenken.[4]

dd) Noch nicht versteuerte „Bilanzpositionen“

957 Bei steuerfreien **Rücklagen** handelt es sich um offen ausgewiesene „stille Reserven“, die im Rahmen des Veräußerungsgewinns ebenso realisiert werden müssen, wie nicht offen ausgewiesene stille Reserven der Aktivseite.[5] Zum ta-

1 BFH 1.4.1998, BStBl 1998 II S. 569.

2 FG Nürnberg 25.4.2007 – III 282/2006, NWB YAAAD-48377.

3 BFH 2.3.1989 – IV R 201/88, BFH/NV 1990 S. 88.

4 BVerfG 15.10.1980 – 1 BvR 888/80, HFR 1981 S. 25.

5 BFH 25.6.1975, BStBl 1975 II S. 848.

rifbegünstigten Veräußerungsgewinn gehören daher auch Gewinne aus der Auflösung der Rücklage für Ersatzbeschaffung,[1] der Rücklage nach § 6b EStG,[2] soweit sie nicht fortgeführt wird (einschließlich ggf. Erhöhungsbetrag nach § 6b Abs. 7 EStG), der Auflösung der Ansparrücklage nach § 7g EStG,[3] sofern die zeitlichen Voraussetzungen nicht bereits im Wj vor der Veräußerung/Aufgabe wegfallen. Dem EStG ist kein allgemeiner Grundsatz zu entnehmen, dass Steuervergünstigungen, die zu Lasten des laufenden, nach dem normalen Tarif besteuerten Gewinns in Anspruch genommen wurden, auch wieder zugunsten des laufenden, nach dem normalen Tarif zu besteuernden Gewinn aufzulösen sind.[4]

e) Aufteilung des Veräußerungs-(Aufgabe-)Preises

Der in einem Kaufvertrag über eine Mehrheit von WG enthaltene Kaufpreis 958
ist nach dem Verhältnis der Teilwerte der einzelnen WG aufzuteilen, wenn der Kaufpreis im Kaufvertrag nicht auf die einzelnen WG aufgeteilt ist oder Bedenken gegen die wirtschaftliche Haltbarkeit der im Kaufvertrag enthaltenen Aufteilung bestehen.[5] Auch ist die vertragliche Bezeichnung der einzelnen Teile des Veräußerungspreises nicht immer für die steuerliche Behandlung entscheidend (z. B. Entschädigung für „Geil und Gare").[6] Zur Aufteilung bei Zahlung eines Interessenzuschlags für den Grund und Boden vgl. BFH 9.4.1987.[7]

Eine Aufteilung des Veräußerungserlöses ist erforderlich (vgl. auch Rz. 1128), 959
wenn nicht bei allen veräußerten Wirtschaftsgütern ein durch die Veräußerung erzielter Erlös der Besteuerung unterliegt,[8] z. B. wenn (1) auch WG des **Privatvermögens** (z. B. ein Grundstück, vgl. Rz. 1113) mit in dem Gesamtkaufpreis enthalten ist oder (2) steuerliche Besonderheiten der **Bodengewinnbesteuerung**[9] (z. B. bei der Veräußerung von Wald, Rz. 1241) zu beachten sind oder (3) auf einen Veräußerungsgewinn die **Reinvestitionsmöglichkeit** des § 6b EStG beantragt wird.

1 Ausnahme BFH 25.6.1975, BStBl 1975 II S. 848, r. Sp.

2 R 6b.2 Abs. 10 EStR.

3 BFH 28.11.2007 – X R 43/06, BFH/NV 2008 S. 554.

4 BFH 12.7.1973, BStBl 1974 II S. 3.

5 BFH 16.12.1981, BStBl 1982 II S. 320; BFH 5.11.1981, BStBl 1982 II S. 258; BFH 21.8.2014 – X B 159/13, BFH/NV 2014 S. 1743; BFH 16.9.2015 – IX R 12/14, BStBl 2016 II S. 397.

6 BFH 20.5.1965, BStBl 1965 III S. 446.

7 BFH/NV 1987 S. 763.

8 BFH 19.5.2005, BStBl 2005 II S. 637, FG Baden-Württemberg 30.4.2012, EFG 2012 S. 2088.

9 Verlustklausel § 55 Abs. 6 EStG.

f) Veräußerungs-(Aufgabe-)Kosten

960 Veräußerungs-(Aufgabe-)Kosten sind nur solche Aufwendungen, die in **unmittelbarer sachlicher Beziehung zum Veräußerungsgeschäft** (zur Betriebsaufgabe)[1] stehen, z. B. Notariatskosten, Maklerprovision, Verkehrsteuern, Beratungshonorar,[2] Vorfälligkeitsentschädigung.[3] Die Veräußerungs-(Aufgabe-)Kosten sind von den mit normalem Tarif zu besteuernden Aufwendungen (laufender Gewinn) abzugrenzen. Der zeitliche Zusammenhang mit der Veräußerung (Aufgabe) bewirkt nicht, dass Aufwendungen zur Beendigung von Schuldverhältnissen, die bisher dem laufenden Betrieb dienten, z. B. Abfindung an einen Pächter für die vorzeitige Aufgabe des Pachtrechts, den Veräußerungsgewinn mindern.[4] Aufwendungen, die zur Beendigung von Schuldverhältnissen, die nicht dem Betrieb dienten, getätigt werden, um den Betrieb im Ganzen veräußern zu können (z. B. Ablösung von Altenteilsrechten), zählen nicht zu den Veräußerungskosten, da sie sich in der ESt rechtlich nicht relevanten Vermögenssphäre abwickeln.[5] Eine Aufteilung der Veräußerungs-(Aufgabe-)Kosten auf die einzelnen veräußerten WG ist ggf. wegen der steuerlichen Besonderheiten bei der Bodengewinnbesteuerung[6] erforderlich.

g) Wert des Betriebsvermögens

961 Der Wert des BV oder der Wert des Anteils am BV ist für den Zeitpunkt der Veräußerung (Aufgabe) nach § 4 Abs. 1 oder § 5 EStG zu ermitteln.[7] Dem Veräußerungs-(Aufgabe)-Erlös (tatsächlichem Wert) ist der Wert des BV (Buchwert) gegenüberzustellen. § 16 Abs. 2 EStG begründet **keine besondere Bilanzierungspflicht** für den Zeitpunkt der Veräußerung (Aufgabe). Die Bezugnahme auf § 4 Abs. 1 oder § 5 EStG besagt, dass die Wertermittlung nach den materiellrechtlichen Vorschriften über die Gewinnermittlung nach Betriebsvermögensvergleich durchzuführen ist.[8]

1 BFH 6.10.1993, BStBl 1994 II S. 287.

2 BFH 19.5.2005, BStBl 2005 II S. 637.

3 BFH 27.10.1977, BStBl 1978 II S. 100; BFH 19.1.1978, BStBl 1978 II S. 295; BFH 3.6.1965, BStBl 1965 III S. 576; BFH 25.1.2000, BStBl 2000 II S. 458.

4 BFH 6.5.1982, BStBl 1982 II S. 691.

5 BFH 26.2.1987, BStBl 1987 II S. 772; BFH 3.6.1965, BStBl 1965 III S. 579; BFH 20.1.1966, BStBl 1966 III S. 312.

6 Verlustklausel § 55 Abs. 6 EStG.

7 § 16 Abs. 2 Satz 2 EStG.

8 BFH 12.6.1975, BStBl 1975 II S. 853.

Ermittelten LuF bisher den Gewinn nicht nach Betriebsvermögensvergleich, sondern nach § 4 Abs. 3 EStG (Vergleich der Betriebseinnahmen mit den Betriebsausgaben),[1] nach § 13a EStG (Durchschnittssätzen) oder wurde der Gewinn geschätzt,[2] ist ein **fiktiver Bestandsvergleich** durchzuführen (Rz. 963 ff.). Die Gewinnermittlung nach Durchschnittssätzen[3] erfasst nur den laufenden Gewinn.[4] Zur Ausübung von Bewertungswahlrechten und zur Bewertung der WG beim fiktiven Bestandsvergleich vgl. Rz. 559. 962

Bei der Buchwertermittlung der **Aktivwerte** sind die allgemeinen Bilanzierungs- und Bewertungsvorschriften zu beachten (Rz. 262 ff.). 963

Zu den Bilanzansätzen auf der **Passivseite** des (fiktiven) Bestandsvergleichs gilt bei der Berechnung des Veräußerungsgewinns anhand des Kapitalkontos[5] im Zeitpunkt der Veräußerung (Aufgabe): **Rücklagen** (Rz. 957); **Wertberichtigungsposten** sind anzusetzen, da die Aktivwerte um diese Beträge zu hoch sind; **Rückstellungen**;[6] **Verbindlichkeiten,** die vom Erwerber nicht übernommen (passiviert) sind, müssen ausgeschieden werden.[7] 964

WG, die **zu Unrecht bilanziert** worden sind (notwendiges Privatvermögen), sind auszubuchen.[8] WG, die zu **Unrecht nicht bilanziert** worden sind (notwendiges BV), sind mit dem Wert anzusetzen, mit dem sie zu Buch stehen würden, wenn sie von Anfang an bilanziert worden wären. 965

h) Abgrenzung zu nachträglichen Einkünften

Auch noch nach der Veräußerung (Aufgabe) können Aufwendungen oder Erträge anfallen, die zu nachträglichen positiven oder negativen Einkünften aus LuF[9] führen,[10] und zwar unabhängig von der Vermögenseigenschaft der zurückbehal- 966

1 BFH 17.4.1986, BFH/NV 1987 S. 759.
2 § 162 AO.
3 § 13a EStG.
4 BFH 12.4.1956, BStBl 1956 III S. 164.
5 BFH 29.8.1973, BStBl 1974 II S. 100.
6 BFH 12.7.1973, BStBl 1974 II S. 3 und Anm. StRK § 16 R 159.
7 BFH 28.1.1981, BStBl 1981 II S. 464; BFH 12.7.1973, BStBl 1974 II S. 3; BFH 24.7.1962, BStBl 1962 III S. 418; BFH 7.3.1996, BStBl 1996 II S. 415.
8 BFH 21.6.1972, BStBl 1972 II S. 874, m. w. N.; weitere Nachweise bei R 4.4 Abs. 1 EStR, Bilanzberichtigung.
9 § 24 Nr. 2 EStG.
10 BFH 28.1.1981, BStBl 1981 II S. 464.

tenen WG und Schulden (fortgeführtes BV, BV ohne Betrieb).[1] Sie sind nach den Grundsätzen des § 4 Abs. 3 EStG für das Kj und nicht mehr für das Wj zu ermitteln. Ein „partieller" Bestandsvergleich ist nicht zulässig.[2]

967 Nachträgliche Einkünfte entstehen bei **wiederkehrenden Bezügen** (Rz. 941) bei entsprechender Ausübung des Wahlrechts erst dann, wenn die laufenden Renten-(Raten-)Zahlungen den Wert des BV und die Veräußerungskosten übersteigen.[3] Eine Aufteilung der wiederkehrenden Bezüge ist erforderlich, wenn (1) sie auch für veräußerte WG des Privatvermögens gewährt werden und (2) die steuerlichen Besonderheiten der Bodengewinnbesteuerung[4] (Rz. 1113) zu beachten sind (vgl. Rz. 959). Die Aufteilung kann nach dem in Rz. 958 beschriebenen Aufteilungsverhältnis vorgenommen werden.

968 BEISPIEL ▸ Nachträglich gezahlte Betriebssteuern, wenn bei Gewinnermittlung nach § 4 Abs. 3 EStG auf den Zeitpunkt der Veräußerung eine Schlussbilanz nicht erstellt wurde und dies nicht zur Erlangung ungerechtfertigter Steuervorteile geschah;[5] Entsprechendes gilt für Tilgungsleistungen auf Verbindlichkeiten;[6] Schuldzinsen;[7] nachträgliche Zahlungen auf bekannt gewordene Verbindlichkeiten;[8] wenn eine vor der Veräußerung (Aufgabe) abgeschriebene Forderung nachträglich eingeht, weitere Beispiele in H 16 Abs. 10 EStH.

i) Einfluss späterer Vorgänge auf den Veräußerungspreis

969 Nach der bisherigen Rspr. des BFH geht die Kaufpreisforderung in das notwendige Privatvermögen des Veräußerers mit ihrem **in diesem Zeitpunkt gegebenen Wert** i. S. der §§ 9, 12 BewG über (strittig, Rz. 946). Bei der **Veräußerung eines Teilbetriebs** (z. B. Wald) bleibt die Kaufpreisforderung BV. Veränderungen der Forderung sind daher im Rahmen der Gewinnermittlung des Gesamtbetriebs zu berücksichtigen.

970 Wird die Kaufpreisforderung aufgrund nachträglich eingetretener Umstände oder aufgrund einer nachträglichen Klarstellung des Inhalts des Kaufvertrages

1 BFH 11.12.1980, BStBl 1981 II S. 460; BFH 1.10.1986, BStBl 1987 II S. 113; BFH 23.3.1987, BFH/NV 1987 S. 572; Schmidt, FR 1987 S. 12; ungewisse Schadenersatzforderung BFH 10.2.1994, BStBl 1994 II S. 564.

2 BFH 22.2.1978, BStBl 1978 II S. 430; BFH 24.10.1979, BStBl 1980 II S. 186.

3 BFH 30.1.1974, BStBl 1974 II S. 452.

4 Verlustklausel § 55 Abs. 6 EStG.

5 BFH 13.5.1980, BStBl 1980 II S. 692.

6 BFH 4.8.1977, BStBl 1977 II S. 866.

7 BFH 11.12.1980, BStBl 1981 II S. 463, 462, 461; BFH 28.1.1981, BStBl 1981 II S. 464.

8 BFH 22.2.1978, BStBl 1978 II S. 430; BFH 28.2.1990, BStBl 1990 II S. 537.

(Veräußerungspreis war im Kaufvertrag nicht ziffernmäßig bezeichnet) **herabgesetzt** oder **erhöht** (z. B. einvernehmlich oder aufgrund einer Besserungsklausel oder Nachforderungsklausel),[1] so ändert sich dadurch auch der Veräußerungsgewinn. Die Veranlagung des VZ der Veräußerung ist ggf. nach § 175 Abs. 1 Satz 1 Nr. 2 AO zu ändern.[2]

(Einstweilen frei) 971–989

X. Sonstige einkommensteuerrechtliche Vorschriften für Land- und Forstwirte; Sonderfragen der Besteuerung

1. Lohnsteuerrechtliche und sozialversicherungsrechtliche Fragen der Land- und Forstwirtschaft

a) Lohnsteuerabzugsverfahren bei Land- und Forstwirten

Der LuF, der Arbeitnehmer (ArbN) beschäftigt, auch Ehegatten und andere Familienangehörige, mit denen er ein steuerlich anerkanntes Arbeitsverhältnis abgeschlossen hat (s. hierzu Rz. 621 ff.), muss, wie jeder andere Arbeitgeber (ArbG), vom gezahlten Arbeitslohn LSt, bei Überschreiten der geltenden Freigrenzen nach § 3 Abs. 4 SolZG zusätzlich den SolZ und bei KiSt-Pflicht des ArbN auch KiSt, einbehalten und an das FA abführen. Im Rahmen des LSt-Abzugsverfahrens treffen ihn eine Reihe von ArbG-Pflichten. Zu nennen sind zunächst die **Aufzeichnungspflichten.** Dabei hat er – von Ausnahmen abgesehen – nach § 41 EStG für jeden ArbN ein Lohnkonto einzurichten. In dieses Lohnkonto sind insbes. die persönlichen Lohnsteuerabzugsmerkmale des ArbN und die Einzeldaten der Lohnzahlung einzutragen (z. B. Art und Höhe des Arbeitslohns, steuerfreie Bezüge, pauschal besteuerte Bezüge; im Einzelnen s. § 4 LStDV). Bis zur Einführung des elektronischen Abrufverfahrens konnten die persönlichen Lohnsteuerabzugsmerkmale des ArbN der LSt-Karte entnommen werden. Seit 2013 werden die Informationen über die persönlichen Lohnsteuerabzugsmerkmale der ArbN in einer Datenbank beim Bundeszentralamt für Steuern gespeichert (ELStAM-Datenbank) und können durch den ArbG abgerufen werden (s. § 39e EStG). **Aufzeichnungserleichterungen** bestehen bei Arbeitslöhnen, die an Teilzeit- und Aushilfskräfte gezahlt werden, wenn die darauf entfallende LSt nach 990

1 BFH 31.8.2006, BStBl 2006 II S. 906.

2 Vgl. BFH 19.7.1993, BStBl 1993 II S. 295.

§ 40a EStG pauschal erhoben wird (s. hierzu Rz. 996). In diesen Fällen genügt es, wenn der ArbG Aufzeichnungen führt, aus denen sich für den einzelnen ArbN Name und Anschrift, Dauer der Beschäftigung, Tag der Zahlung, Höhe des Arbeitslohns und – bei Aushilfskräften in der LuF – auch die Art der Beschäftigung ergeben.[1] Das Lohnkonto ist nach § 41 Abs. 2 EStG am Ort der **lohnsteuerlichen Betriebsstätte** zu führen. Dies wird bei LuF regelmäßig die Hofstelle sein.

991 Als **weitere Pflichten des ArbG** sind zu nennen: Er hat bei jeder Lohnzahlung die LSt nach § 39b EStG zu berechnen und vom Arbeitslohn einzubehalten (zur Einbehaltung bei Deputaten s. Rz. 992). Die einbehaltene LSt hat der ArbG nach § 41a EStG beim FA anzumelden und dorthin abzuführen. Gemäß § 42d EStG haftet er u. a. für die richtige Einbehaltung und Abführung; dies wird vom FA durch besondere LSt-Außenprüfungen nach § 42f EStG oder LSt-Nachschauen nach § 42g EStG überwacht. Jeweils am Jahresende oder beim Ausscheiden des ArbN hat er die zu führenden Lohnkonten nach § 41b EStG abzuschließen und spätestens bis zum letzten Tag des Monats Februar des Folgejahres für den ArbN eine entsprechende LSt-Bescheinigung elektronisch bzw. in Ausnahmefällen in Papierform (§ 41b Abs. 1 Satz 4 und Abs. 3 Satz 1 EStG)[2] an die FinVerw zu übermitteln.

992 Bei **Deputaten,**[3] die in der LuF gewährt werden (s. hierzu Rz. 993 ff.), ist grds. in der Weise zu verfahren, dass der ArbG bei jeder Leistung an den ArbN die Steuerabzugsbeträge einzubehalten und zu entrichten hat. Da die Deputate dem ArbN i. d. R. nicht gleichmäßig in einzelnen Lohnzahlungszeiträumen zufließen, ist es auch zulässig, zunächst den Wert der Deputate für das ganze Jahr zu ermitteln und ohne Rücksicht darauf, wann die Deputate geliefert werden, die gesamten Sachbezüge auf die einzelnen Lohnzahlungszeiträume zu verteilen und die LSt danach zu berechnen. Dieses Verfahren kann nur angewendet werden, wenn die ordnungsmäßige Besteuerung der Deputate dadurch nicht gefährdet wird.[4] Eine solche Vorgehensweise sollte deshalb mit dem zuständigen Betriebsstättenfinanzamt nach § 4 Abs. 3 LStDV vorab abgestimmt werden. Alternativ kann auch der Wert der Deputate eines ganzen Jahres im letzten Lohnabrechnungszeitraum des Jahres als einmaliger Bezug versteuert werden.[5]

1 Vgl. § 4 Abs. 2 Nr. 8 Satz 4 LStDV.
2 Vgl. hierzu auch BMF 5.9.2024, BStBl 2024 I S. 1255 Tz. IV.
3 Darunter sind Sachleistungen zu verstehen, die den in der LuF tätigen ArbN üblicherweise zufließen, vgl. BFH 26.5.1955 – IV 62/54 U, BStBl 1955 III S. 232.
4 Erlass FinMin Bayern 1.4.1986, BStBl 1986 I S. 160.
5 Schönfeld/Plenker/Schaffhausen, Lexikon für das Lohnbüro 2025, Stichwort „Deputate".

b) Sachbezüge in der Land- und Forstwirtschaft

Dem LSt-Abzug unterliegt der **gesamte Arbeitslohn.** Hierzu gehören alle Einnahmen, die der ArbN aus dem Arbeitsverhältnis erhält, unabhängig davon, ob sie regelmäßig oder vereinzelt, mit oder ohne Rechtsanspruch (vgl. § 19 Abs. 1 Satz 2 EStG) sowie als Geld- oder Sachleistung (vgl. § 8 Abs. 1 Satz 1 EStG) erzielt werden. Zum Arbeitslohn zählen auch Zahlungen für eine Nebentätigkeit oder Aushilfstätigkeit und auch einzelne Gelegenheitsgeschenke, falls es sich nicht lediglich um kleinere Aufmerksamkeiten handelt.[1] 993

In der LuF spielen die **Sachbezüge** des ArbN eine besondere Rolle; sie sind Arbeitslohn, der i. d. R. nach § 8 Abs. 2 EStG zu bewerten ist. Solche Sachbezüge bleiben nach § 8 Abs. 2 Satz 11 EStG bis zu einem Wert von 50 € je Monat außer Ansatz. Unter den weiteren Voraussetzungen des § 8 Abs. 3 EStG wird ein pauschaler Bewertungsabschlag von 4 % und der sog. Rabattfreibetrag i. H. von 1.080 € gewährt.[2] Ggf. kann die Pauschalbesteuerung nach § 37b Abs. 2 EStG gewählt werden. Zu Sachbezügen führen insbesondere die unentgeltliche oder verbilligte Gestellung eines Kraftfahrzeugs, der unentgeltliche oder verbilligte Bezug von Kleidung, Wohnung, Strom, Heizung, Kost und sonstige Deputate, die aus dem Arbeitsverhältnis, also als Entgelt für Arbeitsleistung, gewährt werden. 994

Für die **Bewertung von Sachbezügen** gilt grds. § 8 Abs. 2 Satz 1 EStG. Demnach sind die um die üblichen Preisnachlässe geminderten Endpreise am Abgabeort maßgebend. Für bestimmte Sachbezüge (wie z. B. Unterkunft, Verpflegung) gelten gemäß § 8 Abs. 2 Satz 6 EStG besonders festgesetzte, die sog. amtlichen Sachbezugswerte. Sie sind i. d. R. Bemessungsgrundlage sowohl für den Steuerabzug vom Arbeitslohn als auch für die Beiträge zur Sozialversicherung. Für freie oder verbilligte Kost und Unterkunft werden durch die Verordnung über die sozialversicherungsrechtliche Beurteilung von Zuwendungen des ArbG als Arbeitsentgelt (**Sozialversicherungsentgeltverordnung – SvEV**) jährlich Werte festgesetzt.[3] Für 2025 beträgt hiernach der monatliche Wert für freie Kost 333 € und Unterkunft 282 €, für eine Wohnung gilt der ortsübliche Mietpreis. Falls dieser im Einzelfall nur mit außergewöhnlichen Schwierigkeiten zu ermitteln ist, ist der Wert mit 4,95 €/ m^2 anzusetzen (bei einfacher Ausstattung, d. h. ohne Sammelheizung oder ohne Bad oder Dusche mit 4,05 €/ m^2). Zur Abgrenzung zwischen einer „Unterkunft“ und einer „Wohnung“, vgl. im Einzelnen 995

1 Bis zu einem Wert von 60 €, vgl. R 19.6 LStR.

2 Vgl. R 8.2 Abs. 1 LStR.

3 Zuletzt geändert mit Wirkung ab 2025: 15. Verordnung zur Änderung der Sozialversicherungsentgeltverordnung v. 3.12.2024, BGBl 2024 I Nr. 394.

R 8.1 Abs. 6 LStR. Für Energie, Wasser und sonstige Nebenkosten ist der übliche Preis am Abgabeort anzusetzen.[1] Nach § 8 Abs. 2 Satz 12 EStG unterbleibt ab 2021[2] der Ansatz eines Sachbezugs für eine dem ArbN vom ArbG zu eigenen Wohnzwecken überlassenen Wohnung, soweit das vom ArbN gezahlte Entgelt mindestens zwei Drittel des ortsüblichen Mietwerts und dieser nicht mehr als 25 €/m² ohne umlagefähige Kosten beträgt. Nur anteilige Beträge werden zugrunde gelegt, wenn z. B. der Zeitraum kürzer als ein Monat ist, wenn freie Kost und Unterkunft nur teilweise zur Verfügung gestellt wird oder wenn freie Kost und Unterkunft neben dem ArbN auch Familienangehörige erhalten. Erhält ein ArbN im Betrieb nur einzelne Mahlzeiten, so ist ebenfalls der anteilige Wert nach der SvEV anzusetzen. Er wird jährlich neu bekannt gemacht und beträgt ab dem Jahr 2025 4,40 € für eine Hauptmahlzeit.[3] Soweit durch die SvEV Werte für Sachbezüge nicht bestimmt werden, bleibt Raum für die Festsetzung von amtlichen Sachbezugswerten durch die obersten FinBeh der Länder nach § 8 Abs. 2 Satz 10 EStG. Soweit hiervon Gebrauch gemacht worden ist, hat der ArbG dann diese Werte anzusetzen.

Die Bewertung von Deputaten in der LuF richtet sich seit 1990 nach den allgemeinen Regeln des § 8 Abs. 2 EStG; besondere Sachbezugswerte werden zumeist nicht mehr festgesetzt.

Erhält ein ArbN aufgrund seines Dienstverhältnisses Waren oder Dienstleistungen, die vom ArbG nicht überwiegend nur für den Bedarf seiner ArbN hergestellt, vertrieben oder erbracht werden und deren Bezug nicht nach § 40 EStG pauschal versteuert wird, so gelten nach § 8 Abs. 3 EStG abweichend von den oben genannten Werten die um 4 % geminderten Endpreise, zu denen der ArbG die Waren oder Dienstleistungen fremden Letztverbrauchern im allgemeinen Geschäftsverkehr anbietet. Die sich nach Abzug der vom ArbN gezahlten Entgelte ergebenden Vorteile sind steuerfrei, soweit sie insgesamt den sog. **Rabattfreibetrag** i. H. von 1.080 € im Kj nicht übersteigen.

c) Besteuerung von Aushilfslöhnen

aa) Allgemeines

996 Im Regelfall hat der ArbG die LSt jeweils aufgrund des gezahlten Arbeitslohns und der persönlichen Lohnsteuerabzugsmerkmale des ArbN zu berechnen.

1 § 2 Abs. 4 Satz 5 SvEV.

2 JStG 2020 v. 21.12.2020, BGBl 2020 I S. 3096.

3 BMF 10.12.2024, BStBl 2024 I S. 1603.

Nach § 40a EStG kann der ArbG unter Verzicht auf den Abruf von elektronischen Lohnsteuerabzugsmerkmalen oder die Vorlage einer Bescheinigung für den Lohnsteuerabzug bei ArbN unter bestimmten Umständen die LSt auch **pauschal** ermitteln. Er hat dann aber die LSt zu übernehmen; er wird damit Steuerschuldner gegenüber dem FA.[1] Der pauschal besteuerte Arbeitslohn und die pauschale LSt bleiben bei einer Veranlagung zur ESt außer Ansatz; die pauschale LSt ist weder auf die ESt noch auf die Jahres-LSt anzurechnen.[2]

bb) Kurzfristige Beschäftigung § 40a Abs. 1 EStG

Nach § 40a Abs. 1 EStG kann der ArbG bei unbeschränkt und beschränkt steu- 997
erpflichtigen ArbN,[3] die nur kurzfristig beschäftigt werden, die LSt mit einem Pauschsteuersatz von 25 % des Arbeitslohns zuzüglich SolZ und KiSt erheben. Eine kurzfristige Beschäftigung liegt vor, wenn der ArbN bei dem ArbG gelegentlich, nicht regelmäßig wiederkehrend beschäftigt wird, die Dauer der Beschäftigung 18 zusammenhängende Arbeitstage nicht übersteigt und

- der Arbeitslohn während der Beschäftigungsdauer 150 € durchschnittlich je Arbeitstag nicht übersteigt oder
- die Beschäftigung zu einem unvorhersehbaren Zeitpunkt sofort erforderlich wird.

Die Pauschalierung ist unzulässig bei ArbN, deren Arbeitslohn während der Beschäftigungsdauer 19 € durchschnittlich je Arbeitsstunde übersteigt oder bei ArbN, die für eine andere Beschäftigung von demselben ArbG Arbeitslohn beziehen, der dem Lohnsteuerabzug nach §§ 39b oder 39c EStG unterworfen ist.[4] Es ist hingegen unerheblich, ob die Aushilfskraft in einem weiteren Dienstverhältnis zu einem anderen ArbG steht.[5]

cc) Geringfügige Beschäftigung § 40a Abs. 2 und 2a EStG

Durch die Neuregelung im „Zweiten Gesetz für moderne Dienstleistungen am 998
Arbeitsmarkt" vom 23.12.2002[6] wurden geringfügige Beschäftigungsverhältnisse mit Wirkung zum 1.4.2003 in sozialversicherungs- und steuerrechtlicher Hinsicht erheblich geändert. Die Steuerfreistellung nach § 3 Nr. 39 EStG wurde

1 § 40a Abs. 5 i. V. mit § 40 Abs. 3 Satz 1 und 2 EStG.

2 § 40a Abs. 5 i. V. mit § 40 Abs. 3 Satz 3 und 4 EStG.

3 R 40a.1 Abs. 1 Satz 1 LStR.

4 § 40a Abs. 4 Nr. 1 und 2 EStG, s. a. BFH 8.7.1993 – VI R 78/91, BFH/NV 1994 S. 22.

5 R 40a.1 Abs. 1 Satz 3 LStR.

6 BGBl 2002 I S. 4621.

mit Wirkung zum 1.4.2003 aufgehoben. Das Arbeitsentgelt aus einer solchen Beschäftigung ist daher stets zu versteuern, wobei folgende Fallgruppen möglich sind:

1. die pauschale Lohnsteuer nach § 40a Abs. 2 EStG
2. die pauschale Lohnsteuer nach § 40a Abs. 2a EStG
3. die individuelle Lohnsteuer (nach den persönlichen Lohnsteuerabzugsmerkmalen des ArbN)

zu 1.

Die Verdienstgrenze für geringfügig Beschäftigte[1] ist ab dem 1.10.2022 an den gesetzlichen Mindestlohn gekoppelt.[2] Die Geringfügigkeitsgrenze beläuft sich deshalb ab 1.10.2022 auf 520 € pro Monat,[3] ab dem 1.1.2024 auf 538 € pro Monat, ab dem 1.1.2025 auf 556 € pro Monat,[4] ab dem 1.1.2026 auf 603 € pro Monat und ab dem 1.1.2027 auf 633 € pro Monat.[5] Entrichtet der Arbeitgeber pauschale Sozialabgaben (§ 8 Abs. 1 Nr. 1 SGB IV: Rentenversicherung 15 %, Krankenversicherung 13 %; § 8a SGB IV (= Beschäftigte in Privathaushalten): Rentenversicherung 5 %, Krankenversicherung 5 %), kann er für das Arbeitsentgelt unter Verzicht auf den Abruf von elektronischen Lohnsteuerabzugsmerkmalen oder die Vorlage einer Bescheinigung für den Lohnsteuerabzug, die Lohnsteuer einschließlich Solidaritätszuschlag und Kirchensteuer mit einem einheitlichen Pauschsteuersatz i. H. von insgesamt 2 % erheben, also insgesamt im Wesentlichen 30 % bzw. 12 % für Beschäftigte in Privathaushalten. Für die Erhebung der einheitlichen Pauschsteuer ist nicht das Betriebsstättenfinanzamt, sondern die Deutsche Rentenversicherung Knappschaft-Bahn-See zuständig, die wiederum die einheitliche Pauschsteuer auf die erhebungsberechtigten Körperschaften aufteilt (vgl. § 40a Abs. 6 EStG).

§ 40a Abs. 2 EStG verweist bezüglich der Voraussetzungen für das Vorliegen von geringfügigen Beschäftigungsverhältnissen auf § 8 Abs. 1 Nr. 1 oder § 8a SGB IV. Die Frage, ob Arbeitnehmer tatsächlich geringfügig beschäftigt sind, beantwortet sich folglich nach dem Sozialversicherungsrecht. In Zweifelsfällen können

1 §§ 8, 8a SGB IV.

2 Vgl. § 8 Abs. 1a SGB IV i. d. F. des Gesetzes zur Erhöhung des Schutzes durch den gesetzlichen Mindestlohn und zu Änderungen im Bereich der geringfügigen Beschäftigung v. 28.6.2022, BGBl 2022 I S. 969.

3 BAnz. AT v. 5.9.2022 B1.

4 BAnz. AT v. 7.12.2023 B1.

5 BAnz. AT v. 20.11.2025 B1.

die „Geringfügigkeitsrichtlinien“ herangezogen werden.[1] Die FinVerw hat aber ein eigenes Prüfungsrecht.

zu 2.

Muss der Arbeitgeber für ein geringfügig entlohntes Beschäftigungsverhältnis[2] die allgemeinen Beiträge zur Rentenversicherung entrichten (der Arbeitnehmer hat z. B. zwei geringfügig entlohnte Beschäftigungen unter der Geringfügigkeitsgrenze, aber die Zusammenrechnung führt sozialversicherungsrechtlich zum Verbot der Pauschalierung),[3] so kann er die Lohnsteuer mit 20 % zuzüglich SolZ und KiSt entrichten.[4] Diese muss beim Betriebsstättenfinanzamt angemeldet werden.

Um einen Anreiz für neue Beschäftigungsverhältnisse im Privathaushalt zu schaffen, wurde zusätzlich zur Pauschalierungsmöglichkeit eine Steuerermäßigung in § 35a EStG mit Höchstgrenzen (510 € bzw. 4.000 € jährlich) eingeführt.[5] Außerdem wurde für Sozialabgaben bei einem monatlichen Arbeitsentgelt zwischen 603,01 € und 2.000 € ein Übergangsbereich geschaffen (sog. „Midi-Jobs“).

dd) Aushilfskräfte in der Land- und Forstwirtschaft, § 40a Abs. 3 EStG

(1) Allgemeines

Abweichend von der Pauschalierungsmöglichkeit nach § 40a Abs. 1 und 2a EStG 999
kann der ArbG nach § 40a Abs. 3 EStG bei Aushilfskräften in der LuF die LSt mit einem Pauschsteuersatz von 5 % des Arbeitslohns erheben. Er muss aber **eindeutig erklären,** ob er die Pauschalierung nur nach dieser Vorschrift vornehmen will oder ggf., falls die Voraussetzungen für die Pauschalierung mit 5 % nicht vorliegen, auch nach § 40a Abs. 1 oder 2a EStG mit 25 % bzw. 20 %.[6] Die Pauschalierung ist unzulässig bei ArbN, deren Arbeitslohn während der Beschäftigungsdauer 19 € durchschnittlich je Arbeitsstunde übersteigt oder bei ArbN, die für eine andere Beschäftigung von demselben ArbG Arbeitslohn beziehen, der dem Lohnsteuerabzug nach §§ 39b oder 39c EStG unterworfen ist.[7]

1 Vgl. www.minijob-zentrale.de.

2 §§ 8, 8a SGB IV.

3 R 40a.2 Satz 2 LStR.

4 § 40a Abs. 2a EStG.

5 Vgl. dazu BMF 9.11.2016, BStBl 2016 I S. 1213.

6 BFH 25.5.1984, BStBl 1984 II S. 569 und BFH 14.9.2005, BStBl 2006 II S. 92: entscheidend ist die luf Tätigkeit, nicht die Rechtsform.

7 § 40a Abs. 4 EStG.

(2) Begriff des Betriebs der Land- und Forstwirtschaft

1000 Diese Pauschalierung der LSt setzt voraus, dass die Aushilfskräfte in einem luf Betrieb i. S. des § 13 Abs. 1 Nr. 1 bis 4 EStG beschäftigt werden.[1] Diese Voraussetzung ist z. B. nicht mehr erfüllt, wenn ein Betrieb infolge erheblichen Zukaufs fremder Erzeugnisse aus dem Tätigkeitsbereich des § 13 Abs. 1 EStG ausgeschieden und als Gewerbebetrieb zu beurteilen ist (s. Rz. 117 ff.).[2] Demgegenüber ist die Pauschalierung zulässig, wenn ein Betrieb, der LuF betreibt, nur wegen seiner **Rechtsform ein Gewerbebetrieb** ist.[3] Dies ist bei Gewerbebetrieben kraft Rechtsform dann der Fall, wenn nach den Abgrenzungskriterien des R 15.5 EStR ein Betrieb der LuF anzunehmen wäre (s. im Einzelnen Rz. 117 ff.). Insbesondere wird zu beachten sein, ob der betreffende Betrieb auch noch die Urproduktion betreibt oder durch echten Strukturwandel bereits ein sog. Gewerbebetrieb kraft Tätigkeit geworden ist. Bei einem Gewerbebetrieb kraft Rechtsform ist die Anwendung des § 40a Abs. 3 EStG nicht davon abhängig, dass er nach § 3 GewStG von der GewSt befreit ist. Für Aushilfskräfte, die in einem Gewerbebetrieb i. S. des § 15 EStG tätig sind, kommt die Pauschalierung nach § 40a Abs. 3 EStG selbst dann nicht in Betracht, wenn sie mit typisch luf Arbeiten beschäftigt werden.[4]

(3) Typische land- und forstwirtschaftliche Arbeiten

1001 Eine Pauschalierung der LSt nach § 40a Abs. 3 EStG setzt weiter voraus, dass die Aushilfskräfte **ausschließlich mit typisch luf Arbeiten** beschäftigt werden. Werden die Aushilfskräfte zwar in einem luf Betrieb i. S. des § 13 Abs. 1 Nr. 1 bis 4 EStG beschäftigt, üben sie aber keine typischen luf Tätigkeiten aus (z. B. Blumenbinder, Verkäufer, Spargelschäler[5]) oder sind sie abwechselnd mit typischen luf und anderen Arbeiten betraut (z. B. auch im Gewerbebetrieb oder Nebenbetrieb desselben ArbG[6]), ist eine Pauschalierung mit 5 % nicht zulässig. Zu den typischen luf Arbeiten rechnen grds. alle Arbeiten bis zur Fertigstellung des luf Erzeugnisses, die im Rahmen des erzeugenden luf Betriebs anfallen. Eine Beschränkung auf wachstums- und witterungsbedingte Arbeiten, wie es früher Voraussetzung war, besteht nicht. So gehören z. B. im Weinbau bei einem Erzeugerbetrieb auch die Kellerarbeiten zu den typischen luf Arbeiten.

1 R 40a.1 Abs. 6 Satz 1 LStR.

2 BFH 3.8.1990, BStBl 1990 II S. 1002.

3 BFH 5.9.1980, BStBl 1981 II S. 76, ebenso BFH 14.9.2005, BStBl 2006 II S. 92; R 40a.1 Abs. 6 Satz 2 LStR.

4 R 40a.1 Abs. 6 Satz 2 LStR.

5 BFH 8.5.2008, BStBl 2009 II S. 40.

6 R 40a.1 Abs. 6 Satz 3 LStR.

(4) Begriff der Aushilfskräfte

Aushilfskräfte i. S. dieser Vorschrift sind Personen, die **von Fall zu Fall** für eine im Voraus bestimmte Arbeit von vorübergehender Dauer in ein Arbeitsverhältnis treten.[1] Eine mehrmalige vorübergehende Beschäftigung schließt die Pauschalierung nicht aus. Es darf sich auch um Saisonarbeiten, nicht jedoch um ein Dauerarbeitsverhältnis handeln. Die engeren Voraussetzungen, wie sie bei Teilzeitbeschäftigten allgemein gelten (s. Rz. 997), brauchen hinsichtlich der Beschäftigung von Aushilfskräften in der LuF nicht vorzuliegen. Es kommt nicht darauf an, wie oft die Aushilfskraft tatsächlich im Lauf des Jahres tätig wird. Entscheidend ist, dass die erneute Tätigkeit nicht bereits von vornherein geplant und vereinbart worden ist.[2] ArbN, die der Arbeitgeber **mehr als 180 Tage im Kalenderjahr** beschäftigt oder die luf **Fachkräfte** sind, sind keine Aushilfskräfte.[3] Hat ein ArbN die Fertigkeiten für die luf Tätigkeit im Rahmen einer Berufsausbildung erlernt, so rechnet er zu den Fachkräften; das Gleiche gilt für angelernte Arbeiter.[4] 1002

Nach BFH[5] liegt eine Arbeit von vorübergehender Dauer i. S. des § 40a Abs. 3 EStG jedenfalls dann nicht mehr vor, wenn es sich um den Einsatz während einer mehr als sieben Monate dauernden Ernteperiode handelt. Dem Sinn der Vorschrift entsprechend ist das Tatbestandsmerkmal „von vorübergehender Dauer" nur für den Zeitraum einer Einzelernte, nicht aber für mehrere Einzelernten, die zeitlich derart ineinander übergehen, dass sich über mehr als sieben Monate hinweg keine erheblichen Erntepausen ergeben, erfüllt. Mit Urteil vom 25.10.2005[6] stellt der BFH nochmals klar, dass Arbeiten, die das ganze Jahr (kontinuierlich) anfallen, nicht Gegenstand der Pauschalierung sein können. Entscheidend ist, dass die Arbeit als solche ihrer Art nach vorübergehender Natur sei. Damit können auch Arbeiten in Zusammenhang mit der Viehhaltung dazu zählen, so z. B. das einmal jährliche Ausmisten eines Tiefstalls oder der Alm-Auf- und -Abtrieb. Weiterhin stellt der BFH in diesem Urteil klar, dass die Unschädlichkeitsgrenze von 25 %[7] sich nur auf die ganzjährig anfallende Arbeit bezieht. 1003

1 § 40a Abs. 3 Satz 2 EStG.

2 R 40a.1 Abs. 2 LStR.

3 § 40a Abs. 3 Satz 3 EStG.

4 Vgl. im Einzelnen BFH 25.10.2005, BStBl 2006 II S. 208, wobei der BFH entschied, dass die Tätigkeit zu mehr als 25 % Fachkraftkenntnisse erfordern muss; H 40a.1 „Land- und forstwirtschaftliche Fachkraft" LStH.

5 BFH 17.2.1995, BStBl 1995 II S. 392.

6 BStBl 2006 II S. 206.

7 § 40a Abs. 3 Satz 2 EStG.

1004 Die **landwirtschaftlichen Betriebshelfer,** die im Rahmen der vielfach bestehenden Bezirkshilfsdienste tätig werden, sind i. d. R. Fachkräfte und zählen deshalb nicht zu den Aushilfskräften. Desgleichen werden z. B. Melker oder Gehilfen Fachkräfte sein.

d) Sozialversicherungsrechtlicher Überblick

1005 ArbN in der LuF sind, wie andere ArbN auch, grds. **pflichtversichert** in der gesetzlichen Kranken-, Renten- und Arbeitslosenversicherung. In der Krankenversicherung bestehen von der Versicherungspflicht **Ausnahmen** bei Beschäftigten, deren Gehalt die – jährlich neu festzusetzende – Jahresarbeitsentgeltgrenze (allgemeine für 2026: 77.400 €; besondere für PKV-Bestandsfälle 2026: 69.750 €) übersteigt. Darüber hinaus besteht für einzelne Beschäftigte bzw. für einzelne Personengruppen teilweise Versicherungsfreiheit (z. B. bei geringfügiger Beschäftigung, s. Rz. 1006 oder bei Beschäftigung von Schülern, Studenten oder Rentnern). Die Beiträge für versicherungspflichtige Beschäftigte werden i. d. R. von ArbN und ArbG je zur Hälfte getragen; für die Krankenversicherung hat der ArbN einen höheren Anteil zu entrichten. Bei Beschäftigten mit einem regelmäßigen monatlichen Arbeitsentgelt zwischen 603,01 € und 2.000 € hat der ArbN einen verminderten Anteil der Gesamtsozialversicherungsbeiträge, der ArbG den vollen Anteil zu zahlen.[1]

1006 Arbeitslohn, der für Teilzeitbeschäftigte und Aushilfskräfte nach § 40a EStG pauschal lohnversteuert wird, gehört grds. zum beitragspflichtigen Arbeitsentgelt in der Sozialversicherung, wobei die vom ArbG im Rahmen der Pauschalbesteuerung übernommene LSt und KiSt dem Arbeitsentgelt nicht hinzugerechnet wird. Bei **geringfügiger Beschäftigung** (s. Rz. 998) besteht in der Kranken- und Arbeitslosenversicherung Versicherungsfreiheit. Seit der Neuregelung zum 1.1.2013[2] besteht Versicherungspflicht in der gesetzlichen Rentenversicherung, allerdings ist auf Antrag auch eine Befreiung von dieser Versicherungspflicht möglich.

1007 *(Einstweilen frei)*

1 Zu Einzelheiten s. Eilts, NWB 2025 S. 185, NWB XAAAJ-82842.

2 Gesetz zu Änderungen im Bereich der geringfügigen Beschäftigung v. 5.12.2012, BGBl 2012 I S. 2474.

2. Steuerfreie Einnahmen

a) Zuschüsse zum Beitrag nach dem ALG (§ 3 Nr. 17 EStG)

Die Leistungen nach dem Gesetz zur Entlastung landwirtschaftlicher Unternehmer von Beiträgen zur landwirtschaftlichen Sozialversicherung (Sozialversicherungs-Beitragsentlastungsgesetz – SVBEG) vom 21.7.1986[1] waren seit 1986 nach § 3 Nr. 17 EStG steuerfrei. Mit dieser Vorschrift wurden die unter bestimmten Voraussetzungen den landwirtschaftlichen Unternehmen gezahlten Zuschüsse von der ESt freigestellt. 1008

Durch das Gesetz über die Alterssicherung der Landwirte (ALG) vom 29.7.1994,[2] zuletzt geändert durch Art. 10 des Gesetzes vom 11.2.2021,[3] wurde die alte Regelung übernommen. Durch die Neufassung des § 3 Nr. 17 EStG dahingehend, dass Zuschüsse zum Beitrag nach § 32 des ALG steuerfrei sind, bleiben die Zuschüsse zum Beitrag nach dem ALG wie die zuvor nach dem SVBEG gezahlten Entlastungen auch seit 1991 weiterhin steuerfrei. 1009

b) Grundbetrag der Produktionsaufgaberente und Ausgleichsgeld in der Landwirtschaft (§ 3 Nr. 27 EStG)

Durch das Gesetz zur Förderung der Einstellung der landwirtschaftlichen Erwerbstätigkeit (FELEG) vom 21.2.1989[4] sollte älteren landwirtschaftlichen Unternehmern das Ausscheiden aus dem Erwerbsleben erleichtert werden, indem gleichzeitig mit der Einstellung der landwirtschaftlichen Erwerbstätigkeit ein angemessenes Einkommen gesichert wurde. Der hiernach zu zahlende Grundbetrag der **Produktionsaufgaberente** und das **Ausgleichsgeld** sind nach § 3 Nr. 27 EStG gleichzeitig steuerfrei gestellt worden.[5] Die Leistungen nach dem FELEG waren zum 31.12.1996 befristet. Sie können jedoch noch in Anspruch genommen werden, wenn die Voraussetzungen vor dem 1.1.1997 vorgelegen haben (§ 20 FELEG). 1010

Die Produktionsaufgaberente (§ 6 FELEG) setzt sich aus dem Betrag der zum Zeitpunkt der vorzeitigen Einstellung der landwirtschaftlichen Erwerbstätigkeit erworbenen Altersgeldanwartschaft aus der Altershilfe für Landwirte **(Grund-** 1011

1 BGBl 1986 I S. 1070, BStBl 1986 I S. 504.

2 BGBl 1994 I S. 1890.

3 BGBl 2021 I S. 154.

4 BGBl 1989 I S. 233, zuletzt geändert durch Art. 441 der Zehnten Zuständigkeitsanpassungsverordnung vom 31.8.2015, BGBl 2015 I S. 1474.

5 Siehe hierzu im Einzelnen Gierlich, NWB F. 3d S. 483.

betrag) und einem Zuschlag zusammen, der sich aus Umfang und natürlichen Ertragsbedingungen der stillgelegten Flächen ergibt **(Flächenzuschlag).** Landwirtschaftliche ArbN und mitarbeitende Familienangehörige erhalten ein Ausgleichsgeld (§ 9 FELEG), wenn sie aufgrund der Stilllegung oder Abgabe des landwirtschaftlichen Unternehmens, ggf. auch aufgrund einer Teilflächenstilllegung, nach Vollendung des 55. Lebensjahres bzw. des 53. Lebensjahres bei Berufsunfähigkeit aus dem Betrieb ausgeschieden sind und u. a. in den vier Jahren vor der Stilllegung mindestens zwei Jahre hauptberuflich in diesem Betrieb tätig waren. Der Anspruch fällt insbesondere weg, wenn ein Anspruch auf Altersruhegeld aus der gesetzlichen Rentenversicherung besteht. Er ruht u. a., wenn mehr als eine geringfügige Beschäftigung oder selbständige Tätigkeit ausgeübt wird.

1012 Nach § 3 Nr. 27 EStG sind nur der Grundbetrag der Produktionsaufgaberente (nicht aber der Flächenzuschlag) und das Ausgleichsgeld bis höchstens **18.407 €** steuerfrei. Der Höchstbetrag steht dem Leistungsempfänger nicht je VZ, sondern nur einmal zu. Die einzelnen Raten sind so lange steuerfrei, bis der Höchstbetrag ausgeschöpft ist.[1] Zu beachten ist, dass die Beiträge zur gesetzlichen Rentenversicherung und der Arbeitgeberanteil zur Kranken- und Pflegeversicherung, die der Bund nach § 15 FELEG zahlt, nach Ansicht des BFH vom 14.4.2005[2] kein Arbeitslohn sind.

3. Freibetrag nach § 13 Abs. 3 EStG

1013 Der Freibetrag nach § 13 Abs. 3 ist eine aus agrarpolitischen Erwägungen gewährte steuerliche Subvention. Sein Zweck liegt nicht darin, die Einkünfte aus LuF selbst zu mindern, sondern ihre Besteuerung zu ermäßigen.[3] Der vielfach erhobene Einwand, diese „pauschale Gruppengerechtigkeit" verstoße gegen die individuelle, nach der Leistungsfähigkeit des Einzelnen zu bemessende Gerechtigkeit, kann nur als Argument für eine gerechtere gesetzliche Neugestaltung des Einkommensteuerrechts gewertet werden; als Begründung dafür, dass die nach Einkunftsarten unterschiedlichen Regelungen (z. B. auch der inzwischen aufgehobene Freibetrag nach § 18 Abs. 4 EStG oder der ebenfalls aufgehobene Weihnachtsfreibetrag bei Arbeitnehmern nach § 19 Abs. 3 EStG) mit dem Gleichheitssatz nicht vereinbar seien, reicht dieser Einwand, wie der BFH[4] ausgeführt hat, nicht aus.

---

1 Siehe R 3.27 EStR 2008.

2 BStBl 2005 II S. 569.

3 BFH 25.2.1988, BStBl 1988 II S. 827.

4 BFH 7.8.1986, BStBl 1986 II S. 862.

Nach § 13 Abs. 3 EStG werden die Einkünfte aus LuF bei der Ermittlung des Gesamtbetrags der Einkünfte nur berücksichtigt, soweit sie 900 € übersteigen, wobei die Summe der Einkünfte 30.700 € nicht übersteigen darf. 1014

Der Freibetrag ist **personenbezogen** und steht allen Steuerpflichtigen zu, die Einkünfte aus LuF erzielen. Dabei ist nicht entscheidend, ob die Einkünfte in einem Einzelbetrieb erzielt werden, oder ob der Steuerpflichtige Mitunternehmer einer LuF betreibenden Gesellschaft ist. Mehrere Beteiligte einer LuF betreibenden PersGes erhalten den Freibetrag jeweils für sich. Der Freibetrag kann jedoch nicht bei der gesonderten und einheitlichen Feststellung von Einkünften aus LuF, sondern nur bei der Einkommensteuerveranlagung abgezogen werden.[1] 1015

Ist ein LuF Bewirtschafter (Eigentümer) mehrerer luf Betriebe, steht ihm der Freibetrag auch nur einmal zu.

Zusammenveranlagte Ehegatten bzw. **zusammenveranlagte eingetragene Lebenspartner** erhalten den doppelten Freibetrag (1.800 €), wenn die Summe der Einkünfte 61.400 € nicht übersteigt.[2] Dabei kommt es nicht darauf an, ob beide oder nur einer der Ehegatten/Lebenspartner Einkünfte aus LuF erzielt.[3] Erzielen beide Ehegatten/Lebenspartner Einkünfte aus LuF, wird der Freibetrag nur gewährt, wenn der Saldo der Einkünfte aus LuF positiv ist. Hat einer der Ehegatten/Lebenspartner einen Verlust aus LuF erzielt, der den Gewinn aus LuF des anderen Ehegatten/Lebenspartner ganz oder teilweise aufzehrt, entfällt entsprechend der Freibetrag ganz oder teilweise.[4] Verbleiben dennoch positive Einkünfte aus LuF, bleiben diese bis zur vollen Ausschöpfung des verdoppelten Freibetrags außer Ansatz. 1016

Die Verdopplung des Freibetrags in § 13 Abs. 3 EStG wirkt sich für zusammenveranlagte Ehegatten/Lebenspartner vorteilhaft gegenüber Ledigen aus, wenn nur ein Ehegatte/Lebenspartner (positive) Einkünfte aus LuF erzielt, oder stellt die zusammenveranlagten Ehegatten/Lebenspartnern gegenüber Ledigen gleich, wenn beide Ehegatten/Lebenspartner positive Einkünfte aus LuF erzielen. Nur in dem Ausnahmefall, dass der eine Ehegatte/Lebenspartner positive und der andere Ehegatte/Lebenspartner negative Einkünfte aus LuF erzielt, kann sich im 1017

1 BFH 15.3.1990, BStBl 1990 II S. 689.

2 § 13 Abs. 3 Satz 3 EStG.

3 BFH 25.2.1988, BStBl 1988 II S. 827.

4 A. A. FG Schleswig-Holstein 6.2.1986; aufgehoben durch BFH 25.2.1988, BStBl 1988 II S. 827.

Vergleich zu zwei Ledigen mit entsprechenden Einkünften ein Nachteil ergeben; dieser Nachteil wird aber durch den Splittingvorteil wieder ausgeglichen.[1]

Werden Ehegatten/Lebenspartner einzeln veranlagt, erhält nur der Ehegatte/Lebenspartner den Freibetrag von 900 €, der Einkünfte aus LuF erzielt.

1018 Der Freibetrag wird unabhängig von der Gewinnermittlungsart gewährt, auch bei Gewinnermittlung nach § 13a EStG. Es ist auch nicht entscheidend, ob der LuF laufend Einkünfte aus einer aktiv betriebenen LuF erzielt.

Der Freibetrag kann vom **Verpächter** eines luf Betriebes so lange in Anspruch genommen werden, als er noch nicht die Betriebsaufgabe erklärt hat.

Auch Veräußerungs- oder Entnahmegewinne sind um den Freibetrag zu kürzen. Hier ist aber zu beachten, dass die Freibeträge nach den §§ 14a, 16 EStG bereits bei der Ermittlung der Einkünfte aus LuF zu berücksichtigen sind, während der Freibetrag nach § 13 Abs. 3 EStG erst bei der Ermittlung des Gesamtbetrags der Einkünfte abgezogen wird. Ein Freibetrag nach § 14a EStG (§ 14a Abs. 1 bis 3 und Abs. 5 EStG bis zum 31.12.2000, § 14a Abs. 4 EStG bis zum 31.12.2005) bzw. nach § 16 Abs. 4 EStG geht also vor.[2]

Der Freibetrag nach § 13 Abs. 3 EStG steht nach dem Wortlaut des Gesetzes auch demjenigen zu, der einen luf Betrieb erwirbt und alsbald nach dem Erbfall veräußert oder aufgibt. Gleiches gilt, wenn ein Grundstück zur Erbauseinandersetzung oder in Erfüllung eines Vermächtnisses mit der Eigenschaft als BV behaftet auf den Erben übergegangen ist und in dessen Person bei einer Veräußerung oder Entnahme ein Gewinn entsteht;[3] anders für den statt mit Geld von den Erben mit einem Grundstück abgefundenen Pflichtteilsberechtigten.[4]

1019 Erzielt der Stpfl. nur in einem Teil des VZ Einkünfte aus LuF, erhält er dennoch den **vollen Freibetrag.** Eine Kürzung pro-rata-temporis wird nicht vorgenommen.[5]

1020 Stehen einem LuF der Freibetrag nach § 13 Abs. 3 EStG und ein Altersentlastungsbetrag[6] zu, so werden die Freibeträge **selbständig nebeneinander** gewährt

1 BFH 25.2.1988, BStBl 1988 II S. 827.

2 Leingärtner/Kanzler, Besteuerung der Landwirte, Kap. 47 Rz. 6.

3 BFH 29.5.1969, BStBl 1969 II S. 614; BFH 7.2.1980, BStBl 1980 II S. 383.

4 BFH 23.7.1980, BStBl 1981 II S. 19.

5 R 13.1 Satz 3 EStR.

6 § 24a EStG.

und beeinträchtigen sich in ihrer Höhe gegenseitig nicht.[1] Bei der Berechnung des Altersentlastungsbetrags nach § 24a EStG ist von den Einkünften aus LuF ohne Berücksichtigung des Freibetrags nach § 13 Abs. 3 EStG auszugehen.

Vorstehend ist bereits ausgeführt worden, dass der Freibetrag bei der Ermittlung des Gesamtbetrags der Einkünfte und nicht bei der Ermittlung der Einkünfte aus LuF abgezogen wird. Bei der Ermittlung der Veranlagungsgrenze nach § 46 Abs. 2 Nr. 1 EStG ist der Freibetrag nach § 13 Abs. 3 EStG von den Einkünften aus LuF abzuziehen. 1021

(Einstweilen frei) 1022–1059

4. Erschließungskosten bei Erbbaugrundstücken

a) Behandlung der Erschließungskosten bei Erbbaugrundstücken

Im Urteil 20.11.1980[2] hatte der IV. Senat des BFH entschieden, die Übernahme von Erschließungskosten durch den Erbbauberechtigten sei **wie eine Einmalzahlung auf das Nutzungsentgelt für das Erbbaugrundstück** zu beurteilen und demzufolge sei die Zahlung beim **Grundstückseigentümer einkommenserhöhend** zu erfassen. 1060

Die Verwaltung hat seit Bekanntwerden des Urteils entsprechend veranlagt.[3]

Das unbefriedigende steuerliche Ergebnis der Sofortversteuerung beim **Erbbauverpflichteten** im Falle, dass sich das **Grundstück im Privatvermögen** befand, hat das FG Münster zu einer davon abweichenden Entscheidung[4] veranlasst, wobei die Revision zugelassen worden war. Der IX. Senat (zuständig insbesondere für VuV-Einkünfte) hat mit Urteil vom 21.11.1989[5] im Ergebnis die **alte Rechtsprechung geändert;** die Verwaltung ist dem gefolgt.[6] Danach wurden die noch offenen Fälle wie folgt erledigt: 1061

Dem Erbbauverpflichteten fließt der Wertzuwachs des Grundstücks dadurch, dass der Erbbauberechtigte die Erschließungskosten übernommen hat, erst im Zeitpunkt des **Heimfalls** oder **Beendigung des Erbbaurechts** zu. Hat der Erbbau-

1 R 24a EStR.

2 BStBl 1981 II S. 398.

3 Z. B. OFD München 30.11.1984, ESt-Kartei § 21 Abs. 1 K. 2.1 (zwischenzeitlich aufgehoben).

4 30.7.1985, EFG 1985 S. 607.

5 BStBl 1990 II S. 310.

6 BMF 16.12.1991, BStBl 1991 I S. 1011.

verpflichtete die vom Erbbauberechtigten gezahlten Erschließungskosten bereits ganz oder teilweise versteuert, so unterliegt im Zeitpunkt des Zuflusses lediglich der nach Abzug des bereits versteuerten Betrages noch verbleibende Wertzuwachs der Besteuerung. Der Wert bemisst sich entsprechend § 8 Abs. 2 EStG nach dem üblichen Wert am Belegenheitsort (= Verkehrswert).

Beim Erbbauberechtigten gehören die von ihm gezahlten Erschließungskosten gleichgültig, ob an die Gemeinde oder einen vorherigen Erbbauberechtigten gezahlt worden ist, **nicht zu den sofort in voller Höhe abziehbaren Aufwendungen,** sondern sind **Anschaffungskosten auf das Erbbaurecht,** die entsprechend der Laufzeit des Erbbaurechts nach § 9 Abs. 1 Satz 3 Nr. 7 EStG **anteilig abziehbar** sind. Soweit sich in Anwendung der bisherigen Verwaltungspraxis die Erschließungskosten bereits steuermindernd beim Erbbauberechtigten ausgewirkt haben, scheidet eine nochmalige Berücksichtigung im Wege der Absetzung für Abnutzung aus. Der Stpfl. ist nach den Grundsätzen von Treu und Glauben an die bisherige Behandlung auch in den folgenden Veranlagungszeiträumen gebunden.[1]

1062 In einem Sonderfall, in dem der Erbbauberechtigte später das Grundstück erworben hatte und die gezahlten Erschließungskosten auf den Kaufpreis angerechnet wurden, hat es der IX. Senat in Fortsetzung seiner Rspr. für ernstlich zweifelhaft gehalten, ob Erschließungskosten im Jahre des Erwerbs bei dem Erbbauberechtigten als Einnahmen aus VuV zu erfassen seien.[2]

1063 Befindet sich das mit einem Erbbaurecht belastete oder zu belastende Grundstück im **Betriebsvermögen,** so ist nach BFH 26.11.1987[3] und 8.12.1988[4] Folgendes zu beachten:

(1) Die Belastung eines Betriebsgrundstücks mit einem entgeltlich eingeräumten Erbbaurecht führt grds. nicht zu einer Entnahme des Grundstücks. Im Streitfall hatte der Landwirt seiner Tochter ein Erbbaurecht an einem Flurstück (wohl zur Abgeltung der Erbansprüche) überlassen mit der weiteren Bedingung für den Hoferben, ihr innerhalb von sechs Jahren das Grundstück zu übertragen; der Hoferbe hatte später diese Bedingung erfüllt. Der BFH entschied, dass weder die Erbbaurechtsbestellung noch die weitere Abrede der Übertragungspflicht das

1 BMF 16.12.1991, BStBl 1991 I S. 1011.
2 BFH 23.4.1991, BStBl 1991 II S. 712.
3 BStBl 1988 II S. 490.
4 BStBl 1989 II S. 407.

Grundstück aus dem Betriebsvermögen herausgenommen hat; vielmehr diente es noch bis zur Übertragung dem luf Betrieb.[1]

(2) Für den **Erbbauverpflichteten** ergibt sich die Verpflichtung, ein Bauwerk des Erbbauberechtigten für die Dauer des Erbbaurechts zu dulden, während dieser den Erbbauzins und ggf. noch zusätzliche Leistungen zu erbringen hat. Da der Grundstückseigentümer eine zeitraumbezogene Sachleistung schuldet, sind Vorleistungen – wie die Zahlung der Erschließungskosten – im Jahresabschluss des Grundstückseigentümers durch **Bildung eines passiven Rechnungsabgrenzungspostens** zu neutralisieren und mittels seiner Auflösung gewinnerhöhend über die Nutzungsdauer zu verteilen.[2]

(3) Der **(bilanzierende) Erbbauberechtigte** muss gleicherweise einen **aktiven Rechnungsabgrenzungsposten** bilden und diesen durch Abschreibung gewinnmindernd über die Nutzungsdauer verteilen.[3]

Diese neuere Auffassung gilt in allen Fällen, in denen ein bestandskräftiger Steuerbescheid noch nicht vorliegt. Soweit die Anwendung dieser Regelungen zu einer **Verschärfung** der Besteuerung führt, sind sie nicht anzuwenden, soweit der rechtswirksame Abschluss des Erbbaurechtsvertrages oder des auf Übertragung eines Erbbaurechtsvertrags gerichteten Vertrags vor dem **1.1.1992** liegt.[4] 1064

Mit dieser geänderten Rspr. kommt es nicht mehr auf den Zeitpunkt der Erbbaurechtsbestellung an. Auch wenn der Beitragsbescheid an den Grundstückseigentümer (und späteren Erbbauverpflichteten) gerichtet ist, der (künftige) Erbbauberechtigte die Schuld an die Gemeinde zahlt oder dem Grundstückseigentümer erstattet, liegt kein Gegenwert aufseiten des Erbbauverpflichteten vor; erst mit Rückanfall des Grundstücks nach Beendigung des Erbbaurechtsverhältnisses entsteht der Wertzuwachs in der Person des Grundstückseigentümers. 1065

b) Folgen aus der geänderten BFH-Rechtsprechung

Wie bei der alten BFH-Rspr. führt die Behandlung der vom Erbbauberechtigten gezahlten Erschließungskosten zu einem unterschiedlichen Ergebnis, je nachdem, ob der erbbauverpflichtete Landwirt bilanziert oder nicht. **Buchführende Landwirte** haben weiterhin die Möglichkeit (und Verpflichtung), die vom Erbbauberech- 1066

1 BFH 26.11.1987, BStBl 1988 II S. 490.

2 BFH 8.12.1988, BStBl 1989 II S. 407, BFH 19.10.1993, BStBl 1994 II S. 109.

3 BFH 8.12.1988, BStBl 1989 II S. 407; s. a. BFH 17.4.1985, BStBl 1985 II S. 617.

4 BMF 16.12.1991, BStBl 1991 I S. 1011.

tigten übernommenen Erschließungskosten auf die Laufzeit des Erbbaurechts zu verteilen, indem den erhöhten Anschaffungskosten des Grundstücks ein anteilig aufzulösender Rechnungsabgrenzungsposten bilanziell gegenübergestellt wird.

1067 **Nicht bilanzierende Landwirte** (Gewinnermittlung nach § 4 Abs. 3 oder § 13a EStG) brauchen (und können) demgegenüber keinen Ansatz zum Zeitpunkt der Zahlung durch den Erbbauberechtigten mit ertragsteuerlicher Wirkung (Einnahmen aus VuV) vorzunehmen. Insofern sind sie **(momentan) besser** gestellt. Allerdings fällt bei Ablauf des Erbbaurechts der Mehrwert in ein einziges Veranlagungsjahr und unterliegt i. d. R. damit einer höheren Progression als bei der anteiligen Versteuerung des bilanzierenden Landwirts.[1]

1068 *(Einstweilen frei)*

5. Bodengewinnbesteuerung/Veräußerung von land- und forstwirtschaftlichen Grundstücken

a) Allgemeines

1069 Nach § 4 Abs. 1 Satz 5 EStG 1958 blieb der Wert des Grund und Bodens, der zum Anlagevermögen gehörte, außer Ansatz. Gewinne aus der Veräußerung/Entnahme von Grund und Boden waren daher nur bei Stpfl. mit Gewinnermittlung nach § 5 EStG (Vollkaufleute) zu erfassen.[2]

1070 Nach dem Beschluss des BVerfG vom 11.5.1970[3] ist es mit Art. 3 Abs. 1 GG nicht vereinbar, dass bei Veräußerung oder Entnahme von Grund und Boden durch einen Landwirt Bodengewinne steuerlich in keinem Fall erfasst werden[4] während dies bei den Gewerbetreibenden, deren Gewinn nach § 5 EStG ermittelt wird, der Fall ist. Für eine **verschiedene Behandlung** ließen sich **keine ausreichenden Sachgründe** finden. Weder die Ausschaltung von Wertschwankungen des Grund und Bodens, die nichts mehr mit den eigentlichen Einkünften aus LuF zu tun haben, noch die Auffassung, dass Grund und Boden keine Ware ist, mit der Landwirte wie z. B. Grundstückshändler Geschäfte zu machen pflegen, sondern dass vielmehr in der Landwirtschaft der Besitz von Geschlecht zu Geschlecht vererbt werde, konnten § 4 Abs. 1 Satz 5 EStG 1969 vor Art. 3 Abs. 1

1 Siehe Spindler, DB 1994 S. 650 und BFH 11.12.2003, BStBl 2004 II S. 353.

2 BVerfG 11.5.1970 – 1 BvL 17/67, BStBl 1970 II S. 579.

3 BStBl 1970 II S. 579.

4 § 4 Abs. 1 Satz 5 EStG 1969.

GG bestehen lassen. Dabei sah es das BVerfG als zutreffend an, dass trotz des zweifellos in der Landwirtschaft zu beobachtenden tiefgreifenden Strukturwandels die landwirtschaftlichen Betriebe und auch die Wirtschaftsauffassung der Landwirte noch zahlreiche typische Eigenheiten aufweisen, die sie von der gewerblichen Wirtschaft unterscheiden. Es bestehen bei der Mehrheit der Landwirte immer noch starke innere Bindungen an das Bodeneigentum. Auch besteht das die Landwirtschaft von der gewerblichen Wirtschaft unterscheidende Merkmal immer noch darin, dass der Grund und Boden nicht nur den Standort bildet, sondern den **maßgebenden Produktionsfaktor** ausmacht. Die besonderen Produktionsbedingungen setzen dem landwirtschaftlichen Betrieb von der Natur her Schranken und führen zu einem **Betriebsrisiko eigener Art.** Insoweit ist die Landwirtschaft gegenüber den gewerblichen Betrieben in natürlicher und wirtschaftlicher Hinsicht benachteiligt. Deshalb sind die staatlichen Bemühungen darauf gerichtet, diese Nachteile u. a. mit den Mitteln der Handels-, Steuer-, Kredit- und Preispolitik auszugleichen (Rz. 1163).[1]

§ 4 Abs. 1 Satz 5 EStG 1958 konnte aufgrund des Beschlusses des BVerfG auf 1071 landwirtschaftliche Bodengewinne nicht mehr angewandt werden.[2] Für Gewerbetreibende und selbständig Tätige galt diese Regelung zunächst weiter. Zur Übergangsregelung vgl. § 52 Abs. 5 EStG 1971 bzw. für Entnahmen, die einen vor dem 1.7.1970 abgeschlossenen Vertrag, erfüllen vgl. BFH vom 19.1.1989.[3]

Durch das 2. StÄndG 1971 vom 10.8.1971[4] ist die Besteuerung der Gewinne aus 1072 der Veräußerung oder Entnahme von Grund und Boden, der zum Anlagevermögen gehört, neu geregelt worden. § 4 Abs. 1 Satz 5 EStG 1969 wurde mit Wirkung vom 1.7.1970 ersatzlos gestrichen, für Gewerbetreibende und Angehörige der freien Berufe mit Wirkung vom 15.8.1971 (dem Inkrafttreten des 2. StÄndG). Außerdem wurden die §§ 4 Abs. 3, 6b, 6c, 14, 16 Abs. 4 und 34 EStG geändert und § 14a und § 55 EStG eingefügt. Bodengewinne im privaten Bereich können nur im Rahmen der §§ 22, 23 EStG erfasst werden.

b) Begriff des Grund und Bodens

Unter Grund und Boden ist nur der „nackte Grund und Boden" zu verstehen.[5] 1073 Der Begriff Grund und Boden ist daher nicht nach den bürgerlich-rechtlichen

1 BVerfG 11.5.1970, BStBl 1970 II S. 579, 583; vgl. auch BVerfG 16.10.1984, INF 1985 S. 212.

2 Übergangsregelung der FinVerw, BMF 30.7.1970, BStBl 1970 I S. 933.

3 BStBl 1989 II S. 451.

4 BStBl 1971 I S. 373.

5 BFH 14.3.1961, BStBl 1961 III S. 398.

(§§ 90, 94 BGB) oder bewertungsrechtlichen Vorschriften, sondern **nach einkommensteuerrechtlichen Gesichtspunkten** abzugrenzen.

Der Begriff „Grund und Boden" umfasst nur den „nackten" Grund und Boden.[1] Zum Grund und Boden rechnen nicht:

Gebäude	Rz. 283	Be- und Entwässerungsanlagen	Rz. 285	Rebanlagen	Rz. 288
Bodenschätze, soweit sie als Wirtschaftsgut bereits entstanden sind	Rz. 239	stehendes Holz (aufstehender Baumbestand)	Rz. 1218	Spargelanlagen	Rz. 288
Eigenjagdrechte[2]	Rz. 239	Obst- und Baumschulanlagen	Rz. 288	Feldinventar	Rz. 286
grundstücksgleiche Rechte	[3]	Korbweidenkulturen	[4]	Rechte, den Grund und Boden zu nutzen	[5]

1074 Grund und Boden als luf BV ist daher der **kultivierte Grund und Boden,** der als luf Nutzfläche verwendbar ist und der grds. neben dem Waldboden in Acker- und Grünland aufgeteilt wird (vgl. auch nach Rz. 1142). Das WG Grund und Boden kann nicht ideell in einzelne Bodenschichten aufgeteilt werden, sondern stellt vielmehr mit der bearbeiteten Oberschicht (Ackerkrume oder Grasnarbe) und dem Untergrund ein einheitliches Ganzes dar.[6] Zu Bodenschätzen vgl. Rz. 239.

Als **Beurteilungseinheit** (wann und in welchem Umfang ein selbständiges Wirtschaftsgut vorliegt) kann die einzelne FlNr. (vgl. auch Rz. 1148) oder mehrere FlNr., die in einem Nutzungs- und Funktionszusammenhang stehen, angesehen werden. Beim Waldboden ist der Wirtschaftsgutsbegriff räumlich deckungsgleich mit dem Wirtschaftsgutsbegriff des stehenden Bestandes (vgl. Rz. 1216, 1221) zu sehen.

1 BFH 24.8.1989, BStBl 1989 II S. 1016; H 6b.1 „GuB, Nicht begünstigte WG" EStH.

2 BMF 23.6.1999, BStBl 1999 I S. 593.

3 H 6b.1 „GuB, Nicht begünstigte WG" EStH.

4 H 6b.1 „GuB, Nicht begünstigte WG" EStH.

5 BFH 24.8.1989, BStBl 1989 II S. 1016.

6 BFH 19.4.2021 – VI R 49/18, NWB HAAAH-87116 = BStBl 2022 II S. 316; BFH 24.3.1982, BStBl 1982 II S. 643; BFH 16.2.1984, BStBl 1984 II S. 424.

Anlagen auf bzw. im Grund und Boden oder **Aufwuchs** auf dem Grund und Boden wie z. B. Gebäude, Bodenschätze, Eigenjagdrecht, grundstücksgleiche Rechte, Be- und Entwässerungsanlagen, das stehende Holz, Obst- und Baumschulanlagen, Korbweidenkulturen, Rebanlagen, Spargelanlagen sowie das **Feldinventar** gehören nicht zum Grund und Boden, sondern sind als WG des Anlagevermögens oder des Umlaufvermögens aktivierungspflichtig;[1] ebenso das Fischerei- und Forstrecht.[2] Zum Grund und Boden gehört dagegen z. B. das Jagdrecht, nicht jedoch das Eigenjagdrecht.[3] Bei der Veräußerung von Waldflächen vgl. Rz. 1240. 1075

Nach der Umsetzung der auf EU-Ebene beschlossenen Reform der gemeinsamen Agrarpolitik in nationales Recht[4] mit den Schlagworten Entkoppelung, Cross Compliance und Modulation gingen die bisherigen Ansprüche auf Direktzahlungen unter. Zur steuerlichen Behandlung der vor der GAP-Reform zugeteilten Zahlungsansprüche für Milchquoten, Zuckerrübenlieferrechte, Mutterkuhprämien, Mutterschaftsprämien und Tabakquoten vgl. BMF vom 25.6.2008.[5] Seit 1.1.2005 werden Direktzahlungen unabhängig davon gewährt, welches Produkt in welcher Menge erzeugt wird. Zwischen den Zahlungsansprüchen (immaterielle Wirtschaftsgüter) und den landwirtschaftlichen Flächen besteht kein Zusammenhang. Eine Abspaltung von Buchwerten des Grund und Bodens ähnlich der Milchquote (vgl. Rz. 1160) findet daher nicht statt. 1076

Der Grund und Boden, d. h. der Wert unserer Kulturböden, ist der bäuerlichen Leistung in Jahrhunderten zu verdanken. Bei der Bodengewinnbesteuerung ist besonders zu bedenken, dass für den Steuerstaat die Erhaltung der Steuerquelle das wichtigste Wesensgesetz darstellt. Der Steuerstaat bescheidet sich darin, an den wirtschaftlichen Leistungen zu partizipieren. Er darf ihre Leistungskraft nicht schwächen. Die Leistungen der deutschen Landwirtschaft gehen über das bei gewerblichen Unternehmen übliche Steueropfer bei weitem hinaus. In der Tat gewährleistet die deutsche Landwirtschaft nicht nur die Sicherung der Ernährung, sie erfüllt auch die ihr von Staat und Gesellschaft auferlegten Anfor- 1077

1 H 6b.1 „Nicht begünstigte Wirtschaftsgüter" EStH; vgl. aber auch BFH 6.12.1990, BStBl 1991 II S. 346.

2 BFH 18.7.1974, BStBl 1974 II S. 767.

3 BMF 23.6.1999, BStBl 1999 I S. 593.

4 Vgl. Gesetze v. 21. und 23.7.2004, BGBl 2004 I S. 1763, 1861.

5 BMF 25.6.2008, BStBl 2008 I S. 682; v. 13.10.2008, BStBl 2008 I S. 939; v. 13.12.2016, BStBl 2017 I S. 33.

derungen hinsichtlich Landschaftspflege, Umweltgestaltung und Erhaltung der Wohn- und Erholungswerte.[1]

c) Abgrenzung Betriebsvermögen – Privatvermögen

1078 Für die Frage der steuerlichen Erfassung eines Bodengewinns kommt es entscheidend darauf an, ob im Zeitpunkt der Veräußerung/Entnahme nach einkommensteuerlichen Gesichtspunkten ein Betrieb überhaupt noch existiert und der Grund und Boden damit noch einem luf Betrieb zuzurechnen ist, also ob der Grund und Boden als WG des Anlagevermögens (R 6b.3 Abs. 1 EStR) zum BV gehört.

TAB. Abgrenzung Betriebsvermögen – Privatvermögen

Zeitpunkt	Art der Maßnahme, die die Zugehörigkeit zum Betriebsvermögen oder die Höhe des Buchwertes beeinflusst	Fundstelle	Rz.
VZ 1969	Betriebsverpachtung vor dem 1.7.1970 und Erklären der Pachteinnahmen im VZ 1969 bei den Einnahmen aus VuV ist ausnahmsweise eine Betriebsaufgabeerklärung[2]	BStBl 1972 I S. 102	1098
1.7.1970	Beginn der Bodengewinnbesteuerung – LuF –	BStBl 1971 I S. 373 § 52 Abs. 5 EStG 1971	1071 1145
15.8.1971	Beginn der Bodengewinnbesteuerung – nichtbuchführende Gewerbetreibende und selbständig Tätige –	BStBl 1972 I S. 102	1072
	Vorliegen eines Betriebs (von Anlagevermögen, 3.000 m²-Regelung (BFH 5.5.2011 – IV R 48/08, BStBl 2011 II S. 792)	FMS 4.5.1972 (Anlagevermögen: BFH 12.7.1979 – IV R 55/74, BStBl 1980 II S. 5 und BFH 3.2.1983 – IV R 153/80, BStBl 1983 II S. 324)	1081
	Zweifelsfragen zur Neuregelung der Bodengewinnbesteuerung	BMF 9.2.1972, BStBl 1972 I S. 102	

1 Flämig, DStZ 1984 S. 131, 132.

2 A. A. FG Münster v. 6.11.2020 – 4 K 1326/17 F, NWB LAAAH-72581, BFH: VI R 3/21, rkr.

Zeitpunkt	**Art der Maßnahme, die die Zugehörigkeit zum Betriebsvermögen oder die Höhe des Buchwertes beeinflusst**	**Fundstelle**	**Rz.**
30.6.1972	Höherer Buchwert für Hopfen, Spargel, Gemüse – und Obstbau, Blumen – und Zierpflanzenbau, Baumschulen bei entsprechender Erklärung	§ 55 Abs. 2 Nr. 1 EStG	1127
31.12.1975	Antrag auf gesonderte Feststellung eines höheren Teilwerts (damalige Ausschlussfrist) für Flächen, deren Teilwert am 1.7.1970 höher war als der doppelte Ausgangsbetrag nach § 55 Abs. 1 EStG	§ 55 Abs. 5 EStG	1142
1.7.1979 s. a. 31.12.1998	Keine Entnahmebesteuerung bei einer Nutzungsänderung (z. B. Verpachtung) vor dem 1.7.1979 bei zum gewillkürten Betriebsvermögen gehörenden Flächen eines Betriebs mit Gewinnermittlung nach § 4 Abs. 3 EStG	BStBl 1979 I S. 162	1103
2.4.1984 – 31.3.2015	Bei Milcherzeugungsflächen: Buchwertabspaltung Grund und Boden zugunsten Milchlieferrecht; wenn Lieferrecht bis 2015 nicht veräußert oder entnommen, fällt abgespaltener Wert wieder zurück	BStBl 2014 I S. 1503	239 267 ff. 1160
31.12.1986	Wegfall der Nutzungswertbesteuerung (Beginn der 12-jährigen Übergangsregelung)	§ 52 Abs. 15 EStG 1987	580 ff.
1.1.1987	Einführung einer steuerfreien Entnahmemöglichkeit des GuB für neu errichtete Betriebsinhaber – oder Altenteilerwohnung	§ 52 Abs. 15 S. 10 EStG 1987; § 13 Abs. 5 EStG	1105
1.1.1987	Keine Gewinnrealisierung bei Flurbereinigung und Umlegung	BStBl 1988 I S. 152	1138 1150
15.4.1988	Übergangsregelung bei der parzellenweisen Verpachtung	ESt-Kartei BayLfSt § 14 K. 3 a. A. BFH 12.3.2020 – VI R 35/17, NWB IAAAH-53148 = BFH/NV 2020 S. 849	1102
1.7.1990	DM-Bilanzgesetz – Neufassung (Neue Länder)	BGBl 1994 I 1843	412 ff. 1104

Zeitpunkt	**Art der Maßnahme, die die Zugehörigkeit zum Betriebsvermögen oder die Höhe des Buchwertes beeinflusst**	**Fundstelle**	**Rz.**
1.1.1991	Geltung des EStG in den neuen Ländern	BGBl 1990 II 885	412 ff. 1104
17.2.1997	Neue Grundsätze beim dazugehörenden GuB bei der Wohnhausentnahme	BStBl 1997 I S. 630	580 ff.
31.12.1998	Ende der Nutzungswertbesteuerung. Fortführung möglich bei Baudenkmal bis zur Abwahl	§ 52 Abs. 15 Satz 6 EStG 1987; § 13 Abs. 4 EStG	580 ff.
31.12.1998	Aufhebung der Übergangsregelung vom 15.3.1979 (Klarstellungsschreiben erforderlich)	BStBl 1998 I S. 356	1103
1.7.1970 bis 31.12.2005	Hofübergabe und gleichzeitige Abfindung eines weichenden Erben (ohne Teilbetriebseigenschaft); Abfindungsgrundstück ist PV	BFH 9.5.1996 – IV R 77/95, BStBl 1996 II S. 476	1104/3
Nach 31.12.2005	Hofübergabe und gleichzeitige Abfindung eines weichenden Erben im Umfang einer wesentlichen Betriebsgrundlage (= > 10 %) führt zur Betriebszerschlagung	BFH 9.5.1996 – IV R 77/95, BStBl 1996 II S. 476 BFH 24.2.2005 – IV R 28/00	1104/3
In allen noch offenen Fällen	Einkommensteuerliche Behandlung der Verpachtung eines luf Betriebs im Ganzen (Veränderung von Wirtschaftsgebäuden im Rahmen einer Verpachtung unerheblich)	BStBl 2000 I S. 1556 BFH 11.2.2021 – VI R 17/19, NWB WAAAH-80472 = BFH/NV 2021 S. 930	757
5.11.2011	Bei Aufgaben nach 4.11.2011 Betriebsfortführungsfiktion bei Betriebsunterbrechung und Verpachtung eine Betriebs sowie Mitunternehmeranteils	§ 16 Abs. 3b EStG	1091 725
nach 31.3.2015	Rückfall der abgespaltenen Buchwerte nach § 55 Abs. 1 bis 4 EStG auf die zugehörigen Milcherzeugungsflächen wegen Wegfalls der Lieferrechte aufgrund Auslaufens der MGV	BMF 5.11.2014, BStBl 2014 I S. 1503	239 267 ff. 1162

Zeitpunkt	**Art der Maßnahme, die die Zugehörigkeit zum Betriebsvermögen oder die Höhe des Buchwertes beeinflusst**	**Fundstelle**	**Rz.**
Vor 17.12.2020	Realteilung eines verpachteten landwirtschaftlichen Betriebs führt zur Betriebsaufgabe, wenn der Realteiler nur bloßer Verpächter ist und ihm das Verpächterwahlrecht nicht zusteht; jedoch mitunternehmerbezogener Antrag auf Fortführung als BV möglich (vgl. § 52 Abs. 22c Satz 2 EStG)	BFH 17.5.2018 – VI R 66/15, NWB TAAAG-96184 = BStBl 2022 II S. 301 BFH 17.5.2018 – VI R 73/15, NWB UAAAG-96175 = BStBl 2022 II S. 306 BMF 17.5.2022, BStBl 2022 I S. 678	736 1104/4
Nach 16.12.2020	Realteilung eines verpachteten landwirtschaftlichen Betriebs führt nicht mehr zur Betriebsaufgabe	§ 14 Abs. 3 EStG BMF 17.5.2022, BStBl 2022 I S. 678	1104/4
In allen noch offenen Fällen	Hofübergabe nach § 6 Abs. 3 EStG unter Rückbehalt nicht wesentlicher Flächen (= verkleinerter Betrieb durch Abspaltung)	BFH 24.2.2005 IV R 28/00; ab VZ 2020 vgl. § 14 Abs. 2 EStG.	1104/1

Über den Einwand, dass es sich bei einem veräußerten oder entnommenen Grund und Boden nicht um BV handele, kann mangels eines besonderen Verfahrens nur im **Rechtsbehelfsverfahren gegen den ESt-Bescheid/Feststellungsbescheid** entschieden werden, zu dessen unselbständiger Besteuerungsgrundlage der Ansatz des Grund und Bodens (z. B. Veräußerungserlös, Entnahmewert; Pachtzins) erstmals gehört.[1] Entsprechendes gilt in den Fällen, in denen für den Grund und Boden ein Antrag nach § 55 Abs. 5 EStG gestellt wurde, da die Frage der Zugehörigkeit des Grund und Bodens zum Anlagevermögen zwar im gesondert anfechtbaren Feststellungsverfahren geprüft wurde, aber die getroffene Feststellung nur unter dem Vorbehalt Geltung erlangt, dass ein landwirtschaftlicher Betrieb später tatsächlich angenommen wird.[2] Bodengewinne aus dem privaten Bereich werden steuerlich nicht erfasst, einmal abgesehen von privaten Veräußerungsgeschäften i. S. von § 23 EStG. 1079

1 BFH 30.1.1986, BStBl 1986 II S. 516; BFH 12.7.1979, BStBl 1980 II S. 5.

2 BFH 3.2.1983, BStBl 1983 II S. 324.

Mit der Veräußerung von Grundstücksflächen wird der Landwirt, wenn er sich ähnlich wie ein **Grundstückshändler** betätigt, gewerblich tätig (vgl. Rz. 133).[1] Das Stellen einer Bauvoranfrage hat der BFH bereits als schädlich angesehen. Er sah in der bauordnungsrechtlichen und baurechtlichen Mitwirkung des Grundstückeigentümers eine besondere Aktivität.[2]

aa) Begriff des land- und forstwirtschaftlichen Betriebs

1080 Der Begriff des landwirtschaftlichen Betriebs setzt nach der Rspr. und Verwaltungspraxis weder eine Mindestgröße noch einen „vollen Besatz", d. h. eine Gesamtheit von landwirtschaftlichen Grundflächen mit Betriebsgebäuden und Betriebsmitteln voraus. Entscheidend ist die **mit Gewinnerzielungsabsicht betriebene tatsächliche nachhaltige und planmäßige landwirtschaftliche Nutzung des Grund und Bodens zur Gewinnung von Erzeugnissen sowie ihre wirtschaftliche Verwertung.**[3]

Die Bewirtschaftung von Schrebergärten, privaten Hausgärten, Wochenendgrundstücken, ist dagegen i. d. R. nicht zur LuF zu rechnen, weil hier eine ernsthafte luf Betätigung nicht gegeben ist. Eine so geartete Tätigkeit stellt eine steuerlich nicht relevante sog. Liebhaberei dar (vgl. im Einzelnen Rz. 136 ff.). Anhaltspunkte für eine ernsthaft betriebene landwirtschaftliche Nutzung können sein: bewirtschaftete Fläche, der Umfang der Arbeitsleistung, der Einsatz von Maschinen und Geräten, die laufende Düngung und Spritzung der Kulturen, die Zugehörigkeit zu landwirtschaftlichen Berufsorganisationen,[4] die Zahlung von Beiträgen an die LAK, der Erhalt von staatlichen Transferleistungen wie Betriebsprämie (vgl. hierzu Veröffentlichung der EU-Zahlungsempfänger im Agrarbereich unter www.agrarzahlungen.de/agrarfonds/suche), Ausgleichszulage, Steuerentlastung nach § 57 EnergieStG für Gasöl oder Biokraftstoffe, die Mitgliedschaft bei landwirtschaftlichen Genossenschaften.[5] Bei den staatlichen Direktzahlungen erleichtern die genauen Angaben, – die subventionsrechtlich

1 Vgl. BMF 26.3.2004, BStBl 2004 I S. 434, Rz. 3, 27; OFD Nürnberg 6.6.1979, ESt-Kartei BayLfSt § 15 K. 2.3; BFH 8.9.2005, BStBl 2006 II S. 166.

2 BFH 24.11.2011, BFH/NV 2012 S. 432.

3 BFH 17.1.1980, BStBl 1980 II S. 323; BFH 5.11.1981, BStBl 1982 II S. 158; BFH 14.8.1986, BStBl 1987 II S. 23; BFH 2.2.1989, BStBl 1989 II S. 504; BFH 1.2.1990, BStBl 1990 II S. 428; BFH 9.3.2017 – VI R 86/14, BStBl 2017 II S. 981; BFH 19.7.2011 – IV R 10/09, BStBl 2012 II S. 93 in Anlehnung an wirtschaftliche Einheit des luf Vermögens nach dem BewG.

4 BFH 5.5.2011 – IV R 48/08, BStBl 2011 II S. 792.

5 OFD Hannover, 28.3.1974, StEK EStG § 55 Nr. 12 Tz. 17.

erhebliche Tatsachen darstellen – zum Umfang der Flächen und zur Art der Bewirtschaftung, die steuerlichen Aufzeichnungspflichten.

Die FinVerw ging bei der Neuregelung der Bodengewinnbesteuerung aus Vereinfachungsgründen davon aus, dass einkommensteuerrechtlich kein luf Betrieb vorliegt, wenn die bewirtschafteten Grundstücksflächen insgesamt nicht größer als 3.000 m² sind. Die BFH-Rechtsprechung hat darin eine Faustregel gesehen, an der sie sich orientiert. Die Vereinfachungsregelung galt nicht, wenn die Flächen intensiv genutzt wurden, z. B. für Sonderkulturen, Gemüse-, Blumen- und Zierpflanzenbau, Baumschulen und Weinbau.[1] Zur bewertungsrechtlichen Abgrenzung eines luf Betriebs nach unten vgl. BFH 4.3.1987.[2] Bei den **fünfzehn Sondernutzungen** i. S. des § 13a Abs. 6 i. V. mit Anlage 1a Nr. 2 EStG (z. B. Weinbau, Obstbau, Gemüsebau, Baumschulen, Teichwirtschaft, Weihnachtsbaumkultur) kann m. E. aufgrund dieser gesetzlichen Neuregelung ab 2015 bei **Flächen über den Flächengrenzen** der Anlage 1a Nr. 2 **Spalte 3** EStG (= Fläche ab der ein Gewinn erzielt werden kann) grundsätzlich vom Vorliegen eines Betriebes ausgegangen werden (vgl. Rz. 461). 1081

Das Unterschreiten der 3.000 m²-Grenze oder der Flächengrenzen der Anlage 1a Nr. 2 Spalte 3 EStG durch Veräußerung von Flächen führt nicht zur Betriebsaufgabe des verkleinerten Betriebs. Für den Restbetrieb ist daher weiterhin von Betriebsvermögen auszugehen. Die Verkleinerung eines Betriebs führt auch dann nicht zur Aufgabe, wenn die verbleibenden Flächen eine ertragreiche Bewirtschaftung nicht mehr ermöglichen.[3] Bei einer Eigenbewirtschaftung ist erst bei „reiner Gartenbewirtschaftung" i. S. der Rechtsprechung und bei Vorliegen von Dauerverlusten ein Wechsel vom Erwerbsbetrieb zur Liebhaberei zu prüfen.[4] Wird der Betrieb nach dem 31.12.2019 verkleinert und verbleibt mindestens eine Fläche, die der Erzeugung von Pflanzen oder Tieren zu dienen bestimmt ist, liegt unabhängig von der Größe dieser Fläche keine Betriebsaufgabe vor (vgl. § 14 Abs. 2 EStG).

Zu forstwirtschaftlichen Betrieben vgl. Rz. 87 ff., 1188 ff. 1082

1 BMF 18.4.1972, StEK EStG § 13 Nr. 198; BFH 1.2.1990, BStBl 1990 II S. 428; BFH 5.5.2011 – IV R 48/08, BStBl 2011 II S. 792.

2 BStBl 1987 II S. 370.

3 BFH 5.5.2011 – IV R 48/08, BStBl 2011 II S. 792.

4 BFH 16.5.2018 – VI R 45/16, BStBl 2019 II S. 60, Rz. 20, Einnahmequelle von Gewicht; BFH 18.4.2018 – I R 2/16, BStBl 2018 II S. 567, Rz. 17, bescheidener positiver Gesamtgewinn; BFH 5.5.2011 – IV R 48/08, BStBl 2011 II S. 792; BFH 18.5.2000, BStBl 2000 II S. 524 und BFH 30.12.2004, BFH/NV 2005 S. 1042.

1083 Nach der Rspr. des BFH[1] ist für den Begriff der **Gewinnerzielungsabsicht (Liebhaberei)** als unabdingbares Merkmal eines Unternehmens auf das Streben nach Betriebsvermögensmehrung in Gestalt eines **Totalgewinns** abzustellen. Danach kommt es auf das Gesamtergebnis des Betriebs von der Gründung bis zu seiner Veräußerung oder Aufgabe an. Nach der neueren Rechtsprechung ergibt sich der Prognosezeitraum im Regelfall aus der Gesamtdauer der Betätigung. Feste zeitliche Vorgaben gibt es dabei nicht. Der Zeitraum, innerhalb dessen ein positives Ergebnis erzielbar sein muss, ist stets einzelfallbezogen. Für den luf Bereich ist regelmäßig davon auszugehen, dass die Totalgewinnperiode objektbezogen ist und deshalb mehr als eine Generation umfassen muss. Dies soll jedoch nicht dahingehend zu verstehen sein, dass die generationenübergreifende und damit objektive Sicht der Totalgewinnperiode faktisch zu einem zeitlich unbefristeten, weil mehrere Generationen umfassenden Beurteilungszeitraum führt. Beim Wald ist auf die Gesamtumtriebszeit des vorherrschenden Baumbestands[2], bei der Landwirtschaft nach einer Umstrukturierung auf 30 Jahre[3] abzustellen. Bei einer doppelten Betriebsstruktur (= Verpachtung, Nießbrauch, Nutzungsüberlassung im Rahmen der Generationennachfolge) sind der Eigentümerbetrieb und der wirtschaftende Betrieb im Rahmen der Totalgewinnprognose betriebsübergreifend fiktiv zu konsolidieren.[4] Bei der Abgrenzung nach unten ist vielmehr nach den Umständen des einzelnen Falles zu prüfen, ob er stpfl. Erträge wie ein „Gartenbesitzer" erzielt. Zur Liebhaberei vgl. Rz. 136 ff., insbesondere die Schaubilder in Rz. 138/1, und 145.

bb) Betriebsvermögen

1084 BV ist die Summe aller im Eigentum eines Unternehmers[5] stehender WG, die in einem tatsächlichen oder wirtschaftlichen Förderungszusammenhang mit dem Betrieb stehen (Rz. 231). Zum Begriff des BV vgl. auch BVerfG vom 23.10.1987.[6] Zur Beweislast, ob ein WG zum BV gehört, vgl. BFH vom 7.7.1983 und 20.3.1987.[7]

1085 (1) Neben der Voraussetzung, dass überhaupt Vermögen vorhanden ist, muss dieses Vermögen dem Unternehmer (Stpfl.) zuzurechnen sein, d. h. er muss **bürgerlich-rechtlicher oder wirtschaftlicher Eigentümer** sein. Grund und Boden, der

1 BFH 25.6.1984, BStBl 1984 II S. 751, 766.

2 BFH 7.4.2016 – IV R 38/13, BStBl 2016 II S. 765; BFH 9.3.2017 – VI R 86/14, BStBl 2017 II S. 981.

3 BFH 23.10.2018 – VI R 5/17, BStBl 2019 II S. 601.

4 BFH 7.4.2016 – IV R 38/13, BStBl 2016 II S. 765.

5 BFH 7.10.1982, BStBl 1983 II S. 73.

6 HFR 1989 S. 151.

7 BStBl 1983 II S. 760; BStBl 1987 II S. 679.

dem Ehegatten des Unternehmers gehört, zählt somit grds. nicht zum BV des Stpfl.[1] Die Zurechnung von Flächen des Ehegatten zum BV kann sich aus güterrechtlichen Vereinbarungen oder aus einem zwischen den Ehegatten bestehenden Gesellschaftsvertrag ergeben.[2] Beim Güterstand der Gütergemeinschaft[3] ist keine eigentliche PersGes gegeben, sondern sie wird nach der Rspr. einkommensteuerrechtlich nur mittelbar und nur zum Teil wie eine solche behandelt. Sie ist als Bestandteil des Eherechts keine Rechtsform. H 15.6 (Gesellschaft) EStH kann daher keine Anwendung finden. Zur Vereinbarung einer Gütergemeinschaft vgl. Rz. 847 bzw. zur Auflösung Rz. 908. Zur Annahme einer Mitunternehmerschaft[4] vgl. Rz. 695 und BFH vom 7.10.1982.[5]

(2) Das dem Stpfl. zuzurechnende Vermögen muss als weitere Voraussetzung 1086
in einer **Beziehung zum Betrieb** stehen. Je nach Stärke dieser Beziehungen zum Betrieb ist zwischen notwendigem BV (Rz. 1087 ff. und 233 ff.), gewillkürtem BV (Rz. 1090 und 240 ff.) oder Privatvermögen (Rz. 1089) zu unterscheiden.

Zum **notwendigen BV** gehören WG, die dem Betrieb unmittelbar dienen, und 1087
zwar dergestalt, dass sie objektiv erkennbar zum unmittelbaren Einsatz im Betrieb selbst bestimmt sind.[6] Das WG muss, wenn auch nicht unentbehrlich oder notwendig im Sinne von „erforderlich", so doch in gewisser Weise auf den Betriebsablauf bezogen und ihm zu dienen bestimmt sein. Abzustellen ist auf die tatsächliche Zweckbestimmung, also die konkrete Funktion des WG im Betrieb. Die Bestimmung erfordert eine endgültige Funktionszuweisung; dies ist auch schon die abschließende Bestimmung, dass das WG in Zukunft betrieblich genutzt wird. An dieser Voraussetzung fehlt es, wenn der Einsatz des WG im Betrieb erst als möglich in Betracht kommt, aber noch nicht sicher ist.[7] Die Zuordnung zum notwendigen BV erfolgt ohne Rücksicht auf die buchmäßige Behandlung durch den Stpfl. Für die einkommensteuerrechtliche Behandlung kommt es auch nicht darauf an, wie ein Grundstück bei der Einheitsbewertung behandelt wird.[8] So können auch landwirtschaftlich genutzte, aber nach § 69 BewG als Grundvermögen bewertete Flächen (unbebaute Grundstücke) zum

1 BFH 2.2.1989, BStBl 1989 II S. 504.
2 BFH 14.8.1986, BStBl 1987 II S. 17; BFH 16.5.2018 – VI R 45/16, BStBl 2019 II S. 60.
3 §§ 1415 ff. BGB.
4 H 15.9 Abs. 1 „Gütergemeinschaft" EStH.
5 BStBl 1983 II S. 73.
6 R 4.2 EStR; BFH 7.8.1979, BStBl 1980 II S. 633, 634; BFH 30.4.1975, BStBl 1975 II S. 582; BFH 14.5.2009, BStBl 2009 II S. 811.
7 BFH 19.7.2011, BStBl 2012 II S. 93.
8 R 4.2 Abs. 13 EStR.

notwendigen BV gehören. Grund und Boden, der tatsächlich luf in Ausübung des Fruchtziehungsrechts genutzt wird, ist zwingend BV. Werden Flächen unentgeltlich Dritten überlassen, damit die Flächen nur „sauber gehalten" werden, wird vom Eigentümer das Fruchtziehungsrecht nicht ausgeübt.[1]

Die Zuordnung eines hinzuerworbenen Grundstücks zum notwendigen oder gewillkürten BV eines aktiv wirtschaftenden oder eines verpachteten[2] Betriebs setzt eine gewisse räumliche Nähe zum Betrieb voraus. Eine Entfernung über 100 km ist schädlich.[3]

1088 Werden einzelne landwirtschaftliche Flächen eines landwirtschaftlichen Betriebs (nutzbare Flächen, Geringstland) für bestimmte oder unbestimmte Zeit nicht landwirtschaftlich genutzt (z. B. Brachland, Stilllegungsfläche), so bleiben sie grds. BV,[4] ggf. ist ein Wechsel vom Erwerbsbetrieb zum Liebhabereibetrieb mit gesonderter Feststellung der stillen Reserven des Anlagevermögens zu prüfen (vgl. Rz. 1083, 136 ff.). Eine Betriebsaufgabe ist nicht schon dann anzunehmen, wenn die nach einer Verkleinerung des Betriebs noch vorhandenen Flächen für eine ertragreiche Bewirtschaftung nicht mehr ausreichen.[5] Bei einer Betriebsverpachtung bleiben die Wirtschaftsgüter, die dem Betrieb gedient haben, betriebsvermögensverhaftet (vgl. § 16 Abs. 3b EStG). Die verpachteten Flächen sind notwendiges Betriebsvermögen des verpachteten Betriebs.[6]

1089 Zum **notwendigen Privatvermögen** gehören solche WG, die der privaten Lebensführung des Stpfl. oder seiner Angehörigen dienen,[7] denen also jegliche Beziehung zum Betrieb fehlt. WG des notwendigen Privatvermögens, die zu Unrecht als BV bilanziert worden sind, sind mit dem Buchwert (gewinnneutral) auszubuchen (Bilanzberichtigung).[8]

1 BFH 26.9.2013 – IV R 16/10, NWB KAAAE-52235 = BFH/NV 2014 S. 324.

2 BFH 19.7.2011 – IV/R 10/09, BStBl 2012 II S. 93.

3 BFH 19.7.2011 – IV/R 10/09, BStBl 2012 II S. 93; BFH 9.3.2017 – VI R 86/14, BStBl 2017 II S. 981.

4 Gewillkürtes BV vgl. BFH 13.3.1986, BStBl 1986 II S. 711; BFH 30.1.1986, BStBl 1986 II S. 516; BFH 23.6.1987, BFH/NV 1988 S. 633; notwendiges BV vgl. BFH 7.11.1996, BStBl 1997 II S. 245.

5 BFH 24.11.1994, BFH/NV 1995 S. 592; BFH 23.11.1995, BFH/NV 1996 S. 398; BFH 18.5.2000, BStBl 2000 II S. 524; BFH 18.5.2000 – IV R 28/98, BFH/NV 2000 S. 1455; BFH 5.5.2011 – IV R 48/08, BStBl 2011 II S. 792; ab VZ 2020 vgl. § 14 Abs. 2 EStG.

6 BFH 19.7.2011 – IV R 10/09, BStBl 2012 II S. 93.

7 BFH 30.4.1975, BStBl 1975 II S. 582.

8 R 4.4 Abs. 1 EStR; BFH 21.6.1972, BStBl 1972 II S. 874; BFH 26.2.1976, BStBl 1976 II S. 378; BFH 16.3.1983, BStBl 1983 II S. 459.

Ist ein WG weder notwendiges BV noch notwendiges Privatvermögen, kann es **gewillkürtes BV** sein, wenn es objektiv geeignet und bestimmt ist, den Betrieb zu fördern, also in einem gewissen objektiven Zusammenhang mit dem Betrieb steht.[1] Des Weiteren muss der Unternehmer seinen Zuordnungswillen klar bekunden.[2] Auch buchführende Landwirte können grds. gewillkürtes BV bilden,[3] d. h. WG bei ihrer Anschaffung/Herstellung dem gewillkürten BV zuordnen oder aus dem Privatvermögen in das gewillkürte BV einlegen. Landwirte mit anderen Gewinnermittlungsarten (GnD, § 4 Abs. 3 EStG) konnten nach früherer Auffassung gewillkürtes BV nur in den Fällen des § 4 Abs. 1 Satz 6, 7 EStG bekommen, nicht aber bilden.[4] 1090

cc) Verpachtete land- und forstwirtschaftliche Betriebe

(1) Rechtslage bei Betriebsaufgaben nach dem 4.11.2011

= Gesetzliche Betriebsfortführungsfiktion nach § 16 Abs. 3b EStG bei Betriebsunterbrechung, Verpachtung eines Betriebs im Ganzen sowie eines Mitunternehmeranteils 1091

Mit der Einfügung des § 16 Abs. 3b EStG wurde eine gesetzliche Regelung der Betriebsunterbrechung und der Betriebsverpachtung im Ganzen für Betriebsaufgaben nach dem 4.11.2011 (= Inkrafttreten des StVereinfG[5]) geschaffen. Die Neuregelung soll die gesetzlichen Voraussetzungen für die Fälle einer allmählichen (schleichenden) Betriebsaufgabe bei verpachteten und ruhenden Betrieben sowohl für den Stpfl. als auch für die FinVerw eindeutig normieren. Die Grundsätze von R 16 Abs. 5 EStR 2008 und H 16 Abs. 5 EStH 2011, die weitgehend inhaltsgleich zur gesetzlichen Regelung sind, gelten damit fort.[6] Mit § 16 Abs. 3b EStG wird eine gesetzliche Fiktion eingeführt, nach der der Betrieb so lange als fortgeführt gilt, bis der Stpfl. die Betriebsaufgabe ausdrücklich erklärt oder bis dem Finanzamt Tatsachen bekannt werden, aus denen sich ergibt, dass die Voraussetzungen für eine Betriebsaufgabe erfüllt sind.

§ 16 Abs. 3b EStG lässt bei der Betriebsaufgabe eine Rückbeziehung von drei Monaten zu. Die bisherigen Beschränkungen des BFH bei der Wertbestimmung (vgl. H 16 Abs. 5 „Drei-Monats-Frist“ EStH) sind daher wegen der eindeutigen

1 R 4.2 Abs. 9 EStR.

2 BFH 15.4.1981, BStBl 1981 II S. 618; BFH 19.7.2011, BStBl 2012 II S. 93.

3 BFH 30.7.1964, BStBl 1964 III S. 574; BMF 11.4.1980, DB 1980 S. 856.

4 Vgl. jetzt R 4.2 Abs. 1 Satz 3 EStR; BMF 10.11.2015, BStBl 2015 I S. 877, Rz. 44.

5 1.11.2011, BStBl 2011 I S. 986.

6 Vgl. BT-Drucks. 17/5125.

gesetzlichen Regelung nicht mehr zu beachten. Auch kann jetzt aufgrund der gesetzlichen Regelung die Betriebsaufgabe durch den Gesamtrechtsnachfolger (im Erbfall; nicht: bei vorweggenommener Erbfolge) erklärt werden. Eine Aufgabeerklärung innerhalb der drei Monate ist daher auf einen Zeitpunkt vor dem Erbfall (= für den Rechtsvorgänger) möglich, vgl. Rz. 725.[1]

(2) Rechtslage bei Betriebsaufgaben vor dem 5.11.2011

1092 = bisheriges Verpächterwahlrecht nach R 16 Abs. 5 EStR

Nach der Gesetzesbegründung[2] entspricht die gesetzliche Neuregelung auch den Grundsätzen der höchstrichterlichen Rechtsprechung. Die generelle Zulässigkeit der von der Rechtsprechung entwickelten und von der FinVerw in ständiger Rechtspraxis angewendeten Grundsätze zum Verpächterwahlrecht bleibt von der Neuregelung unberührt. **Diese Grundsätze sollen auch in Zukunft zur Anwendung kommen.** Im Übrigen gelten für Betriebsaufgaben von ruhenden oder verpachteten Gewerbebetrieben oder Mitunternehmeranteilen, die bis zum Inkrafttreten der Neuregelung stattgefunden haben, die Grundsätze von R 16 Abs. 5 EStR und H 16 Abs. 5 EStH, die weitgehend inhaltsgleich zur gesetzlichen Regelung sind, fort. Im Einzelnen vgl. Rz. 725, 726 ff., 1091.

Die Abgrenzung zwischen BV und Privatvermögen hat auch bei der Verpachtung von luf (Teil-)Betrieben und Einzelflächen (Rz. 1103) Bedeutung.

1093 Bei der Betriebsverpachtung im Ganzen an einen Pächter steht dem Verpächter steuerlich ein **Wahlrecht** zwischen einer **Betriebsfortführung** und einer **Betriebsaufgabe** zu (Rz. 727 ff.). Bei der Verpachtung an mehrere Pächter (sog. parzellenweise Verpachtung) s. Rz. 1100 ff.

1094 Verpachtet ein Landwirt seinen Betrieb, so ist oft ungewiss, ob er sich damit endgültig aus dem Erwerbsleben zurückgezogen hat und sein bisheriges BV als Privatmann durch VuV nutzen will, oder ob er nur zeitweise seinen Betrieb in Form der Verpachtung nutzt, um ihn später wieder selbst oder durch einen Rechtsnachfolger zu führen. Weil die Situation in tatsächlicher Hinsicht gewöhnlich nicht eindeutig ist, im Interesse der Besteuerung aber bald Klarheit geschaffen werden muss, ist der Landwirt gehalten, dem FA gegenüber **klar zum Ausdruck zu bringen,** wie er sich nach der Verpachtung des Betriebs den

1 BMF 22.11.2016 - IV C 6 – S 2242/12/10001, BStBl 2016 I S. 1326.

2 BT-Drucks. 17/5125 S. 38.

weiteren Fortgang denkt. Seine Entscheidung ist dann für die steuerrechtliche Behandlung maßgebend:

- Erklärt der Landwirt, dass er den Betrieb verpachtet habe, weil er ihn aufgeben wolle, so ist der Vorgang als **Betriebsaufgabe** nach § 14 i. V. mit § 16 Abs. 3 EStG zu behandeln.
- Erklärt der Landwirt dagegen, dass der Verpachtung nicht diese Bedeutung zukommen solle oder lehnt er eine Erklärung ab, so **gilt der bisherige Betrieb als fortbestehend**; er wird dann nur in anderer Form als bisher genutzt; vor allem bleiben die verpachteten WG Gegenstand des BV des Landwirts, solange er nicht erklärt, den Betrieb aufgeben zu wollen. Eine solche Erklärung kann der Landwirt auch noch während der Pachtzeit jederzeit dem FA gegenüber abgeben, selbst wenn er zunächst ausdrücklich erklärt hatte, die Verpachtung nicht als Betriebsaufgabe behandeln zu wollen.[1]
- Eine Betriebsverpachtung im Ganzen liegt auch vor, wenn die zurückbehal- 1094/1
tenen nicht mit verpachteten landwirtschaftlichen Nutzflächen für sich gesehen keine wesentliche Betriebsgrundlage darstellen (Anhaltspunkt 10 %; vgl. Rz. 737 ff.).[2]

(3) Frühere Übergangsregelungen zur Verpachtung land- und forstwirtschaftlicher Betriebe

Das Anführen der Einkünfte aus der Verpachtung bei den Einkünften aus VuV 1095
gilt grds. nicht als Aufgabeerklärung (Rz. 759). Aufgrund von Rechtsprechungsänderungen sind zur Verpachtung die nachfolgenden Übergangsregelungen zu beachten (vgl. auch Übersicht zu Rz. 1078):

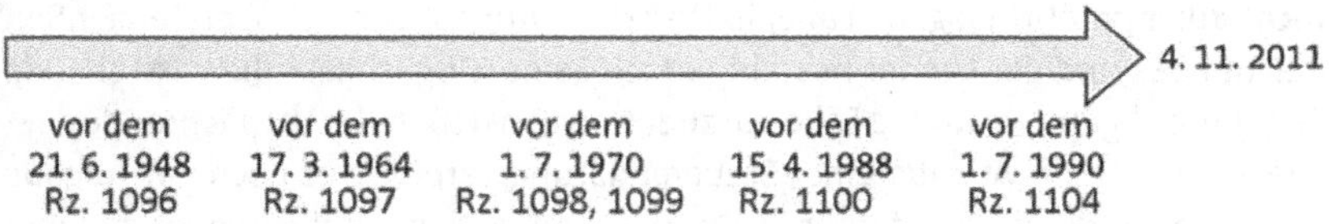

(a) Betriebsverpachtung vor dem 21.6.1948 (DM-Währungsreform)

In der Übergangsregelung vom 17.12.1965 wird aus Vereinfachungsgründen 1096
davon ausgegangen, dass bei einer Verpachtung schon vor der Währungsreform der Betrieb bei Pachtbeginn als aufgegeben gilt, wenn die Pachteinnah-

1 BFH 13.11.1963, BStBl 1964 III S. 124; BFH 18.3.1964, BStBl 1964 III S. 303.

2 BFH 29.10.1992 – IV R 117/91, NWB GAAAB-33060 = BFH/NV 1994 S. 533.

men seit dem 21.6.1948 als Einnahmen aus VuV behandelt wurden.[1] In dieser Übergangsregelung wird ausnahmsweise das Erklären der Pachteinnahmen als Einkünfte aus VuV als Betriebsaufgabe behandelt (vgl. dagegen Rz. 759).

(b) Betriebsverpachtung vor dem 17.3.1964

1097 Die BFH-Rechtsprechung zur Betriebsverpachtung (Verpächterwahlrecht vgl. Rz. 726 ff.) ist grds. auch auf die am 17.3.1964 bereits bestehenden Pachtverhältnisse anzuwenden. Wenn nachweisbar die damalige Billigkeitsregelung geltend gemacht wurde, liegt Privatvermögen vor. Aus Billigkeitsgründen wurden damals in den Fällen, in denen der Betrieb vor dem 17.3.1964 (= Tag der Veröffentlichung des BFH-Urteils vom 13.11.1963[2]) verpachtet worden ist, nur die bei Pachtbeginn (vgl. Rz. 729) vorhandenen stillen Reserven versteuert, wenn der Verpächter bis zum Ablauf der Steuererklärungsfrist für den VZ 1964 die Aufgabe des Betriebs erklärt oder verpachtete Wirtschaftsgüter veräußert hat.[3] Das FG Düsseldorf[4] hat in einer in 1957 erfolgten Verpachtung eines Kleinbetriebs aus Alters- und Gesundheitsgründen eine konkludente Betriebsaufgabeerklärung gesehen.

(c) Betriebsverpachtung vor dem 1.7.1970

1098 Die FinVerw hat zugelassen, dass aus Gründen des Vertrauensschutzes von einer vor dem 1.7.1970 erfolgten Betriebsaufgabe ausgegangen werden kann, wenn die Pachteinnahmen bei der **rechtskräftigen Veranlagung** des Verpächters für den VZ 1969 als Einkünfte aus VuV behandelt worden sind.[5] Entsprechend kann in Fällen verfahren werden, bei denen der Verpächter die Pachteinnahmen zwar als Einkünfte aus VuV **erklärt** hat, das FA jedoch eine **Veranlagung nicht durchgeführt** (sog. nv-Fälle) hatte.[6] Nach Auffassung der obersten FinBeh des Bundes und der Länder besteht jedoch keine Möglichkeit, die vorstehende Regelung allgemein auf die Fälle auszudehnen, in denen der Verpächter des Betriebes weder zur Abgabe einer Steuererklärung verpflichtet noch zur Abgabe einer Steuererklärung aufgefordert wurde und es demzufolge weder zu einer Veranlagung noch zu einer nv-Stellung gekommen ist. In diesen Fällen muss

---

1 Ländererlasse v. 28.12.1964, BStBl 1965 II S. 5; und 17.12.1965, BStBl 1966 II S. 34 Tz. 2.

2 BStBl 1964 III S. 124.

3 Ländererlasse v. 28.12.1964, BStBl 1965 II S. 5; und 17.12.1965, BStBl 1966 II S. 34 Tz. 2.

4 14.8.2006 – 11 K 4646/04 F, EFG 2007 S. 254, Rev. erledigt mit Beschluss BFH 23.4.2009 – IV R 56/06.

5 BMF 29.2.1972, BStBl 1972 I S. 102, Tz. 6, BFH 7.5.1998 – IV B 31/97, BFH/NV 1998 S. 1345.

6 OFD Münster 14.6.1976, StEK EStG § 55 Nr. 23.

vielmehr im Einzelfall geprüft werden, ob von einer Betriebsaufgabe vor dem 1.7.1970 ausgegangen werden kann.[1]

(d) Verpachtung einer Stückländerei vor dem 1.7.1970

Stückländerei ist im Bereich der Einheitsbewertung ein Betrieb der LuF ohne 1099
Wohnteil. Im Bereich der Bedarfsbewertung hat der Begriff Stückländerei eine ganz andere Bedeutung (vgl. Rz. 1504). Einkommensteuerlich ist eine Stückländerei unter den Voraussetzungen der Rz. 1080 ein luf Betrieb. Für die Verpachtung gelten daher die allgemeinen Grundsätze ebenfalls.[2] In Baden-Württemberg wird allerdings eine Betriebsaufgabe angenommen.[3] Im Bereich anderer Verwaltungsträger (vgl. § 8a FVG) besteht mangels einer Selbstbindung der Verwaltung kein Anspruch auf Anwendung dieser Übergangsregelung. Eine Gleichbehandlung im Unrecht kann nicht eingefordert werden.

(e) Parzellenweise Verpachtung (= Verpachtung an mehrere Pächter) vor dem 15.4.1988

(aa) Bisherige Sachbehandlung (Verpachtung vor dem 15.4.1988)

Der verpachtende Landwirt konnte nach bisheriger Auffassung die Fortführung 1100
des Betriebes nur dann wählen, wenn und solange eine Verpachtung des Betriebes im Ganzen (Rz. 732) vorlag, d. h., solange die wesentlichen Grundlagen des Betriebes als **einheitliches Ganzes** verpachtet waren. Entfiel diese Voraussetzung, musste eine Aufgabe des Betriebes angenommen werden, mit der Folge, dass die vorhandenen stillen Reserven zu versteuern waren.

Die Verpachtung eines luf Betriebes in der Weise, dass die einzelnen Grundstücksflächen an mehrere Pächter verpachtet und das lebende und tote Inventar veräußert wurden, während die Hofstelle mit den Gebäuden beim Verpächter blieb, war in der Vergangenheit aus **Billigkeitsgründen nicht** als **Betriebsaufgabe** zu qualifizieren, wenn

- sie eine **vorübergehende Maßnahme** darstellte.

  Ein Landwirt konnte die Betriebsaufgabe abwenden, wenn er beabsichtigte, den Betrieb später wieder aufzunehmen und diese Möglichkeit der Wiederaufnahme der Eigenbewirtschaftung zum Verpachtungszeitpunkt hinreichend gesichert erschien. Die besonderen Umstände waren dem FA

1 OFD Münster 14.6.1976, StEK EStG § 55 Nr. 23; BFH 7.5.1998, BFH/NV 1998 S. 1345.
2 BFH 10.6.2003, BFH/NV 2003 S. 1554.
3 FM BW Lafo-Kartei BW Fach 8 Nr. 2.1.6.

darzulegen. Außerdem war dem FA gegenüber der Wille zu äußern, von einer Betriebsaufgabe aus Billigkeitsgründen abzusehen und die Pachteinnahmen als Einkünfte aus LuF anzusetzen. Die stillen Reserven waren dann erst zu einem späteren Zeitpunkt zu versteuern;[1]

- der Verpächter dem FA gegenüber **erklärte,** dass der Betrieb nicht aufgegeben, sondern – von wem auch immer – zu einem späteren Zeitpunkt fortgeführt werden solle und für die spätere Betriebsfortführung auch **objektive Umstände** sprachen.

  Als objektiver Umstand spricht für die spätere Betriebsfortführung, wenn der Betrieb durch die Verpachtung in seinen wesentlichen Grundlagen nicht aufgelöst wird. Dies ist der Fall, solange die wesentlichen WG nicht endgültig einer außerland- und außerforstwirtschaftlichen Nutzung zugeführt werden und die Hofstelle, insbesondere die Wirtschaftsgebäude ohne wesentliche bauliche Änderung erhalten bleiben. Für die Erhaltung der wesentlichen Grundlagen des Betriebes spricht auch, wenn die Pachtverträge mit allen Pächtern eine einheitliche Dauer aufweisen.[2]

Die Verwaltungsanweisungen vom 17.12.1965 und 1.10.1984 gingen quasi von einer **bloßen Betriebsunterbrechung** (vorübergehende Maßnahme) aus und dass der Betrieb nach Ablauf der Pachtverträge in der Form fortgeführt werden kann, wie er vor den Verpachtungen vom Verpächter bewirtschaftet wurde.[3] Zur Prüfung der vorübergehenden Maßnahme musste der Verpächter daher dem FA gegenüber klar zum Ausdruck bringen, wie er sich nach der Verpachtung den weiteren Fortgang dachte. Wegen der unklaren Sachlage verlangten die FinBeh im Falle der parzellenweisen Verpachtung immer eine sog. **Fortführungserklärung**.

(bb) Erstmalige Rechtsprechung zur parzellenweisen Verpachtung

1101 Die Rechtsprechung räumte dem parzellenweisen Verpächter grds. das gleiche Wahlrecht ein wie einem Verpächter im Ganzen, und zwar aus Rechtsgründen.[4]

Nach dem BFH-Urteil vom 15.10.1987[5] führt die parzellenweisen Verpachtung der bisher selbstbewirtschafteten Ländereien **aus Rechtsgründen** jedenfalls dann nicht zu einer Betriebsaufgabe, wenn die wesentlichen Grundlagen des

1 FinMin Bayern 17.12.1965, BStBl 1966 II S. 30, Tz. 1.
2 OFD München/Nürnberg 1.10.1984, INF 1985 S. 23.
3 Vgl. BFH 27.2.1985, BStBl 1985 II S. 456.
4 Siehe auch BFH 15.10.1987, BStBl 1988 II S. 257 und 260 sowie BFH 6.9.1994, BFH/NV 1995 S. 240.
5 BStBl 1988 II S. 260.

luf Betriebs ihre Zweckbestimmung behalten und die Verpachtung nur eine vorübergehende Maßnahme (Betriebsunterbrechung) ist, weil der Verpächter die Absicht hat, den luf Betrieb später selbst oder durch einen Rechtsnachfolger wieder aufzunehmen und dies nach den gegebenen Verhältnissen als möglich erscheint. Nach dieser Entscheidung ist für die Fortführung eines Betriebs nicht mehr vorauszusetzen, dass der Verpächter seine Absicht, die Bewirtschaftung des Betriebs wieder aufzunehmen, ausdrücklich gegenüber dem FA erklärt. Die FinVerw hat damals noch aus Gründen der Rechtssicherheit (bis zum BMF-Schreiben vom 1.12.2000)[1] an der Fortführungserklärung festgehalten.[2]

(cc) Übergangsregelung der Finanzverwaltung

Nach Auffassung der obersten FinBeh verbleibt es bei parzellenweisen Betriebs- 1102
verpachtungen, bei denen in der Vergangenheit eine Fortführungserklärung nicht abgegeben worden ist, entsprechend der bisherigen Verwaltungsauffassung (Rz. 1100) bei der Betriebsaufgabe.[3]

Diese Übergangsregelung gilt für alle Fälle, bei denen die parzellenweise Verpachtung vor dem 15.4.1988, dem Tag der Veröffentlichung des BFH-Urteils vom 15.10.1987 im BStBl, begonnen hat. Dabei kommt es nicht darauf an, ob der Aufgabegewinn einkommensteuerlich erfasst worden ist. Ob eine nachträgliche Erfassung des Aufgabegewinns möglich ist, richtet sich nach den allgemeinen verfahrensrechtlichen Vorschriften.

Die Annahme einer Betriebsaufgabe zum Zeitpunkt des Beginns der parzellenweisen Verpachtung kommt in Altfällen allerdings dann nicht in Betracht, wenn Stpfl. und FA in der Vergangenheit auch ohne ausdrückliche Fortführungserklärung übereinstimmend von dem Fortbestand des Betriebs ausgegangen sind und dementsprechend die Einkünfte aus der parzellenweisen Verpachtung als Einkünfte aus LuF behandelt haben.

Die Übergangsregelung kann nicht eingeschränkt werden, wenn der landwirtschaftliche Teilbetrieb parzellenweise verpachtet wird und der forstwirtschaftliche Teilbetrieb bestehen bleibt.[4] Die Übergangsregelung ist für den landwirt-

1 BStBl 2000 I S. 1556.

2 OFD München/Nürnberg 10.6.1991, ESt-Kartei BayLfSt § 14 K. 3.

3 OFD München/Nürnberg 10.6.1991, ESt-Kartei § 14 K. 3; Niedersächsisches FG 28.2.2007, EFG 2008 S. 49 Rz. 29.

4 A. A.: FG Münster 2.4.2012, EFG 2012 S. 1467; Niedersächsisches FG 3.9.2012 – 2 K 13088/11, NWB EAAAE-31449; 27.11.2014 – 1 K 161/12; FG Baden-Württemberg 25.7.2022 – 10 K 2679/21.

schaftlichen Teilbetrieb anzuwenden, weil die forstwirtschaftlichen Flächen nicht privatisierbar sind (vgl. Rz. 1188/1).

Zum Zeitpunkt der Anwendung der Übergangsregelung der FinVerw in Niedersachsen (jetzt auch der 15.4.1988 und nicht bereits der 1.1.1980).[1]

Die Übergangsreglung zur parzellenweisen Verpachtung wurde durch das BMF-Schreiben vom 1.12.2000 nicht aufgegeben.[2]

(dd) Weitere Rechtsprechung zur parzellenweisen Verpachtung

1102/1 Nach der Rspr. des BFH handelt es sich bei der Verwaltungsanweisung im koordinierten Ländererlass vom 17.12.1965 um eine norminterpretierende, mit der Gesetzeslage nicht im Einklang stehende Richtlinie, die keinen Vertrauenstatbestand begründen kann.[3] Die Übergangsregelung kann nicht dahin verstanden werden, dass die parzellenweise Verpachtung in Altfällen unabhängig vom Einzelfall aus Billigkeitsgründen stets als Betriebsaufgabe gewertet werden kann, aus der keine steuerlichen Folgerungen zu ziehen sind. Die Übergangsregelung kann vielmehr nur in jenen Fällen Wirkung entfalten, in denen die FinVerw bei Beginn der parzellenweisen Verpachtung nachteilige steuerliche Folgen aus einer vermeintlichen Zwangsbetriebsaufgabe gezogen hat. Die FinVerw wendet die Übergangsregelung jedoch weiterhin an.[4]

Über die Billigkeitsmaßnahme ist nicht im Festsetzungsverfahren, sondern ggf. in einem gesonderten Billigkeitsverfahren nach Maßgabe der §§ 163, 227 AO zu entscheiden.[5]

(4) Übergangsregelung zur Verpachtung von Einzelflächen = Klarstellungsschreiben zur Übergangsregelung vom 15.3.1979

1103 **Verpachtet** ein Landwirt **einzelne zu seinem BV gehörende Grundstücksflächen**, so ist nach allgemeinen Grundsätzen (Rz. 243) zu beurteilen, ob die Verpachtung zu einer Entnahme[6] führt oder ob die verpachteten Flächen weiterhin zum

1 Niedersächsisches FG 28.2.2007 – 2 K 710/04, NWB EAAAC-57084 = EFG 2008 S. 49.

2 BStBl 2000 I S. 1556; Niedersächsisches FG 28.2.2007, EFG 2008 S. 49 Rz. 28.

3 BFH 12.3.2020 – VI R 35/17, NWB IAAAH-53148 = BFH/NV 2020 S. 849.

4 BayLfSt 12.11.2021 – S 2230.2.1-79/13 St32.

5 BFH 12.4.2022 – VI R 22/20, BStBl 2023 II S. 384.

6 § 4 Abs. 1 Satz 2 bis 7 EStG.

BV gehören.[1] Ob ein Grundstück durch Verpachtung aus dem notwendigen BV ausgeschieden ist, entscheidet sich im jeweiligen Einzelfall nach dem Gesamtbild der Verhältnisse, die sowohl aus der Sicht des Verpächters als auch der des Pächters zu beurteilen sind.[2]

Abschnitt 13a Abs. 2 EStR 1978 enthielt entsprechend dem Urteil BFH 12.2.1976[3] die Regelungen, dass eine **Entnahme** von WG vorliegt, wenn entweder durch den Übergang von der Gewinnermittlung durch Vermögensvergleich zu einer anderen Gewinnermittlungsart, bei der die Weiterführung gewillkürten BV nicht mehr möglich ist, oder wenn bei Gewinnermittlungen außerhalb des Vermögensvergleichs WG durch Nutzungsänderung ihre Eigenschaft als notwendiges BV verlieren. Nach der erforderlichen gesetzlichen Neuregelung führen derartige Vorgänge nicht mehr zu einer Entnahme.[4] Die in der Übergangsregelung BMF vom 15.3.1979[5] enthaltene Vertrauensschutzregelung, nach der bei bestimmten, vor dem 1.7.1979 vollzogenen Nutzungsänderungen (z. B. Verpachtungen) das WG als entnommen behandelt und von einer Entnahmegewinnbesteuerung abgesehen wird, ist weiterhin zu beachten.[6] Der BFH hat im Urteil vom 7.11.1996[7] die Übergangsregelung erneut als rechtswidrig angesehen. Zur Übergangsregelung der FinVerw vgl. BMF vom 20.3.1998.[8] Danach konnten die steuerlich erfassten und steuerlich nicht erfassten Landwirte bis 31.12.1998 in sog. Klarstellungsschreiben erklären, dass diese Flächen als entnommen gelten. Die Entscheidung über diese Billigkeitsmaßnahme war ein selbständiger Verwaltungsakt.[9] Nach Auffassung des BFH kann die Billigkeitsregelung nur in solchen Fällen Wirkung entfalten, in denen die FinVerw in Steuerbescheiden nachteilige Folgerungen aus einer vermeintlichen Zwangsentnahme durch Nutzungsänderung gezogen hatte.[10]

1 BMF 29.2.1972, BStBl 1972 I S. 102, Tz. 6 Abs. 2.
2 FinMin Bayern 23.12.1982, ESt-Kartei BayLfSt § 13 K. 19.5; s. a. NWB EN-Nr. 312/83.
3 BStBl 1976 II S. 663.
4 § 4 Abs. 1 Satz 6, 7 EStG.
5 BStBl 1979 I S. 162.
6 BMF 28.7.1983, BStBl 1983 I S. 383; a. A. BFH 4.11.1982, BStBl 1983 II S. 448.
7 BStBl 1997 II S. 245.
8 BStBl 1998 I S. 356.
9 Vgl. AEAO zu § 163 AO Nr. 3, BFH 15.5.1997 – IV R 46/96, BFH/NV 1997 S. 850.
10 BFH 14.7.2016 – IV R 19/13, NWB BAAAF-84224 = BFH/NV 2016 S. 1702, Rz. 31.

(5) Land- und forstwirtschaftlich genutzter Grund und Boden in den neuen Bundesländern zur Zeit der Wiedervereinigung Deutschlands

1104 Wurden in den neuen Bundesländern mit der Wiederherstellung der Eigentumsrechte landwirtschaftliche Familienbetriebe neu gegründet, wurden mit Beginn der landwirtschaftlichen Tätigkeit die Flächen notwendiges BV und waren daher am 1.7.1990 mit dem Teilwert einzulegen.[1] Die bodenrechtlichen Zwangsmaßnahmen in der früheren DDR führten zur Betriebsaufgabe.[2] Werden daher die Flächen durch steuerrechtlich anzuerkennende Rechtsbeziehungen an Dritte überlassen (z. B. Pacht-, Nutzungsüberlassungsvertrag), bleiben die landwirtschaftlichen Flächen im Privatvermögen.[3] Zur Einkünfteerzielungsabsicht derartiger Flächen bei Verpachtungsversuch und dem Abzug von Vermessungskosten vgl. FG Hamburg 1.6.1999.[4] **Forstwirtschaftliche Flächen** (zur Betriebseigenschaft vgl. Rz. 1188 ff.) sind nach DMBilG mit dem Teilwert anzusetzen.

dd) Betriebsübergabe nach § 6 Abs. 3 EStG unter Rückbehalt nicht wesentlicher Flächen (= verkleinerter Betrieb durch Abspaltung)

1104/1 Der Rückbehalt von Flächen, die nicht wesentliche Betriebsgrundlage sind, führt nicht zur Zwangsentnahme, wenn der Landwirt seine bisherige Tätigkeit nicht beendet, sondern sie mit einem Teil des bisherigen Betriebsvermögens in verkleinerter Form fortführt.[5] Dabei kommt es nicht darauf an, dass diese Flächen selbst bewirtschaftet werden. Sie können verpachtet oder auch unentgeltlich zur Nutzung überlassen werden, denn der Übergeber setzt nur seine bisherige Tätigkeit fort, wenn auch in geringerem Umfang. Weiter wird noch vorausgesetzt, dass die zurückbehaltenen Flächen – für sich gesehen – Grundlage eines selbständigen Betriebs sein können (zur 3.000 m^2-Regelung vgl. Rz. 741). Ab dem VZ 2020 ist es ausreichend, wenn mindestens eine Fläche verbleibt, die der Erzeugung von Pflanzen oder Tieren i. S. des § 13 Abs. 1 EStG zu dienen bestimmt ist.[6] Es entsteht eine doppelte Betriebsstruktur (= zwei Betriebe). Mit den zurückbehaltenen Flächen wird ein verkleinerter Betrieb fortgeführt, der aus dem BV des übertragenen Betriebs abgespalten wird.

---

1 § 6 Abs. 1 Nr. 5 EStG, §§ 55, 36 DMBilG.

2 BMF 15.5.1991, BB 1991 S. 1176, 1177.

3 BMF 8.3.1991, BStBl 1991 I S. 386.

4 EFG 1999 S. 1016.

5 BFH 24.2.2005 – IV R 28/00, NWB ZAAAB-52560 = BFH/NV 2005 S. 1062, II.2.d.

6 § 14 Abs. 2 EStG.

ee) Übertragung von Flächen des Betriebs (ohne Teilbetriebseigenschaft) auf mehrere nicht mitunternehmerschaftlich verbundene Einzelrechtsnachfolger

Eine Betriebsaufgabe liegt insbesondere dann vor, wenn im Wege vorweggenommener Erbfolge sämtliche Betriebsgrundstücke auf mehrere nicht mitunternehmerschaftlich verbundene Einzelrechtsnachfolger übertragen oder nach dem Tod des Betriebsinhabers auf die Erben aufgeteilt werden.[1] Eine Betriebsaufgabe liegt jedoch nicht vor, wenn die Übertragungen nicht zeitgleich erfolgen.[2] 1104/2

Besteht der Betrieb in der Hand des Übertragenden nicht aus mehreren (Teil-) Betrieben, existiert nur eine übertragbare Sachgesamtheit. Es ist danach ausgeschlossen, dass den Übernehmenden jeweils (Teil-)Betriebe übertragen wurden. Ein einzelnes WG, insbesondere ein landwirtschaftliches Grundstück, mag es auch wertvoll sein und mit zu den funktional wesentlichen Grundlagen eines Betriebs gehören, bildet grundsätzlich keinen Teilbetrieb.[3] Dies gilt insbesondere dann, wenn das Grundstück im Rahmen eines bereits bestehenden landwirtschaftlichen Betriebs bewirtschaftet wird. Ein solches Grundstück stellt regelmäßig keine Untereinheit i. S. eines selbständigen Zweigbetriebs im Rahmen eines Gesamtunternehmens dar. Es handelt sich jedenfalls dann nicht um einen selbständigen Betriebsteil, wenn es nicht im Rahmen eines klar und eindeutig abgrenzbaren Tätigkeitsbereichs bewirtschaftet, sondern ebenso wie der übrige Grundbesitz des luf Betriebs verpachtet wird.

ff) Abfindung eines weichenden Erben und Übertragung des Restbetriebs (bis 2005)

Die Inanspruchnahme des Freibetrags nach § 14a Abs. 4 EStG a. F. war neben der Anwendung des § 7 Abs. 1 EStDV a. F. (= § 6 Abs. 3 EStG) möglich.[4] Das Abfindungsgrundstück war im Geltungsbereich des § 14a Abs. 4 EStG (zwischen 1.7.1970 und 31.12.2005) keine wesentliche Grundlage des zu übertragenden Betriebs insoweit, als seine Veräußerung oder Entnahme nach § 14a Abs. 4 EStG steuerfrei ist. § 7 Abs. 1 EStDV a. F. war neben § 14a Abs. 4 EStG anzuwenden. 1104/3

1 BFH 20.4.2000 – VI S 9/19 (PKH), NWB KAAAH-54556.

2 BMF 5.5.2021, NWB VAAAH-78103 = BStBl 2021 I S. 696, Rz. 13.

3 BFH 16.11.2017 – VI R 63/15, NWB WAAAG-70593 = BFH/NV 2018 S. 369.

4 BFH 9.5.1996 – IV R 77/95, BStBl 1996 II S. 476; BFH 20.4.2020 – VI S 9/19 (PKH), NWB KAAAH-54556.

FinVerw (Abschnitt 133a Abs. 7 Satz 3 EStR 1981) und BFH haben die Abfindung weichender Erben gleichzeitig oder in zeitlichem Zusammenhang mit der Übertragung des Betriebs im Wege der vorweggenommenen Erbfolge als typischen Fall der Erbfolgeregelung im Bereich der LuF auch stets für zulässig gehalten. Danach war aber weder die Buchwertübertragung nach (jetzt) § 6 Abs. 3 EStG noch der Freibetrag nach § 14a Abs. 4 EStG a. F. davon abhängig, dass das Abfindungsgrundstück im Verhältnis zur Gesamtfläche des Betriebs eine bestimmte Größe nicht überschreitet.

gg) Realteilung eines verpachteten landwirtschaftlichen Betriebs (Mitunternehmerschaft)

1104/4 Bei Realteilungen nach dem 16.12.2020 sind die übernommenen Einzelwirtschaftsgüter beim Realteiler weiterhin dem Betriebsvermögen zuzuordnen, wenn mindestens eine übertragene oder aus dem Sonderbetriebsvermögen überführte Fläche der Erzeugung von Pflanzen oder Tieren i. S. des § 13 Abs. 1 EStG zu dienen bestimmt ist.[1] Der übernehmende Mitunternehmer hat die Möglichkeit, für die übernommenen verpachteten Flächen die Betriebsaufgabe zu erklären. Hierbei sind jedoch die Sperrfristen des § 16 Abs. 3 Satz 3 EStG zu beachten.[2]

Die Realteilung eines verpachteten landwirtschaftlichen Betriebs vor dem 17.12.2020 führt zur Betriebsaufgabe, wenn der Realteiler nur bloßer Verpächter ist und ihm das Verpächterwahlrecht nicht zusteht (vgl. Rz. 736).[3] Der jeweilige Mitunternehmer kann jedoch bei dem für die gesonderte und einheitliche Feststellung zuständigen Finanzamt unwiderruflich die Anwendung der nach dem 16.12.2020 geltenden Regelungen beantragen.[4]

d) Veräußerung/Entnahme

1105 Für die Besteuerung ist es gleichgültig, ob die Veräußerung/Entnahme z. B. von Flächen erfolgt, um mit dem Erlös dringend notwendige betriebliche Investitionen durchzuführen, oder etwa deshalb, weil die für die Bewirtschaftung eines Grundstücks ungünstige Lage den Verkauf sinnvoll erscheinen ließ, oder um die Konjunktur auf dem Grundstücksmarkt auszunutzen, oder ob bei Aufgabe eines

1 § 14 Abs. 3 EStG; BMF 17.5.2022, BStBl 2022 I S. 678.

2 BR-Drucks. 503/1/20.

3 BFH 17.5.2018 – VI R 66/15, NWB TAAAG-96184 = BStBl 2022 II S. 301; BFH 17.5.2018 – VI R 73/15, NWB UAAAG-96175 = BStBl 2022 II S. 306.

4 § 55 Abs. 22c i. V. mit § 14 Abs. 3 EStG.

ganzen Betriebes der Stpfl. sich – möglicherweise durch Erwerb eines Ersatzhofes – weiterhin als Landwirt betätigt oder aus der Landwirtschaft ausscheidet. Auf der anderen Seite spielt es auch keine Rolle, welcher Verwendung der veräußerte Grund und Boden zugeführt wurde, sei es der Verbesserung der Agrarstruktur durch Aufstockung und Abrundung von bereits bestehenden Höfen, sei es dem Bau von Straßen und öffentlichen Anlagen oder der Erstellung von Wohn- und Industriebauten (Rz. 1070).[1] Ausnahme: steuerfreie Entnahme für neu errichtete Betriebsinhaber- oder Altenteilerwohnung nach § 13 Abs. 5 EStG. Mit der Verwendung des Begriffes „errichtet“ wurde als Hauptanwendungsfall die Neuerrichtung einer Wohnung gesehen. Für die Frage, ob bei Verwendung von Altbausubstanz (Umbau einer Scheune) eine Wohnung i. S. des § 13 Abs. 5 EStG errichtet wurde, kann entsprechend den bei der früheren Eigenheimzulage anzuwendenden Grundsätzen verfahren werden.[2]

Veräußerungs-(Entnahme-)Gewinn ist der Unterschiedsbetrag zwischen dem 1106
Veräußerungserlös/Entnahmewert und dem Buchwert[3] abzüglich etwaiger Veräußerungskosten im Zeitpunkt der Veräußerung/Entnahme. Zur zeitlichen Erfassung des **Veräußerungs-(Entnahme-)Gewinns** bei der Gewinnermittlung nach § 4 Abs. 3 EStG vgl. Rz. 396 und 405.

Veräußerung ist die entgeltliche Übertragung des wirtschaftlichen Eigentums 1107
an einem WG. Das wirtschaftliche Eigentum[4] ist in dem Zeitpunkt übergegangen, in dem die **Verfügungsmacht** (Herrschaftsgewalt) auf den Erwerber **übergeht**. In diesem Zeitpunkt scheidet das WG bestandsmäßig aus dem BV des veräußernden Stpfl. aus und darf dementsprechend nicht mehr bilanziert werden. Dabei ist es ohne Bedeutung, ob der Unternehmer das WG freiwillig veräußert oder ob die Veräußerung unter Zwang erfolgt. Die Veräußerung setzt den Übergang eines WG von einer Person auf eine andere Person voraus. Auch der Tausch von WG ist eine Veräußerung.

Bei einem Grundstückskaufvertrag wird bei Gewinnermittlung nach § 4 Abs. 1 1108
EStG oder für Zwecke des § 6c EStG der Gewinn verwirklicht mit dem Übergang von Besitz, Gefahr, Nutzungen und Lasten[5] ohne Rücksicht auf den Zeitpunkt

1 BVerfG 11.5.1970, BStBl 1970 II S. 579.

2 Vgl. BMF 21.12.2004, BStBl 2005 I S. 305, Tz. 11, 12.

3 R 6b.1 Abs. 2 EStR.

4 § 39 AO.

5 BFH 2.3.1990, BStBl 1990 II S. 733; BFH 26.11.1987, BFH/NV 1989 S. 225; BFH 13.10.1983, BStBl 1984 II S. 286; BFH 13.10.1972, BStBl 1973 II S. 209; BFH 14.7.1966, BStBl 1966 III S. 641.

des Zufließens, sofern der Käufer nicht bereits vorher ins Grundbuch eingetragen ist.[1] Sobald der Käufer zivilrechtliches Eigentum erlangt, steht der Kaufpreisforderung nichts mehr entgegen, so dass der Gewinn spätestens zu diesem Zeitpunkt realisiert ist, auch wenn Besitz, Grundstückslasten und Gefahr erst später übergehen.[2]

Gehört ein WG nach den allgemeinen Bilanzierungsregelungen[3] zum BV, bleibt es so lange im (notwendigen, gewillkürten) Betriebsvermögen bis dieser sachliche betriebliche Zusammenhang durch eine Entnahme gelöst wird, die einen Entnahmewillen und eine Entnahmehandlung erfordert. Das WG muss auch entnahmefähig sein. Der Stpfl. muss die sich aus der Entnahme ergebenden Folgerungen ziehen und regelmäßig den Gewinn aus der Entnahme des WG erklären. Keine Entnahme bei Absenkung der betrieblichen Nutzung eines Pkw unter 10 %.[4] Keine Entnahme nur durch Nutzungsänderung eines Grundstücks.[5] Keine Entnahme privat genutzten, nicht zur Wohnung gehörenden Grund und Bodens.[6]

e) Veräußerungspreis/Entnahmewert

1109 Veräußerungspreis ist die **Gegenleistung**, die der Veräußerer vom Erwerber für den Grund und Boden erhält. Die Ausführungen in Rz. 945 gelten entsprechend. Entnahmen sind mit dem Teilwert anzusetzen,[7] d. h. bei Grund und Boden i. d. R. mit dem **Verkehrswert**.[8]

Sowohl der Teilwert als auch der gemeine Wert sind Schätzwerte.[9] Die Wertermittlung ist im Wesentlichen eine Tatfrage. Zur Stichtagsbezogenheit und zu nachträglichen Veränderungen des Stichtagswertes vgl. Rz. 954, 955.

---

1 BFH 23.11.1995, BStBl 1996 II S. 194.

2 BFH 18.5.2006 – III R 25/05, BFH/NV 2006 S. 1747 Rz. 48.

3 R 4.2 EStR.

4 BFH 21.8.2012, BStBl 2013 II S. 117.

5 BFH 4.11.1982, BStBl 1983 II S. 448; BFH 24.3.2011, BStBl 2011 II S. 692; BFH 30.6.2011 – IV R 35/09, NWB YAAAD-93381.

6 BFH 20.11.2003, BStBl 2004 II S. 272.

7 § 6 Abs. 1 Nr. 4 EStG..

8 BFH 4.12.1986, BFH/NV 1987 S. 296; 26.11.1987, BStBl 1988 II S. 490; FG München 18.9.1989, rkr., EFG 1990 S. 102.

9 Vgl. auch BFH 26.11.1987, BStBl 1988 II S. 490 Tz. 3; BFH 25.8.1983, BStBl 1984 II S. 33.

Bei einem Verkehrswert handelt es sich um keinen Kaufpreis, sondern einen fiktiven Preis, eine Rechengröße.[1] Die Bestimmung von Verkehrswerten ist kein mathematischer Vorgang, der zu einem eindeutigen Ergebnis führt. Der Verkehrswert ist vielmehr nach den in der WertV/ImmoWertV (ab 1.7.2010 bzw. ab 1.1.2022) geregelten Verfahrensabläufen durch eine alle relevanten Umstände einbeziehende sachverständige Würdigung abzuleiten.

Der Verkehrswert von Grundstücken kann im Einzelfall z. B.

- aus Vergleichsverkäufen,[2]
- nach der noch bis 30.6.2010 geltenden Verordnung über Grundsätze für die Ermittlung der Verkehrswerte von Grundstücken (Wertermittlungsverordnung – WertV),[3] nach den Richtlinien für die Ermittlung der Verkehrswerte (Marktwerte) von Grundstücken 2006 = Wertermittlungsrichtlinien 2006 – WertR 2006 vom 1.3.2006[4] und ab dem 1.7.2010 nach der Immobilienwertermittlungsverordnung (ImmoWertV),[5]
- auf der Grundlage der Brandversicherungswerte (vgl. ESt-Kartei BayLfSt § 13 K. 20.4 Tz. 4.2.2.1),
- durch Wertgutachten des Gutachterausschusses,[6]
- durch Sachverständigengutachten

ermittelt oder nachgewiesen werden. Bei Gutachten ist insbesondere zu prüfen, ob der Sachverständige von zutreffenden Tatsachenfeststellungen ausgegangen ist.[7]

1 VG Köln 13.12.2011 – 2 K 4673/08.

2 BFH 26.9.1980, BStBl 1981 II S. 153.

3 BGBl 1988 I S. 2209, BGBl 1997 I S. 2081, 2110; die WertV richtet sich an Gutachterausschüsse. Sie hat keine Bindungswirkung für Sachverständige oder Gerichte, vgl. BVerwG 28.7.2010 – 4 B 11/10, NWB NAAAD-48985.

4 BAnz. Nr. 108a S. 1.

5 ImmoWertV 19.5.2010, BGBl 2010 I S. 639; ImmoWertV 14.7.2021, BGBl 2021 I S. 2805.

6 BFH 18.8.2005, BStBl 2006 II S. 581.

7 Vgl. BFH 5.11.1982, BStBl 1982 II S. 258, 260.

1110 Zu den Entwicklungsstufen des Baulandes vgl. nachfolgendes Schaubild.

ABB. Entwicklung vom landwirtschaftlich genutzten Boden zum Bauland mit einzelnen Wertstufen

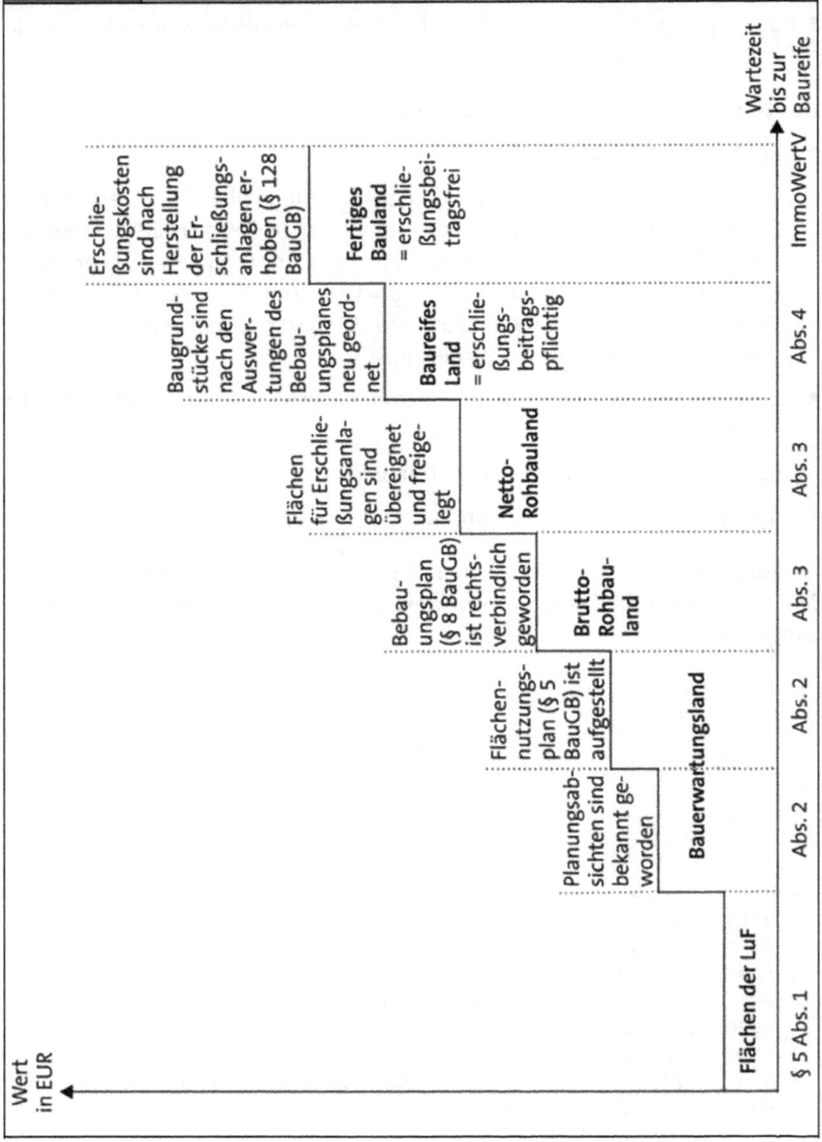

§ 4 Abs. 1 Nr. 2 WertV enthielt noch die Entwicklungsstufe begünstigtes Agrarland.

Als grober Anhalt für die Entwicklung des Baulandwertes vgl. nachfolgendes Schaubild aus Gerady/Möckel/Troff/Bischoff.[1] Der Wertrahmen soll nicht schematisch gehandhabt werden, sondern unter Berücksichtigung der Umstände des Einzelfalls. 1111

TAB. Entwicklung eines Baulandwertes

Stufe	Wertbeeinflussende Merkmale	% des Wertes von baureifem Land
Bauerwartungsland		
1	Eine Bebauung ist nach der Verkehrsauffassung in absehbarer Zeit zu erwarten.	15–40
2	im Flächennutzungsplan als Baufläche dargestellt	25–50
3	Aufstellung eines Bebauungsplans beschlossen	35–60
4	Bebauungsplan aufgestellt, je nach geschätzter Dauer bis zur Rechtskraft und Grad der Erschließungsgewissheit	50–70
Rohbauland		
5	innerhalb der im Zusammenhang bebauten Ortslage gelegen, Erschließung erforderlich	50–70
6	Bebauungsplan rechtskräftig, Bodenordnung erforderlich	60–80
7	Bebauungsplan rechtskräftig, Bodenordnung nicht erforderlich	70–85
8	Bebauungsplan rechtskräftig, Erschließung gesichert	85–95
Baureifes Land		
9	Bebauungsplan rechtskräftig oder innerhalb der im Zusammenhang bebauten Ortslage gelegen, Erschließung erfolgt oder bereits vorhanden, erschließungs- und kompensationsbeitragspflicht[1)]	70–85

Einordnung von Flächen als Bauerwartungsland

1 Praxis der Grundstücksbewertung S. 3.1.2/8.

1112 Für die Wertermittlung ist auf den Sachverhalt zum Zeitpunkt der Entnahme abzustellen (vgl. hierzu Rz. 954).

Für die Einordnung in Bauerwartungsland reichen allein die Darstellungen in informellen und vorbereitenden Bauleitplänen (FNP) nicht aus, die Baulandeigenschaft zu begründen oder abzusprechen.[1] Der Kommentar Gerady/Möckel/Troff/Bischoff enthält u. a. umfangreiche Ausführungen zur Abgrenzung zwischen Innen- und Außenbereich und zum Bebauungszusammenhang. Eines der Merkmale für die Wahrscheinlichkeit, ob und in welchem Zeitraum das Bauerwartungsland zu Bauland wird, ist die Erforderlichkeit des Baulandes i. S. von § 1 Abs. 3 BauGB. Diese wiederum hängt unmittelbar mit der Verfügbarkeit von Baulandreserven, die zeitlich und regional sehr stark schwankt, zusammen. Der Kommentar Gerady/Möckel/Troff/Bischoff enthält in Tz. 3.1.3.3 Prüfkataloge zu den Entwicklungszuständen beim Bauerwartungsland:

1 Gerady/Möckel/Troff/Bischoff, Praxis der Grundstücksbewertung, Tz. 3.1.2.3 und dort BGH 9.6.1959 – I CB 27/58, 13.12.1962 – III ZR 164/61, 8.11.1962 – III ZR 86/61 und 26.5.1983 – III ZR 63/82 sowie OLG Koblenz 28.8.1985 – 1 U 655/84.

§ 5 Abs. 2 ImmoWertV

Bauerwartungsland (Prüfkatalog)		
Merkmale (qualitativ)		
Lagemerkmale		
	ja	**konkrete Tatsachen**
• Fläche liegt im Außenbereich		
• ggf. Außenbereich im Innenbereich		
Stand der (formellen) Bauleitplanung		
• Darstellung im Flächennutzungsplan		
• Festsetzung im Bebauungsplan (in Aufstellung)		

Sonstige (informelle) städtebauliche Entwicklungen		
	ja	**konkrete Tatsachen**
• Regionalplanung (Bedarf an Bauland)		
• städtebauliches Konzept		
• städtebauliches Entwicklungskonzept		
• Grundsatzbeschlüsse zur Baulandentwicklung		
• Landschaftspläne		
• Planfeststellung		
Grundstücksmerkmale und konkrete Umstände, die Bauerwartungsland rechtfertigen		
	ja	**konkrete Tatsachen**
• Lage in unmittelbarer Nähe der Ortslage		
• günstige Verhältnisse für den öffentlichen Verkehr		
• günstige Verhältnisse für den privaten Verkehr		
• günstige Verhältnisse der Ver- und Entsorgung		
• positive Bevölkerungsentwicklung		
• ausgewogene Altersstruktur der Bevölkerung		
• ökologische Belange, die für eine Bebauung sprechen		
• ökonomische Belange, die für eine Bebauung sprechen		
• Bedarf an Wohnbau- oder Gewerbeflächen		
• allgemeine positive Entwicklung der Gemeinde		

Grundstücksmerkmale und konkrete Umstände, die Bauerwartungsland nicht rechtfertigen		
	ja	konkrete Tatsachen
• Rückgang und Abzug von Arbeitsplätzen		
• negative Bevölkerungsentwicklung		
• einseitige Altersstruktur (Überalterung)		
• naturbedingte Hindernisse für eine zweckmäßige Bebauung		
• ökologische Belange, die gegen eine Bebauung sprechen		
• ökonomische Belange, die gegen eine Bebauung sprechen		
• vorhandene und zu erwartende negative Umwelteinflüsse		

Merkmale (quantitativ)	
Grad der Sicherheit der Bauerwartung	
	konkrete Tatsachen
• Verhalten der Gemeinde	
• Baulücken	
• Leerstandsquote	
• tatsächliche Nachfrage	
Entwicklungszeit	
• Dauer bis zur Rechtskraft des Bebauungsplans	

1113 Bei der Veräußerung/Entnahme einer **Mehrheit von WG** ist der Kauf (Entnahme-)Preis entsprechend dem **Verhältnis der Teilwerte** aufzuteilen. Zur Kaufpreisaufteilung sowie zu Sachverständigengutachten vgl. Rz. 958, 1109. Soweit der Verkehrswert von Waldboden noch unter dem Zweifachen des Ausgangswerts von 1,02 € (2 DM) liegt, hat bei der Veräußerung von Wald die **Kaufpreisaufteilung** im Hinblick auf die Verlustausschlussklausel des § 55 Abs. 6 EStG besondere Bedeutung (Rz. 1241 ff.). Vgl. auch das Beispiel in Rz. 1243.

f) Anschaffungskosten/Herstellungskosten des Grund und Bodens

aa) Anschaffungskosten/Herstellungskosten bei vor dem 1.7.1970 angeschafftem Grund und Boden nach § 55 EStG

(1) Allgemeines

Durch die Entscheidung des BVerfG vom 11.5.1970[1] wurde § 4 Abs. 1 Satz 5 EStG 1114
1958, wonach bei der Gewinnermittlung nach § 4 EStG der Wert des zum Anlagevermögen gehörenden Grund und Bodens außer Ansatz blieb, für verfassungswidrig erklärt (Rz. 1070). Im Anschluss an diese Entscheidung wurde in § 55 Abs. 7 EStG bestimmt, dass der Grund und Boden, der bisher nicht anzusetzen war, am 1.7.1970 wie eine Einlage zu behandeln sei.[2] Der Grund und Boden war dabei mit dem nach § 55 Abs. 1 EStG oder § 55 Abs. 5 EStG maßgebenden Wert anzusetzen. Für die Wertbestimmung gab es demnach **zwei Arten der Ermittlung und Feststellung**, und zwar (1) nach § 55 Abs. 1 EStG – der als der Normalfall gedacht war – war das 2-fache des Ausgangsbetrags nach § 55 Abs. 2 bis 4 EStG als fiktive AK anzusetzen. Für die Ermittlung und den Ansatz dieses Ausgangsbetrages ist kein formelles Feststellungsverfahren vorgesehen.[3] (2) Nach § 55 Abs. 5 EStG konnte der Stpfl. auch beantragen, dass in einem gesonderten Feststellungsverfahren durch Feststellungsbescheid als maßgebender Wert der sog. höhere Teilwert festgestellt wurde, wenn er nachwies, dass der Teilwert für Grund und Boden i. S. des § 55 Abs. 5 EStG höher war als das 2-fache des Ausgangsbetrags.

Die Bodengewinnbesteuerung erfasst nur nach dem 30.6.1970 durchgeführte 1115
Veräußerungen und Entnahmen von bisher unter § 4 Abs. 1 Satz 5 EStG 1958 fallenden Grund und Boden.[4] **Nicht erfasst werden sollten außerdem alle vor dem 1.7.1970 eingetretenen Wertsteigerungen,** und zwar auch dann, wenn der Grund und Boden nach dem 30.6.1970 veräußert oder entnommen wird. Diese Regelung erschien dem Gesetzgeber insbesondere deshalb geboten, um sprunghafte Veränderungen des Preisgefüges auf dem Bodenmarkt und dadurch mögliche sozialpolitisch unerwünschte Auswirkungen auf dem Wohnungsmarkt durch weiter ansteigende Mieten zu vermeiden. Dieses Ziel sollte dadurch erreicht werden, dass bei der Ermittlung des Veräußerungsgewinns nicht von den

1 BStBl 1970 II S. 579.

2 § 52 Abs. 25 EStG 1971, § 52 Abs. 27 EStG 1986.

3 BFH 12.7.1979, BStBl 1980 II S. 5.

4 § 52 Abs. 5 EStG 1971; a. A. bei Entnahmen BFH 19.1.1989, BStBl 1989 II S. 451.

tatsächlichen AK/HK des veräußerten oder entnommenen Grund und Bodens, sondern von dessen Teilwert am 1.7.1970 ausgegangen werden sollte.[1]

1116 Da es aber dem Gesetzgeber verwaltungsmäßig nicht durchführbar erschien, für jede in Betracht kommende Grundstücksparzelle den Teilwert zum 1.7.1970 festzustellen, entschloss er sich aus Gründen der Verwaltungsökonomie, von **pauschalen Werten** auszugehen, die so bemessen wurden, dass sie in der überwiegenden Zahl der Fälle über dem tatsächlichen Teilwert zum 1.7.1970 lagen. Im Einzelfall konnte aber der Stpfl. in einem besonderen Feststellungsverfahren auch einen höheren Teilwert nachweisen.[2] Durch den hohen Ansatz der pauschalen Ausgangswerte wurde einerseits erreicht, dass nicht allzu viele Stpfl. ein besonderes Verfahren zur Feststellung höherer Teilwerte nach § 55 Abs. 5 EStG beantragten. Andererseits hatte der hohe Ansatz zugunsten der LuF zur Folge, dass im Falle der Veräußerung oder Entnahme solcher Grundstücke die tatsächlichen Bodengewinne steuerlich nur sehr maßvoll, d. h. in den überwiegenden Fällen gar nicht oder zumindest nur teilweise erfasst wurden. Diese mit den ab 1.7.1970 einzubuchenden hohen Ausgangswerten gewollte steuerliche Vergünstigung durfte aber andererseits nicht dazu führen, dass bei einer späteren Veräußerung oder Entnahme zu einem unter dem Ausgangswert liegenden Wert als Folge der hohen Ausgangswerte ein steuerlich zu berücksichtigender Verlust geltend gemacht werden konnte. Aus diesem Grunde wurde durch § 55 Abs. 6 EStG (Rz. 1156) die Berücksichtigung von Verlusten, die sich bei der Veräußerung oder Entnahme von Grund und Boden durch die hohe Ausgangsbewertung ergeben, generell ausgeschlossen. Entsprechendes soll bei einer Teilwertabschreibung nach § 6 Abs. 1 Nr. 2 Satz 2 EStG gelten.[3]

(2) Pauschalierung nach § 55 Abs. 1 EStG mit zweifachem Ausgangsbetrag

1117 Bei Stpfl., deren Gewinn für das Wj, in das der 30.6.1970[4] fiel, nicht nach § 5 EStG, sondern nach § 4 Abs. 1 oder § 4 Abs. 3 EStG oder nach Durchschnittssätzen zu ermitteln war, gilt bei Grund und Boden (Rz. 1073), der mit Ablauf des 30.6.1970 zum Anlagevermögen (Rz. 1115) gehörte, als AK/HK **das 2-fache des nach § 55 Abs. 2 bis 4 EStG zu ermittelnden Ausgangsbetrags**. Dieser pauschale Wert (fiktiver Teilwert am 1.7.1970) war selbst dann einzubuchen (von damals buchführenden LuF) oder in das Verzeichnis nach § 4 Abs. 3 Satz 5 EStG (von

1 BT-Drucks. 6/1901 S. 8, 9; Söffing, DStZ 1971 S. 273, S. 282.

2 § 55 Abs. 5 EStG.

3 BFH 10.8.1978, BStBl 1979 II S. 103.

4 § 52 Abs. 29 EStG 1986.

damals nicht buchführenden LuF) aufzunehmen (Rz. 1146),[1] wenn aus der Vergangenheit (seit 1958)[2] tatsächliche AK vorlagen oder die tatsächlichen Verhältnisse am 1.7.1970 dem widersprachen. Vgl. dagegen zur Buchwertermittlung beim aufstehenden Baumbestand Rz. 1223. Der Gesetzgeber hat es aus Gründen der Verwaltungsökonomie für erforderlich gehalten, die pauschalen Werte so zu bemessen, dass sie in der überwiegenden Zahl der Fälle nicht unter dem Teilwert am 1.7.1970 lagen (Rz. 1116).

(3) Überblick über die Ermittlung der Ausgangsbeträge nach § 55 Abs. 2 bis 4 EStG

Für die Ermittlung der Ausgangsbeträge (**Buchwert = 2facher Ausgangsbetrag**, 1117/1
vgl. Rz. 1117) kam es auf die **bewertungsrechtliche Einordnung des Grund und Bodens** an. Für Grund und Boden, der am 1.7.1970 bewertungsrechtlich zum luf Vermögen gehörte,[3] war der Ausgangsbetrag nach § 55 Abs. 2 oder Abs. 3 EStG zu ermitteln. Gehörte der Grund und Boden am 1.7.1970 bewertungsrechtlich nicht zum luf Vermögen, so war der Ausgangsbetrag nach § 55 Abs. 4 EStG (Rz. 1139) zu ermitteln.

Mit StEuglG vom 19.12.2000[4] wurden die DM-Beträge nach dem amtlichen Um- 1118
rechnungskurs umgerechnet und auf den nächstliegenden Cent auf- bzw. abgerundet (**1 € = 1,95583 DM**, 1 DM = 0,5112918 €).[5] Auf eine Glättung wurde verzichtet. Evtl. Rundungsbeträge bei der Umstellung der Buchwerte auf den Euro sind erfolgsneutral zu behandeln.

1 § 55 Abs. 7.

2 BMF 30.7.1970, BStBl 1970 I S. 933.

3 § 33 Abs. 1 Satz 1 BewG.

4 BStBl 2001 I S. 3.

5 Art. 4 Abs. 3, 4 VO (EG) Nr. 1103/97 des Rates v. 17.6.1997, ABl. EG Nr. L 162.

1119 ABB. Übersicht zu § 55 EStG

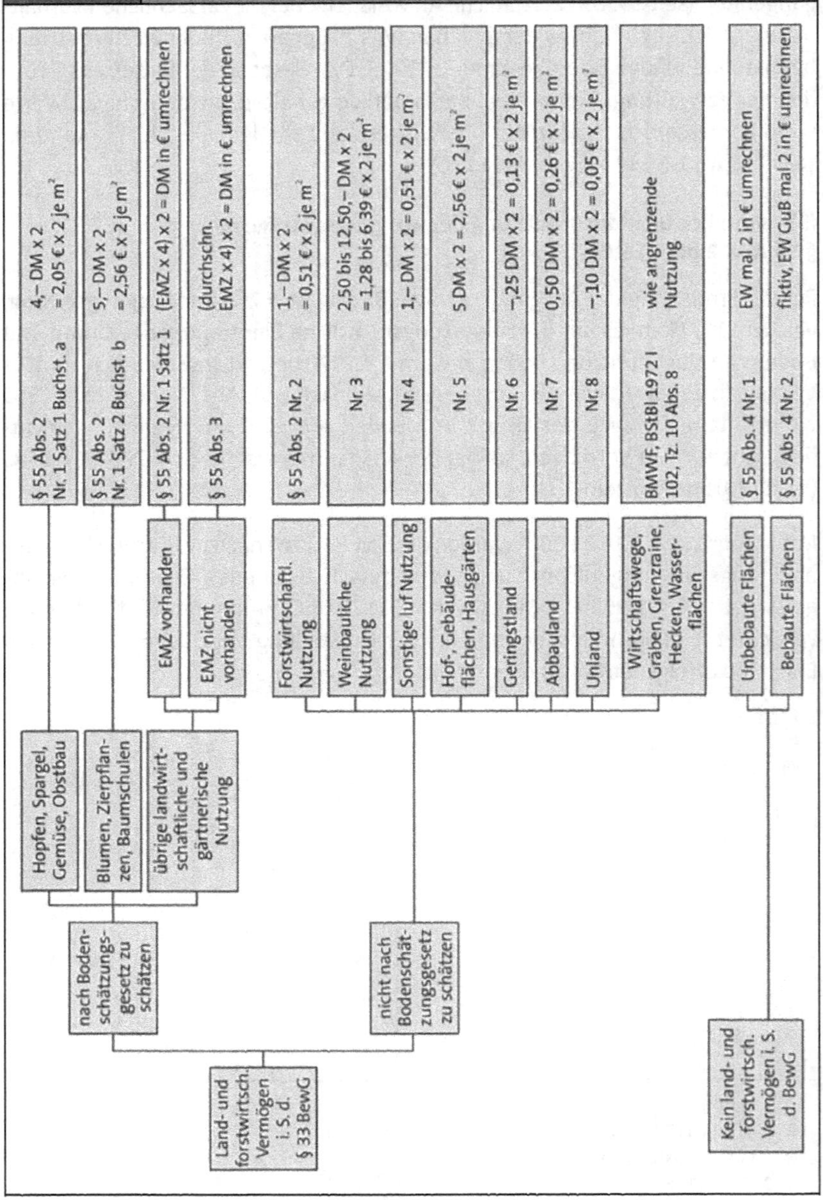

(4) Ermittlung des Ausgangsbetrags nach § 55 Abs. 2 EStG

§ 55 Abs. 2 EStG enthält die speziellen Vorschriften über die Ermittlung des Ausgangsbetrags des zum luf Vermögen[1] gehörenden Grund und Bodens. 1120

Der Wert des Grund und Bodens wird u. a. durch die Art seiner Nutzung (z. B. Landwirtschaft, Gartenbau, Forstwirtschaft, Weinbau) bestimmt. Es war deshalb eine Aufteilung der Flächen des Betriebs zum Stichtag 1.7.1970 vorzunehmen. Maßgebend ist dabei, welcher der luf Nutzungen (§ 34 Abs. 2 Nr. 1 BewG) oder welchem der in §§ 42 bis 45 BewG aufgeführten WG der zum Anlagevermögen gehörende Grund und Boden an diesem Stichtag zu dienen bestimmt war. Es kam auf die **tatsächliche Nutzung** der jeweiligen Grundstücksfläche **am 1.7.1970** an.[2] Wich die vom Stpfl. für den 1.7.1970 behauptete Nutzung von der im Liegenschaftskataster für diesen Stichtag eingetragenen Nutzung ab und konnte der Stpfl. die von ihm behauptete Nutzung nicht nachweisen, so wurde vermutet, dass die im Liegenschaftskataster eingetragene Nutzung richtig war (öffentlicher Glaube des Liegenschaftskatasters),[3] andernfalls war § 55 Abs. 3 EStG anzuwenden. 1121

Aufgrund der Satellitenvermessungen ergeben sich bei den Flurnummern u. a. Abweichungen von +/– 10 % der ursprünglich vermessenen Flächen. Bei entgeltlich erworbenen Flächen kann dies zu einer Teilwertabschreibung führen. Bei nach § 55 Abs. 5 EStG bewerteten Flächen vgl. Rz. 1144.

Aufgrund welcher Rechtsposition es am Stichtag zu der tatsächlichen Nutzung gekommen war, ist ebenso wenig entscheidungserheblich wie die Beantwortung der Frage, wem die qualifizierte Nutzung im Einzelfall steuerlich zuzurechnen war. Daher waren verpachtete Flächen, soweit sie am 1.7.1970 zum Anlagevermögen rechneten, bei der Wertermittlung nach § 55 EStG den tatsächlichen Umständen entsprechend einzuordnen.[4] 1122

Die Ausgangsbeträge wurden **nutzungsspezifisch** ermittelt. Soweit die Flächen nach dem damals geltenden BodSchätzG vom 16.10.1934 zu schätzen waren, waren die Ausgangsbeträge auf der Grundlage der Bodenschätzungsergebnisse zu ermitteln.[5] Für Hof- und Gebäudeflächen sowie Hausgärten i. S. des § 40 Abs. 3 BewG (bis zu 1000 m²), die bei der Einheitsbewertung in die Nut- 1123

1 § 33 Abs. 1 Satz 1 BewG.
2 BMF 29.2.1972, BStBl 1972 I S. 102, Tz. 10 Abs. 5.
3 BFH 24.10.1952, BStBl 1952 III S. 294.
4 FG Schleswig-Holstein 18.12.1984, rkr., EFG 1985 S. 507.
5 § 55 Abs. 2 Nr. 1 EStG.

zungen des Betriebs einbezogen werden, sind eigene Wertansätze vorgesehen worden.[1] Für die Ermittlung der Ausgangsbeträge der Flächen, die nicht nach dem Bodenschätzungsgesetz geschätzt werden, wurden feste Ausgangsbeträge vorgesehen.[2]

1124 ► **Flächen der landwirtschaftlichen Nutzung (einschl. Sonderkulturen) und der gärtnerischen Nutzung.**[3] Bei Flächen, die nach dem BodSchätzG zu schätzen sind, war für jedes katastermäßig abgegrenzte Flurstück der Betrag in DM als Ausgangsbetrag (Rz. 1117, 1119) anzusetzen, der sich ergab, wenn die für dieses Flurstück am 1.7.1970 im Liegenschaftskataster ausgewiesene Ertragsmesszahl (EMZ) vervierfacht wurde. Bei einem Flurstück, das in mehrere Abschnitte (Klassenflächen, Klassenabschnitte, Sonderflächen) eingeteilt ist, sind die EMZ der Abschnitte zusammenzurechnen; die mit vier multiplizierte Summe der EMZ ist der Ausgangsbetrag in Deutsche Mark (Umrechnung in € erforderlich) (Rz. 1117, 1119) für das Flurstück. (**Buchwert = 2facher Ausgangsbetrag**).[4]

1125 Es ist auf einen **durchschnittlichen Ausgangsbetrag des Gesamt-Flurstücks** abzustellen. Entsprechendes galt, wenn für einen Teil des Flurstücks die Werte nach § 55 Abs. 2 Nr. 1 Satz 2 oder nach § 55 Abs. 5 EStG beantragt wurden. Eine katastermäßige Teilung des Flurstücks war deshalb nicht erforderlich.[5]

1126 **Eine Änderung der EMZ nach dem 1.7.1970 (Stichtag) z. B. durch eine Flurbereinigung hat keinen Einfluss mehr.** Zur Buchwertermittlung bei einer Flurbereinigung nach dem 30.6.1970 vgl. Rz. 1150. Lag am 1.7.1970 noch kein Liegenschaftskataster vor, in dem EMZ ausgewiesen waren, vgl. Rz. 1134. Für Auskünfte oder Unterlagen für die Flächen der einzelnen Nutzungen und über die im Liegenschaftskataster ausgewiesenen EMZ oder über Größe, Lage und Nutzung der Flächen, sind z. B. in Bayern die Ämter für Digitalisierung, Breitband und Vermessung zuständig.

1127 **Abweichend vom Regelverfahren**[6] war für Flächen des Hopfen-, Spargel-, Gemüse- und Obstbaus als Ausgangsbetrag (Rz. 1117, 1119) 4 DM/m² = 2,05 €/m² und für Flächen des Blumen- und Zierpflanzenbaus, sowie Baumschulen

1 § 55 Abs. 2 Satz 1 2. Halbsatz EStG.
2 § 55 Abs. 2 Nr. 2 bis 8 EStG.
3 § 55 Abs. 2 Nr. 1 EStG.
4 BMF 29.2.1972, BStBl 1972 I S. 102, Tz. 10 Abs. 2.
5 BMF 29.2.1972, BStBl 1972 I S. 102, Tz. 10 Abs. 3.
6 § 55 Abs. 2 Nr. 1 Satz 1 EStG.

als Ausgangsbetrag (Rz. 1117, 1119) 5 DM/m² = 2,56 €/m² anzusetzen,[1] obwohl diese Flächen nach dem BodSchätzG zu schätzen waren (Bw = 2facher AB). Dies setzte allerdings voraus, dass der Stpfl. dem FA gegenüber bis zum 30.6.1972 eine Erklärung über die Größe, Lage und Nutzung der betreffenden Flächen abgab (ggf. verdeutlicht durch eine maßstabgerechte Skizze). Diese Frist konnte als Ausschlussfrist nicht verlängert werden.[2] § 55 Abs. 2 Nr. 1 Satz 2 EStG war nicht möglich bei z. B. Bagatellflächen.[3] Dies galt nach der Auffassung der FinVerw auch, falls intensiv genutzte Flächen, die am 1.7.1970 durch einen anderen Nutzungsberechtigten als den Eigentümer bewirtschaftet wurden, im Falle des § 48a BewG.[4] Was zur landwirtschaftlichen bzw. gärtnerischen Nutzung gehört, vgl. im Einzelnen Abschnitt 1.08., 1.11. BewRL.[5]

- **Flächen der forstwirtschaftlichen Nutzung (§ 55 Abs. 2 Nr. 2 EStG).** Für Flächen der forstwirtschaftlichen Nutzung war als Ausgangsbetrag (Rz. 1117, 1119) 1 DM/m² = 0,51 €/m² anzusetzen (Bw = 2facher AB). Der Ausgangsbetrag umfasst nur den nackten Grund und Boden, nicht aber z. B. das aufstehende Holz (Rz. 1073). Im Veräußerungsfall ist der Kaufpreis auf den Grund und Boden, aufstehendes Holz und ggf. weitere selbständige WG aufzuteilen (Rz. 1113, 1241), da der Verkehrswert des Waldbodens teilweise noch unter dem Buchwert (= 2facher Ausgangsbetrag von 1,02 € (2 DM)/m²) liegt (Rz. 1119)[6]. Zur Gesamtfläche (Abschnitt 4.09 Abs. 3 BewRL)[7] der forstwirtschaftlichen Nutzung gehören (1) die Holzbodenfläche, (2) die Wirtschaftswege, Holzlagerplätze usw. (3) Samenplantagen, (4) Wildwiesen und Wildäcker und auch (5) Hof- und Gebäudeflächen, die aber nach § 55 Abs. 2 Satz 1 Halbsatz zwei EStG nicht in die einzelne Nutzung einbezogen, sondern gesondert bewertet wurden. 1128

  Zur Zuordnung des Buchwerts Grund und Bodens zum jeweiligen Wirtschaftsgut auf stehender Bestand vgl. Rz. 1216.

- **Flächen der weinbaulichen Nutzung (§ 55 Abs. 2 Nr. 3 EStG).** Für Flächen der weinbaulichen Nutzung wurde für die Ermittlung des Ausgangsbetrags (Rz. 1117, 1119) an die für Zwecke der Einheitsbewertung ermittelte Lagen- 1129

1 § 55 Abs. 2 Nr. 2 Satz 2 EStG.

2 BMF 29.2.1972, BStBl 1972 I S. 102, Tz. 10 Abs. 3, 4.

3 BMF 29.2.1972, BStBl 1972 I S. 102, Tz. 10 Abs. 6.

4 A. A. FG Schleswig-Holstein 18.12.1984, rkr., EFG 1985 S. 507.

5 BStBl 1967 I S. 397.

6 § 55 Abs. 6 EStG.

7 BStBl 1967 I S. 397.

vergleichszahl angeknüpft, die für die einzelne Weinbaulage für die Verwertungsmöglichkeit „ausbauende Betriebsweise mit Fassweinerzeugung“[1] nach den Verhältnissen am 1.7.1970 (Rz. 1126) anzusetzen wäre. Die nach dem 1.7.1970 aufgrund der Weingesetze gebildeten Großlagen bleiben daher unberücksichtigt. Bei Rebflurbereinigungen vor dem 1.7.1970 konnte aber die Lagenvergleichszahl für die neu geschaffenen Flurstücke erst dann berücksichtigt werden, als das FA die Veränderung einheitswertmäßig[2] erfasst hatte.

Die Pflanzrechte (vgl. Rz. 1154) sind nicht Teil des Grund und Bodens, sondern nicht abnutzbare immaterielle WG (= keine AfA).[3] Entsprechendes gilt für geleistete Zahlungen für die Übernahme der länderrechtlichen Verpflichtung der Neuanlage von Dauergrünland.[4]

1130 ► **Flächen der sonstigen luf Nutzung (§ 55 Abs. 2 Nr. 4 EStG).** Bei Flächen dieser Nutzung war als Ausgangsbetrag (Rz. 1117, 1119) 1 DM/m² = 0,51 €/m² (Bw = 2facher AB) anzusetzen, soweit sie nicht nach dem BodSchätzG zu schätzen waren, d. h., wenn im Liegenschaftskataster hierfür keine EMZ ausgewiesen war (z. B. Saatzucht, Weihnachtsbaumkultur). Zur sonstigen luf Nutzung[5] gehören die Wasser- und Bodenfläche (sog. Teichmulde) der Binnenfischerei und der Teichwirtschaft (einschl. Fischzucht), der Imkerei, der Wanderschäferei, dem Pilzanbau, der Weihnachtsbaumkultur und der Saatzucht.

1131 ► **Hofflächen, Gebäudeflächen und Hausgärten i. S. des § 40 Abs. 3 BewG (§ 55 Abs. 2 Satz 1 Halbsatz zwei, Abs. 2 Nr. 5 EStG).** Für Hof- und Gebäudeflächen sowie Hausgärten i. S. des § 40 Abs. 3 BewG,[6] die bei der Einheitsbewertung in die Nutzung des Betriebs einbezogen werden (Rz. 1123),[7] wurden als Ausgangsbetrag (Rz. 1117, 1119) 5 DM/m² = 2,56 €/m² (Bw = 2facher AB) vorgesehen.

1132 ► **Flächen des Geringstlandes, Abbaulandes oder Unlandes (§ 55 Abs. 2 Nr. 6 bis 8 EStG).** Für diese Flächen waren als Ausgangsbetrag (Rz. 1117,

1 Abschnitt 5.02 Abs. 2 Nr. 2 BewRL.

2 EW 1.1.1964.

3 BFH 6.12.2017 – VI R 65/15, BStBl 2018 II S. 353.

4 VO (EG) Nr. 73/2009.

5 §§ 34 Abs. 2, 62 BewG; Abschnitt 1.12 BewRL, BStBl 1967 I S. 397.

6 Bis zu 1.000 m²; darüber hinaus z. B. bei landwirtschaftlicher Nutzung gilt hierfür § 55 Abs. 2 Nr. 1 EStG.

7 Abschnitt 1.14 BewRL, = BStBl 1967 I S. 397.

1119) beim Geringstland[1] 0,25 DM/m² = 0,13 €/m², beim Abbauland[2] 0,50 DM/m² = 0,26 €/m² und beim Unland[3] 0,10 DM/m² = 0,05 €/m² anzusetzen (Bw = 2facher AB). Beim Abbauland bezog sich der Ausgangsbetrag nur auf die Grundstücksfläche und nicht auch auf den Bodenschatz.[4] Zur steuerlichen Behandlung des Bodenschatzes vgl. Rz. 239.[5]

► **Wirtschaftswege, Hecken, Gräben, Grenzraine (Abschnitt 1.14 Abs. 2** 1133
BewRL).[6] Für diese Flächen war in § 55 EStG kein Ausgangsbetrag vorgesehen. Nach Auffassung der FinVerw war für solche betriebseigenen Flächen der Ausgangsbetrag (Rz. 1117, 1119) in Anlehnung an die Ausgangsbeträge der angrenzenden Flurstücke zu ermitteln. Gehörten die angrenzenden Flurstücke zu verschiedenen Nutzungen, konnte ein flächengewogenes Mittel gebildet werden.[7]

(5) Ermittlung des Ausgangsbetrages nach § 55 Abs. 3 EStG

Lag am 1.7.1970 kein Liegenschaftskataster vor, in dem EMZ ausgewiesen wa- 1134
ren, so war der Ausgangsbetrag in sinngemäßer Anwendung des § 55 Abs. 2 Nr. 1 Satz 1 EStG **fiktiv** auf der Grundlage der **durchschnittlichen EMZ** der landwirtschaftlichen Nutzung eines Betriebs zu ermitteln, die die Grundlage für die Hauptfeststellung des Einheitswerts auf den 1.1.1964 bildet. Diese Regelung galt auch dann, wenn dem FA am 1.7.1970 die EMZ bereits bekannt waren.[8]

Bei Betrieben der LuF, die nach dem 1.1.1964 (und vor dem 1.7.1970) entstan- 1135
den waren, galt der Flächenbestand im Zeitpunkt der Entstehung als Grundstücksbestand zum 1.1.1964.[9]

Die EMZ (Rz. 1415) werden nach den Grundsätzen des BodSchätzG vom 1136
16.10.1934[10] ermittelt.[11] Dieses Gesetz wurde im Art. 20 des JStG 2008 aktualisiert.[12]

---

1 § 44 BewG, Abschnitt 1.15 BewRL, FinMin Baden-Württemberg 10.9.1984, DStZ/E 1984 S. 298.
2 § 43 BewG.
3 § 45 BewG, Abschnitt 1.15 BewRL.
4 BMF 29.2.1972, BStBl 1972 I S. 102, Tz. 4 Abs. 2.
5 BMF 29.2.1972, BStBl 1972 I S. 102, Tz. 4 Abs. 1.
6 BStBl 1967 I S. 397.
7 BMF 29.2.1972, BStBl 1972 I S. 102, Tz. 10 Abs. 8.
8 BMF 29.2.1972, BStBl 1972 I S. 102, Tz. 10 Abs. 9.
9 BMF 29.2.1972, BStBl 1972 I S. 102, Tz. 10 Abs. 10.
10 Vgl. auch Anhang BewRL.
11 BFH 16.2.1984, BStBl 1984 II S. 424.
12 BGBl 2007 I S. 3150, 3176, BStBl 2008 I S. 218, 244.

1137 Die durchschnittliche EMZ für 1 ar der landwirtschaftlichen Nutzung errechnet sich aus der Summe der EMZ gem. obiger Darstellung dividiert durch Fläche in ar.

Die durchschnittliche EMZ i. S. des § 55 Abs. 3 EStG ist wie folgt zu berechnen (vgl. Rz. 1142): Aus den bei der Bodenschätzung festgestellten Acker- bzw. Grünlandzahlen multipliziert mit der Fläche in Ar errechnet sich die EMZ der einzelnen Parzellen. Die Summe der einzelnen EMZ ergibt die EMZ des Betriebs. Sie drückt also die natürliche Ertragsfähigkeit der Böden nach Berücksichtigung der Klima- und Geländeverhältnisse aus. Bezieht man die EMZ auf 1 ha, d. h.

- dividiert man die EMZ des Betriebs durch die landwirtschaftliche Nutzfläche in ha, so erhält man die Bodenklimazahl; die Bodenklimazahl ist die durchschnittliche EMZ je ha.
- durchschnittliche EMZ/ha x jeweiliges Flurstück in ha = EMZ des Flurstücks

  EMZ des Flurstücks x 8 = Betrag i. S. des § 55 Abs. 2 Nr. 1 Satz 1 EStG in DM

  Betrag in DM x 0,5112918 = Buchwert in € nach § 55 Abs. 1, 2 Nr. 1 EStG

1138 Wurde vor dem 1.7.1970 eine Flurbereinigung durchgeführt und galt daher der Flurbereinigungsplan als amtliches Verzeichnis i. S. des § 2 Abs. 2 GBO,[1] waren die Ausgangsbeträge nach § 55 Abs. 3 EStG zu ermitteln. Bei Abschluss der Flurbereinigung nach dem 1.7.1970 waren bei Veräußerungen oder Entnahmen für die Ermittlung der AK/HK nach § 55 Abs. 1 EStG die Grundsätze der Rücklage für Ersatzbeschaffung Abschnitt 35 EStR 1972 zu berücksichtigen (s. Rz. 1150).[2]

(6) Ermittlung des Ausgangsbetrags nach § 55 Abs. 4 EStG

1139 Der Ausgangsbetrag (Rz. 1117, 1119) des mit Ablauf des 30.6.1970 zum Anlagevermögen gehörenden Grund und Bodens, der bewertungsrechtlich nicht zum luf Vermögen zählt, also als **Grundvermögen** bewertet wurde, ist nach § 55 Abs. 4 EStG anzusetzen. Damit sollte der Ausgangsbetrag für Grund und Boden der Kleingewerbetreibenden und selbständig Tätigen auf der Grundlage der Einheitswerte von 1964 ermittelt werden. Bei LuF war § 55 Abs. 4 EStG anzuwenden bei Grund und Boden, der als Grundvermögen zu bewerten war, z. B. im Falle des § 69 BewG (Rz. 1406 ff.) oder für den anteiligen Grund und Boden von zum gewillkürten BV gehörenden Gebäudeteilen.

1140 Der Ausgangsbetrag (Rz. 1117, 1119) **für unbebaute Grundstücke** ist der auf den 1.1.1964 festgestellte Einheitswert (Bw = 2facher AB). Wird auf den 1.1.1964

1 § 55 Abs. 2 Nr. 1 Satz 1 EStG.

2 BMF 29.2.1972, BStBl 1972 I S. 102, Tz. 3, überholt.

kein Einheitswert festgestellt oder hat sich der Bestand des Grundstücks nach dem 1.1.1964 und vor dem 1.1.1970 verändert, so ist der Wert maßgebend, der sich ergeben würde, wenn das Grundstück nach seinem Bestand vom 1.7.1970 und nach den Wertverhältnissen vom 1.1.1964 zu bewerten wäre.[1]

Als Ausgangsbetrag (Rz. 1117, 1119) für **bebaute Grundstücke** ist der Wert maß- 1141
gebend, der sich für den Grund und Boden nach seinem Bestand vom 1.7.1970 und nach den Wertverhältnissen vom 1.1.1964 als Einheitswert ergeben würde, wenn er nicht bebaut worden wäre (Bw = 2facher AB). Dieser Wert stimmte weder mit dem Wert überein, mit dem der Grund und Boden im Einheitswert des bebauten Grundstücks enthalten war, noch stand er zu dem Einheitswert des Grundstücks in einem bestimmten Verhältnis. Der Wert konnte infolgedessen nicht in Höhe des pauschalen Anteils am Einheitswert geschätzt werden. Abschnitt 20 BewRGr war deshalb für die Ermittlung des Ausgangsbetrages für den Grund und Boden bebauter Grundstücke nicht anwendbar,[2] vielmehr war fiktiv eine Einheitswert-Ermittlung vorzunehmen.

(7) Ansatz des höheren Teilwerts nach § 55 Abs. 5 EStG

Hat der Stpfl. nachgewiesen, dass der Teilwert für den zum Anlagevermögen ge- 1142
hörenden Grund und Boden i. S. des § 55 Abs. 1 EStG höher war als das 2-fache des Ausgangsbetrages (Rz. 1117, 1119), so wurde vom FA der Teilwert[3] als AK/HK gesondert festgestellt, wenn der Stpfl. oder der Rechtsnachfolger[4] einen entsprechenden **Antrag**[5] bis zum 31.12.1975 beim Betriebs-FA gestellt hatte. Die **Einreichung berichtigter Bilanzen** vor dem 31.12.1975, d. h. die Einbuchung eines über dem 2-fachen Ausgangsbetrag liegenden Werts in die Bilanz oder die Aufnahme eines entsprechenden Werts in das Verzeichnis der nicht abnutzbaren Anlagegüter nach § 4 Abs. 3 Satz 5 EStG, stellte einen Antrag i. S. des § 55 Abs. 5 Satz 2 EStG dar.[6]

1 § 55 Abs. 4 Nr. 1 EStG.
2 BMF 29.2.1972, BStBl 1972 I S. 102, Tz. 10 Abs. 11.
3 Vgl. BFH 28.8.1983, BStBl 1984 II S. 33.
4 BFH 25.8.1983, BStBl 1984 II S. 31.
5 BFH 11.10.1979, BStBl 1980 II S. 63; 8.12.1983, BStBl 1984 II S. 200, mit Ausführungen zu den Mindestanforderungen eines wirksamen Antrags.
6 Niedersächsisches FG 15.6.1983, EFG 1984 S. 72, aufgehoben durch BFH 8.11.1984 – IV R 204/83, n. v.

ABB. Bodenschätzung[1]

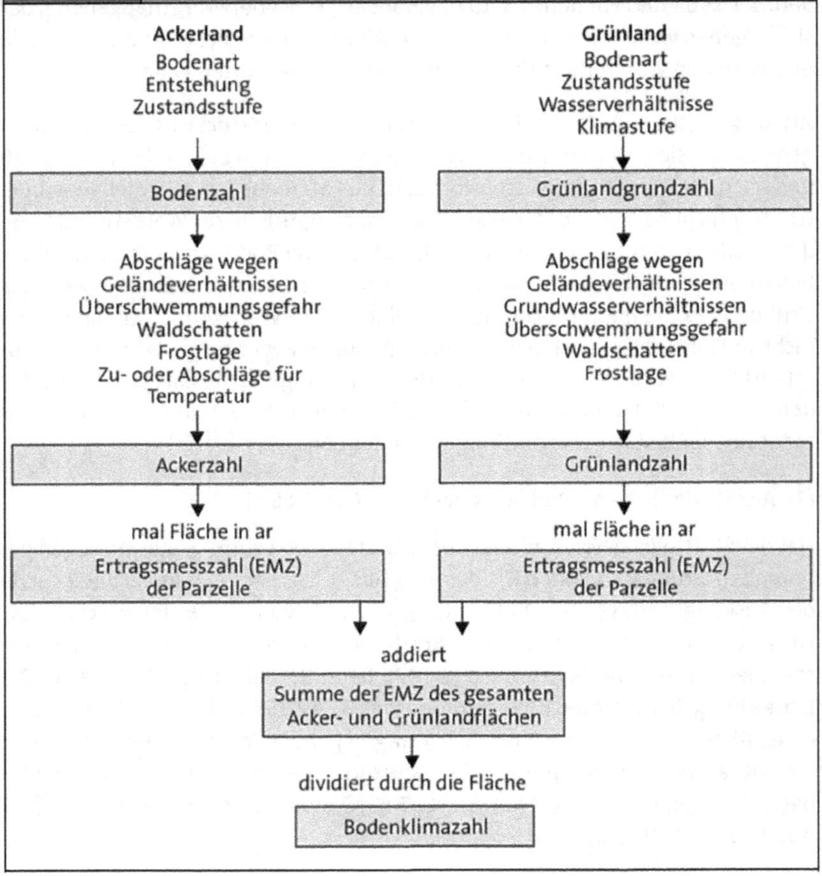

1 Übersicht aus: Bayerisches Staatsministerium für Ernährung, Landwirtschaft und Forsten, Information Nr. 4/85.

ABB. Einheitsbewertung[1]

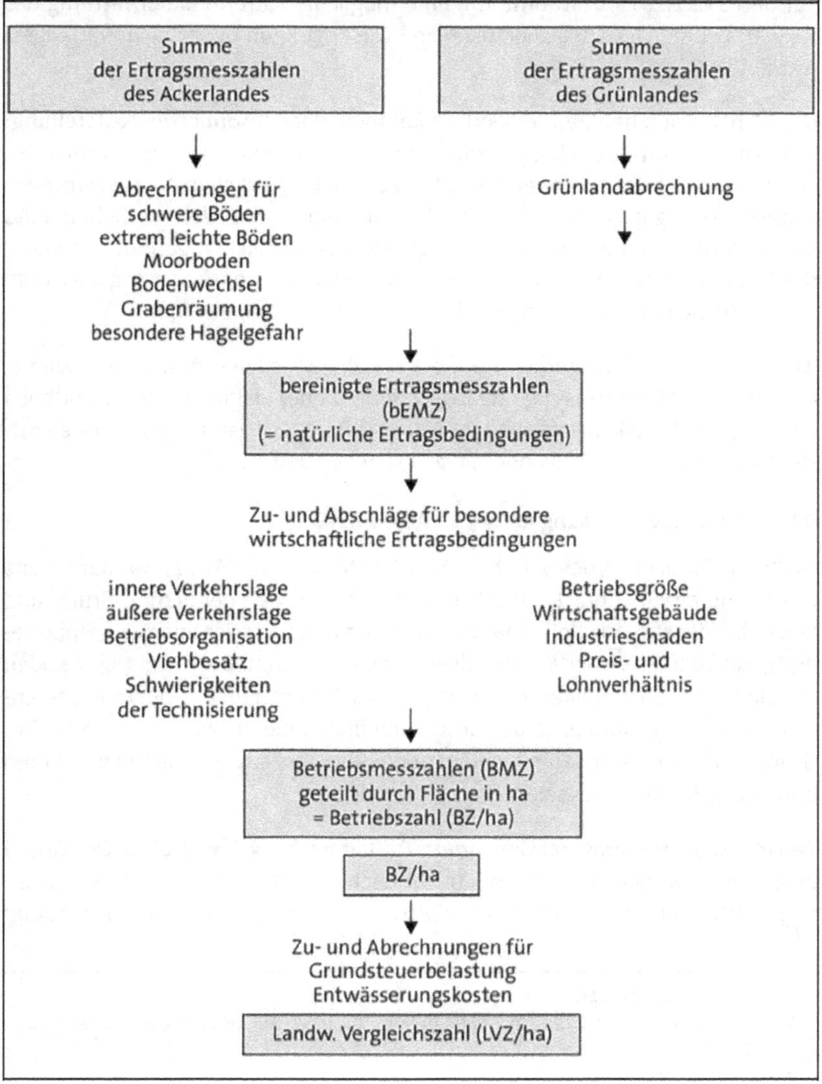

1 Übersicht aus: Bayerisches Staatsministerium für Ernährung, Landwirtschaft und Forsten, Information Nr. 4/85.

1143 Die Ausschlussfrist hatte der Gesetzgeber aus Gründen der Rechtssicherheit auf den 31.12.1975 bestimmt, um eine möglichst zutreffende Ermittlung des Teilwerts zum 1.7.1970 sicherzustellen.[1] Die Frist kann daher nicht verlängert werden.[2]

1144 Das FA hatte den höheren Teilwert im Rahmen einer **gesonderten Feststellung**[3] festzustellen.[4] Im Feststellungsverfahren war auch darüber bindend zu entscheiden,[5] ob der Grund und Boden am 1.7.1970 zum betrieblichen Anlagevermögen gehörte.[6] Dies gilt nach der Rspr. des BFH allerdings unter dem Vorbehalt, dass ein luf Betrieb später – im Verwertungsfalle – tatsächlich angenommen wird.[7] Die Bindungswirkung fällt auch weg, wenn durch Nutzungsänderung nach dem 30.6.1970 die Betriebsvermögenseigenschaft wegfällt (Rz. 1103).

Ist die jeweilige Flurnummer, für die ein höherer Teilwert festgestellt wurde, nach der Satellitvermessung tatsächlich größer oder kleiner wie im Grundbuch oder Liegenschaftskataster am 1.7.1970 (vgl. Rz. 1121), ist die gesonderte Feststellung nach § 173 AO zu ändern (vgl. Art. 97 § 10 Abs. 2 EGAO).

(8) Wertmäßige Erfassung nach § 55 Abs. 7 EStG

1145 Durch die Streichung des § 4 Abs. 1 Satz 5 EStG 1969 (Rz. 1071) war der bereits bisher und am Stichtag 1.7.1970 zum Anlagevermögen gehörende Grund und Boden bei der steuerlichen Gewinnermittlung zu berücksichtigen. Die Einbeziehung durfte aber steuerlich zu keinem Gewinn führen. Der Grund und Boden war daher wie eine Einlage, d. h. **erfolgsneutral** zu behandeln, obwohl tatsächlich keine Einlage vorlag, da der Grund und Boden bereits zum BV gehörte. Der Grund und Boden war dabei mit dem doppelten Ausgangsbetrag[8] oder mit dem höheren Teilwert[9] anzusetzen.

1146 **Wertmäßige Erfassung bei Gewinnermittlung nach § 4 Abs. 1 EStG.** Der Grund und Boden war bei nach § 4 EStG (nicht nach § 5 EStG) buchführenden LuF erfolgsneutral mit dem Wert nach § 55 Abs. 1 oder Abs. 5 EStG einzubuchen, und

1 BT-Drucks. VI/1901 S. 14.
2 § 86 RAO, § 110 AO; BMF 29.2.1972, BStBl 1972 I S. 102, Tz. 11; BFH 26.5.1994, BStBl 1994 II S. 833.
3 §§ 179 ff. AO.
4 § 55 Abs. 5 Satz 5 EStG.
5 § 182 AO.
6 BFH 12.7.1979, BStBl 1980 II S. 5.
7 BFH 3.2.1983, BStBl 1983 II S. 324.
8 § 55 Abs. 1 EStG.
9 § 55 Abs. 5 EStG.

zwar selbst dann, wenn er in einer Bilanz vor dem 1.7.1970[1] mit einem Wert ausgewiesen war. Für die Aufstellung des Inventars gilt Rz. 1148 entsprechend.[2]

Wertmäßige Erfassung bei Gewinnermittlung nach § 4 Abs. 3 EStG oder nach Durchschnittssätzen. Der Grund und Boden war bei LuF, die keine Bücher führten, also mit Gewinnermittlung nach § 4 Abs. 3 EStG oder nach Durchschnittssätzen (GnD), vom 1.1.1971[3] an in das **Verzeichnis über die ihnen zuzurechnenden nicht abnutzbaren WG**[4] auszuweisen, da die damalige Neuregelung in § 4 Abs. 3 Satz 4 EStG, wonach AK/HK für nicht abnutzbare WG des Anlagevermögens erst im Zeitpunkt der Veräußerung oder Entnahme als Betriebsausgaben zu berücksichtigen sind, diese Aufzeichnungen erforderlich machte. § 4 Abs. 3 Satz 4 EStG gewährleistet die erfolgsneutrale Behandlung des im Ablauf des 30.6.1970 zum Anlagevermögen gehörenden Grund und Boden. 1147

Für das besondere, laufend zu führende **Verzeichnis nach § 4 Abs. 3 Satz 5 EStG** ist keine besondere Form vorgeschrieben. Hinsichtlich des bereits am 30.6.1970 zum Anlagevermögen gehörenden Grund und Bodens reichte i. d. R. aus, dass der Stpfl. sich die entsprechenden Auszüge aus dem Liegenschaftskataster (z. B. Ablichtungen der Bestandsblätter) beschafft und diese in der Weise ergänzt hatte, dass bei jedem katastermäßig abgegrenzten Flurstück der dafür nach § 55 EStG maßgebende Wert vermerkt wurde. Wurde ein Teil eines katastermäßig abgegrenzten Flurstücks nach § 55 Abs. 2 Nr. 1 Satz 2 EStG bewertet oder hierfür ein höherer Teilwert festgestellt, war dies ebenso wie das Restflurstück in dem Verzeichnis besonders auszuweisen.[5] 1148

Bei einer **Prüfung des Verzeichnisses** wird auf Folgendes besonders hingewiesen:

- Zur Buchwertermittlung bei einer Flurbereinigung vor dem 1.1.1987[6]
- Bei einer Flurbereinigung nach dem 31.12.1986[7]:

  Die in ein Umlegungsverfahren (Flurbereinigungsverfahren) eingebrachten und die daraus im Zuteilungswege erlangten Grundstücke sind – soweit insgesamt wertgleich – als wirtschaftlich identisch zu werten, denn die

1 BMF 29.2.1972, BStBl 1972 I S. 102, Tz. 1 Abs. 2.

2 BMF 29.2.1972, BStBl 1972 I S. 102, Tz. 1 Abs. 4.

3 § 52 Abs. 27 EStG 1986, BMF 29.2.1972, BStBl 1972 I S. 102, Tz. 2 Abs. 1.

4 § 4 Abs. 3 Satz 5 EStG.

5 BMF 29.2.1972, BStBl 1972 I S. 102, Tz. 2.

6 BMF 29.2.1972, BStBl 1972 I S. 102, Tz. 3 und BMF 19.4.1988, BStBl 1988 I S. 152.

7 BMF 19.4.1988, BStBl 1988 I S. 152.

Umlegung (Flurbereinigung) ist ihrem Wesen nach eine ungebrochene Fortsetzung des Eigentums an einem verwandelten Grundstück.

Ist das erhaltene Grundstück identisch mit einem nach § 55 EStG bewerteten Einlagegrundstück und einem nach dem 30.6.1970 angeschafften Grundstück (= tatsächliche Anschaffungskosten) sind wegen der Verlustausschlussklausel nach § 55 Abs. 6 EStG für das zugeteilte Wirtschaftsgut die bisherigen Buchwerte getrennt fortzuführen (ein WG mit zwei Buchwerten[1]).

- Bei Milcherzeugungsflächen Buchwertabspaltung; nach Ablauf der Milchmarktordnung zum 31.3.2015 wieder Rückfall der abgespaltenen Werte.
- Bei Abwahl der Nutzungswertbesteuerung nach § 52 Abs. 15 EStG a. F. bzw. nach § 13 Abs. 4 EStG ist die Hoffläche um die (damals) tatsächlich zu Wohnzwecken genutzte Fläche zu mindern.

Währungsumrechnung wegen der Einführung des Euro ab 1.1.2002.[2]

Das Nichtführen der Aufzeichnungen kann als Verletzung der Mitwirkungspflichten nach § 90 AO zu einer Steuergefährdung nach § 379 Abs. 1 Nr. 3 AO führen.

bb) Anschaffungskosten/Herstellungskosten bei nach dem 30.6.1970 angeschafftem Grund und Boden

1149 Grund und Boden, der nach dem 30.6.1970 vom Landwirt oder seinem Rechtsvorgänger[3] angeschafft oder hergestellt oder eingelegt wurde, ist bei **entgeltlichem Erwerb** mit den tatsächlichen AK/HK nach § 6 Abs. 1 Nr. 2 EStG und bei der **Einlage** nach § 6 Abs. 1 Nr. 5 EStG (Teilwert) zu bewerten.

1150 Wurde ein Grund und Boden **im Tauschwege erworben**, so war für die Ermittlung der AK grds. vom gemeinen Wert des hingegebenen WG auszugehen. Beim Tausch von Grundstücksflächen im Umlegungsverfahren waren hingegen die Grundsätze des Abschnitt 35 EStR 1972 anzuwenden.[4] Das galt auch beim Tausch von Grundstücksflächen im Rahmen eines Flurbereinigungsverfahrens. Die Grundsätze des Abschnitt 35 EStR 1972 (jetzt R 6.6 EStR) waren – in einer entsprechenden Weise – in den vorgenannten Fällen eines zwangsweisen Tau-

1 BFH 13.3.1986, BStBl 1986 II S. 711; BFH 8.8.1985 – IV R 129/83, BStBl 1986 II S. 6.
2 Euro-Einführungsschreiben vom 15.12.1998, BStBl 1998 I S. 1625, Tz. 2.2, 2.3.1 und 6.2.
3 § 7 Abs. 1 EStDV 1999, § 6 Abs. 3 EStG, BFH 8.8.1985, BStBl 1986 II S. 6.
4 BFH 14.10.1970, BStBl 1971 II S. 90.

sches auch dann anzuwenden, wenn als Buchwert der hingegebenen Grundstücksfläche ein 2-facher Ausgangsbetrag[1] ausgewiesen war, der höher war als der gemeine Wert. Nur in einem solchen Fall konnte die erworbene Grundstücksfläche mit dem 2-fachen Ausgangsbetrag der hingegebenen Grundstücksfläche angesetzt werden, war also die Übertragung eines „stillen Verlustes" zulässig.[2] In den übrigen Fällen war der erworbene Grund und Boden mit dem gemeinen Wert anzusetzen, ggf. mit einem niedrigeren Buchwert als der abgegebene Grund und Boden. Im Falle einer späteren Weiterveräußerung entstand ein insoweit höherer Gewinn.

Nach dem BFH-Urteil vom 13.3.1986[3] sind die in ein **Umlegungsverfahren (Flurbereinigungsverfahren)** eingebrachten und die daraus im Zuteilungswege erlangten Grundstücke – soweit insgesamt wertgleich – als wirtschaftlich identisch zu werten, denn die Umlegung (Flurbereinigung) ist ihrem Wesen nach eine ungebrochene Fortsetzung des Eigentums an einem verwandelten Grundstück. Die zugeteilten Grundstücke sind Surrogate der eingebrachten Grundstücke. Demgemäß tritt eine Gewinnrealisierung nach den für den Tausch von WG maßgeblichen Grundsätzen nicht ein. Das erlangte WG wird mit dem Buchwert des eingebrachten Grundstücks weitergeführt, auch wenn die Grundstücke z. B. nicht flächengleich sind.[4] Ist das erhaltene Grundstück identisch mit einem nach § 55 EStG bewerteten Einlagegrundstück und einem nach dem 30.6.1970 angeschafften Grundstück (= tatsächliche Anschaffungskosten) sind wegen der Verlustausschlussklausel nach § 55 Abs. 6 EStG für das zugeteilte Wirtschaftsgut die bisherigen Buchwerte getrennt fortzuführen.[5] War das eingebrachte Grundstück im PV, setzt sich die Vermögenseigenschaft auf das zugeteilte Grundstück fort. Werden Grundstücke des Privat- und Betriebsvermögens in das Umlegungsverfahren eingeworfen, sind die zugeteilten Surrogationsgrundstücke entsprechend dem Flächen- oder Wertverhältnis dem Privat- und Betriebsvermögen zuzuordnen.[6] Bei betrieblicher Nutzung des zugeteilten Grundstücks ist auf das einzulegende Grundstück keine Rücklagenübertragung nach § 6b EStG möglich.[7] Bei einem Grundstücksübergang vor dem 1.1.1987 kann auch noch nach der bisherigen Verwaltungsauffassung verfahren werden.[8] Der **freiwillige**

1 § 55 Abs. 1 EStG.

2 Vgl. BMF 29.2.1972, BStBl 1972 I S. 102, Tz. 3 mit Beispielen.

3 BStBl 1986 II S. 711.

4 Vgl. auch BFH 6.2.1986, BStBl 1986 II S. 666.

5 BFH 8.8.1985, BStBl 1986 II S. 6.

6 BFH 12.4.2022 – VI R 22/20, BStBl 2023 II S. 384.

7 BFH 1.7.2010 – IV R 7/08, NWB XAAAD-53891 = BFH/NV 2010 S. 2250.

8 BMF 19.4.1988, BStBl 1988 I S. 152.

Landtausch[1] hat keine andere Zielsetzung als das Regelflurbereinigungsverfahren. Der freiwillige Landtausch führt daher zu keiner Gewinnrealisierung.[2] Zur Behandlung des freiwilligen Landtausches bei der GrESt vgl. Rz. 1726. Zu den Folgerungen bei einem freiwilligen Grundstückstausch vgl. BFH vom 13.4.2010.[3]

cc) Anschaffungsnebenkosten

1151 Anschaffungsnebenkosten[4] dürfen beim Grund und Boden, der nach § 55 EStG zu bewerten war, den 2-fachen Ausgangsbetrag[5] oder den höheren Teilwert[6] nicht erhöhen. Sie sind bei der Ermittlung des steuerlichen Gewinns als **nichtabziehbare Betriebsausgaben** zu behandeln.[7]

1152 Bei Grund und Boden, der mit den AK nach § 6 Abs. 1 Nr. 2 EStG zu bewerten ist, erhöhen entstandene Anschaffungsnebenkosten die AK. Sofern die angesetzten Kosten der notariellen Beurkundung, der Eintragung des Eigentümerwechsels im Grundbuch sowie der Fortschreibung im Liegenschaftskataster insgesamt 2 % der im notariellen Kaufvertrag ausgewiesenen AK nicht überstiegen, verzichtet die FinVerw bei Prüfung der Eröffnungsbilanzen aus Vereinfachungsgründen auf den Nachweis der tatsächlichen Kosten; Maklergebühren, Vermessungskosten sowie GrESt waren nachzuweisen oder glaubhaft zu machen.[8] Anteilige USt gehört nicht zu den Anschaffungskosten (§ 9b EStG).

dd) Nachträgliche Anschaffungs- oder Herstellungskosten

1153 Bei Grund und Boden, der nach § 55 EStG zu bewerten war, erhöhen nach dem 30.6.1970 entstandene **nachträgliche AK** (z. B. Aufwendungen wie Straßenanliegerbeiträge, Erschließungsbeiträge, Flächenbeitrag nach § 58 BauGB)[9] den 2-fachen Ausgangsbetrag nach § 55 Abs. 1 EStG oder den höheren Teilwert nach

1 §§ 103a ff. FlurbG.

2 BFH 23.10.2019 – VI R 9/17, NWB DAAAH-41075 = BFH/NV 2020 S. 191; BFH 23.10.2019 – VI R 25/17, NWB IAAAH-41082 = BStBl 2021 II S. 425.

3 BStBl 2010 II S. 792; vgl. auch Vorinstanz FG Münster 23.6.2009, EFG 2009 S. 1941 Rz. 31, 33.

4 Z. B. Kosten der notariellen Beurkundung des Kaufvertrags, Kosten der Eintragung des Eigentümerwechsels im Grundbuch, Kosten der Fortschreibung im Liegenschaftskataster, Vermessungskosten, Maklergebühren, GrESt.

5 § 55 Abs. 1 EStG.

6 § 55 Abs. 5 EStG.

7 BMF 29.2.1972, BStBl 1972 I S. 102, Tz. 12.

8 OFD Nürnberg 20.9.1995 – S 2163 – 17/St 21, ESt-Kartei BayLfSt § 13 K. 20.4.

9 BFH 6.7.1989, BStBl 1990 II S. 126.

§ 55 Abs. 5 EStG;[1] Entsprechendes gilt bei Grund und Boden der nach § 6 EStG zu bewerten ist.

Entstehen bei Grund und Boden, der nach § 55 EStG zu bewerten war, nach dem 30.6.1970, sowie bei Grund und Boden, der nach § 6 EStG zu bewerten ist, nach der Anschaffung oder nach der Einlage **nachträgliche HK**, so erhöhen diese den 2-fachen Ausgangsbetrag nach § 55 Abs. 1 EStG bzw. den höheren Teilwert nach § 55 Abs. 5 EStG[2] oder die AK[3] oder den Teilwert.[4]

Nachträgliche HK sind z. B. Kosten der Herrichtung von Unland für luf Zwecke,[5] 1154
Kosten der Zuschüttung von Wassergräben und Wasserlöchern zur Gewinnung landwirtschaftlicher Nutzungsflächen, Aufwendungen zur Bodenverbesserung, wenn sie im Anschluss an den Erwerb gemacht werden, die im Verhältnis zum Kaufpreis erheblich sind und den Ertragswert des Grundstücks beträchtlich steigern.[6] **Nicht zu den HK gehören** z. B. Aufwendungen zur Verbesserung von Grund und Boden, der zuvor schon luf genutzt worden ist, z. B. Auflesen von Steinen, Düngung, Beseitigung von Unkraut, Umbruch und Einsaat einer Wiese, Beseitigung von Hochwasserschäden sowie Entfernen von Baumwurzeln beim Wechsel von der forstwirtschaftlichen zur landwirtschaftlichen Nutzung.[7]

Bei den Wiederbepflanzungsrechten[8] im Weinbau handelt es sich um immaterielle nicht abnutzbare WG (im Streitjahr 2011). Sie vermitteln dem Erzeuger das Recht, nach Rodung einer zulässig bestockten Rebfläche diese wieder mit Rebstöcken zu bepflanzen. Damit verkörpern sie letztlich das Recht auf Weinerzeugung. Ein gedachter Erwerber wäre bereit, für diesen (dauerhaften) Vorteil ein besonderes Entgelt zu entrichten. Der Anbau von Wein ist auf dem Gebiet der EU seit 27.5.1976 beschränkt. Der Anbaustopp wurde allerdings stets verlängert. Das bisherige System der Pflanzungsrechte wurde zum 1.1.2016 durch ein Genehmigungssystem für Rebpflanzungen abgelöst. Das Weinanbauverbot soll im Jahr 2030 auslaufen. In § 6a WeinG wurden die Voraussetzung geschaffen, dass alte Wiederanpflanzungsrechte ab dem 15.9.2015 auf Antrag bei den zuständigen Landesstellen in entsprechende Genehmigungen (Wiederbepflan-

1 BMF 29.2.1972, BStBl 1972 I S. 102, Tz. 12.

2 BMF 29.2.1972, BStBl 1972 I S. 102, Tz. 12.

3 § 6 Abs. 1 Nr. 2 EStG.

4 § 6 Abs. 1 Nr. 5 EStG.

5 BFH 26.6.1975, BStBl 1976 II S. 8; BFH 16.2.1984, BStBl 1984 II S. 424.

6 BFH 8.11.1979, BStBl 1980 II S. 147.

7 BFH 26.6.1975, BStBl 1976 II S. 8.

8 BFH 6.12.2017 – VI R 65/15, BStBl 2018 II S. 353.

zungsgenehmigungen) umgewandelt werden können. Allerdings ist deren Verkehrsfähigkeit durch den Systemwechsel eingeschränkt worden. Sie sind nicht mehr flächen-, sondern ab dem 1.1.2016 betriebsgebunden und können deshalb nur noch bis zum 31.12.2015 auf einen anderen Betrieb übertragen werden. Der BFH konnte im Hinblick auf eine Abschreibbarkeit dahinstehen lassen, ob Wiederanpflanzungsrechte, die zeitnah zum Anschaffungs- und Übertragungszeitraum ausgeübt werden, weinrechtlich erlöschen, mit dem neu bestockten Grundstück verschmelzen und auf diesem Grundstück eine zeitlich unbeschränkte weinbauliche Nutzungsmöglichkeit vermitteln, so dass ein die Abschreibung rechtfertigender Werteverschleiß schon deshalb ausscheidet. Der BFH ließ auch offen, ob das Wiederbepflanzungsrecht nach seiner Ausübung als Voll- oder Anwartschaftsrecht bestehen bleibe. Aufwendungen für entgeltlich erworbene und ausgeübte Wiederbepflanzungsrechte gehören zu den nachträglichen HK der bestockten Weinbergsfläche.[1]

ee) Teilwertabschreibung

1155 Land- und Forstwirte hatten vor der Neuregelung durch das StEntlG (vgl. Rz. 1160) auch bei einer dauernden Wertminderung des Grund und Bodens das Wahlrecht nach § 6 Abs. 1 Nr. 2 Satz 2 EStG. Das uneingeschränkte Niederstwertprinzip war nicht anzuwenden. Für die Teilwertabschreibung trägt der Stpfl. die objektive Beweislast.[2] Es genügt nicht der pauschale Hinweis auf den Rückgang der landwirtschaftlichen Grundstückspreise. Der niedrigere Teilwert muss für jedes einzelne Grundstück mit Sachverständigengutachten nachgewiesen werden. Hat sich der Wert des landwirtschaftlichen Grundstücks wieder erhöht, ist diese Werterhöhung (Wertaufholung) zu erfassen; vgl. BMF vom 2.9.2016.[3]

g) Verlustklausel (§ 55 Abs. 6 EStG)

1156 **Verluste,** die bei der Veräußerung oder Entnahme von Grund und Boden i. S. des § 55 Abs. 1 EStG entstehen, dürfen bei der Ermittlung des Gewinns in Höhe des Betrags nicht berücksichtigt werden, um den der Veräußerungspreis oder der an dessen Stelle tretende Wert nach Abzug der Veräußerungskosten unter dem

1 FG Rheinland-Pfalz 19.5.2015 – 5 K 2429/12, NWB HAAAE-92283 = EFG 2015 S. 1349.

2 BFH 24.6.1976, BStBl 1976 II S. 562; 7.7.1983, BStBl 1983 II S. 760; 20.3.1987, BStBl 1987 II S. 679.

3 BMF 2.9.2016, BStBl 2016 I S. 995 = NWB BAAAF-81512.

2-fachen des Ausgangsbetrags liegt. Entsprechendes gilt bei Anwendung des § 6 Abs. 1 Nr. 2 Satz 2 EStG.[1] Nach BFH 10.8.1978[2] ist nach § 55 Abs. 6 Satz 2 EStG eine Teilwertabschreibung auch dann ausgeschlossen, wenn für die Minderung des Werts des GuB eine Entschädigung gezahlt wird (im Streitfall: Bodenwertentschädigung für mit Grunddienstbarkeit gesicherter Rohrleitung).

Der bei Anwendung des Pauschalverfahrens als AK/HK anzusetzende 2-fache Ausgangsbetrag kann auch höher sein als der Teilwert am 1.7.1970. Diese sich aus dem Wesen einer Pauschalierung ergebende Folge soll nicht dazu führen, dass der Stpfl. bei einer späteren Veräußerung oder Entnahme zu einem unter dem 2-fachen Ausgangsbetrag liegenden Wert einen steuerlich zu berücksichtigenden Verlust geltend machen kann. Aus diesem Grunde wird durch § 55 Abs. 6 EStG die **Berücksichtigung von Verlusten**, die sich bei der Veräußerung oder Entnahme von Grund und Boden, durch eine zu hohe Ausgangsbewertung ergeben, **ausgeschlossen**.[3] 1157

Die pauschale Verlustausschlussklausel des § 55 Abs. 6 EStG stellt die konsequente Ergänzung der pauschalen Wertermittlung des Grund und Bodens nach § 55 Abs. 1 EStG dar; die genannten Pauschalregelungen sind somit ein zusammengehöriges Ganzes, das rechtlich vor allem auch verfassungsrechtlich, nur einheitlich beurteilt werden kann. Für den Fall der **individuellen Teilwertermittlung** nach § 55 Abs. 5 EStG kann danach die Anwendung der pauschalen Verlustausschlussklausel nicht in Betracht kommen.[4] 1158

Die Verlustklausel ist **hinsichtlich jeder selbständig bewerteten Grundstückfläche** anzuwenden (vgl. auch Rz. 1150 bei Flurbereinigung oder späterem weiteren Miteigentumserwerb eines Grundstücks). Werden mehrere selbständig bewertete Grundstücksflächen zu einem Gesamtpreis veräußert, so ist dieser für die Anwendung der Verlustklausel nach allgemeinen Grundsätzen aufzuteilen. Dieses gilt auch, wenn Grund und Boden zusammen mit anderen WG zu einem Gesamtkaufpreis veräußert wird (Rz. 1113).[5] 1159

1 § 55 Abs. 6 EStG.

2 BFH 10.8.1978 – IV R 181/77, BStBl 1979 II S. 103.

3 BT-Drucks. VI/1901 S. 14.

4 BFH 10.8.1978, BStBl 1979 II S. 103; BMF 29.2.1972, BStBl 1972 I S. 102, Tz. 13 Abs. 1 ist insoweit überholt.

5 BMF 29.2.1972, BStBl 1972 I S. 102, Tz. 13 Abs. 2.

h) Bewertung besonderer mit dem land- und forstwirtschaftlichen Grund und Boden zusammenhängender Nutzungsrechte und -befugnisse (z. B. Milch-Referenzmenge)

1160 Die zum 1.4.1984 eingeführte Milchmarktordnung ist zum 31.3.2015 ausgelaufen. Rückblickend ist nur bei einer Veräußerung oder Entnahme des Lieferrechts in diesem Zeitraum eine Buchwertabspaltung erforderlich.

Der BFH war anfangs der Auffassung, dass der zum 1.7.1970 festgestellte Pauschalwert für den Grund und Boden[1] auch die Milcherzeugungsmöglichkeit beinhaltete und daher für das verselbständigte Milchlieferrecht (immaterielles WG) ein anteiliger Buchwert abzuspalten (sog. Abspaltungstheorie) war.[2]

Durch das StEntlG 1999/2000/2002 vom 24.3.1999,[3] wurde zwar § 55 EStG nach dem Willen des Gesetzgebers (vgl. auch Rz. 1155) in der Weise klarstellend geändert, dass die vor den BFH-Urteilen vom 5.3.1998, gültige Auffassung wieder hergestellt wird und die sich aus der BFH-Rspr. ergebenden rechtlichen und praktischen Probleme nicht mehr entstehen. Nach den danach folgenden BFH-Urteilen vom 24.6.1999 – zur Veräußerung eines Zuckerrübenlieferrechtes – und vom 25.11.1999 – zur Zuweisung der Milchreferenzmenge – soll die Neufassung des § 55 EStG jedoch nicht die mit der Gesetzesbegründung beabsichtigte Klarstellung bewirkt haben. Die anschließend im Rahmen des Steuerbereinigungsgesetzes vorgesehene erneute Änderung des § 55 EStG ist gescheitert. Nunmehr ist (wegen einer Rechtsprechungsänderung[4]) im aktualisierten **BMF-Schreiben vom 5.11.2014**[5] die Handhabung der Rspr. des BFH zu den Milchlieferrechten geregelt. Für die zugeteilten Milchlieferrechte – bei Einführung der Milchquotenregelung im Jahr 1984 – ist von den Buchwerten der damaligen Milcherzeugungsflächen nach den Verhältnissen am 2.4.1984 im Wege des Aktivtausches ein Teil nach der Gesamtwertmethode abzuspalten. Dabei kann die Wertabspaltung flurstücksbezogen oder aus Vereinfachungsgründen (= Regelfall) betriebsbezogen (BMF 14.1.2003)[6] berechnet werden. Für die Anwendung der Vereinfachungsregeln entscheidungserhebliche Unterschiede zur GMZ, BMZ und LVZ vgl. Abb. nach Rz. 1142. Zu den Übergangs- und Bilanzierungs-

1 § 55 EStG.

2 BFH 5.3.1998 – IV R 8/95, BStBl 2003 II S. 54; BFH 5.3.1998 – IV R 23/96, BStBl 2003 II S. 56; BFH 24.6.1999 – IV R 33/98, BStBl 2003 II S. 58; BFH 25.11.1999 – IV R 64/98, BStBl 2003 II S. 61; BFH 24.8.2000 – IV R 11/00, BStBl 2003 II S. 64; BFH 10.6.2010, BStBl 2012 II S. 551.

3 BStBl 1999 I S. 304.

4 BFH 10.6.2010, BStBl 2012 II S. 551.

5 BMF 5.11.2014, BStBl 2014 I S. 1503 (bisher BMF 14.1.2003, BStBl 2003 I S. 78).

6 BStBl 2003 I S. 78, Tz. 18.

problemen[1] wird auf die Billigkeitsregelungen in Tz. 22 und 24 besonders hingewiesen. Nach dem Auslaufen der Milch-Garantiemengen-Verordnung (nach dem 31.3.2015) werden die zu diesem Zeitpunkt noch aktivierten abgespaltenen Buchwerte nach § 55 Abs. 1 bis 4 EStG für Milchlieferrechte, die bis zum 31.3.2015 nicht veräußert oder entnommen worden sind, wegen Wegfalls der Lieferrechte auf die zugehörigen Milcherzeugungsflächen wieder zurückfallen.[2]

Bei dem vom Grund und Boden abgespaltenen Wert für die Milchquote setzt sich der § 55 Abs. 6 EStG flurstückbezogen fort.[3]

Zuckerrübenlieferrechte können aktienbezogen (Südzucker) oder grundstücks- 1161
bezogen (norddt. Zuckerunternehmen) sein. Bei grundstücksbezogenen Zuckerrübenlieferrechten hat der BFH an die Beurteilung bei Milchlieferrechten angeknüpft.[4]

Beim Auslaufen der Milchmarktordnung zum 31.3.2015 fällt der noch vorhan- 1162
dene abgespaltene Buchwert für Milchlieferrechte wieder auf den Grund und Boden, der zum 1.7.1970 nach § 55 EStG bewertet wurde, zurück.[5]

i) Steuerliche Vergünstigungen/Milderungsregelungen

Das BVerfG vermutet im Beschluss vom 11.5.1970,[6] in dem es die verschiede- 1163
ne Behandlung von Landwirten und Gewerbetreibenden bei der Erfassung des Grund und Bodens für mit Art. 3 Abs. 1 GG nicht vereinbar erklärte, dass der Gesetzgeber bei der Veräußerung durch Landwirte den Grund und Boden in gewissem Ausmaß zum Ansatz bringen wird. In welchem Umfang dies geschehen wird, ob nicht den besonderen Verhältnissen bei der Veräußerung von weiterhin in landwirtschaftlicher Nutzung verbleibendem Grund und Boden Rechnung getragen wird, ob keine weiteren als die bisherigen Reinvestitionsmöglichkeiten zur Vermeidung einer zu weit gehenden Besteuerung des Veräußerungsgewinns geschaffen werden oder ob die Freigrenze des § 14 EStG geändert oder eine andere Tarifbegünstigung als die des § 34 EStG eingeführt wird, obliegt der Gestaltungsfreiheit des Gesetzgebers. In bestimmten Fällen hat(te) der Gesetzgeber bei der **Bodengewinnbesteuerung** die Steuerbelastung gemildert, und

1 BMF 14.1.2003, BStBl 2003 I S. 78, Tz. 20 ff.
2 BMF 5.11.2014, BStBl 2014 I S. 1503, Tz. 9a, 21.
3 BFH 22.7.2010, BStBl 2011 II S. 210.
4 BFH 9.9.2010 – IV R 2/10, BStBl 2011 II S. 171; BFH 9.9.2010 – IV R 14/08, BFH/NV 2011 S. 224.
5 BFH 9.9.2010 – IV R 14/08, BFH/NV 2011 S. 224.
6 BStBl 1970 II S. 579.

zwar durch Einführung des § 4 Abs. 3 Satz 5 EStG[1] (Rz. 396; Klarstellung vgl. Rz. 1223), durch Erweiterung der §§ 6b, 6c EStG (Rz. 349 ff.) und durch die (ausgelaufenen) Steuervergünstigungen des § 14a Abs. 1 bis 3, 4 und Abs. 5 EStG (Rz. 1018). Ferner kann der begünstigte Steuersatz[2] bei Betriebsveräußerungen und -aufgaben in Betracht kommen oder eine Rücklage für Ersatzbeschaffung gebildet werden (Rz. 364).[3] Weitere Milderungsregelungen enthalten § 52 Abs. 15 Satz 6 bis 9 EStG 1997 (Rz. 580 ff.),[4] § 13 Abs. 5 EStG.[5]

6. Besonderheiten der Forstwirtschaft

a) Überblick

aa) Früheres Recht

1164 Das frühere Recht galt aufgrund der Änderungen durch das StVereinfG 2011[6] bis zum VZ 2011. Aufgrund der Milderungsregelung des BMF[7] konnte im Wj 2011/12 aus Vereinfachungsgründen wahlweise § 34b EStG in der bisherigen Fassung oder § 34b EStG in der Neufassung geltend gemacht werden. Bei außerordentlichen Holznutzungen aus wirtschaftlichen Gründen kann letztmals in diesem Wj die Steuerbegünstigung nach § 34b Abs. 3 Nr. 1 EStG a. F. (= § 34 Abs. 1 EStG) beansprucht werden. Zum früheren Recht vgl. 7. Auflage.

bb) Neues Recht

1165 Das neue Recht gilt aufgrund der Änderungen durch das StVereinfG 2011[8] erstmals im VZ 2012. Aufgrund der Milderungsregelung des BMF kann im Wj 2011/12 aus Vereinfachungsgründen wahlweise § 34b EStG in der bisherigen Fassung oder § 34b EStG in der Neufassung geltend gemacht werden. Für Kalamitätsnutzungen im Wj 2011/12 kann damit die günstigere Neuregelung (vgl. Rz. 1249) bereits ein halbes Jahr früher (bei Wj 1.7. bis 30.6.) beansprucht werden.

---

1 AK sind erst bei der Veräußerung zu berücksichtigen.

2 § 34 EStG.

3 R 6.6 EStR.

4 Steuerfreie Entnahme des dazugehörigen Grund und Bodens bei Wegfall der Nutzungswertbesteuerung.

5 Steuerfreie Entnahme des Grund und Bodens bei Errichtung eigengenutzter Betriebsinhaber- oder Altenteilerwohnungen.

6 StVereinfG 1.11.2011, BGBl 2011 I S. 2131.

7 BMF 16.5.2012, BStBl 2012 I S. 594.

8 1.11.2011, BGBl 2011 I S. 2131.

Bei der Einkommensbesteuerung der Forstwirtschaft hat in den vergangenen Jahren ein vielfacher Paradigmenwechsel stattgefunden: 1166

- Im StVereinfG 2011 wurde die Besteuerung der außerordentlichen Holznutzungen im echten Wortsinn tatsächlich vereinfacht.
- Es wird grds. auf die Erstellung eines „Gutachtens" und die Ermittlung eines Nutzungssatzes sowie auf eine gesonderte Berechnung der zu ermäßigenden Einkünfte (Holzmengenrechnung, Gewinnermittlung, Verteilung der Betriebsausgaben) verzichtet.
- Mit den BFH-Urteilen vom 5.6.2008[1] und dem (aktualisierten) BMF-Schreiben vom 16.5.2012[2] wird die Wirtschaftsguteigenschaft beim aufstehenden Baumbestand neu geregelt mit den Folgerungen bei der Buchwertminderung und den Wiederaufforstungskosten bei Kahlschlägen sowie der Anpassung des laufend zu führenden Verzeichnisses sowie des Anbauverzeichnisses.
- Durch das StEntlG 1999/2000/2002 (durch den Wegfall des § 6 Abs. 1 Nr. 2 Satz 4 EStG 1998 Ausweis des höheren Teilwerts) ergaben sich gravierende Änderungen bei der Gewinnverwirklichung (keine Gewinnverwirklichung mehr bei Aktivierung, sondern erst bei Verwertung oder Entnahme des eingeschlagenen Holzes; Gewinnverwirklichung nicht mehr bereits bei Trennung des Baumes vom Grund und Boden, sondern bei Verwertung oder Entnahme).
- Wegfall der pauschalen Waldwertminderung nach Abschnitt 212 Abs. 1 EStR 1998 (= 3 % des Aktivums) für Wj, die nach dem 31.12.1998 beginnen.

cc) Einkünfte aus Forstwirtschaft

Forstbetrieb ist eine betriebliche Betätigung um Pflanzen und Pflanzenteile mit Hilfe der Naturkräfte zu gewinnen (vgl. § 13 Abs. 1 Nr. 1 EStG). Diese Betätigung beruht auf der planmäßigen Nutzung der natürlichen Kräfte des Waldbodens bis zur Gewinnung von Nutzhölzern und ihrer Verwertung im Wege der Holzernte oder durch Verbrauch für betriebliche Zwecke sowie ihre mittelbare Verwertung durch Veredelung z. B. in einem eigenen Sägewerk. 1167

Der Forstbetrieb ist im Vergleich zu Betrieben anderer Wirtschaftszweige durch sieben Eigenarten gekennzeichnet:[3] 1168

1 BFH 5.6.2008 – IV R 67/05, BStBl 2008 II S. 960; IV R 50/07, BStBl 2008 II S. 968.

2 BMF 16.5.2012, BStBl 2012 I S. 595.

3 Vgl. Parey, Forstliche Betriebswirtschaftslehre, S. 26 ff.

1. Die Produktionsdauer schwankt zwischen 60 und 200 Jahren. Aus der Langfristigkeit, d. h. der großen zeitlichen Differenz zwischen der Begründung und der Ernte des Bestandes ergeben sich für die Planung ebenso für die Führung und Kontrolle des Forstbetriebes Probleme, wie sie in diesem Ausmaß in keinem anderen Wirtschaftszweig vorliegen. Grundlegende Umstellungen der betrieblichen Produktion dauern im Forstbetrieb mehrere Jahrzehnte.
2. Abhängigkeit von den natürlichen Verhältnissen (Boden, Gelände, Klima, Baumartenverteilung). Wegen der langen Vegetationsperiode ist nur begrenzt eine kurzfristige Korrektur der Produktionsbedingungen möglich.
3. Schwierigkeiten bei der Ertragsbestimmung. Die Bäume sind einerseits das Produktionsmittel, an das sich jährlich der Zuwachs anlegt, andererseits sind sie aber zugleich das Produkt, da der Holzzuwachs der einzelnen Bäume nicht anders als in Form ganzer Bäume genutzt werden kann. Der Forstbetrieb hat die Möglichkeit auf „Lager“ zu produzieren. Am stehenden Baum wird jährlich ein neuer Jahrring gebildet, so dass sich der Holzvorrat des Waldbestandes je nach Baumart, Alter und Ertragsklasse pro Jahr und Hektar um ca. drei bis zwanzig Festmeter verändert.
4. Dienstleistungen
5. Die Bewertung einzelner Gegenstände und des gesamten Forstbetriebs verursacht wegen der langfristigen Produktion erhebliche Schwierigkeiten bei der Informationsbeschaffung (Geldwertänderungen, Verfahrensänderungen usw.). Investitionskalkulationen als Grundlage für die Entscheidungen über die Baumartenwahl, die Durchforstungsart und -stärke, über die Ästung sowie über Pflegemaßnahmen und Meliorationen werden dadurch erschwert. Nahezu unüberwindbare Probleme treten ferner bei der Selbstkostenkalkulation einzelner Produkte auf, weil es sich fast durchweg um Kuppelprodukte handelt. Wirtschaftlichkeitsurteile haben daher nur einen beschränkten Aussagewert und können lediglich als Zwischenurteile für einen relativ kleinen Abschnitt des gesamten Produktionsprozesses betrachtet werden.
6. Der Kapitalumschlag (= Kapital : Umsatz) ist im Forstbetrieb je nach Baumart und Ertragsklasse mit durchschnittlich 30 bis 80 Jahren sehr langsam. Die durchschnittliche Rentabilität ist geringer als 3 %.
7. Die zumeist sehr große Flächenausdehnung ist eine weitere Eigenart des Forstbetriebs. Die forstbetrieblichen Tätigkeiten entsprechen in dieser Beziehung dem aus der Bauwirtschaft bekannten „Baustellenprinzip“.

Zur Abgrenzung zu Einkünften aus Gewerbebetrieb vgl. Rz. 115 und das Prüfschema nach Rz. 483.

b) Begriffserläuterungen

Dem Begriff des Waldes kommt in unterschiedlichen Regelungszusammenhängen unterschiedliche Bedeutung zu. Der in §§ 94 ff. BGB zur Bestimmung der Bestandteilseigenschaft einer Sache verwendete Grundstücksbegriff ist in seiner sachenrechtlichen Zielsetzung auf eine Erhaltung wirtschaftlicher Werte sowie die Wahrung rechtssicherer Vermögenszuordnungen ausgerichtet.[1] Dagegen stehen in steuerrechtlichen Bewertungszusammenhängen die wirtschaftlichen Gesichtspunkte im Vordergrund, die zu anderen Abgrenzungsergebnissen führen (Unterschied Sache § 90 BGB, Vermögensgegenstand § 240 HGB und Wirtschaftsgut § 2 Abs. 1 Satz 4 BewG, § 6 Abs. 1 EStG). 1169

aa) Begriff Wald im Privatrecht

Zu den wesentlichen Bestandteilen eines Grundstücks gehören die mit dem Grund und Boden fest verbundenen Sachen, darunter auch die Erzeugnisse des Grundstücks, solange sie mit dem Boden zusammenhängen (§ 94 BGB). Samen wird mit dem Aussäen, eine Pflanze mit dem Einpflanzen wesentlicher Bestandteil des Grundstücks. 1170

Bei Verkaufspflanzen in Baumschulen handelt es sich um Scheinbestandteile. Scheinbestandteile können aber auch vorliegen, wenn aufstehende Bäume forstwirtschaftlich genutzt, d. h. zur Holzproduktion gefällt werden sollen.[2]

bb) Begriff Wald im öffentlichen Recht

Wald i. S. des § 2 Bundeswaldgesetzes ist **jede mit Forstpflanzen bestockte Grundfläche**. Daneben nennt das BWaldG beispielhaft eine Reihe von solchen Flächen, die als Wald gelten (z. B. kahl geschlagene Grundflächen, Waldwiesen, Waldwege, Holzlagerplätze). Nach § 2 Abs. 2 BWaldG kann eine Mindestgröße von 2.000 m² als Hilfsmittel für das Vorliegen von Wald herangezogen werden.[3] Zur Mindestgröße im einkommensteuerlichen Sinne vgl. Rz. 1188. Baumschulen stellen keinen Wald dar. Nach landesgesetzlichen Regelungen können u. a. Weihnachtsbaum- und Schmuckreisigkulturen vom Waldbegriff ausgenommen werden. 1171

1 BGH 3.12.1998 – VII ZR 109/97, unter III.1.

2 BFH 25.1.2022 – II R 36/19, BStBl 2023 II S. 719.

3 BT-Drucks. 7/889 S. 25; VG Hannover 12.6.2018 – 4 A 2002/18, Rz. 34 zur Mindestgröße.

1172 Zum **Begriff des forstwirtschaftlichen Betriebs i. S. des § 35 BauGB** vgl. BVerwG vom 4.3.1983.[1] Danach hängt die Anerkennung eines forstwirtschaftlichen Betriebs von der Größe her gesehen sehr weitgehend von der Feststellung der besonderen Verhältnisse des Einzelfalls ab. Dabei sind Mindestanforderungen an einen forstwirtschaftlichen Betrieb zu stellen, wobei jeweils anhand der Verkehrsauffassung zu bestimmen ist, welche **Betriebsgröße** und **Betriebsintensität** einschließlich einer **spezifisch betrieblichen Organisation** und **Planung** vorliegen müssen. Das BVerwG äußert in diesem Urteil Zweifel, ob Flächen von 17 Morgen oder wenigen Hektar als Betrieb angesehen werden können. Die Bewirtschaftung von 100 ha Wald könne jedoch – je nach Verkehrsauffassung und den konkreten Umständen des Einzelfalls – durchaus als Voll- oder (zumindest) als Nebenerwerbsbetrieb angesehen werden.

1173 Für die Versicherungs- und Beitragspflicht zur **landwirtschaftlichen Sozialversicherung**, z. B. § 2 KVLG, wird – falls der Wald eine Existenzgrundlage darstellt – bei bestehenden Nutzungsrechten an forstwirtschaftlichen Flächen – auch bei im Einzelfall fehlenden konkreten Bewirtschaftungsmaßnahmen – die forstwirtschaftliche Tätigkeit und damit die Eigenschaft als forstwirtschaftliches Unternehmen vermutet. Diese Vermutung gründet sich in rechtlicher Hinsicht darauf, dass nach den Waldgesetzen die Waldbesitzer nicht nur eine Schutz- und Erholungsfunktion des Waldes zu wahren haben, sondern ebenso zur Erhaltung der Nutzungsfunktion und somit zur Bewirtschaftung des Waldes verpflichtet sind. Von forstfremden Zwecken, z. B. Brachliegenlassen, kann daher keine Rede sein, wenn auf den forstwirtschaftlichen Flächen noch Bäume stehen, wachsen und nachwachsen.[2]

Die **landwirtschaftliche Unfallversicherung**, die eine Gewinnerzielungsabsicht nicht voraussetzt, umfasst Unternehmen der Forstwirtschaft, die wesentlich über die Grenzen des forstwirtschaftlichen Betriebs i. S. des Baurechts und des ESt-Rechts hinausgehen. § 776 RVO legte keine flächenmäßige Untergrenze fest, so dass sich die landwirtschaftliche Unfallversicherung grds. auch auf Kleinstunternehmen oder Zwergbetriebe oberhalb der Geringfügigkeitsgrenze erstreckt. Nach BSG vom 12.6.1989 – 2 BU 175/88[3] unterschreitet 1.600 m^2 dünn stehender Wald die Geringfügigkeitsgrenzen nicht. Vgl. auch Urteil des BSG vom 7.12.2004.[4]

---

1 AgrarR 1984 S. 141.

2 BSG 3.5.1984 – 11 RK 1/83, AgrarR 1984 S. 358.

3 AgrarR 1990 S. 119.

4 B 2 U 43/03 R.

Das **GrStG** macht die forstwirtschaftliche Nutzung von einer gewissen Mindestgröße abhängig (vgl. hierzu auch Rz. 1398). Wegen der geringen Auswirkung von 50 DM/ha beim Einheitswert und der Erhöhung des GrSt-Messbetrages um 0,30 DM bei 1 ha ist es aus verwaltungsökonomischen Gründen sinnvoll, eine forstwirtschaftliche Nutzung erst bei einer Mindestgröße von zusammenhängenden Waldflächen von 2 ha anzunehmen.[1] 1173/1

Die öffentlichen Förderprogramme gehen bei der Förderung des Anbaus standortgerechter Baumarten als Zuwendungsvoraussetzung für die Forstkultur von deutlich unter 1 ha Mindestbestandfläche aus; je nach Bundesland schwankt dabei die Mindestfläche zwischen 0,1 ha (BY) und 0,3 ha (NI).[2] 1173/2

Nach der strafgerichtlichen Rspr. gehört ein Gelände nur insoweit zum Wald, als es mit Waldbäumen bestanden ist. Dem BWaldG könne – strafrechtlich – wegen der unterschiedlichen Waldgesetze der Länder die Definition des Waldes nicht entnommen werden.[3] 1174

Das Bewertungsrecht stellt im Gegensatz zum Ertragsteuerrecht (vgl. Rz. 1398) nur auf die Nutzung ab. Bewertungsrechtlich gehören zur forstwirtschaftlichen Nutzung alle Wirtschaftsgüter, die der Erzeugung und Gewinnung von Rohholz dienen. Baumgruppen und Baumreihen auf Flächen anderer luf Nutzungen, z. B. auf Wiesen und Weiden, an Wegrändern und Hofzufahrten rechnen nicht zur forstwirtschaftlichen Nutzung. Wegen weiterer bewertungsrechtlicher Regelungen vgl. Rz. 1425. Die Weihnachtsbaumkultur und die Energiewälder rechnen bewertungsrechtlich zur sonstigen luf Nutzung nach §§ 34 Abs. 2, 62 BewG vgl. Rz. 1428. Zu erbschaftsteuerlichen Besonderheiten vgl. Rz. 1450, 1492.

cc) Forstfachliche Begriffserläuterungen

Abschnitt 4.01 der BewRL[4] enthält eine Auflistung von forstfachlichen Begriffen. 1174/1

Weiterführende Links

Bayer. Landesanstalt für Wald und Forstwirtschaft www.lwf.bayern.de

www.forstwirtschaft-in-deutschland.de

---

1 FG Düsseldorf 1.9.2005 – 11 K 5169/02 Gr, BG, NWB WAAAB-78190 = EFG 2005 S. 528.

2 Ortenburg/Ortenburg, NWB 2009 S. 3344 – Einzelfragen bei der Bilanzierung des Waldbestands.

3 BGH 3.6.1982 – 4 StR 212/82, NJW 1982 S. 2266.

4 BStBl 1967 I S. 397, 420.

Bei Bedarf steht auf dieser Website auch ein forstliches Glossar mit Begriffserläuterungen zur Verfügung.

dd) Abgrenzung zu besonderen Aufwuchsformen

(1) Weihnachtsbaumkulturen

1175 Christbaumkulturen sind i. S. der Waldgesetze kein Wald (vgl. Rz. 1171). Bewertungsrechtlich handelt es sich um eine sonstige luf Nutzung nach § 62 BewG (vgl. Rz. 1428, Abschnitt 7.34 BewRL). Zur Rechtsfrage, ob bei einer Christbaumkultur eine forstwirtschaftliche oder eine sonstige luf Nutzung vorliegt, vgl. BFH vom 17.3.2010.[1] Zum USt-Steuersatz für einen Christbaum aus dem Wald 5,5 % vgl. Abschnitt 24.2 Abs. 4 Satz 1 und 2 UStAE und aus der Weihnachtsbaumkultur 9 % Abschnitt 24.2 Abs. 4 Satz 4 UStAE (vgl. Rz. 1648).

Christbaumkulturen gehören als mehrjährige Kulturen zum Umlaufvermögen. Allerdings können hierfür die Vereinfachungsregelungen des sog. Baumschulerlasses[2] nicht angewendet werden. Zur Mindestgröße eines Betriebs vgl. Rz. 1081.

(2) Ausgleichsmaßnahmen nach den Naturschutzgesetzen (Ersatzflächenpools)

1176 Gebietskörperschaften und private Eingriffsverursacher sind gesetzlich verpflichtet, Ausgleichsflächen für die mit der Bebauung von Grundstücken verbundenen Eingriffe in den Naturhaushalt und das Landschaftsbild zu schaffen. Der Ausgleich kann an anderer Stelle als dem Ort des Eingriffs erfolgen; die Ausgleichsflächen müssen nicht zwingend im Eigentum des Eingriffsverursachers stehen. Land- und Forstwirte erklären sich gegenüber den Gebietskörperschaften/privaten Eingriffsverursachern damit einverstanden, dass Flächen ihres Betriebs mit Naturschutzauflagen belastet werden, die sie danach unter Wahrung und Förderung naturschutzrechtlicher Aspekte weiter bewirtschaften (Ausgleichsflächen). Als Vertragsgrundlage für die Einrichtung sog. Ersatzflächenpools zwischen dem LuF und dem Ausgleichsverpflichteten dienen vielfach Pflege- und Entwicklungspläne. Diese beinhalten u. a. Angaben über den Zustand der einzelnen Flächen zu Vertragsbeginn und ein Konzept zum Erhalt und zur langfristigen Verbesserung/Intensivierung der naturgerechten Bewirtschaftung der Ausgleichsflächen.[3]

1 BFH 17.3.2010 – IV R 60/07, NWB ZAAAD-45413 = BFH/NV 2010 S. 1446.

2 BMF 13.12.2022, BStBl 2022 I S. 1673.

3 BMF 3.8.2004, BStBl 2004 I S. 716; BMF 11.10.2021, BStBl 2021 I S. 2025.

Nach dem BFH[1] ist eine Entschädigung dafür, dass auf einer bisher landwirtschaftlich genutzten Fläche ein Forst angepflanzt wird, bei § 13a EStG a. F., mit dem Grundbetrag abgegolten, soweit Wertminderungen des Grundstücks und Wirtschaftserschwernisse abgegolten werden sollen (Rz. 485). Im Entgelt für die Erstaufforstung sah der BFH keinen Dienstleistungscharakter, sondern einen Zuschuss zu den HK. Soweit eine Verrechnung nicht möglich ist, geht der BFH von Betriebseinnahmen aus, die nach § 13a Abs. 5 EStG zu erfassen sind. Entschädigungen, die für die Wertminderung des Grund und Bodens gewährt werden, sind nach § 13a Abs. 7 Satz 1 Nr. 1 Buchst. c EStG n. F. als Sondergewinn zu erfassen. 1177

Ausgleichsflächen mit Wald auf einer zur forstwirtschaftlichen Nutzung (§ 34 Abs. 2 Nr. 1b BewG, § 160 Abs. 2 Nr. 1b BewG) gehörenden Fläche bleiben forstwirtschaftliche Nutzfläche. Hieraus erzielte Einnahmen sind forstwirtschaftliche Einnahmen und bei der GnD nach § 13a Abs. 5 EStG zu erfassen.

Werden einem gewerblichen Ökokontobetreiber Flächen für 25 Jahre überlassen, damit dieser Ausgleichsflächen[2] betreiben kann, handelt es sich um einen Nutzungsüberlassungsvertrag. Falls der Grundstückseigentümer auch Pflegeleistungen zu erbringen hat, ist eine erhaltene Einmalzahlung (Bruttozahlung) (nach dem wirtschaftlichen Gehalt) aufzuteilen in Pachteinnahmen (vgl. § 13a Abs. 3 Satz 1 Nr. 5 EStG; brutto) und anteiliges Bewirtschaftungsentgelt (vgl. § 13a Abs. 7 Satz 1 Nr. 3 EStG; brutto abzüglich 60 % Betriebsausgaben), ggf. Zuschuss für die Herstellung von Wirtschaftsgütern. 1177/1

(3) Kurzumtriebskulturen (Energieholz, Industrieholz)

Landwirtschaftliche Flächen können mit schnellwüchsigen Forstgehölzen in kurzen Umtrieben bepflanzt werden. Sie sind nach dem BWaldG, wenn sie mit einer maximalen Umtriebszeit von 20 Jahren geführt werden, vom Waldbegriff ausgenommen. In den zwanzig Jahren muss mindestens einmal geerntet werden. Der Status der landwirtschaftlichen Fläche bleibt erhalten und eine Aufforstungsgenehmigung nach dem BWaldG ist nicht erforderlich. Nach Art. 2 Abs. 4 BayWaldG handelt es sich ebenfalls nicht um Wald, allerdings ist nach Art. 16 Abs. 1 BayWaldG eine Aufforstungsgenehmigung erforderlich. 1178

Nach der Verordnung (EG) Nr. 73/2009 sind Flächen mit Niederwald mit Kurzumtrieb, die für eine landwirtschaftliche Tätigkeit genutzt werden, im Rahmen 1179

1 BFH 11.9.2013 – IV R 57/10, NWB EAAAE-52237 = BFH/NV 2014 S. 316.

2 Nach Kompensationsverordnungen.

der Betriebsprämienregelung förderfähig. Die Möglichkeit der Beihilfefähigkeit im Rahmen der Betriebsprämie besteht jedoch nur für bestimmte Gehölzarten. Beihilfefähige Gehölzarten sind derzeit Pappeln, Weiden, Robinien, Birken, Erlen, Eschen sowie Stiel-, Trauben- und Roteichen. Die maximale Umtriebszeit von 20 Jahren ist ebenfalls Voraussetzung für die Beihilfefähigkeit.

1180 Mit einer Kurzumtriebsbewirtschaftung können derzeit zwei Produktionslinien verfolgt werden: Zum einen als Energieholz in Form von Hackschnitzel und Pellets und zum anderen als Industrieholz, z. B. als Zellstoff und Spanplatten.

Nutzung als Energieholz

1181 Bei der Nutzung als Energieholz werden die Hölzer mehrfach (sog. Umtriebszeit/2 – 10 Jahre) zur Energieholzgewinnung genutzt. Nach einer Nutzung treiben die Hölzer erneut aus und können dadurch mehrfach genutzt werden. Bei den Pflanzenbeständen zur Erzeugung von Energieholz handelt es sich um **Dauerkulturen (Anlagevermögen),** deren Fertigstellungszeitpunkt typisierend mit dem dritten Jahr nach der Pflanzung und deren Nutzungsdauer einheitlich mit 20 Jahren anzunehmen ist (vgl. Rz. 1231).

Nutzung als Industrieholz

1182 Soweit keine Erzeugung von Energieholz erfolgt, wird auf Kurzumtriebsplantagen regelmäßig Holz erzeugt, das stofflich genutzt wird. Dies bedeutet, dass das Holz in Sägewerken, Papierfabriken und in anderen produzierenden Betrieben der Holzwirtschaft verarbeitet wird. Dabei erfolgt regelmäßig nur eine einmalige Nutzung in den max. 20 Jahren (ohne Wiederaustrieb). Aufgrund der Art der Bewirtschaftung solcher Anlagen (zumeist Dauergrünland, geringere Pflanzdichte, Pflanzung in Reihen, Verwendung von Setzstangen, landwirtschaftliche Unter- oder Zwischennutzung der Reihen, Ertrags-Aufwands-Gefüge) sowie der rechtlichen Einordnung als Landwirtschaftsfläche ist von Pflanzenbeständen auszugehen, die nach Auffassung der FinVerw als **mehrjährige Kulturen (Umlaufvermögen)** einzuordnen sind. Daraus ergeben sich entsprechend dem BMF-Schreiben vom 15.12.1981,[1] die ertragsteuerlichen Folgen des § 6 Abs. 1 Nr. 2 EStG (vgl. Rz. 1231).

1 BStBl 1981 I S. 878, Tz. 3.2; Anhang 10 II EStH.

Bewertungsrechtliche Einordnung:

Aus bewertungsrechtlicher Sicht handelt es sich bei den Kurzumtriebskulturen um eine sonstige luf Nutzung nach § 62 BewG. Für Zwecke des § 13a EStG ist daher – bei Vorliegen der Zugangsvoraussetzungen nach § 13a Abs. 1 EStG (Rz. 419) – ein Gewinn nach § 13a Abs. 6 Satz 3 EStG anzusetzen. 1183

(4) Plantagen in Mittelamerika – Baumsparverträge

Verluste aus sog. Baumsparverträgen auf Aufforstungsflächen – vornehmlich in Panama (El Dorado) und Paraguay – sind nach Ansicht der FinVerw steuerlich nicht anzuerkennen.[1] Eine Gewinnerzielungsabsicht sei zu verneinen, weil die vom BFH[2] geforderte Untergrenze einer jährlichen Gewinnerwartung nicht erreicht werden kann. Der Abschluss sog. **Baumsparverträge** sei somit mangels einer Gewinn- bzw. Überschusserzielungsabsicht in den Bereich einer steuerlich nicht relevanten Betätigung einzuordnen. Für die anderen Darreichungsformen der BaumSparVerträge, wie **GeschenkBaum** oder **WaldSparBuch** gelte dies entsprechend. Entsprechendes gelte auch im Zusammenhang mit der Anpachtung von Kleinflächen ab 2.500 m^2. 1184

Weitere Modelle sind derzeit die Beteiligung an **geschlossenen Waldfonds**. Hier können die Grundsätze wie bei geschlossenen Immobilienfonds angewendet werden[3] und die Erträge einheitlich und gesondert festgestellt werden. Erträge aus **offenen Waldfonds** werden nach den Regelungen des Investmentsteuergesetzes versteuert. Im Privatvermögen erzielt der Anleger Einkünfte aus Kapitalvermögen (§ 2 InvStG).[4] 1185

Bei **Rundholzkaufverträgen** erfolgt die Lieferung von z. B. Teak-Rundholz aus Brasilien oder Robinien-Rundholz aus Bulgarien nach Erreichen des festgelegten Baumalters fünf, zehn oder fünfzehn Jahre nach Vertragsabschluss. Der Käufer hat den vereinbarten Kaufpreis sofort nach Vertragsabschluss in voller Höhe zu zahlen. Bei den Käufern handelt es sich üblicherweise um natürliche Personen ohne erkennbare Kenntnisse bzw. Erfahrungen mit dem Handel von Rundholz. 1186

Die Rundholz-Käufer begründen keinen Gewerbebetrieb i. S. von § 15 Abs. 2 EStG. Sie nehmen nicht am allgemeinen wirtschaftlichen Verkehr teil und kom-

1 OFD Rheinland 7.2.2012 – S 2230 - 2011/0027 - St 157, NWB YAAAE-02375.

2 BFH 26.6.1985, BStBl 1985 II S. 549; es ist jedoch auf den erzielbaren Totalgewinn abzustellen, vgl. BFH 9.3.2017 – VI R 86/14, BStBl 2017 II S. 891.

3 BMF 20.10.2003, BStBl 2003 I S. 546.

4 OFD Rheinland 7.2.2012 – S 2230 - 2011/0027 - St 157, NWB YAAAE-02375.

men aufgrund fehlender Nachhaltigkeit über den Bereich der privaten Vermögensverwaltung nicht hinaus.[1]

(5) Wildparks

1187 Die Unterhaltung eines Wildparks kann als luf Betrieb angesehen werden. Bei der Unterhaltung eines Wildparks auf eingezäunten Forstflächen spricht der Betrieb einer Gaststätte, eines Getränkeausschanks, eines Futterverkaufs oder die Unterhaltung eines Kinderspielplatzes für eine gewerbliche Betätigung. Auch die Haltung eines größeren Bestands kann als Hinweis für die Gewerblichkeit gelten.[2] Danach sind die Wald- und Wiesenflächen als landwirtschaftliche Nutzung und die übrigen Flächen als Grundvermögen zu bewerten.

c) Vorliegen eines Forstbetriebs

aa) Erwerbsbetrieb

1188 Für die Frage, ob ein Wald einen forstwirtschaftlichen Betrieb i. S. des § 13 Abs. 1 Nr. 1 EStG darstellt, ist nach folgenden Grundsätzen zu prüfen:

Ein landwirtschaftlicher Betrieb setzt grds. nach der Rechtsprechung des BFH weder eine Mindestgröße noch einen vollen landwirtschaftlichen Besatz (Betriebsgebäude, Inventar usw.) voraus. Auch die Bewirtschaftung von Stückländereien führt daher zu Einkünften aus LuF. Von diesen Grundsätzen geht auch die Regelung im FMS vom 4.5.1972 zum Begriff eines luf Betriebs aus, indem typisierend ein luf Betrieb bei einer selbstbewirtschafteten Fläche von mindestens 3.000 m² bejaht wird (vgl. Rz. 1081).

Nach der BFH-Rechtsprechung[3] liegt ein Betrieb jedoch nicht vor, wenn wegen einer sehr geringen Nutzfläche nur solche Erträge erzielt werden können, wie sie ein (privater) Gartenbesitzer i. d. R. für Eigenbedarfszwecke erzielt. Ein solcher Gartenbesitzer strebt nicht nach einem echten, wirtschaftlich ins Gewicht fallenden Gewinn. Für den Sonderfall des aussetzenden Forstbetriebs hat der BFH als Untergrenze auf einen Gesamtgewinn von auf die Jahre verteilt min-

1 OFD Rheinland 7.2.2012 – S 2230 - 2011/0027 - St 157, NWB YAAAE-02375; Hessisches FG 1.9.2010 – 10 K 1913/09, EFG 2011 S. 621; FG BW 25.10.2011 – 5 K 3460/08; FG Köln 1.3.2012 – 12 K 3259/09 und 22.5.2012 – 15 K 1401/09, EFG 2012 S. 2269; BFH 26.11.2012 – X B 172/12, NZB unzulässig.

2 FinMin Bayern 27.11.1973.

3 BFH 26.6.1985, BStBl 1985 II S. 549; BFH 5.5.2011, BStBl 2011 II S. 792; BFH 16.5.2018 – VI R 45/16, BStBl 2019 II S. 60, Rz. 20.

destens 1.000 DM pro Jahr abgestellt. Im Urteil vom 5.5.2011 hat der BFH offengelassen, ob er daran festhalten würde. Im Urteil vom 9.3.2017[1] geht der BFH davon aus, dass es nicht entscheidend ist, welcher Gewinn rechnerisch auf die einzelnen Jahre der Gesamtumtriebszeit entfällt.

Für das Vorliegen eines Forstbetriebs ist daher zu prüfen, ob vom Stpfl. eine selbständige, nachhaltige Betätigung, die mit der Absicht, Gewinn zu erzielen, unternommen wird und sich als Beteiligung am allgemeinen wirtschaftlichen Verkehr darstellt (vgl. § 15 Abs. 2 Satz 1 EStG aus Negativmerkmal LuF, § 13 Abs. 7 EStG).

Ausgehend von der o. a. Rechtsprechung ging die FinVerw aus Gründen der Verwaltungsvereinfachung im Allgemeinen davon aus, dass ein forstwirtschaftlicher Betrieb erst bei einer Waldfläche von mehr als 2 ha (Abgrenzungshilfe Fläche) vorliegt. Das BFH-Urteil vom 9.3.2017 und BMF vom 18.5.2018[2] enthalten Kernaussagen zum Vorliegen eines Erwerbsbetriebs. Entscheidendes Kriterium ist die Frage nach der Gewinnerzielungsabsicht.

Die **Gewinnerzielungsabsicht** ist nur zu prüfen, wenn der Stpfl. Verluste erklärt. 1188/1
Dabei ist die Totalgewinnprognose objektbezogen, d. h. generationenübergreifend über den Zeitraum der durchschnittlichen oder bei Erwerb bereits hergestellter Baumbestände verbleibenden Umtriebszeit des darin vorherrschenden Baumbestands zu ermitteln. Entsprechend der langfristig bemessenen Ausnutzung der natürlichen Kräfte des Waldbodens ist das noch nicht geschlagene Holz zur Erzielung von Einkünften bestimmt, gleichgültig, wer gegenwärtiger Eigentümer ist und wer wann den sich ergebenden Totalgewinn letzten Endes tatsächlich realisieren kann. Maßgeblich ist allein, ob nach Ablauf der Umtriebszeit insgesamt ein Gewinn erzielt werden kann. Die Annahme eines Forstbetriebs wird auch nicht durch ein Unterschreiten des mutmaßlichen Jahresgewinns von früher 1.000 DM ausgeschlossen. Denn welcher Gewinn rechnerisch auf die einzelnen Jahre der gesamten Umtriebszeit entfällt, ist nicht entscheidend. Auf Bewirtschaftungsmaßnahmen kommt es nicht an. Es reicht aus, dass dem Stpfl. eine Wertsteigerung durch den natürlichen Aufwuchs als zunächst nicht realisierter Gewinn einschließlich des Bodenwertes zufällt. Holz wächst von alleine.

---

1 BFH 9.3.2017 – VI R 86/14, BStBl 2017 II S. 981.

2 BMF 18.5.2018, BStBl 2018 I S. 689.

Nach dem BMF-Schreiben vom 18.5.2018 ergeben sich folgende Prüfschritte:

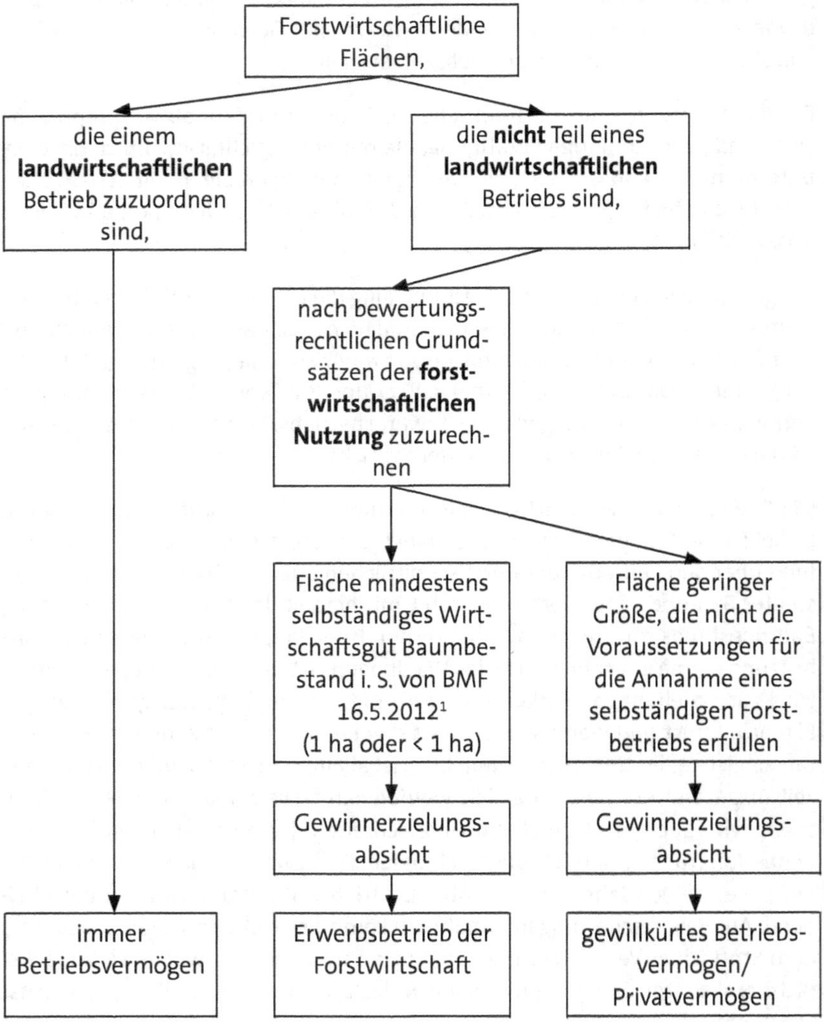

1 BStBl 2012 I S. 595.

bb) Abgrenzung zur Liebhaberei

Grundlage des von der Rechtsprechung entwickelten Rechtsbegriffs der Liebhaberei ist der sog. zweigliedrige Liebhaberei-Begriff, der sich aus Totalverlust (Prognose) und einer einkommensteuerrechtlich irrelevanten Betätigung (persönliche Gründe) zusammensetzt. 1189

Ob eine Gewinnerzielungsabsicht gegeben ist, richtet sich nach den Umständen des Einzelfalls. Dabei handelt es sich um ein subjektives Tatbestandmerkmal, das sich nur anhand objektiver Merkmale beurteilen lässt. Aus objektiven Umständen muss auf das Vorliegen oder Fehlen der Absicht geschlossen werden. Maßgebend ist, wie sich die Verhältnisse aus der Sicht des an objektiven Gegebenheiten orientierten Steuerpflichtigen dargestellt haben. Erforderlich ist eine in die Zukunft gerichtete, langfristige Beurteilung.[1] Bei bereits bestehenden Betrieben sind für diese Gewinnprognose die in der Vergangenheit erzielten Gewinne ohne Bedeutung.[2] Aus weiteren Beweisanzeichen muss die Feststellung hinzukommen, dass der Steuerpflichtige den Betrieb nur aus persönlichen Gründen unterhält.[3] Persönliche Gründe sind alle einkommensteuerrechtlich unbeachtlichen Motive. Vgl. auch die Ausführungen und Schaubilder in Rz. 138/1 und 145 zur Liebhaberei von Anfang an vgl. BFH-Urteil vom 20.1.2005.[4]

Zur Segmentierung auf den Betriebszweig Landwirtschaft und auf den Betriebszweig Forstwirtschaft vgl. BFH-Urteil vom 13.12.1990.[5] Im Urteil vom 20.1.2005[6] hält der BFH eine Segmentierung sogar für jede einzelne hinzuerworbene Fläche für geboten.

Bei einem Forstbetrieb ist die Totalgewinnprognose grundsätzlich generationenübergreifend über den Zeitraum der durchschnittlichen Umtriebszeit des darin vorherrschenden Baumbestands zu erstrecken. Dies gilt zugleich betriebsübergreifend auch dann, wenn der Forstbetrieb zunächst unter Nießbrauchsvorbehalt an die nächste Generation übertragen wird. Die Totalgewinnprognose ist dann ungeachtet der Entstehung zweier Forstbetriebe für einen fiktiven konsolidierten Forstbetrieb zu erstellen. Werden im Rahmen einer Betriebsgründung bzw. eines Betriebserwerbs bereits hergestellte Baumbestände er-

1 BFH 25.6.1984, BStBl 1984 II S. 751, 767.
2 BFH 26.2.2004, BStBl 2004 II S. 455.
3 Vgl. H 15.3 „Persönliche Gründe" EStH.
4 IV R 6/03.
5 BStBl 1991 II S. 452.
6 IV R 6/03.

worben, ist der Prognosezeitraum regelmäßig nach dem Zeitpunkt des Erwerbs bis zur Hiebsreife der Baumbestände zu bemessen.[1]

Zum Wechsel vom Erwerbsbetrieb zum Liebhabereibetrieb bei Mischbetrieben im Falle der Aufgabe des landwirtschaftlichen Betriebsteils vgl. Rz. 1244.

cc) Forstwirtschaftlicher Teilbetrieb

1190 Ein Teilbetrieb ist ein mit gewisser Selbständigkeit ausgestatteter, organisch geschlossener Teil des Gesamtbetriebs, der für sich betrachtet alle Merkmale eines Betriebs i. S. des EStG aufweist und für sich lebensfähig ist. Eine völlig selbständige Organisation mit eigener Buchführung ist nicht erforderlich. Für die Annahme einer Teilbetriebsveräußerung genügt nicht die Möglichkeit der technischen Aufteilung des Betriebs. Notwendig ist die Eigenständigkeit des Teiles.[2]

1191 Nach R 14 Abs. 4 EStR liegt die Veräußerung eines forstwirtschaftlichen Teilbetriebs vor, wenn ein organisatorisch mit einer gewissen Selbständigkeit ausgestatteter Teil eines Betriebs der LuF veräußert wird. Der Teilbetrieb muss im Veräußerungsfall im Wesentlichen die Möglichkeit bieten, künftig – aus der Sicht eines Erwerbers – als selbständiger Betrieb geführt werden zu können, auch wenn dies noch einzelne Ergänzungen oder Änderungen bedingen sollte.

Ein forstwirtschaftlicher Teilbetrieb setzt im Fall der Veräußerung einer Teilfläche eines Nachhaltsbetriebs weder voraus, dass für die veräußerten Flächen bereits ein eigener Betriebsplan sowie eine eigene Betriebsabrechnung vorlagen, noch dass die veräußerte Fläche selbst einen Nachhaltsbetrieb mit unterschiedlichen Holzarten und Altersklassen bildet; es genügt, dass der Erwerber die Teilflächen als selbständiges, lebensfähiges Forstrevier fortführen kann.[3]

1192 Ausgehend von diesen Grundsätzen gelten in der Forstwirtschaft großzügigere Maßstäbe als in der Landwirtschaft bei der Bildung von Teilbetrieben. Es genügt, dass aus der Sicht eines Erwerbers ein selbständiges, lebensfähiges Forstrevier fortgeführt werden kann. Holz wächst von alleine. Für das Vorliegen einer betrieblichen Betätigung ist keine weitere Aktivität erforderlich.

1193 Werden nur forstwirtschaftliche Flächen geringer Größe, die nicht die Voraussetzungen für die Annahme eines selbständigen Forstbetriebs erfüllen, über-

---

1 BFH 7.4.2016 – IV R 38/13, BStBl 2016 II S. 765.

2 R 16 Abs. 3 EStR.

3 BFH 17.1.1991, BStBl 1991 II S. 566.

tragen, liegt keine Buchwertübertragung nach § 6 Abs. 3 EStG (mangels Übertragung des landwirtschaftlichen Teils), sondern eine Entnahme vor.

Zu Folgerungen aus der Teilbetriebseigenschaft vgl. Rz. 1196 und 1240.

dd) Abgrenzung zur Betriebsstätte

Bewirtschaftete luf Nutzflächen können als Betriebsstätten i. S. von § 12 AO zu 1194
qualifizieren sein.[1]

Der Betriebsstättenbegriff des § 12 AO ist nicht deckungsgleich mit dem Begriff der Betriebsstätte i. S. des § 4 Abs. 5 Satz 1 Nr. 6 Satz 1 EStG.[2] Die Aufwendungen für die Fahrten zwischen Wohnung und Betriebsstätte dürfen den Gewinn nur im Rahmen des § 4 Abs. 5 Satz 1 Nr. 6 EStG mindern. Mehraufwendungen für die Verpflegung des Stpfl. sind nur dann als Betriebsausgaben abziehbar, wenn der Stpfl. vorübergehend von seiner Wohnung und dem Mittelpunkt seiner dauerhaft angelegten betrieblichen Tätigkeit entfernt betrieblich tätig wird. Der Begriff des Mittelpunktes der dauerhaft angelegten betrieblichen Tätigkeit des Stpfl. i. S. des § 4 Abs. 5 Satz 1 Nr. 5 EStG entspricht dem Begriff der ersten Betriebsstätte.[3] Die FinVerw geht davon aus, dass die Hofstelle und die von der Hofstelle aus bewirtschafteten Flächen die erste Betriebsstätte bilden.[4]

ee) Mehrheit von Betrieben

Für die Abgrenzung können die gewerbesteuerlichen Grundsätze in R 2.4 Abs. 1 1195
und 2 GewStR und die H 2.4 GewStH herangezogen werden. Ein einheitlicher Betrieb liegt danach vor, wenn zwischen zwei Betätigungen ein räumlicher und sachlicher Zusammenhang besteht. Folgende Indizien können auf einen sachlichen Zusammenhang von Betrieben hindeuten:

Sachlicher Zusammenhang	
► wirtschaftlicher Zusammenhang	– Tätigkeiten unterstützten und ergänzen sich – gemeinsamer Kunden- und Lieferantenkreis

1 BFH 2.4.2014 – I R 68/12, BStBl 2014 II S. 875.
2 BFH 11.11.2014 – VIII R 46/12, NWB PAAAE-89756; BMF 23.12.2014, BStBl 2015 I S. 26.
3 BMF 23.12.2014, BStBl 2015 I S. 26, Rz. 9.
4 FinMin Schleswig-Holstein 18.10.2021 – VI 309 - S 2145-139.

► finanzieller Zusammenhang	– einheitliche Buch- und Kassenführung (gemeinsame Bilanz und VG-Rechnung) – gemeinsame Bankkonten – einheitliche Rechnungsformulare – gemeinsame Finanzierung des Aktivvermögens
► organisatorischer Zusammenhang	– gewisse räumliche Nähe zwischen den Tätigkeiten – laufende Betriebsführung in denselben Räumen – Einsatz derselben Arbeitskräfte – gemeinsamer Einkauf und Bezahlung von Waren und Betriebsmitteln – gemeinsames Anlagevermögen oder gemeinsame Verwaltung (Austausch betriebsnotwendiger Maschinen)

Maßgebend ist das Gesamtbild der Verhältnisse im Einzelfall und Berücksichtigung der Verkehrsanschauung.

Für den Wald gelten ohnehin Besonderheiten (vgl. Rz. 1168 und Rz. 1288). Bei der Frage, ob mehrere räumlich getrennte Wälder einen einheitlichen Betrieb bilden, hindern Entfernungen von nicht mehr als 100 km nicht das Gesamtbild eines einheitlichen Betriebs.[1]

ff) Folgerungen aus der Betriebs- oder Teilbetriebseigenschaft

1196 Aus dem Vorliegen eines Betriebs oder Teilbetriebs ergeben sich Auswirkungen bei

- Zurechnung der Einkünfte nach § 4a Abs. 2 EStG (vgl. Rz. 192) beim laufenden Gewinn und beim Veräußerungsgewinn (vgl. Rz. 192);
- dem Gewinnermittlungszeitraum (vgl. Rz. 177, 181);
- der Pauschalierungsmöglichkeit nach § 51 EStDV im Hinblick auf die 50 ha-Grenze (vgl. Rz. 1209);
- Gewinnermittlungsart durch eine Einheit oder eine Mehrheit von Betrieben; vgl. Rz. 1195;
- unentgeltlichen Übertragungen von Waldflächen ohne Teilbetriebseigenschaft können vom Rechtsnachfolger mangels einer Teilbetriebseigenschaft die Buchwerte nicht nach § 6 Abs. 3 EStG fortgeführt werden (vgl. Rz. 1246/1);

1 BFH 9.3.2017 – VI R 86/14, BStBl 2017 II S. 981.

- Aufgabe eines landwirtschaftlichen Teilbetriebs. Waldflächen können grundsätzlich nicht in den Aufgabegewinn einbezogen werden. Holz wächst von alleine. Bei forstwirtschaftlichen Flächen geringer Größe, die nicht die Voraussetzungen für die Annahme eines selbständigen Forstbetriebs erfüllen, ist eine Entnahme möglich.[1] Bei einer Nichteinbeziehung kann bei Vorliegen von erklärten Verlusten die Prüfung eines Wechsels vom Erwerbsbetrieb zum Liebhabereibetrieb veranlasst sein;[2] vgl. Rz. 1244;
- der Nutzungssatzermittlung für die Tarifermäßigung nach § 34b EStG (vgl. Rz. 1288);
- der Zuständigkeit: Ist ein Forstbetrieb nicht im Bezirk des Wohnsitz-Finanzamts belegen, ist das Lagefinanzamt zuständig (§§ 18 Abs. 1 Nr. 1, 180 Abs. 1 Satz 1 Nr. 2b AO). Erstreckt sich der Forst auf den Bezirk mehrerer FÄ, ist das FA zuständig, wo der wertvollste Teil liegt (bemessen nach dem Einheitswert).

d) Zurechnung der Einkünfte

aa) Grundsatz

Unternehmer einer LuF ist derjenige, der sie betreibt, d. h., auf dessen Rechnung 1197
und Gefahr der Betrieb geführt wird. Das gilt auch dann, wenn nach außen ein anderer als Inhaber des Betriebes in Erscheinung tritt, weil er ihn – z. B. als Verwalter – bewirtschaftet. Ein luf Betrieb, der auf die Nutzung des Grund und Bodens durch Fruchtziehung gerichtet ist, geht auf Rechnung und Gefahr dessen, dem die Nutzungen dieses der Landwirtschaft dienenden Vermögens durch Verwertung der Früchte[3] zustehen; denn auf dessen Risiko wird die Landwirtschaft betrieben. In der Regel ist das der Eigentümer des landwirtschaftlichen Grundbesitzes, falls er nicht aufgrund steuerrechtlich anzuerkennender Rechtsbeziehungen die Nutzungen dieses Vermögens einem anderen überlassen oder mit einem anderen teilen muss. Solche beachtlichen Rechtsbeziehungen können einerseits ein Pachtvertrag oder ein sonstiger Überlassungsvertrag oder andererseits ein Gesellschaftsvertrag sein. Besteht kein Vertragsverhältnis der genannten Art, nach dem ein anderer als der Eigentümer eines landwirtschaftlichen Hofes berechtigt oder mitberechtigt ist, die Nutzungen des der Landwirtschaft dienenden Grund und Bodens zu ziehen, so sind dem Eigentümer allein

1 Vgl. BMF v. 18.5.2018, BStBl 2018 II S. 689, Abschnitt V.
2 BFH 18.5.2000, BStBl 2000 II S. 524 und 30.12.2004, BFH/NV 2005 S. 1042.
3 Früchte i. S. des § 99 Abs. 1 BGB; Hessisches FG 16.2.2010, EFG 2011 S. 618.

die Einkünfte aus LuF zuzurechnen, auch wenn er den Betrieb nicht selbst führt, sondern durch einen anderen führen lässt.[1]

Zurechnung der Einkünfte aus der aktiven Bewirtschaftung		Rz.
Grundsatz	mit steuerlich anzuerkennender Rechtsbeziehung	
Eigentümer[2]	Pachtvertrag	724
	Wirtschaftsüberlassungsvertrag	761
	Nießbrauch	774
	Gesellschaftsvertrag	682
	Wirtschaftlicher Eigentümer § 39 AO	

Zu Besonderheiten bei der Verpachtung forstwirtschaftlicher Grundstücke vgl. Rz. 724.

Liegt nur ein Holzeinschlagsrecht (aufgrund Hofübergabe oder Vermächtnis) vor, sind im Einschlagszeitpunkt die Einkünfte dem Verpflichteten (= LuF) als Entnahme[3] zuzurechnen (= wie Holzverkauf auf dem Stamm).

bb) Realgemeinden

1198 Realgemeinden oder Realverbände (oft auch als „Holzgerechtigkeiten, Wald-, Forst- oder Laubgenossenschaften" bezeichnet) sind Körperschaften, die nach landesrechtlichen Vorschriften vor Inkrafttreten des BGB gebildet worden sind und nach Art. 164 EGBGB weiter bestehen. Soweit sie keinen Gewerbebetrieb unterhalten, sind sie von der Körperschaftsteuer befreit.[4] Durch die Regelung in § 13 Abs. 1 Nr. 4 EStG werden diese KdöR fiktiv wie Personengesellschaften behandelt.[5] Ihre Einkünfte (einschl. der Ausbeute von Bodenschätzen) sind im Rahmen einer gesonderten und einheitlichen Feststellung[6] unmittelbar den Beteiligten als Einkünfte aus LuF zuzurechnen. Zu den Einkünften des Beteiligten gehören auch Sondervergütungen der Realgemeinde für besondere Dienstleistungen des Landwirts, z. B. für Einschlags- und Holzrückearbeiten.

Im Regelfall wird die Beteiligung an der Realgemeinde nicht zum notwendigen Betriebsvermögen eines luf Einzelunternehmens gehören. Gehört sie zum Be-

1 BFH 7.10.1982, BStBl 1983 II S. 73.
2 BFH 7.10.1982, BStBl 1983 II S. 73.
3 BFH 12.8.1965, BStBl 1965 III S. 588.
4 § 3 Abs. 2 KStG.
5 BFH 9.10.1986, BStBl 1987 II S. 169.
6 § 180 Abs. 1 Satz 1 Nr. 2 Buchst. a AO.

triebsvermögen, sind Zuflüsse bzw. Veräußerungen bei GnD nach § 13a Abs. 3 Satz 1 Nr. 6 oder Abs. 7 Satz 1 Nr. 1a EStG zu erfassen (Rz. 471). Gewinnanteile aus zum notwendigen BV gehörenden Mitunternehmeranteilen sind anzusetzen (Rz. 447/13).

Zur Zurechnung von Ausschüttungen von nicht als ähnliche Realgemeinde anzusehenden öffentlich-rechtlichen Realgemeinden bei den Mitgliedern, vgl. FG Bremen 16.3.2004.[1]

Für die KapESt erhält die Waldgenossenschaft allerdings eine NV-Bescheinigung (vgl. § 44a Abs. 4 EStG).[2]

cc) Gemeindenutzungsrechte – Holzeinschlagsrechte – Rechtler

Zu Gemeindenutzungsrechten nach Art. 80 GO in Bayern, vgl. Glaser:[3] 1199

„Bei der Besiedelung Altbayerns und Frankens im 6. und 7. Jahrhundert blieben Grund und Boden zunächst im gemeinsamen Eigentum der Dorfbewohner (Markgenossen). Später entstand an den Wohn- und Wirtschaftsgebäuden und an der Ackerflur Einzeleigentum für die Markgenossen; Wälder und Weideland wurden jedoch von der Zuteilung ausgenommen und bildeten die sog. „allmende", die von den Markgenossen gemeinsam genutzt wurde. Nutzungsberechtigte waren dabei nur Anwesensbesitzer, wobei das Maß der Nutzungen nach ihren Bedürfnissen verschieden war.

Gemeindenutzungsrechte lassen sich demgemäß aufgrund ihrer historischen Entstehung als im öffentlichen Recht wurzelnde, auf dem Gemeindeverband beruhende Berechtigungen definieren, die bestimmten Gemeindebürgern (sog. Rechtlern) aufgrund ihrer Zugehörigkeit zu einer bestimmten Dorfgemarkung das unwiderrufliche und ausschließliche subjektive, im Verwaltungsweg verfolgbare Individualrecht einräumen, bestimmte Grundstücke, die im Eigentum der Gemeinde stehen oder an denen der Gemeinde ein dingliches Recht zusteht, für den landwirtschaftlichen oder hauswirtschaftlichen Bedarf zu nutzen.[4]

Als Individualrechte stehen die Gemeindenutzungsrechte je für sich jedem einzelnen Rechtler zu. Es gibt also keine Rechtlergemeinschaft, die als solche Trägerin

1 FG Bremen 16.3.2004 – 1 K 413/02, EFG 2004 S. 1551.

2 FinMin Bayern 24.2.1993 – 31b – S 2252 - 92/109 - 83 792.

3 MittBayNot 1988 S. 113.

4 BayVGH 21.12.1956, VGH n. F. 9, 105.

der Summe der Nutzungsrechte wäre.[1] *Der Zusammenschluss mehrerer Rechtler ist demgemäß als bürgerlich-rechtliche Verbindung zu betrachten; die Rechte der Zusammengeschlossenen bestimmen sich nach bürgerlichem Recht.*

Nutzungsrechte sind markungsgebunden, d. h. sie sind dazu bestimmt, einer mit ihrem Schwerpunkt in dieser Markung gelegenen bäuerlichen Wirtschaftseinheit oder sonstigen Einrichtung zu dienen. In der Praxis kommen vor allem Holznutzungsrechte, Weide- und Ackernutzungsrechte, sowie Obstbaumnutzungs- und Fischnutzungsrechte vor. Gemeindenutzungsrechte sind meist mit einem bestimmten Anwesen derart verbunden, dass der jeweilige Eigentümer des Hausanwesens auch Nutzungsberechtigter ist."

1200 Die Gemeinde als allein zuständige Verwalterin des Gemeindevermögens zieht die Früchte der mit den Nutzungsrechten belasteten Grundstücke, bei einem Holznutzungsrecht, also schlägt die Gemeinde regelmäßig das Holz. Ob sie dies durch eigenes Personal erledigt oder sich dazu fremder Hilfe, gegebenenfalls auch der Mitarbeit der Nutzungsberechtigten bedient, ist in diesem Zusammenhang unerheblich. Von den Früchten wird, sofern sich die Nutzungsrechte nicht auf die gesamten Erzeugnisse der belasteten Grundstücke erstrecken, derjenige Teil abgetrennt, der der Gemeinde selbst zusteht; die von den Nutzungsrechten erfasste Menge Holz wird dann entsprechend den Anteilen der einzelnen Berechtigten aufgeteilt und den Rechtlern ausgehändigt. Der beschriebenen Rechtsausübung in Natur steht es gleich, wenn die Gemeinde im Auftrag oder im Einverständnis der Rechtler die Erträgnisse veräußert oder auch das Grundstück verpachtet und den Erlös anteilmäßig den einzelnen Rechtlern ausbezahlt.[2]

Die Einkünfte aus den Nutzungsrechten gehören zu den Einkünften aus LuF.[3] Zur steuerlichen Behandlung der Abfindung derartiger Rechte vgl. Rz. 1246. Zu altrechtlichen Holzbezugsrechten (Losholz) in Hessen vgl. BGH 20.2.2009.[4]

dd) Abgrenzung zu Körperschaften

1201 KdöR sind mit ihren Forstbetrieben nicht steuerpflichtig.[5] Zu Körperschaften nach § 1 Abs. 1 Nr. 1 – 3 KStG, bei denen alle Einkünfte als Einkünfte aus Ge-

1 BayVGH 7.3.1957, VGH n. F. 10, 13.
2 BayVGH 19.10.1960, VGH n. F. 13, 112.
3 § 3 Abs. 2 KStG; § 13 Abs. 1 Nr. 4 EStG.
4 BGH 20.2.2009 – V ZR 46/08.
5 § 1 Abs. 1 Nr. 6, § 4 Abs. 1 Satz 1 KStG.

werbebetrieb zu behandeln sind, vgl. R 8.3 KStR.[1] Zu den Körperschaften des privaten Rechts vgl. R 8.1 Abs. 2 KStR. Zur Steuerbegünstigung nach § 34b EStG vgl. Rz. 1252.[2] Bei steuerbegünstigten Körperschaften nach § 5 Abs. 1 Nr. 9 KStG gelten selbstbewirtschaftete Forstbetriebe nicht als wirtschaftlicher Geschäftsbetrieb.[3]

e) Gewinnermittlungsarten

aa) Gewinnermittlung nach § 4 Abs. 1 EStG

Bei einem Betrieb der LuF ist der Gewinn durch Betriebsvermögensvergleich 1202
nach § 4 Abs. 1 EStG zu ermitteln, wenn der LuF nach den §§ 140, 141 AO verpflichtet ist, für diesen Betrieb Bücher zu führen und auf Grund jährlicher Bestandsaufnahmen Abschlüsse zu machen. Werden für den Betrieb freiwillig Bücher geführt und auf Grund jährlicher Bestandsaufnahmen Abschlüsse gemacht, ist der Gewinn durch Betriebsvermögensvergleich nach § 4 Abs. 1 EStG zu ermitteln, wenn der Antrag nach § 13a Abs. 2 EStG gestellt worden ist oder der Gewinn aus anderen Gründen nicht nach § 13a EStG zu ermitteln ist.[4]

bb) Gewinnermittlung nach § 4 Abs. 3 EStG

Der Stpfl. kann nach § 4 Abs. 3 EStG als Gewinn den Überschuss der Betriebsein- 1203
nahmen über die Betriebsausgaben ansetzen, wenn er auf Grund gesetzlicher Vorschriften nicht verpflichtet ist, Bücher zu führen und regelmäßig Abschlüsse zu machen, er dies auch nicht freiwillig tut, und sein Gewinn nicht nach Durchschnittssätzen (§ 13a EStG) zu ermitteln ist. Die Buchführung wegen der Eigenschaft des Betriebs als Testbetrieb für den Agrarbericht oder als Betrieb des EG-Informationsnetzes landwirtschaftlicher Buchführungen und die Auflagenbuchführung entsprechend den Richtlinien des BMELV schließen die Gewinnermittlung nach § 4 Abs. 3 EStG nicht aus. Der Gewinn eines Stpfl. ist nach den für diese Gewinnermittlungsart maßgebenden Grundsätzen zu ermitteln, wenn der Betrieb zwar die Voraussetzungen für die Gewinnermittlung nach § 13a EStG erfüllt, aber ein Antrag nach § 13a Abs. 2 EStG gestellt worden ist.[5]

1 § 8 Abs. 2 KStG.
2 R 23 KStR.
3 § 5 Abs. 1 Nr. 9 Satz 3 KStG.
4 R 4.1 Abs. 1 EStR.
5 R 4.5 Abs. 1 EStR.

cc) Gewinnermittlung nach Durchschnittssätzen (§ 13a EStG)

1204 Bei der GnD ist – bei Vorliegen der Zugangsvoraussetzungen (vgl. Rz. 419) – der Gewinn für die forstwirtschaftliche Nutzung nach § 13a Abs. 5 EStG entsprechend den Grundsätzen nach § 4 Abs. 3 EStG zu ermitteln (vgl. Rz. 457). Die Gewinne aus Christbaumkulturen sind nach § 13a Abs. 6 Satz 2 EStG und Kurzumtriebskulturen (sonstige luf Nutzung) sind nach § 13a Abs. 6 Satz 3 EStG (Rz. 460/2 und 462), Ausgleichsflächen nach § 13a Abs. 5 oder Abs. 7 Satz 1 Nr. 1c EStG (Rz. 485 und 1177), zu erfassen. Reine Forstbetriebe sind von der Gewinnermittlung nach § 13a EStG ausgeschlossen (vgl. Rz. 422/6).

f) Gewinnermittlungszeitraum

1205 Nach § 4a Abs. 1 Nr. 1 EStG ist als Gewinnermittlungszeitraum für LuF der Zeitraum vom 1.7. bis zum 30.6. festgelegt. Reine Forstbetriebe können den Zeitraum vom 1.10. bis zum 30.9. oder auch das Kalenderjahr als Wirtschaftsjahr bestimmen.[1]

1206 Nach § 8c Abs. 1 Satz 2 EStDV ist es unschädlich, wenn bei Betrieben reiner Forstwirtschaft neben der forstwirtschaftlichen Nutzung in geringem Umfang noch andere luf Nutzungen vorhanden sind. Der Umfang einer anderen Nutzung ist nur dann gering, wenn der sich hierfür ergebende Vergleichswert nach dem BewG nicht mehr als etwa 10 % des bewertungsrechtlichen Werts der gesamten luf Nutzungen beträgt.[2] Zu- und verpachtete Flächen sowie als Grundvermögen bewertete Flächen sind entsprechend R 13a.2 Abs. 1 Satz 2 EStR in die Prüfung einzubeziehen.

1207 Bei Forstbetrieben bedarf die Umstellung eines mit dem Kalenderjahr übereinstimmenden Wirtschaftsjahres auf das sog. Forstwirtschaftsjahr der Zustimmung des Finanzamts.[3]

Bei LuF ist der Gewinn des Wj auf das Kj, in dem das Wj beginnt, und auf das Kj, in dem das Wj endet, entsprechend dem zeitlichen Anteil aufzuteilen. Veräußerungsgewinne i. S. des § 14 EStG (= Betrieb, Teilbetrieb, Mitunternehmeranteil) sind dem Kj zuzurechnen, in dem sie entstanden sind.[4]

1 § 4a Abs. 1 Satz 2 Nr. 1 Satz 2 EStG i. V. mit § 8c Abs. 1 Satz 1 Nr. 2 und Abs. 2 Satz 1 EStDV.

2 BFH 3.12.1987, BStBl 1988 II S. 269.

3 BFH 23.9.1999, BStBl 2000 II S. 5.

4 § 4a Abs. 2 Nr. 1 EStG.

g) Gewinnermittlung

aa) Zeitpunkt der Gewinnverwirklichung bei Holznutzungen

Je nach Gewinnermittlungsart entstehen die Einkünfte mit dem Zufluss[1] oder mit der Aktivierung[2] beim vollständigen Verkauf.[3] Mit dem Einschlag wird der Baum zum Umlaufvermögen (vgl. Rz. 1236). 1208

Nach der bisherigen Rspr. des BFH[4] wurde bei der Gewinnermittlung nach § 4 Abs. 1 EStG – entgegen dem Grundsatz, dass nicht verwirklichte Gewinne nicht ausgewiesen werden dürfen – der Gewinn in dem Wj, in dem **das Holz vom Grund und Boden getrennt** wurde (da mit der Fällung der Bäume der Erntevorgang in der Hauptsache als beendet anzusehen ist) realisiert. Durch den Wegfall des § 6 Abs. 1 Nr. 2 Satz 4 EStG durch das StEntlG 1999/2000/2002 wurde der Zeitpunkt der Gewinnrealisierung umgestellt (Abschnitt 212 Abs. 4 Satz 1 und 2 EStR 1999 wurde nicht mehr in den EStR fortgeführt). Die Aktivierung der gefällten Bäume als Vorräte (Umlaufvermögen) hängt danach nicht von den weiteren Arbeiten wie Entasten, Entwipfeln, Entrinden, Ablängen, Sortieren und Lagern, also der Aufbereitung (Verkaufsfertigkeit) ab.

Mit der Zuordnung zum Umlaufvermögen ist der Holzvorrat mit den tatsächlichen Anschaffungs- bzw. Herstellungskosten anzusetzen.[5] Früher wurden die Einschlags- und Aufarbeitungskosten aus Vereinfachungsgründen nicht aktiviert, sondern sofort als Betriebsausgaben abgezogen (vgl. auch Rz. 1275).[6]

Bei der Gewinnermittlung nach den Grundsätzen des § 4 Abs. 3 EStG sind die sog. Holzwerbungskosten (= Einschlags- und Aufarbeitungskosten) bei Abfluss und eine ggf. mögliche Buchwertminderung (vgl. Rz. 1227, z. B. wegen Kahlschlags) im Wj des Einschlags als Betriebsausgabe abziehbar.

Nach § 4a ForstSchAusglG (Rz. 1336) bzw. nach § 34b Abs. 5 EStG (vgl. Rz. 1306) kann von einer Aktivierung eingeschlagenen und unverkauften Kalamitätsholzes ganz oder teilweise abgesehen werden.[7]

1 § 4 Abs. 3 EStG.

2 § 4 Abs. 1 EStG.

3 Vgl. Waldarbeit und Holzverkauf – Portal für den bayerischen Waldbesitzer unter https://www.waldbesitzer-portal.bayern.de/index.html.

4 RFH 17.11.1943, RStBl 1944 S. 50; BFH 29.9.1966, BStBl 1967 III S. 3; BFH 5.6.2008, BStBl 2008 II S. 960.

5 R 34b.1 Abs. 1 EStR.

6 FinMin Baden-Württemberg 19.6.1991, ESt-Kartei Baden-Württemberg K.V.10.

7 R 34b.7 Abs. 3 EStR.

Entnahmen sind zum Zeitpunkt der Entnahme mit dem Teilwert anzusetzen. Überführungen nach § 6 Abs. 5 EStG sind zum Zeitpunkt der Überführung mit dem Buchwert anzusetzen.

bb) Betriebsausgaben-Pauschsatz bei der Ermittlung der Gewinne aus Holznutzungen (§ 51 EStDV)

1209 Die Pauschalierungsvorschrift stellt ein steuerliches Wahlrecht dar, das jedes Wj neu ausgeübt werden kann. Es regelt Pauschalen für die Gewinne aus Holznutzungen und ist daher nicht auf die anderen Einnahmen anwendbar.

§ 51 EStDV i. d. F des StVereinfG 2011[1] ist erstmals für das Wj anzuwenden, das nach dem 31.12.2011 beginnt.[2]

1210 Forstwirtschaftliche Betriebe, die nicht zur Buchführung verpflichtet sind und den Gewinn nicht nach § 4 Abs. 1 EStG ermitteln, und deren forstwirtschaftliche Fläche (zu Beginn des Wirtschaftsjahrs)[3] 50 ha nicht übersteigt, können auf Antrag für ein Wj bei der Ermittlung der Einkünfte aus Holznutzungen pauschale Betriebsausgaben abziehen. Zur steuerlich anzuerkennenden Verpachtung von Forstflächen vgl. Rz. 724.

Die pauschalen Betriebsausgaben betragen 55 % der Einnahmen aus der Verwertung des eingeschlagenen Holzes. Soweit das Holz auf dem Stamm verkauft wird, betragen die pauschalen Betriebsausgaben 20 % der Einnahmen aus der Verwertung des stehenden Holzes. Die Berechnung der Prozentsätze beruht auf steuerlich modifizierten Daten des Testbetriebsnetzes des BMELV und den Abstimmungen mit den obersten FinBeh der Länder.[4]

Zur Bemessungsgrundlage der Pauschalierung gehören die Erlöse aus der Verwertung der Holznutzungen und der Teilwert für entnommenes Holz.[5] Werden die Umsätze umsatzsteuerlich nach Durchschnittssätzen besteuert, sind der Pauschalierung die Bruttobeträge zugrunde zu legen.[6]

Im landwirtschaftlichen Teilbetrieb zu Investitionszwecken verwendetes Holz führt mangels Gewinnverwirklichung nicht zu fiktiven Einnahmen (vgl. Rz. 1237). Bei einer Gewinnermittlung nach § 4 Abs. 3 EStG sind die Betriebsausgaben inso-

1 StVereinfG 2011 1.11.2011, BGBl 2011 I S. 2131.
2 § 84 Abs. 3a EStDV.
3 R 34b.1 Abs. 2 EStR.
4 BT-Drucks. 17/5125 S. 48.
5 R 34b.3 Abs. 2 EStR.
6 Felsmann, Einkommensbesteuerung, Abschnitt A 21 Rz. 96.

weit zu neutralisieren. Bei einer Gewinnermittlung nach § 13a Abs. 5 EStG ist aufgrund der BA-Pauschalierung nach § 51 EStDV nichts veranlasst. Das verwendete Holz ist dann mit den tatsächlichen Anschaffungs- oder Herstellungskosten Teil der Herstellungskosten des Gebäudes und in das laufend zu führende Verzeichnis nach § 13a Abs. 7 Satz 3 aufzunehmen.

Mit den pauschalen Betriebsausgaben sind sämtliche Betriebsausgaben mit Ausnahme der Wiederaufforstungskosten und der Minderung des Buchwerts für ein Wirtschaftsgut Baumbestand abgegolten.[1] Nach der Gesetzesbegründung[2] sind sämtliche Betriebsausgaben, die im Zusammenhang mit der forstlichen Nutzung der Flächen eines Wirtschaftsjahrs stehen, abgegolten. Nachdem alle Betriebsausgaben eines Forstbetriebs mit der Holznutzung in sachlichem Zusammenhang stehen,[3] sind nur die mit den übrigen Einnahmen (= Nebennutzungen) in unmittelbaren Zusammenhang stehenden Betriebsausgaben gesondert abziehbar. Der Stpfl. braucht daher die Betriebsausgaben des forstwirtschaftlichen Betriebs nicht nachzuweisen. Bei Mischbetrieben (= LuF) sind allerdings die tatsächlich angefallenen Betriebsausgaben um die im Wirtschaftsjahr der Betriebsausgabenpauschalierung auf den forstlichen Betriebsteil entfallenden Betriebsausgaben zu kürzen.

Nach § 51 Abs. 3 EStDV a. F. (zur Anwendung vgl. § 84 Abs. 3a EStDV) waren die Wiederaufforstungskosten mit Abzug der pauschalen BA abgegolten. Nach der Neufassung können die Wiederaufforstungskosten neben den pauschalen BA berücksichtigt werden. Dies gilt auch dann, wenn der Holzeinschlag in einem Wj., das vor dem 1.1.2012 begonnen hat, erfolgt ist.[4]

Die bezahlte Umsatzsteuer (Vorsteuer) auf die abgegoltenen BA und die an das FA abgeführte USt sind nicht als Ausnahme in § 51 Abs. 4 EStDV genannt und können daher nicht neben den pauschalen BA abgezogen werden.

Bei der Betriebsausgabenpauschalierung handelt es sich um eine gesetzliche 1211
Teilschätzung von Betriebsausgaben. Bei einem Wechsel von der Pauschalierung zu den tatsächlichen Verhältnissen im Folge-Wj ergeben sich daher nicht die Abgrenzungsschwierigkeiten wie beim Wechsel von Gewinnermittlungsarten.[5] Hinzurechnungen oder Kürzungen, damit Betriebsausgaben nicht oder nicht doppelt berücksichtigt werden, sind nicht erforderlich.

1 § 51 Abs. 4 EStDV.
2 BT-Drucks 17/5125 S. 48 zu Abs. 4.
3 BFH 5.6.2008, BStBl 2008 II S. 960 Tz. 31 und BStBl 2008 II S. 968 Tz. 25.
4 BFH 14.2.2019 – VI R 47/16, BStBl 2019 II S. 743.
5 Vgl. Anlage zu R 4.6 EStR.

1212 Die Betriebsausgaben-Pauschalierung gilt nicht bei der Ermittlung des Gewinns aus **Waldverkäufen** sowie für die übrigen Einnahmen (= Nebennutzungen und Einnahmen aus Anlagenverkäufen) und die damit in unmittelbarem Zusammenhang stehenden Betriebsausgaben.[1] Nebennutzungen sind z. B. Schmuckreisig, Christbäume aus dem Wald (soweit unter 7cm Durchmesser, vgl. Rz. 1271), Saatgut, Pflanzgut, Baum- und Waldfrüchte. Auch die Bundeswaldprämie gehört zu den übrigen Einnahmen.

Zu den Pauschsätzen von 90 % und 65 % im Falle einer Einschlagsbeschränkung nach ForstSchAusglG vgl. Rz. 1330 ff. Daneben sind noch die Wiederaufforstungskosten und die Buchwertminderung abziehbar.[2]

BEISPIEL ZU § 51 ESTDV ▸ A kauft in 01 2,01 ha Wald für 80.000 € (einschl. Nebenkosten für Notar, Grundbuchamt, GrESt). Bei den 2 ha handelt es sich um einen Endnutzungs-Fichtenbestand (Vorrat 500 fm/ha). In 02 schlägt der „neue" Waldbesitzer im Dezember die Hälfte des aufstehenden Baumbestandes ein (500 fm). Er erlöst in 03 40.000 €. Die Aufarbeitungskosten belaufen sich auf 10.000 €. Er bepflanzt im März 03 die entstandenen Lücken mit Douglasie und Buche (500 Dgl, 2.000 Bu, tatsächliche Kosten 3.000 €). A entnimmt pro Wj 20 fm Holz auf dem Stamm für Brennholzzwecke. A ermittelt den Gewinn nach § 4 Abs. 3 EStG. Wj ist das Kalenderjahr. Im Verzeichnis nach § 4 Abs. 3 Satz 5 EStG wird für das erworbene Waldstück der GuB mit 32.000 € und der aufstehende Bestand mit 48.000 € aufgezeichnet (Kaufpreisaufteilung 40 % / 60 %, Rz. 1241).

LÖSUNG: ▸

Wj 02	tatsächliche BA	Pauschale § 51 EStDV	Rz.
Betriebseinnahmen	--	--	
+ Entnahmen Brennholz	360 €	360 €	1213
- Aufarbeitungskosten	- 10 000 €	--	1236
- Betriebsausgaben-Pauschale § 51 EStDV (20 %)	--	72	1210
- Buchwertminderung	- 24.000 €	- 24.000 €	1227 1228
- Wiederaufforstungskosten	--	--	
- sonstige BA (GrSt, Vers.)	- 200 €	--	
Gewinn	**- 33.840 €**	**- 23.712 €**	

1 § 51 Abs. 5 EStDV.

2 R 34b.3 Abs. 3 EStR.

Wj 03	tatsächliche BA	Pauschale § 51 EStDV	Rz.
Betriebseinnahmen	40.000 €	40.000 €	
+ Entnahmen Brennholz	360 €	360 €	1213
- Aufarbeitungskosten	--	--	
- Betriebsausgaben-Pauschale § 51 EStDV (55 % bzw. 20 %)		- 22.000 € - 72 €	1210
- Buchwertminderung	--	--	
- Wiederaufforstungskosten (keine BA, sondern HK neuer Wald, weil Buchwertminderung, Zuschuss erfolgsneutral)	--	--	1218 1227 1229
- sonstige BA (GrSt, Vers.)	- 200 €	--	
Gewinn	**40.160 €**	**18.288 €**	

A wählt nur im Wj 03 die BA-Pauschalierung nach § 51 EStDV.
Tarifbegünstigung nach § 34b EStG (Fortsetzung in Rz. 1278).

cc) Entnahmen für Brennholz

In der Regel kann davon ausgegangen werden, dass die Aufarbeitung des eingeschlagenen Holzes betrieblich veranlasst ist und dass ofenfertiges Brennholz entnommen wird.[1] 1213

Das entnommene Brennholz ist mit dem Teilwert anzusetzen. Der Teilwert von selbst produzierten Wirtschaftsgütern des Umlaufvermögens entspricht im Zeitpunkt der Herstellung (Fertigstellung) den Herstellungskosten.[2] Bei der retrograden Methode sind vom voraussichtlichen Kaufpreis ein kalkulatorischer Gewinnaufschlag und die noch anfallenden Vertriebskosten abzuziehen. Zu der Schätzung des Teilwerts hat das BayLfSt Berechnungsgrundlagen veröffentlicht.[3]

h) Betriebsvermögen – Bilanzierung

Für die Bilanzierung sind folgende drei Fragen zu klären: 1214

- Liegt ein Wirtschaftsgut vor?
- Ist das Wirtschaftsgut bilanzierungsfähig?
- Wie ist das Wirtschaftsgut zu bewerten?

1 BayLfSt 20.6.2022 – S 2324.2.1-398/16 St32.

2 BFH 13.10.1976 – I R 79/74, NWB PAAAB-01055 = BStBl 1977 II S. 540.

3 BayLfSt 20.6.2022 – S 2324.2.1-398/16 St32.

aa) Wirtschaftsgut

1215 Der Begriff „Wirtschaftsgut", der mit dem handelsrechtlichen Begriff „Vermögensgegenstand" weitgehend übereinstimmt, umfasst nicht nur Sachen und Rechte i. S. des BGB, sondern auch tatsächliche Zustände und konkrete Möglichkeiten, d. h. sämtliche Vorteile für den Betrieb, deren Erlangung sich der Kaufmann etwas kosten lässt. Die Auslegung muss auf der Grundlage einer wirtschaftlichen Betrachtungsweise vorgenommen werden. Deshalb ist nicht jeder Vermögenswert ein Wirtschaftsgut (Vermögensgegenstand). Seine Greifbarkeit macht erst das Wirtschaftsgut (Vermögensgegenstand) aus. Er muss als Einzelheit ins Gewicht fallen und es muss sich um eine objektiv werthaltige Position handeln. Aus dem Grundsatz der selbständigen Bewertbarkeit folgt zudem, dass ein durch Abspaltung entstehendes Wirtschaftsgut (Vermögensgegenstand) erst dann als solches anzuerkennen ist, wenn es sich zumindest wirtschaftlich bereits verselbständigt (realisiert) hat. Die bloße Abspaltbarkeit reicht nicht aus.[1]

bb) Waldboden

1216 Der Waldboden gehört zu den nicht abnutzbaren Wirtschaftsgütern des Anlagevermögens. Die Beurteilungseinheit (wann und in welchem Umfang ein selbständiges Wirtschaftsgut vorliegt, ergibt sich aus dem Wirtschaftsgutsbegriff des stehenden Bestandes (vgl. Rz. 1219).

Der Begriff „Grund und Boden" umfasst nur den „nackten" Grund und Boden, vgl. Rz. 1073.

1217 Für den Waldboden ermitteln sich die Anschaffungskosten/Herstellungskosten wie folgt:

Zugehörigkeit des Waldbodens zum BV	Buchwert	Rz.
am 1.7.1970 zum Betriebsvermögen gehörender Waldboden	mit 1,02 € / m^2 (vgl. § 55 Abs. 2 Nr. 2 und Abs. 1 EStG)	1119, 1128, 1133
nach dem 30.6.1970 entgeltlich erworbener Waldboden	tatsächlich angefallene Anschaffungs- bzw. Herstellungskosten	1149

1 GrS des BFH 7.8.2000, BStBl 2000 II S. 632; BFH 5.6.2008, BStBl 2008 II S. 960.

Erstaufforstungen nach dem 30.6.1970 (auf Flächen, die am 1.7.1970 zum BV gehört haben)	mit dem jeweiligen nach § 55 EStG am 1.7.1970 anzusetzenden Wert	1119
Erstaufforstungen nach dem 30.6.1970 (auf Flächen, die nach dem 30.6.1970 entgeltlich erworben wurden)	mit den tatsächlich angefallenen Anschaffungs- bzw. Herstellungskosten	1149

Nach § 4 Abs. 3 Satz 4, 5 EStG sind die Anschaffungs- oder Herstellungskosten für nicht abnutzbare Wirtschaftsgüter des Anlagevermögens (Grund und Boden, aufstehender Baumbestand) erst im Zeitpunkt des Zuflusses des Veräußerungserlöses oder bei Entnahme im Zeitpunkt der Entnahme als Betriebsausgaben zu berücksichtigen. Sie sind vom Stpfl. bei einer Gewinnermittlung nach den Grundsätzen des § 4 Abs. 3 EStG in einem besonderen, laufend zu führenden Verzeichnis nach § 4 Abs. 3 Satz 5 EStG zu dokumentieren. Entsprechendes gilt beim Verzeichnis nach § 13a Abs. 7 Satz 3 EStG (vgl. Rz. 499).

cc) Aufstehender Baumbestand – stehendes Holz

Der forstwirtschaftliche Aufwuchs (stehendes Holz) gehört zum **nichtabnutzbaren Anlagevermögen**.[1] 1218

Eine AfA ist daher nicht möglich.[2] Er ist mit den AK/HK zu bewerten.

Für den aufstehenden Baumbestand sind bei einer Gewinnermittlung nach § 4 Abs. 3 EStG die tatsächlichen Anschaffungskosten bzw. Herstellungskosten anzusetzen (vgl. § 4 Abs. 3 Satz 4, 5 EStG; § 52 Abs. 6 Satz 2 EStG).

Zugehörigkeit des aufstehenden Baumbestands zum BV	Buchwert	Rz.
am 21.6.1948 zum Betriebsvermögen gehörender Baumbestand	aus anteiligem EW 1.1.1935 zu ermitteln (vgl. R 14 Abs. 5 EStR)	1243
nach dem 21.6.1948 entgeltlich erworbener Baumbestand	tatsächlich angefallene Anschaffungs- bzw. Herstellungskosten	1223
bei Erstaufforstungen nach dem 21.6.1948	tatsächlich angefallene Herstellungskosten	1218

1 § 6 Abs. 1 Nr. 2 EStG.

2 BFH 5.6.2008, BStBl 2008 II S. 960, 968.

(1) Überblick Aufforstungskosten

1218/1

Aufstehender Baumbestand entsteht durch	HK	BA	Rz.
Erstaufforstung	x		1229
Wiederaufforstung nach Kahlschlag	x		1229
Wiederaufforstung nach Kahlschlag kalamitätsbedingt (Wahlrecht)		x	1227
Wiederaufforstung bei planmäßiger Nutzung		x	1227, 1229
Wiederaufforstung nach weitgehender Minderung der Substanz	x		1227
Nachaufforstungskosten (= Wiederaufforstungskosten nach fünf Jahren)		x	1227
Bestandsverjüngung		x	1227

(2) Wirtschaftsguteigenschaft

1219 WG ist nicht der einzelne Baum, sondern die getrennt vom Grund und Boden zu bewertende wirtschaftliche zusammenhängende Einheit Wald.

Ein Wald besteht zwar aus einzelnen Bäumen, die – soweit es sich nicht um Naturverjüngungen handelt – einzeln gepflanzt wurden. Die Bäume eines Bestandes bilden jedoch einen Wuchsverbund, in dem der einzelne Baum bis zu seiner Entnahme wegen der vielfältigen wechselseitigen Beziehungen und Abhängigkeiten, z. B. hinsichtlich der Licht- und Windverhältnisse, der Ernährung und des Mikroklimas, nicht isoliert betrachtet werden kann. Dem entspricht es, dass zwar alle Bäume der Holzproduktion dienen sollen, aber nur ein vergleichsweise kleiner Anteil – die Zukunfts-Bäume (Z-Bäume) – bis zum Ablauf der Umtriebszeit stehen bleiben kann. Der Erwerber eines Forstbetriebes wird im Rahmen des Gesamtkaufpreises i. d. R. ein Entgelt auch nicht für den einzelnen Baum, sondern für die einzelnen Bestände bzw. (Unter-)Abteilungen ansetzen. Erst mit dem Einschlag wird der einzelne Baum zu einem selbständig bewertbaren Wirtschaftsgut. Denn mit dem Einschlag ändert sich der Nutzungs- und Funktionszusammenhang des Baumes. Er verliert seine Eigenschaft als Waldbestandteil; sein Zweck beschränkt sich auf die Verwertung des Holzes.[1]

1220 Zum Aufbau eines stabilen, der Holzproduktion dienenden Bestandes ist je nach Alter eine wesentlich größere Zahl an Bäumen erforderlich. Außerdem

1 BFH 5.6.2008, BStBl 2008 II S. 968 Tz. 24.

führen Kalamitäten und andere naturbedingte Einflüsse nicht selten zu Änderungen unter den vorgesehenen Z-Bäumen. Deshalb ist eine Bestandsbegründung nicht mit der relativ kleinen Zahl der für die Endnutzung vorgesehenen Bäume möglich. Hinzu kommt, dass Durchforstungen i. d. R. schon vor Eintritt in die Endnutzungsphase Ertrag abwerfen. Welche Bäume dabei entnommen werden, entscheidet sich i. d. R. jedoch erst im Zuge der jeweiligen Durchforstung. Der Erwerber eines (Baum-)Bestandes lässt sich daher nicht nur die für die Endnutzung vorgesehenen (Z-)Bäume etwas kosten.[1]

Überbestände stellen kein für sich zu bewertendes WG dar.[2]

Als Wirtschaftsgut ist beim stehenden Holz der einzelne Bestand als kleinste 1221
forstliche Planungs- und Bewirtschaftungseinheit anzusehen. Anknüpfungspunkt für die Beurteilung der Eigenschaft als Wirtschaftsgut ist der Nutzungs- und Funktionszusammenhang eines Baumbestandes. Maßgeblich ist insoweit, dass sich die einzelnen Baumbestände anhand objektiver Kriterien (z. B. Bestandaufteilungen durch geographische Faktoren wie z. B. Fluss-/Bachläufe, Wirtschaftswege, aber auch durch die Holzartenzusammensetzung und die Altersklassen der Bestände) deutlich voneinander abgrenzen. Soweit ein Betriebsgutachten oder ein Betriebswerk vorliegt, kann für die Aufteilung des Baumbestandes auf verschiedene Wirtschaftsgüter an die darin ausgewiesene kleinste Einheit der forstwirtschaftlichen Waldeinteilung, die je nach Bundesland als Bestand, Unterfläche oder Teilfläche bezeichnet wird, angeknüpft werden.[3] Außerdem muss dem einzelnen Bestand ein gewisses Gewicht als Ausdruck seiner Verselbständigung gegenüber dem sonstigen Baumbestand zukommen. Typisierend geht der BFH davon aus, dass ein Bestand nur dann als selbständiges Wirtschaftsgut nach außen in Erscheinung tritt, wenn er i. d. R. eine Größe von mindestens 1 ha ausweist. Durch diese Mindestgröße soll auch vermieden werden, dass einzelne Bestände durch forstwirtschaftliche Maßnahmen, etwa durch Verjüngungseinschläge, sukzessive in mehrere Wirtschaftsgüter aufgespalten werden.[4] Jedes selbständige Wirtschaftsgut Baumbestand ist nach den v. g. Grundsätzen im Anlageverzeichnis bzw. Anbauverzeichnis aufzuführen.

Baumbestände auf räumlich voneinander entfernt liegenden Grundstücken stehen nicht in einem Nutzungs- und Funktionszusammenhang. Sie sind des-

1 BFH 5.6.2008, BStBl 2008 II S. 968 Tz. 25.

2 BFH 18.2.2015 – IV R 37/11, NWB ZAAAE-97173.

3 Zu Ortenburg/zu Ortenburg, DStZ 2005 S. 782.

4 Vgl. hierzu ausführlich BFH 5.6.2008, BStBl 2008 II S. 960; BFH 5.6.2008, BStBl 2008 II S. 968.

halb auch bei Unterschreiten der 1 ha-Grenze als selbständige Wirtschaftsgüter zu behandeln.[1]

(3) Laufend zu führendes Verzeichnis nach § 4 Abs. 3 Satz 5 EStG

1222 Jedes selbständige Wirtschaftsgut Baumbestand ist im Bestandverzeichnis (Anbauverzeichnis) bzw. dem laufend zu führenden Verzeichnis nach § 4 Abs. 3 Satz 5 EStG auszuweisen. Das Nichtführen der Aufzeichnungen kann als Verletzung der Mitwirkungspflichten nach § 90 AO zu einer Steuergefährdung nach § 379 Abs. 1 Nr. 3 AO führen.

(4) Buchwertermittlung bei vor dem 1.7.1970 entgeltlich erworbenem Wald

1223 Der Grund und Boden ist zum 1.7.1970 mit dem Wert nach § 55 EStG anzusetzen (vgl. Rz. 1146).

Für den aufstehenden Bestand sind nach § 4 Abs. 3 Satz 4, 5 EStG (vgl. § 52 Abs. 6 Satz 2 EStG mit AK/HK, soweit nicht vor 1.1.1971 als BA abgesetzt) die tatsächlichen AK/HK anzusetzen. Bei dieser Änderung im StÄndG 1971[2] handelte es sich lediglich um eine Klarstellung.[3]

(5) Wertansätze für bereits vorhandene Baumbestände – Übergangsregelung der Finanzverwaltung

1224 Die Verpflichtung zum Ausweis eines Wertansatzes für die einzelnen Wirtschaftsgüter Baumbestand besteht auch für Baumbestände, die vor der Veröffentlichung der BFH-Urteile vom 5.6.2008 am 31.12.2008 angeschafft oder hergestellt wurden. Dabei ist es nach Auffassung der FinVerw[4] regelmäßig nicht zu beanstanden, wenn die Aufteilung eines bisher einheitlichen Wertansatzes auf die einzelnen Wirtschaftsgüter Baumbestand nach dem Umfang der entsprechenden Flächen vorgenommen wird.

Ein bisher für mehrere Wirtschaftsgüter Baumbestand ausgewiesener einheitlicher Wertansatz kann nach Auffassung der FinVerw[5] so lange fortgeführt werden, bis sich eine ertragsteuerrechtliche Auswirkung ergibt. In einem solchen Fall sind die bisher bestehenden Wertansätze insgesamt auf die einzelnen Wirtschaftsgüter nach dem Verhältnis der einzelnen Teilwerte im Zeitpunkt der

1 BMF 16.5.2012, BStBl 2012 I S. 595, Abschnitt A.I.
2 10.8.1971, BStBl 1971 I S. 373.
3 Kirchhof/Söhn, § 4 Rz. D 180.
4 BMF 16.5.2012, BStBl 2012 I S. 595, Abschnitt D.
5 BMF 16.5.2012, BStBl 2012 I S. 595, Abschnitt D.

Anschaffung bzw. Herstellung aufzuteilen. Aus Vereinfachungsgründen kann dabei regelmäßig eine Aufteilung eines bisher einheitlichen Wertansatzes nach dem Umfang der entsprechenden Flächen vorgenommen werden. Für die übrigen Wirtschaftsgüter Baumbestand kann der Wertansatz weiterhin einheitlich ausgewiesen werden, bis sich bei diesen eine ertragsteuerrechtliche Auswirkung ergibt.

(6) Rechtsprechungsentwicklung zum Wirtschaftsgut und damit zur Buchwertermittlung des Baumbestandes

Nach § 141 Abs. 1 letzter Satz AO[1] brauchte sich die Bestandsaufnahme nicht 1225
auf das stehende Holz zu erstrecken, d. h. der jährliche Holzzuwachs war nicht zu aktivieren. Der BFH hat in seinem Urteil 19.12.1962[2] entschieden, dass außer den Waldanschaffungskosten grds. auch die Erstaufforstungskosten aktivierungspflichtig sind. Der RFH hat in zwei Urteilen 11.12.1929[3] entschieden, dass die AK oder HK eines Waldes dann und in dem Maße zum Abzug zugelassen werden müssten, als der Gewinn durch Abholzung bzw. Weiterverkauf des stehenden Holzes realisiert würde. Allerdings müsste es sich dabei um wesentliche Teile des aktivierten Waldes[4] handeln, nicht um das Herausschlagen einzelner Bäume. Eine **Minderung der aktivierten AK/HK** ist danach auch bei der **laufenden Bewirtschaftung** nicht völlig ausgeschlossen; sie muss sich nach der Höhe der Holzabgänge richten. Wegen der Schwierigkeiten bei der Durchführung und Überwachung einer solchen Minderung des Aktivums nach Maßgabe der Holzabgänge konnten bis einschl. Wj 1998/99 aus Vereinfachungsgründen die aktivierten AK/HK jährlich um 3 % gemindert werden.[5] Entsprechendes galt bei der Ermittlung des Gewinns aus forstwirtschaftlichen Nutzungen nach § 4 Abs. 3 EStG, wenn die AK/HK in das nach § 4 Abs. 3 Satz 5 EStG zu führende Verzeichnis aufzunehmen waren und noch nicht als Betriebsausgaben berücksichtigt wurden.

(7) Waldwertminderung nach Abschnitt 212 EStR a. F.

Der BFH hat sich im Urteil vom 5.6.2008[6] mit der früheren Waldwertminderung 1226
nach Abschnitt 212 Abs. 1 Satz 7, 8 EStR a. F. auseinandergesetzt. Er konnte es

1 Gestrichen mit AmtshilfeRLUmsG, BGBl 2013 I S. 1809.

2 BStBl 1963 III S. 357.

3 RStBl 1930, 214; RStBl 1930 S. 217.

4 OFD Frankfurt/M. 26.6.1973, INF 1973 S. 418.

5 A. A. FG Nürnberg 2.2.1983, EFG 1983 S. 403, rkr.; FG Münster 19.5.1993, EFG 1994 S. 33; vom BFH bestätigt, BFH 10.11.1994 – IV R 68/93, BStBl 1995 II S. 779; Märkle/Hiller, INF 1983 S. 1, S. 6.

6 BStBl 2008 II S. 960, Rz. 39, 40.

allerdings dahingestellt sein lassen, ob diese Regelung einer gerichtlichen Überprüfung überhaupt hätte standhalten können.

(8) Neue Rechtsprechung des BFH zum Baumbestand

1227 Nach der Rechtsprechung des BFH in den Urteilen vom 5.6.2008,[1] vom 18.2.2015[2] und vom 2.7.2015[3] ergeben sich bei der Bilanzierung des Baumbestandes je nach Holznutzungsart folgende Auswirkungen:

	Holznutzungen					
	als Kahlschlag (Rz. 1228)	nicht als Kahlschlag, sondern planmäßige Nutzung		zur Anlage befestigter Wirtschaftswege und Lagerplätze	kalamitätsbedingt als Kahlschlag (Wahlrecht[4])	
		nur planmäßige Nutzung (einschl. Anlage eines nicht befestigten Rückeweges)	Ausnahme: planmäßige Nutzung hiebsreifer Bestände (Endnutzung) kein Überschreiten einer Wesentlichkeitsgrenze erforderlich	(nicht bei nicht befestigten Rückegassen, Rückewegen, Maschinenwegen)	mit BW-Mind. (= bei entgeltlich erworbenem Wald)	ohne BW-Mind. (= bei schon immer zum BV gehörendem Wald)
Buchwertminderung	ja, im Umfang des Einschlags (entspr. des Flächenanteils)	nein	ja, höchstens bis zum Teilwert	ja	ja, im Umfang des Kahlschlags	nein
Wiederaufforstungskosten Rz. 1229 = fünf Jahre	HK	BA	nachträgl. HK, soweit)*	-	HK	BA
„Nachaufforstungskosten" = Wiederaufforstungskosten nach fünf Jahren = Bestandspflege	BA	BA	BA	-	BA	BA

1 BStBl 2008 II S. 960, 968.

2 IV R 35/11, BStBl 2015 II S. 763.

3 IV R 21/14, BFH/NV 2016 S. 17.

4 BMF 16.5.2012, BStBl 2012 I S. 595 Abschn. E.

Bestandsverjüngung und -pflege	BA	BA	BA	-	BA	BA
Rückstellung für Wiederauffors-tungskosten vgl. Rz. 1239	nein	ggf.	nein	-	nein	ggf.
eigenständiges neues WG Wirtschaftsweg, Lagerplatz				HK		

*) = soweit die Aufwendungen für die Wiederaufforstung der gesicherten Kultur den bei der Buchwertminderung zu Grunde gelegten Wert dieser Kultur übersteigen.

Kahlschlag

► Ein Kahlschlag im ertragsteuerrechtlichen Sinne liegt vor, wenn das nutzbare Derbholz (= Holzstärke über 7 cm)[1] auf der gesamten Fläche eines Baumbestandes, der ein selbständiges Wirtschaftsgut ist, eingeschlagen wird und keine gesicherte Kultur bestehen bleibt. Dieses gilt gleichermaßen für den Fall, dass auf einer mindestens einen Hektar großen zusammenhängenden Teilfläche ein Kahlschlag erfolgt, unabhängig davon, ob er in verschiedenen aneinander angrenzenden Baumbeständen oder innerhalb eines Baumbestandes vorgenommen wird. Dabei sind Einschläge innerhalb eines Zeitraums von fünf aufeinander folgenden Wirtschaftsjahren einheitlich zu beurteilen.[2] Bei einer sehr erheblichen Durchforstung (sukzessiver Einschlag hiebsreifer Bestände) können bereits im Erstjahr die Anschaffungskosten gemindert werden. Der Forstwirt hat die Beweislast für die erheblichen Einschläge und für die Sachverhaltsdarstellung in diesem Zeitraum; ggf. sind die einschlägigen ESt-Veranlagungen nach § 165 Abs. 1 AO vorläufig durchzuführen. 1228

Eine starke Durchforstung ist noch kein Kahlschlag, z. B. definiert Art. 4 Nr. 4 BayWaldG (Datenbank Bayernrecht) als Kahlhieb „flächige Nutzungen ohne ausreichende und gesicherte Verjüngung, die auf der Fläche Freilandklima schaffen". Die Landesforstgesetze enthalten regelmäßig ein Kahlhiebvermeidungsgebot.[3]

1 Abschnitt 4.01 Abs. 6 BewRL in BStBl 1967 I S. 397, 421.
2 BMF 16.5.2012, BStBl 2012 I S. 595 Abschnitt B.I.1.
3 Z. B. Art. 14 Abs. 1 Nr. 6 BayWaldG.

Wiederaufforstungskosten

1229 ► Wiederaufforstungskosten nach einem Kahlschlag[1]

Wiederaufforstungskosten nach einem Kahlschlag sind Herstellungskosten für das neu entstehende Wirtschaftsgut Baumbestand und als nicht abnutzbares Anlagevermögen zu aktivieren bzw. im laufend zu führenden Verzeichnis nach § 4 Abs. 3 Satz 5 EStG aufzuzeichnen.

Die Wiederaufforstung beginnt mit den Pflanzmaßnahmen, der Naturverjüngung oder der Saat. Sie endet mit der Sicherung des Baumbestandes, die nach Ablauf von fünf Wirtschaftsjahren nach dem Wirtschaftsjahr des Beginns der Wiederaufforstung anzunehmen ist. Zu den Wiederaufforstungskosten gehören insbesondere die Aufwendungen für Setzlinge, Pflanzung, Befestigung des Pflanzgutes (z. B. Pfähle und Drähte), Pflegemaßnahmen sowie Löhne. Dagegen führen Aufwendungen für Kulturzäune zu Herstellungskosten für ein selbständiges Wirtschaftsgut und werden über R 6.3 Abs. 1 EStR entsprechend berücksichtigt.

Sofern die Wiederaufforstung erst in einem späteren Wirtschaftsjahr vorgenommen wird, ist eine Rückstellung nach § 5 Abs. 4b EStG nicht zulässig.

► Aufwendungen für die Wiederaufforstung nach Durchforstung (kein Kahlhieb)[2]

Soweit infolge einer Holznutzung, die keinen Kahlschlag darstellt und die nicht zu einer Buchwertminderung geführt hat, dennoch eine Wiederaufforstungsverpflichtung entsteht, sind die Wiederaufforstungskosten nicht zu aktivieren. Sie sind entsprechend dem Umfang der Verpflichtung und den Wertverhältnissen am Bilanzstichtag in eine Rückstellung einzustellen, wenn die Voraussetzungen für eine Rückstellungsbildung gem. R 5.7 Abs. 4 EStR erfüllt sind.[3] Die Grundsätze von R 6.11 Abs. 1 EStR (Wahlrecht) sind zu berücksichtigen (z. B. Zuschüsse). Ist dagegen eine Buchwertminderung vorgenommen worden, sind die Wiederaufforstungskosten als nachträgliche Anschaffungs- oder Herstellungskosten zu aktivieren, soweit die Aufwendungen für die Wiederaufforstung der gesicherten Kultur den bei der Buchwertminderung zugrunde gelegten Wert dieser Kultur übersteigen.

1 BMF 16.5.2012, BStBl 2012 I S. 595, Abschnitt B.I.4.

2 BMF 16.5.2012, BStBl 2012 I S. 595, Abschnitt B.II.3.

3 Rückstellung aufgrund öffentlich-rechtlicher Verpflichtung vgl. BFH 13.12.2007, BStBl 2008 II S. 516.

Erstaufforstungskosten sind zu aktivieren, wenn eine forstwirtschaftliche Nutzfläche neu begründet worden ist.[1]

Mit den Urteilen vom 18.2. und 2.7.2015[2] lässt der BFH nunmehr auch beim Einschlag einzelner hiebsreifer Bäume in der Endnutzung eine Abspaltung vom Buchwert des stehenden Holzes (als Folge des Untergangs eines oder mehrerer WG) zu, der dann auf das zum Umlaufvermögen gehörende geschlagene Holz entfällt. Allerdings ist die Buchwertabspaltung nur bis zur Höhe des Teilwerts des jeweiligen Bestands zulässig. Bei der Buchwertabspaltung bedarf es keines Überschreitens einer (starren) Wesentlichkeitsschwelle. Der Stpfl. trägt die Beweislast. Der BFH lässt für die Anlage eines befestigten Wirtschaftsweges oder Lagerplatzes die Abspaltung eines Teilbetrages zu. Die Anlage von nicht befestigten Rückewegen dient nach Auffassung des BFH lediglich der forstwirtschaftlich gebotenen sinnvollen Bewirtschaftung der Bestände. Der BFH sieht darin einen Teil der Durchforstungsmaßnahme und lässt einen Buchwertabschlag nicht zu. Bei Maschinenwegen handelt sich zwar um ein eigenständiges WG (vgl. Tz. 2.1.2 AfA-Tabelle; Rz. 1235), nachdem der BFH den Schwerpunkt auf die Befestigung legt, führt die Anlage von Maschinenwegen, die im Regelfall nicht befestigt sind, zu keiner Buchwertabspaltung. 1230

(9) Schaubilder

Schaubilder zur vergleichenden Betrachtung der steuerlichen Behandlung des stehenden Baumbestandes mit dem Feldinventar und der stehenden Ernte, zur mehrjährigen Kultur und zur Dauerkultur: 1231

1 BFH 19.12.1962, BStBl 1963 III S. 357 und 361.

2 IV R 35/11, BStBl 2015 II S. 763 und IV R 21/14, BFH/NV 2016 S. 17.

TAB. Schaubild zur Wirtschaftsguteigenschaft und zur Bilanzierung:

Pflanzenbestände und Kulturen	Beispiele	Beurteilungseinheit WG	AK / HK	Sofort abziehbare BA	Fundstelle
Feldinventar (= die auf Grund einer Feldbestellung auf einer landwirtschaftlichen Nutzfläche vorhandene Kultur mit einer Kulturdauer von bis zu einem Jahr) **Stehende Ernte** (= der auf einer landwirtschaftlichen Nutzfläche vorhandene Bestand an erntereifem Feldinventar)	Getreide Kartoffeln Mais	Auf abgrenzbarer landw. Nutzflache ist jeweils selbständiges WG	Tatsächliche AK/HK mit Einzelbewertung oder Gruppenbewertung oder Vereinfachungsregelung (Wahlrecht) nach R 14 Abs. 3 EStR: Aktivierungsverzicht		R 14 Abs. 2 Satz 2 EStR R 14 Abs. 2 Satz 3 EStR

Mehrjährige Kultur (= sind Pflanzungen, die nach einer Kulturzeit im Betrieb von mehr als einem Jahr einen einmaligen Ertrag liefern, der zum Verkauf bestimmt ist)	Baumschule Christbaumkultur Kurzumtriebskultur (Industrieholz)	s. o.,	Anlagekosten dazu gehören z. B. die Aufwendungen für Jungpflanzen, für die Aushebung der Pflanzgruben, für Baumpfähle und Bindematerial, für Umzäunungen oder Drahtschutz gegen Wildverbiss und für Veredelungsarbeiten. Pflegekosten sind aus Vereinfachungsgründen nicht zu aktivieren. Gemeinkosten werden in den meisten Fällen von so geringer Bedeutung sein, dass i. d. R auf ihre Aktivierung ebenfalls verzichtet werden kann. Fertigstellung: Im Jahr der Anpflanzung, im 2. oder 3. Jahr.	Pflegekosten Gemeinkosten	BMF 15.12.1981, BStBl 1981 I S. 878 Tz. 3.2
Dauerkultur (= sind Pflanzungen, die während einer Reihe von Jahren Erträge durch ihre zum Verkauf bestimmten Blüten, Früchte oder anderen Pflanzenteile liefern)	Hopfen Spargel Obstanlagen Rebanlagen Kurzumtriebskultur (Energieholz)	s. o. Obst: Pflanzenanlage		Pflegekosten Gemeinkosten Obst: Neuanpflanzung bis 1.600 €	BMF 15.12.1981, BStBl 1981 I S. 878 Tz. 3.2 BMF 17.9.1990, BStBl 1990 I S. 420
Aufstehender Baumbestand (= forstwirtschaftlicher Aufwuchs, stehendes Holz)		Mind. 1 ha BMF 16.5.2012 A. I.	Aufwendungen für Setzlinge, Pflanzung, Befestigung des Pflanzgutes (z. B. Pfähle und Drähte), Pflegemaßnahmen, Löhne (nach 5 Wj Herstellungsphase beendet)	Bestandsverjüngung Bestandspflege	BMF 16.5.2012, BStBl 2012 I S. 595 B.I.4.,5.

TAB.	Schaubild zur BV-Eigenschaft:						
Pflanzenbestände und Kulturen	Abnutzbares AV	Nichtabnutzbares AV	Umlaufvermögen	a) Beweg. WG b) Unbewegl. WG	Bewertung § 6 Abs. 1 Nr. 1 EStG	Bewertung § 6 Abs. 1 Nr. 2 EStG	Rdn.
Feldinventar Stehende Ernte			X	a)		X	286
Mehrjährige Kultur			X	a)		X	288
Dauerkultur	X			a)	X		288
Aufstehender Baumbestand		X		b)		X	1218

dd) Andere Wirtschaftsgüter

1232 **Betriebsgutachten/Betriebswerk**

Ein entgeltlicher Erwerb eines immateriellen Wirtschaftsguts liegt nicht vor, wenn die dem Steuerpflichtigen entstandenen Aufwendungen nicht Entgelt für den Erwerb eines Wirtschaftsguts von einem Dritten, sondern nur Arbeitsaufwand oder sonstiger Aufwand, z. B. Honorare für Dienstleistungen, für einen im Betrieb selbst geschaffenen Wert oder Vorteil darstellen. Ein entgeltlicher Wert i. S. von § 5 Abs. 2 EStG liegt danach nicht schon dann vor, wenn im Zusammenhang mit dem Erwerb des immateriellen Wirtschaftsguts Aufwendungen entstanden sind. Die Aufwendungen müssen vielmehr Entgelt für die Übertragung des immateriellen Wirtschaftsguts sein.[1] Die Inanspruchnahme von Dienstleistungen im Rahmen der Begründung eines immateriellen Wirtschaftsguts rechtfertigt die Annahme eines entgeltlichen Erwerbs auch dann nicht, wenn diese wie bei der Aufstellung eines Betriebswerks oder Betriebsgutachtens auf einen Werkvertrag nach § 631 Abs. 2 BGB beruhen. Danach stellt die Aufstellung eines Betriebswerks (Betriebsgutachtens) durch einen Dritten keinen entgeltlichen Erwerb i. S. von § 5 Abs. 2 EStG dar mit der Folge, dass dem Steuerpflichtigen dadurch entstandene Aufwendungen nicht aktiviert werden dürfen. Eine Aktivierung solcher Aufwendungen kommt nur dann in Betracht,

1 BFH 26.2.1975, BStBl 1975 II S. 443 und 26.2.1980, BStBl 1980 II S. 687.

wenn der Steuerpflichtige im Rahmen des entgeltlichen Erwerbs eines Forstbetriebs, Teilbetriebs oder Forstteilbetriebs auch ein entstehendes Betriebswerk (Betriebsgutachten) mit erworben hat. Entsprechendes gilt für die Aufwendungen für die Standortkartierung, die eine Grundlage für das Betriebswerk oder Betriebsgutachten darstellt.[1]

Bodenschatz 1233

Der Bodenschatz entsteht als ein vom Grund und Boden getrennt zu behandelndes Wirtschaftsgut, wenn er zur nachhaltigen Nutzung in den Verkehr gebracht wird, indem mit seiner Aufschließung begonnen wird. Es genügt, dass mit der alsbaldigen Aufschließung zu rechnen ist. Mit der Aufschließung darf regelmäßig nur begonnen werden, wenn alle zum Abbau notwendigen öffentlich-rechtlichen Erlaubnisse, Genehmigungen, Bewilligungen oder sonstigen behördlichen Maßnahmen erteilt worden sind. Spätestens wenn diese Verwaltungsakte vorliegen, entsteht der Bodenschatz als selbständig bewertbares Wirtschaftsgut. Eine Veräußerung an einen Abbauunternehmer führt ebenfalls zu einem selbständigen WG.[2] Dies gilt nicht, wenn das Grundstück vom Abbauunternehmer als Tauschaufgabe genutzt wird.[3] Bis zu seiner Entstehung bleibt er unselbständiger Teil des Grund und Bodens.[4]

Eigenjagdrecht/Jagdrecht 1234

Ertragsteuerlich stellt das Eigenjagdrecht ein selbständiges nicht abnutzbares immaterielles Wirtschaftsgut dar. Es ist notwendiges Betriebsvermögen des luf Betriebs, ist aber nur bei entgeltlichem Erwerb als Aktivposten in der Steuerbilanz auszuweisen (§ 5 Abs. 2 EStG). Bei der Anschaffung luf Flächen, die einen Eigenjagdbezirk bilden, ist deshalb das Eigenjagdrecht mit den anteiligen Anschaffungskosten zu bilanzieren. Im Falle der Veräußerung solcher Grundstücke ist der auf das Eigenjagdrecht entfallende Gewinn nicht nach § 6b EStG begünstigt.[5] Zur Wertfindung eines Eigenjagdrechts vgl. BayOLG 10.9.2001.[6]

1 Niedersächsisches Finanzministerium 14.2.1986 – S 2232-11-31 1.
2 BFH 4.9.1997, BStBl 1998 II S. 657.
3 FG Baden-Württemberg 30.4.2012, EFG 2012 S. 2088.
4 BFH 7.12.1989, BStBl 1990 II S. 317; BMF 7.10.1998, BStBl 1998 I S. 1221.
5 BMF 23.6.1999, BStBl 1999 I S. 593.
6 BayOLG 10.9.2001 – 5Z RR 10/00, AgrarR 2002 S. 257.

1235 **Sonstige betriebliche Wirtschaftsgüter**

AfA-Tabelle für den Wirtschaftszweig „Forstwirtschaft":[1]

Lfd. Nr.	Anlagegüter	Nutzungsdauer (ND) i. J.	Linearer AfA-Satz v. H.
1	**Baulichkeiten**		
1.1	Schutzhütten und Zelte	10	10
1.2	Sonstige Gebäude (wie nicht branchegebunden)	-	-
2	**Wege- und Brückenbauten**		
2.1	Wege und Straßen		
2.1.1	Fahrwege		
2.1.1.1	m. wassergebundener Decke	10	10
2.1.1.2	m. Bitumen-, Asphalt- oder Betondecke	15	7
2.1.2	Maschinenwege	5	20
2.2	Brücken		
2.2.1	aus Beton o. Mauerwerk	40	2,5
2.2.2	aus Eisen o. Stahl	25	4
2.2.3	aus Holz	10	10
3	**Be- und Entwässerungsanlagen**		
3.1	Gräben		
3.1.1	befestigt	8	12
3.1.2	Massivbau	20	5
3.2	Stauanlagen und Sammler		
3.2.1	aus Beton oder Mauerwerk	33	3
3.2.2	aus Eisen oder Stahl	25	4
3.2.3	aus Holz	10	10
3.3	Drainagen und Leitungen		
3.3.1	aus Beton oder Mauerwerk	33	3
3.3.2	aus Ton	10	10

1 BMF, BStBl 1996 I S. 159.

3.3.3	aus Holz	10	10
3.3.4	aus Kunststoff	10	10
3.4	Beregnungsanlagen		
3.4.1	Berieselungsanlagen f. Rundholzplatz	6	17
3.4.2	sonstige Beregnungsanlagen	10	10
4	**Maschinen und Geräte**		
4.1	Rodung, Bodenbearbeitung, Düngung, Bestandesbegründung		
4.1.1	Rodungsgeräte	6	17
4.1.2	Bodenbearbeitungsgeräte	5	20
4.1.3	Düngungsgeräte	6	17
4.1.4	Schlagräumgeräte, Mulchgeräte	6	17
4.1.5	Pflanzmaschinen	6	17
4.1.6	Pflanzschulgeräte	8	12
4.2	Forst- und Holzschutz		
4.2.1	Geräte zur Brand- und Schädlingsbekämpfung	10	10
4.2.2	Kulturzäune	8	12
4.3	Holzernte und Bestandespflege		
4.3.1	Motorsägen	3	33
4.3.2	Holzernte- und Entrindungsmaschinen	6	17
4.3.3	Rückeschlepper, Zug- und Trägerfahrzeuge	6	17
4.3.4	Motorwinden, Anbauwinden, Seilanlagen	6	17
4.3.5	Rückewagen, Rückeanhänger	6	17
4.3.6	Freischneidegeräte	5	20
4.3.7	Motorgetriebene Ästungsgeräte	5	20
4.4	Wegebau, Wegeunterhaltung, Transport		
4.4.1	Planierraupen	5	20

4.4.2	Bagger	8	12
4.4.3	Wegehobel, Walzen	10	10
4.4.4	Transportanhänger	6	17
4.4.5	Kipper	5	20
4.4.6	Bankettfräsmaschinen	6	17
4.4.7	Grabenfräsmaschinen	6	17
4.5	Jagdwirtschaft		
4.5.1	Waffen und optische Geräte	20	5
4.5.2	Fütterungsanlagen	10	10
4.5.3	Wildgatter	15	7
4.5.4	Wildgatter (bewegl.)	10	10
4.5.5	Kanzeln (geschlossene Hochsitze)		
4.5.5.1	aus Holz	5	20
4.5.5.2	aus Stahl	10	10
4.6	Arbeits- und Katastrophenschutz		
4.6.1	Waldarbeiterschutzwagen	10	10
4.6.2	Betriebsfunkanlagen	8	12
4.7	Rohholzaufbereitung		
4.7.1	Spezial-LKW zur Anlieferung von Holz in langer und kurzer Form	5	20
4.7.2	Rohholzaufbereitungsanlagen (insbes. Entastungsanlagen, Restholzhacker, Kappsägen, Vermessungsanlagen, stationäre Förder- und Sortierungsgeräte)	8	12

ee) Eingeschlagenes Holz – Umlaufvermögen

1236 Erst mit dem Einschlag (= Trennung vom Wurzelstock) wird der einzelne Baum zu einem selbständig bewertbaren Wirtschaftsgut. Mit dem Einschlag ändert sich der Nutzungs- und Funktionszusammenhang des Baumes. Er verliert seine Eigenschaft als Waldbestandteil des Wirtschaftsguts Baumbestand (vgl.

Rz. 1219); sein Zweck beschränkt sich auf die Verwertung des Holzes. Das eingeschlagene Holz wird Umlaufvermögen.[1]

Mit der Zuordnung zum Umlaufvermögen ist der Holzvorrat mit den tatsächlichen Anschaffungs- und Herstellungskosten[2] zu bewerten (= Buchwertminderung,[3] Einschlags- und Aufarbeitungskosten). Eine ggf. mögliche Buchwertminderung (vgl. Rz. 1227; z. B. wegen Kahlschlags; Rz. 1230 wegen Einschlag einzelner hiebsreifer Bäume in der Endnutzung) ist somit erst im Verwertungsfall als Betriebsausgabe abziehbar. Ab dem Wj 1998/99 ist eine Bewertung mit dem höheren Teilwert wegen der Neufassung des § 6 Abs. 1 Nr. 2 Satz 4 EStG nicht mehr zulässig. Bei der Gewinnermittlung nach den Grundsätzen des § 4 Abs. 3 EStG sind die sog. Holzwerbungskosten (= Einschlags- und Aufarbeitungskosten) sofort bei Abfluss und die Buchwertminderung im Wirtschaftsjahr des Einschlags als Betriebsausgabe abziehbar.[4]

Die jährliche Bestandsaufnahme braucht sich daher aus steuerlichen Gründen nicht auf das stehende Holz zu erstrecken. Da sich dies bereits aus den allgemeinen Bewertungsvorschriften ergibt, bedarf es keiner zusätzlichen Regelung in § 141 Abs. 1 Satz 4 AO. Diese Regelung wurde daher im AmtshilfeRLUmsG[5] gestrichen.

Zum Holzverkauf vgl. Erläuterungen des StMELF.[6]

ff) Eingeschlagenes Holz – Anlagevermögen

Wird eingeschlagenes Holz im eigenen luf Betrieb für bauliche Zwecke verwendet, z. B. zum Bau einer Maschinenhalle, sind die Bäume mit den tatsächlichen Anschaffungs- und Herstellungskosten (vgl. Rz. 274) zu bewerten. Es handelt sich um keine Entnahme und keinen Fall des § 6 Abs. 5 EStG (Entnahme und Einlage), weil es im selben Betriebsvermögen verwendet wird. Es kommt damit zu keiner Gewinnverwirklichung. 1237

Bei der Gewinnermittlung nach den Grundsätzen des § 4 Abs. 3 EStG sind die 1238
sog. Holzwerbungskosten (= Einschlags- und Aufarbeitungskosten) nicht sofort

1 BFH 5.6.2008 – IV R 50/07, BStBl 2008 II S. 968, Rz. 24.
2 R 34b.1 Abs. 1 EStR.
3 BFH 18.2 und 2.7.2015 – IV R 35/11, BStBl 2015 II S. 763 und IV R 21/14, BFH/NV 2016 S. 17.
4 BMF 16.5.2012, BStBl 2012 I S. 595.
5 26.6.2013, BGBl 2013 I S. 1809 = BStBl 2013 I S. 802.
6 Vgl. Holzverkauf – Portal für den bayerischen Waldbesitzer unter https://www.waldbesitzer-portal.bayern.de/index.html.

als Betriebsausgabe abziehbar, sondern sind als Teil der Herstellungskosten des Gebäudes zu behandeln und bei Gewinnermittlung nach § 13a EStG in das laufend zu führende Verzeichnis nach § 13a Abs. 7 Satz 3 EStG aufzunehmen. Eine ggf. mögliche Buchwertminderung (vgl. Rz. 1227; z. B. wegen Kahlschlags) ist ebenfalls (ggf. anteilig) in die Herstellungskosten und in das laufend zu führende Verzeichnis nach § 13a Abs. 7 Satz 3 EStG aufzunehmen.

Bei der GnD vgl. Rz. 457 und bei der Betriebsausgaben-Pauschalierung nach § 51 EStDV vgl. Rz. 1210.

1239 **gg) Rückstellung für Wiederaufforstungskosten**

Steuerliche Behandlung der Wiederaufforstungskosten	Wiederaufforstungsverpflichtung nach z. B. BayWaldG	Rückstellung	Zeitpunkt der Rückstellung
als Herstellungskosten – vgl. Rz. 1218, 1227 (Kahlgeschlagen oder kalamitätsbedingt unbestockt)	Innerhalb von 3 Jahren Art. 15 Abs. 1	Keine Rückstellung § 5 Abs. 4b EStG	–
als Betriebsausgaben – vgl. Rz. 1218, 1227 (Verjüngung)	Innerhalb von 5 Jahren	Rückstellung	Wj der Verursachung = Einschlag
als Betriebsausgaben – vgl. Rz. 1218, 1227 (kalamitätsbedingt unbestockt mit Wahlrecht keine Buchwertminderung)	Innerhalb von 3 Jahren Art. 15 Abs. 1	Rückstellung	Wj der Verursachung = Einschlag

i) Veräußerungsvorgänge

aa) BV-Eigenschaft

1240 Entscheidend für die Besteuerung von Waldverkäufen ist, ob die veräußerte oder unentgeltlich übertragene Waldfläche steuerlich als forstwirtschaftlicher Betrieb, Teilbetrieb oder als einzelne forstwirtschaftliche Grundstücksfläche zu behandeln ist.

Es ist daher zunächst zu prüfen, ob die Bewirtschaftung von Waldflächen durch einen Stpfl. als **Forstbetrieb** i. S. des § 13 Abs. 1 Nr. 1 EStG anzusehen ist (vgl.

Rz. 1188) oder ob eine Gewinnerzielungsabsicht (vgl. Rz. 1189) fehlt.[1] Zu den Voraussetzungen der Einordnung von kleineren Waldflächen als Forstbetrieb vgl. Rz. 1188.

Werden Waldflächen eines Betriebs veräußert, ist zu klären, ob diese Flächen die Anforderungen an den Begriff des forstwirtschaftlichen **Teilbetriebs** erfüllen (Rz. 89, 868, 1190). Im Hinblick auf die besonderen Verhältnisse bei forstwirtschaftlichen Betrieben legt der BFH den Begriff des Teilbetriebs bei der Forstwirtschaft weit aus.[2] Danach kann bei forstwirtschaftlichen **Nachhaltsbetrieben** (Betriebe, bei denen der vorhandene Baumbestand nach Holzarten und Altersklassen so abgestuft ist, dass jedes Jahr eine planmäßige Nutzung möglich ist) ein Teilbetrieb angenommen werden, wenn der Erwerber die Teilfläche als selbständiges lebensfähiges Forstrevier fortführen kann.[3] Die bisherige Auffassung, wonach für die Teilbetriebseigenschaft der veräußerten Fläche zwei oder mehr Nachhaltsbetriebe entstehen oder für diese Waldflächen bereits ein eigener Betriebsplan und eine eigene Betriebsabrechnung vorlagen, wurde nicht fortgeführt. Bei **aussetzenden Betrieben**, den sog. **Bauernwaldungen** (Betriebe, bei denen der vorhandene Baumbestand nur aus einer einzigen oder einigen wenigen Holzarten und/oder Altersklassen besteht und schlagreifes Holz nur in größeren Zeitabständen anfällt), liegt ein Teilbetrieb vor, wenn der Flächenabgang beim Erwerber wieder einen selbständigen aussetzenden forstwirtschaftlichen Betrieb darstellt. Bei der Veräußerung eines forstwirtschaftlichen Betriebs oder Teilbetriebs ist der Veräußerungsgewinn dem Gewinn des Kj hinzuzurechnen, in dem er entstanden (= bei Übergang der Nutzungen und Lasten[4]) ist.[5]

Bei der Veräußerung einer einzelnen forstwirtschaftlichen Grundstücksfläche, die auch nicht als Teilbetrieb angesehen werden kann, gehört der Veräußerungsgewinn zum laufenden Gewinn des jeweiligen Wj.

bb) Kaufpreisaufteilung

Bei der Veräußerung einer Mehrheit von WG zu einem Gesamtkaufpreis erlangt 1241
die **Aufteilung des Veräußerungspreises** auf die einzelnen WG steuerliche Bedeutung, wenn nicht bei allen WG der durch die Veräußerung erzielte Gewinn

1 Vgl. auch § 15 Abs. 2 EStG; BFH 13.12.1990, BStBl 1991 II S. 452; BFH 14.7.1988, BFH/NV 1989 S. 771; BFH 15.10.1987, BStBl 1988 II S. 257.

2 Vgl. BFH 5.11.1981, BStBl 1982 II S. 158.

3 BFH 17.1.1991, BStBl 1991 II S. 566.

4 BFH 9.3.2017 – VI R 86/14, BStBl 2017 II S. 981, Rz. 31.

5 § 4a Abs. 2 Nr. 1 Satz 2 EStG.

der Besteuerung unterliegt. Das ist z. B. der Fall, wenn die steuerlichen Besonderheiten der Bodengewinnbesteuerung[1] zu beachten sind oder für einen (Teil)-Veräußerungsgewinn die Steuervergünstigung nach §§ 6b, 6c EStG beantragt wurde oder wenn der Gesamtkaufpreis auch ein WG des Privatvermögens (z. B. Bodenschatz) enthält (vgl. Rz. 1113 ff.).

Nachdem bei der Veräußerung von Waldflächen, die bereits zum 1.7.1970 zum BV gehört haben, der Verkehrswert des **Waldbodens** teilweise noch unter dem Buchwert von 1,02 €/m² (2 DM/m²)[2] liegt, ist wegen der Verlustklausel nach § 55 Abs. 6 EStG der Veräußerungserlös auf den Grund und Boden und auf den aufstehenden Baumbestand sowie ggf. auf andere WG (z. B. Gebäude, Inventar, Wege, Rechte) aufzuteilen.

Maßgebend für die Aufteilung ist das **Verhältnis der Teilwerte** der einzelnen veräußerten WG[3] und **nicht** eine Wertermittlung nach der sog. **Restwertmethode.** Zum Auseinanderklaffen von Waldwert und Waldpreis.[4]

Bei Forstflächen sollte im Hinblick auf die GrESt (vgl. Rz. 1723) und auf die USt eine Kaufpreisaufteilung im Notarvertrag vorgenommen werden.[5] Enthält der Notarvertrag keine Kaufpreisaufteilung oder bestehen Bedenken gegen die wirtschaftliche Haltbarkeit der Aufteilung, wird die FinVerw einen Forstsachverständigen beteiligen.[6] **Aus Vereinfachungsgründen** kann in Bayern[7] bei einer veräußerten Fläche bis 5 ha von einem Anteil für den Grund und Boden von 40 % und von einem Anteil für den Baumbestand von 60 % des Kaufpreises ausgegangen werden (vgl. Beispiel in Rz. 1243).

cc) Buchwertermittlung

1242 Der **Buchwert** (Wert des BV) der veräußerten oder unentgeltlich übertragenen Waldflächen ist für Grund und Boden nach den in Rz. 1114 ff. und für den auf-

1 Verlustklausel nach § 55 Abs. 6 EStG.
2 § 55 Abs. 1 und Abs. 2 Nr. 2 EStG.
3 FinMin Bayern 27.7.1973, ESt-Kartei BayLfSt § 13 K. 13.1; BFH 21.1.1971, BStBl 1971 II S. 682; BFH 16.6.1971, BStBl 1972 II S. 451; BFH 16.12.1981, BStBl 1982 II S. 320; BFH 9.4.1987, BFH/NV 1988 S. 37; BFH 13.4.1989, BFH/NV 1990 S. 34.
4 Vgl. Mantel, Waldbewertung, 6. Aufl., S. 143.
5 BFH 25.1.2022 – II R 36/19, BStBl 2023 II S. 719; BFH 23.2.2022 – II R 45/19, BStBl 2023 II S. 721.
6 BFH 16.6.1971, BStBl 1972 II S. 451; BFH 21.8.2014 – X B 159/13, BFH/NV 2014 S. 1743; BFH 16.9.2015 – IX R 12/14, BStBl 2016 II S. 397.
7 BayLfSt, Vfg. 22.5.2018 – S 2232.1.1-2/21 St 35.

stehenden Baumbestand nach den in Rz. 1223 angeführten Grundsätzen zu ermitteln.[1] Vgl. auch Beispiel in Rz. 1243.

Bei den **Veräußerungskosten** ist ggf. die Verlustklausel des § 55 Abs. 6 EStG zu beachten (vgl. Rz. 1156).

dd) Zusammenfassendes Beispiel

BEISPIEL ▸ Veräußerung eines forstwirtschaftlichen (Teil-) Betriebs von 10 ha, der bereits vor der Währungsreform (21.6.1948) dem Stpfl. gehört hat, zum Preis von 100.000 €. Der EW des veräußerten Teils beträgt 5.000 DM. 1243

Kaufpreis	gesamt	Grund und Boden	aufstehender Baumbestand
Aufteilung (vgl. Rz. 1241)	100.000 €	40.000 €	60.000 €
Anschaffungskosten GuB (100.000 m² x 1,02 €, Rz. 1119, 1128)		-102.000 €	-
Anschaffungskosten aufstehender Baumbestand			* -1.738 €
Unterschied		-62.000 €	58.262 €
Verlustausschlussklausel § 55 Abs. 6 EStG		62.000 €	
- Waldwertminderung nach Abschnitt 212 EStR a. F. (Rz. 1226)			0 €
Gewinn		0 €	58.262 €

* Buchwertermittlung aufstehender Baumbestand aus EW 1.1.1935:

z. B. EW-Anteil 21.6.1948	5.000 DM
- 15 % für Gebäude (§ 74 Abs. 5 Nr. 1b DMBG)	- 750 DM
- 5 % für bewegliches AV (§ 75 Abs. 3 Nr. 4b DMBG)	- 250 DM
verbleiben für GuB und aufstehenden Baumbestand	4.000 DM
- Bodenwertanteil (60 DM x 10 ha)[2]	600 DM
= BW aufstehender Baumbestand für 10 ha	3.400 DM
Euro-Umrechnung	1.738 €

1 Vgl. auch R 14 Abs. 5 EStR, § 51 Abs. 5 EStDV.

2 OFD Nürnberg 20.9.1995 – S 2163-17/St 21.

j) Aufgabe eines Forstbetriebs

1244 Holz wächst von allein. Waldflächen, die als Erwerbsbetrieb anzusehen sind (vgl. Rz. 1188), sind notwendiges Betriebsvermögen. Eine Betriebsaufgabe ist daher nicht möglich. Der Verpächter kann nicht den jährlichen Zuwachs überlassen. Das Verpächterwahlrecht steht ihm daher nicht zu. Das vom BFH im Urteil vom 7.4.2016[1] in Rz. 31 beigefügte obiter dictum, mit den Einkünften aus Vermietung und Verpachtung im Fall einer erklärten Betriebsaufgabe des Verpächterbetriebs ist abstrakt gesehen zwar zutreffend aber für einen in der Besteuerungspraxis nur hypothetisch vorkommenden Fall.

Eine Betriebsaufgabe für einen luf Betrieb kann daher nur für den landwirtschaftlichen Teilbetrieb, nicht aber für den forstwirtschaftlichen Teilbetrieb gelten.

Bei forstwirtschaftlichen Flächen geringer Größe, die nicht die Voraussetzungen für die Annahme eines selbständigen Forstbetriebs erfüllen, können bei Aufgabe eines landwirtschaftlichen Teilbetriebs diese Waldflächen in den begünstigten Aufgabegewinn einbezogen werden.[2] Bei einer Nichteinbeziehung führt der nicht mehr relevante landwirtschaftliche Teilbetrieb für den forstwirtschaftlichen Teilbetrieb bei anfallenden Verlusten (vgl. Rz. 1189) zu einer steuerlich nicht mehr relevanten Betätigung.[3]

k) Flurbereinigung, freiwilliger Landtausch nach § 103b FlurbG

1245 Zwischen Grundstücken, die in ein Umlegungs- oder Flurbereinigungsverfahren eingebracht werden, und den daraus im Zuteilungswege erlangten Grundstücken besteht Identität, soweit die eingebrachten und erlangten Grundstücke wertgleich sind; eine Gewinnrealisierung nach Tauschgrundsätzen tritt insoweit nicht ein.[4]

Ebenfalls keine Gewinnrealisierung beim **freiwilligen Waldtausch nach § 103b FlurbG** vgl. Rz. 1150 (identisches WG).[5] **Die Billigkeitsregelungen** beim **freiwilligen Waldtausch sind dabei nicht mehr erforderlich.**[6]

---

1 IV R 38/13, BStBl 2016 II S. 765.

2 BMF 18.5.2018, BStBl 2018 I S. 689, Tz. V.

3 BFH 18.5.2000, BStBl 2000 II S. 524 und 30.12.2004, BFH/NV 2005 S. 1042.

4 BFH 13.3.1986, BStBl 1986 II S. 711; BFH 23.10.2019 – VI R 25/17, NWB IAAAH-41082 = BStBl 2021 II S. 425.

5 §§ 84 f. FlurbG; BFH 1.7.2020 – IV R 7/08, NWB XAAAD-53891 = BFH/NV 2010 S. 2250.

6 FinMin Bayern 1.8.1985, ESt-Kartei BayLfSt § 14 K. 1.1.

l) Ablösung von Forstrechten

Billigkeitsregelungen bestehen bei der **Ablösung von Forstrechten.**[1] Einkommensteuer im Falle einer Pflichtablösung oder einer freiwilligen Ablösung wird nicht erhoben, vgl. 1198. 1246

m) Unentgeltliche Übertragung von Waldflächen

Bei der Übertragung von Forstflächen können sich nachfolgende Auswirkungen ergeben: 1246/1

Übertragung einer Forstfläche	**Rechtsfolgen Übergeberseite**	**Rechtsfolgen Übernehmerseite**
mit (Teil-)Betriebseigenschaft	Übertragung mit Buchwert nach § 6 Abs. 3 EStG	Verpflichtung zur Fortführung der Buchwerte nach § 6 Abs. 3 EStG
ohne (Teil-)Betriebseigenschaft (Ausnahmefall, z. B. Liebhaberei von Anfang an)	Privatvermögen (§ 23 EStG beachten)	Privatvermögen (§ 23 EStG beachten)
mit (Teil-)Betriebseigenschaft im Zuge einer Realteilung	Übertragung mit Buchwert nach § 16 Abs. 3 Satz 2 EStG	Verpflichtung zur Fortführung der Buchwerte nach § 16 Abs. 3 Satz 2 EStG
ohne Betriebseigenschaft (Ausnahmefall) im Zuge einer Realteilung	Entnahme der Realteilungsgemeinschaft	Privatvermögen (§ 23 EStG beachten)
ohne Betriebseigenschaft (Ausnahmefall), aber mit landwirtschaftlichen Flächen mit Betriebseignung oder Verpächterwahlrecht im Zuge einer Realteilung	Übertragung mit Buchwert nach § 16 Abs. 3 Satz 2 EStG	Verpflichtung zur Fortführung der Buchwerte nach § 16 Abs. 3 Satz 2 EStG, Sperrfrist nach § 16 Abs. 3 Satz 3 EStG

1 FinMin Bayern 12.5.1961, ESt-Kartei BayLfSt § 24 K. 5.1.

n) Tarif – Steuersätze bei Einkünften aus außerordentlichen Holznutzungen nach § 34b EStG

aa) Bisherige Rechtslage (bis VZ 2011) – Überblick

1247 Die Tarifvorschrift des § 34b EStG ersetzte im Rahmen des Gesetzes über die Neuordnung von Steuern[1] die damalige Tarifermäßigung des § 34 Abs. 3 EStG 1934.[2] Sie bezweckte eine Tarifermäßigung der außerordentlichen Einkünfte aus Forstwirtschaft, da für die Forstwirtschaft aus natürlichen Gründen nicht klar abgrenzbar sei, ob eine Holznutzung noch eine „Waldrente", also quasi **Einkommen,** oder ob schon ein Eingriff in das Waldkapital, quasi eine **Vermögensumschichtung** vorliege. Bei außerordentlichen Einkünften aus Forstwirtschaft soll daher durch die Milderung der Progression die ESt gemildert werden, da der Stpfl. nur durch besonders zwingende Gründe ein höheres Einkommen hat. Die Tarifermäßigung ist damit ein Mittel der Steuerpolitik zur Förderung der Forstwirtschaft.[3] Ab dem VZ 1999[4] ergaben sich jedoch beim § 34b EStG gravierende Verschlechterungen. Die Neufassung im Jahressteuergesetz 2008[5] bewirkt, dass § 34b EStG unabhängig von der Einkunftsart erfolgt (vgl. Rz. 1249, 1250).

1248 Die bisherige Tarifermäßigung kann in Kurzform aus dem Schaubild auf der folgenden Seite entnommen werden.

1 BStBl 1954 I S. 575.
2 RStBl 1935 S. 52.
3 § 41 BWaldG.
4 StEntlG 1999/2000/2002.
5 BStBl 2008 I S. 218.

Holznutzungen			Steuersatz	Kalamitätsnutzungen	Steuersatz	Steuersatz § 5 FAG	Betriebsausgaben-Zuordnung	
					(∅)	(∅)	feste BA	andere BA
• über dem doppelten Nutzungssatz	> doppelter Nutzungssatz			soweit sie den doppelten Nutzungssatz übersteigen	1/4	1/4		
• über dem Nutzungssatz	doppelter Nutzungssatz	außerordentliche Holznutzungen	§ 34 I EStG	soweit sie den Nutzungssatz übersteigen	1/2	1/4		
• im Rahmen des Nutzungssatzes	Nutzungssatz	ordentliche Holznutzungen	§ 32a I EStG	im Rahmen des Nutzungssatzes	1/1	1/4		

§ 34b EStG a.F. – Rechtslage bis VZ 2011 –

bb) Neue Rechtslage (ab VZ 2012) – Überblick

(1) Personenkreis

1249 Die Vergünstigungen können von allen natürlichen Personen (auch beschränkt stpfl. Personen), die einen Forstbetrieb[1] unterhalten, für bestimmte Holznutzungen beantragt werden. § 34b EStG gilt für **Nachhaltsbetriebe und aussetzende Betriebe**.[2] Eine bestimmte Art der Gewinnermittlung ist nicht erforderlich (auch bei GnD nach § 13a EStG).[3]

1250 Die Vergünstigung ist auch auf Holznutzungen eines forstwirtschaftlichen Betriebs anzuwenden, die einkommensteuerlich als Einkünfte aus Gewerbebetrieb umzuqualifizieren[4] (Abfärbewirkung oder Prägung) sind, vorausgesetzt, dass die gesamten Einnahmen und Betriebsausgaben des forstwirtschaftlichen Betriebs von den übrigen gewerblichen Einkünften **klar abgrenzbar** sind.[5]

1251 Nicht anzuwenden ist § 34b EStG, wenn es an einem forstwirtschaftlichen Betrieb bzw. an einer Selbstbewirtschaftung überhaupt fehlt, wie etwa bei einem **Grundstücksmakler** oder **Holzhändler,** die erworbene Waldparzellen abholzen lassen, um den Grund und Boden weiter zu veräußern, oder wie etwa bei einem Abholzen von Baumreihen, die ein landwirtschaftlich genutztes Grundstück einrahmen oder durchziehen.[6] Allerdings muss bei zum notwendigen landwirtschaftlichen BV gehörenden kleinen Waldflächen, die nach der Rspr. des BFH nur wegen der landwirtschaftlichen Nutzflächen nicht zum Privatvermögen gehören (Rz. 88, 1193) § 34b EStG anwendbar sein.

1252 Werden die Einkünfte aus Land- und Forstwirtschaft gesondert (und ggf. einheitlich) festgestellt, sind die Einkünfte aus außerordentlichen Holznutzungen in der Feststellungserklärung zu berücksichtigen.[7] Ist der Feststellungsbescheid bestandskräftig, kann der festgestellte laufende Gewinn nicht durch einen Ergänzungsbescheid in einen tarifbegünstigten Gewinn umqualifiziert werden.[8] Bei **Körperschaften** (gewerbliche Einkünfte kraft Rechtsform) kann die KSt auf

1 BFH 26.6.1985, BStBl 1985 II S. 549.
2 R 34b.2 Abs. 1 Satz 1 EStR; BFH 5.11.1981, BStBl 1982 II S. 158.
3 BFH 20.2.1958, BStBl 1958 III S. 131.
4 § 15 Abs. 3 EStG.
5 BFH 25.8.1960, BStBl 1960 III S. 486; OFD Nürnberg 4.11.1961, StEK EStG § 34b Nr. 5; BayLfSt 14.3.2007, DStR 2007 S. 719.
6 BFH 25.8.1960, BStBl 1960 III S. 486.
7 BFH 25.8.1960, BStBl 1960 III S. 486; BFH 9.5.2023 – VI R 12/21, BStBl 2023 II S. 850.
8 FG Berlin-Brandenburg 11.3.2025 – 6 K 6099/21, NWB YAAAJ-91542 = EFG 2025 S. 1019.

Einkünfte aus außerordentlichen Holznutzungen aus Billigkeitsgründen ermäßigt werden.[1]

(2) Bisherige Voraussetzungen Antrag und kein Bestandsvergleich

Die Vergünstigungen des § 34b EStG wurden von 1990 bis 1998 von Amts wegen berücksichtigt. Für den VZ 1999 und 2000 war – wie vor 1990 – ein Antrag erforderlich. Der Antrag sowie ggf. eine Beschränkung des Antrags kann bis zur Beendigung eines Verfahrens vor dem FG (Tatsacheninstanz) eingereicht werden.[2] Ab VZ 2001 ist § 34b EStG wieder von Amts wegen zu berücksichtigen. 1253

Bei einem Bestandsvergleich für das stehende Holz wäre der (früher) in der Praxis schwer zu ermittelnde jährliche Holzzuwachs unabhängig vom tatsächlichen Einschlag zu aktivieren. Dadurch mussten u. U. lange Zeit hindurch Steuern bezahlt werden, ohne geldliche Einnahmen irgendwelcher Art erzielt zu haben (vgl. Rz. 1208, 1236). 1254

cc) Holznutzungen

§ 34b EStG begünstigt außerordentliche Einkünfte aus Forstwirtschaft mit ermäßigten Steuersätzen, und zwar Einkünfte aus (1) **Holznutzungen aus volks- und staatswirtschaftlichen Gründen** und (2) **Holznutzungen infolge höherer Gewalt (Kalamitätsnutzungen).** Für Einkünfte aus den übrigen Holznutzungen (Rz. 1256) bemisst sich die ESt nach den allgemeinen Vorschriften. 1255

Außerordentliche Holznutzungen liegen vor, wenn bei einer Holznutzung die in § 34b Abs. 1 EStG genannten Voraussetzungen erfüllt sind. Es ist unerheblich, ob sie in Nachhaltsbetrieben oder in aussetzenden Betrieben anfallen. Alle übrigen Holznutzungen sind ordentliche Holznutzungen.[3] Die Veräußerung des Grund und Bodens einschließlich des Aufwuchses oder die Veräußerung des Grund und Bodens und des stehenden Holzes an denselben Erwerber in getrennten Verträgen ist keine Holznutzung i. S. des § 34b EStG.[4]

(1) Ordentliche Holznutzung

Alle übrigen Holznutzungen, die nicht außerordentliche Holznutzungen i. S. des § 34b Abs. 1 EStG sind, sind ordentliche Holznutzungen. 1256

1 R 71 KStR 2008, R 23 KStR; BMF 8.11.1988, DB 1988 S. 2538.

2 BFH 27.3.1958, BStBl 1958 III S. 227; BFH 26.10.1961, BStBl 1962 III S. 34.

3 R 34b.2 Abs. 1 EStR.

4 Zur Rechtslage bis VZ 2011 vgl. R 14 Abs. 4 EStR 2008.

(2) Außerordentliche Holznutzung aus volks- oder staatswirtschaftlichen Gründen

1257 Eine Nutzung ist aus volkswirtschaftlichen oder staatswirtschaftlichen Gründen erfolgt, wenn sie z. B. durch **gesetzlichen oder behördlichen Zwang** veranlasst worden ist.[1] **Einzelfälle:** drohende Enteignung oder Landabgabe für Verteidigungszwecke;[2] Bau von Straßen (z. B. BAB) und Flurbereinigungsmaßnahmen;[3] Energieversorgung (vgl. § 45 Abs. 1 Nr. 2 EnWG); angeordnete Einträge zur Bekämpfung des asiatischen Laubholzbockkäfers (ALHB). Nicht dazu gehören die Verpflichtungen, die allein aufgrund des Waldgeschehens erforderlich sind.

1258 Ein Zwang kann dabei schon angenommen werden, wenn der Steuerpflichtige nach den Umständen des Falles der Ansicht sein kann, dass er im Falle der Verweigerung des Verkaufs ein behördliches Enteignungsverfahren zu erwarten habe. Unter einem unmittelbar drohenden behördlichen Eingriff sind jedoch nicht diejenigen Verpflichtungen zu verstehen, die allein auf Grund der Waldgesetze vorzunehmen sind.[4]

(3) Außerordentliche Holznutzung infolge höherer Gewalt (Kalamitätsnutzungen)

1259 Holznutzungen infolge höherer Gewalt sind die Nutzungen, die durch Eis-, Schnee-, Windbruch oder Windwurf, Erdbeben, Bergrutsch, Insektenfraß, Brand oder durch Naturereignisse mit vergleichbaren Folgerungen, verursacht werden. Ob eine Kalamitätsnutzung im Wj des Eintritts des Naturereignisses oder in einem späteren Wj erfolgt, ist ohne Bedeutung. Zu den Kalamitätsnutzungen rechnen nicht die Schäden, die in der Forstwirtschaft regelmäßig entstehen.[5]

1260 Was unter **höherer Gewalt** i. S. des § 34b EStG zu verstehen ist, hat der Gesetzgeber nur durch beispielhaft angeführte Ereignisse angedeutet bzw. umschrieben; vgl. auch § 1 ForstSchAusglG Rz. 1308 ff. Dem Waldbestand schädliche danach solche Ereignisse, die wegen ihres **außergewöhnlichen Umfangs** und wegen der mit jedem Ereignis der Natur verbundenen **Ungewissheit ihres Eintritts** zu einer den forstwirtschaftlichen Grundsätzen zuwiderlaufenden vorzeitigen, nicht in der forstwirtschaftlichen Planung berücksichtigten Holznutzung zwingt, die regelmäßig nicht als wirtschaftlich angesehen werden kann und

1 R 34b.2 Abs. 3 EStR.

2 RFH 23.2.1938, RStBl 1938 S. 406; RFH 23.8.1939, RStBl 1939 S. 1056.

3 BMF 2.9.1957, DStZ/B 1958 S. 19.

4 R 34b.2 Abs. 2 EStR.

5 § 34b Abs. 1 Nr. 2 Satz 3 EStG.

zu einer **Einkommensmassierung** führt.[1] Hinzu kommt nach der Rspr. des BFH, dass bei der Eigenart der Forstwirtschaft, die mit langen Wirtschaftsperioden rechnet und bei den schwer durchschaubaren wirtschaftlichen und biologischen Zusammenhängen, oft erst nach langer Zeit festgestellt werden kann, ob und in welchem Umfang neben den unmittelbar erkennbaren und kurzfristig feststellbaren Schäden weitere Nachteile in der Zukunft entstehen. Selbst der unmittelbare Schaden ist oft kaum einigermaßen feststellbar. Außerdem wirken sich Schäden mangels eines Bestandsvergleichs für das stehende Holz nicht aus und sollen daher (und zum Ausgleich der Progression) durch eine Tarifermäßigung ausgeglichen werden.[2]

Kalamitätsnutzungen liegen auch vor, wenn sie durch **im EStG nicht besonders** 1261
aufgeführte Naturereignisse verursacht werden, vorausgesetzt, dass der verursachte Schaden den Schäden gleichkommt, die die im EStG bezeichneten Naturereignisse zur Folge haben, wie z. B. Schneedruck, Hochwasser, Wolkenbrüche, Dürre.

Auf den **Verursacher des Schadens** (z. B. Brand durch Funkenflug der Eisenbahn,[3] 1262
vorzeitige Holznutzungen infolge von Schäden durch militärische Übungen)[4] kommt es grds. nicht an; vgl. aber Rz. 1265 ff. Die Entschädigung für entgehenden Holzzuwachs ist für die Anwendung des Steuersatzes in eine fiktive Holznutzung umzurechnen.[5]

Der Begriff Holznutzung infolge höherer Gewalt ist **weit auszulegen**.[6] Hierzu 1263
rechnen auch die **schleichenden Krankheiten** wie etwa Rotfäule[7] oder andere infektiöse Holzkrankheiten wie Eichenbaumschwamm[8] sowie die Waldschäden durch das sog. **Tannen- und Fichtensterben**[9] soweit sie über das normale Maß hinausgehen und aufgrund forstwirtschaftlicher Erfahrung nicht mit Erfolg bekämpft werden können. Für die Frage, was regelmäßig und üblich anfallende

1 RFH 23.8.1939, RStBl 1939 S. 1056; BFH 24.8.1961, BStBl 1962 III S. 28.

2 BFH 31.5.1954, BStBl 1954 III S. 229; BFH 11.4.1961, BStBl 1961 III S. 276; a. A. Hiller, INF 1983 S. 1.

3 BFH 31.5.1954, BStBl 1954 III S. 229.

4 Nach R 34b.2 Abs. 5 EStR.

5 FinMin Niedersachsen 11.4.1962, StEK EStG § 34b Nr. 7.

6 BFH 31.5.1954, BStBl 1954 III S. 229; BFH 20.5.1954 und 7.10.1954, BStBl 1954 III S. 345; BFH 11.4.1961, BStBl 1961 III S. 276.

7 BFH 10.10.1963, BStBl 1964 III S. 119; BMF 18.11.2018, BStBl 2018 I S. 1214.

8 BFH 24.8.1961, BStBl 1962 III S. 28.

9 OFD Münster 4.8.1983, ESt-Kartei Nordrhein-Westfalen, Anw. 18 zu § 34b EStG; R 34b.1 Abs. 6 EStR 2005 Immissionsschäden Schadensstufe 3.

Schäden[1] sind, müssen die individuellen Verhältnisse und Erfahrungen während einer Reihe von Jahren im einzelnen Betrieb angemessen berücksichtigt werden.[2] Sofern in der Vergangenheit keine Aufzeichnungen hierüber geführt wurden, kann ab dem Wj 2019/2020 zur Abgrenzung der Rotfäule als Kalamität die Vereinfachungsregelung der FinVerw angewandt werden.[3] Schäden durch die Fichtenblattwespe, soweit Nadelverluste über 60 % erreicht werden, führen zu Holznutzungen infolge höherer Gewalt.

1264 Auch solche Naturereignisse, die mit einer **gewissen Regelmäßigkeit** auftreten und deshalb voraussehbar sind,[4] führen zu steuerbegünstigten Kalamitätsnutzungen, wenn die durch das Naturereignis veranlassten Nutzungen einen **nicht unbedeutenden Umfang** haben,[5] also der Holzanfall die im Betrieb erfahrungsgemäß regelmäßig durch Naturereignisse anfallenden ungewollten Nutzungen (sog. Scheitholz- und Totalitätsanfälle)[6] mengenmäßig erheblich übersteigt. Zur pauschalen Ermittlung der Totalitätsanfälle vgl. Rz. 1263.

1265 Muss ein nach einem Naturereignis stehen gebliebener Bestand nach forstwirtschaftlichen Grundsätzen eingeschlagen werden (sog. **Kalamitätsfolgehiebe),** so werden die daraus anfallenden Nutzungen nur dann als Kalamitätsnutzungen begünstigt, wenn der Forstwirt sie nicht in die planmäßige Holznutzung der nächsten Wj einbeziehen kann, insbesondere aber, wenn nicht hiebreife Bestände geschlagen werden müssen.[7] Eine tatsächliche Verständigung[8] mit dem Forstsachverständigen der FinVerw und dem zuständigen FA ist hier besonders zweckdienlich.

1266 Ob die Nutzung einen hiebreifen Bestand betrifft, ist nur bei den Folgehieben zu beachten, da es hier der Forstwirt in der Hand hat, wann er den Restbestand einschlagen will, im Übrigen vgl. BFH vom 31.5.1954[9] und vom 20.5.1954/7.10.1954.[10]

1 R 34b.2 Abs. 4 EStR.

2 BFH 10.10.1963, BStBl 1964 III S. 119.

3 BMF 18.11.2018, BStBl 2018 I S. 1214; Wj bis 2018/2019 vgl. FinMin Baden-Württemberg 15.6.1967, BStBl 1967 I S. 197.

4 BFH 24.8.1961, BStBl 1962 III S. 28.

5 BFH 10.10.1963, BStBl 1964 III S. 119.

6 R 34b.2 Abs. 4 EStR.

7 BFH 11.4.1961, BStBl 1961 III S. 276; RFH 11.12.1929, RStBl 1930 S. 218; H 34b.2 „Kalamitätsfolgehiebe“ EStH.

8 BFH 11.12.1984, BStBl 1985 II S. 354; BFH 5.10.1990, BStBl 1991 II S. 45.

9 BStBl 1954 III S. 229.

10 BStBl 1954 III S. 345.

Eine **steuerbegünstigte Kalamitätsnutzung entfällt,** wenn im Einzelfall der Stpfl. durch besondere forstwirtschaftlich nicht gebotene Maßnahmen die Vorteile des § 34b EStG zu erlangen versucht. So können Schäden, die sich bei einer ordnungsgemäß durchgeführten Forstwirtschaft[1] hätten vermeiden lassen, nicht zu steuerlich begünstigten Kalamitätsnutzungen führen. Hier ist allerdings ein strenger Maßstab anzulegen.[2] Es soll nur der gute Forstwirt begünstigt werden. 1267

Nicht zu Holznutzungen infolge höherer Gewalt gehören z. B. Holznutzungen infolge gesetzlicher oder behördlicher Anordnung,[3] infolge eines Forstfrevels[4] oder bei Schäden durch höhere Gewalt an bereits vom Grund und Boden getrennten Holz (ggf. aber aus Billigkeitsgründen) oder bei Holznutzungen infolge von Splitterschäden des letzten Krieges, da mittlerweile nicht mehr von vorzeitigen Nutzungen infolge dieser Kriegseinwirkung ausgegangen werden kann und somit ein Kalamitätshieb oder Kalamitätsfolgehieb ausscheidet. 1268

(4) Zeitpunkt der Verwertung der Holznutzung

§ 34b EStG begünstigt die Einkünfte aus der Verwertung von außerordentlichen Holznutzungen durch Veräußerung oder Entnahme. Zeitpunkt der Verwertung ist in den Fällen der Gewinnermittlung nach § 4 Abs. 1 EStG der Zeitpunkt der Veräußerung oder Entnahme. Soweit die Grundsätze des § 4 Abs. 3 EStG anzuwenden sind, ist der Zeitpunkt des Zuflusses der Einnahmen oder der Entnahme maßgebend.[5] 1269

dd) Ermittlung der Einkünfte nach § 34b Abs. 2 EStG

§ 34b Abs. 2 EStG beschreibt die Ermittlung der zu begünstigenden Einkünfte. Anknüpfungspunkt hierfür ist eine Verhältnisrechnung anhand der Holzmengen. Die Holzmenge, die im Wirtschaftsjahr zu Einnahmen geführt hat, ist den ordentlichen und außerordentlichen Holznutzungen (Holznutzungsarten) zuzuordnen. Die Zuordnung zu den außerordentlichen Holznutzungen erfolgt im Wirtschaftsjahr der Trennung des Holzes vom Grund und Boden. Die ermäßigte Besteuerung der Einkünfte aus den außerordentlichen Holznutzungen wird nach den Verhältnissen im Wirtschaftsjahr der Gewinnrealisierung vorgenommen. 1270

1 Vgl. § 11 BWaldG.
2 BFH 20.5.1954 und 7.10.1954, BStBl 1954 III S. 345; BFH 24.8.1961, BStBl 1962 III S. 28.
3 RFH 23.8.1939, RStBl 1939 S. 1056; H 34b.2 „Höhere Gewalt" EStH.
4 BFH 27.7.1961, HFR 1962 S. 103.
5 R 34b.2 Abs. 2 EStR.

Zur Ermittlung der Einkünfte aus außerordentlichen Holznutzungen sind von den Einnahmen sämtlicher Holznutzungen die damit in sachlichem Zusammenhang stehenden Betriebsausgaben abzuziehen. Das so ermittelte Ergebnis ist auf die ordentlichen und außerordentlichen Holznutzungsarten aufzuteilen, in dem die außerordentlichen Holznutzungen zur gesamten Holznutzung ins Verhältnis gesetzt wird.[1]

(1) Einnahmen aus sämtlichen Holznutzungen

1271 Einnahmen aus sämtlichen Holznutzungen sind die Erlöse aus der Verwertung des Holzes, die der Gewinnermittlung des Wirtschaftsjahres zu Grunde gelegt wurden. Hierzu gehören insbesondere die Erlöse für das veräußerte Holz und der Teilwert für das entnommene Holz. In die Berechnung der Betriebseinnahmen sind die Einnahmen für Derbholz (Holzstärke ab 7 cm)[2] und Reisig (unter 7 cm^3) einzubeziehen. Nicht dazu gehören die Einnahmen aus Nebennutzungen, wie aus Nebenerzeugnissen (z. B. Schmuckreisig, Rinde, Harz, Birkensaft, Faschinen), Christbäume aus dem Wald, Saat- und Pflanzgut, Jagd. Die Einnahmen aus Verkäufen von Wirtschaftsgütern des Anlagevermögens gehören ebenfalls nicht dazu.

1272 Eine Aktivierung von Holzvorräten ist keine Verwertung des Holzes; die Anschaffungs- oder Herstellungskosten sind im Wirtschaftsjahr der Verwertung des Holzes zu berücksichtigen. Der Investitionsabzugsbetrag nach § 7g EStG ist weder als Einnahme noch als Ausgabe zu berücksichtigen, die mit einer Holznutzung in sachlichem Zusammenhang steht.[4]

1273 Der durch eine Rücklage nach § 3 ForstSchAusglG verursachte Ertrag ist bei der Ermittlung der Einkünfte aus Holznutzungen nach § 34b Abs. 2 EStG zu berücksichtigen.[5]

1274 Die Berücksichtigung von Entschädigungen und Zuschüssen richtet sich nach den Grundsätzen der maßgebenden Gewinnermittlung. Die Zuordnung der Entschädigungen und Zuschüsse zu den Einnahmen aus Holznutzungen oder zu den übrigen Betriebseinnahmen oder Betriebsausgaben richtet sich nach dem Grund der Zahlung. Die Bundeswaldprämie ist als flächenbezogene Prä-

1 § 34b Abs. 2 EStG.

2 Abschnitt 4.01 Abs. 6 BewRL; BStBl 1967 I S. 397, 420.

3 Stabold in H/H/R, § 34b EStG Rz. 8; a. A. BR-Drucks. 201/16 S. 14; Hiller in Lademann, § 34b Rz. 45; Felsmann, Einkommensbesteuerung, A 21 Rz. 95.

4 R 34b.3 Abs. 2 EStG.

5 R 34b.8 S. 6 EStR.

mie bei den übrigen Einnahmen zu erfassen. Soweit für Entschädigungen die Tarifvergünstigung nach § 34 Abs. 1 EStG i. V. mit § 24 Nr. 2 EStG in Anspruch genommen wird, sind die entsprechenden Betriebseinnahmen und die damit in sachlichem Zusammenhang stehenden Betriebsausgaben für Zwecke des § 34b EStG zur Vermeidung einer doppelten Berücksichtigung zu korrigieren.[1]

Bei einer Gewinnermittlung durch Betriebsvermögensvergleich sind die im Wirtschaftsjahr veräußerten Holzmengen maßgebend. Bei einer Gewinnermittlung nach den Grundsätzen des § 4 Abs. 3 EStG ist von den Holzmengen auszugehen, die den im Wirtschaftsjahr zugeflossenen Einnahmen zugrunde liegen. Für entnommenes Holz gilt dies entsprechend.[2]

(2) In sachlichem Zusammenhang stehende Betriebsausgaben

Von den Einnahmen aus sämtlichen Holznutzungen sind die damit in sachlichem Zusammenhang stehenden Betriebsausgaben des Wirtschaftsjahrs abzuziehen, die der Gewinnermittlung des Wirtschaftsjahres zu Grunde gelegt wurden. Dazu gehören insbesondere die festen und beweglichen Verwaltungskosten, Steuern, Zwangsbeiträge und die Betriebskosten. Erhöhte Absetzungen für Abnutzungen, Sonderabschreibungen sowie Buchwertminderungen und -abgänge sind zu berücksichtigen. Eine Aktivierung von Holzvorräten ist keine Verwertung des Holzes; die Anschaffungs- oder Herstellungskosten sind im Wirtschaftsjahr der Verwertung des Holzes zu berücksichtigen. Der Investitionsabzugsbetrag nach § 7g EStG ist nicht als Ausgabe zu berücksichtigen, die mit einer Holznutzung in sachlichem Zusammenhang steht.[3] 1275

Im Fall der Pauschalierung sind die Pauschsätze des § 51 EStDV bzw. des § 4 ForstSchAusglG anzusetzen. Die nicht mit des § 51 EStDV abgegoltenen aber abziehbaren Wiederaufforstungskosten, Buchwertminderungen und -abgänge beim Wirtschaftsgut Baumbestand sind zusätzlich als Betriebsausgaben zu berücksichtigen.[4]

Der durch die Rücklage nach § 3 ForstSchAusglG verursachte Aufwand ist bei der Ermittlung der Einkünfte aus Holznutzungen nach § 34b Abs. 2 EStG zu berücksichtigen.[5]

---

1 R 34b.3 Abs. 4 EStR.

2 § 34b Abs. 2 EStG.

3 R 34b.3 Abs. 2 EStR.

4 R 34b.3 Abs. 3 EStR.

5 R 34b.8 Satz 6 EStR.

(3) Verhältnismäßige Aufteilung der Einkünfte aus Holznutzungen

1276 § 34b Abs. 2 EStG beschreibt die Ermittlung der zu begünstigenden Einkünfte. Anknüpfungspunkt hierfür ist eine Verhältnisrechnung anhand der Holzmengen. Die Holzmenge, die im Wirtschaftsjahr zu Einnahmen geführt hat, ist den ordentlichen und außerordentlichen Holznutzungen (Holznutzungsarten) zuzuordnen. Die Zuordnung zu den außerordentlichen Holznutzungen erfolgt im Wirtschaftsjahr der Trennung des Holzes vom Grund und Boden. Die ermäßigte Besteuerung der Einkünfte aus den außerordentlichen Holznutzungen wird nach den Verhältnissen im Wirtschaftsjahr der Gewinnrealisierung vorgenommen.

(4) Umrechnung der Einkünfte auf das Kalenderjahr

1277 § 34b EStG ist als Tarifvorschrift **auf die Einkünfte des Kj** (VZ) anzuwenden. Die für das Wj ermittelten begünstigten Einkünfte aus außerordentlichen Holznutzungen sind je nach Wj (vgl. Rz. 178, 181) entsprechend dem zeitlichen Anteil (durch Zwölftelung) bzw. Zuordnung bei § 4 ForstSchAusglG auf das Kj aufzuteilen (vgl. Rz. 1334).

1278 (5) Beispiel (vgl. auch Rz. 1212)

BEISPIEL ▸ A kauft in 2014 2,01 ha Wald für 80.000 € (einschl. Nebenkosten für Notar, Grundbuchamt, GrESt). Bei den 2,01 ha handelt es sich um einen Endnutzungs-Fichtenbestand (Vorrat 500 fm/ha). Durch das Orkantief Niklas am 31.3./ 1.4.2015 fallen 500 fm Schadholz an. Die Voraussetzungen für Kalamitätsnutzung nach § 34b Abs. 4 EStG liegen hierfür vor (Meldung des Schadens und mengenmäßig getrennte Aufzeichnung; Rz. 1302). Für das auf dem Stamm verkaufte Holz erlöst A 35.000 €. A bepflanzt die entstandenen Lücken mit Douglasie und Buche (500 Dgl, 2.000 Bu, tatsächliche Kosten 3.000 €). A entnimmt pro Wj 20 fm Holz auf dem Stamm für Brennholzzwecke. A ermittelt den Gewinn nach § 4 Abs. 3 EStG. Wj ist das Kalenderjahr. A wählt die BA-Pauschalierung nach § 51EStDV. Im Verzeichnis nach § 4 Abs. 3 Satz 5 EStG wird für das erworbene Waldstück der GuB mit 32.000 € und der aufstehende Bestand mit 48.000 € aufgezeichnet (Kaufpreisaufteilung 40 % / 60 %, Rz. 1241).

LÖSUNG:

Wj 2015	tatsächliche BA	Pauschale § 51 EStDV	Rz.
Betriebseinnahmen	35.000 €	35.000 €	
+ Entnahmen Brennholz	360 €	360 €	1213
- Aufarbeitungskosten	--	--	1236
- Betriebsausgaben-Pauschale § 51 EStDV (20 %)		-7.000 € -72 €	1209
- Buchwertminderung	-24.000 €	-24.000 €	
- Wiederaufforstungskosten (keine BA, sondern HK neuer Wald, Zuschuss erfolgsneutral)	--	--	1218 1227 1229
- sonstige BA (GrSt, Vers.)	-200 €	--	
Gewinn	11.160 €	4.288 €	

Steuerermäßigung nach § 34b EStG (Nutzungssatz von 10 fm (= 5 fm (Rz. 1289) x 2 ha)):

Für jegliche Kalamitätsnutzung (im oder über Nutzungssatz) aufgrund Billigkeitsmaßnahme der FinVerw (Rz. 1280)

500/520 von 4.288 € = 4.123 € (= 1/4 des durchschnittlichen Steuersatzes).

Für die Berechnung der Tarifermäßigung werden von der FinVerw auch Berechnungshilfen bereitgestellt.[1]

ee) Umfang der Tarifvergünstigung – Steuersätze (§ 34b Abs. 3 EStG)

(1) Anzuwendende Steuersätze

Der Umfang der ordentlichen Holznutzung ist für die Anwendung der Steuer- 1279
sätze nach § 34b Abs. 3 EStG ohne Bedeutung. Für die Frage, mit welchen Steuersätzen die Einkünfte aus außerordentlichen Holznutzungen zu versteuern sind, ist die im Betrieb im Wirtschaftsjahr verwertete Holzmenge maßgebend. Auf die Einkünfte aus außerordentlichen Holznutzungen des Betriebs ist die Hälfte des durchschnittlichen Steuersatzes i. S. des § 34b Abs. 3 Nr. 1 EStG anzuwenden, wenn die Voraussetzungen des § 68 EStDV nicht vorliegen.

1 https://verwaltungsportal.hessen.de/information/forstwirtschaft-steuerbeguenstigung-nach-ss-34b-estg-bei-holznutzungen-infolge-hoeherer.

Auf Einkünfte aus außerordentlichen Holznutzungen des Betriebs ist unter den Voraussetzungen des § 68 EStDV bis zur Höhe des Nutzungssatzes die Hälfte des durchschnittlichen Steuersatzes (§ 34b Abs. 3 Nr. 1 EStG) und für darüber hinausgehende außerordentliche Holznutzungen ein Viertel des durchschnittlichen Steuersatzes (§ 34b Abs. 3 Nr. 2 EStG) anzuwenden. Hierzu sind die Einkünfte aus außerordentlichen Holznutzungen nach dem Verhältnis der Holzmengen zum Nutzungssatz aufzuteilen (§ 34b Abs. 2 Sätze 2 bis 5 EStG).[1]

1280 Werden aus sachlichen Billigkeitsgründen die Regelungen des § 34b Abs. 5 EStG in Kraft gesetzt, können die Steuersätze abweichend von § 34b Abs. 3 EStG geregelt werden (vgl. Rz. 1306 und 1307/1).

Darüber hinaus lässt die FinVerw bei größeren regional begrenzten Schadensereignissen aus generellen Billigkeitsgründen zu, anfallendes Kalamitätsholz einheitlich mit dem Viertel-Steuersatz zu besteuern, wenn der Schaden das Doppelte des maßgeblichen Nutzungssatzes übersteigt.[2] Begünstigt ist die gesamte Schadensmenge, die für das Schadensereignis anerkannt wurde. Ein Nutzungssatz ist nicht erforderlich. Für die Tarifvergünstigung ist R 34b.7 Abs. 1 und 2 EStR entsprechend anzuwenden. Der ¼-Steuersatz ist solange anzuwenden, bis das Begünstigungsvolumen aufgebraucht ist.[3] Für andere Kalamitätsnutzungen kann auch die Tarifermäßigung in Betracht kommen. Für die Holzmengenrechnung sind die nach der Billigkeitsmaßnahme aufgearbeiteten Holzmengen beim Nutzungssatz zu berücksichtigen.

Nach § 5 ForstSchAusglG (Rz. 1337 ff.) gilt im Wj einer Einschlagsbeschränkung für jegliche Kalamitätsnutzung der Steuersatz Abs. 3 Nr. 2 EStG (Viertel-Steuersatz). Außerdem können damit in Zusammenhang stehende Kalamitätsnutzungen der Folgezeit einkommensteuerlich so behandelt werden, als wären sie im Jahr der Einschlagsbeschränkung mit der ersten Mitteilung des Schadensfalles angefallen.

1281 Die ESt aus außerordentlichen Einkünften aus Forstwirtschaft bemisst sich

1. **bei Einkünften aus außerordentlichen Holznutzungen** i. S. des § 34b Abs. 1 EStG nach den Steuersätzen des § 34b Abs. 3 Nr. 1 EStG (= ½ Steuersatz);

1 R 34b.4 Abs. 2 und 3 EStR.

2 R 34b.7 Abs. 4 EStR, z. B. für Orkantief Niklas am 31.5.2015, FMS BY 2.4.2015 – 37 - S 1915 - 3/1, Tz. 4.2.4.; BMF 29.4.2019 zu Forstschäden im Jahr 2018 (in den Wj 2017/18 und 2018/19), BStBl 2019 I S. 463 = NWB WAAAH-15448.

3 R 34b.7 Abs. 2 EStR.

2. bei Einkünften aus außerordentlichen Holznutzungen i. S. des § 34b Abs. 1 EStG, soweit sie
   - den Nutzungssatz übersteigen, mit einem Viertel Steuersatz,
   - im Wj einer Einschlagsbeschränkung anfallen, mit einem Viertel des durchschnittlichen Steuersatzes.[1]

Maßgeblich ist der durchschnittliche Steuersatz, der sich ergäbe, wenn die tarifliche Einkommensteuer nach dem gesamten zu versteuernden Einkommen zuzüglich der dem Progressionsvorbehalt unterliegenden Einkünfte zu bemessen wäre.[2]

(2) Nutzungssatz

Der Nutzungssatz ist die entscheidende steuerliche Größe (Bemessungsgrundlage) im Rahmen des § 34b EStG.[3] Er muss aufgrund eines amtlich anerkannten Betriebsgutachtens oder durch ein Betriebswerk periodisch für zehn Jahre festgesetzt sein und muss den Nutzungen entsprechen, die unter Berücksichtigung der vollen jährlichen Ertragsfähigkeit des (ganzen) Waldes in Kubikmeter nachhaltig erzielbar sind.[4] § 68 EStDV enthielt bis 2015 die Maßeinheit „Festmeter". Ab 2016[5] wurde die Maßeinheit in Kubikmeter im Festmaß (Erntefestmeter Derbholz ohne Rinde) geändert. Beim Nutzungssatz handelt es sich quasi um die **ordentliche (planmäßige) Holznutzung.** Maßgebend für die Bemessung des Nutzungssatzes sind daher nicht die Nutzungen, die nach dem Willen des Betriebsinhabers in einem Zeitraum von zehn Jahren erzielt werden sollen (sog. subjektiver Hiebsatz),[6] sondern die Nutzungen, die unter Berücksichtigung der vollen Ertragsfähigkeit nachhaltig erzielt werden können **(objektive Nutzungsmöglichkeit)**.[7] Die volle Ertragsfähigkeit wird dabei von den Waldzustandsverhältnissen und den waldbaulichen Nutzungsmöglichkeiten bestimmt. Diese Faktoren sind im Anhalt an die Richtlinien für die Bemessung von Nutzungssätzen nach § 34b EStG, die die FinVerw unter Mitwirkung von Vertretern der Forstwirtschaft aufgestellt hat,[8] zu ermitteln. 1282

1 § 5 ForstSchAusglG; Rz. 1337 ff.

2 § 34b Abs. 3 Nr. 1 EStG.

3 BFH 24.10.1974, BStBl 1975 II S. 108.

4 § 68 EStDV.

5 BGBl 2016 I S. 1722, BStBl 2016 I S. 725.

6 RFH 12.5.1943, RStBl 626; BFH 5.3.1964, BStBl 1964 III S. 322.

7 R 34b.4 Abs. 4 EStR.

8 Z. B. FinMin Nordrhein-Westfalen 9.5.1956, INF L 150; ab 17.5.2017: BMF 17.5.2017 – IV C 7 - S 2291/17/10001, BStBl 2017 I S. 783.

1283 Der Nachweis, dass eine den Nutzungssatz übersteigende begünstigte Holznutzung nach § 34b EStG vorliegt, kann nur durch den periodisch für zehn Jahre festgesetzten Nutzungssatz aufgrund eines amtlich anerkannten **Betriebsgutachtens** oder durch ein **Betriebswerk** geführt werden (vgl. Rz. 1290).

1284 Eine **amtliche Anerkennung** schließt eine Prüfung durch das FA sowohl in tatsächlicher als auch in rechtlicher Hinsicht nicht aus.[1]

1285 Werden vom Forstwirt die im Betriebsgutachten oder Betriebswerk niedergelegten Bewirtschaftungsgrundsätze nicht eingehalten, z. B. wird von der festgesetzten Umtriebszeit[2] ohne wirtschaftlichen Grund abgewichen und tatsächlich nach einer kürzeren Umtriebszeit gewirtschaftet, kann die FinBeh vor Ablauf des Zehn-Jahres-Zeitraums den **Nutzungssatz überprüfen** und **unter Abänderung der Umtriebszeit berichtigen** (erhöhen), BMF vom 17.5.2017, Rz. 9 (Rz. 1282). Damit würden sich die den Nutzungssatz übersteigenden ggf. begünstigten Nutzungen verringern. Infolge der Nichteinhaltung der Bewirtschaftungsgrundsätze kann ggf. eine Änderung der diesen Nutzungssatz zugrunde liegenden ESt-Bescheide (ggf. Feststellungsbescheide) nach § 173 Abs. 1 Nr. 1 AO in Betracht kommen.[3]

1286 Gegen die Festsetzung eines Nutzungssatzes durch den Forstsachverständigen der FinVerw in Form eines ESt-Bescheids (ggf. Feststellungsbescheids) des FA kann nur im Wege des **Einspruchsverfahrens gegen den jeweiligen Bescheid** vorgegangen werden, da der Nutzungssatz unselbständiger Bestandteil des jeweiligen Bescheids ist[4] und somit ein eigenes Rechtsbehelfsverfahren nicht möglich ist.

1287 Bei unentgeltlichen Hofübergaben während des Wirtschaftsjahrs ist der Nutzungssatz zeitanteilig aufzuteilen.

1288 Der Nutzungssatz, die entscheidende Größe (Rz. 1282) bei der Vergünstigung nach § 34b EStG, bezieht sich auf den **jeweiligen Forstbetrieb** eines Stpfl.[5] Befinden sich **mehrere Forstbetriebe in der Hand eines Stpfl.,** ist der Umfang der nach § 34b EStG begünstigten Holznutzungen für jeden Betrieb gesondert zu berechnen. Bei räumlich getrennt liegenden Waldflächen ist die Betriebseigen-

1 BFH 5.3.1964, BStBl 1964 III S. 322; R 34b Abs. 4 Satz 5 EStR.

2 Abschnitt 4.01 Abs. 16 BewRL.

3 Vgl. BFH 5.3.1964, BStBl 1964 III S. 322.

4 § 157 Abs. 2 AO; R 34b.6 Abs. 4 EStR; BMF 17.5.2017 – IV C 7 - S 2291/17/10001, BStBl 2017 I S. 783.

5 BFH 24.10.1974, BStBl 1975 II S. 108; R 34b.1 Abs. 4 EStR.

schaft oder die Teilbetriebseigenschaft oder das Vorliegen nur einer Betriebsstätte zu klären (vgl. Rz. 1194, 1195).

(3) Vereinfachungsregelung Nutzungssatz R 34b.6 Abs. 3 EStR

Die FinVerw verzichtet aus Vereinfachungsgründen **bei Betrieben mit bis zu 50 ha forstwirtschaftlich genutzter Fläche** auf die Festsetzung eines Nutzungssatzes durch ein amtlich anerkanntes Betriebsgutachten. In diesen Fällen ist bei der Anwendung des § 34b EStG ein Nutzungssatz von 5 fm ohne Rinde je ha zugrunde zu legen.[1] Diese Vereinfachungsregelung wurde bei § 34b EStG a. F. bei Naturkatastrophen (z. B. Schnee-, Sturmschäden) von der FinVerw nach einem bundeseinheitlichen Rahmenkatalog bis 2017 aus Billigkeitsgründen für die durch das Schadensereignis eingetretenen Holznutzungen infolge höherer Gewalt auf Betriebe mit weniger als 75 ha forstwirtschaftlich genutzter Fläche ausgedehnt.[2] Bei § 34b EStG n. F. vgl. Rz. 1280. 1289

(4) Betriebsgutachten/Betriebswerk

Der Nutzungssatz (Rz. 1282), d. h., die ordentliche Holznutzung (= Normaleinschlag) ist so festzusetzen, dass innerhalb der zehn Jahre nachhaltig die gleiche Menge Holz eingeschlagen werden kann und am Ende des zehnjährigen Zeitraums theoretisch wieder der gleiche Waldbestand vorhanden ist.[3] 1290

Ein **Betriebswerk** ist die Zusammenfassung aller Schriften und Karten, in denen für den Forstbetrieb die Ergebnisse der Forsteinrichtung hinsichtlich Zustandserfassung und Planung niedergelegt sind. Ein **Betriebsgutachten** ist ein in vereinfachter Form für einen kleinen Forstbetrieb aufgestelltes Betriebswerk.[4] 1290/1

Ein Betriebsgutachten oder ein Betriebswerk muss mindestens enthalten ein **Verzeichnis** der zum Betrieb gehörenden Nutzfläche sowie eine **Bestandsbeschreibung,** in der jeder zum Betrieb gehörende Bestand nach Flächengröße, Holzart, Alter, Ertragsklasse und Bestockungsgrad zu beschreiben und der Holzvorrat anzugeben ist (Rz. 1282).[5] 1291

1 R 34b.6 Abs. 3 EStR.

2 Z. B. Sturmschäden 2007 FinMin Bayern, 21.2.2007 31/37 – S 1915 - 009 - 6059/07; Borkenkäferbefall FinMin Bayern, 2.10.2006 – 31/37 – S 1915 - 009 - 37085/06.

3 BFH 20.5.1954 und 7.10.1954, BStBl 1954 III S. 345.

4 Abschnitt 4.01 Abs. 9 und 10 BewRL; BStBl 1967 II S. 397.

5 Vgl. Abschnitt 6 Nutzungssatz-Richtlinien; ab 17.5.2017: BMF 17.5.2017 – IV C 7 - S 2291/17/10001, BStBl 2017 I S. 783, Rz. 12 ff.

1292 Der Festsetzung des Nutzungssatzes ist ein amtlich anerkanntes Betriebsgutachten oder ein Betriebswerk zugrunde zu legen, das auf den Anfang des Wirtschaftsjahrs aufzustellen ist, von dem an die Periode von zehn Jahren beginnt. Es soll innerhalb eines Jahres nach diesem Stichtag der Finanzbehörde übermittelt werden. Sofern der Zeitraum, für den es aufgestellt wurde, nicht unmittelbar an den vorherigen Zeitraum der Nutzungssatzfestsetzung anschließt, muss es spätestens auf den Anfang des Wirtschaftsjahrs des Schadensereignisses aufgestellt sein.[1]

1293 Für die Festsetzung des Nutzungssatzes i. S. des § 34b Abs. 3 Nr. 2 EStG ist grds. ein amtlich anerkanntes Betriebsgutachten oder Betriebswerk erforderlich. Dieses soll nach § 68 Abs. 2 Satz 2 EStDV innerhalb eines Jahres nach dem Stichtag seiner Aufstellung dem Forstsachverständigen der zuständigen Finanzbehörde zwecks Überprüfung zugeleitet werden. Wird es nicht innerhalb eines Jahres übermittelt, kann dies bei der Festsetzung eines Nutzungssatzes zu Lasten des Steuerpflichtigen gehen (z. B. durch Unsicherheitszuschläge). Enthält es Mängel (z. B. methodische Mängel, unzutreffende oder nicht mehr überprüfbare Naturaldaten), kann es von der FinVerw zurückgewiesen werden. Ein Gegengutachten der zuständigen Finanzbehörde ist nicht erforderlich.[2]

1294 Wird ein amtlich anerkanntes Betriebsgutachten oder ein Betriebswerk nicht fortlaufend aufgestellt oder wird es infolge einer Betriebsumstellung neu aufgestellt und schließt deshalb nicht an den vorherigen Zeitraum der Nutzungssatzfeststellung an, kann es im Schadensfall nur berücksichtigt werden, wenn es spätestens auf den Anfang des Wirtschaftsjahres des Schadensereignisses aufgestellt wurde. Gleiches gilt für den Fall, dass ein amtlich anerkanntes Betriebsgutachten oder Betriebswerk erstmals nach einem Schadensereignis erstellt wird.[3]

1295 Das Betriebsgutachten oder Betriebswerk kann bis zur Beendigung eines Verfahrens vor dem FG (Tatsacheninstanz) zu den in § 68 EStDV genannten Zeitpunkten aufgestellt werden.[4] Zu den Aufwendungen für die Aufstellung eines Betriebswerks oder Betriebsgutachtens vgl. Rz. 1232.

1 § 68 Abs. 2 EStDV.

2 R 34b.6 Abs. 1 EStR.

3 R 34b.6 Abs. 2 EStR.

4 BFH 26.10.1961, BStBl 1962 III S. 34.

Der Zeitraum von zehn Wj, für den der Nutzungssatz maßgebend ist,[1] beginnt mit dem Wj, auf dessen Anfang das Betriebsgutachten oder Betriebswerk aufgestellt ist.[2] 1296

Ist der Nutzungssatz vor Ablauf der laufenden Periode des Betriebsgutachtens oder Betriebswerks von zehn Jahren **infolge außerordentlicher Holznutzungen erheblich überschritten** worden, so kann er auf Antrag neu festgesetzt (herabgesetzt) werden, wenn die Grundlagen für die Herleitung eines neuen Nutzungssatzes von den Verhältnissen zum Stichtag der bisherigen Zustandsbeschreibung maßgeblich abweichen.[3] In diesem Fall endet die laufende Periode mit dem Forst-Wj, in dem das schädigende Ereignis eingetreten ist; das Betriebsgutachten oder Betriebswerk ist auf den Beginn des folgenden Forst-Wj abzustellen und der (niedrigere) Nutzungssatz neu zu ermitteln. 1297

Bei **erheblichen Flächenzugängen oder -abgängen** während der Laufzeit kann der Nutzungssatz unter Beibehaltung der Laufzeit fortgeschrieben werden.[4] 1298

Das Betriebsgutachten muss **amtlich anerkannt** sein.[5] Zuständig hierfür sind i. d. R. die Forstämter, in Bayern das Bayerische Landesamt für Steuern.[6] 1299

(5) Umfang der steuerbegünstigten Einkünfte

Die Tarifvergünstigung bei Einkünften aus außerordentlichen Holznutzungen nach § 34b EStG stellt eine Progressionsmilderung der dort bestimmten laufenden Einkünfte dar. Sie wird für einen Veranlagungszeitraum gewährt. Bei abweichenden Wirtschaftsjahren ist nach R 34b.1 Abs. 3 EStR zu verfahren. Ergeben sich im Veranlagungszeitraum nach einer Saldierung (R 34b.1 Abs. 3 und 4) insgesamt keine positiven Einkünfte aus außerordentlichen Holznutzungen, scheidet eine Tarifvergünstigung nach § 34b EStG aus. Die Tarifvergünstigung nach § 34b EStG ist auf die Höhe des zu versteuernden Einkommens begrenzt.[7] 1300

1 § 34b Abs. 4 Nr. 1 EStG.

2 § 68 Abs. 1, 2 EStDV.

3 Abschnitt 4 der Nutzungssatz-Richtlinien; ab 17.5.2017: BMF 17.5.2017 – IV C 7 - S 2291/17/10001, BStBl 2017 I S. 783, Rz. 8.

4 Ab 17.5.2017: BMF 17.5.2017 – IV C 7 - S 2291/17/10001, BStBl 2017 I S. 783, Rz. 9.

5 § 68 Abs. 3 EStDV.

6 Art. 1 Abs. 2 ZuVLFG.

7 R 34b.5 Abs. 1 EStR.

(6) Verhältnis zu § 34 EStG

1301 Treffen Einkünfte aus außerordentlichen Holznutzungen i. S. des § 34b EStG mit außerordentlichen Einkünften i. S. des § 34 Abs. 2 EStG zusammen und übersteigen diese Einkünfte das zu versteuernde Einkommen, sind die von der Summe der Einkünfte, dem Gesamtbetrag der Einkünfte und dem Einkommen abzuziehenden Beträge zunächst bei den nicht nach § 34 EStG begünstigten Einkünften, danach bei den nach § 34 Abs. 1 EStG begünstigten Einkünften und danach bei den nach § 34 Abs. 3 EStG begünstigten Einkünften zu berücksichtigen, wenn der Steuerpflichtige keine andere Zuordnung beantragt. Der Freibetrag nach § 13 Abs. 3 EStG darf dabei nur von Einkünften aus LuF abgezogen werden.[1]

ff) Voraussetzungen für die Anwendung der Tarifvergünstigung (§ 34b Abs. 4 EStG)

1302 Die Gewährung der Tarifvergünstigung ist von zwei Voraussetzungen abhängig. Nach § 34b Abs. 4 Nr. 1 EStG müssen die verschiedenen veräußerten oder entnommenen Holzmengen getrennt nach ordentlichen und außerordentlichen Holznutzungen nachgewiesen werden, um die Ermittlung der begünstigten Einkünfte aus außerordentlichen Holznutzungen zu gewährleisten. Nach § 34b Abs. 4 Nr. 2 EStG müssen die Kalamitätsnutzungen unverzüglich gemeldet werden, um eine forstfachliche Begutachtung der Schäden durch einen Forstsachverständigen der FinVerw sicherzustellen. Nach Aufarbeitung des Schadens ist die tatsächlich angefallene Holzmenge der Finanzbehörde schriftlich anzuzeigen und nachzuweisen.

(1) Mengenmäßiger Nachweis

1303 Die Zuordnung der verschiedenen Holznutzungen zu den ordentlichen bzw. außerordentlichen Holznutzungen erfolgt im Wirtschaftsjahr des Einschlags (vgl. Rz. 1276). Der auch für nichtbuchführende oder nichtaufzeichnungspflichtige Forstwirte erforderliche Nachweis kann durch Führung von Holzaufnahmelisten oder Nummernbücher und Holzeingangsbücher[2] (Rz. 256) oder ggf. durch den Holzkaufvertrag geführt werden.

Für den Nutzungsnachweis nach § 34b Abs. 4 Nr. 1 EStG genügt es, wenn der Steuerpflichtige die Holznutzungen eines Wirtschaftsjahrs mengenmäßig getrennt nach ordentlichen und außerordentlichen Holznutzungen nachweist. Im

1 R 34b.5 Abs. 2 EStR.

2 BMF 15.12.1981, BStBl 1981 I S. 878, Tz. 3.4.1.

Falle eines besonderen Schadensereignisses i. S. des § 34b Abs. 5 EStG gelten zudem die Regelungen des R 34b.7 Abs. 1 EStR.[1]

(2) Mitteilung von Schäden infolge höherer Gewalt

Schäden infolge höherer Gewalt müssen **unverzüglich (= ohne schuldhaftes Zögern) nach Feststellung des Schadensfalles** (d. h., wenn der Stpfl. vom Eintritt des Schadens Kenntnis erlangt) zur Beweissicherung dem zuständigen FA (oder der OFD, Mittelbehörde) mitgeteilt werden.[2] Die Mitteilung darf nicht deshalb verzögert werden, weil der Schaden dem Umfang der Höhe nach noch nicht feststeht.[3] Zur Erleichterung der Mitteilung wurden bundeseinheitliche Vordrucke herausgegeben (vgl. BMF[4] oder BY[5]). Danach ist mit der **„Mitteilung“** (frühere Bezeichnung: Erste Meldung) unverzüglich nach Feststellung des Schadensfalls der **geschätzte Schadensfall** jeweils für den einzelnen Waldort anzugeben. Die Anmeldung des Schadens muss so rechtzeitig vor Aufarbeitung des Schadholzes erfolgen, dass der Sachverständige der FinVerw den Schaden überprüfen kann. Ergeben sich bei der Aufarbeitung Abweichungen von mehr als 20 % der ursprünglich mitgeteilten Schadensmenge, ist eine Berichtigung nach § 153 Abs. 2 AO in Form einer ergänzenden Mitteilung vorzunehmen. Unterbleibt die ergänzende Mitteilung pflichtwidrig, kann die tatsächliche Kalamitätsholzmenge nicht im Rahmen des mengenmäßigen Nachweises berücksichtigt werden. Nach Aufmessung des Schadholzes ist mit dem Vordruck **„Nachweis“** (frühere Bezeichnung: Zweite Meldung) der FinVerw die **tatsächlich gemessene Schadensmenge** mitzuteilen. Nach Abgabe des Nachweises muss das Schadholz zwei Wochen lang am Schadensort oder in unmittelbarer Nähe (Holzlagerplatz) zur Prüfung durch die FinVerw bereitliegen. Die Mitteilung des Forstsachverständigen über die anerkannte Holzmenge bzw. über die Ablehnung der Anerkennung ist kein Verwaltungsakt.[6] 1304

Zur Aufklärungs- bzw. Beratungspflicht des steuerlichen Vertreters über das Kalamitätsanerkennungsverfahren vgl. LG Münster vom 3.7.2024 – 110 O 50/23.

Wird der FinVerw der Schaden erst nach Aufarbeitung oder erst nach dem Verkauf des Holzes mitgeteilt, scheidet eine Anerkennung als Holznutzung infolge 1305

1 R 34b.6 Abs. 5 EStR.

2 BMF 27.7.2021, BStBl 2021 I S. 1044, Rz. 50.

3 R 34b.6 Abs. 6 EStR.

4 www.formulare-bfinv.de/ unter Steuerformulare > Einkommensteuer > Forstwirtschaft.

5 https://www.lfst.bayern.de/formulare/steuererklaerung/einkommensteuer/land-und-forstwirtschaft.

6 BFH 9.5.2023 – VI R 12/21, BStBl 2023 II S. 850.

höherer Gewalt grds. aus, da die Mitteilung nicht mehr als **„unverzüglich"** angesehen werden kann. Dies gilt selbst dann, wenn eine Meldung gegenüber den Forstbehörden erfolgt wäre, da § 34b Abs. 4 Nr. 2 EStG ausdrücklich die Mitteilung gegenüber der zuständigen Finanzbehörde vorsieht.

gg) Besondere Schadensereignisse (§ 34b Abs. 5 EStG)

1306 § 34b Abs. 5 EStG enthält eine Ermächtigung für die Bundesregierung, durch Rechtsverordnung mit Zustimmung des Bundesrats sachliche Billigkeitsmaßnahmen bei Naturkatastrophen größeren Ausmaßes zu gewähren. Voraussetzung für steuerliche Maßnahmen ist, dass keine Einschlagsbeschränkung nach § 1 Abs. 1 ForstSchAusglG verordnet wird. Die Regelung des § 163 AO bleibt hiervon unberührt. Nacke[1] hält die Verordnungsermächtigung aufgrund der fehlenden Festlegung des Steuersatzes nicht für hinreichend bestimmt i. S. des Art. 80 GG.

1307 Werden aus sachlichen Billigkeitsgründen die Regelungen des § 34b Abs. 5 EStG für ein Wirtschaftsjahr in Kraft gesetzt, bestimmt sich der Umfang des mit dem besonderen Steuersatz der Rechtsverordnung zu begünstigenden Kalamitätsholzes nach der für das betroffene Wirtschaftsjahr anerkannten Schadensmenge (Begünstigungsvolumen). Grundlage hierfür sind die Angaben in der Abschlussmeldung. Das Begünstigungsvolumen wird durch Kalamitätsnutzungen gemindert, die dem Steuersatz nach § 34b Abs. 5 EStG unterworfen werden.[2]

hh) Billigkeitsmaßnahmen der Finanzverwaltung bei größeren regional begrenzten Schadensereignissen nach R 34b.7 Abs. 4 Satz 1 EStR

1307/1 Bei größeren regional begrenzten Schadensereignissen kann im Wege typisierender Verwaltungsanweisungen aus generellen Billigkeitsgründen das gesamte anfallende Kalamitätsholz einheitlich mit dem Viertel-Steuersatz besteuert werden, wenn der Schaden das Doppelte des maßgeblichen Nutzungssatzes übersteigt (vgl. Rz. 1280).

o) Vergünstigungen nach dem Forstschäden-Ausgleichsgesetz

aa) Allgemeines

1308 Das **„Gesetz zum Ausgleich von Schäden infolge besonderer Naturereignisse in der Forstwirtschaft"** (Forstschäden-Ausgleichsgesetz – ForstSchAusglG)

1 Nacke in Brandis/Heuermann, § 34b EStG Rz. 2.

2 R 34b.7 Abs. 1 EStR.

vom 29.8.1969[1] **ermächtigt die Bundesregierung,** bei schwerwiegenden, genau festgelegten, durch besondere Naturereignisse verursachten Störungen des Rohholzmarktes im **Verordnungswege** den ordentlichen Holzeinschlag und bestimmte Holzimporte zu beschränken. Ziel des Gesetzes ist es, (1) ein nicht konjunkturbedingtes Absinken der Rohholzpreise bei Großkalamitäten zu verhindern, ohne dabei die Rohholzversorgung der Holzwirtschaft zu gefährden und (2) Schäden infolge besonderer Naturereignisse für die Forstbetriebe wirtschaftlich tragbarer zu machen,[2] da der Forstwirt damals keine Möglichkeit hatte, sich gegen derartige Schäden – außer bei Waldbränden – zu versichern.

Das bisherige ForstSchAusglG vom 29.8.1969 wurde angesichts der immissions- 1309
bedingten Waldschäden in ein **„Gesetz zum Ausgleich von Auswirkungen besonderer Schadensereignisse in der Forstwirtschaft“** vom 26.8.1985[3] geändert und die Steuervergünstigungen erheblich erweitert (§ 3 ForstSchAusglG) oder neu eingeführt.[4] Das ForstSchAusglG wurde zuletzt am 31.8.2015[5] geändert.

Durch die VO vom 14.4.2021[6] wurde für das Forst-Wj 2020/2021 eine Beschrän- 1310
kung des ordentlichen Holzeinschlags der Holzart Fichte angeordnet. Die FinVerw hat mit dem Schreiben vom 27.7.2021 zu den steuerlichen Regelungen des ForstSchAusglG Stellung genommen.[7]

Forstwirte, die nicht zur Buchführung verpflichtet sind, können in der Verord- 1311
nung von der Einschlagsbeschränkung ausgenommen werden.[8]

bb) Steuerfreie Rücklage für die Bildung eines betrieblichen Ausgleichsfonds (§ 3 ForstSchAusglG)

Die Ausgleichsfonds-Regelung stellt eine freiwillige, durch steuerliche Vergüns- 1312
tigungen geförderte **Selbstversicherung** (vgl. Rz. 1308) der privaten Forstbetriebe gegen Naturschäden dar. Nach der Gesetzesbegründung[9] ist die Rücklage auch deshalb gerechtfertigt, weil die Forstwirtschaft bei der Abschnittsbesteuerung schon bisher eine Sonderstellung eingenommen hat, da sie für ihr Haupt-

1 BStBl 1969 I S. 513.
2 BT-Drucks. V/4070; BFH 25.8.1983, BStBl 1983 II S. 757.
3 BStBl 1985 I S. 588.
4 §§ 4a, 5 ForstSchAusglG.
5 BGBl 2015 I S. 1474.
6 BGBl 2021 I S. 808.
7 BMF 27.7.2021, BStBl 2021 I S. 1044.
8 Vgl. § 1 Abs. 5 ForstSchAusglG.
9 BT-Drucks. V/4070.

betriebsmittel, das stehende Holz, keinen jährlichen Bestandsvergleich durchführen kann und deshalb auch für steuerliche Zwecke nicht durchzuführen braucht.

(1) Begünstigter Personenkreis (§ 3 Abs. 1 ForstSchAusglG)

1313 Begünstigt sind alle Stpfl., die Einkünfte aus dem Betrieb von Forstwirtschaft i. S. des § 13 EStG beziehen und bei denen der nach § 4 Abs. 1 EStG ermittelte Gewinn der Besteuerung zugrunde gelegt wird. Sie können unter den Voraussetzungen des § 3 Abs. 2 ForstSchAusglG eine den **steuerlichen Gewinn mindernde Rücklage** bilden.

1314 Das Erfordernis der ordnungsmäßigen Buchführung ist ab Wj 1974/75[1] weggefallen. Bei sog. **Schätzungslandwirten** (vgl. Rz. 536) kommt eine Rücklagenbildung jedoch weiterhin nicht in Betracht.[2] § 3 ForstSchAusglG enthält keine dem § 6b Abs. 4 Nr. 5 EStG entsprechende Regelung (Rz. 359).

1315 Die Begünstigung gilt gleichermaßen für natürliche Personen, Körperschaften, Personenvereinigungen und Vermögensmassen, bei denen Einkünfte aus dem Betrieb von Forstwirtschaft steuerlich als **Einkünfte aus Gewerbebetrieb** zu behandeln sind, da die Einschlagsbeschränkung nach § 1 ForstSchAusglG auch die Forstbetriebe dieser Stpfl. erfasst.[3] Dies setzt voraus, dass die gesamten Betriebseinnahmen und Betriebsausgaben des forstwirtschaftlichen Betriebs von den übrigen gewerblichen Einkünften **klar abgrenzbar** sind[4] (vgl. Rz. 1250).

(2) Höhe der Rücklage (§ 3 Abs. 1 Satz 3 ForstSchAusglG)

1316 Die jährliche Zuführung zur Rücklage darf 25 % der im Durchschnitt der vorangegangenen drei Wj erzielten nutzungssatzmäßigen Einnahmen nicht übersteigen. Die Rücklage kann daher im günstigsten Fall nach Ablauf von vier Wj in voller Höhe von 100 % gebildet sein. Über- oder Unternutzungen in den einzelnen Jahren sind nicht auszugleichen.[5]

1317 Nach § 3 ForstSchAusglG a. F. war die Rücklage auf 12 % und die jährliche Zuführung auf 3 % der nutzungssatzmäßigen Einnahmen beschränkt. Die Rücklage war bisher jährlich unter Zugrundelegung der nutzungssatzmäßigen Einnah-

1 BStBl 1975 I S. 2.

2 Felsmann, Einkommensbesteuerung, Abschnitt A 22 Rz. 29.

3 § 3 Abs. 1 Satz 2 ForstSchAusglG.

4 BMF 27.7.2021, BStBl 2021 I S. 1044, Rz. 17; BFH 25.8.1960, BStBl 1960 III S. 486.

5 R 34b.8 Satz 2 EStR.

men für die jeweils vorangegangenen drei Wj neu zu berechnen, da sowohl der Nutzungssatz (Neufestsetzung nach zehn Jahren) als auch die darauf beruhenden Einnahmen (infolge Preisschwankungen) Änderungen unterlagen und somit eine jährliche Anpassung der Rücklage zulässig oder geboten war.

Nach § 3 Abs. 1 Satz 4 ForstSchAusglG bleibt ein **Absinken der nutzungssatzmäßigen Einnahmen** in den Folgejahren ohne Auswirkung auf die zulässige Höhe einer bereits gebildeten Rücklage. Damit soll klargestellt werden, dass eine kontinuierliche Absenkung der Nutzungssätze infolge von Waldschäden (vgl. auch Rz. 1317) sich nicht nachteilig auf die Höhe der zulässigen Rücklage auswirkt.[1] 1318

Der Begriff der **nutzungssatzmäßigen Einnahmen,** der Bemessungsgrundlage der Rücklage, ist im ForstSchAusglG nicht erläutert. Die Bezugnahme in § 1 Abs. 4 ForstSchAusglG auf den Nutzungssatz i. S. des § 68 Abs. 1 EStDV stellt klar, dass sich die Rücklage aus den Einnahmen aus den Holznutzungen im Rahmen des Nutzungssatzes – gleich welcher Art[2] – berechnet, zumal es sich bei § 3 ForstSchAusglG um eine steuerliche Regelung handelt. 1319

Übersteigt die tatsächliche Holznutzung eines Wirtschaftsjahres den Nutzungssatz nicht, so sind alle Einnahmen aus Holznutzungen des Wirtschaftsjahres als nutzungssatzmäßige Einnahmen zu berücksichtigen. Übersteigt dagegen die tatsächliche Holznutzung im Wirtschaftsjahr den Nutzungssatz, so sind zur Ermittlung der nutzungssatzmäßigen Einnahmen alle Einnahmen aus Holznutzungen im Verhältnis des Nutzungssatzes zur gesamten Holznutzung aufzuteilen.[3]

Die Bildung einer Rücklage ist auch dann nicht ausgeschlossen, wenn ein Verlust entsteht oder sich erhöht. Durch die Bildung der Rücklage entsteht eine Betriebsausgabe im Wj der Zuführung. Diese Betriebsausgabe zählt zu den nach § 34b Abs. 2 EStG auf die einzelnen Holznutzungen zu verteilenden Aufwendungen (Rz. 1275). 1320

Die Bildung der Rücklage ist bei der Berechnung der in § 141 Abs. 1 Nr. 5 AO bezeichneten Gewinngrenze nicht zu berücksichtigen (Rz. 199). Dies gilt sowohl für die Betriebsausgaben im Jahr der Bildung (Rz. 1320) als auch für die Betriebseinnahmen im Wj der Auflösung der Rücklage (Rz. 1328). 1321

1 BT-Drucks. 10/3271.

2 BMF 27.7.2021, BStBl 2021 I S. 1044, Rz. 12.

3 R 34b.8 Satz 3 und 4 EStR.

(3) Voraussetzungen einer steuerfreien Rücklage (§ 3 Abs. 2 ForstSchAusglG)

1322 Die Bildung der Rücklage ist nur zulässig, wenn mindestens in gleicher Höhe ein **betrieblicher Ausgleichsfonds** gebildet wird. Es müssen also Geld oder festverzinsliche Wertpapiere auf ein besonderes Konto bei einem Kreditinstitut bereits eingezahlt worden sein. Die Bildung der Rücklage in einer Schlussbilanz setzt daher voraus, dass der betriebliche Ausgleichsfonds am Bilanzstichtag, d. h. am Ende des Wj, tatsächlich angelegt war.[1]

1323 Die Gelder für den Fonds müssen auf ein **besonderes Konto bei einem Kreditinstitut** eingezahlt worden sein. Sie können auch für den Erwerb von festverzinslichen Schuldverschreibungen und Rentenschuldverschreibungen, die vom Bund, von den Ländern und Gemeinden oder von anderen Körperschaften des öffentlichen Rechts oder von Kreditinstituten mit Sitz und Geschäftsleitung im Geltungsbereich des ForstSchAusglG ausgegeben oder die mit staatlicher Genehmigung in Verkehr gebracht werden, verwendet werden, wenn diese Wertpapiere in das Depot eines Kreditinstituts gegeben werden.[2] Der **Ausschluss anderer Wertpapiere,** insbesondere von Aktien, ist darauf zurückzuführen, dass der Fonds seiner Zweckbestimmung nach keinen Wertschwankungen unterworfen sein darf. Dem Forstwirt müssen jederzeit die in den Fonds eingezahlten Mittel zu den vorgesehenen Zwecken zur Verfügung stehen.[3] Die Beschränkung auf die inländischen Kapitalanlagen hält einer europarechtlichen Überprüfung nicht mehr stand.

1324 Sinkt bei Anlage in festverzinslichen Wertpapieren der Kurswert unter die AK, stehen bei einer Veräußerung im Schadensfalle weniger Mittel zur Verfügung. In einem solchen Falle ist entweder die Rücklage auf den (niedrigeren) Bilanzansatz der Wertpapiere zu beschränken oder der Ausgleichsfonds um neu erworbene Wertpapiere mindestens auf die Höhe der Rücklage aufzustocken.[4]

1325 Die im Ausgleichsfonds angelegten Gelder oder Wertpapiere können ganz oder teilweise ausgetauscht werden. Es muss aber sichergestellt sein, dass der Ausgleichsfonds stets **Mittel zumindest in Höhe der Rücklage** zur jederzeitigen Verwendung im Schadensfalle enthält.[5]

---

1 BMF 27.7.2021, BStBl 2021 I S. 1044, Rz. 23; a. A. Brandmüller, BB 1981 S. 826.

2 § 3 Abs. 2 ForstSchAusglG.

3 BT-Drucks. V/4070.

4 OFD Nürnberg, 6.6.1979 – S 1999 - 54/St 22.

5 OFD Nürnberg, 6.6.1979 – S 1999 - 54/St 22.

Aus dem Ausgleichsfonds zufließende **Zinsen** brauchen nicht im Fonds belassen werden, sondern stehen zur freien Disposition des Stpfl.[1] 1326

(4) Betrieblicher Ausgleichsfonds (§ 3 Abs. 3 ForstSchAusglG)

Mit dem **Gesetz zur Änderung des ForstSchAusglG** (Rz. 1309) wurde die bisherige unterschiedliche Inanspruchnahme für die Ergänzung der durch eine Einschlagsbeschränkung geminderten Erlöse einerseits und die Maßnahmen der Schadensvorbeugung und Schadensbewältigung andererseits aufgegeben, da durch die neuartigen Waldschäden das Ausmaß der Kalamitätsnutzung steigt und die Schadensvorbeugung und Schadensbewältigung in den Vordergrund tritt.[2] Darüber hinaus wurde der Katalog der Maßnahmen erweitert und auf bisher erforderliche behördliche Anordnungen verzichtet. 1327

Der Ausgleichsfonds darf nach § 3 Abs. 3 ForstSchAusglG in Anspruch genommen werden: 1328

1. zur Ergänzung der durch eine Einschlagsbeschränkung geminderten Erlöse;
1. für vorbeugende oder akute Forstschutzmaßnahmen;
2. für Maßnahmen zur Konservierung oder Lagerung von Holz;
3. für die Wiederaufforstung oder Nachbesserung von Schadensflächen und die nachfolgende Waldpflege;
4. für die Beseitigung der unmittelbar oder mittelbar durch höhere Gewalt verursachten Schäden an Wegen und sonstigen Betriebsvorrichtungen.

Die Rücklage ist in Höhe der in Anspruch genommenen Fondsmittel zum Ende des Wj der Inanspruchnahme gewinnerhöhend aufzulösen. Der durch die Auflösung verursachte Ertrag ist bei der Ermittlung der Einkünfte aus außerordentlichen Holznutzungen nach § 34b Abs. 2 EStG zu berücksichtigen (Rz. 1273).[3]

Wird der Fonds ganz oder teilweise für nicht begünstigte Zwecke in Anspruch genommen, ist die Rücklagenauflösung als nicht begünstigter laufender Gewinn zu erfassen. Außerdem wird insoweit ein Zuschlag zur ESt oder KSt i. H. von 10 % des schädlichen Teils erhoben. Durch diese Maßnahme soll der Forstwirt veranlasst werden, die Fondsmittel nur zu **begünstigten Zwecken** zu verwenden.[4] Diese Pauschbesteuerung kann z. B. in Verlustjahren dann zu einer 1329

---

1 BMF 27.7.2021, BStBl 2021 I S. 1044, Rz. 30.

2 BT-Drucks. 10/3271.

3 BMF 27.7.2021, BStBl 2021 I S. 1044, Rz. 24 f.

4 BT-Drucks. V/4070.

nicht unerheblichen Steuerersparnis führen, wenn bei Bildung der Rücklage das Einkommen mit einem hohen Steuersatz zu versteuern war. Bei einer teilweisen oder vollständigen Auflösung der Rücklage tritt die Sanktion des § 3 Abs. 4 ForstSchAusglG nicht ein, solange die Fondsmittel unberührt bleiben. Wird zu einem späteren Zeitpunkt erneut eine steuerfreie Rücklage gebildet bzw. eine vorhandene erhöht, stehen die nicht schädlich verwendeten Fondsmittel weiterhin als solche zur Verfügung. Bei erneuter Bildung der Rücklage ist die jährliche Höchstbegrenzung zu beachten.[1]

cc) Erhöhte Pauschsätze für Betriebsausgaben nach § 4 ForstSchAusglG

1330 Stpfl., die **Einkünfte aus dem Betrieb von Forstwirtschaft (vgl. Rz. 1315)** beziehen und die nicht zur Buchführung verpflichtet sind und den Gewinn nicht nach § 4 Abs. 1, § 5 EStG ermitteln, können im Wj einer Einschlagsbeschränkung nach § 1 ForstSchAusglG zur Abgeltung der Betriebsausgaben einen Pauschsatz von 90 % der Einnahmen aus den Holznutzungen oder, soweit das Holz auf dem Stamm verkauft wird, 65 % absetzen (vgl. auch R 34b.3 Abs. 3 EStR).

1331 Dadurch soll erreicht werden, dass das nach Abzug der ESt noch verfügbare Einkommen etwa dem Einkommen entspricht, das sich ohne Einschlagsbeschränkung ergeben würde, weil für den nach § 4 ForstSchAusglG begünstigten Personenkreis die Möglichkeit einer Bildung eines betrieblichen Ausgleichsfonds entfällt und weil sich die festen Kosten eines Forstbetriebs bei einer Einschlagsbeschränkung nicht verringern.[2]

1332 Bei den (buchführungspflichtigen aber nicht buchführenden) sog. **Schätzungslandwirten** ist § 4 ForstSchAusglG nicht anzuwenden, da ihr Gewinn nach den Grundsätzen des § 4 Abs. 1 EStG ermittelt wird. Die Mindererlöse können hier nur bei der Gewinnschätzung selbst berücksichtigt werden.

1333 Die **Bemessungsgrundlage des Betriebsausgaben-Pauschsatzes** entspricht[3] der bei § 51 EStDV (Rz. 1212). Der Pauschsatz bezieht sich auf die Einnahmen aus ordentlichen und außerordentlichen Holznutzungen,[4] die im Wj der Einschlagsbeschränkung erzielt werden, und zwar selbst dann, wenn sie auf von der Einschlagsbeschränkung nicht betroffene Holzartengruppen entfallen.

1 BMF 27.7.2021, BStBl 2021 I S. 1044, Rz. 27 f.

2 BT-Drucks. V/4070.

3 R 34b.3 Abs. 3 EStR.

4 BFH 25.8.1983, BStBl 1983 II S. 757.

Weicht der Gewinnermittlungszeitraum vom Zeitraum der Einschlagsbeschränkung ab (z. B. Wj 1.7. bis 30.6.), sind die Einnahmen entsprechend zuzuordnen.[1] Fließen Einnahmen aus Holznutzungen im Zeitraum der Einschlagsbeschränkung in einem **späteren Wj** zu, ist nach dem Gesetzeswortlaut § 4 ForstSchAusglG nicht mehr anwendbar (bei Kalamitätsnutzungen Rz. 1270). Dagegen sind Einnahmen aus den **vorangegangenen Wj**, die im Zeitraum der Einschlagsbeschränkung zufließen, in die Bemessungsgrundlage der erhöhten Betriebsausgaben-Pauschsätze einzubeziehen.[2] 1334

Der erhöhte Pauschsatz für Betriebsausgaben gilt auch dann, wenn Forstwirte, die nach § 1 Abs. 5 ForstSchAusglG von der Einschlagsbeschränkung ausgenommen sind, diese freiwillig befolgen. Daraus folgt auch, dass die Vergünstigung nur dann in Anspruch genommen werden kann, wenn sich der Forstwirt an die Einschlagsbeschränkung gehalten hat. 1335

dd) Bewertung von Holzvorräten aus Kalamitätsnutzungen bei der Forstwirtschaft (§ 4a ForstSchAusglG)

Forstwirte, bei denen der nach § 4 Abs. 1, § 5 EStG ermittelte Gewinn der Besteuerung zugrunde gelegt wird (vgl. Rz. 1330), können im Falle einer Einschlagsbeschränkung von einer Aktivierung (Rz. 1236) eingeschlagenen und unverkauften Kalamitätsholzes ganz oder teilweise absehen. Dadurch kann der Stpfl. eine Besteuerung so lange vermeiden, bis ihm aus dem Kalamitätsholz auch tatsächlich Einkünfte entstehen. Das **Aktivierungswahlrecht** soll die betroffenen Forstbetriebe durch diese Steuerstundung und die damit verbundene Liquiditätsstütze in die Lage versetzen, den Verkauf des Kalamitätsholzes zu strecken und damit den Holzmarkt zu entlasten.[3] 1336

Der Stpfl. ist aus Gründen der Bewertungsstetigkeit an die einmal vorgenommene Wahl zur Bewertung, Teilbewertung oder Nichtbewertung des Kalamitätsholzes auch in den künftigen Wj gebunden. Das schließt jedoch nicht aus, dass der Stpfl. bei einer neuen Kalamitätsnutzung für das neue Holz eine andere Wahl ausübt. Zu den Folgerungen bei § 34b EStG vgl. Rz. 1272.

1 A. A. wahrscheinlich BFH 25.8.1983, BStBl 1983 II S. 757, der auch für drei Monate vor der Einschlagsbeschränkung angefallene Einnahmen § 4 ForstSchAusglG anwendbar sieht; ob damit der erhöhte Pauschsatz für insgesamt 15 Monate gilt, war nicht zu entscheiden; vgl. hierzu Adomat, INF 1974 S. 217, S. 220 Abs. 2.

2 BMF 27.7.2021, BStBl 2021 I S. 1044, Rz. 34.

3 BT-Drucks. 10/3271.

ee) Sonstige steuerliche Maßnahmen (§ 5 ForstSchAusglG)

1337 Nach § 5 Abs. 1 ForstSchAusglG gilt im Wj einer Einschlagsbeschränkung **für jegliche Kalamitätsnutzung** (also Kalamitätsnutzungen innerhalb und außerhalb des Nutzungssatzes) einheitlich der Steuersatz für Kalamitätsnutzungen außerhalb des Nutzungssatzes nach § 34b Abs. 3 Nr. 2 EStG (**Viertel-Steuersatz**, Rz. 1279 ff.). Maßgebend für die Anwendung des § 5 Abs. 1 ForstSchAusglG ist, ob die Kalamitätsnutzung während des Zeitraums einer Einschlagsbeschränkung erfolgt. Der Zeitpunkt der Kalamitätsnutzung bestimmt sich anhand der Trennung des Holzes vom Grund und Boden.[1]

1338 Nach § 5 Abs. 2 ForstSchAusglG können Kalamitätsnutzungen, die in Folgejahren gezogen werden und im ursächlichen Zusammenhang mit einer Kalamitätsnutzung stehen, welche in der Zeit einer Einschlagsbeschränkung angefallen ist, einkommensteuerlich so behandelt werden, als wären sie im Jahr der Einschlagsbeschränkung mit der ersten Mitteilung des Schadensfalls angefallen. Damit soll der holzmarktpolitisch unerwünschten Angebotskonzentration von Kalamitätsholz im Jahr der Einschlagsbeschränkung entgegengewirkt werden.[2]

§ 5 Abs. 2 ForstSchAusglG geht mit der Einbeziehung auch der späteren Schadensfälle über die bisherigen Billigkeitsmaßnahmen zur Anwendung der Steuersätze hinaus. Die Ausdehnung der Vergünstigung auf die Folgejahre bezieht sich nur auf den Steuersatz des § 5 Abs. 1 ForstSchAusglG, nicht aber auf den Betriebsausgaben-Pauschsatz des § 4 ForstSchAusglG.[3] Ein ursächlicher Zusammenhang besteht grds. nur bei Kalamitätsnutzungen, bei denen die Kalamität bereits in der Zeit der Einschlagsbeschränkung eingetreten ist und lediglich der Einschlag und die Verwertung aufgeschoben worden sind.[4] Kalamitätsfolgehiebe sind nur unter den Voraussetzungen des BFH-Urteils vom 11.4.1961[5] (Rz. 1265) begünstigt.

1338/1 Im Kalamitätsanerkennungsverfahren teilt die zuständige Finanzbehörde der steuerpflichtigen Person, zusätzlich zur anerkannten Kalamitätsholzmenge des Wj, das aufgrund § 5 ForstSchAusglG auszuweisende Begünstigungsvolumen mit.[6] Die FinVerw berücksichtigt den besonderen Steuersatz solange, bis das Begünstigungsvolumen durch Kalamitätsnutzungen jeglicher Art aufgebraucht ist

1 BMF 27.7.2021, BStBl 2021 I S. 1044, Rz. 39.

2 BT-Drucks. 10/3271.

3 BFH 3.2.2010, BStBl 2010 II S. 546.

4 BMF 27.7.2021, BStBl 2021 I S. 1044, Rz. 41.

5 BStBl 1961 III S. 276.

6 BMF 27.7.2021, BStBl 2021 I S. 1044, Rz. 52.

(vgl. R 34b.7 Abs. 2 Satz 3 EStR). Bei entsprechender Erklärung der steuerpflichtigen Person kann von dieser Verrechnungsreihenfolge abgewichen werden.[1]

ff) Übervorräte in der Holzwirtschaft

Zur Berechnung des Bewertungsabschlags für Übervorräte bei der gewerblichen Holzwirtschaft vgl. § 7 ForstSchAusglG.[2] 1339

(Einstweilen frei) 1340–1359

7. Land- und Forstwirtschaft betreibende Kapitalgesellschaften – Betriebsaufspaltung

Betreibt eine Kapitalgesellschaft eine LuF, erzielt sie Einkünfte aus Gewerbebetrieb,[3] die auch der **GewSt** unterliegen.[4] 1360

Beim Ansatz und bei der Bewertung der Vermögensgegenstände und Schulden hat die Kapitalgesellschaft die **handelsrechtlichen Vorschriften der §§ 246 ff. HGB** zu beachten. Die Wertansätze sind grds. auch für die Steuerbilanz maßgeblich, soweit sich nicht aus § 5 Abs. 6 EStG etwas anderes ergibt.[5]

Erleichterungen bei der Bestandsaufnahme und der Bewertung von Hofvorräten sowie zugelassene Bewertungswahlrechte bei Aktivierung von Pflanzenbeständen und Kulturen (vgl. Rz. 288 ff.) können grds. nur LuF in Anspruch nehmen, die Einkünfte i. S. des § 13 EStG erzielen. Im Interesse der Gleichmäßigkeit der Besteuerung wird jedoch zugelassen, dass auch Körperschaften, bei denen alle Einkünfte als Einkünfte aus Gewerbebetrieb zu behandeln sind und die daher den Gewinn nicht nach § 4 Abs. 1 EStG, sondern nach § 5 EStG ermitteln, die **Steuervergünstigung des § 6b EStG** (vgl. Rz. 350 ff.) in Anspruch nehmen.[6] Sie können auch die Vereinfachungsregelung nach R 14 Abs. 3 EStR in Anspruch nehmen.[7] Voraussetzung ist in diesen Fällen, dass sich der Betrieb der Körperschaft auf die LuF beschränkt oder der luf Betrieb als organisatorisch 1361

1 BMF 27.7.2021, BStBl 2021 I S. 1044, Rz. 45.

2 BMF 27.7.2021, BStBl 2021 I S. 1044, Rz. 53 ff.; OFD Nürnberg 15.8.1990; Roland, DStZ 1985 S. 552.

3 § 8 Abs. 2 KStG.

4 § 2 Abs. 2 GewStG.

5 Vgl. BMF 16.11.1993, BStBl 1993 I S. 933 und BFH 1.10.1992, BStBl 1993 II S. 284.

6 R 8.3 Satz 1 KStR.

7 R 8.3 Satz 2 KStR.

verselbständigter Betriebsteil (Teilbetrieb) geführt wird.[1] Unter den gleichen Voraussetzungen können auch die für luf Betriebe geltenden Buchführungserleichterungen in Anspruch genommen werden.[2]

1362 Zur Frage, wann eine **Winzergenossenschaft**, die Winzersekt aus Grundweinen herstellt, der ausschließlich aus dem Lesegut ihrer Mitglieder gewonnen wurde, sich mit der Herstellung und dem Vertrieb des Winzersekts noch im Bereich der Landwirtschaft[3] betätigt, BMF vom 19.10.2017[4] und vom 7.12.1987;[5] s. a. Rz. 110.

1363 Zur steuerlichen Behandlung von Biogas-Erzeugungsgenossenschaften, Generator-Genossenschaften und zur Bewertung des Feldinventars und der Vorräte einer steuerpflichtigen Körperschaft bei Erzeugung von Biogas und Energie vgl. BMF vom 11.4.2022.[6]

1364 Wird das Anlagevermögen an die Betriebskapitalgesellschaft verpachtet, wird bei personeller Verflechtung eine Betriebsaufspaltung begründet, die das Besitzunternehmen gewerbesteuerpflichtig macht. Die Begründung einer Betriebsaufspaltung durch Verpachtung wesentlicher Betriebsgrundlagen an die Betriebs-GmbH schließt die vorangehende steuerbegünstigte Aufgabe eines luf Betriebs, zu dessen Betriebsvermögen die an die GmbH verpachteten Wirtschaftsgüter gehören, nicht aus. Voraussetzung ist allerdings die Einstellung der luf Betätigung.[7]

8. Nutzung von luf Grundstücken für die Energieerzeugung/-verteilung

a) Energieerzeugung

1365 Die Erzeugung und der Verkauf von Strom und Wärme stellen eine gewerbliche Tätigkeit dar.[8] Dies gilt auch dann, wenn mehr als 50 % der Energie in einem luf Betrieb verbraucht wird.

1 R 8.3 Satz 3 KStR.
2 Vgl. BMF 16.11.1993, BStBl 1993 I S. 933.
3 § 5 Abs. 1 Nr. 12 KStG; R 5.13, R 22 KStR.
4 BMF 19.10.2017, BStBl 2017 I S. 1431.
5 BMF 7.12.1987 – IV B 4 – S 2233-39/87.
6 BMF 11.4.2022, BStBl 2022 I S. 633.
7 BFH 30.3.2006, BStBl 2006 II S. 652.
8 R 15.5 Abs. 12 EStR; BFH 12.3.2020 – IV R 9/17, BStBl 2021 II S. 226.

Der erzeugte Strom bzw. die erzeugte Wärme sind als eigenständige Wirtschaftsgüter anzusehen.[1] Bei einem Verbrauch im luf Betrieb wird die Energie nach § 6 Abs. 5 Satz 1 EStG zum Buchwert überführt.

Bei Personengesellschaften ist die Abfärberegelung des § 15 Abs. 3 Nr. 1 EStG zu beachten. Diese kommt nicht zur Anwendung, wenn die gewerblichen Einnahmen insgesamt nach § 3 Nr. 72 EStG steuerfrei sind.[2]

b) Windkraftanlagen

Überlässt der LuF eine betriebliche Fläche an einen Windkraftbetreiber und wird im Pachtvertrag eine Rückbauverpflichtung vereinbart, ist das Grundstück grds. dem gewillkürten Betriebsvermögen des luf Betriebes zuzuordnen.[3] Wird das Grundstück (z. B. durch Erklärung) entnommen, sind die besonderen Ertragsverhältnisse bei der Ermittlung des Teilwerts werterhöhend zu berücksichtigen. 1365/1

Ist der LuF an dem Windkraftanlagenbetreiber als Mitunternehmer beteiligt, ist die verpachtete Fläche nach § 6 Abs. 5 Satz 2 EStG in das Sonderbetriebsvermögen des Land- und Forstwirts bei der Gesellschaft zu überführen.

c) Freiflächen-Photovoltaikanlagen

Für Freiflächenanlagen gelten die Ausführungen unter Rz. 1365/1 entsprechend. 1365/2

d) Agri-Photovoltaikanlagen

Bei Agri-Photovoltaikanlagen darf der Verlust an landwirtschaftlich nutzbarer Fläche höchstens 10 bis 15 % der Gesamtprojektfläche betragen. Da weiterhin eine überwiegend landwirtschaftliche Nutzung stattfindet, bleibt die Fläche im luf Betriebsvermögen.[4] 1365/3

1 R 4.3 Abs. 3 Satz 2 EStR; BFH 12.3.2020 – IV R 9/17, BStBl 2021 II S. 226.

2 § 3 Nr. 72 Satz 3 EStG.

3 Verfügung BayLfSt 6.12.2007 – S 2134 - 8 St33N zur Verpachtung zur Errichtung einer Photovoltaikfreiflächenanlage.

4 DIN SPEC 91434; Felsmann, Einkommensbesteuerung, Abschnitt B 5 Rz. 20.

e) Gebäudebezogene Photovoltaikanlagen

1365/4 Unter den Voraussetzungen des § 3 Nr. 72 EStG sind die ab 2022 erzielten Einnahmen und getätigten Entnahmen aus dem Betrieb von gebäudebezogenen Photovoltaikanlagen steuerfrei:

aa) Anzahl der Photovoltaikanlagen

1365/5 Zunächst ist die Anzahl der vorhandenen Photovoltaikanlagen zu ermitteln. Die Anzahl wird nach steuerlichen Gesichtspunkten bestimmt. Eine Photovoltaikanlage besteht im Wesentlichen aus Solarmodulen, Wechselrichter und Einspeisezähler.[1] Auf die ggf. abweichende Anzahl der im Marktstammdatenregister eingetragenen Photovoltaikanlagen kommt es nicht.

Die Eintragungen im Marktstammdatenregister sind jedoch hinsichtlich der installierten Bruttoleistung maßgeblich.

bb) Gebäudebezogene Leistungsgrenze

1365/6 Auf luf Hofstellen befinden sich häufig mehrere Gebäude. Bei baulich verbundenen Objekten ist zu prüfen, ob es sich um ein einheitliches Gebäude (z. B. ein Gebäude mit einem Anbau) oder um mehrere Gebäude handelt. Hierfür ist die Verkehrsanschauung maßgeblich. Für die Beurteilung kann u. a. von Bedeutung sein, ob eigene Eingänge vorhanden sind, ob ein Durchgang besteht, ob eine einheitliche Dachkonstruktion vorliegt, ob ein einheitlicher Baustil gewählt wurde und ob eine versetzte Bauweise vorliegt. Für jedes Gebäude, auf, an oder in dem sich eine Photovoltaikanlage befindet, ist eine gebäudebezogene Leistungsgrenze zu ermitteln.

Für Gebäude mit einer Photovoltaikanlage, die vor dem 1.1.2025 angeschafft oder in Betrieb genommen wurde, gelten folgende Leistungsgrenzen:

► Einfamilienhaus (einschl. Nebengebäude)	30 kWp
► Wohnhaus mit mehreren Wohnungen	15 kWp je Wohneinheit
► Gemischt genutzte Immobilie	15 kWp je Wohn-/Nutzungseinheit
► Wirtschaftsgebäude	30 kWp

1 BMF 17.7.2023, BStBl 2023 I S. 1494, Rz. 2.

Bei Wirtschaftsgebäuden mit mehreren Nutzungseinheiten berücksichtigt die FinVerw 15 kWp je Nutzungseinheit.[1]

Für Gebäude mit einer Photovoltaikanlage, die nach dem 31.12.2024 angeschafft, in Betrieb genommen oder erweitert wird, gelten folgende Leistungsgrenzen:[2]

- Alle Gebäude (einschl. Nebengebäude — 30 kWp je Wohn-/Nutzungseinheit

Unter den im Gesetzestext verwendeten Begriff der Gewerbeeinheit fällt m. E. auch eine luf oder eine freiberufliche Nutzung.

cc) Vergleich der Bruttoleistung mit der gebäudebezogenen Leistungsgrenze

Der Vergleich der Bruttoleistung mit der gebäudebezogenen Leistungsgrenze 1365/7
erfolgt steuersubjektbezogen (je natürliche/juristische Person bzw. Mitunternehmerschaft).[3]

Befinden sich auf einem Gebäude mehrere Photovoltaikanlagen, sind die Bruttoleistungen der Photovoltaikanlagen zusammenzurechnen. Erstreckt sich eine Photovoltaikanlage auf mehrere Gebäude, sind sowohl die Bruttoleistungen der Photovoltaikanlagen, die sich auf, an oder in den betroffenen Gebäuden befinden, als auch die Leistungsgrenzen der betroffenen Gebäude für den Vergleich zusammenzurechnen.[4]

Übersteigt die Bruttoleistung die gebäudebezogene Leistungsgrenze, ist/sind die betroffene(n) Photovoltaikanlage(n) steuerpflichtig.

dd) Höchstgrenze von 100 kWp

In einem zweiten Schritt ist die Summe der Bruttoleistungen der Photovoltaik- 1365/8
anlagen, bei denen die Bruttoleistung unter der gebäudebezogenen Leistungsgrenze liegt, mit der Höchstgrenze von 100 kWp zu vergleichen. Bei dieser Grenze handelt es sich um eine Freigrenze.[5]

Wird die Grenze überschritten, sind alle Photovoltaikanlagen steuerpflichtig.

---

1 BMF 17.7.2023, BStBl 2023 I S. 1494, Rz. 3.
2 § 52 Abs. 4 Satz 29 EStG.
3 BMF 17.7.2023, BStBl 2023 I S. 1494, Rz. 4, Tiret 4.
4 FM Schleswig-Holstein 13.2.2025 – VI 3010 - S 2240 -186.
5 BT-Drucks. 20/12780 S. 114; BMF 17.7.2023, BStBl 2023 I S. 1494, Rz. 17.

ee) Überführung/Übertragung von Photovoltaikanlagen

1365/9 Befinden sich mehrere Photovoltaikanlagen im Eigentum einer Person, werden diese häufig unselbständige Betriebsteile eines einheitlichen Gewerbebetriebs sein, vgl. hierzu den BFH-Beschluss vom 13.6.2022.[1] Wird in einem solchen Fall eine Anlage übertragen, handelt es sich um die Übertragung eines einzelnen Wirtschaftsguts.

Eine Überführung oder Übertragung nach § 6 Abs. 3 oder 5 EStG oder eine Realteilung nach § 16 Abs. 3 Satz 2 EStG ist nur dann zum Buchwert möglich, wenn die Besteuerung der stillen Reserven sichergestellt ist. Dies ist nicht der Fall, wenn die Anlage vor der Überführung, Übertragung oder Realteilung steuerpflichtig war und nach dem Vorgang nach § 3 Nr. 72 EStG steuerbefreit ist.[2]

ff) Verpachtung

1365/10 Die Einnahmen aus der Verpachtung von Dachflächen und von Photovoltaikanlagen fallen nicht unter die Steuerbefreiung nach § 3 Nr. 72 EStG.

gg) Gewinnermittlungsverbot

1365/11 Sind die Einnahmen/Entnahmen des Stromerzeugungsbetriebs nach § 3 Nr. 72 EStG insgesamt steuerfrei, sind die Vorschriften des Abschnitts II.3. „Gewinn" des EStG nach § 3 Nr. 72 Satz 2 EStG nicht anzuwenden. Es besteht mithin ein Gewinnermittlungsverbot.[3]

hh) Befreiung von der Anzeige nach § 138 AO

1365/12 Bei einem nach § 3 Nr. 72 EStG steuerbefreiten Stromerzeugungsbetrieb verzichtet die FinVerw auf die Anzeige über die Betriebseröffnung nach § 138 AO.[4]

---

1 BFH 13.6.2022 – X B 148/21, BFH/NV 2022 S. 1176 = NWB DAAAJ-21159.

2 BMF 17.7.2023, BStBl 2023 I S. 1494, Rz. 22.

3 FG Nürnberg 19.9.2024 – 4 K 1440/23, Rev., BFH: III R 35/24; a. A. FG Münster 6.11.2024 – 7 K 105/24 E, Rev., BFH: X R 30/24 und FG Niedersachsen 11.12.2024 – 9 K 83/24, Rev., BFH: X R 2/25.

4 § 138 Abs. 1c AO; BMF 12.6.2023, BStBl 2023 I S. 990.

f) Biogasanlagen

Die Erzeugung und der Verkauf von Biogas kann noch zur luf Tätigkeit gehören. Für die Einordnung, ob die Erzeugung des Biogases Teil eines luf Hauptbetriebs, Teil eines luf Nebenbetriebs oder eines gemeinschaftlichen Nebenbetriebs ist, vgl. BMF-Schreiben vom 11.4.2022.[1] 1365/13

g) Wasserkraftwerk

Die Erzeugung von Strom durch ein Wasserkraftwerk ist stets gewerblich.[2] 1365/14

h) Stromtrassen auf betrieblichen Grundstücken

Die FinVerw geht bei Entschädigungszahlungen im Zusammenhang mit dem Stromnetzausbau auf betrieblichen Grundstücken von einer Nutzungsüberlassung aus und lässt eine Verteilung der Entschädigung (einschl. Beschleunigungszuschlag) auf den Entschädigungszeitraum zu. Bei immerwährenden Verpflichtungen ist ein Mindestzeitraum von 25 Jahren zugrunde zu legen.[3] Zahlungen für Prozesshandlungen (z. B. Klagerücknahme) können nicht verteilt werden. 1365/15

i) Andere Versorgungsleitungen auf betrieblichen Grundstücken

Die begünstigende Verwaltungsregelung für Stromtrassen (vgl. Rz. 1365/15) ist auch auf andere Versorgungsleitungen (z. B. Erdgasleitungen) anwendbar.[4] 1365/16

j) Versorgungsleitungen auf privaten Grundstücken

Zu Entschädigungen im Zusammenhang mit der Errichtung von Versorgungsleitungen auf privaten Grundstücken vgl. Rz. 477/3. 1365/17

(Einstweilen frei) 1366

1 BStBl 2022 I S. 633.
2 R 15.5 Abs. 12 Satz 1 EStR.
3 FM Schleswig-Holstein 23.5.2023 – VI R 309-2134-080.
4 A. A. FG Niedersachsen 31.8.2023 – 4 K 36/22, NWB MAAAJ-59587.

C. Bewertung für Zwecke der Grundsteuer und Grundbesitzbewertung für Zwecke der Erbschaft- und Schenkungsteuer sowie der Grunderwerbsteuer

1367 **Vorbemerkung**

Mit Urteil vom 10.4.2018[1] hatte das **Bundesverfassungsgericht** die Regelungen des Bewertungsgesetzes zur **Einheitsbewertung des Grundvermögens** in den „alten" Bundesländern (jedenfalls seit Beginn des Jahres 2002) für unvereinbar mit dem allgemeinen Gleichheitssatz des Grundgesetzes und damit für **verfassungswidrig** erklärt. Nach Darlegung des Bundesverfassungsgerichts führt das jahrzehntelange Festhalten des Gesetzgebers an dem Hauptfeststellungszeitpunkt 1.1.1964 zu gravierenden und umfassenden Ungleichbehandlungen bei der Bewertung des Grundvermögens für Zwecke der Grundsteuer, für die es keine ausreichende Rechtfertigung gäbe. Der Gesetzgeber war gehalten, spätestens bis zum 31.12.2019 eine Neuregelung zu treffen; bis zu diesem Zeitpunkt durften die verfassungswidrigen Regeln weiter angewandt werden – Fortgeltungsanordnung. Nach Verkündung einer Neuregelung dürfen diese Normen für weitere fünf Jahre ab der Verkündung, längstens aber bis zum 31.12.2024 Anwendung finden.

1368 Das **Gesetz zur Reform des Grundsteuer- und Bewertungsrechts (Grundsteuer-Reformgesetz – GrStRG)** datiert vom 26.11.2019[2] und wird flankiert von dem Gesetz vom 15.11.2019,[3] das der Änderung des Grundgesetzes, u. a. zwecks Verortung einer Länderöffnungsklausel, diente. Als **erster Hauptfeststellungszeitpunkt**, auf den die **Grundsteuerwerte** (ehedem Einheitswerte) nach neuen Bewertungsregeln ermittelt werden, ist demnach der **1.1.2022** vorgegeben. Das neue Recht hält an der bisherigen Konzeption der turnusmäßig wiederkehrenden Hauptfeststellungen fest mit der Folge, dass zwischen zwei Hauptfeststellungszeitpunkten ggf. Fortschreibungen und Nachfeststellungen durchzuführen sind; dabei bleiben die Wertverhältnisse des letzten Hauptfest-

1 BVerfG 10.4.2018 – 1 BvL 11/14, 1 BvL 12/14, 1 BvL 1/15, 1 BvR 639/11, 1 BvR 889/12, NWB MAAAG-80435 = DStR 2018 S. 791; s. a. Eisele, NWB 2018 S. 1299.

2 BGBl 2019 I S. 1794.

3 BGBl 2019 I S. 1546. Darüber hinaus wurde mit dem Gesetz zur Änderung des Grundsteuergesetzes zur Mobilisierung von baureifen Grundstücken für die Bebauung v. 30.11.2019 (BGBl 2019 I S. 1875) den Kommunen optional die Möglichkeit eines besonderen Hebesatzrechts in Form der Grundsteuer C eingeräumt.

stellungszeitpunkts maßgeblich. Gesetzlich vorgegeben ist ein **Hauptfeststellungszeitraum** von **sieben Jahren**, so dass die darauffolgende Hauptfeststellung auf den 1.1.2029 stattfinden wird. Im Übrigen werden die **neuen Grundsteuerwerte** erstmals für die **Grundsteuer** ab dem **Jahr 2025** Anwendung finden!

Im Nachgang zum Grundsteuer-Reformgesetz sind mit dem **Jahressteuergesetz 2020** vom 21.12.2020,[1] dem **Fondsstandortgesetz** vom 3.6.2021[2] sowie dem **Grundsteuerreform-Umsetzungsgesetz** vom 16.7.2021[3] Nachjustierungen beim reformierten grundsteuerlichen Bewertungsrecht erfolgt. Mit koordinierten Ländererlassen vom 9.11.2021 zur Bewertung des Grundbesitzes (Allgemeiner Teil und Grundvermögen)[4] sowie ebenf alls vom 9.11.2021 zur grundsteuerlichen Bewertung des luf Vermögens[5] hatte die Finanzverwaltung zum einen ihre für die Bewertungspraxis wichtige Auslegung der neuen Rechtsmaterie dokumentiert. Zum anderen wurden verwaltungsseitig mit koordinierten Ländererlassen vom 22.6.2022[6] Regelungen für die Anwendung des Grundsteuergesetzes für die Grundsteuer ab dem Kalenderjahr 2025 herausgegeben. 1368/1

Mit dem Jahressteuergesetz (JStG) 2024 vom 2.12.2024[7] wurden durch Art. 35 Änderungen in das BewG eingefügt. Besondere Bedeutung kommt dabei den Beschlüssen des Bundesfinanzhofs v. 27.5.2025 – II B 78/23[8] und II B 79/23[9] zu. Damit hatte der BFH die Möglichkeit des Nachweises eines gegenüber dem Grundsteuerwert niedrigeren gemeinen Werts gefordert. Die Verwaltung hat die Beschlüsse zunächst mit koordinierenden Erlassen der obersten Finanzbehörden der Länder vom 26.4.2024[10] über den Einzelfall hinaus für anwendbar erklärt und erste Hinweise zum Nachweis gegeben. 1368/2

Im Nachgang zum JStG 2024 gelten unter Bezugnahme auf das Ergebnis der Erörterungen mit den obersten Finanzbehörden der Länder für die Anwendung des Siebten Abschnitts des Zweiten Teils des Bewertungsgesetzes für Feststellungen von Grundsteuerwerten ab dem 1.1.2022 für die seit dem 1.1.2025 zu 1368/3

1 BGBl 2020 I S. 3096.
2 BGBl 2021 I S. 1498; Eisele, NWB 2021 S. 2031.
3 BGBl 2021 I S. 2931; Eisele, NWB 2021 S. 2903.
4 BStBl 2021 I S. 2334.
5 BStBl 2021 I S. 2369.
6 BStBl 2022 I S. 1171; Eisele, NWB 2022 S. 2190.
7 BGBl 2024 I Nr. 387.
8 BStBl 2024 II S. 543.
9 BStBl 2024 II S. 546.
10 BStBl 2024 I S. 1073.

erhebende Grundsteuer nunmehr die Koordinierten Erlasse der obersten Finanzbehörden der Länder vom 30.4.2025:

- AEBewGrSt, BStBl 2025 I S. 1226
- AEBewGrStLuF, BStBl 2025 I S. 1273
- AEGrStG, BStBl 2025 I S. 1296

Diese sind in noch allen offenen Fällen anzuwenden. Verwaltungsanweisungen, die mit diesen Erlassen in Widerspruch stehen, sind ab dem 1.4.2025 nicht mehr anzuwenden. Sie ersetzen die koordinierten Erlasse der obersten Finanzbehörden der Länder vom 9.11.2021,[1] vom 15.2.2023[2] und vom 24.6.2024.[3]

1369 Die **Neuregelung des Bewertungsrechts für Zwecke der Grundsteuer** unter Beachtung der v. g. Weitergeltungsanordnung führt zu einer „Parallelwelt" insoweit, dass das **Recht der Einheitsbewertung** (einschließlich der Feststellung von Ersatzwirtschaftswerten) bis Feststellungsstichtag 1.1.2024 weiterhin anzuwenden ist. Daneben sind die neuen Grundsteuerwerte bereits ab 1.1.2022 im Wege der Hauptfeststellung förmlich zu ermitteln und grundsteuerlich ab dem Jahr 2025 zu beachten. Neben dem grundsteuerlichen Bewertungsrecht in derzeitiger und zukünftiger Ausprägung existiert die **Grundbesitzbewertung für Zwecke der Erbschaft-, Schenkung- und Grunderwerbsteuer,** die vom grundsteuerlichen „Reformpaket" gänzlich unberührt bleibt.

I. Grundlagen der Einheitsbewertung und allgemeine Bewertungsvorschriften

1. Vorschriften des Bewertungsgesetzes

1370 Bei der **Einheitsbewertung** des luf Vermögens sind anzuwenden

- die allgemeinen Vorschriften des Ersten Teils des BewG (§§ 1 bis 32 BewG),
- die allgemeinen und besonderen Vorschriften des Zweiten Teils, Erster Abschnitt, des BewG (§§ 33 bis 67 BewG)[4] und zusätzlich
- die Vorschriften des Zweiten Teils, Dritter Abschnitt, des BewG (§§ 125 bis 128 BewG).

1 BStBl 2021 I S. 2334.

2 BStBl 2023 I S. 358.

3 BStBl 2024 I S. 1073.

4 Siehe hierzu auch die Richtlinien zur Bewertung des land- und forstwirtschaftlichen Vermögens (BewR L) v. 17.11.1967, BStBl 1967 I S. 397.

2. Wirtschaftliche Einheit

Nach § 2 BewG ist jede wirtschaftliche Einheit für sich zu bewerten. Bei der Beurteilung einer wirtschaftlichen Einheit ist die **Verkehrsauffassung** entscheidend. Die örtliche Gewohnheit, die tatsächliche Übung, die Zweckbestimmung und die wirtschaftliche Zusammengehörigkeit der einzelnen WG sind zu beachten (vgl. Rz. 1392 ff.). 1371

3. Bewertungsmaßstab

Nach § 36 BewG ist bei der Bewertung des luf Vermögens abweichend von der Vorschrift des § 9 BewG (Gemeiner Wert) der **Ertragswert** zugrunde zu legen. 1372

4. Begriffsbestimmungen

a) Vermögensarten

§ 18 BewG unterscheidet **drei Vermögensarten**: 1373

- luf Vermögen (§§ 33 bis 67, 31 BewG),
- Grundvermögen (§§ 68 bis 94, 31 BewG),
- Betriebsvermögen (§§ 95 bis 109, 31 BewG).

Diese Vermögensarten werden nach den Vorschriften des Ersten Abschnitts des besonderen Teils des BewG bewertet. Die Einheitsbewertung ist insoweit für verschiedene Steuerarten, in erster Linie die GrSt, von Bedeutung. Demgegenüber fanden die Vorschriften des Zweiten Abschnitts des besonderen Teils des BewG nur für die VSt Anwendung. Die Einheitswerte auf den 1.1.1964 wurden mit Wirkung ab 1.1.1996 nicht mehr für Zwecke der Erbschaft- und Schenkungsteuer, mit Wirkung ab 1.1.1997 nicht mehr für Zwecke der Vermögensteuer und Grunderwerbsteuer angewendet.[1] Die **Einheitswerte** dienen damit im Wesentlichen noch der Grundlagenfeststellung für **Zwecke der Grundsteuer** sowie beim luf Vermögen weiteren Zwecken wie der Gewinnermittlung nach § 13a EStG sowie der Feststellung der Buchführungspflichtgrenzen nach § 141 AO. Für **Zwecke der Erbschaft- und Schenkungsteuer** sind im Bedarfsfall **Grundbesitzwerte** festzustellen, deren Wertermittlung sich seit 2009 nach den §§ 157 bis 198 BewG richtet (s. hierzu Rz. 1480 bis 1534). Infolge der Entschei-

1 § 138 Abs. 1 BewG i. d. F. des JStG 1997 v. 20.12.1996, BGBl 1996 I S. 2049; zuletzt geändert durch JStG 2007 v. 13.12.2006, BGBl 2006 I S. 2878.

dung des BVerfG v. 23.6.2015 sind die Regelungen der §§ 138 bis 150 BewG für **grunderwerbsteuerliche Besteuerungszeitpunkte** nur noch bis einschließlich 31.12.2008 anzuwenden. Die Umsetzung der verfassungsgerichtlichen Vorgaben erfolgte indes mit dem Steueränderungsgesetz (StÄndG) 2015 v. 2.11.2015[1] mit (rückwirkendem) Verweis des § 8 Abs. 2 GrEStG auf § 151 Abs. 1 Satz 1 Nr. 1 BewG i. V. mit § 157 Abs. 1 bis 3 BewG für **grunderwerbsteuerliche Besteuerungszeitpunkte ab 1.1.2009**.

b) Grundbesitz

1374 Nach § 19 BewG ist Grundbesitz ein **Oberbegriff** für

- Betriebe der LuF (luf Vermögen),
- Grundstücke (Grundvermögen),
- Betriebsgrundstücke (Betriebsvermögen).

Grundbesitz ist danach die wertfreie Bezeichnung für Immobilien. Es ist nicht von Bedeutung, ob der Grund und Boden unbebaut oder bebaut ist.

c) Land- und forstwirtschaftliches Vermögen

1375 Nach § 33 BewG gehören zum luf Vermögen **alle WG, die einem Betrieb der LuF dauernd zu dienen bestimmt** sind. Dazu gehören insbesondere der Grund und Boden, die Wohn- und Wirtschaftsgebäude, die stehenden Betriebsmittel und ein normaler Bestand an umlaufenden Betriebsmitteln.

5. Allgemeine Bewertungsvorschriften

a) Hauptfeststellung

1376 Die Feststellung von Einheitswerten (EW) erfolgt nicht jährlich wiederkehrend, sondern in größeren Zeiträumen, den **Hauptfeststellungszeiträumen**.

Hauptfeststellungszeitpunkt ist der Beginn eines Kj (§ 21 Abs. 2 BewG). Die Hauptfeststellung wird grds. in Zeitabständen von sechs Jahren durchgeführt (§ 21 Abs. 1 Nr. 1 BewG). Für die wirtschaftlichen Einheiten des luf Vermögens sind Hauptfeststellungen zuletzt auf den 1.1.1964 durchgeführt worden. Die danach vorgesehene Hauptfeststellung auf den 1.1.1971 ist bis auf weiteres

1 BGBl 2015 I S. 1834. Vgl. hierzu auch Braun/Eisele, NWB 2015 S. 2648.

hinausgeschoben worden. Die auf den 1.1.1964 ermittelten Werte wurden mit Wirkung ab 1.1.1974 der Besteuerung zugrunde gelegt.[1]

Die Bewertung im Hauptfeststellungszeitpunkt gilt grds. nicht nur für ein Kj, sondern für den **gesamten Hauptfeststellungszeitraum**. Für Grundbesitz und damit auch für das luf Vermögen gilt ein Hauptfeststellungszeitraum von sechs Jahren. Wie bereits vorstehend angesprochen, hat der Gesetzgeber diese an sich regelmäßig wiederkehrende Bewertung jedoch aufgeschoben und sich durch Art. 2 des BewÄndG vom 22.7.1970[2] vorbehalten, den Zeitpunkt einer neuen Hauptfeststellung durch besonderes Gesetz festzulegen.

Eine Hauptfeststellung muss nicht unmittelbar und zwangsläufig mit einer Steuerfestsetzung einhergehen. Folglich sind Feststellungsbescheide über eine Hauptfeststellung auch dann wirksam, wenn die zukünftige steuerliche Belastung im Zeitpunkt der Bescheidbekanntgabe noch nicht feststand.[3]

Grundsätzlich sind der Hauptfeststellung von EW nach § 27 BewG die Wertver- 1377
hältnisse im Hauptfeststellungszeitpunkt zugrunde zu legen. Bestand und Wert des Vermögens sind auf diesen Stichtag zu ermitteln. Für die Bewertung des luf Vermögens sind jedoch folgende Besonderheiten zu beachten:

- für **umlaufende Betriebsmittel** ist der Bestand am Schluss des dem Bewertungsstichtag vorhergehenden Wj maßgebend (§ 35 Abs. 2 BewG);
- bei der Bewertung der **forstwirtschaftlichen Nutzung** sind für den Umfang und Zustand des nicht eingeschlagenen Holzbestandes die Verhältnisse am Ende des Wj maßgebend, das dem Feststellungszeitpunkt vorangegangen ist (§ 54 BewG);
- nach § 59 Abs. 1 BewG wird die durch den **Anbau von Baumschulgewächsen genutzte Betriebsfläche** nach den Verhältnissen am 15.9. bestimmt, der dem Feststellungszeitpunkt vorangegangen ist.

Werterhöhungen, die innerhalb des Hauptfeststellungszeitraums eintreten, bleiben bei der Einheitsbewertung **außer Betracht**.

1 Art. 1 Abs. 1 BewGÄndG v. 27.7.1971, BStBl 1971 I S. 360.

2 BStBl 1970 I S. 911.

3 BFH 22.1.1971, BStBl 1971 II S. 295 sowie 19.11.1971, BStBl 1972 II S. 85.

b) Stichtagsprinzip

1378 Bei der Feststellung von EW gilt das **Stichtagsprinzip**. Die Bewertung erfolgt auf den Beginn eines Kj. Die Bewertung auf den Beginn eines Kj bleibt unverändert, auch wenn im Laufe des Kj wesentliche Änderungen zugunsten wie zuungunsten des Stpfl. eintreten. Umstände, die allerdings am Bewertungsstichtag vorhanden, nur noch nicht bekannt sind, können später jedoch berücksichtigt werden; Wert- oder Sachverhaltsaufhellung ist also möglich.

Ist eine Hauptfeststellung wegen Ablaufs der Feststellungsfrist unzulässig und wird gem. § 21 Abs. 3 BewG mit Wirkung für einen späteren Feststellungszeitpunkt eine Hauptfeststellung nachgeholt, so sind auch dieser die tatsächlichen und wertmäßigen Verhältnisse zugrunde zu legen, die im Hauptfeststellungszeitpunkt vorgelegen haben. Ein Einheitswertbescheid kann gem. § 181 Abs. 5 AO nach Ablauf der Feststellungsfrist insoweit erlassen oder korrigiert werden, als die Festsetzungsfrist für die Grundsteuer noch nicht abgelaufen ist.[1]

c) Nachfeststellung

1379 § 23 BewG bestimmt, in welchen Fällen eine Nachfeststellung durchzuführen ist. Unter Nachfeststellung ist die nachträgliche Feststellung eines EW, d. h. **Feststellung nach dem Hauptfeststellungszeitpunkt**, zu verstehen. Dabei handelt es sich stets um die erstmalige Feststellung über den Wert, die Art und die Zurechnung einer neu entstandenen wirtschaftlichen Einheit mit ex-nunc-Wirkung.[2]

Die Feststellung ist von der nachträglichen Feststellung eines EW auf den Hauptfeststellungszeitpunkt abzugrenzen. Letztere Feststellung ist einer Berichtigungsfeststellung vergleichbar. Mithin kann eine unterbliebene Hauptfeststellung nicht mittels Nachfeststellung nachgeholt werden, da beide Feststellungsarten sich begrifflich ausschließen. Die nach dem Hauptfeststellungszeitpunkt 1.1.1964 eingeführte Zweckbindung nach dem Wohnraumförderungsgesetz kann bei Nachfeststellungen (oder Wertfortschreibungen) nicht berücksichtigt werden.[3]

Eine Nachfeststellung kommt in Betracht, wenn eine wirtschaftliche Einheit nach dem Hauptfeststellungszeitpunkt neu entstanden ist oder eine wirtschaftliche Einheit erstmals zu einer Steuer herangezogen wird.

---

1 BFH 11.11.2009, BStBl 2010 II S. 723.

2 BFH 31.5.1995, BFH/NV 1996 S. 17.

3 BFH 16.5.2018, NWB AAAAG-96173 = BFH/NV 2018 S. 1245.

aa) Die Entstehung einer neuen wirtschaftlichen Einheit des luf Vermögens dürfte relativ selten vorkommen. Teilungen eines Betriebs wird regelmäßig durch Wert- und/oder Zurechnungsfortschreibungen Rechnung getragen. Da bei einer **Landabfindung nach dem Flurbereinigungsgesetz** das alte Grundstück rechtlich voll durch das neu zugeteilte Grundstück ersetzt wird, besteht die wirtschaftliche Einheit mit dem neuen Grundstück infolge der **Surrogation** fort; hier ist keine Nachfeststellung, sondern eine Wert- und ggf. Artfortschreibung durchzuführen.[1] Dennoch ist aber denkbar, dass aus verschiedenen luf Betrieben Flächen ausscheiden und von einem Erwerber unter Errichtung von Wohn- und Wirtschaftsgebäuden erstmalig zu einem eigenständigen luf Betrieb zusammengefasst werden. 1380

Den LuF berührt demgegenüber wesentlich häufiger die **Nachfeststellung für wirtschaftliche Einheiten des Grundvermögens**. Muss ein Teil der luf Flächen nach § 69 BewG als Grundvermögen bewertet werden (aus welchen Gründen dies erforderlich sein kann, s. Rz. 1406 ff.), geschieht dies im Wege einer Nachfeststellung für die z. B. neu entstandenen Grundstücke.

Der EW des luf Betriebes wird ggf. im Wege der Wertfortschreibung angepasst.

Wird im Zusammenhang mit der Zuordnung der bisher luf genutzten Flächen zum Grundvermögen der gesamte luf Betrieb aufgelöst, ist der bisherige EW für den luf Betrieb aufzuheben (§ 24 Abs. 1 Nr. 1 BewG).

bb) Eine Nachfeststellung ist auch dann erforderlich, wenn eine wirtschaftliche Einheit **erstmals zu einer Steuer herangezogen** wird (§ 23 Abs. 1 Nr. 2 BewG). Diese Vorschrift kann dann Anwendung finden, wenn eine wirtschaftliche Einheit bisher vollständig steuerbefreit war und sich eine EW-Feststellung daher erübrigte. Die Nachfeststellung eines EW kommt bspw. in Betracht, wenn bei einem bisher grundsteuerbefreiten Grundstück (§§ 3, 4 GrStG) der Steuerbefreiungsgrund wegfällt.[2] Eine Nachfeststellung (und damit keine Wertfortschreibung) ist vorzunehmen, wenn das Finanzamt gegen den Grundstückserwerber wegen einer angenommenen Grundsteuerbefreiung zunächst keinen Einheitswert feststellt, später aber erkennt, dass die Voraussetzungen für eine Befreiung nicht vorgelegen haben. Das gilt auch dann, wenn gegenüber dem Rechtsvorgänger ein Einheitswert festgestellt war.[3] 1381

1 Hessisches FG 28.4.1988, EFG 1988 S. 618.

2 BFH 30.6.2010, BFH/NV 2010 S. 2029.

3 BFH 30.6.2010, BFH/NV 2010 S. 2023.

d) Fortschreibungen

1382 Es ist bereits ausgeführt worden, dass Entscheidungen der Hauptfeststellung grds. für den gesamten Hauptfeststellungszeitraum Gültigkeit haben.

Dies würde jedoch zu Ungerechtigkeiten führen, wenn erhebliche Änderungen der wirtschaftlichen Verhältnisse eintreten. Aus diesem Grunde hat der Gesetzgeber

- **Wertfortschreibungen** für den Fall der Wertänderung (§ 22 Abs. 1 BewG),
- **Artfortschreibungen** für den Fall der Änderung der Vermögenszugehörigkeit (§ 22 Abs. 2 BewG) und
- **Zurechnungsfortschreibungen** für den Fall des Eigentümerwechsels (§ 22 Abs. 2 BewG)

vorgesehen.

1383 Fortschreibungen setzen voraus, dass zuvor bereits eine Hauptfeststellung oder Nachfeststellung durchgeführt worden ist. Gegebenenfalls ist vor Durchführung einer Fortschreibung eine **Haupt- oder Nachfeststellung nachzuholen**. Eine Fortschreibung setzt damit begrifflich einen bereits festgestellten EW voraus.[1]

1384 Fortschreibungen wirken ab dem Fortschreibungszeitpunkt für den verbleibenden Hauptfeststellungszeitraum. Es sind **mehrere Fortschreibungen** innerhalb eines Hauptfeststellungszeitraumes möglich. Dabei können mehrere Fortschreibungsarten miteinander verbunden werden. So kann auf einen Fortschreibungszeitpunkt eine Zurechnungsfortschreibung wegen eines Eigentümerwechsels mit einer Wertfortschreibung wegen erheblicher Flächenänderungen verbunden werden. Ist auf einen Fortschreibungszeitpunkt eine Fortschreibung durchgeführt worden, ist auf diesen Stichtag eine erneute Fortschreibung derselben Art ausgeschlossen, es sei denn, die Voraussetzungen der AO für die Berichtigung oder Änderung von Steuerbescheiden (hier: Feststellungsbescheiden) sind erfüllt.

1385 Für den Bereich des luf Vermögens sind Wert- und Artfortschreibungen die in der Praxis bedeutsamen Fortschreibungsarten.

Eine **Wertfortschreibung** erfolgt, wenn der Wert der wirtschaftlichen Einheit im Fortschreibungszeitpunkt vom Wert zum Zeitpunkt, auf den die letzte EW-Feststellung durchgeführt worden ist, abweicht und die Fortschreibungsgrenzen des § 22 BewG überschritten bzw. erreicht werden.

1 BFH 31.5.1995, BFH/NV 1996 S. 17.

Für **Grundbesitz** gilt danach die **Bruchteilsgrenze von mehr als $^1/_{10}$** des zuletzt festgestellten Werts bei gleichzeitigem Erreichen des **Mindestbetrags** von 5.000 DM bei Abweichung nach oben und 500 DM bei Abweichung nach unten. Eine Wertfortschreibung wegen Aus- und Umbauten kann auch dann noch vorgenommen werden, wenn die Fortschreibungsgrenzen erst durch den späteren Wegfall einer Grundsteuerbefreiung überschritten werden.[1] Ein **„negativer Wertfortschreibungsbescheid"** steht einer späteren Wertfortschreibung auf denselben Fortschreibungszeitpunkt nicht entgegen.

Eine Wertfortschreibung wird **unabhängig von einer Bruchteilsgrenze** immer durchgeführt, wenn die absolute Wertabweichung nach oben mehr als 100.000 DM, nach unten mehr als 5.000 DM beträgt.[2]

Zur Prüfung, ob die Wertgrenzen erreicht sind, ist der abgerundete EW des letzten Feststellungszeitpunkts mit dem abgerundeten Wert zu vergleichen, der sich für den Fortschreibungszeitpunkt ergeben würde.

Eine **Besonderheit** des Fortschreibungsverfahrens ist die **fehlerbeseitigende** 1386
Fortschreibung gem. § 22 Abs. 3 BewG. Danach kommt eine Fortschreibung auch dann in Betracht, wenn sich zwar die tatsächlichen Verhältnisse nach dem letzten Feststellungszeitpunkt nicht geändert haben, bei der letzten Feststellung aber Fehler unterlaufen sind, die nach den Bestimmungen der AO nicht mehr beseitigt werden können. **Fehler** i. S. des § 22 Abs. 3 BewG ist **jede objektive Unrichtigkeit**.[3] Das gilt z. B. bei der unzutreffenden Erfassung eines Bauplatzes im EW für den luf Betrieb, obschon für den Bauplatz ein selbständiger EW als unbebautes Grundstück hätte festgestellt werden müssen. Hier ist auf den Fortschreibungszeitpunkt der EW für den luf Betrieb fortzuschreiben und gleichzeitig eine Nachfeststellung für die wirtschaftliche Einheit des Grundvermögens durchzuführen.

BEISPIEL Für einen luf Betrieb ist auf den 1.1.2001 eine Art- und Wertfortschreibung durchgeführt worden. Hierbei wurde versehentlich ein Bauplatz, der dem Grundvermögen zuzurechnen gewesen wäre, erfasst. Der Fehler wird im Jahre 2018 vom FA entdeckt. Die Änderung beim EW für den luf Betrieb übersteigt die Wertgrenzen des § 22 BewG.

Auf den 1.1.2018 ist eine fehlerbeseitigende Fortschreibung für den luf Betrieb durchzuführen (§ 22 Abs. 4 Satz 3 Nr. 2 1. Alt. BewG). Ebenfalls auf den 1.1.2018 ist für die

1 BFH 30.6.2010, BFH/NV 2010 S. 2026.

2 Zur Abrundung der in Deutscher Mark ermittelten Einheitswerte und anschließender Umrechnung in Euro s. § 30 BewG Rz. 1434 a. E.

3 BFH 29.11.1989, BStBl 1990 II S. 149.

wirtschaftliche Einheit des Grundvermögens eine Nachfeststellung vorzunehmen. Eine Nachfeststellung auf den 1.1.2001 ist ausgeschlossen, da dies zu einer doppelten Erfassung (im EW für den luf Betrieb und im EW für das Grundvermögen) führen würde.

Fehlerbeseitigende Fortschreibungen sind **keine selbständige Fortschreibungsart**, vielmehr sind auch hier die Wertgrenzen des § 22 BewG zu beachten.

1387 Auf welchen **Zeitpunkt** Fortschreibungen durchzuführen sind, bestimmt sich nach § 22 Abs. 4 BewG.

Im Falle einer Wertfortschreibung, Art- oder Zurechnungsfortschreibung, also bei Änderung der tatsächlichen Verhältnisse, wird die Fortschreibung auf den Beginn des Kj vorgenommen, das der Änderung folgt.

In den Fällen der Fehlerbeseitigung darf die Fortschreibung erst auf den Beginn des Kj vorgenommen werden, in dem der Fehler dem FA bekannt geworden ist, frühestens jedoch auf den Beginn des Kj, in dem der Feststellungsbescheid erteilt wird.[1]

1388 Problematisch sind in der Praxis oft die Fälle, in denen Fortschreibungen wegen Änderung der Verhältnisse und Fehlerbeseitigung zusammenfallen. Hier ist zu beachten, dass die **Fortschreibungsarten grds. selbständig nebeneinander stehen**.

BEISPIEL Der EW für einen luf Betrieb ist auf den 1.1.2007 festgestellt worden. Dabei ist eine Fläche nicht einbezogen worden. Auf den 1.1.2016 werden aufgrund verschiedener Zukäufe die Wertfortschreibungsgrenzen überschritten. Im Zuge der Bewertungsarbeiten erkennt das FA im Jahre 2018 den Fehler der Feststellung auf den 1.1.2007.

Auf den 1.1.2016 ist eine Wertfortschreibung durchzuführen, die nur die Flächen(Wert-)änderungen aufgrund der Zukäufe berücksichtigen darf. Eine fehlerbeseitigende Fortschreibung darf frühestens auf den 1.1.2018 durchgeführt werden, wenn auch hier die Wertgrenzen erfüllt sind.

Der **Nachholung einer Feststellung** widmet sich § 25 BewG. Diese Vorschrift ermöglicht nicht nur die Nachholung erstmaliger gesonderter Feststellungen mit Wirkung auf einen späteren Feststellungszeitpunkt, sondern auch die Berichtigung, Änderung und Aufhebung solcher Feststellungen.[2]

1389 *(Einstweilen frei)*

---

1 BFH 30.6.2010, BFH/NV 2010 S. 2025.

2 BFH 11.11.2009, BStBl 2010 II S. 723.

II. Besondere Bewertungsvorschriften für das land- und forstwirtschaftliche Vermögen

1. Begriff des land- und forstwirtschaftlichen Vermögens

Der Begriff des luf Vermögens ist in § 33 BewG definiert. Zum luf Vermögen 1390
rechnen danach **alle WG, die einem Betrieb der LuF dauernd zu dienen bestimmt** sind. Der Begriff des luf Vermögens wird im BewG als **Sammelbegriff** verwendet. Hierunter fallen neben der LuF im engeren Sinne auch der Weinbau, der Gartenbau und die sonstigen Betriebszweige der LuF.

LuF ist die Nutzung der natürlichen Kräfte des Grund und Bodens sowie die Verwertung der hierdurch gewonnenen Erzeugnisse. **Abgrenzungsprobleme** treten auf, wenn in einem Betrieb nicht nur typische LuF betrieben wird, sondern daneben in mehr oder weniger großem Umfang auch eine Tätigkeit ausgeübt wird, die gewerblichen Charakter hat, z. B. Dienstleistungen, Handel oder Be- und Verarbeitung. Diese Abgrenzungsfragen stellen sich ebenso für die ESt, GewSt und USt. Die Abgrenzung ist für alle Steuerrechtsgebiete grds. einheitlich vorzunehmen. Für die bewertungsrechtliche Abgrenzung des luf Vermögens vom gewerblichen BV ist R 15.5 EStR zu beachten. Zur Einordnung als luf Tätigkeit beim **Verkauf von Blutserum** s. a. Urteil des Niedersächsischen Finanzgerichts vom 22.11.2006.[1] Zur **Entstehung eines Gewerbetriebs** infolge einer nachhaltigen Änderung im Tier- oder Flächenbestand in **Fällen des sofortigen bzw. allmählichen oder schleichenden Strukturwandels** s. BFH vom 19.2.2009.[2]

Für den Bereich der **Einheitsbewertung** sind jedoch einige **Besonderheiten** zu 1391
beachten:

Liebhaberei

Anders als im Ertragsteuerrecht setzt der Begriff des luf Betriebs **keine Gewinnerzielungsabsicht** voraus. Ein Betrieb der LuF liegt bewertungsrechtlich somit auch dann vor, wenn Flächen luf genutzt werden, diese Tätigkeit aber ertragsteuerlich mangels Gewinnerzielungsabsicht als Liebhaberei qualifiziert wird. Die entsprechenden Flächen gehören bewertungsrechtlich unter den Voraus-

1 EFG 2007 S. 1151.

2 BFH 19.2.2009, BFH/NV 2009 S. 1017.

setzungen des § 33 BewG zum luf Vermögen.[1] Zur Frage der Liebhaberei im Kontext der Pferdehaltung und Pferdezucht s. a. Kanzler[2] sowie Ritzrow.[3]

Verpachtungen

Werden Betriebe der LuF oder einzelne Flächen eines Betriebes verpachtet, gehören sie beim Verpächter auch weiterhin zum luf Vermögen, wenn die Flächen noch zur dauernden Nutzung zu luf Zwecken bestimmt sind. Erforderlich ist also, dass die Flächen **beim Pächter** luf Zwecken dienen. Werden Teile eines luf Betriebes auf Dauer zu anderen als luf Zwecken verpachtet, sind sie dem Grundvermögen zuzurechnen.[4]

Vorübergehende, gelegentliche Nutzung zu anderen Zwecken

Eine nur vorübergehende Nutzung der WG eines luf Betriebes zu anderen (z. B. gewerblichen) Zwecken ändert an ihrer Zuordnung zum luf Betrieb nichts (Abschn. 1.01 BewRL).[5]

2. Die wirtschaftliche Einheit des land- und forstwirtschaftlichen Vermögens

1392 Die wirtschaftliche Einheit, d. h. der Bewertungsgegenstand, des luf Vermögens ist der **Betrieb der LuF** (§ 33 Abs. 1 Satz 2 BewG). Was als Betrieb der LuF anzusehen ist, richtet sich grds. nach den allgemeinen Bewertungsvorschriften des Ersten Teils des BewG. § 2 BewG ist zu beachten. Nach der **Verkehrsanschauung** ist unter Beachtung der örtlichen Gewohnheit, der Zweckbestimmung und der wirtschaftlichen Zusammengehörigkeit der einzelnen WG zu entscheiden, was dieser wirtschaftlichen Einheit zuzurechnen ist. Bei der für das Vorliegen einer wirtschaftlichen Einheit relevanten Zweckbestimmung ist in erster Linie auf den Willen des Eigentümers abzustellen.[6]

1 BFH 18.12.1985, BStBl 1986 II S. 282.

2 DStZ 2005 S. 766.

3 EStB 2009 S. 205; Zu den Merkmalen der Liebhaberei bei einem Forstbetrieb s. Schönberg, HFR 2005 S. 964.

4 Siehe hierzu auch Niedersächsisches FG 4.3.2016, NWB NAAAF-74808 = EFG 2016 S. 1058, mit Anm. Henningfeld.

5 FG Köln 19.6.2018, NWB PAAAG-91499 = EFG 2018 S. 1522; Rev. erledigt durch BFH 22.7.2020 – II R 28/18, BStBl 2021 II S. 515.

6 BFH 19.5.2009, BFH/NV 2009 S. 1608.

Danach liegt ein Betrieb der LuF nicht nur dann vor, wenn eine Zusammenfassung von Flächen, Gebäuden und sonstigen Betriebsmitteln vorhanden ist, die als selbständige Erwerbsgrundlage verstanden werden kann, sondern ein Betrieb der LuF kann allein aus Grundbesitz bestehen, der zu luf Zwecken genutzt wird. Der Begriff des Betriebs der LuF setzt **weder eine Mindestgröße noch vollen luf Besatz mit Wirtschaftsgebäuden, Betriebsmitteln** usw. voraus.[1] Allerdings ist zu beachten, dass die Rspr.[2] landwirtschaftliche Nebenerwerbsstellen nur dann als Betrieb der LuF anerkannt hat, wenn ein jährlicher Rohertrag von mindestens 3.000 DM erwirtschaftet wird.[3] Die Rohertragsgrenze von 3.000 DM gilt nicht bei der ertragsteuerlichen Beurteilung.[4] Zur **Mindestgröße eines Forstbetriebs** ist BFH vom 26.6.1985[5] zu beachten. Ein **gärtnerisches Grundstück** ist nach BFH vom 4.3.1987[6] dann dem luf Vermögen zuzuordnen, wenn es nach Arbeitseinsatz, Investitionen und erzielbarem Ertrag einem durchschnittlichen Haupterwerbsbetrieb gleicher Nutzung entspricht. Ein **Saatzuchtbetrieb** ist auch dann als Betrieb der LuF, mithin als luf Vermögen und nicht als Gewerbebetrieb anzusehen, wenn er sich auf die Züchtung neuer Sorten sowie Erhaltungszüchtungen beschränkt, die Vermehrung dagegen anderen landwirtschaftlichen Betrieben überlassen wird.[7] **Fischgewässer von Sportfischereivereinen** sind als Betriebe der LuF (Binnenfischerei) einzustufen.[8] Die **Ausbildung von Pferden zu Renn- und Turnierpferden** ist dem Bereich der LuF zuzurechnen, wenn der Betrieb seiner Größe nach eine ausreichende Futtergrundlage bietet, die Pferde nicht nur ganz kurzfristig dort verbleiben und nach erfolgter Ausbildung an Dritte veräußert werden. Das gilt auch dann, wenn die Tiere nicht im Betrieb selbst aufgezogen, sondern als angerittene Pferde erworben werden.[9] Für **Pferdezucht** genutzter Grundbesitz ist – unter den weiteren Voraussetzungen des § 51 BewG – grds. dem luf Vermögen zuzuordnen.[10] Ein landwirtschaftlicher Betrieb wird nicht dadurch zu einem Gewerbebetrieb, dass er Pferde zukauft, sie während einer nicht nur kurzen Aufenthaltsdauer zu hochwertigen Reitpferden ausbildet und dann weiterverkauft.[11] Eine Pferdehaltung (einschließlich der Deckhengsthaltung) ist der landwirtschaftlichen Nut- 1393

1 BFH 21.12.1965, BStBl 1966 III S. 138 sowie 28.6.1974, BStBl 1974 II S. 702.
2 BFH 26.1.1973, BStBl 1973 II S. 282.
3 A. A. FG Baden-Württemberg 23.7.1985, EFG 1986 S. 273.
4 Vgl. BFH 12.11.1992, BStBl 1993 II S. 430.
5 BStBl 1985 II S. 549.
6 BStBl 1987 II S. 370.
7 OFD Magdeburg 3.4.2000, StEd 2000 S. 308.
8 FG München 26.2.1981, EFG 1981 S. 463.
9 BFH 31.3.2004, BStBl 2004 II S. 742.
10 OFD Koblenz 1.8.2005, StEK BewG 1965 § 33/35.
11 BFH 17.12.2008, BStBl 2008 II S. 453; Günther, EStB 2009 S. 160.

zung (§ 34 Abs. 2 Nr. 1a BewG) zuzuordnen, wenn die Pferdehaltung auf einer ausreichenden Flächen- und Futtergrundlage erfolgt.[1]

1394 Bei **gemeinschaftlicher Tierhaltung** liegt ein eigener luf Betrieb vor, der die Tierbestände, die Wirtschaftsgebäude und sonstigen zu gemeinschaftlichen Zwecken genutzten WG umfasst (§ 34 Abs. 6a i. V. mit § 51a BewG).

1395 Für einen Betrieb der LuF ist nicht erforderlich, dass die bewirtschafteten Flächen zusammenhängend sind. Auch **mehrere räumlich getrennte Flächen** bilden einen **Betrieb der LuF**, wenn sie einem einheitlichen wirtschaftlichen Zweck dienen und zwischen ihnen ein wirtschaftlicher Zusammenhang besteht (Abschn. 1.05 BewRL). Dies gilt auch dann, wenn die Flächen in den Bezirken verschiedener Gemeinden belegen sind. Getrennte luf Betriebe liegen allerdings vor, wenn die räumliche Entfernung so groß ist, dass eine gemeinschaftliche Bewirtschaftung oder Beaufsichtigung innerhalb eines einheitlichen Betriebs ausgeschlossen erscheint (Abschnitt 1.05 Abs. 2 letzter Satz BewRL). Zur Zuordnung eines landwirtschaftlich nutzbaren Grundstücks, das mehr als 100 km von der Hofstelle des Betriebs der LuF entfernt liegt, s. a. BFH vom 19.7.2011.[2]

Ein LuF kann danach **Inhaber mehrerer bewertungsrechtlich selbständiger Betriebe** der LuF sein.

Einen Betrieb der LuF bilden nach § 34 Abs. 7 BewG auch **Stückländereien**; das sind i. d. R. verpachtete luf genutzte Flächen, bei denen die Gebäude und WG nicht dem Eigentümer des Grund und Bodens gehören. Im Übrigen lässt die Bewertung landwirtschaftlicher Grundstücke als Stückländerei keinen Rückschluss auf die Zuordnung der Grundstücke zum Betriebsvermögen des Steuerpflichtigen zu.[3]

3. Umfang des land- und forstwirtschaftlichen Vermögens

1396 Der Begriff des Betriebs der LuF bestimmt gleichzeitig, welche WG in das luf Vermögen einzubeziehen sind. Alle WG, die einem Betrieb der LuF dauernd zu dienen bestimmt sind, sind luf Vermögen im bewertungsrechtlichen Sinne. Die Entscheidung über die Zugehörigkeit zum luf Vermögen ist in erster Linie nach der tatsächlichen Nutzung, dann aber auch nach der noch beabsichtigten oder zu erwartenden Dauer der Nutzung zu landwirtschaftlichen Zwecken zu tref-

---

1 FG Münster 31.1.2013, EFG 2013 S. 762; BFH 6.5.2015, BStBl 2015 II S. 888.

2 BStBl 2012 II S. 93.

3 BFH 26.9.2013, BFH/NV 2014 S. 324.

fen. Indes sind Wirtschaftsgüter dem Betrieb der LuF dann nicht mehr dauernd zu dienen bestimmt, soweit sie im Falle einer auf Dauer angelegten Vermietung ausschließlich durch den Mieter genutzt werden oder auch nur eine gemeinsame Nutzung „nach Absprache“ durch den Mieter und den Vermieter erfolgt.[1]

In das luf Vermögen sind nicht nur die WG einzubeziehen, die dem Eigentümer 1397
des Grund und Bodens gehören. Nach § 34 Abs. 4 BewG sind vielmehr auch die dem Eigentümer des Grund und Bodens nicht gehörenden Gebäude und Betriebsmittel einzubeziehen, die der Bewirtschaftung des Betriebs dienen. Diese gesetzliche Vorgabe hat insbesondere Bedeutung für **Verpachtungs- und Nießbrauchsfälle**.

Das luf Vermögen umfasst danach insbesondere

a) den **Grund und Boden**, der zu den in § 34 Abs. 2 Nr. 1 bis 3 BewG aufgeführten 1398
luf Nutzungen verwendet wird.[2]

Die typischen luf Zwecken dienenden Flächen wie **Ackerland**, **Grünland**, **Forstflächen** und **Rebflächen** sind in den Betrieb der LuF einzubeziehen. Allein die Beurteilung von Grundstücken als Ackerland oder Forstfläche im Rahmen der Bodenschätzung und die entsprechende Eintragung beim Katasteramt genügen nicht für die Annahme einer luf Nutzung von Grundbesitz, wenn keine tatsächliche Nutzung für luf Zwecke vorliegt.[3] **Wildwiesen und Wildäcker** können zur luf Nutzung gehören, auch wenn sie nicht in der Bodenschätzung erfasst wurden, aber tatsächlich landwirtschaftlich – z. B. zur **Heugewinnung** – genutzt werden.[4] Eine **forstwirtschaftliche Nutzung** im Rahmen eines sog. **aussetzenden Forstbetriebs** ist erst bei einer Mindestgröße von zusammenhängenden Waldflächen von mehr als 2 Hektar anzunehmen. Die gesetzliche **Mitgliedschaft in einer Jagdgenossenschaft** stellt keine luf Nutzung des Grund und Bodens dar.[5] Der Anbau von sog. **Zuckermais** ist bewertungsrechtlich als gärtnerische Nutzung zu beurteilen.[6] Neben den eigentlichen Nutzflächen sind auch die Wirtschaftswege, Gräben u. Ä. einzubeziehen, die in unmittelbarem wirtschaftlichen Zusammenhang zu diesen Flächen stehen (§ 40 Abs. 3 BewG).

1 Niedersächsisches FG 4.3.2016, BB 2016 S. 1244.

2 Zur Einheitsbewertung eines luf Betriebs bei Deckhengsthaltung und Zuordnung zur landwirtschaftlichen Nutzung i. S. des § 34 Abs. 2 Nr. 1 Buchst. a BewG s. a. BFH 6.5.2015, BStBl 2015 II S. 888, Anm. Pahlke, BFH/PR 2015 S. 356 sowie Günther, EStB 2015 S. 316.

3 FG Düsseldorf 1.9.2005, n. v.

4 BFH 15.3.2001, BFH/NV 2001 S. 1238.

5 FG Düsseldorf 1.9.2005, n. v.

6 BFH 16.6.2009, BStBl 2009 II S. 896; Kilches, BFH/PR 2009 S. 442.

Ferner gehört zum luf Vermögen das **Abbauland** i. S. des § 43 BewG; hierzu zählen Betriebsflächen, die überwiegend durch den Abbau von Bodenschätzen für den Betrieb der LuF nutzbar gemacht werden (Kies-, Sand-, Tonvorkommen, Steinbrüche u. Ä.). Zum luf Vermögen gehören zudem das **Geringstland** (§ 44 BewG). Der Begriff des Geringstlandes umfasst kulturfähige Flächen, deren Ertragsfähigkeit jedoch so gering ist, dass sie in ihrem derzeitigen Zustand nicht regelmäßig luf genutzt werden können und für die die Wiederherstellung des Kulturzustandes in einem Missverhältnis zu der Ertragsfähigkeit steht. Beim Geringstland ist die Kulturfähigkeit im Gegensatz zum Unland nicht wegen der besonderen Beschaffenheit der Flächen ausgeschlossen.[1] Des Weiteren gehört das **Unland** (§ 45 BewG) zum luf Vermögen. Unter Unland sind solche Flächen zu verstehen, die selbst bei geordneter Wirtschaftsweise keinen Ertrag abwerfen können und nicht kulturfähig sind. Die **Einordnung einer Betriebsfläche** als Unland i. S. des § 45 Abs. 1 BewG ist zwingend anhand der natürlichen Ertragsfähigkeit des Bodens auf Grundlage **objektiver Kriterien** vorzunehmen; für die Ertraglosigkeit ist nicht auf die mit den Flächen konkret erzielten oder erzielbaren Erlöse abzustellen. Der Umstand, dass die Bewirtschaftung einer Fläche unwirtschaftlich ist und die Kosten den Ertrag übersteigen, reicht nicht aus, um die Fläche als Unland einzuordnen.[2] Fehlen Grenzmarkierungen und Zufahrtswege, so rechtfertigt das nicht eine Einstufung als Unland.[3] Ebenfalls sind Schutzstreifen und Schutzflächen nicht als Unland zu qualifizieren, da sie eine, wenn auch nur geringe, Holznutzung zulassen.[4] In Fällen, in denen bei Flächen noch kein (irreparabler) Verlust des Kulturzustands eingetreten ist, die angrenzenden Flächen landwirtschaftlich genutzt werden und die tatsächliche Ertragsfähigkeit der zu bewertenden Flächen gegenüber den benachbarten Flächen offenkundig nicht eingeschränkt ist, kommt weder eine Bewertung als Geringstland noch eine solche als Unland in Betracht.[5] **Landwirtschaftlich nutzbare Flächen in Naturschutzgebieten** bleiben weiterhin **bodengeschätzt**. Bei nachhaltigen Änderungen der Ertragsbedingungen sind Nachschätzungen vorzunehmen, ggf. ist eine abweichende Nutzungsart – z. B. Geringstland, Unland – auszuweisen.[6]

1399 b) die **Wirtschaftsgebäude**. Sie gehören zu den WG, die dem Betrieb der LuF dauernd zu dienen bestimmt sind (§ 33 Abs. 2 BewG).

1 Thüringer FG 27.10.2015, NWB FAAAF-71257 = EFG 2016 S. 876.

2 BFH 24.1.2018, BStBl 2018 II S. 619, Anm. Fumi, BFH/PR 2018 S. 223.

3 FG Brandenburg 10.11.1993, EFG 1994 S. 599.

4 FinMin Niedersachsen 23.12.1993, DB 1994 S. 186.

5 FG München 17.5.2006, n. v.

6 OFD Koblenz 8.5.1989, DStR 1989 S. 649.

Dazu zählen alle Gebäude, die unmittelbar luf Zwecken dienen. Hierzu gehören insbesondere Ställe, Scheunen und Geräteschuppen. Zu den Wirtschaftsgebäuden rechnen auch Landarbeiterwohnungen, wenn eine Arbeitskraft verpflichtet ist, an mindestens 100 Tagen im Kj mitzuarbeiten (Abschn. 1.02 Abs. 4 BewRL). **Leerstehende, früher luf genutzte Wirtschaftsgebäude** verlieren mit der Einstellung des Betriebs indes ihre luf Zweckbestimmung, wenn die Nebengebäude dem Wohngebäude als Abstellmöglichkeit, sei es auch für ehemalig landwirtschaftlich genutzte Geräte, zur Tierhaltung oder als Garage bzw. Schuppen dienen.[1]

c) die **Wohnung des LuF**. Abweichend von ertragsteuerlichen Beurteilungen im 1400
außerlandwirtschaftlichen Bereich und im Bereich der LuF nach In-Kraft-Treten der gesetzlichen Bestimmungen über die Neuregelung der Nutzungswertbesteuerung rechnet bewertungsrechtlich die Wohnung des LuF während des seit dem 1.1.1964 laufenden Hauptfeststellungszeitraums weiterhin zum luf Vermögen.[2] Mit dieser Entscheidung trägt der Gesetzgeber der besonderen Situation in der LuF Rechnung, dass die Wohnung zur ordnungsgemäßen Betriebsführung – z. B. Beaufsichtigung der Tiere u. Ä. – unbedingt erforderlich ist. Sowohl die Wohnung des den Betrieb bewirtschaftenden LuF als auch Altenteilerwohnungen rechnen zum luf Vermögen.

Grundsätzlich sind die Größe und Ausgestaltung eines Wohnhauses nicht von entscheidender Bedeutung. Ein Wohnhaus ist so lange dem luf Vermögen zuzurechnen, als es nicht derart stark aus dem Rahmen fällt, dass nicht mehr das Wohnbedürfnis des Betriebsinhabers, sondern außerbetriebliche Belange im Vordergrund stehen. Es kommt entscheidend darauf an, dass die bei Betrieben gleicher Art übliche Größe und Ausgestaltung des Wohngebäudes nicht überschritten sind und der Betrieb die ständige Anwesenheit des Betriebsinhabers verlangt.[3] Indes liegt ein funktionaler Zusammenhang zwischen dem Wohngebäude und einem landwirtschaftlichen Betrieb nicht mehr vor, wenn der Betriebsinhaber die landwirtschaftlichen Flächen nicht mehr selbst bewirtschaftete, sondern ca. 80 % daran an einen anderen Landwirt verpachtete, die restliche Fläche unbewirtschaftet blieb und er nur noch ca. zwanzig Hühner als Nutztiere hielt. Folglich ist das Wohngebäude mit dem dazugehörigen Grundstück in einem solchen Fall nicht mehr dem luf Vermögen, sondern dem Grundvermögen zuzuordnen.[4]

1 Hessisches FG 13.5.2015, EFG 2016 S. 612. Vgl. hierzu auch Günther, ErbStB 2016 S. 140.

2 Vgl. auch BMF 26.9.1986, DStZ/E 1987 S. 83.

3 BFH 21.3.1985, BStBl 1985 II S. 401; 28.3.1990, BStBl 1990 II S. 727.

4 Hessisches FG 13.5.2015, EFG 2016 S. 612. Vgl. hierzu auch Günther, ErbStB 2016 S. 140.

Auch ein **großes Gutshaus mit Nebengebäuden** kann demnach dem luf Vermögen zuzurechnen sein, wenn eine entsprechende Betriebsgröße gegeben und die Ausgestaltung des Gebäudes gegendüblich ist. Näheres über die Zurechnung der Wohnung eines LuF zum luf Vermögen siehe Abschnitt 1.02 BewRL.

1401 d) **Stehende Betriebsmittel** sind dazu bestimmt, dauernd dem Betrieb zu dienen; mit diesen Betriebsmitteln wird der Betrieb im eigentlichen Sinne bewirtschaftet. Zu den stehenden Betriebsmitteln zählen insbesondere das tote Inventar wie Maschinen, Ackergeräte, Betriebsvorrichtungen, Dauerkulturen, geringwertige WG. Daneben rechnen aber auch Zuchttiere, Milchkühe, Legehennen und Zugpferde (= lebendes Inventar) zu den stehenden Betriebsmitteln. Stehende Betriebsmittel sind bei einem **Saatzuchtbetrieb** insbesondere die Saatgutsorten (Samen, Pflanzgut oder Pflanzenteile), die für die Erzeugung von Kulturpflanzen bestimmt sind. Zu den einem Saatzuchtbetrieb dienenden Wirtschaftsgütern gehören darüber hinaus auch die dem Ursprungszüchter oder Entdecker einer Pflanzensorte (Sorte) oder seinem Rechtsnachfolger zustehenden Rechte auf Sortenschutz. Die Aufzählung in § 33 Abs. 2 BewG ist nicht abschließend; diese Vorschrift umfasst **auch subjektiv dingliche Rechte**.[1]

1402 e) Ein **normaler Bestand an umlaufenden Betriebsmitteln** ist ebenfalls dem luf Vermögen zuzurechnen. Als normaler Bestand gilt nach § 34 Abs. 2 BewG ein solcher, der zur gesicherten Fortführung des Betriebs erforderlich ist.

Unter umlaufenden Betriebsmitteln sind WG zu verstehen, die zum Verkauf oder Verbrauch innerhalb des Betriebs bestimmt sind. Das sind insbesondere Masttiere, Weinvorräte von fünf Ernten, Gartengewächse, Feldinventar, eingeschlagenes Holz innerhalb des Nutzungssatzes, sonstige luf Erzeugnisse, Saatgut, Dünger und Treibstoffe.

1403 f) Ein **Überbestand an umlaufenden Betriebsmitteln** zählt **nicht** zum luf Vermögen (§ 33 Abs. 3 Nr. 3 BewG), sondern zum übrigen Vermögen. Tierbestände und dazugehörige WG, für die keine Flächendeckung nach §§ 51, 51a BewG gegeben ist, gehören zum gewerblichen BV (§ 33 Abs. 3 Nr. 4 BewG).[2]

1404 g) **Ebenfalls nicht zum luf Vermögen** gehören Zahlungsmittel, Geldforderungen, Geschäftsguthaben, Wertpapiere und Geldschulden (§ 33 Abs. 3 Nr. 1 und 2 BewG). Zur Behandlung von Sachleistungsansprüchen s. BFH vom 23.10.1991.[3]

---

1 BFH 22.7.1992, BStBl 1992 II S. 877.

2 BFH 12.8.1982, BStBl 1983 II S. 36.

3 BStBl 1992 II S. 248 mit Anm. Bauer, KFR F. 10 ErbStG § 12, 2/92 S. 229.

4. Abgrenzung des land- und forstwirtschaftlichen Vermögens vom Betriebsvermögen

Die Abgrenzung der LuF vom gewerblichen Betriebsvermögen ist von besonderer Bedeutung bei der Einkommensteuer. R 15.5 EStR regelt die ertragsteuerliche Abgrenzung. Im Hinblick auf das Urteil des BFH vom 25.3.2009[1] hat die FinVerw mit gleich lautenden Erlassen der Länder Baden-Württemberg, Bayern, Berlin, Bremen, Hamburg, Hessen, Niedersachsen, Nordrhein-Westfalen, Rheinland-Pfalz, Saarland und Schleswig-Holstein vom 15.12.2011[2] für Zwecke der Bewertung nach dem Ersten, Vierten und Sechsten Abschnitt des Zweiten Teils des Bewertungsgesetzes die Abgrenzung des luf Vermögens vom Betriebsvermögen wie folgt geregelt: 1405

„*I. Abgrenzung der wirtschaftlichen Einheiten*

Für die bewertungsrechtliche Abgrenzung des land- und forstwirtschaftlichen Vermögens vom Betriebsvermögen sind für die wirtschaftliche Einheit Betrieb der Land- und Forstwirtschaft die Abgrenzungskriterien nach Tz. II. maßgeblich.

II. Abgrenzung der einzelnen Tätigkeiten

Allgemeine Grundsätze

(1) [1]Land- und Forstwirtschaft ist die planmäßige Nutzung der natürlichen Kräfte des Bodens zur Erzeugung von Pflanzen und Tieren sowie die Verwertung der dadurch selbstgewonnenen Erzeugnisse. [2]Als Boden i. S. des Satzes 1 gelten auch Substrate und Wasser. [3]Ob eine land- und forstwirtschaftliche Tätigkeit vorliegt, ist jeweils nach dem Gesamtbild der Verhältnisse zu entscheiden. [4]Liegen teils gewerbliche und teils land- und forstwirtschaftliche Tätigkeiten vor, sind die Tätigkeiten zu trennen, wenn dies nach der Verkehrsauffassung möglich ist. [5]Dies gilt auch dann, wenn sachliche und wirtschaftliche Bezugspunkte zwischen den verschiedenen Tätigkeiten bestehen. [6]Sind die verschiedenen Tätigkeiten jedoch derart miteinander verflochten, dass sie sich unlösbar gegenseitig bedingen, liegt eine einheitliche Tätigkeit vor. [7]Eine solche einheitliche Tätigkeit ist danach zu qualifizieren, ob das land- und forstwirtschaftliche oder das gewerbliche Element überwiegt. [8]Bei in Mitunternehmerschaft (> R 15.8 EStR) geführten Betrieben ist § 15 Abs. 3 Nr. 1 EStG anzuwenden; Tätigkeiten, die dem Grunde und der Höhe nach innerhalb der nachfolgenden Grenzen liegen, gelten dabei als land- und forstwirtschaftlich.

1 BStBl 2010 II S. 113.

2 BStBl 2011 I S. 1213; Wiegand, NWB 2012 S. 460.

Strukturwandel

(2) [1]Durch Strukturwandel einer bisher der Land- und Forstwirtschaft zugerechneten Tätigkeit kann neben der Land- und Forstwirtschaft ein Gewerbebetrieb entstehen. [2]In diesen Fällen beginnt der Gewerbebetrieb zu dem Zeitpunkt, in dem diese Tätigkeit dauerhaft umstrukturiert wird. [3]Hiervon ist z. B. auszugehen, wenn dem bisherigen Charakter der Tätigkeit nicht mehr entsprechende Investitionen vorgenommen, vertragliche Verpflichtungen eingegangen oder Wirtschaftsgüter angeschafft werden und dies jeweils dauerhaft dazu führt, dass die in den folgenden Absätzen genannten Grenzen erheblich überschritten werden. [4]In allen übrigen Fällen liegen nach Ablauf eines Zeitraums von drei aufeinander folgenden Wirtschaftsjahren Einkünfte aus Gewerbebetrieb vor. [5]Der Dreijahreszeitraum bezieht sich auf die nachfolgenden Umsatzgrenzen und beginnt beim Wechsel des Betriebsinhabers nicht neu. [6]Die vorstehenden Grundsätze gelten für den Strukturwandel von einer gewerblichen Tätigkeit zu einer land- und forstwirtschaftlichen Tätigkeit entsprechend.

Nebenbetrieb

(3) [1]Ein Nebenbetrieb muss den Hauptbetrieb fördern und ergänzen und durch den Hauptbetrieb geprägt werden. [2]Der Nebenbetrieb muss in funktionaler Hinsicht vom Hauptbetrieb abhängig sein. [3]Die Verbindung darf nicht nur zufällig oder vorübergehend und nicht ohne Nachteil für diesen lösbar sein. [4]Ein Nebenbetrieb der Land- und Forstwirtschaft liegt daher vor, wenn

1. *überwiegend im eigenen Hauptbetrieb erzeugte Rohstoffe be- oder verarbeitet werden und die dabei gewonnenen Erzeugnisse überwiegend für den Verkauf bestimmt sind oder*
2. *ein Land- und Forstwirt Umsätze aus der Übernahme von Rohstoffen (z. B. organische Abfälle) erzielt, diese be- oder verarbeitet und die dabei gewonnenen Erzeugnisse nahezu ausschließlich im Hauptbetrieb verwendet und*

die Erzeugnisse im Rahmen einer ersten Stufe der Be- oder Verarbeitung, die noch dem land- und forstwirtschaftlichen Bereich zuzuordnen ist, hergestellt werden. [5]Die Be- oder Verarbeitung eigener Erzeugnisse im Rahmen einer zweiten Stufe der Be- oder Verarbeitung ist eine gewerbliche Tätigkeit. [6]Die Be- oder Verarbeitung fremder Erzeugnisse ist stets eine gewerbliche Tätigkeit. [7]Unter den Voraussetzungen des Abs. 11 können die Erzeugnisse nach Satz 5 und 6 noch der Land- und Forstwirtschaft zugerechnet werden, wenn sie im Rahmen der Direktvermarktung abgesetzt werden. 8Ein Nebenbetrieb kann auch vorliegen, wenn er ausschließlich von Land- und Forstwirten gemeinschaftlich betrieben wird und nur in deren

Hauptbetrieben erzeugte Rohstoffe im Rahmen einer ersten Stufe be- oder verarbeitet werden, oder nur Erzeugnisse gewonnen werden, die ausschließlich in diesen Betrieben verwendet werden. 9Nebenbetriebe sind auch Substanzbetriebe (Abbauland – § 43 BewG), z. B. Sandgruben, Kiesgruben und Torfstiche, wenn die gewonnene Substanz überwiegend im eigenen Hauptbetrieb verwendet wird.

Unmittelbare Verwertung organischer Abfälle

(4) [1]Die Entsorgung organischer Abfälle (z. B. Klärschlamm) in einem selbst bewirtschafteten land- und forstwirtschaftlichen Betrieb ist nur dann der Land- und Forstwirtschaft zuzurechnen, wenn sie im Rahmen einer Be- oder Verarbeitung i. S. des Abs. 3 geschieht oder die in Abs. 1 Satz 1 genannten Voraussetzungen im Vordergrund stehen. [2]Das Einsammeln, Abfahren und Sortieren organischer Abfälle, das mit der Ausbringung auf Flächen oder der Verfütterung an Tiere des selbst bewirtschafteten land- und forstwirtschaftlichen Betriebs in unmittelbarem sachlichem Zusammenhang steht, ist eine land- und forstwirtschaftliche Tätigkeit. [3]Andernfalls gelten Abs. 9 und 10.

Eigene und fremde Erzeugnisse

(5) [1]Als eigene Erzeugnisse gelten alle land- und forstwirtschaftlichen Erzeugnisse, die im Rahmen des Erzeugungsprozesses im eigenen Betrieb gewonnen werden. [2]Hierzu gehören auch Erzeugnisse der ersten Stufe der Be- oder Verarbeitung und zugekaufte Waren, die als Roh-, Hilfs- oder Betriebsstoffe im Erzeugungsprozess verwendet werden. [3]Rohstoffe sind Waren, die im Rahmen des Erzeugungsprozesses weiterkultiviert werden (z. B. Jungtiere, Saatgut oder Jungpflanzen). [4]Hilfsstoffe sind Waren, die als nicht überwiegender Bestandteil in eigene Erzeugnisse eingehen (z. B. Futtermittelzusätze, Siliermittel, Starterkulturen und Lab zur Milchverarbeitung, Trauben, Traubenmost und Verschnittwein zur Weinerzeugung, Verpackungsmaterial, Blumentöpfe für die eigene Produktion oder als handelsübliche Verpackung). [5]Betriebsstoffe sind Waren, die im Erzeugungsprozess verwendet werden (z. B. Düngemittel, Treibstoff, Heizöl). [6]Unerheblich ist, ob die zugekaufte Ware bereits ein land- und forstwirtschaftliches Urprodukt im engeren Sinne oder ein gewerbliches Produkt darstellt. [7]Als fremde Erzeugnisse gelten alle zur Weiterveräußerung zugekauften Erzeugnisse, Produkte oder Handelswaren, die nicht im land- und forstwirtschaftlichen Erzeugungsprozess des eigenen Betriebs verwendet werden. [8]Dies gilt unabhängig davon, ob es sich um betriebstypische bzw. -untypische Erzeugnisse, Handelsware zur Vervollständigung einer für die Art des Erzeugungsbetriebs üblichen Produktpalette oder andere Waren aller Art handelt. [9]Werden zugekaufte Roh-, Hilfs- oder Betriebsstoffe weiterveräußert, gelten die-

se im Zeitpunkt der Veräußerung als fremde Erzeugnisse. [10]Dies gilt unabhängig davon, ob die Veräußerung gelegentlich (z. B. Verkauf von Diesel im Rahmen der Nachbarschaftshilfe) oder laufend (z. B. Verkauf von Blumenerde) erfolgt. [11]Die hieraus erzielten Umsätze sind bei der Abgrenzung entsprechend zu berücksichtigen.

Absatz eigener Erzeugnisse i. V. mit fremden und gewerblichen Erzeugnissen

(6) [1]Werden ausschließlich eigene Erzeugnisse (Abs. 5 Satz 1) abgesetzt, stellt dies eine Vermarktung im Rahmen der Land- und Forstwirtschaft dar, selbst wenn sie über ein eigenständiges Handelsgeschäft oder eine Verkaufsstelle (z. B. Großhandelsbetrieb, Einzelhandelsbetrieb, Ladengeschäft, Marktstand oder Verkaufswagen) erfolgt. [2]Unerheblich ist die Anzahl der Verkaufsstellen oder ob die Vermarktung in räumlicher Nähe zum Betrieb erfolgt. [3]Werden durch einen Land- und Forstwirt neben eigenen Erzeugnissen auch fremde (Abs. 5 Satz 7) oder gewerbliche Erzeugnisse (Abs. 3 Satz 5 und 6) abgesetzt, liegen eine land- und forstwirtschaftliche und eine gewerbliche Tätigkeit vor. [4]Diese gewerbliche Tätigkeit kann unter den Voraussetzungen des Abs. 11 noch der Land- und Forstwirtschaft zugerechnet werden. [5]Dagegen ist der ausschließliche Absatz fremder oder gewerblicher Erzeugnisse von Beginn an stets eine gewerbliche Tätigkeit. [6]Auf die Art und den Umfang der Veräußerung kommt es dabei nicht an.

Absatz eigener Erzeugnisse i. V. mit Dienstleistungen

(7) [1]Die Dienstleistung eines Land- und Forstwirts im Zusammenhang mit dem Absatz eigener Erzeugnisse, die über den Transport und das Einbringen von Pflanzen hinausgeht (z. B. Grabpflege, Gartengestaltung), stellt grds. eine einheitlich zu beurteilende Tätigkeit mit Vereinbarungen über mehrere Leistungskomponenten dar (gemischter Vertrag). [2]Dabei ist von einer einheitlich gewerblichen Tätigkeit auszugehen, wenn nach dem jeweiligen Vertragsinhalt der Umsatz aus den Dienstleistungen und den fremden Erzeugnissen überwiegt. [3]Die gewerbliche Tätigkeit kann unter den Voraussetzungen des Abs. 11 noch der Land- und Forstwirtschaft zugerechnet werden.

Absatz eigen erzeugter Getränke i. V. mit besonderen Leistungen

(8) [1]Der Ausschank von eigen erzeugten Getränken i. S. des Abs. 5, z. B. Wein, ist lediglich eine Form der Vermarktung und somit eine land- und forstwirtschaftliche Tätigkeit. [2]Werden daneben durch einen Land- und Forstwirt Speisen und andere Getränke abgegeben, liegt insoweit eine gewerbliche Tätigkeit vor, die unter den Voraussetzungen des Abs. 11 noch der Land- und Forstwirtschaft zugerechnet werden kann.

Verwendung von Wirtschaftsgütern

(9) [1]Verwendet ein Land- und Forstwirt Wirtschaftsgüter seines land- und forstwirtschaftlichen Betriebsvermögens, indem er sie Dritten entgeltlich überlässt oder mit ihnen für Dritte Dienstleistungen verrichtet, stellt dies eine gewerbliche Tätigkeit dar. [2]Dies gilt auch, wenn in diesem Zusammenhang fremde Erzeugnisse verwendet werden. [3]Unter den Voraussetzungen des Abs. 11 kann die Tätigkeit noch der Land- und Forstwirtschaft zugerechnet werden, wenn der Einsatz für eigene land- und forstwirtschaftliche Zwecke einen Umfang von 10 % nicht unterschreitet. [4]Dagegen liegt ohne weiteres von Beginn an stets eine gewerbliche Tätigkeit vor, wenn ein Land- und Forstwirt Wirtschaftsgüter für Dritte verwendet, die er eigens zu diesem Zweck angeschafft hat.

Land- und forstwirtschaftliche Dienstleistungen

(10) [1]Sofern ein Land- und Forstwirt Dienstleistungen ohne Verwendung von eigenen Erzeugnissen oder eigenen Wirtschaftsgütern verrichtet, ist dies eine gewerbliche Tätigkeit. [2]Unter den Voraussetzungen des Abs. 11 kann die Tätigkeit noch der Land- und Forstwirtschaft zugerechnet werden, wenn ein funktionaler Zusammenhang mit typisch land- und forstwirtschaftlichen Tätigkeiten besteht.

Abgrenzungsregelungen

(11) [1]Gewerbliche Tätigkeiten, die nach den Abs. 3 bis 8 dem Grunde nach die Voraussetzungen für eine Zurechnung zur Land- und Forstwirtschaft erfüllen, sind nur dann typisierend der Land- und Forstwirtschaft zuzurechnen, wenn die Umsätze aus diesen Tätigkeiten dauerhaft (Abs. 2) insgesamt nicht mehr als ein Drittel des Gesamtumsatzes und nicht mehr als 51 500 € im Wirtschaftsjahr betragen. [2]Diese Grenzen gelten für die Tätigkeiten nach den Abs. 9 bis 10 entsprechend. [3]Voraussetzung hierfür ist, dass die Umsätze aus den Tätigkeiten i. S. von Satz 1 und 2 dauerhaft (Abs. 2) insgesamt nicht mehr als 50 % des Gesamtumsatzes betragen. [4]Anderenfalls liegen hinsichtlich dieser Tätigkeiten unter den Voraussetzungen des Strukturwandels Einkünfte aus Gewerbebetrieb vor. [5]Der daneben bestehende Betrieb der Land- und Forstwirtschaft bleibt hiervon unberührt. [6]Bei der Ermittlung der Umsätze ist von den Betriebseinnahmen (ohne Umsatzsteuer) auszugehen. [7]Soweit es auf den Gesamtumsatz ankommt, ist hierunter die Summe der Betriebseinnahmen (ohne Umsatzsteuer) zu verstehen.

Energieerzeugung

(12) [1]Bei der Erzeugung von Energie, z. B. durch Wind-, Solar- oder Wasserkraft, handelt es sich nicht um die planmäßige Nutzung der natürlichen Kräfte des Bo-

dens i. S. des Abs. 1 Satz 1. [2]Der Absatz von Strom und Wärme führt zu Einkünften aus Gewerbebetrieb. [3]Die Erzeugung von Biogas kann eine Tätigkeit i. S. des Abs. 3 sein.

Beherbergung von Fremden

(13) [1]Die Abgrenzung der Einkünfte aus Gewerbebetrieb gegenüber denen aus Land- und Forstwirtschaft richtet sich bei der Beherbergung von Fremden nach den Grundsätzen von R 15.7 EStR. [2]Aus Vereinfachungsgründen ist keine gewerbliche Tätigkeit anzunehmen, wenn weniger als vier Zimmer und weniger als sechs Betten zur Beherbergung von Fremden bereitgehalten werden und keine Hauptmahlzeit gewährt wird.

III. Zuordnung von Grundstücken und Gebäuden

(1) [1]Werden neben eigenen Erzeugnissen auch fremde oder gewerbliche Erzeugnisse abgesetzt, kann neben einem Betrieb der Land- und Forstwirtschaft auch ein selbständiger Gewerbebetrieb entstehen. [2]Dienen dadurch Grundstücke oder Gebäude bzw. Teile davon sowohl einem Betrieb der Land- und Forstwirtschaft als auch einem Gewerbebetrieb, bleibt es bei der Zuordnung zum land- und forstwirtschaftlichen Vermögen, wenn der Einsatz der Fläche für eigene land- und forstwirtschaftliche Zwecke einen Umfang von 10 % nicht unterschreitet. [3]Die Bewertung der Höhe nach erfolgt entsprechend der jeweiligen Regelungen des land- und forstwirtschaftlichen Vermögens.

(2) [1]Dienen Grundstücke oder Gebäude bzw. Teile davon von Beginn an einer originär gewerblichen Tätigkeit und damit einem Gewerbebetrieb, gilt § 99 Abs. 1 Nr. 1 BewG. [2]Die Bewertung der Höhe erfolgt entsprechend der jeweiligen Regelungen des Betriebsvermögens.

(3) Für die Bewertung von Betriebsvermögen i. S. des § 97 BewG gelten die Abs. 1 und 2 entsprechend.

IV. Bildung von Absatzklassen beim Nutzungsteil Gemüse-, Blumen- und Zierpflanzenanbau im Rahmen der Einheitsbewertung

(1) [1]Nach Abschnitt 6.18 der Richtlinien für die Bewertung des land- und forstwirtschaftlichen Vermögens (BewRL) wird den gegendüblichen Markt- und Preisverhältnissen durch die Bildung von Absatzklassen Rechnung getragen. [2]Bei der Bewertung des Nutzungsteils Gemüse-, Blumen- und Zierpflanzenbau ist grds. vom „Absatz unmittelbar an den Verbraucher" (Absatzklasse G 1 der Tabelle G 16 bzw. B 1 der Tabelle G 17) auszugehen. [3]Hiervon abweichende Verhältnisse sind ent-

sprechend der Angaben in der Erklärung zur Feststellung des Einheitswerts nach den Kriterien der Absatzklassen G 2 – G 4 und B 2 – B 4 der jeweiligen Tabelle zu beurteilen.

(2) [1]Werden neben eigenen Erzeugnissen auch fremde oder gewerbliche Erzeugnisse abgesetzt, kann neben einem Betrieb der Land- und Forstwirtschaft auch ein selbständiger Gewerbebetrieb entstehen. [2]Erfolgt der Absatz der eigenen Erzeugnisse über einen eigenständigen Gewerbebetrieb, ist bei der Bewertung des Nutzungsteils Gemüse-, Blumen- und Zierpflanzenbau grds. vom „Absatz an Wiederverkäufer außerhalb von Großmärkten oder großmarktähnlichen Einrichtungen" (Absatzklasse G 3 der Tabelle G 16 bzw. B 3 der Tabelle G 17) auszugehen.

(3) Für Betriebsgrundstücke i. S. des § 99 Abs. 1 Nr. 2 BewG gelten Abs. 1 und 2 entsprechend.

V. Schlussbestimmungen

(1) [1]Die vorstehenden Regelungen gelten für Bewertungsstichtage ab dem 1.1.2012. [2]Auf Antrag sind die Regelungen in allen noch offenen Fällen anzuwenden.

(2) [1]Die Weisungen in Abschnitt 1.03 der BewRL, die mit den vorstehenden Regelungen in Widerspruch stehen, sind nicht mehr anzuwenden. [2]Gleiches gilt für einzelne Weisungen der obersten Finanzbehörden der Länder.

(3) Die gleich lautenden Erlasse der obersten Finanzbehörden der Länder vom 15.12.1971 (BStBl 1971 I 643), vom 30.10.1974 (BStBl 1974 I 977) und vom 30.5.1997 (BStBl 1997 I 600) werden mit Wirkung vom 31.12.2011 aufgehoben.

Der Erlass ergeht im Einvernehmen mit den obersten Finanzbehörden des Bundes und der übrigen Länder."

5. Abgrenzung des land- und forstwirtschaftlichen Vermögens vom Grundvermögen

Ob Grundbesitz zum luf Vermögen oder zum Grundvermögen gehört, ist bei der 1406
Einheitsbewertung des luf Vermögens durch sog. **Negativabgrenzung** zu entscheiden. Nur wenn kein luf Vermögen vorliegt, kann Grundvermögen bejaht werden (§ 68 Abs. 1 BewG). Wenn die **gewerbliche Tätigkeit** die **Haupterwerbsquelle** eines Inhabers eines landwirtschaftlichen Betriebs ist und die luf Betätigung wesentlich hinter der gewerblichen Tätigkeit zurückbleibt, ist die Wohnung dem Grundvermögen zuzurechnen.

Es ist bereits im Grundsatz angesprochen worden, dass die Zurechnung zum luf Vermögen nach den tatsächlichen Verhältnissen und anderen Tatbestandsmerkmalen zu entscheiden ist.[1] Zur Zugehörigkeit von Kleingartenland zum luf Vermögen s. BFH vom 9.8.1989.[2]

Von diesem Grundsatz regelt **§ 69 BewG drei Ausnahmetatbestände**. Es sind dabei Sachverhalte zu beurteilen, in denen im Feststellungszeitpunkt Grundbesitz noch zu luf Zwecken genutzt wird bzw. nach seiner Zweckbestimmung luf Zwecken dienen soll.

a) Ausgewiesenes Bauland

1407 Eine eindeutige Regelung ist in § 69 Abs. 3 BewG getroffen. Danach sind Flächen immer dann dem **Grundvermögen** zuzurechnen, wenn sie **in einem Bebauungsplan als Bauland ausgewiesen** sind, ihre **sofortige Bebauung (rechtlich) möglich** ist und die **Bebauung** innerhalb des Plangebiets in benachbarten Bereichen **bereits begonnen** hat. Der Ausweis der Flächen muss in einem rechtskräftigen (rechtsverbindlichen) Bebauungsplan erfolgen. Die Ausweisungen in Flächennutzungsplänen reichen nicht aus. Dabei rechnen insbesondere erschlossene Flächen am Ortsrand und Baulücken innerhalb von Ortsteilen zum Grundvermögen. In den Fällen, in denen sich die sofortige Bebaubarkeit aufgrund der rechtlichen und tatsächlichen Verhältnisse nicht eindeutig beurteilen lässt, können auch andere Umstände die Zurechnung zum Grundvermögen bedingen. Umstände in diesem Sinne können z. B. sein der Erwerb von Flächen zu einem Preis, der erkennbar über den üblichen Bodenpreisen für luf genutzte Flächen liegt, der Erwerb von Flächen durch Handels- und Industrieunternehmen, Gebietskörperschaften sowie Grundstücksgesellschaften, Wohnungsunternehmen und Baugesellschaften; auch fällt der Verkauf von Flächen in benachbarten Bereichen zu Baulandpreisen in diese Kategorie.[3]

Die Einordnung des Grundbesitzes in das Grundvermögen ist trotz Ausweisung in einem Bebauungsplan dann nicht vorzunehmen, wenn eine Bebauung tatsächlich oder rechtlich ausgeschlossen ist. Aus Rechtsgründen könnte die Bebauung z. B. ausgeschlossen sein, weil eine Veränderungssperre besteht oder

1 BFH 10.10.1990, BFH/NV 1991 S. 431, betreffend die unterschiedliche Bewertung gärtnerisch genutzter Grundstücke in einem Naherholungsgebiet.

2 BStBl 1989 II S. 870.

3 Sächsisches FG 2.12.2015, n. v. Siehe hierzu Günther, ErbStB 2016 S. 77.

Flächen als Straßenflächen oder Flächen für den Gemeinbedarf ausgewiesen sind. Aufgrund besonderer Bodenverhältnisse könnte eine Bebauung auch aus tatsächlichen Gründen ausgeschlossen sein.[1]

Als letzte Voraussetzung muss innerhalb des Plangebiets (das ist das Gebiet, auf das sich der Bebauungsplan erstreckt) bereits mit der Bebauung begonnen worden sein.

Sind die vorgenannten Voraussetzungen erfüllt, ist Grundbesitz dem Grundvermögen zuzurechnen, und zwar unabhängig vom Willen des Eigentümers. Eine **Ausnahme** gilt allerdings für die Hofstelle eines luf Betriebs und an die Hofstelle unmittelbar angrenzende Flächen bis zur Größe von 1 ha. Zur Frage, welche Flächen „andere Flächen" i. S. des § 69 Abs. 3 Satz 2 BewG sind, vgl. BFH vom 9.10.1985.[2]

b) Voraussichtliche Nutzung zu anderen Zwecken

Luf genutzte Grundstücke sind ferner nach § 69 Abs. 1 BewG dann dem Grund- 1408
vermögen zuzuordnen, wenn nach ihrer Lage, den im Feststellungszeitpunkt bestehenden Verwertungsmöglichkeiten oder den sonstigen Umständen anzunehmen ist, dass sie **in absehbarer Zeit** anderen als luf Zwecken, insbesondere Bauland, Industrieland oder Land für Verkehrszwecke, dienen werden. Als „absehbare Zeit" ist ein **Zeitraum von sechs Jahren** anzunehmen (Abschnitt 2 Abs. 7 BewRGr).

Der BFH hat in verschiedenen Entscheidungen darauf abgestellt, ob eine Nutzung zu anderen Zwecken nach den Umständen als gesichert anzunehmen ist. Insbesondere im Urteil vom 6.3.1985[3] hat der BFH ausgeführt, die Ausweisung in einem Bebauungsplan spreche bereits dafür, dass die Grundstücke anderen als luf Zwecken dienen würden. Auch hier hat der BFH unter Hinweis auf das Urteil vom 4.8.1972[4] nochmals darauf hingewiesen, dass die subjektiven Vorstellungen des Grundstückseigentümers über die zukünftige Nutzung nicht entscheidend sind.

1 Zur Zurechnung eines überwachsenen Grundstücks im Außenbereich zum luf Vermögen s. a. Sächsisches FG 2.12.2015, n. v.

2 HFR 1986 S. 117.

3 BFH/NV 1985 S. 66.

4 BStBl 1972 II S. 849.

c) Existenzgrundlage des Betriebsinhabers

1409 Eine Einschränkung zur Regelung des § 69 Abs. 1 BewG enthält § 69 Abs. 2 BewG. Bildet ein luf Betrieb die **Existenzgrundlage des Betriebsinhabers,**[1] so kommt eine Bewertung als Grundvermögen nur dann in Betracht, wenn mit großer Wahrscheinlichkeit anzunehmen ist, dass diese Flächen spätestens nach zwei Jahren anderen als luf Zwecken dienen werden. Diese Bestimmung schützt LuF in doppelter Hinsicht: Zum einen muss die Nutzung des Grundstücks zeitlich unmittelbar, d. h. innerhalb von zwei Jahren, bevorstehen; § 69 Abs. 1 BewG stellt demgegenüber nicht auf einen so eng begrenzten Zeitraum ab. Zum anderen muss die Nutzung zu anderen Zwecken mit großer Wahrscheinlichkeit erfolgen.

Zu beachten ist aber hier, dass **§ 69 Abs. 2 BewG keine Anwendung findet,** wenn für die betroffenen Grundstücke ein **höherer Teilwert nach § 55 Abs. 5 Satz 1 EStG festgestellt** worden ist (§ 69 Abs. 4 BewG).

1410 Mit dem Begriff der **Agri-Fotovoltaik** wird ein Verfahren zur gleichzeitigen Nutzung von Flächen für die landwirtschaftliche Pflanzenproduktion (Fotosynthese) und die Fotovoltaik-Stromproduktion bezeichnet. Zur Frage der Zurechnung und Bewertung von **Agri-Fotovoltaik-Anlagen** hat sich die Finanzverwaltung mit gleich lautenden Ländererlassen vom 15.7.2022[2] geäußert. Demnach sind Flächen, auf denen Fotovoltaik-Anlagen stehen, die nach der **DIN SPEC 91434 Agri-Fotovoltaik-Anlagen der Kategorie I oder II** sind, dem **land- und forstwirtschaftlichen Vermögen** zuzurechnen. Die Bewertung dieser Flächen richtet sich nach der jeweils prägenden Nutzung der zu Grunde liegenden (Kategorie I) bzw. im Umgriff befindlichen (Kategorie II) land- und forstwirtschaftlichen Flächen. Indes sind Flächen, auf denen Fotovoltaik-Anlagen stehen, die nach der **DIN SPEC 91434 keine Agri-Fotovoltaik-Anlagen der Kategorie I oder II** sind (insbesondere Freiflächen-Fotovoltaik-Anlagen), dem **Grundvermögen** zuzurechnen. Für deren Umfang ist die gesamte Fläche maßgeblich, die dem Betrieb der Fotovoltaik-Anlage dient (insbesondere Aufstellfläche und überdeckte Fläche der Fotovoltaik-Anlage sowie Aufstellflächen der dazugehörenden Betriebsvorrichtungen wie Stromeinspeiseanlagen). Bei der Bewertung der Flächen sind, vorbehaltlich abweichenden Länderrechts bei der Grundsteuer, grds. die Bodenrichtwerte heranzuziehen, die von den Gutachterausschüssen ermittelt worden sind.

1411 *(Einstweilen frei)*

1 BFH 28.6.1974, BStBl 1974 II S. 702.

2 BStBl 2022 I S. 1226; s. hierzu auch Lücke, NWB 2022 S. 3270.

III. Feststellung der Einheitswerte

1. Allgemeines

Die nachfolgenden Ausführungen beziehen sich auf die Bewertung in den **alten Bundesländern** (zu den neuen Bundesländern s. Rz. 1441 ff.). 1412

Der EW des luf Betriebs setzt sich aus dem **Wirtschaftswert** und dem **Wohnungswert** zusammen (§ 48 BewG). Der Wert beider Teile des EW wird für sich ermittelt. Der Wohnungswert wird nach § 47 BewG nach den Vorschriften ermittelt, die beim Grundvermögen für Mietwohngrundstücke im Ertragswertverfahren gelten.

Für den Wirtschaftswert ist der **Ertragswert** zugrunde zu legen (§ 36 BewG). Der Ertragswert ist das Achtzehnfache des durchschnittlich jährlich erzielbaren Reinertrages. Es ist dabei von der Ertragsfähigkeit auszugehen, unter der nach § 36 Abs. 2 BewG der bei ordnungsmäßiger und schuldenfreier Bewirtschaftung mit entlohnten fremden Arbeitskräften gemeinhin und nachhaltig erzielbare Reinertrag zu verstehen ist. Entscheidend ist, dass nicht der jeweilige tatsächliche Ertrag der Bewertung zugrunde gelegt wird, sondern ein durchschnittlicher, **typisierter Reinertrag**.

2. Ermittlung des Wirtschaftswerts

a) Zusammensetzung des Wirtschaftswerts

Der **Wirtschaftswert** setzt sich nach § 46 BewG aus folgenden Teilen zusammen: 1413

aa) dem Vergleichswert einzelner Nutzungen (§§ 40 Abs. 1, 62 Abs. 2 BewG),

bb) den Einzelertragswerten nach § 37 Abs. 2 BewG,

cc) den Einzelertragswerten für Nebenbetriebe (§ 42 Abs. 2 BewG),

dd) dem Einzelertragswert für Abbauland (§ 43 Abs. 2 BewG),

ee) dem Hektarwert für Geringstland (§ 44 Abs. 2 BewG),

ff) den Abschlägen und Zuschlägen (§ 41 BewG).

Für jeden einzelnen Bestandteil des Wirtschaftswerts ist somit **selbständig ein Ertragswert** zu ermitteln. Die Summe der Ertragswerte bildet den Wirtschaftswert.

b) Verfahren zur Ermittlung der Ertragswerte

1414 § 37 Abs. 1 BewG bestimmt, dass der Ertragswert der einzelnen Nutzungen durch ein **vergleichendes Verfahren** zu ermitteln ist. Nur wenn dieses vergleichende Verfahren nicht durchgeführt werden kann, ist nach § 37 Abs. 2 BewG ein **Einzelertragswertverfahren** einschlägig. Dieses kommt vor allem bei **Nebenbetrieben** (z. B. Brütereien, Brennereien, Sägewerken), Spezialbetrieben oder Sondernutzungen in Betracht. So ist der **Ertragswert von Saatzuchten**, die sich mit der Züchtung, der Vermehrung und dem Verkauf von Nutzpflanzensaatgut (insbesondere von landwirtschaftlichem Saatgut und Gemüsesaatgut) befassen, gem. § 37 Abs. 1 BewG im vergleichenden Verfahren, der Ertragswert von Saatzuchten, die Saatgut solcher Kulturpflanzen züchten, vermehren und verkaufen, die nicht zu den Nutzpflanzen gehören, gem. § 37 Abs. 2 BewG im Einzelertragswertverfahren zu ermitteln.[1]

Hier wird bereits deutlich, dass der Gesetzgeber den unbedingten **Vorrang des vergleichenden Verfahrens** wollte. In der Praxis bildet ein **Einzelertragswertverfahren** auch tatsächlich die **Ausnahme**. So rechtfertigt ein Pferdezuchtbetrieb auch bei besonderen Zuchterfolgen keine Einheitsbewertung im Einzelertragswertverfahren.[2]

Der luf Betrieb bei einer gemeinschaftlichen Tierhaltung (§ 51a BewG) ist auch dann im vergleichenden Verfahren zu bewerten, wenn die Eigenfläche ausschließlich als Hof- und Gebäudefläche genutzt wird.[3]

Das vergleichende Verfahren kann wiederum anhand von Vergleichszahlen oder ohne Vergleichszahlen durchgeführt werden. Grundsätzlich ist vom Verfahren unter Rückgriff auf Vergleichszahlen auszugehen. Dies soll nachfolgend am Beispiel der landwirtschaftlichen Nutzung näher erläutert werden.

1 BFH 22.7.1992, BStBl 1992 II S. 877.
2 FG Münster 31.1.2013, EFG 2013 S. 762; BFH 6.5.2015, BStBl 2015 II S. 888.
3 BFH 16.12.2009, BFH/NV 2010 S. 494.

c) Das vergleichende Verfahren mit Hilfe von Vergleichszahlen bei der landwirtschaftlichen Nutzung

Das vergleichende Verfahren ist in den §§ 38 bis 41 BewG geregelt. **Wesensmerkmal** dieses Verfahrens ist der **Vergleich der Ertragsbedingungen der gleichen Nutzung verschiedener Betriebe** zur Beurteilung von Unterschieden der Ertragsfähigkeit und Bewertung dieser Unterschiede mit Hilfe von **Reinertragsverhältniszahlen (Vergleichszahlen)**. 1415

Da die Ertragsfähigkeit der landwirtschaftlichen Nutzung auf der Beurteilung der natürlichen Ertragsfähigkeit durch die Bodenschätzung aufbaut (§ 50 Abs. 1 BewG), bei der 100 **Ertragsmesszahlen (EMZ)** je Ar den höchsten Wert darstellen, orientiert sich auch die Vergleichszahl für die ertragsfähigste landwirtschaftliche Nutzung am Niveau 100.

Beim Vergleich der Ertragsbedingungen sind nach § 38 Abs. 2 BewG zu berücksichtigen: 1416

1. die tatsächlichen Verhältnisse für
   a) die **natürlichen Ertragsbedingungen**, wie Bodenbeschaffenheit, klimatische Verhältnisse,
   b) die **wirtschaftlichen Ertragsbedingungen**, wie innere Verkehrslage,[1] d. h. die Zahl und Entfernung der Einzelflächen innerhalb des Betriebs (der Nutzung), äußere Verkehrslage, d. h. Anbindung des Betriebs an das Straßennetz und ggf. Bahn usw. sowie die Betriebsgröße,
3. die **gegendüblichen Verhältnisse** für das Preis- und Lohnniveau, Betriebsorganisation und den Bestand an Betriebsmitteln (Viehbesatz, Maschinen usw.).

Zur Sicherung der Gleichmäßigkeit der Bewertung wird der Vergleich im Anhalt an die vorweg ermittelten Werte bestimmter Betriebe, **sog. Bewertungsstützpunkte** (§ 39 BewG), durchgeführt. Dabei haben die vom Bewertungsbeirat beim BMF ermittelten **Vergleichszahlen** und Ansätze der Hauptbewertungsstützpunkte (HBSt) **Rechtsnormcharakter**, da sie durch Rechtsverordnung festgesetzt werden. Sie werden durch Landesbewertungsstützpunkte auf OFD-Ebene und durch Tausende von Ortsbewertungsstützpunkten ergänzt. 1417

1 BFH 12.3.1997, BFH/NV 1997 S. 549.

d) Ermittlung des Vergleichswerts (§§ 38 bis 40 BewG)

1418 Die aus dem Liegenschaftskataster zu entnehmenden Ergebnisse der Bodenschätzung sind die **EMZ** der Acker- und Grünlandflächen. Sie werden durch **Ab- und Zurechnungen** in Prozent wegen der sonstigen natürlichen Ertragsbedingungen und der wirtschaftlichen Ertragsbedingungen korrigiert. Das Ergebnis ist die **landwirtschaftliche Vergleichszahl (LVZ)** je Hektar.

Die Umrechnung dieser Reinertragsverhältniszahl in einen monetären Wert erfolgt durch Anwendung des vom Gesetzgeber für die Hauptfeststellung auf den 1.1.1964 durch § 40 Abs. 2 BewG festgelegten gesetzlichen **Ertragswerts** je Ar bei 100 LVZ von 37,26 DM. Das entspricht bei einem Spitzenbetrieb mit 100 LVZ einem Hektarwert von 3.726 DM. Multipliziert man 37,26 DM, die LVZ und die Größe der landwirtschaftlichen Nutzung in ha, so errechnet sich daraus der **Vergleichswert** der gesamten Nutzung.

e) Ermittlung der Zuschläge und Abschläge (§ 41 BewG)

1419 Der nach den vorstehenden Grundsätzen ermittelte Vergleichswert ist um Zu- oder Abschläge gem. § 41 BewG zu korrigieren. Ein solcher Zuschlag kommt z. B. für einen Überbestand an stehenden Betriebsmitteln in Betracht. Grundvoraussetzungen für einen Zuschlag oder Abschlag sind aber

1. ein Abweichen der tatsächlichen Verhältnisse des zu bewertenden Betriebs von den unterstellten gegendüblichen Verhältnissen bei bestimmten wirtschaftlichen Ertragsbedingungen um mehr als 20 % und
2. die Abweichung muss eine Änderung des Vergleichswerts der Nutzung oder des Nutzungsteils um mehr als $^1/_5$, mindestens aber 1.000 DM oder um mehr als 10.000 DM (absolute Grenze) bewirken.

Die Frage eines Zu- oder Abschlages ist bei **jeder in Betracht kommenden Ertragsbedingung für sich** zu prüfen. Eine **Saldierung** ist **ausgeschlossen**.

1420 Ein **Zuschlag für einen Überbestand an Wirtschaftsgebäuden** kommt z. B. in Betracht, wenn ein Landwirt zusätzliche Wirtschaftsgebäude zur Bewirtschaftung von Pachtflächen errichtet[1] oder beim Vorhandensein einer **Reithalle** mit Pferdehaltungsbetrieben. Ein Zuschlag wegen Überbestandes an Wirtschaftsgebäuden kann nur dann nach dem sog. **Vorbogen** zur Berechnung eines Zuschlags nach § 41 BewG berechnet werden, wenn feststeht, dass bezogen auf

1 BFH 15.7.1992, BStBl 1992 II S. 874.

die Eigentumsfläche ein Überbestand vorliegt und die Gebäude nur für einen Hof mit den in die Berechnung einbezogenen Zupachtflächen gegendüblich ist.[1]

Die weitaus größte Bedeutung haben die **Zuschläge wegen verstärkter**, d. h. die Gegendüblichkeit übersteigender **Tierhaltung**. Ihre Gesamthöhe beträgt nach der 1988 vom Gesetzgeber beschlossenen Halbierung der Wertansätze (§ 41 Abs. 2a BewG) auf durchschnittlich 325 DM/VE noch ca. 1 Mrd. DM (= 5 % des Wirtschaftswertvolumens).

Der BFH hat in st. Rspr. die Bewertung der verstärkten Tierhaltung durch Zuschläge sowohl grds. als auch der Höhe nach anerkannt.[2] Er hat dabei die Auffassung der Verwaltung in vollem Umfang bestätigt, dass eine über das gegendübliche Niveau hinaus betriebene Tierhaltung i. d. R. eine **Ertragssteigerung** bezwecke und daher gesondert zu bewerten sei (Abschnitt 2.11 BewRL). Bei dem Einheitswert einer Hofstelle ohne zusätzlichen Grund und Boden, in der eine Schweinemast betrieben wird und die deshalb einen Betrieb der LuF bildet, ist ein Zuschlag wegen verstärkter Tierhaltung nicht zulässig.[3] Hinsichtlich der Vergabe von Abschlägen wegen fehlender oder die Gegendüblichkeit unterschreitender Tierhaltung teilt der BFH die Auffassung der Verwaltung, dass ein Abschlag nur in Frage kommt, wenn die Verminderung des Tierbestandes auch eine Verminderung der Ertragsfähigkeit zur Folge hat.[4] Besteht die dem Betriebsinhaber gehörende genutzte Fläche (Eigenfläche) ausschließlich aus einer Hof- und Gebäudefläche, von der aus angepachtete Flächen (Stückländereien) bewirtschaftet werden, schließt dies die Feststellung eines Vergleichswerts für die Hof- und Gebäudefläche nicht aus; der Vergleichswert allein für diese Eigenfläche ist mit 0 DM anzusetzen. An einem Vergleichswert „null" können Zuschläge wegen verstärkter Tierhaltung nach § 41 BewG gemacht werden.[5] 1421

Im Übrigen kommen **Abschläge** z. B. für einen **Minderbestand an Wirtschaftsgebäuden** in Betracht. Regelmäßig ist das der Fall bei der Bewertung von Stückländereien, zu denen keine Hofstelle gehört. Für ein in einem Landschaftsschutzgebiet belegenes Grundstück kommt ein Abschlag nach § 41 Abs. 1 Nr. 1 BewG wegen **Auflagen des Landschaftsschutzes** dann nicht in Betracht, wenn die bis- 1422

1 FG Düsseldorf 27.7.2007, EFG 2007 S. 1490.

2 BFH 7.11.1975, BStBl 1976 II S. 207; 23.11.1979, BStBl 1980 II S. 90; BFH 23.11.1979, BStBl 1980 II S. 92; BFH 15.2.1989, BStBl 1989 II S. 403.

3 Niedersächsisches FG 8.3.1994, EFG 1994 S. 823.

4 BFH 10.8.1988, BStBl 1988 II S. 987.

5 BFH 14.5.2004, BStBl 2004 II S. 818; sowie 16.12.2009, BFH/NV 2010 S. 494.

herige Nutzung des Grundstücks durch die **Landschaftsschutzverordnung** nicht untersagt wird.[1]

Fehlen Wohngebäude oder weicht der Bestand an Wohngebäuden von dem gegendüblichen Bestand ab, wird dies nicht durch einen Abschlag korrigiert, da der Wohnungswert selbständig ermittelt wird.

f) Bewertung der Tierbestände (§§ 51, 51a BewG)

1423 Im Zusammenhang mit der Berechnung von Zu- und Abschlägen ist die **Umrechnung der Tierbestände** von Bedeutung. Nach § 51 Abs. 1 BewG werden die Tierbestände nach ihrem Futterbedarf in Vieheinheiten (VE) umgerechnet. Gleichzeitig wird festgelegt, wie viel VE je ha im Rahmen der landwirtschaftlichen Nutzung erzeugt oder gehalten werden können.

Durch das Gesetz zur Anpassung steuerlicher Vorschriften der Land- und Forstwirtschaft vom 29.6.1998[2] ist die **Vieheinheiten-Staffel** mit Wirkung ab 1.1.1999 geändert worden (§ 51 Abs. 1a BewG).

Wird diese Grenze, d. h. die **Bindung an die Futtererzeugung des Betriebs**, überschritten, so sind die betreffenden Tierbestände mit den dazugehörigen WG dem gewerblichen Betriebsvermögen zuzuordnen. Der **Umrechnungsschlüssel** für die Tierbestände in VE ist in Anlage 1[3] zu § 51 Abs. 4 BewG enthalten. Er gilt während des gesamten Hauptfeststellungszeitraums wegen der Konstanz der Wertverhältnisse (§ 27 BewG) unverändert fort, unbeschadet der Erweiterungen, die die Länder zwischenzeitlich zur Anpassung an die veränderten Produktions- und Haltungsbedingungen beschlossen haben. Der BFH hat durch sein Urteil vom 13.7.1989[4] die von der Verwaltung vorgenommene Differenzierung der Schlüsselzahlen für Mastkälber aufgehoben, während er die Verwaltungsauffassung betreffend die Bewertung der Mastrinder mit 1,0 VE bestätigt hat.[5] Durch ein Urteil vom 8.12.1993[6] stellte der BFH fest, dass der VE-Umrechnungsschlüssel nicht gegen Art. 3 Abs. 1 GG verstößt. Junghennen sind keine Jungmasthühner.[7] Jungschweine, die ein Gewicht von 20 kg überschreiten, können

1 Niedersächsisches FG 16.10.2001, EFG 2002 S. 177.

2 BGBl 1998 I S. 1692.

3 In der Fassung des Beitreibungsrichtlinie-Umsetzungsgesetzes v. 7.12.2011, BGBl 2011 I S. 2592.

4 BStBl 1989 II S. 1036.

5 BFH 17.10.1991, BStBl 1992 II S. 378.

6 BStBl 1994 II S. 152.

7 BFH 24.4.1995, BFH/NV 1995 S. 866.

ungeachtet ihrer Bezeichnung nicht mehr dem Tierzweig der „Ferkel" i. S. der Anlage 1 zum BewG zugeordnet werden.[1] Zur Zuordnung von Altweltkameliden als landwirtschaftliche Nutztiere und zum maßgebenden Vieheinheitenschlüssel von 0,7 VE vgl. FinMin Baden-Württemberg vom 30.8.1999.[2]

Die im Rahmen des Gesetzes über die Gemeinschaftsaufgabe „Verbesserung der Agrarstruktur und des Küstenschutzes" **stillgelegten Flächen** gelten nach Art. 5 des Gesetzes zur Änderung des Gesetzes über die Gemeinschaftsaufgabe vom 21.7.1988[3] weiterhin als luf genutzte Flächen. Die Stilllegungsaktion dient der **Verringerung der Erzeugung von Marktordnungsprodukten** und nicht einer Einschränkung der tierischen Veredelung. Deshalb sind die Flächen, die bis zu fünf Jahre als **Dauer- oder Rotationsbrache** stillgelegt oder in **Extensivgrünland** umgewandelt werden, wie vom Inhaber des Betriebs regelmäßig landwirtschaftlich genutzte Flächen zu bewerten. Die Flächen sind auf die Flächengrundlage für Tierbestände nach den §§ 51 und 51a BewG anzurechnen sowie bei der Bemessung der Viehzuschläge nach § 41 BewG zu berücksichtigen. Entsprechendes gilt für die Flächen, die nach § 2 Abs. 1 Nr. 1 FELEG stillgelegt werden.[4]

Brachflächen sind in die Flächengrundlage nach § 51 Abs. 1 BewG zur Abgrenzung der landwirtschaftlichen Tierhaltung einzubeziehen. Unter „Brache" sind landwirtschaftlich nutzbare, bodengeschätzte Flächen zu verstehen, die auf bestimmte oder unbestimmte Zeit nicht landwirtschaftlich genutzt werden. Solche Flächen werden gem. ihren natürlichen und wirtschaftlichen Ertragsbedingungen wie bewirtschaftete Flächen bewertet, denn nach § 36 Abs. 2 BewG ist für die Ermittlung des Ertragswerts der gemeinhin und nachhaltig erzielbare Reinertrag maßgebend; Brachflächen gehören demzufolge zur Fläche der landwirtschaftlichen Nutzung. Somit umfasst die Flächengrundlage i. S. des § 51 Abs. 1 BewG für die landwirtschaftliche Tierhaltung die eigenen und die zugepachteten Flächen der landwirtschaftlichen Nutzung eines Betriebs einschließlich der Brachflächen und beruht auf der **Fiktion der Futtererzeugungsmöglichkeit** auf diesen Flächen. Brachflächen scheiden dagegen aus der nach § 51 Abs. 1 BewG zu berücksichtigenden Fläche aus, wenn sie infolge dauernder Nichtbewirtschaftung im Wege des Feldvergleichs oder der Nachschätzung als Forstflächen oder Geringstland klassifiziert werden.[5]

1 BFH 28.7.1999, BStBl 1999 II S. 815.

2 DB 1999 S. 1832.

3 BGBl 1988 I S. 1053.

4 FinMin Baden-Württemberg 10.3.1989, DStZ/E 1989 S. 123.

5 OFD Koblenz 22.6.1988, DStZ/E 1988 S. 259.

Bodengeschätzte Flächen, die als **Feuchtbiotope** oder auch als **Trockenbiotope** ausgewiesen sind, gehören wie Brachflächen zur landwirtschaftlichen Nutzung, solange eine landwirtschaftliche Erzeugung möglich ist. Auch eine Ertragsminderung ändert an dieser Zuordnung nichts. Biotopflächen scheiden erst dann als Flächengrundlage des § 51 Abs. 1 BewG aus, wenn durch Nachschätzung festgestellt worden ist, dass sie landwirtschaftlich nicht mehr nutzbar sind.

Nach § 51a BewG gehören zur landwirtschaftlichen Nutzung auch **Tierbestände von Erwerbs- und Wirtschaftsgenossenschaften, Mitunternehmergesellschaften oder Vereinen**, wenn die Mitglieder Landwirte sind und Tierhaltungsmöglichkeiten im Rahmen ihrer Flächengrundlage auf die Kooperation übertragen. Zu den **persönlichen und sachlichen Voraussetzungen einer Tierhaltungsgemeinschaft** i. S. des § 51a BewG s. ausführlich OFD Koblenz 24.10.2005, DB 2005 S. 2554.[1] Zusammenschlüsse von Beteiligten zur gemeinschaftlichen Tierhaltung in der **Rechtsform der GmbH & Co. KG** sind **nicht** nach § 51a BewG **begünstigt**, weil der persönlich haftende Gesellschafter eine juristische Person ist.[2]

Der landwirtschaftliche Betrieb einer Tierhaltungsgemeinschaft (z. B. Mastgesellschaft) unterliegt den allgemeinen Bewertungsvorschriften (§§ 37 ff. BewG), da der Gesetzgeber insoweit kein Sonderrecht geschaffen hat. Folglich verbleibt für eine Einordnung der gemeinschaftlichen Tierhaltung als sonstige landwirtschaftliche Nutzung i. S. des § 62 BewG kein Raum. Ohne Einfluss hierauf ist der Umstand, dass die gemeinschaftliche Tierhaltung ohne Bestehen der Sondervorschrift des § 51a BewG als gewerbliche Tierzucht zu qualifizieren wäre.[3]

Im Hinblick auf die Urteile des BFH vom 16.12.2009[4] und vom 9.3.2015[5] gilt zur Einheitsbewertung nach dem Ersten Abschnitt des Zweiten Teils des Bewertungsgesetzes, nach den gleich lautenden Ländererlassen vom 16.6.2016[6] für gemeinschaftliche Tierhaltungen i. S. des § 51a BewG über die entschiedenen Einzelfälle hinaus nunmehr das Folgende:

1 Zum Kriterium der räumlichen Entfernung i. S. des § 51a Abs. 1 Nr. 3 BewG s. a. BFH 19.7.2011, BStBl 2012 II S. 93.

2 BFH 5.11.2009, BFH/NV 2010 S. 652.

3 BFH 16.12.2009, BStBl 2011 II S. 808.

4 BFH 16.12.2009, BStBl 2011 II S. 939, Anm. Herlinghaus, BFH/PR 2010 S. 180.

5 BFH 9.3.2015, BFH/NV 2015 S. 880, Anm. Pahlke, BFH/PR 2015 S. 250, sowie Grootens, ErbStB 2015 S. 154. Vgl. auch FG Münster 26.11.2015, ErbStB 2016 S. 96.

6 BStBl 2016 I S. 638.

1. Bewertungsgegenstand

(1) Gegenstand der Bewertung sind gemeinschaftliche Tierhaltungen, die in der Rechtsform einer Erwerbs- und Wirtschaftsgenossenschaft (§ 97 Absatz 1 Nummer 2 BewG), einer Gesellschaft, bei der die Gesellschafter als Unternehmer (Mitunternehmer) anzusehen sind (§ 97 Absatz 1 Nummer 5 BewG), oder eines Vereins (§ 97 Absatz 2 BewG) betrieben werden, und die im Übrigen die Voraussetzungen des § 51a Absatz 1 Nummer 1 bis 3 BewG erfüllen.

(2) Gemeinschaftliche Tierhaltungen im Sinne des § 51a BewG, im Folgenden als Tierhaltungsgemeinschaften bezeichnet, bilden nach § 34 Absatz 6a BewG eine eigenständige wirtschaftliche Einheit. Sie umfasst die mit den Tierbeständen zusammenhängenden Wirtschaftsgüter, wie etwa Gebäude und abgrenzbare Gebäudeteile mit den dazugehörigen Hof- und Gebäudeflächen, Betriebsmittel und gegebenenfalls selbst bewirtschaftete landwirtschaftlich genutzte Eigentumsflächen.

(3) Bei einer Tierhaltungsgemeinschaft, bei der die Gesellschafter als Unternehmer (Mitunternehmer) anzusehen sind (§ 97 Absatz 1 Nummer 5 BewG), sind auch diejenigen Wirtschaftsgüter einzubeziehen, die einem oder mehreren Beteiligten gehören und dem Betrieb der Tierhaltungsgemeinschaft als einem Betrieb der Land- und Forstwirtschaft zu dienen bestimmt sind.

2. Abgrenzung der wirtschaftlichen Einheit

(1) Die in § 51a BewG vorgesehenen Wechselwirkungen zwischen einem Betrieb der Land- und Forstwirtschaft, der der gemeinschaftlichen Tierhaltung dient, und den Betrieben der Gesellschafter oder Mitglieder beziehen sich nur auf die Frage, ob die Tierhaltung eine landwirtschaftliche Nutzung oder einen Gewerbebetrieb darstellt.

(2) Die auf der Grundlage des § 51a Absatz 1 Nummer 1 Buchstabe d BewG von einer Tierhaltungsgemeinschaft erzeugten oder gehaltenen Tierbestände gehören zur landwirtschaftlichen Nutzung, wenn keine der nachfolgenden Grenzen überschritten wird:

a) die Summe der von den einzelnen Gesellschaftern oder Mitgliedern im Rahmen der für sie bestehenden Möglichkeiten tatsächlich übertragenen Vieheinheiten (VE) und

b) die Höchstgrenze an VE, die sich nach § 51 Absatz 1 BewG auf der Grundlage der Summe der von den Gesellschaftern oder Mitgliedern regelmäßig landwirtschaftlich genutzten Eigentums- und Pachtflächen ergibt.

Selbst bewirtschaftete landwirtschaftlich genutzte Eigentums- und Pachtflächen der Gemeinschaft sind für die Abgrenzung wie entsprechende Flächen von Gesellschaftern oder Mitgliedern zu behandeln.

(3) Der Tierbestand einer Tierhaltungsgemeinschaft gehört auch dann zur landwirtschaftlichen Nutzung, wenn die Summe der auf die Gesellschaft übertragenen und der selbst gehaltenen VE eines Mitglieds oder Gesellschafters die Grenze zur gewerblichen Tierhaltung gemäß § 51 Absatz 1a BewG überschreitet. Bei den betreffenden Gesellschaftern oder Mitgliedern ist § 51 Absatz 2 bis 4 BewG in Verbindung mit Anlage 2 zum BewG anzuwenden; der im Einzelbetrieb verbliebene Tierbestand ist ganz oder teilweise aus der landwirtschaftlichen Nutzung auszugliedern.

(4) Werden von einer Gemeinschaft mehr VE erzeugt oder gehalten, als ihr nach Absatz 2 gestattet ist, so ist § 51 Absatz 2 bis 4 BewG anzuwenden.

(5) Die Beispiele zu den Abgrenzungsregelungen ergeben sich aus der Anlage zu diesen Erlassen.

3. Bewertung der wirtschaftlichen Einheit

(1) Für Tierhaltungsgemeinschaften gelten die Bewertungsgrundsätze des § 36 BewG. Danach ist bei der Bewertung das Ertragswertverfahren anzuwenden. Der Ertragswert wird gemäß § 37 Absatz 1 Satz 1 BewG durch ein vergleichendes Verfahren ermittelt, wenn ein solches Verfahren durchgeführt werden kann. Andernfalls ist der Ertragswert gemäß § 37 Absatz 2 BewG nach der Ertragsfähigkeit der Nutzung unmittelbar zu ermitteln (Einzelertragswertverfahren).

(2) Die Bewertung einer Tierhaltungsgemeinschaft mit selbst bewirtschafteten Eigentumsflächen der landwirtschaftlichen Nutzung erfolgt im vergleichenden Verfahren nach § 37 Absatz 1 BewG unter Berücksichtigung der in § 41 Absatz 1 und 2 sowie Absatz 2a BewG geregelten Ab- und Zuschläge und der hierzu ergangenen Verwaltungsanweisungen in Abschn. 2.20 BewRL.

(3) Die Bewertung einer Tierhaltungsgemeinschaft ohne selbst bewirtschaftete Eigentumsflächen der landwirtschaftlichen Nutzung erfolgt nach der Rechtsprechung des Bundesfinanzhofs im vergleichenden Verfahren nach § 37 Absatz 1 BewG. Dies gilt für Fälle, in denen der Tierhaltungsgemeinschaft kein Grund und Boden zuzurechnen ist oder der zuzurechnende Grund und Boden keine natürliche Ertragsfähigkeit aufweist, da ihn die Tierhaltungsgemeinschaft ausschließlich als Hof- und Gebäudefläche nutzt. Der Ansatz eines Vergleichswerts von 0 Deutsche Mark schließt es nicht aus, dass ein Zuschlag wegen verstärkter Tierhaltung erfolgt.

(4) Der Zuschlag wegen verstärkter Tierhaltung umfasst die dieser Tierhaltung dienenden Wirtschaftsgebäude (z. B. Ställe, Schuppen, Lagerräume, etc.). Bei der Bemessung des Zuschlags wegen Abweichung des tatsächlichen Tierbestands ist ein gegendüblicher Viehbestand von Null zu Grunde zu legen und diesem der Viehbestand der Tierhaltungsgemeinschaft in vollem Umfang gegenüberzustellen. Für die Berechnung maßgebend sind die so ermittelten Vieheinheiten und die Wertansätze für eine Überschreitung des gegendüblichen Tierbestands nach Abschn. 2.20 Absatz 2 Nummer 3 BewRL i. V. m. Tabelle L 30. Dabei ist infolge einer fehlenden Zurechnung bei der Betriebsorganisation (vgl. Abschn. 2.11 Absatz 5 BewRL i. V. m. Tabelle L 18) von einem Wert von 650 DM je Vieheinheit auszugehen. Eine Erhöhung oder Ermäßigung dieses Wertansatzes zur Berücksichtigung der regionalen Preis- und Lohnverhältnisse (vgl. Abschn. 2.16 BewRL) kommt infolge der Abweichung von den gegendüblichen Verhältnissen nicht in Betracht. Der so ermittelte Zuschlag ist nach § 41 Absatz 2a BewG um 50 % zu vermindern.

4. Anwendungsregelung

Die gleich lautenden Erlasse treten an die Stelle der gleich lautenden Erlasse vom 1. September 2011 (BStBl. I S. 939). Die Grundsätze dieser Erlasse sind erstmals für Stichtage ab dem 1. Januar 2012 anzuwenden. Auf Antrag können die Grundsätze in allen noch offenen Fällen angewendet werden.

Anlage

Beispiele zur Abgrenzung der wirtschaftlichen Einheit bei Tierhaltungskooperationen nach § 51a BewG

Betrieb	Selbst bewirtschaftete landwirtschaftlich genutzte Fläche in ha	Grenze nach § 51 Abs. 1 BewG in VE	In den Betrieben nachhaltig erzeugte oder gehaltene Tierbestände in VE	Freie Kapazitäten für die Übertragung auf die Gemeinschaft in VE	Auf die Gemeinschaft übertragene VE		
					Fall 1	Fall 2	Fall 3
1	10	100	0	100	95	70	100
2	15	150	100	50	40	50	50
3	20	200	170	30	25	45	30
4	42,5	345	165	180	175	175	180
5	47,5	375	160	215	215	210	215
Gemeinschaft	5	50			50	50	50
Insgesamt	140	600			600	600	625

Es wird im Folgenden davon ausgegangen, dass die Gemeinschaft in den Fällen 1 und 2 jeweils 600 VE, im Fall 3 insgesamt 625 VE hält.

Fall 1:	*Alle Betriebe haben innerhalb der Spanne ihrer freien Kapazitäten VE auf die Gemeinschaft übertragen. Die Summe der von der Gemeinschaft erzeugten oder gehaltenen VE übersteigt nicht die zulässige Höchstgrenze von 600 VE. Die Tierbestände der Mitgliederbetriebe und der Gemeinschaft gehören zum land- und forstwirtschaftlichen Vermögen.*
Fall 2:	*Betrieb Nr. 3 hat mit 45 VE mehr übertragen, als aufgrund seiner freien Kapazität (30 VE) zulässig ist. Nach § 51a Abs. 4 i. V. mit § 51 Abs. 2 bis 4 BewG ist der Tierbestand bei Betrieb 3 ganz oder teilweise als Betriebsvermögen zu bewerten. Der Tierbestand der Gemeinschaft bleibt land- und forstwirtschaftliches Vermögen, da die Höchstgrenze von 600 VE nicht überschritten wird.*
Fall 3:	*Alle Mitgliederbetriebe haben ihre Übertragungsmöglichkeiten voll genutzt. Die von der Gemeinschaft erzeugten oder gehaltenen Vieheinheiten übersteigen jedoch die zulässige Höchstgrenze von 600 VE nach Anwendung von § 51a Abs. 1 Nr. 2 Buchstabe b BewG. Der Tierbestand der Gemeinschaft gehört zum Betriebsvermögen, wenn er sich nur aus einem Zweig zusammensetzt und somit keine Möglichkeit besteht, einzelne Zweige durch Anwendung des § 51 Abs. 2 bis 4 BewG auszugliedern."*

g) Bewertung der landwirtschaftlichen Nutzungsteile Hopfen und Spargel (§ 52 BewG)

► **Hopfen**

1424 Bei der Anwendung des vergleichenden Verfahrens werden für die Nutzungen Hopfenbau-Ausgangszahlen (HoAZ) unter Berücksichtigung der EMZ und weiterer Ertragsbedingungen im Anhalt an die HoAZ der maßgeblichen HBSt festgelegt. Nach Ab- und Zurechnungen wegen sonstiger natürlicher und wirtschaftlicher Ertragsbedingungen gelangt man zur Hopfenbau-Vergleichszahl (HoVZ). Das Wertniveau reicht von ca. 10 bis ca. 100 HoVZ. Durch Multiplikation mit dem um 80 % verminderten Ertragswert je Ar bei 100 HoVZ = 254 DM ·/. 80 % = 50,80 DM (§ 40 Abs. 2 und 5 BewG) und der Nutzungsfläche in ha ergibt sich der **Vergleichswert** des Nutzungsteils **Hopfen**.

► **Spargel**

Auch das vergleichende Verfahren für die Sonderkultur Spargel beginnt mit der Ermittlung der Spargelbau-Ausgangszahl (SpaAZ) auf der Grundlage der Ansätze bei den HBSt. Die SpaAZ wird um Ab- und Zurechnungen für weitere natürliche und wirtschaftliche Ertragsbedingungen korrigiert, um zur Spargelbau-Vergleichszahl (SpaVZ) zu gelangen.

Diese Reinertragsverhältniszahlen betragen bei den HBSt zwischen 55 und 103 SpaVZ. Multipliziert man die SpaVZ der jeweiligen Nutzung mit dem gesetzlichen Ertragswert je Ar bei 100 SpaVZ = 76,50 DM vermindert um 50 % = 38,25 DM (§ 40 Abs. 2 und 5 BewG) und der Nutzungsfläche in ha, so erhält man den **Vergleichswert** des Nutzungsteils **Spargel**.

h) Bewertung der forstwirtschaftlichen Nutzung

Bei der forstwirtschaftlichen Nutzung wird das vergleichende Ertragswertverfahren als Altersklassenverfahren für den Nutzungsteil Hochwald angewendet (§ 55 Abs. 2 bis 4 BewG). Die Ertragswerte werden für Altersklassen berechnet. Sie ergeben sich aus der Fläche und dem Hektar-Ertragswert der Altersklasse, der aus dem Normalwert, dem Bestockungsgrad und dem Hundertsatz entwickelt wird. Der **Plenterwald** wird entsprechend bewertet, bei ihm tritt an die Stelle der Altersklasse die Vorratsklasse. Dabei werden auch die natürlichen und wirtschaftlichen Ertragsbedingungen berücksichtigt. Normalwerte und Hundertsätze der Bewertungsgebiete werden ebenso wie die Vergleichswerte der HBSt durch Rechtsverordnung festgesetzt. 1425

Der Vergleichswert der einzelnen Nutzung wird auf der Grundlage der maßgebenden Normalwerte, der Hundertsätze und der Flächen ermittelt, er ist um 40 % zu ermäßigen (§ 55 Abs. 9 BewG).

Mittel-, Nieder- und Nichtwirtschaftswald sind mit einem festen Wert von 50 DM je ha zu bewerten.

Der durchschnittliche **Hektarwert** der **forstwirtschaftlichen Nutzung** beträgt 177 DM/ha.

i) Bewertung der weinbaulichen Nutzung

Das vergleichende Verfahren wird bei der weinbaulichen Nutzung in zwei Schritten durchgeführt. Zunächst erfolgt die **Bewertung der Weinbaulagen** durch Festsetzung der Lagenvergleichszahlen (LaVZ), die bereits die wichtigsten natürlichen und wirtschaftlichen Ertragsbedingungen berücksichtigen. Das geschieht im Anhalt an die LaVZ der HBSt, die vorweg bewertet wurden. 1426

Im Rahmen der **Betriebsbewertung** erfolgt eine Korrektur der LaVZ um weitere Ertragsbedingungen, das Ergebnis ist die Weinbauvergleichszahl (WVZ).

Durch Multiplikation der WVZ, der Weinbaufläche in ha und des gesetzlichen Ertragswerts von 200 DM je Ar bei 100 WVZ (§ 40 BewG) erhält man den **Vergleichswert** der **weinbaulichen Nutzung.** Beim Weinbau wurde im Durchschnitt ein Hektarwert von ca. 6.300 DM festgestellt, Spitzenlagen überschreiten diesen Wert um ein Vielfaches!

j) Bewertung der gärtnerischen Nutzung

1427 Bei der gärtnerischen Nutzung ist das vergleichende Verfahren auf die Nutzungsteile Gemüse-, Blumen- und Zierpflanzenbau, Obstbau und Baumschulen anzuwenden (§ 61 BewG). Selbständige Kleingärten (z. B. Schrebergärten) sind i. d. R. besondere wirtschaftliche Einheiten.

Der Bewertungsablauf ist bei den Nutzungsteilen grds. vergleichbar, es werden jedoch die jeweiligen Besonderheiten berücksichtigt. Für die Ermittlung der Gartenbau-Ausgangszahlen (GAZ) sind maßgebend bei

- **Gemüse-, Blumen- und Zierpflanzenbau**: Klimazone, Intensität, EMZ und Glasanteil;
- **Obstbau**: EMZ, Obstgehölzbestand (Art, Standraum, Altersklasse und Obstbaustufe);
- **Baumschulen**: EMZ, Gehölzgruppe und Glasanteil.

Aus den so ermittelten GAZ werden mit Hilfe von Ab- und Zurechnungen zur Berücksichtigung spezifischer Ertragsbedingungen und der produktiven Fläche der Nutzungsteile die Gartenbau-Vergleichszahlen (GVZ) errechnet. Das geschieht ebenfalls im Vergleich mit vorweg bewerteten HBSt für die drei Nutzungsteile.

Durch Multiplikation der Nutzungsfläche des jeweiligen Nutzungsteils in ha mit der maßgebenden GVZ und dem gesetzlichen Ertragswert je Ar bei 100 VZ ergeben sich die Vergleichswerte i. S. des § 40 BewG. Durch den Ansatz von

108,00 DM bei Gemüse-, Blumen- und Zierpflanzenbau

28,80 DM bei Obstbau (72 DM ·/. 60 % nach § 40 Abs. 5 BewG)

221,40 DM bei Baumschulen

ergeben sich die Vergleichswerte der Nutzungsteile, die sich zum Vergleichswert der gärtnerischen Nutzung addieren. Im Mittel wurden folgende Hektarwerte festgestellt:

Gemüse-, Blumen- und Zierpflanzenbau	25.900 DM
Obstbau	725 DM
Baumschulen	37.800 DM
selbständige Kleingärten	5.500 DM

k) Bewertung der sonstigen land- und forstwirtschaftlichen Nutzung

Im vergleichenden Verfahren werden für die Arten der sonstigen luf Nutzung 1428
unmittelbar Vergleichswerte ermittelt (§ 62 BewG). Nach Teil 7 BewRL (Hauptabschnitte A bis G) sind folgende Ausgangswerte zugrunde zu legen:

- **Binnenfischerei** 21,60 DM/kg nachhaltiger Jahresfang
- **Karpfenteichwirtschaft und -zucht**
  - Satzfischzucht 700 – 3.700 DM/ha produktiver Wasserfläche
  - Fischzucht 600 – 2.800 DM/ha produktiver Wasserfläche
  - Abwachsbetrieb 400 – 2.100 DM/ha produktiver Wasserfläche
- **Forellenteichwirtschaft und -zucht**

  z. B. bis 20 l/sec. und ha Wasserfläche 6.400 – 8.500 DM/ha produktiver Wasserfläche

  40 – 60 l/sec. und ha Wasserfläche 24.100 – 32.000 DM/ha produktiver Wasserfläche

  100 – 140 l/sec. und ha Wasserfläche 50.500 – 67.200 DM/ha produktiver Wasserfläche

  Die Netzgehegehaltung von Fischen in Küstenwässern (hier: Lachsforellen) ist als besondere Form der Teichwirtschaft nach dem Einzelertragswertverfahren zu bewerten.[1]

1 FinMin Schleswig-Holstein 5.12.1985, DStR 1986 S. 331.

- **Imkerei**[1]

  10 DM/Kasten bei Nutzungsgröße > 30 Kästen

- **Wanderschäferei**

  20 DM je Schaf > 4 Monate

  Typisches Merkmal der Wanderschäferei ist die Nutzung fremder Flächen durch häufigen Standortwechsel (Abschn. 7.26 BewRL). Die Nutzung erfolgt jedoch nicht im Rahmen eines Pachtvertrags i. S. der §§ 581 ff. BGB, sondern aufgrund eines Vertrags eigener Art.[2]

- **Pilzanbau**

– je qm Flachbeet	10 – 15 DM
– je qm Stellagen- und Kistenkultur	30 – 45 DM

  Die Konservierung von Pilzen durch einen Pilzzuchtbetrieb ist nicht als Nebenbetrieb i. S. des § 42 BewG zu erfassen; sie ist im Vergleichswert der sonstigen luf Nutzung „Pilzanbau" abgegolten.[3]

- **Weihnachtsbaumkultur**

  3.240 DM/ha

  Der Ausgangswert für mit Weihnachtsbaumkulturen belegte luf Flächen ist in Abschn. 7.37 BewRL nach den Wertverhältnissen vom 1.1.1964 zutreffend festgelegt. Dass die seinerzeitigen Berechnungsgrundlagen heute nicht mehr belegt werden können, beeinträchtigt nicht die Rechtmäßigkeit einer darauf beruhenden Wertfeststellung. Ebenso wenig kann der Einwand der Gleichheitswidrigkeit (von gravierenden Wertunterschieden oder sog. Wertverzerrungen) zur Aufhebung oder Abänderung von EW-Feststellungen führen.[4] Die Rechtsfrage, ob die Festsetzung des Ausgangswerts für eine der Weihnachtsbaumkultur dienende sonstige luf Fläche entsprechend Abschn. 7.37 BewRL auf den 1.1.1964 mit einem Betrag von 3.240 DM/ha nicht auf einem Rechenfehler beruht, ist eine Tatsachenfrage, die keinen Revisionszulassungsgrund ergibt.[5]

---

1 Siehe hierzu auch BFH 14.4.2011, BFH/NV 2011 S. 1331.

2 OFD München 9.7.1992, LEXinform Nr. 0105992.

3 FinMin Niedersachsen 27.7.1988, DB 1988 S. 1727.

4 FG Baden-Württemberg 20.9.2001, EFG 2002 S. 307.

5 BFH 5.3.2004, n. v.

► **Saatzucht**

	je dz Umsatz	je DM Lizenz	je ha
– Kartoffeln	3,00 DM	2,00 DM	800 DM
– Getreide	6,75 DM		1.600 DM
– Zuckerrüben	36,00 DM		2.400 DM

Saatzucht (landwirtschaftliche Urproduktion i. S. des § 62 Abs. 1 Nr. 6 BewG) erfordert in jedem Fall die **Züchtung** von Saatgut, umfasst aber auch dessen **Vermehrung und Verkauf** und kann auch auf gepachteten Flächen betrieben werden. Zum Saatgut zählen Samen, Pflanzgut oder Pflanzenteile, die für die Erzeugung von Kulturpflanzen bestimmt sind. Danach gehören z. B. bei der Rosenzucht die zur Vermehrung und Erhaltung einzelner Rosensorten bestimmten „Augen" zum Saatgut.[1]

Die Vergleichswerte ergeben sich nach Berücksichtigung weiterer Ertrags- 1429
bedingungen, insbesondere der GrSt-Belastung.

Arten der sonstigen luf Nutzung, für die keine Ausgangswerte für das vergleichende Verfahren festgelegt worden sind, z. B. für die Erzeugung von Nützlingen – Raubmilben, Schlupfwespen –, müssen nach dem Einzelertragswertverfahren bewertet werden. Zur ertragsteuerlichen Behandlung von sog. **Nützlingen**, die bewertungsrechtlich als sonstige luf Nutzung i. S. des § 62 BewG zu qualifizieren sind, vgl. OFD Hannover vom 15.4.1991, StEK EStG § 15 Nr. 188.

l) Bewertung der Nebenbetriebe

Nach § 42 Abs. 1 BewG sind Nebenbetriebe Betriebe, die dem Hauptbetrieb zu 1430
dienen bestimmt sind und nicht einen selbständigen Gewerbebetrieb darstellen. Ein Nebenbetrieb in diesem Sinne liegt vor, wenn überwiegend eigene landwirtschaftliche Erzeugnisse be- oder verarbeitet werden und die Produkte als landwirtschaftliche Erzeugnisse der 1. Bearbeitungsstufe überwiegend verkauft werden.[2]

Nebenbetriebe sind nach dem **Einzelertragswertverfahren** zu bewerten (§ 42 Abs. 2 BewG).

1 BFH 22.7.1992, BStBl 1992 II S. 877 sowie BFH 27.3.2000, BFH/NV 2000 S. 1255.

2 Zum Nebenbetrieb bei der erbschaft-, schenkung- und grunderwerbsteuerlichen Grundbesitzbewertung des luf Vermögens s. a. § 160 Abs. 3 BewG sowie R B 160.18 ErbStR 2019.

Die FinVerw hat zur Vereinfachung und Vereinheitlichung des Vorgehens für die wichtigsten Arten der Nebenbetriebe **Ausgangswerte** für das Einzelertragswertverfahren festgelegt:[1]

► Kornbrennereien	216 DM/hl Weingeist des Brennrechts
► Abfindungsbrennereien	216 DM/hl Weingeist des Brennrechts
► Kartoffelbrennereien	144 DM/hl Weingeist des Brennrechts
► Forellenräuchereien	0,25 DM/kg eingesetzter Lebendforellen
► Sägewerke	63 DM je fm eingeschnittenes Rundholz
► Herstellung von Winzersekt	0,70 DM je 0,75-l-Flasche Sekt
► Brütereien	0,42 – 0,75 DM je verkauftes Hennenküken

Werden in einem landwirtschaftlichen Betrieb Legehennen gehalten und die von diesen erzeugten Eier mit Hilfe von Brutapparaten zu Küken ausgebrütet, die überwiegend für den Verkauf bestimmt sind, stellt die Brüterei einen mit dem Einzelertragswert zu bewertenden landwirtschaftlichen Betrieb dar.[2]

Durch Korrektur des Ausgangswerts wegen abweichender GrSt-Belastung und ggf. wegen weiterer Ertragsbedingungen sowie nach Multiplikation mit der erzeugten Menge ergibt sich der **Einzelertragswert**.

1 Gleich lautende Ländererlasse 15.6.1971, BStBl 1971 I S. 324; 25.4.1972, BStBl 1972 I S. 352; 6.12.1989, BStBl 1989 I S. 462.

2 BFH 27.5.1998, BFH/NV 1998 S. 1338.

Schaubild über die Ermittlung des Wirtschaftswerts

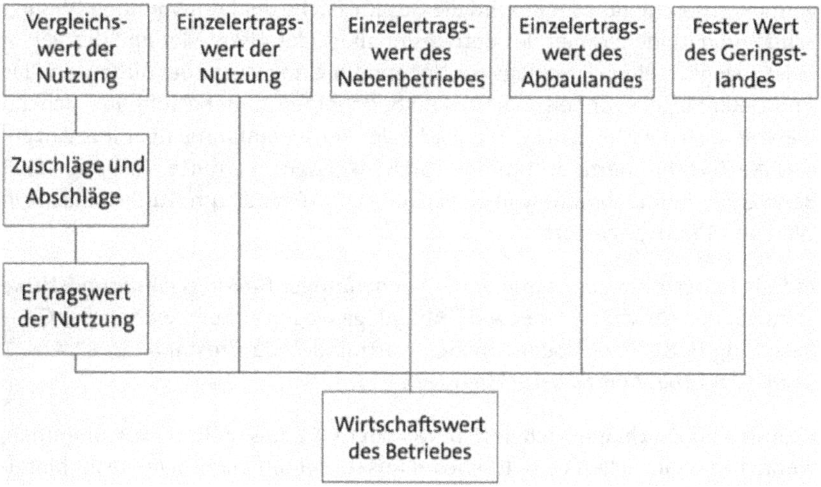

3. Ermittlung des Wohnungswerts

Zum Wohnteil gehören die Wohnung des Betriebsinhabers, die Wohnung der zu 1431
seinem Haushalt gehörenden Familienmitglieder, **Altenteilerwohnungen**[1] **oder -räume** und die Wohnräume des Hauspersonals.

Der Wohnungswert ist nach § 47 BewG i. V. mit §§ 71, 78 bis 82 und 91 BewG zu ermitteln. Auszugehen ist dabei grds. wie bei der Bewertung im Grundvermögen von der **Jahresrohmiete**. Abweichend von der bekannten Bewertung im Grundvermögen sind hier aber die in der LuF häufig noch vorhandenen Mängel der Wohngebäude, die mitunter durch die ländliche Belegenheit bedingt sind, wie fehlender Anschluss an eine gemeindliche Wasserversorgung, Probleme der Abwasserbeseitigung u. Ä., zu berücksichtigen. Daneben gilt es, den typischen luf Beeinträchtigungen der Wohnqualität Rechnung zu tragen. Hierzu zählen insbesondere Geruchsbelästigungen und andere Nachteile durch die Unterbringung von Mensch und Tier unter einem Dach.

1 Zur Abgrenzung und Erfassung einer Altenteilerwohnung bei der Einheitsbewertung s. a. OFD Münster 30.6.2009, StEK BewG 1965 § 34/53.

1432 Die **Wohnfläche** kann entweder exakt ermittelt werden, so wie dies beim Grundvermögen geschieht, oder es wird die Gesamtfläche der Kernwohnung (Wohn-, Schlaf- und Kinderzimmer des Betriebsinhabers, der Altenteiler und des Personals) zuzüglich eines Zuschlags für Nebenräume angesetzt. Bei Altbauten (das sind Gebäude, die vor dem 1.1.1924 erstellt worden sind) besteht abweichend hiervon noch die Möglichkeit, die Fläche der Kernwohnräume über ihre Anzahl und die Zurechnung zu bestimmten Größenklassen zu ermitteln (Abschn. 8.03 BewRL). Für Kernwohnräume in einer Größe von 10 bis 20 qm würde danach ein Wert von 15 qm angesetzt.

1433 Auf die Jahresrohmiete ist immer der **Vervielfältiger für Mietwohngrundstücke** anzuwenden (Abschn. 8.04 BewRL). **Abschläge** wegen außergewöhnlicher GrSt-Belastung (§ 81 BewG) oder sonstige wertmindernde Umstände (§ 82 Abs. 1 BewG) sind ebenfalls zu berücksichtigen.

Ebenso sind **Zuschläge** nach § 81 BewG oder § 82 Abs. 2 BewG vorzunehmen, wenn die tatsächlichen Verhältnisse im Ansatz der Jahresrohmiete nicht hinreichend berücksichtigt sind. Der unter Anwendung des Vervielfältigers ermittelte und um Zu- oder Abschläge korrigierte Betrag ist nach § 47 letzter Satz BewG nochmals um einen **Pauschalabschlag von 15 %** zu kürzen.

4. Zusammensetzung des Einheitswerts (§ 48 BewG)

1434 Bereits eingangs ist ausgeführt worden, dass der EW des luf Betriebs sich aus dem **Wirtschaftswert** (§ 46 BewG) und dem **Wohnungswert** (§ 47 BewG) zusammensetzt. Zusammenfassend ergibt sich Schaubild über die Ermittlung des Einheitswerts:

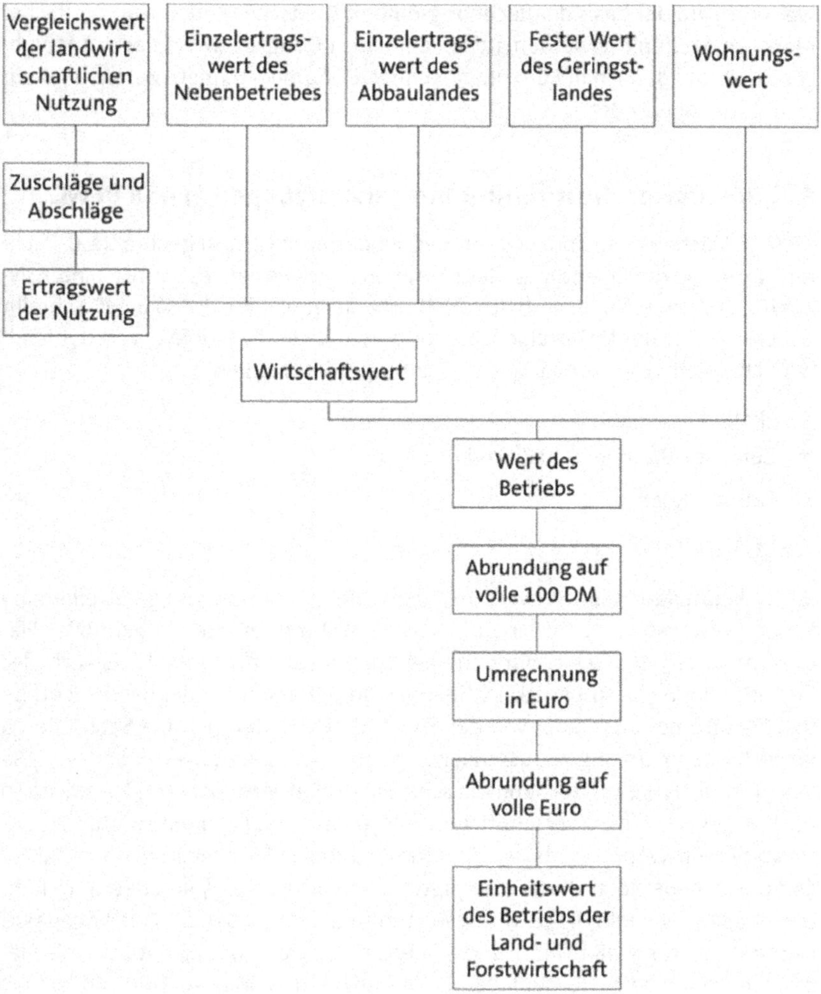

Euro-Hinweis:

Seit dem 1.1.2002 werden aufgrund des § 152 BewG i. V. mit § 30 BewG i. d. F. des Steuer-Euroglättungsgesetzes vom 19.12.2000[1] Einheitswerte – und zwar losgelöst vom Feststellungszeitpunkt – immer in Euro festgestellt. Allerdings erfolgt unabhängig von der Währungsumstellung die **Berechnung des EW**

1 BGBl 2001 I S. 1790; BStBl 2001 I S. 3.

weiterhin auf der Basis der Rechnungseinheit Deutsche Mark. Die in Deutscher Mark ermittelten EW werden auf volle hundert Deutsche Mark nach unten abgerundet und danach in Euro umgerechnet. Der umgerechnete Betrag wird auf volle Euro abgerundet.

5. Einheitswert bestimmter Intensivnutzungen (§ 48a BewG)

1435 Werden Flächen nicht vom Eigentümer, sondern von Dritten genutzt (z. B. Pächter), so würde der Eigentümer des Grund und Bodens bei bestimmten **Intensivnutzungen** steuerlich unverhältnismäßig belastet werden. § 48a BewG schreibt daher vor, dass der **Unterschiedsbetrag** zwischen dem Vergleichswert der landwirtschaftlichen Nutzung und dem der Intensivnutzungen

- Spargel,
- Gemüse-, Blumen- und Zierpflanzenbau,
- Baumschulen,
- Saatzucht

als **selbständiger Einheitswert** bei dem die Intensivnutzung betreibenden Pächter festzustellen ist.[1] Der Einheitswert bestimmter intensiv genutzter Flächen ist nach § 48a BewG nur dann bei der Feststellung des Einheitswerts des Eigentümers nicht zu berücksichtigen, wenn der andere Nutzungsberechtigte den Eigentümer auf Dauer von der Ertragsfähigkeit der in § 48a Satz 1 BewG bezeichneten Nutzungen ausschließen kann.[2] Der Einheitswert i. S. des § 48a BewG intensiv genutzter landwirtschaftlicher Betriebsflächen ist auch dann nach Maßgabe dieser Vorschrift teilweise beim Nutzungsberechtigten zu berücksichtigen, wenn bereits der Eigentümer die Flächen intensiv genutzt hatte.[3] Der Gesetzgeber folgt dieser Interpretation nicht und hat § 48a BewG im Rahmen des AmtshilfeRLUmsG für Bewertungsstichtage ab 1.1.2014[4] angepasst. Demnach gelten § 48a Satz 1 und 2 BewG nicht, wenn der Eigentümer die Flächen bereits intensiv i. S. der Nr. 1 bis 3 genutzt hat (§ 48a Satz 3 BewG).

1 Eisele, SteuerStud 2001 S. 594.

2 FG Baden-Württemberg 4.9.2003, EFG 2004 S. 626.

3 So BFH 6.10.2010, BFH/NV 2011 S. 466; Marfels, StBW 2011 S. 158.

4 § 205 Abs. 6 BewG i. d. F. des AmtshilfeRLUmsG.

6. Aufteilung des Einheitswerts (§ 49 BewG)

In den EW des luf Betriebes werden nach § 34 Abs. 4 BewG auch WG einbezogen, die nicht dem Eigentümer des Grund und Bodens gehören. 1436

Um eine steuerliche Entlastung des Bodeneigentümers herbeizuführen, ist der EW in den Fällen des § 34 Abs. 4 BewG für Zwecke anderer Steuern als der GrSt zu verteilen, es sei denn, die Anteile der anderen Beteiligten übersteigen die 1.000 DM-Grenze nicht. Für Zwecke der GrSt kann keine Verteilung vorgenommen werden, da der Eigentümer des Grund und Bodens alleiniger Schuldner der GrSt ist (§ 10 Abs. 1 GrStG).

Die prozentualen Anteile der wichtigsten WG (Grund und Boden, Wirtschaftsgebäude, Inventar, umlaufende Betriebsmittel) am Vergleichswert sind gleich lautenden Ländererlassen[1] zu entnehmen.

In den Fällen des selbständigen EW nach § 48a BewG findet die Verteilung nach § 49 BewG keine Anwendung, da der Eigentümer des Grund und Bodens bereits durch die Zurechnung des Mehrwerts für die Intensivnutzung auf den Pächter steuerlich entlastet wird.

Wegen Nichterhebung der VSt für Veranlagungszeitpunkte nach dem 31.12.1996 wurde **§ 49 BewG** durch das StÄndG 2001 vom 20.12.2001[2] **mit Wirkung 1.1.2002 aufgehoben**.[3] Die für erbschaft- und schenkungsteuerliche Zwecke erforderliche Aufteilungsregelung wurde mit Wirkung 1.1.2002 in § 142 Abs. 4 BewG verankert. Diese Aufteilungsregelung galt für Zwecke der Erbschaft- und Schenkungsteuer für Besteuerungszeitpunkte bis einschließlich 31.12.2008.

7. Wirtschaftswert als Bezugsgröße im nichtsteuerlichen Bereich

Der Wirtschaftswert als Teil des Einheitswerts für Betriebe der LuF fungiert in verschiedenen Bereichen des nichtsteuerlichen Rechts als Bezugsgröße. So orientiert sich die **Beitragserhebung für die landwirtschaftlichen Berufsgenossenschaften** am Wirtschaftswert.[4] Zur Berechnung von Mindestgrößen bei luf Betrieben zwecks **Alterssicherung der Landwirte** wird – neben dem Hektarwert 1437

1 BStBl 1970 I S. 906.

2 BGBl 2001 I S. 3794.

3 Eisele, INF 2002 S. 161.

4 § 182 SGB VII.

– auch auf den Wirtschaftswert zurückgegriffen.[1] Des Weiteren wird der Wirtschaftswert als Prüfkriterium für eine **Befreiung von der landwirtschaftlichen Krankenversicherungspflicht** herangezogen.[2] Der Wirtschaftswert dient zudem als Kriterium für die **Hofeigenschaft**[3] i. S. der Höfeordnung sowie als Anknüpfungspunkt für den **Höfewert**.[4] Die Abgrenzung des berechtigten Personenkreises im Kontext der **Förderung der Einstellung der landwirtschaftlichen Erwerbstätigkeit** erfolgt unter Rückgriff auf den Wirtschaftswert.[5] Sodann wird der Wirtschaftswert als Kriterium für die Annahme einer **Flächenstilllegung**[6] sowie als Referenzgröße für die **Abgabe von Flächen** herangezogen.[7] Im Rahmen der **agrarsozialen Sicherung der Landwirte** wird auf den Wirtschaftswert als Kriterium für die Ermittlung des Arbeitseinkommens aus der LuF zurückgegriffen.[8] Was landesrechtliche Normen anlangt, dient der Wirtschaftswert u. a. zur Ermittlung der Bemessungsgrundlage zur **Beitrags- und Umlageerhebung im Landwirtschaftskammerwesen**.[9]

1438–1440 *(Einstweilen frei)*

IV. Ermittlung des Ersatzwirtschaftswerts in den neuen Bundesländern (§ 125 BewG)

1. Grundlagen

1441 Nach der Herstellung der Einheit Deutschlands am 3.10.1990 wurde mit Wirkung 1.1.1991 in den neuen Bundesländern auch die allgemeine GrSt-Pflicht wiederhergestellt. Für die dazu notwendige steuerliche Bewertung konnte in der LuF nicht mehr auf die EW zum 1.1.1935 zurückgegriffen werden. Diese waren nur noch in wenigen Bereichen fortgeführt worden, da sie nach der Kollektivierung der Landwirtschaft weitgehend bedeutungslos geworden waren. Durch die im Rahmen des Einigungsvertrages beschlossenen Vorschriften der §§ 125 bis 128 BewG wurde die Bewertung im Beitrittsgebiet auf eine neue rechtliche

1 § 1 Abs. 5 und 6 ALG.
2 § 4 Abs. 1 Nr. 1 KVLG.
3 § 1 Abs. 1 und 3 HöfeO.
4 § 3a HöfeVfO.
5 § 1 Abs. 1 Nr. 4 FELEG.
6 § 2 Abs. 2 FELEG.
7 § 3 Abs. 2 Nr. 1 FELEG.
8 § 1 Abs. 1 bis 3 AELV 2012.
9 So z. B. in Niedersachsen gem. § 27 LwKG Nds.

Grundlage gestellt. Das hierdurch festgelegte **Ersatzwirtschaftswertverfahren** ist ein stark vereinfachtes Bewertungsverfahren auf der Grundlage der Wertverhältnisse zum 1.1.1964 im Alt-Bundesgebiet.[1] Bei seiner Konzipierung war zu berücksichtigen, dass trotz oft ungeklärter Eigentumsverhältnisse, wegen der Großbetriebsstruktur i. V. mit Fremdbewirtschaftung und angesichts der erst aufzubauenden FinVerw ein einfaches, verwaltungskostengünstiges und schnell zu verwirklichendes Verfahren erforderlich war, mit dem das GrSt-Aufkommen der Kommunen zeitnah verbessert werden konnte.

2. Grundsätze

Das **Ersatzwirtschaftswertverfahren** weist gegenüber den üblichen Bewer- 1442
tungsvorschriften für das luf Vermögen einige **wesentliche Besonderheiten** auf:

- Anstelle des bisherigen EW für die **wirtschaftliche Einheit** auf der Grundlage des Eigentums am Grund und Boden wird in den neuen Ländern ein Ersatzwirtschaftswert für die **Nutzungseinheit** des Nutzers (z. B. Pächter) als Bemessungsgrundlage für die GrSt ermittelt (§ 125 Abs. 2 BewG).
- Diese Ermittlung erfolgt im Rahmen des **GrSt-Messbetragsverfahrens** als unselbständige Besteuerungsgrundlage (§ 126 Abs. 1 BewG).
- Wird der Betrieb vom Eigentümer nicht selbst genutzt, so ist der Ersatzwirtschaftswert dem **Nutzer** (z. B. Pächter) zuzurechnen, der damit auch GrSt-Schuldner ist (§ 125 Abs. 2 BewG).
- **Wohngebäude** und die dazugehörigen Flächen bleiben bei der Ermittlung des Ersatzwirtschaftswerts unberücksichtigt. Sie sind dem **Grundvermögen** zuzuordnen und entsprechend zu bewerten (§ 125 Abs. 3 BewG).
- **Zuschläge und Abschläge** nach § 41 BewG kommen **nicht** in Betracht (§ 125 Abs. 4 BewG).
- Beim Vergleich der Ertragsbedingungen werden **ausschließlich** die in **der Gegend als regelmäßig** anzusehenden **Verhältnisse** zugrunde gelegt (§ 125 Abs. 4 Satz 2 BewG).
- Diese **Ertragsbedingungen** sind i. d. R. bei der Festlegung der Vergleichszahlen und Vergleichswerte bereits berücksichtigt und **abgegolten** worden (§ 125 Abs. 6 und 7 BewG).

1 Vgl. hierzu auch die gleich lautenden Ländererlasse v. 11.12.1990, BStBl 1990 I S. 833, ErsWWErl.

Auch im Rahmen des für die neuen Länder geltenden vereinfachten Bewertungsverfahrens für luf Vermögen ist auf das **tatsächliche Kulturartenverhältnis** abzustellen, wenn das Verhältnis nicht vom Betriebsleiter abhängt, sondern durch die tatsächlichen Verhältnisse der Nutzung bestimmt wird.[1]

Im Hinblick auf das BFH-Urteil vom 25.3.2009[2] sind die Grundsätze zur Abgrenzung des luf Vermögens vom Betriebsvermögen auch für die neuen Länder aktualisiert worden. Vgl. hierzu die gleich lautenden Ländererlasse vom 15.12.2011[3] sowie Rz. 1405. Diese Regelungen gelten für Bewertungsstichtage ab dem 1.1.2012 und sind im Übrigen in allen offenen Fällen auf Antrag anzuwenden. Hingegen sind die Anweisungen in Abschn. 1.03 der gleich lautenden Erlasse der Länder Berlin, Brandenburg, Mecklenburg-Vorpommern, Sachsen, Sachsen-Anhalt und Thüringen vom 11.12.1990,[4] die im Widerspruch zu den Neuregelungen stehen, nicht mehr anzuwenden; entsprechendes gilt für einzelne Weisungen der obersten Finanzbehörden der Länder.

3. Allgemeine Vorschriften zum Grundsteuermessbetragsverfahren (Abschnitt 8.01 bis 8.05 ErsWWErl)

a) Grundsteuermessbetrag

1443 Der GrSt-Messbetrag beträgt 6 v. T. des auf volle 100 DM nach unten abgerundeten Ersatzwirtschaftswerts; **Steuerschuldner** ist der **Nutzer**, der auch erklärungspflichtig ist (§§ 125, 127 BewG, §§ 14, 40 GrStG).

b) Neuveranlagung, Nachveranlagung

1444 Zur Ermittlung des Ersatzwirtschaftswerts und zur Festsetzung des GrSt-Messbetrags war zum 1.1.1991 eine Nachveranlagung des GrSt-Messbetrags vorzunehmen (§ 18 GrStG; § 126 Abs. 1 BewG). Der dabei festgestellte GrSt-Messbetrag gilt so lange, bis er im Wege der Neuveranlagung zu einem späteren Zeitpunkt durch eine andere Festsetzung ersetzt wird (§ 17 GrStG). Ist die Pächterin von landwirtschaftlich genutzten Flächen im Beitrittsgebiet nach dem Verkauf der Flächen durch den bisherigen Verpächter nach nicht rechtskräftigem Urteil des Amtsgerichts verpflichtet, diese Flächen, die sie weiterhin

1 FG Sachsen-Anhalt 8.11.2001, EFG 2002 S. 243.

2 BFH 25.3.2009, BStBl 2010 II S. 113.

3 BStBl 2011 I S. 1217.

4 BStBl 1990 I S. 834.

als Nutzungsberechtigte behandelt, an den neuen Eigentümer herauszugeben und gibt sie die Flächen erst nach Abschluss des Berufungsverfahrens heraus, so kann dieses Ergebnis erst in eine Neuveranlagung des Grundsteuermessbetrags zum nächsten, dem Berufungsurteil folgenden, Stichtag einfließen.[1] Bei Wertänderungen des Ersatzwirtschaftswerts sind die Fortschreibungsgrenzen des § 22 Abs. 1 Nr. 1 BewG zu beachten (§ 126 Abs. 1 Satz 2 BewG).

c) Zerlegung

Erstreckt sich eine **Nutzungseinheit über mehrere Gemeinden**, so ist der GrSt- 1445
Messbetrag im Verhältnis der Flächenanteile zu zerlegen. Dabei sind die §§ 185 bis 190 AO sowie §§ 22, 23 und 40 GrStG zu beachten. Eine Zerlegung nach Wertanteilen findet nicht statt.

4. Die Bewertung des land- und forstwirtschaftlichen Vermögens nach dem Ersatzwirtschaftswertverfahren

a) Landwirtschaftliche Nutzung (ohne Sonderkulturen)

Grundlage des Ersatzvergleichswerts ist die bei der **Bodenschätzung** festge- 1446
stellte durchschnittliche EMZ der Gemeinde, in der die Nutzung belegen ist. Die Ermittlung der EMZ erfolgt auf der Datengrundlage der **Gemeindedatei „GEMDAT"**, die die maßgeblichen Ackerzahlen und Grünlandzahlen sowie das Acker-Grünland-Verhältnis aller Gemeinden in den neuen Ländern enthält.

Zur Berücksichtigung aller weiteren Ertragsbedingungen wird eine Abrechnung von der durchschnittlichen EMZ vorgenommen, die nach **Bodennutzung** und **Bodengüte** gestaffelt ist (Abschn. 2.03 ErsWWErl). Das Ergebnis, die durchschnittliche LVZ, wird mit dem gesetzlichen Ertragswert von 37,26 DM je Ar bei 100 LVZ und der Fläche der Nutzung in ha multipliziert, um zum Ersatzvergleichswert zu gelangen (Abschn. 2.01 bis 2.06 ErsWWErl).

Für Nutzflächen, deren Bewirtschaftung wegen hoher **Schadstoffbelastungen** 1447
untersagt wurde, ist, wenn der Ertragsausfall entschädigt wird, der Ersatzwirtschaftswert in unverminderter Höhe wie bei unbelasteten Flächen zu ermitteln. Werden Ertragsausfälle jedoch nicht entschädigt, so sind die betroffenen Flächen i. d. R. als Geringstland (§ 43 BewG) zu bewerten, weil eine Ertragsfähigkeit für Pflanzen, die nicht unmittelbar oder mittelbar der menschlichen Ernährung

1 FG Mecklenburg-Vorpommern 26.3.2014 – 3 K 10/10, NWB KAAAE-67026.

dienen (z. B. Forstkulturen, Industriepflanzen), möglicherweise bestehen bleibt. Können solche Flächen keinerlei Ertrag mehr abwerfen, sind sie als Unland (§ 45 BewG) zu bewerten. Bei Nutzflächen, deren Bewirtschaftung nicht untersagt wurde und die infolge von **Industrieemissionen** Ertragsausfälle aufweisen, können bei der Ermittlung der Ersatzwirtschaftswerte nach § 125 BewG keine zusätzlichen Abrechnungen für Industrieschäden vorgenommen werden.

b) Hopfen

1448 Die Ermittlung des Ersatzvergleichswerts für Hopfen erfolgt auf der Grundlage von 40 HoVZ je Ar und dem gesetzlichen Ertragswert von 254 DM ·/. 80 % je Ar bei 100 VZ (§ 125 Abs. 6 BewG). Der Hektarwert beträgt einheitlich 2.032 DM. Er ist mit der Nutzungsgröße zu multiplizieren, das Ergebnis ist der Einzelvergleichswert (Abschn. 3.01 bis 3.03 ErsWWErl).

c) Spargel

1449 Die Ermittlung des Ersatzvergleichswerts erfolgt auf der Grundlage von 70 SpaVZ je Ar und dem gesetzlichen Ertragswert von 76,50 DM ·/. 50 % je Ar bei 100 VZ (§ 125 Abs. 6 BewG). Der Hektarwert beträgt danach einheitlich 2.677,50 DM. Durch Multiplikation der Nutzungsgröße in ha erhält man den Einzelvergleichswert (Abschn. 3.05 bis 3.08 ErsWWErl).

d) Forstwirtschaftliche Nutzung

1450 Der Ersatzvergleichswert beträgt einheitlich 125 DM/ha Forstfläche (§ 125 Abs. 7 Nr. 1 BewG). Dabei wird nicht zwischen Holzbodenfläche und sonstigen Flächen unterschieden. Durch Multiplikation mit der Nutzungsgröße in ha erhält man den Ersatzvergleichswert (Abschn. 4.01 bis 4.05 ErsWWErl). Auch das aus Gründen des Naturschutzes willentliche Unterlassen jeglicher Bewirtschaftung von Waldflächen steht dem Unterhalten eines Fortbetriebs nicht entgegen.[1] Der durch § 125 BewG für die neuen Länder bei der Bewertung eines Forstbetriebs bewirkte Ausschluss der Berücksichtigung konkreter Ertragserschwernisse zur Bestimmung des nachhaltig erzielbaren Reinertrags begegnet keinen verfassungsrechtlichen Bedenken.[2]

1 Sächsisches FG 20.11.2007, EFG 2008 S. 1815.
2 Thüringer FG 27.10.2015 – 2 K 135/13, NWB FAAAF-71257 = EFG 2016 S. 876.

e) Weinbauliche Nutzung

Der Ersatzvergleichswert ergibt sich aus der Multiplikation der maßgeblichen Nutzungsfläche in Hektar mit der nach § 125 Abs. 6 Nr. 2 BewG zutreffenden **Weinbau-Vergleichszahl (WVZ)** je Ar, d. h.: 1451

- 22 WVZ bei Traubenerzeugung,
- 25 WVZ bei Fassweinerzeugung,
- 30 WVZ bei Flaschenweinerzeugung

und mit dem gesetzlichen Ertragswert von 200 DM je Ar bei 100 VZ (Abschn. 5.01 bis 5.05 ErsWWErl).

Die Hektarwerte betragen demnach

- 4.400 DM bei Traubenerzeugung,
- 5.000 DM bei Fassweinerzeugung und
- 6.000 DM bei Flaschenweinerzeugung.

f) Gärtnerische Nutzung

Grundlage der Ermittlung des Ersatzvergleichswerts sind die durch § 125 Abs. 6 Nr. 3 BewG für die Nutzungsteile festgelegten **Gartenbau-Vergleichszahlen (GVZ)** je Ar: 1452

- 50 GVZ bei Gemüsebau,
- 100 GVZ bei Blumen- und Zierpflanzenbau,
- 50 GVZ bei Obstbau,
- 60 GVZ bei Baumschulen

für Freilandflächen. Bei Unterglasanbau erhöhen sich die Freiland-GVZ um das 4- bis 8-fache.

Die Produktion von **Rollrasen** stellt gärtnerische und nicht landwirtschaftliche Nutzung dar.[1]

Nach der Ermittlung der gesamten GVZ jedes Nutzungsteils durch Multiplikation mit der Nutzungsteilfläche in Ar ist das Zwischenergebnis mit dem gesetz-

1 FG Brandenburg 31.7.1997, EFG 1998 S. 16.

lichen Ertragswert je Ar bei 100 VZ des jeweiligen Nutzungsteils zu multiplizieren (§ 125 Abs. 6 BewG):

- 108,00 DM bei Gemüse-, Blumen- und Zierpflanzenbau,
- 28,80 DM bei Obstbau (72,00 DM ·/. 60 %),
- 221,40 DM bei Baumschulen.

Damit erhält man den Ersatzvergleichswert des einzelnen Nutzungsteils, der mit den Ersatzvergleichswerten der anderen ggf. vorhandenen Nutzungsteile zum Ersatzvergleichswert der gärtnerischen Nutzung zu addieren ist (Abschn. 6.01 bis 6.13 ErsWWErl).

g) Sonstige Nutzungen

1453 Für die sonstigen luf Nutzungen **Binnenfischerei, Teichwirtschaft, Fischzucht, Imkerei, Wanderschäferei, Saatzucht, Weihnachtsbaumkultur** und **Pilzanbau** sowie für **Besamungsstationen** sind durch § 125 Abs. 7 BewG unmittelbar **Ersatzvergleichswerte** angesetzt worden. Aus diesen errechnet sich durch Multiplikation mit der jeweils zutreffenden Einheit (z. B. Fläche in ha, Fläche in qm, nachhaltige Jahreseinnahmen) der **Ersatzvergleichswert** der Nutzung (Abschn. 7.01 bis 7.32 ErsWWErl).

h) Nebenbetriebe

1454 Die Ermittlung der Werte für die Nebenbetriebe ist wie bei der Einheitsbewertung im Wege des **Einzelertragswertverfahrens** vorzunehmen (Abschn. 1.10 und 1.11 ErsWWErl).

5. Ersatzwirtschaftswert

1455 Der Ersatzwirtschaftswert ist die **Summe der Ersatzvergleichswerte** der einzelnen Nutzungen und der Werte der nach den §§ 42 bis 44 BewG gesondert zu bewertenden WG (Abschn. 1.11 Abs. 2 ErsWWErl).

6. Steuerliche Anwendung des Ersatzwirtschaftswerts

1456 Nach § 126 Abs. 1 BewG gilt der sich nach § 125 BewG ergebende Ersatzwirtschaftswert für die GrSt. Für die anderen Steuern tritt er ebenfalls an die Stelle des EW oder Wirtschaftswerts, wobei hier jeweils eine Ersatzwirtschaftswertermittlung bei demjenigen vorzunehmen ist, dem die WG des luf Vermögens zuzurechnen sind (§ 126 Abs. 2 BewG). Vgl. hierzu auch Art. 97a § 2 Nr. 7 EGAO, § 57 Abs. 3 EStG, § 40 GrStG.

Bei der Bestimmung der Betriebsgröße eines im Beitrittsgebiet gelegenen luf Betriebs nach § 7g Abs. 2 Nr. 1 Buchst. b EStG in der bis zum Inkrafttreten des Unternehmensteuerreformgesetzes 2008 vom 14.8.2007 maßgebenden Fassung[1] ist bei der Pacht zusätzlichen Grund und Bodens der Ersatzwirtschaftswert nur im Verhältnis der eigenen Fläche zu der gepachteten Fläche anzusetzen.[2] 1457

V. Bewertung des Grundbesitzes für die Grundsteuer ab 1.1.2025

1. Allgemeines

a) Vermögensarten

§ 218 war bereits Bestandteil der Einheitsbewertung (§ 18 BewG). In § 18 BewG wurden neben dem land- und forstwirtschaftlichen Vermögen und dem Grundvermögen auch das Betriebsvermögen (Nr. 3) genannt. Die Vorschrift des § 218 BewG bestimmt nunmehr, dass für die Bewertung nach dem siebten Abschnitt nur noch eine Einordnung in die Vermögensarten **land- und forstwirtschaftliches Vermögen** sowie **Grundvermögen**, erfolgt. Klarstellend wird in Satz 2 und 3 normiert, dass **Betriebsgrundstücke** einer der vorher genannten Vermögensarten zuzuordnen und entsprechend der zugeordneten Vermögensart zu bewerten sind. Die Zuordnung erfolgt entsprechend der Regelung in § 99 BewG. Danach ist ein Betriebsgrundstück i. S. des Bewertungsrechts der zu einem Gewerbebetrieb gehörende Grundbesitz soweit er, losgelöst von seiner Zugehörigkeit zu dem Gewerbebetrieb, entweder einen Betrieb der Land- und Forstwirtschaft bilden oder zum Grundvermögen gehören würde. Die §§ 95 bis 97 BewG bestimmen den Begriff des Gewerbebetriebs i. S. des Bewertungsrechts und sind für die Einordnung des Grundstücks als Betriebsgrundstück anzuwenden. 1457/1

b) Feststellung von Grundsteuerwerten

§ 219 BewG bestimmt, für welches Vermögen Grundsteuerwerte gesondert festzustellen sind. Die Norm entspricht im Wesentlichen – unter Anpassung an die neuen Begrifflichkeiten – § 19 BewG. Ferner ist die Vorschrift die grundle- 1457/2

1 BGBl 2007 I S. 1912.

2 BFH 22.6.2017 – VI R 97/13, BStBl 2017 II S. 1181; Anm. Geserich, BFH/PR 2017 S. 379.

gende Norm für den ersten Schritt des dreistufigen **Grundsteuerbesteuerungsverfahrens**. Die Feststellung der Grundsteuerwerte ist die Grundlage für die nachfolgende Festsetzung des **Grundsteuermessbetrags** (§§ 13 ff. GrStG) Aufbauend auf den Messbetrag, der ggf. noch zu zerlegen ist, soweit sich Grundbesitz über mehrere hebeberechtigten Gemeinden erstreckt (§ 239 BewG), erfolgt die eigentliche Grundsteuerfestsetzung (§ 25 BewG) durch die jeweilige Gebietskörperschaft mit dem Grundsteuerheberecht nach § 1 Abs. 1 oder 2 GrStG.

c) Ermittlung der Grundsteuerwerte

1457/3 Die Vorschrift des § 220 BewG ist im Wesentlichen inhaltsgleich mit § 20 BewG und nur an die neuen Begriffe angepasst worden. Sie normiert allgemein, dass die Grundsteuerwerte nach den Vorschriften des siebten Abschnitts ermittelt werden. Satz 2 bestimmt, dass bei der Ermittlung der Grundsteuerwerte § 163 AO nicht anzuwenden ist, d. h. eine abweichende Feststellung aus Billigkeitsgründen nicht in Betracht kommt.

1457/4 Als Reaktion auf die BFH-Beschlüsse vom 27.5.2024 – II B 78/23[1] und II B 79/23[2] zum Ansatz niedriger gemeiner Werte in bestimmten Fällen, haben die Länder, die das typisierende Ermittlungsverfahren (§§ 232 bis 262 BewG) nach dem Bundesgesetz anwenden, sehr zeitnah zunächst einen ergänzenden koordinierten Erlass zur Feststellung des Grundsteuerwerts erarbeitet. Der Koordinierte Erlass vom 24.6.2024[3] wurde im BStBl veröffentlicht.

1457/5 Im Nachgang zum JStG 2024 gelten unter Bezugnahme auf das Ergebnis der Erörterungen mit den obersten Finanzbehörden der Länder für die Anwendung des Siebten Abschnitts des Zweiten Teils des Bewertungsgesetzes nunmehr für Feststellungen von Grundsteuerwerten ab dem 1.1.2022 für die seit dem 1.1.2025 zu erhebende Grundsteuer nunmehr die Koordinierten Erlasse der obersten Finanzbehörden der Länder vom 30.4.2025:

- AEBewGrSt, BStBl 2025 I S. 1226
- AEBewGrStLuF, BStBl 2025 I S. 1273
- AEGrStG, BStBl 2025 I S. 1296

Diese sind noch in allen offenen Fällen anzuwenden. Verwaltungsanweisungen, die mit diesen Erlassen in Widerspruch stehen, sind ab dem 1.4.2025 nicht mehr

1 BStBl 2024 II S. 543.
2 BStBl 2024 II S. 546.
3 BStBl 2024 I S. 1073.

anzuwenden. Sie ersetzen die koordinierten Erlasse der obersten Finanzbehörden der Länder vom 9.11.2021,[1] vom 15.2.2023[2] und vom 24.6.2024.[3]

2. Feststellungsarten

a) Das System von Feststellungen und Bewertungsstichtagen

Anknüpfend an das bisherige Recht der Einheitsbewertung differenziert das reformierte grundsteuerliche Bewertungsrecht zwischen **Hauptfeststellungen, Nachfeststellungen, Fortschreibungen** sowie **Aufhebungen** (vgl. A 221 bis 226 AEBewGrSt). Die **Hauptfeststellung** ist Regelungsgegenstand des § 221 BewG und bedeutet, dass eine **allgemeine Neubewertung sämtlicher wirtschaftlicher Einheiten des luf Vermögens und des Grundvermögens** in regelmäßigen Zeitabständen erfolgt. Zu beachten ist, dass Grundsteuerwerte nur für inländischen Grundbesitz, mithin für Betriebe der Land- und Forstwirtschaft und für Grundstücke als Steuergegenstand, gesondert festzustellen sind, und zwar soweit sie für die Besteuerung von Bedeutung sind – „**Bedeutungsvorbehalt**" (§ 219 Abs. 3 BewG i. V. mit A 219 Abs. 1 Satz 1 AEBewGrSt). 1458

b) Hauptfeststellung und Wertverhältnisse

Die **Hauptfeststellung** ist eine von Gesetzes wegen angeordnete allgemeine Feststellung, die erstmals für die (neuen) Grundsteuerwerte zum **1.1.2022** erfolgen und in einem regelmäßigen Zeitabstand nach den Verhältnissen zu Beginn eines Kalenderjahres, mithin im Hauptfeststellungszeitpunkt (A 221 Satz 2 AEBewGrSt) wiederholt werden soll. Abweichend vom bisherigen Recht der Einheitsbewertung sollen **Hauptfeststellungen im Turnus von sieben Jahren** statt im Sechs-Jahres-Rhythmus erfolgen (§ 221 Abs. 1 BewG). Mithin wird zum 1.1.2029 die nächste Hauptfeststellung gem. Bundesrecht durchgeführt werden. Die zwischen den Hauptfeststellungsstichtagen liegende Zeit wird als **Hauptfeststellungszeitraum** bezeichnet. 1458/1

Mit einer neuen (d. h. aktuellen) Hauptfeststellung werden primär die Wertveränderungen erfasst, die durch eine Änderung der Preisentwicklung seit der letzten Hauptfeststellung eingetreten sind. Die Durchführung einer Hauptfeststellung trägt dem Umstand Rechnung, dass einerseits preisliche Änderungen in größerem Ausmaß erst nach einer gewissen zeitlichen Entwicklung zu Tage treten und

---

1 BStBl 2021 I S. 2334.

2 BStBl 2023 I S. 358.

3 BStBl 2024 I S. 1073; siehe dazu vertiefend Kurt in Grootens, BewG, § 220 Rz. 61 ff.

andererseits eine jährlich wiederkehrende Überprüfung geringfügiger Preisänderungen für Zwecke der Grundsteuer aus Gründen der Verwaltungsökonomie nicht vermittelbar ist. Mithin können geänderte Wertverhältnisse nur im Rahmen von Hauptfeststellungen berücksichtigt werden. Die Wertverhältnisse sind Ausdruck des Ertragsgefüges eines Betriebs der Land- und Forstwirtschaft, dem der Ertragswert als Bewertungsmaßstab auf den Hauptfeststellungszeitpunkt zugrunde gelegt wurde. Dem Begriff der Wertverhältnisse unterfallen im luf Kontext die Reinerträge je Flächen- oder sonstigen Bewertungsfaktoren der jeweiligen Nutzung, des jeweiligen Nutzungsteils und der jeweiligen Nutzungsart gem. den Anlagen 27 bis 31 zum BewG sowie die Zuschläge des § 238 Abs. 1 und 2 BewG.

In Anlehnung an diese „Philosophie" hat der Steuergesetzgeber diese Systematik aus dem bisherigen Recht der Einheitsbewertung übernommen und folgerichtig in § 227 BewG angeordnet, dass geänderte **Wertverhältnisse bei Nachfeststellungen und Fortschreibungen nicht zu berücksichtigen** sind, sondern ausschließlich die Wertverhältnisse zum Hauptfeststellungszeitpunkt. Konsequenz dieser Regelung ist, dass sich Hauptfeststellung, Nachfeststellung und Fortschreibung auf denselben Zeitpunkt ausschließen. Eine **unterbliebene Hauptfeststellung** kann grds. **nachgeholt** werden, solange die auf dem Grundsteuerwert beruhende Grundsteuer nicht verjährt ist, die aufgrund der Feststellung für das Jahr erhoben werden müsste, auf dessen Beginn die Hauptfeststellung durchgeführt werden soll.

c) Fortschreibungen und Fortschreibungszeitpunkt

1458/2 Die im Rahmen einer Hauptfeststellung ermittelten und festgestellten Grundsteuerwerte sollen grds. während des gesamten Hauptfeststellungszeitraums der Besteuerung zugrunde gelegt werden. **Änderungen der tatsächlichen Verhältnisse,** die nur eine geringfügige Auswirkung haben, können grds. erst bei der nächsten Hauptfeststellung berücksichtigt werden. Soweit die Änderung der tatsächlichen Verhältnisse während des Hauptfeststellungszeitraums jedoch zu einer relevanten Erhöhung oder Minderung des bisher festgestellten Grundsteuerwerts führt, muss der Grundsteuerwert nach Eintritt dieser Veränderungen zum nächsten Feststellungszeitpunkt fortgeschrieben werden. Nach A 227 Abs. 2 Satz 3 AEBewGrSt gehören zu den tatsächlichen Verhältnissen, deren Änderung bei Betrieben der Land- und Forstwirtschaft zu einer Wertfortschreibung führen können, insbesondere Flächenänderungen (Zu- oder Abnahme der Größe einzelner Flächen oder der Gesamtfläche des Betriebs der Land- und Forstwirtschaft sowie Änderung in der Zuordnung zum Grundvermögen), Änderungen von Flächen innerhalb eines Betriebs der Land- und Forstwirtschaft zwischen den Nutzungen, Nutzungsteilen und Nutzungsarten, Veränderungen bei den Bruttogrundflächen der in Anlage 31 und 32 zum BewG aufgeführten Wirtschaftsgebäude, Änderungen des Tierbestandes und Veränderungen bei den Ertrag steigernden Anlagen. Veränderungen bei den Ertrag steigernden Anlagen sind insbesondere die Zunahme der Anbauflächen unter Glas und Kunststoffen sowie Änderung der Ausbauform im Weinbau oder der Bau einer Windenergieanlage. Im Umkehrschluss bedeutet dies, dass Änderungen der Wertverhältnisse nach A 227 Abs. 2 Satz 2 AEBewGrSt bei Fortschreibungen und Nachfeststellungen unverändert beibehalten werden müssen.

Nach Maßgabe des § 222 Abs. 1 bis 4 BewG kommen folgende **Fortschreibungsarten** in Betracht:

- **Wertfortschreibungen,**
- **Artfortschreibungen,**
- **Zurechnungsfortschreibungen,**
- **fehlerbeseitigende Fortschreibungen.**

aa) Wertfortschreibungen

Wenn sich aufgrund der Änderung tatsächlicher Verhältnisse (z. B. Anbauten, Aufbauten, Gebäudeabriss) eine Abweichung gegenüber der zuletzt erfolgten Grundsteuerwert-Feststellung ergibt und sich dadurch der **Grundsteuerwert in signifikanter Höhe ändert,** ist eine Wertfortschreibung unter den Voraussetzungen des § 222 Abs. 1 BewG vorzunehmen. Demnach wird der Grundsteuerwert neu festgestellt, wenn der in Euro ermittelte und auf volle 100 € abgerundete Grundsteuerwert, der sich für den Beginn eines Kalenderjahres ergibt, **zugunsten (d. h. nach unten) oder zuungunsten (d. h. nach oben) um mehr als 15.000 €** vom zuletzt förmlich festgestellten Grundsteuerwert abweicht. Mehrere bis zu einem Fortschreibungszeitpunkt eingetretene Wertabweichungen sind zusammenzufassen (A 222 Abs. 1 Satz 2 AEBewGrSt). Die Frage, ob sich die Höhe des Grundsteuerwerts ändert, bestimmt sich im Übrigen einzig nach den materiellen Bewertungsvorschriften der §§ 232 bis 262 BewG. 1458/3

bb) Artfortschreibungen

Artfortschreibungen sind – unabhängig von Wert- und Zurechnungsfortschreibungen – nicht an eine Wertgrenze gebunden (A 222 Abs. 2 Satz 2 AEBewGrSt). Sie kommen gem. § 222 Abs. 2 BewG in Betracht, wenn die neue Feststellung über die **Art des Gegenstandes** von der zuletzt getroffenen Feststellung **abweicht** und 1458/4 dies für die Besteuerung von Bedeutung ist. So hat eine Artfortschreibung steuerliche Relevanz z. B. beim Grundvermögen wegen einer Änderung des Bewertungsverfahrens von Wohngrundstücken (Ertragswertverfahren) zu Nichtwohngrundstücken (Sachwertverfahren), mithin bei einer **Änderung der Grundstücksart** i. S. des § 249 BewG. Zudem ist eine Artfortschreibung infolge einer **Änderung der Vermögensart** der wirtschaftlichen Einheit (§ 218 Satz 1 BewG) geboten, so häufig der Fall bei einem Wechsel vom luf Vermögen in das Grundvermögen.

cc) Zurechnungsfortschreibung

1458/5 Eine Zurechnungsfortschreibung ist – unabhängig von Wertgrenzen – vorzunehmen, wenn sich die **Zurechnung** (§ 219 Abs. 2 Nr. 2 BewG) **ändert**. Eine Zurechnungsfortschreibung setzt voraus, dass sich die Eigentumsverhältnisse geändert haben (A 222 Abs. 2 Satz 5 AEBewGrSt). Ein solcher Fall liegt mithin vor, wenn das zivilrechtliche oder das (prioritäre) wirtschaftliche Eigentum auf eine andere Person übergeht; vgl. hierzu § 39 Abs. 1 und 2 AO. Folglich ist hierfür regelmäßig ein **Rechtsträgerwechsel** erforderlich, der z. B. durch Veräußerung, Erwerb von Todes wegen oder schenkweise herbeigeführt wird. Desgleichen kann auch die Erlangung von wirtschaftlichem Eigentum bereits zu einer Zurechnungsfortschreibung führen.

Die Vornahme einer Zurechnungsfortschreibung nach § 222 Abs. 2 BewG setzt voraus, dass eine bereits bestehende wirtschaftliche Einheit auf einen Erwerber übergeht und als solche bestehen bleibt. Indes ist eine Zurechnungsfortschreibung auch dann vorzunehmen, wenn sich der Eigentumswechsel nicht auf die ganze, sondern lediglich auf einen Anteil einer wirtschaftlichen Einheit erstreckt.

dd) Fehlerbeseitigende Fortschreibungen

1458/6 Wie aus der Einheitsbewertung bekannt, kommen fehlerbeseitigende Fortschreibungen auch im reformierten Recht gem. § 222 Abs. 3 BewG zur Beseitigung von **Bewertungsfehlern, Fehlern in der Artfeststellung sowie Zurechnungsfehlern** infrage, wenn bestandskräftige Grundsteuerwertbescheide für denselben Feststellungszeitpunkt nicht mehr nach den Berichtigungs- oder Änderungsvorschriften der Abgabenordnung (§§ 129, 172 ff. AO) korrigiert werden können. Diese Regelung, die sich sowohl zugunsten als auch zuungunsten des Stpfl. auswirken kann, soll vermeiden, dass u. U. die Grundsteuer jahrelang in unzutreffender Höhe oder vom falschen Zurechnungsträger (Steuerschuldner) erhoben wird. Indes können Fehler regelmäßig durch (reguläre) Fortschreibungen auf einen späteren Feststellungszeitpunkt beseitigt werden.

Die fehlerbeseitigende Fortschreibung ist – der bisherigen Einordnung folgend – nicht als besondere Fortschreibungsart zu qualifizieren; vielmehr kann diese unter den gleichen Voraussetzungen im Rahmen der üblichen Fortschreibungen vorgenommen werden. Voraussetzung hierfür ist nicht, dass es sich um einen klaren, einwandfrei feststellbaren Fehler handelt, wobei **Fehler ist jede objektive Unrichtigkeit** (vgl. hierzu A 222 Abs. 5 Satz 2 und 3 AEBewGrSt). Eine fehlerbeseitigende Zurechnungsfortschreibung setzt allerdings nicht voraus, dass sich die Eigentumsverhältnisse tatsächlich geändert haben. Ausreichend ist nach § 222 Abs. 3 BewG, dass die ursprüngliche Zurechnungsfortschreibung falsch war und für die Besteuerung von Bedeutung ist. Entsprechendes gilt für Artfortschreibungen, wobei auch hier eine Änderung der Nutzung nicht erforderlich ist. Bei fehlerbeseitigenden Wertfortschreibungen genügen ein Rechtsirrtum oder ein anderer Fehler als Ursache für eine Wertabweichung gegenüber dem zuletzt festgestellten Grundsteuerwert. Eine auf eine Änderung der Rechtsprechung des BFH gegründete fehlerbeseitigende Fortschreibung ist für solche Feststellungszeitpunkte unzulässig, die vor dem Erlass der Entscheidung des BFH liegen (A 222 Abs. 5 Satz 5 AEBewGrSt).

Nach Maßgabe des § 222 Abs. 4 Satz 1 BewG werden einer Fortschreibung die Verhältnisse im **Fortschreibungszeitpunkt** zugrunde gelegt. Zur konkreten Bestimmung des Fortschreibungszeitpunkts ist eine Differenzierung vorzunehmen, und zwar danach, ob die Fortschreibung auf einer Änderung beruht und ob es sich um eine fehlerbeseitigende Fortschreibung handelt.

Gemäß § 222 Abs. 4 Satz 3 Nr. 1 BewG ist bei einer Änderung der tatsächlichen Verhältnisse der **Beginn des Kalenderjahres**, welches auf die Änderung folgt, zugrunde zu legen. Bei einer Änderung der Art, des Werts oder der Zurechnung einer zu bewertenden wirtschaftlichen Einheit am Beginn des Fortschreibungszeitpunkts ist die Fortschreibung noch auf diesen Stichtag und nicht erst auf den Beginn des folgenden Kalenderjahres vorzunehmen.

Bei einer **fehlerbeseitigenden Fortschreibung von Amts wegen** (§ 222 Abs. 3 i. V. mit § 222 Abs. 4 Nr. 2 BewG), d. h. bei einer Erhöhung des Grundsteuerwerts, ist der Beginn des Kalenderjahres maßgebend, in dem der Bescheid über Fortschreibung erteilt wird (A 222 Abs. 6 Satz 2 AEBewGrSt). Bei einer **fehlerbeseitigenden Fortschreibung auf Antrag,** d. h. bei einer Minderung des Grundsteuerwerts, ist der Beginn eines früheren Kalenderjahres maßgebend, für den der Bescheid über die Fortschreibung in diesem Fall zu erteilen ist (§ 222 Abs. 4 Satz 3 Nr. 2 BewG im Umkehrschluss). In diesem Fall hat das Finanzamt hinsichtlich des Fortschreibungszeitpunkts kein Ermessen. Darüber hinaus sind **fehlerbeseitigende Fortschreibungen** in den Fällen ausgeschlossen, in denen die Grundsteuer oder auf dem Grundsteuermessbetrag beruhende Abgaben **unzweifelhaft verjährt** sind.

d) Nachfeststellungen

1459 Nach § 223 Abs. 1 BewG ist eine Nachfeststellung innerhalb eines Hauptfeststellungszeitraums (mithin nach dem Hauptfeststellungszeitpunkt) durchzuführen, wenn eine wirtschaftliche Einheit „Betrieb der LuF“ oder „Grundstück“ neu entsteht oder durch Wegfall einer Steuerbefreiung (§§ 3 und 4 GrStG) erstmals zur Grundsteuer herangezogen werden soll. So entsteht eine wirtschaftliche Einheit z. B. neu, wenn eine luf genutzte Fläche aus dem Betrieb der Land- und Forstwirtschaft ausscheidet und fortan eine selbständige wirtschaftliche Einheit des Grundvermögens bildet (A 223 Abs. 2 Satz 1 Nr. 3 AEBewGrSt). Indes ist zu beachten, dass eine unterbliebene Hauptfeststellung nicht durch eine Nachfeststellung ersetzt werden kann.

Voraussetzung für eine **Nachfeststellung** ist nicht, dass die wirtschaftliche Einheit auf Veranlassung des Steuerpflichtigen entstanden ist. Auch für wirtschaftliche Einheiten, die aufgrund gesetzlicher Vorschriften (u. U. gegen den Willen des Stpfl.) neu entstanden sind, müssen Nachfeststellungen vorgenommen werden. In den Fällen, in denen eine wirtschaftliche Einheit innerhalb des Hauptfeststellungszeitraums durch Teilung oder Abspaltung von Teilen neu entsteht, ist eine Nachfeststellung unabhängig davon vorzunehmen, ob für die abgebende wirtschaftliche Einheit eine Wertfortschreibung nach § 222 BewG erfolgen muss oder nicht. Dies kann in der Bewertungspraxis (insbesondere im Bereich des luf Vermögens) zu einer doppelten Erfassung des Besteuerungssubstrats führen.

Ändert sich bei einer wirtschaftlichen Einheit einzig die Art der Nutzung oder geht die wirtschaftliche Einheit auf einen anderen (wirtschaftlichen) Eigentümer über, scheidet eine Nachfeststellung aus, da in diesen Fällen Fortschreibungen nach § 222 BewG vorrangig zu prüfen sind. War nur ein Teil der wirtschaftlichen Einheit im Hauptfeststellungszeitpunkt steuerpflichtig, ist bei Wegfall des Steuerbefreiungsgrundes für den bislang befreiten Teil eine Wertfortschreibung zu prüfen; folglich scheidet auch in diesen Fällen eine Nachfeststellung dem Grunde nach bereits aus.

1459/1 **Nachfeststellungszeitpunkt** ist bei einer neu entstehenden wirtschaftlichen Einheit der Beginn des Kalenderjahres, das der Neugründung folgt (§ 223 Abs. 2 Satz 2 Nr. 1 BewG), in anderen Fällen das Kalenderjahr, in dem der Grundsteuerwert erstmals der Besteuerung zugrunde gelegt wird (§ 223 Abs. 2 Satz 2 Nr. 2 BewG). Vgl. hierzu auch A 223 Abs. 4 Satz 1 AEBewGrSt. Während bei der Nachfeststellung die tatsächlichen Verhältnisse zum Nachfeststellungszeitpunkt zu beachten sind, sind die Wertverhältnisse zum Hauptfeststellungszeitpunkt einschlägig (§ 227 BewG).

e) Aufhebungen

Eine **Aufhebung von Grundsteuerwerten** ist gem. § 224 Abs. 1 BewG innerhalb 1459/2
eines Hauptfeststellungszeitraums durchzuführen, wenn eine wirtschaftliche Einheit Betrieb der LuF oder Grundstück wegfällt (Nr. 1) oder durch Eintritt einer Steuerbefreiung erstmals von der Grundsteuer befreit wird (Nr. 2). Eine wirtschaftliche Einheit kann z. B. dann wegfallen, wenn zwei wirtschaftliche Einheiten i. S. des § 2 BewG zu einer neuen wirtschaftlichen Einheit zusammenzufassen sind (A 224 Abs. 1 Satz 2 AEBewGrSt). **Aufhebungszeitpunkt** ist in den Fällen des § 224 Abs. 1 Nr. 1 BewG der Beginn des Kalenderjahres, der auf den Wegfall der wirtschaftlichen Einheit folgt, in den Fällen des § 224 Abs. 1 Nr. 2 BewG der Beginn des Kalenderjahres, in dem der Grundsteuerwert erstmals der Besteuerung nicht mehr zugrunde gelegt wird (§ 224 Abs. 2 BewG); vgl. hierzu auch A 224 Abs. 2 AEBewGrSt.

3. Begleitregelungen zum Feststellungsverfahren

Den Rechtsgedanken des bisherigen § 24a BewG aufnehmend, bestimmt § 225 1460
Satz 1 BewG zur **Änderung von Feststellungsbescheiden**, dass Bescheide über Fortschreibungen oder Nachfeststellungen von Grundsteuerwerten bereits vor den maßgeblichen Feststellungszeitpunkten ergehen können. Mit dieser Regelung wird dem Umstand Rechnung getragen, dass den Feststellungen die Verhältnisse im Fortschreibungszeitpunkt zugrunde zu legen sind, diese Verhältnisse allerdings erst im Feststellungszeitpunkt feststehen. Sie ermöglicht in diesen Fällen praxisnah, dass die Finanzämter mit dem Erlass der Feststellungsbescheide nicht bis zum Beginn des auf die Änderung folgenden Kalenderjahres zuwarten müssen.

Bei Änderungen, die zwischenzeitlich zu einer abweichenden Feststellung führen würden, sind die Bescheide gem. § 225 Satz 2 BewG entsprechend anzupassen. Die Wertgrenzen nach § 222 Abs. 1 BewG sind dabei nicht zu berücksichtigen (A 225 Satz 3 AEBewGrSt). Mithin ist § 225 BewG als eine eigenständige Änderungs-/Aufhebungsvorschrift zu qualifizieren, die selbständig neben die Vorschriften der Abgabenordnung tritt.

1460/1 Gemäß § 226 Abs. 1 BewG kann eine **Fortschreibung** oder **Nachfeststellung** bzw. nach § 226 Abs. 2 BewG eine **Aufhebung nachgeholt** werden. Die Vorschriften übernehmen die Regelungen des § 25 BewG zur Nachholung von Feststellungen bei der Einheitsbewertung und bestimmen, dass Fortschreibungen, Nachfeststellungen oder Aufhebungen bei Ablauf der Feststellungsfrist mit **Wirkung auf einen späteren Feststellungszeitpunkt** möglich sind, für den die Feststellungsfrist (§ 181 AO) noch nicht abgelaufen ist. Die Nachholung der Feststellung erfolgt unter Zugrundelegung der Verhältnisse vom Fortschreibungs-, Nachfeststellungs- oder Aufhebungszeitpunkt mit Wirkung für einen späteren unverjährten Feststellungszeitpunkt (A 226 Abs. 1 AEBewGrSt). Ist indes die Feststellungsfrist bereits abgelaufen, hingegen die Festsetzungsfrist für die Grundsteuer oder eine andere Folgesteuer noch nicht, so kann die Feststellung oder Aufhebung des Grundsteuerwerts nach § 226 Abs. 1 Satz 2 BewG i. V. mit § 181 Abs. 5 Satz 1 AO auf einen Stichtag nachgeholt werden, zu dem zwar die Feststellungsfrist bereits abgelaufen, die Festsetzungsfrist für die Grundsteuer oder eine andere Folgesteuer jedoch noch nicht abgelaufen ist (A 226 Abs. 2 Satz 1 AEBewGrSt). Ein finanzamtlicher Hinweis zu diesen verfahrensrechtlichen Zusammenhängen hat im Feststellungsbescheid zu erfolgen (§ 181 Abs. 5 Satz 2 AO).

1460/2 Auch die im reformierten Recht ermittelten **Grundsteuerwerte** werden gem. § 230 BewG auf **volle Hundert Euro nach unten abgerundet** werden. Die Norm hat insbesondere für den Bereich des luf Vermögens Relevanz, werden durch die Abrundung **absolute Bagatellfälle** vermieden. Im Übrigen sind die sich im Rahmen der Ermittlung des Grundsteuerwerts ergebenden Zwischenwerte kaufmännisch auf zwei Nachkommastellen zu runden (A 230 AEBewGrSt).

1460/3 Klarstellenden Charakter haben die Regelungen für das luf Vermögen in § 231 Abs. 1 und 2 BewG: Danach wird der **Umfang der wirtschaftlichen Einheit auf das Inland begrenzt**; für ausländische Teile einer wirtschaftlichen Einheit ist indes keine gesonderte Feststellung vorzunehmen. Diese Normen gelten insbesondere für die Bewertung von Betrieben der Land- und Forstwirtschaft, wenn diese teilweise über Landesgrenzen hinweg betrieben werden (A 231 Satz 3 AEBewGrSt).

4. Erklärungs- und Anzeigepflichten sowie behördliches Mitteilungsverfahren

a) Abgabe von Feststellungserklärungen

Die Erklärungs- und Anzeigepflichten eines Steuerpflichtigen werden in § 228 BewG konkretisiert. Die förmliche Feststellung von Grundsteuerwerten zum jeweiligen Hauptfeststellungszeitpunkt erfordert eine Erklärung des Steuerpflichtigen – **Feststellungserklärung**. Für den Fall, dass sich bei einer wirtschaftlichen Einheit die tatsächlichen Verhältnisse und/oder die Wertverhältnisse in relevantem Umfang geändert haben, ist für Zwecke einer Nachfeststellung oder Fortschreibung desgleichen die Abgabe einer Feststellungserklärung geboten. Das Bestehen einer **Steuererklärungspflicht** setzt jedoch stets voraus, dass eine Aufforderung durch die Finanzbehörde ergeht (§ 228 Abs. 1 Satz 1 BewG i. V. mit § 149 Abs. 1 Satz 2 AO). Fordert die Finanzbehörde zur Abgabe einer Erklärung auf, hat sie eine **Frist zur Abgabe** zu bestimmen, die mindestens einen Monat betragen soll (§ 228 Abs. 1 Satz 2 BewG). In besonders gelagerten Ausnahmefällen kann auch eine kürzere Frist gesetzt werden. Eine solche Konstellation kann vorliegen, wenn Verjährung droht und die Pflicht zur Abgabe der Erklärung in einer kürzeren Frist für den Steuerpflichtigen zumutbar ist (A 228 Abs. 1 Satz 6 AEBewGrSt). Indes bietet sich für Zwecke einer Hauptfeststellung der Rückgriff auf § 228 Abs. 1 Satz 3 BewG an: Demnach kann die Aufforderung zur Abgabe einer Feststellungserklärung vom Bundesministerium der Finanzen im Einvernehmen mit den obersten Finanzbehörden der Länder durch öffentliche Bekanntmachung erfolgen. Hierbei handelt es sich um eine **Allgemeinverfügung**, mithin um einen Verwaltungsakt i. S. des § 118 Satz 2 AO. Für die Hauptfeststellung 1.1.2022 ist dies mit BMF-Schreiben vom 30.3.2022[1] für die Bundesländer erfolgt, die das „Bundesmodell" nach Maßgabe des Grundsteuer-Reformgesetzes umsetzen. Fristende für die Erklärungsabgabe war danach der 31.10.2022. Mit Beschluss der Finanzministerkonferenz vom 13.10.2022 ist besagte Abgabefrist einmalig bis 31.1.2023 verlängert worden.[2] 1461

b) Anzeigepflichten

Was Anzeigepflichten des Steuerpflichtigen anlangt, ist mit § 228 Abs. 2 BewG ein Novum verbunden. Bei einer **Änderung der tatsächlichen Verhältnisse**, die den Wert oder die Art (Vermögens- oder Grundstücksart) beeinflussen oder zu einer erstmaligen Feststellung führen können, ist der Steuerpflichtige gehalten, 1461/1

1 BStBl 2022 I S. 205.
2 BStBl 2022 I S. 1448.

auf den Beginn des folgenden Kalenderjahres eine **vereinfachte Erklärung** im Sinne einer **Anzeige** abzugeben (§ 228 Abs. 2 Satz 1 BewG). Entsprechendes gilt beim **Übergang des (wirtschaftlichen) Eigentums** an einem auf fremdem Grund und Boden errichteten Gebäude, so § 228 Abs. 2 Satz 2 BewG. Von dieser Anzeigepflicht ausdrücklich nicht erfasst sind Änderungen, die eine Zurechnungsfortschreibung zur Folge haben, wie z. B. der Eigentumsübergang an einem Grundstück (A 228 Abs. 2 Satz 2 AEBewGrSt). Die **Abgabefrist** für die Erklärungen beträgt einen Monat und beginnt mit Ablauf des Kalenderjahres, in dem sich die tatsächlichen Verhältnisse geändert haben bzw. das (wirtschaftliche) Eigentum übergegangen ist (§ 228 Abs. 2 Satz 3 BewG). Indes schließt die Abgabe einer Anzeige nicht aus, dass die Finanzbehörde anschließend den Steuerpflichtigen nach § 228 Abs. 1 Satz 1 BewG i. V. mit § 149 Abs. 1 Satz 2 AO zur Abgabe einer (dann umfassenden) Steuererklärung (Feststellungserklärung) auffordert. Von der Regelung des § 228 Abs. 2 BewG bleibt die Anzeigepflicht nach § 19 GrStG unberührt, so A 228 Abs. 2 Satz 5 AEBewGrSt.

c) Erfüllung der Anzeigepflichten und örtliche Zuständigkeit

1461/2 Die Feststellungserklärung (§ 228 Abs. 1 BewG) oder die Anzeige (§ 228 Abs. 2 BewG) ist im Regelfall von demjenigen abzugeben, dem das Grundstück zuzurechnen ist, mithin vom Zurechnungsträger (§ 228 Abs. 3 Nr. 1 BewG). Abweichend von der Verfahrensweise bei der Einheitsbewertung erfolgt im Grundsteuerwertverfahren die Zurechnung auch des Grundstücks in Erbbaurechtsverhältnissen gegenüber dem Erbbauberechtigten; s. hierzu § 261 BewG. Konsequenterweise ist nach § 228 Abs. 3 Nr. 2 BewG der **Erbbauberechtigte** verpflichtet, die Feststellungserklärung – unter Mitwirkung des Erbbauverpflichteten – abzugeben (A 228 Abs. 3 Satz 2 AEBewGrSt). Bei einem **Gebäude auf fremdem Grund und Boden** ist nach § 228 Abs. 3 Nr. 3 BewG der **Grundstückseigentümer** verpflichtet, die Feststellungserklärung abzugeben; der Eigentümer oder der wirtschaftliche Eigentümer des Gebäudes hat mitzuwirken (A 228 Abs. 3 Satz 4 und 5 AEBewGrSt).

1461/3 Aus § 228 Abs. 4 BewG ist in diesem Kontext die örtliche Zuständigkeit des Lagefinanzamts, d. h. der dortigen Bewertungsstellen, für die Entgegennahme der Feststellungserklärungen zu ersehen. Diese Stellen sind auch für die gesonderte Feststellung der Grundsteuerwerte sowie die Festsetzung der Grundsteuermessbeträge zuständig.[1]

1 Zur Modernisierung des Bewertungs- und Besteuerungsverfahrens unter besonderem Blickwinkel der elektronischen Datenübermittlung s. § 228 Abs. 4 bis 6 BewG.

Aus verfahrensrechtlicher Warte ist zu beachten, dass sowohl die Erklärungen nach § 228 Abs. 1 BewG als auch die Anzeigen nach § 228 Abs. 2 BewG Steuererklärungen i. S. der AO sind. Folglich ist die Erfüllung sowohl der Erklärungs- als auch der Anzeigepflicht erzwingbar (A 228 Abs. 3 Satz 2 AEBewGrSt i. V. mit §§ 328 ff. AO). Ungeachtet dessen ist bei Nichterfüllung oder bei nicht fristgerechter Erfüllung der Erklärungs- oder Anzeigepflicht ein Verspätungszuschlag nach § 152 Abs. 1 oder 2 AO unter den dort genannten Voraussetzungen festzusetzen. Zu beachten ist allerdings, dass § 152 Abs. 2 AO auf die Erklärungen nach § 228 Abs. 1 BewG zur gesonderten Feststellung des Grundsteuerwerts auf den Hauptfeststellungszeitpunkt 1.1.2022 nicht anzuwenden ist.[1] Ausweislich A 228 Abs. 5 Satz 5 AEBewGrSt kann die Anzeigepflicht nach § 228 Abs. 2 BewG innerhalb der Anzeigefrist auch durch die Abgabe einer Erklärung nach § 228 Abs. 1 BewG erfüllt werden. Im Übrigen obliegt dem Erklärungs- und Anzeigepflichtigen die Berichtigungspflicht nach Maßgabe des § 153 Abs. 1 AO, ein Befund, der auch für den Gesamtrechtsnachfolger gilt (A 228 Abs. 5 Satz 6 AEBewGrSt). 1461/4

Die Fortschreibung eines Grundsteuerwerts kann auch – und zwar unabhängig von der Anzeigepflicht – von Amts wegen erfolgen. Ein solcher Fall kann insbesondere dann vorliegen, wenn der Steuerpflichtige seiner Erklärungs- oder Anzeigepflicht nicht nachgekommen ist und dem Finanzamt alle steuerrelevanten Tatsachen bereits bekannt sind. Zwar unterliegt die Fortschreibung von Amts wegen grds. keiner zeitlichen Beschränkung; allerdings ist diese unzulässig, wenn die auf ihr beruhende Steuer verjährt und deshalb der Grundsteuerwert ohne steuerliche Bedeutung (§ 219 Abs. 3 BewG im Umkehrschluss) ist. Vgl. hierzu A 228 Abs. 6 AEBewGrSt. 1461/5

5. Die Bewertung des land- und forstwirtschaftlichen Vermögens – Grundsatz- und Abgrenzungsfragen

a) Die wirtschaftliche Einheit als Bewertungsgegenstand beim land- und forstwirtschaftlichen Vermögen

In Übereinstimmung mit den Regelungen bei der Grundbesitzbewertung für Zwecke der Erbschaft-/Schenkungsteuer[2] wird der **Begriff der LuF** in § 232 Abs. 1 Satz 1 BewG i. V. mit A 232.1 Abs. 1 Satz 1 AEBewGrSt definiert. Land- und Forstwirtschaft ist damit die planmäßige Nutzung der natürlichen Kräfte des Grund 1462

1 Vgl. Art. 97 § 8 EGAO.

2 Vgl. § 158 BewG sowie R B 158.1 ErbStR 2019.

und Bodens zur Erzeugung von Pflanzen und Tieren sowie die Verwendung der dadurch selbst gewonnenen Erzeugnisse – luf Urproduktion. Im Sinne eines **Sammelbegriffes** umfasst die Umschreibung der LuF neben der Landwirtschaft und der Forstwirtschaft auch den Weinbau, den Gartenbau und die sonstigen Betriebszweige. Des Weiteren regelt § 232 Abs. 1 Satz 2 BewG den **Umfang des luf Vermögens**. Dienen Wirtschaftsgüter nach ihrer Zweckbestimmung am Feststellungszeitpunkt (§ 235 BewG) einer luf Tätigkeit dauerhaft zur planmäßigen und ständigen Bewirtschaftung (Nutzung), werden sie unter objektiven Gesichtspunkten dieser Vermögensart zugeordnet. Vor diesem Hintergrund sind nicht genutzte, ehedem luf genutzte Wirtschaftsgüter bis zu einer anderweitigen Zweckbestimmung dem luf Vermögen zuzurechnen (A 232.1 Abs. 2 Satz 4 AEBewGrSt).

1462/1 Nach § 232 Abs. 2 Satz 1 BewG bildet der **„Betrieb der Land- und Forstwirtschaft"** die wirtschaftliche Einheit der Vermögensart, mithin den Bewertungsgegenstand. Da für die Annahme einer wirtschaftlichen Einheit weder eine **Mindestgröße noch ein voller luf Besatz mit Wirtschaftsgebäuden, Betriebsmitteln und immateriellen Wirtschaftsgütern erforderlich** ist, werden in erster Linie diejenigen Wirtschaftsgüter zusammengefasst, die dem **Eigentümer** gehören und deren Zweckbestimmung sowie wirtschaftliche Zusammengehörigkeit nach der Verkehrsanschauung eine solche Zusammenfassung auch gebieten. Vor diesem Hintergrund ist das luf Vermögen auch bei **Personengesellschaften bzw. Personengemeinschaften** einheitlich zu ermitteln, und zwar auch dann, wenn die Wirtschaftsgüter nur einem **Beteiligten** gehören. Zu beachten ist des Weiteren, dass auch ein einzelnes luf genutztes Grundstück, das gem. § 233 BewG nicht dem Grundvermögen zuzuordnen ist, einen Betrieb der LuF darstellen kann (A 232.2 Abs. 2 Satz 2 AEBewGrSt).

1462/2 Grundsätzlich bestimmt sich der **Umfang der wirtschaftlichen Einheit** nach den (wirtschaftlichen) Eigentumsverhältnissen beim Grund und Boden am Bewertungsstichtag (A 232.2 Abs. 1 Satz 1 AEBewGrSt). Für den Fall, dass sich Flächen am Bewertungsstichtag noch nicht im zivilrechtlichen Eigentum des Steuerpflichtigen befinden, ist das wirtschaftliche Eigentum (§ 39 Abs. 2 Nr. 1 Satz 1 AO) an diesen Flächen für eine Zurechnung an den Steuerpflichtigen ausreichend. Wirtschaftliches Eigentum ist insbesondere dann zu bejahen, wenn Besitz, Nutzen, Lasten und Gefahren auf den Steuerpflichtigen übergegangen sind. So ist z. B. bei Flächen im Flurbereinigungsverfahren nach dem Flurbereinigungsgesetz (FlurbG) – grundsätzlich – auf den Zeitpunkt des Übergangs des wirtschaftlichen Eigentums im Rahmen der vorläufigen Besitzeinweisung (§ 65 FlurbG) abzustellen. Ausnahmsweise kann der Übergang des wirtschaftlichen

Eigentums in einem früheren Stadium, mithin vor einer Besitzeinweisung i. S. des § 65 FlurbG, in Betracht kommen. A 232 Abs. 1 Satz 5 AEBewGrSt verweist diesbezüglich auf den Fall der §§ 52, 53 FlurbG, bei dem der Zeitpunkt der Unwiderruflichkeit der Zustimmung zum Landabfindungsverzicht (Zugang der Erklärung bei der zuständigen Flurbereinigungsbehörde) maßgebend ist. Mehrere luf genutzte Flächen werden unabhängig von ihrer Lage zu einer wirtschaftlichen Einheit eines Betriebs der LuF vereinigt, wenn sie zusammen bewirtschaftet werden und zwischen ihnen ein wirtschaftlicher Zusammenhang besteht. Indes bilden luf Flächen, die derart weit abgelegen von der Hofstelle sind, dass nach der Verkehrsauffassung ein wirtschaftlicher Zusammenhang nicht mehr gegeben ist, eine selbständige wirtschaftliche Einheit Betrieb der LuF. Dies gilt auch in dem Fall, dass der Betriebsinhaber keine unmittelbare Einwirkungsmöglichkeit und eigene Aufsicht über die sachdienliche Nutzung dieser Flächen hat (A 232.2 Abs. 2 Satz 6 AEBewGrSt). Aus verwaltungsökonomischen Gründen und damit zur Vereinfachung des Bewertungsverfahrens einer wirtschaftlichen Einheit fingiert § 232 Abs. 2 Satz 2 BewG, dass auch die **Verpachtung oder unentgeltliche Überlassung von luf genutzten bzw. nutzbaren Flächen** als luf Tätigkeit gilt und damit ein Betrieb der LuF vorliegt; dies betrifft auch die entgeltliche oder unentgeltliche Nutzungsüberlassung einer ganzen wirtschaftlichen Einheit eines Betriebs der LuF, so z. B. bei einer Betriebsverpachtung im Ganzen (A 232.2 Abs. 2 Satz 3 AEBewGrSt). Hierdurch wird die bei der Einheitsbewertung erforderliche Abgrenzung zu Stückländereien und eine Antwort auf die vorgreifliche Frage, ob eine Verpachtung dauerhaft erfolgt, vermieden. Vgl. hierzu auch A 232.2 Abs. 2 Satz 9 AEBewGrSt.

In § 232 Abs. 3 Satz 1 Nr. 1 bis 5 BewG sind diejenigen Wirtschaftsgüter – bei- 1462/3
spielhaft – aufgelistet, die einem Betrieb der LuF dauernd zu dienen bestimmt sind. Hierzu gehören (abweichend von der bisherigen Einheitsbewertung in den alten Bundesländern, allerdings in Übereinstimmung mit den bisherigen Ersatzwirtschaftswerten in den neuen Ländern) **nicht mehr die zu Wohnzwecken genutzten Gebäude bzw. Gebäudeteile**. Demgemäß gehören z. B. der Wohnteil einschließlich Altenteilerwohnung und Wohnungen der Arbeitnehmer (sog. Betriebswohnungen) nicht mehr zur wirtschaftlichen Einheit eines Betriebs der LuF und sind im Grundvermögen zu erfassen mit der Folge, dass sie künftig der Grundsteuer B unterworfen werden.

Zum Grund und Boden gehören alle Flächen, die nicht als Grundvermögen zu 1462/4
erfassen sind. Das sind Ackerland, Grünland, die Forst-, Weinbau-, und Gartenbauflächen, die Hof- und Gebäudeflächen. Als weitere zum Betrieb gehörende Flächen sind zu nennen z. B. Wirtschaftswege, Gräben, Hecken, Schneisen,

Grenzraine und Parkflächen. Ferner gehören auch das Abbauland (§ 234 Abs. 1 Nr. 2 Buchst. a BewG), das Geringstland (§ 234 Abs.1 Nr. 2 Buchst. b BewG) und das Unland (§ 234 Abs. 1 Nr. 2 Buchst. c BewG) dazu, soweit diese dauerhaft einem Betrieb der Land- und Forstwirtschaft dienen. Neben Brachflächen gehören auch die von der Bodenschätzung erfassten Feucht- und Trockenbiotope zur landwirtschaftlichen Nutzung, solange eine landwirtschaftliche Erzeugung auf diesen Flächen möglich ist.[1] Etwaige Ertragsminderungen ändern an dieser Zuordnung nichts.

1462/5 **Wirtschaftsgebäude** sind Gebäude oder Gebäudeteile, die ausschließlich der unmittelbaren Bewirtschaftung des Betriebs der LuF und nicht Wohnzwecken dienen. In diese Kategorie fallen insbesondere Gebäude zur Unterbringung von Vieh, Vorräten, Maschinen und anderen Betriebsmitteln (z. B. Ställe, Scheunen, Schuppen, Hopfendarren, Kesselhäuser, Lagerräume, Kelleranlagen) sowie Verkaufs-, Arbeits- und Sozialräume. Einzubeziehen sind desgleichen Büros in Wirtschaftsräumen, in denen die mit der Betriebsorganisation und Betriebsführung zusammenhängenden Arbeiten verrichtet werden (A 232.1 Abs. 5 Satz 2 AEBewGrSt).

PRAXISHINWEIS:

Der Leerstand von Wirtschaftsgebäuden ist ähnlich wie die Brache als vorübergehende Einstellung der Bewirtschaftung auszulegen und für die Annahme von land- und forstwirtschaftlichem Vermögen unschädlich. Dagegen führt eine Nutzungsänderung von Wirtschaftsgebäuden, z. B. durch das Unterstellen von Wohnwagen, Booten oder die Überlassung an Gewerbetreibende zu Lagerzwecken o. Ä. immer dazu, dass diese Gebäude oder Gebäudeteile einschließlich des dazugehörigen Grund und Bodens als Grundvermögen zu bewerten sind.

Werden Wirtschaftsgebäude eines aktiven oder auch ehemaligen Hofes zu Wohnzwecken umgebaut, verlieren sie dadurch ihre land- und forstwirtschaftliche Zweckbestimmung. Die so erstellten Wohnungen werden zu eigenen wirtschaftlichen Einheiten des Grundvermögens. Der mit den Wohnungen im Zusammenhang stehende Grund und Boden und die Gebäude sind nach § 232 Abs. 4 Nr. 1 BewG nicht beim land- und forstwirtschaftlichen Vermögen zu erfassen; sie sind dem Grundvermögen zuzuordnen.

1462/7 Stehende Betriebsmittel (z. B. das lebende und tote Inventar) dienen einem Betrieb längerfristig. Demgegenüber sind umlaufende Betriebsmittel zum Verbrauch im eigenen Betrieb oder zum Verkauf bestimmt. Zu den immateriellen

1 Vgl. A 232.1 Abs. 3 Satz 4 AEBewGrSt.

Wirtschaftsgütern gehören insbesondere Zuckerrübenlieferrechte, Brennrechte, Saatgutlizenzen, Wiederbepflanzungsrechte im Weinbau, Jagdrechte, Ökopunkte sowie Zahlungsansprüche aus der Agrarförderung sowie von staatlicher Seite gewährte (weitere) Vorteile, die die Voraussetzungen eines Wirtschaftsguts erfüllen; vgl. hierzu A 232.1 Abs. 7 AEBewGrSt. Ein normaler Bestand an umlaufenden Betriebsmitteln ist gegeben, wenn eine ordnungsgemäße Bewirtschaftung i. S. des definierten Reinertrags – d. h. bis zur nächsten Ernte – möglich ist; s. hierzu § 232 Abs. 3 Satz 2 BewG.

§ 232 Abs. 4 BewG regelt im Gegensatz zu § 33 Abs. 2 Nr. 3 bzw. § 158 Abs. 4 BewG nicht, wie ein Überbestand an umlaufenden Betriebsmitteln bewertungsrechtlich zu berücksichtigen ist. Insoweit hat ein Überbestand an umlaufenden Betriebsmitteln faktisch keine Bedeutung für die Grundsteuer, da der nicht abgegoltene Überbestand wertmäßig, im Gegensatz zur Erbschaftsteuer, bei der er neben dem Grundbesitzwert zusätzlich angesetzt wird, nicht erfasst wird. 1462/8

b) Abgrenzung der wirtschaftlichen Einheit gegenüber Betriebs- und Grundvermögen

Bei der **Abgrenzung** des Betriebs der LuF gegenüber dem Betriebsvermögen eines Gewerbebetriebs und dem Grundvermögen wird weiterhin auf die **Verkehrsanschauung** zurückgegriffen. Dem Umstand Rechnung tragend, dass § 232 Abs. 1 BewG mit dem **einkommensteuerrechtlichen Begriff der LuF** korrespondiert, sind vorrangig die Grundsätze gem. R 15.5 Abs. 1 bis 12 EStR zur **Abgrenzung** gegenüber dem Betriebsvermögen heranzuziehen (A 232.3 Abs. 1 Satz 3 AEBewGrSt). Demnach sind im Kern folgende **Abgrenzungskategorien** zu beachten: Nebeneinander von Landwirtschaft und Gewerbe, LuF als Teil eines Gewerbes, gemischte Betriebe, Handelsgeschäfte, Vermietung an Feriengäste, Erbringung von Dienstleistungen sowie Überlassung von stehenden Betriebsmitteln. 1463

Demgegenüber richtet sich die **Abgrenzung hin zum Grundvermögen** primär nach der luf Zweckbestimmung des Grund und Bodens und der Gebäude; vgl. hierzu 243 BewG. Auf Grundlage der Ausnahmevorschrift des § 233 Abs. 1 bis 3 BewG werden dem Grundvermögen folgende luf genutzte Flächen zugeordnet: Standortflächen zur Windenergieerzeugung (nur in bestimmten Fällen) (Abs. 1), Bauland, Industrieland, Verkehrsflächen, Flächen, die in absehbarer Zeit außerlandwirtschaftlichen Zwecken dienen. Nach § 233 Abs. 2 BewG ist eine Zurechnung zum Grundvermögen bereits dann vorzunehmen, wenn zum Feststellungszeitpunkt anzunehmen ist, dass die land- und forstwirtschaftlichen 1463/1

Flächen aufgrund ihrer Lage, den zum maßgeblichen Feststellungszeitpunkt bestehenden Verwertungsmöglichkeiten oder den sonstigen Umständen innerhalb eines Zeitraums **von sieben Jahren** anderen als land- und forstwirtschaftlichen Zwecken dienen werden. Hierzu gehören insbesondere eine innerhalb von sieben Jahren absehbare Nutzung als Bauland, Industrieland, Land für Verkehrszwecke oder zum (gewerblichen) Abbau von Bodenschätzen. Die Erwartung einer künftigen Verwendung der Flächen für andere als land- und forstwirtschaftliche Zwecke kann sich auf folgende Umstände gründen:

1. auf die Möglichkeit einer künftigen Verwendung als Bauland oder auf einen Erwerb zu Baulandpreisen, wenn die Fläche nicht als Ersatzland (z. B. bei Enteignungen) oder zur Abrundung eines Betriebs der Land- und Forstwirtschaft dienen soll;
2. auf den Erwerb durch einen Nichtlandwirt, z. B. durch eine Grundstücksgesellschaft, ein Wohnungsunternehmen, ein Abbau- oder auch ein Industrieunternehmen, das die Fläche vorläufig noch in der land- und forstwirtschaftlichen Nutzung des Veräußerers belässt;
3. auf die Bestellung von Grunddienstbarkeiten für Zwecke der Energieerzeugung;
4. auf Landverkäufe, die z. B. eine beginnende Parzellierung erkennen lassen; z. B. weil die Fläche für eine Brückenauffahrt benötigt wird oder für einen in Richtung auf die Fläche fortschreitenden Straßenbau;
5. auf den Abschluss von Pacht- und/oder Ausbeuteverträgen oder
6. auf eine Nutzungsüberlassung unter Einräumung des Rechts Bodenschätze aufzusuchen und zu gewinnen.

Sind die Voraussetzungen der Sätze 1 bis 3 erfüllt, kommt es weder auf den Willen des Eigentümers, die Fläche weiter oder gleichzeitig land- und forstwirtschaftlich zu nutzen, noch auf eine spätere objektiv mögliche land- und forstwirtschaftliche Nutzung an. Liegen die Voraussetzungen des § 233 Abs. 2 BewG zu einem späteren Feststellungszeitpunkt nicht mehr vor und ist der Grundbesitz wieder zur land- und forstwirtschaftlichen Nutzung dauernd zu dienen bestimmt, ist dieser wieder dem land- und forstwirtschaftlichen Vermögen zuzurechnen. Das kann z. B. nach Beendigung des (gewerblichen) Abbaus von Bodenschätzen nach abgeschlossener planmäßiger Rekultivierung der Flächen gelten, wenn diese dadurch wieder land- und forstwirtschaftlich nutzbar gemacht werden.[1]

---

1 Vgl. A 233 Abs. 5 AEBewGrSt LuF 2025.

Nach A 233 Abs. 4 Satz 2 AEBewGrSt sind bei einer zu erwartenden Verwendung für andere als luf Zwecke insbesondere Fallgestaltungen zu prüfen, bei denen mindestens eines der nachfolgend aufgelisteten Merkmale zutrifft: Fehlen eines Bebauungsplanes, Einstufung im Bebauungsplan nicht als Bauland (aber z. B. als Grünfläche oder als Verkehrsfläche), fehlende Möglichkeit der sofortigen Bebauung, noch keine im benachbarten Bereich begonnene oder durchgeführte Bebauung, Hofstelle. Aus den gesetzlichen Formulierungen des § 233 Abs. 2 und 3 BewG ist im Übrigen ersichtlich, dass die Voraussetzungen zur Zuordnung zum Grundvermögen nebeneinander vorliegen können, sich mithin nicht gegeneinander ausschließen. So kann gem. A 233 Abs. 7 AEBewGrSt eine Zurechnung von Flächen zum Grundvermögen insbesondere nach § 233 Abs. 2 BewG zweckmäßiger sein, wenn die Tatbestandsvoraussetzungen leichter festzustellen sind als diejenigen nach Maßgabe des § 233 Abs. 3 BewG. Ein solcher Fall kann z. B. gegeben sein, wenn das in einem Bebauungsplan ausgewiesene Gelände mit Gewissheit bereits in Kürze in unbebautem Zustand für gewerbliche Zwecke genutzt werden wird, andererseits indes die Möglichkeit der sofortigen Bebauung zweifelhaft oder aber schwer zu ermitteln ist.[1]

Hofstellen werden nach dem Wortlaut der Vorschrift nicht dem Grundvermögen zugerechnet, selbst wenn nach § 233 Abs. 3 Satz 1 BewG die Voraussetzungen hierfür vorliegen. Anders als in § 69 Abs. 3 Satz 2 BewG verzichtet der Gesetzgeber auf eine über die Hofstelle hinausgehende Fläche von einem Hektar. Insoweit ist hier die katastermäßig als Hofstelle ausgewiesene Nutzung maßgeblich.

Über den Wortlaut des Gesetzes hinaus handelt es sich um eine allgemeine Begünstigungsvorschrift,[2] die auch für die Anwendung des § 233 Abs. 2 BewG gilt. Die Hofstelle bleibt unter den Voraussetzungen des § 232 BewG stets land- und forstwirtschaftliches Vermögen. Eine Zurechnung zum Grundvermögen kommt für die vorgenannten Flächen insoweit erst dann in Betracht, wenn der Betrieb der Land- und Forstwirtschaft nicht nur vorübergehend eingestellt wird.[3]

Zur Hofstelle gehören nach § 234 Abs. 6 BewG alle Hof- oder Wirtschaftsgebäudeflächen, einschließlich der Nebenflächen, wenn von dort aus land- und forstwirtschaftliche Flächen nachhaltig bewirtschaftet werden.[4]

1 Wiegand, NWB 2022 S. 517, 524.

2 FG München 17.7.1980 – IV 390/77, EFG 1981 S. 72.

3 Bew-Kartei OFD NRW, § 69 BewG Zurechnung land- und forstwirtschaftlich genutzter Flächen zum Grundvermögen, Karte 6.

4 Siehe dazu vertiefend Müller in Grootens, BewG, § 233 Rz. 31 ff.

Mit dem Begriff der **Agri-Fotovoltaik** wird ein Verfahren zur gleichzeitigen Nutzung von Flächen für die landwirtschaftliche Pflanzenproduktion (Fotosynthese) und die Fotovoltaik-Stromproduktion bezeichnet. Zur Frage der Zurechnung und Bewertung von **Agri-Fotovoltaik-Anlagen** hat sich die Finanzverwaltung mit gleich lautenden Ländererlassen vom 15.7.2022[1] geäußert und im koordinierten Erlass der obersten Finanzbehörden der Länder vom 30.4.2025 zur Anwendung des siebten Abschnitts des Zweiten Teils des Bewertungsgesetzes zur Bewertung des Grundbesitzes (land- und forstwirtschaftliches Vermögen) für die Grundsteuer ab 1.1.2022 konkretisiert.[2] Demnach sind Flächen, auf denen Fotovoltaik-Anlagen stehen, die nach der **DIN SPEC 91434 Agri-Fotovoltaik-Anlagen der Kategorie I oder II** sind, dem **land- und forstwirtschaftlichen Vermögen** zuzurechnen. Die Bewertung dieser Flächen richtet sich nach der jeweils prägenden Nutzung der zu Grunde liegenden (Kategorie I) bzw. im Umgriff befindlichen (Kategorie II) land- und forstwirtschaftlichen Flächen. Die aufstehenden Agri-Fotovoltaik-Anlagen sind mit diesem Flächenwert abgegolten.

Indes sind Flächen, auf denen Fotovoltaik-Anlagen stehen, die nach der **DIN SPEC 91434 keine Agri-Fotovoltaik-Anlagen der Kategorie I oder II** sind (insbesondere Freiflächen-Fotovoltaik-Anlagen), dem **Grundvermögen** zuzurechnen. Für deren Umfang ist die gesamte Fläche maßgeblich, die dem Betrieb der Fotovoltaik-Anlage dient (insbesondere Aufstellfläche und überdeckte Fläche der Fotovoltaik-Anlage sowie Aufstellflächen der dazugehörenden Betriebsvorrichtungen wie Stromeinspeiseanlagen). Bei der Bewertung der Flächen sind, vorbehaltlich abweichenden Länderrechts bei der Grundsteuer, grds. die Bodenrichtwerte heranzuziehen, die von den Gutachterausschüssen ermittelt worden sind.

1463/2 Besonderheiten bei der flächenmäßigen Zuordnung sind im Zusammenhang mit Windenergieanlagen zu beachten; die Verfahrensweise unterscheidet sich von derjenigen bei der Ermittlung der Einheitswerte, der Ersatzwirtschaftswerte sowie der Grundbesitzwerte. Dienen demnach Flächen im Umgriff einer **Windenergieanlage** einem Betrieb der LuF, sind – abweichend von § 232 Abs. 4 Nr. 1 BewG – die Standortflächen der Windenergieanlage und der dazugehörenden Betriebsvorrichtungen – sog. **abgegrenzte Standortfläche der Windenergieanlage** – dem luf Vermögen zuzurechnen. Diese Zuordnung gilt grds. dann, wenn wenigstens an einer Seite der Standortfläche Flächen angrenzen, die der

1 BStBl 2022 I S. 1226; s. hierzu auch Lücke, NWB 2022 S. 3270.

2 BStBl 2025 I S. 1273.

landwirtschaftlichen, forstwirtschaftlichen, gärtnerischen oder einer anderen Urproduktion dienen.

PRAXISHINWEIS:

Steht eine Windkraftanlage z. B. innerhalb einer forstwirtschaftlichen Nutzung (niedriger Flächenwert) oder aber in einer gärtnerischen Nutzung z. B. Nutzungsteil Gemüsebau (hoher Flächenwert), hat das auf die Höhe der Bewertung keinen Einfluss, weil als Bemessungsgrundlage ausschließlich der Grundbetrag der landwirtschaftlichen Nutzung anzusetzen ist.

Dagegen gehören Standortflächen von Windenergieanlagen in anderen Gebieten (insbesondere in Gewerbegebieten) zum Grundvermögen (A 233 Abs. 1 Satz 3 AEBewGrSt). Die Neuregelung ist vor dem Hintergrund der Schwierigkeiten bei der Abgrenzung der Standortflächen sowie bei der Bewertung dieser Flächen erfolgt, zumal den Gutachterausschüssen regelmäßig hierfür keine ausreichende Zahl von Kauffällen zur Ermittlung entsprechender Bodenrichtwerte zur Verfügung stehen, die für eine Erfassung und Bewertung im Grundvermögen unabdingbar sind.

PRAXISHINWEIS:

Ist die Windenergieanlage aufgrund ihrer Lage eindeutig dem Grundvermögen zuzuordnen, erfolgt die Bewertung nach §§ 243 ff. BewG. Dabei ist die Anlage selbst als Betriebsvorrichtung einzustufen. Soweit sich auf der Fläche neben dem Turm keine weiteren Gebäude befinden, ist hier die Bewertung als unbebautes Grundstück nach Maßgabe des § 247 BewG einschlägig. Der Grundsteuerwert unbebauter Grundstücke ergibt sich regelmäßig aus dem Produkt der Grundstücksfläche und dem jeweiligen Bodenrichtwert (§ 196 BauGB). Der Wert unbebauter Grundstücke umfasst den Wert des Grund und Bodens, mit dem die Außenanlagen abgegolten sind. Bei der Wertermittlung ist der Bodenrichtwert anzusetzen, der vom Gutachterausschuss auf den jeweiligen Hauptfeststellungszeitpunkt ermittelt wurde. Dieser gilt dann für den gesamten Hauptfeststellungszeitraum (A 247.1 Abs. 1 AEBewGrSt).[1]

Im Übrigen entsprechen die Regelungen des § 233 Abs. 2 und 3 BewG inhaltlich den bisherigen Abgrenzungsgrundsätzen bei der Einheitsbewertung nach Maßgabe des § 69 Abs. 1 und 3 BewG sowie bei der Grundbesitzbewertung für Zwecke der ErbSt/SchenkSt und GrESt nach § 159 BewG. Vgl. hierzu auch ausführlich A 233 Abs. 5 und 6 AEBewGrSt, Rz. 1406 ff. sowie Rz. 1486. 1463/3

1 Gl. A. Bruschke, ErbStB 2022 S. 347.

1463/4 **Nicht** zum luf Vermögen gehören im Sinne einer **Negativabgrenzung** die in § 232 Abs. 4 BewG abschließend aufgeführten Wirtschaftsgüter (Enumerationsprinzip): Grund und Boden sowie Gebäude bzw. Gebäudeteile, die Wohnzwecken oder anderen nicht luf Zwecken dienen (A 232.3 Abs. 2 Satz 1 AEBewGrSt), über den normalen Bestand hinausgehende Bestände an umlaufenden Betriebsmitteln (Überbestände), Tiere und Wirtschaftsgüter der gewerblichen Tierhaltung, Zahlungsmittel, Geldforderungen, Geschäftsguthaben, Wertpapiere und Beteiligungen sowie Geldschulden und Pensionsverpflichtungen. Zu den Flächen, die ebenfalls nicht zum luf Vermögen, sondern zum Grundvermögen gehören, zählen z. B. auch solche Flächen, die der Gewinnung von Bodenschätzen wie Kies (es sei denn, es handelt sich um Abbauland) oder der Nutzung des Grund und Bodens als Photovoltaik-Freiflächenanlage dienen (A 232.3 Abs. 2 Satz 2 AEBewGrSt).

1463/5 Nach A 232.2 Abs. 3 AEBewGrSt können bestehende wirtschaftliche Einheiten, bei denen für Zwecke der Einheitsbewertung die Wirtschaftsgüter von Eheleuten oder Lebenspartnern und Lebenspartnerinnen nach § 26 BewG zusammengefasst wurden, im Hauptfeststellungszeitraum 2022 (mithin in den Jahren 2022 bis 2028) weiterhin für Zwecke der Feststellung des jeweiligen Grundsteuerwerts zugrunde gelegt werden; vgl. auch § 266 Abs. 5 BewG.

1463/6 Wurden bestehende wirtschaftliche Einheiten für Zwecke der Einheitsbewertung unter Anwendung des § 34 Abs. 4 bis 6 BewG (siehe hierzu Rz. 1397) gebildet, so können diese weiterhin für Zwecke der Feststellung von Grundsteuerwerten zugrunde gelegt werden (A 232.2 Abs. 5 Satz 1 AEBewGrSt unter Verweis auf § 266 Abs. 5 BewG). Insoweit kann folgerichtig das luf Vermögen bei Personengesellschaften und Personengemeinschaften im Hauptfeststellungszeitraum 2022 (mithin in den Jahren 2022 bis 2028) wie bisher jeweils bei der Einheitsbewertung einheitlich ermittelt werden, auch wenn die Wirtschaftsgüter nur einem der Beteiligten gehören.

BEISPIEL[1] Landwirt V gründete mit seinem Sohn S die VS-GbR. Der Vater brachte seinen gesamten Betrieb der LuF nebst Flächen ein, der Sohn bringt 10.000 € und seine Arbeitskraft in die GbR ein. Die GbR ist als eine wirtschaftliche Einheit im luf Vermögen einheitlich bei der Einheitsbewertung bewertet worden und ist daher auch bei der Feststellung des Grundsteuerwerts einheitlich zu bewerten; die Geldeinlage des S bleibt nach § 232 Abs. 4 Nr. 3 BewG außer Ansatz.

1 Nach A 232.2 Abs. 5 AEBewGrSt (dortiges Beispiel A).

c) Gliederung des Betriebs der Land- und Forstwirtschaft

Die bei der Einheitsbewertung gebotene Aufgliederung des Betriebs der LuF in Wirtschaftsteil und Wohnteil entfällt im reformierten Recht, da die wirtschaftliche Einheit – korrespondierend mit den Ersatzwirtschaftswerten in den neuen Ländern – keine Wohngebäude mehr erfasst. Mithin unter Aussparung der Gebäude und Gebäudeteile, die Wohnzwecken dienen und im Grundvermögen zu erfassen sind, beschreibt § 234 Abs. 1 BewG enumerativ das Bewertungsobjekt **„Betrieb der Land- und Forstwirtschaft"** und gliedert diesen für Zwecke der Wertermittlung in **Nutzungen** und **Nutzungsarten** sowie in **Nebenbetriebe** auf. 1464

Nach der Gesetzesbegründung[1] greift die Vorschrift auf die bewährten Regelungen des § 34 Abs. 1 und 2 BewG zurück und hält an dem Begriff der **„Nutzungen"** als Gesamtheit der jeweils hierzu gehörenden Wirtschaftsgüter fest. Die gärtnerische Nutzung (§ 234 Abs. 1 Nr. 1 Buchst. d BewG) wird entsprechend der jeweiligen Produktionsrichtung in die **Nutzungsteile** Gemüsebau, Blumen- und Zierpflanzenbau, Obstbau und Baumschulen aufgeteilt. Neu ist für das Abbauland, Geringstland, Unland und die Hofstelle die Bezeichnung **Nutzungsart**. **Nebenbetriebe** werden wie bisher dem Betrieb der Land- und Forstwirtschaft zugeordnet soweit sie keine eigenständigen Gewerbetriebe sind, und gesondert erfasst. Für die Abgrenzung des Nebenbetriebs zum Gewerbebetrieb gelten die bisherigen Grundsätze vgl. R 15.5 Abs. 3 EStR 2012. 1464/1

Der Betrieb der Land- und Forstwirtschaft setzt sich demnach aus den jeweiligen Flächen der landwirtschaftlichen Nutzung, der forstwirtschaftlichen Nutzung, der weinbaulichen Nutzung, der gärtnerischen Nutzung und als Auffangtatbestand den übrigen land- und forstwirtschaftlichen Nutzungen zusammen. Zu den jeweiligen Flächen der genannten Nutzungen gehören bisher nach § 40 Abs. 3 BewG auch Wirtschaftswege, Hecken, Gräben, Grenzraine und dergleichen, soweit sie ihnen zugeordnet werden und nicht gesondert im Liegenschaftskataster ausgewiesen sind. Ein aktueller Hinweis bzw. ein Rückgriff auf § 40 BewG fehlt im Gesetz, er ist aber in die Verwaltungsanweisungen aufgenommen worden.[2] Insoweit gelten diese Regelungen fort. Dies gilt auch für Wasserflächen, soweit sie nicht Unland sind oder zur sonstigen land- und forstwirtschaftlichen Nutzung (§ 242 Abs. 2 BewG) gehören. 1464/2

1 BT-Drucks. 19/11085 S. 107.

2 Vgl. A 237 Abs. 4 Satz 3 AEBewGrSt.

Betrieb der Land- und Forstwirtschaft

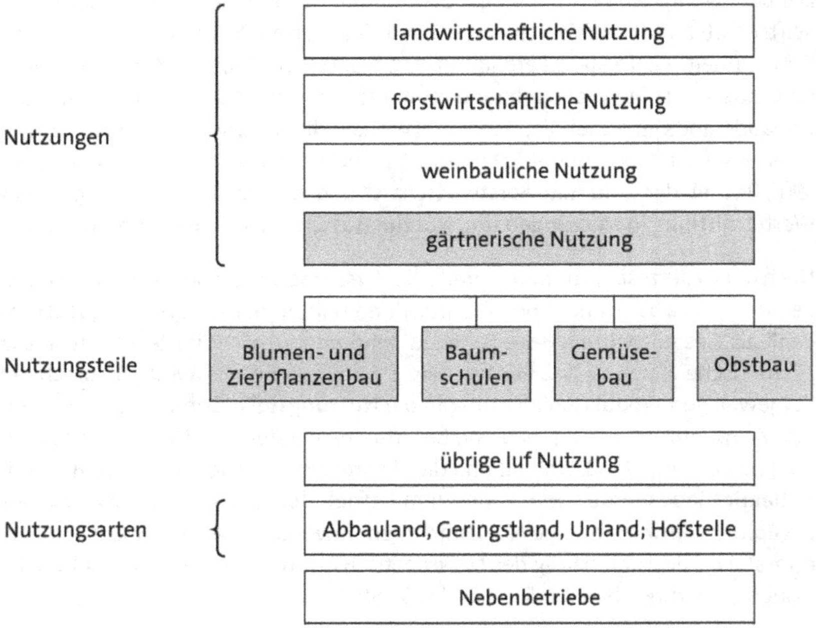

1464/3 Grundsätzlich sind nach Auffassung der Finanzverwaltung die bei der Vermessungs- und Katasterverwaltung geführten amtlichen Flächengrößen der Flurstücke heranzuziehen. Die Zuordnung der Flächen zu den Nutzungen, Nutzungsteilen und Nutzungsarten bildet die **gesetzliche Klassifizierung.** In der **Steuerklärung sind die jeweiligen Flächengrößen und die gesetzliche Klassifizierung** entsprechend **der tatsächlichen Verhältnisse am Feststellungszeitpunkt** anzugeben. Wird bei der Vermessungs- und Katasterverwaltung im Amtlichen Liegenschaftskatasterinformationssystem (ALKIS®) unter der Objektart AX_Bewertung eine **gesetzliche Klassifizierung geführt,** ist grundsätzlich **diese Klassifizierung für die Bewertung maßgebend.** Bei **zwischenzeitlich eingetretenen Veränderungen** hinsichtlich der Nutzung sind die Angaben an die tatsächlichen Verhältnisse **anzupassen**. Die im ALKIS® geführte **tatsächliche Nutzung** kann Hinweise auf die jeweilige Nutzung gem. § 234 Abs. 1 BewG geben und ein Indiz für die gesetzliche Klassifizierung gem. § 234 Abs. 2 BewG sein. Maßgebend für die gesetzliche Klassifizierung sind die Regelungen in A 237.2 bis A 237.24 AEBewGrSt. Die für Zwecke der Bewertung jeweils maßgebende gesetzliche Klassifizierung zum Feststellungszeitpunkt ist der Vermessungs- und Katasterverwaltung zur Einhaltung ihrer gesetzlichen Mitteilungspflicht i. S. des § 229 Abs. 3 BewG für den nächsten Feststellungszeitpunkt zu übermitteln.[1]

Nach § 234 Abs. 1 Nr. 1 bis 3 BewG i. V. mit A 234 Abs. 2 AEBewGrSt sind der zum Grundvermögen abgegrenzte Grund und Boden sowie die Wirtschaftsgüter eines Betriebs der LuF aufzugliedern in die landwirtschaftliche Nutzung (A 237.2 AEBewGrSt), die forstwirtschaftliche Nutzung (A 237.3 AEBewGrSt), die weinbauliche Nutzung (A 237.4 AEBewGrSt), die gärtnerische Nutzung mit den Nutzungsteilen Gemüsebau, Blumen- und Zierpflanzenbau, Obstbau und Baumschulen (A 237.5 bis 237.9 AEBewGrSt), die übrigen luf Nutzungen (A 237.10 bis 237.20 AEBewGrSt), die Nutzungsarten Abbauland (A 237.21 AEBewGrSt), Geringstland (A 237.22 AEBewGrSt), Unland (A 237.23 AEBewGrSt), sowie die Hofstelle einschließlich der Flächen für Nebenbetriebe (A 237.24 AEBewGrSt).

Der Begriff der **„Nutzung"** – s. hierzu § 234 Abs. 1 Nr. 1 BewG – erstreckt sich 1464/4
grds. auf die Gesamtheit aller jeweils hierzu gehörenden Wirtschaftsgüter, die einem Betriebszweig oder mehreren Betriebszweigen der Urproduktion dienen. Hiermit geht der Vorteil einher, dass Wirtschaftsgüter, die mehreren Nutzungen dienen, nicht einzeln quotal aufgeteilt werden müssen. Darüber hinaus erfolgt für die in § 234 Abs. 1 Nr. 1 Buchst. d BewG abgehandelte gärtnerische Nutzung eine Aufgliederung in die (bisher schon praktizierten) **Nutzungsteile**; mit dieser Strukturierung wird sichergestellt, dass Besonderheiten innerhalb des Gartenbaus realitätsgerecht abgebildet werden können. Entsprechendes gilt für die **„Nutzungsarten"** (Abbauland, Geringstland, Unland, Hofstelle) und die **Nebenbetriebe**, die stets in einem engen sachlichen Zusammenhang zu den Nutzungen eines Betriebs der LuF zu sehen sind.

Die aus der grundsteuerlichen Einheitsbewertung bekannten **Definitionen des** 1464/5
Abbaulands, Geringstlands und Unlands (vgl. § 34 Abs. 2 Nr. 2 BewG i. V. mit §§ 43 bis 45 BewG) finden entsprechende Anwendung in § 234 Abs. 3 bis 5 BewG. Dem Umstand Rechnung tragend, dass die Informationen hierzu weitgehend aus dem amtlichen Liegenschaftskataster gewonnen werden können, wurde von einer rechtlichen Definition als Wirtschaftsgüter abgesehen; vielmehr werden Abbauland, Geringstland und Unland gem. § 234 Abs. 1 Nr. 2 BewG als **Nutzungsart** qualifiziert.

Die in § 234 Abs. 6 BewG definierte **Nutzungsart Hofstelle** ist neu und als Maß- 1464/6
nahme einer (weiteren) Vereinfachung des Bewertungsverfahrens zu verstehen. Die Norm definiert die vom Grundvermögen abgegrenzten Hofstellen,

1 Vgl. A 234 Abs. 3 AEBewGrSt.

wobei sich Umfang und Ausstattung der jeweiligen Hofstelle grds. nach den Erfordernissen und der Größe der von dieser Stelle aus bewirtschafteten Flächen richten. Im Übrigen werden die Hofflächen unabhängig davon, ob sie bebaut oder unbebaut sind, dem Betrieb der LuF zugerechnet; Voraussetzung hierfür ist indes, dass sie zumindest teilweise der Bewirtschaftung der übrigen luf Flächen dienen. **Wirtschaftsgebäude**, die sich auf den Hofflächen befinden, werden mit ihren jeweiligen **Brutto-Grundflächen** – dem Grunde nach – ebenfalls der Hofstelle zugerechnet. Die Klassifizierung als Hofstelle bedingt, dass von dort aus nachhaltig Flächen bewirtschaftet werden. Im Umkehrschluss bedeutet dies, dass bei einem Wegfall der sachlichen Verflechtung zwischen bewirtschafteten Flächen und der Hofstelle ggf. zum nächsten Feststellungszeitpunkt eine anderweitige Zuordnung der Hofstelle zum Grundvermögen erfolgen muss.

1464/7 Dem bisherigen Recht folgend,[1] werden **Nebenbetriebe** nach Maßgabe des § 234 Abs. 7 BewG (die Norm entspricht § 13 Abs. 2 Nr. 1 EStG) dem Betrieb der LuF zugeordnet und gesondert erfasst. Die **Abgrenzung des Nebenbetriebs zum Gewerbebetrieb** erfolgt wie bisher den ertragsteuerlichen Grundsätzen nach R 15.5 Abs. 3 i. V. mit Abs. 11 EStR.

d) Bewertungsstichtag

1465 Die Überschrift „Bewertungsstichtag wurde durch Art. 19 Nr. 16 des Jahressteuergesetzes 2022[2] mit Wirkung vom 21.12.2022 in „Feststellungszeitpunkt“ umbenannt. Die Gesetzesbegründung führ zu § 235 BewG aus: „Der § 235 BewG regelt den Zeitpunkt, zu dem die Verhältnisse eines Betriebs der Land- und Forstwirtschaft maßgebend sind. Im alten Recht wurde der Zeitpunkt als Bewertungsstichtag betitelt. Mit dem Gesetz zur Reform der Grundsteuer- und Bewertungsrechts wurde der Zeitpunkt als Feststellungszeitpunkt definiert. In § 235 Abs. 1 und 2 BewG wird der Feststellungszeitpunkt definiert. Eine Anpassung der Überschrift ist daher erforderlich“.[3]

Der für die punktgenaue förmliche Feststellung von Grundsteuerwerten ein-
1465/1 schlägige Bewertungsstichtag – jetzt Feststellungszeitpunkt – entspricht dem Feststellungszeitpunkt und wird hinsichtlich der tatsächlichen Verhältnisse, mithin der Größe des Betriebs, des Umfangs und des Zustands der Gebäude sowie der stehenden Betriebsmittel durch § 235 Abs. 1 BewG konkretisiert. Somit

1 Siehe hierzu § 42 BewG (Einheitsbewertung) sowie § 160 Abs. 3 BewG (Grundbesitzbewertung).

2 Vgl. Art. 19 Nr. 16 JStG v. 16.12.2022, BGBl 2022 I S. 2294.

3 Vgl. für weiterführende kritische, aber m. E. nachvollziehbare Anmerkungen, Rössler/Troll/Wiegand, BewG, § 235 Rz.1, 2.

sind auch für die Bewertung eines Betriebs der LuF allgemein die Verhältnisse zum Stichtag 1.1. eines Jahres maßgebend, auch wenn in der LuF regelmäßig abweichende Wirtschaftsjahre i. S. des § 4a Abs. 1 Satz 2 Nr. 1 EStG i. V. mit § 8c EStDV existieren (A 235 Satz 1 AEBewGrSt).

Indes sieht § 235 Abs. 2 BewG bei den umlaufenden Betriebsmitteln eine Erleichterung bei Ermittlung und Abgrenzung von Überbeständen an Betriebsmitteln vor, und zwar dergestalt, dass – in Abweichung von § 221 Abs. 2, § 222 Abs. 4 Satz 2 und § 223 Abs. 2 Satz 1 BewG – aus Zweckmäßigkeitsgründen auf die Bestände zum Schluss des vorangegangenen Wirtschaftsjahres abgestellt wird. Diese Verfahrensweise ist allerdings nur für die Ermittlung der Tierbestände bei der Abgrenzung der landwirtschaftlichen von der gewerblichen Tierhaltung von praktischer Relevanz (A 235 Satz 3 AEBewGrSt). Alle stehenden und umlaufenden Betriebsmittel, die zur geordneten Bewirtschaftung des Betriebs erforderlich sind, sind im Übrigen mit dem Reinertrag abgegolten. 1465/2

e) Ertragswert als Bewertungsmaßstab

aa) Bewertungsgrundsätze

Der Bewertung eines Betriebs der LuF ist ausweislich § 236 Abs. 1 BewG der **Ertragswert als Bewertungsmaßstab** zugrunde zu legen. Diese gesetzgeberische Festlegung basiert auf der Annahme, dass der Wert eines Betriebs für Zwecke der Grundsteuer ausschließlich vom Ertrag bestimmt wird. Dabei geht der Gesetzgeber davon aus, dass der Eigentümer den zu bewertenden Betrieb der LuF behält, fortlaufend nutzt und hieraus Erträge erzielt. Mithin ist Sinn und Zweck des Ertragswertansatzes, außerlandwirtschaftliche Faktoren auszuscheiden, die sich zwar auf den Veräußerungspreis eines Betriebs auswirken, jedoch in keinem ökonomischen Zusammenhang mit der objektiven Ertragsfähigkeit einer luf Urproduktion stehen. 1466

Zu beachten ist, dass vor dem Hintergrund einer **typisierenden Bewertung der Wirtschaftsgüter** i. S. von § 232 Abs. 3 BewG mittels **Kapitalisierung des Reinertrags** nicht auf das individuell durch den LuF erwirtschaftete tatsächliche Betriebsergebnis abzustellen ist, vielmehr auf den **gemeinhin und nachhaltig erzielbaren Reinertrag eines pacht- und schuldenfreien Betriebs** mit entlohnten fremden Arbeitskräften (§ 236 Abs. 2 Satz 1 BewG). In diesem Kontext ist nicht auf Muster- oder Spitzenbetriebe, sondern auf durchschnittliche Betriebsergebnisse abzustellen, die anhand der gesetzlich normierten Gliederung eines Betriebs üblicherweise erzielt werden.[1]

1 Wiegand, NWB 2022 S. 517, 526.

Dies wird durch die Differenzierung der einzelnen Nutzungen sowie Nutzungsarten, die Berücksichtigung der dafür jeweils maßgebenden Bewertungsfaktoren und den hierfür jeweils gesondert ermittelten Reinertrag erreicht. Damit wird eine relationsgerechte Abbildung aller Wirtschaftsgüter innerhalb des land- und forstwirtschaftlichen Vermögens gewährleistet. Das Bewertungsverfahren typisiert die regelmäßig vorliegende Selbstbewirtschaftung der Flächen oder des Betriebs im Wege einer Betriebsfortführung. Unter ökonomischen Gesichtspunkten wird mit dem Ertragswert eine relationsgerechte Abbildung der Vermögensart land- und forstwirtschaftliches Vermögen für Zwecke der Grundsteuer sichergestellt.[1]

bb) Methodik der Wertermittlung

1466/1 Der **Reinertrag** ist ausgehend vom **Betriebseinkommen**, das die Entlohnung der Produktionsfaktoren Boden, Kapital und Arbeit umfasst, zu ermitteln (§ 236 Abs. 2 Satz 2 BewG). In Abzug zu bringen sind der tatsächliche **Lohnaufwand** für die entlohnten Arbeitskräfte sowie ein angemessener **Lohnansatz für die Tätigkeit des Betriebsleiters** und ggf. seiner mitarbeitenden Familienangehörigen. Darüber hinaus sind alle wesentlichen Umstände, die auf den Wirtschaftserfolg Einfluss nehmen oder von denen die Verwertung der gewonnenen Erzeugnisse abhängig ist, zu berücksichtigen (§ 236 Abs. 2 Satz 3 BewG).

1466/2 Zwecks Herstellung einer Vergleichbarkeit mit der Gewerbesteuer ist von Gesetzes wegen zu unterstellen, dass der Betrieb der LuF schuldenfrei und mit einem für die ordnungsgemäße, gemeinhin übliche Bewirtschaftung **notwendigen Bestand an Wirtschaftsgebäuden und Betriebsmitteln** ausgerüstet ist. Vor diesem Hintergrund stellt sich die (grundsätzliche) **Ermittlung des Reinertrags schematisch** wie folgt dar:

Durchschnittliches Betriebseinkommen der Betriebe
geteilt durch die durchschnittlich bewirtschaftete Landwirtschaftsfläche (LF) in Hektar
= Betriebseinkommen/ha LF
abzgl. Lohnaufwand für fremde Arbeitskräfte/ha LF
abzgl. angemessener Lohnansatz für Betriebsleiter und nicht entlohnte AK/ha LF
abzgl. anteiliger Reinertrag für die Wirtschaftsgebäude/ha LF
= anteiliger Reinertrag des Grund und Bodens (einschl. der luf Betriebsmittel/ha LF)

1 BT-Drucks. 19/11085 S. 85.

f) Ermittlung des Ertragswerts – Grundlagen und Vorgehensweise

Die zur realitätsgerechten Abbildung der nachhaltigen Ertragsfähigkeit eines Betriebs der LuF erforderlichen Reinerträge sind für jede Nutzung bzw. Klassifizierung i. S. des § 234 Abs. 1 BewG gesondert aus den Erhebungen gem. § 2 des Landwirtschaftsgesetzes abzuleiten (§ 236 Abs. 3 Satz 1 BewG). Bei Ermittlung des jeweiligen Reinertrags ist also auf die beim zuständigen Bundesministerium geführten repräsentativen Buchführungsergebnisse – sog. Testbetriebsnetz – abzustellen (A 236 Abs. 2 Satz 4 AEBewGrSt). Nach der Vorgabe des § 236 Abs. 3 Satz 2 BewG ist dabei für jede Klassifizierung der **durchschnittliche Wert der letzten zehn vorliegenden Wirtschaftsjahre** zu ermitteln; diese Wirtschaftsjahre müssen vor dem Hauptfeststellungsstichtag (aktuell: 1.1.2022) geendet haben. Die Datenerhebung erfolgt für jedes Wirtschaftsjahr der zehnjährigen Periode gesondert und wird anschließend zu einem Durchschnitt zusammengefasst. 1467

Nach neuem Recht wird unmittelbar für jede Nutzung, jeden Nutzungsteil und jede Nutzungsart ein Reinertrag ermittelt. Die neue Rechtslage unterstellt, dass der Reinertrag der gesondert zu bewertenden Nutzungen das jeweilige Ertragswertpotenzial des bewirtschafteten Grund und Bodens abbildet und mit dessen Ansatz die hierfür unmittelbar erforderlichen Betriebsmittel ideell abgegolten werden. Dabei kommt es entsprechend dem Charakter einer objektiven Flächenbewertung zunächst nicht darauf an, ob der Eigentümer oder der Pächter den Grund und Boden selbst bewirtschaftet.

Auf die Unterscheidung zwischen aktiv wirtschaftenden Betrieben einschließlich etwaiger Ertragswertsteigerungen durch Zupachtflächen einerseits und Stückländereien sowie verpachteten Betrieben einschließlich etwaiger Ertragswertminderungen andererseits sowie den damit verbundenen Abgrenzungsschwierigkeiten und Korrekturrechnungen bei besonders intensiven Nutzungen wird deshalb verzichtet. Dennoch wird den im bisherigen Recht berücksichtigten Umständen dem Grunde nach auf vereinfachte Weise dadurch Rechnung getragen, dass die typischerweise von aktiv wirtschaftenden Betrieben unterhaltenen Hofstellen eigenständig bewertet werden. Durch die gesonderte Erfassung von Viehzuschlägen oder die Bewertung von Wirtschaftsgebäuden ganz bestimmter Nutzungen werden weitere ertragswertsteigernde Umstände ersatzweise pauschal erfasst, die wesentlich und fachlich unbestritten sind.[1]

1 BT-Drucks. 19/11085 S. 99.

Nach § 236 Abs. 4 BewG ermittelt sich der **Ertragswert** aus dem **18,6-fachen des Reinertrages**, den der Betrieb der LuF gemäß seiner wirtschaftlichen Bestimmung im Durchschnitt der Jahre nachhaltig erbringen kann. Für diesen Zweck ist die Summe der Reinerträge der jeweiligen Nutzungen, Nutzungsteile, Nutzungsarten und der Nebenbetriebe zu ermitteln und zu kapitalisieren (A 236 Abs. 3 AEBewGrSt). Der **Kapitalisierungsfaktor** unterstellt dabei eine **immerwährende Verzinsung der Reinerträge von 5,5 %.**[1]

6. Bewertung des land- und forstwirtschaftlichen Vermögens – Wertfindung einschließlich Zuschlagssystematik

a) Bewertungsmethode

aa) Grundsatzaussagen

1468 Die für die eigentliche Bewertung der wirtschaftlichen Einheit des **Betriebs der LuF** relevanten Normen sind in § 237 Abs. 1 bis 8 BewG verortet. So bestimmt § 237 Abs. 1 Satz 1 BewG, dass die **Bewertung** eines Betriebs der LuF jeweils **gesondert nach Nutzungen, Nutzungsarten und Nebenbetrieben** erfolgt. Zu diesem Zweck werden – grds. – die jeweiligen **Eigentumsflächen** des zu bewertenden Betriebs der LuF mit dem nach **§ 236 BewG i. V. mit Anlagen 27 bis 32 zum BewG**[2] ermittelten standardisierten Reinertrag – Bewertungsfaktor – multipliziert. Aus dem Produkt der beiden vorgenannten Größen resultiert der Flächenwert. Aus der Summe aller Flächenwerte resultiert der Reinertrag einer Nutzung, eines Nutzungsteils und einer Nutzungsart sowie der Nebenbetriebe. Demgegenüber ermittelt sich der Reinertrag für die sonstigen luf Nutzungen, für die kein Bewertungsfaktor festgelegt worden ist, über die Wirtschaftsgebäude durch die Multiplikation der Bruttogrundfläche mit dem Zwölffachen des Wertes der Anlage 31 zum BewG für den dazu gehörenden Grund und Boden nach § 237 Abs. 8 BewG; vgl. hierzu A 237.1 Abs. 1 Satz 5 AEBewGrSt. Die beschriebene gesetzlich normierte Verfahrensweise trägt dem Umstand Rechnung, dass mögliche Tätigkeiten eines LuF nicht gleichermaßen in allen Betrieben der LuF anzutreffen sind.

1 Zur deckungsgleichen Kapitalisierung des Reinertrags bei der erbschaft- und schenkungsteuerlichen Grundbesitzbewertung des luf Vermögens s. a. § 163 Abs. 11 BewG.

2 Aktualisiert durch Verordnung zur Neufassung der Anlagen 27 bis 33 des Bewertungsgesetzes v. 29.6.2021 (BGBl 2021 I S. 2290).

bb) Ausnahmeregelung in Fällen der Nutzungsüberlassung

Da im reformierten grundsteuerlichen Bewertungsrecht dem Grunde nach **keine Unterscheidung zwischen aktiv wirtschaftenden Betrieben, verpachteten Betrieben und Stückländereien** getroffen wird, geht mit der Bewertung der Höhe nach eine weitere wesentliche Verfahrensvereinfachung einher, die auf § 237 Abs. 1 Satz 2 BewG zurückzuführen ist. Die Bewertung der wirtschaftlichen Einheit „Betrieb der LuF" erfolgt ausschließlich über die dem zivilrechtlichen bzw. wirtschaftlichen **Eigentümer** zuzurechnenden Flächen, ungeachtet dessen, ob der LuF diese Flächen im Rahmen seines aktiv wirtschaftenden Betriebs bewirtschaftet oder ob diese einem anderen aktiv wirtschaftenden Betrieb dienen oder zur Nutzung überlassen sind (A 237.1 Abs. 2 Satz 1 AEBewGrSt). Wegen des nachhaltig erzielbaren Reinertrags gilt diese Aussage auch für den Fall, dass die Flächen am Feststellungszeitpunkt nur **vorübergehend nicht bewirtschaftet** werden oder einer entsprechenden **Stilllegungsverpflichtung** unterliegen. Vor diesem Hintergrund müssen beim Rückgriff auf den Ertragswert als Bewertungsmaßstab diejenigen Wirtschaftsgüter, die dem Eigentümer des Grund und Bodens nicht gehören, jedoch den Ertrag eines Betriebs beeinflussen, der wirtschaftlichen Einheit zugerechnet, d. h. grds. mit den in den Anlagen 27 bis 32 zum BewG gesetzlich normierten Reinerträgen miterfasst werden; dies gilt auch für Fälle, in denen ein Nießbrauch an einem Betrieb der LuF besteht. Eine Ausnahme hiervon besteht bei verstärkter Tierhaltung i. S. des § 238 Abs. 1 Nr. 1 BewG i. V. mit Anlage 27 zum BewG (A 237.1 Abs. 2 Satz 4 AEBewGrSt). Diese Verfahrensweise führt zwar im Ergebnis zu einer **Durchbrechung des Eigentümerprinzips** nach § 2 Abs. 2 BewG; indes entspricht dies allerdings dem bisherigen Rechtsgedanken des § 34 Abs. 4 BewG (vgl. hierzu § 266 Abs. 5 BewG), wonach die Wirtschaftsgüter ideell zugerechnet und bewertet werden. Ein Novum ist, dass die einem Eigentümer nicht gehörenden Betriebsmittel sich expressis verbis auf die jeweiligen luf Eigentumsflächen erstrecken und damit fiktiv abgegolten werden. Mithin ist es unerheblich, ob der Eigentümer die Flächen tatsächlich selbst bewirtschaftet oder diese zur Nutzung überlässt. 1468/1

A 237.1 AEBewGrSt wurde durch einen 3. Absatz ergänzt. Danach richtet sich die Bewertung von Flächen, auf denen Agri-Fotovoltaik-Anlagen (DIN SPEC 91434) stehen, nach der jeweiligen prägenden Nutzung der zugrunde liegenden (Kategorie I) bzw. im Umgriff befindlichen (Kategorie II) land- und forstwirtschaftlichen Flächen. Die aufstehenden Agri-Fotovoltaik-Anlagen sind mit diesem Flächenwert abgegolten (s. auch Rz. 1463/1).[1]

1 Vgl. A 237. 1 Abs. 3 AEBewGrSt LuF 2025.

b) Bewertung der Nutzungen

aa) Landwirtschaftliche Nutzung

1469 Die **landwirtschaftliche Nutzung** umfasst alle Wirtschaftsgüter, die einer Tätigkeit im Ackerbau, Futterbau oder der Veredlung nach Maßgabe des § 241 BewG – Tierbestände – dienen. Die Bewertung der landwirtschaftlichen Nutzung erfolgt auch im reformierten grundsteuerlichen Bewertungsrecht unter Berücksichtigung der Ergebnisse der **Bodenschätzung.**[1] Vor diesem Hintergrund ist die **Einstufung in Acker- oder Grünland** gem. § 14 BodSchätzG im amtlichen Liegenschaftskataster zur Berechnung der Ertragsmesszahlen nachzuweisen. Der bisherigen Abgrenzung bei der Ermittlung der Einheits- und Ersatzwirtschaftswerte folgend, gehören der Anbau von **Hopfen und Spargel nicht zur landwirtschaftlichen Nutzung**, sondern zu den übrigen land- und forstwirtschaftlichen Nutzungen (§ 242 Abs. 1 Nr. 1 BewG). Zur Berücksichtigung von Hopfen und Spargel bei der Ermittlung der maßgeblichen Fläche zur Abgrenzung der landwirtschaftlichen von der gewerblichen Tierhaltung, vgl. A 241 Abs. 3 AEBewGrSt LuF 2025. Indes sind Flächen, die dem Anbau von Tabak und als Produktionsgrundlage für die Saatzucht dienen, der landwirtschaftlichen Nutzung zuzurechnen (A 237.2 Abs. 1 Satz 3 AEBewGrSt). Die Randstreifen eines Feldes, Grenzraine, Feldraine bzw. Ackerraine sind in die landwirtschaftliche Nutzung einzubeziehen, soweit sie nicht zu einer anderen Nutzung gehören (A 237.2 Abs. 1 Satz 4 AEBewGrSt LuF 2025).

Nach § 237 Abs. 2 Satz 1 BewG ermittelt sich der Reinertrag der landwirtschaftlichen Nutzung aus der Summe der Flächenwerte des zu bewertenden Betriebs. Der jeweilige Flächenwert resultiert nach § 237 Abs. 2 Satz 2 BewG aus der im Kataster ausgewiesenen amtlichen Flächengröße einer als landwirtschaftlich zu klassifizierenden Fläche des Betriebsinhabers und den Bewertungsfaktoren gem. Anlage 27 zum BewG unter Berücksichtigung der Ertragsmesszahl (Grundbetrag/Ar 2,52 €; 0,041 €/EMZ). Die Ertragsmesszahl ist in § 9 BodSchätzG definiert und das Produkt einer Fläche in Ar und der ermittelten Acker- oder Grünlandzahl. Aus Vereinfachungsgründen kann in allen Fällen, in denen im Liegenschaftskataster keine Ertragsmesszahlen nachgewiesen werden, die durchschnittliche Ertragsmesszahl der Gemarkung angesetzt werden (A 237.2 Abs. 3 Satz 3 AEBewGrSt).

---

1 Siehe hierzu bereits Eisele, Neufassung des Bodenschätzungsgesetzes durch das JStG 2008 – Gesetz zur Schätzung des landwirtschaftlichen Kulturbodens, NWB 2008 S. 2349. Vgl. hierzu auch die Verwaltungsrichtlinien zum Gesetz zur Schätzung des landwirtschaftlichen Kulturbodens (VR BodSchätzG) v. 22.9.2021 (BStBl 2021 I S. 1767).

PRAXISHINWEIS:

Ackerland und Grünland werden zukünftig als **landwirtschaftliche Nutzung** zusammengefasst. Damit entfällt eine „nutzungsspezifische", getrennte Angabe und Berechnung der jeweiligen Flächengrößen sowie der Ertragsmesszahlen [EMZ] für das Acker- und Grünland.

Die Bewertung der landwirtschaftlichen Nutzung über die Bewertungsfaktoren Grundbetrag und Ertragsmesszahl ist deshalb von der im Kataster ausgewiesenen amtlichen Flächengröße abhängig und muss folgerichtig für jede Fläche gesondert ermittelt werden. Die summierten Ergebnisse aus der Vervielfältigung der jeweiligen Eigentumsflächen des Betriebs mit deren individuell ermitteltem Reinertrag ergeben den zu kapitalisierenden Reinertrag der landwirtschaftlichen Nutzung. Wirtschaftsgebäude und weitere den Ertragswert steigernde Betriebsmittel werden nach § 237 Abs. 8 und 9 BewG erfasst.[1]

Auszug aus Anlage 27 (zu § 237 Abs. 2 BewG)

Bewertungsfaktoren	Bezugseinheit	in €
Grundbetrag	pro Ar	2,52
Ertragsmesszahl	pro Ertragsmesszahl (Produkt aus Acker-/Grünlandzahl und Ar)	0,041

BEISPIEL Landwirtschaftliche Nutzung:[2]

Landwirt L ist in NRW Eigentümer zweier Grundstücke, die der landwirtschaftlichen Nutzung zuzuordnen sind. Die Grundstücksinformationen Gemarkungs-Nr., Gemarkung, Flur und Flurstück ergeben sich aus dem „Flächennachweis Bewertung". Flurstück 53 ist 114,81 Ar groß und mit 5281 EMZ bewertet; Flurstück 2 hat eine Größe von 142,27 Ar und hat 5833 EMZ.

Bewertungsfaktoren Flur 25, Flurstück 53		
Grundbetrag	114,81 Ar × 2,52	= 289,32 €
Ertragsmesszahl [EMZ]	5.281 × 0,041	= 216,52 €
Flächenwert der landwirtschaftlichen Nutzung		= 505,84 €

1 BT-Drucks. 19/11085 S. 104.

2 Müller in Grootens, BewG, § 237 Rz. 35 ff.

Bewertungsfaktoren Flur 28, Flurstück 2		
Grundbetrag	142,27 Ar × 2,52	= 358,52 €
Ertragsmesszahl [EMZ]	5.833 × 0,041	= 239,15 €
Flächenwert der landwirtschaftlichen Nutzung		= 597,67 €
Reinertrag des Betriebs		
Summe der Flächenwerte = Reinertrag der landwirtschaftlichen Nutzung		**= 1.103,51 €**

Soweit in einem Betrieb der Land- und Forstwirtschaft ertragswertsteigernde Verhältnisse wegen einer **übernormalen Tierhaltung** vorliegen, sind diese gem. § 238 Abs. 1 Nr. 1 BewG zusätzlich bei der landwirtschaftlichen Nutzung als Zuschlag wegen verstärkter Tierhaltung zu erfassen.

bb) Forstwirtschaftliche Nutzung

1469/1 Zur forstwirtschaftlichen Nutzung rechnen alle Wirtschaftsgüter, die der **Erzeugung und Gewinnung von Rohholz** zu dienen bestimmt sind. Zum Grund und Boden der forstwirtschaftlichen Nutzung gehören insbesondere alle Flächen, die dauernd der Rohholzerzeugung zu dienen bestimmt sind, d. h. der **Holzboden** und die **Nichtholzbodenflächen**. Darüber hinaus gehören zur Holzbodenfläche auch Waldwege, Schneisen und Schutzstreifen, wenn ihre Breite einschließlich der Gräben 5 m nicht übersteigt, sowie vorübergehend nicht bestockte Flächen, die sog. **Blößen** (A 237.3 Abs. 2 Satz 2 AEBewGrSt). Demgegenüber gehören zur Nichtholzbodenfläche die dem **Transport und der Lagerung** des Holzes dienenden Flächen, wenn sie nicht zur Holzbodenfläche gerechnet werden. **Flächen der Saat- und Pflanzenkämpe** und der **Samenplantagen**, werden nach neuem Recht nicht mehr der forstwirtschaftlichen Nutzung zugerechnet, sondern in der gärtnerischen Nutzung im Nutzungsteil Baumschulen bewertet. Eine Erfassung als Nebenbetrieb scheidet aus (A 237.9 Abs. 3 Satz 1 und 2 AEBewGrSt LuF 2025). In der Flur oder im bebauten Gebiet gelegene (bodengeschätzte) Flächen, die mit einzelnen Baumgruppen, Baumreihen oder mit Hecken bestockt sind, gehören nicht zur forstwirtschaftlichen Nutzung. Entsprechendes gilt für Baumschulen oder Weihnachtsbaumkulturen. Vgl. hierzu A 237.3 Abs. 1 Satz 5 AEBewGrSt. Des Weiteren gehören zur forstwirtschaftlichen Nutzung die im Rahmen dessen anfallenden Nebennutzungen, die Wirtschaftsgebäude und die Betriebsmittel. Der Zurechnung zum forstwirtschaftlichen Vermögen unterfallen auch Wildäcker und Wildwiesen, soweit diese nicht zur landwirtschaftlichen Nutzung oder zum Geringstland gehören (A 237.3 Abs. 1 Satz 4 AEBewGrSt).

Gemäß § 237 Abs. 3 Satz 1 BewG ermittelt sich der **Reinertrag** der forstwirtschaftlichen Nutzung aus der Summe der Flächenwerte des zu bewertenden Betriebs. Der jeweilige Flächenwert ergibt sich nach § 237 Abs. 3 Satz 2 BewG aus der Flächengröße einer als forstwirtschaftlich zu klassifizierenden Fläche des Betriebsinhabers und den gegendüblichen **Bewertungsfaktoren** gem. **Anlage 28 zum BewG**, die sich **auszugsweise** wie folgt darstellt:

Bewertungsfaktor für Wuchsgebiet		***in EUR/ha***
43	***Niederrheinische Bucht***	*68,27*
44	***Nordwesteifel***	*135,51*
45	***Ost Eifel***	*99,15*
46	***Mittelrheintal***	*62,52*
47	***Westerwald***	*112,73*

Die **„gegendüblichen" Bewertungsfaktoren** bestimmen sich nach den forstwirtschaftlichen **Wuchsgebieten** und deren Baumartenanteilen nach der zuletzt vor dem Hauptfeststellungszeitpunkt gem. § 41a des Bundeswaldgesetzes durchgeführten Bundeswaldinventur (§ 237 Abs. 3 Satz 3 BewG).[1]

BEISPIEL Eine der forstwirtschaftlichen Nutzung zuzurechnende Waldfläche mit der Flurstücknummer 4420/9 ist 5,0 ha groß und liegt im Westerwald. Eine weitere Fläche mit der Flurstücksnummer 3210/1 ist 10,0 ha groß und liegt in der angrenzenden Niederrheinischen Bucht.

Bewertungsfaktoren Flurstück 4420/9		
Wuchsgebiet Westerwald	5,00 ha × 112,73 €	= 563,65 €
Flächenwert der forstwirtschaftlichen Nutzung		**= 563,65 €**
Bewertungsfaktoren Flurstück 3210/1		
Wuchsgebiet Niederrheinische Bucht	10,00 ha × 68,27 €	= 682,70 €
Flächenwert der forstwirtschaftlichen Nutzung		**= 682,70 €**
Ermittlung der Reinerträge des Betriebs		
Summe der Flächenwerte = Reinertrag der forstwirtschaftlichen Nutzung		**= 1.246,35 €**

1 Beispiel (aktualisiert) nach Wiegand in Eisele/Wiegand, Grundsteuerreform 2022/2025, Herne 2020, S. 39.

Forstwirtschaftliche Flächen in **Naturschutzgebieten** mit **weitgehenden Bewirtschaftungsbeschränkungen, die mithin eine nachhaltige forstwirtschaftliche Nutzung ausschließen,** werden – in Abweichung von obigen Ausführungen – wie **Geringstland** bewertet, wenn dies katastermäßig nachgewiesen ist. Vgl. hierzu § 237 Abs. 3 Satz 4 BewG. In diese Kategorie fallen Flächen der forstwirtschaftlichen Nutzung, für die im Liegenschaftskataster die Information „Nationalpark Zone I" geführt wird (A 237.3 Abs. 3 Satz 3 AEBewGrSt).

Die Bewertung einer vorhandenen Nutzungsart Hofstelle und der ggf. vorhandenen Nebenbetriebe erfolgt nach § 237 Abs. 8 BewG und § 238 Abs. 1 Nr. 3 BewG i. V. mit A 237.3 Abs. 3 Satz 5 AEBewGrSt.

cc) Weinbauliche Nutzung

1469/2 Alle Wirtschaftsgüter, die der **Erzeugung von Trauben und der Gewinnung von Maische, Most und Wein aus diesen Trauben** sowie der **Lagerung und Vermarktung** dienen, rechnen zur weinbaulichen Nutzung. Zum Grund und Boden der weinbaulichen Nutzung gehören alle **Ertragsrebflächen**, weinbauwürdige, aber vorübergehend nicht bestockte Flächen sowie die noch nicht ertragsfähigen Jungfelder; vgl. hierzu auch A 237.4 Abs. 2 Satz 1 AEBewGrSt. Die **Wirtschaftsgebäude** umfassen alle Gebäude und Gebäudeteile, die der Gewinnung, dem Ausbau und der Lagerung der Erzeugnisse dienen. Bei Betrieben, die die erzeugten Trauben zu Fass- und Flaschenweinen ausbauen, gehören die gesamten Vorräte an Fass- und Flaschenwein zum normalen Bestand an umlaufende Betriebsmittel (A 237.4 Abs. 1 Satz 3 AEBewGrSt).

Ausweislich A 237.4 Abs. 2 Satz 2AEBewGrSt sind sog. Rebmuttergärten und Rebschulen – entgegen der bisherigen Verfahrensweise bei der Einheitsbewertung – dem Nutzungsteil Baumschulen der gärtnerischen Nutzung zuzuordnen; siehe hierzu auch A 237.9 Abs. 3 AEBewGrSt. Indes sind in die Weinbaulage eingesprengte Flächen anderer Nutzungen der weinbaulichen Nutzung zuzurechnen, wenn sie nur vorübergehend nicht weinbaulich genutzt werden. Hingegen sind ehemalige Weinbauflächen, die brachliegen und bei denen zukünftig nicht mehr mit einer luf Nutzung zu rechnen ist, nach den jeweiligen Verhältnissen als Geringstland zu klassifizieren.

Nach Maßgabe des § 237 Abs. 4 Satz 1 BewG ermittelt sich der **Reinertrag** der weinbaulichen Nutzung aus der Summe der Flächenwerte des zu bewertenden Betriebs. Der jeweilige Flächenwert ergibt sich nach § 237 Abs. 4 Satz 2 BewG aus der Flächengröße einer als weinbaulich zu klassifizierenden Fläche des Betriebsinhabers und dem **Bewertungsfaktor** aus der **Verwertungsform Traubenerzeugung** gem. **Anlage 29 zum BewG**, die sich wie folgt darstellt:

Bewertungsfaktor für	***Flächeneinheit***	***in EUR***
Traubenerzeugung	*pro Ar*	*11,70*

Die Einführung des Flächenprinzips des Bewertungsgesetzes für die weinbauliche Nutzung trägt dem Umstand Rechnung, dass für die unterschiedlichen Verwertungsformen Traubenerzeuger, Fassweinerzeuger und Flaschenweinerzeuger keine Lagenvergleichszahlen ermittelt wurden. Zudem wird mit der gesetzlichen Fixierung der Verwertungsform „Traubenerzeugung" eine grundlegende Vereinfachung des Bewertungsverfahrens verfolgt, da die Weinbauflächen katastermäßig erfasst sind und die Bewertung der nämlichen Flächen weitgehend automatisiert erfolgen kann.[1]

Hinsichtlich des Wegfalls der bisherigen Verwertungsformen „ausbauender Betrieb mit Fassweinerzeugung" und „ausbauender Betrieb mit Flaschenweinerzeugung" ist die kompensatorische Wirkung zu beachten, die in diesen Fällen durch die Erfassung einer regelmäßig vorhandenen Hofstelle gem. § 237 Abs. 8 BewG herbeigeführt wird. Auch die Bewertung von Nebenbetrieben (A 237.24 AEBewGrSt) erfolgt gesondert. Zudem ist auf die Zuschläge nach Maßgabe des § 238 Abs. 1 Nr. 3 BewG hinzuweisen. Die nach A 237.4 Abs. 1 AEBewGrSt zur weinbaulichen Nutzung gehörenden Wirtschaftsgebäude – mit Ausnahme der Wirtschaftsgebäude der Fass- und Flaschenweinerzeugung – sind über die erforderliche Zuordnung der zugehörigen Grund- und Bodenfläche zur Fläche der Nutzungsart Hofstelle abgegolten, so A 237.4 Abs. 3 Satz 3 AEBewGrSt.

dd) Gärtnerische Nutzung

Die gärtnerische Nutzung umfasst alle Wirtschaftsgüter, die den **Nutzungsteilen Gemüsebau (A 237.6 AEBewGrSt), Blumen- und Zierpflanzenbau (A 237.7 AEBewGrSt), Obstbau (A 237.8 AEBewGrSt) sowie Baumschulen** (A 237.9 AEBewGrSt) dauernd zu dienen bestimmt sind; vgl. A 237.5 Abs. 1 Satz 1 AEBewGrSt. In der Folge sind die Flächen für den Gemüsebau, den Blumen- und Zierpflanzenbau, den Obstbau und die Baumschulen gesondert zu ermitteln. Dabei ist die weitere Aufteilung der Flächen in **Freiland** und **Flächen unter Glas und Kunststoffen** zu beachten. Die Größe der Flächen bestimmt sich nach den Verhältnissen am Feststellungszeitpunkt. Für die Zurechnung der Flächen zur gärt- 1469/3

1 Wiegand, NWB 2022 S. 517, 530.

nerischen Nutzung und zu den Nutzungsteilen in A 237.5 Abs. 1 AEBewGrSt LuF 2025 Buchst. a bis d im Rahmen der gesetzlichen Klassifizierung sind die Anbauverhältnisse in dem Zeitraum des Jahres vor dem Feststellungszeitpunk maßgeblich, in dem die Flächen sichtbar als Standraum für Pflanzenbestände dienen. In diesem Zeitraum ist der Besatz an Kulturpflanzen z. B. bei einer Begehung oder auf Luftbildern überprüfbar. Dieses sind regelmäßig folgende Zeiträume:

- in den Nutzungsteilen Gemüsebau sowie Blumen- und Zierpflanzenbau um den 30.6. des Jahres vor dem Feststellungszeitpunkt,
- im Nutzungsteil Baumschulen um den 30.9. des Jahres vor dem Feststellungszeitpunkt nach den Anpflanzungen und vor den Rodungen.[1]

1469/4 Zu den Flächen unter Glas und Kunststoffen gehören insbesondere folgende überbaute Flächen:

1. Gewächshäuser (z. B. Breitschiff-, Venlo- und Folienhäuser);
2. Begehbare Folientunnel, wenn deren Bogenkonstruktion im Erdboden verankert ist;
3. Andere Kulturräume (z. B. Treibräume)
4. Konstruktionen, die der Ertragssteigerung dienen (z. B. Kirsch- und Himbeerdächer).

Dagegen gehören **nicht** zu den Flächen unter Glas und Kunstoffen Konstruktionen, die nur der **Ertragssicherung** dienen, wie z. B. Hagelschutznetze, Beschattungsgestelle/-netze und Frostbedachungen. Die Größe der Flächen unter Glas und Kunststoffen bemisst sich in der Regel nach der Größe der überdachten Fläche einschließlich ggf. vorhandener Umfassungswände, d. h. gemessen von Außenkante zu Außenkante (vgl. A 237.5 Abs. 3 AEBewGrSt LuF 2025).

1469/5 Dem Nutzungsteil Gemüsebau sind der Anbau und die Erzeugung von Kulturpflanzen zuzurechnen, die ganz oder in Teilen der menschlichen Ernährung dienen, sofern es sich nicht um den Anbau von Erzeugnissen der landwirtschaftlichen Nutzung, um Obstbau oder um Sondernutzungen (A 237.11 AEBewGrSt) handelt. Dem Nutzungsteil Blumen- und Zierpflanzenbau sind insbesondere der Anbau und die Erzeugung von Schnittblumen, Zimmerpflanzen, Beet- und Balkonpflanzen sowie Stauden zuzurechnen. Hierzu gehören auch die Gewinnung von **Schmuckreisig** und **Bindegrün** sowie die Produktion von **Rollrasen** oder **Vegetationsmatten**. Im Einzelnen siehe hierzu auch A 237.7 Abs. 1 AEBewGrSt.

1 Vgl. A 237.5 Abs. 2 AEBewGrSt LuF 2025.

Dem Nutzungsteil Obstbau sind der Anbau und die Erzeugung von Baumobst, Strauchbeerenobst und Erdbeeren sowie sonstige Obstarten zuzurechnen, wenn weder eine regelmäßige Unternutzung als Ackerland oder Grünland noch eine anderweitige gärtnerische Nutzung vorliegt. Die extensive Form des Obstbaus in Form einer **Streuobstwiese** oder eines **Streuobstackers**, die durch eine Unternutzung der vorhandenen Hochstämme geprägt ist, wird der landwirtschaftlichen Nutzung zugerechnet. Im Einzelnen siehe hierzu auch A 237.8 Abs. 1 AEBewGrSt. Dem Nutzungsteil Baumschulen sind der Anbau und die Erzeugung von Baumschulkulturen in Form von Gehölzen und Forstpflanzen zuzurechnen. Dazu gehört insbesondere die Anzucht von Nadel- und Laubgehölzen, Rhododendren, Azalleen sowie von Obstgehölzen einschließlich Beerenobststräuchern. Zum **Nutzungsteil Baumschulen** gehören auch forstliche **Saatkämpe sowie Rebmuttergärten** und **Rebschulen** (A 237.9 Abs. 3 Satz 1 AEBewGrSt).

Nach Maßgabe des § 237 Abs. 5 Satz 1 BewG ermittelt sich der **Reinertrag** der gärtnerischen Nutzung nach den in § 234 Abs. 1 Nr. 1 Buchst. d Doppelbuchst. aa bis dd festgelegten Nutzungsteilen. Der Reinertrag eines Nutzungsteils resultiert gem. § 237 Abs. 5 Satz 2 BewG aus der Summe der Flächenwerte des Nutzungsteils im zu bewertenden Betrieb. Der jeweilige Flächenwert ergibt sich nach § 237 Abs. 5 Satz 3 BewG aus der Flächengröße einer als gärtnerisch zu klassifizierenden Fläche des Betriebsinhabers und den nach Nutzungsteilen niedergelegten **Bewertungsfaktoren** gem. **Anlage 30 zum BewG**, die sich **auszugsweise** wie folgt darstellt:

Nutzungsteil Blumen-/Zierpflanzenbau		
Bewertungsfaktor für	***Flächeneinheit***	***in EUR***
Flächen im Freiland	*pro Ar*	*27,60*
Nutzungsteil Obstbau		
Bewertungsfaktor für	***Flächeneinheit***	***in EUR***
Flächen im Freiland	*pro Ar*	*9,53*

BEISPIEL Gärtnerische Nutzung und Landwirtschaft:[1]

Landwirt L ist Eigentümer folgender Grundstücke: Eine grundsätzlich der gärtnerischen Nutzung dienende Ackerfläche mit der Katasterbezeichnung Flur 8, Flurstück 15, ist 200 Ar groß und die Summe der Ertragsmesszahlen [EMZ] beträgt 10.000 EMZ. Auf der Fläche werden im Wechsel Kopfkohl und Getreide (Weizen, Gerste, Hafer, Triticale) angebaut; es besteht keine Bewässerungsmöglichkeit. Auf dem Flurstück 14 mit einer Größe von 300 Ar stehen auf 100 Ar Blumen zum Selbstpflücken; 200 Ar dienen dem

1 Beispiel aktualisiert nach Müller in Grootens, BewG, § 237 Rz. 56.

Blumen- und Zierpflanzenbau unter Glas/Kunststoffen. Die Fläche Flurstück 10 hat eine Größe 300 Ar und dient dem Erdbeeranbau.

Bewertungsfaktoren Flur 8, Flurstück 15		
Grundbetrag	200,00 Ar × 2,52	= 504,00 €
Ertragsmesszahl [EMZ]	10.000 × 0,041	= 410,00 €
Flächenwert der landwirtschaftlichen Nutzung		**= 914,00 €**
Bewertungsfaktoren Flur 8, Flurstück 14		
Nutzungsteil Blumen- und Zierpflanzenbau	100 Ar × 27,60	= 2.760,00 €
Nutzungsteil Blumen- und Zierpflanzenbau unter Glas/Kunststoffen	200 Ar × 92,75* Grundbetrag = 27,60 + Zuschlag = 65,15 *Bewertungsfaktor = 92,75	= 18.550,00 €
Flächenwert des Nutzungsteils Blumen- und Zierpflanzenbau		**= 21.310,00 €**
Bewertungsfaktoren Flur 8, Flurstück 1		
Nutzungsteil Obstbau	300 Ar × 9,53	= 2.859,00 €
Flächenwert des Nutzungsteils Obstbau		**= 2.859,00 €**
Ermittlung der Reinerträge des Betriebs		
Summe der Flächenwerte = Reinertrag der landwirtschaftlichen Nutzung		**914,00 €**
Summe der Flächenwerte = Reinertrag der gärtnerischen Nutzung		**= 24.169,00 €**

Abweichend von obigen Grundsätzen wird der Nutzungsteil Gemüsebau als landwirtschaftliche Nutzung bewertet, wenn im jährlichen Wechsel landwirtschaftliche und gärtnerische Erzeugnisse im Freiland gewonnen werden und keine dauerhafte oder fest installierte Bewässerungsmöglichkeiten bestehen (§ 237 Abs. 5 Satz 4 BewG i. V. mit A 237.6 Abs. 2 AEBewGrSt LuF 2025). Nach Darlegung des Gesetzgebers wird mit der Regelung eine grundlegende Vereinfachung des Bewertungsverfahrens gegenüber der bisherigen Rechtslage bezweckt, da nicht mehr einzelne Zwischenfrüchte wie Kopfkohl oder Pflückerbsen ausgenommen sind, sondern der gesamte Gemüsebau.[1] Werden Ge-

1 Vgl. BT-Drucks. 19/11085 S. 104.

müsearten wie z. B. Kopfkohl (Weiß-, Rot- und Wirsingkohl), Pflückerbsen oder Pflückbohnen im Rahmen der landwirtschaftlichen Fruchtfolge als Hauptkultur angebaut, so gehören sie zur landwirtschaftlichen Nutzung (A 237.6 Abs. 3 AEBewGrSt LuF 2025). Für ein automatisiertes Bewertungsverfahren könnten allerdings praktische Schwierigkeiten entstehen, soweit Bewässerungsmöglichkeiten nicht im Kataster nachgewiesen werden. Diesen Schwierigkeiten könnte dann nur durch Mitteilungen der Wasser- und Bodenverbände oder Beregnungsverbände nach Maßgabe des § 229 Abs. 3 BewG begegnet werden.[1]

ee) Übrige land- und forstwirtschaftliche Nutzungen

Nach § 242 Abs. 1 Nr. 1 BewG gehören zu den übrigen luf Nutzungen (Sammelbegriff) die **Sondernutzungen Hopfen, Spargel** und andere Sonderkulturen (A 237.11 AEBewGrSt) sowie nach § 242 Abs. 1 Nr. 2 BewG die **sonstigen luf Nutzungen (A 237.12 bis A 237.20 AEBewGrSt LuF 2025)**,[2] im Wesentlichen der Aufzählung in § 62 BewG zur Einheitsbewertung entsprechend. Letztere sind als **Auffangtatbestand** weiterhin nicht abschließend geregelt; damit schafft sich der Gesetzgeber die Möglichkeit, auf weitere Entwicklungen im Bereich der LuF reagieren zu können. Nach A 237.12 Satz 1 AEBewGrSt gehören zu den sonstigen land- und forstwirtschaftlichen Nutzungen die Binnenfischerei, Teichwirtschaft, Fischzucht für Binnenfischerei und Teichwirtschaft, die Imkerei, die Wanderschäferei, die Saatzucht, der Pilzanbau, die Produktion von Nützlingen, die Weihnachtsbaumkulturen und die Kurzumtriebsplantagen. Sie sind jeweils eigenständige Nutzungen. Eine nachhaltige Ertragsfähigkeit zur Begründung einer sonstigen land- und forstwirtschaftlichen Nutzung der **Imkerei** ist **ab einer Nutzungsgröße von 30 Bienenvölkern** gegeben (A 237.14 Abs. 1 Satz 3 AEBewGrSt LuF 2025). Besamungsstationen sind nicht dem land- und forstwirtschaftlichen Vermögen zuzurechnen, soweit keine ausreichende Flächengrundlage zur Verfügung steht (A 237.12 Abs. 1 Satz 2 AEBewGrSt). Flächenungebundene Nutzungen, wie z. B. die Imkerei, die Wanderschäferei, die Saatzucht, der Pilzanbau und die Produktion von Nützlingen, erfolgen über ggf. vorhandene Wirtschaftsgebäude nach § 237 Abs. 8 i. V. mit § 238 Abs. 1 Nr. 3 BewG. Die Abgrenzung der einzelnen Betriebszweige der sonstigen land- und forstwirtschaftlichen Nutzungen und deren Besonderheiten sind aus A 237.13 bis A 237.20 AEBewGrSt LuF 2025 ersichtlich. Hier ist zu beachten, dass in A 237.13 AEBewGrSt LuF 2025 ein neuer Absatz 4 eingefügt wurde, der die Bewertung von Wasserflächen für die Binnenfischerei, Teichwirtschaft und Fischzucht für Binnenfischerei und Teichwirtschaft gegenüber den bisherigen Regelungen konkretisiert. 1469/6

1 So zutreffend Wiegand, NWB 2022 S. 517, 530.

2 BStBl 2025 I S. 1273.

Gemäß § 237 Abs. 6 Satz 1 BewG wird der **Reinertrag** der übrigen luf Nutzung für jede der Nutzungen **gesondert** ermittelt. Auch hier ermittelt sich der Reinertrag einer übrigen luf Nutzung nach § 237 Abs. 6 Satz 2 BewG aus der Summe der Flächenwerte der einzelnen Nutzungen. Vgl. hierzu A 237.10 Abs. 2 AEBewGrSt. Soweit ein Flächenwert ermittelt werden kann, ergibt sich dieser nach § 237 Abs. 6 Satz 3 BewG aus der Flächengröße einer als übrige luf Nutzung zu klassifizierenden Fläche des Betriebsinhabers und den hierzu jeweils normierten Bewertungsfaktoren einschließlich der festgelegten Zuschläge aus **Anlage 31 zum BewG**, die sich auszugsweise wie folgt darstellt:

Sondernutzungen		
Bewertungsfaktor für	***Flächeneinheit***	***in EUR***
Hopfen	*pro Ar*	*13,75*
Spargel	*pro Ar*	*12,69*
Sonstige land- und forstwirtschaftliche Nutzungen		
Bewertungsfaktor für	***Bezugseinheit***	***in EUR***
Wasserflächen	*pro Ar*	*1,00*
Zuschläge für stehende Gewässer		
Wasserflächen für Binnenfischerei, Teichwirtschaft und Fischzucht für Binnenfischerei und Teichwirtschaft	*ab 1,00 kg bis 4,00 kg Fischertrag/Ar pro Ar*	*2,00*
Wasserflächen für Binnenfischerei, Teichwirtschaft und Fischzucht für Binnenfischerei und Teichwirtschaft	*über 4,00 kg Fischertrag/Ar pro Ar*	*2,50*
Zuschläge für fließende Gewässer		
Binnenfischerei, Teichwirtschaft und Fischzucht für Binnenfischerei und Teichwirtschaft	*bis 500 Liter/Sekunde Durchfluss pro Liter/Sekunde*	*12,50*
Binnenfischerei, Teichwirtschaft und Fischzucht für Binnenfischerei und Teichwirtschaft	*über 500 Liter/Sekunde Durchfluss pro Liter/Sekunde*	*15,00*
Saatzucht	*pro Ar*	*Anlage 27*
Weihnachtsbaumkulturen	*pro Ar*	*19,40*
Kurzumtriebsplantagen	*pro Ar*	*Anlage 27*

Für die sonstigen luf Nutzungen, für die **kein Bewertungsfaktor** festgelegt wurde, ist der Reinertrag der jeweiligen Nutzung nach Maßgabe des § 237 Abs. 6 Satz 4 BewG durch Multiplikation der **Bruttogrundflächen** der nachhaltig genutzten **Wirtschaftsgebäude** mit dem Zwölffachen des Werts entsprechend dem nachfolgend abgebildeten Auszug aus **Anlage 31 zum BewG** zu ermitteln:

Sonstige land- und forstwirtschaftliche Nutzungen, für die kein Bewertungsfaktor festgelegt wurde		
Wirtschaftsgebäude	*pro Quadratmeter Bruttogrundfläche und Monat*	*1,23*

Für die Bewertung des zu den Wirtschaftsgebäuden gehörenden **Grund und Bodens** gilt, dass dieser bei den nicht flächengebundenen Nutzungen (z. B. der Imkerei, der Wanderschäferei und der Pilzzucht) – unabhängig von einer gesetzlichen Klassifizierung als Hofstelle – nach § 237 Abs. 8 BewG jedoch bei der jeweiligen Nutzung zu erfassen ist.

BEISPIEL Wanderschäferei:[1]

Wanderschäfer W ist Eigentümer eines Grundstückes mit der Katasterbezeichnung Flur 17 Flurstück 4, das der sonstigen land- und forstwirtschaftlichen Nutzung „Wanderschäferei" zuzuordnen ist. Das Grundstück ist 20 Ar groß. Auf der Fläche befindet sich eine massive Feldscheune mit einer Bruttogrundfläche von 500 m².

Bewertungsfaktoren Flur 17, Flurstück 4		
Wirtschaftsgebäude	500 m² × 1,23 €/m² × 12	= 7.380,00 €
Wert der sonstigen land- und forstwirtschaftlichen Nutzung		**= 7.380,00 €**
Bewertungsfaktoren Flur 17, Flurstück 4 (Grund und Boden)		
Grund und Boden (Hofstelle)	20 Ar × 6,62 € × 3	= 397,20 €
Flächenwert für den Grund und Boden der sonstigen land- und forstwirtschaftlichen Nutzung		**= 397,20 €**
Ermittlung des Reinertrags für die sonstige land- und forstwirtschaftliche Nutzung „Wanderschäferei"		
Summe der Werte = Reinertrag der sonstigen land- und forstwirtschaftlichen Nutzung		**= 7.380,00 €**
Summe der Flächenwerte = Reinertrag für den Grund und Boden der sonstigen land- und forstwirtschaftlichen Nutzung		**= 397,20 €**
Summe der Reinerträge des Betriebs		**= 7.777,20 €**

1 Vgl. Müller in Grootens, BewG, § 237 Rz. 65.

ff) Abbauland, Geringstland und Unland

1469/7 Nach § 234 Abs. 3 BewG gehören zum **Abbauland** Sandgruben, Kiesgruben, Steinbrüche, Torfstiche und dergleichen, wenn sie durch **Abbau der Bodensubstanz** überwiegend für den Betrieb der LuF nutzbar gemacht werden. Stillgelegte Kiesgruben und Steinbrüche eines Betriebs der LuF, die weder kulturfähig sind noch bei geordneter Wirtschaftsweise Ertrag abwerfen können, gehören zum Unland, nicht indes zum Abbauland (A 237.21 Abs. 1 Satz 2 AEBewGrSt). Die **Betriebsflächen geringster Ertragsfähigkeit**, für die nach dem Bodenschätzungsgesetz[1] keine Wertzahlen festzustellen sind, rechnen nach § 234 Abs. 4 BewG zum sog. **Geringstland**. Dabei handelt es sich um **unkultivierte, jedoch kulturfähige Flächen**, deren Ertragsfähigkeit allerdings dermaßen gering ist, dass sie in ihrem derzeitigen Zustand nicht regelmäßig luf genutzt werden können. In diese Kategorie fallen insbesondere unkultivierte Moor- und Heideflächen sowie die ehemals bodengeschätzten Flächen und die ehemaligen Weinbauflächen, deren Nutzungsart sich durch Verlust des Kulturzustands verändert hat. Aus A 237.22 Abs. 1 Satz 4 und 5 AEBewGrSt ist zu ersehen, in welcher Konstellation der Verlust des Kulturzustands zu bejahen ist: Hiervon ist auszugehen, wenn der kalkulierte Aufwand zur Wiederherstellung des Kulturzustands in einem Missverhältnis zu der Ertragsfähigkeit steht, die nach der Rekultivierung zu erwarten ist. Das ist regelmäßig der Fall, wenn der Aufwand, den einer Neukultivierung übersteigen würde. Bei Weinbauflächen (insbesondere in Steilhanglagen) kann der Verlust des Kulturzustands durch Ansiedlung von Gehölzen, Bodenabtrag sowie Einsturz von Mauern und Treppen infolge von Nichtnutzung eintreten. Ferner ist zu beachten, dass Hecken, Gehölzinseln, einzelne Baumgruppen und dergleichen im Betrieb der Land- und Forstwirtschaft zum Geringstland gehören, wenn sie nicht vorrangig einer anderen Nutzung zuzuordnen sind (A 237.22 Abs. 1 Satz 6 und 7 AEBewGrSt). Zum **Unland** gehören nicht kulturfähige Betriebsflächen, die aufgrund der natürlichen Gegebenheiten, auch bei geordneter Wirtschaftsweise keinen Ertrag abwerfen können (z. B. Feld- und Steinriegel). Wasserflächen innerhalb des land- und forstwirtschaftlichen Vermögens sind regelmäßig kein Unland, sondern nach A 237.13 AEBewGrSt LuF zu bewerten (A 237.23 AEBewGrSt LuF 2025).

Für die jeweils gesondert zu bewertenden Nutzungsarten Abbauland, Geringstland und Unland ermittelt sich der **Reinertrag** nach § 237 Abs. 7 Satz 1 BewG

1 Gesetz zur Schätzung des landwirtschaftlichen Kulturbodens (Bodenschätzungsgesetz) v. 20.12.2007, BGBl 2007 I S. 3150, 3176. Vgl. hierzu auch die Verwaltungsrichtlinien zum Gesetz zur Schätzung des landwirtschaftlichen Kulturbodens (VR BodSchätzG) v. 22.9.2021 (BStBl 2021 I S. 1767).

aus der Summe der Flächenwerte des zu bewertenden Betriebs. Der jeweilige Flächenwert ergibt sich gem. § 237 Abs. 7 Satz 2 BewG aus der Flächengröße einer als Abbauland, Geringstland oder Unland zu klassifizierenden Fläche des Betriebsinhabers und dem gesetzlich festgelegten Bewertungsfaktor ausweislich der **Anlage 31 zum BewG (A 237.21 Abs. 2, A 237.22 Abs. 2 sowie A 237.23 Abs. 2 AEBewGrSt). Anlage 31 zum BewG stellt** sich auszugsweise wie folgt dar:

Nutzungsarten Abbauland, Geringstland und Unland		
Bewertungsfaktor für	***Flächeneinheit***	***in EUR***
Abbauland	*pro Ar*	*1,00*
Geringstland	*pro Ar*	*0,38*
Unland	*pro Ar*	*0,00*

gg) Hofstelle[1]

Während die **Nutzungsart „Hofstelle"** in § 234 Abs. 6 BewG dem Grunde nach definiert wird, ist aus § 237 Abs. 8 BewG die Bewertung der Hofstelle der Höhe nach ersichtlich. Zwecks grundlegender Vereinfachung des Bewertungsverfahrens gegenüber der bisherigen Rechtslage werden die Hof- und Wirtschaftsgebäudeflächen gesondert bewertet, da es keinen sachlichen Zusammenhang zwischen der Größe der Eigentumsflächen und der Größe der Hof- und Wirtschaftsgebäudeflächen gibt. A 237.24 Abs. 1 AEBewGrSt führt deshalb i. S. einer Konkretisierung aus, dass die Hof- und Wirtschaftsgebäudeflächen einer Hofstelle den Grund und Boden, die Gebäude- und Gebäudenebenflächen einschließlich der darin ausgeübten Nebenbetriebe umfassen, soweit sie nicht den Wohngebäuden zuzuordnen sind. Des Weiteren bestimmt die Vorschrift, dass die nicht zu den Wohngebäuden gehörenden Gartenflächen, die Wirtschaftswege und Gräben, Hecken, Grenzraine und dergleichen sowie Bewässerungsteiche, Dämme, Uferstreifen und dergleichen in die Hof- und Wirtschaftsgebäudefläche einzubeziehen sind, vorausgesetzt, sie sind nicht vorrangig einer Nutzung oder Nutzungsart (z. B. als Fahrspuren, Fahrwege innerhalb der Nutzung, Be-/Entwässerungsgräben usw.) zuzuordnen oder zum Grundvermögen gehören (A 232.3 AEBewGrSt LuF 2025). Gemäß § 232 Abs. 2 Satz 2 BewG gilt die entgeltliche oder unentgeltliche Nutzungsüberlassung eines Betriebs der LuF im Ganzen oder in Teilen als Fortsetzung der luf Tätigkeit des Überlassenden. Eine Hofstelle, von der aus nur entgeltlich oder unentgeltlich zur Nutzung über- 1469/8

1 Zum erweiterten Begriff der Hofstelle im Landesrecht siehe auch Art. 9 Abs. 1 BayGrStG, § 9 Abs. 1 HmbGrStG sowie § 11 Abs. 1 NGrStG.

lassene luf Flächen bewirtschaftet werden, ist nach § 237 Abs. 8 BewG i. V. mit A 237.24 Abs. 1 Satz 5 AEBewGrSt zu bewerten, wenn jedenfalls eine dauerhafte Bewirtschaftung der überlassenen Flächen vorliegt und diese mit Wirtschaftsgebäuden oder wenigstens mit Wirtschaftsräumlichkeiten zur Unterbringung des Inventars und der Wirtschaftsvorräte und dergleichen versehen ist. Insofern kann eine Hofstelle durch Nutzungsüberlassungen oder Betriebsstilllegung nicht ihre Zweckbestimmung verlieren. Dient eine Hofstelle allerdings überwiegend einem gewerblichen oder öffentlichen Zweck, ist sie ausweislich § 232 Abs. 4 Nr. 1 BewG vollumfänglich dem Grundvermögen zuzurechnen (A 237.24 Abs. 1 Satz 5 bis 8 AEBewGrSt).

1496/9 Gebäude oder Gebäudeteile, die Wohnzwecken oder anderen nicht land- und forstwirtschaftlichen Zwecken dienen, bilden jeweils mit dem anteiligen Grund und Boden eine eigene wirtschaftliche Einheit des Grundvermögens (§ 232 Abs. 4 Nr. 1 BewG). Für die anteilige Zuordnung des Grund und Bodens ist grundsätzlich die Verkehrsauffassung maßgeblich (§ 2 Abs. 2 BewG). Im Rahmen der Zuordnung des anteiligen Grund und Bodens zu den jeweiligen wirtschaftlichen Einheiten des Grundvermögens oder zu den Flächen der Hofstelle sind neben den bebauten Flächen auch die übrigen Flächen, wie Garten- und Stellplatzflächen, einzubeziehen.[1] Da Hausgärten, überwiegend den Wohnteilen dienen, teilen sie m. E. das „Schicksal" der Wohngebäude und werden folgerichtig wie diese ebenfalls im Grundvermögen bewertet.

Eine grundsätzlich im land- und forstwirtschaftlichen Vermögen verbleibende Fläche, die nach der Verkehrsauffassung nicht eindeutig einer Vermögensart zugeordnet werden kann, ist hilfsweise nach dem Verhältnis der jeweiligen bebauten Fläche des Gebäudes zur bebauten Fläche aller Gebäude zu ermitteln. Ist die bebaute Fläche eines zu bewertenden Gebäudes nur anteilig dem Grundvermögen zuzuordnen, ist der maßgebliche Anteil durch Aufteilung der bebauten Fläche nach dem Verhältnis der Wohn- und Nutzfläche festzulegen.[2]

Es bestehen nach Verwaltungsauffassung aus Vereinfachungsgründen keine Bedenken, die ertragssteuerrechtlich getroffene Entscheidung zugrunde zu legen. An dieser Stelle weicht die Verwaltung – wohl aus verwaltungsökonomischen Gründen – von der Gesetzesbegründung ab, die letztendlich die einkommensteuerrechtlich getroffenen Feststellungen im Hinblick auf den zur Wohnung gehörenden Grund und Boden präferiert.[3] In Fällen mit einer hohen Anzahl

1 Vgl. A 237.24 Abs. 5 und 6 AEBewGrSt.

2 Vgl. A 237.24 Abs. 7 AEBewGrSt.

3 Vgl. BT-Drucks. 19/11085 S. 100.

von zu berücksichtigenden Gebäuden und/oder Gebäudeteilen, bei Gebäuden mit mehreren Geschossen sowie bei fehlender Datengrundlage kann der dem Grundvermögen zugehörige Grund und Boden hilfsweise mit dem Dreifachen der Wohn- und Nutzfläche der jeweils zu bewertenden Gebäude und/oder Gebäudeteile angesetzt werden. Damit werden alle dem Grundvermögen zuzuordnenden Flächen erfasst. Der Grund und Boden der Hofstelle wird anhand der zuvor gegenüber dem Grundvermögen abgegrenzten Hoffläche typisierend mit dem höchsten Reinertrag der landwirtschaftlichen Nutzung bewertet. Der entsprechende Ausweis erfolgt in Anlage 32 zum BewG als Bewertungsfaktor für die Hofflächen. Ebenso ist mit Nebenbetrieben zu verfahren, die dem Hauptbetrieb zu dienen bestimmt sind und nicht einen selbständigen gewerblichen Betrieb darstellen (§ 234 Abs. 7 BewG). Die Abgrenzung der Nebenbetriebe vom Hauptbetrieb erfolgt nach R 15.5 EStR, mithin nach ertragsteuerlichen Kriterien.

Nach Maßgabe des § 237 Abs. 8 Satz 1 BewG ermittelt sich der **Reinertrag** für die jeweils zu bewertende Nutzungsart Hofstelle und für die Nebenbetriebe aus der Summe der jeweiligen Flächenwerte des zu bewertenden Betriebs. Der jeweilige Flächenwert resultiert nach § 237 Abs. 8 Satz 2 BewG aus der Flächengröße der zu klassifizierenden Fläche des Betriebsinhabers und dem dreifachen Bewertungsfaktor, der sich nach **Anlage 32 zum BewG** ergibt. Die Bewertung der sonstigen land- und forstwirtschaftlichen Nutzungen gem. § 237 Abs. 6 Satz 4 BewG bleibt hiervon unberührt. Anlage 32 zum BewG stellt sich auszugsweise wie folgt dar:

Bewertungsfaktor für	***Flächeneinheit***	***in EUR***
Hofflächen	*pro Ar*	*6,62*

Nach A 237.24 Abs. 3 Satz 3 AEBewGrSt sind mit diesem Wertansatz sämtliche Wirtschaftsgebäude abgegolten, soweit nicht die Zuschlagsregelung gem. § 238 Abs. 1 Nr. 2 und 3 oder Abs. 2 BewG greift. Dabei ist ein räumlicher Verbund der zur Nutzungsart Hofstelle zu rechnenden Flächen nicht erforderlich; so sind z. B. auch getrennt liegende Wirtschaftsgebäude wie Stallgebäude, Remisen und Feldscheunen über die Zuordnung des zugehörigen Grund und Bodens zur Nutzungsart Hofstelle abgegolten. Ferner werden Nebenbetriebe infolge der gleichen Systematik erfasst, so dass die für einen Nebenbetrieb genutzten Hof- und Wirtschaftsgebäudeflächen aus Vereinfachungsgründen nicht gesondert ausgewiesen werden müssen und in diesen Fällen lediglich ein Zuschlag nach Maßgabe des § 238 Abs. 1 Nr. 3 BewG zu erfolgen hat (A 237.24 Abs. 4 Satz 1 und 2 AEBewGrSt).

Hat der Gesetzgeber grds. auf eine gesonderte Wertermittlung für die Wirtschaftsgebäude verzichtet und mit dem dreifachen Reinertrag der landwirtschaftlichen Nutzung typisierend abgegolten, so gilt dieser Befund nicht für die weinbauliche Nutzung und für Nebenbetriebe; hier war – mangels automationsfähiger Zuschlagsmöglichkeiten – die Bewertung der Wirtschaftsgebäude beizubehalten (siehe Anpassung der Anlagen 27 bis 33 zum BewG mittels Ermächtigung; vgl. BR-Drucks. 275/21).

BEISPIEL ▶ Landwirtschaftliche Nutzung, Tierhaltung, Hofstelle:[1]

Landwirt L ist Eigentümer von mehreren Grundstücken, die der landwirtschaftlichen Nutzung zuzuordnen sind. Folgende Grundstücksinformationen sind zu berücksichtigen: Gemarkung A-Dorf, Flur 25,

Flurstück 57, Größe: 5.000 Ar, tats. Nutzung A, EMZ 175.000
Flurstück 60, Größe: 2.500 Ar, tats. Nutzung Gr, EMZ 100.000,
Flurstück 61, Größe; 125 Ar, tats. Nutzung Hofstelle.

Ferner werden Milchkühe mit Nachzucht, die umgerechnet in Vieheinheiten 125 VE ergeben, gehalten.

Bewertungsfaktoren Flur 25, Flurstück 57		
Grundbetrag	5.000,00 Ar × 2,52	= 12.600,00 €
Ertragsmesszahl [EMZ]	175.000 × 0,041	= 7.175,00 €
Flächenwert der landwirtschaftlichen Nutzung		= 19.775,00 €
Bewertungsfaktoren Flur 25, Flurstück 60		
Grundbetrag	2.500,00 Ar × 2,52	= 6.300,00 €
Ertragsmesszahl [EMZ]	100.000 × 0,041	= 4.100,00 €
Flächenwert der landwirtschaftlichen Nutzung		= 10.400,00 €
Bewertungsfaktoren Flur 25, Flurstück 61		
Hofstelle	125 Ar x 6,62 x 3	= 2.482,50 €
Flächenwert der Nutzungsart Hofstelle		= 2.482,50 €
Ermittlung der Reinerträge des Betriebs		
Summe der Flächenwert = Reinertrag der landwirtschaftlichen Nutzung		= 30.175,00 €
Summe der Flächenwert = Reinertrag der Nutzungsart Hofstelle		= 2.482,50 €
Summe der Reinerträge des Betriebs		= 32.657,50 €

1 Vgl. Müller in Grootens, BewG, § 237 Rz. 86.

Im Ergebnis werden die jeweiligen Flächenwerte der landwirtschaftlichen Nutzung und der Flächenwert der Nutzungsart Hofstelle addiert und ergeben insgesamt den Reinertrag des Betriebs in der Gemeinde A-Dorf. Die Wirtschaftsgebäude für die Milchkühe und deren Nachzucht sind ebenfalls eindeutig der landwirtschaftlichen Nutzung zuzurechnen. Die Grenze Landwirtschaft/Gewerbe gem. § 241 Abs. 1 BewG ist nicht überschritten, da hiernach auf 75 ha landwirtschaftliche Nutzfläche insgesamt 465,00 VE unschädlich gehalten werden können.[1] Ein Zuschlag wegen verstärkter Tierhaltung ist ebenfalls nicht einschlägig, weil der tatsächliche Tierbestand (125 VE) die in Anlage 27 genannte Grenze von 2 VE/ha (d. h. 75 ha x 2 VE/ha= insgesamt 150 VE) nicht überschreitet. Gleichwohl sind mit dem Reinertrag der Nutzungsart Hofstelle alle vorhandenen Wirtschaftsgebäude, soweit sie der landwirtschaftlichen Nutzung dienen, in Art und Umfang abgegolten.

Aus § 263 Abs. 1 Satz 1 Nr. 1 BewG ist ersichtlich, dass das Bundesministerium 1470
der Finanzen mit Zustimmung des Bundesrats zum Erlass einer Rechtsverordnung ermächtigt wird, eine Anpassung der Anlagen 27 bis 33 zum BewG an die Ergebnisse aus dem Testbetriebsnetz oder den Erhebungen der FinVerw zum nächsten Feststellungszeitpunkt vorzunehmen. Vgl. hierzu auch § 2 des Landwirtschaftsgesetzes.

Die **gesetzliche Verortung der Bewertungsfaktoren** zur Ermittlung der standardisierten Reinerträge ist aus nachfolgender Übersicht zu ersehen:

Bewertungsfaktoren zur Ermittlung der standardisierten Reinerträge		
Nutzungen, Nutzungsteile, Nutzungsarten	**Bewertungsfaktoren aus Anlage ... zum BewG**	**Rechtsgrundlage im BewG**
Landwirtschaftliche Nutzung	27	§ 237 Abs. 2
Forstwirtschaftliche Nutzung	28	§ 237 Abs. 3
Weinbauliche Nutzung	29	§ 237 Abs. 4
Gärtnerische Nutzung	30	§ 237 Abs. 5
Übrige luf Nutzungen	31	§ 237 Abs. 6
Abbauland, Geringstland, Unland	31	§ 237 Abs. 7
Hofstellen	32	§ 237 Abs. 8

1 Vgl. Müller in Grootens, BewG, § 241 Rz. 14.

c) Reinertragszuschlagssystematik in Fällen der Ertragswertsteigerung

aa) Ertragswertzuschläge bei der landwirtschaftlichen Nutzung

1471 Zwecks **Abgeltung ertragswerterhöhender Umstände** werden nach Maßgabe des § 238 Abs. 1 Nr. 1 BewG auf der Grundlage der selbst bewirtschafteten Flächen der landwirtschaftlichen Nutzung **Zuschläge wegen verstärkter Tierhaltung** (sog. Viehzuschläge) vorgenommen. Voraussetzung hierfür ist, dass der tatsächliche Tierbestand am maßgeblichen Feststellungszeitpunkt (§ 235 Abs. 2 BewG) die Grenze von 2,0 Vieheinheiten je ha selbst bewirtschafteter Fläche der landwirtschaftlichen Nutzung nachhaltig überschreitet (A 238 Abs. 1 Satz 2 AEBewGrSt). Vgl. hierzu auch **Anlage 27 zum BewG**, die sich auszugsweise wie folgt darstellt:

Zuschläge für	***Bezugseinheit***	***in EUR***
Verstärkte Tierhaltung	*je Vieheinheit über einem Besatz von 2,0 VE je Hektar selbst bewirtschafteter Fläche der landwirtschaftlichen Nutzung*	*79,00*

Mit den **Viehzuschlägen von 79,00 € je Vieheinheit** sind alle mit der verstärkten Tierhaltung i. Z. stehenden Wirtschaftsgebäude, Betriebsmittel und immateriellen Wirtschaftsgüter abgegolten (A 238 Abs. 1 Satz 5 AEBewGrSt).

1471/1 Mit dem Ansatz der **selbstbewirtschafteten Fläche** der landwirtschaftlichen Nutzung wird bei der Berechnung des **Zuschlags wegen verstärkter Tierhaltung** der **Grundsatz der Eigentümerbesteuerung durchbrochen**, um die verstärkte Tierhaltung beim Tierhalter zu erfassen. Diese Vorgehensweise ist m. E. realitätsgerecht, weil die gehaltenen bzw. erzeugten Tiere bei der Prüfung einer verstärkten Tierhaltung und bei der Abgrenzung Landwirtschaft/Gewerbe immer im Zusammenhang mit der **Futtererzeugungsmöglichkeit** – und das ist nun einmal die insgesamt von dem Betrieb bewirtschaftete Fläche – gesehen werden muss.

Maßgebend für die Berechnung des Zuschlags wegen übernormaler Tierhaltung sind die nach § 241 Abs. 1 bis 5 BewG ermittelten Tierbestände der landwirtschaftlichen Nutzung. Damit scheiden **Tierbestände der sonstigen land- und forstwirtschaftlichen Nutzung** (z. B. die Tiere einer Wanderschäferei) als auch **gewerbliche Tierbestände** von der **Anwendung eines Viehzuschlags** aus. Zusätzlich ist das Tatbestandsmerkmal der Nachhaltigkeit zu berücksichtigen; d. h. die Verhältnisse unterliegen den Grundsätzen des Strukturwandels in Anlehnung an den gleichlautenden Ländererlass v. 15.12.2011.[1] Als nachhaltig wird ein Zeitraum von drei aufeinander folgenden Wirtschaftsjahren angesehen.[2]

Ferner ist noch folgende Besonderheit zu beachten: Soweit in einem Betrieb der Land- und Forstwirtschaft mit landwirtschaftlicher Tierhaltung i. S. des § 241 BewG **keine Eigentumsflächen der landwirtschaftlichen Nutzung** vorliegen, ergibt sich nach § 237 Abs. 2 BewG ein Reinertrag von 0 €, an dem der Zuschlag für verstärkte Tierhaltung vorzunehmen ist.[3,4]

bb) Ertragswertzuschläge bei der gärtnerischen Nutzung

Auf Grundlage des § 238 Abs. 1 Nr. 2 BewG werden bei den gärtnerischen Nutzungsteilen **Zuschläge für die Ertragssteigerung bei Flächen unter Glas und Kunststoffen** nach Maßgabe der **Anlage 30 zum BewG** vorgenommen, die sich auszugsweise wie folgt darstellt: 1471/2

Nutzungsteil Gemüsebau		
Zuschläge für	***Flächeneinheit***	***in EUR***
Flächen unter Glas und Kunststoffen	*pro Ar*	*45,00*

Nutzungsteil Blumen-/Zierpflanzenbau		
Zuschläge für	***Flächeneinheit***	***in EUR***
Flächen unter Glas und Kunststoffen	*pro Ar*	*65,15*
Nutzungsteil Obstbau		
Zuschläge für	***Flächeneinheit***	***in EUR***
Flächen unter Glas und Kunststoffen	*pro Ar*	*45,00*

Nutzungsteil Baumschulen		
Zuschläge für	***Flächeneinheit***	***in EUR***
Flächen unter Glas und Kunststoffen	*pro Ar*	*65,15*

1 Vgl. Gleich lautender Ländererlass v. 15.12.2011, BStBl 2011 I S. 1213.

2 Gl. A. Rössler/Troll/Wiegand, BewG, § 238 Rz. 4.

3 Vgl. A 238 Abs. 1 Satz 4 AEBewGrSt.

4 Weiterführend vgl. Müller in Grootens, BewG, § 238 Rz. 16 ff.

Zu den Flächen unter Glas und Kunststoffen gehören gem. § 238 Abs. 1 Nr. 2 BewG i. V. mit A 237.5 Abs. 3 AEBewGrSt LuF 2025 insbesondere mit Gewächshäusern, begehbaren Folientunneln, Foliengewächshäusern und anderen Kulturräumen **überbaute Bruttogrundflächen**. Dabei ist **unerheblich**, ob die Flächen unter Glas und Kunststoffen, **neben der Erzeugung auch zur Lagerung und dem Verbleib der Erzeugnisse** zu dienen bestimmt sind.[1]

Eine Unterscheidung zwischen Betriebsvorrichtungen und Räumen, die der Erzeugung, Lagerung oder dem Vertrieb der luf Erzeugnisse dienen oder zu dienen bestimmt sind, sowie zwischen beheizbaren und nicht beheizbaren Flächen, erfolgt insoweit aus Vereinfachungsgründen nicht. Mit dem Zuschlag sind die mit der Erzeugung von Pflanzen unter Glas und Kunststoffen i. Z. stehenden Wirtschaftsgebäude, Betriebsmittel und immateriellen Wirtschaftsgüter abgegolten (A 238 Abs. 2 Satz 4 AEBewGrSt).

cc) Ertragswertzuschläge bei der weinbaulichen Nutzung und den Nebenbetrieben

1471/3 Anstelle der Verwertungsformen „ausbauender Betrieb mit Fassweinerzeugung" und „ausbauender Betrieb mit Flaschenweinerzeugung" erfolgt bei der **weinbaulichen Nutzung** nach § 238 Abs. 1 Nr. 3 Satz 1 BewG eine Erfassung von **Wirtschaftsgebäuden mittels eines Zuschlags**. Vgl. hierzu A 238 Abs. 3 AEBewGrSt. Für die jeweils nachhaltig genutzten Wirtschaftsgebäude ergibt sich der typisierende Reinertrag aus der **Anlage 32 zum BewG**, die sich auszugsweise wie folgt darstellt:

Zuschläge für	***Flächeneinheit***	***in EUR***
Wirtschaftsgebäude der weinbaulichen Nutzung bei Fass- und Flaschenweinerzeugung	*pro Quadratmeter Bruttogrundfläche und Monat*	*1,23*
Wirtschaftsgebäude der Nebenbetriebe	*pro Quadratmeter Bruttogrundfläche und Monat*	*1,23*

Der monatlich ausgewiesene Reinertrag aus Anlage 32 zum BewG ist nach § 238 Abs. 1 Nr. 3 Satz 2 BewG auf einen Jahresbetrag umzurechnen.

Aus Vereinfachungsgründen ist auch für **Nebenbetriebe** ein entsprechender Zuschlag vorzunehmen, da von Gesetzes wegen auf eine Einzelertragswertermittlung verzichtet worden ist.

1 Vgl. § 238 Abs. 1 Nr. 2 Satz 3 BewG sowie A 238 Abs. 2 AEBewGrSt LuF 2025.

dd) Ertragswertzuschläge bei Nutzung zur Windenergieerzeugung

Dient die Eigentumsfläche dem Betrieb der Land- und Forstwirtschaft und zugleich der Stromerzeugung aus Windkraft (s. Abgrenzung nach § 233 Abs. 1 BewG), ist der Reinertrag der abgegrenzten Standortfläche der Windenergieanlage mit dem Bewertungsfaktor der **landwirtschaftlichen Nutzung** (Grundbetrag) der Anlage 27 zum BewG sowie dem Zuschlag i. H. von 59,58 € pro Ar nach Anlage 33 zum BewG zu ermitteln. Zur Bestimmung der Standortfläche siehe A 233.1 Abs. 2 AEBewGrSt LuF 2025. 1471/4

d) Ermittlung des Grundsteuerwerts

Die **Summe der jeweils gesondert ermittelten Reinerträge** der Nutzungen, Nutzungsarten und Nebenbetriebe einschließlich der Zuschläge (§ 238 Abs. 1 und 2 BewG) werden zu einem **Gesamtwert für den Betrieb der LuF** zusammengefasst (§ 239 Abs. 1 BewG). Die Summe der Reinerträge bildet die Grundlage für die nach § 236 Abs. 4 BewG vorgeschriebene Kapitalisierung des Reinertrags (Faktor 18,6) und ergibt den gesondert festzustellenden **Grundsteuerwert des Betriebs der LuF** als Bewertungsobjekt. Diese Verfahrensweise gilt auch für Personengesellschaften und Personengemeinschaften (A 239 Abs. 1 Satz 4 i. V. mit A 232.2 Abs. 3 AEBewGrSt). 1472

Erstrecken sich Betriebe der LuF über mehrere Gemeinden, dient die gesonderte Ermittlung der Reinerträge für jede einzelne Gemeinde als wesentliche Grundlage für ein **vereinfachtes Zerlegungsverfahren**. Vor diesem Hintergrund bestimmt § 239 Abs. 2 Satz 1 BewG, dass die Summe der Reinerträge einschließlich der Zuschläge (§§ 237, 238 BewG) für jede Gemeinde gesondert zu ermitteln ist, wenn sich ein Betrieb der LuF über mehrere Gemeinden erstreckt. In diesen **gemeindeübergreifenden Betrieben** resultiert der **Zerlegungsmaßstab** aus der jeweils für eine Gemeinde ermittelten Reinerträge im Verhältnis zum gesamten Reinertrag des Betriebs der LuF (§ 239 Abs. 2 Satz 2 BewG). Mangels Anordnung einer (förmlichen) Feststellung handelt es sich dabei nicht um einen Grundlagenbescheid i. S. des § 171 Abs. 10 AO mit Bindungswirkung für den ggf. folgenden Zerlegungsbescheid, vielmehr um eine unselbständige Besteuerungsgrundlage (§ 157 Abs. 2 AO) für das Zerlegungsverfahren gem. § 22 Abs. 2 GrStG (A 239 Abs. 2 Satz 4 AEBewGrSt).[1]

1 Vertiefend mit Beispiel siehe u. a. Müller in Grootens, BewG, § 239 Rz. 1 ff.

e) Kleingartenland und Dauerkleingartenland

1473 Unter **Kleingärten** i. S. des § 1 Abs. 1 des Bundeskleingartengesetzes (BKleingG) sind Gärten zu verstehen, die einer nichterwerbsmäßigen gärtnerischen Nutzung sowie zur Erholung dienen und in einer Anlage liegen, in der mehrere Einzelgärten mit gemeinschaftlichen Einrichtungen – z. B. Wege und Spielflächen – zusammengefasst sind (A 240 Abs. 1 Satz 1 AEBewGrSt). Hingegen handelt es sich bei **Dauerkleingärten** i. S. des § 1 Abs. 3 BKleingG um Flächen, die im Bebauungsplan für Kleingärten festgesetzt sind. **Kleingartenland und Dauerkleingartenland** wird bei der (grundsteuerlichen) Einheitsbewertung der gärtnerischen Nutzung zugerechnet. Nach § 240 Abs. 1 BewG **gelten** als eigenständig zu bewertende Betriebe der LuF auch Kleingartenland und Dauerkleingartenland i. S. des BKleingG, sofern sie nicht durch eine Bebauung zweckentfremdet und damit als Grundvermögen zu erfassen sind (A 240 Abs. 1 Satz 3 AEBewGrSt).

Die wirtschaftliche Einheit (§ 2 BewG) wird dementsprechend von der gesamten Kleingartenanlage, d. h., den eigentlichen Gartenparzellen einschließlich Wege, Vereinsheim, Freizeitflächen u. Ä. gebildet. Hinsichtlich des Vereinsheims ist m. E. zu fordern, dass eine Nutzung als Gastronomie nur eine absolut untergeordnete Rolle spielen darf, weil ansonsten § 232 Abs. 4 BewG einschlägig wäre.

Gemäß § 240 Abs. 2 Satz 1 BewG wird vereinfachend – abweichend von § 237 BewG – für den **fiktiven Betrieb der LuF** ausschließlich der Reinertrag für den Nutzungsteil Gemüsebau (§ 234 Abs. 1 Nr. 1 Buchst. d Doppelbuchst. aa BewG) bestimmt. Vor diesem Hintergrund ermittelt sich der Flächenwert gem. § 240 Abs. 2 Satz 2 BewG aus der Flächengröße einer als Kleingartenland zu klassifizierenden Fläche und dem aus **Anlage 30 zum BewG** ersichtlichen **Bewertungsfaktor für Gemüsebau im Freiland (A 240 Abs. 1 Satz 5 AEBewGrSt)**.

PRAXISHINWEIS:

In der Regel sind die Kleingärtner oder Bewirtschafter von Kleingärten bzw. Dauerkleingartenland Pächter der jeweiligen Grundstücke. Eigentümer können u. a. Kleingartenvereine, Gemeinden, aber auch Land- und Forstwirte sein. In der Folge wird eine Kleingartenanlage wie bisher als eine wirtschaftliche Einheit mit allen ihr dienen Flächen bewertet werden. Der Grundsteuerwert wird dementsprechend dem jeweiligen Eigentümer der Gesamtfläche zuzurechnen sein.

Soweit **Gartenlauben von mehr als 30 m² Bruttogrundfläche** vorhanden sind, werden sie qua Fiktion in § 240 Abs. 3 BewG als **Wirtschaftsgebäude** eingestuft und sind damit als Hofstelle zu bewerten. In diesen Fällen ist für die Bruttogrundfläche der höchste landwirtschaftliche Reinertrag anzusetzen und dieser Bewertungsfaktor zu verdreifachen (§ 237 Abs. 8 Satz 1 und 2 BewG). Zur Nutzung „Gartenlaube über 30 m²" zählen alle Stand- und Nebenflächen einschließlich des überdachten Freisitzes einer Gartenlaube (A 240 Abs. 2 Satz 2 AEBewGrSt). Im Übrigen müssen die in einer Kleingartenanlage vorhandenen Flächen der Nutzungen sowie der Gartenlauben über 30 m² für die Bewertung des jeweiligen Flurstücks aufsummiert werden.

7. Sondervorschriften

Die Vorschriften des Besonderen Teils zur Bewertung des luf Vermögens gelten 1474
jeweils nur für einzelne Nutzungen und übernehmen in wesentlichen Teilen die bisherigen Definitionen. Vgl. hierzu die §§ 241, 242 BewG.

a) Besonderheiten bei der landwirtschaftlichen Nutzung

Dem Umstand Rechnung tragend, dass nicht jeder Umfang an **Tierbeständen** zur 1475
LuF gehört, wird die Abgrenzung gegenüber einem Gewerbebetrieb im derzeitigen EW-Recht in § 51 BewG geregelt, der vollinhaltlich in § 241 BewG überführt wurde. Die Festlegung des Vieheinheitenschlüssels und der Gruppe der mehr oder weniger flächenabhängigen Tierzweige ist in den Anlagen 34 und 35 zum BewG erfolgt. Im Übrigen wird das Bundesministerium der Finanzen in § 263 Abs. 1 Nr. 2 BewG im Einvernehmen mit dem Bundesministerium für Ernährung und Landwirtschaft und mit Zustimmung des Bundesrats zum Erlass einer Rechtsverordnung ermächtigt, eine **Anpassung der des Vieheinheitenschlüssels und der Zweige eines Tierbestands gem. Anlagen 34 und 35 zum BewG an geänderte wirtschaftliche oder technische Entwicklungen** zu ermöglichen. Für die Anzahl der Vieheinheiten wird nachhaltig – mithin anhand der Verhältnisse von drei Wirtschaftsjahren – darauf rekurriert, in welchem Umfang innerhalb eines Wirtschaftsjahres Vieh erzeugt oder gehalten wird. Der Tierbestand eines Betriebs wird in Vieheinheiten gem. Anlage 34 zum BewG umgerechnet und zur selbst bewirtschafteten maßgeblichen Fläche gem. A 241 Abs. 3 AEBewGrSt in Bezug gesetzt. Dies sind neben Flächen der landwirtschaftlichen Nutzung, die Flächen der Sondernutzungen Hopfen und Spargel und Flächen der landwirtschaftlichen Nutzung, die aufgrund öffentlicher Förderprogramme stillgelegt werden. Der Umfang des landwirtschaftlichen Tierbestands ist daher von dieser Flächengröße abhängig. Nicht erforderlich ist indes, dass die Tiere auch von den Erzeugnissen dieser Flächen tatsächlich gefüttert werden.

Übersteigt die Zahl der Vieheinheiten nachhaltig die Höchstgrenze des § 241 BewG, gehört der übersteigende Tierbestand zur gewerblichen Tierzucht bzw.

Tierhaltung. Zu beachten ist jedoch, dass immer nur ein Zweig des Tierbestands im Ganzen zur landwirtschaftlichen oder zur gewerblichen Tierhaltung gehören kann. Übersteigt z. B. bei einem ausschließlich der Aufzucht von Masthühnern dienenden Betrieb die Zahl der Vieheinheiten den Höchstsatz, ist der gesamte Tierbestand der gewerblichen Tierhaltung zuzurechnen. Hat ein Betrieb einen Tierbestand mit mehreren Zweigen, richtet sich die Zurechnung nach der Flächenabhängigkeit gem. Anlage 35 zum BewG. Der gewerblichen Tierzucht/Tierhaltung sind zuerst die weniger flächenabhängigen Zweige des Tierbestands zuzurechnen. Weniger flächenabhängig ist die Erzeugung und Haltung von Schweinen und Geflügel, mehr flächenabhängig die Erzeugung und Haltung von Pferden, Rindvieh und Schafen (A 241 Abs. 2 AEBewGrSt).

1475/1 Nach § 241 Abs. 3 Satz 2 BewG sind noch folgende Besonderheiten zu beachten: Als besonderer Zweig des Tierbestands gilt das Zuchtvieh einer Tierart nur dann, wenn die erzeugten Jungtiere **überwiegend zum Verkauf** bestimmt sind. Das ist beispielsweise dann der Fall, wenn auf einem Betrieb der Land- und Forstwirtschaft ausschließlich Zuchtsauen zur Ferkelproduktion für die Schweinemast gehalten werden und die erzeugten Ferkel überwiegend an Schweinemäster verkauft werden. Ist dies nicht der Fall, so bestimmt § 241 Abs. 3 Satz 3 BewG, dass das Zuchtvieh dem Zweig des Tierbestands zuzurechnen ist, dem es überwiegend dient. Wird der dargestellte Sachverhalt dahingehend abgewandelt, dass die Sauenhaltung ausschließlich der Mast der selbsterzeugten Ferkel auf dem Betrieb dient, ist die Sauenhaltung untrennbar dem Bereich Mastvieh zuzuordnen.

BEISPIEL[1] Auf 30 ha einer landwirtschaftlichen Nutzung können nach § 241 Abs. 1 BewG 270 VE gehalten bzw. erzeugt werden. Für einen Betrieb ergibt sich folgender tatsächlicher Tierbestand:

Tierart	Anzahl/Stück	VE/Stück	VE insges.
Zuchtstuten	3	1,10	= 3,30
Milchkühe	15	1,00	= 15,00
Rinder 1 bis 2 Jahre	5	0,70	= 3,50
Zuchtsauen	50	0,33	= 16,50
Mastschweine aus selbsterzeugten Ferkeln	1.000	0,16	= 160,00
Legehennen	10.000	0,02	= 200,00
Insgesamt			398,30

1 Vgl. Müller in Grootens, BewG, § 241 Rz.34 ff.

Der tatsächliche Tierbestand übersteigt die höchstzulässige Grenze von 270 VE. Zu den weniger flächenabhängigen Tierzweigen gehören die Schweinemast (einschließlich Zuchtsauen, siehe oben) und die Legehennenhaltung. Die Legehennenhaltung ist aus der landwirtschaftlichen Tierhaltung auszuscheiden, weil sie die größere Anzahl an VE (200 VE) umfasst (vgl. § 241 Abs. 2 Satz 3 BewG). Die Legehennen bilden eine gewerbliche Tierhaltung. Zur landwirtschaftlichen Tierhaltung gehören demnach „nur" noch (398,30 VE – 200,00 VE =) 198,30 Vieheinheiten. Diese verbleibenden Vieheinheiten sind bei der Überprüfung, ob für den Betrieb ein Zuschlag wegen einer verstärkten Tierhaltung gem. § 238 Abs. 1 Nr. 1 BewG anzubringen ist, zu berücksichtigen. Die Überprüfung führt zu folgendem Ergebnis:

Überprüfung, ob ein Zuschlag wegen verstärkter Tierhaltung anzubringen ist:		
tatsächliche Vieheinheiten		198,30
Eigentumsfläche der landwirtschaftlichen Nutzung - verpachtete Fläche + zugepachtete Fläche = selbstbewirtschaftete Fläche	30,00 ha 0,00 ha 0,00 ha 30,00 ha	
× Faktor gem. Anlage 27	2,00 VE/ha	
= zulässige Vieheinheiten		- 60,00
Überbestand an VE		= 138,30

In diesem Beispiel würde ein Zuschlag wegen verstärkter Tierhaltung auf der Grundlage von 138,30 VE i. H. von 10.925,70 € berechnet werden (138,30 VE × 79 €/VE).

Ergänzende Regelungen für die Pensionstierhaltung sind aus A 241 Abs. 4 AEBewGrSt ersichtlich. Indes wurden die Regelungen zur **gemeinschaftlichen Tierhaltung** in § 51a BewG nicht übernommen, vielmehr ist der Regelungsinhalt dieser Norm mit Wirkung vom 1.1.2025 in § 13b EStG verortet worden.[1] 1475/2

b) Besonderheiten bei den sonstigen land- und forstwirtschaftlichen Nutzungen[2]

Die Vorschrift des § 242 Abs. 2 BewG entspricht weitgehend § 62 Abs. 1 BewG im grundsteuerlichen Einheitswertrecht und ist um weitere Nutzungen redaktionell erweitert worden, so z. B. um die **Weihnachtsbaumkulturen** und die **Kurzumtriebsplantagen**. Vgl. A 242 AEBewGrSt, der hinsichtlich der Besonderheiten der übrigen luf Nutzungen auf A 237.10 bis A 237.20 AEBewGrSt verweist. 1476

1 Vgl. hierzu das Gesetz zur weiteren steuerlichen Förderung der Elektromobilität und zur Änderung weiterer steuerlicher Vorschriften v. 12.12.2019, BGBl 2019 I S. 2451.

2 Vertiefend siehe u. a. Müller in Grootens, BewG, § 242 Rz. 1 ff.

8. Bewertung von land- und forstwirtschaftlichen Körperschaften, Personenvereinigungen und Vermögensmassen

1477 Die LuF gilt nach § 95 Abs. 2 BewG nicht als Gewerbe, wenn sie den Hauptzweck des Betriebs bildet. Hingegen stellt qua Fiktion eine luf Betätigung der in § 97 Abs. 1 BewG[1] genannten Körperschaften, Personenvereinigungen und Vermögensmassen einen Gewerbebetrieb dar, ein Befund, der in der Praxis am häufigsten auf Kapitalgesellschaften und Genossenschaften zutreffen dürfte. In diesen Fällen erstreckt sich der Umfang der wirtschaftlichen Einheit auf alle Wirtschaftsgüter des Betriebsvermögens, und zwar unabhängig davon, ob sie dem eigentlichen Gewerbebetrieb dienen oder tatsächlich gar kein Gewerbe betrieben wird.

Grundbesitz, der losgelöst von einem Gewerbebetrieb einen Betrieb der LuF bilden würde, ist nach dem Recht der Einheitsbewertung wie luf Vermögen zu bewerten (§ 99 Abs. 1 Nr. 2 i. V. mit Abs. 3 BewG).[2] Da es bei der Grundsteuer keine Vermögensart Betriebsvermögen gibt (vgl. § 2 GrStG), ordnet § 218 Abs. 1 BewG im Sinne einer Klarstellung an, dass diese Grundsätze auch für die Grundsteuerwertermittlung nach reformiertem Recht gelten. Dies bedeutet, dass alle Wirtschaftsgüter i. S. des § 232 Abs. 3 BewG hiervon erfasst werden. Nicht davon erfasst werden indes die nach § 232 Abs. 4 BewG (Negativabgrenzung) auszuscheidenden Wirtschaftsgüter, da diese nicht dem luf Vermögen zuzuordnen sind. Vgl. hierzu auch A 232.2 Abs. 4 AEBewGrSt.

1478–1479 *(Einstweilen frei)*

VI. Bewertung des land- und forstwirtschaftlichen Vermögens für Zwecke der Erbschaft- und Schenkungsteuer sowie der Grunderwerbsteuer (Grundbesitzbewertung)

1. Verfahrensrechtlicher Kontext

1480 Nach § 151 Abs. 1 Satz 1 Nr. 1 BewG sind unter Hinweis auf § 179 AO **Grundbesitzwerte** (§ 157 BewG) **gesondert festzustellen**, wenn die Werte für die Erb-

1 Siehe hierzu auch Eisele in Rössler/Troll, § 97 BewG Rz. 3 ff.

2 Siehe hierzu auch Eisele in Rössler/Troll, § 99 BewG Rz. 10 ff.

schaftsteuer (Schenkungsteuer) oder eine andere Feststellung i. S. des § 151 BewG von Bedeutung sind. Grundbesitzwerte werden nach § 157 Abs. 1 BewG unter Berücksichtigung der **tatsächlichen Verhältnisse** und der **Wertverhältnisse vom Bewertungsstichtag** festgestellt. Für die wirtschaftlichen Einheiten des luf Vermögens und die Betriebsgrundstücke i. S. des § 99 Abs. 1 Nr. 2 BewG sind die Grundbesitzwerte unter Anwendung der §§ 158 bis 175 BewG zu ermitteln (§ 157 Abs. 2 BewG). Grundbesitz (§ 19 Abs. 1 BewG) ist gem. § 12 Abs. 3 ErbStG mit dem nach § 151 Abs. 1 Satz 1 Nr. 1 BewG auf den Bewertungsstichtag (§ 11 ErbStG) festgestellten Wert anzusetzen. **Ausländischer Grundbesitz** wird nach § 31 BewG, d. h. mit dem gemeinen Wert, bewertet (§ 12 Abs. 7 ErbStG).

Zur Anwendbarkeit der Regelungen der §§ 138 bis 150 BewG infolge der Entscheidung des BVerfG vom 23.6.2015 – 1 BvL 13/11, 1 BvL 14/11[1] für grunderwerbsteuerliche Besteuerungszeitpunkte nur noch bis einschließlich 31.12.2008, zur Umsetzung der verfassungsgerichtlichen Vorgaben mit dem Steueränderungsgesetz (StÄndG) 2015 v. 2.11.2015[2] sowie zum (rückwirkenden) Verweis des § 8 Abs. 2 GrEStG auf § 151 Abs. 1 Satz 1 Nr. 1 i. V. mit § 157 Abs. 1 bis 3 BewG für grunderwerbsteuerliche Besteuerungszeitpunkte ab 1.1.2009 s. Rz. 1373.

Bei der gesonderten Feststellung von Grundbesitzwerten für das luf Vermögen 1481
sind nach R B 151.2 Abs. 3 ErbStR 2019 noch folgende **verfahrensrechtliche Besonderheiten** zu beachten:

- Im Rahmen der gesonderten Grundbesitzwertfeststellung für das luf Vermögen sind die **Werte für den Wirtschaftsteil**, für die **Betriebswohnungen** und für den **Wohnteil** jeweils als Besteuerungsmerkmale im Feststellungsbescheid **auszuweisen**. Das gilt auch bei der Aufteilung nach § 168 Abs. 3 BewG. Soweit im Rahmen der **Öffnungsklauseln** (§§ 165 Abs. 3 und 167 Abs. 4 BewG) **Nutzungsrechte** berücksichtigt wurden, ist der jeweilige Wert **nachrichtlich** mitzuteilen (H B 151.2 ErbStH 2019); die Angabe wird zur Vermeidung der Doppelberücksichtigung der Belastung benötigt (§ 10 Abs. 6b ErbStG).
- Im Rahmen der gesonderten Feststellung werden **keine Aussagen zum Liquidationswert** i. S. des § 166 BewG getroffen. Im Fall der **Nachbewertung** nach § 162 Abs. 3 und 4 BewG ist der **erteilte Feststellungsbescheid** nach § 175 Abs. 1 Satz 1 Nr. 2 AO zu **ändern**. Der jeweilige **Liquidationswert** i. S. des § 166 BewG wird dabei zum **Gegenstand des Feststellungsverfahrens**.

1 BStBl 2015 II S. 871.
2 BGBl 2015 I S. 1834.

Die hierfür erforderlichen Daten werden im Rahmen der Feststellungserklärung zum Bewertungsstichtag erhoben.

- Im Fall der **Nachbewertung** (§ 162 Abs. 3 und 4 BewG) fordert die Erbschaftsteuerstelle vom **Lagefinanzamt** die Feststellung des Werts für den Wirtschaftsteil unter Berücksichtigung des Liquidationswerts an, wenn dies für die Besteuerung von Bedeutung ist.

2. Begriffsbestimmung und wirtschaftliche Einheit

1482 Die Regelung der Bewertung des luf Vermögens für Zwecke der Erbschaft- und Schenkungsteuer war durch das ErbStRG 2009 vollständig neu gefasst und in den §§ 158 bis 175 BewG verankert worden. Der Gesetzgeber hat allerdings die bereits **bestehenden Definitionen und Abgrenzungskriterien weitestgehend übernommen** und die LuF in § 158 Abs. 1 BewG **tätigkeitsbezogen** unter Rückgriff auf R 15.5 EStR und im Übrigen nach § 2 BewG **definiert** (R B 158.1 Abs. 1 Satz 2 ErbStR 2019). Unter LuF ist mithin die planmäßige Nutzung der natürlichen Kräfte des Bodens zur Erzeugung von Pflanzen und Tieren sowie die Verwertung der dadurch selbst gewonnenen Erzeugnisse zu verstehen. Unter **objektiven Gesichtspunkten** gehören zum luf Vermögen folglich alle **Wirtschaftsgüter**, die nach ihrer **Zweckbestimmung** einer **luf Tätigkeit dauerhaft zur planmäßigen und ständigen Bewirtschaftung** dienen. Hierbei wird **weder** eine **Mindestgröße** des Betriebs **noch ein voller luf Besatz** mit Wirtschaftsgebäuden, Betriebsmitteln und dergleichen vorausgesetzt. Auch ein einzelnes luf genutztes Grundstück, das gem. § 159 BewG nicht zum Grundvermögen zu rechnen ist, kann als Betrieb der LuF einzustufen sein. Wird der Betrieb der LuF oder Teile davon einem anderen Berechtigten für eine entsprechende Tätigkeit überlassen, so gilt dies als Fortsetzung der luf Tätigkeit des Überlassenden (§ 158 Abs. 2 Satz 3 BewG). Der Einordnung als Betrieb der LuF steht ebenso nicht entgegen, dass er aus einer oder einzelnen luf genutzten Flächen gebildet wird, bei denen die Wirtschaftsgebäude oder die Betriebsmittel oder beide Arten von Wirtschaftsgütern nicht dem Eigentümer des Grund und Bodens gehören und diese anderen Betrieben der LuF auf Dauer zu dienen bestimmt sind.[1]

1482/1 Eine **Betriebsverpachtung im Ganzen** ist unter den obigen Voraussetzungen als Fortsetzung der bisherigen Tätigkeit auf andere Art und Weise anzusehen, vorausgesetzt, dass die Wirtschaftsgüter dem Betrieb auf Dauer zu dienen be-

1 Gleich lautende Ländererlasse v. 19.2.2024, BStBl 2024 I S. 380 und gesetzliche Klarstellung als Reaktion auf das Urteil des BFH v. 16.11.2022 – II R 39/20, BStBl 2024 II S. 246.

stimmt sind. Hiervon ist stets auszugehen, wenn der bisherige Eigentümer des Betriebs am Bewertungsstichtag die **wesentlichen Wirtschaftsgüter des Betriebs** i. S. des § 158 Abs. 3 Nr. 1 bis 3 und 5 BewG (also Grund und Boden, Wirtschaftsgebäude, stehende Betriebsmittel und immaterielle Wirtschaftsgüter) an Andere zur luf Nutzung überlassen hatte und die Kriterien für eine Stückländerei (§ 160 Abs. 7 BewG) nicht vorliegen. Vgl. hierzu auch R B 158.1 Abs. 1 Satz 5 ErbStR 2019.

BEISPIEL (H B 158.1 (1) ErbStH 2019):

V hat seinen Betrieb mit 100 Hektar landwirtschaftlicher und 50 Hektar forstwirtschaftlich genutzter Fläche nebst Besatzkapital seit zwei Jahren im Ganzen verpachtet. V möchte seinen Betrieb im Wege der vorweggenommenen Erbfolge auf sein Kind K übertragen, das sich noch für drei Jahre in Berufsausbildung befindet. K tritt in den bestehenden Pachtvertrag ein, der noch für drei Jahre abgeschlossen ist.

Zum luf Vermögen gehören alle Wirtschaftsgüter, die objektiv einem Betrieb der LuF dauernd zu dienen bestimmt sind. Da alle wesentlichen Wirtschaftsgüter im Rahmen der Betriebsverpachtung im Ganzen weiterhin luf Zwecken dienen, ist die Verpachtung als Fortsetzung der bisherigen Tätigkeit auf andere Art und Weise anzusehen. Auch die Voraussetzung, dass die Wirtschaftsgüter dem Betrieb dauernd zu dienen bestimmt sind, ist erfüllt, da die Überlassung aus betriebswirtschaftlichen oder betriebstechnischen Gründen am Bewertungsstichtag für weniger als 15 Jahre erfolgt.

Nach § 158 Abs. 2 BewG bildet der **Betrieb der LuF** die **wirtschaftliche Einheit** 1483
des luf Vermögens. Hiermit werden primär die Wirtschaftsgüter zusammengefasst, die dem **Eigentümer** zuzurechnen sind. In den Fällen, in denen ein Betrieb der LuF in Form einer **Personengesellschaft** oder einer **Gemeinschaft** geführt wird, ist das luf Vermögen **einheitlich** zu ermitteln (§ 3 BewG). Gemäß R B 158.1 Abs. 3 Satz 2 ErbStR 2019 sind dabei außer den Wirtschaftsgütern, die der Gesellschaft oder Gemeinschaft gehören, auch die im Eigentum eines oder mehrerer Gesellschafter oder Gemeinschafter stehenden und dem Betrieb auf Dauer zu dienen bestimmten Wirtschaftsgüter (z. B. Nutzflächen, Gebäude oder Betriebsmittel) in den Betrieb einzubeziehen. Hingegen **scheidet** die **Zurechnung** von Wirtschaftsgütern **aus**, die zwar dem Betrieb zu dienen bestimmt sind, jedoch im Eigentum von **Nichtgesellschaftern/Nichtgemeinschaftern** stehen. Die Aussagen in R B 151.1 Abs. 3 Satz 2 und 3 ErbStR 2019 gelten auch bei Ehegatten. Befinden sich luf Nutzflächen im **Erbbaurecht**, bilden diese mit dem übrigen Betrieb der LuF des Erbbauberechtigten grundsätzlich eine wirtschaftliche Einheit.[1]

1 Krause, NWB 2014 S. 110, 116.

1484 Als **Wirtschaftsgüter**, die einem Betrieb der LuF dauernd zu dienen bestimmt sind, kommen insbesondere der **Grund und Boden**, die **Wohn- und Wirtschaftsgebäude**, die stehenden Betriebsmittel sowie ein normaler, die Fortführung des Betriebs sichernder Bestand an umlaufenden Betriebsmitteln in Betracht (§ 158 Abs. 3 Satz 2 BewG). Zum Grund und Boden gehören sämtliche luf genutzten Flächen, vor allem die in § 160 Abs. 2 BewG aufgeführten Flächen. Bei Weideland ist auch die Grasnarbe dem Grund und Boden zuzuordnen.[1] Weiterhin gehören zum Grund und Boden die Hof- und Gebäudeflächen, Wirtschaftswege, Schneisen und Grenzraine, -hecken, Gräben sowie Parkflächen. Für eine Erfassung als Wirtschaftsgebäude kommen insbesondere in Betracht: Ställe, Scheunen, Schuppen, Kesselhäuser, Geräteschuppen, Arbeitsräume, Lagerräume, Werkstätten, Hopfendarren, Gewächshäuser sowie Kelleranlagen. Zu den **stehenden Betriebsmitteln** gehören die ertragsteuerlich dem Anlagevermögen zuzuordnenden Wirtschaftsgüter, die nicht Grund und Boden oder Gebäude sind, mithin Maschinen, Geräte und Tiere des Anlagevermögens (z. B. Milchkühe, Zuchtvieh). Zu den **umlaufenden Betriebsmitteln** rechnen die Pflanzenbestände, die Vorräte sowie das Mastvieh (Umlaufvermögen im ertragsteuerlichen Sinne). Zum luf Vermögen gehören des Weiteren die **immateriellen Wirtschaftsgüter** wie Lieferrechte oder von staatlicher Seite eingeräumte Vorteile, die die Voraussetzungen eines Wirtschaftsguts erfüllen: Milchlieferrechte, Brennrechte, Zuckerrübenlieferrechte, Jagdrechte, Wiederbepflanzungsrechte im Weinbau oder auch GAP-Zahlungsansprüche. Zu den Wirtschaftsgütern, die einem Betrieb der LuF dauernd zu dienen bestimmt sind, können auch **Grunddienstbarkeiten** und **betrieblich veranlasste wiederkehrende Nutzungen und Leistungen** gehören (R B 158.1 Abs. 4 Satz 1 ErbStR 2019).

3. Abgrenzungsfragen der Vermögensart

1485 Die **Abgrenzung des Betriebs der LuF** vom Grundvermögen, Betriebsvermögen und übrigen Vermögen richtet sich nach den bereits bestehenden Definitionen und Kriterien und der bei der LuF einschlägigen Verkehrsanschauung. Das luf Vermögen ist vom **Betriebsvermögen vorrangig nach R 15.5 EStR** abzugrenzen.[2] Nach R B 158.2 Abs. 1 Satz 2 ErbStR 2019 gehören Wirtschaftsgüter, die **außer im eigenen Betrieb** der LuF **auch in einem demselben Inhaber gehörenden Gewerbebetrieb verwendet** werden, grds. **nur insoweit** zum luf Vermögen, als sie

1 Kirnberger in Wilms/Jochum, BewG, § 158 Rz. 20 unter Verweis auf BFH 16.2.1984 – IV R 229/81, BStBl 1984 II S. 424.

2 Wegen der Abgrenzung des Gewerbebetriebs von der LuF s. a. gleich lautende Ländererlasse v. 15.12.2011, BStBl 2011 I S. 1213.

nicht nach § 95 BewG dem Betriebsvermögen zuzuordnen sind. Stehen luf genutzte Flächen im Eigentum einer der in § 97 Abs. 1 Nr. 1 bis 4 BewG genannten Körperschaften, Personenvereinigungen und Vermögensmassen, stellen diese Flächen **wegen der Rechtsform** des Eigentümers **Betriebsvermögen** dar. Folglich sind diese Flächen als **Betriebsgrundstücke** nach § 99 Abs. 1 Nr. 2 BewG **wie** luf Vermögen zu bewerten.

Land- und forstwirtschaftlich genutzte Flächen sind gem. § 159 Abs. 1 BewG 1486
dem **Grundvermögen** zuzurechnen, wenn nach ihrer **Lage**, den am Bewertungsstichtag bestehenden **Verwertungsmöglichkeiten** oder den **sonstigen Umständen** anzunehmen ist, dass sie **in absehbarer Zeit anderen als luf Zwecken dienen** werden.[1] Als anderweitige Nutzung in diesem Sinne kommt insbesondere eine Nutzung als Bauland, Industrieland oder Land für Verkehrszwecke in Betracht. Unter dem Begriff „absehbare Zeit" i. S. des § 159 Abs. 1 BewG ist ein Zeitraum von sechs Jahren zu verstehen, der jeweils vom Bewertungsstichtag an beginnt (R B 159 Abs. 6 ErbStR 2019). Bildet ein Betrieb der LuF die **Existenzgrundlage des Betriebsinhabers**, so sind nach § 159 Abs. 2 BewG dem Betriebsinhaber gehörende Flächen, die von einer Stelle aus ordnungsgemäß und nachhaltig bewirtschaftet werden, dem **Grundvermögen** nur dann zuzurechnen, wenn mit großer Wahrscheinlichkeit anzunehmen ist, dass sie **spätestens nach zwei Jahren anderen als luf Zwecken dienen** werden. Die in § 159 Abs. 1 und 2 BewG tatbestandlich vorausgesetzte Erwartung einer künftigen Verwendung der fraglichen Fläche für andere als luf Zwecke kann auf unterschiedlichen Umständen beruhen.[2] Beispielhaft verweist R B 159 Abs. 5 Satz 1 ErbStR 2019 hierzu auf

- die Möglichkeit einer künftigen Verwendung als Bauland oder einen Erwerb zu Baulandpreisen, wenn die Fläche nicht als Ersatzland (z. B. bei Enteignungen) oder zur Abrundung eines Betriebs der LuF dienen soll;
- den Erwerb durch einen Nichtlandwirt, z. B. durch eine Grundstücksgesellschaft, ein Wohnungsunternehmen oder auch ein Industrieunternehmen, das die Fläche vorläufig noch in der luf Nutzung des Veräußerers belässt;
- Landverkäufe, die eine beginnende Parzellierung erkennen lassen;
- eine Fläche, die für eine Brückenauffahrt erforderlich ist;
- einen in Richtung auf die Fläche fortschreitenden Straßenbau.

1 Zur Abgrenzung des luf Vermögens vom Grundvermögen s. a. BFH 13.8.2003 – II R 48/01, BStBl 2003 II S. 908.

2 Zur Frage einer anderen als landwirtschaftlichen Nutzung s. a. BFH 4.8.1972 – III R 47/72, BStBl 1972 II S. 849.

Hingegen sind Flächen **stets** dem **Grundvermögen** zuzurechnen, wenn sie in einem Bebauungsplan als Bauland festgesetzt, ihre sofortige Bebauung möglich ist und die Bebauung innerhalb des Plangebiets in benachbarten Bereichen begonnen hat oder schon durchgeführt ist. Zum Schutz der LuF **gilt** diese **Regelung nicht** für die **Hofstelle** und andere Flächen im unmittelbaren räumlichen Zusammenhang mit der Hofstelle bis zu einer Größe von **insgesamt einem Hektar** (§ 159 Abs. 3 Satz 2 BewG). Nach R B 159 Abs. 2 Nr. 4 ErbStR 2019 sind unter den im **räumlichen Zusammenhang mit der Hofstelle** stehenden Flächen, die ebenso wie die Hofflächen nicht zum Grundvermögen gerechnet werden dürfen, der Hausgarten und die sog. **Hofweide** zu verstehen. Der Anerkennung des räumlichen Zusammenhangs mit der Hofstelle steht nicht entgegen, dass die Garten- oder Weideflächen durch kleinere Straßen, durch Wege oder durch kleinere Ackerflächen von der Hofstelle getrennt sind.[1]

1486/1 Mit dem Begriff der **Agri-Fotovoltaik** wird ein Verfahren zur gleichzeitigen Nutzung von Flächen für die landwirtschaftliche Pflanzenproduktion und die Fotovoltaik-Stromproduktion bezeichnet. Zur Frage der Zurechnung und Bewertung von **Agri-Fotovoltaik-Anlagen** hat sich die Finanzverwaltung mit gleich lautenden Ländererlassen vom 15.7.2022[2] geäußert. Demnach sind Flächen, auf denen Fotovoltaik-Anlagen stehen, die nach der **DIN SPEC 91434 Agri-Fotovoltaik-Anlagen der Kategorie I oder II** sind, dem **land- und forstwirtschaftlichen Vermögen** zuzurechnen. Die Bewertung dieser Flächen richtet sich nach der jeweils prägenden Nutzung der zu Grunde liegenden (Kategorie I) bzw. im Umgriff befindlichen (Kategorie II) land- und forstwirtschaftlichen Flächen. Indes sind Flächen, auf denen Fotovoltaik-Anlagen stehen, die nach der **DIN SPEC 91434 keine Agri-Fotovoltaik-Anlagen der Kategorie I oder II** sind (insbesondere Freiflächen-Fotovoltaik-Anlagen), dem **Grundvermögen** zuzurechnen. Für deren Umfang ist die gesamte Fläche maßgeblich, die dem Betrieb der Fotovoltaik-Anlage dient (insbesondere Aufstellfläche und überdeckte Fläche der Fotovoltaik-Anlage sowie Aufstellflächen der dazugehörenden Betriebsvorrichtungen wie Stromeinspeiseanlagen).

1 Zur Entfernung zwischen Hofstelle und landwirtschaftlich genutzten Flächen s. BFH 2.5.1980 – III R 15/78, BStBl 1980 II S. 490.

2 BStBl 2022 I S. 1226.

Eine Auflistung der nicht zum luf Vermögen gehörenden Wirtschaftsgüter – **Negativabgrenzung** – ist aus § 158 Abs. 4 BewG ersichtlich. Von der Zurechnung zum luf Vermögen sind demnach **ausgenommen** 1487

- der Grund und Boden sowie die Gebäude oder Gebäudeteile, die nicht luf Zwecken dienen,
- das (Dauer-)Kleingartenland,
- über den Normalbestand hinausgehende Bestände an umlaufenden Betriebsmitteln – sog. **Überbestände**,
- Geldforderungen und Zahlungsmittel,
- Geschäftsguthaben, Wertpapiere und Beteiligungen,
- Tiere und Wirtschaftsgüter der gewerblichen Tierhaltung,
- Pensionsverpflichtungen.

Zu den **Beteiligungen** gehören insbesondere die Anteile an anderen Personengesellschaften/-gemeinschaften sowie Anteile an Kapitalgesellschaften, für die jeweils ein eigenständiger Wert zu ermitteln ist. Hingegen ist für **Beteiligungen an Maschinengemeinschaften**, die ausschließlich für ihre Gesellschafter/Gemeinschafter tätig sind, ein eigenständiger Wert zu ermitteln und dem **übrigen Vermögen** zuzurechnen (§ 151 Abs. 1 Satz 1 Nr. 4 BewG).[1] Soweit eine Maschinengemeinschaft allerdings die Voraussetzungen eines Gewerbebetriebs erfüllt, erfolgt die Erfassung der Wirtschaftsgüter als Betriebsvermögen (R B 158.4 Abs. 1 Satz 4 ErbStR 2019). Aufgrund der Herausnahme der **Pensionsverpflichtungen** aus dem luf Vermögen, sind diese bei Ermittlung des steuerpflichtigen Erwerbs im Erbfall als Nachlassverbindlichkeiten (§ 10 Abs. 5 ErbStG), im Schenkungsfall bei der Ermittlung des Steuerwerts der freigebigen Zuwendung (§ 7 Abs. 1 ErbStG) zu berücksichtigen.

Von der damaligen, bis einschließlich 2008 geltenden Rechtslage abweichend gehören **Verbindlichkeiten** zum luf Vermögen, soweit sie nicht mit den vorgenannten Wirtschaftsgütern in wirtschaftlichem Zusammenhang stehen (§ 158 Abs. 5 BewG). Der Gesetzgeber trägt mit dieser Regelung dem Umstand Rechnung, dass das Erbschaft- und Schenkungsteuerrecht auf das **Reinvermögen als Bereicherung** zurückgreift. Der Abzug einer Schuld ist allerdings nur dann zulässig, wenn das korrespondierende Wirtschaftsgut im luf Vermögen erfasst ist.

1 Siehe hierzu auch Wiegand, StW 2010 S. 56, 58.

4. Umfang des Betriebs der Land- und Forstwirtschaft

1488 Der bewertungsrechtliche **Umfang des Betriebs der LuF** ist in § 160 Abs. 1 BewG geregelt; die wirtschaftliche Einheit umfasst mithin

- den Wirtschaftsteil,
- die Betriebswohnungen sowie
- den Wohnteil.

Die weiterhin erfolgende Zuordnung des **Wohnteils** zum luf Vermögen trägt den tatsächlichen (örtlichen) Besonderheiten im Bereich der LuF Rechnung, die trotz veränderter Rahmenbedingungen bei der Bewirtschaftung luf Betriebe weiterhin Bestand haben: **Ansiedlung der Wohngebäude im Außenbereich** und enge **räumliche Verbindung mit den Wirtschaftsgebäuden**.

a) Wirtschaftsteil

1489 Nach § 160 Abs. 2 Satz 1 BewG umfasst der Wirtschaftsteil eines Betriebs der LuF die **luf Nutzungen**, die **Nebenbetriebe** sowie die Wirtschaftsgüter **Abbauland**, **Geringstland** und **Unland**. Als luf Nutzung sind alle Wirtschaftsgüter einzustufen, die einem der enumerativ aufgezählten Zwecke dienen. Die **Gesamtfläche des Wirtschaftsteils** eines Betriebs der LuF gliedert sich demnach in

- die landwirtschaftlich genutzten Flächen,
- die forstwirtschaftlich genutzten Flächen,
- die weinbaulich genutzten Flächen,
- die gärtnerisch genutzten Flächen,
- die übrigen luf genutzten Flächen,
- die Nebenbetriebe,
- das Abbauland,
- das Geringstland sowie
- das Unland.

1490 Zu den Flächen des Wirtschaftsteils rechnen auch die **Hof- und Wirtschaftsgebäudeflächen**, d. h. die Gebäude- und Gebäudenebenflächen, soweit sie nicht den Wohngebäuden zuzuordnen sind. Nicht zu den Wohngebäuden gehörende Gartenflächen sind der landwirtschaftlichen Nutzung zuzurechnen. Nach R B 160.1 Abs. 3 Satz 3 ErbStR 2019 sind **Wirtschaftswege, Hecken, Gräben,**

Grenzraine und dergleichen **in die Hof- und Wirtschaftsgebäudefläche einzubeziehen**; dies gilt auch für **unproduktive Wasserflächen, Bewässerungsteiche, Dämme, Uferstreifen** und dergleichen, die nicht als Unland klassifiziert sind. Als **Wirtschaftsgebäude** kommen insbesondere Gebäude zur Unterbringung von Vieh, Vorräten, Maschinen und anderen Betriebsmitteln sowie Verkaufs-, Arbeits- und Sozialräume in Betracht. Ebenfalls in diese Kategorie fallen Büros, in denen ausschließlich die mit der **Betriebsorganisation** und **Betriebsführung** zusammenhängenden Arbeiten vorgenommen werden.[1]

Eine der genannten Nutzungen umfasst alle Wirtschaftsgüter, die einem der aufgezählten Zwecke dienen. Bei einem Betrieb der LuF **mit nur einem Nutzungszweck** korrespondiert der Wert dieser Nutzung gleichzeitig mit dem Wirtschaftswert dieses Betriebs.

aa) Landwirtschaftliche Nutzung

Die **landwirtschaftliche Nutzung** umfasst alle Wirtschaftsgüter, die den Nut- 1491
zungsarten (Betriebsformen) **Ackerbau**, **Futterbau** und **Veredelung** nach Maßgabe des § 169 BewG dienen (R B 160.2 Abs. 1 Satz 2 ErbStR 2019). Als landwirtschaftliche Nutzung sind auch einzustufen die Nutzungsarten **Pflanzenbau-Verbund, Viehverbund** sowie **Pflanzen- und Viehverbund** (s. hierzu auch Anlage 14 Spalte 2 zum BewG). Die Abgrenzung der landwirtschaftlichen Nutzung erfolgt anhand der anderen Nutzungen und des **gemeinschaftlichen Klassifizierungssystems** i. S. des § 163 Abs. Satz 2 BewG. **Zentrale Bedeutung** für die Klassifizierung hat der sog. **Standarddeckungsbeitrag**.[2] Der **Standarddeckungsbeitrag (SDB)** dient der Eingruppierung der landwirtschaftlichen Betriebe nach ihrer betriebswirtschaftlichen Ausrichtung und zur Bestimmung der wirtschaftlichen Betriebsgröße. Der SDB ist eine standardisierte Rechengröße, die je Flächeneinheit einer Fruchtart bzw. je Tiereinheit einer Viehart ermittelt wird.

Der reine Anbau von **Hopfen, Tabak und Spargel** gehört nach § 160 Abs. 2 Satz 2 BewG nicht zur landwirtschaftlichen Nutzung. Es handelt sich um einen sog. spezialisierten Anbau (R B 160.2 Abs. 2 Satz 1 ErbStR 2019). Die Erfassung erfolgt bei den **übrigen luf Nutzungen** nach § 175 Abs. 1 Nr. 1 BewG.

Nach § 160 Abs. 10 BewG sind **gemeinschaftliche Tierhaltungen** (§ 13b EStG) der LuF zuzurechnen; es handelt sich mithin um luf Vermögen i. S. der §§ 158 ff.

1 Siehe hierzu R B 160.1 Abs. 4 ErbStR 2019.

2 Zu den konkreten Standarddeckungsbeiträgen s. a. BMF-Schreiben 18.3.2009, BStBl 2009 I S. 479, sowie Anlage 2 zu R B 160.2 ErbStR 2019.

BewG. Die **Tierzucht** ist der landwirtschaftlichen Nutzung i. S. des § 160 Abs. 2 Satz 1 Nr. 1 Buchst. a BewG und der Nutzungsart **Veredelung** (Anlage 14 zum BewG) zuzuordnen.

bb) Forstwirtschaftliche Nutzung

1492 Zur forstwirtschaftlichen Nutzung gehören alle **Wirtschaftsgüter**, die der **Erzeugung** und **Gewinnung** von **Rohholz** dienen. Wirtschaftsgüter der forstwirtschaftlichen Nutzung sind insbesondere die der Holzerzeugung dienenden Flächen, die Waldbestockung sowie die Wirtschaftsgebäude und die Betriebsmittel. Zu dem **normalen Bestand an umlaufenden Betriebsmitteln** der forstwirtschaftlichen Nutzung gehört auch **eingeschlagenes Holz**, soweit es den jährlichen Nutzungssatz i. S. des § 68 Abs. 1 EStDV nicht übersteigt. Ein **Überbestand an umlaufenden Betriebsmitteln** zählt zum **übrigen Vermögen** (R B 160.3 Abs. 1 Satz 1 bis 4 ErbStR 2019). Die **Fläche** der forstwirtschaftlichen Nutzung umfasst alle Flächen, die dauernd der Erzeugung von Rohholz gewidmet sind – Holzboden- und Nichtholzbodenfläche. Zur **Holzbodenfläche** rechnen neben bestockten Flächen, die sich in **Baumartengruppen** gliedern, auch Waldwege, Waldeinteilungs- und Sicherungsstreifen, wenn ihre Breite einschließlich der Gräben 5 m nicht übersteigt, sowie Flächen, die nur vorübergehend nicht bestockt sind (sog. Blößen). Hingegen rechnen zur **Nichtholzbodenfläche** die dem Transport und der Lagerung des Holzes dienenden Flächen (Waldwege, ständige Holzlagerplätze usw.), wenn sie nicht zur Holzbodenfläche gerechnet werden (R B 160.3 Abs. 2 Satz 1 bis 4 ErbStR 2019). Dazu gehören auch die **Flächen der Saat- und Pflanzkämpe** sowie der **Samenplantagen**, wenn diese zu mehr als zwei Drittel der Erzeugung von Pflanzen für den eigenen Betrieb dienen.[1] Entsprechendes gilt auch für **Wildäcker** und **Wildwiesen**, soweit sie nicht zur landwirtschaftlichen Nutzung oder zum Geringstland gehören (R B 160.3 Abs. 2 Satz 5 bis 6 ErbStR 2019).

cc) Weinbauliche Nutzung

1493 Die **weinbauliche Nutzung** umfasst alle Wirtschaftsgüter, die der **Erzeugung von Trauben** und der **Gewinnung von Wein und Saft** aus diesen Trauben dienen. Zum **Grund und Boden** der weinbaulichen Nutzung gehören alle **Ertragsrebflächen** sowie weinbauwürdige, aber vorübergehend nicht bestockte Flächen. Gebäude und Gebäudeteile, die der Gewinnung, dem Ausbau und der Lagerung der weinbaulichen Erzeugnisse dienen, rechnen als **Wirtschaftsgebäude** zur

1 Zur Abgrenzung vom Nutzungsteil Baumschulen s. R B 160.8 Abs. 2 ErbStR 2019.

weinbaulichen Nutzung. Bei Betrieben, die die erzeugten Trauben zu Fass- und Flaschenwein ausbauen, gehören die gesamten Vorräte an Fass- und Flaschenwein aus den Ernten der letzten fünf Kalenderjahre vor dem Besteuerungszeitpunkt zum **normalen Bestand an umlaufenden Betriebsmitteln** (R B 160.4 Abs. 1 Satz 3 ErbStR 2019).[1] Die **Fläche der weinbaulichen Nutzung** des Betriebs umfasst die im Ertrag stehenden Rebanlagen, die vorübergehend nicht bestockten Flächen sowie die noch nicht ertragsfähigen Jungfelder. Der Anbau von Reben zur Gewinnung von Unterlagsholz, sog. **Rebmuttergärten**, und die Anzucht von Pflanzreben, sog. **Rebschulen**, gehören zur weinbaulichen Nutzung, wenn sie zu mehr als zwei Drittel dem Eigenbedarf des Betriebs dienen. Ist dieses Kriterium nicht erfüllt, sind Rebmuttergärten und Rebschulen dem Nutzungsteil Baumschulen der gärtnerischen Nutzung zuzuordnen.[2] Die Einbeziehung von in die Weinbaulage eingesprengten Flächen anderer Nutzungen in die weinbauliche Nutzung erfolgt unter der Voraussetzung, dass diese Flächen nur vorübergehend nicht weinbaulich genutzt werden. **Ehemalige Weinbauflächen**, die brach liegen und bei denen zukünftig nicht mehr mit einer luf Nutzung zu rechnen ist, sind nach den jeweiligen Verhältnissen **Geringstland** oder **Unland** (R B 160.4 Abs. 2 ErbStR 2019).

dd) Gärtnerische Nutzung

Zur **gärtnerischen Nutzung** rechnen alle Wirtschaftsgüter, die den Nutzungs- 1494
teilen **Blumen- und Zierpflanzenbau**, **Gemüsebau**, **Obstbau** sowie **Baumschulen** dienen (R B 160.5 Abs. 1 Satz 1 ErbStR 2019). Die Zurechnung der Flächen zu den Nutzungsteilen bestimmt sich nach den **Bewirtschaftungsverhältnissen**.[3] Ist eine Zurechnung am Bewertungsstichtag nicht möglich, so erfolgt die Einordnung der Flächen gem. § 174 Abs. 3 BewG nach der **vorgesehenen Nutzung** (R B 160.5 Abs. 2 ErbStR 2019).

Die Fläche der **Nutzungsteile Gemüsebau** einerseits sowie **Blumen- und Zier-** 1495
pflanzenbau andererseits ist für Bewertungszwecke entsprechend R B 160.6 Abs. 1 ErbStR 2019 in Nutzungsarten aufzugliedern. Die Aufgliederung erfolgt nach den durch Gemüsebau genutzten Flächen sowie den durch Blumen- und Zierpflanzenbau genutzten Flächen, jeweils **differenziert** nach **Freilandflächen** sowie **Flächen unter Glas und Kunststoffen** (hierzu gehören insbesondere mit Gewächshäusern, Folientunneln und anderen Kulturräumen überbaute Flä-

1 Siehe hierzu auch § 173 Abs. 1 BewG.

2 Zur Abgrenzung vom Nutzungsteil Baumschulen s. R B 160.8 Abs. 3 ErbStR 2019.

3 Siehe hierzu auch §§ 161, 174 BewG.

chen). Auch die **Flächenanteile**, die Pflanzenbeständen nicht unmittelbar als Standraum dienen, gehören zur Fläche des Nutzungsteils. In diese Kategorie fallen z. B. **Zwischenflächen**, **Vorgewende** und die für die Bearbeitung notwendigen **Wege**. Der **Anbau von Tee, Gewürz- und Heilkräutern** gehört zum Gemüsebau. Hingegen sind Flächen zur Gewinnung von **Schmuckreisig und Bindegrün**, die überwiegend zum Verkauf bestimmt sind, sowie Flächen zur Produktion von **Rollrasen oder Vegetationsmatten** dem Blumen- und Zierpflanzenbau zuzurechnen (R B 160.6 Abs. 4 ErbStR 2019).

1496 Die obstbaulich genutzten Flächen, insbesondere des **Baumobstes**, des **Strauchbeerenobstes** und der **Erdbeeren** (einschließlich derjenigen Flächenanteile, die den Pflanzenbeständen nicht unmittelbar als Standraum dienen, wie Zwischenflächen und Vorgewende), gehören zum **Nutzungsteil Obstbau** (R B 160.7 ErbStR 2019).

1497 Die Flächen, die dem **Anbau von Baumschulerzeugnissen** dienen, rechnen zum **Nutzungsteil Baumschulen**. In diese Kategorie fallen insbesondere die Anzucht von Nadel- und Laubgehölzen, Rhododendren, Azaleen sowie Obstgehölzen einschließlich Beerenobststräuchern. Hingegen rechnet die **Anzucht von Rosen und Stauden** nur unter der Voraussetzung zum Nutzungsteil Baumschulen, dass ihre Nutzung als Dauerkultur **nicht überwiegt**; andernfalls erfolgt die Zuordnung zum Nutzungsteil Blumen- und Zierpflanzenbau (R B 160.8 Abs. 1 ErbStR 2019).

Saatkämpe, Rebmuttergärten und Rebschulen werden ebenfalls dem Nutzungsteil Baumschulen zugeordnet, **es sei denn**, sie dienen zu mehr als zwei Drittel dem Eigenbedarf einer im selben Betrieb vorhandenen forstwirtschaftlichen oder weinbaulichen Nutzung.

ee) Übrige land- und forstwirtschaftliche Nutzung

1498 Zu den übrigen luf Nutzungen gehören die **Sondernutzungen Hopfen, Spargel, Tabak und andere Sonderkulturen** (§ 175 Abs. 1 Nr. 1 BewG) sowie die **sonstigen luf Nutzungen** (§ 175 Abs. 1 Nr. 2 BewG).

ff) Sonstige land- und forstwirtschaftliche Nutzungen

1499 Die sonstigen luf Nutzungen werden in § 175 Abs. 2 BewG **beispielhaft aufgezählt**. Hierzu gehören **insbesondere** die Binnenfischerei, die Teichwirtschaft, die Fischzucht für Binnenfischerei und Teichwirtschaft, die Imkerei, die Wanderschäferei, die Saatzucht, der Pilzanbau, die Produktion von Nützlingen, Weihnachtsbaumkulturen sowie die Besamungsstationen (R B 160.9 bis R B 160.17 ErbStR 2019).

gg) Nebenbetriebe

Nebenbetriebe sind Betriebe, die dem **Hauptbetrieb zu dienen bestimmt** 1500
sind und **nicht einen selbständigen gewerblichen Betrieb** darstellen (§ 160 Abs. 3 BewG). Die Abgrenzung erfolgt nach **einkommensteuerlichen Kriterien** (R B 160.18 ErbStR 2019).[1] Ein Nebenbetrieb der LuF liegt demnach vor, wenn **überwiegend im eigenen Hauptbetrieb erzeugte Rohstoffe be- oder verarbeitet** werden und die dabei gewonnenen **Erzeugnisse überwiegend für den Verkauf bestimmt** sind oder ein LuF Umsätze aus der Übernahme von Rohstoffen (z. B. organische Abfälle) erzielt, diese be- oder verarbeitet und die dabei gewonnenen Erzeugnisse **nahezu ausschließlich im eigenen Betrieb der LuF** verwendet und die Erzeugnisse im Rahmen einer ersten Stufe der Be- oder Verarbeitung, die noch dem luf Bereich zuzuordnen ist, hergestellt werden. Ein Nebenbetrieb kann auch in den Fällen vorliegen, in denen er ausschließlich von LuF gemeinschaftlich betrieben wird und nur in deren Hauptbetrieben erzeugte Rohstoffe be- oder verarbeitet werden. Auch **Substanzbetriebe** sind als Nebenbetriebe einzustufen, wenn die gewonnene Substanz überwiegend im eigenen luf Betrieb verwendet wird. In diese Kategorie fallen z. B. Kiesgruben, Sandgruben und Torfstiche.

hh) Geringstland

Betriebsflächen geringster Ertragsfähigkeit – Geringstland – sind **unkultivierte, jedoch kulturfähige Flächen**, deren Ertragsfähigkeit so gering ist, dass sie in 1501
ihrem derzeitigen Zustand nicht regelmäßig luf genutzt werden können (§ 160 Abs. 5 BewG); dazu gehören insbesondere unkultivierte Moor- und Heideflächen sowie die **ehemals bodengeschätzten Flächen** und die ehemaligen Weinbauflächen, deren Nutzungsart sich durch **Verlust des Kulturzustands** verändert hat. Der Verlust des Kulturzustands ist dann anzunehmen, wenn der (kalkulierte) Aufwand zur Wiederherstellung des Kulturzustands in einem **Missverhältnis zur Ertragsfähigkeit** steht, mit der nach der Rekultivierung zu rechnen ist. Das ist regelmäßig dann der Fall, wenn der Aufwand den einer Neukultivierung übersteigen würde (R B 160.20 Satz 1 bis 3 ErbStR 2019).

---

1 Ausführlich zum Begriff des Nebenbetriebs s. gleich lautende Ländererlasse 15.12.2011, BStBl 2011 I S. 1213 (Tz. II. – Abgrenzung der einzelnen Tätigkeiten), abgedruckt unter Rz. 1405.

Bei **bodengeschätzten Flächen**[1] kann der **nachhaltige Verlust des Kulturzustands** insbesondere erst nach folgenden Ereignissen eintreten:

- Ansiedlung von Gehölzen infolge Nichtnutzung bei Hutungen und Hackrainen,
- Versteinung und Vernässung infolge Nichtnutzung, z. B. bei Hochalmen,
- Ansiedlung von Gehölzen und Verschlechterung der Wasserverhältnisse infolge Nichtnutzung, z. B. bei Streuwiesen,
- nachhaltige Verschlechterung des Pflanzenbestandes und der Wasserverhältnisse infolge zunehmender Überflutungsdauer und steigender Wasserverschmutzung bei Überschwemmungsgrünland oder Staunässe in Bodensenkungsgebieten,
- Vergiftung und Vernichtung des Pflanzenbestandes infolge schädlicher Industrieemissionen.

Bei **Weinbauflächen** (insbesondere in Steilhanglagen) kann der Verlust des Kulturzustands durch Ansiedlung von Gehölzen, Bodenabtrag sowie Einsturz von Mauern und Treppen infolge Nichtnutzung eintreten (R B 160.20 Satz 4 bis 5 ErbStR 2019).

ii) Abbauland

1502 Zum **Abbauland** gehören **Sandgruben, Kiesgruben, Steinbrüche, Torfstiche** und dergleichen, wenn sie durch **Abbau der Bodensubstanz** überwiegend für den Betrieb der LuF nutzbar gemacht werden (§ 160 Abs. 4 BewG). Stillgelegte Kiesgruben und Steinbrüche eines Betriebs der LuF, die weder kulturfähig sind noch bei geordneter Wirtschaftsweise Ertrag abwerfen können, gehören zum Unland und nicht zum Abbauland (R B 160.19 Satz 2 ErbStR 2019).

jj) Unland

1503 Beim Unland handelt sich um solche Betriebsflächen, die **auch bei geordneter Wirtschaftsweise keinen Ertrag** abwerfen können (§ 160 Abs. 6 BewG). Für diese Einschätzung ist auf den **objektiven Charakter** einer Betriebsfläche abzustellen.[2] Als Unland sind solche Flächen zu qualifizieren, die **nicht kulturfähig** sind und sich somit vom Geringstland unterscheiden. Jedoch reicht der Umstand, dass die Bewirtschaftung einer Fläche unwirtschaftlich ist und die Kosten den

---

1 Siehe hierzu das Gesetz zur Schätzung des landwirtschaftlichen Kulturbodens v. 20.12.2007, BGBl 2007 I S. 3150 ff.

2 So auch Wiegand, StW 2010 S. 56, 59.

Ertrag übersteigen, nicht aus, um die Fläche als Unland einzuordnen.[1] Ebenso rechtfertigt das **Fehlen von Grenzmarkierungen und Zufahrtswegen nicht** die Einstufung als **Unland**, da die Ertragsfähigkeit der betroffenen Flächen regelmäßig davon nicht berührt wird.[2]

kk) Stückländereien

Einen Betrieb der LuF bilden nach § 160 Abs. 7 Satz 1 BewG auch Stückländerei- 1504
en, die als **gesonderte wirtschaftliche Einheit** zu bewerten sind. Die Vorschrift wurde mit einer **zeitlichen Komponente** versehen. So sind Stückländereien einzelne luf genutzte Flächen, bei denen die Wirtschaftsgebäude oder die Betriebsmittel oder beide Arten von Wirtschaftsgütern nicht dem Eigentümer des Grund und Bodens gehören, sondern **am Bewertungsstichtag für mindestens 15 Jahre** einem anderen Betrieb der LuF aufgrund einer **Nutzungsüberlassung** zu dienen bestimmt sind. Dies gilt **unabhängig** von der **Art der Nutzungsüberlassung** und den damit verbundenen **Möglichkeiten einer Vertragsverlängerung** (R B 160.1 Abs. 6 Satz 6 ErbStR 2019). Der Gesetzgeber unterstellt bei Stückländereien, dass der **wirtschaftliche Zusammenhang** zwischen selbst bewirtschafteten Flächen und verpachteten Flächen **aufgehoben** ist oder **von vornherein nicht besteht**, wenn es sich bei Begründung des Pachtverhältnisses um einen Dauerzustand handelt. Ein solcher Dauerzustand ist zu unterstellen, wenn aus Sicht des Bewertungsstichtags die Pachtdauer noch mindestens 15 Jahre beträgt, und zwar **unabhängig** von der **Art der zivilrechtlichen Vertragsgrundlage** und der damit verbundenen Möglichkeit der **Vertragsverlängerung**.[3] Ist bei einzelnen luf genutzten Flächen der Stückländereibegriff i. S. des § 160 Abs. 7 Satz 2 BewG erfüllt, handelt es sich um sog. **„echte Stückländereien"**, für die **keine erbschaft- bzw. schenkungsteuerliche Verschonung** nach §§ 13a, 13b, 13c, 28a ErbStG in Betracht kommt.[4] Eine andere Beurteilung erfahren hingegen an Landwirte verpachtete Flächen, bei welchen am Bewertungsstichtag kein Verpachtungsvertrag mit mindestens 15-jähriger (Rest-)Laufzeit vorliegt. Diese Flächen erfüllen als sog. **„unechte Stückländereien"** nicht den Stückländereibegriff i. S. des § 160 Abs. 7 Satz 2 BewG und sind nach §§ 13a, 13b, 13c, 28a ErbStG bei der Folgebesteuerung begünstigt, und zwar auch dann, wenn ein Eigentümer, der selbst keinen luf Betrieb führt (Nichtlandwirt), diese Flächen verpachtet.[5]

1 BFH 24.1.2018 – II R 59/15, BStBl 2018 II S. 619.

2 FG Brandenburg 10.11.1993, EFG 1994 S. 599.

3 Vgl. BT-Drucks. 16/11107 S. 14.

4 Siehe hierzu auch R E 13b.4 Abs. 3 Satz 2 ErbStR 2019.

5 Siehe hierzu auch OFD Frankfurt/Main 2.12.2012, ZEV 2013 S. 108.

Mehrere Stückländereien in der Hand eines Eigentümers können im Übrigen zu **einer wirtschaftlichen Einheit** zusammengefasst werden. Zur Einordnung und Abgrenzung von Nutzungsüberlassungen im Bereich der LuF (Bewertung von Verpachtungsbetrieben) s. a. gleich lautende Ländererlasse vom 4.12.2014.[1]

b) Betriebswohnungen

1505 **Gebäude** oder **Gebäudeteile** des Betriebs, die dessen **Arbeitnehmern** und deren Familienangehörigen zu Wohnzwecken zur Verfügung gestellt werden, sind **Betriebswohnungen** (§ 160 Abs. 8 BewG). Dabei ist es **nicht erforderlich**, dass der Wohnungsinhaber oder seine Familienangehörigen ganz in dem Betrieb tätig sind. Es genügt, dass der jeweilige Arbeitnehmer vertraglich dazu verpflichtet ist, wenigstens 100 Arbeitstage oder 800 Arbeitsstunden im Jahr mitzuarbeiten. Das Merkmal der Betriebswohnung bleibt bei fortdauernder Nutzung der Wohnung durch den Arbeitnehmer nach Eintritt in den Ruhestand erhalten. Zum **Grund und Boden der Betriebswohnungen** zählen neben der bebauten Fläche auch die vom Betrieb im Rahmen der Wohnungsüberlassung zur Verfügung gestellten übrigen Flächen, wie z. B. Stellplätze und Gärten. Bei der Abgrenzung der Gartenflächen gilt R B 160.22 Abs. 6 ErbStR 2019 entsprechend (R B 160.21 ErbStR 2019).

c) Wohnteil

1506 **Gebäude** oder **Gebäudeteile**, die dem **Inhaber** eines Betriebs der LuF und den zu seinem Haushalt gehörenden Familienangehörigen zu **Wohnzwecken** dienen (§ 160 Abs. 9 BewG), sind dem Wohnteil zuzurechnen, wenn der Betriebsinhaber oder mindestens einer der zu seinem Haushalt gehörenden Familienangehörigen durch **eine mehr als nur gelegentliche Tätigkeit**[2] in dem Betrieb an ihn gebunden ist. Gebäude oder Gebäudeteile, die Altenteilern zu Wohnzwecken dienen, gehören zum Wohnteil, wenn die Nutzung der Wohnung in einem **Altenteilsvertrag** geregelt ist. Werden dem Hauspersonal nur einzelne zu Wohnzwecken dienende Räume überlassen, rechnen diese zum Wohnteil des Betriebs der LuF. Bei der Überlassung von Wohnungen an Arbeitnehmer des Betriebs ist R B 160.21 Abs. 1 ErbStR 2019 anzuwenden (R B 160.22 Abs. 1 ErbStR 2019). Hingegen sind die Wohngebäude von Inhabern sog. **landwirtschaftlicher Nebenerwerbsstellen**, die im Allgemeinen eine Landzulage von nicht mehr als 3.000 qm haben, i. d. R. als **Grundvermögen** zu bewerten, und zwar auch dann, wenn ausreichender Viehbesatz vorhanden ist. In diesen Fällen ist es **Haupt-**

1 BStBl 2014 I S. 1577.

2 Zum Kriterium der mehr als nur gelegentlichen Tätigkeit s. a. BFH 28.3.1990 – II R 125/87, BStBl 1990 II S. 727.

zweck des Wohngebäudes, dem **Wohnbedürfnis** des Eigentümers der Nebenerwerbsstelle und seiner Familie zu dienen (R B 160.22 Abs. 4 ErbStR 2019).[1] Zu beachten ist, dass sich die Wohnung des Betriebsinhabers nicht in unmittelbarer Nachbarschaft oder auf dem Hauptgrundstück eines mehrere Grundstücke umfassenden luf Betriebs befinden muss. Entscheidungserheblich ist nach R B 160.22 Abs. 5 Satz 2 ErbStR 2019 vielmehr, dass die **Lage der Wohnung** es dem Betriebsinhaber ermöglicht, soweit erforderlich im Betrieb der LuF anwesend zu sein und in den Betriebsablauf einzugreifen.[2]

Zum **Grund und Boden des Wohnteils** zählen neben der bebauten Fläche auch die übrigen Flächen, wie z. B. Stellplätze und Gärten. Die Zuordnung des Grund und Bodens sowie der **Gartenflächen** richtet sich nach der **Verkehrsauffassung**. Es bestehen keine Bedenken, die entsprechenden **ertragsteuerlichen Abgrenzungskriterien** zugrunde zu legen. Bei Betrieben, die vor dem 31.12.1998 bereits bestanden haben, kann folglich nur der Teil des Grund und Bodens dem Wohnteil zugerechnet werden, der nach § 13 Abs. 4 und 5 EStG **steuerfrei entnommen** werden konnte (R B 160.22 Abs. 6 ErbStR 2019).[3]

Bei **verpachteten Betrieben** scheidet der Eigentümer aus der Bewirtschaftung des Betriebs aus. Die notwendige Bindung an den Betrieb ist nicht mehr gegeben. Entsprechendes gilt, wenn der Verpächter das Wohnhaus für sich zurückbehält. Die **Verpächterwohnung** gehört damit **grds.** nicht mehr zum Wohnteil, sondern zum **Grundvermögen**. Dies **gilt nicht**, sofern sich die Wohnungen von Pächter und Verpächter **in einem Gebäude** befinden (R B 160.22 Abs. 7 ErbStR 2019).

Für **Altenteilerwohnungen** gelten die Regelungen für Betriebsinhaberwohnungen entsprechend (R B 160.22 Abs. 8 ErbStR 2019).

5. Bewertungsstichtag

§ 161 Abs. 1 BewG bestimmt, dass bei der Bewertung des luf Vermögens hin- 1507
sichtlich der Größe des Betriebs, des Umfangs und des Zustands der Gebäude sowie der stehenden Betriebsmittel die **Verhältnisse im Besteuerungszeitpunkt** maßgebend sind. **Abweichend** hiervon wird nach Maßgabe des § 161 Abs. 2 BewG bei den **umlaufenden Betriebsmitteln** auf die **Bestände zum Schluss**

1 Zur Nebenerwerbsstelle s. a. BFH 26.1.1973 – III R 122/71, BStBl 1973 II S. 282.

2 Zur Lage der Wohnung des Betriebsinhabers s. a. BFH 9.5.1990 – II R 19/88, BStBl 1990 II S. 729.

3 Die BMF-Schreiben 4.6.1997, BStBl 1997 I S. 630; 13.1.1998, BStBl 1998 I S. 129; sowie 2.4.2004, BStBl 2004 I S. 442 widmen sich dem zur Wohnung gehörenden Grund und Boden.

des vorangegangenen Wirtschaftsjahres (vgl. hierzu § 4a EStG i. V. mit § 8c EStDV) abgestellt; zu diesem Zeitpunkt sind i. d. R. nur diejenigen umlaufenden Betriebsmittel vorhanden, die für eine ordnungsgemäße Bewirtschaftung erforderlich sind. Mit dieser Regelung verfolgt der Gesetzgeber den Zweck, die Ermittlung der umlaufenden Betriebsmittel sowie die Feststellung und Abgrenzung von Überbeständen zu **erleichtern** (R B 161 Satz 2 ErbStR 2019).

6. Bewertung des Wirtschaftsteils

1508 Unter Berücksichtigung der Vorgaben des Bundesverfassungsgerichts ist **Bewertungsmaßstab** für den Wirtschaftsteil eines Betriebs der LuF (grds.) der **gemeine Wert.** Dieser wird in § 162 Abs. 1 Satz 2 BewG als **Fortführungswert** definiert (R B 162 Abs. 1 Satz 1 ErbStR 2019).[1] Mithin ist als gemeiner Wert der Wert anzusetzen, der unter **objektiven ökonomischen Bedingungen** den landwirtschaftlichen, forstwirtschaftlichen, weinbaulichen, gärtnerischen sowie den übrigen luf Nutzungen, den Nebenbetrieben und den übrigen Wirtschaftsgütern (Abbauland, Geringstland, Unland) im **fortgeführten** luf Betrieb beizumessen ist.[2] Der Fortführungswert des Wirtschaftsteils ist **grds.** im **Ertragswert-/Reingewinnverfahren** nach § 163 BewG zu ermitteln.

Für **Stückländereien** wird ein **abweichender Bewertungsmaßstab** normiert (R B 162 Abs. 2 ErbStR 2019). Stückländereien sind einzelne luf genutzte Flächen, bei denen die Wirtschaftsgebäude oder die Betriebsmittel oder beide Arten von Wirtschaftsgütern nicht dem Eigentümer des Grund und Bodens gehören (§ 160 Abs. 7 BewG). Bewertungsmaßstab ist hier nach § 162 Abs. 2 BewG der ausschließlich an der Ertragsfähigkeit orientierte **Mindestwert** (§ 164 BewG).

Einen weiteren Bewertungsmaßstab formuliert § 162 Abs. 3 BewG. Werden danach ein Betrieb der LuF oder ein Anteil i. S. des § 158 Abs. 2 Satz 2 BewG **innerhalb eines Zeitraums von 15 Jahren nach dem Bewertungsstichtag veräußert**, erfolgt die Bewertung mit dem **Liquidationswert** – sog. **Nachbewertungsvorbehalt** (§§ 162 Abs. 3, 166 BewG). Der Nachbewertungsvorbehalt orientiert sich dabei an den üblichen Kautelen bei Nachzahlungsvorbehalten infolge zivilrechtlicher Erbregelungen in der LuF (so z. B. im Höferecht). Die Bewertung mit dem Liquidationswert gilt auch in Fällen der **Veräußerung oder anderweitiger Nutzung wesentlicher Wirtschaftsgüter** (§§ 162 Abs. 4, 166 BewG). Bei den wesentlichen Wirtschaftsgütern eines Betriebs der LuF handelt es sich um

1 Siehe hierzu auch Wiegand, GuG 2011 S. 268, 269.

2 Siehe hierzu auch R B 162 Abs. 1 Satz 2 ErbStR 2019.

den Grund und Boden, die Wirtschaftsgebäude, die stehenden Betriebsmittel sowie um immaterielle Wirtschaftsgüter.[1] Bei **stehenden Betriebsmitteln** sind **wesentliche Wirtschaftsgüter** nur dann anzunehmen, wenn der **gemeine Wert** des einzelnen Wirtschaftsguts oder bei einer Sachgesamtheit von Wirtschaftsgütern (z. B. Tierbestände, Feldinventar, Büroausstattung, Werkzeug) am Bewertungsstichtag **mindestens 50.000 €** beträgt (R B 162 Abs. 4 Satz 3 ErbStR 2019). Eine Ausnahme bilden stehende Betriebsmittel, die mit dem Grund und Boden verbunden sind (R B 162 Abs. 4 Satz 4 ErbStR 2019).

Die **Veräußerung** eines Betriebs der LuF oder eines Anteils daran ist hingegen 1509
auch innerhalb des Nachbewertungszeitraums **unschädlich**, wenn der Veräußerungserlös **innerhalb von sechs Monaten** ausschließlich zum Erwerb eines anderen Betriebs der LuF oder eines Anteils daran verwendet wird – **Reinvestitionsklausel** (R B 162 Abs. 3 ErbStR 2019).[2] Diese Klausel (§ 162 Abs. 3 Satz 2 BewG) umfasst die Fälle, in denen die Struktur des übernommenen Betriebs in der Weise verändert wird, dass der **nämliche Betrieb** aufgrund tatsächlicher Hindernisse oder **wirtschaftlicher Umstrukturierungen** im Bereich der LuF **nicht mehr fortbestehen kann**. Für die **Veräußerung wesentlicher Wirtschaftsgüter** und die zeitnahe Investition des Veräußerungserlöses im betrieblichen Interesse gilt eine vergleichbare Regelung (§ 162 Abs. 4 Satz 2 BewG). Demnach liegt eine Verwendung des Veräußerungserlöses **im betrieblichen Interesse** vor, wenn anstelle des veräußerten (wesentlichen) Wirtschaftsguts eine Reinvestition in die Wirtschaftsgüter Grund und Boden, Wirtschaftsgebäude, stehende Betriebsmittel sowie immaterielle Wirtschaftsgüter erfolgt. Nach Verwaltungsauffassung ist eine Verwendung im betrieblichen Interesse auch dann anzunehmen, wenn der Veräußerungserlös zur **Tilgung betrieblicher Verbindlichkeiten** i. S. des § 158 Abs. 5 BewG eingesetzt wird. Mithin ist in einschlägigen Fällen vom Ansatz eines Liquidationswerts abzusehen (R B 162 Abs. 5 ErbStR 2019).

a) Ermittlung der Wirtschaftswerte

aa) Allgemeines

Nach § 163 Abs. 1 Satz 1 BewG ist bei der Ermittlung der jeweiligen Wirtschafts- 1510
werte von der **nachhaltigen Ertragsfähigkeit** luf Betriebe auszugehen. Ertragsfähigkeit ist der **bei ordnungsmäßiger Bewirtschaftung gemeinhin und nachhaltig erzielbare Reingewinn**. Dabei sind alle Umstände zu berücksichtigen,

1 Vgl. hierzu auch Krause, NWB 2012 S. 3864, 3872.

2 Die Sechs-Monats-Frist beginnt mit Ablauf des Tages, an dem Nutzen, Lasten und Gefahren übergehen. Zur Fristberechnung ist auf die §§ 187, 188 und 193 BGB hinzuweisen.

die bei einer Selbstbewirtschaftung den Wirtschaftserfolg beeinflussen. Konkretisierend hierzu führt § 163 Abs. 2 BewG aus, dass der im Allgemeinen bei ordnungsmäßiger Bewirtschaftung **nachhaltig erzielbare Reingewinn** das ordentliche Ergebnis **abzüglich** eines **angemessenen Lohnansatzes** für die Arbeitsleistung des Betriebsinhabers und der nicht entlohnten Arbeitskräfte umfasst. Die im unmittelbaren wirtschaftlichen Zusammenhang mit einem Betrieb der LuF stehenden **Verbindlichkeiten** sind durch den Ansatz der Zinsaufwendungen **abgegolten**. Zur Berücksichtigung der nachhaltigen Ertragsfähigkeit des Betriebs der LuF ist der **durchschnittliche Reingewinn der letzten fünf Jahre** heranzuziehen (R B 163 Abs. 1 Satz 2 ErbStR 2019).

Bei der Bewertung der Wirtschaftsgüter i. S. des § 158 Abs. 2 BewG durch **Kapitalisierung der Reingewinne** ist nicht das individuell durch den LuF erwirtschaftete Ergebnis zu berücksichtigen, sondern der **im Allgemeinen normierte Reingewinn**. Bei der Beurteilung der nachhaltigen Ertragsfähigkeit stellt der Gesetzgeber **nicht auf Muster- oder Spitzenbetriebe** ab, sondern auf die **Betriebsergebnisse vergleichbarer Betriebe**.[1] Ist bei der Bewirtschaftung nur der **betriebsnotwendige Arbeitskräfte- und Inventarbesatz** vorhanden, liegt eine **ordnungsmäßige Selbstbewirtschaftung** i. S. des § 163 BewG vor (R B 163 Abs. 1 Satz 4 ErbStR 2019). Im Übrigen geht mit dem jeweiligen Reingewinn die wertmäßige Abgeltung aller Wirtschaftsgüter nach § 158 Abs. 3 und 5 BewG einher.

bb) Reingewinn/landwirtschaftliche Nutzung

1511 Die Vorschrift des § 163 Abs. 3 BewG **konkretisiert** die **Bewertungsfaktoren** zur Ermittlung des Reingewinns der landwirtschaftlichen Nutzung unter **Beachtung europäischer Vorgaben**. Die **betriebswirtschaftliche Ausrichtung** eines Betriebs sowie die **Betriebsgröße** sind die relevanten Merkmale für die wirtschaftliche Ertragskraft eines Betriebs der LuF; folglich müssen diese Parameter bei der Bewertung landwirtschaftlicher Betriebe berücksichtigt werden. Demnach bestimmt sich der Reingewinn für die landwirtschaftliche Nutzung nach der **Region** (Bundesland, Regierungsbezirk), der maßgeblichen **Nutzungsart** (Betriebsform) und der **Betriebsgröße** nach der **Europäischen Größeneinheit (EGE)**. Dabei ist zur Ermittlung der maßgeblichen Nutzungsart (Betriebsform) das gemeinschaftliche Klassifizierungssystem heranzuziehen. Hierzu sind in einem **ersten Schritt** die Standarddeckungsbeiträge (SDB) der selbst bewirtschafteten Flächen und der Tiereinheiten der landwirtschaftlichen Nutzung zu ermitteln.

1 Siehe dazu auch R B 163 Abs. 1 Satz 3 ErbStR sowie Wiegand, StW 2010 S. 56, 61.

In einem **zweiten Schritt** ist daraus die Nutzungsart (Betriebsform) herzuleiten: Ackerbau, Milchviehhaltung, sonstiger Futterbau, Veredelung, Pflanzenbau-Verbund, Viehverbund und Pflanzenbau- und Viehverbund (R B 163 Abs. 3 Satz 1 Nr. 1 ErbStR 2019). Die Summe der SDB ist in einem **dritten Schritt** durch 1.200 € zu dividieren, so dass sich die Betriebsgröße in EGE ergibt. Die **gemeinschaftliche Maßeinheit „EGE"** entspricht einem **Gesamtstandarddeckungsbeitrag von 1.200 €**. In einem **vierten Schritt** erfolgt die Zuordnung des zu bewertenden Betriebs in eine der folgenden **Betriebsgrößenklassen** (R B 163 Abs. 3 ErbStR 2019):

Betriebsgrößenklasse	**Betriebsgröße in EGE**
Kleinbetriebe	0 bis unter 40
Mittelbetriebe	40 bis 100
Großbetriebe	über 100

Der entsprechende Reingewinn der landwirtschaftlichen Nutzung ergibt sich aus **Anlage 14 (Spalte 4)** zum BewG. Die **Regionalisierung der Werte** in Anlage 14 trägt der unterschiedlichen Ertragsfähigkeit des Bodens Rechnung und erfolgte auf der Basis der für 38 Regionen ermittelten SDB. Die **wertmäßigen Unterschiede** der SDB in den Regionen wurden in Form von **Zu- und Abschlägen** auf die für Deutschland berechneten Reingewinne übertragen.[1]

BEISPIEL Ermittlung des Wirtschaftswerts für einen Landwirtschaftsbetrieb in Oberbayern mit folgenden Betriebsverhältnissen:[2]

Ackerbau 50 ha Eigentum und 55,0020 ha Zupachtflächen, betriebliche Verbindlichkeiten 57.000 €.

1. Ermittlung des Gesamtstandarddeckungsbeitrags für die landwirtschaftliche Nutzung

Standarddeckungsbeitrag/ ha für	**Anbauflächen**			**Betrag in €**
	ha	**a**	**m²**	
Weichweizen 598 €	30	00	00	17.940,00
Kartoffeln 2.327 €	40	00	00	+ 93.080,00
Raps 584 €	30	00	00	+ 17.520,00
Gerste 516 €	2	50	10	+ 1.290,52
Roggen 402 €	2	50	10	+ 1.005,40
Summe				130.835,92
Gesamtstandarddeckungsbeitrag des Betriebs (gerundet)				130.836

1 Vgl. BT-Drucks. 16/11107 S. 15.

2 H B 163 Abs. 3 ErbStH 2019.

2. Ermittlung der Nutzungsart bzw. Betriebsform für die landwirtschaftliche Nutzung

Da die Standarddeckungsbeiträge der pflanzlichen Nutzung entsprechend R B 163 Abs. 3 Satz 1 Nr. 1 Satz 3 i. V. mit Anlage 2 zu ErbStR 2019 alle dem Ackerbau zuzuordnen sind, ist das Klassifizierungsmerkmal > 2/3 erfüllt. Es liegt ein reiner Ackerbaubetrieb vor.

3. Ermittlung der Betriebsgröße für die landwirtschaftliche Nutzung

Gesamtstandarddeckungsbeitrag 130.836 € : 1.200 = 109,03 EGE

Die Betriebsgröße liegt über 100 EGE = Großbetrieb.

4. Bewertungsparameter Anlage 14 zum BewG

Reingewinn/ha – Oberbayern, Großbetrieb, Ackerbau 109 €

5. Bewertung des Betriebs

Reingewinnverfahren

Nutzungsart	**Wert €/ha**	**Kapitalisierungsfaktor**	**jeweilige Eigentumsfläche**			**Wirtschaftswert in €**
			ha	**a**	**m²**	
Ackerbau über 100 EGE	109	18,6	50	00	00	101.370,00
Wirtschaftswert der landwirtschaftlichen Nutzung						**101.370**

Die betrieblichen Verbindlichkeiten sind mit dem Ansatz des Reingewinns von 109 €/ha berücksichtigt.

1511/1 Bei **Betrieben mit Vieh** ist zur Ermittlung des Wirtschaftswerts der landwirtschaftlichen Nutzung folgendes zu beachten: In den Fällen, in denen Weidevieh vorhanden ist, sind die SDB der Futterflächen mit dem Ansatz der SDB des Weideviehs **abgegolten**, da von einem **ausgeglichenen Futtersaldo** ausgegangen wird. Das hat zur Konsequenz, dass in diesem Fall die SDB der Futterflächen nicht in den SDB des jeweiligen Produktionszweigs (Ackerbau bzw. Futterbau) einbezogen werden. **Futterflächen** sind Futterhackfrüchte (ohne Saatgut), Ackerwiesen und -weiden, Grünmais (Silagemais), sonstige Futterpflanzen, Grünland und Weiden ohne ertragsarme Weiden sowie ungepflegtes Weideland.

cc) Reingewinn/forstwirtschaftliche Nutzung

1512 Nach § 163 Abs. 4 BewG bestimmt sich der Reingewinn für die forstwirtschaftliche Nutzung nach **Baumarten** und **Ertragsklassen**. Die Wertermittlung basiert auf einer **mittleren Erlös- und Kostenstruktur** unter der Annahme einer planmäßigen und nachhaltigen Bewirtschaftung und wurde von der Universität

Göttingen erarbeitet.[1] Der Reingewinn ergibt sich aus **Anlage 15 (Spalte 4)** zum BewG. Der Gesetzgeber hat auf eine **Regionalisierung verzichtet**, da diese wegen der **inhomogenen Zusammensetzung der Forstbetriebe** nicht sachgerecht ist; folglich handelt es sich hier um bundeseinheitliche Reingewinne.[2] Die für die Errechnung des Wirtschaftswerts der forstwirtschaftlichen Nutzung erforderlichen **Grunddaten** sind ggf. einem **forstwirtschaftlichen Betriebsgutachten** oder **Betriebswerk** zu entnehmen (R B 163 Abs. 4 Satz 3 ErbStR 2019).

BEISPIEL Ermittlung des Wirtschaftswerts für einen Forstbetrieb mit folgendem Altersklassenwald:[3]

Fichte bis 60 Jahre EKL I	3,51 ha
Kiefer bis 60 Jahre EKL I	3,12 ha
Eiche bis 60 Jahre EKL I	4,17 ha
Verbindlichkeiten Holzaufarbeitungskosten	3.500 €

Reingewinnverfahren

Nutzungsart	**Wert €/ ha**	**Kapitalisierungsfaktor**	**jeweilige Eigentumsfläche**			**Wirtschaftswert in €**
			ha	**a**	**m²**	
Fichte – I. Ertragsklasse	105	18,6	3	51	00	6.855,03
Kiefer – I. Ertragsklasse	26	18,6	3	12	00	+ 1.508,83
Eiche – I. Ertragsklasse	90	18,6	4	17	00	+ 6.980,58
Summe						15.344,44
Wirtschaftswert der forstwirtschaftlichen Nutzung (gerundet)						**15.344**

Die betrieblichen Verbindlichkeiten sind mit dem Ansatz des jeweiligen Reingewinns berücksichtigt.

dd) Reingewinn/weinbauliche Nutzung

Der Reingewinn der weinbaulichen Nutzung bestimmt sich gem. § 163 Abs. 5 1513
BewG nach den **Flächen der jeweiligen Nutzungsart**. Der Reingewinn ergibt sich aus **Anlage 16 (Spalte 3)** zum BewG. Für die unterschiedlichen Nutzungsarten (Verwertungsformen) innerhalb der weinbaulichen Nutzung werden **keine**

1 Siehe hierzu Wiegand, StW 2010 S. 56, 62.

2 Vgl. BT-Drucks. 16/11107 S. 15.

3 H B 163 Abs. 4 ErbStH 2019.

Standarddeckungsbeiträge ermittelt. Folglich muss die flächenmäßige Bindung beibehalten werden. Nach R B 163 Abs. 5 Satz 3 ErbStR 2019 werden folgende **Verwertungsformen** unterschieden:

- Die **Traubenerzeugung** umfasst die Erzeugung von Trauben, Maische oder Most und deren Veräußerung an Genossenschaften oder andere Betriebe (Nichtausbau).
- Der **Fassweinausbau** umfasst die Erzeugung und die Verarbeitung der Trauben im eigenen Betrieb und den Ausbau sowie den Verkauf von Fasswein.
- Der **Flaschenweinausbau** umfasst die Erzeugung und die Verarbeitung der Trauben im eigenen Betrieb und den Ausbau sowie die Bereitung und den Verkauf von Flaschenwein.

Da die **betriebswirtschaftliche Ausrichtung** und der **flächenmäßige Anbau** die relevanten Merkmale für die wirtschaftliche Ertragskraft eines Weinbaubetriebs sind, hat der Gesetzgeber auf eine **Regionalisierung** der Werte **verzichtet.**[1] Kommen die **Verwertungsformen** in einem Betrieb **nebeneinander** vor, ist der Wirtschaftswert unter Berücksichtigung der auf die **jeweilige** Verwertungsform nachhaltig entfallenden Erntemenge am Bewertungsstichtag zu ermitteln (R B 163 Abs. 5 Satz 4 ErbStR 2019).

BEISPIEL Ermittlung des Wirtschaftswerts für einen Weinbaubetrieb mit folgenden Betriebsverhältnissen:[2]

9 ha Eigentum und 7 ha Zupachtflächen.

Die nachhaltige Erntemenge der letzten fünf Jahre beträgt 168.000 l, davon wurden

an die Winzergenossenschaft als Trauben geliefert 21.000 l

als Fasswein verkauft 42.000 l

als Flaschenwein verkauft 105.000 l

Verwertungsform	Nachhaltige Erntemenge in Liter Wein	Ermittelte Anteile der Verwertungsformen	Entsprechende Flächenanteile in		
			ha	a	m²
Traubenerzeugung	21.000	12,50 %	1	12	50
Fassweinerzeugung	42.000	25,00 %	2	25	00
Flaschenweinerzeugung	105.000	62,50 %	5	62	50
Summe	168.000	100,00 %	9	00	00

1 Vgl. BT-Drucks. 16/11107 S. 15.

2 H B 163 Abs. 5 ErbStH 2019.

Reingewinnverfahren

Nutzungsart	**Wert €/ ha**	**Kapitalisierungsfaktor**	**jeweilige Eigentumsfläche**			**Wirtschaftswert in €**
			ha	**a**	**m²**	
Flaschenwein	- 193	18,6	5	62	50	- 20.192,63
Fasswein	- 759	18,6	2	25	00	- 31.764,15
Traubenerzeugung	- 1.252	18,6	1	12	50	- 26.198,10
Summe						- 78.154,88
Wirtschaftswert der weinbaulichen Nutzung (gerundet)						**- 78.155**

ee) Reingewinn/gärtnerische Nutzung

Der Reingewinn der gärtnerischen Nutzung bestimmt sich gem. § 163 Abs. 6 BewG nach dem maßgeblichen **Nutzungsteil**, der **Nutzungsart** und den **Flächen**. Der Reingewinn ergibt sich aus **Anlage 17 (Spalte 4)** zum BewG. Die für die Errechnung des Wirtschaftswerts erforderlichen **Grunddaten** sind ggf. dem **Anbauverzeichnis** i. S. des § 142 AO zu entnehmen (R B 163 Abs. 6 Satz 2 ErbStR 2019). 1514

Auch bei der gärtnerischen Nutzung scheidet eine Abgrenzung der Nutzungsteile nach Standarddeckungsbeiträgen aus, da Letztere nicht ermittelt werden. Die **flächenmäßige Bindung** ist also auch hier beizubehalten. Insbesondere die unterschiedlichen Nutzungsarten des produzierenden Gartenbaus – Freilandanbau/Unterglasanbau – müssen berücksichtigt werden. Da die **betriebswirtschaftliche Ausrichtung** und der **flächenmäßige Anbau** die relevanten Merkmale für die wirtschaftliche Ertragskraft eines Gartenbaubetriebs sind, hat der Gesetzgeber – vergleichbar der Verfahrensweise bei der weinbaulichen Nutzung – auf eine **Regionalisierung** der Werte **verzichtet**. Eine Regionalisierung der Werte scheitert aber auch daran, dass für den Gemüsebau- und Zierpflanzenbau, die Baumschulen sowie den Obstbau **keine Standarddeckungsbeiträge** ermittelt werden.[1]

1 Vgl. BT-Drucks. 16/11107 S. 15.

BEISPIEL Ermittlung des Wirtschaftswerts für einen Gartenbaubetrieb mit folgenden Betriebsverhältnissen:[1]

Nutzungsteil	**ha**	**a**	**m²**
Gemüsebau – Freiland	1	00	00
Gemüsebau – Flächen unter Glas und Kunststoffen	1	00	00
Blumen- und Zierpflanzenbau – Freiland	2	00	00
Blumen- und Zierpflanzenbau – Flächen unter Glas und Kunststoffen	0	50	00
Obstbau	1	00	00
Baumschulen	3	00	00

Verbindlichkeiten 301.000 €

Reingewinnverfahren

Nutzungsart	**Wert €/ha**	**Kapitalisierungsfaktor**	**jeweilige Eigentumsfläche**			**Wirtschaftswert in €**
			ha	**a**	**m²**	
Gemüsebau – Freiland	- 1.365	18,61	00	00		- 25.389,00
Gemüsebau – Flächen unter Glas und Kunststoffen	6.098	18,61	00	00		113.422,80
Blumen- und Zierpflanzenbau – Freiland	- 108	18,62	00	00		- 4.017,60
Blumen- und Zierpflanzenbau – Flächen unter Glas und Kunststoffen	- 6.640	18,60	50	00		- 61.752,00
Obstbau	- 379	18,61	00	00		- 7.049,40
Baumschulen	894	18,63	00	00		49.885,20
Summe						65.100,00
Wirtschaftswert der gärtnerischen Nutzung (gerundet)						**65.100**

Die betrieblichen Verbindlichkeiten sind mit dem Ansatz des jeweiligen Reingewinns berücksichtigt.

1 H B 163 Abs. 6 ErbStH 2019.

ff) Reingewinn/Sondernutzungen Hopfen, Spargel, Tabak

Die Vorschrift des § 163 Abs. 7 BewG konkretisiert die Bewertungsfaktoren zur Ermittlung des Reingewinns der Sondernutzungen Hopfen, Spargel und Tabak. Der Gesetzgeber stellt dabei auf eine flächenmäßige Bindung ab. Der entsprechende Reingewinn ergibt sich aus **Anlage 18 (Spalte 3)** zum BewG. Da sich die Reingewinne bereits an **typischen Anbaugebieten** orientieren, war eine **Regionalisierung** der Werte **verzichtbar**.[1] Die für die Errechnung des Wirtschaftswerts erforderlichen **Grunddaten** sind ggf. dem **Anbauverzeichnis** i. S. des § 142 AO zu entnehmen (R B 163 Abs. 7 Satz 2 ErbStR 2019). 1515

gg) Reingewinn/sonstige land- und forstwirtschaftliche Nutzung, Nebenbetriebe, Abbauland

Der Reingewinn für die **sonstigen luf Nutzungen**, die **Nebenbetriebe** und das **Abbauland** ist nach § 163 Abs. 8 BewG im **Einzelertragswertverfahren** zu ermitteln, soweit für die jeweilige Region nicht auf einen durch statistische Erhebungen ermittelten pauschalierten Reingewinn zurückgegriffen werden kann. Der **Einzelertragswert** ermittelt sich aus dem **betriebsindividuellen Ergebnis** und dem **Kapitalisierungszinssatz** nach § 163 Abs. 11 BewG. 1516

Nebenbetriebe sind Betriebe, die dem Hauptbetrieb zu dienen bestimmt sind und nicht einen selbständigen gewerblichen Betrieb darstellen (§ 160 Abs. 3 BewG). Die Abgrenzung erfolgt nach einkommensteuerlichen Kriterien. Dem jeweiligen Reingewinn für die Nebenbetriebe ist bei der Ermittlung des Einzelertragswerts **nur der Ertrag** zugrunde zu legen, der **nicht bereits** bei der Bewertung des **Hauptbetriebs** berücksichtigt worden ist (R B 163 Abs. 9 Satz 1 ErbStR 2019).

Zum **Abbauland** gehören Sandgruben, Kiesgruben, Steinbrüche, Torfstiche und dergleichen, wenn sie durch Abbau der Bodensubstanz überwiegend für den Betrieb der LuF nutzbar gemacht werden (§ 160 Abs. 4 BewG). Der Reingewinn für das Abbauland kann zur **Vereinfachung** der Bewertung regelmäßig mit **pauschal 2,70 € je Ar** angesetzt werden (R B 163 Abs. 10 Satz 1 ErbStR 2019).

1 Vgl. BT-Drucks. 16/11107 S. 15.

hh) Reingewinn/Geringstland

1517 Zum Geringstland gehören die Betriebsflächen geringster Ertragsfähigkeit, für die nach dem Bodenschätzungsgesetz keine Wertzahlen festzustellen sind (§ 160 Abs. 5 BewG). Betriebsflächen geringster Ertragsfähigkeit sind unkultivierte, jedoch kulturfähige Flächen, deren Ertragsfähigkeit so gering ist, dass sie in ihrem derzeitigen Zustand nicht regelmäßig luf genutzt werden können (R B 160.20 Satz 1 ErbStR 2019). Der Reingewinn für das Geringstland wird nach § 163 Abs. 9 BewG pauschal mit 5,40 € pro Hektar festgelegt.

ii) Reingewinn/Unland

1518 Nach § 160 Abs. 6 BewG gehören zum **Unland** die Betriebsflächen, die auch bei geordneter Wirtschaftsweise **keinen Ertrag** abwerfen können; dabei ist auf den objektiven Charakter einer Betriebsfläche abzustellen. Unland ist dem **luf Vermögen** zuzuordnen, solange solche Flächen nicht einer anderen Verwendung zugeführt werden. Der **Reingewinn** für beträgt **0 €** (§ 163 Abs. 10 BewG).

jj) Zinssatz zur Ermittlung des Wirtschaftswerts

1519 Nach § 163 Abs. 11 Satz 1 BewG ist der jeweilige Reingewinn unter Berücksichtigung eines Zinssatzes zu kapitalisieren. Nach § 163 Abs. 11 Satz 2 BewG beträgt der **Zinssatz** zur Kapitalisierung des jeweiligen Reingewinns **5,5 %**. Dieser Zinssatz setzt sich aus einem **Basiszinssatz** von **4,5 %** und einem **Risikozuschlag** von **1,0 %** zusammen.[1] Der Basiszinssatz beruht auf der langfristig erzielbaren Rendite öffentlicher Anleihen.[2] Der **Kapitalisierungsfaktor** beträgt mithin **18,6.**

Der **kapitalisierte Reingewinn** für die landwirtschaftliche, die forstwirtschaftliche, die weinbauliche, die gärtnerische Nutzung oder für deren Nutzungsteile, die Sondernutzungen und das Geringstland ist mit der jeweiligen **Eigentumsfläche** des Betriebs zum Bewertungsstichtag zu **vervielfältigen**, der dieser Nutzung zuzurechnen ist (§ 163 Abs. 12 BewG). Zur Einbeziehung von **Hofflächen** und **Flächen der Wirtschaftsgebäude** s. § 163 Abs. 13 BewG.

Das **typisierte Reinertragswertverfahren** als gesetzliches Regelbewertungsverfahren lässt sich nach folgendem **Schema** darstellen:

1 Vgl. BT-Drucks. 16/11107 S. 15.

2 Wiegand, ZEV 2008 S. 129, 133. Zur Kritik an der fehlenden Differenzierung des Zinssatzes nach Nutzungen, Nebenbetrieben und den jeweiligen Wirtschaftsgütern s. a. Wiegand, StW 2010 S. 56, 62.

Regelertragswertverfahren (§ 163 BewG)

Durchschnittlicher Reinertrag je Hektar Eigentumsfläche (= Jahresertrag nach Abzug des Unternehmerlohns und der Berücksichtigung nicht entlohnter Arbeitskräfte)

× Eigentumsfläche

= maßgebender Reinertrag

× Kapitalisierungsfaktor 18,6 (auf Basis eines Zinssatzes von 5,5 %)

= **Regelertragswert**

b) Verfahren zur Ermittlung des Mindestwerts

Um auch **werthaltige Betriebe** mit **niedrigen oder gar negativen Reinerträgen** 1520 für Zwecke der Erbschaftsbesteuerung zu erfassen, hat der Gesetzgeber in § 164 BewG eine **Mindestwertregelung** installiert, die mit einer separaten Bewertung von Grund und Boden, Besatzkapital sowie sonstigen Wirtschaftsgütern einhergeht. Für solche Betriebe kommt daher ein Mindestwert zum Ansatz.

Die Vorschrift des § 164 Abs. 2 bis 6 BewG regelt die Details zur Ermittlung des Mindestwerts (Art und Umfang der Wirtschaftsgüter, Verfahren und Berechnung des Mindestwerts, Zinssatz und durchschnittlicher Bodenwert). Der für den **Wert des Grund und Bodens** i. S. des § 158 Abs. 3 Satz 1 Nr. 1 BewG zu **ermittelnde Pachtpreis** pro Hektar bestimmt sich nach der Nutzung bzw. dem Nutzungsteil und der Nutzungsart des Grund und Bodens. Bei der **landwirtschaftlichen Nutzung** ist dabei die **Betriebsgröße in EGE** nach § 163 Abs. 3 Satz 4 Nr. 1 bis 3 BewG zu berücksichtigen. Der danach maßgebliche Pachtpreis ergibt sich jeweils aus den **Anlagen 14, 15 und 17 (jeweils Spalte 5)** sowie aus den **Anlagen 16 und 18 (jeweils Spalte 4) zum BewG** und ist mit der **Eigentumsfläche** zu **vervielfältigen** (§ 164 Abs. 2 BewG). Die regionalen Pachtpreise pro Hektar wurden aus dem **Agrarbericht** abgeleitet. Die Regionalisierung der bundesdurchschnittlichen Ergebnisse wurde unter Berücksichtigung der Standarddeckungsbeiträge bewerkstelligt. Die **Pachtpreise** wurden aus einem **fünfjährigen Durchschnitt** gebildet, um dieserart den in der Landwirtschaft üblichen Einkommensschwankungen zwischen mehreren Wirtschaftsjahren Rechnung zu tragen. Mit dieser Vorgehensweise wird zudem berücksichtigt, dass es für einen innerlandwirtschaftlichen Verkehrswert **keinen einheitlichen Marktpreis** gibt.[1]

Der **Zinssatz** zur Kapitalisierung des regionalen Pachtpreises beträgt **5,5 %** und setzt sich aus einem **Basiszinssatz** von **4,5 %** und einem **Risikozuschlag** von

1 Vgl. BT-Drucks. 16/11107 S. 16.

1,0 % zusammen;[1] der **Kapitalisierungsfaktor** beläuft sich mithin auf **18,6** (§ 164 Abs. 3 BewG).

1521 Der **Wert für das Besatzkapital**, d. h. für die übrigen Wirtschaftsgüter i. S. des § 158 Abs. 3 Satz 1 Nr. 2 bis 5 BewG, bestimmt sich nach der Nutzung, ggf. dem Nutzungsteil und der Nutzungsart in Abhängigkeit des Grund und Bodens. Bei der **landwirtschaftlichen Nutzung** ist dabei die **Betriebsgröße in EGE** nach § 163 Abs. 3 Satz 4 Nr. 1 bis 3 BewG zu berücksichtigen. Der danach maßgebliche Wert für das Besatzkapital ergibt sich jeweils aus den **Anlagen 14, 15a und 17 (jeweils Spalte 6)** sowie aus den **Anlagen 16 und 18 (jeweils Spalte 5) zum BewG** und ist mit den **selbst bewirtschafteten Flächen** zu **vervielfältigen** (§ 164 Abs. 4 BewG). Der Wert für das üblicherweise vorhandene Besatzkapital ist in Abhängigkeit der Nutzungsart pro Hektar aus dem Bilanzvermögen laut Agrarberichterstattung abgeleitet worden.[2] Zum **Besatzkapital** rechnen bauliche Anlagen, technische Anlagen und Maschinen, Tiervermögen sowie Umlaufvermögen.

BEISPIEL ▶ (Übertragung von Besatzkapital von Todes wegen):[3]

Landwirt (L) betreibt einen landwirtschaftlichen Betrieb (30 Hektar) und überträgt am 1.7.2018 den gesamten Grund und Boden an seinen Sohn (S), der diesen an seinen Vater verpachtet. L behält das gesamte Besatzkapital zurück. Am 1.3.2019 verstirbt L. S erbt das gesamte Besatzkapital.

Der Erwerb des Grund und Bodens am 1.7.2018 ist eine freigebige Zuwendung (§ 7 Abs. 1 Nr. 1 ErbStG). Der festzustellende Grundbesitzwert berechnet sich im Falle des Mindestwerts durch Kapitalisierung des regionalen Pachtpreises mit dem Faktor 18,6. Da das Besatzkapital nicht übertragen wurde, erfolgt hierfür kein Wertansatz nach § 164 Abs. 4 BewG.

Der Erwerb des Besatzkapitals am 1.3.2019 erfolgt von Todes wegen (§ 3 Abs. 1 Nr. 1 ErbStG). Der festzustellende Grundbesitzwert berechnet sich im Falle des Mindestwerts durch Kapitalisierung des auf die 30 Hektar entfallenden Besatzkapitals mit dem Faktor 18,6, da die nach § 164 Abs. 4 Satz 3 BewG erforderliche Selbstbewirtschaftung der Flächen durch L vorlag.

Für den Bereich der **forstwirtschaftlichen Nutzung** hat der Normgeber die **Mindestwerte** für das **Besatzkapital** aus dem Gutachten des Instituts für Forstökonomie der Universität Göttingen für ein typisierendes Verfahren zur Bewertung forstwirtschaftlicher Betriebe für Zwecke der Erbschaft- und Schenkungsteuer vom 25.6.2007 **abgeleitet**.[4]

---

1 Vgl. BT-Drucks. 16/11107 S. 16.

2 Vgl. BT-Drucks. 16/11107 S. 16.

3 H B 164 Abs. 3 ErbStH 2019.

4 Vgl. BT-Drucks. 16/11107 S. 16.

Der **Zinssatz** zur Kapitalisierung der übrigen Wirtschaftsgüter beträgt **5,5 %** und setzt sich aus einem **Basiszinssatz** von **4,5 %** und einem **Risikozuschlag** von **1,0 %** zusammen; der **Kapitalisierungsfaktor** beläuft sich mithin auf **18,6** (§ 164 Abs. 5 BewG).

Von der Summe des kapitalisierten Werts des Grund und Bodens sowie des kapitalisierten Werts der übrigen Wirtschaftsgüter sind die damit in wirtschaftlichem Zusammenhang stehenden **Verbindlichkeiten** abzusetzen. Der **Mindestwert**, der sich hiernach ergibt, darf nach § 164 Abs. 6 Satz 2 BewG **nicht weniger als 0 €** betragen.

Stückländereien sind nach § 162 Abs. 2 BewG **ausschließlich** im **Mindestwertverfahren** zu bewerten. Zur Ermittlung des zutreffenden Pachtpreises obliegt es dem Steuerpflichtigen, die den Ertragswert bildenden Faktoren einer Nutzungsart zu erklären; vgl. hierzu insbesondere die nach § 163 Abs. 3 Satz 3 BewG erforderlichen Daten. Dem Umstand Rechnung tragend, dass die Ermittlung solcher Daten in der Besteuerungspraxis häufig problembehaftet sein dürfte, hat die FinVerw in R B 164 Abs. 9 ErbStR 2019 ein **„vereinfachtes Verfahren“** entwickelt, wonach zur Ermittlung des Werts für den Grund und Boden Pachtpreise auf der Grundlage der Klassifizierung im **Automatisierten Liegenschaftskataster** heranzuziehen sind. Die **Vereinfachungsregelung** stellt sich wie folgt dar: 1522

Flächengebundene Nutzungen	**Reingewinn in Euro pro ha**	**Pachtpreis in Euro pro ha**	**Wert für das Besatzkapital in Euro pro ha**
Landwirtschaftliche Nutzung – Grünland > 2/3 der Flächen	Sonstiger Futterbau Anlage 14	Sonstiger Futterbau Anlage 14	Sonstiger Futterbau Anlage 14
Landwirtschaftliche Nutzung – Ackerland > 2/3 der Flächen	Ackerbau Anlage 14	Ackerbau Anlage 14	Ackerbau Anlage 14
Landwirtschaftliche Nutzung – alle übrigen Flächen	Pflanzenbau-Verbund Anlage 14	Pflanzenbau-Verbund Anlage 14	Pflanzenbau-Verbund Anlage 14
Forstwirtschaftliche Nutzung	Anlage 15	5,40	Anlage 15a
Weinbauliche Nutzung	- 759,00	589,00	588,00
Gärtnerische Nutzung – Gartenland	-1.365,00	657,00	484,00
Gärtnerische Nutzung – Anbauflächen unter Glas	6.098,00	2.414,00	2.750,00

Flächengebundene Nutzungen	Reingewinn in Euro pro ha	Pachtpreis in Euro pro ha	Wert für das Besatzkapital in Euro pro ha
Gärtnerische Nutzung – Baumschule	894,00	223,00	2.359,00
Gärtnerische Nutzung – Obstplantage	379,00	325,00	426,00
Sondernutzungen – Spargel	- 1.365,00	657,00	612,00
Sondernutzung – Hopfen	- 414,00	492,00	348,00
Sondernutzung – Tabak	- 820,00	492,00	129,00

Bei reinen forstwirtschaftlichen Betrieben sowie Mischbetrieben, die auch eine forstwirtschaftliche Nutzung aufweisen, dürfte das vereinfachte Bewertungsverfahren nicht anzuwenden sein, da hier dem Eigentümer (Verpächter) im Regelfall Daten über die Anbauverhältnisse der forstwirtschaftlichen Nutzung aufgrund eines forstwirtschaftlichen Betriebsgutachten/Betriebswerks verfügbar sind bzw. beschafft werden können.[1]

Nach R B 164 Abs. 9 Satz 4 ErbStR 2019 ist zur Einstufung der Pachtpreise für die landwirtschaftliche Nutzung der **durchschnittliche Standarddeckungsbeitrag einer Region** heranzuziehen. Dieser ist sodann mit der Eigentumsfläche der landwirtschaftlichen Nutzung zu multiplizieren. Zur Ermittlung der Betriebsgröße ist der sich hiernach ergebende Wert durch 1.200 € zu dividieren; für die **Einstufung der Betriebsgröße** ist § 163 Abs. 3 Satz 4 BewG zu beachten.

BEISPIEL[2] Ein Landwirt in Rheinland-Pfalz gibt seinen Betrieb auf und verpachtet seine Eigentumsflächen für 20 Jahre wie folgt:

Pächter 1	5,0 ha	Klassifizierung Gartenland
Pächter 2	2,5 ha	Klassifizierung Grünland
Pächter 3	20,0 ha	Klassifizierung Ackerland
Pächter 4	3,0 ha	Klassifizierung Weinbau
Pächter 5	2,5 ha	Klassifizierung Obstplantage

1 So auch Krause, NWB 2014 S. 110, 115.

2 H B 164 Abs. 9 ErbStH 2019.

Es liegt ein Betrieb der LuF – Stückländerei – vor, da die Voraussetzungen des § 160 Abs. 7 BewG erfüllt sind. Soweit die den Ertragswert bildenden Faktoren nicht ermittelt werden können, ist der Betrieb in einem vereinfachten Verfahren wie folgt zu bewerten:

1. **Ermittlung des Gesamtstandarddeckungsbeitrags für die landwirtschaftliche Nutzung**

   Durchschnittlicher Standarddeckungsbeitrag der landwirtschaftlichen Nutzung:

Rheinland-Pfalz	606 €

   Flächen der landwirtschaftlichen Nutzung:

22,5000 ha ×x 606 € =	13.635 €

2. **Ermittlung der Nutzungsart bzw. Betriebsform für die landwirtschaftliche Nutzung**

   Die Flächen der landwirtschaftlichen Nutzung (22,5000 ha) sind zu mehr als 2/3 Ackerland.

3. **Ermittlung der Betriebsgröße für die landwirtschaftliche Nutzung**

   Gesamtstandarddeckungsbeitrag

13.635 € : 1.200 =	11,36 EGE

   Die Betriebsgröße liegt unter 40 EGE = Kleinbetrieb.

4. **Bewertungsparameter Anlage 14 zum BewG**

   Pachtpreis/ha:

Rheinland-Pfalz, Kleinbetrieb, Ackerbau	208 €

5. **Bewertung des Betriebs**

   Mindestwertverfahren

Nutzungsart	**Wert €/ ha**	**jeweilige Fläche**			**Kapitali-sierungs-faktor**	**Mindestwert in €**
		ha	**a**	**m²**		
Grund und Boden Ackerland 0 bis 40 EGE	208	22	50	00	18,6	87.048,00
Grund und Boden Weinbau	589	3	00	00	18,6	+ 32.866,20
Grund und Boden Gartenland	657	5	00	00	18,6	+ 61.101,00
Grund und Boden Obstplantage	325	2	50	00	18,6	+ 15.112,50
Verbindlichkeiten						./. 0,00
Summe						196.127,70
Mindestwert						196.128

Können im Falle einer **Betriebsverpachtung im Ganzen** die den Ertragswert bildenden Faktoren sowohl für den Grund und Boden als auch für das Besatzkapital nicht ermittelt werden, sind nach R B 164 Abs. 9 Satz 7 ErbStR 2019 die vorstehenden Grundsätze der Vereinfachungsregelung auch hier anzuwenden.

Das **typisierte Mindestwertverfahren** lässt sich für den Regelfall nach folgendem **Schema** darstellen:

Mindestwertregelung (§ 164 BewG)

	Grund und Boden: Regional üblicher Netto-Pachtpreis je Hektar x Eigentumsfläche
+	Besatzkapital betriebsformabhängiger prozentualer Anteil vom landesspezifischen Netto-Pachtpreis je Hektar x bewirtschaftete Fläche
=	Jahresertragswert
×	Kapitalisierungsfaktor 18,6 (auf Basis eines Zinssatzes von 5,5 %)
-	Verbindlichkeiten im wirtschaftlichen Zusammenhang stehend
=	**Mindestwert (nach Abzug Verbindlichkeiten nicht weniger als 0 €)**

BEISPIEL ▸ Landwirtschaftsbetrieb in Oberbayern mit folgenden Betriebsverhältnissen:[1]

Ackerbau 50 ha Eigentum und 55,0020 ha Zupachtflächen, betriebliche Verbindlichkeiten 57.000 €.

a) Ermittlung des Gesamtstandarddeckungsbeitrags für die landwirtschaftliche Nutzung

Standarddeckungsbeitrag/ha für	**Anbauflächen**			**Betrag in €**
	ha	**a**	**m²**	
Weichweizen 598 €	30	00	00	17.940,00
Kartoffeln 2.327 €	40	00	00	+ 93.080,00
Raps 584 €	30	00	00	+ 17.520,00
Gerste 516 €	2	50	10	+ 1.290,52
Roggen >402 €	2	50	10	+ 1.005,40
Summe				130.835,92
Gesamtstandarddeckungsbeitrag des Betriebs (gerundet)				130.836

b) Ermittlung der Nutzungsart bzw. Betriebsform für die landwirtschaftliche Nutzung

Da die Standarddeckungsbeiträge der pflanzlichen Nutzung alle dem Ackerbau zuzuordnen sind, ist das Klassifizierungsmerkmal > 2/3 erfüllt. Es liegt ein reiner Ackerbaubetrieb vor.

1 H B 164 Abs. 1 ErbStH 2019.

c) Ermittlung der Betriebsgröße für die landwirtschaftliche Nutzung

Gesamtstandarddeckungsbeitrag 130.836 € : 1.200 = 109,03 EGE

Die Betriebsgröße liegt über 100 EGE = Großbetrieb.

d) Bewertungsparameter Anlage 14 zum BewG

Pachtpreis/ha – Oberbayern, Großbetrieb, Ackerbau	312 €
Besatzkapital/ha – Oberbayern, Großbetrieb, Ackerbau	68 €

e) Bewertung des Betriebs

Mindestwertverfahren

Nutzungsart	**Wert €/ha**	**jeweilige Fläche**			**Kapitalisierungsfaktor**	**Mindestwert in €**
		ha	**a**	**m²**		
Grund und Boden Ackerbau > 100 EGE	312	50	00	00	18,6	290.160,00
Besatzkapital Ackerbau > 100 EGE	68	105	00	20	18,6	+ 132.806,53
Verbindlichkeiten						./. 57.000,00
Summe						365.966,53
Mindestwert der landwirtschaftlichen Nutzung (gerundet)						**365.967**

c) Gemeinschaftliche Tierhaltungen

Landwirte können sich nach § 160 Abs. 10 BewG[1] zu sog. **Tierhaltungsgemeinschaften** zusammenschließen. Dieserart wird Landwirten die Möglichkeit eingeräumt, sich für Zwecke einer gemeinschaftlichen Tierhaltung oder Tierzucht zusammenzuschließen, ohne das Erfordernis, dass die Bewirtschaftung von landwirtschaftlichen Flächen durch die Gemeinschaft erfolgen muss. Zu den Einzelheiten s. Rz. 1423. 1522/1

Sind für Zwecke der Erbschaftsteuer **Anteile an gemeinschaftlichen Tierhaltungen** zu ermitteln, ist R B 164 Abs. 10 ErbStR 2019 zu beachten. Danach ist zunächst der Gesamtwert für die Tierhaltungsgemeinschaft im Wege des Mindestwertverfahrens zu bestimmen und hieraus der Wert des entsprechenden Anteils zu berechnen.

1 Für Stichtage ab 1.1.2025, für davorliegende Stichtage gelten die Grundsätze von § 51a BewG. Aufgrund des Wegfalls der Vorschrift § 51a BewG wurde § 13b EStG normiert, vgl. BT-Drucks. 20/13419 S. 242.

d) Tierbestände

1523 Für die **Umrechnung der Tierbestände** (§ 169 BewG) in **Vieheinheiten** sowie die Gruppen der mehr oder weniger flächenabhängigen Zweige des Tierbestands sind die in den **Anlagen 19 und 20 zum BewG** aufgeführten Werte maßgebend.

e) Bewertung des Wirtschaftsteils mit dem Fortführungswert/ Öffnungsklausel

1524 Die Bewertung des Wirtschaftsteils erfolgt auf der Basis des sog. **Fortführungswerts** (R B 162 Abs. 1 Satz 1 ErbStR 2019). Die Summe der nach Maßgabe des § 163 BewG zu ermittelnden Wirtschaftswerte ergibt den **Wert des Wirtschaftsteils** (§ 165 Abs. 1 BewG). Nach § 165 Abs. 2 BewG darf der für einen Betrieb der LuF anzusetzende Wert des Wirtschaftsteils **nicht geringer** sein als der nach § 164 BewG ermittelte **Mindestwert**. Mithin fungiert in einschlägigen Fällen der **Mindestwert als Fortführungswert** (R B 165 Abs. 2 ErbStR 2019).

1525 Der Gesetzgeber räumt in § 165 Abs. 3 BewG im Wege der **Öffnungsklausel** die **Möglichkeit des Verkehrswertnachweises** ein. Den Steuerpflichtigen trifft die **Nachweislast** für einen niedrigeren gemeinen Wert, **nicht** eine **bloße Darlegungslast** (R B 165 Abs. 4 Satz 1 ErbStR 2019).[1] Weist der Steuerpflichtige mithin nach, dass der gemeine Wert des Wirtschaftsteils niedriger ist als der nach § 165 Abs. 1 BewG (Regelertragswert im Reingewinnverfahren) **und** nach § 165 Abs. 2 BewG (Mindestwert) ermittelte Wert, ist dieser Wert anzusetzen. Der **Verkehrswertnachweis** ist also nur für den **gesamten Wirtschaftsteil** zulässig. Als Nachweis ist regelmäßig ein **Gutachten** eines **Sachverständigen für Bewertungsfragen in der Landwirtschaft** erforderlich.[2] Ein solches Gutachten entfaltet für die FinVerw keine Bindungswirkung, vielmehr unterliegt es der Beweiswürdigung durch die Finanzbehörde. Das Gutachten ist zurückzuweisen, wenn es Mängel, z. B. methodischer Art, enthält oder unzutreffende Wertansätze ausweist. Ein Gegengutachten durch das Finanzamt ist nicht erforderlich. Nach R B 165 Abs. 4 Satz 5 ErbStR 2019 sind von dem ermittelten Verkehrswert die im unmittelbaren wirtschaftlichen Zusammenhang stehenden **Verbindlichkeiten** abzuziehen, mit der Folge, dass gegebenenfalls ein **negativer Wert des Wirtschaftsteils** in den Grundbesitzwert einfließt (R B 165.1 Abs. 4 Satz 2 bis 5

1 Wiegand, StW 2010 S. 56, 64.

2 So auch Kreutziger/Schaffner/Stephany, BewG, § 165 Rz. 13.

ErbStR 2019). Zur Gleichbehandlung mit dem Betriebsvermögen (s. hierzu § 11 Abs. 2 BewG) findet ein nachgewiesener Verkehrswert seine **unterste Grenze im Liquidationswert** (§ 166 BewG). Die Fälle mit Verkehrswertnachweis beim luf Wirtschaftsteil indes dürften in der Bewertungspraxis eine **eher bescheidene Rolle** spielen.

7. Nachbewertungsvorbehalt/Liquidationswert

Ein **Novum** im erbschaftsteuerlichen Bewertungsrecht des luf Vermögens ist 1526
seit 2009 die gesetzliche Verankerung eines **Nachbewertungsvorbehalts**. Bei **steuerschädlichem Verhalten** i. S. des § 162 Abs. 3 BewG (**Veräußerung** eines Betriebs der LuF oder eines Anteils i. S. des § 158 Abs. 2 Satz 2 BewG **innerhalb eines Zeitraums von 15 Jahren** nach dem Erbfall/dem Vollzug der Schenkung) tritt an die Stelle des Fortführungswerts der **Liquidationswert**, **es sei denn**, es liegt ein Fall der **Reinvestitionsklausel** vor (§ 162 Abs. 3 Satz 2 BewG). Dieselbe Rechtsfolge tritt ein, wenn **funktional wesentliche Wirtschaftsgüter** veräußert, in das Privatvermögen überführt oder im Wege des Nutzungswechsels auf Dauer dem Betrieb der LuF entzogen werden. Obwohl die Definitionen im Nachbewertungsfall sich teilweise mit den aus dem Ertragsteuerrecht bekannten Begriffen „wesentliche Betriebsgrundlagen" und „anderen betriebsfremden Zwecken zugeführt" decken, sind **eigenständige bewertungsrechtliche Begriffsbestimmungen** erforderlich, da der Umfang der wirtschaftlichen Einheit (Bewertungsrecht) und der Umfang des Betriebsvermögens (Ertragsteuerrecht) **differieren** können. Der Rückgriff auf den Nachbewertungs-/Nachversteuerungsvorbehalt folgt den Gepflogenheiten bei **Nachabfindungsvorbehalten im Zuge zivilrechtlicher Erbfolgeregelungen in der LuF** (vgl. hierzu § 13 HöfeO). Mit der steuerschädlichen Veräußerung/Aufgabe des Betriebs der LuF liegt ein Ereignis vor, das steuerliche Wirkung für die Vergangenheit hat – **rückwirkendes Ereignis** i. S. des § 175 Abs. 1 Satz 1 Nr. 2 AO. Neben der Änderung des bisher festgestellten Grundbesitzwerts wird die Erbschaftsteuer nach der sich hiernach ergebenden geänderten Bemessungsgrundlage rückwirkend neu festgesetzt (§ 175 Abs. 1 Satz 1 Nr. 1 AO).

Der **Liquidationswert** ist nach § 166 Abs. 2 BewG in Fällen der Veräußerung/Aufgabe eines Betriebs der LuF oder des Mitunternehmeranteils an einem solchen Betrieb nach folgendem **Berechnungsschema** zu ermitteln:

Grund und Boden
(zuletzt festgestellte Bodenrichtwerte abzüglich 10 % Liquidationskosten)

+ Wirtschaftsgebäude
(gemeine Werte abzüglich 10 % Liquidationskosten)

+ stehende Betriebsmittel
(gemeine Werte abzüglich 10 % Liquidationskosten)

+ umlaufende Betriebsmittel
(gemeine Werte abzüglich 10 % Liquidationskosten)

+ immaterielle Wirtschaftsgüter
(gemeine Werte abzüglich 10 % Liquidationskosten)

= **Liquidationswert**

Zu den **Liquidationskosten** zählen insbesondere Veräußerungs-, Herauslösungs-, Ausbau-, Rückbau- und Rekultivierungskosten.[1] Die **Liquidationskosten** sind nach dem Gesetzeswortlaut ohne Nachweis mit einem **Pauschalabschlag von 10 %** zu berücksichtigen. Demzufolge verbleibt kein Raum für einen Einzelnachweis über die ggf. höheren Liquidationskosten. Im Umkehrschluss bedeutet dies auch, dass ggf. tatsächlich niedrigere Liquidationskosten ebenfalls unbeachtlich sind.

BEISPIEL[2] Ein im Wege der Schenkung am 1.7.2013 übertragener Betrieb der LuF (100 ha) wird im Jahr 2019 für 3.000.000 € im Ganzen veräußert. Im Jahr 2015 wurde der bisherige Betrieb komplett umstrukturiert und die Verbindlichkeiten für den Bau des Wirtschaftsgebäudes von 154.720 € abgelöst.

Der Betrieb der LuF ist rückwirkend nach den tatsächlichen Verhältnissen und den Wertverhältnissen am Bewertungsstichtag 1.7.2013 zu bewerten. Die nach dem Bewertungsstichtag eingetretene Umstrukturierung innerhalb des luf Vermögens und die Tilgung der Schuld sind unerheblich.

a) Liquidationswerte des Grund und Bodens und der übrigen Wirtschaftsgüter am Bewertungsstichtag 1.7.2013

Bodenwert nach § 166 Abs. 2 Nr. 1 BewG	
Eigentumsfläche 100 ha	
Bodenrichtwert 12 000 €/ha x 100 ha	1.200.000 €
Abschlag für Liquidationskosten 10 %	./. 120.000 €
Verbindlichkeiten	./. 0 €
Liquidationswert Grund und Boden	1.080.000 €

1 Landsittel, ZErb 2007 S. 180, 182.

2 H B 166 Abs. 2 ErbStH 2019.

Wert der übrigen Wirtschaftsgüter nach § 166 Abs. 2 Nr. 2 BewG	
Wert der Wirtschaftsgebäude	200.000 €
Wert der Maschinen	+ 112.000 €
Wert der Betriebsvorrichtung	+ 28.000 €
Wert des Umlaufvermögens	+ 20.800 €
Summe der Werte für das Besatzkapital	360.800 €
Abschlag für Liquidationskosten 10 %	./. 36.080 €
Verbindlichkeiten	./. 154.720 €
Liquidationswert Besatzkapital	170.000 €

b) Ermittlung des Werts des Wirtschaftsteils

Der Wert des Wirtschaftsteils setzt sich aus den beiden Liquidationswerten zusammen und beträgt demnach 1.250.000 €.

Sind dem Betrieb der LuF **wesentliche Wirtschaftsgüter** durch Veräußerung, Entnahme oder Nutzungswechsel auf Dauer entzogen worden, gelten die vorgenannten Grundsätze zur Ermittlung und zum Ansatz des Liquidationswerts entsprechend. Eine **Ausnahme** hiervon gilt im Falle der **Reinvestition** (§ 162 Abs. 4 Satz 2 BewG). Zu den **Einzelheiten der Ermittlung des Liquidationswerts** s. a. R B 166 ErbStR 2019. 1527

Weist indes der Steuerpflichtige nach, dass der **gemeine Wert,** der kurze Zeit nach dem Erbanfall veräußerten luf genutzten Flächen **wesentlich niedriger** ist als der nach § 166 BewG ermittelte **Liquidationswert**, kann der niedrigere gemeine Wert als Grundbesitzwert für Zwecke der Erbschaftsteuer festgestellt werden. Um einen Verstoß gegen das **grundgesetzliche Übermaßverbot** zu verhindern, ist der Nachweis eines niedrigeren gemeinen Werts bei verfassungskonformer Auslegung auch dann geboten, wenn er nach dem Wortlaut des Bewertungsgesetzes nicht vorgesehen ist.[1] Dies gilt jedoch nur, wenn die Folgen einer schematisierten Bewertung extrem über das normale Maß hinausgehen. Davon ist beim Dreifachen des gemeinen Werts bzw. beim rund 1,4-fachen eines sich aus dem Bodenrichtwert ergebenen Verkehrswerts auszugehen.[2] 1527/1

1 BFH 30.1.2019 – II R 9/16, BStBl 2019 II S. 599.

2 BFH 16.11.2022 – II R 39/20, BStBl 2024 II S. 246 sowie klarstellend gleich lautende Ländererlasse v. 19.2.2024, BStBl 2024 I S.380.

8. Bewertung der Betriebswohnungen und des Wohnteils

1528 Unabhängig von seiner Zugehörigkeit zu den Betriebswohnungen und zum Wohnteil wird der luf Wohnraum grundsätzlich nach denselben Verfahren **wie bei Gebäuden des Grundvermögens** bewertet und demgemäß wie vergleichbare Wohnungen behandelt (§ 167 Abs. 1 BewG). Wegen der Zugehörigkeit von Gebäuden und Gebäudeteilen eines Betriebs der LuF zu den Betriebswohnungen und zum Wohnteil s. a. R B 160.21 und R B 160.22 ErbStR 2019. Für die Betriebswohnungen und den Wohnteil ist der zugehörige Grund und Boden **jeweils gesondert** zu ermitteln. Für die Betriebswohnungen und den Wohnteil richtet sich die Abgrenzung vom Wirtschaftsteil gem. R B 167.1 Abs. 2 Satz 2 ErbStR 2019 nach der **Verkehrsauffassung**. Für die **flächenmäßige Abgrenzung** des zu den Betriebswohnungen und zum Wohnteil des Betriebsinhabers oder des Altenteilers gehörenden Grund und Bodens wird indessen eine **Sonderregelung** statuiert: Demnach wird bei der Ermittlung des Bodenwerts die zu bewertende Fläche **höchstens** auf das **Fünffache der mit den Wohnhäusern bebauten Fläche** beschränkt (§ 167 Abs. 2 BewG).

Nach § 167 Abs. 1 BewG erfolgt die **Bewertung** der **Betriebswohnungen** und des **Wohnteils** nach den Vorschriften, die für die Bewertung von Wohngrundstücken im Grundvermögen gelten, also nach den §§ 179, 182 bis 196 BewG. Dabei ist jedes Gebäude bzw. jeder Gebäudeteil unter Berücksichtigung der Verkehrsauffassung gesondert zu betrachten. Handelt es sich bei dem Bewertungsobjekt um ein freistehendes Bauwerk, erfolgt die Wertermittlung für das Wohnhaus bzw. die Wohnung des Altenteilers nach den Grundsätzen für Ein- und Zweifamilienhäuser. Befindet sich hingegen die jeweils zu bewertende Wohnung innerhalb eines räumlichen Verbunds mit anderen Gebäuden oder Gebäudeteilen, sind die Kriterien für die Bewertung von Wohnungseigentum (§ 182 Abs. 2 Nr. 1, § 182 Abs. 4 Nr. 1 BewG) maßgebend (R B 167 Abs. 3 ErbStR 2019).

BEISPIEL Eine landwirtschaftliche Hofstelle besteht aus einer geschlossenen Hofanlage und weiteren Gebäuden, die wie folgt genutzt werden:[1]

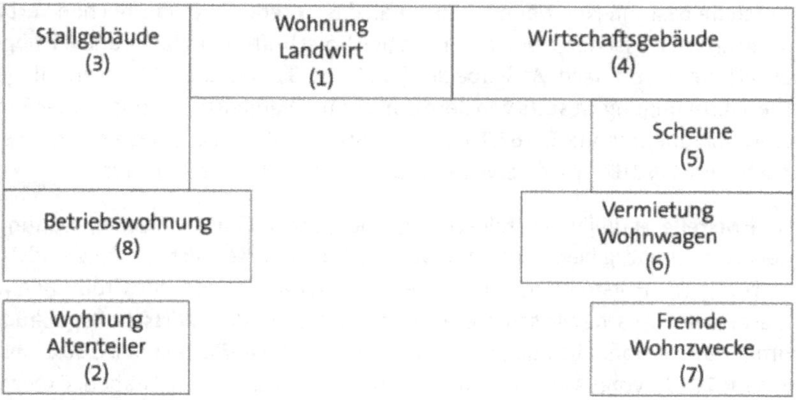

Zum Betrieb der LuF gehören:

a) Wirtschaftsteil

Die Gebäude/-teile (3), (4), (5)

b) Betriebswohnungen

Der Gebäudeteil (8)

c) Wohnteil

Die Gebäude/-teile (1), (2).

Die Bewertung der Gebäude bzw. Gebäudeteile erfolgt wie beim Grundvermögen. Beim Gebäudeteil (1) und (8) handelt es sich um eine Wohnung innerhalb eines räumlichen Verbunds mit anderen Gebäuden oder Gebäudeteilen. Hierfür sind die Grundsätze für die Bewertung von Wohnungseigentum (§ 182 Abs. 2 Nr. 1 i. V. mit Abs. 4 Nr. 1 BewG) maßgebend. Für Gebäude (2) als freistehendes Bauwerk erfolgt die Wertermittlung als Einfamilienhaus. Dagegen gehören das Gebäude (7) und der Gebäudeteil (6) jeweils als eigenständige wirtschaftliche Einheit grds. zum Grundvermögen.

Nach § 167 Abs. 3 BewG ist zur **Berücksichtigung von Besonderheiten**, die sich 1529
im Falle einer engen räumlichen Verbindung von Wohnraum mit dem Betrieb ergeben, der nach § 167 Abs. 1 und 2 BewG ermittelte Wert des Wohnteils und der Wert der Betriebswohnungen **um 15 % zu ermäßigen**. Dieser Pauschalabschlag berücksichtigt die Besonderheiten, die sich aus der engen räumlichen Verbindung zwischen Wohnraum und Hofstelle ergeben.[2] Folglich ist bei bebauten Grundstücksflächen, die Arbeitnehmern des Betriebs oder dem Betriebsleiter

1 H B 167.1 Abs. 3 ErbStH 2019.

2 Vgl. BT-Drucks. 16/11107 S. 17.

und seinen Familienangehörigen sowie Altenteilern für Wohnzwecke zur Verfügung stehen, im Einzelfall zu prüfen, ob eine **räumliche Verbindung mit der Hofstelle** besteht. Nur wenn im Einzelfall das Kriterium der räumlichen Verbindung erfüllt ist, ist der jeweilige – nach den Vorschriften für das Grundvermögen ermittelte – Wert nach Maßgabe des § 167 Abs. 3 BewG um 15 % zu ermäßigen. Diese Ermäßigung ist **stets** von dem ermittelten **Vergleichs-, Ertrags- oder Sachwert** vorzunehmen (R B 167.2 Abs. 5 ErbStR 2019). Im Falle des Verkehrswertnachweises (§ 167 Abs. 4 BewG) scheidet der Pauschalabschlag aus.[1]

Als **Hofstelle** ist diejenige Stelle zu verstehen, von der aus luf Flächen ordnungsgemäß nachhaltig bewirtschaftet werden. Dabei richten sich Umfang und Ausstattung der Hofstelle grds. nach den Erfordernissen und der Größe der von dieser Stelle aus bewirtschafteten Flächen. Neben den **Wirtschaftsgebäuden** umfasst eine Hofstelle auch die dazugehörigen **Nebenflächen** (R B 160.1 Abs. 3 ErbStR 2019). Voraussetzung für die Zuordnung von Hecken, Gräben, Grenzrainen und dergleichen zur Hofstelle ist allerdings, dass diese in räumlicher Verbindung mit den Wirtschaftsgebäuden stehen. Die von § 167 Abs. 3 BewG geforderte räumliche Verbindung ist **stets anzunehmen**, wenn sich Betriebswohnungen und Wohnteil **unmittelbar neben den Wirtschaftsgebäuden** oder den dazugehörigen Nebenflächen befinden. Unschädlich ist in diesem Kontext, wenn Betriebswohnungen und Wohnteil durch eine öffentliche Straße mit geringer Verkehrsbelastung von der Hofstelle getrennt sind. Indessen ist eine **räumliche Verbindung** mit der Hofstelle zu **verneinen**, wenn zwischen der Hofstelle und den Betriebswohnungen oder dem Wohnteil Industriegelände, bebaute Grundstücke, Autobahnen oder Flüsse liegen. Entsprechendes gilt für den Fall, dass die Betriebswohnungen oder die zum Wohnteil gehörenden Wohngrundstücke zwar nur durch eine Straße oder einen Weg von der Hofstelle getrennt sind, aber in einem **geschlossenen Wohngebiet** liegen (R B 167.2 Abs. 3 bis 4 ErbStR 2019).

1530 Entsprechend der Verfahrensweise beim Grundvermögen (§ 198 BewG) besteht für den Steuerpflichtigen auch hinsichtlich der Bewertung von Betriebswohnungen und/oder des Wohnteils die Möglichkeit, einen niedrigeren gemeinen Wert nachzuweisen. Für einen **Verkehrswertnachweis** dürften bei Betriebswohnungen und Wohnteilen solche Umstände in Betracht kommen, die bei Anwendung der gesetzlich vorgeschriebenen Bewertungsverfahren einschließlich Pauschalabschlag noch nicht berücksichtigt worden sind. Wertmindernde Umstände in diesem Sinne können **Altlasten, Baumängel/Bauschäden, Instandhaltungsstau**

1 R B 167.3 Abs. 1 Satz 2 ErbStR 2019.

sowie **Denkmalschutzauflagen** sein.[1] In diesem Kontext kommen weiterhin in Betracht **Immissionen aus Tierhaltung**, **Gerüche** aus anderen Quellen (z. B. Gülle) oder auch betrieblich bedingter **Lärm**. Hierzu wurde für luf Wohngebäude in § 167 Abs. 4 BewG eine **eigenständige Öffnungsklausel** verankert, die dem Steuerpflichtigen einen Verkehrswertnachweis für den gesamtem Wohnteil **oder** die Betriebswohnungen ermöglicht. Diese Regelung wird um den Hinweis ergänzt, dass für den Verkehrswertnachweis grds. die aufgrund des **§ 199 Abs. 1 BauGB** erlassenen Vorschriften einschlägig sind, mithin insbesondere die **ImmoWertV.**[2] Die Änderungen des § 198 BewG, die mit dem Grundsteuerreformumsetzungsgesetz eingeführt wurden und für Bewertungsstichtage ab dem 23.7.2021 anwendbar sind, wurden in § 167 Abs. 4 BewG nicht übernommen.

Als Verkehrswertnachweis verlangt die FinVerw regelmäßig ein **Gutachten** des örtlich zuständigen **Gutachterausschusses** oder eines **Sachverständigen** für die Bewertung von Grundstücken (R B 167.3 Abs. 2 Satz 1 ErbStR 2019). Das Gutachten, das für die Feststellung des Grundbesitzwerts nicht bindend ist, unterliegt der Beweiswürdigung durch die Finanzbehörde. Das Gutachten wird zurückgewiesen, wenn es Mängel – z. B. methodischer Art oder unzutreffende Wertansätze – enthält; ein **Gegengutachten** durch das Finanzamt ist **nicht erforderlich**. Aufgrund des Hinweises auf § 199 Abs. 1 BauGB in § 167 Abs. 4 Satz 2 BewG besteht die Möglichkeit, **sämtliche wertbeeinflussende Umstände** zur Ermittlung des gemeinen Werts (Verkehrswerts) von Grundstücken zu berücksichtigen. Hierzu gehören nach R B 167.3 Abs. 2 Satz 6 ErbStR 2019 auch die den Wert beeinflussenden Rechte und Belastungen privatrechtlicher und öffentlich-rechtlicher Art (z. B. Grunddienstbarkeiten und persönliche Nutzungsrechte). Ein Einzelnachweis von Bewertungsgrundlagen nach §§ 179, 182 bis 196 BewG kommt nicht in Betracht. Auch können **Auszüge aus der Kaufpreissammlung** (§ 195 BauGB) ein **Gutachten nicht ersetzen**. 1531

Neben dem **Gutachtennachweis** kann auch ein **im gewöhnlichen Geschäftsverkehr innerhalb eines Jahres** vor oder nach dem Bewertungsstichtag zustande gekommener **Kaufpreis** über den entsprechenden Teil der wirtschaftlichen Einheit als Nachweis dienen. Es bestehen nach Verwaltungsauffassung keine Bedenken, diesen Wert **regelmäßig ohne Wertkorrekturen** zu übernehmen (R B 167.3 Abs. 3 ErbStR 2019). 1532

---

1 Wiegand, GuG 2011 S. 268, 274.

2 Siehe hierzu Immobilienwertermittlungsverordnung (ImmoWertV) v. 19.5.2010 (BGBl 2010 I S. 639) sowie v. 14.7.2021 (BGBl 2021 I S. 2805); s. a. Richtlinie zur Ermittlung von Bodenrichtwerten (Bodenrichtwertrichtlinie – BRW-RL) v. 11.1.2011, BAnz. Nr. 24 S. 597.

Zu **Nießbrauchs- und Nutzungsrechten**, die sich bereits auf den Grundbesitzwert ausgewirkt haben, s. auch H B 167.3 ErbStH 2019 sowie § 10 Abs. 6b ErbStG.

9. Grundbesitzwert des Betriebs der Land- und Forstwirtschaft/ Aufteilung

1533 Der nach § 157 Abs. 1 BewG für Zwecke der Folgebesteuerung (ErbSt/SchenkSt/ GrESt) gesondert festzustellende Grundbesitzwert für den Betrieb der LuF ist die **Summe** aus dem **Wert des Wirtschaftsteils**, dem **Wert der Betriebswohnungen abzüglich** der damit wirtschaftlich verbundenen **Schulden** sowie dem **Wert des Wohnteils**, der um die darauf lastenden **Verbindlichkeiten** zu **mindern** ist (§ 168 Abs. 1 BewG; R B 168 Abs. 1 Satz 3 ErbStR 2019). Folglich ist der **Wert eines Betriebs der LuF** als **Nettowert** festzustellen. Der Grundbesitzwert für **Stückländereien** als Betrieb der LuF besteht hingegen nur aus dem Wert des Wirtschaftsteils (§§ 168 Abs. 2, 160 Abs. 7 BewG). Der Grundbesitzwert für einen **Anteil an einem Betrieb der LuF** i. S. des § 158 Abs. 2 Satz 2 BewG ist nach § 168 Abs. 4 bis 6 BewG **aufzuteilen**.

1534 Der **Wert des Wirtschaftsteils** ist nach den beim Mindestwert (§ 164 BewG) zugrunde gelegten Verhältnissen **aufzuteilen** (§ 168 Abs. 4 Satz 1 BewG). Dabei ist

1. der **Wert des Grund und Bodens** und der **Wirtschaftsgebäude** oder ein Anteil daran (§ 158 Abs. 3 Satz 1 Nr. 1 und 2 BewG) dem jeweiligen Eigentümer zuzurechnen. Im Falle des Gesamthandseigentums ist der Wert des Grund und Bodens nach der Höhe der gesellschaftsrechtlichen Beteiligung aufzuteilen;
2. der **Wert der übrigen Wirtschaftsgüter** (§ 158 Abs. 3 Satz 1 Nr. 3 bis 5 BewG) nach dem Wertverhältnis der dem Betrieb zur Verfügung gestellten Wirtschaftsgüter aufzuteilen. Im Falle des Gesamthandseigentums ist der Wert der übrigen Wirtschaftsgüter nach der Höhe der gesellschaftsrechtlichen Beteiligung aufzuteilen;
3. der **Wert** der zu berücksichtigenden **Verbindlichkeiten** (§ 164 Abs. 4 BewG) dem jeweiligen Schuldner zuzurechnen. Im Falle des Gesamthandseigentums ist der Wert der zu berücksichtigenden Verbindlichkeiten nach der Höhe der gesellschaftsrechtlichen Beteiligung aufzuteilen.

Wird nicht der gesamte luf Grundbesitzwert, sondern **nur ein Teil davon zur Besteuerung herangezogen**, so ist nach R B 168 Abs. 2 ErbStR 2019 dennoch eine **Wertermittlung für die gesamte wirtschaftliche Einheit** erforderlich (§ 12 Abs. 3 ErbStG i. V. mit §§ 151 Abs. 1 Satz 1 Nr. 1, 157 BewG). Die **Zurechnungs- und ggf.**

Aufteilungsregelungen für den Wert der Betriebswohnungen und den Wert für den Wohnteil sind in § 168 Abs. 5 und 6 BewG normiert. Demnach ist der Wert für die **Betriebswohnungen** und für den **Wohnteil** dem jeweiligen **Eigentümer** zuzurechnen. Im Falle des **Gesamthandseigentums** ist der Wert jeweils nach der **Höhe der gesellschaftsrechtlichen Beteiligung** aufzuteilen.

BEISPIEL[1] V und X gründen eine Gesellschaft, die luf tätig wird. V stellt 10 ha Fläche und die Wirtschaftsgebäude, X die Maschinen. Die V+X GbR erwirbt noch 10 ha Fläche dazu und pachtet zusätzlich 10 ha Fläche an. Beide sind zu je 1/2 am Gesamthandsvermögen beteiligt. Es tritt der Besteuerungsfall ein.

Die Flächen des V haben einen Buchwert von 280.000 €, das Wirtschaftsgebäude einen Buchwert von 20.000 €. Die Wirtschaftsgüter des X haben einen Buchwert von 180.000 €. Die Flächen der Gesellschaft haben einen Buchwert von 300.000 €. Die Verbindlichkeiten für den Kauf der Fläche betragen am Bewertungsstichtag noch 24.000 € und für die Anschaffung der Maschinen durch X noch 10.000 €.

Die wirtschaftliche Einheit Betrieb der LuF ist im Ganzen zu bewerten. Der für den Besteuerungsfall notwendige Anteil an der Gesellschaft ist nach § 168 Abs. 3 BewG durch Aufteilung zu ermitteln.

1. Ermittlung des Grundbesitzwerts:

Bodenwert 20 ha x 250 € x 18,6	93.000 €
Besatzkapital 30 ha x 150 € x 18,6	+ 83.700 €
Verbindlichkeiten	./. 34.000 €
Wert des Wirtschaftsteils	142.700 €

2. Aufteilung des Grundbesitzwerts:

	Gesamt	V	X
Grundstücke nach Eigentumsverhältnissen:	93.000 €		
davon 10/20 auf V und X zu je 1/2	46.500 €	23.250 €	23.250 €
davon 10/20 auf V	46.500 €	46.500 €	
Besatzkapital nach den zur Verfügung gestellten Wirtschaftsgütern von 200.000 €:	83.700 €		
davon V Wirtschaftsgebäude 20.000 = 10 %	8.370 €	8.370 €	
davon X Maschinen 180.000 = 90 %	75.330 €		75.330 €

1 H B 168 ErbStH 2019 – Übergang eines Anteils im Erbfall.

Verbindlichkeiten nach Eigentumsverhältnissen:	34.000 €		
davon 24.000 € auf V und X zu je ½	24.000 €	./. 12.000 €	./. 12.000 €
davon 10 000 € auf X	10.000 €		./. 10.000 €
Summe		**66.120 €**	**76.580 €**

Soweit der Besteuerungsfall für V eintritt, ist ein Anteil von 66.120 €, bei Eintritt für X ist ein Anteil von 76.580 € als Grundbesitzwert festzustellen.

Hinsichtlich des **Übergangs eines Anteils an einem Betrieb der LuF sowie von Sonderbetriebsvermögen im Wege der Schenkung** wird auf das ergänzende Ermittlungsbeispiel in H B 168 ErbStH 2019 verwiesen.

ABB. Bewertung land- und forstwirtschaftliches Vermögen (§§ 158 – 175 BewG)

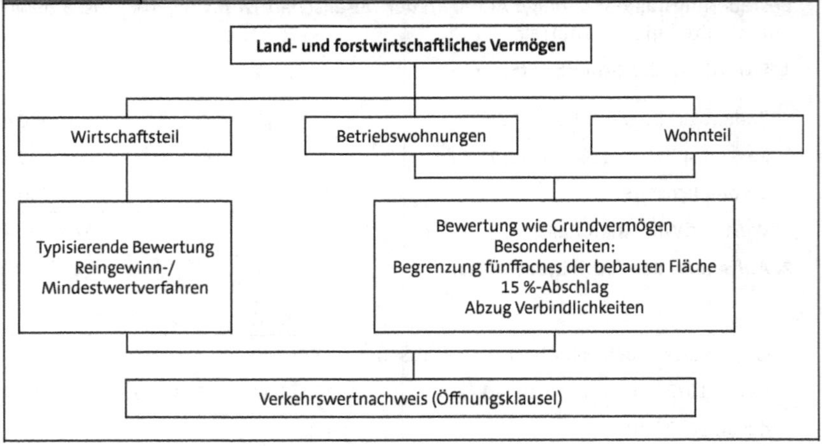

1535–1548 *(Einstweilen frei)*

D. Substanzsteuern

I. Grundsteuer

Vorbemerkung

Nachdem das Bundesverfassungsgericht mit Urteil vom 10.4.2018[1] die bisherige Bemessungsgrundlage für die Grundsteuer nach den Einheitswerten wegen der über Jahrzehnte unterbliebenen Neubewertung (Hauptfeststellungen) für unvereinbar mit dem Grundgesetz erklärt hatte, wurde die **Bewertung des Grundbesitzes für Zwecke der Grundsteuer** mit dem **Gesetz zur Reform des Grundsteuer- und Bewertungsrechts (Grundsteuer-Reformgesetz – GrStRefG)**[2] **ab dem 1.1.2022 (erste Hauptfeststellung)** bundesgesetzlich neu geregelt. Auf den **1.1.2025 erfolgte erstmals eine Hauptveranlagung der Grundsteuermessbeträge** auf Basis der nach den neuen Bewertungsregeln ermittelten Grundsteuerwerte auf den 1.1.2022, auf deren Grundlage entsprechende Grundsteuerbescheide für das Kalenderjahr 2025 erlassen wurden. Mit dem **Gesetz zur Änderung des Grundgesetzes (Art. 72, 105 und 125b)**[3] wurde zugleich in Art. 105 Abs. 2 GG, die konkurrierende Gesetzgebungskompetenz für die Grundsteuer und damit als Annex auch die für diese Zwecke zu regelnde Bewertung, ausdrücklich dem Bund zugeschrieben und den Ländern nach Art. 72 Abs. 3 Satz 1 Nr. 7 GG die Möglichkeit eröffnet, von den bundesgesetzlichen Regelungen abweichende Regelungen zu erlassen. Von dieser Möglichkeit haben die meisten Länder in unterschiedlichem Maße mittlerweile Gebrauch gemacht. Während bei der Bewertung des Grundvermögens einige Länder eigene Modelle eingeführt haben, existieren zu den das land- und forstwirtschaftliche Vermögen betreffenden bundesgesetzlichen 1549

1 BVerfG, Urteil v. 10.4.2018 – 1 BvL 11/14, 1 BvL 12/14, 1 BvL 1/15, 1 BvR 639/11, 1 BvR 889/12, BGBl 2018 I S. 531 = NWB MAAAG-80435.

2 GrStRefG v. 26.11.2019, BGBl 2019 I S. 1794; Eisele, Reform der Grundsteuer – Gesetzentwurf liegt vor!, Teile I, II, III, NWB 2019 S. 2043, 2127, 2204. Das Grundsteuergesetz wurde nach Ergehen des Grundsteuer-Reformgesetzes des Weiteren durch das Gesetz zur Änderung des Grundsteuergesetzes zur Mobilisierung von baureifen Grundstücken für die Bebauung v. 30.11.2019 (BGBl 2019 I S. 1875), das Jahressteuergesetz (JStG) 2020 v. 21.12.2020 (BGBl 2020 I S. 3096), das Grundsteuerreform-Umsetzungsgesetz v. 16.7.2021 (BGB 2021 I S. 2931), das Jahressteuergesetz (JStG) 2022 v. 16.12.2022 (BGBl 2022 I S. 2294), das Vierte Gesetz zur Entlastung der Bürgerinnen und Bürger, der Wirtschaft sowie der Verwaltung von Bürokratie (Viertes Bürokratieentlastungsgesetz) v. 23.10.2024, BGBl 2024 I Nr. 323 sowie durch das Jahressteuergesetz (JStG) 2024, v. 2.12.2024, BGBl 2024 I Nr. 387 geändert; vgl. zur Gesetzeshistorie Krumm/Paeßens, GrStG, Einleitung Rz. 13 ff.

3 Gesetz zur Änderung des Grundgesetzes (Art. 72, 105 und 125b) v. 15.11.2019, BGBl 2019 I S. 1546.

Regelungen nur wenige punktuelle Abweichungen. In Bezug auf die Regelungen des Grundsteuergesetzes existieren auch ebenfalls nur punktuelle Abweichungen zum Bundesrecht. Die zum Bundesrecht abweichenden landesrechtlichen Regelungen werden an den jeweiligen Stellen thematisiert. Zu den gesetzlichen Regelungen wurden mittlerweile Verwaltungsanweisungen erlassen; für das Grundsteuergesetz insbesondere die koordinierten Ländererlasse vom 22.6.2022 zur Anwendung des Grundsteuergesetzes ab dem Kalenderjahr 2025 (AEGrStG).[1] Die nachfolgende Darstellung beschränkt sich auf das ab dem 1.1.2022/1.1.2025 anzuwendende Grundsteuerrecht. Zu der vor dem 1.1.2022/1.1.2025 geltenden Rechtslage wird auf die 11. Auflage verwiesen.

1. Grundstruktur, Aufkommensneutralität und verfassungsrechtliche Beurteilung der Neureglung

1550 Die Grundsteuer ist eine der ältesten direkten Steuern.[2] Die **Ertrags- und Steuersatzhoheit** (Hebesatzhoheit) liegt bei den Gemeinden (Art. 106 Abs. 6 Satz 1 und Satz 2 GG). Die Existenz der Grundsteuer ist als solche allerdings nicht verfassungsrechtlich garantiert.[3] Art. 28 Abs. 2 Satz 3 GG bezieht sich nur auf die Gewerbesteuer.[4] Es ist daher auch eine Abschaffung der Grundsteuer verfassungsrechtlich möglich. Die Grundsteuer stellt allerdings eine wichtige, – mit einem Aufkommen von 15,3 Mrd. € im Jahr 2023 drittgrößte und anders als die Gewerbesteuer – konjunkturunabhängige und damit **verlässliche Einnahmequelle** dar, mit der die vielschichtigen Aufgaben **der Gemeinden** erfüllt werden.[5]

1551 Der **dreistufige verfahrensrechtliche Aufbau** der Grundsteuerermittlung bleibt auch im neuen bundesgesetzlich geregelten Grundsteuerrecht erhalten (s. auch Rz. 1835 ff.). In der ersten Stufe erfolgt die Bewertung des Grundbesitzes, die mit der **Feststellung des Grundsteuerwerts** endet (s. hierzu Rz. 1557 ff. und vertiefend Kapitel C). Dem schließt sich als zweite Stufe das Grundsteuermessbescheidsverfahren an, in dem der **Grundsteuermessbetrag festgesetzt** wird (s. dazu Rz. 1566 ff.). In der dritten Stufe erfolgt anschließend die **Festsetzung der Grundsteuer**, indem auf den Grundsteuermessbetrag, der jeweils durch die Gemeinden festgelegte Hebesatz, angewendet wird (s. dazu Rz. 1568 f.). Auch diejenigen Länder, die ein eigenes Grundsteuermodell verfolgen, haben mit Aus-

1 BStBl 2022 I S. 1171; Eisele, NWB 2022 S. 2190.
2 Wiss. Dienste des BT, BT-Drucks. WD 4 - 3000 - 026/18 S. 4.
3 Vgl. auch Krumm/Paeßens, GrStG, Einleitung Rz. 1.
4 BVerwG, Urteil v. 27.10.2010 – 8 C 43/09, BVerwGE 138 S. 89 = NWB MAAAD-60239, Rz. 18.
5 Vgl. auch BT-Drucks. 19/11085 S. 80.

nahme von Hessen den dreistufigen Aufbau beibehalten. In Hessen existiert hingegen ein zweistufiger Aufbau (Feststellung Äquivalenzbeträge durch die Finanzämter und Festsetzung Grundsteuer durch die Gemeinden).[1]

Die **Verwaltung der Grundsteuer** obliegt zwar den Ländern (Art. 108 Abs. 2 Satz 1 GG), so dass für die Feststellung des Grundsteuerwerts und die Festsetzung des Grundsteuermessbetrags und in den Stadtstaaten (außer Bremerhaven) auch für die Festsetzung der Grundsteuer, die Landesfinanzbehörden (Finanzämter) zuständig sind (grds. das **Lagefinanzamt** nach § 18 Abs. 1 Nr. 1 AO ggf. i. V. mit § 22 Abs. 1 Satz 1 AO für den Grundsteuermessbescheid und i. V. mit § 22 Abs. 2 AO das Finanzamt, in dessen Bezirk die hebeberechtigte Gemeinde liegt; die Zuständigkeitsverordnungen der Länder bestimmen das konkrete Finanzamt). In den Flächenstaaten und Bremerhaven wurde die Festsetzung und Erhebung der Grundsteuer allerdings durch entsprechende Landesgesetze den **Gemeinden** übertragen (Art. 108 Abs. 4 Satz 2 GG). In den Flächenländern führt das Auseinanderfallen der Zuständigkeiten zwischen Finanzbehörden und Gemeinden dazu, dass für Streitigkeiten, die den Grundsteuerbescheid betreffen, die **Verwaltungsgerichtsbarkeit** und nicht die **Finanzgerichtsbarkeit** wie bei Streitigkeiten gegen den Grundsteuerwert- oder den Grundsteuermessbescheid zuständig ist.[2] 1552

Belastungsgrund der Grundsteuer im **Bundesmodell** ist, wie schon im alten Recht, die durch das Innehaben des Grundbesitzes vermittelte objektive **Leistungsfähigkeit**, da mit dem Grundbesitz üblicherweise die Möglichkeit zur ertragsbringenden Nutzung vermittelt wird (sog. Sollertrag).[3] Bewertungsziel ist daher annäherungsweise, der die objektive Leistungsfähigkeit widerspiegelnde gemeine Wert der jeweiligen wirtschaftlichen Einheit als Bruttowert – also ohne Abzug von Belastungen – wie Hypotheken und Grundschulden. Diejenigen Länder, die einem (ggf. lageangepassten) **Flächenmodell** folgen, sehen den Belastungsgrund in Anlehnung an den **Äquivalenzgedanken** darin, dass das Grundstück die Möglichkeit widerspiegelt, Nutzen aus der gemeindlichen Infrastruktur zu ziehen (sog. **Nutzenäquivalenz**; Hessen,[4] Niedersachsen[5]) und 1553

1 Vgl. Bock/Lapp in Grootens, GrStG, Vorwort zum HGrStG, Rz. 16.

2 Siehe vertiefend Krumm/Paeßens, GrStG, Einleitung Rz. 62 ff.

3 BFH, Beschlüsse v. 27.5.2024 – II B 78/23 (AdV), NWB IAAAJ-68711 und II B 79/23 (AdV), NWB SAAAJ-68712, m. Anm. Bock, HFR 2024 S. 826; BT-Drucks. 19/11085 S. 84; Bock in Grootens, GrStG, § 250 BewG Rz. 33, m. w. N., Krumm/Paeßens, GrStG, Einleitung Rz. 17; a. A. etwa G. Kirchhof, DStR 2020 S. 1073.

4 Hessische LT-Drucks. 20/6379 S. 12.

5 Niedersächsische LT-Drucks. 18/8995 S. 13.

ggf. zusätzlich in Abhängigkeit der Grundstücks- und Gebäudegröße die Kosten gemeindlicher Leistungen zu erfassen (sog. **Kostenäquivalenz**; so insbesondere Bayern[1] und Hamburg[2]).[3]

1554 Es war parteiübergreifend zwischen Bund, Ländern und Gemeinden politischer Konsens, die Neubewertung insgesamt nicht zu einer Steuererhöhung auszunutzen; die **Reform** also **aufkommensneutral** auszugestalten. Da die schlussendliche Steuerbelastung allerdings maßgeblich von der Hebesatzhöhe abhängt, haben einige Länder aufkommensneutrale Hebesätze veröffentlicht (sog. Transparenzregister SH,[4] RP,[5] SN,[6] HE,[7] BW,[8] SL,[9] BB,[10] NW[11]) oder die Gemeinden dazu verpflichtet, solche zu veröffentlichen (§ 7 NGrStG; § 3 GemGrStZustÜHebG M-V). Unabhängig von der beabsichtigten Aufkommensneutralität ist es modellunabhängig zu **Belastungsverschiebungen** zwischen einzelnen wirtschaftlichen Einheiten gekommen. Die nach altem Recht verfassungswidrige ungleiche Belastung aufgrund der über Jahrzehnte unterbliebenen Neubewertung durch eine Hauptfeststellung war gerade der Grund für die Reformbedürftigkeit der bisherigen Regelung. Es musste daher zwangsläufig zu entsprechenden Mehr- und Minderbelastungen bei den einzelnen wirtschaftlichen Einheiten kommen. Festgestellt wurden allerdings auch Belastungsverschiebungen zwischen den einzelnen **Grundstücksgruppen**, vor allem zwischen den Grundstücken der **Wohngrundstücke** einerseits zugunsten der **Nichtwohngrundstücke** andererseits. Auf diese politisch nicht gewollten Belastungsverschiebungen zulasten der Wohngrundstücke, reagierten einige Länder durch die Festlegung landesspezifischer Steuermesszahlen (§ 1 BlnGrStMG, § 1 BremGrStMG, § 1 GrStG-Saar, § 1 SächsGrStMG; s. auch Rz. 1566/1), andere Länder öffneten den

1 Bayrische LT-Drucks. 18/15755 S. 11.

2 Bürgerschaft Hamburg, Drucks. 22/3583 S. 8.

3 Zur Kritik an diesem Ansatz vgl. Bock in Grootens, GrStG, § 250 Rz. 40 ff. m. w. N.

4 Mittlerweile wieder offline; https://www.schleswig-holstein.de/DE/landesregierung/ministerien-behoerden/VI/Presse/PI/2024/240909_transparenzregister.

5 https://fm.rlp.de/themen/finanzen/kommunale-finanzen/grundsteuerreform.

6 https://www.smf.sachsen.de/hebesatzprognose-2025.html.

7 https://finanzamt.hessen.de/grundsteuerreform/hebesatzempfehlungen.

8 Mittlerweile wieder offline; https://www.baden-wuerttemberg.de/de/service/presse/pressemitteilung/pid/transparenzregister-fuer-grundsteuer-geht-offline.

9 Im Saarland lassen sich prognostizierte Messbetragsvolumina finden, mit denen der aufkommensneutrale Hebesatz ermittelbar ist; https://www.saarland.de/SharedDocs/Downloads/DE/mfw/Steuern_und_Finanz%C3%A4mter/Grundsteuer/Prognosewerte.pdf?__blob=publicationFile&v=3.

10 https://finanzamt.brandenburg.de/fa/de/themen/grundsteuer/hebesatzregister/.

11 https://www.finanzverwaltung.nrw.de/aufkommensneutrale-hebesaetze.

Gemeinden erstmals die Möglichkeit, innerhalb der wirtschaftlichen Einheiten des Grundvermögens differenzierte Hebesätze zu erlassen (§ 1 NWGrStHsG, § 1 GrStHsGLSA, § 1 SHGrStHsG, § 1 GrStHsGRP). Nach Ansicht des VG Gelsenkirchen verstoßen die von den Städten Bochum, Essen, Dortmund und Gelsenkirchen festgelegten höheren Hebesätze zur Bestimmung der Grundsteuer für in der jeweiligen Gemeinde liegende Nichtwohngrundstücke gegen den verfassungsrechtlichen Grundsatz der Steuergerechtigkeit.[1] Das luf Vermögen war von diesen aufkommensbedingten Änderungen weitgehend verschont geblieben, da auch nach neuem bundesgesetzlich geregelten Recht von Vorhinein die Gemeinden wie im alten Recht einen eigenen Hebesatz für das luf Vermögen festsetzen konnten und so das Aufkommen aus dem luf Vermögen durch eine entsprechende Anpassung dieses Hebesatzes konstant halten konnten.

Auch das neue Recht wurde unabhängig vom jeweils verfolgten Modell nicht 1555
von **verfassungsrechtlichen Bedenken** verschont.[2] Diese betrafen vorrangig die Bewertung des Grundvermögens im jeweiligen Modell. Für das Ertragswertverfahren im Bundesmodell hat der BFH kürzlich entschieden, dass er dieses für verfassungskonform hält.[3] Bezüglich der Bewertung des luf Vermögens – falls überhaupt thematisiert – wurden keine Bedenken vorgebracht,[4] auch wenn bei den neuen Bewertungsregelungen wie beim Grundvermögen, im Vergleich zur Einheitsbewertung in einem wesentlich größeren Maße auf Pauschalierungen und Typisierungen zurückgegriffen wurde. Die vorgenommenen Pauschalierungen und Typisierungen halten jedoch den an sie gestellten verfassungsrechtlichen Anforderungen[5] stand. Die Typisierungen und Pauschalierungen haben den typischen Fall als Grundlage und bilden dem Bewertungsziel entsprechend die Werte zwischen den Betrieben relations- und realitätsgerecht ab, indem typisierte Ertragswerte in Abhängigkeit der jeweiligen luf Nutzungen auf Grundlage statistischer Durchschnittswerte insbesondere aus dem Testbetriebsnetzwerk ermittelt werden.[6] Verfassungsrechtlich problematischer erscheinen die Regelungen zum luf Vermögen in denjenigen Ländern, in denen aufgrund der Einführung neuer sog. flächenabhängiger Modelle beim Grundvermögen, die Bewertung des Grundvermögens und des luf Vermögens auf verschiedenen Be-

1 VG Gelsenkirchen, Urteile v. 4.12.2025 – 5 K 2074/15 (Essen), 5 K 3234/25 (Bochum), 5 K 3699/25 (Gelsenkirchen), n. n. Bei Redaktionsschluss waren die Urteilsfassungen noch nicht veröffentlicht.

2 Siehe dazu Bock in Grootens, GrStG, § 250 BewG Rz. 29 ff., m. w. N.

3 BFH, Urteile v. 12.11.2025 – II R 25/24, II R 31/24, II R 3/24, n. n. Bei Redaktionsschluss waren die Urteilsfassungen noch nicht veröffentlicht.

4 Siehe etwa Schnitter, GrStG - eKommentar, § 236 BewG Rz. 13.

5 Siehe dazu König, AO, § 3 Rz. 66 ff.

6 So auch Schnitter, GrStG - eKommentar, § 236 BewG Rz. 13.

lastungsgrundentscheidungen (Äquivalenzgedanke – Leistungsfähigkeitsprinzip) und damit Bewertungszielen (Nutzen-/Kostenäquivalenzwert – Annäherungswert an den gemeinen Wert) beruhen (s. auch Rz. 1553). Es bestehen bei diesen **Mischmodellen** erhebliche Zweifel in Bezug auf eine folgerichtige Ausgestaltung.[1] Ob es zulässig ist, eine Steuer auf verschiedene Belastungsgrundentscheidungen zu stützen, ist bisher durch das BVerfG noch nicht entschieden. Widersprüchlich erscheint es auch im baden-württembergischen Modell, dass beim luf Vermögen die Wirtschaftsgebäude miterfasst werden (vgl. etwa § 32 Abs. 1 Nr. 3 LGrStG BW), während beim Grundvermögen eine nicht verbundene Grundsteuer (reine Bodenwertsteuer) erhoben wird.

2. Steuergegenstand

1556 Die Grundsteuer greift auf den **inländischen Grundbesitz** zu (§ 2 GrStG). Unter Grundbesitz fallen das **Grundvermögen** sowie das **luf Vermögen**. Die wirtschaftlichen Einheiten des Grundvermögens sind die Grundstücke und die wirtschaftliche Einheit des luf Vermögens der Betrieb der LuF. Dies ist zunächst modellunabhängig. Bis auf **Baden-Württemberg**, das für das Grundvermögen eine reine **Bodenwertsteuer** eingeführt hat (vgl. § 38 Abs. 1 LGrStG BW), erfassen die anderen Länder auch die auf dem **Grund und Boden** aufstehenden **Gebäude** (sog. verbundene Grundsteuer).

1556/1 Was unter **Land- und Forstwirtschaft (LuF)** zu verstehen ist, ist in § 232 Abs. 1 Satz 1 BewG legal definiert. Danach versteht man unter LuF, die planmäßige Nutzung der natürlichen Kräfte des Bodens zur Erzeugung von Pflanzen und Tieren sowie die Verwertung der dadurch selbst gewonnenen Erzeugnisse. Die Definition dient der Abgrenzung, insbesondere zum Grundvermögen.

1556/2 Der **Betrieb der LuF** stellt die **wirtschaftliche Einheit** des luf Vermögens dar (§ 232 Abs. 2 Satz 1 BewG) und bildet das einzelne Bewertungsobjekt – also den **Steuergegenstand bei der LuF**, der jeweils eigentümerbezogen der Grundsteuer unterliegt (§ 2 Nr. 1 GrStG).[2] Der Betrieb der LuF bildet dasjenige Steuerobjekt, das i. d. R. die jeweiligen Tatbestandsmerkmale einer Norm (bspw. einer Steuerbefreiung) erfüllen muss. Den Betrieben der LuF stehen die in § 99 Abs. 1 Nr. 2 BewG bezeichneten **Betriebsgrundstücke** gleich. Dies sind der zu einem Gewerbebetrieb gehörende Grundbesitz, soweit er losgelöst von seiner Zuge-

1 Bock in Grootens, GrStG, § 250 BewG Rz. 42, m. w. N.
2 Siehe hierzu ausführlich Lange in Grootens, GrStG, § 2 GrStG Rz. 24 ff.; Troll/Eisele, GrStG, 13. Aufl. 2025, Anm. 7 ff. zu § 2 GrStG.

hörigkeit zum Gewerbebetrieb einen Betrieb der LuF bilden würde. Zum Betrieb der LuF gehören alle Wirtschaftsgüter, die einem Betrieb der LuF dauernd zu dienen bestimmt sind (§ 232 Abs. 1 Satz 2 BewG). Diese Wirtschaftsgüter können folglich nicht mehr anderen wirtschaftlichen Einheiten zugerechnet werden. Sie sind mit der Bewertung des einzelnen Betriebs abschließend erfasst und ggf. mitbewertet. Es kommt nicht mehr darauf an, ob der Eigentümer die Flächen selbst bewirtschaftet oder an eine andere Person verpachtet.[1] Entsprechende Abgrenzungsschwierigkeiten entfallen (Stückländereien, aktiv wirtschaftender Betrieb, ertragswertsteigernde Zupachtungen usw.). Im neuen Recht wird zugunsten einer möglichst weitreichenden Digitalisierung der Grundsteuer grundsätzlich bundeseinheitlich das **Eigentümerprinzip** umgesetzt (zur Ausnahme s. Rz. 1556/3).[2]

Im alten Recht existierten bestimmte **besondere Zurechnungsregelungen** für 1556/3
das luf Vermögen, mit denen der Grundsatz der Eigentümeridentität durchbrochen wurde (§§ 26, 34 Abs. 4 bis 6 BewG a. F.). Um eine automationsgestützte Erhebung der Grundsteuer nicht zu gefährden, existieren im Bundesrecht diese Zurechnungsvorschriften lediglich übergangsweise fort. Für bisher nach diesen Vorschriften gebildete wirtschaftliche Einheiten gelten die Vorschriften weiter (vgl. § 266 Abs. 5 BewG). Werden hingegen neue wirtschaftliche Einheiten gebildet oder kommt es zu einer Zurechnungsfortschreibung erfolgt eine Zurechnung streng nach dem Eigentümerprinzip. Einige abweichende Länder haben diese Zurechnungsregelungen dauerhaft beibehalten (§ 25 Abs. 1 Satz 6 bis 8 LGrStG BW; Art. 1 Abs. 4 Satz 1, 9 Abs. 2 BayGrStG; §§ 1 Abs. 4 Satz 1, 9 Abs. 2 HmbGrStG; §§ 2 Abs. 4 Satz 1, 11 Abs. 2 bis 4 NGrStG).

3. Bemessungsgrundlage

Die Bemessungsgrundlage bei der bundesgesetzlich geregelten Grundsteuer 1557
ist, auch wenn sie sich im Wertekorridor des gemeinen Werts bewegt, kein üblicher nach den Verkehrsermittlungsmethoden der ImmoWertV ermittelter Verkehrswert (bei der LuF i. d. R. im Ertragswertverfahren zu ermitteln). Der Gesetzgeber schätzte eine genaue Ermittlung des Verkehrswerts einer jeden der ca. 36 Mio. wirtschaftlichen Einheiten für zu aufwendig ein.[3] Er hat daher in erheblichem Umfang von Pauschalierungen und Typisierungen Gebrauch gemacht, um einen Annäherungswert an den gemeinen Wert zu erreichen, der

1 BT-Drucks. 19/11085 S. 99.

2 Vgl. BT-Drucks. 19/11085 S. 98 ff.

3 Vgl. etwa für das Grundvermögen BT-Drucks. 19/11085 S. 107.

sich in den verfassungsrechtlichen Grenzen einer zulässigen Typisierung und Pauschalierung bewegt.[1] Den so ermittelten Grundsteuerwert bezeichnet der Gesetzgeber auch als **objektiviert-realen Wert**.[2] Der Grundsteuerwert wird im Grundsteuerwertbescheid gesondert festgestellt.

a) Bewertung des luf-Vermögens

1558 Die Bewertung des luf Vermögens bei der Grundsteuer erfolgt im Wesentlichen mittels durchschnittlicher Erträge je Flächeneinheit land- und forstwirtschaftlich genutzter Flächen (teilweise existieren auch andere Bezugseinheiten, etwa bei der Teichfischerei). Dabei werden die Flächen in verschiedene Nutzungen, Nutzungsarten und Nutzungsteile eingeteilt, für die jeweils unterschiedliche Flächenwerte je m² gelten (ergeben sich aus den Anlagen 27 bis 35 des BewG). Anschließend werden alle Flächenwerte zusammengerechnet und mit einem Faktor von 18,6 kapitalisiert. Siehe zu Einzelheiten vertiefend Kapitel C.

b) Bewertung der Wohngebäude

1559 Die für Wohnzwecke genutzten Gebäude werden anders als teilweise im bisherigen Recht, dem Grundvermögen zugeordnet und bewertet. Einen Wohnteil beim luf Vermögen gibt es im neuen Recht nicht mehr.[3] Dies macht es erforderlich einen Teil des Grund und Bodens der Hofstelle dem Wohngebäude zuzurechnen. Neben der bebauten Fläche sind auch die mit dem Wohngebäude genutzten Flächen (Vor- und Hausgarten, Stellplätze etc.) einzubeziehen. Eine Aufteilung kann vereinfacht nach dem Verhältnis der mit dem Wohnteil bebauten Fläche zur bebauten Fläche der anderen Gebäude, nach der ertragsteuerlichen Einordnung oder mit dem Dreifachen der mit dem Wohnteil bebauten Fläche erfolgen.[4]

aa) Bewertung der Wohngebäude im Bundesmodell

1559/1 Im Bundesmodell erfolgt die Bewertung der Wohngrundstücke im sog. vereinfachten Ertragswertverfahren. Gegen das Verfahren, insbesondere die dort vorgenommenen Typisierungen und Pauschalierungen, bestehen keine verfas-

1 Vgl. ausführlich etwa Krumm/Paeßens, GrStG, Einleitung Rz. 102 ff. (insbes. Rz. 110); Bock in Grootens, GrStG, § 250 Rz. 29 ff. (insbes. Rz. 39) jeweils m. w. N.; BFH, Urteile v. 12.11.2025 – II R 25/24, II 31/24, II R 3/25, n.n. Bei Redaktionsschluss waren die Urteilsfassungen noch nicht veröffentlicht.

2 BT-Drucks. 19/11085 S. 90.

3 BT-Drucks. 19/11085 S. 98.

4 Vgl. A 237.24 Abs. 7 AEBewGrStG sowie die dort aufgeführten Beispiele.

sungsrechtlichen Bedenken.[1] In der Regel wird es sich bei den Wohngebäuden im Zusammenhang mit der LuF um Einfamilienhäuser oder Zweifamilienhäuser in Abhängigkeit der Anzahl der im Gebäude befindlichen Wohnungen handeln und seltener um Mietwohngrundstücke. Der Wert des Grund und Bodens wird im Bundesmodell mittels der Grundstücksfläche multipliziert mit dem jeweiligen Bodenrichtwert der Bodenrichtwertzone, in der sich das Wohngebäude befindet, ermittelt (zur anzusetzenden Grundstücksfläche s. Rz. 1559). Existieren keine Bodenrichtwerte (was für Wohngebäude im Außenbereich häufiger der Fall sein dürfte), ist der Bodenwert aus vergleichbaren Flächen abzuleiten (§ 247 Abs. 3 BewG). Der Gebäudeertrag wird anhand von statistisch abgeleiteten gemeindeabhängigen Durchschnittsmieten (sog. Listenmiete, Anlage 39 zum BewG i. V. mit MietNEinV) und der Gebäudefläche unter Berücksichtigung von Bewirtschaftungskosten ermittelt. Der Gebäudereinertrag wird in Abhängigkeit der Restnutzungsdauer des Gebäudes kapitalisiert und der Bodenwert entsprechend abgezinst. Die Summe aus beiden ergibt dann den Grundsteuerwert des Wohngebäudes.

bb) Bewertung der Wohngebäude im reinen Flächenmodell (Bayern und Hamburg)

In den reinen Flächenmodellen[2] in Bayern und Hamburg werden die Gebäudeflächen stets mit einer Äquivalenzzahl von 0,50 €/m² (Art. 3 Abs. 2 BayGrStG, § 3 Abs. 2 HmbGrStG) und der Grund und Boden grundsätzlich mit einer Äquivalenzzahl von 0,04 €/m² angesetzt (Art. 3 Abs. 1 Satz 1 BayGrStG, § 3 Abs. 1 Satz 1 HmbGrStG; zur anzusetzenden Fläche s. Rz. 1559). Für übergroße Flächen des Grund und Bodens existieren Sonderregelungen (Art. 3 Satz 2 BayGrStG, § 3 Abs. 1 Satz 2 HmbGrStG). Die Summe aus beiden ergibt den Äquivalenzbetrag. 1559/2

cc) Bewertung der Wohngebäude in den lageabhängigen Flächenmodellen (Niedersachsen und Hessen)

In den lageabhängigen Flächenmodellen erfolgt zunächst ein Ansatz wie im reinen Flächenmodell (vgl. §§ 4, 5 HGrStG, §§ 3, 4 NGrStG). In Niedersachsen vor Anwendung der Steuermesszahlen und in Hessen danach (s. zu den Steuermesszahlen § 6 HGrStG, § 6 NGrStG) erfolgt allerdings auf den jeweils ermittelten Wert eine Anpassung mittels eines sog. Lagefaktors in Abhängigkeit der Lage. Dazu wird der in der Gemeinde durchschnittliche BRW ins Verhältnis zum 1559/3

1 BFH, Urteile v. 12.11.2025 – II R 25/24, II 31/24, II R 3/25, n.n. Bei Redaktionsschluss waren die Urteilsfassungen noch nicht veröffentlicht.

2 Siehe vertiefend Lehmann in Grootens, GrStG, Art. 1 ff. BayGrStG.

BRW für das Grundstück gesetzt und mit 0,3 potenziert (vgl. § 7 HGrStG, § 5 NGrStG). Die Potenz wirkt dabei dämpfend. In Hessen wird für Grundstücke des Grundvermögens im Außenbereich mangels flächendeckender BRW für Bauland ein BRW von 10 % des durchschnittlichen BRW der Gemeinde angesetzt (§ 7 Abs. 2 Satz 5 HGrStG). Dieses Vorgehen führt zu einer Minderung des Grundsteuermessbetrags um 50 %.[1] In Niedersachsen werden hingegen von den Gutachterausschüssen die BRW-Zonen auf den Außenbereich erstreckt.[2] Die Formel für den Lagefaktor lautet:

$$\text{Lage-Faktor} = \left[\frac{\text{BRW}}{\text{dBRW}}\right]^{0,3}$$

dd) Bewertung der Wohngebäude im Bodenwertmodell (Baden-Württemberg)

1559/4 In Baden-Württemberg wird lediglich der Bodenwert beim Grundvermögen angesetzt (§ 38 Abs. 1 LGrStG BW). Dieser ergibt sich durch die Multiplikation der Fläche des Grund und Bodens mit dem BRW (zur anzusetzenden Fläche s. Rz. 1559). Der BRW wird nicht an die wertbeeinflussenden Merkmale des zu bewertenden Grundstücks angepasst. Maßgeblich ist der BRW des Richtwertgrundstücks (vgl. § 38 Abs. 1 Satz 2 LGrStG BW). Dem Steuerpflichtigen bleibt die Möglichkeit einen niedrigeren gemeinen Wert nachzuweisen (§ 38 Abs. 4 LGrStG BW).

4. Steuerbefreiungen

1560 Luf genutzter Grundbesitz ist grundsätzlich (zu den Ausnahmen Rz. 1561) auch dann grstpfl., wenn er gleichzeitig für **begünstigte Zwecke** i. S. der §§ 3, 4 GrStG benutzt wird oder die luf Nutzung der unmittelbaren Verwirklichung begünstigter Zwecke dient.[3] Dies gilt auch dann, wenn der luf Nutzung gegenüber der Verfolgung der steuerbegünstigten Zwecke (z. B. dem Naturschutz) eine nur untergeordnete Bedeutung zukommt.[4] So ist beispielsweise die Gärtnerei eines Sozialversicherungsträgers selbst dann grstpfl., wenn sie ausschließlich Blumen und Pflanzen für die Heilstätten des Versicherungsträgers erzeugt.[5]

---

1 Bock/Lapp in Grootens, GrStG, HGrStG, § 7 Rz. 35.
2 Siehe Bock/Lapp in Grootens, GrStG, § 5 NGrStG Rz. 29.
3 A 6 Abs. 2 Satz 1 AEGrStG.
4 BFH, Urteil v. 16.10.1996 – II R 17/96, BStBl 1997 II S. 228 = NWB AAAAA-95783.
5 BFH, Urteil v. 7.2.1958 – III 290/57 U, BStBl 1958 III S. 185 = NWB MAAAA-89782. Zur grundsteuerlichen Behandlung luf genutzter Naturschutzflächen s. Eisele, StW 1997 S. 234.

Von diesem Grundsatz, dass luf genutzter Grundbesitz in aller Regel grstpfl. ist, enthält § 6 GrStG nur wenige **Ausnahmen**. Wird luf Grundbesitz für steuerbegünstigte Zwecke i. S. der §§ 3 und 4 GrStG[1] benutzt, so gilt die Steuerbefreiung nur für 1561

1. *Grundbesitz, der* ***Lehr- und Versuchszwecken*** *dient (§ 6 Nr. 1 GrStG).*[2]
2. *Grundbesitz, der von der* ***Bundeswehr****, den ausländischen* ***Streitkräften****, den internationalen* ***militärischen Hauptquartieren*** *oder den in § 5 Abs. 1 Nr. 1 GrStG* ***bezeichneten Schutzdiensten*** *als Übungsplatz oder Flugplatz benutzt wird (§ 6 Nr. 2 GrStG).*[3]
3. *Grundbesitz i. S. des § 4 Nr. 1 bis 4 (§ 6 Nr. 3 GrStG).*

a) Lehr- und Versuchszwecken dienender Grundbesitz

Grundbesitz, der luf genutzt wird, bleibt steuerfrei, wenn er Lehr- und Versuchszwecken dient. Es müssen zunächst die Voraussetzungen der Befreiungsvorschriften nach § 3 GrStG (hier insbes. auch die subjektiven) oder nach § 4 GrStG erfüllt sein. Sodann muss der Grundbesitz Lehr- oder Versuchszwecken dienen. Die Nutzung muss nachhaltig und darf nicht von nur vorübergehender Dauer sein.[4] 1562

aa) Lehrzwecken

Lehrzwecken dient der Grundbesitz, wenn er für eine berufliche Ausbildung genutzt wird.[5] Hiervon ist auch auszugehen, wenn die Inhalte des Berufsbildes des Gärtners in Gestalt inhaltlich und zeitlich abgegrenzter Lerneinheiten vermittelt werden, sofern die praktizierten Ausbildungsmaßnahmen sich nicht wesensmäßig von einer qualifizierten Ausbildung i. S. des Berufsbildungsgesetzes unterscheiden. Als Grundbesitz, der **Lehrzwecken** dient, kommen z. B. **botanische Gärten** und **Freiwildgehege** in Betracht, aber auch der Grundbesitz, der von einem gemeinnützigen Unternehmen als **Gärtnerei** für Lehrzwecke in Form einer **Werkstatt für Menschen mit körperlichen und geistigen Einschränkungen** betrieben wird.[6] Das Dienen zu Erziehungszwecken genügt nicht. Die Gärtnerei einer öffentlichen Erziehungsanstalt ist daher nicht schon deshalb steuerfrei, 1562/1

1 Vgl. hierzu auch A 3.1 bis 3.11 AEGrStG sowie A 4.1 bis 4.9 AEGrStG.
2 Siehe hierzu auch Ostendorf, KStZ 1976 S. 66.
3 Vgl. hierzu auch A 6 Abs. 5 AEGrStG.
4 A 6 Abs. 4 Satz 2 AEGrStG.
5 Lange in Grootens, GrStG, § 6 GrStG Rz. 37; Krumm/Paeßens, GrStG, § 6 Rz. 10, m. w. N.
6 Niedersächsisches FG, Urteil v. 28.2.1989 – I 126/87, EFG 1989 S. 476; A 6 Abs. 4 Satz 3 AEGrStG.

weil sie auch Erziehungszwecken dient.[1] Hingegen dient ein Betrieb, der landwirtschaftliche Lehrlinge oder Praktikanten ausbildet, Lehrzwecken. Entsprechendes gilt für einen Gutshof, der einer Landwirtschaftsschule angegliedert ist. Auch für luf genutzten Grundbesitz einer **Justizvollzugsanstalt (Gärtnerei)** ist die Befreiung von der GrSt-Pflicht nach § 3 Abs. 1 Satz 1 Nr. 1 i. V. mit § 6 Nr. 3 GrStG unter den genannten Voraussetzungen zu gewähren.[2]

bb) Versuchszwecke

1562/2 Steuerfrei ist auch luf genutzter Grundbesitz, der **Versuchszwecken** dient. Versuchszwecken dient insbesondere der Grundbesitz von Forschungseinrichtungen, die durch wissenschaftliche Erprobungen neue luf Erkenntnisse erlangen wollen.[3] In diese Kategorie fallen z. B. der Grundbesitz von Bundesforschungsanstalten mit ihren Versuchsstationen sowie die Versuchsgüter von landwirtschaftlichen Hochschulen und Fakultäten. Die Steuerbefreiung erstreckt sich neben den Versuchsflächen auch auf alle Gebäude und Gebäudeteile, die dem begünstigten Zweck unmittelbar dienen, d. h. z. B. Büro-, Labor-, Lager- und Geräteräume.[4] Ausgenommen hiervon sind allerdings Wohnungen, die nach § 5 Abs. 2 GrStG stets grstpfl. sind. Bei forschenden **Pflanzenzuchtanstalten** ist zu beachten, dass hier nicht nur die tatsächlich nachhaltige Versuchsfläche steuerbefreit ist, sondern auch die sog. **Rotationsfläche**. Hierunter ist die Fläche zu verstehen, die unter Berücksichtigung der Fruchtfolge zwingend erforderlich ist, um eine praxisnahe Durchführung der Versuche zu gewährleisten.[5]

b) Militärische Übungs- und Flugplätze

1563 Nach § 3 Abs. 1 Satz 1 Nr. 1 GrStG sind **militärische Übungsplätze und Flugplätze** bei kumulativem Vorliegen der subjektiven und objektiven Voraussetzungen von der Grundsteuer befreit. Im Regelfall gehört hierzu aus Schutz- und Sicherheitszwecken umfangreicher Grundbesitz, der allenfalls für eine luf Nutzung in Betracht kommt. Eine solche luf Nutzung steht der Steuerbefreiung nicht entgegen. Das gilt auch dann, wenn das luf genutzte Grundstück verpachtet ist.[6] Auf den Umfang der militärischen Nutzung auf der einen und den Umfang der land-

1 Troll/Eisele, GrStG, 12. Aufl. 2021, Anm. 3 zu § 6 GrStG.
2 Vgl. A 6 Abs. 4 Satz 3 AEGrStG.
3 Lange in Grootens, GrStG, § 6 GrStG Rz. 41; Krumm/Paeßens, GrStG, § 6 Rz. 10, m. w. N.
4 FinMin NW 12.3.1976, StEK § GrStG Nr. 56.
5 Troll/Eisele, GrStG, 12. Aufl. 2021, Anm. 3 zu § 6 GrStG.
6 BFH, Urteil v. 15.3.1957 – III 17/57 S, BStBl 1957 III S. 183 = NWB AAAAA-89747; A 6 Abs. 5 Satz 2 AEGrStG.

und forstwirtschaftlichen Nutzung auf der anderen Seite kommt es nicht an.[1] Die Grundsteuerbefreiung für das **Gelände eines Truppenübungsplatzes** bleibt daher auch dann erhalten, wenn die für den Betrieb einer solchen Einrichtung erforderlichen **Schutz- und Sicherheitszonen** luf genutzt werden.[2] Die Steuerbefreiung endet mit der **Einstellung der militärischen Nutzung,** wenn eine anderweitige steuerbegünstigte Nutzung in der Folgezeit nicht absehbar ist.[3]

c) Luf genutzter Grundbesitz i. S. von § 4 Nr. 1 bis 4 GrStG

Grundbesitz, der steuerbefreiten Zwecken nach § 4 Nr. 1 bis 4 GrStG (Gottes- 1564
dienst dienender Grundbesitz, Bestattungsplätze, Verkehrsflächen, Flächen der Wasser- und Bodenverbände) dient, und zugleich luf genutzt ist, ist ohne weitere Einschränkungen von der Grundsteuer befreit. Praktische Relevanz dürfte § 6 Nr. 3 GrStG lediglich hinsichtlich der Verweisung auf § 4 Nr. 3 und Nr. 4 GrStG haben.[4] Danach ist insbesondere Grundbesitz steuerfrei, der als **Böschungen und Schutzstreifen** dient und zugleich luf genutzt wird.

d) Gemischt genutzter Grundbesitz

Bei **teilweiser Benutzung für einen steuerbegünstigten Zweck** ist, soweit es sich 1565
um einen räumlich abgegrenzten Teil des Steuergegenstandes handelt, nur dieser Teil des Steuergegenstandes steuerfrei (§ 8 Abs. 1 GrStG).[5] Ist eine räumliche Aufteilung nicht möglich, besteht nach § 8 Abs. 2 GrStG eine Steuerbefreiung nur dann, wenn die steuerbegünstigten Zwecke überwiegen.[6] Die Benutzung für steuerbegünstigte Zwecke kann **gleichzeitig nebeneinander** oder **zeitlich hintereinander** erfolgen.[7]

5. Steuermesszahl und Zerlegung

a) Steuermesszahl und Grundsteuermessbescheid

Nach § 14 GrStG (vgl. auch § 40 Abs. 1 LGrStG BW) beträgt die **Steuermesszahl** 1566
für Betriebe der LuF 0,55 ‰. Diese findet bundesweit Anwendung. Es existiert

1 Lange in Grootens, GrStG, § 6 GrStG Rz. 52.

2 BFH, Urteil v. 27.8.2008 – II R 27/06, NWB RAAAC-94769 = BFH/NV 2008 S. 2056; Bew-Kartei BY, § 6 GrStG Rechtsprechung.

3 FG Schleswig-Holstein, Urteil v. 29.1.2014 – 2 K 236/12, NWB BAAAE-55835 = EFG 2014 S. 664.

4 Vgl. auch Lange in Grootens, GrStG, § 6 GrStG Rz. 56.

5 Vgl. auch A 8 Abs. 1 Satz 2 AEGrStG.

6 Vgl. auch A 8 Abs. 3 Satz 1 AEGrStG.

7 A 8 Abs. 3 Satz 3 AEGrStG.

derzeit kein Land, das eine abweichende Steuermesszahl für luf Vermögen erlassen hat. Die Steuermesszahl wurde im Vergleich zum alten Recht wegen des mit der Neubewertung zu erwartenden erhöhten Messbetragsvolumens um ca. das Zehnfache reduziert. Die Anwendung der Steuermesszahl auf den Grundsteuerwert bildet den Grundsteuermessbetrag, der im Grundsteuermessbescheid festgesetzt wird (s. bereits Rz. 1551). Der Grundsteuerwertbescheid ist Grundlagenbescheid für den Grundsteuermessbescheid. Der Grundsteuerwert ist daher unverändert in den Grundsteuermessbescheid zu übernehmen und kann im Verfahren zur Festsetzung des Grundsteuermessbetrags nicht erneut angegriffen werden.[1]

1566/1 Die Steuermesszahlen für den Grundbesitz, der nicht dem luf Vermögen zugerechnet wird, ist erheblich diffiziler. In Abhängigkeit des jeweiligen Modells existieren unterschiedliche Steuermesszahlen in den Ländern. Zudem haben einige Länder, die zwar dem Grunde nach das Bundesmodell anwenden, von diesem allerdings abweichende Steuermesszahlen erlassen.

Steuermesszahlen bei den das Bundesmodell anwendenden Ländern:

Grundstücksart	**Bund** § 15 Abs. 1 GrStG	**BE** § 1 Abs. 1 BlnGrStMG	**HB** § 1 Abs. 1 BremGrStMG	**SL** § 1 GrStG Saar	**SN** § 1 Abs. 1 SächsGrStMG
Unbebaute Grundstücke	0,34 ‰	0,45 ‰	0,75 ‰	0,64 ‰	0,36 ‰
Wohngrundstücke	0,31 ‰	0,31 ‰	0,31 ‰	0,34 ‰	0,36 ‰
Nichtwohngrundstücke einschl. gemischt genutzte Grundstücke	0,34 ‰	0,45 ‰	0,75 ‰	0,64 ‰	0,72 ‰

Steuermesszahlen bei vom Bundesmodell abweichenden Ländern:

	BY § 4 BayGrStG	**BW** § 40 LGrStG BW	**HE** § 6 HGrStG	**HH** § 4 HmbGrStG	**NI** § 5 NGrStG
Grundstücke	100 %	1,3 %	100 %	100 %	100 %
Wohnzwecke	70 %	-30 %	70 %	70 %	70 %

1 Vgl. Bock in Grootens, GrStG, § 13 GrStG Rz. 86, m. w. N.

Im neuen Recht existieren für Grundstücke länderabhängig unterschiedliche ermäßigte Steuermesszahlen. 1566/2

Übersicht über die insbesondere für den ehemaligen Wohnteil in Betracht kommenden ermäßigten Steuermesszahlen der jeweiligen Länder:

Ermäßigungstatbestände	**Bund** § 15 GrStG	**BY** § 4 BayGrStG	**BW** § 40 LGrStG BW	**HE** § 6 HGrStG	**HH** § 4 HmbGrStG	**NI** § 5 NGrStG
Denkmalschutz	-10 %	-25 %	-10 %	-25 %	-25 %	-25 %
Wohnteil LuF	-	-	-	-	-	-25 %
Wohnlage normal	-	-	-	-	-25 %	-

Der Grundsteuermessbescheid hat **dingliche Wirkung**, d. h. er gilt auch gegenüber Rechtsnachfolgern, ohne dass diese ihn erneut angreifen könnten.[1] 1566/3

b) Zerlegung

Der **Steuermessbetrag** ist auf die einzelnen Gemeinden zu **zerlegen** – also aufzuteilen –, wenn sich der Steuergegenstand **über mehrere Gemeinden** erstreckt (§ 24 Abs. 1 GrStG).[2] **Zerlegungsmaßstab** sind im reformierten Grundsteuerrecht bei Betrieben der LuF die Reinertragsverhältnisse, die gem. § 239 Abs. 2 BewG für jede Gemeinde im Rahmen der Bewertung eines Betriebs der LuF ermittelt und ausgewiesen werden. Eine **Mindestbetragsregelung** enthält § 22 Abs. 4 GrStG. Entfällt danach auf eine Gemeinde ein Zerlegungsanteil von weniger als 25 €, so ist dieser Anteil der Gemeinde zuzuweisen, der nach Maßgabe des § 22 Abs. 2 GrStG der größte Zerlegungsanteil zusteht. Anders als noch im früheren Recht ist eine **Zerlegung durch Einigung** der beteiligten Gemeinden und des Steuerpflichtigen **nicht mehr vorgesehen** und auch wegen der gemeindescharf ermittelten Summe der Reinerträge nicht mehr erforderlich. Von der Möglichkeit die Zerlegung durch Steuerausgleich nach § 24 GrStG zu regeln, hat bisher kein Land Gebrauch gemacht. 1567

Die verfahrensrechtlichen Vorschriften über die Zerlegung des Grundsteuermessbetrags ergeben sich aus den §§ 185 bis 189 AO.[3] Der Zerlegungsbescheid 1567/1

1 Siehe vertiefend Bock in Grootens, GrStG, § 13 GrStG Rz. 57 ff.; BFH, Urteil v. 12.2.2020 – II R 10/17, NWB HAAAH-52402 = BFH/NV 2020 S. 1018.

2 Zur Berücksichtigung von steuerbefreiten Flächen bei der Grundsteuerzerlegung s. a. Meng/Ritter/Humolli, DStR 2014 S. 1752.

3 Siehe vertiefend Bock in Grootens, GrStG, § 22 GrStG Rz. 59 ff.

ist den Beteiligten (§ 186 AO) bekannt zu geben, soweit sie betroffen sind. Dem Steuerpflichtigen ist daher der vollständige Zerlegungsbescheid bekannt zu geben, während die einzelnen beteiligten Gemeinden nur einen kurzgefassten Bescheid mit den sie betreffenden Daten erhalten.[1] Der Zerlegungsbescheid muss die Höhe des zu zerlegenden Steuermessbetrags angeben und bestimmen, welche Anteile den beteiligten Steuerberechtigten zugeteilt werden. Des Weiteren sind die Zerlegungsgrundlagen anzugeben. Die Zerlegung erfolgt im Anschluss an die Festsetzung des Steuermessbetrags und vor der Grundsteuerfestsetzung.[2] Bei einer Änderung des Steuermessbescheids ist auch der **Zerlegungsbescheid** (§ 188 AO) zu ändern (§ 175 Abs. 1 Satz 1 Nr. 1 AO).[3] Der Grundsteuermessbescheid ist Grundlagenbescheid des Zerlegungsbescheids, der wiederum Grundlagenbescheid für den Grundsteuerbescheid ist. Zum **Zuteilungsverfahren** im Falle einer strittigen (vollumfänglichen) Steuermessbetragszuordnung s. im Übrigen § 190 AO.

6. Hebesatz und Festsetzung der Grundsteuer

1568 Den **Gemeinden** steht nach Art. 106 Abs. 6 Satz 2 GG das **Hebesatzrecht** für die Grundsteuer zu (s. bereits Rz. 1550). Für das luf Vermögen legen die Gemeinden nach § 25 Abs. 4 Nr. 1 GrStG einen gesonderten Hebesatz fest. Die Hebesätze für das luf Vermögen variieren zwischen den Gemeinden erheblich, von **0 %** (etwa in Berlin ab dem Jahr 2025[4]) **bis 2.200 %** (Bad Wildbad in BW[5]). Es existiert kein Mindest- und vorbehaltlich der verfassungsrechtlichen Grenzen kein Maximalhebesatz. Von der Möglichkeit nach § 26 GrStG Höchsthebesätze festzulegen, hat für die Grundsteuer auf Betriebe der LuF bisher kein Land Gebrauch gemacht. Zum neuen Recht existieren noch keine größeren Auswertungen hinsichtlich der festgesetzten Hebesätze der Gemeinden.

1568/1 Der **Hebesatz** wird auf den **Grundsteuermessbetrag** angewendet und ergibt die i. d. R. von den Gemeinden (s. bereits Rz. 1552) im Grundsteuerbescheid für das Kalenderjahr festzusetzende Grundsteuerschuld. Der Grundsteuermessbescheid ist Grundlagenbescheid im Verhältnis zum Grundsteuerbescheid und der Grundsteuerbescheid entsprechend Folgebescheid. Die Grundsteuer ist eine Jahressteuer, die zu je einem Viertel ihres Jahresbetrags am 15.2., 15.5.,

1 AEAO zu § 188 AO.

2 A 22 Abs. 1 Satz 3 AEGrStG.

3 Siehe hierzu auch Klein/Ratschow, AO, 16. Aufl. 2022, § 185 Rz. 2.

4 https://www.berlin.de/grundsteuer.

5 https://www.bad-wildbad.de/de/wegweiser/verfahren/G/grundsteuer-id_291/.

15.8. und 15.11. des jeweiligen Jahres fällig wird (§ 28 Abs. 1 GrStG). Bei Kleinbeträgen ist sie gem. § 28 Abs. 2 GrStG einmal jährlich (bis 15 €) oder halbjährlich (bis 30 €) zu entrichten. Auf Antrag kann sie nach § 28 Abs. 3 GrStG auch zum 1.7. eines Jahres in einem Jahresbetrag entrichtet werden.

7. Erlass der Grundsteuer wegen wesentlicher Reinertragsminderung

Die grundsteuerspezifischen Erlassregelungen wurden mit der Grundsteuerre- 1569
form **systematisch neu geordnet** und inhaltlich an das neue Recht angepasst. § 33 GrStG enthält nunmehr allein die Regelungen zum **Erlass** der Grundsteuer bei Betrieben der LuF **wegen wesentlicher Reinertragsminderung** und § 35 GrStG die verfahrensrechtlichen Vorschriften. Die Erlassregelung begegnet dem Grunde nach **keinen verfassungsrechtlichen Bedenken.**[1]

a) Voraussetzungen des Erlasses

Der Erlass setzt voraus, dass der **tatsächliche Reinertrag** des Betriebs der LuF 1570
um mehr als 50 % gemindert ist und der Steuerschuldner die Minderung des Reinertrags **nicht zu vertreten** hat (s. dazu Rz. 1570/5). Bei Erfüllung der Voraussetzung wird die Steuer i. H. von 25 % erlassen (§ 33 Abs. 1 Satz 1 GrStG). Beträgt die Minderung des tatsächlichen Reinertrags 100 %, ist die Grundsteuer i. H. von 50 % zu erlassen (§ 33 Abs. 1 Satz 2 GrStG). Weitere Voraussetzung ist, dass die Einziehung der Grundsteuer nach den wirtschaftlichen Verhältnisse des Betriebs unbillig wäre (§ 33 Abs. 2 Satz 1 GrStG; s. dazu Rz. 1570/6). Die Norm lässt offen, gegenüber welchem Wert der tatsächliche Reinertrag gemindert sein muss. Gemeint ist wohl derjenige Reinertrag, der dem Grundsteuerwert zugrunde gelegt wurde.[2] Denkbar wäre allerdings auch eine Minderung gegenüber dem normalen Reinertrag, wie es nach der alten Erlassregelung vorgesehen war. Dafür könnte sprechen, dass der normale Reinertrag im alten Recht ähnlich definiert wurde wie der Reinertrag in § 236 Abs. 2 Satz 2 BewG. Der Wortlaut der Norm lässt eine solche Auslegung allerdings derzeit nicht zu. Bei der Regelung in § 33 Abs. 1 Satz 3 BewG könnte es sich insoweit um ein gesetzgeberisches Versehen handeln und nicht der tatsächliche, sondern der normale Reinertrag gemeint sein.

1 Vgl. zur im Wesentlichen inhaltlich gleichen Vorgängerregelung: BFH, Urteil v. 18.4.2012 – II R 36/10, BStBl 2012 II S. 867 = NWB QAAAE-10336, Anm. Pahlke, BFH/PR 2012 S. 286.

2 So Krumm/Paeßens, GrStG, § 33 Rz. 4.

aa) Tatsächlicher Reinertrag

1570/1 Für die Ermittlung des **tatsächlichen Reinertrags** wird nach dem Wortlaut der Norm auf die bewertungsrechtliche Definition in § 236 Abs. 3 Satz 1 und 2 BewG zurückgegriffen (§ 33 Abs. 1 Satz 3 GrStG). Der **tatsächliche Reinertrag** ist danach bei Betrieben der LuF derjenige Ertrag, der nach den Verhältnissen zu Beginn des Erlasszeitraums unter Annahme eines pacht- und schuldenfreien Betriebs, mit entlohnten fremden Arbeitskräften bei ordnungsgemäßer Bewirtschaftung gemeinhin und nachhaltig erzielbar wäre (§ 236 Abs. 2 Satz 2 BewG). Der tatsächliche Reinertrag ist nach dieser Definition kein tatsächlicher, sondern ein bei ordnungsgemäßer Bewirtschaftung **üblicher oder zu erwartender Reinertrag**. Die Regelung dürfte wohl so zu verstehen sein, dass der Stpfl. die ertragsteuerliche Einkünfteermittlung um die entsprechenden Posten bereinigen, also insbesondere Pacht- und Fremdkapitalzinsen hinzurechnen sowie einen angemessenen Lohn für alle nicht entlohnten Arbeitskräfte abziehen muss.[1] Der Reinertrag dürfte auch um solche Erträge nach oben zu korrigieren sein, die bei ordnungsgemäßer Bewirtschaftung hätten erzielt werden können. Auch Einnahmen, die dem Schadensausgleich dienen (z. B. Versicherungsleistungen bei Viehseuchen oder Hagelschlag), dürften zu berücksichtigen sein. Unklar bleibt bei dieser Lesart, wozu es dann noch einer Regelung zum fehlenden Vertreten der Reinertragsminderung bedurfte, denn ein bei ordnungsgemäßer Bewirtschaftung **nachhaltig** und **gemeinhin** zu erzielender Reinertrag blendet gerade Singularereignisse und nachlässige Bewirtschaftung aus. Diesen Widerspruch kann man m. E. nur auflösen, indem der nachhaltig und gemeinhin zu erzielende Reinertrag bei einer ordnungsgemäßen Bewirtschaftung in der jeweiligen wirtschaftlichen und tatsächlichen Lage des Betriebs ermittelt wird. Den Nachweis über die Reinertragsminderung hat nach Ansicht der Finanzverwaltung der Stpfl. zu erbringen.[2]

1570/2 Dem Umstand des **regelmäßig abweichenden Wirtschaftsjahres** in der LuF wird dadurch Rechnung getragen, dass nach § 33 Abs. 1 Satz 4 GrStG die Zuordnung des steuerrechtlich maßgebenden Wirtschaftsjahres zum Erlasszeitraum fingiert wird. Vgl. hierzu § 4a Abs. 1 Satz 2 Nr. 1 EStG sowie § 8c EStDV.

1570/3 Auf eine besondere Regelung bei **forstwirtschaftlichen Betrieben** wie im alten Recht wurde verzichtet. Schadereignisse (**Kalamitäten**) führen bei der Forstwirtschaft zunächst zu höheren Einkünften, da das schadhafte Holz verwertet wird.

---

1 So auch Krumm/Paeßens, GrStG, § 33 Rz. 6; Marx in Stenger/Loose, BewG, ErbStG, GrStG, § 33 GrStG Rz. 28.

2 A 33 Satz 2 AEGrStG.

Eine zum Erlass führende Reinertragsminderung kann im neuen Recht daher erst in den Folgejahren eintreten, wenn eine übliche Holznutzung ausbleibt.[1]

Bei **Betrieben mit mehreren Nutzungen** (z. B. Landwirtschaft und Gartenbau) ist dem Grundsteuerwert aller Nutzungen, der tatsächliche Reinertrag aller Nutzungen gegenüberzustellen, auch wenn die Ertragsminderung nur bei einer Nutzung eingetreten ist.[2] 1570/4

bb) Kein Vertreten der Reinertragsminderung durch den Steuerpflichtigen

Der Stpfl. hat die Umstände, die zur Minderung des Reinertrags führen, nicht zu vertreten, wenn er sie weder durch ein ihm **zurechenbares Verhalten** herbeigeführt hat noch ihren Eintritt durch geeignete und zumutbare Maßnahmen hat verhindern können (vgl. hierzu auch Rz. 1570 f.).[3] Dies ist insbesondere der Fall, wenn das Ereignis von außen in die Ertragslage eingreift und der Stpfl. auf den Eintritt oder Nichteintritt des Ereignisses keinen Einfluss hat.[4] Dies ist bspw. dann der Fall, wenn die Reinertragsminderung auf **Naturereignisse** (z. B. Hagel, Dürre, Überschwemmung, Viehseuchen, Waldbrand u. ä. Ereignisse) zurückzuführen ist. Die **Nichtbewirtschaftung von Flächen** hat der Stpfl. hingegen in aller Regel zu vertreten und bildet daher keinen Erlassgrund. Dies dürfte jedenfalls dann gelten, wenn ihm eine Bewirtschaftung von Flächen zumutbar war (ggf. nicht bei plötzlicher Krankheit). 1570/5

cc) Unbilligkeit der Einziehung nach den wirtschaftlichen Verhältnissen des Betriebs

Der Erlass der Grundsteuer nach § 33 Abs. 1 GrStG wird nur gewährt, wenn die **Einziehung der Grundsteuer** nach den wirtschaftlichen Verhältnissen des Betriebs der LuF **unbillig** wäre (§ 33 Abs. 2 Satz 1 GrStG). Maßgebend sind die **wirtschaftlichen Verhältnisse des Betriebs** während des Kj, für das der Erlass beansprucht wird. Auf die wirtschaftlichen und persönlichen Verhältnisse des Stpfl. kommt es nicht an. Die Erhebung der GrSt ist z. B. unbillig, wenn das Betriebsergebnis negativ und auch die Entrichtung der GrSt aus dem Vermögen oder durch Kreditaufnahme nicht zumutbar ist.[5] Ein Erlass ist hingegen insbe- 1570/6

1 Vgl. auch Krumm/Paeßens, GrStG, § 33 Rz. 5; Marx in Stenger/Loose, BewG, ErbStG, GrStG, § 33 GrStG Rz. 28.

2 Krumm/Paeßens, GrStG, § 33 Rz. 4.

3 Vgl. auch A 34.2 Abs. 1 AEGrStG sowie zum alten Recht BVerwG, Urteil v. 15.4.1983 – 8 C 146/81, juris, Rz. 23.

4 Vgl. zum alten Recht Abschn. 39 Abs. 2 Satz 1 GrStR.

5 Vgl. zum alten Recht Abschn. 39 Abs. 5 Satz 8 GrStR.

sondere in den Fällen ausgeschlossen, in denen für den Betrieb der LuF nach §§ 4 Abs. 1, 4 Abs. 3 EStG oder § 13a EStG für das jeweilige Wirtschaftsjahr, das im Erlasszeitraum bei der Ermittlung des tatsächlichen Reinertrags nach § 33 Abs. 1 GrStG zugrunde zu legen ist, ein Gewinn ermittelt wurde.

b) Erlassverfahren

1571 Der Erlass wird **nur auf Antrag** gewährt, der bis zu dem auf den Erlasszeitraum folgenden 31.3. zu stellen ist (§ 35 Abs. 2 GrStG). Der Erlass wird nach § 35 Abs. 1 Satz 1 GrStG jeweils nach Ablauf eines Kalenderjahres für die Grundsteuer ausgesprochen, die für das Kalenderjahr festgesetzt worden ist (sog. Erlasszeitraum). Maßgeblich sind die Verhältnisse im Erlasszeitraum (§ 35 Abs. 1 Satz 2 GrStG). Dies gilt auch bei einem vom Kj abweichenden Wj.[1] Auf den Erlass besteht bei Vorliegen der **Voraussetzungen** des § 33 GrStG ein **Rechtsanspruch**; Billigkeitsmaßnahmen nach §§ 163, 227 AO bleiben unberührt.[2] Ein Erlass setzt voraus, dass dieser dem Berechtigten noch zugutekommen kann und seine wirtschaftliche Existenz nicht bereits vernichtet ist.[3]

1571/1 Geht der GrSt-Bescheid für den Erlasszeitraum dem Grundstückseigentümer nicht rechtzeitig zu oder wird die Jahressteuer durch Änderungsbescheid heraufgesetzt, so endet die Antragsfrist erst mit der Rechtsbehelfsfrist für den GrSt-Bescheid oder den Änderungsbescheid.[4] Die neue dreimonatige Frist für einen Erlassantrag wird nur insoweit eröffnet als die Änderung reicht.[5] Da es sich um eine gesetzliche Frist handelt, kommt eine Verlängerung nicht in Betracht; Wiedereinsetzung in den vorherigen Stand nach § 110 AO ist möglich.[6]

8. Zusätzliche Erlassvorschriften der Länder

1572 Einige Länder haben weitere Erlasstatbestände geregelt. Diese gelten allerdings nur für Grundstücke und kommen daher auch nur teilweise für den Wohnteil in Betracht. In **Bayern** kann auch ein Erlass von der GrSt gewährt werden, soweit durch den Systemwechsel nach Lage des einzelnen Falles eine unangemessen

1 Vgl. BVerwG, Urteil v. 26.5.1989 – 8 C 20/87, BStBl 1989 II S. 1042; BVerwG, Urteil v. 3.5.1991 – 8 C 13/89, BStBl 1992 II S. 580 = NWB TAAAA-94141.

2 A 35 Abs. 5 Satz 1 und 2 AEGrStG; siehe hierzu auch Klein/Rüsken, AO, 16. Aufl. 2022, § 163 Rz. 56a, sowie § 227 Rz. 5.

3 A 35 Abs. 4 AEGrStG; BVerwG, Urteil v. 15.4.1983 – 8 C 52.81, NVwZ 1984 S. 311.

4 A 35 Abs. 1 Satz 3 AEGrStG.

5 BVerwG, Urteil v. 21.9.1984 – 8 C 62/82, BStBl 1984 II S. 870; A 35 Abs. 1 Satz 4 AEGrStG.

6 A 35 Abs. 2 AEGrStG.

hohe Steuerbelastung eintritt (Art. 8 Abs. 1 Satz 1 BayGrStG). Ein solcher Fall soll insbesondere dann vorliegen können, wenn die Lage des Grundstücks erheblich von den in der Gemeinde ortsüblichen Verhältnissen abweicht – was beim Wohnteil eines luf Betriebs im Außenbereich durchaus naheliegt – oder wenn die Gesamtnutzungsdauer des Gebäudes überschritten ist (Art. 8 Abs. 2 BayGrStG). Warum in diesen Fällen nach dem Äquivalenzgedanken eine Erlasswürdigkeit anzunehmen sein soll, erschließt sich freilich nicht. Nach welchen Maßstäben zudem die Unangemessenheit der Steuerbelastung konkret der Höhe nach bemessen werden soll, lässt die Norm ebenfalls offen.[1] In **Berlin** kann die Grundsteuer für eigengenutzte bebaute Grundstücke i. S. des § 249 Abs. 1 Nr. 1, 2 und 4 BewG (Ein- und Zweifamilienhäuser und Wohnungseigentum) niedriger festgesetzt werden, wenn die Erhebung der Steuer nach Lage des Einzelfalles unbillig wäre (§ 2 Satz 1 BlnGrStMG). Unbilligkeit soll insbesondere dann vorliegen, wenn die Steuererhebung die persönliche Existenz vernichten oder ernstlich gefährden würde (§ 2 Satz 2 BlnGrStMG). Welchen Regelungsgehalt die Norm über die des persönlichen Billigkeitserlasses nach den Regelungen der AO hinaus haben soll, ist nicht ohne Weiteres ersichtlich.[2]

(*Einstweilen frei*) 1573–1574

II. Erbschaft- und Schenkungsteuer

1. Steuerart, Steuergegenstand, Belastungsgrund und Stichtagsprinzip

Die Erbschaftsteuer ist eine **Bereicherungssteuer**.[3] Sie ist als **Erbanfallsteuer** 1575
ausgestaltet.[4] Von der Erbschaft- und Schenkungsteuer werden flankierend auch Schenkungen im weiteren Sinne erfasst. Der Gesetzgeber verfolgt mit der Erbschaft- und Schenkungsteuer in ihrer derzeitigen Ausgestaltung das Ziel (Belastungsgrund), den mit Erbschaften und Schenkungen anfallenden Vermögenszuwachs jeweils entsprechend seinem Wert zu erfassen und die daraus resultierende Steigerung der **wirtschaftlichen Leistungsfähigkeit** des Erwerbers zu besteuern (§ 10 Abs. 1 ErbStG).[5] Die Erbschaft- und Schenkungsteuer ist eine

1 Kritisch auch Krumm/Paeßens, GrStG, Art. 8 BayGrStG Rz. 5; Lehmann in Grootens, GrStG, Art. 8 BayGrStG Rz. 27.
2 So auch Mandler in Stenger/Loose, BewG, ErbstG und GrStG, § 2 BlnGrStMG, Rz. 56.
3 BFH, Urteil v. 1.7.2008 – II R 2/07, BFHE 222 S. 68, BStBl 2008 II S. 897, NWB RAAAC-92666, Rz. 9.
4 Siehe vertiefend Viskorf in Viskorf/Schuck/Wälzholz, ErbStG, Einführung Rz. 1 ff.
5 BVerfG, Beschluss v. 21.7.2010 – 1 BvR 611/07, BVerfGE 126 S. 400, NWB NAAAD-48583, Rz. 92.

Stichtagssteuer, d. h. es sind grds. die wirtschaftlichen und tatsächlichen Verhältnisse im Zeitpunkt der Entstehung der Steuer (Todeszeitpunkt, Zeitpunkt der Ausführung der Schenkung; vgl. § 9 ErbStG) maßgeblich.[1]

2. Persönliche Steuerpflicht

1576 Das Erbschaft- und Schenkungsteuerrecht unterscheidet bei der persönlichen Steuerpflicht zwischen der **unbeschränkten** und der **beschränkten Steuerpflicht**. Der unbeschränkten Steuerpflicht unterliegt ein Erwerb, wenn der Erblasser bzw. bei einer Schenkung der Zuwendende oder der Erwerber einen Wohnsitz in Deutschland hat. In diesem Fall unterliegt der gesamte Erwerb der Erbschaft- und Schenkungsteuer. Hat weder der Erblasser bzw. Schenker noch der Erwerber einen Wohnsitz in Deutschland unterliegt nur das **Inlandsvermögen** (insbes. auch luf Vermögen sowie Kapitalgesellschaften mit Sitz in Deutschland; vgl. § 121 BewG) des Erwerbs der Erbschaft- und Schenkungsteuer in Deutschland.

3. Steuertatbestände

1577 Die Erbschaft- und Schenkungsteuer erfasst tatbestandlich nicht nur Erbschaften und Schenkungen im engeren Sinne. Von ihr werden alle Erwerbe, die im weiteren Sinne aufgrund des Todes einer Person erfolgen (**Erwerbe von Todes wegen**), **Schenkungen unter Lebenden** (§ 7 ErbStG), **Zweckzuwendungen** (§ 8 ErbStG) sowie das Vermögen von **Familienstiftungen** alle 30 Jahre erfasst (s. § 1 Abs. 1 ErbStG).

1577/1 Unter **Erwerbe von Todes wegen** (§ 3 ErbStG) fallen im Wesentlichen folgende Erwerbe:

- durch Erbanfall (§ 1922 BGB),
- durch Vermächtnis (§§ 2147 ff. BGB),[2]
- aufgrund geltend gemachten Pflichtteilsanspruchs (§§ 2303 ff. BGB),
- Schenkung auf den Todesfall (§ 2301 BGB),[3]

---

1 Vgl. zu Durchbrechungen Schmid, ZEV 2015 S. 387.

2 Hierunter fallen auch sonstige Erwerbe auf die die Regelungen über Vermächtnisse anzuwenden sind.

3 Hierunter fällt auch der Übergang von Gesellschaftsrechten bei Ausscheiden aufgrund Todes auf andere Gesellschafter oder die Gesellschaft, soweit der Wert Abfindungsansprüchen Dritter übersteigt.

- aufgrund Vertrag zugunsten Dritter auf den Todesfall,
- der Übergang von Vermögen auf eine vom Erblasser angeordnete Stiftung,[1]
- aufgrund einer vom Erblasser angeordneten Auflage oder infolge Erfüllung einer vom Erblasser gesetzten Bedingung, wenn keine einheitliche Zweckzuwendung vorliegt,
- aufgrund einer Genehmigung einer Zuwendung des Erblassers, die als Leistung an andere Personen angeordnet oder zur Erlangung der Genehmigung freiwillig übernommen wird,
- Abfindung für einen Verzicht auf einen Erwerb von Todes wegen,
- Abfindung für ein aufschiebend bedingtes, betagtes oder befristetes Vermächtnis,
- was als Entgelt für die Übertragung der Anwartschaft eines Nacherben gewährt wird,
- was der Vertragserbe oder der Schlusserbe eines gemeinschaftlichen Testaments oder der Vermächtnisnehmer wegen beeinträchtigender Schenkungen des Erblassers (§§ 2287, 2288 Abs. 2 BGB) von dem Beschenkten nach den Vorschriften über die ungerechtfertigte Bereicherung erlangt.

Als **Schenkungen unter Lebenden** unterliegen im Wesentlichen folgende Tatbe- 1577/2
stände der Schenkungsteuer:

- jede freigebige Zuwendung unter Lebenden, soweit der Bedachte durch sie auf Kosten des Zuwendenden bereichert wird,
- was infolge Vollziehung einer von dem Schenker angeordneten Auflage oder infolge Erfüllung einer einem Rechtsgeschäft unter Lebenden beigefügten Bedingung ohne entsprechende Gegenleistung erlangt wird, wenn keine einheitliche Zweckzuwendung vorliegt,
- aufgrund einer Genehmigung einer Schenkung, die als Leistung an andere Personen angeordnet oder zur Erlangung der Genehmigung freiwillig übernommen wird,
- die Bereicherung, die ein Ehegatte oder ein Lebenspartner bei Vereinbarung der Gütergemeinschaft (§ 1415 BGB) erfährt,
- was als Abfindung für einen Erbverzicht (§§ 2346 und 2352 BGB) gewährt wird,

1 Hierunter fallen auch die vom Erblasser angeordnete Bildung oder Ausstattung einer Vermögensmasse ausländischen Rechts, deren Zweck auf die Bindung von Vermögen gerichtet ist.

- was ein Vorerbe dem Nacherben mit Rücksicht auf die angeordnete Nacherbschaft vor ihrem Eintritt herausgibt,
- der Übergang von Vermögen aufgrund eines Stiftungsgeschäfts unter Lebenden,[1]
- was bei Auflösung, Aufhebung, Zulegung oder Zusammenlegung von Stiftungen oder bei Auflösung eines Vereins, dessen Zweck auf die Bindung von Vermögen gerichtet ist, erworben wird,[2]
- was als Abfindung für aufschiebend bedingt, betagt oder befristet erworbene Ansprüche vor dem Zeitpunkt des Eintritts der Bedingung oder des Ereignisses gewährt wird.

4. Bemessungsgrundlage

1578 Bemessungsgrundlage der Erbschaft- und Schenkungsteuer ist die **Bereicherung des Erwerbers,** soweit sie nicht steuerfrei ist (§ 10 Abs. 1 Satz 1 ErbStG). Die Bewertung der Bereicherung richtet sich nach dem Bewertungsgesetz (§ 12 Abs. 1 ErbStG). Das Bewertungsziel ist entsprechend des Belastungsgrundes der **gemeine Wert** (Verkehrswert oder Marktwert) des jeweils erworbenen Vermögensgegenstandes (vgl. im Wesentlichen § 9 BewG). Für bestimmte Vermögensgegenstände, insbesondere auch für Betriebe der LuF, ist ein gesondertes Feststellungsverfahren vorgesehen (§ 157 BewG i. V. mit § 151 Abs. 1 Nr. 1 BewG). Die Bewertung hat entsprechend dem Stichtagsprinzip auf den Besteuerungsstichtag zu erfolgen (sog. Bewertungsstichtag, vgl. § 11 ErbStG). Nachträglich eintretende Wertveränderungen sind daher unerheblich. Siehe vertiefend zur Bewertung Kapitel C, Rz. 1367 ff.

5. Steuerbefreiungen

1579 Das Erbschaftsteuer- und Schenkungsteuergesetz enthält etliche **sachliche Steuerbefreiungen**. Sie sind in aller Regel von Amts wegen zu berücksichtigen und werden zusätzlich zu den persönlichen Freibeträgen nach §§ 16, 17 ErbStG

1 Dem steht die Bildung oder Ausstattung einer Vermögensmasse ausländischen Rechts gleich, deren Zweck auf die Bindung von Vermögen gerichtet ist.

2 Dem steht der Erwerb bei Auflösung einer Vermögensmasse ausländischen Rechts gleich, deren Zweck auf die Bindung von Vermögen gerichtet ist, sowie der Erwerb durch Zwischenberechtigte während des Bestehens der Vermögensmasse. Wie eine Auflösung wird auch der Formwechsel eines rechtsfähigen Vereins in eine Kapitalgesellschaft behandelt, dessen Zweck wesentlich im Interesse einer Familie oder bestimmter Familien auf die Bindung von Vermögen gerichtet ist.

gewährt. Die Voraussetzungen müssen grds. im Zeitpunkt der Steuerentstehung erfüllt sein. **Schulden**, die mit Steuerbefreiungen in einem wirtschaftlichen Zusammenhang stehen, unterliegen einem **Abzugsverbot** (§ 10 Abs. 6 ErbStG).

a) Hausrat

Aus Vereinfachungs- und Pietätsgründen sind der Höhe nach in Abhängigkeit der Steuerklasse bestimmte typische persönliche Gegenstände des täglichen Lebens steuerfrei gestellt: 1579/1

Steuerklasse	Begünstigungstatbestand	Steuerfrei in €	Rechtsgrundlage in § 13 Abs. 1 ErbStG
I	Hausrat, Wäsche und Kleidungsstücke	41.000	Nr. 1a
I	andere bewegliche körperliche Gegenstände	12.000	Nr. 1b
II/III	Hausrat und andere bewegliche körperliche Gegenstände	12.000	Nr. 1c

Die **Befreiung gilt nicht** für Gegenstände, die zum **luf Vermögen**, zum Grundvermögen oder zum Betriebsvermögen gehören sowie nicht für Zahlungsmittel, Wertpapiere, Münzen, Edelmetalle, Edelsteine und Perlen (§ 13 Abs. 1 Nr. 1 Satz 3 ErbStG).

b) Familienheim

aa) Definition

Die Übertragung des sog. **Familienheims** wird in § 13 Abs. 1 Nr. 4a bis 4c ErbStG zwischen bestimmten nahen Angehörigen unter bestimmten weiteren Voraussetzungen **steuerfrei** gestellt. Die Verfassungsmäßigkeit der Steuerbefreiung ist zweifelhaft.[1] Ein Familienheim ist ein im Inland oder in einem Mitgliedstaat der Europäischen Union oder einem Staat des Europäischen Wirtschaftsraums belegenes bebautes Grundstück i. S. des § 181 Abs. 1 Nr. 1 bis 5 BewG (**Ein- und Zweifamilienhäuser**, Mietwohngrundstück, **Wohnungseigentum**, Geschäftsgrundstück, gemischt genutztes Grundstück), soweit darin eine Wohnung zu eigenen Wohnzwecken genutzt wird. Es muss sich um den Lebensmittelpunkt 1579/2

1 BFH, Urteil v. 23.6.2015 – II R 39/13, BStBl 2016 II S. 225 NWB CAAAF-01620; BFH, Urteil v. 18.7.2013 – II R 35/11, BStBl 2013 II S. 1051, NWB SAAAE-47926.

handeln.[1] Ein zu eigenen Wohnzwecken genutztes Gebäude, in dem sich nicht der Mittelpunkt des familiären Lebens befindet, ist kein steuerbegünstigtes Familienheim; **nicht begünstigt** sind deshalb **Zweit- und Ferienwohnungen.**[2] Als **Familienheim** kommt **auch** der **Wohnteil des Betriebsinhabers eines Betriebs der LuF** (§ 160 Abs. 1 Nr. 3, Abs. 9 BewG) in Betracht.[3]

1579/3 Erforderlich ist, dass das Eigentum oder Miteigentum an dem Familienheim auf den Erwerber übertragen wird. Der Erwerb eines durch eine **Auflassungsvormerkung gesicherten Anspruchs auf Verschaffung des Eigentums an einem Familienheim** genügt hingegen nicht.[4] Ausreichend ist nach der Rechtsprechung des BFH allerdings die Übertragung von Gesamthandseigentum, also insbesondere von einem Anteil an einer Personengesellschaft.[5] Dies gilt jedenfalls für die Rechtslage bis zum Gesetz über die Modernisierung des Personengesellschaftsrechts,[6] mit dem das Gesamthandsvermögen bei Personengesellschaften abgeschafft wurde.[7] Nach neuer Rechtslage gelten über § 2a ErbStG bei Erwerben nach § 1 Abs. 1 Nr. 1 bis 3 ErbStG durch eine **rechtsfähige Personengesellschaft** deren Gesellschafter als Erwerber. Insofern könnten gleichheitsrechtliche Zweifel bestehen, da sich die Personengesellschaft, was die vermögensrechtliche Zurechnung anbelangt, nicht mehr signifikant von einer Kapitalgesellschaft unterscheidet.

bb) Freigebige Zuwendungen unter Lebenden durch Ehegatten/Lebenspartner

1580 Nach § 13 Abs. 1 Nr. 4a ErbStG sind Übertragungen von Familienheimen auf den Ehegatten oder Lebenspartner aufgrund von **Zuwendungen unter Lebenden** (also insbes. Schenkungen; siehe Rz. 1577/2) **steuerfrei.** Ausreichend ist auch, dass der andere Ehegatte/Lebenspartner von eingegangenen Verpflichtungen im Zusammenhang mit der Anschaffung oder Herstellung eines Familienheims nachträglich freigestellt wird. Der steuerfreie schenkweise Erwerb eines Familienheims durch den Ehegatten oder Lebenspartner ist nicht mit einer Behaltensfrist verbunden.

---

1 Vgl. Viskorf in Viskorf/Schuck/Wälzholz, ErbStG, § 13 Rz. 39; Kien-Hümbert in Moench/Weinmann, ErbStG, § 13 Rz. 27; Geck, ZEV 1996 S. 107, 108; R E 13.3 Abs. 2 Satz 4 ErbStR 2019.

2 BFH, Urteil v. 18.7.2013 – II R 35/11, BStBl 2013 II S. 1051.

3 R E 13.3 Abs. 2 Satz 2 ErbStR 2019.

4 BFH, Urteil v. 29.11.2017 – II R 14/16, BStBl 2018 II S. 362; Anm. Fumi, BFH/PR 2018 S. 162.

5 BFH, Urteil v. 4.6.2025 – II R 18/23, NWB QAAAK-02471.

6 Gesetz zur Modernisierung des Personengesellschaftsrechts (Personengesellschaftsrechtsmodernisierungsgesetz – MoPeG) v. 10.8.2021, BGBl 2021 I S. 3436.

7 Vgl. BT-Drucks. 59/21 S. 106 ff.

cc) Erwerbe von Todes wegen durch den Ehegatten/Lebenspartner

Nach § 13 Abs. 1 Nr. 4b ErbStG ist der **Erwerb** eines Familienheims **von Todes wegen** durch den überlebenden Ehegatten/Lebenspartner steuerfrei. Erforderlich ist eine doppelte Selbstnutzung zu eigenen Wohnzwecken. Die Steuerbefreiung wird nur gewährt, soweit der Erblasser darin bis zum Erbfall eine Wohnung zu eigenen Wohnzwecken genutzt hat und der Erwerber diese **unverzüglich zur Selbstnutzung bestimmt**. Die Bestimmung zur Selbstnutzung muss sich als innere Tatsache durch die tatsächliche Aufnahme zur Selbstnutzung nach außen manifestieren.[1] 1581

Unverzüglich bedeutet ohne schuldhaftes Zögern, d. h. innerhalb einer angemessenen Zeit nach dem Erbfall. **Angemessen** ist regelmäßig ein Zeitraum von **sechs Monaten**.[2] Zieht der Erwerber innerhalb eines Zeitraums von sechs Monaten nach dem Erbfall in die Wohnung ein, kann i. d. R. daher davon ausgegangen werden, dass eine unverzügliche Bestimmung der Wohnung zur Selbstnutzung als Familienheim vorliegt. 1581/1

War der Erblasser aus zwingenden Gründen an einer Selbstnutzung zu eigenen Wohnzwecken (insbes. Unterbringung im Pflegeheim aus gesundheitlichen Gründen) gehindert, ist dies unschädlich. Die **Steuerbefreiung** für die Zuwendung eines Familienheims nach § 13 Abs. 1 Nr. 4b ErbStG ist indes **abzulehnen**, wenn der Erwerber **aus beruflichen Gründen von vornherein gehindert** ist, die Wohnung zu eigenen Wohnzwecken zu nutzen. In diesem Zusammenhang ist es unerheblich, aus welchen „zwingenden" Gründen der Erwerber an einer entsprechenden Nutzung gehindert ist.[3] Als **unschädlich** wird von der Finanzverwaltung allerdings der Umstand angesehen, dass die **Pflegebedürftigkeit** des Erwerbers im Zeitpunkt des Erwerbs die Führung eines eigenen Haushalts nicht mehr zulässt oder ein Kind wegen seiner Minderjährigkeit im Zeitpunkt des Erwerbs rechtlich gehindert ist, einen Haushalt selbständig zu führen (zur Steuerfreiheit bei Übertragungen auf Kinder siehe Rz. 1582).[4] Der Erwerb von **Wohnungseigentum** von Todes wegen ist indes **nicht steuerbefreit**, wenn der Erwerber die Wohnung nicht selbst nutzt, sondern **unentgeltlich einem Dritten zur Nutzung überlässt**. Das gilt auch bei einer unentgeltlichen Überlassung an nahe Angehörige.[5] 1581/2

---

1 Viskorf in Viskorf/Schuck/Wälzholz, ErbStG, § 13 Rz. 54.

2 Hierzu siehe BFH, Urteil v. 28.5.2019 – II R 37/16, BStBl 2019 II S. 678, NWB IAAAH-23544.

3 BFH, Urteil v. 23.6.2015 – II R 13/13 , BStBl 2016 II S. 223.

4 R E 13.4 Abs. 2 Satz 4 und 5 ErbStR 2019.

5 BFH, Urteil v. 5.10.2016 – II R 32/15, BStBl 2017 II S. 130; Anm. Hartmann, ErbStB 2017 S. 31.

1581/3 In den Fällen, in denen Erwerber das begünstigte Vermögen aufgrund einer letztwilligen Verfügung des Erblassers (Testament) oder einer rechtsgeschäftlichen Verfügung des Erblassers (z. B. Erbvertrag) auf einen Dritten übertragen muss (sog. **Weitergabeverpflichtung**), sind Ausschlussregelungen von der Befreiung zu beachten. Gleiches gilt, wenn ein Erbe im Rahmen der Teilung des Nachlasses (**Erbauseinandersetzung**) begünstigtes Vermögen auf einen Miterben überträgt (§ 13 Abs. 1 Nr. 4b Satz 2 und 3 sowie Nr. 4c Satz 2 und 3 ErbStG). Überträgt ein Erbe erworbenes begünstigtes Vermögen im Rahmen einer Teilung des Nachlasses auf einen Dritten und gibt der Dritte dabei diesem Erwerber nicht begünstigtes Vermögen hin, das er vom Erblasser erworben hat, erhöht sich insoweit der Wert des begünstigten Vermögens des Dritten um den Wert des hingegebenen Vermögens, höchstens jedoch um den Wert des übertragenen Vermögens – **Begünstigungstransfer** (§ 13 Abs. 1 Nr. 4b Satz 4 sowie Nr. 4c Satz 4 ErbStG). Nach Auffassung des BFH tritt der gesetzlich vorgesehene **Begünstigungstransfer** auf den Erben, auf den das begünstigte Vermögen übergeht, **auch dann** ein, wenn die **Vereinbarung über die Erbauseinandersetzung erst ca. 15 Monate nach dem Erbfall** erfolgt.[1]

1581/4 Gibt der Erwerber die Selbstnutzung innerhalb von zehn Jahren auf, **entfällt die Steuerbefreiung rückwirkend**. Ebenfalls **steuerschädlich** ist der **Verkauf oder eine Vermietung des Familienheims oder von Teilen davon** oder ein **längerer Leerstand**. Das gilt auch dann, wenn der Erwerber die **Selbstnutzung zu Wohnzwecken aufgrund eines lebenslangen Nießbrauchs** fortsetzt.[2] Allerdings wird eine Nutzung zu eigenen Wohnzwecken auch dann noch angenommen, wenn der überlebende Ehegatte/Lebenspartner (z. B. als Berufspendler) mehrere Wohnsitze hat, das Familienheim aber seinen Lebensmittelpunkt bildet. Desgleichen ist nach Ansicht der Finanzverwaltung von einer **Nachversteuerung abzusehen**, wenn **zwingende, objektive Gründe** vorliegen, die das selbständige Führen eines Haushalts in dem erworbenen Familienheim unmöglich machen (z. B. eine entsprechende Pflegebedürftigkeit oder der Tod).[3] Der Erwerber eines begünstigten Familienheims ist aus zwingenden Gründen an dessen Nutzung zu eigenen Wohnzwecken gehindert, wenn die Selbstnutzung objektiv unmöglich oder aus objektiven Gründen unzumutbar ist; Zweckmäßigkeitserwägun-

1 BFH, Urteil v. 23.6.2015 – II R 39/13, BStBl 2016 II S. 225. Siehe hierzu auch gleich lautende Ländererlasse v. 3.3.2016, BStBl 2016 I S. 280.

2 BFH, Urteil v. 11.7.2019 – II R 38/16, BStBl 2020 II S. 314.

3 R E 13.4 Abs. 6 Satz 8 bis 10 ErbStR 2019.; siehe hierzu auch Schumann, DStR 2009 S. 197, 199.

gen reichen indes nicht aus.[1] Entfallen die Hinderungsgründe hat er die Selbstnutzung wieder aufzunehmen, um eine Nachversteuerung zu verhindern.

dd) Erwerb von Todes wegen durch Kinder

Gemäß § 13 Abs. 1 Nr. 4c ErbStG erfolgt eine sachliche Befreiung für den **Erwerb eines Familienheims von Todes wegen durch Kinder oder durch Kinder verstorbener Kinder** (= Enkel, deren Elternteil bereits verstorben ist), und zwar einschränkend insoweit, als das übergegangene Familienheim **200 qm Wohnfläche nicht übersteigt**. Bei Überschreiten dieser Grenze erfolgt eine Teilbefreiung.[2] Ansonsten gelten die Voraussetzungen der Befreiung sowie die Rechtsfolgen bei Verstoß gegen die Wohlverhaltensregelungen nach § 13 Abs. 1 Nr. 4b ErbStG entsprechend (siehe Rz. 1581 ff.). 1582

BEISPIEL ▸ Ein Kind hat beim Tod seiner Mutter ein Familienheim geerbt, in dem die Verstorbene eine Wohnung mit einer Wohnfläche von 300 qm genutzt hatte. Das Kind zieht unverzüglich in die Wohnung ein. Der Steuerwert (Grundbesitzwert) des Grundstücks beträgt 900.000 €. In diesem Fall ist nur der anteilig auf eine Wohnfläche von 200 qm entfallende Teilbetrag von 600.000 € von der Steuer befreit.

c) Unternehmensvermögen[3]

aa) Überblick

Nachdem das BVerfG[4] die unterschiedliche Bewertung der Vermögensgegenstände ohne Orientierung an den gemeinen Wert für verfassungswidrig erklärt hatte, hat der Gesetzgeber es für erforderlich gehalten, der aufgrund der Neubewertung zu erwartenden höheren Steuerbelastung für betriebliche Vermögen mit einer weitreichenden Steuerbefreiung zu begegnen.[5] **Ziel** der Steuerbefreiung war es, insbesondere die mit dem betrieblichen Vermögen verbundenen **Arbeitsplätze zu erhalten** und nicht durch Unternehmensverkäufe aufgrund der Steuerbelastung zu gefährden.[6] Dies hielt das BVerfG[7] in diesem Umfang aber- 1583

1 BFH, Urteil v. 1.12.2021 – II R 1/21, NWB NAAAJ-18948, ZEV 2022 S. 548.

2 Geck, ZEV 2008 S. 557, 559.

3 Zur Anwendung der Vorschriften des ErbStG nach dem Austritt des Vereinigten Königreichs Großbritannien und Nordirland aus der Europäischen Union s. gleich lautende Ländererlasse v. 13.12.2021, BStBl 2022 I S. 38.

4 BVerfG, Beschluss v. 7.11.2006 – 1 BvL 10/02, BStBl 2007 II S. 192, NWB GAAAC-36599.

5 Gesetz v. 24.12.2008, BGBl 2008 I S. 3018; vgl. auch BT-Drucks. 16/7918 S. 23.

6 BT-Drucks. 16/7918 S. 23.

7 BVerfG, Urteil v. 17.12.2014 – 1 BvL 21/12 BStBl 2015 II S. 50, NWB AAAAE-81469.

mals für verfassungswidrig, so dass der Gesetzgeber erneut tätig werden musste. Er hat mit einem komplizierten System von Befreiungsvorschriften reagiert und dadurch eine übermäßige Befreiung von betrieblichen Vermögen nach den Vorgaben des BVerfG zu vermeiden gesucht.[1] Diese Regelungen sind wegen einer Überprivilegierung gegenüber Privatvermögen erneut Gegenstand eines Verfahrens vor dem BVerfG.[2]

1583/1 Zunächst befreit der Gesetzgeber nicht jegliche organisatorische Formen betrieblichen Vermögens, sondern nur solches, das er für dem Grunde nach begünstigungswürdig hält (sog. **begünstigungsfähiges Vermögen**). Sodann werden aus diesem Vermögen, diejenigen Vermögensteile ausgeschieden (sog. **Verwaltungsvermögen**), die der Gesetzgeber dem Grunde nach für unproduktiv, nicht förderungswürdig und für Gestaltungen besonders anfällig hält. Das danach verbleibende sog. begünstigte Vermögen ist entweder zu 85 % (**Regelverschonung**) oder optional zu 100 % (sog. **Optionsverschonung**) von der Steuer befreit. Bei der Regelverschonung ist auch der verbleibende Wert bis 150.000 € steuerfrei (sog. **Abzugsbetrag**), soweit der verbleibende Wert darüber hinausgeht, wird er um 50 % abgeschmolzen (§ 13 Abs. 2 ErbStG). Sog. Familienunternehmen, die bestimmte qualitative Merkmale erfüllen müssen, erhalten vorweg einen Abschlag von 30 % auf den Wert des begünstigten Vermögens. Bei **Großerwerben** (ab 26 Mio. € begünstigtes Vermögen) wird die Steuerbefreiung prozentual abgeschmolzen (sog. **Abschmelzmodell**). Kann der Erwerber die Steuer nicht aus seinem verfügbaren Vermögen begleichen, kann die Steuer auf Antrag erlassen werden (sog. **Verschonungsbedarfsprüfung**). Um das Gesetzesziel des Arbeitsplatzerhalts abzusichern, muss der Erwerber das Unternehmen in Abhängigkeit des gewählten Verschonungsmodells eine gewisse Zeit erhalten (**Behaltensregelungen**) und die Lohnausgaben in dieser Zeit grds. konstant halten (sog. **Lohnsummenregelung**).

bb) Verschonungsmöglichkeiten

1584 Für **begünstigtes Vermögen** i. S. des § 13b Abs. 1 ErbStG (siehe dazu Rz. 1586 ff.) existieren für Erwerbsvorgänge verschiedene **Verschonungsmöglichkeiten** mit unterschiedlichen Voraussetzungen (s. Überblick Rz. 1583/1).

1 Gesetz v. 4.11.2016, BGBl 2016 I S. 2464; vgl. auch BT-Drucks. 18/5923, 18/8911 und 18/9690.

2 Az. beim BVerfG: 1 BvR 804/22.

(1) Grundmodell – Regelverschonung

Nach § 13a Abs. 1 Satz 1 ErbStG bleibt begünstigtes Vermögen i. S. des § 13b Abs. 2 ErbStG – grob: begünstigungsfähiges Vermögen abzüglich steuerschädlichen Verwaltungsvermögens; Letzteres unterliegt damit grds. der vollen Besteuerung – **zu 85 % steuerfrei (Verschonungsabschlag),** wenn der Erwerb begünstigten Vermögens zuzüglich der Erwerbe i. S. des § 13a Abs. 1 Satz 2 ErbStG **insgesamt 26 Mio. €** – sog. **Prüfschwelle** zur Abgrenzung der Großerwerbe – **nicht übersteigt**. Bei **mehreren Erwerben begünstigten Vermögens von derselben Person innerhalb von zehn Jahren** werden bei Anwendung des § 13a Abs. 1 Satz 1 ErbStG die früheren Erwerbe nach ihrem früheren Wert dem letzten Erwerb hinzugerechnet – also zusammengerechnet (§ 13a Abs. 1 Satz 2 ErbStG). Das **Überschreiten der Grenze** (Prüfschwelle) von 26 Mio. € durch mehrere innerhalb von zehn Jahren von derselben Person anfallende Erwerbe hat zur Folge, dass die Steuerbefreiung für die bis dahin nach § 13a Abs. 1 Satz 1 oder Abs. 10 ErbStG als steuerfrei behandelten früheren Erwerbe **mit Wirkung für die Vergangenheit entfällt** (§ 13a Abs. 1 Satz 3 ErbStG) und nach § 13c ErbStG nur noch in Abhängigkeit der Höhe im geminderten Maße gewährt wird.[1] 1584/1

HINWEIS:

Ablaufhemmung: Die Festsetzungsfrist für die Steuer der früheren Erwerbe endet nicht vor dem Ablauf des vierten Jahres, nachdem das für die Erbschaftsteuer zuständige Finanzamt von dem letzten Erwerb Kenntnis erlangt!

Voraussetzung für den **Verschonungsabschlag** von 85 % ist, dass die sog. **Lohnsummenregelung** (§ 13a Abs. 3 ErbStG; siehe dazu Rz. 1587)[2] und die **Behaltensregelungen** (§ 13a Abs. 6 ErbStG; siehe dazu Rz. 1588 f.)[3] für fünf Jahre eingehalten werden.

(2) Gleitender Abzugsbetrag

Neben dem vorgenannten Verschonungsabschlag ist in § 13a Abs. 2 ErbStG ergänzend ein sog. **Abzugsbetrag** vorgesehen, der innerhalb von zehn Jahren für von derselben Person anfallende Erwerbe nur einmal berücksichtigt werden kann. Der nach Vornahme des Verschonungsabschlags von 85 % (§ 13a Abs. 1 ErbStG) verbleibende Teil des Vermögens bleibt außer Ansatz, soweit der Wert dieses Vermögens insgesamt 150.000 € nicht übersteigt. Diese Regelung ist mit 1584/2

1 Vgl. hierzu R E 13a.2 Abs. 1 Satz 2 ErbStR 2019.

2 Zur Lohnsummenregelung s. R E 13a.4 ErbStR 2019.

3 Zur Behaltensregelung s. R E 13a.12 ff. ErbStR 2019.

einer **Gleitklausel** verbunden: Demnach verringert sich der Abzugsbetrag von 150.000 €, wenn der Wert dieses Vermögens insgesamt die Wertgrenze von 150.000 € übersteigt, um 50 % des diese Wertgrenze übersteigenden Betrages. Der Abzugsbetrag führt dazu, dass bis zu einem Wert des begünstigten Vermögens von 1.000.000 € eine Vollverschonung eintritt, ohne dass die strengeren Lohnsummen- und Behaltensregelungen der Optionsverschonung eingehalten werden müssen. Ab einem Wert des begünstigten Vermögens von 3.000.000 € wird kein anteiliger Abzugsbetrag mehr gewährt.

BEISPIEL

Wirtschaftswert eines LuF-Betriebs (Ertragswert)	1.000.000 €
Begünstigtes Vermögen davon 85 %	850.000 €
Verbleibendes begünstigtes Vermögen 15 %	150.000 €
Abzugsbetrag (§ 13a Abs. 2 ErbStG)	./. 150.000 €
Ansatz	0 €

Wirtschaftswert eines LuF-Betriebs (Ertragswert)		3.000.000 €
Begünstigtes Vermögen davon 85 %		2.550.000 €
Verbleibendes begünstigtes Vermögen 15 %		450.000 €
Abzugsbetrag (§ 13a Abs. 2 ErbStG)	150.000 €	
übersteigender Betrag	300.000 €	
Davon 50 %	150.000 €	
Verbleibender Abzugsbetrag	0 €	./. 0 €
Ansatz		450.000 €

(3) Vorwegabschlag für Familienunternehmen

1584/3 § 13a Abs. 9 ErbStG sieht einen **Vorwegabschlag für Familienunternehmen** vor. Der nach dem Bewertungsgesetz ermittelte gemeine Wert von Familienunternehmen wird noch vor Anwendung des 85 %igen Verschonungsabschlags um **30 %** verringert. Zur Definition von Familienunternehmen hat sich der Gesetzgeber sog. **qualitativer Kriterien** bedient,[1] und zwar **Entnahme-/Ausschüttungsbeschränkungen, Verfügungsbeschränkungen** sowie **Abfindungsbeschränkungen**. Diese Kriterien müssen **kumulativ** unter Beachtung einer **Vorlaufzeit von zwei Jahren** sowie einer **Nachlaufzeit von 20 Jahren** (jeweils vom Besteuerungszeitpunkts aus) erfüllt sein, um den sog. Vorwegabschlag zu erhalten.

1 Vgl. zuerst im Rahmen der Reform Bäuml, FR 2015 S. 73.

Der Gesellschaftsvertrag oder die Satzung muss Bestimmungen enthalten, die **die Entnahme oder Ausschüttung auf höchstens 37,5 %** des um die auf den Gewinnanteil oder die Ausschüttungen aus der Gesellschaft entfallenden Steuern vom Einkommen gekürzten Betrages des steuerrechtlichen Gewinns beschränken – **erstes qualitatives Kriterium**. Entnahmen zur Begleichung der auf den Gewinnanteil bzw. die Ausschüttungen aus der Gesellschaft entfallenden Steuern vom Einkommen bleiben von der Beschränkung der Entnahme oder Ausschüttung unberücksichtigt (§ 13a Abs. 9 Satz 1 Nr. 1 ErbStG).[1] 1584/4

Das **zweite qualitative Kriterium** verlangt **Verfügungsbeschränkungen**. Der Gesellschaftsvertrag oder die Satzung muss danach Bestimmungen enthalten, die die Verfügung über die Beteiligung an der Personengesellschaft oder den Anteil an der Kapitalgesellschaft auf Mitgesellschafter, auf Angehörige i. S. des § 15 AO oder eine Familienstiftung (§ 1 Abs. 1 Nr. 4 ErbStG; wohl auch die dort genannten Familienvereine) beschränken (§ 13a Abs. 9 Satz 1 Nr. 2 ErbStG). 1584/5

Das **dritte qualitative Kriterium** betrifft **Abfindungsbeschränkungen**. Der Gesellschaftsvertrag oder die Satzung müssen Bestimmungen enthalten, die für den Fall des Ausscheidens aus der Gesellschaft eine Abfindung vorsehen, die unter dem gemeinen Wert (Verkehrswert) der Beteiligung an der Personengesellschaft oder des Anteils an der Kapitalgesellschaft liegt (§ 13a Abs. 9 Satz 1 Nr. 3 ErbStG). 1584/6

Gelten demnach die in § 13a Abs. 9 Satz 1 ErbStG genannten Bestimmungen (also Entnahme-/Ausschüttungsbeschränkungen, Verfügungsbeschränkungen, Abfindungsbeschränkungen) **nur für einen Teil** des begünstigten Vermögens (§ 13b Abs. 2 ErbStG), so ist der Vorwegabschlag von bis zu 30 % **nur für diesen Teil** des begünstigten Vermögens zu gewähren. Die Regelung erstreckt mithin die Begünstigung mittels Vorwegabschlags **nur auf solche Vermögensteile**, die **verfügungsbeschränkt** sind. In diesem Kontext ist an Sachverhalte zu denken, bei denen das begünstigte Vermögen nur teilweise von einer Verfügungsbeschränkung erfasst wird, wie z. B. bei der Übertragung von einem Mitunternehmeranteil an einer Kommanditgesellschaft, bei der sich eine Verfügungsbeschränkung regelmäßig nur auf das Gesamthandsvermögen der Gesellschaft, nicht jedoch auf das Sonderbetriebsvermögen des Gesellschafters erstreckt. 1584/7

1 Zum Vorwegabschlag bei Familienunternehmen s. R. E. 13a.19 ErbStR 2019 sowie Eisele, StW 2018 S. 130.

(4) Optionsverschonung

1584/8 Auf Antrag kann der Erwerber die sog. **Vollverschonung** zu 100 % wählen. Der Erwerber muss dann den ererbten/geschenkten Betrieb im Kern **sieben Jahre** fortführen und die strengeren Regelungen zur **Lohnsumme** einhalten. Daneben darf die **Verwaltungsvermögensquote höchstens 20 %** betragen. Der Anteil des Verwaltungsvermögens am gemeinen Wert des Betriebs bestimmt sich dabei nach dem Verhältnis der Summe der gemeinen Werte der Einzelwirtschaftsgüter des Verwaltungsvermögens nach § 13b Abs. 3 und 4 ErbStG zum gemeinen Wert des Betriebs (§ 13a Abs. 10 Satz 3 ErbStG).

1584/9 Der Antrag ist unwiderruflich. Höchstrichterlich noch nicht geklärt ist die Frage, ob ein **Rückfall auf die Regelverschonung** möglich ist, wenn sich herausstellt, dass die Voraussetzungen für die Optionsverschonung voraussichtlich nicht eingehalten werden können.[1]

HINWEIS:

Die **Ausübung der Option** zugunsten einer Vollbefreiung nach § 13a Abs. 10 ErbStG ist bis zum **Eintritt der materiellen Bestandskraft der Steuerfestsetzung** möglich.[2]

(5) Abschmelzmodell – Verschonungsabschlag bei Großerwerben

1584/10 Die Regelung des § 13c ErbStG ist im Zusammenhang mit der Regel- und Optionsverschonung zu sehen und kann zur Anwendung gelangen, wenn die dortigen Voraussetzungen wegen Überschreitens der Prüfschwelle von 26 Mio. € (§ 13a Abs. 1 Satz 1 ErbStG) nicht greifen. Für diese **Prüfschwelle (Größenschwelle)** kommt es ausschließlich auf den (anteiligen) Erwerbswert des begünstigten Vermögens an. Ohne Bedeutung ist demgegenüber der Wert der begünstigungsfähigen Einheit bzw. des nicht begünstigten Vermögens. Wird das sog. **Abschmelzmodell** nach Maßgabe des § 13c ErbStG gewählt, ist ein Erlass nach der **Verschonungsbedarfsprüfung** i. S. des § 28a ErbStG nicht möglich (§ 28a Abs. 8 ErbStG; siehe dazu Rz. 1584/13).[3] Nach § 13a Abs. 1 Satz 2 ErbStG sind für die Berechnung der Prüfschwelle mehrere aufeinanderfolgende Erwerbe von derselben Person innerhalb von zehn Jahren zusammenzurechnen. Dies

1 Verneinend FG Münster, Urteil v. 27.10.2022 – 3 K 3624/20 Erb, NWB KAAAJ-46933, EFG 2023 S. 1415, Rev. anhängig BFH: II R 19/23.

2 Siehe hierzu auch R E 13a.21 Abs. 2 Satz 2 ErbStR 2019. Bei einer einheitlichen Schenkung von mehreren wirtschaftlichen Einheiten kann die Erklärung zur optionalen Vollverschonung für jede wirtschaftliche Einheit gesondert abgegeben werden (BFH, Urteil v. 26.7.2022 – II R 25/20, BFHE 277 S. 456, BStBl 2024 II S. 21, NWB HAAAJ-24464).

3 Siehe hierzu auch R E 13c.1 Abs. 4 Satz 3 ErbStR 2019.

hat den Zweck, Gestaltungen durch mehrere aufeinanderfolgende Erwerbe zu verhindern.[1] Führt die Zusammenrechnung dazu, dass bei Überschreiten der Prüfschwelle sich für die früheren Erwerbe ein niedrigerer Verschonungsabschlag ergibt, wird die Steuerfestsetzung der früheren Erwerbe insoweit korrigiert. Die Regelung findet auf die Ersatzerbschaftsteuer bei Familienstiftungen ebenfalls Anwendung (§ 13c Abs. 3 ErbStG).

Im Abschmelzmodell werden in Abhängigkeit des die Prüfschwelle übersteigen- 1584/11
den Betrags die **Verschonungssätze** bei der Regelverschonung (85 %) und der Vollverschonung (100 %) sukzessive **reduziert**. Überschreitet der Erwerb von begünstigtem Vermögen (§ 13b Abs. 2 ErbStG) die Grenze des § 13a Abs. 1 Satz 1 ErbStG von 26 Mio. €, so verringert sich nach Maßgabe des § 13c Abs. 1 Satz 1 ErbStG auf Antrag des Erwerbers der Verschonungsabschlag nach § 13a Abs. 1 ErbStG (85 %) oder § 13a Abs. 10 ErbStG (100 %) um jeweils einen Prozentpunkt für jede volle 750.000 €, die der Wert des begünstigten Vermögens den Betrag von 26 Mio. € übersteigt. Nach § 13c Abs. 1 Satz 2 ErbStG wird im Fall der Vollverschonung (§ 13a Abs. 10 ErbStG) ab einem Erwerb von begünstigtem Vermögen i. H. von 90 Mio. € ein Verschonungsabschlag nicht mehr gewährt. Auch beim Abschmelzmodell sind nach § 13c Abs. 2 Satz 1 ErbStG i. V. mit § 3a Abs. 3 bis 9 ErbStG jeweils die **Lohnsummenregelung** (siehe dazu Rz. 1587) und die **Behaltensregelungen** (siehe dazu Rz. 1588 f.) zu beachten. Die Anwendung des Abschmelzmodells wird nicht von Amts wegen, sondern nur auf unwiderruflichen Antrag hin gewährt. Eine Frist für den Antrag ist nicht vorgesehen. Der Antrag dürfte bis zum Eintritt der Festsetzungsverjährung möglich sein. Im Fall der **Vollverschonung** muss der Erwerber **zwei Anträge** stellen: Zum einen den Antrag auf Vollverschonung als solche (§ 13a Abs. 10 ErbStG); zum anderen den Antrag auf Anwendung des Abschmelzmodells (§ 13c Abs. 1 ErbStG).

BEISPIEL

Wert des begünstigten Vermögens	35.000.000 €
./. Prüfschwelle	./. 26.000.000 €
übersteigender Betrag	9.000.000 €
geteilt durch 750.000 €	12,00

Im Falle der Regelverschonung verringert sich der dortige Verschonungsabschlag von 85 % um 12 Prozentpunkte auf 73 %. Bei Vollverschonung würde sich der Verschonungsabschlag von 100 % um 12 Prozentpunkte auf 88 % reduzieren.

1 BT-Drucks. 18/5923 S. 31.

1584/12 Da die Abschmelzung bis auf Null erfolgen kann, bedeutet dies im Fall der Regelverschonung den vollständigen Wegfall dieser Verschonungsvariante, wenn der Wert des begünstigten Vermögens die Prüfschwelle von 26 Mio. € um 63.750.000 € übersteigt, da dieser Betrag bei Division durch 750.000 € zu einer Kürzung um 85 Prozentpunkte führt. Für den Fall der Vollverschonung würde eine Abschmelzung bei einem Wert des begünstigten Vermögens von 101.000.000 € eintreten, da sich der übersteigende Betrag auf 75.000.000 € belaufen würde und sich nach Division durch 750.000 € eine Kürzungsquote von 100 Prozentpunkten ergäbe. § 13c Abs. Satz 2 ErbStG sieht jedoch eine absolute Obergrenze für die nicht bedarfsorientierte Verschonung bei einem Erwerb begünstigten Vermögens i. H. von 90 Mio. € vor, ab dem keine Steuerverschonung mehr nach dem Abschmelzmodell gewährt wird. Hier käme u. U. also nur noch die Verschonungsbedarfsprüfung nach § 28a ErbStG in Betracht. Mithin sinkt der Verschonungsabschlag von 15 % bei Überschreiten der 90-Mio.-€-Grenze bei der Optionsverschonung, mit einem Schlag auf Null, ohne dass eine Härtefallregelung vorgesehen ist (sog. Fallbeileffekt). In der Literatur[1] wird daher vertreten, dass der Umstand, dass 1 € zusätzlicher Erwerb zu einer erheblichen Steuermehrbelastung führt, unverhältnismäßig und verfassungsrechtlich bedenklich sei. Ab einer gewissen Höhe des begünstigten Vermögens führt das Abschmelzmodell dazu, dass es sinnvoller sein kann, Teile des begünstigten Vermögens ins Privatvermögen zu verschieben. Das entnommene Vermögen unterliegt dann zwar der vollen Besteuerung, gegenzurechnen ist allerdings ein höherer Verschonungsabschlag für das übrige begünstigte Vermögen im Abschmelzmodell.[2]

BEISPIEL

Wert des begünstigten Vermögens	70.000.000 €	35.000.000 €
./. Prüfschwelle	./. 26.000.000 €	./. 26.000.000 €
übersteigender Betrag	44.000.000 €	9.000.000 €
geteilt durch 750.000 €	58,67	12
Verbleibender Abschlag	27	73
Anzusetzender Wert für das begünstigte Vermögen	51.100.000 € €	9.450.000 €
Wert des Privatvermögens	0 €	35.000.000 €
Zu versteuern	51.100.000	44.450.000 €

1 Wachter, FR 2016 S. 690, 705.

2 Vgl. S. Viskorf in Viskorf/Schuck/Wälzholz, ErbStG, § 13c Rz. 5: in der Steuerklasse I bei rund 51 Mio. € bei der Optionsverschonung und bei rund 45 Mio. € bei der Regelverschonung.

(6) Verschonungsbedarfsprüfung

Anstelle des Abschmelzmodells kann der Erwerber von begünstigtem Vermögen ab einer Höhe von über 26 Mio. € **auf Antrag** eine sog. **Verschonungsbedarfsprüfung** durchführen lassen (§ 28a ErbStG).[1] Damit soll geprüft werden, ob ein konkretes Bedürfnis für eine Verschonung besteht.[2] Ein solcher Bedarf wird angenommen und die auf das begünstigte Vermögen (§ 13b Abs. 2 ErbStG) entfallende **Steuer erlassen**, soweit der Erwerber nachweist, dass er persönlich nicht in der Lage ist, die Steuer aus seinem **verfügbaren Vermögen** zu begleichen (§ 28a Abs. 1 Satz 1 ErbStG). Zum verfügbaren Vermögen gehören nach Maßgabe des § 28a Abs. 2 ErbStG 50 % der Summe der gemeinen Werte des mit der Erbschaft oder Schenkung zugleich übergegangenen Vermögens, das nicht zum begünstigten Vermögen (§ 13b Abs. 2 ErbStG) gehört, und des dem Erwerber im Zeitpunkt der Steuerentstehung (§ 9 ErbStG) gehörenden Vermögens, das nicht zum begünstigten Vermögen (§ 13b Abs. 2 ErbStG) gehören würde. Der Erlass der Steuer steht im Übrigen unter der **auflösenden Bedingung** (§ 28a Abs. 4 ErbStG), dass die für die Optionsverschonung geltenden **Lohnsummenregelungen** (siehe dazu Rz. 1587) und die **Behaltensregelungen** (siehe dazu Rz. 1588 f.) eingehalten werden. Zur Steuerbegleichung muss der Erwerber auch verfügbares Vermögen einsetzen, das er **innerhalb von zehn Jahren nach dem Zeitpunkt der Steuerentstehung** erwirbt.[3] Diese Regelung dient der Verhinderung von Steuerumgehungen durch Kettenschenkungen erst des begünstigten Vermögens und sodann des verfügbaren Vermögens. 1584/13

cc) Begünstigungsfähiges Vermögen

Zur Inanspruchnahme der Verschonungsregelungen nach Maßgabe der §§ 13a, 13b ErbStG muss dem Grunde nach begünstigungsfähiges Vermögen vorliegen. Dieses wird in § 13b Abs. 1 ErbStG enumerativ aufgezählt. Nach § 13b Abs. 1 Nr. 1 ErbStG gehört hierzu auch der **inländische Wirtschaftsteil des luf Vermögens** (§ 168 Abs. 1 Nr. 1 BewG) **ohne Stückländereien** (§ 168 Abs. 2, § 160 Abs. 7 BewG), die selbst bewirtschafteten Grundstücke i. S. des § 159 BewG sowie entsprechendes luf Vermögen, das einer Betriebsstätte in einem **Mitgliedstaat der Europäischen Union (EU)** oder in einem **Staat des Europäischen Wirtschafts-** 1585

1 Siehe hierzu R E 28a.1 ff. ErbStR 2019.

2 Vgl. BVerfG Urteil v. 17.12.2014 – 1 BvL 21/12, BStBl 2015 II S. 50, NWB AAAAE-81469, Rz. 150 ff.

3 Zur Ausdehnung des Katalogs der auflösenden Bedingungen durch das UStAVermG s. a. Eisele, NWB 2019 S. 259.

raums (EWR) dient. Über den Wirtschaftsteil eines Betriebs der LuF hinaus sind begünstigt:

- **inländisches Betriebsvermögen** (§§ 95 bis 97 Abs. 1 Satz 1 BewG) von Einzelunternehmen, freiberuflich Tätigen, gewerblichen wie freiberuflichen Personengesellschaften sowie ausländisches Betriebsvermögen, das einer Betriebsstätte in der **EU** bzw. dem **EWR** dient (§ 13b Abs. 1 Nr. 2 ErbStG);
- **Anteile an inländischen Kapitalgesellschaften** und solchen in der **EU** bzw. dem **EWR**, an denen der Erblasser/Schenker zu **mehr als 25 % unmittelbar beteiligt** war. Bei Beteiligungsquoten von 25 % und darunter können die Verschonungsregelungen mittels **Poolung** von Anteilen durch eine vertragliche Verpflichtung zur einheitlichen Verfügung und Stimmrechtsausübung erreicht werden (§ 13b Abs. 1 Nr. 3 ErbStG).
- Für das Vermögen von **Familienstiftungen** und **Familienvereinen** i. S. des § 1 Abs. 1 Nr. 4 ErbStG, die turnusmäßig der **Ersatzerbschaftsteuer** unterliegen, gelten nach § 13a Abs. 11 ErbStG die Verschonungsregelungen entsprechend.[1]

1585/1 Der Umfang des der Steuerbefreiung nach §§ 13a, 13b ErbStG a. F. zugänglichen luf Vermögens bestimmt sich nach den bewertungsrechtlichen Kriterien. Der bewertungsrechtliche Begriff des luf Betriebs ist tätigkeitsbezogen. Einen Betrieb der LuF kann auch derjenige unterhalten, dem weder am Grund und Boden noch am Besatz Eigentum zusteht. Nutzt ein solcher Betriebsinhaber die Betriebsmittel auf Grundlage von Nießbrauchsrechten, können diese Rechte zum Wirtschaftsteil eines luf Betriebs gehören.[2]

1585/2 Ausführliche **Detailregelungen** zum **begünstigten luf Vermögen** sind aus R E 13b.4 ErbStR 2019 ersichtlich: Begünstigt ist demnach der Erwerb von luf Vermögen i. S. des § 168 Abs. 1 Nr. 1 BewG und selbst bewirtschafteten Grundstücken i. S. des § 159 BewG, die im Zeitpunkt der Steuerentstehung als solche vom Erblasser oder Schenker auf den Erwerber übergehen und in der Hand des Erwerbers entweder luf Vermögen oder selbst bewirtschaftete Grundstücke i. S. des § 159 BewG bleiben. **Nicht begünstigt** sind die **Betriebswohnungen** und der **Wohnteil einschließlich der Altenteilerwohnungen**, da diese Teile der wirtschaftlichen Einheit nicht originär der luf Tätigkeit i. S. des § 158 Abs. 1 BewG dienen. Gleiches gilt für **langfristig verpachtete Flächen i. S. des § 160 Abs. 7 BewG (Stückländereien)**, für **Mietwohngrundstücke** oder **erbbaurechtsbelaste-**

1 Siehe hierzu auch R E 13a.22 ErbStR 2019.

2 BFH, Urteil v. 25.11.2020 – II R 9/19, NWB DAAAH-78028, BStBl 2021 II S. 491.

te Flächen. Begünstigt ist nur der **Wirtschaftsteil** eines luf Vermögens, der im Zusammenhang mit dem Erwerb des Betriebs der LuF oder einer Beteiligung an einer luf tätigen Personengesellschaft i. S. des § 158 Abs. 2 BewG auf den Erwerber übergeht. **Übertragungen von Betriebsteilen** oder **einzelnen Wirtschaftsgütern sind nicht begünstigt**. Auf die **ertragsteuerrechtliche Beurteilung** einer Übertragung kommt es **nicht** an.

Umfasst das auf einen Erwerber übertragene begünstigte Vermögen **mehrere selbständig zu bewertende wirtschaftliche Einheiten** einer Vermögensart (z. B. mehrere Gewerbebetriebe) oder mehrere Arten begünstigten Vermögens (**luf Vermögen**, Betriebsvermögen, Anteile an Kapitalgesellschaften), sind deren Werte **vor der Anwendung des § 13a ErbStG zusammenzurechnen**. Der Verschonungsabschlag und der Abzugsbetrag nach § 13a Abs. 2 ErbStG können nur von einem insgesamt positiven Steuerwert des gesamten begünstigten Vermögens abgezogen werden. Die Prüfung, ob die Mindestlohnsumme (siehe dazu Rz. 1587) erfüllt ist, erfolgt **nur insgesamt für alle erworbenen begünstigten wirtschaftlichen Einheiten**. 1585/3

dd) Begünstigtes Vermögen und steuerschädliches Verwaltungsvermögen

(1) Vorbemerkung

Da mit dem Verschonungsregime der §§ 13a und 13b ErbStG nur das **operative unternehmerische Vermögen** begünstigen werden soll, wird aus dem begünstigungsfähigen Vermögen (siehe Rz. 1585 ff.) dasjenige Vermögen wertmäßig abgezogen, das aus Sicht des Gesetzgebers nicht begünstigungswürdig ist **(sog. Verwaltungsvermögen)**. Regelungstechnisch ist das begünstigungsfähige Vermögen nur insoweit begünstigt, als sein gemeiner Wert den um das unschädliche Verwaltungsvermögen gekürzten Nettowert des Verwaltungsvermögens übersteigt (§ 13b Abs. 2 ErbStG). Der **Katalog des Verwaltungsvermögens** (§ 13b Abs. 4 ErbStG) ist **enumerativ** ausgestaltet, d. h. das Verwaltungsvermögen wird nicht abstrakt definiert, sondern die einzelnen Vermögensgegenstände aufgezählt, die zum Verwaltungsvermögen gehören. Eine vollständige Versagung der Verschonung ist vorgesehen, wenn der Nettowert des Verwaltungsvermögens mindestens 90 % des gemeinen Werts des begünstigungsfähigen Vermögens beträgt (sog. **90 %-Einstiegstest**). Nach der Rechtsprechung des BFH gilt der 90 %-Einstiegstest jedoch nicht für Handelsunternehmen.[1] Entsprechendes dürfte generell für originär gewerblich tätige Unternehmen und auch für luf Unternehmen gelten. 1586

1 BFH, Urteil v. 13.9.2023 – II R 49/21, BFHE 282 S. 313, BStBl 2024 II S. 566, NWB EAAAJ-54954.

1586/1 Eine **Sonderregelung im Kontext des Verwaltungsvermögens** enthält § 13b Abs. 3 ErbStG. Demnach gehören **Teile des begünstigungsfähigen Vermögens**, die ausschließlich und dauerhaft der Erfüllung von Schulden aus **Altersversorgungsverpflichtungen** dienen und dem Zugriff aller übrigen nicht aus den Altersversorgungsverpflichtungen unmittelbar berechtigten Gläubiger entzogen sind **(Deckungsvermögen)**, nicht zum Verwaltungsvermögen i. S. des § 13b Abs. 4 Nr. 1 bis 5 ErbStG.

1586/2 § 13b Abs. 5 ErbStG enthält für Erwerbe von Todes wegen eine **Investitionsklausel**. Demnach werden Vermögensgegenstände, die dem Verwaltungsvermögen zuzurechnen sind, von dieser Zuordnung ausgenommen (d. h. als steuerunschädlich behandelt), wenn der Erwerber innerhalb von zwei Jahren ab dem Steuerentstehungszeitpunkt diese **Vermögensgegenstände** innerhalb des vom Erblasser erworbenen, begünstigungsfähigen Vermögens **investiert**, wenn dies auf einen **vorgefassten Plan** des Erblassers beruht. Sinn der Regelung ist es, geplante und etwa durch entsprechende angesammelte Barmittel vorbereitete Investitionen durch plötzliche Todesfälle und normalerweise einhergehende Besteuerung nicht zu gefährden. Entsprechendes gilt bei Erwerben von Todes wegen, wenn Finanzmittel aufgrund von saisonalen Schwankungen angesammelt werden und innerhalb von zwei Jahren für Löhne ausgezahlt werden. Gedacht ist etwa an **Saisonarbeiter** (bspw. Spargelstecher), die mit den Einnahmen aus dem Vorjahr bezahlt werden.

1586/3 In § 13b Abs. 7 ErbStG wurde ein **allgemeiner Verwaltungsvermögens-Freibetrag** verankert, der dem Umstand Rechnung trägt, dass auch Verwaltungsvermögen in gewissem Umfang zur Kapitalstärkung und Sicherung der operativen Zwecke des Unternehmens benötigt wird. Typisierend und pauschalierend wird Verwaltungsvermögen i. H.von **10 % des Nettowerts des originär begünstigten Vermögens** wie begünstigtes Vermögen behandelt und verschont (bei einem Nettowert des begünstigten Vermögens von bspw. 1.000.000 € werden also zusätzlich 100.000 € unschädliches Verwaltungsvermögen von der Steuer verschont).

1586/4 Die **Ermittlung des Nettowerts des Verwaltungsvermögens** sowie die **Modalitäten der Schuldenzuordnung** sind in § 13b Abs. 6 ErbStG geregelt. Die in § 13b Abs. 6 ErbStG zugelassene **Schuldensaldierung** für bestimmte Gegenstände des Verwaltungsvermögens wird durch § 13b Abs. 8 ErbStG **eingeschränkt**. Diese Restriktion betrifft das junge Verwaltungsvermögen, die jungen Finanzmittel, wirtschaftlich nicht belastende Schulden sowie den Schuldenüberhang. Auf den vom BVerfG gerügten **Kaskadeneffekt** im Zusammenhang mit einer mehrstufigen Unternehmensstruktur hat der Gesetzgeber in § 13b Abs. 9 ErbStG mit einer **konsolidierten Verbundvermögensaufstellung** reagiert. Aus dieser Norm ist ersichtlich, wie unmittelbar oder mittelbar gehaltene Beteiligungen bei der Ermittlung des Nettowerts des Verwaltungsvermögens zu behandeln sind.[1]

(2) Verwaltungsvermögen

- **Dritten zur Nutzung überlassene Grundstücke, Grundstücksteile, grundstücksgleiche Rechte und Bauten**. Von dieser Begünstigungsausnahme werden in einer Reihe von Fällen sog. **Rückausnahmen** gemacht, d. h., es handelt sich dann nicht um steuerschädliches Verwaltungsvermögen. Erfasst hiervon werden u. a. Überlassungen im Rahmen der Betriebsaufspaltung, des Sonderbetriebsvermögens, einer Betriebsverpachtung im Ganzen, eines Konzerns (Konzernklausel in Anlehnung an die Zinsschrankenregelung nach § 4 h EStG), eines Wohnungsunternehmens, **an Dritte zur land- und forstwirtschaftlichen Nutzung**[2] (§ 13b Abs. 4 Nr. 1 ErbStG); 1586/5
- **Anteile an Kapitalgesellschaften**, wenn die **unmittelbare Beteiligung** am Nennkapital dieser Gesellschaften **25 % oder weniger** beträgt und sie nicht dem Hauptzweck des Gewerbebetriebs eines Kreditinstituts, eines Finanzdienstleistungsinstituts oder eines Versicherungsunternehmens zuzurechnen ist. Die 25-%-Grenze kann durch Anteilspoolung allerdings überschritten werden (§ 13b Abs. 4 Nr. 2 ErbStG);
- **Kunstgegenstände, Kunstsammlungen**, wissenschaftliche Sammlungen, Bibliotheken sowie Archive, Münzen, Edelmetalle und Edelsteine, Briefmarkensammlungen, Oldtimer, Yachten, Segelflugzeuge sowie sonstige typischerweise der privaten Lebensführung dienende Gegenstände, wenn der Handel mit diesen Gegenständen, deren Herstellung oder Verarbeitung oder die entgeltliche Nutzungsüberlassung an Dritte nicht der Hauptzweck des Betriebs ist (§ 13b Abs. 4 Nr. 3 ErbStG);
- **Wertpapiere und vergleichbare Forderungen**, sofern diese nicht dem Hauptzweck eines Kredit- oder Finanzdienstleistungsinstituts oder eines Versicherungsunternehmens dienen (§ 13b Abs. 4 Nr. 4 ErbStG);
- der gemeine Wert des nach Abzug der Schulden verbleibenden Bestands an **Zahlungsmitteln, Geschäftsguthaben, Geldforderungen und anderen For-**

1 Zur Aufteilung des Verwaltungsvermögens, des jungen Verwaltungsvermögens, der Finanzmittel, der jungen Finanzmittel und der Schulden aus dem Gesamthandsvermögen einer Personengesellschaft auf die Gesellschafter bei Feststellungen nach § 13b Abs. 10 ErbStG s. gleich lautende Ländererlasse v. 11.2.2021 (BStBl 2021 I S. 355).

2 Siehe ergänzend R E 13b.19 ErbStR 2019.

derungen, soweit er 15 % des anzusetzenden Werts des Betriebs oder der Gesellschaft übersteigt – sog. **Finanzmitteltest** (§ 13b Abs. 4 Nr. 5 ErbStG).

ee) Lohnsummenregelung

1587 Mit der Lohnsummenregelung soll das Ziel der Verschonungsregelungen, der Arbeitsplatzerhalt, abgesichert werden, wobei nicht auf den einzelnen Arbeitsplatz, sondern auf die gezahlten Gehälter abgestellt wird. Voraussetzung für die Gewährung des Verschonungsabschlags (§ 13a Abs. 1 ErbStG) ist nach § 13a Abs. 3 Satz 1 ErbStG, dass die Summe der maßgebenden jährlichen Lohnsummen des Betriebs, bei Beteiligungen an einer Personengesellschaft oder Anteilen an einer Kapitalgesellschaft des Betriebs der jeweiligen Gesellschaft innerhalb von fünf Jahren nach dem Erwerb **(Lohnsummenfrist)** insgesamt 400 % der Ausgangslohnsumme nicht unterschreitet (**Mindestlohnsumme**). Nach § 13a Abs. 3 Satz 2 ErbStG ist unter der **Ausgangslohnsumme** die durchschnittliche Lohnsumme der letzten fünf Wirtschaftsjahre zu verstehen, die vor dem Zeitpunkt der Steuerentstehung (§ 9 ErbStG) enden. Bei der Optionsverschonung erhöht sich die Lohnsummenfrist auf sieben Jahre und die einzuhaltende Mindestlohnsumme auf 700 %. **Ausnahmen von der Lohnsummenregelung** sind aus § 13a Abs. 3 Satz 3 ErbStG ersichtlich. Demnach ist die Lohnsummenregelung **nicht anzuwenden**, wenn die **Ausgangslohnsumme 0 €** beträgt oder der Betrieb unter Einbeziehung der Beteiligungen und Gesellschaften nach § 13a Abs. 3 Sätze 11 bis 13 ErbStG sowie der nach Maßgabe dieser Bestimmung anteilig einzubeziehenden Beschäftigten **nicht mehr als fünf Beschäftigte** hat. Mit steigender Beschäftigtenzahl steigt auch die einzuhaltende Mindestlohnsumme:

Mindestlohnsummenregelung mit Aufgriffsgrenze und Flexibilisierungsklausel		
Anzahl Arbeitnehmer	Lohnsummenfrist 5 Jahre (Regelverschonung)	Lohnsummenfrist 7 Jahre (Optionsverschonung)
≤ 5	entfällt	entfällt
> 5 bis 10	250 %	500 %
> 10 bis 15	300 %	565 %
> 15	400 %	700 %

Unterschreitet die Summe der maßgebenden jährlichen Lohnsummen die Mindestlohnsumme, **vermindert** sich der **Verschonungsabschlag** (§ 13a Abs. 1

ErbStG) mit Wirkung für die Vergangenheit in demselben prozentualen Umfang, wie die Mindestlohnsumme unterschritten wird (§ 13a Abs. 3 Satz 5 ErbStG).[1]

ff) Behaltensregelungen

(1) Haltefrist

1588 Ziel der Verschonung ist es, Arbeitsplätze nicht dadurch zu gefährden, dass ein Erwerber von Unternehmensvermögen dieses allein deshalb verkauft, um die darauf entfallende Erbschaftsteuer zu bezahlen. Die Behaltensregelungen sollen daher den Fall absichern, dass eine Veräußerung unabhängig von der Besteuerung erfolgt. Der Erwerber von begünstigtem Unternehmensvermögen muss zur Sicherung des Verschonungsabschlags sowie des Abzugsbetrags das verschonte Vermögen mindestens **fünf Jahre** halten (**Regelverschonung**), im Fall der **Optionsverschonung** (§ 13a Abs. 10 Nr. 2 ErbStG) beträgt die Haltefrist **sieben Jahre**. Ein **Verstoß gegen die Behaltensfrist** liegt bei einer **Veräußerung des Betriebs**, eines Teilbetriebs oder der Beteiligung an einer Personengesellschaft oder Kapitalgesellschaft vor. Des Weiteren sind die **Betriebsaufgabe**, **Insolvenz**, Liquidation sowie die **Veräußerung wesentlicher Betriebsgrundlagen steuerschädlich**. Dies gilt auch, wenn der Erlös aus der Veräußerung solcher Wirtschaftsgüter dazu verwendet wird, **Abfindungen an weichende Erben** zu zahlen, oder wenn der Hoferbe einzelne Flächen an seine Miterben überträgt, um deren **Abfindungsansprüche** zu befriedigen.[2] Hingegen wird die **Umwandlung** einer Personengesellschaft in eine Kapitalgesellschaft sowie der umgekehrte Fall als **steuerunschädlich** angesehen; diese Vorgänge lösen mithin keine Nachversteuerung aus. Eine Nachversteuerung wird auch ausgelöst, wenn im Fall des § 13b Abs. 1 Nr. 3 Satz 2 ErbStG (sog. Pooling) die Verfügungsbeschränkung oder die Stimmrechtsbündelung aufgehoben wird. Bei einem Verstoß gegen die Behaltensfrist erfolgt ein **zeitanteiliger Wegfall der Vergünstigungen** (§ 13a Abs. 6 Satz 2 ErbStG). Wurde gegen die Behaltensfrist verstoßen, ist der Erwerber nach § 13a Abs. 7 ErbStG verpflichtet, dem zuständigen Erbschaftsteuer-Finanzamt den entsprechenden Sachverhalt innerhalb eines Monats nach Tatbestandsverwirklichung anzuzeigen.

1588/1 Als **schädliche Verwendung** gilt auch der **Wegfall der Selbstbewirtschaftung von Flächen i. S. des § 159 BewG**, z. B. aufgrund einer Einstellung der Selbstbe-

1 Zu Billigkeitsmaßnahmen i. Z. mit der Summe der maßgebenden jährlichen Lohnsummen nach § 13a Abs. 3 Satz 5 ErbStG im Kontext der COVID-19-Pandemie s. gleich lautende Ländererlasse v. 30.12.2021 (BStBl 2022 I S. 156).

2 Vgl. R E 13a.14 ErbStR 2019 zu LuF.

wirtschaftung landwirtschaftlich genutzter Flächen, die als Bauland, Industrieland oder Land für Verkehrszwecke dienen werden. Als **schädliche Verwendung** gilt **auch**, wenn **Pachtverträge über einzelne Flächen über eine Dauer von mehr als 15 Jahren abgeschlossen** werden.

(2) Verbot von Überentnahmen

1588/2 Zur Sicherung des Verschonungsabschlags (und des Abzugsbetrags) ist ergänzend eine **Überentnahmeregelung** zu beachten. Nach § 13a Abs. 6 Satz 1 Nr. 3 ErbStG entfallen die Verschonungsmaßnahmen in entsprechendem Umfang, wenn am Ende des Referenzzeitraums die Entnahmen die Summe aus Gewinnen und Einlagen um mehr als 150.000 € übersteigen. Dies gilt entsprechend bei Ausschüttungen an Gesellschafter einer Kapitalgesellschaft. Mit der Regelung soll verhindert werden, dass etwa anstelle einer Veräußerung des Unternehmensvermögens das verschonte Vermögen sukzessive entnommen wird.

1588/3 Die **Entnahmebegrenzung** bezieht sich bei **luf Vermögen** nur auf solches Vermögen, das **ertragsteuerrechtlich** zu einem **Betrieb der LuF** gehört. Ist dies der Fall, kommt die Entnahmebegrenzung nur für den Teil des Vermögens in Betracht, das zum nach § 13b Abs. 1 Nr. 1 ErbStG begünstigten Vermögen gehört. Somit ist die **Entnahme** von **Betriebswohnungen**, von **Mietwohngrundstücken** oder **erbbaurechtsbelasteten Flächen** und des **denkmalgeschützten Wohnteils i. S. des § 13 Abs. 2 Nr. 2 EStG nicht schädlich**. Entnahmen bis zur Summe des ertragsteuerlichen Werts **der nach § 158 Abs. 4 BewG nicht zum luf Vermögen gehörenden Wirtschaftsgüter** im Besteuerungszeitpunkt (Sockelbetrag) sind bei der Prüfung der Entnahmebegrenzung **außer Acht** zu lassen.

HINWEIS:

Bei Betrieben der LuF, die ihren Gewinn nach § 13a EStG ermitteln, ist die Entnahmebegrenzung nicht zu prüfen.[1]

(3) Reinvestitionsklausel

1588/4 Die Folgen eines Verstoßes gegen die Behaltensregelungen können verhindert werden, wenn die Voraussetzungen der sog. **Reinvestitionsklausel** erfüllt werden. Nach § 13a Abs. 6 Satz 3 ErbStG ist in den Fällen eines Verstoßes gegen die Behaltensfrist dieser Vorschrift von einer Nachversteuerung abzusehen, wenn der Veräußerungserlös innerhalb der nach § 13b Abs. 1 ErbStG begünstigten

1 R E 13a.15 Abs. 5 ErbStR 2019.

Vermögensart verbleibt; bei dem Vermögen darf es sich allerdings nicht um Verwaltungsvermögen oder Überentnahmen handeln.[1]

gg) Weitergabeverpflichtung

Nach Maßgabe des § 13a Abs. 5 ErbStG kann ein Erwerber den Verschonungs- 1589
abschlag und den Abzugsbetrag nicht in Anspruch nehmen, soweit er begünstigtes Vermögen (§ 13b Abs. 2 ErbStG) aufgrund einer letztwilligen Verfügung des Erblassers oder einer rechtsgeschäftlichen Verfügung des Erblassers oder Schenkers **auf einen Dritten übertragen** muss. Die gleiche Rechtsfolge tritt ein, wenn ein Erbe im Rahmen der Teilung des Nachlasses begünstigtes Vermögen auf einen Miterben überträgt. Dem durch die Weitergabeverpflichtung belasteten Erwerber entsteht infolge der Versagung der Vergünstigungen kein Nachteil, da er die hieraus resultierende Last im Rahmen der Steuerfestsetzung bereicherungsmindernd berücksichtigen kann. Korrespondierend mit dieser Verfahrensweise kann der **nachfolgende Erwerber** seinerseits die **Verschonung** in Anspruch nehmen.

d) Privilegierung von Immobilienvermögen[2]

In § 13d ErbStG ist eine **Steuerbefreiung für zu Wohnzwecken vermietete** 1590
Grundstücke i. H. von 10 % verankert (Ansatz des Werts i. H. von 90 %), um eine angemessene Wohnraumversorgung der Bevölkerung auch in Zukunft zu garantieren und ein Marktungleichgewicht (z. B. in Form einer Marktkonzentration bei institutionellen Anbietern) zu verhindern.

Bei dem vermieteten Grundstück muss es sich um ein bebautes Grundstück 1590/1
oder einen Teil davon handeln. Folglich kommen für die Begünstigung ein Einfamilienhaus, Zweifamilienhaus, ein Mietwohngrundstück oder eine Eigentumswohnung in Frage. Begünstigt sind zudem Teile von Gebäuden, die zu Wohnzwecken vermietet werden; dabei kann es sich bei dem Gebä ude z. B. um ein gemischt genutztes Grundstück handeln. Da die Vermietung zu Wohnzwecken erfolgen muss, wird es auf die Nutzung im Besteuerungszeitpunkt ankommen. Die Regelung, dass das Bewertungsobjekt im Inland oder im EU- bzw. EWR-Ausland belegen sein muss, hat der EuGH für europarechtswidrig gehalten.[3] Der

1 R E 13a.18 Satz 1 Halbsatz 2 ErbStR 2019.

2 Zur Anwendung der Vorschriften des ErbStG nach dem Austritt des Vereinigten Königreichs Großbritannien und Nordirland aus der Europäischen Union s. gleich lautende Ländererlasse v. 13.12.2021, BStBl 2022 I S. 38.

3 EuGH, Urteil v. 12.10.2023 – C-670/21, BStBl 2024 II S. 576.

verminderte Wertansatz wird daher auch für Grundbesitz in Drittstaaten gewährt, wenn diese Amtshilfe leisten. Das Grundstück darf zudem nicht zum begünstigten Betriebsvermögen oder begünstigten Vermögen eines Betriebs der LuF i. S. des § 13a ErbStG gehören. **Betriebswohnungen** i. S. des § 160 Abs. 1 Nr. 2 und Abs. 8 BewG sowie andere **vermietete Grundstücke**, die nach § 158 Abs. 4 Nr. 1 BewG **nicht zum luf Vermögen**, sondern zum Grundvermögen gehören, **können nach § 13d ErbStG begünstigt sein.**

1590/2 Der Erwerber kann nur dann in den Genuss des verminderten Wertansatzes (= 10-%-Abschlag) kommen, soweit er erworbene Grundstücke nicht aufgrund einer letztwilligen Verfügung des Erblassers oder einer rechtsgeschäftlichen Verfügung des Erblassers oder Schenkers auf einen Dritten übertragen muss. Gleiches gilt, wenn ein Erbe im Rahmen der Teilung des Nachlasses Vermögen i. S. des § 13d Abs. 3 ErbStG auf einen Miterben überträgt (§ 13d Abs. 2 Satz 2 ErbStG). Dem durch die **Weitergabeverpflichtung** belasteten Erwerber entsteht kein Nachteil, da er die daraus resultierende Last bereicherungsmindernd abziehen kann. Der „tatsächlich" Erwerbende kann nach Erfüllung der Weitergabeverpflichtung durch den Erwerber seinerseits die Verschonung in Anspruch nehmen.

6. Freibeträge

a) Persönliche Freibeträge[1]

1591 Die persönlichen Freibeträge nach § 16 Abs. 1 ErbStG wurden infolge der Bewertung aller Vermögensgegenstände in Annäherung an den gemeinen Wert bereits durch das ErbStRG 2009 infolge des Urteils des BVerfG vom 7.11.2006[2] zur Abfederung der damit verbundenen höheren Belastung erhöht. Hieran hat

1 Haben mehrere Erblasser denselben Vorerben und nach dessen Tod denselben Nacherben eingesetzt, steht dem Nacherben auf Antrag für alle der Nacherbfolge unterliegenden Erbmassen insgesamt lediglich ein Freibetrag zu. Der Nacherbe muss in seinem Antrag angeben, welches Verhältnis zu welchem ursprünglichen Erblasser der Versteuerung zugrunde gelegt werden soll. Danach richtet sich der Freibetrag und die Steuerklasse für das der Nacherbfolge unterliegende Vermögen (BFH, Urteil v. 1.12.2021 – II R 1/20, NWB PAAAI-62728, DStR 2022 S. 1104). Urenkeln steht jedenfalls dann lediglich der Freibetrag i. H. von 100.000 € nach § 16 Abs. 1 Nr. 4 ErbStG zu, wenn Eltern und Großeltern noch nicht vorverstorben sind (BFH, Beschluss v. 27.7.2020 – II B 39/20, BStBl 2021 II S. 28). Vgl. zur Jastrow'schen Klausel in einem Berliner Testament auch BFH, Urteil v. 11.10.2023 – II R 34/20, BStBl 2024 II S. 375, NWB OAAAJ-60310, insbes. Rz. 28.

2 BVerfG, Beschluss v. 7.11.2006 – 1 BvL 10/02, BVerfGE 117 S. 1, BStBl 2007 II S. 192, NWB GAAAC-36599.

sich auch nach der Erbschaftsteuerreform 2016 infolge der Entscheidung des BVerfG vom 17.12.2014 nichts geändert.[1] Es werden immer wieder Stimmen laut, die eine Erhöhung der Freibeträge, insbesondere mit Blick auf die gestiegenen Immobilienwerte fordern.[2] Dabei darf allerdings nicht unberücksichtigt bleiben, dass das Familienheim zusätzlich zu den Freibeträgen von der Steuer verschont wird. Die Freibeträge dienen daher in erster Linie dazu, das übrige Vermögen steuerfrei zu stellen.

Steuerklasse	Personenkreis	Freibetrag
I	Ehegatte; gleichgeschlechtlicher Lebenspartner bei einer eingetragenen Lebenspartnerschaft	500.000 €
	Kinder, Stiefkinder, Kinder verstorbener Kinder und Stiefkinder	400.000 €
	Enkelkinder	200.000 €
	Eltern und Großeltern bei Erbschaften	100.000 €
II	Eltern und Großeltern bei Schenkungen; Geschwister, Neffen und Nichten; Stiefeltern, Schwiegereltern; geschiedene Ehegatten; Lebenspartner einer aufgehobenen Lebenspartnerschaft	20.000 €
III	alle übrigen Beschenkten und Erwerber (z. B. Tanten, Onkel); Zweckzuwendungen	20.000 €

Nach § 16 Abs. 2 ErbStG wird in Fällen der **beschränkten Steuerpflicht** (§ 2 Abs. 1 Nr. 3 ErbStG, siehe Rz. 1556/3) der Freibetrag gem. § 16 Abs. 1 ErbStG **anteilig** gewährt. Der Freibetrag wird in dem Verhältnis gemindert, in der die Summe der Werte der erworbenen, nicht der beschränkten Steuerpflicht unterliegenden Vermögensvorteile zum Gesamtwert des Vermögens steht. Dabei werden alle Erwerbe von derselben Person innerhalb von zehn Jahren zusammengerechnet und die früheren Erwerbe mit ihrem früheren Wert angesetzt.[3]

1 BVerfG, Urteil v. 17.12.2014 – 1 BvL 21/12, BStBl 2015 II S. 50; Eisele, NWB 2015 S. 170.

2 Siehe insbesondere Normenkontrollantrag an das BVerfG von Bayern: https://www.bayern.de/erbschaftsteuer-in-laenderhand-bayern-stellt-normenkontrollantrag-in-karlsruhe, insbesondere unter Berufung auf die Rechtsprechung des BVerfG bei Ehegatten und Kindern den überkommenen Nachlass zumindest zum deutlich überwiegenden Teil oder, bei kleineren Vermögen, völlig steuerfrei zu stellen, vgl. BVerfG, Beschluss v. 21.7.2010 – 1 BvR 611/07, BVerfGE 126 S. 400, Rz. 98.

3 Siehe hierzu ausführlich Eisele, NWB 2017 S. 2333. Die Teilbetragsminderung ist europarechtskonform; vgl. hierzu EuGH, Urteil v. 21.12.2021 – Rs. C-394/20 „Finanzamt V", NWB GAAAI-03101, DStR 2022 S. 45, sowie Stein/Dorn, ErbBstg 2022 S. 228.

b) Versorgungsfreibetrag

1592 Es wird ein Versorgungsfreibetrag (§ 17 Abs. 1 und 2 ErbStG) für den **überlebenden Ehegatten** (i. H. von 256.000 €) sowie für die **überlebenden Kinder** (gestaffelt in Abhängigkeit des Alters des jeweiligen Kindes) gewährt. Auch dem **überlebenden Lebenspartner** wird neben dem Freibetrag nach § 16 Abs. 1 Nr. 1 ErbStG (500.000 €) ein besonderer **Versorgungsfreibetrag i. H. von 256.000 €** eingeräumt. Der Versorgungsfreibetrag wird ohne weitere Voraussetzungen nur bei **unbeschränkter Steuerpflicht** (siehe dazu Rz. 1576) gewährt. Nach § 17 Abs. 3 ErbStG wird in Fällen der **beschränkten Steuerpflicht** (§ 2 Abs. 1 Nr. 3 ErbStG) der Versorgungsfreibetrag nach § 17 Abs. 1 und 2 ErbStG gewährt, wenn durch die Staaten, in denen der Erblasser ansässig war oder der Erwerber ansässig ist, **Amtshilfe geleistet** wird.[1]

7. Tarif

a) Steuersätze

1593 In Abhängigkeit von der Steuerklasse und dem steuerpflichtigen Erwerb ergibt sich folgender Tarif:

Steuersätze § 19 Abs. 1 ErbStG			
Wert des steuerpflichtigen Erwerbs bis einschließlich	**Prozentsatz in der Steuerklasse**[2]		
	I	II	III
75 000 €	7	15	30
300 000 €	11	20	30
600 000 €	15	25	30
6 000 000 €	19	30	30
13 000 000 €	23	35	50
26 000 000 €	27	40	50
über 26 000 000 €	30	43	50

1 Amtshilfe ist der Auskunftsaustausch i. S. oder entsprechend der Amtshilferichtlinie gem. § 2 Abs. 11 des EU-Amtshilfegesetzes.

2 BFH, Beschluss v. 20.2.2019 – II B 83/18, NWB ZAAAH-12508, BFH/NV 2019 S. 564.

Die Prozenttarife der Erbschaftsteuer sind auf den gesamten Erwerb anzusetzen. Eine Aufspaltung des steuerpflichtigen Erwerbs in Teilbeträge mit unterschiedlichen Steuertarifen findet nicht statt.[1]

b) Tarifbegünstigung

§ 19a ErbStG regelt eine **Tarifbegrenzung durch einen Entlastungsbetrag** beim Erwerb von Betriebsvermögen, von **Betrieben der LuF** sowie von Anteilen an Kapitalgesellschaften für Erwerber (nur natürliche Personen) der Steuerklassen II und III. Die Regelung bewirkt, dass die steuerliche Belastung auf das Niveau der Steuerklasse I herabgesenkt wird. Die Tarifbegrenzung bezieht sich **nur auf den Teil des Vermögens** nach § 13b Abs. 1 ErbStG, der **nicht dem Verschonungsabschlag** unterliegt. Der Entlastungsbetrag fällt mit Wirkung für die Vergangenheit weg, **soweit** der Erwerber innerhalb von fünf Jahren (beim Optionsmodell innerhalb von sieben Jahren) gegen die Behaltensregelungen des § 13a ErbStG verstößt.[2] 1594

8. Mehrfacher Erwerb desselben Vermögens

Für den mehrfachen Erwerb desselben Vermögens sieht § 27 ErbStG unter bestimmten Voraussetzungen eine **Steuerermäßigung** vor. Fällt demnach **Personen der Steuerklasse I von Todes wegen Vermögen** an, das **in den letzten zehn Jahren vor dem Erwerb** bereits von **Personen dieser Steuerklasse** erworben worden ist und für das **nach diesem Gesetz eine Steuer zu erheben war**, ermäßigt sich der auf dieses Vermögen entfallende Steuerbetrag vorbehaltlich des § 27 Abs. 3 ErbStG wie folgt: 1595

um ... Prozent	wenn zwischen den beiden Zeitpunkten der Entstehung der Steuer liegen		
50	nicht mehr als 1 Jahr		
45	mehr als 1 Jahr,	aber nicht mehr als	2 Jahre
40	mehr als 2 Jahre,	aber nicht mehr als	3 Jahre
35	mehr als 3 Jahre,	aber nicht mehr als	4 Jahre
30	mehr als 4 Jahre,	aber nicht mehr als	5 Jahre
25	mehr als 5 Jahre,	aber nicht mehr als	6 Jahre
20	mehr als 6 Jahre,	aber nicht mehr als	8 Jahre
10	mehr als 8 Jahre,	aber nicht mehr als	10 Jahre

1 BFH, Beschluss v. 20.2.2019 – II B 83/18, BFH/NV 2019 S. 564.

2 Zur Berechnung des Entlastungsbetrags s. R E 19a.2 ErbStR 2019.

Zur Ermittlung des Steuerbetrags, der auf das begünstigte Vermögen entfällt, ist die **Steuer für den Gesamterwerb in dem Verhältnis aufzuteilen**, in dem der Wert des begünstigten Vermögens zu dem Wert des steuerpflichtigen Gesamterwerbs ohne Abzug des dem Erwerber zustehenden Freibetrags steht.[1] Die Ermäßigung nach § 27 Abs. 1 ErbStG darf den Betrag nicht überschreiten, der sich bei Anwendung der in der Tabelle genannten Prozentsätze auf die Steuer ergibt, die der Vorerwerber für den Erwerb desselben Vermögens entrichtet hat. Die Regelung steht im Einklang mit EU-Recht, insbesondere mit der Kapitalverkehrsfreiheit (Art. 63 AEUV).[2]

9. Stundungsregelung

a) Unternehmensvermögen

1596 Gehört zum **Erwerb von Todes wegen begünstigtes Vermögen** (§ 13b Abs. 2 ErbStG), ist nach § 28 Abs. 1 ErbStG dem Erwerber die darauf entfallende Erbschaftsteuer **auf Antrag bis zu sieben Jahren zu stunden**. Der erste Jahresbetrag ist ein Jahr nach der Festsetzung (nicht nach dem Steuerentstehungszeitpunkt) der Steuer fällig und bis dahin zinslos zu stunden. Nach § 28 Abs. 1 Satz 3 ErbStG sind für die weiteren zu entrichtenden Jahresbeträge die §§ 234 bis 238 AO ab dem zweiten Jahr nach der Festsetzung der Steuer anzuwenden. Mithin sind ab dem Jahr 02 bis zum Jahr 07 **ratierliche Tilgungsbeträge** zu 1/6 des Stundungsbetrags zu leisten. Die Stundungsregelung nach Maßgabe des § 222 AO bleibt unberührt (§ 28 Abs. 1 Satz 4 ErbStG); d. h. eine Stundung nach § 222 AO bleibt auch in den Fällen möglich, in denen die Voraussetzungen des § 28 Abs. 1 ErbStG nicht erfüllt sind.

1596/1 Die **Stundung endet** nach § 28 Abs. 1 Satz 5 ErbStG, sobald der Erwerber – ausgehend vom Zeitpunkt der Entstehung der Steuer (§ 9 ErbStG) – den Tatbestand nach § 13a Abs. 3 ErbStG (**Lohnsummenfrist**, siehe dazu Rz. 1587) **nicht einhält** oder einen der Tatbestände nach § 13a Abs. 6 ErbStG (**Behaltensfrist,** siehe dazu Rz. 1588 f.) erfüllt. Die Vorschrift des § 28 Abs. 1 Satz 6 ErbStG bestimmt, dass in den Fällen, in denen ein Antrag nach § 13a Abs. 10 ErbStG auf Vollverschonung oder ein Antrag nach § 28a ErbStG auf Verschonungsbedarfsprüfung gestellt wurde, für eine Stundung die strengeren Lohnsummenregelungen und Behal-

1 R E 27 Abs. 2 Satz 1 ErbStR 2019.

2 EuGH, Urteil v. 30.6.2016 – C-123/15, IStR 2016 S. 631; Anm. Halaczinsky, UVR 2016 S. 270. Zur Verfassungsmäßigkeit und Auslegung der Steuerermäßigung nach § 27 ErbStG s. a. BFH, Beschluss v. 22.8.2017 – II B 93/16, NWB EAAAG-61381, BFH/NV 2018 S. 40.

tensregelungen nach § 13a Abs. 10 ErbStG einzuhalten sind. Gemäß § 28 Abs. 1 Satz 7 ErbStG ist eine Stundung nicht möglich auf Beträge, die der Erwerber zu entrichten hat, weil er den Tatbestand nach § 13a Abs. 3 ErbStG (Lohnsummenregelung) nicht eingehalten hat oder einen der Tatbestände nach § 13a Abs. 6 ErbStG (Behaltensregelung) erfüllt hat; mithin ist die **Nachsteuer** aufgrund Verstoßes gegen die Lohnsummen- und/oder Behaltensregelung **nicht stundungsfähig**. Im Übrigen endet die Stundung, sobald der Erwerber den Betrieb oder den Anteil daran überträgt oder aufgibt, auch wenn kein Verstoß gegen die Behaltensregelungen vorliegt (§ 28 Abs. 1 Satz 8 ErbStG). Nach § 28 Abs. 2 ErbStG findet in Fällen der **Ersatzerbschaftsteuer** bei **Familienstiftungen** und **Familienvereinen** (§ 1 Abs. 1 Nr. 4 ErbStG) die Regelung des § 28 Abs. 1 ErbStG entsprechende Anwendung.

b) Immobilienvermögen

Gehört zum Erwerb **Grundbesitz, der zu Wohnzwecken genutzt wird**, ist dem 1597
Erwerber nach § 28 Abs. 3 ErbStG die darauf entfallende ErbSt **auf Antrag bis zu zehn Jahren zu stunden**, soweit er die Steuer nur durch Veräußerung dieses Vermögens aufbringen kann (§ 28 Abs. 3 Satz 1 ErbStG). Die Stundung endet nach § 28 Abs. 3 Satz 2 ErbStG, soweit der Grundbesitz auf Dritte übergeht oder dauerhaft keinen Wohnzwecken mehr dienen soll. Die **Stundung** erfolgt bei **Erwerben von Todes wegen zinslos** (§ 28 Abs. 3 Satz 3 ErbStG). Eine Stundung nach § 222 AO bleibt möglich, auch wenn die Voraussetzungen von § 28 ErbStG nicht erfüllt sind (§ 28 Abs. 3 Satz 4 ErbStG).

Kann der Erwerber die auf das begünstigte Vermögen entfallende ErbSt ent- 1597/1
weder aus **weiterem erworbenen Vermögen** oder aus seinem **vorhandenen eigenen Vermögen** aufbringen, besteht **kein Rechtsanspruch auf Stundung**. Eine **Stundung** bleibt auch in den Fällen **ausgeschlossen**, in denen der **Schenker** zur Zahlung der SchenkSt herangezogen werden kann, sei es, weil er die **Steuer** nach § 10 Abs. 2 ErbStG **übernommen** hat, sei es, weil er als Gesamtschuldner in Anspruch genommen werden kann. Die Stundung **endet stets**, soweit das erworbene Vermögen **weiterverschenkt** oder **-veräußert** wird. Nach § 28 Abs. 3 Satz 5 ErbStG wird für die Steuer auf Grundbesitz, der in einem Drittstaat belegen ist, die Stundung nur gewährt, wenn und solange dieser Staat Amtshilfe leistet.[1]

(*Einstweilen frei*) 1598–1619

1 Amtshilfe ist der Auskunftsaustausch i. S. oder entsprechend der Amtshilferichtlinie gem. § 2 Abs. 11 des EU-Amtshilfegesetzes.

E. Umsatzsteuer

I. Allgemeines

1. Zweck und Bedeutung der Vorschrift

1620 § 24 UStG bezweckt, im Bereich der LuF durch die Festsetzung von Durchschnittssätzen die **Erfüllung der umsatzsteuerlichen Verpflichtungen zu erleichtern**. Die Festsetzung erstreckt sich auf die Steuer für die Umsätze i. S. von § 1 Abs. 1 Nr. 1 und 2 UStG, die im Rahmen eines luf Betriebes ausgeführt werden. Zum anderen sind auch die diesen Umsätzen zuzurechnenden Vorsteuern bestimmt. Da die Höhe der festgesetzten Vorsteuerbeträge mit der Festsetzung der Steuer für die Umsätze (mit Ausnahme der unter § 24 Abs. 1 Satz 1 Nr. 2 UStG fallenden Umsätze) übereinstimmen, entsteht für die LuF **weder eine Zahllast noch ein Vorsteuerüberschuss**, weil die Steuerschuld durch die zu verrechnende pauschalierte Vorsteuer getilgt wird.[1] Eine Umsatzsteuerzahllast kann daher nur bei den in § 24 Abs. 1 Satz 1 Nr. 2 UStG genannten Lieferungen von Sägewerkserzeugnissen, Frucht- und ähnlichen Säften sowie von alkoholischen Getränken i. H. von 7,8 % der Bemessungsgrundlagen entstehen. Wegen der durch das Zweite Corona-Steuerhilfegesetz[2] abgesenkten Steuersätze ergab sich für nach dem 30.6.2020 und vor dem 1.1.2021 ausgeführte Umsätze eine Zahllast von 5,3 % der Bemessungsgrundlage. In allen anderen Fällen kann die Ermittlung der Steuer und ihrer Berechnungsgrundlagen unterbleiben.

1621 Die Durchschnittssatzbesteuerung hat außerdem erhebliche **organisatorische Vorteile**, sie erspart bürokratischen Aufwand in Form von Aufzeichnungen, Voranmeldungen und Erklärungen und die damit verbundenen Kosten.[3] Im Prinzip – s. aber die in § 67 UStDV geregelten Ausnahmen – sind LuF von den Aufzeichnungspflichten nach § 22 UStG befreit. Ein entsprechender **Entlastungseffekt** tritt auch **bei der FinVerw** ein.[4]

1622 Dem Abnehmer entstehen durch die Anwendung des § 24 UStG keine Nachteile, weil LuF, die § 24 UStG anwenden, zur Rechnungserteilung mit gesondertem Steuerausweis berechtigt sind.[5] Dem **Abnehmer einer Lieferung eines luf Erzeugnisses bzw. dem Leistungsempfänger einer luf Dienstleistung** steht daher

1 Tehler, UR 2007 S. 917, 918.

2 Zweites Corona-Steuerhilfegesetz v. 29.6.2020, BGBl 2020 I S. 1512.

3 Riegler, UR 2015 S. 329, 330.

4 Lange, UR 2003 S. 517, 518.

5 Janzen in Lippross/Seibel, Basiskommentar Steuerrecht, § 24 UStG Rz. 3.

bei Vorliegen der Voraussetzungen des § 15 UStG der Vorsteuerabzug in Höhe der nach den entsprechenden Durchschnittssätzen berechneten Steuer zu. Das trifft jedoch nur für die Abnehmer zu, die der Regelbesteuerung unterliegen. Ist der Leistungsempfänger seinerseits ein Land- oder Forstwirt, ist der Vorsteuerabzug nach § 24 Abs. 1 Satz 4 UStG ausgeschlossen. Ist der Leistungsempfänger Nichtunternehmer, steht ihm ein Vorsteuerabzug ohnehin nicht zu.

BEISPIEL ▸ Ein Landwirt veräußert Schweine an einen Metzger für 10.000 € (netto). An Eingangsumsätzen (u. a. Ausgaben für Kauf der Ferkel, Futter oder Heizkosten des Stalls) ist ein Gesamtbetrag von 4.000 € aufgelaufen.

Der Landwirt schuldet Umsatzsteuer i. H. von (10.000 € x 7,8 % =) 780 € (vgl. § 24 Abs. 1 Satz 1 Nr. 3 UStG). Der pauschalierte Vorsteuerabzug beläuft sich nach § 24 Abs. 1 Satz 3 UStG auf 7,8 % „der Bemessungsgrundlage für diese Umsätze". Da mit „diesen Umsätzen" nicht die geringeren Eingangsumsätze, sondern die erzielten Ausgangsumsätze gemeint sind, steht dem Landwirt in derselben Höhe ein Vorsteuerabzug zu und es ergibt sich keine Zahllast („Scheinbesteuerung").

Erteilt der Landwirt dem Metzger eine entsprechende Rechnung, kann der Metzger Vorsteuer i. H. von 780 € abziehen (§ 15 Abs. 1 Satz 1 Nr. 1 UStG). In diesem Fall erzielt der Landwirt im Ergebnis also eine Mehreinnahme von 780 €, die mittelbar der Fiskus trägt (Subventionierung).

Im Unterschied zu einer Nichtbesteuerung oder einer unechten Steuerbefreiung wirken sich die pauschalierten Vorsteuerbeträge nicht kostenerhöhend aus, wenn der Pauschallandwirt seine Leistungen gegenüber einem zum Vorsteuerabzug berechtigten Unternehmer erbringt. Insoweit kann der Pauschallandwirt sogar **Wettbewerbsvorteile** gegenüber solchen Anbietern erzielen, die der Regelbesteuerung unterliegen. Ein finanzieller Vorteil entsteht, wenn es dem Pauschallandwirt gelingt, den um den Durchschnittssatz erhöhten Preis auf dem Markt zu erhalten, ohne den um die pauschale Vorsteuer verminderten Betrag als Zahllast abzuführen. Der Vorteil ist gering, wenn die Wertschöpfung des Betriebes gering ist. Mit zunehmender Wertschöpfung steigt der steuerliche Vorteil entsprechend an. Allerdings kann auch ein **Zinsnachteil** entstehen, weil beim Pauschallandwirt die Mehrwertsteuervorbelastung erst mit den Lieferungen landwirtschaftlicher Erzeugnisse und Dienstleistungen ausgeglichen wird, während im Regelbesteuerungsverfahren dies im nächsten Voranmeldungszeitraum möglich ist.[1] 1623

1 Riegler, UR 2015 S. 329, 330.

Unabhängig vom umsatzsteuerrechtlichen Status des geschädigten Landwirts ist die Zahlung von echtem **Schadensersatz** zwar in keinem Fall umsatzsteuerbar. Bei den Grundlagen der zivilrechtlichen Schadensberechnung spielt die Umsatzsteuer aber dennoch die entscheidende Rolle. Nach § 24 UStG pauschalierende Landwirte erhalten daher zusätzlich noch die Umsatzsteuer in Höhe des geltenden Pauschalsteuersatzes (derzeit noch 9 %). Falls der pauschalierende Landwirt zur Behebung des Schadens Material oder Leistungen einkaufen muss, zählt auch die Umsatzsteuer, welche er dabei in Rechnung gestellt bekommt, zum ersatzpflichtigen Schaden, da bei der Beschädigung einer Sache gem. § 249 Abs. 2 Satz 2 BGB der Geldbetrag auch die Umsatzsteuer umfasst, wenn und soweit sie tatsächlich angefallen ist.[1]

BEISPIEL ▸ Wildschaden

Bei einem Wildschaden i. H. von 10.000 € netto hat der pauschalierende Landwirt einen Anspruch auf Zahlung von Wildschadensersatz i. H. von 10.000 € zzgl. Umsatzsteuer i. H. von 9 % (§ 24 Abs. 1 Satz 1 Nr. 3 UStG), also insgesamt 10.900 €. Anders als im Falle eines Einkaufs von Ersatz-Saatgut, z. B. von einem Landhandelsunternehmen, oder des Bezugs von Reparaturleistungen, z. B. durch einen Lohnunternehmer, hat der nach § 29 BJagdG zu entschädigende Landwirt auf die erhaltene Schadensersatzleistung zwar keine Umsatzsteuer zahlen müssen, dennoch stellt die nach § 24 Abs. 1 Satz 1 Nr. 3 UStG pauschalierte Umsatzsteuer für ihn eine erlittene Belastung dar, da für die durch den Wildschaden zerstörte Ernte ein entgangener Verkauf am Markt unterstellt wird. Wäre der Wildschaden nicht eingetreten, hätte der Landwirt für die betroffene Ernte i. H. von 10.000 € netto zzgl. noch 9 % pauschalierte Umsatzsteuer i. H. von nochmals 900 € einnehmen können (§ 14 Abs. 2 Satz 3 i. V. mit § 25 Abs. 1 Satz 5 UStG), ohne diesen Betrag an das FA abführen zu müssen.

2. Systematik

1624 § 24 UStG regelt **keine Besonderheiten bei Steuerbarkeit, Steuerbefreiung und Bemessungsgrundlage**. Lediglich die Besteuerung für LuF wird abweichend von § 12 UStG durch gesetzlich pauschal festgesetzte Steuer- und Vorsteuerbeträge vereinfacht.

§ 24 UStG geht § 12 UStG und § 19 UStG als **Spezialregelung** vor. Die Durchschnittssatzbesteuerung ist teilweise eine Scheinbesteuerung und hat denselben Effekt wie eine Nichtbesteuerung oder unechte Steuerbefreiung.

1 Baumgartner/Lange, MwStR 2024 S. 5, 7.

§ 24 Abs. 1 UStG enthält die wesentlichen **Regelungen zur Durchführung der Durchschnittssatzbesteuerung**: § 24 Abs. 1 Satz 1 UStG normiert abweichend von § 12 UStG die Steuersätze für die verschiedenen im Rahmen eines luf Betriebes ausgeführten Umsätze. § 24 Abs. 1 Satz 2 UStG schließt die Möglichkeit des Verzichts für Steuerbefreiungen aus. § 24 Abs. 1 Satz 3 UStG setzt die abziehbaren Vorsteuerbeträge korrespondierend zu den Durchschnittssätzen fest, nach § 24 Abs. 1 Satz 4 UStG ist ein weiterer Vorsteuerabzug ausgeschlossen. Nach § 24 Abs. 1 Satz 5 UStG ist eine Rechnung mit Angabe des Durchschnittssteuersatzes auszustellen.[1]

§ 24 Abs. 2 UStG definiert die **Tätigkeiten und Produktionszweige, die als luf Betriebe gelten**.

Für den Fall, dass der Unternehmer neben dem luf Betrieb weitere unternehmerische Tätigkeiten ausübt, die dem Regelsteuersatz unterliegen, bestimmt § 24 Abs. 3 UStG, dass der luf Betrieb als ein in der Gliederung des Unternehmens gesondert geführter Betrieb zu behandeln ist. Die Durchschnittssatzbesteuerung für LuF nach § 24 UStG kommt nicht zur Anwendung auf Umsätze, die **nicht (mehr) im Rahmen eines luf Betriebs ausgeführt werden**. Dies ist insbesondere der Fall, wenn es sich um Umsätze im Rahmen einer gewerblichen Tätigkeit oder im Rahmen einer Vermietung und Verpachtung handelt.

§ 24 Abs. 4 UStG regelt die Möglichkeit, auf die Durchschnittssatzbesteuerung zu **verzichten**. In diesem Fall unterliegt der LuF mindestens fünf Jahre der Besteuerung nach den allgemeinen Vorschriften. Von ihm wird jedoch Steuer nicht erhoben, wenn die Voraussetzungen des § 19 Abs. 1 UStG erfüllt sind. LuF werden somit

- grundsätzlich nach Durchschnittssätzen (§ 24 UStG),
- bei Verzicht auf die Durchschnittssatzbesteuerung nach den allgemeinen Vorschriften besteuert (§ 24 Abs. 4 UStG), sofern die Voraussetzungen für die Nichterhebung von Steuer (§ 19 Abs. 1 UStG) nicht erfüllt sind oder sofern darauf verzichtet worden ist (§ 19 Abs. 3 UStG).

1 Baumgartner/Lange, MwStR 2024 S. 5, 6.

1625 Überblick über die Besteuerung der LuF[1]

	LuF	
	↓	
Umsätze im Rahmen eines luf Betriebes (§ 24 Abs. 2 UStG, Art. 295 Abs. 1 Nr. 2 MwStSystRL)		
↓		↓
ja		nein
↓		↓
Verzicht auf die Durchschnittssatzbesteuerung (§ 24 Abs. 4 Satz 1 UStG)		
↓	↓	↓
nein	ja →	Versteuerung nach den allgemeinen Vorschriften des UStG
↓		↓
Versteuerung nach Durchschnittssätzen (§ 24 UStG)		Anwendung der Kleinunternehmerregelung des § 19 Abs. 1 UStG prüfen (Abschnitt 24.8 Abs. 2 UStAE)
		↓
		Verzicht auf die Anwendung des § 19 Abs. 1 UStG möglich (§ 19 Abs. 2 UStG; Abschnitt 24.8 Abs. 2 Satz 4 UStAE)

3. Unionsrecht

a) Unionsrechtliche Vorgaben

1626 **Art. 296 Abs. 1 MwStSystRL** ermöglicht die Anwendung einer Pauschalregelung für landwirtschaftliche Erzeuger, bei denen die Anwendung der normalen Regelung oder der Sonderregelung für Kleinunternehmer auf Schwierigkeiten stoßen würde.

1 https://www.smartsteuer.de/online/lexikon/l/land-und-forstwirtschaft-lexikon-des-steuerrechts/.

Nach **Art. 296 Abs. 2 MwStSystRL** kann jeder Mitgliedstaat bestimmte Gruppen landwirtschaftlicher Erzeuger sowie diejenigen landwirtschaftlichen Erzeuger, bei denen die Anwendung der normalen Mehrwertsteuerregelung oder ggf. der vereinfachten Modalitäten für Kleinunternehmer keine verwaltungstechnischen Schwierigkeiten mit sich bringt, von der Pauschalregelung ausnehmen.

Ziel dieser Pauschalregelung ist, die administrativen Belastungen dieser Erzeu- 1627
ger zu verringern. Der Höhe nach stimmen die festgesetzten Vorsteuerbeträge mit der Festsetzung der Steuer für die Umsätze überein. Liefern landwirtschaftliche Erzeuger Gegenstände oder erbringen sie Dienstleistungen, entsteht im Regelfall weder eine Zahllast noch ein Vorsteuerüberschuss und die Ermittlung der Steuer und ihrer Berechnungsgrundlagen kann unterbleiben. Die Sonderregelung ist eng auszulegen und nur insoweit anzuwenden, als dies zur Erreichung ihres Zieles erforderlich ist.[1]

BEISPIEL – STRUKTURELLE VORSTEUER-ÜBERKOMPENSATION:

Der Landwirt L hat seinen landwirtschaftlichen Betrieb auf die Milchproduktion spezialisiert. Im Jahr 2023 hat er ausschließlich Milchlieferungen an die Molkerei M getätigt, welche ihm hierfür 21.800 € vergütete. Für den Zukauf von Futtermitteln, tierärztliche Betreuung usw. wurde ihm im Jahr 2023 insgesamt 2.500 € Umsatzsteuer in Rechnung gestellt.

Nach § 24 Abs. 1 Nr. 3 UStG bemisst sich bei L die Umsatzsteuer nach dem Durchschnittssatz von 7,8 %. Die Bemessungsgrundlage beträgt 20.000 € und die Ausgangsumsatzsteuer 1.560 €. Diese Steuer kann M bei Vorliegen einer entsprechenden Rechnung als Vorsteuer geltend machen.

Nach § 24 Abs. 1 Satz 3 UStG bemisst sich die Vorsteuer des L pauschal mit 7,8 % der Bemessungsgrundlagen, also 9,0 % von 20.000 € = 1.560 €. Ein weiterer Vorsteueranspruch aufgrund der dem L in Rechnung gestellten Umsatzsteuer entfällt nach § 24 Abs. 1 Satz 4 UStG. Der Umsatzsteuer für die Ausgangsumsätze steht also die Vorsteuer in gleicher Höhe gegenüber.

Dieser **Begünstigungseffekt** kann nur eintreten, wenn der Land- und Forstwirt, der nach Durchschnittssätzen besteuert, in der Lage ist, auf dem Markt den um den in § 24 Abs. 1 UStG vorgesehenen Durchschnittssteuersatz erhöhten Preis zu erhalten, ohne den um die pauschale Vorsteuer verminderten Betrag als Zahllast beim Finanzamt abzuführen. Das wird **nur bei einem gewerblichen Abnehmer** gelingen, der seinerseits die ihm von dem Land- und Forstwirt in Rechnung gestellte Umsatzsteuer als Vorsteuer geltend machen kann. Etwas

1 EuGH, Urteil 15.7.2004 – Rs. C-321/02 „Harbs", ECLI:EU:C:2004:447 = NWB OAAAB-79425 = UR 2004 S. 543; EuGH, Urteil 26.5.2005 – Rs. C-43/04 „Stadt Sundern", ECLI:EU:C:2005:324 = NWB FAAAB-79454 = UR 2005 S. 397; BFH, Urteil 24.1.2013 – V R 34/11, BStBl 2013 II S. 460.

anderes gilt aber, wenn der Land- und Forstwirt unmittelbar an einen Endverbraucher liefert, der nicht zum Vorsteuerabzug berechtigt ist, da dieser dasselbe Produkt vom gewerblichen Unternehmer sogar günstiger erwerben könnte.

1628 Deutschland wendete bisher die Pauschalregelung standardmäßig auf sämtliche LuF an, also auch auf Eigentümer großer landwirtschaftlicher Betriebe, bei denen im Regelfall derartige Schwierigkeiten nicht auftreten. Insoweit dürfte die Regelung des § 24 UStG **nicht unionskonform** sein.[1] Außerdem kann die Gewährung der Pauschalregelung in Deutschland dazu führen, dass Pauschallandwirte einen Ausgleich erhalten, der die von ihnen gezahlte Vorsteuer übersteigt.

BEISPIEL – STRUKTURELLE VORSTEUER-ÜBERKOMPENSATION:

Ein Imker stellt für den Verkauf seines Honigs an die Touristeninformation der Stadt S eine Rechnung gem. der Sonderregelung für Landwirte nach § 24 Abs. 1 Nr. 3 UStG mit 7,8 % Umsatzsteuer aus. Da die Touristeninformation als ein steuerrelevanter Betrieb gewerblicher Art der Stadt geführt wird, kann die ausgewiesene Umsatzsteuer des Imkers eingangsseitig als Vorsteuer in Abzug gebracht werden.

Verkauft S den Honig (zur Verdeutlichung ohne Aufschlag), unterliegt dieser Umsatz gem. Anlage 2 zu § 12 Abs. 2 Nr. 1 UStG dem ermäßigten Umsatzsteuersatz von 7 %. Da der abzugsfähige Vorsteuerbetrag höher als die abzuführende Umsatzsteuer ist, erzielt die Stadt sogar einen Vorsteuerüberhang von 2,0 % für jedes Glas.

Um ein laufendes Vertragsverletzungsverfahren der EU-Kommission gegen Deutschland (Az. C-57/20) möglichst einvernehmlich zu beenden, hat der deutsche Gesetzgeber[2] reagiert und in § 24 Abs. 1 Satz 1 UStG zur Konkretisierung des Anwendungsbereichs eine **Umsatzgrenze i. H. von 600.000 €** eingefügt. Die bisherigen Pauschalsätze sind unverändert geblieben. Die Europäische Kommission hat vor dem Hintergrund der Gesetzesänderung dem EuGH am 11.2.2022 mitgeteilt, dass sie ihre Klage zurücknimmt. Mit Beschluss vom 11.3.2022 wurde das Vertragsverletzungsverfahren daher eingestellt.

Nach § 27 Abs. 32 UStG ist diese Änderung in § 24 Abs. 1 UStG erstmals auf Umsätze anzuwenden, die **nach dem 31.12.2021** bewirkt werden. Die Besteuerung eines LuF nach den Pauschalierungsgrundsätzen des § 24 UStG wird erstmals für das Jahr 2022 davon abhängen, ob der Vorjahresumsatz (dann im Jahr 2021) die Umsatzgrenze von 600.000 € nicht überschritten hat.

1 Schüler-Täsch in Sölch/Ringleb, UStG, § 24 Rz. 14; Schilcher in Hartmann/Metzenmacher, UStG, § 24 Rz. 26.

2 Art. 11 Nr. 6 und Nr. 7 JStG 2020, BGBl 2020 I S. 3096 = BStBl 2021 I S. 6; s. hierzu auch BT-Drucks. 19/25160 S. 160.

Die **Pauschalausgleich-Prozentsätze** sind die Prozentsätze, die die Mitgliedstaaten festlegen und auf landwirtschaftliche Umsätze anwenden, damit die Pauschallandwirte den pauschalen Ausgleich der Mehrwertsteuervorbelastung erlangen (Art. 295 Abs. 1 Nr. 7 MwStSystRL).

Art. 272 MwStSystRL ermöglicht den Mitgliedstaaten, die Pauschallandwirte von Erklärungs- und Aufzeichnungspflichten freizustellen.

Jeder Pauschallandwirt hat nach den von den Mitgliedstaaten festgelegten Einzelheiten und Voraussetzungen das Recht, für die Anwendung der normalen Mehrwertsteuerregelung oder ggf. der vereinfachten Regelung nach Art. 281 MwStSystRL zu **optieren** (Art. 296 MwStSystRL). Diese Möglichkeit der Option und die Rückkehr zur Pauschalbesteuerung führt nicht zu ungerechtfertigten Vorsteuererstattungen, da der Wechsel von der Pauschal- zur Regelbesteuerung und umgekehrt eine Änderung der ursprünglich für den Vorsteuerabzug maßgeblichen Verhältnisse darstellt und zu einer entsprechenden Korrektur der Vorsteuer führt (Art. 192 MwStSystRL). 1629

Nach **Art. 300 MwStSystRL** werden die Pauschalausgleich-Prozentsätze angewendet auf 1630

- den Preis für Lieferungen landwirtschaftlicher Erzeugnisse an andere Unternehmer, jedoch nicht an Pauschallandwirte,
- den Preis für die Erbringung landwirtschaftlicher Dienstleistungen an andere Unternehmer, nicht jedoch an Pauschallandwirte,
- den Preis innergemeinschaftlicher Lieferungen landwirtschaftlicher Erzeugnisse an nichtsteuerpflichtige juristische Personen, deren innergemeinschaftliche Erwerbe der Mehrwertsteuer unterliegen.

Nach **Art. 295 Abs. 1 MwStSystRL** sind 1631

- landwirtschaftliche Erzeugnisse Gegenstände, die im Rahmen der in Anhang VII MwStSystRL aufgeführten Tätigkeiten von den luf Betrieben der einzelnen Mitgliedstaaten erzeugt werden (Art. 295 Abs. 1 Nr. 4 MwStSystRL). Diesen Tätigkeiten werden gleichgestellt die Verarbeitungstätigkeiten, die ein Landwirt bei im Wesentlichen aus seiner landwirtschaftlichen Produktion stammenden Erzeugnissen mit Mitteln ausübt, die normalerweise in luf Betrieben verwendet werden (Art. 295 Abs. 2 MwStSystRL);
- landwirtschaftliche Dienstleistungen solche, die von einem luf Erzeuger mit Hilfe seiner Arbeitskräfte oder der normalen Ausrüstung seines luf Betriebs erbracht werden und die normalerweise zur luf Erzeugung beitragen, und

zwar insbesondere die in Anhang VIII MwStSystRL aufgeführten Dienstleistungen (Art. 295 Abs. 1 Nr. 5 MwStSystRL).

1632 Im Ergebnis können deswegen die Pauschalausgleich-Prozentsätze nur auf **die in Art. 295 Abs. 1 Nr. 4 und 5 i. V. mit Anhängen VII und VIII MwStSystRL genannten landwirtschaftlichen Erzeugnisse und Dienstleistungen** angewendet werden.[1]

Die Art. 295 ff. MwStSystRL sind von den Mitgliedstaaten nicht zwingend umzusetzen. Sie eröffnen ihnen lediglich ein **Wahlrecht**. Deutschland ist nicht verpflichtet, eine derartige Sonderregelung für LuF im UStG zu regeln.[2]

Die Durchschnittssatzbesteuerung nach § 24 UStG kommt nicht bei der Veräußerung selbsterzeugter landwirtschaftlicher Produkte im Inland **eines im Ausland ansässigen landwirtschaftlichen Betriebs** zur Anwendung.[3] Die Beschränkung der Pauschalregelung für landwirtschaftliche Erzeuger auf im Inland ansässige Unternehmer ergibt sich aus Art. 295 Abs. 1 Nr. 2 MwStSystRL. Danach gilt als land-, forst- und fischwirtschaftlicher Betrieb ein Betrieb, der in den einzelnen Mitgliedstaaten unter weiteren Voraussetzungen als solcher eingestuft wird. Dies spricht für eine nationale Begriffsbestimmung und damit für eine Beschränkung auf nationale Betriebe. Insbesondere aber spricht der Wortlaut der Art. 297 bis 299 MwStSystRL für eine Beschränkung auf im jeweiligen Mitgliedstaat ansässige Land- und Forstbetriebe. Danach werden die von den Mitgliedstaaten festgelegten Pauschalausgleichs-Prozentsätze anhand der allein für die Pauschallandwirte geltenden makroökonomischen Daten der letzten drei Jahre bestimmt. Die Ermittlung der makroökonomischen Daten kann von jedem Mitgliedstaat nur in Bezug auf die im jeweiligen Mitgliedstaat ansässigen Land- und Forstwirte erfolgen. Damit beziehen sich die Pauschalausgleichs-Prozentsätze auf die wirtschaftliche Tätigkeit der im jeweiligen Mitgliedstaat ansässigen Land- und Forstwirte. Die Regelungen der Art. 295 bis Art. 305 MwStSystRL ermöglichen den Mitgliedstaaten eine Vereinfachung und Entlastung der im Inland ansässigen Land- und Forstwirte von den Vorsteuerbelastungen auf nationaler Ebene. Von der Durchschnittssatzbesteuerung soll ein EU-Ausländer nur wie ein Inländer profitieren, wenn er einen luf Betrieb im Inland betreibt.

1 BFH, Urteil 13.9.2023 – XI R 37/22, BStBl 2024 II S. 240.

2 Tehler, UR 2007 S. 917, 921.

3 BFH, Urteil 22.3.2023 – XI R 14/21, BStBl 2023 II S. 945; Prätzler, jurisPR-SteuerR 45/2023 Anm. 5.

b) Unionskonforme Umsetzung im deutschen Umsatzsteuerrecht

Die Durchschnittssatzbesteuerung ist eine der am heftigsten und am kontroversesten diskutierten Regelungen im Umsatzsteuergesetz; dabei steht die **unionskonforme Umsetzung der gemeinsamen Pauschalregelung für landwirtschaftliche Erzeuger** der Art. 295 bis 305 MwStSystRL im Mittelpunkt.[1] 1633

Soweit teilweise[2] vertreten wird, dass die Subventionierung durch § 24 UStG mit Art. 299 MwStSystRL nicht zu vereinbaren sei, weil die Pauschalierung nicht dazu führen darf, dass die Pauschallandwirte insgesamt Erstattungen erhalten, die über die Mehrwertsteuervorbelastung hinausgehen, ist dem nicht zu folgen. Die Anwendung der Durchschnittssatzbesteuerung und insbesondere die auf der Grundlage von § 24 Abs. 1 Satz 3 UStG festgesetzten Vorsteuerbeträge können zwar **im einzelnen Betrieb** zu finanziellen Vorteilen führen. Sofern die Pauschalregelung im Einzelfall nicht zu einem punktgenauen Ausgleich der tatsächlichen Steuerbelastung führt, liegt dies aber in der Systematik des geltenden Unionsrechts und nicht in den darauf aufbauenden Vorschriften des nationalen Rechts begründet. Es liegt in der Natur der Sache, dass die in Art. 298 MwStSystRL vorgesehene pauschale Berechnungsmethode über eine **gesamte Branche** hinweg nicht die Verhältnisse des Einzelfalls widerspiegelt, sondern im Einzelfall sowohl zu einer Über- als auch zu einer Unterkompensation führen kann.[3]

c) Richtlinienkonforme Abgrenzung der Lieferung landwirtschaftlicher Erzeugnisse und Dienstleistungen

Der Anwendungsbereich des § 24 UStG ist teilweise **im Vergleich zu den Regelungen der MwStSystRL weiter gefasst**.[4] Um den Vorgaben der MwStSystRL gerecht zu werden, ist § 24 UStG insoweit **richtlinienkonform auszulegen**. Dabei ist die Pauschalregelung für landwirtschaftliche Erzeuger eng auszulegen und darüber hinaus nur insoweit anzuwenden, als dies zur Erreichung ihres Ziels erforderlich ist. Dieses Ziel besteht darin, die Belastung durch die Steuer auf die von den Landwirten bezogenen Gegenstände und Dienstleistungen dadurch auszugleichen, dass den landwirtschaftlichen Erzeugern, die ihre Tätigkeit im 1634

1 Schuhmann in Rau/Dürrwächter, UStG, § 24 Rz. 12.9; Tehler in Reiß/Kraeusel/Langer, UStG, § 24 Rz. 40; Jungen/Köster/Schleep, UR 2021 S. 133, 137; Englisch, UR 2011 S. 401, 409; Tehler, UR 2007 S. 917, 921; Nieskens, UR 2003 S. 313, 317; Lange, UR 2003 S. 517; Klenk, UR 2002 S. 597; Möckel, DStZ 2002 S. 824.

2 Schüler-Täsch, MwStR 2013 S. 540, 541; Hummel, UR 2009 S. 73, 74; Tehler, UR 2007 S. 917, 920; Schilcher in Hartmann/Metzenmacher, UStG, § 24 Rz. 29.

3 Riegler, UR 2015 S. 329, 334.

4 Lange, UR 2003 S. 517, 521; Klenk, UR 2002 S. 597.

Rahmen eines landwirtschaftlichen, forstwirtschaftlichen oder Fischereibetriebs ausüben, ein Pauschalausgleich gezahlt wird, wenn sie landwirtschaftliche Erzeugnisse liefern oder landwirtschaftliche Dienstleistungen erbringen. Andere Umsätze, die der Unternehmer im Rahmen des luf Betriebs sowie außerhalb des luf Betriebs tätigt, unterliegen der Besteuerung nach den allgemeinen Vorschriften des Gesetzes.[1]

Nach Art. 296 Abs. 2 MwStSystRL kann jeder Mitgliedstaat bestimmte Gruppen landwirtschaftlicher Erzeuger sowie diejenigen **landwirtschaftlichen Erzeuger, bei denen die Anwendung der normalen Mehrwertsteuerregelung oder ggf. der vereinfachten Modalitäten für Kleinunternehmen keine verwaltungstechnischen Schwierigkeiten mit sich bringt**, von der Pauschalregelung ausnehmen. Nach § 24 Abs. 1 UStG können alle Unternehmer für die im Rahmen eines luf Betriebs ausgeführten Umsätze die Durchschnittssatzbesteuerung anwenden, und zwar unabhängig von Rechtsform, Umsatzhöhe oder Form der Rechnungslegung. Soweit vertreten wird, dass zur Buchführung verpflichtete LuF, die ohnehin Belege aufbewahren und Bücher führen müssen, bzw. soweit der Gewinn der luf Betriebe nicht nach Durchschnittssätzen gem. § 13a Abs. 3 bis 6 EStG ermittelt wird, deswegen aus dem Anwendungsbereich des § 24 UStG fallen müssten, weil diesem Personenkreis die Anwendung der Regelbesteuerung keine Schwierigkeiten bereiten würde,[2] ist dem nicht zu folgen. Die in Art. 296 MwStSystRL vorgesehene Möglichkeit einer Pauschalregelung für landwirtschaftliche Erzeuger ist nicht auf kleine Unternehmen beschränkt, sondern kann von den Mitgliedstaaten auf alle landwirtschaftlichen Erzeuger angewendet werden, bei denen die Anwendung der normalen Mehrwertsteuerregelung oder ggf. der Sonderregelung für Kleinunternehmer auf Schwierigkeiten stoßen würde. Solche Schwierigkeiten können sich auch aus der Betriebsstruktur, der Produktionsweise oder der Art der Abrechnung ergeben. Der persönliche Anwendungsbereich der Durchschnittssatzbesteuerung stimmt daher mit den Regelungen der MwStSystRL überein.[3]

1635 Darüber hinaus wenden Rechtsprechung[4] und Verwaltung[5] die Vorschrift des § 24 UStG **richtlinienkonform i. S. von Art. 295 bis 305 MwStSystRL** an bzw.

1 Tehler in Reiß/Kraeusel/Langer, UStG, § 24 Rz. 43.

2 Müller in Weymüller, BeckOK UStG, § 24 Rz. 41; Englisch, UR 2011 S. 401, 409.

3 Riegler, UR 2015 S. 329, 332.

4 BFH, Urteil 13.9.2023 – XI R 37/22, BStBl 2024 II S. 240, Rz. 22; BFH, Urteil 22.3.2023 – XI R 14/21, BStBl 2023 II S. 945, Rz. 20; BFH, Urteil 12.11.2020 – V R 22/19, BStBl 2021 II S. 544, Rz. 28; BFH, Urteil 26.5.2021 – V R 11/18, BStBl 2022 II S. 149, Rz. 20.

5 Abschnitt 24.1 Abs. 1 UStAE; BMF 28.11.2005, BStBl 2005 I S. 1065.

grenzen den Begriff der Lieferung landwirtschaftlicher Erzeugnisse und das Erbringen landwirtschaftlicher Dienstleistungen richtlinienkonform ab. Die ertragsteuerrechtliche und bewertungsrechtliche Beurteilung ist wegen des Gebots der unionsrechtskonformen Auslegung für § 24 UStG nicht maßgeblich.[1]

Eine Person kann nicht allein deswegen, weil sie landwirtschaftlicher Erzeuger ist, geltend machen, auf sie müsse unabhängig von der Art der von ihr getätigten Geschäfte ausschließlich diese Regelung Anwendung finden.[2] Vielmehr ist nach Art. 295 MwStSystRL in einer zweistufigen Prüfung festzustellen, ob ein luf Betrieb vorliegt, in dem luf Leistungen erbracht werden. Deswegen erfasst die Vorschrift des § 24 UStG **nur die Lieferung der in Art. 295 Abs. 1 Nr. 4 MwStSystRL genannten landwirtschaftlichen Erzeugnisse und Dienstleistungen**.[3] Andere Umsätze, die der Unternehmer im Rahmen des luf Betriebs sowie außerhalb dieses Betriebs tätigt, unterliegen der Besteuerung nach den allgemeinen Vorschriften des Gesetzes.[4] Damit fallen **Nebenbetriebe** nur in den Anwendungsbereich des § 24 UStG, sofern dort Gegenstände durch die im Anhang VII MwStSystRL aufgeführten Tätigkeiten erzeugt werden bzw. dort die in Anhang VIII MwStSystRL aufgeführten Dienstleistungen ausgeführt werden. Dies ist nur bei **Verarbeitungsbetrieben**, nicht aber bei Substanzbetrieben oder Betrieben, die selbst zugekaufte Produkte verkaufen, der Fall.[5] 1636

Der Erwerb, die weitere Ausbildung/Verpflegung und der sich anschließende Verkauf von Reitpferden („**Veredelung von Reitpferden**"), welche ein Unternehmer vornimmt, der grundsätzlich die Voraussetzungen des § 24 UStG erfüllt, unterliegen nicht der Differenzbesteuerung. Der ermäßigte Steuersatz findet auf die Lieferung von Sportpferden keine Anwendung, weil diese nicht für die landwirtschaftliche Erzeugung bestimmt sind, insbesondere nicht für die Zubereitung von Lebens- oder Futtermitteln verwendet werden und in die menschliche oder tierische Nahrungskette gelangen.[6] Eine bloße Qualitätsverbesse-

1 BFH, Urteil 13.9.2023 – XI R 37/22, BStBl 2024 II S. 240, Rz. 28; BFH, Urteil 26.5.2021 – V R 11/18, BStBl 2022 II S. 149, Rz. 24; BFH, Urteil 10.9.2014 – XI R 33/13, BStBl 2015 II S. 720, Rz. 34 ff.

2 EuGH, Urteil 15.7.2004 – Rs. C-321/02 „Harbs", ECLI:EU:C:2004:447 = NWB OAAAB-79425 = UR 2004 S. 543; Tehler, UR 2007 S. 917, 918.

3 BFH, Urteil 30.3.2011 – XI R 19/10, BStBl 2011 II S. 772; BFH, Urteil 13.8.2008 – XI R 8/08, BStBl 2009 II S. 216; BFH, Urteil 22.9.2005 – V R 28/03, BStBl 2006 II S. 280.

4 EuGH, Urteil 26.5.2005 – Rs. C-43/04 „Stadt Sundern", ECLI:EU:C:2005:324 = NWB FAAAB-79454 = UR 2005 S. 397; EuGH, Urteil 15.7.2004 – Rs. C-321/02 „Harbs", ECLI:EU:C:2004:447 = NWB OAAAB-79425 = UR 2004 S. 543; Abschnitt 24.1 Abs. 1 Satz 3 UStAE.

5 BFH, Urteil 27.11.1997 – V R 78/93, BStBl 1998 II S. 359; Riegler, UR 2015 S. 329, 330; Abschnitt 24.1 Abs. 1 Satz 4 UStAE.

6 BFH, Urteil 13.9.2023 – XI R 37/22, BStBl 2024 II S. 240, Rz. 24.

rung fällt nicht unter den Begriff der Erzeugung.[1] Außerdem wird die reiterliche Ausbildung der Pferde nicht mit Mitteln ausgeübt, die normalerweise in land-, forst- oder fischwirtschaftlichen Betrieben verwendet werden.

1637 Darüber hinaus ist die Pauschalierung auf die in Art. 300 MwStSystRL genannten Lieferungen und landwirtschaftlichen Dienstleistungen beschränkt, wohingegen nach dem Wortlaut der Vorschrift des § 24 UStG alle im Rahmen des luf Betriebes ausgeführten Umsätze erfasst sind. Im Rahmen einer richtlinienkonformen Auslegung ist § 24 Abs. 1 Satz 3 UStG dahingehend auszulegen, dass die Vorschrift nur solche Eingangs- und Ausgangsumsätze erfasst, die in Art. 300 MwStSystRL genannt sind.[2] Dementsprechend fallen auch **Hilfsumsätze** nicht in den Anwendungsbereich der Vorschrift des § 24 UStG.

Außerdem müssen die landwirtschaftlichen Dienstleistungen an einen bestimmten **Empfängerkreis** erbracht werden. Art. 300 Nr. 1 und Nr. 3 MwStSystRL nennt hierfür „andere Steuerpflichtige als jene ..., die in dem Mitgliedstaat, in dem diese Erzeugnisse geliefert (bzw. diese Dienstleistungen erbracht) werden, die Pauschalregelung in Anspruch nehmen". Sie gelten also **insbesondere nicht für Leistungen an Steuerpflichtige, die selbst den Pauschalausgleich in Anspruch nehmen oder an natürliche Personen, die keine Steuerpflichtigen sind.**[3] Dies ist folgerichtig, da diese Leistungsempfänger keine **Möglichkeit** haben, einen von ihnen gezahlten **Pauschalausgleich** (Art. 301 Abs. 1 MwStSystRL) **als Vorsteuer abzuziehen** (Art. 303 MwStSystRL). Die Anwendung der Durchschnittssatzbesteuerung auf Dienstleistungen eines Land- oder Forstwirts ist aber nicht schon deshalb ausgeschlossen, weil der **Empfänger der Erzeugnisse oder Dienstleistungen kein Land- oder Forstwirt** ist.[4] Erforderlich für die Anwendung der Durchschnittssatzbesteuerung ist aber, dass die sonstige Leistung vom Leistungsempfänger zu luf Zwecken genutzt wird.[5]

Landwirtschaftliche Erzeugnisse i. S. des Art. 295 Abs. 1 Nr. 4 i. V. mit Anhang VII MwStSystRL sind **nur selbst erzeugte Produkte**, nicht aber zugekaufte Produkte

1 Sterzinger, USt direkt digital 5/2023 S. 14.

2 BFH, Urteil 22.9.2005 – V R 28/03, BStBl 2006 II S. 280; BFH, Urteil 25.11.2004 – V R 8/01, BStBl 2005 II S. 896.

3 EuGH, Urteil 28.6.1988 – Rs. C-3/86 „Kommission/Italien", ECLI:EU:C:1988:338 = Slg 1988 S. 3369.

4 BFH, Urteil 21.1.2015 – XI R 13/13, BStBl 2015 II S. 730; BFH, Urteil 6.12.2001 – V R 43/00, BStBl 2002 II S. 701; a. A. Tehler, UR 2007 S. 917, 920.

5 Abschnitt 24.3 Abs. 5 und Abs. 11 Satz 2 UStAE.

oder Handelsware.[1] Als zugekaufte Produkte gelten die zum Zwecke der Weiterveräußerung erworbenen Erzeugnisse. Im Ertragsteuerrecht entwickelte „Zukaufsgrenzen" sind umsatzsteuerlich unbeachtlich.[2] Sämtliche Umsätze aus der **Lieferung von zugekauften Erzeugnissen** unterliegen daher der Regelbesteuerung, sofern diese nicht im eigenen Betrieb durch urproduktive Tätigkeiten zu einem Produkt anderer Marktgängigkeit weiterverarbeitet und deswegen als eigene landwirtschaftliche Erzeugnisse gelten.[3] Diese Grundsätze gelten auch für solche Umsätze, die ein Landwirt außerhalb besonderer Verkaufseinrichtungen ausführt.

Die allgemeinen Vorschriften des Umsatzsteuergesetzes gelten außerdem für die Veräußerung von aus selbst erzeugten luf Produkten hergestellten Gegenständen, wenn diese **durch die Be- oder Verarbeitung ihren luf Charakter verloren** haben (Wurstwaren, Gestecke, Adventskränze).[4]

§ 24 Abs. 1 Satz 1 UStG erfasst „die im Rahmen eines land- und forstwirtschaft- 1638
lichen Betriebs ausgeführten Umsätze". Unionsrechtlich ist bei der Auslegung dieser Vorschrift Art. 295 Abs. 1 Nr. 5 MwStSystRL zu berücksichtigen. Danach handelt es sich bei den **landwirtschaftlichen Dienstleistungen** um solche, die von einem landwirtschaftlichen Erzeuger mit Hilfe seiner Arbeitskräfte oder der normalen Ausrüstung seines land-, forst- oder fischwirtschaftlichen Betriebs erbracht werden und die normalerweise zur landwirtschaftlichen Erzeugung beitragen. Damit die Dienstleistung von einem landwirtschaftlichen Erzeuger mit Hilfe seiner Arbeitskräfte erbracht wird, muss es sich um eine Arbeitskraft handeln, die auch im landwirtschaftlichen Betrieb eingesetzt ist. Dabei kann es sich auch um den Betriebsinhaber handeln.[5] Eine der Pauschalbesteuerung unterliegende landwirtschaftliche Dienstleistung setzt voraus, dass bei der Leistung typisierend davon auszugehen ist, dass ihre Erbringung zu einer (entsprechenden) Mehrwertsteuervorbelastung führen kann. Dies ist bei der Gestellung der eigenen Arbeitskraft des Betriebsinhabers für einen Fremdbetrieb in dem Umfang abzulehnen, der eine Verwendung der eigenen Arbeitskraft im eigenen Betrieb unmöglich macht. Dienstleistungen im Bereich der Erntearbeiten

1 BFH, Urteil 14.6.2007 – V R 56/05, BStBl 2008 II S. 158; Niedersächsisches FG, Urteil 12.3.2009 – 16 K 177/08, EFG 2009 S. 1072; Riegler, UR 2015 S. 329, 337; Abschnitt 24.2 Abs. 1 Satz 3 UStAE; a. A. noch BFH, Urteil 6.12.2001 – V R 43/00, BStBl 2002 II S. 701.

2 BFH, Beschluss 24.9.2009 – XI B 30/09, NWB XAAAD-31878 = BFH/NV 2010 S. 72; BFH, Urteil 14.6.2007 – V R 56/05, BStBl 2008 II S. 158.

3 Vgl. Abschnitt 24.2 Abs. 1 Satz 5 UStAE.

4 BMF 16.1.2008, BStBl 2008 I S. 293.

5 BFH, Urteil 24.8.2017 – V R 8/17, NWB XAAAG-63537 = BFH/NV 2018 S. 65.

eines Landwirtes an andere luf Betriebe unterliegen aber auch dann der Durchschnittssatzbesteuerung des § 24 UStG, wenn erhebliche Umsätze erzielt und die eingesetzten Maschinen nicht überwiegend im eigenen Betrieb eingesetzt werden. Dies ist zumindest der Fall, wenn der Landwirt nur über nur eine, nicht aber über mehrere Maschinen im Fremdeinsatz verfügt und der Eigennutzungsanteil zumindest 20 % beträgt.[1]

1639 Ein landwirtschaftlicher Erzeuger, der einen Teil der wesentlichen Elemente seines landwirtschaftlichen Betriebes **langfristig verpachtet und/oder vermietet** hat und mit dem Restbetrieb seine Tätigkeit als Landwirt, hinsichtlich derer er unter die gemeinsame Pauschalregelung nach dieser Vorschrift fällt, fortsetzt, darf die Umsätze aus einer solchen Verpachtung und/oder Vermietung nicht nach der Pauschalregelung behandeln.[2] Dementsprechend ist eine **Hofverpachtung im Ganzen**[3] oder die **Verpachtung eines Jagdbezirks** durch einen Pauschallandwirt[4] keine landwirtschaftliche Dienstleistung.

1640 Bei der Prüfung, ob eine landwirtschaftliche Dienstleistung vorliegt, ist auch der Normzweck des § 24 Abs. 1 UStG zu berücksichtigen. Unter Berücksichtigung von Art. 295 Abs. 1 Nr. 1 MwStSystRL dient die Regelung dazu, dass die Pauschallandwirte einen „pauschalen Ausgleich der Mehrwertsteuervorbelastung erlangen". Es muss sich daher um eine **Leistung** handeln, **bei der jedenfalls typisierend davon auszugehen ist, dass ihre Erbringung zu einer (entsprechenden) Mehrwertsteuervorbelastung führt oder zumindest führen kann**. Jede andere Auslegung würde zu einer umsatzsteuerrechtlichen Bereicherung des Pauschallandwirts führen, die mit dem Charakter der Umsatzsteuer als Verbrauchsteuer nach Art. 1 MwStSystRL nicht vereinbar ist.[5]

1641 **Arbeitsleistungen oder Maschinenleistungen**, die mit zum eigenen landwirtschaftlichen Betrieb gehörenden Maschinen für andere LuF erbracht werden, sind ohne betragsmäßige Beschränkung als „landwirtschaftliche Dienstleistun-

1 BFH, Urteil 6.9.2018 – V R 55/17, NWB CAAAH-01426= BFH/NV 2019 S. 125.

2 EuGH, Urteil 15.7.2004 – Rs. C-321/02 „Harbs", ECLI:EU:C:2004:447 = NWB OAAAB-79425 = UR 2004 S. 543; BFH, Urteil 25.11.2004 – V R 8/01, BStBl 2005 II S. 896; s. a. BFH, Beschluss 22.1.2004 – V R 60/01, BStBl 2004 II S. 530.

3 BFH, Urteil 25.11.2004 – V R 8/01, BStBl 2005 II S. 896; BFH, Urteil 6.12.2001 – V R 6/01, BStBl 2002 II S. 555; Bohlmann, UR 1992 S. 2, 3; Abschnitt 24.3 Abs. 8 Satz 1 UStAE.

4 EuGH, Urteil 26.5.2005 – Rs. C-43/04 „Stadt Sundern", ECLI:EU:C:2005:324 = NWB FAAAB-79454 = UR 2005 S. 397; BFH, Urteil 22.12.2005 – V R 28/03, BStBl 2006 II S. 280; OFD Baden-Württemberg 27.3.2025 – S. 7106, UR 2025 S. 357; OFD Frankfurt 13.1.2025 – S 7410 A - 004 St 110.2, UR 2025 S. 163.

5 BFH, Urteil 24.8.2017 – V R 8/17, NWB XAAAG-63537 = BFH/NV 2018 S. 65.

gen" i. S. des Art. 295 Abs. 1 Nr. 5 i. V. mit Anhang VII MwStSystRL zu qualifizieren.[1] Der mit der Zielsetzung der Sonderregelung des Art. 295 MwStSystRL verfolgte Zweck, landwirtschaftliche Tätigkeiten ohne Rücksicht auf deren Umfang und deren Verhältnis zu weiteren vom Landwirt erzielten Umsätzen zu entlasten, steht einer durch Verwaltungserlass (willkürlich) gezogenen Grenze, etwa in Form einer Umsatz- oder einer Verhältnisgrenze zwischen dem Umsatz aus eigener Urproduktion und aus landwirtschaftlicher Dienstleistung für Dritte, deren Überschreitung die Anwendung der Pauschalierung ausschließen soll, entgegen.[2] Eine landwirtschaftliche Dienstleistung liegt auch vor, wenn der landwirtschaftliche Erzeuger sie mit einer „abnormalen" Ausrüstung erbringt, die über die Anforderungen des eigenen Betriebs hinausgeht. Erforderlich, aber auch ausreichend ist, dass die Arbeitskräfte für die Erfüllung landwirtschaftlicher Tätigkeiten beschäftigt werden. Unerheblich ist, ob der Personalbestand für die Bewirtschaftung der eigenen Flächen notwendig ist. Eine landwirtschaftliche Dienstleistung kann aber nicht unter Verwendung von Wirtschaftsgütern erfolgen, die im eigenen Betrieb nicht oder nur unerheblich verwendet werden.[3] Dies gilt entsprechend für den Einsatz von Arbeitskräften wie für den Einsatz der eigenen Arbeitskraft des Einzelunternehmers.

II. Besteuerung nach Durchschnittssätzen

Die Durchschnittssätze nach § 24 Abs. 1 Satz 1 UStG sind nur auf **Umsätze** an- 1642
zuwenden, **die im Rahmen eines luf Betriebs ausgeführt werden**. Das sind in richtlinienkonformer Auslegung nur die **Lieferungen selbst erzeugter landwirtschaftlicher Erzeugnisse und landwirtschaftliche Dienstleistungen.**[4] **Andere Umsätze**, die der Unternehmer im Rahmen des luf Betriebs sowie außerhalb dieses Betriebs tätigt, unterliegen der Besteuerung nach den allgemeinen Vorschriften des UStG.[5] Diese Auslegung gilt auch für die Umsätze im Rahmen eines **luf Nebenbetriebs** (§ 24 Abs. 2 Satz 2 UStG).

1 BFH, Beschluss 24.9.2009 – XI B 30/09, NWB XAAAD-31878 = BFH/NV 2010 S. 72; Abschnitt 24.3 Abs. 1 Satz 2 Nr. 5 UStAE.

2 FG Münster, Urteil 20.1.2015 – 15 K 2845/13 U, NWB GAAAE-87844 = EFG 2015 S. 782 = UR 2015 S. 482, m. Anm. Klenk; Schuhmann in Rau/Dürrwächter, UStG, § 24 Rz. 12.25; a. A. Abschnitt 24.3 Abs. 3 Satz 6 UStAE.

3 BFH, Urteil 24.8.2017 – V R 8/17, NWB XAAAG-63537 = BFH/NV 2018 S. 65; Abschnitt 24.3 Abs. 4 Satz 3 UStAE.

4 BFH, Urteil 14.6.2007 – V R 56/05, BStBl 2008 II S. 158; Janzen in Lippross/Seibel, Basiskommentar Steuerrecht, § 24 UStG Rz. 26; Tehler in Reiß/Kraeusel/Langer, UStG, § 24 Rz. 45.2, Abschnitt 24.1 Abs. 1 Satz 1 und 2 UStAE.

5 Schuhmann in Rau/Dürrwächter, UStG, § 24 Rz. 15.

Die Vorschrift des § 24 Abs. 2 UStG enthält **keine Legaldefinition für luf Betriebe,** sondern lediglich eine beispielhafte Aufzählung aller Bereiche, die als luf Betrieb gelten.

1. Allgemeines

1643 Ein Unternehmer unterhält einen luf Betrieb, soweit er im Rahmen der in § 24 Abs. 2 Satz 1 UStG genannten Erzeugertätigkeit **unter planmäßiger Nutzung der natürlichen Kräfte des Bodens Pflanzen und Tiere erzeugt und die dadurch selbst gewonnenen Erzeugnisse verwertet**.[1]

Ein luf Betrieb setzt grundsätzlich **keinen Mindestbestand an Grund und Boden oder Betriebsgebäuden oder Betriebsmitteln** voraus. Auch die landwirtschaftliche Nutzung von Stückländereien ist deshalb Landwirtschaft.[2]

Da es allein darauf ankommt, ob eine nachhaltig auf Einnahmeerzielung gerichtete Tätigkeit i. S. des § 2 Abs. 1 UStG vorliegt, unterliegen auch solche LuF der Durchschnittssatzbesteuerung, die nach einkommensteuerlichen Grundsätzen **Liebhaberei** betreiben.[3]

Allerdings gehören Tierzucht- und Tierhaltungsbetriebe nur mit der Einschränkung des § 24 Abs. 2 Satz 1 Nr. 2 UStG zu den luf Betrieben, soweit ihre **Tierbestände nach §§ 51, 51a BewG** zur landwirtschaftlichen Nutzung gehören. Die Zuordnung zur Landwirtschaft ist davon abhängig, wie viele Vieheinheiten je Hektar erzeugt oder gehalten werden. Das laufend zu führende Verzeichnis i. S. des § 51a Abs. 1 Satz 2 BewG muss nicht zeitnah, sondern lediglich fortlaufend erstellt werden.[4] Auch ein im Rahmen der Außenprüfung erstelltes Verzeichnis kann daher den gesetzlichen Anforderungen genügen.

---

1 BFH, Urteil 12.10.2006 – V R 36/04, BStBl 2007 II S. 485; BFH, Urteil 23.1.1992 – IV R 19/90, BStBl 1992 II S. 651; Abschnitt 24.1 Abs. 2 Satz 1 UStAE.

2 BFH, Urteil 21.12.1965 – III 291/62 U, BStBl 1966 III S. 138.

3 BFH, Urteil 31.5.2007 – V R 5/05, BStBl 2011 II S. 289; Abschnitt 24.1 Abs. 1 Satz 2 UStAE; einschränkend aber Schuhmann in Rau/Dürrwächter, UStG, § 24 Rz. 95, wenn eine Tätigkeit nur aus Neigung, zur persönlichen Befriedigung oder Erholung und ohne Rücksicht darauf ausgeübt wird, ob positive Einkünfte oder Verluste erzielt werden.

4 BFH, Urteile 3.7.2019 – VI R 49/16, BStBl 2020 II S. 86; 9.8.1984 – IV R 151/81, BStBl 1985 II S. 47.

Wird ein luf Betrieb nicht mehr **aktiv bewirtschaftet**, ist die Durchschnittssatzbesteuerung nicht mehr anzuwenden.[1] Dies gilt jedoch nicht für selbst erzeugte Produkte, die noch während der aktiven Bewirtschaftung erzeugt wurden, aber erst nach Betriebsaufgabe veräußert werden.[2]

Ein **Substanzbetrieb** (z. B. Torf, Ton-, Lehm-, Kies- und Sandabbaubetrieb) ist kein luf Betrieb i. S. des § 24 Abs. 2 Satz 1 UStG.[3] Die **Gewinnung und Verwertung von Bodenbestandteilen** aus Sand-, Kies-, Lehmgruben, Steinbrüchen oder Torfstichen fällt grds. nicht unter den Begriff der Landwirtschaft. Insoweit kann aber ein **landwirtschaftlicher Nebenbetrieb i. S. des § 24 Abs. 2 Satz 2 UStG** vorliegen, wenn der luf Hauptbetrieb mit den genannten Bodenbestandteilen versorgt wird. Die dazu erforderlichen Voraussetzungen liegen nicht vor, wenn das gewonnene Material ganz überwiegend weiterverkauft und nur zu einem geringen Teil im eigenen luf Betrieb verwendet wird.[4]

2. Land- und forstwirtschaftlicher Betrieb (§ 24 Abs. 2 UStG)

a) Landwirtschaft und Forstwirtschaft als unterschiedliche Tätigkeiten

Landwirtschaft und Forstwirtschaft sind **unterschiedliche Tätigkeiten**, die nicht 1644
zwangsläufig und untrennbar miteinander verbunden sind. Zwar werden diese Tätigkeitsbereiche häufig gemeinsam ausgeübt, dies ist jedoch nicht zwingend. § 24 Abs. 2 Satz 1 Nr. 1 UStG geht davon aus, dass Landwirtschaft und Forstwirtschaft gesonderte Tätigkeitsbereiche sind, die lediglich durch den **Oberbegriff** „land- und forstwirtschaftlicher Betrieb" zusammengefasst sind.[5]

b) Abgrenzung zum Gewerbebetrieb

Durchschnittssätze kommen nur bei luf Betrieben zur Anwendung. Entspre- 1645
chendes gilt für solche **Nebenbetriebe**, die dem luf Betrieb zu dienen bestimmt

1 BFH, Urteil 21.4.1993 – XI R 50/90, BStBl 1993 II S. 696; Schuhmann in Rau/Dürrwächter, UStG, § 24 Rz. 30; Abschnitt 24.1 Abs. 4 Satz 2 UStAE.

2 BFH, Urteil 19.11.2009 – V R 16/08, BStBl 2010 II S. 319; Abschnitt 24.1. Abs. 2 Satz 4 UStAE.

3 Vgl. Abschnitt 24.1 Abs. 2 Satz 4 UStAE.

4 FG Nürnberg, Urteil 23.4.2002 – II 269/2001, NWB MAAAB-11823 = DStRE 2002 S. 1149.

5 BFH, Urteil 18.5.2000 – IV R 27/98, BStBl 2000 II S. 524; FG Münster, Urteil 21.11.2000 – 15 K 957/98 U, NWB WAAAB-10891 = EFG 2001 S. 243.

sind.[1] Als Nebenbetriebe bzw. als Sonderbetrieb der Land- und Forstwirtschaft kommen insbesondere die folgenden Arten in Betracht:

Betriebe, in denen **die Erzeugnisse des Hauptbetriebs be- oder verarbeitet werden**, sei es allein, sei es i. V. mit zugekauften Waren, sei es nur i. V. mit Hilfsstoffen (Be- und Verarbeitungsbetriebe als Nebenbetriebe);

Betriebe, **in denen Erzeugnisse des Hauptbetriebs gehandelt** oder i. V. mit Dienstleistungen für Dritte verwendet werden (Handelsgeschäfte und Dienstleistungsgeschäfte als Sonderbetriebe);

Substanzbetriebe, in denen die Substanz des Bodens gewonnen und für den Hauptbetrieb verwendet wird.

Das **Unionsrecht** kennt keine Nebenbetriebe. Es lässt die Pauschalregelung nur für landwirtschaftliche Erzeugnisse und Dienstleistungen zu und stellt lediglich bestimmte Verarbeitungstätigkeiten der landwirtschaftlichen Erzeugung gleich (Art. 295 Abs. 2 MwStSystRL). Vor diesem Hintergrund wird teilweise vertreten, dass **bei richtlinienkonformer Auslegung** in Nebenbetrieben **nur Verarbeitungstätigkeiten** ausgeführt werden können.[2] Dem steht jedoch entgegen, dass auch in Absatzbetrieben getätigte Umsätze der Pauschalbesteuerung unterliegen, soweit es sich um den Verkauf (eigener) luf Produkte handelt, Art. 295 Abs. 1 Nr. 4 MwStSystRL.

Die Anerkennung eines luf Nebenbetriebs setzt einen luf Hauptbetrieb desselben Unternehmers voraus (**Unternehmeridentität**).[3] Betreibt also z. B. ein Landwirt zusammen mit seiner Ehefrau einen landwirtschaftlichen Betrieb und daneben als Einzelunternehmer eine Mühle, in der ausschließlich in dem landwirtschaftlichen Betrieb erzeugtes Korn gemahlen wird, kann die Mühle kein Nebenbetrieb zum landwirtschaftlichen Betrieb sein.

Die Zuordnung zu einem landwirtschaftlichen Nebenbetrieb ändert nichts daran, dass nur die **Lieferung landwirtschaftlicher Erzeugnisse** und **landwirtschaftliche Dienstleistungen** der Durchschnittssatzbesteuerung unterliegen.[4]

1 Vgl. Abschnitt 24.1 Abs. 1 Satz 4 UStAE.

2 Pflaum in Wäger, UStG, 3. Aufl., Köln 2024, § 24 Rz. 97; Müller in Weymüller, BeckOK UStG, § 24 Rz. 495.

3 BFH, Urteil 12.3.1992 – V R 55/88, BStBl 1992 II S. 982.

4 BFH, Urteil 24.1.2013 – V R 34/11, BStBl 2013 II S. 460.

BEISPIEL ▸ Ein Unternehmer betreibt einen Gewerbebetrieb, dessen Gegenstand die Herstellung und der Vertrieb von Fleisch und Fleischerzeugnissen ist. Daneben hält und züchtet er auf gepachteten Nutzflächen eines landwirtschaftlichen Betriebs Rinder. Diese Rinderzucht hat den Zweck, ein auf die Bedürfnisse der Fleisch- und Wurstfabrikation ausgerichtetes Fleischrind zu züchten, das ein bei normaler Mast nicht zu erzielendes Fleisch einer bestimmten Art und Güte besitzt. Die Produktion aus dieser Rinderzucht wird ausschließlich im Gewerbebetrieb verarbeitet, deckt aber nur einen Bruchteil des Gesamtbedarfs des Unternehmers an Schlachtvieh.

Es handelt sich um einen gewerblichen Betrieb (Herstellung und Vertrieb von Fleisch und Fleischerzeugnissen) mit einem luf Nebenbetrieb (Rinderzucht), der insgesamt als einheitlicher Gewerbebetrieb zu würdigen ist, da die luf Betätigung nur die untergeordnete Bedeutung einer Hilfsbetätigung hat. Der Nebenbetrieb soll nur den Gewerbebetrieb fördern und dessen Erträge mehren.

Bestehen Zweifel, ob und inwieweit ein luf Betrieb vorliegt, kann grundsätzlich das Ergebnis einer **Abgrenzung nach den ertragsteuerlichen Grundsätzen** auch für die umsatzsteuerliche Würdigung übernommen werden. Die Tatbestandsmerkmale des § 24 Abs. 2 UStG entsprechen weitestgehend denen des § 13 Abs. 1 und Abs. 2 Nr. 1 EStG.[1] Allerdings können nur solche Lieferungen und Dienstleistungen in den Anwendungsbereich des § 24 UStG fallen, auf die die Pauschalregelung der Art. 295 ff. MwStSystRL Anwendung findet.[2] Unerheblich für die umsatzsteuerliche Beurteilung ist daher, wie nach den nationalen einkommensteuerrechtlichen Regelungen die betreffenden Leistungen bzw. die Einkünfte daraus zu beurteilen sind.[3]

Außerdem ist für die umsatzsteuerliche Beurteilung unerheblich, wem die erzielten Einkünfte nach den für die Einkommensteuer maßgeblichen Grundsätzen zuzurechnen sind,[4] oder ob es sich um eine wegen **Liebhaberei** ertragsteuerlich unbeachtliche Tätigkeit handelt.[5]

Ist der Unternehmer teils gewerblich und teils landwirtschaftlich tätig (**gemischte Tätigkeit**), sind beide Bereiche getrennt voneinander zu würdigen, wenn zwischen diesen keine wirtschaftlichen Beziehungen bestehen. Andernfalls ist zu prüfen, ob die landwirtschaftliche oder die gewerbliche Betätigung dem einheitlichen Betrieb das Gepräge gibt. Ein einheitlicher Gewerbebetrieb

1 BFH, Urteil 27.11.1997 – V R 78/93, BStBl 1998 II S. 359; BFH, Urteil 9.5.1996 – V R 118/92, BStBl 1996 II S. 550.

2 BFH, Urteil 22.9.2005 – V R 28/03, BStBl 2006 II S. 280; BFH, Urteil 25.11.2004 – V R 8/01, BStBl 2005 II S. 896.

3 BFH, Urteil 31.5.2007 – V R 5/05, BStBl 2011 II S. 289.

4 BFH, Urteil 9.5.1996 – V R 118/92, BStBl 1996 II S. 550.

5 BFH, Urteil 31.5.2007 – V R 5/05, BStBl 2011 II S. 289; Abschnitt 24.1 Abs. 1 Satz 2 UStAE.

liegt vor, wenn das Gewerbe im Vordergrund steht und die luf Betätigung nur die untergeordnete Bedeutung einer Hilfstätigkeit hat. Ob dies der Fall ist, ist auf der Grundlage der Verhältnisse mehrerer Jahre zu beurteilen.[1]

c) Konkretisierung zum land- und forstwirtschaftlichen Betrieb (§ 24 Abs. 2 Satz 1 UStG)

aa) Allgemeines

1646 § 24 Abs. 2 Satz 1 UStG enthält eine **Aufzählung der Bereiche**, die als luf Betrieb gelten. Trotz dieser Wortwahl handelt es sich um **keine echte Fiktion**. Der Gesetzgeber hat vielmehr eine indirekte Umschreibung als Sammelbegriff vorgenommen und hat sich dabei an den Vorgaben des Bewertungsgesetzes orientiert.

bb) Landwirtschaft (§ 24 Abs. 2 Satz 1 Nr. 1 Variante 1 UStG)

1647 Landwirtschaft ist das **planmäßige Betreiben von Ackerbau und Viehzucht zum Erzeugen von tierischen und pflanzlichen Produkten** sowie die **Verwertung der dadurch selbstgewonnenen Erzeugnisse**. Die wichtigsten Kulturarten sind Ackernutzung, Weide, Wiese und Garten. Ein Landwirt stellt zielgerichtet pflanzliche oder tierische Produkte auf einer zu diesem Zweck bewirtschafteten Fläche unter der Ausnutzung der natürlichen Kräfte des Bodens her. Die damit beschriebene eigene Urproduktion ist primär für Zwecke der Ernährung und für vergleichbare Nutzungszwecke ausgerichtet. Diese Zwecke umfassen die Landwirtschaft aber nicht vollständig, wie die zur Landwirtschaft gerechnete Blumengärtnerei zeigt.

Im Mittelpunkt der klassischen Urproduktion steht die **Bodennutzung auf eigenen oder zugepachteten Grundstücksflächen**. Dazu zählt insbesondere der Ackerbau, also die Erzeugung von Kulturpflanzen zur Gewinnung von Pflanzenerträgen auf dafür bearbeiteten Äckern. **Ackerbaubetriebe** in klassischer Form sind landwirtschaftliche Betriebe, die viehlos wirtschaften und die erzeugten Produkte direkt während oder nach der Ernte verkaufen. Auf weniger guten Ackerbaustandorten und bei kleineren Betrieben wird Ackerbau i. V. mit einer Tierhaltung betrieben. Werden die Erzeugnisse des Ackerbaus über die Verfütterung an Nutztiere verwertet, werden diese Betriebe auch als **Veredelungsbetriebe** bezeichnet. Der Landwirtschaft sind außerdem die weiteren in der

1 BFH, Urteil 23.1.1992 – IV R 19/90, BStBl 1994 II S. 638; BFH, Urteil 12.3.1992 – V R 55/88, BStBl 1992 II S. 982.

Vorschrift genannten Zweige des Wein-, Garten-, Obst- und Gemüse(an)baus zuzurechnen. Eine Besteuerung nach Durchschnittssätzen kommt aber nicht in Betracht, wenn der Unternehmer kein „landwirtschaftlicher Erzeuger" ist, weil er lediglich die entgeltliche Bewirtschaftung der von einer anderen Person an eine Agrargenossenschaft verpachteten Flächen übernommen hat.[1]

Neben der Bewirtschaftung von Äckern und Feldern gehört auch die **Pflanzenzucht in Gewächshäusern** oder die Zucht von Pilzen in Kellern oder Höhlen zur Landwirtschaft. Als Boden gelten auch Substrate und Wasser.

cc) Forstwirtschaft (§ 24 Abs. 2 Satz 1 Nr. 1 Variante 2 UStG)

Forstwirtschaft ist das **planmäßige Schaffen, Pflegen und Nutzbarmachen des** 1648 **Waldbodens zur Gewinnung von Walderzeugnissen und Nutzholz**.[2]

Im Rahmen eines forstwirtschaftlichen Betriebes werden **Hoch-, Mittel- und Niederwald** bewirtschaftet.[3] Die Bewirtschaftung umfasst **Aufforstung, Bestandspflege und Holzernte**. Forstwirtschaft betrifft aber auch Flächen, die nicht bewirtschaftet werden, wie Wald im Naturschutzgebiet oder Schutzwald. Hingegen gehört die Holzgewinnung aus Parkanlagen, Straßenbaumbepflanzung und Gärtnereien nicht zur Forstwirtschaft.[4] Ebenfalls nicht erfasst sind Sachverhalte, in denen forstwirtschaftliche Flächen erworben werden, um sie abzuholzen und einer anderen Nutzung zuzuführen (Bebauung mit Wohneigentum, Errichtung eines Wildparks mit Gaststätte).

Die umsatzsteuerrechtlich erhebliche Betätigung im Rahmen eines forstwirtschaftlichen Betriebes besteht insbesondere in der **Lieferung von Holzerzeugnissen**. Die Lieferung kann Holz auf dem Stamm oder Holz nach Einschlag und Bearbeitung als Stammholz, Industrieholz, Brennholz oder Schwellenholz betreffen. Weiter werden durch forstwirtschaftliche Betätigung geliefert: Pilze, Beeren, Forstsamen, Rinde, Weihnachtsbäume, Tannengrün, Bucheckern, Eicheln, Laub, sofern die bezeichneten Erzeugnisse im Rahmen der Forstwirtschaft anfallen. Lieferungen von Weihnachtsbäumen und Schmuckreisig aus Sonderkulturen – also außerhalb des Waldes – sind keine forstwirtschaftlichen

1 FG Sachsen, Urteil 10.9.2015 – 4 K 1720/13, NWB BAAAF-06940.

2 BFH, Urteil 11.2.1999 – V R 27/97, BStBl 1999 II S. 378; BFH, Urteil 13.4.1989 – IV R 30/87, BStBl 1989 II S. 718.

3 Vgl. Abschnitt 24.2 Abs. 4 Satz 4 UStAE.

4 Vgl. Abschnitt 24.2 Abs. 4 Satz 5 UStAE.

Erzeugnisse, sondern eigenständige landwirtschaftliche Umsätze, die unter § 24 Abs. 1 Nr. 3 UStG fallen.[1]

§ 24 Abs. 1 Satz 1 Nr. 1 UStG gilt nur für Lieferungen, nicht aber für **sonstige Leistungen**. Diese werden nach § 24 Abs. 1 Satz 1 Nr. 3 UStG pauschaliert. Beim **Rücken von Holz im Wald** ist der forstwirtschaftliche Durchschnittssatz anzuwenden, wenn das Rücken im Zusammenhang mit der Holzlieferung steht und deswegen als unselbständige **Nebenleistung zum Verkauf des Holzes** zu beurteilen ist.[2] Entsprechendes gilt für das **Schälen von Holz**. Handelt es sich jedoch um eine **selbständige sonstige Leistung** im Rahmen eines forstwirtschaftlichen Betriebs, z. B. das Fällen von Bäumen für Dritte, das Rücken oder Schälen des Stammes nach Abwicklung eines Kaufvertrags über Holz, unterliegen diese Umsätze § 24 Abs. 1 Nr. 3 UStG. Ein Landwirt, der unter Einsatz eigens dazu angeschaffter Anlagegüter (Forstspezialschlepper) als Holzrücker für Dritte tätig ist, unterhält hingegen einen von der Land- und Forstwirtschaft getrennten, selbständigen Gewerbebetrieb.[3]

Entgelte für die Annahme und Beregnung von Holz anderer Waldbesitzer auf **Nasslagerplätzen** sind ein „übriger Umsatz" i. S. von § 24 Abs. 1 Nr. 3 UStG. Der Steuersatz bei pauschalierenden Forstwirten beträgt somit 7,8 %. Es handelt sich nicht um eine Vermietung oder Verpachtung von Flächen für die Nasslagerung, sondern um die Einlagerung von Holz zum Zwecke der Beregnung und Konservierung.

1649 **Keine Umsätze im Rahmen der Forstwirtschaft** sind

- das Anlegen und entgeltliche Zurverfügungstellen von Trimm-dich-Pfaden im Wald,
- das Halten von exotischen Tieren im Forst,
- der Unterhalt eines Wildparks mit Restaurationsbetrieb,
- der Erhalt von Entschädigungsleistungen für Flurschäden, verursacht durch Waldbrand oder Truppenmanöver,
- die Lieferung von Grund und Boden samt aufstehendem Holz,
- das Anlegen und Unterhalten von Kletterwäldern oder Hochseilgärten im Wald.

---

1 Vgl. Abschnitt 24.2 Abs. 4 Satz 3 UStAE.

2 Schilcher in Hartmann/Metzenmacher, UStG, § 24 Abs. 1 Rz. 48; Meurer, UStB 2020 S. 28, 31; OFD Saarbrücken, Vfg. 28.2.1995 – S 7411 - 1 - St 241, UR 1997 S. 76.

3 Vgl. auch BFH, Urteil 23.1.1992 – IV R 19/90, BStBl 1992 II S. 651.

Eine **Forstbetriebsgemeinschaft** ist ein Zusammenschluss einer größeren Anzahl von Waldbesitzern, die häufig nur über kleine Flächen verfügen. Diese stellen mit Hilfe der Forstbetriebsgemeinschaft eine effektive Bewirtschaftung des Waldes sicher. Bewirtschaftet die Forstbetriebsgemeinschaft die Mitgliedsflächen eigenständig und ohne direkten Bezug zum einzelnen Waldbesitzer im eigenen Namen und auf eigene Rechnung und kann der einzelne Waldbesitzer das Wirtschaftsgeschehen nicht direkt beeinflussen, ist die Forstbetriebsgemeinschaft ein eigenständiger luf Betrieb und kann als solcher nach § 24 UStG pauschalieren oder wahlweise zur Regelbesteuerung optieren. Die Regelbesteuerung kommt hingegen zwingend zur Anwendung, wenn die Forstbetriebsgemeinschaft Material oder Dienstleistungen zentral beschafft oder den Holzverkauf im Namen der Waldeigentümer oder im Rahmen einer Verkaufskommission bündelt und die Waldeigentümer Träger des wirtschaftlichen Geschehens bleiben. In diesem Fall erbringt die Forstbetriebsgemeinschaft mit dem Einkauf gegenüber den Waldbesitzern Dienstleistungen. Beim Verkauf im fremden Namen erbringt die Forstbetriebsgemeinschaft ihnen gegenüber eine Vermittlungsleistung. Das eigentliche Umsatzgeschäft (z. B. der Verkauf des Holzes) wird vom jeweiligen Waldbesitzer erbracht. Nicht der Durchschnittssatzbesteuerung unterliegende Mitglieder müssen diese Umsätze in ihrer Umsatzsteuererklärung berücksichtigen. In den Fällen einer Verkaufskommission tritt die Forstbetriebsgemeinschaft im Außenverhältnis im eigenen Namen auf, aber im Innenverhältnis zum Kommittenten (Mitglied) für dessen Rechnung. Der Kommissionär wird deshalb umsatzsteuerlich wie ein Eigenhändler behandelt und nach § 3 Abs. 3 UStG tritt an die Stelle der Besorgungsleistung eine Lieferung. Die Forstbetriebsgemeinschaft handelt beim Kommissionsgeschäft ebenfalls nicht als LuF, sondern gewerblich. Deshalb unterliegt der gesamte Rechnungsbetrag der Regelbesteuerung. In der Rechnung über den Verkauf des Holzes an die Abnehmer kann die Forstbetriebsgemeinschaft über mehrere Umsätze von verschiedenen Mitgliedern abrechnen, ohne dass diese namentlich erwähnt werden müssen. Gleichzeitig[1] mit der Lieferung an den Abnehmer hat der jeweilige Waldbesitzer eine Lieferung an die Forstbetriebsgemeinschaft erbracht. Über diese wird regelmäßig per Gutschrift abgerechnet, die die steuerlichen Verhältnisse der Leistenden (also der jeweiligen Waldbesitzer) berücksichtigen muss.

1 Abschnitt 3.1 Abs. 3 Satz 7 UStAE.

dd) Weinbau (§ 24 Abs. 2 Satz 1 Nr. 1 Variante 3 UStG)

1650 Weinbau ist eine Unterform der bereits unter § 24 Abs. 2 Satz 1 Nr. 1 Variante 1 UStG genannten Landwirtschaft.[1] Darunter ist die **Gewinnung von Weintrauben durch Bodenbewirtschaftung** einschließlich der **Verarbeitung der eigenen Trauben zu Wein** (Keltern, Ausbauen im Weinkeller) zu verstehen.[2] Wein aus Trauben, die der Winzer als Entgelt für die Verpachtung von Weinbauflächen erhalten hat, wird in einem landwirtschaftlichen Betrieb erzeugt (und nach § 24 UStG geliefert), wenn er nicht nur unbedeutende Flächen auch selbst bewirtschaftet.[3]

Der **Zukauf von Weintrauben** zur Weinherstellung in einem betrieblich nicht notwendigen Umfang schließt die Anwendung von § 24 UStG aus (steuerschädlicher Zukauf[4]). Um fremde Erzeugnisse handelt es sich jedoch nicht, wenn ein Winzer durch Bewirtschaftung nicht unbedeutender eigener Flächen Trauben erntet und diese zusammen mit solchen Trauben, die er als Entgelt für die Verpachtung von eigenen Weinanbauflächen erwirbt, zu Wein verarbeitet.[5]

Die **Herstellung und der Vertrieb von alkoholfreiem Wein** unterliegen nicht der Durchschnittssatzbesteuerung des § 24 UStG. Der Herstellungsprozess ist technisch sehr aufwendig und geht über eine einfache Be- oder Verarbeitung landwirtschaftlicher Rohstoffe hinaus.[6]

1651 Schließen Winzer mit anderen Winzern **langfristige Pachtverträge über** deren **Weinbergflächen** ab (Vermarktung Wein als Erzeugerabfüllung), ist für die umsatzsteuerliche Beurteilung maßgeblich, ob nach dem der Leistung zugrundeliegenden Inhalt des Umsatzgeschäfts, den Vorstellungen der Parteien, dem wirtschaftlichen Gehalt des Leistungsvorgangs und der tatsächlichen Handhabung die Lieferung der Ernte oder aber die Elemente einer sonstigen Leistung/Dienstleistung (Verpachtung und Bewirtschaftung der Weinberganlagen) im Vordergrund stehen. Entscheidend ist, ob die Trauben aus wirtschaftlicher Sicht als Erzeugnis des Verpächters/Bewirtschafters oder des Pächters/Vermarkters zu sehen sind.[7] In den Fällen, in denen der Pächter/Vermarkter die Bewirtschaftung bestimmt, er das Risiko der Urproduktion aus wirtschaftlicher Sicht zu

1 BFH, Urteil 12.10.2006 – V R 36/04, BStBl 2007 II S. 485.
2 BFH, Urteil 27.11.1997 – V R 78/93, BStBl 1998 II S. 359.
3 BFH, Urteil 27.2.1987 – III R 270/83, NWB NAAAB-29476 = BFH/NV 1988 S. 85.
4 BFH, Urteil 11.10.1988 – VIII R 419/83, BStBl 1989 II S. 284.
5 BFH, Urteil 27.2.1987 – III R 270/83, NWB NAAAB-29476 = BFH/NV 1988 S. 85.
6 Tehler in Reiß/Kraeusel/Langer, UStG, § 24 Rz. 204.
7 OFD Koblenz, Vfg. 13.7.2006 – S 7410 A - St 44 3, NWB EAAAB-92617 = UR 2006 S. 610.

tragen hat und er mit dem Verpächter/Bewirtschafter eine ertrags- und qualitätsunabhängige Vergütung vereinbart hat, liegt ein anzuerkennender Pacht- und Bewirtschaftungsvertrag vor, während im umgekehrten Fall die Verträge wirtschaftlich auf den Kauf der Ernte ausgerichtet sind. Sprechen die Indizien sowohl für einen Kaufvertrag als auch für einen Pacht- und Bewirtschaftungsvertrag, liegt ein Pacht- und Bewirtschaftungsverhältnis nicht vor, wenn nach dem Gesamtbild der Verhältnisse der Verkauf der Ernte gewollt ist. Das ist insbesondere der Fall, wenn sich das Entgelt für die Bewirtschaftung fast ausschließlich am Wert der Ernte orientiert. Ist das Rechtsgeschäft zwischen den Vertragsparteien als **Kaufvertrag** zu werten, unterliegt der Verkauf der Ernte (Trauben) beim pauschalierenden Winzer nach § 24 Abs. 1 Nr. 3 UStG dem 9 %igen Umsatzsteuersatz. Besteht der Verkauf in der Ablieferung von Most oder Fasswein, kommt nach § 24 Abs. 1 Nr. 2 UStG der allgemeine Steuersatz zur Anwendung. Ist das Rechtsgeschäft als **Pacht- und Bewirtschaftungsvertrag** zu qualifizieren, fällt das Pachtentgelt beim pauschalierenden Winzer nicht in den Anwendungsbereich des § 24 UStG.

Die **Weiterverarbeitung von Wein zu Sekt** und dessen Vertrieb erfolgt im Rah- 1652
men eines landwirtschaftlichen Nebenbetriebs, wenn der Sekt aus Grundweinen des Weinbaubetriebs hergestellt wird, die ausschließlich aus selbsterzeugten Trauben dieses Betriebs gewonnen worden sind. Die Sektherstellung muss nicht vom Weinbaubetrieb selbst, sondern kann auch im Wege der Werkleistung (sog. Lohnversektung) durch Dritte vorgenommen werden.[1] Insoweit ist unerheblich, dass anders als beim sog. Winzersekt[2] der verwendete Grundwein aus verschiedenen Rebsorten stammt. Die Herstellung von Sekt durch eine Winzergenossenschaft ist kein landwirtschaftlicher Nebenbetrieb der Genossen.[3]

ee) Gartenbau (§ 24 Abs. 2 Satz 1 Nr. 1 Variante 4 UStG)

Gartenbau ist ebenfalls eine Unterform der unter § 24 Abs. 2 Satz 1 Nr. 1 Varian- 1653
te 1 UStG geregelten Landwirtschaft. Es handelt sich um eine **verfeinerte Form der Bodenbewirtschaftung zur Erzeugung hochwertiger pflanzlicher Bodenerzeugnisse**. In Anlehnung an §§ 59, 61 BewG untergliedert sich dieser Bereich in den Anbau von Gemüse, Obst, Blumen und Zierpflanzen. Auch Baumschulen sind erfasst.

1 FG Rheinland-Pfalz, Urteil 2.7.1986 – 1 K 372/85, EFG 1987 S. 93; BMF 18.11.1996 – VI B 9 - S 2233 - 14/96, StEK EStG § 13 Nr. 637; a. A. Tehler in Reiß/Kraeusel/Langer, UStG, § 24 Rz. 203; Schüler-Täsch in Sölch/Ringleb, UStG, § 24 Rz. 74 Getränke.

2 Siehe dazu BMF 18.11.1996, BStBl 1996 I S. 1434.

3 FinMin Rheinland-Pfalz 6.12.1989 – S 3123 A - 446, BStBl 1989 I S. 462.

Eine **gewerbliche Tätigkeit**, die umsatzsteuerrechtlich nicht im Rahmen eines landwirtschaftlichen Betriebes ausgeübt wird, liegt vor, wenn die Gärtnerei überwiegend fremderzeugte Waren liefert oder wenn ihre sonstigen Leistungen durch Gestaltung, Errichtung und Pflege von Landschaften, Gärten oder Gräbern etwa daneben ausgeführte Lieferungen von Pflanzen überwiegen.

ff) Obst- und Gemüseanbau (§ 24 Abs. 2 Satz 1 Nr. 1 Variante 5 UStG)

1654 Obst- und Gemüseanbau ist eine Unterform des Gartenbaus, sofern er gartenmäßig betrieben wird. Andernfalls handelt es sich um eine Unterform der Landwirtschaft. Erfasst sind sowohl der Freilandgemüseanbau als auch der Unterglasgemüseanbau. Der Anbau kann, wie Nr. 1b des Anhangs VII zur MwStSystRL zeigt, nicht nur auf Freiflächen, sondern auch auf Gras erfolgen. **Obst** ist ein Sammelbegriff der für Menschen genießbaren Früchte und Samen von meist mehrjährigen Bäumen und Sträuchern, die zum größten Teil roh verzehrt werden können. Im Gegensatz dazu ist **Gemüse** ein Sammelbegriff für essbare Pflanzen oder Pflanzenteile wildwachsender oder in Kultur genommener, meist ein- oder zweijähriger krautiger Pflanzen.

Der Gemüsebau ist **der landwirtschaftlichen Nutzung zuzurechnen,** wenn dieser (z. B. Anbau von Kopfkohl [Weiß-, Rot- und Wirsingkohl], Erbsen, Bohnen, Möhren, Spinat, Sellerie. Porree, Zwiebeln, Grünkohl) ausschließlich nach landwirtschaftlichen Anbaumethoden betrieben wird und in einer Fruchtfolge (teilweise aber auch im Nachbau) mit Ackerfrüchten (z. B. Getreide, Rüben, Kartoffeln) integriert ist. Werden die Gemüsearten nicht abwechselnd mit anderen landwirtschaftlichen Kulturen, sondern nacheinander oder abwechselnd mit gleichen oder auch anderen Gemüsearten angebaut, erfolgt der Anbau nicht mehr im Rahmen der landwirtschaftlichen Fruchtfolge und es handelt sich um **gärtnerischen Gemüsebau.**

gg) Baumschulen (§ 24 Abs. 2 Satz 1 Nr. 1 Variante 6 UStG)

1655 Als Baumschule bezeichnet man unternehmerisch bewirtschaftete **Anbauflächen für Bäume, Sträucher, Forstpflanzen sowie Zier- und Obstgehölze**. In der Baumschule erzeugt der Unternehmer Pflanzen. Es ist nicht erforderlich, dass die Sämlinge im eigenen Betrieb erzeugt worden sind. Entscheidend für die Zuordnung zum landwirtschaftlichen Betrieb ist allein, dass das Endprodukt im eigenen landwirtschaftlichen Betrieb bearbeitet oder erzeugt worden ist.

Außerdem erbringen Baumschulunternehmer häufig auch **Gartenarbeiten** oder **Arbeiten für Landschaftspflege**. Insofern ist zu prüfen, ob es sich um einen einheitlichen Betrieb handelt und welcher der Betriebsteile dem Unternehmen insgesamt das Gepräge gibt.[1] Eine Baumschule mit Garten- und Landschaftsgestaltung ist jedenfalls als Gewerbebetrieb zu beurteilen, wenn die Umsätze aus der Landschaftsgärtnerei 50 % des Gesamtumsatzes übersteigen bzw. die Vergütungen für sonstige Leistungen und die Vergütungen für die Lieferung nicht selbst gezogener Pflanzen überwiegen.[2]

Überlässt der selbständige Betriebsteil einer Baumschule, der seinen Umsatz nach Durchschnittssätzen besteuert, dem anderen selbständigen und regelbesteuerten Betriebsteil (z. B. Gartencenter) eines einheitlichen Unternehmens einen Teil der von ihm gezogenen Jungpflanzen zum Verkauf, handelt es sich um einen nicht steuerbaren Innenumsatz innerhalb des Unternehmens, der nicht zur Bemessungsgrundlage i. S. des § 24 Abs. 1 Satz 1 UStG gehört und deshalb auch keine pauschale Vorsteuer nach § 24 Abs. 1 Satz 3 UStG auslöst. Dies bedeutet aber nicht, dass es wegen des Vorliegens eines nicht steuerbaren Innenumsatzes gerechtfertigt wäre, entgegen der Vorschrift des § 24 Abs. 1 Satz 4 UStG einen Vorsteuerabzug nach § 15 Abs. 1 Nr. 1 UStG in Bezug auf die Eingangsleistungen zuzulassen, die auf den in der Baumschule gezogenen Teil der Pflanzen entfallen und über den Betriebsteil Gartencenter im Rahmen der Regelbesteuerung veräußert worden sind. Insbesondere rechtfertigt allein der Verkauf dieses Teils der Pflanzen über den der Regelbesteuerung unterliegenden Betriebsteil nicht die Annahme, der Vorsteuerabzug richte sich nach der allgemeinen Regelung des § 15 Abs. 1 Nr. 1 UStG und nicht nach § 24 Abs. 1 Satz 3 UStG.[3]

hh) Betriebe, die Pflanzen und Pflanzenteile mit Hilfe der Naturkräfte gewinnen (§ 24 Abs. 2 Satz 1 Nr. 1 Variante 7 UStG)

Mit dieser Vorschrift öffnet der Gesetzgeber die eigentlich abschließend formu- 1656
lierte Aufzählung in § 24 Abs. 2 Satz 1 Nr. 1 UStG, um so dem Strukturwandel in der LuF Rechnung tragen zu können. Fraglich ist, ob dies erforderlich ist, oder ob diese Betriebe nicht von den Begriffen der Landwirtschaft oder der Forstwirtschaft umfasst sind, soweit Pflanzen(teile) unter Nutzung der natürlichen Kräfte des Bodens gewonnen werden. Erfasst sind insbesondere alle anderen Betriebe, die **von einer Bodennutzung weitgehend unabhängig** sind, aber eine

---

1 BFH, Urteil 12.1.1989 – V R 129/84, BStBl 1989 II S. 432; FG Münster, Urteil 28.3.1984 – V-II 4183/90, EFG 1985 S. 44.

2 BFH, Beschluss 28.7.1987 – V B 68/86, NWB YAAAB-30034 = BFH/NV 1988 S. 198; Abschnitt 24.3 Abs. 12 UStAE.

3 FG Köln, Urteil 22.5.2013 – 8 K 2094/10, NWB IAAAE-41386 = EFG 2013 S. 1448.

mit der LuF verwandte Tätigkeit entfalten (Hopfen-, Tabak-, Spargel-, Kräuter- oder Gewürzanbau, Pflanzenanzucht in Gewächshäusern, Pilzzucht oder die Bewirtschaftung, Ernte und Vermarktung von Reetgras[1] oder die Lieferung von Grassoden und Rollrasen).

Der **Anbau von Hanf zur Gewinnung von Cannabis und Cannabisharz** für medizinische oder wissenschaftliche Zwecke setzt ein Vertragsverhältnis mit der beim Bundesinstitut für Arzneimittel und Medizinprodukte angesiedelten Cannabisagentur voraus. Die Verarbeitung der Blüten zu Extrakt erfolgt aber außerhalb eines begünstigten Betriebs der Land- und Forstwirtschaft.[2] Im Gegensatz dazu ist der Anbau von **Nutzhanf** als Ackerbau einzuordnen.

Zum 1.7.2024 ist das das Gesetz zum kontrollierten Umgang mit **Konsumcannabis** (Konsumcannabisgesetz v. 27.3.2024 (KCanG), BGBl 2024 I Nr. 109) in Kraft getreten. Dadurch ist nicht nur der Besitz und Anbau von Cannabis teillegalisiert worden, sondern die rechtliche Behandlung von Cannabis wurde insgesamt aus dem BtMG herausgenommen. Seitdem können Anbauvereinigungen in der Rechtsform des Vereins oder der Genossenschaft gemeinschaftlich Cannabis anbauen und zum Eigenkonsum an ihre Mitglieder weitergeben. Auch wenn die Anbauvereinigung die Cannabisprodukte nur an ihre Mitglieder liefern darf, nimmt sie damit am wirtschaftlichen Verkehr teil, handelt als Unternehmer und erbringt eine umsatzsteuerbare Lieferung.[3] Cannabis wird aus der Hanfpflanze gewonnen und ist dem Grunde nach ein pflanzliches Produkt. Daher erfüllen der **Anbau und** die **Weitergabe des Cannabis** die Voraussetzungen des § 24 Abs. 2 Satz 1 Nr. 1 Var. 7 UStG. Die **Weitergabe von Vermehrungsmaterial** an die Mitglieder, Dritte oder andere Anbauvereinigungen erfüllt die Voraussetzungen des § 24 Abs. 2 Satz 1 Nr. 1 Var. 13 UStG (Saatzucht). Der Umstand, dass die Einnahmen aus der Weitergabe von Vermehrungsmaterial an andere Anbauvereinigungen und Nichtmitglieder nur kostendeckend erfolgen können, ist ohne umsatzsteuerrechtliche Bedeutung.

1 FG Schleswig-Holstein, Urteil 18.3.1992 – IV 504/90, EFG 1993 S. 351; FG Schleswig-Holstein, Urteil 22.11.1984 – II 228/82, EFG 1985 S. 495.

2 Brunkhorst, DStR 2022 S. 1750, 1754.

3 Widmann, UR 2025 S. 4, 5 f.; a. A. Tsyganov, DStR 2025 S. 1498, 1504 und 1506, der davon ausgeht, dass auch weiterhin diese Produkte einem Verkehrsverbot unterliegen und die Mitglieder einen nicht steuerbaren, echten Mitgliederbeitrag zur Verwirklichung eines gemeinschaftlichen Satzungszwecks zahlen.

ii) Binnenfischerei (§ 24 Abs. 2 Satz 1 Nr. 1 Variante 8 UStG)

Wasserflächen gehören zur Landwirtschaft, wenn sie fischereiwirtschaftlich zum Zweck der Speisefischproduktion genutzt werden.[1] Binnenfischerei kann **in stehenden oder fließenden, in künstlichen oder natürlichen Gewässern** ausgeübt werden, z. B. in Seen, Flüssen oder in Kanälen. Sie kann von dem Grundstückseigentümer, dem Fischereiberechtigten oder dem Pächter betrieben werden. 1657

Neben dem Fischen ist auch der **Absatz der gefangenen Fische** – selbst in veredelter Form, also geräuchert und/oder filetiert – erfasst.[2] Dies gilt auch, wenn die Räucherfilets vakuumverpackt werden, da diese Verpackung in erster Linie der Haltbarmachung dient.

Die **Küsten- und Hochseefischerei** ist eine gewerbliche Tätigkeit.

jj) Teichwirtschaft (§ 24 Abs. 2 Satz 1 Nr. 1 Variante 9 UStG)

Teichwirtschaft ist die **Fischzucht, Fischmast und Fischverarbeitung in stehenden eigenen oder gepachteten Gewässern**, auch in Becken und Stahlbehältern.[3] Ob die Teiche künstlich angelegt oder natürlich entstanden sind, ist unerheblich.[4] Das Futter braucht nicht im eigenen Betrieb erzeugt worden zu sein, sondern kann – wie die zu mästenden Jungfische – zugekauft werden. 1658

Bei den gezüchteten Fischen muss es sich **nicht zwingend** selbst um einen **Speisefisch** handeln. Es genügt, wenn dieser der eigenen nachgeschalteten Speisefischzucht dient. Entsprechendes gilt für die Produktion von Futterfischen als Futtermittel für die in denselben Teichen gezüchteten Speisefische.[5]

Das **Mästen von zugekauften Setzlingen (Speisefische)** mit anschließendem Schlachten, Verarbeiten und Vermarkten ist keine gewerbliche Tierzucht, die dem Regelsteuersatz unterliegt, wenn auf der Grundlage des Gewichts der Setzlinge beim Erwerb von einer **Mastdauer bis zum fertigen Speisefisch von mindestens drei Monaten** auszugehen ist und kein Handel mit Setzlingen erfolgt. Werden Setzlinge mit einem Stückgewicht von mehr als 180 g gekauft, so

1 Tehler in Reiß/Kraeusel/Langer, UStG, § 24 Rz. 209.

2 BFH, Urteil 27.10.1993 – XI R 61/90, NWB GAAAB-34379 = BFH/NV 1994 S. 419; Niedersächsisches FG, Urteil 22.11.1989 – V 515/88, EFG 1990 S. 394.

3 Niedersächsisches FG, Urteil 7.7.2002 – 5 K 614/99, NWB FAAAB-11513 = EFG 2002 S. 871; FG Bremen, Urteil 27.6.1986 – I 160/82 K, EFG 1986 S. 601; a. A. Niedersächsisches FG, Urteil 20.11.1989 – V 515/88, EFG 1990 S. 394.

4 Tehler in Reiß/Kraeusel/Langer, UStG, § 24 Rz. 207.

5 BFH, Urteil 13.3.1987 – V R 55/77, BStBl 1987 II S. 467.

kann für diese Partien von einem Fremdzukauf ausgegangen werden, denn die Mastdauer bis zur marktreifen Forelle von 200 bis 250 g beträgt in diesen Fällen unter normalen Umständen weniger als drei Monate. Im Übrigen müssen die Voraussetzungen im Einzelfall geprüft werden, da wegen unterschiedlicher Futterperioden, Futterintensität, Wassergüte und -menge sich feste Setzlingsgrößen nicht bestimmen lassen. Das gilt auch für den fertigen Fisch: Wird ein Setzling von 180 g bis zur marktreifen Lachsforelle gemästet, so vergehen mehr als drei Monate, um auf Stückgewichte über 500 g zu kommen. Hingegen gelten alle anderen Fischarten, die von vornherein zum Verkauf bestimmt sind (lebend gekaufte Aale, Karpfen, Schleien), auch bei einer Fütterung von mehr als drei Monaten nicht als eigene Erzeugnisse.

Die Teichwirtschaft ist im Gegensatz zur Tierzucht und Tierhaltung nach § 24 Abs. 2 Satz 1 Nr. 2 UStG **unabhängig von der Einhaltung etwaiger Vieheinheitenobergrenzen**. Dieses Kriterium gilt nur für die bodenständige Landwirtschaft und ist nicht auf die Teichwirtschaft übertragbar.[1]

kk) Fischzucht für die Binnenfischerei und die Teichwirtschaft (§ 24 Abs. 2 Satz 1 Nr. 1 Variante 10 UStG)

1659 Zur Fischzucht in Teichen im Rahmen eines landwirtschaftlichen Betriebes gehören die **Zucht von (Futter)Fischen** für die Teichwirtschaft, die **Aufzucht von Besatzfischen**, die Erzeugung und die Lieferung von Jungfischen an Dritte, die Zucht von Köderfischen oder die Zucht von Testfischen für Kläranlagen, nicht dagegen für die Trinkwassergewinnung und Industrieunternehmen.

Die **Zucht von Zierfischen** in Teichen ist ausgenommen, da diese nicht für die menschliche Ernährung erzeugt werden.[2] Entsprechendes gilt für Zucht-, Zier-, Jung-, Tropen-, Test-, Futter- und Köderfische, die keine Verwendung in der Teichwirtschaft im weitesten Sinne finden. Bei einem **Verkauf von Köderfischen an Privatkunden oder Angelgeschäfte** ist ebenfalls nicht von einer luf Nutzung auszugehen.[3]

Soweit es für die Zuordnung der Fischzucht zum luf Betrieb auf die Verwendung der Fische ankommt, ist nicht die konkrete Verwendung der Fische im Einzelfall

1 Niedersächsisches FG, Urteil 7.7.2002 – 5 K 614/99, NWB FAAAB-11513 = EFG 2002 S. 871.

2 BFH, Urteil 13.3.1987 – V R 55/77, BStBl 1987 II S. 467; Abschnitt 24.1 Abs. 2 Satz 2 UStAE.

3 Tehler in Reiß/Kraeusel/Langer, UStG, § 24 Rz. 209.

maßgeblich, sondern wie die Fische unter Berücksichtigung ihrer zuchtgemäßen Wesensart **üblicherweise verwendet** werden.[1]

Daraus resultieren **Abgrenzungsprobleme,** weil der Teichwirt nach dem Verkauf keinerlei Einfluss auf die tatsächliche Verwendung hat und außerdem einzelne Fische sowohl als Test- als auch als Köder-, Futter- und Speisefische verwendet werden können. Ist ein ordnungsgemäß geführtes Teichverzeichnis vorhanden, können zumindest die entsprechenden Teiche abgegrenzt werden. Die danach vorzunehmende Aufteilung kann Anhaltspunkte für den Umfang und damit die Zuordnung liefern.

Erfasst ist nur die Zucht von Fischen, nicht aber die **anderer Tiere**. Im Anhang VII zur MwStSystRL sind zwar auch die Muschelzucht, die Austernzucht, die Zucht anderer Weich- und Krebstiere oder die Froschzucht erwähnt. Mangels Umsetzung in das deutsche UStG fällt die Zucht dieser Tiere nicht unter § 24 Abs. 2 Satz 1 Nr. 1 UStG i. S. der Binnenfischerei.[2] Eine unmittelbare Berufung auf die Vorschriften der MwStSystRL scheitert am Umsetzungsspielraum der Mitgliedstaaten, in dessen Rahmen sie den Kreis der betroffenen Unternehmer festlegen können.[3] Dies ergibt sich aus Art. 295 Abs. 1 Nr. 2 MwStSystRL, wonach ein „land-, forst- und fischwirtschaftlicher Betrieb“ nur derjenige ist, der „in den einzelnen Mitgliedstaaten im Rahmen der in Anhang VII genannten Erzeugertätigkeiten als solcher gilt“. Hieraus ist ersichtlich, dass die MwStSystRL nicht selbst den Kreis der betroffenen Unternehmer vorgibt, sondern den Mitgliedstaaten lediglich eine Grenze aufzeigt. Den Mitgliedstaaten kommt daher ein Spielraum zu, in dessen Rahmen sie selbst festlegen können, welcher Bereich genau erfasst sein soll.

ll) Imkerei (§ 24 Abs. 2 Satz 1 Nr. 1 Variante 11 UStG)

Alle Tätigkeiten, bei denen durch die **Haltung, Züchtung und Vermehrung von** 1660
Bienen Honig und Wachs erzeugt und geliefert werden, werden durch Imkerei ausgeführt.

Erfasst sind der **Verkauf von Bienenvölkern** sowie die **Produktion von Honig und weiterer Bienenprodukte** (Bienenwachs, Pollen, Gelee Royal). Dabei kann Honig als Endprodukt in Verkehr gebracht oder weiter veredelt werden (Honigwein). Im Rahmen der Durchschnittssatzbesteuerung können unterschiedliche Steu-

1 BFH, Urteil 13.3.1987 – V R 55/77, BStBl 1987 II S. 467; Abschnitt 24.1 Abs. 2 Satz 3 UStAE.

2 A. A. Schilcher in Hartmann/Metzenmacher, UStG, § 24 Abs. 2 Rz. 8; Busch in Offerhaus/Söhn/Lange, UStG, § 24 Rz. 130.

3 Müller in Weymüller, BeckOK UStG, § 24 Rz. 283.

ersätze zur Anwendung kommen. Beispielsweise unterliegt der Verkauf von Honig dem Steuersatz von 7,8 % (§ 24 Abs. 1 Satz 1 Nr. 3 UStG) und der Verkauf von Honigwein dem Steuersatz von 19 % (§ 24 Abs. 1 Satz 1 Nr. 2 UStG).

mm) Wanderschäferei (§ 24 Abs. 2 Satz 1 Nr. 1 Variante 12 UStG)

1661 Bei der Wanderschäferei nutzt der Schäfer **fremde, laufend wechselnde Flächen** durch vorübergehende Beweidung **zur Futtergewinnung** im Gegensatz zu einem sesshaften Schafhalter, der sich als Tierhalter betätigt. Die Wanderschäferei ist aber in der Anlage VII der MwStSystRL nicht genannt; sie ist auch keine Tierzucht und Tierhaltung im Zusammenhang mit einer Bodenbewirtschaftung. Diese Abweichung wird mit der Verkehrsanschauung hinsichtlich des Begriffs der Landwirtschaft sowie dem Zweck der Versorgung der Bevölkerung (mit Wolle und Fleisch) begründet.[1] Mangels erforderlichen Zusammenhangs mit selbst bewirtschafteten Flächen zählt daher die Wanderschäferei **auch bei hohen Tierbeständen** stets zur Landwirtschaft.

Die Beweidung im Rahmen der Wanderschäferei kann unentgeltlich, gegen Entgelt des Schäfers oder gegen Entgelt des Grundstückseigentümers erfolgen. Der **Begriff der Wanderschäferei** differenziert weder nach dem Vorliegen derartiger Zahlungen noch nach der Person, die das Entgelt entrichtet, und umfasst damit alle der vorstehenden Formen der Beweidungsleistungen.[2]

Entgeltliche Beweidungsleistungen eines Schäfers unterliegen der Durchschnittssatzbesteuerung nach § 24 Abs. 1 Satz 1 Nr. 3 UStG.[3] Zahlungen im Zusammenhang mit der Übernahme von Verpflichtungen, die der öffentlichen Hand obliegen, schließen einen nicht steuerbaren echten Zuschuss aus, weil die öffentliche Hand im Zuge eines Leistungsaustauschs einen verbrauchsfähigen Vorteil erhält. Aufgrund der bei der Wanderschäferei bestehenden Besonderheiten steht der Anwendung des § 24 UStG nicht entgegen, dass der Leistungsempfänger die Beweidungsleistung aus Gründen des Natur- und Landschaftsschutzes bezieht, so dass sie nicht zur landwirtschaftlichen Erzeugung beim Empfänger beigetragen haben. Diesem wird ein verbrauchsfähiger Vorteil zugewendet, wenn er die Zahlungen u. a. aus Gründen des ihm als staatliche Aufgabe obliegenden Umweltschutzes geleistet hat.[4] Insoweit ist unerheblich,

1 BFH, Urteil 16.12.2004 – IV R 4/04, BStBl 2005 II S. 347.

2 Fritsch, UStB 2019 S. 32, 33.

3 BFH, Urteil 6.9.2018 – V R 34/17, BStBl 2019 II S. 344.

4 Niedersächsisches FG, Urteil 20.7.2023 – 5 K 75/21, EFG 2023 S. 1803 m. Anm. Ossinger; Gehm, USt direkt digital 22/2023 S. 16.

dass der Schäfer seine Tätigkeit überwiegend auf eigenen Flächen und nur ausnahmsweise und vorübergehend auf fremden Flächen ausgeübt hat. Der Begriff der Wanderschäferei ist funktional zu verstehen, so dass es insoweit nur auf die Beweidung fremder Flächen ankommt.

nn) Saatzucht (§ 24 Abs. 2 Satz 1 Nr. 1 Variante 13 UStG)

Saatzucht ist die Gewinnung von Saatgut zur Erzeugung und **Vermehrung** von 1662
Pflanzen. Erfasst sind sowohl die Vermehrung als auch der **Verkauf des Saatgutes**. Zum Saatgut zählen Samen, Pflanzgut oder Pflanzenteile (Knollen, Zwiebeln).

Es ist **nicht erforderlich**, dass der Unternehmer das gezüchtete Saatgut **selbst vermehrt und vertreibt**. Er kann diese Aufgaben auch Dritten gegen Bezahlung von Lizenzgebühren überlassen.[1]

Die Saatzucht kann **auf eigenen oder gepachteten Flächen** erfolgen.[2]

oo) Tierzucht- und Tierhaltungsbetriebe (§ 24 Abs. 2 Satz 1 Nr. 2 UStG)

Als landwirtschaftlicher Betrieb gilt nach § 24 Abs. 2 Satz 1 Nr. 2 UStG auch 1663
ein Tierzucht- und Tierhaltungsbetrieb, wenn es sich um Tiere handelt, die typischerweise in landwirtschaftlichen Betrieben gezogen und gehalten werden. Dies ist der Fall, wenn bestimmte in den § 51 und § 51a BewG flächenbezogene degressiv gestaltete Grenzen nicht nachhaltig überschritten werden und die **Aufzucht** oder das **Halten der Tiere** deswegen nicht als gewerbliche Betätigung anzusehen ist.[3]

Weit in die Zukunft reicht die **Änderung des § 24 Abs. 2 Satz 1 Nr. 2 UStG** durch Art. 13 des sog. JStG 2019.[4] Nach der Neufassung, die erst **zum 1.1.2025** in Kraft trat, sind landwirtschaftliche Betriebe auch Tierzucht- und Tierhaltungsbetriebe, soweit ihre Tierbestände nach § 241 BewG zur landwirtschaftlichen Nutzung gehören oder diese die Voraussetzungen des § 13 Abs. 1 Nr. 1 Satz 2 i. V. mit § 13b EStG erfüllen. Es handelt sich insoweit um die Anpassung des Gesetzesfolgenverweises auf die ebenfalls neu eingefügte Vorschrift des § 13b

1 BFH, Urteil 22.7.1992 – II R 69/88, BStBl 1992 II S. 877; FG Baden-Württemberg, Urteil 27.3.1998 – 9 V 54/97, EFG 1998 S. 1003.

2 BFH, Urteil 22.7.1992 – II R 69/88, BStBl 1992 II S. 877.

3 Vgl. Abschnitt 24.1 Abs. 2 Satz 5 UStAE.

4 Gesetz zur weiteren steuerlichen Förderung der Elektromobilität und zur Änderung weiterer steuerlicher Vorschriften v. 12.12.2019, BGBl 2019 I S. 2451.

EStG, der die bisherigen Grundsätze des § 51a BewG übernimmt und diese einkommensteuerrechtlich ab 1.1.2025 fortführt. Diese Vorschrift wurde im Bereich der landwirtschaftlichen Alterskasse an den europäischen Rechtsrahmen angepasst. Mangels Differenzierung der Sozialversicherungssysteme in anderen Staaten wurde – aus Gleichbehandlungsgründen – auch die Versicherungspflicht eines hauptberuflichen Landwirts in der gesetzlichen Rentenversicherung berücksichtigt.[1] § 24 Abs. 2 Nr. 2 UStG war bereits im Vorfeld durch das Grundsteuer-Reformgesetz[2] geändert worden. Ebenfalls mit Wirkung vom 1.1.2025 wurden dadurch die Wörter „nach den §§ 51 und 51a BewG" durch die Angabe „nach § 241 BewG" ersetzt. Die Änderung des § 24 Abs. 2 Nr. 2 UStG im sog. JStG 2019 knüpft an diese Änderung durch das GrStRefG an.[3]

Der Begriff Tierzucht ist im UStG nicht legal definiert. Außerdem **gibt es weder im Unionsrecht noch im nationalen Recht Anhaltspunkte für einen eigenständigen umsatzsteuerrechtlichen Tierzuchtbegriff. Zucht** ist die kontrollierte Fortpflanzung mit dem Ziel der genetischen Umformung. Im Rahmen der Zucht soll die Leistungsfähigkeit von Rindern, Schweinen, Schafen, Ziegen und Pferden unter Berücksichtigung der Vitalität erhalten und verbessert werden, die Wirtschaftlichkeit der tierischen Erzeugung gesteigert werden, indem die von den Tieren gewonnenen Erzeugnisse den an sie gestellten qualitativen Anforderungen entsprechen und eine genetische Vielfalt erhalten wird. Aus Vereinfachungsgründen kommt es nicht darauf an, ob das Einzeltier tatsächlich zur Zucht verwendet wird.[4] Es genügt, dass das Tier einem zur Vermehrung bestimmten Bestand angehört.[5] Im Gegensatz dazu beschäftigt sich die **Haltung** mit der Unterstellung, Pflege und Fütterung der Tiere. Werden Tiere lediglich angekauft und sodann – mit oder ohne Verarbeitung – weiterveräußert, liegt keine Haltung, sondern ein gewerblicher Tierhandel vor.[6] Soweit Sport-, Turnier- oder Freizeitpferde im Rahmen der Erbringung sonstiger Leistungen an die Pferdehalter von Landwirten gehalten werden, kommt weder der ermäßigte Steuersatz des § 12 Abs. 2 Nr. 3 UStG noch die Durchschnittssatzbesteuerung des § 24 UStG zur Anwendung, weil Sport- und Freizeitpferde kein „Vieh" (und

---

1 Sterzinger, UR 2020 S. 1, 18.

2 Grundsteuer-Reformgesetz (GrStRefG) v. 26.11.2019, BGBl 2019 I S. 1794.

3 Huschens, USt direkt digital 2/2020 S. 8, 10.

4 So aber BFH, Urteil 18.12.1996 – XI R 19/96, NWB LAAAA-95830 = BStBl 1997 II S. 334.

5 FG Münster, Urteil 23.5.2022 – 5 K 714/20 U, NWB UAAAJ-18172 = EFG 2022 S. 1317, die Rev. BFH: XI R 21/22 ist erledigt durch Zurücknahme; Abschnitt 12.3 Abs. 3 Satz 2 UStAE.

6 BFH, Urteil 31.3.2004 – I R 71/03, BStBl 2004 II S. 742.

auch sonst kein Tier) i. S. des Anhangs VII der MwStSystRL sind.[1] Im Gegensatz zum **Unterstellen von Reitpferden, die von ihren Eigentümern zur Ausübung von Freizeitsport genutzt werden**, kann aber eine Dienstleistung, die für den Einsatz in der landwirtschaftlichen Erzeugung bestimmt ist, vorliegen, wenn Zuchtpferde eines Gestüts oder luf Arbeitspferde untergestellt werden.

Landwirtschaftliche Tierzucht oder Tierhaltung setzt voraus, dass der Unter- 1664
nehmer durch eigene Bodenbewirtschaftung in der Lage ist, eine ausreichende pflanzliche Futtergrundlage für das Vieh zu schaffen. Die Zuordnung von Tierbeständen zur Landwirtschaft hängt davon ab, dass ein bestimmtes **Verhältnis zwischen der Anzahl der Tiere und den landwirtschaftlich selbst bewirtschafteten Flächen** nicht überschritten wird.[2] Ob der Landwirt auf der von ihm regelmäßig landwirtschaftlich genutzten Fläche das notwendige Futter tatsächlich erzeugt, ist unerheblich. Der Landwirt muss außerdem nicht nachweisen, dass er seine Tiere mit Futter ernährt, das er auf der selbstbewirtschafteten Fläche erzeugt hat. Dies wird gesetzlich unwiderlegbar vermutet, wenn die Grenzen für die selbstbewirtschafteten Flächen eingehalten werden.[3]

Übersteigt die Anzahl der maßgeblichen Vieheinheiten nachhaltig die in § 51 Abs. 1a BewG geregelten Vorgaben und besteht der **Betrieb nur aus einem Zweig des Tierbestandes**, ist der gesamte Tierbestand nicht der landwirtschaftlichen Nutzung und damit § 24 UStG zuzurechnen.[4]

Bei einem **unterschiedlichen Tierbestand** kommen § 51 Abs. 2 Satz 2 bis 4 BewG 1665
zur Anwendung. Der Unternehmer kann nicht wählen, welche Bereiche er der landwirtschaftlichen und welche er der gewerblichen Nutzung zuordnet. Er muss vielmehr zunächst mehr flächenabhängige Zweige des jeweiligen Tierbestandes (Pferde, Schafe, Kühe) und danach weniger flächenabhängige Zweige des Tierbestandes (Schweine, Geflügel) der landwirtschaftlichen Nutzung zurechnen. Innerhalb jeder dieser Gruppen sind außerdem zuerst die Zweige des Tierbestandes mit einer geringeren Anzahl von Vieheinheiten und dann Zweige mit einer größeren Anzahl von Vieheinheiten der landwirtschaftlichen Nutzung zuzurechnen. Der Tierbestand des einzelnen Zweiges (Zug-, Zucht- und Mastvieh) wird nicht aufgeteilt.

1 BFH, Urteil 13.9.2023 – XI R 37/22, BStBl 2024 II S. 240, Rz. 25; BFH, Urteil 10.9.2014 – XI R 33/13, BStBl 2015 II S. 720, Rz. 29; BFH, Urteil 22.1.2004 – V R 41/02, BStBl 2004 II S. 757, Rz. 24.

2 Vgl. Abschnitt 24.1 Abs. 2 Satz 9 UStAE.

3 BFH, Urteil 13.7.1989 – V R 110-112/84, BStBl 1989 II S. 1036.

4 BFH, Urteil 29.6.1988 – X R 33/82, BStBl 1988 II S. 922; Abschnitt 24.1 Abs. 2 Satz 9 UStAE.

Es muss sich um **pflanzenfressende Tiere** handeln,[1] die typischerweise in landwirtschaftlichen Betrieben gezüchtet und mit dem Ziel der Vermarktung gehalten werden. Da § 24 Abs. 2 Satz 1 Nr. 2 UStG auf die Vorschriften des BewG verweist, ist grundsätzlich auf die in der **Anlage 1 zum BewG** aufgeführten Tiere abzustellen. Allerdings ist die Aufzählung in dieser Anlage nicht abschließend.[2]

Außerdem müssen diese Tiere entweder **als Arbeitstiere gehalten** werden oder **der menschlichen Ernährung dienen.**[3] Maßgeblich ist nicht die konkrete Verwendung des Tieres im Einzelfall, sondern ob derartige Tiere normalerweise zur landwirtschaftlichen Erzeugung beitragen.

1666 Eine landwirtschaftliche Tätigkeit **liegt** in den folgenden Fällen **vor**:

- Halten von **Pferden, Eseln, Maultieren oder Mauleseln**, sofern diese **zur Schlachtung, zur Züchtung** in der landwirtschaftlichen Tierzucht oder als **Arbeitstiere in der landwirtschaftlichen Produktion** bestimmt sind.[4] Etwas anderes gilt aber, wenn die Tiere für Zwecke der Freizeitaktivitäten eingesetzt werden, dem Reit- und Rennsport oder Zirkusbetrieben dienen (z. B. Reit-, Renn-, Dressur- oder Zirkuspferde).
- Zucht und Verkauf von **Kaninchen.**[5]
- Zucht und Verkauf von **Alpakas, Lamas und Straußen.**[6]
- Zucht und Verkauf von **Wild.**

1667 Eine landwirtschaftliche Tätigkeit **liegt** in den folgenden Fällen **nicht vor**:

- **Hundezucht** zur Haustierhaltung oder Gebrauchshundehaltung.[7] Etwas anderes gilt aber, sofern es sich um die Züchtung von Wach-, Hüte- oder Jagdhunden für den eigenen luf Betrieb handelt.
- **Katzenzucht.**[8]

1 Kritisch aber BFH, Urteil 29.10.1987 – VIII R 272/83, BStBl 1988 II S. 264; BFH, Urteil 30.9.1980 – VIII R 22/79, BStBl 1981 II S. 210.

2 BFH, Urteil 30.9.1980 – VIII R 22/79, BStBl 1981 II S. 210.

3 EuGH, Urteil 12.5.2011 – Rs. C-453/09 „Kommission/Deutschland“, NWB BAAAD-86560; BFH, Urteil 16.12.2004 – IV R 4/04, BStBl 2005 II S. 347.

4 EuGH, Urteil 12.5.2011 – Rs. C-453/09 „Kommission/Deutschland“, NWB BAAAD-86560.

5 Niedersächsisches FG, Urteil 22.11.2006 – 2 K 414/01, NWB JAAAC-46201 = EFG 2007 S. 1151.

6 Vgl. Abschnitt 24.1 Abs. 2 Satz 5 UStAE; kritisch BFH, Urteil 16.12.2004 – IV R 4/04, BStBl 2005 II S. 347.

7 BFH, Urteil 30.9.1980 – VIII R 22/79, BStBl 1981 II S. 210; Abschnitt 24.1 Abs. 2 Satz 5 UStAE.

8 BFH, Urteil 19.12.2002 – IV R 47/01, BStBl 2003 II S. 507.

- Zucht von Kleintieren als Haustier oder Lebendfutter für andere Tiere (**Meerschweinchen, Zwergkaninchen, Hamster, Ratten oder Mäuse**).[1]
- Zucht von **Singvögeln**.[2]
- Zucht von **Tieren für Versuchszwecke** oder zur Gewinnung von Produkten für die Arzneimittelherstellung.
- **Brieftaubenzucht und Brieftaubenhaltung**.[3]
- Zucht von fleischfressenden **Pelztieren** (Nerz, Iltis, Fuchs).[4] Insoweit scheidet eine notwendige Versorgung mit selbst erzeugten Produkten selbst bei Betrieben mit einer eigenen Viehzucht und Hofschlachtung oder mit einer eigenen Fischzucht zur Pelztierfütterung deswegen aus, weil diese kostenmäßig mit der üblichen Reste- und Abfallverwertung z. B. aus Schlachthöfen nicht konkurrieren können. Im Gegensatz dazu kann die Zucht von pflanzenfressenden Pelztieren (Nutria, Chinchilla, Kaninchen, Karkulschafe) eine landwirtschaftliche Tätigkeit begründen, wenn die erforderlichen Futtermittel überwiegend von den vom Inhaber des Betriebs landwirtschaftlich genutzten Flächen gewonnen werden (§ 51 Abs. 5 Satz 2 BewG). Abgrenzungsprobleme bestehen insbesondere bei Waschbären, die Allesfresser sind. Da unerheblich ist, ob der Landwirt auf den ihm zur Verfügung stehenden Flächen das benötigte Futter tatsächlich anbaut, ist nicht darauf abzustellen, was die Waschbären tatsächlich zum Fressen erhalten, sondern ob die Flächen des Landwirtes abstrakt zur Ernährung der gehaltenen Waschbären ausreichen würden, wenn diese sich pflanzlich ernähren würden.

Der **Viehbestand** ist nach § 51 Abs. 1a Satz 2, Abs. 4 Satz 1 BewG i. V. mit Anlage 1 zum BewG nach dem Futterbedarf **in Vieheinheiten (VE) umzurechnen**. Diese beruhen auf dem Futterbedarf für die Erzeugung eines Tieres (z. B. eines Mastschweines) bzw. für dessen zwölfmonatige Haltung (z. B. einer Milchkuh). Bei **Masttieren** ist außerdem zu berücksichtigen, dass nicht die tatsächliche Stückzahl eines Jahres anzusetzen ist, sondern ein nach Maßgabe der Mastdauer reduzierter Wert.[5]

---

1 BFH, Urteil 16.12.2004 – IV R 4/04, BStBl 2005 II S. 347; Abschnitt 24.1 Abs. 2 Satz 5 UStAE.

2 BFH, Urteil 30.9.1980 – VIII R 22/79, BStBl 1981 II S. 210.

3 BFH, Urteil 22.9.1992 – VII R 45/92, BStBl 1993 II S. 200; Abschnitt 24.1 Abs. 2 Satz 5 UStAE.

4 BFH, Urteil 19.12.2002 – IV R 47/01, BStBl 2003 II S. 507; Sterzinger in Küffner/Zugmaier, USt, § 24 UStG Rz. 692; a. A. BFH, Urteil 29.10.1987 – VIII R 272/83, BStBl 1988 II S. 264.

5 BFH, Urteil 13.7.1989 – V R 110-112/84, BStBl 1989 II S. 1036.

Bei der **Feststellung des Tierbestandes** ist nicht von den Verhältnissen eines bestimmten Stichtages auszugehen. Abzustellen ist vielmehr auf die nachhaltige Erzeugung und Haltung der Tiere.[1] Maßgebend sind daher die Verhältnisse mehrerer Jahre, so dass zumindest eine **Durchschnittsberechnung aus drei Jahren** zu erfolgen hat.[2]

1668 Danach lautet der **Umrechnungsschlüssel für die Tierbestände**, der sich am Futterbedarf der Tiere orientiert:

Tierart	1 Tier = VE
Für Tiere, die als **Zuchtvieh** gehalten werden	
Alpakas	0,08 VE
Damtiere	
Damtiere unter 1 Jahr	0,04 VE
Damtiere 1 Jahr und älter	0,08 VE
Geflügel	
Legehennen (einschließlich einer normalen Aufzucht zur Ergänzung des Bestandes)	0,02 VE
Legehennen aus zugekauften Junghennen	0,0183 VE
Zuchtputen, -enten, -gänse	0,04 VE
Kaninchen	
Zucht- und Angorakaninchen	0,025 VE
Lamas	0,1 VE
Pferde	
Pferde unter 3 Jahren und Kleinpferde	0,7 VE
Pferde 3 Jahre und älter	1,1 VE

1 BFH, Urteil 4.2.1976 – I R 113/74, BStBl 1976 II S. 423.

2 FG Baden-Württemberg, Urteil 16.12.1994 – 9 K 407/89, EFG 1995 S. 644.

Rindvieh	
Kälber und Jungvieh unter 1 Jahr (einschließlich Mastkälber, Starterkälber und Fresser)	0,3 VE
Jungvieh 1 bis 2 Jahre alt	0,7 VE
Färsen (älter als 2 Jahre)	1 VE
Masttiere (Mastdauer weniger als 1 Jahr)	1 VE
Kühe (einschließlich Mutter- und Ammenkühe mit den dazugehörigen Saugkälbern)	1 VE
Zuchtbullen, Zugochsen	1,2 VE
Schafe	
Schafe unter 1 Jahr einschließlich Mastlämmer	0,05 VE
Schafe 1 Jahr und älter	0,1 VE
Schweine	
Zuchtschweine (einschließlich Jungzuchtschweine über etwa 90 kg)	0,33 VE
Strauße	
Zuchttiere 14 Monate und älter	0,32 VE
Jungtiere/Masttiere unter 14 Monaten	0,25 VE
Ziegen	0,08 VE
Für Tiere, die nach ihrer Erzeugung zu erfassen sind (**Mastvieh**)	
Geflügel	
Jungmasthühner (bis zu 6 Durchgänge je Jahr – schwere Tiere)	0,0017 VE
(mehr als 6 Durchgänge je Jahr – leichte Tiere)	0,0013 VE
Junghennen	0,0017 VE

Mastenten	0,0033 VE
Mastenten in der Aufzuchtphase	0,0011 VE
Mastenten in der Mastphase	0,0022 VE
Mastputen aus selbst erzeugten Jungputen	0,0067 VE
Mastputen aus zugekauften Jungputen	0,005 VE
Jungputen (bis etwa 8 Wochen)	0,0017 VE
Mastgänse	0,0067 VE
Kaninchen	
Mastkaninchen	0,0025 VE
Rindvieh	
Masttiere (Mastdauer 1 Jahr und mehr)	1 VE
Schweine	
Leichte Ferkel (bis etwa 12 kg)	0,01 VE
Ferkel (über etwa 12 bis etwa 20 kg)	0,02 VE
Schwere Ferkel und leichte Läufer (über etwa 20 bis etwa 30 kg)	0,04 VE
Läufer (über etwa 30 bis etwa 45 kg)	0,06 VE
Schwere Läufer (über etwa 45 bis etwa 60 kg)	0,08 VE
Mastschweine	0,16 VE
Jungzuchtschweine bis etwa 90 kg	0,12 VE;

wenn Schweine aus zugekauften Tieren erzeugt werden, ist dies bei der Umrechnung in VE entsprechend zu berücksichtigen.

BEISPIEL Mastschweine aus zugekauften Läufern: 0,16 VE – 0,06 VE = 0,10 VE.

1669 Der Gesetzgeber hat mit diesen Umrechnungsschlüsseln eine pauschalierende Regelung gewählt. Die Schlüssel wirken **vereinfachend** und greifen nicht jede sinnvolle oder denkbare Unterscheidungsmöglichkeit auf. Gleichwohl sind sie **auch bei gewissen Ungereimtheiten bindend**[1] und trotzdem von Verfassungs wegen nicht zu beanstanden.[2]

Zur **regelmäßig genutzten landwirtschaftlichen Fläche**, die bei der Berechnung der Vieheinheiten heranzuziehen ist, gehören nachhaltig eigengenutzte und zugepachtete, selbst bewirtschaftete oder aufgrund öffentlicher Förderungsprogramme stillgelegte Flächen. Brachflächen oder bodengeschützte Flächen, die als Feucht- oder Trockenbiotope ausgewiesen sind, gehören zur landwirtschaftlich genutzten Fläche, solange eine landwirtschaftliche Erzeugung möglich, aber nur auf bestimmte oder unbestimmte Zeit ausgeschlossen ist. Nicht zu berücksichtigen sind nachhaltig verpachtete Flächen. Nach R 13.2 Abs. 3 EStR sind außerdem Abbauland, Geringstland, Hof- und Gebäudeflächen, weinbaulich genutzte Flächen, forstwirtschaftlich genutzte Flächen, innerhalb der gärtnerischen Nutzung die Nutzungsteile Gemüse-, Blumen- und Zierpflanzenbau sowie Baumschulen nicht zu berücksichtigen. Zur Hälfte sind obstbaulich genutzte Flächen zu berücksichtigen, die so angelegt sind, dass eine regelmäßige landwirtschaftliche Unternutzung stattfindet, und zu einem Viertel Almen und Hutungen.

Der zuletzt **angefangene Hektar zählt nicht** mit.[3]

Da die landwirtschaftliche Tierzucht oder Tierhaltung betriebsbezogen ist, dürfen Nutzflächen und Tierbestände nicht zusammengerechnet werden, wenn der Steuerpflichtige **mehrere Betriebe** besitzt.[4] Ein einheitlicher Betrieb in der Hand eines Inhabers liegt aber vor, wenn unter gemeinsamer Leitung eine organisatorische und betriebswirtschaftliche Verknüpfung in der Form besteht, dass eine Trennung nicht ohne Nachteile für den Gesamtbetrieb möglich wäre.[5] Indizien für eine derartige Verbindung ist die einheitliche Bewirtschaftung durch den Einsatz gleicher Sachmittel und die räumliche Nähe zwischen den Hofstellen. Zwei selbständige Betriebe liegen aber vor, wenn die unterschiedlichen Hofstellen arbeitswirtschaftlich, organisatorisch und finanziell nichts miteinander zu tun haben.[6] 1670

1 BFH, Urteil 17.10.1991 – IV R 134/89, BStBl 1992 II S. 378.
2 BFH, Urteil 23.11.1979 – III R 86/76, BStBl 1980 II S. 90.
3 BFH, Urteil 13.7.1989 – V R 110-112/84, BStBl 1989 II S. 1036.
4 FG Baden-Württemberg, Urteil 16.12.1994 – 9 K 407/89, EFG 1995 S. 644.
5 BFH, Urteil 16.11.1978 – IV R 191/74, BStBl 1979 II S. 246; FG Schleswig-Holstein, Urteil 18.9.1996 – II 150/83, EFG 1987 S. 117.
6 BFH, Urteil 13.10.1988 – IV R 136/85, BStBl 1989 II S. 7.

1671 Die **maßgeblichen Grenzen** sind in § 51 Abs. 1a Satz 1 BewG geregelt. Danach dürfen folgende Vieheinheiten im Wirtschaftsjahr nicht überschritten werden:

- für die ersten 20 Hektar: nicht mehr als 10 Vieheinheiten,
- für die nächsten 10 Hektar: nicht mehr als 7 Vieheinheiten,
- für die nächsten 20 Hektar: nicht mehr als 6 Vieheinheiten,
- für die nächsten 50 Hektar: nicht mehr als 3 Vieheinheiten und
- für die weitere Fläche: nicht mehr als 1,5 Vieheinheiten

je Hektar der vom Inhaber des Betriebs regelmäßig landwirtschaftlich genutzten Flächen.

1672 Die Zahl der Vieheinheiten, die unter Berücksichtigung der regelmäßig landwirtschaftlich genutzten Fläche eines Betriebs erzeugt oder gehalten werden können, ergibt sich für **Betriebe bis zu 100 ha landwirtschaftlicher Nutzfläche** aus der nachstehenden degressiv gestaffelten Tabelle:[1]

Größe der regelmäßig landwirtschaftlich genutzten Fläche in ha	Höchstzahl VE	Größe der regelmäßig landwirtschaftlich genutzten Fläche in ha	Höchstzahl VE	Größe der regelmäßig landwirtschaftlich genutzten Fläche in ha	Höchstzahl VE
1	10	35	300	69	447
2	20	36	306	70	450
3	30	37	312	71	453
4	40	38	318	72	456
5	50	39	324	73	459
6	60	40	330	74	462
7	70	41	336	75	465
8	80	42	342	76	468
9	90	43	348	77	471
10	100	44	354	78	474
11	110	45	360	79	477
12	120	46	366	80	480

1 Sterzinger in Küffner/Zugmaier, USt, § 24 UStG Rz. 701.

Größe der regelmäßig landwirtschaftlich genutzten Fläche in ha	Höchstzahl VE	Größe der regelmäßig landwirtschaftlich genutzten Fläche in ha	Höchstzahl VE	Größe der regelmäßig landwirtschaftlich genutzten Fläche in ha	Höchstzahl VE
13	130	47	372	81	483
14	140	48	388	82	486
15	150	49	384	83	489
16	160	50	390	84	492
17	170	51	393	85	495
18	180	52	396	86	498
19	190	53	399	87	501
20	200	54	402	88	504
21	207	55	405	89	507
22	214	56	408	90	510
23	221	57	411	91	513
24	228	58	414	92	516
25	235	59	417	93	519
26	242	60	420	94	522
27	249	61	423	95	525
28	256	62	426	96	528
29	263	63	429	97	541
30	270	64	432	98	534
31	276	65	435	99	537
32	282	66	438	100	540
33	288	67	441		
34	294	68	444		

Für **Betriebe mit einer regelmäßig landwirtschaftlich genutzten Fläche von mehr als 100 ha** ist die VE-Höchstzahl in der Weise zu berechnen, dass die über 100 ha hinausgehende ha-Zahl mit 1,5 zu multiplizieren und diesem Ergebnis die VE-Zahl für 100 ha, nämlich 540 VE, hinzuzurechnen ist.[1]

1 Sterzinger in Küffner/Zugmaier, USt, § 24 UStG Rz. 702.

BERECHNUNGSBEISPIELE

landwirtschaftliche Nutzfläche 200 ha:	100 * 1,5 = 150 + 540 = 690 VE
landwirtschaftliche Nutzfläche 220 ha:	120 * 1,5 = 180 + 540 = 720 VE
landwirtschaftliche Nutzfläche 250 ha:	150 * 1,5 = 225 + 540 = 765 VE
landwirtschaftliche Nutzfläche 300 ha:	200 * 1,5 = 300 + 540 = 840 VE

BEISPIEL Landwirt L verfügt über eine von ihm regelmäßig landwirtschaftlich genutzte Fläche von 30 ha.

Er darf deswegen nach § 51 Abs. 1a Satz 1 BewG insgesamt 270 Vieheinheiten erzeugen oder nutzen. Er könnte also beispielsweise 270 Kühe (eine Kuh = 1,00 VE) oder 1.687 Mastschweine (ein Mastschwein = 0,16 VE) halten, ohne Gewerbetreibender zu werden.

Hält L 150 Kühe und 1.200 Mastschweine, handelt es sich um einen Tierbestand mit mehreren Zweigen. Nach § 51 Abs. 2 Satz 2 BewG sind zunächst die mehr flächenabhängigen Zweige des Tierbestandes (Milchviehhaltung) der landwirtschaftlichen Nutzung zuzurechnen. L wäre daher hinsichtlich der Haltung der Kühe landwirtschaftlich tätig, da insoweit die Anzahl der Vieheinheiten (150 VE) die in § 51 Abs. 1a Satz 1 BewG geregelte Grenze nicht überschreitet. Hinsichtlich der Haltung der Mastschweine handelt es sich insgesamt um eine gewerbliche Tätigkeit. Es erfolgt also keine Berechnung, bis zu welcher Anzahl von Mastschweinen noch eine landwirtschaftliche Tätigkeit vorliegen würde.

Hält L 1.000 Mastschweine (= 160 VE) und 400 Zuchtschweine (= 132 VE), ist nach § 51 Abs. 3 Satz 1 BewG zuerst das Zuchtvieh der landwirtschaftlichen Nutzung zuzurechnen. L ist hinsichtlich der Haltung der Zuchtschweine landwirtschaftlich tätig, da insoweit die Anzahl der Vieheinheiten (132 VE) die in § 51 Abs. 1a Satz 1 BewG geregelte Grenze nicht überschreitet. Hinsichtlich der Haltung der Mastschweine handelt es sich insgesamt um eine gewerbliche Tätigkeit. Es erfolgt also keine Berechnung, bis zu welcher Anzahl von Mastschweinen noch eine landwirtschaftliche Tätigkeit vorliegen würde.

Hält L 1.000 Mastschweine (= 160 VE) und 4.000 Zuchtschweine (= 1.320 VE), wäre sowohl die Haltung der Zuchtschweine als auch die Haltung der Mastschweine gewerblich. Unerheblich ist wegen der vorrangigen Prüfung der Zuchttiere, dass der Mastviehbestand allein die in § 51 Abs. 1a Satz 1 BewG geregelte Grenze nicht überschreitet.

Diese degressive Festsetzung von Vieheinheiten im Verhältnis zur Ackerfläche ist **unionsrechtskonform.**[1] Art. 295 MwStSystRL begünstigt nur die landwirtschaftliche Erzeugung i. V. mit der Bodenbewirtschaftung. Ab einer gewissen Größe des Tierbestandes im Verhältnis zur landwirtschaftlich genutzten Fläche handelt es sich nicht mehr um eine landwirtschaftliche Erzeugung, sondern um eine industrielle Tierproduktion. Nach Art. 296 Abs. 2 MwStSystRL kann jeder

1 BFH, Urteil 26.5.2021 – V R 11/18, BStBl 2022 II S. 149.

Mitgliedstaat bestimmte Gruppen landwirtschaftlicher Erzeuger sowie diejenigen landwirtschaftlichen Erzeuger, bei denen die Anwendung der Regelbesteuerung keine verwaltungstechnischen Schwierigkeiten mit sich bringt, von der Pauschalregelung ausnehmen.[1] Davon hat Deutschland durch die Regelung des § 51 Abs. 1a BewG Gebrauch gemacht, so dass sich Landwirte vorab darauf einstellen können, ob sie die Pauschalregelung des § 24 UStG in Anspruch nehmen können oder nicht.

Bei der Prüfung der Vieheinheiten-Obergrenze i. S. von § 24 Abs. 2 Nr. 2 UStG i. V. mit § 51 und § 51a BewG sind **im Rahmen eines Organschaftsverhältnisses** sämtliche Vieheinheiten und Nutzflächen aller landwirtschaftlichen Betriebe der Organgesellschaft(en) und des Organträgers zu addieren und der Beurteilung zugrunde zu legen.[2]

Müssen aber die **Vieheinheiten zweier knapp unterhalb der Vieheinheiten-Obergrenze liegender Betriebe zusammengerechnet** werden,[3] kann diese degressive Ermittlung zur Folge haben, dass die Vieheinheiten-Obergrenze bezogen auf das Gesamtunternehmen überschritten wird. Da aber die Vorschrift des § 24 UStG auf den Betrieb und nicht auf das Unternehmen abstellt, bestehen gegen das Ergebnis der Entscheidung, wonach die Vieheinheiten-Obergrenze für landwirtschaftliche Tierzucht- und Tierhaltungsbetriebe einheitlich für alle Betriebe eines Unternehmers zu ermitteln sei,[4] ganz erheblichen **Bedenken**, weil allein der Umstand, dass sich die Einzelbetriebe im Eigentum desselben Landwirts befinden, keinen Einfluss auf die landwirtschaftliche Prägung dieser Betriebe hat, wenn diese getrennt und voneinander unabhängig geführt und bewirtschaftet werden. Der Verweis auf die Viehobergrenze in § 51 BewG soll sicherstellen, dass nur solche Tierhaltungsbetriebe in den Genuss der in § 24 UStG geregelten Steuervorteile kommen, die eine ausreichende Futtergrundlage in Gestalt selbst bewirtschafteter Landwirtschaftsflächen für den vorhandenen Tierbestand haben. Das ist bei gesondert geführten Betrieben für jeden einzelnen Betrieb gesondert zu beurteilen. Außerdem ist die Entscheidung nicht mit dem Grundsatz vereinbar, dass ein Unternehmer neben einem der Regelbesteuerung unterliegenden gewerblichen Betrieb einen umsatzsteuerrechtlich davon getrennt zu beurteilenden, der Pauschalierung unterliegenden, landwirtschaftlichen Betrieb unterhalten kann. Es sind keinerlei Anhaltspunkte

1 EuGH, Urteil 12.10.2017 – Rs. C-262/16 „Shields & Sons", ECLI:EU:C:2017:756 = NWB LAAAG-87537 = UR 2018 S. 131.

2 Abschnitt 24.1 Abs. 2 Satz 7 UStAE.

3 Siehe auch Abschnitt 24.1 Abs. 2 Satz 6 UStAE.

4 BFH, Urteil 26.5.2021 – V R 11/18, NWB PAAAH-96486 = BStBl 2022 II S. 149.

dafür erkennbar, wieso dieser Grundsatz nicht auch für zwei getrennt geführte landwirtschaftliche Betriebe gelten soll.[1]

Das Überschreiten dieser Grenzen ist aber nur schädlich, wenn es **nachhaltig** erfolgt. Dies ist der Fall, wenn sich der Landwirt entschließt, die die Viehbestandsgrenzen überschreitenden Viehbestände dauerhaft zu halten (**Strukturwandel**). Dieser Wille muss aufgrund objektiver Anhaltspunkte erkennbar sein. Indizien können sein, dass der Landwirt dem bisherigen Charakter des Betriebes entsprechende Investitionen nicht mehr durchführt oder vertragliche Verpflichtungen eingeht bzw. Wirtschaftsgüter anschafft, die jeweils dauerhaft dazu führen, dass die Grenzen erheblich überschritten werden. Dabei ist ein **Beobachtungszeitraum von drei Jahren** zugrunde zu legen. Beruht die Überschreitung nicht auf Maßnahmen, die von Anfang an einen Gewerbebetrieb begründen (**Fall des sofortigen Strukturwandels**[2]), ist nach Ablauf des Beobachtungszeitraums ab dem vierten Wirtschaftsjahr ein Gewerbebetrieb anzunehmen (**Fall des allmählichen oder schleichenden Strukturwandels**[3]). Wird die Vieheinheitengrenze um mehr als 10 % überschritten und wird dadurch zugleich ein zusätzlicher Bedarf an landwirtschaftlich genutzter Fläche von mehr als 10 % erforderlich, lässt dies den Schluss auf das Vorliegen eines sofortigen Strukturwandels zu.[4]

Der beim schleichenden Strukturwandel zu beachtende Dreijahreszeitraum ist **objektbezogen** und beginnt bei einem Wechsel des Betriebsinhabers nicht neu zu laufen, wenn der den Betrieb Übernehmende diesen im Wesentlichen unverändert fortführt. Eine einmal durch Strukturwandel begonnene gewerbliche Tierhaltung verliert ihren Charakter nicht rückwirkend dadurch, dass sich der Steuerpflichtige schon bald nach ihrem Beginn – nach weniger als drei Jahren – entschließt, deren Umfang auf Dauer wieder so weit einzuschränken, dass er im Rahmen der landwirtschaftlichen Tierhaltung bleibt.[5] Im Fall der **Neugründung** eines Betriebes liegt von Anfang an ein Gewerbebetrieb vor, wenn die Anzahl der Vieheinheiten, die für die Abgrenzung der gewerblichen von der landwirtschaftlichen Tierzucht und Tierhaltung gilt, erheblich überschritten wird. In allen übrigen Fällen der Neugründung gilt ebenfalls der dreijährige Beobach-

1 Sterzinger, DStRK 2022 S. 24.

2 BFH, Urteil 19.2.2009 – IV R 18/06, BStBl 2009 II S. 654; BFH, Urteil 9.5.1996 – V R 118/92, BStBl 1996 II S. 550.

3 BFH, Urteil 19.2.2009 – IV R 18/06, BStBl 2009 II S. 654; BFH, Urteil 14.12.2006 – IV R 10/05, BStBl 2007 II S. 516.

4 BFH, Urteil 19.2.2009 – IV R 18/06, BStBl 2009 II S. 654; FG Sachsen-Anhalt, Urteil 29.11.2012 – 6 K 1623/06, NWB HAAAE-36224 = EFG 2013 S. 1118.

5 FG München, Urteil 9.3.1977 – III 96/72 U 2, EFG 1977 S. 461.

tungszeitraum. Wird die landwirtschaftliche Erzeugertätigkeit in mehreren Schritten aufgegeben und werden dabei nur vorübergehend die Tierbestandsgrenzen des § 24 Abs. 2 Satz 1 Nr. 2 UStG überschritten, liegt insofern kein für die Besteuerung nach Durchschnittssätzen schädlicher Strukturwandel vor.[1]

Unterhält der Landwirt mangels hinreichender eigener Flächen nicht per se mit der Tieraufzucht einen landwirtschaftlichen Betrieb, kann er eine Besteuerung nach § 24 UStG nur beanspruchen, wenn sämtliche sachlichen und persönlichen Voraussetzungen einer **gemeinschaftlichen Tierhaltung (Kooperation)** i. S. des § 51a BewG vorliegen.[2] § 51a Abs. 1 Satz 1 Nr. 1 BewG setzt **in persönlicher Hinsicht** voraus, dass alle Gesellschafter Inhaber eines LuF-Betriebs mit selbstbewirtschafteten regelmäßig landwirtschaftlich genutzten Flächen sind, nach dem Gesamtbild der Verhältnisse hauptberuflich Land- und Forstwirte sind, Landwirte i. S. des § 1 Abs. 2 ALG sind, dies durch eine Bescheinigung der landwirtschaftlichen Alterskasse nachgewiesen wird und die sich nach § 51 Abs. 1a BewG für sie ergebende Möglichkeit zur landwirtschaftlichen Tiererzeugung oder Tierhaltung in Vieheinheiten ganz oder teilweise auf die Gesellschaft übertragen haben. Außerdem darf nach § 51a Abs. 1 Satz 1 Nr. 2 BewG **in sachlicher Hinsicht** die Anzahl der von der Gesellschaft im Wirtschaftsjahr erzeugten oder gehaltenen Vieheinheiten die Summe der ihr nach § 51a Abs. 1 Satz 1 Nr. 1 Buchst. d BewG von den Gesellschaftern übertragenen Vieheinheiten (§ 51a Abs. 1 Satz 1 Nr. 2 Buchst. a BewG) und die Summe der Vieheinheiten, die sich nach § 51 Abs. 1a BewG auf der Grundlage der Summe der von den Gesellschaftern regelmäßig landwirtschaftlich genutzten Flächen ergibt (§ 51a Abs. 1 Satz 1 Nr. 2 Buchst. b BewG), jeweils nicht überschreiten. Die Beteiligten müssen somit über freie Tierhaltungskapazitäten i. S. von § 51 BewG verfügen und diese ganz oder teilweise auf die Kooperation übertragen. Es muss sichergestellt werden, dass die Kooperation ihre Tierhaltung auf die tatsächlich übertragenen freien Kapazitäten der beteiligten Landwirte begrenzt. Flächen, die der Gemeinschaft selbst gehören und von ihr landwirtschaftlich genutzt werden, sind in die jeweilige Berechnung mit einzubeziehen (§ 51a Abs. 3 BewG). Die Kooperation darf die beiden Grenzen (Zahl der abgetretenen Vieheinheiten und Zahl der Vieheinheiten nach der Fläche der Mitglieder) nicht überschreiten. Sie soll wegen der von ihr erzeugten und gehaltenen Tierbestände nicht günstiger gestellt werden als ein Einzelbetrieb, der über die gleiche Fläche verfügt wie die Gesamtzahl der Mitglieder der Kooperation. § 51a Abs. 1 Satz 1

1 Vgl. Abschnitt 24.1 Abs. 4 Satz 4 UStAE.

2 BFH, Urteil 17.9.1992 – V R 111/88, NWB MAAAB-33460 = BFH/NV 1993 S. 502; BFH, Urteil 26.4.1990 – V R 90/87, BStBl 1990 II S. 802.

Nr. 2 Buchst. a BewG soll sicherstellen, dass die Tierhaltungsgemeinschaft und die an ihr beteiligten Gesellschafter zusammen nicht mehr Vieheinheiten halten oder erzeugen können, als es den Gesellschaftern in ihren Einzelbetrieben möglich wäre. Im Gegensatz dazu bezweckt § 51a Abs. 1 Satz 1 Nr. 2 Buchst. b BewG eine Gleichstellung der Tierhaltungsgemeinschaft mit einem Einzelbetrieb, der allein regelmäßig so viel landwirtschaftliche Fläche bewirtschaftet wie die Gesellschafter der Tierhaltungsgemeinschaft zusammen. Während nach der Grenze des § 51a Abs. 1 Satz 1 Nr. 2 Buchst. a BewG die von der Gemeinschaft gehaltenen oder erzeugten Vieheinheiten die Summe der von den Mitgliedern übertragenen Vieheinheiten nicht überschreiten dürfen, begrenzt § 51a Abs. 1 Satz 1 Nr. 2 Buchst. b BewG die Zahl der Vieheinheiten der Gemeinschaft auf die Anzahl, die zulässig ist, wenn auf die landwirtschaftlich genutzte Fläche sämtlicher Mitglieder abgestellt wird. Wegen dieser unterschiedlichen Zielrichtung sind bei der Überprüfung der Grenze des § 51a Abs. 1 Satz 1 Nr. 2 Buchst. b BewG die vom Beteiligten zur Verfügung gestellten Flächen in vollem Umfang und nicht nur mit dem Anteil zu berücksichtigen, der dem Verhältnis der auf die Kooperation übertragenen Vieheinheiten zur Zahl der den Gesellschaftern in ihren jeweiligen Betrieben insgesamt zur Verfügung stehenden Vieheinheiten entspricht. Eine vieheinheitenproportionale Berechnung der der jeweiligen Tierhaltungsgemeinschaft zuzurechnenden Flächen auf Basis der Vieheinheiten-Höchstgrenze für den Einzelbetrieb ist daher abzulehnen.[1] Dies gilt auch, wenn der Beteiligte selbst Tiere hält oder an mehreren Kooperationen beteiligt ist. Durch die Berücksichtigung der gesamten landwirtschaftlich genutzten Fläche wird nicht ein Vielfaches der in der Realität vorhandenen Fläche vorgetäuscht, da die Grenze, die sich aus der Summe der den einzelnen Gesellschaftern in ihren Einzelbetrieben zur Verfügung stehenden Möglichkeiten zur landwirtschaftlichen Tiererzeugung oder Tierhaltung ergibt (§ 51a Abs. 1 Satz 1 Nr. 2 Buchst. a BewG), auch bei der Beteiligung an mehreren Tierhaltungsgemeinschaften nicht überschritten werden darf.

Eine derartige Kooperation setzt u. a. Gesellschaften voraus, bei denen die Gesellschafter als Unternehmer (Mitunternehmer) anzusehen sind. Entscheidend ist nicht das Vorliegen einer Personengesellschaft im zivilrechtlichen Sinne, sondern einer Mitunternehmerschaft im ertragsteuerrechtlichen Sinn.[2] **Mitunternehmerrisiko** bedeutet die gesellschaftsrechtliche oder wirtschaftlich

1 Niedersächsisches FG, Urteil 5.9.2022 – 11 K 102/22, EFG 2023 S. 518 m. Anm. Sutorius; Niedersächsisches FG, Urteil 11.5.2016 – 4 K 122/15, EFG 2016 S. 1885 m. Anm. Horn; Sterzinger, USt direkt digital 7/2023 S. 9.

2 BFH, Urteil 1.9.2011 – II R 67/09, BStBl 2013 II S. 210.

vergleichbare Teilnahme am Erfolg und Misserfolg eines gewerblichen Unternehmens. Dieses Risiko wird regelmäßig durch Beteiligung an Gewinn und Verlust sowie an den stillen Reserven des Anlagevermögens einschließlich eines Geschäftswerts vermittelt. **Mitunternehmerinitiative** heißt in diesem Zusammenhang vor allem Teilnahme an unternehmerischen Entscheidungen, wie sie z. B. Gesellschaftern oder diesen vergleichbaren Personen als Geschäftsführern, Prokuristen oder anderen leitenden Angestellten obliegen. Ausreichend ist allerdings schon die Möglichkeit zur Ausübung von Gesellschaftsrechten, die wenigstens den Stimm-, Kontroll- und Widerspruchsrechten angenähert sind, die einem Kommanditisten nach dem HGB zustehen oder die den gesellschaftsrechtlichen Kontrollrechten nach § 716 Abs. 1 des BGB entsprechen.[1] Diese beiden Hauptmerkmale der Mitunternehmerstellung können zwar im Einzelfall mehr oder weniger ausgeprägt sein. Sie müssen jedoch beide vorliegen. Daher kann eine Kommanditgesellschaft auf ihre Umsätze die Durchschnittssatzbesteuerung nach § 24 Abs. 2 Satz 1 Nr. 2 UStG i. V. mit § 51a BewG anwenden, sofern ihre Kommanditisten am laufenden Gewinn und Verlust sowie an den stillen Reserven beteiligt sind. Außerdem müssen diese zumindest ihr Stimmrecht in der Gesellschaftsversammlung ausüben können und solche Kontrollrechte, die § 166 HGB dem Kommanditisten einräumt, bestehen. Ein Kommanditist, der – was zivilrechtlich zulässig ist[2] – in der Gesellschafterversammlung nicht mitstimmen darf, und für den zugleich das Widerspruchsrecht nach § 164 HGB abbedungen ist, ist dagegen kein Mitunternehmer.

Beim **Halten von fremdem Vieh** handelt es sich um eine sonstige Leistung. Diese kann nur der Durchschnittssatzbesteuerung zugeordnet werden, wenn sie von einem LuF im Rahmen eines luf Betriebs ausgeführt wird. Bei der Prüfung dieser Voraussetzungen sind fremde und eigene Tiere zusammenzurechnen.[3] Damit scheidet das Halten durch gewerbliche Tierhalter oder Viehhändler aus. Außerdem muss es sich beim Leistungsempfänger und damit dem Eigentümer der Tiere um einen Unternehmer handeln, der selbst nicht nach § 24 UStG pauschaliert. Die Haltung für private Endabnehmer, etwa das Unterstellen eines zu privaten Reitzwecken gehaltenen Pferdes, fällt nicht in den Anwendungsbereich des § 24 UStG. Die Pensionstiere sind auch bei deren Eigentümer bei der Ermittlung von dessen Vieheinheiten zu berücksichtigen.

1 BFH, Urteil 13.2.2019 – XI R 24/17, BFH/NV 2019 S. 597.

2 Vgl. BFH, Urteil 8.4.2008 – VIII R 73/05, BStBl 2008 II S. 681.

3 BFH, Urteil 23.9.1988 – III R 182/84, BStBl 1989 II S. 111; BFH, Urteil 16.7.1987 – V R 22/78, BStBl 1988 II S. 83.

d) Gewerbebetriebe kraft Rechtsform (§ 24 Abs. 2 Satz 3 UStG a. F.)

1673 Der Gesetzgeber[1] hat auf die Rechtsprechung des XI. Senats des BFH[2] reagiert und die Vorschrift des § 24 Abs. 2 Satz 3 UStG a. F. mit Wirkung zum 1.1.2021 ersatzlos gestrichen. Damit kann auch ein Gewerbebetrieb kraft Rechtsform ein luf Betrieb sein, wenn im Übrigen die Merkmale eines luf Betriebs vorliegen. Zu den Gewerbebetrieben kraft Rechtsform gehörten insbesondere Betriebe der LuF in der Form von **Kapitalgesellschaften** oder von **Erwerbs- und Wirtschaftsgenossenschaften**, die nach § 2 Abs. 2 GewStG als Gewerbebetriebe gelten, oder **gewerblich geprägte Personengesellschaften** i. S. des § 15 Abs. 3 Nr. 2 EStG.

e) Gesondert geführter Betrieb (§ 24 Abs. 3 UStG)

1674 Nach § 24 Abs. 3 UStG ist ein luf Betrieb als ein **in der Gliederung des Unternehmens gesondert geführter Betrieb** zu behandeln, wenn der Unternehmer neben den in § 24 Abs. 1 UStG bezeichneten Umsätzen auch andere Umsätze ausführt (**gemischtes Unternehmen**). Das bedeutet, dass der Unternehmer mit den außerhalb des luf Betriebes ausgeführten Umsätzen der Besteuerung nach den dafür geltenden Vorschriften unterliegt.[3]

aa) Vorliegen verschiedener, wirtschaftlich nicht verbundener Unternehmensbereiche

1675 In **Abgrenzung** zu § 24 Abs. 1 Satz 2 UStG dürfen die beiden Bereiche sich nicht in der Art eines Haupt- und Nebenbetriebes ergänzen bzw. darf kein **einheitliches Unternehmen** vorliegen. Es muss sich daher bei einem gesondert geführten Betrieb i. S. des § 24 Abs. 3 UStG um einen Betriebszweig handeln, der den luf Betrieb nicht fördert, weil dann entweder ein einheitliches luf Unternehmen oder ein einheitliches gewerbliches Unternehmen vorliegen würde. Anders als in der Ertragsteuer, bei der eine Aufteilung steuerbarer Tätigkeit auf mehrere Betriebe von Bedeutung sein kann, um z. B. die Einkünfteerzielungsabsicht für jeden Betrieb getrennt beurteilen zu können, ist die Anknüpfung an einen Betrieb innerhalb eines umsatzsteuerlichen Unternehmens nicht üblich. Nach dem Grundsatz der Unternehmenseinheit sind umsatzsteuerlich stets die Verhältnisse des ganzen Unternehmens zu berücksichtigen, es sei denn, die Berücksichtigung nur eines Teils des Unternehmens ist gesetzlich normiert.[4]

1 Art. 11 Nr. 7 des Jahressteuergesetzes 2020, BGBl 2020 I S. 3096 = BStBl 2021 I S. 6.
2 BFH, Urteil 16.4.2008 – XI R 73/07, BStBl 2009 II S. 1024.
3 Schuhmann in Rau/Dürrwächter, UStG, § 24 Rz. 166.
4 BFH, Urteil 26.5.2021 – V R 11/18, NWB PAAAH-96486 = BStBl 2022 II S. 149.

Ob zwei unterschiedlich zu beurteilende Betriebe oder ein einheitlicher Betrieb mit verschiedenen Bereichen vorliegt, bei dem einer der Bereiche dem Unternehmen das Gepräge gibt, ist nach der **Enge des Funktionszusammenhanges** zwischen den beiden Unternehmensteilen und der **Trennbarkeit der Betriebe** abzugrenzen.[1]

Der luf Betrieb einerseits und der Gewerbebetrieb sind **getrennt** voneinander zu beurteilen, wenn zwischen beiden **keine wirtschaftlichen Beziehungen** bestehen. Das Unternehmen kann nicht insgesamt dem landwirtschaftlichen oder dem gewerblichen Bereich zugeordnet werden, wenn weder die Landwirtschaft noch das Gewerbe dem Unternehmen das Gepräge geben.[2] Entsprechendes gilt, wenn zwar wirtschaftliche Verbindungen vorhanden sind, diese aber nur **zufällig, vorübergehend und ohne Nachteile für das Gesamtunternehmen lösbar** sind.[3]

Ein **einheitlicher Betrieb** liegt hingegen vor, wenn die wirtschaftlichen Verbindungen über dieses Maß hinausgehen, also **planmäßig im Interesse des Hauptbetriebs gewollt** sind. Nach der allgemeinen Verkehrsanschauung liegt ein einheitliches Unternehmen vor, wenn die Betriebsteile **eng miteinander verwoben** sind oder **einander bedingen** oder die verschiedenen Tätigkeiten wirtschaftlich zusammengehören, weil nach dem Gesamtbild der Verhältnisse die **verschiedenen Tätigkeiten nicht gegeneinander abgrenzbar** sind, so dass sie ihr Eigenleben verlieren.

§ 24 Abs. 3 UStG erfasst außerdem Fallgestaltungen, in denen der Unternehmer einen luf Betrieb unterhält, in dem aber in einzelnen **Teilbereichen die Voraussetzungen des § 24 Abs. 1 und Abs. 2 UStG nicht erfüllt** sind. Das ist z. B. der Fall, wenn der LuF aus seinem Betrieb heraus luf Flächen an einen Dritten zu dessen gewerblichen Zwecken verpachtet. Die Verpachtung allein begründet noch keinen eigenständigen Unternehmensbereich, gleichwohl unterliegen die aus der Verpachtung erzielten Entgelte der Regel- und nicht der Durchschnittssatzbesteuerung.

1 BFH, Urteil 12.1.1989 – V R 129/84, BStBl 1989 II S. 432.

2 BFH, Urteil 31.7.1987 – V R 25/79, BStBl 1987 II S. 870.

3 BFH, Urteil 23.1.1992 – IV R 19/90, BStBl 1992 II S. 651; BFH, Urteil 16.12.1976 – V R 107/73, BStBl 1977 II S. 273.

bb) Zweck und unmittelbare Folge der Aufteilung

1676 Infolge der Regelung des § 24 Abs. 3 UStG wird für die Durchschnittssatzbesteuerung ein einheitliches Unternehmen in **verschiedene Bereiche** aufgespalten, die **gesondert steuerlich** zu behandeln sind. Es entstehen dadurch aber **keine verschiedenen Unternehmen**, so dass Leistungen zwischen den Unternehmensteilen nichtsteuerbare Innenumsätze sind. Werden somit Wirtschaftsgüter der Leistungen in anderen Unternehmensteilen verwendet, fällt keine Umsatzsteuer an. Werden über solche Innenumsätze Rechnungen erstellt, so haben sie lediglich den Charakter eines internen Buchungsbeleges, da sie den Unternehmensbereich nicht verlassen. Die darin ausgewiesene Steuer wird nicht nach § 14c Abs. 2 UStG geschuldet.[1] Für den luf Teil (inkl. Nebenbetriebe) kommt die Durchschnittssatzbesteuerung mit den sich daraus ergebenden Folgen zur Anwendung. Für den anderen Unternehmensteil sind die allgemeinen Regelungen (Individualvorsteuerabzug nach § 15 UStG, Optionsmöglichkeit nach § 9 UStG, allgemeine Aufzeichnungspflichten) anzuwenden.

Daher ist bei Mischbetrieben für die Anwendung des § 24 UStG die Frage relevant, **welchem Betrieb der jeweilige Umsatz zuzurechnen ist**. Werden Erzeugnisse des luf Betriebs veräußert, so spricht dies allein nicht für die Zurechnung der Umsätze zu diesem luf Betrieb. Entscheidend ist, welcher Betrieb in Übereinstimmung mit den tatsächlichen Warenbewegungen erkennbar nach außen den Abnehmern gegenüber auftritt.

BEISPIEL ▸ K ist Viehmäster und Viehhändler. K liefert sowohl das gehandelte als auch das selbst gemästete Vieh an dieselben gewerblichen Abnehmer.

Da es bei der Zurechnung von Umsätzen auf das Auftreten gegenüber den Abnehmern ankommt, kann die Veräußerung des selbst gemästeten Viehs dann einem luf Unternehmensteil zugeordnet werden, wenn die allgemeinen Voraussetzungen vorliegen (organisatorische und buchhalterische Abgrenzung; Einhaltung der VE-Grenze) und die Tiere auf dem Hof verkauft und übergeben werden (sog. Abholfälle). Anders als bei Marktverkäufen oder bei Beförderungs- oder Versendungslieferungen des K ist bei Hofverkäufen eine Trennung zwischen luf Eigenerzeugnis und Handelsware möglich.

Abschnitt 24.6 UStAE enthält eine Regelung für **Bagatellfälle** (die der Regelbesteuerung unterliegenden Umsätze [Nettobetrag] betragen voraussichtlich nicht mehr als 4.000 € im laufenden Jahr), nach der u. a. im Rahmen eines pauschalierenden luf Betriebs ausgeführte und der Regelbesteuerung unterliegen-

1 Abschnitt 14.1 Abs. 4 UStAE.

de Umsätze (z. B. Lieferungen zugekaufter Erzeugnisse, Erbringung sonstiger Leistungen, die nicht landwirtschaftlichen Zwecken dienen) bei Vorliegen weiterer Voraussetzungen aus Vereinfachungsgründen in die Durchschnittssatzbesteuerung einbezogen werden können.[1] Darunter fallen nur solche Umsätze, die einen engen Bezug zur eigenen luf Erzeugertätigkeit des Unternehmers aufweisen.[2] Die Vereinfachungsregelung umfasst daher z. B. nicht Tätigkeiten als Aufsichtsrat einer Genossenschaft, als Makler landwirtschaftlicher Versicherungen oder als landwirtschaftlicher Sachverständiger. Auch Umsätze aus dem Betrieb einer Photovoltaikanlage und aus der umsatzsteuerpflichtigen Verpachtung oder Vermietung von Wirtschaftsgütern, die nicht dem normalen Ausrüstungsbestand des luf Betriebs zuzurechnen sind, weisen nicht den erforderlichen Bezug zur eigenen luf Erzeugertätigkeit des Unternehmers auf. Ziel dieser Vereinfachungsregelung ist es letztendlich, den Unternehmer bei Ausführung von geringfügigen Umsätzen von der Verpflichtung zur Abgabe von USt-Voranmeldungen zu befreien. Sie ist daher nur anzuwenden, wenn den Unternehmer nicht schon aus anderen Gründen Erklärungspflichten treffen.[3]

Die **Veräußerung von Gegenständen**, die im luf-lichen und im gewerblichen Unternehmensteil verwendet worden sind (z. B. Verkauf von landwirtschaftlichen Maschinen und Fahrzeugen), unterliegt in vollem Umfang der Regelbesteuerung.[4] Auch die Lieferung eines landwirtschaftlichen Grundstücks unterliegt nicht der Durchschnittssatzbesteuerung.

Führt ein Land- und Forstwirt neben den in § 24 Abs. 1 UStG bezeichneten Umsätzen auch andere Umsätze aus, kann es zu einem **Nebeneinander von Durchschnittssatzbesteuerung und Kleinunternehmerregelung** kommen. Maßgeblich für die Berechnung des Gesamtumsatzes sind die Umsätze aller Unternehmensteile.[5] Daher sind bei der Prüfung, ob der Gesamtumsatz die Grenzen des § 19 Abs. 1 UStG übersteigt, die Umsätze des luf Betriebs mit den übrigen Umsätzen zusammenzurechnen. Im Ergebnis wird die Umsatzsteuer also nur dann nicht erhoben, wenn die Umsatzgrenzen hinsichtlich des ganzen Unternehmens, also des luf Betriebs und der übrigen Teilbetriebe des Unternehmens

1 Kritisch dazu aber BFH, Urteil 17.8.2023 – V R 3/21, BStBl 2025 II S. 883 = UR 2024 S. 140 m. Anm. Tehler, Rz. 36.

2 Abschnitt 24.6 Abs. 4 UStAE.

3 Abschnitt 24.6 Abs. 2 Satz 2 UStAE.

4 Tehler in Reiß/Kraeusel/Langer, UStG, § 24 Rz. 45.1.

5 Vgl. Abschnitt 24.7 Abs. 4 Satz 1 UStAE.

nicht überschritten sind. Es wäre widersprüchlich, innerhalb derselben Regelung für die Option zur Regelbesteuerung auf alle landwirtschaftlichen Umsätze, also auf die Umsätze aller landwirtschaftlichen Betriebe abzustellen, für Zwecke der VE-Obergrenze aber die einzelnen Betriebe als Maßstab heranzuziehen.

Soweit für den landwirtschaftlichen Unternehmensteil die **Umsätze nach § 67 UStDV nicht aufgezeichnet** wurden, sind diese zu schätzen.[1]

§ 24 UStG verdrängt als Spezialvorschrift den § 19 UStG.[2] § 19 UStG greift nur für die Umsätze, die nicht der Durchschnittssatzbesteuerung unterliegen.[3] Hinsichtlich der im luf Bereich erwirtschafteten Umsätze verbleibt es bei der Anwendung des § 24 UStG, sofern der LuF nicht nach § 24 Abs. 4 UStG optiert.[4] Folglich muss der pauschalierende Landwirt – sofern ausnahmsweise nach § 24 Abs. 1 UStG eine Zahllast entsteht – die danach geschuldete Umsatzsteuer entrichten, auch wenn er (eigentlich) unter die Kleinunternehmerregelung des § 19 UStG fallen würde.

BEISPIEL ▸ Ein Landwirt erzielt im Kalenderjahr Umsätze i. H. von 100.000 € aus dem Verkauf von selbst erzeugtem Gemüse und 10.000 € aus dem Verkauf von zugekauftem Gemüse.

Die Verkäufe der selbst erzeugten Produkte unterliegen der Durchschnittssatzbesteuerung nach § 24 UStG, die der zugekauften Produkte der Regelbesteuerung. Der Gesamtumsatz i. S. des § 19 Abs. 1 Satz 2 UStG umfasst auch solche Umsätze, die in den Anwendungsbereich des § 24 UStG fallen. Der Gesamtumsatz beträgt daher 100.000 € + 10.000 € = 110.000 €. Da dieser über 25.000 € liegt, kommt die Kleinunternehmerregelung auf die zugekauften Produkte nicht zur Anwendung.

Sollte der Landwirt über die Verkäufe Rechnungen erstellen, ist darin für Verkäufe von selbst erzeugtem Gemüse Umsatzsteuer i. H. von 7,8 % und für zugekauftes Gemüse Umsatzsteuer i. H. von 7 % offen auszuweisen.

1 Vgl. Abschnitt 24.7 Abs. 4 Satz 2 UStAE.

2 Abschnitt 24.7. Abs. 4 Sätze 3 und 4; Abschnitt 24.8. Abs. 2 Sätze1 und 2 UStAE.

3 OFD Karlsruhe, Vfg. 13.8.2019 – USt-Kartei S 7410 – Karte 3, UR 2019 S. 673.

4 Vgl. Abschnitt 24.7 Abs. 4 Satz 3 und 4 UStAE.

3. Umsatzgrenze zur Anwendung der Durchschnittssätze für land- und forstwirtschaftliche Betriebe (§ 24 Abs. 1 Satz 1 UStG)

Die Europäische Kommission bezweifelt die Vereinbarkeit der bisher geltenden Fassung des § 24 UStG mit den verbindlichen Vorgaben des Unionsrechts und hat deswegen Klage beim EuGH erhoben.[1] Um diese Zweifel auszuräumen und das Klageverfahren möglichst einvernehmlich zu beenden, hat der Gesetzgeber[2] in § 24 Abs. 1 Satz 1 UStG zur Konkretisierung des Anwendungsbereichs eine **Umsatzgrenze i. H. von 600.000 €** eingefügt. Diese Umsatzgrenze ist betragsgenau zu beachten. 1676/1

Nach § 27 Abs. 32 UStG sind die Änderungen in § 24 Abs. 1 UStG erstmals auf Umsätze anzuwenden, die **nach dem 31.12.2021** bewirkt werden. Die Besteuerung eines LuF nach den Pauschalierungsgrundsätzen des § 24 UStG hängt daher erstmals für das Jahr 2022 davon ab, ob der Vorjahresumsatz (dann im Jahr 2021) die Umsatzgrenze von 600.000 € nicht überschritten hat. Auf der Grundlage der Regelungen in § 10 Abs. 1 Satz 1 und Satz 2 UStG sind für die Berechnung der Betragsgrenze die **Netto-Entgelte** maßgebend.[3] Der Gesamtumsatz bestimmt sich grds. **nach den vereinbarten Entgelten**. Die Anwendung der Ist-Besteuerung, also die Besteuerung nach vereinnahmten Entgelten, ist der Ausnahmefall, der bei Vorliegen der Voraussetzungen des § 20 UStG einen (konkludenten) Antrag des Unternehmers und die Zustimmung der Finanzverwaltung voraussetzt. Diesen Antrag hat der in den Anwendungsbereich der Durchschnittssatzbesteuerung fallende Land- und Forstwirt im Regelfall nicht gestellt. Eine andere Beurteilung ist aber geboten, wenn er auch Umsätze ausgeführt hat, die dem Regelsteuersatz unterliegen und diese Umsätze nach vereinnahmten Entgelten besteuert werden.[4] Dann sind nach § 19 Abs. 2 UStG die vereinnahmten Entgelte maßgeblich, da im maßgebenden Besteuerungszeitraum, für den der Gesamtumsatz ermittelt wird, die Ist-Besteuerung für das gesamte Unternehmen, das auch den luf Betrieb umfasst, zur Anwendung kommt.[5] Neben dem Vorliegen der weiteren Voraussetzungen des § 20 UStG ist daher entscheidend, dass ein Antrag auf Berechnung der Steuer nach verein-

1 EuGH Rs. C-57/20 „Kommission/Deutschland", ABl. EU 2020, Nr. C 87 S. 18.

2 Art. 11 Nr. 6 JStG 2020, BGBl 2020 I S. 3096 = BStBl 2021 I S. 6.

3 Potjans/Joost, NWB 2022 S. 3375, 3377; Abschnitt 24.1a Abs. 1 Satz 4 UStAE.

4 Weitergehend Abschnitt 20.1 Abs. 1 Satz 3 UStAE.

5 Potjans/Joost, NWB 2022 S. 3375, 3377 = NWB TAAAJ-27198.

nahmten Entgelten gestellt worden ist. Die Prüfung der Umsatzgrenze hat also anhand der Umsätze zu erfolgen, die der Unternehmer mit seinem gesamten Unternehmen im vorangegangenen Kalenderjahr unter Zugrundelegung der im maßgeblichen Kalenderjahr angewandten Besteuerungsart erzielt hat. Die Besteuerungsart spielt damit zumindest im Jahr des potenziellen Überschreitens der Grenze des § 24 UStG eine Rolle.

BEISPIEL Ein Landwirt verkauft in 2022 das von ihm produzierte Getreide für 620.000 €. Aufgrund verschiedener Zahlungsvereinbarungen erhält er von dem vereinbarten Entgelt in 2022 allerdings nur 590.000 €, die noch ausstehenden 30.000 € zahlt ein Kunde erst in 2023. Der Landwirt wendet für seine Umsätze in 2022 die Durchschnittssatzbesteuerung des § 24 UStG an. Im Rahmen seiner Umsatzsteuerjahreserklärung 2022 hat er angegeben, seine Umsätze der Ist-Besteuerung zu unterwerfen.

Da der Landwirt seine Umsätze nach vereinnahmten Entgelten besteuert, hat er in 2022 die Grenze des § 24 Abs. 1 UStG nicht überschritten und kann auch in 2023 seine Umsätze der Durchschnittssatzbesteuerung des § 24 UStG unterwerfen.

Hat er jedoch angegeben, seine Umsätze nach der Sollversteuerung zu berechnen, führt dies zu einem Überschreiten der Umsatzgrenze in 2022. Eine Anwendung der Durchschnittssatzbesteuerung des § 24 UStG für die in 2023 erzielten Umsätze wäre damit ausgeschlossen.

Die Umsatzgrenze ist auf der Grundlage des **Gesamtumsatzes des vorangegangenen Kalenderjahres i. S. des § 19 Abs. 2 UStG** zu ermitteln. Maßgeblich für die Umsatzgrenze sind die im Besteuerungszeitraum des § 16 Abs. 1 Satz 2 UStG, also dem Kalenderjahr, erzielten Umsätze.

Ein bei Anwendung eines abweichenden Wirtschaftsjahres sich ergebender höherer Berechnungsaufwand rechtfertigt keine abweichende Beurteilung. Hierbei ist die **Ermittlung auf die Umsätze des vorangegangenen Kalenderjahrs beschränkt**, so dass eine maßgebliche Umsatzprognose für das laufende Kalenderjahr entfällt. Folglich kann der Land- und Forstwirt die Besteuerung nach § 24 UStG auch in Anspruch nehmen, wenn die Grenze im laufenden Jahr überschritten wird, jedoch nicht im entscheidenden vorangegangenen. Die Besteuerung nach den allgemeinen Regelungen ist dann erst in dem der Überschreitung folgenden Kalenderjahr vorzunehmen. Die Aussage in Abschnitt 24.1a Abs. 1 Satz 3 UStAE, wonach eine Versteuerung nach den allgemeinen Regeln bereits unmittelbar bei Überschreiten des Grenzwerts von 600.000 € erfolgen müsse, ist insoweit missverständlich.[1]

1 Potjans/Joost, NWB 2022 S. 3375, 3376 = NWB TAAAJ-27198.

Die Umsatzgrenze ist auf der Grundlage der Summe der vom Unternehmer ausgeführten **steuerbaren Umsätze i. S. des § 1 Abs. 1 Nr. 1 UStG** zu bestimmen, abzgl. folgender Umsätze:

- Umsätze, die nach § 4 Nr. 8 Buchst. i, Nr. 9 Buchst. b und Nr. 11 bis 29 UStG steuerfrei sind;
- Umsätze, die nach § 4 Nr. 8 Buchst. a bis h, Nr. 9 Buchst. a und Nr. 10 UStG steuerfrei sind, wenn sie Hilfsumsätze sind.[1]

Nichtsteuerbare Zahlungen, z. B. aus einer Geschäftsveräußerung im Ganzen, echtem Schadenersatz oder echten nichtsteuerbaren Zuschüssen sind hingegen nicht in die Berechnung einzubeziehen.

Die Steuerbarkeit hinsichtlich des Orts, an dem der Umsatz bewirkt wird, ist nach den **Ortsbestimmungen** des UStG zu ermitteln.

Positiv formuliert erfasst der Gesamtumsatz die **Summe aller steuerpflichtigen Umsätze, aller steuerfreien Umsätze nach § 4 Nr. 1 bis 7 UStG und aller steuerfreien Umsätze nach § 4 Nr. 8 Buchst. a bis h, Nr. 9 Buchst. a und Nr. 10 UStG, die keine Hilfsumsätze sind**.

§ 24 Abs. 1 Satz 1 UStG verweist ausdrücklich nur auf § 19 Abs. 2 UStG, so dass 1676/2
die in § 19 Abs. 1 Satz 2 UStG geregelte Einschränkung, wonach **Umsätze von Wirtschaftsgütern des Anlagevermögens** den Gesamtumsatz kürzen, im Rahmen der Ermittlung der Umsatzgrenze des § 24 UStG nicht gilt.[2] Dies ist deswegen bedenklich, weil derartige Hilfsgeschäfte nur in größeren Zeitabständen und unregelmäßig vorkommen und daher nicht geeignet sind, Teil des Gesamtumsatzes als Grundlage für eine Prognose der zukünftigen regelmäßigen Umsätze zu bilden.

BEISPIEL Ein Landwirt erzielt im Kalenderjahr 01 Umsätze i. H. von 500.000 € aus dem Verkauf von selbst erzeugtem Getreide.

Im August 01 veräußert er mehrere Felder für 100.000 €.

Der Gesamtumsatz des Jahres 01 beträgt 500.000 €. Der Verkauf der Felder ist nach § 4 Nr. 9 Buchst. a UStG steuerbefreit und daher bei der Ermittlung des Gesamtumsatzes nach § 19 Abs. 2 UStG nicht zu berücksichtigen.

---

1 Huschens, UVR 2021 S. 45, 46. Hilfsumsätze sind solche Umsätze, die zwar zur unternehmerischen Tätigkeit des Unternehmers gehören, jedoch nicht den eigentlichen Gegenstand des Unternehmens bilden, BFH, Urteil 24.2.1988 – X R 67/82, BStBl 1988 II S. 622.

2 Potjans/Joost, NWB 2022 S. 3375, 3376 = NWB TAAAJ-27198; Korn/Strahl, KÖSDI 2022 S. 22964, 22981; Abschnitt 24.1a Abs. 1 Satz 2 UStAE.

Im Oktober veräußert der Landwirt mehrere bisher in seinem Unternehmen genutzte Maschinen für 100.000 €. Der Landwirt hat diese Maschinen zu mindestens 95 % für vorsteuerschädliche Umsätze i. S. des § 24 Abs. 1 Satz 4 UStG verwendet und auch keinen anteiligen Vorsteuerabzug beim Erwerb der Maschinen in Anspruch genommen.

Der Gesamtumsatz des Jahres 01 beträgt 600.000 €. Zwar sind nach § 19 Abs. 1 Satz 2 UStG Umsätze von Wirtschaftsgütern des Anlagevermögens bei der Ermittlung der Umsatzgrenzen nicht zu berücksichtigen. Die Vorschrift des § 24 Abs. 1 Satz 2 UStG verweist aber nur auf § 19 Abs. 2 UStG, so dass die in § 19 Abs. 1 Satz 2 UStG geregelte Einschränkung bei der Bestimmung der Umsatzgrenze des § 24 Abs. 1 Satz 2 UStG nicht zu beachten ist.

Dies hat zur Folge, dass allein wegen der Veräußerung der Maschinen die Durchschnittssatzbesteuerung im Jahr 02 nicht zur Anwendung kommt.

Ausgangswert für die Berechnung des Gesamtumsatzes ist nach § 19 Abs. 2 UStG die Summe der **vom Unternehmer ausgeführten steuerbaren Umsätze** i. S. des § 1 Abs. 1 Nr. 1 UStG. Dazu gehören auch die luf Umsätze, die der Durchschnittssatzbesteuerung nach § 24 Abs. 1 UStG unterliegen.[1] Zur Prüfung der Gesamtumsatzgrenze von 600.000 € dürfen aber nicht nur die Umsätze aus der luf Tätigkeit herangezogen werden. In den Gesamtumsatz sind alle Umsätze einzubeziehen, die der jeweilige Unternehmer mit seinem luf Betrieb aber auch mit seinen ggf. der Regelbesteuerung unterliegenden weiteren Betrieben im maßgeblichen Kalenderjahr realisiert. Erzielt z. B. ein Landwirt neben seinen Umsätzen aus der Landwirtschaft noch Einkünfte aus einer gewerblich betriebenen Photovoltaikanlage, sind diese Umsätze seines einheitlichen Unternehmens zusammenzurechnen.

Da bei der Ermittlung des Gesamtumsatzes nur die Umsätze einzubeziehen sind, die von dem Unternehmer selbst ausgeführt werden, sind Umsätze **nicht zu berücksichtigen**, bei denen der Unternehmer als **Abnehmer zum Steuerschuldner** wird. Ebenfalls nicht zu berücksichtigen sind Umsätze im Rahmen einer nach § 1 Abs. 1a UStG nicht steuerbaren Geschäftsveräußerung. Entsprechendes gilt für den **Wert einer Nutzungsentnahme** i. S. des § 3 Abs. 9a Nr. 1 UStG, da die Steuerbarkeit der privaten Verwendung eines dem Unternehmen zugeordneten Wirtschaftsgutes die Berechtigung zum vollen oder teilweisen Vorsteuerabzug voraussetzt.[2] Sofern der LuF das Wirtschaftsgut in einem Besteuerungszeitraum erworben hat, in dem der Vorsteuerabzug möglich war und er diesen geltend gemacht hat, liegt mit Übergang zur Durchschnittssatzbesteuerung eine

1 Abschnitt 24.7 Abs. 4 Satz 1 UStAE.

2 BFH, Urteil 15.9.2011 – V R 12/11, NWB EAAAD-99568 = BFH/NV 2012 S. 457; Abschnitt 19.3 Abs. 1 Satz 2 UStAE.

Änderung der Verhältnisse vor. Nach § 15a Abs. 7 UStG hat eine Vorsteuerberichtigung zu erfolgen. Aufgrund der Berichtigung des Vorsteuerabzugs ist die unentgeltliche Wertabgabe nach § 3 Abs. 9a Nr. 1 UStG bei der Berechnung des Gesamtumsatzes nach § 19 UStG nicht zu berücksichtigen.[1]

Zum Gesamtumsatz i. S. des § 19 Abs. 2 UStG gehören die vom Unternehmer ausgeführten **Umsätze, die nach § 1 Abs. 3 UStG** wie Umsätze im Inland zu behandeln sind. Nicht einzubeziehen in den Gesamtumsatz sind aber die steuerbaren **Umsätze nach § 1 Abs. 1 Nr. 4 und 5 UStG**, so dass Einfuhren aus dem Drittlandsgebiet und innergemeinschaftliche Erwerbe im Inland gegen Entgelt unberücksichtigt bleiben.

Für die Ermittlung des Gesamtumsatzes ist grds. die für die Besteuerung in Be- 1676/3
tracht kommende Bemessungsgrundlage anzusetzen.[2] Maßgeblich sind daher die **Entgelte**, also die Gegenleistung abzgl. der rechnerisch darin enthaltenen Steuer.[3] Als Entgelte sind stets die im betreffenden Kalenderjahr vereinnahmten Beträge, unabhängig vom Zeitpunkt der Ausführung der Leistung, maßgebend, so dass auch **An- bzw. Vorauszahlungen** zu berücksichtigen sind.

Im **Jahr des Beginns der unternehmerischen Tätigkeit** ist § 19 Abs. 1 Satz 1 UStG 1676/4
mit der Maßgabe anzuwenden, dass der Gesamtumsatz im laufenden Kalenderjahr den Betrag von 25.000 € nicht überschreitet. Insoweit entfällt die bisherige Prognose über den voraussichtlichen Umsatz des laufenden Kalenderjahres. Außerdem entfällt die bisherige Umrechnung in einen Jahresgesamtumsatz, weil diese aufgrund der Neuregelung des § 19 UStG mit dem sofortigen Übergang zur Regelbesteuerung bei Überschreiten der Grenze entbehrlich geworden ist.[4]

Organisationseinheiten von Bund und Ländern können ihre im Rahmen eines 1676/5
luf Betriebs ausgeführten Umsätze nicht nach Durchschnittsätzen besteuern. Die durch Art. 15 Nr. 2 Buchst. a des JStG 2022[5] erfolgte Ergänzung des § 18 Abs. 4f Satz 6 UStG stellt klar, dass die in § 24 Abs. 1 UStG geregelte Umsatzgrenze – wie die anderen in § 18 Abs. 4f Satz 6 UStG bereits genannten Betrags-

1 So im Ergebnis auch BFH, Urteil 15.9.2011 – V R 12/11, BFH/NV 2012 S. 457 = NWB EAAAD-99568; Stadie in Rau/Dürrwächter, UStG, § 19 Rz. 104; Abschnitt 19.3 Abs. 1 Satz 2 UStAE; a. A. aber Huschens, UVR 2021 S. 45, 46.

2 Abschnitt 19.3 Abs. 1 Satz 4 UStAE.

3 Abschnitt 10.1 bis Abschnitt10.8 UStAE.

4 Sterzinger, UR 2024 S. 869 [882].

5 Jahressteuergesetz 2022 v. 16.12.2022, BGBl 2022 I S. 2294.

grenzen – bei Anwendung der sog. dezentralen Besteuerung von Organisationseinheiten der Gebietskörperschaften Bund bzw. Länder ebenfalls stets als überschritten gilt.

Überschreitet der Land- und Forstwirt die in § 24 Abs. 1 Satz 1 UStG geregelte Umsatzgrenze, ist der damit verbundene gesetzliche Wechsel zur Regelbesteuerung **keine Option i. S. des § 24 Abs. 4 UStG** und bewirkt damit auch **keine Bindungsfrist**.[1]

BEISPIEL ▸ Der Landwirt L hat ab 1.1.2017 zur Regelbesteuerung optiert. Im Kalenderjahr 2021 beträgt sein Gesamtumsatz 620.000 €.

Die Bindungswirkung nach § 24 Abs. 4 Satz 2 UStG beginnt am 1.1.2017 und endet am 31.12.2021. Die Option kann frühestens mit Wirkung zum 1.1.2022 widerrufen werden. Die Abgabe der Erklärung für 2022 wegen Überschreitens der Umsatzgrenze von 600.000 € im Kalenderjahr 2021 hat keine erneute Option nach § 24 Abs. 4 UStG zur Folge. Vielmehr bleibt der Betrieb in der Regelbesteuerung. Die seinerzeitige Option zur Regelbesteuerung entfaltet in 2022 wegen des erfolgten Widerrufs keine Wirkung. L kann die Durchschnittssatzbesteuerung ab dem 1.1.2023 wieder anwenden, wenn er die Voraussetzungen nach § 24 Abs. 1 Satz 1 UStG erfüllt.

Der Landwirt L geht irrtümlich davon aus, dass sein Gesamtumsatz im Kalenderjahr 2021 bei 610.000 € lag und gibt für das Kalenderjahr 2022 eine Umsatzsteuererklärung ab.

Gibt L eine Umsatzsteuererklärung für 2022 ab, weil er irrtümlich davon ausgegangen ist, dass seine Vorjahresumsätze mehr als 600.000 € betragen haben und er damit von der Anwendung der Durchschnittssatzpauschalierung ausgeschlossen ist, handelt es sich nicht ohne Weiteres um eine wirksame Option nach § 24 Abs. 4 UStG.

Ist das Überschreiten der Umsatzgrenze zweifelhaft, sollte L vorsorglich zum 10.1. des Folgejahres eine Optionserklärung nach § 24 Abs. 4 UStG abgeben, wenn er die Regelbesteuerung auf jeden Fall anwenden möchte.

Übersteigt der maßgebliche Umsatz tatsächlich den Betrag von 600.000 €, kann der L die Durchschnittssatzbesteuerung im Folgejahr nicht in Anspruch nehmen und hat damit keine Wahl zur Regelbesteuerung zu optieren. Weil dann der Anwendungsbereich von § 24 Abs. 1 Satz 1 UStG nicht eröffnet ist, ginge eine Optionserklärung ins Leere und die Bindungsfrist von fünf Jahren nach § 24 Abs. 4 Satz 2 UStG tritt nicht ein. Eine solche „missglückte" Option ist auch nicht ohne Weiteres für ein nachfolgendes Kalenderjahr wirksam, für das die Voraussetzungen für die Durchschnittssatzbesteuerung wegen Unterschreiten der Umsatzgrenze von 600.000 € (wieder) vorliegen. Der Unternehmer muss für dieses Kalenderjahr erneut eine form- und fristgerechte Erklärung abgeben, sonst wendet er weiter die Durchschnittssatzbesteuerung an.

1 Potjans/Joost, NWB 2022 S. 3375, 3376 = NWB TAAAJ-27198; Abschnitt 24.1a Abs. 1 Satz 12 UStAE.

Im Falle einer **Geschäftsveräußerung im Ganzen (§ 1 Abs. 1a UStG)** ist der Vorjahresumsatz des Veräußerers maßgeblich, wenn der erwerbende Unternehmer zuvor keine eigene unternehmerische Tätigkeit ausgeübt hat.[1] Hat der Veräußerer aber auch Umsätze erzielt, die dem Regelsteuersatz unterliegen, fließen diese zwar in die Beurteilung ein, ob der Veräußerer die Umsatzgrenze überschreitet, dies ist aber nicht maßgeblich für die Beurteilung beim Erwerber. Insoweit sind nur die Umsätze des hinzuerworbenen Unternehmens(teils) maßgeblich.[2] Da der Erwerber keine unternehmerische Tätigkeit beginnt, sondern die Tätigkeit des Veräußerers fortführt, ist der nach dem Erwerb erzielte Umsatz nicht in einen Jahresumsatz umzurechnen.

Erwirbt **ein die Durchschnittssatzbesteuerung anwendender Unternehmer** ein weiteres Unternehmen oder einen gesondert geführten Teilbetrieb im Ganzen (§ 1 Abs. 1a UStG), und unterlagen die Umsätze des hinzuerworbenen Unternehmens(-teils) aufgrund der Überschreitung der Umsatzgrenze bereits der Regelbesteuerung, hat er ab Beginn des Kalenderjahres, in dem die Geschäftsveräußerung im Ganzen erfolgt ist, sowohl die Umsätze des bisherigen als auch des hinzuerworbenen luf Unternehmens(-teils) nach den allgemeinen Regelungen zu versteuern.[3] Da dieser **Hinzuerwerb eines (Teil-)Betriebes** zurückwirkt, sind die bis zum Zeitpunkt des Hinzuerwerbs (in diesem Kalenderjahr) der Durchschnittssatzbesteuerung unterworfenen Umsätze sowie dazugehörige Rechnungen zu berichtigen.

Überschreitet der Vorjahresumsatz des neu hinzu erworbenen Unternehmens (-teils) die Umsatzgrenze nicht, unterliegen im Jahr des Hinzuerwerbs sowohl die Umsätze des bisherigen als auch des hinzuerworbenen luf Unternehmens (-teils) der Durchschnittssatzbesteuerung. Dies gilt auch, wenn die Summe der Vorjahresumsätze des bisherigen und des neu hinzu erworbenen Unternehmens(-teils) die Umsatzgrenze übersteigen.[4] Zwar tritt der erwerbende Unternehmer nach § 1 Abs. 1a Satz 3 UStG an die Stelle des Veräußerers. Diese Rechtsfolge gilt aber erst ab dem Zeitpunkt des Wirksamwerdens des Betriebserwerbs. Mangels Rückwirkung sind daher die im Vorjahr im Teilbetrieb verwirklichten Umsätze weiterhin dem vorherigen Unternehmer zuzurechnen. Daher kann der

1 Abschnitt 24.1a Abs. 1 Satz 7 UStAE.

2 Potjans/Joost, NWB 2022 S. 3375, 3376 = NWB TAAAJ-27198; Abschnitt 24.1a Abs. 1 Satz 9 UStAE.

3 Abschnitt 24.1a Abs. 1 Satz 8 UStAE.

4 Abschnitt 24.1a Abs. 1 Sätze 9 und 10 UStAE.

Erwerber in dieser Konstellation im Jahr des Erwerbs noch die Durchschnittssatzbesteuerung anwenden, obwohl die Summe der Umsätze den Betrag von 600.000 € überschreitet.[1]

BEISPIEL ▶ Der Veräußerer hatte einen Gesamtumsatz i. H. von 1 Mio. €, davon entfallen 200.000 € auf einen luf Betrieb, für den er wegen Überschreitens der Umsatzgrenze die Regelbesteuerung anwenden musste. Er veräußert den Betrieb im Wege einer Geschäftsveräußerung nach § 1 Abs. 1a UStG entgeltlich an einen fremden Erwerber, der bisher für seinen luf Betrieb die Durschnittsatzbesteuerung angewendet hat.

Die Besteuerungsform für die Umsätze des luf Betriebes, hier die Regelbesteuerung, geht nicht auf den Erwerber über. Für die Besteuerungsform des Erwerbers kommt es auf seinen Gesamtumsatz im vorangegangenen Kalenderjahr an, wenn er im vorangegangenen Kalenderjahr schon unternehmerisch tätig gewesen ist.

Da der Gesamtumsatz des Erwerbers im vorangegangenen Kalenderjahr den Betrag von 600.000 € nicht übersteigt (ansonsten hätte er die Durchschnittsatzbesteuerung nicht anwenden können), der Käufer des Betriebes seine unternehmerische Tätigkeit mit Übernahme des Betriebes nicht neu begonnen hat (ansonsten müsste eine Umrechnung der im Jahr des Erwerbs erzielten Umsätze auf einen Jahresumsatz erfolgen) und der mit dem erworbenen Betriebsteil erzielte Jahresumsatz nicht höher als 600.000 € ist, kommt beim Erwerber im Jahr des Erwerbs die Durchschnittssatzbesteuerung zur Anwendung.

Erwirbt ein die Durchschnittssatzbesteuerung anwendender Unternehmer einen luf Betrieb, für den der **Veräußerer auf die Durchschnittssatzbesteuerung verzichtet hat**, unterliegen ab Beginn des Kalenderjahres, in dem der Erwerber den Betrieb erworben hat, sämtliche luf Umsätze des Erwerbers der Regelbesteuerung.[2] Diese Verwaltungsanweisung begegnet zumindest in der Konstellation Bedenken, in der die Umsätze im bereits vorhandenen Unternehmensteil die Umsätze im hinzuerworbenen Unternehmensteil deutlich übersteigen.

1 Potjans/Joost, NWB 2022 S. 3375, 3379 = NWB TAAAJ-27198.

2 Abschnitt 24.8 Abs. 3 Satz 2 UStAE.

Berechnungsschema zur Ermittlung des Gesamtumsatzes:[1]

Gesamtumsatz i. S. des § 24 Abs. 1 UStG	
	Steuerbare Bruttoumsätze des gesamten Unternehmens des Land- und Forstwirts
./.	darin enthaltene Umsatzsteuer
=	Steuerbare Nettoumsätze des gesamten Unternehmens des Land- und Forstwirts
./.	bestimmte steuerfreie Umsätze, § 4 Nr. 8 Buchst. i, Nr. 9 Buchst. b und Nr. 11 bis 29 UStG
./.	bestimmte steuerfreie Hilfsumsätze, § 4 Nr. 8 Buchst. a bis h, Nr. 9 Buchst. a und Nr. 10 UStG
=	Gesamtumsatz nach § 19 Abs. 2 UStG = § 24 Abs. 1 Satz 1 UStG

Durch die Änderung des § 24 Abs. 1 UStG und der damit verbundenen **Einführung einer Umsatzgrenze zum 1.1.2022** werden viele Unternehmer, die bisher die pauschalierende Besteuerung von Land- und Forstwirten in Anspruch genommen haben, mit der Regelbesteuerung ihrer Umsätze konfrontiert. Andererseits können diese Unternehmer statt des bislang nur pauschalierten Vorsteuerabzugs nun die tatsächlich verausgabte Umsatzsteuer geltend machen. Allerdings erfolgt gerade in der Land- und Forstwirtschaft häufig eine **(zeitlich gestreckte) Produktion** über den vorbenannten Stichtag hinweg. Da viele selbsterzeugte Waren im Bereich der LuF über die Jahresgrenze hinweg hergestellt werden, kann der Fall eintreten, dass Investitionen in einem Jahr getätigt werden, in dem die Durchschnittssatzbesteuerung zur Anwendung kommt, der Ausgangsumsatz auf Grundlage dieser Investitionen aber in einem Jahr ausgeführt wird, in dem die Regelbesteuerung erfolgt.[2]

In diesen Fällen besteht für den Besteuerungszeitraum des Leistungsbezugs **kein Vorsteuerabzug nach § 15 UStG**, wenn im Zeitpunkt des Leistungsbezuges die Durchschnittssatzbesteuerung nach § 24 UStG zur Anwendung kommt, selbst wenn im Zeitpunkt des Leistungsbezugs feststeht, dass die bezogenen Eingangsleistungen im Folgejahr dann wegen der Überschreitung der Umsatz-

1 Potjans/Joost, NWB 2022 S. 3375, 3377 = NWB TAAAJ-27198.

2 Sterzinger, UR 2023 S. 711, 712.

grenze für regelbesteuerte Ausgangsumsätze verwendet werden.[1] Steuerbeträge für vor dem Zeitpunkt des Übergangs zur allgemeinen Besteuerung ausgeführte Umsätze sind vom Vorsteuerabzug ausgeschlossen. Dies gilt auch für Leistungsbezüge, die erstmalig nach dem Übergang zur allgemeinen Besteuerung verwendet werden. Allein die Tatsache, dass u. U. eine Steuerberichtigung wegen der Nichtaufgriffsgrenze nach § 15a Abs. 11 UStG i. V. mit § 44 Abs. 1 UStDV möglicherweise zu unterbleiben hat, rechtfertigt es nicht, das rechtssystematische Verhältnis der §§ 15, 15a Abs. 7 UStG zu durchbrechen. Zeichnet sich der Zwang zum Übergang auf die Regelbesteuerung im Folgejahr ab, ist zur Sicherstellung des Vorsteuerabzugs erwägenswert, anstehende Leistungsbezüge in das Folgejahr zu verlagern.

BEISPIEL Ein Landwirt wendet im Jahr 01 die Umsatzsteuerpauschalierung nach § 24 UStG an. Er erzielt jährlich einen Umsatz von mehr als 600.000 €, so dass er ab 02 zwingend die Regelbesteuerung anwenden muss. Der Landwirt erwirbt im November 01 Tiere zwecks Mast. Die Tiere werden – aufgrund der bekannten Verweildauer im Betrieb bzw. Unternehmen – erst im Jahr 02 im Rahmen der Regelbesteuerung veräußert.

Dem Landwirt steht für den Besteuerungszeitraum des Leistungsbezugs kein Vorsteuerabzug zu. Bei der Durchschnittssatzbesteuerung werden die Vorsteuerbeträge, soweit sie den in § 24 Abs. 1 Satz 1 Nr. 1 UStG bezeichneten Umsätzen zuzurechnen sind, auf 5,5 %, in den übrigen Fällen des § 24 Abs. 1 Satz 1 UStG auf 7,8 % der Bemessungsgrundlage für diese Umsätze festgesetzt. Ein weiterer Vorsteuerabzug ist nach § 24 Abs. 1 Satz 4 UStG ausgeschlossen.

Steuerbeträge für vor dem Zeitpunkt des Übergangs zur allgemeinen Besteuerung ausgeführten Umsätze sind vom Vorsteuerabzug nach § 15 UStG ausgeschlossen.[2] Dies gilt auch für Leistungsbezüge, die erstmalig nach dem Übergang zur allgemeinen Besteuerung verwendet werden.[3]

Für den Vorsteuerabzug ist unerheblich, ob der Übergang zur Regelbesteuerung aufgrund einer Erklärung nach § 24 Abs. 4 UStG oder aufgrund des Überschreitens der in § 24 Abs. 1 Satz 1 UStG genannten Umsatzgrenze erfolgt.

Allerdings ist der Wechsel der Besteuerungsform nach § 15a Abs. 7 UStG eine Änderung der Verhältnisse, die in 02 zu einer Vorsteuerberichtigung führt.[4] Bei dieser Vorsteuer-

1 BFH, Urteil 12.7.2023 – XI R 14/22, BStBl 2024 II S. 204, Rz. 21; FG Schleswig-Holstein, Urteil 17.5.2022 – 4 K 55/21, NWB ZAAAJ-15292 = EFG 2022 S. 1334 m. Anm. Engellandt; Sterzinger, USt direkt digital 13/2022 S. 9; Sterzinger, UR 2023 S. 711, 713; a. A. Meurer, MwStR 2023 S. 201, 225; Potjans/Joost, NWB 2022 S. 3375, 3383 = NWB TAAAJ-27198; Potjans/Joost, NWB 2021 S. 3032, 3034 = NWB MAAAH-90995; siehe aber auch Abschnitt 24.1a Abs. 3 UStAE.

2 Abschnitt 15.1 Abs. 5 Satz 2 UStAE.

3 Abschnitt 15.1 Abs. 5 Satz 3 UStAE.

4 BFH, Urteil 12.7.2023 – XI R 14/22, BStBl 2024 II S. 204, Rz. 22; FG Schleswig-Holstein, Urteil 17.5.2022 – 4 K 55/21, EFG 2022 S. 1334 m. Anm. Engellandt; Rennar, USt direkt digital 23/2022 S. 6.

berichtigung ist die Bagatellgrenze des § 44 UStDV zu beachten. Danach kann eine Berichtigung des Vorsteuerabzugs nur erfolgen, wenn die auf die Anschaffungs- oder Herstellungskosten eines Wirtschaftsguts entfallende Vorsteuer 1.000 € übersteigt. Gerade im Bereich der LuF ist das aber der Ausnahmefall, da maßgebliches Wirtschaftsgut und Berichtigungsobjekt das einzelne Tier bzw. bei der Lieferung vertretbarer Sachen wie Getreide, Futtermittel oder Betriebsstoffe das einzelne Verkaufsgeschäft ist. Sofern nicht größere Mengen veräußert werden, entfällt somit regelmäßig eine Vorsteuerberichtigung. Dies kann sowohl zugunsten des Steuerpflichtgen (beim Wechsel von Regelbesteuerung zu § 24 UStG) als auch zuungunsten des Steuerpflichtigen sein (beim Wechsel von § 24 UStG zu Regelbesteuerung).

Allein die Tatsache, dass unter Umständen eine Steuerberichtigung wegen der Nichtaufgriffsgrenze nach § 15a Abs. 11 UStG i. V. mit § 44 Abs. 1 UStDV möglicherweise zu unterbleiben hat, rechtfertigt es nicht, das rechtssystematische Verhältnis der §§ 15, 15a Abs. 7 UStG zu durchbrechen. Zeichnet sich der Zwang zum Übergang auf die Regelbesteuerung im Folgejahr ab, ist zur Sicherstellung des Vorsteuerabzugs erwägenswert, anstehende Leistungsbezüge in das Folgejahr zu verlagern.

Bei Überschreitung der Umsatzgrenze sind **vierteljährliche Umsatzsteuer-Voranmeldungen** abzugeben.[1] Grundsätzlich bestimmt sich der Voranmeldungszeitraum des laufenden Kalenderjahres regelmäßig nach der Steuer des Vorjahres.[2] Der Voranmeldungszeitraum umfasst grds. das Kalendervierteljahr. Abweichend hiervon ist der Voranmeldungszeitraum der Kalendermonat, wenn die Steuer für das vorangegangene Kalenderjahr mehr als 7.500 € betragen hat (§ 18 Abs. 2 Satz 2 UStG). Entscheidend für die Einordnung, ob Umsatzsteuer-Voranmeldungen für das Folgejahr vierteljährlich oder monatlich abzugeben sind, ist demnach die Höhe der tatsächlichen Umsatzsteuer im Jahr des Überschreitens der Umsatzgrenze. Mit Ausnahme bestimmter Sonderfälle[3] werden bei Inanspruchnahme der Durchschnittssatzbesteuerung nach § 24 UStG keine Voranmeldungen abgegeben, in denen eine Umsatzsteuer berechnet wird. Eine Befreiung von der Verpflichtung zur Übermittlung von Voranmeldungen, wenn die Steuer im Jahr des Überschreitens der Umsatzgrenze nicht mehr als 1.000 € betragen hat (§ 18 Abs. 2 Satz 3 UStG), kommt nicht in Betracht, da im Folgejahr mit einer wesentlich höheren Steuer zu rechnen ist.[4]

Unternehmer, die die Durchschnittssätze des § 24 UStG anwenden, sind nach § 22 Abs. 6 Nr. 1 UStG i. V. mit § 67 UStDV für den Bereich der LuF im Wesentlichen **von den Aufzeichnungspflichten des § 22 UStG befreit**. Mit Überschreiten

1 Abschnitt 24.1a Abs. 1 Satz 13 UStAE.

2 Abschnitt 18.2 Abs. 1 Satz 1 UStAE.

3 Vgl. Abschnitt 18.6. Abs. 2 UStAE.

4 Potjans/Joost, NWB 2022 S. 3375, 3381 = NWB TAAAJ-27198; Abschnitt 24.1a Abs. 1 Satz 14 UStAE; siehe auch Abschnitt 18.2. Abs. 2 Satz 3 UStAE.

der Umsatzgrenze und somit dem Wechsel zur Regelbesteuerung fallen diese Erleichterungen vollständig weg. Der landwirtschaftliche Unternehmer muss fortan die regulären Aufzeichnungspflichten nach § 22 UStG erfüllen.

Die vorher (teilweise) fehlende Aufzeichnung der Umsätze nach § 24 Abs. 1 Satz 1 Nr. 1 und Nr. 3 UStG ist aber ein Problem bei der Ermittlung des Gesamtumsatzes i. S. des § 19 Abs. 2 UStG. Um zusätzlichen Aufzeichnungsaufwand zu vermeiden, besteht bei einem ausschließlich in der LuF tätigen Unternehmer, der seinen **Gewinn nach § 13a EStG** ermittelt, die Vermutung, dass der Gesamtumsatz weniger als 600.000 € beträgt. In diesen Fällen ist aus Vereinfachungsgründen auch ohne Ermittlung eines Gesamtumsatzes von einem Unterschreiten der Umsatzgrenze auszugehen. Hat das Unternehmen hingegen weitere Teile, für die § 13a EStG nicht zur Anwendung kommt, ist zumindest eine pauschale Ermittlung der Umsätze aus dem luf Unternehmensteil erforderlich. In diesen Fällen können für die Ermittlung des Gesamtumsatzes ergänzend zu den Angaben, die nach § 18 Abs. 3 UStG erforderlich sind, hilfsweise die ertragsteuerlichen Aufzeichnungen und Gewinnermittlungen herangezogen werden. Die Bestimmung der Pauschalierungsbeträge orientiert sich an den Durchschnittssätzen des § 13a EStG.[1]

4. Umsätze im Rahmen eines land- und forstwirtschaftlichen Betriebs

1677 § 24 UStG knüpft an einen steuerbaren Umsatz i. S. des § 1 Abs. 1 Nr. 1 UStG an. Der LuF muss daher eine **Lieferung oder sonstige Leistung gegen Entgelt im Rahmen eines Leistungsaustauschs** ausführen.

Entsprechendes gilt für **unentgeltliche Wertabgaben**, die einer Lieferung bzw. sonstigen Leistung gegen Entgelt gleichgestellt sind. Dem steht die Voraussetzung, dass die entnommenen bzw. die verwendeten, dem Unternehmen zugeordneten Gegenstände zum vollen oder teilweisen Vorsteuerabzug berechtigt haben müssen, nicht entgegen. Auch eine pauschal berechnete Vorsteuer ist eine Vorsteuer.[2] Die Umsatzsteuer ist jedoch nicht tatsächlich an das Finanzamt abzuführen, da nach § 24 Abs. 1 Satz 3 UStG in gleicher Höhe ein Vorsteuerabzug festgelegt worden ist, so dass es zu keiner Zahllast kommt. Allerdings wirkt sich die Steuerbarkeit der unentgeltlichen Wertabgabe auf den Gesamtumsatz

1 Abschnitt 24.1a Abs. 2 Satz 2 UStAE.

2 Bay LfSt, Erlass 20.6.2022 – S 2324.2.1 - 398/16 St32, UR 2022 S. 709.

nach § 19 Abs. 2 UStG für die Anwendung der Umsatzgrenze des § 24 Abs. 1 Satz 1 UStG aus.

Zahlungen, die insbesondere an LuF **aus öffentlichen Kassen** der Europäischen Union, des Bundes und der Länder geleistet werden, sind regelmäßig kein Entgelt für eine Dienstleistung und somit nicht steuerbar, wenn sie vorrangig im allgemeinen Interesse zur Förderung des leistenden Unternehmers (z. B. aus strukturpolitischen, volkswirtschaftlichen oder allgemeinpolitischen Gründen oder damit der Leistungsempfänger überhaupt tätig werden kann) gezahlt werden und somit der Zuschussgeber keine Vorteile zur eigenen Verwendung erhält, aufgrund deren er als Empfänger einer Dienstleistung angesehen werden könnte, so dass kein Verbrauch i. S. des gemeinschaftlichen Mehrwertsteuersystems gegeben ist.[1]

Zuwendungen der Landwirtschaftskammern an Milch- sowie Obst- und Gemüselieferanten im Rahmen der europäischen **Förderprogramme für Schulmilch sowie Schulobst und -gemüse** sind aber (zusätzliches) Entgelt für eine Lieferung des Landwirts an die Kinder, für die die förderfähigen Waren bestimmt sind. Die Lieferungen unterliegen der Umsatzsteuer zum ermäßigten Steuersatz nach § 12 Abs. 2 Nr. 1 UStG i. V. mit Nr. 4, 10 und 11 der Anlage 2 zum UStG. Eine davon abweichende Behandlung der Zuwendungen als echter Zuschuss würde zu keinem anderen Ergebnis führen. Bei dieser Beurteilung würde der Lieferant die förderfähigen Waren unentgeltlich an die Einrichtungen bzw. Kinder liefern und damit eine steuerbare und steuerpflichtige unentgeltliche Wertabgabe nach § 3 Abs. 1b Nr. 3 UStG verwirklichen. Auf die darauf entfallende Umsatzsteuer könnte nicht verzichtet werden, weil sie der Kompensation des vorangegangenen Vorsteuerabzugs dient und auch unionsrechtlich zur Vermeidung eines systemwidrigen unversteuerten Letztverbrauchs geboten ist.

a) Lieferungen land- und forstwirtschaftlicher Erzeugnisse

Grundsätzlich unterliegen nur solche Lieferungen der Durchschnittssatzbe- 1678
steuerung, die **selbsterzeugte luf Produkte** zum Gegenstand haben (Eigenerzeugnis).[2] Der Anbau und die anschließende Lieferung von Feldfrüchten fallen in den Kernbereich landwirtschaftlicher Tätigkeit.[3] Begünstigt sind außerdem

1 OFD Frankfurt, Vfg. 10.1.2019 – S 7200 A – 215 – St 110, NWB PAAAH-07372 = UR 2019 S. 154.

2 BFH, Urteil 19.11.2009 – V R 16/08, BStBl 2010 II S. 319; BFH, Urteil 14.6.2007 – V R 56/05, BStBl 2008 II S. 158.

3 BFH, Urteil 20.10.1994 – V R 24/92, NWB VAAAB-35252 = BFH/NV 1995 S. 928; FG Münster, Urteil 1.10.2019 – 15 K 102/16 U, NWB WAAAH-37286 = EFG 2019 S. 1939.

unmittelbar mit der Urproduktion in Zusammenhang stehende Tätigkeiten der Vermarktung, wie Verpackung, Zubereitung und Lagerung der Erzeugnisse.[1] Die Umsätze mit zugekauften Produkten sind von der Anwendung der Durchschnittssatzbesteuerung ausgeschlossen.[2] Als zugekaufte Produkte gelten die zum Zweck der Weiterveräußerung erworbenen Erzeugnisse.

Pauschal erhobene sog. **Vorkosten** ohne gesonderte Vereinbarung einer weiteren Leistung und Spezifizierung durch die Vertragsparteien (insbesondere für den Transport des Schlachtviehs) dienen internen Unternehmensabläufen des Schlachthofbetreibers und sind deshalb keine den leistenden Tiererzeugern gesondert zu berechnenden sonstigen Leistungen.[3] Ein Unternehmer, der beim Erwerb von Gegenständen vereinbarungsgemäß die im Rahmen seines Unternehmens anfallenden Kosten vom Kaufpreis für den jeweils gelieferten Gegenstand abzieht, erbringt damit keine gesonderte sonstige Leistung an den jeweiligen Lieferanten der Gegenstände, wenn die diesen Kosten zugrundeliegenden Vorgänge im eigenen Interesse des Unternehmers liegen. Allein der Umstand, dass eine empfangene Leistung an eine andere Person vertraglich weiterberechnet wird, führt nicht dazu, dass die Leistung vom Leistenden direkt an den Zahlenden oder vom Leistungsempfänger an den Zahlenden erbracht sein muss. Derartige Kosten mindern das Entgelt für die tatsächlich erbrachte Leistung. Unerheblich ist, ob diese Kosten vor oder nach dem Eigentums- und Gefahrübergang an den Schlachttieren entstehen. Maßgeblich für die umsatzsteuerliche Beurteilung ist allein die Verschaffung der Verfügungsmacht, die bereits mit Abladen der Tiere auf dem Betriebsgelände erfolgt, wenn der Landwirt keine Möglichkeit mehr hat, auf die Tiere in irgendeiner Weise einzuwirken. Außerdem sind die Voraussetzungen des § 3 Abs. 3 UStG nicht erfüllt und es handelt sich um **kein Kommissionsgeschäft,** weil der Schlachthofbetreiber bei der Erbringung der den Vorkosten zugrundeliegenden Leistungen im eigenen Namen und auf eigene Rechnung – nicht aber auf Rechnung seiner Lieferanten – tätig wird. Die Vorkosten mindern das Entgelt für die Lieferung der Tiere, wenn die diesen Kosten zugrundeliegenden Aufwendungen im eigenen Interesse des Betreibers des Schlachthofs liegen.

Für die betroffenen Landwirte (Lieferanten) ist diese Entwicklung grundsätzlich positiv. Da die Vorsteuerbeträge der meisten Landwirte pauschal festgesetzt

1 BFH, Urteil 25.3.2009 – IV R 21/06, BStBl 2010 II S. 113.

2 BFH, Urteil 14.6.2007 – V R 56/05, BStBl 2008 II S. 158; Abschnitt 24.2 Abs. 1 Satz 3 UStAE.

3 BFH, Beschluss 11.10.2022 – XI R 12/20, BFH/NV 2023 S. 274 = NWB FAAAJ-31396; Abschnitt 1.1 Abs. 26 Satz 2 UStAE; Gehm, USt direkt digital 14/2020 S. 11.

werden (§ 24 Abs. 1 Sätze 3 und 4 UStG), wären sie durch die Annahme einer Eingangsleistung (zu 19 % Umsatzsteuer) stärker belastet als durch eine Entgeltminderung in Bezug auf ihre eigenen Ausgangslieferungen. In vergleichbaren Fällen sollten aber immer von vornherein die Einkaufpreise entsprechend ausgehandelt werden, um diesbezügliche Streitigkeiten mit der FinVerw zu vermeiden. Um die Preisfindung für die Zulieferer nachvollziehbar zu gestalten, könnte man vertraglich regeln, welche Kosten vom Leistungsbezieher zu tragen sind bzw. welche Aufwendungen in seinen Verantwortungsbereich fallen. Dadurch würde außerdem eine Akzeptanz beim Zulieferer bewirkt.

Entsprechendes gilt bei sog. **Vermarktungsgebühren** der Erzeugerorganisationen im Bereich Obst und Gemüse.[1] Diese sind kein Entgelt für eine eigenständig zu beurteilende sonstige Leistung der Erzeugerorganisation, wenn nach den Anlieferungsbedingungen bzw. den vertraglichen Regelungen die Erzeugerorganisation mit der Übergabe der Ware von ihren Mitgliedern die Verfügungsmacht erhält und die Gefahr eines zufälligen Untergangs trägt. Der Vermarktungserfolg in Form von höheren Verkaufs- als Ankaufspreisen liegt zwar auch im mittelbaren Interesse der Erzeuger, aber vornehmlich im Interesse der Erzeugerorganisation. Dann führt die erhobene pauschale Gebühr zu einer Entgeltminderung hinsichtlich der Lieferung des Erzeugers an die Erzeugerorganisation.[2] § 3 Abs. 3 UStG bestätigt dies, da danach neben die Verdoppelung der Lieferbeziehungen kein weiterer Umsatz in Form einer gesonderten Geschäftsbesorgungsleistung tritt. Diese Wertung ist auf die Vermarktungsgebühren zu übertragen. Auch wenn die Erzeugerorganisation die landwirtschaftlichen Erzeugnisse für eigene Rechnung vermarktete, ergibt sich daraus nicht, welchen eigenständigen Vorteil die Organisation neben dem Warenerwerb von den Landwirten diesen eingeräumt haben sollte. Die Vermarktungsgebühren mindern die Bemessungsgrundlage der Lieferungen der Mitglieder an die Erzeugergenossenschaft, wenn die diesen Kosten zugrundeliegenden Aufwendungen/Vorgänge im eigenen Interesse der Erzeugergenossenschaft liegen. Eine andere Beurteilung ist aber geboten, wenn sie die Vermarktungsgebühr ihrer Mitglieder satzungsgemäß unverändert lässt und gleichwohl Mittel i. H. der von ihren Mitgliedern zu tragenden finanziellen Beiträge an einen Betriebsfonds entrichtet. In diesen Fällen liegt bei der Erzeugerorganisation kein durchlaufender Posten vor. Sie leitet keine im fremden Namen vereinnahmten Beiträge weiter, sondern entrichtet sie aus eigenen Mitteln.

1 BFH, Beschluss 13.9.2022 – XI R 8/20, BStBl 2023 II S. 728; Abschnitt 1.1 Abs. 26 Satz 1 UStAE.

2 LSt Niedersachsen, Vfg. 24.8.2023 – S 7100 - St 171 - 2257/2023, UR 2023 S. 854.

aa) Auswirkungen des Zukaufs fremder Erzeugnisse

1679 Die Durchschnittssätze des § 24 Abs. 1 Satz 1 UStG sind auf Umsätze mit landwirtschaftlichen Erzeugnissen im Rahmen luf Betriebe anzuwenden. Voraussetzung ist, dass die Erzeugnisse im Rahmen dieses luf Betriebes erzeugt worden sind. Die **Umsätze mit zugekauften Produkten** sind selbst dann von der Anwendung der Durchschnittssatzbesteuerung ausgeschlossen, wenn es sich um typische landwirtschaftliche Produkte handelt,[1] der Verkauf nicht an Endverbraucher erfolgt oder diese zur Abrundung der Produktpalette von einem landwirtschaftlichen Betrieb angeboten werden. Unerheblich ist außerdem, ob der Verkauf außerhalb einer speziellen Verkaufseinrichtung stattfindet.

BEISPIEL Ein Landwirt veräußert in seinem Hofladen selbst erzeugte Kartoffeln und von einem anderen Landwirt zugekaufte Eier.

Die Durchschnittssatzbesteuerung ist nur auf die selbst erzeugten Kartoffeln anzuwenden. Der Verkauf der Eier unterliegt der Regelbesteuerung. Der Steuersatz beträgt 7 % (§ 12 Abs. 2 Nr. 1 i. V. mit Anlage 2 lfd. Nr. 4 UStG).

Die Trennung für Endprodukte der ersten Verarbeitungsstufe je nachdem, ob sie aus eigenen Erzeugnissen oder aus zugekauften Produkten hergestellt worden sind, hat zur Folge, dass die Aufteilung der Umsätze auf Pauschalregelung und Regelbesteuerung unabhängig davon vorzunehmen ist, ob die Be- oder Verarbeitungstätigkeit einkommensteuerrechtlich als luf Nebenbetrieb nach § 13 Abs. 2 Nr. 1 EStG oder als Gewerbebetrieb nach § 15 Abs. 1 und Abs. 2 EStG zu beurteilen ist. Ertragsteuerrechtlich liegt regelmäßig ein Gewerbebetrieb vor, wenn die Zukaufsgrenze von 50 % überschritten wird.[2]

BEISPIEL Ein Landwirt schlachtet und zerlegt Schweine. 40 % der Schweine sind im landwirtschaftlichen Hauptbetrieb erzeugt worden, 60 % werden von anderen Landwirten zugekauft. Die eigenen und die zugekauften Schweine werden vom Beginn der Schlachtung bis zum Absatz getrennt gehalten und die Partien eigener und zugekaufter Tiere jeweils nacheinander geschlachtet.

Weil die Zukaufsgrenze von 50 % überschritten wird, ist die Hofschlachterei ertragsteuerlich ein Gewerbebetrieb. Im Gegensatz dazu ist umsatzsteuerrechtlich zu trennen: Da das Erzeugnis noch ein Produkt der ersten Verarbeitungsstufe ist, kann auf den Verkauf der eigenen Schweine (40 %) die Pauschalregelung angewendet werden. Für die Höhe dieses Umsatzes trägt der Unternehmer die Feststellungslast.

Werden aber zugekaufte landwirtschaftliche Erzeugnisse im eigenen Betrieb durch urproduktive Tätigkeiten **zu einem landwirtschaftlichen Produkt ande-**

1 Vgl. Abschnitt 24.2 Abs. 1 Satz 2 und 3 UStAE.

2 R 15.5 Abs. 11 Satz 3 EStR.

rer Marktgängigkeit weiterverarbeitet, werden sie zu einem eigenen landwirtschaftlichen Erzeugnis (Wandelung).[1] Solche eigenen Erzeugnisse liegen z. B. vor, wenn nicht selbst erzeugte luf Erzeugnisse (z. B. zugekaufte Samen, Zwiebeln, Knollen, Stecklinge und Pflanzen) im eigenen Betrieb bis zur Verkaufsreife kultiviert werden, oder spätestens nach Ablauf von drei Monaten seit dem Erwerb der Produkte.[2] Nach Ablauf von drei Monaten wird damit unwiderlegbar vermutet, dass solche Erzeugnisse immer Eigenerzeugnisse sind. Diese Grundsätze gelten für den Bereich der Tierzucht und Tierhaltung entsprechend.[3] Bei einer Verweildauer von weniger als drei Monaten reicht dagegen selbst eine deutliche Gewichtszunahme der Tiere durch die Futteraufnahme nicht aus, um die Herstellung eines eigenen Erzeugnisses annehmen zu können. Von einer Eigenerzeugung ist bei einer Verweildauer von weniger als drei Monaten des zugekauften Teilerzeugnisses aber auszugehen, wenn die gesamte Produktionsdauer weniger als drei Monate beträgt.

BEISPIEL ▸ Ein Landwirt erwirbt Ferkel, die er mästet und an einen Metzger als Schlachtschweine veräußert. Bei einer Mastzeit von weniger als drei Monaten bleiben die gemästeten Ferkel Fremderzeugnisse. Bei einer längeren Mastzeit werden sie Eigenerzeugnisse.

bb) Auswirkungen einer Verarbeitung

Verarbeitet ein LuF aus seiner eigenen luf Produktion stammende Erzeugnisse und verliert das Produkt durch die Verarbeitung nicht seinen luf Charakter, ist die Durchschnittssatzbesteuerung weiterhin anzuwenden. Diese **Verarbeitungstätigkeit** muss aber **mit Mitteln** ausgeübt werden, **die normalerweise in land-, forst- oder fischwirtschaftlichen Betrieben verwendet werden**. Entscheidend ist, dass die Verarbeitung händisch oder mit Mitteln (Maschinen) erfolgt, die normalerweise in landwirtschaftlichen Betrieben verwendet werden. Schädlich ist jedoch der Einsatz industrieller und damit landwirtschaftsuntypischer Maschinen.[4] 1680

Produkte, die durch die Verarbeitung eigener Erzeugnisse geschaffen werden, besitzen nach der Verwaltungsauffassung noch einen luf Charakter, wenn die Verarbeitung zu einem **Produkt der ersten Verarbeitungsstufe** führt.[5] Dieser Begriff der „Verarbeitungsstufe" ist aber nicht i. S. der Anzahl der Arbeitsschritte

1 Vgl. Abschnitt 24.2 Abs. 1 Satz 5 UStAE.

2 Vgl. Abschnitt 24.2 Abs. 1 Satz 6 UStAE.

3 Vgl. Abschnitt 24.2 Abs. 1 Satz 7 UStAE.

4 BFH, Urteil 27.9.2018 – V R 28/17, BStBl 2019 II S. 383.

5 Vgl. Abschnitt 24.2 Abs. 2 Satz 2 UStAE.

zu verstehen. Entscheidend ist vielmehr der Charakter des durch die Verarbeitung entstandenen Produkts. Dabei ist insbesondere zu berücksichtigen, ob dieses Produkt noch als Gegenstand einer der in Anhang VII der MwStSystRL abschließend genannten Erzeugertätigkeiten angesehen werden kann.[1] Danach unterliegen der Sonderregelung für LuF auch die **Verarbeitungstätigkeiten, die ein Landwirt bei im Wesentlichen aus seiner landwirtschaftlichen Produktion stammenden Erzeugnissen mit Mitteln ausübt, die normalerweise in land-, forst- oder fischwirtschaftlichen Betrieben verwendet werden**. Solche Produkte, die aber fast ausschließlich in Gewerbebetrieben bzw. nicht landwirtschaftlichen Betrieben hergestellt werden, sind keine landwirtschaftlichen Erzeugnisse (beispielsweise Obst- und Gemüsekonserven[2]). Für die Abgrenzung ist unerheblich, ob die Verarbeitungstätigkeit durch den LuF selbst oder von einem Lohnunternehmer ausgeführt wird.[3]

Dieser **ersten Verarbeitungsstufe** können beispielsweise folgende Tätigkeiten zugeordnet werden:[4]

- Schlacht- und Zerlegearbeiten, wenn selbst erzeugtes Vieh mit normalerweise in landwirtschaftlichen Betrieben verwendeten Mitteln geschlachtet und in Hälften oder Viertel zerlegt wird,[5]
- Verarbeitung von Getreide zu Mehl und im Anschluss zu Brot und anderen Backwaren, wenn diese mit Mitteln gefertigt werden, die normalerweise in landwirtschaftlichen Betrieben verwendet werden;[6] Entsprechendes gilt für die Verarbeitung von Getreide zu Schrot, Getreideflocken oder Kleie,
- Verarbeitung von Milch zu höherwertigen Produkten, wie z. B. Joghurt und Biojoghurt mit oder ohne Zusatz von Früchten, Farbstoffen oder Vitaminen,[7]

1 BFH, Urteil 27.9.2018 – V R 28/17, BStBl 2019 II S. 383.

2 BFH, Urteil 5.11.1959 – V 15/57 U, BStBl 1959 III S. 493; Abschnitt 24.2 Abs. 3 Beispiel 4 UStAE; a. A. FG München, Urteil 25.1.2007 – 14 K 1312/04, NWB OAAAC-43146 = EFG 2007 S. 1200; FG München, Urteil 25.8.2005 – 2 K 5007/03, NWB GAAAB-72219 = EFG 2006 S. 106; FG Köln, Urteil 3.12.2001 – 11 K 4183/95, NWB TAAAB-08822.

3 Vgl. Abschnitt 24.2 Abs. 2 Satz 4 UStAE.

4 Vgl. Beispiele in Abschnitt 24.2 Abs. 2 und 3 UStAE.

5 Vgl. Abschnitt 24.2 Abs. 2 Beispiel 1 UStAE; weitergehend für eine Anwendung auch bei der Zerkleinerung in bratfertige Fleischstücke Schilcher in Hartmann/Metzenmacher, UStG, § 24 Abs. 1 Rz. 137 Fleischwaren.

6 A. A. Schüler-Täsch in Sölch/Ringleb, UStG, § 24 Rz. 74 und 311 Backwaren.

7 BFH, Urteil 27.9.2018 – V R 28/17, BStBl 2019 II S. 383, da in Bezug auf die verarbeiteten Erzeugnisse kein Ausschließlichkeitsgebot, nach dem nur aus der eigenen landwirtschaftlichen Produktion stammende Erzeugnisse verarbeitet werden dürfen, sondern nur ein Wesentlichkeitsgebot besteht; a. A. Schüler-Täsch in Sölch/Ringleb, UStG, § 24 Rz. 311 Milcherzeugnisse.

Herstellung von Milchmixgetränken, Speiseeis, Kondensmilch oder Magermilchpulver,[1]

- Herstellung von Rapsöl,
- Verarbeitung von Milch zu Butter, Quark, Schlagsahne, Sauermilcherzeugnissen oder Käse oder
- Herstellung von Wein,[2] Rohalkohol[3] oder Obstsäften, wenn diese mit Mitteln gefertigt werden, die normalerweise in landwirtschaftlichen Betrieben verwendet werden.

Führt die Verarbeitung zu einem **Produkt der zweiten oder einer höheren Verarbeitungsstufe**, ist die Durchschnittssatzbesteuerung nicht mehr anzuwenden.[4] Eine höhere Verarbeitungsstufe ist beispielsweise bei folgenden Arbeiten anzunehmen:

- Herstellung von Schinken und Wurstwaren.[5]
- Herstellung von Nudeln,[6] Rübensirup bzw. Rübenkraut aus Zuckerrüben, Zucker, Müslimischungen, Pommes frites, Chips oder Kartoffelstärke.
- Herstellung von Trinkbranntwein, Branntweinerzeugnissen, Weinbrand, Obstschnaps und Obstlikör.[7]
- Lieferung von Biogas, auch wenn das Gas aus selbst erzeugten organischen Stoffen produziert wird. Die Verarbeitung von Biomasse zu Biogas ist keine landwirtschaftliche Verarbeitungstätigkeit, weil das Erzeugnis „Biogas" aus Sicht des Durchschnittsverbrauchers kein landwirtschaftliches Erzeugnis ist.[8] Anlagen zur Erzeugung von Biogas sind keine Mittel mit typisch

1 A. A. Schilcher in Hartmann/Metzenmacher, UStG, § 24 Abs. 2 Rz. 139.

2 BFH, Urteil 12.10.2006 – V R 36/04, BStBl 2007 II S. 485.

3 A. A. FG Baden-Württemberg, Urteil 24.4.2024 – 14 K 2016/21, EFG 2024 S. 2082 m. Anm. Kessens; Rev. BFH: V R 37/24.

4 Vgl. Abschnitt 24.2 Abs. 2 Satz 2 und 3 UStAE.

5 BFH, Urteil 16.12.2001 – V R 43/00, BStBl 2002 II S. 701.

6 BFH, Urteil 16.12.2001 – V R 43/00, BStBl 2002 II S. 701.

7 LfSt Bayern, Vfg. 22.8.2011 – S 7410.1.1 – 10/3 St 33, NWB CAAAD-90419 = UR 2011 S. 879; weitergehend aber FG Baden-Württemberg, Urteil 24.4.2024 – 14 K 2016/21, EFG 2024 S. 2082 m. Anm. Kessens; Rev. BFH: V R 37/24, wonach bereits nach dem ersten Destilliervorgang kein landwirtschaftliches Erzeugnis mehr vorliege bzw. keine Verarbeitung im Rahmen einer landwirtschaftlichen Tätigkeit erfolge.

8 Vgl. Abschnitt 24.2 Abs. 2 Satz 2 UStAE; LfSt Niedersachsen, Vfg. 3.8.2020 – S 7100 - 658 - St 175, DStR 2020 S. 2076; OFD Karlsruhe, Vfg. 14.8.2025 – USt-Kartei S 7410 - Karte 5, UR 2025 S. 759.

landwirtschaftlichem Charakter.[1] Dies gilt auch, wenn die Biogasanlage Teil eines luf pauschalierenden Haupt- oder Nebenbetriebs ist, weil bereits die Erzeugung von Biogas aus Sicht des Durchschnittsverbrauchers der zweiten Bearbeitungsstufe zuzuordnen ist.[2] Wird die im Rahmen einer Biogasanlage aus Biomasse erzeugte Energie (Strom und Wärme) teilweise im luf Betrieb verwendet, ist die Vorsteuer aus den Anschaffungs- oder Herstellungskosten und dem laufenden Betrieb der Anlage insoweit nicht abzugsfähig und die Vorsteuern sind nach § 15 Abs. 4 UStG im Verhältnis der Marktwerte von Strom- und Wärme aufzuteilen.[3] Bei geänderten oder stark schwankenden Nutzungsverhältnissen kann in nachfolgenden Jahren eine Vorsteuerberichtigung nach § 15a UStG in Betracht kommen.

Wird der durch eine Biogasanlage aus Biomasse erzeugte Strom bzw. die erzeugte Wärme insgesamt im landwirtschaftlichen Betrieb verwendet, ist die Biogasanlage eine Einrichtung des landwirtschaftlichen Betriebs; ein Vorsteuerabzug ist nach § 24 Abs. 1 Satz 4 UStG ausgeschlossen.

Im Gegensatz zur Erzeugung von Biogas ist die auf eigenen oder gepachteten Flächen erzeugte Biomasse ein typisch landwirtschaftliches Erzeugnis, also ein Produkt der sog. ersten Verarbeitungsstufe. Die Lieferung von Biomasse an einen anderen Unternehmer unterliegt daher der Durchschnittssatzbesteuerung, soweit die Erzeugung im Rahmen eines luf Betriebs erfolgt. Verwertet aber ein Landwirt nahezu seine gesamte Ernte als Biomasse zur Strom-/Wärmeerzeugung, liegt insofern keine landwirtschaftliche Tätigkeit vor, so dass die Regelbesteuerung anzuwenden ist. Die Erzeugung von Biomasse einzig zur Verarbeitung zu Strom ist grds. kein landwirtschaftlicher Betrieb i. S. des § 24 Abs. 2 UStG.

- Energieerzeugung durch Wind-, Solar- oder Wasserkraft, wenn die Erzeugungsanlagen an ein Versorgungsnetz angeschlossen sind und die Erzeugung für den eigenen Betrieb nicht überwiegt.

BEISPIEL ► Ein Landwirt mästet Schweine. Er lässt die Schweine von einem gewerblichen Lohnunternehmer schlachten und in Hälften zerlegen. Die Schweinehälften veräußert er an einen Metzger.

1 Vgl. BMF 14.3.2011, BStBl 2011 I S. 254; LfSt Bayern, Vfg. 6.12.2010 – S 7410.1.1 - 9/2 St 33, UR 2011 S. 59; offengelassen von BFH, Urteil 14.6.2007 – V R 56/05, BStBl 2008 II S. 158.

2 Vgl. Abschnitt 24.2 Abs. 2 Satz 4 UStAE.

3 Abschnitt 15.17 Abs. 3 Satz 10 UStAE; Abschnitt 24.7 Abs. 2 UStAE.

Die Veräußerung unterliegt der Durchschnittssatzbesteuerung, weil das Schwein lediglich auf der ersten Stufe weiterverarbeitet worden ist. Die Ausführung der Schlacht- und Zerlegearbeiten durch einen Lohnunternehmer steht dem nicht entgegen.

ABWANDLUNG ▸ Der Landwirt lässt das Schwein weiterverarbeiten und veräußert anschließend die Wurst und das Fleisch in seinem Hofladen.

Die Veräußerung unterliegt nicht der Durchschnittssatzbesteuerung, weil die Erzeugnisse aus einer zweiten oder höheren Verarbeitungsstufe stammen.

cc) Auswirkungen einer Vermischung

Werden selbst erzeugte Produkte **untrennbar mit zugekauften Produkten vermischt**, unterliegt die Lieferung des Endprodukts aus Vereinfachungsgründen noch der Durchschnittssatzbesteuerung, wenn die Beimischung des zugekauften Produkts **nicht mehr als 25 %** beträgt.[1] 1681

BEISPIEL ▸ Ein Imker veräußert 1.000 kg Honig, den er durch Vermischung aus 800 kg selbst erzeugtem Honig und 200 kg zugekauftem Honig hergestellt hat.

Beide Honigmengen werden untrennbar miteinander vermischt. Die Lieferung unterliegt der Durchschnittssatzbesteuerung, weil der zugekaufte Anteil nur 20 % beträgt.

Maßgeblich ist nicht der Wert der beigefügten Stoffe, da auf eine **im Handel übliche Maßeinheit** abzustellen ist (z. B. Kilogramm bei Honig oder Liter bei Wein). Unerheblich ist, ob die beigefügten Stoffe bereits ein luf Urprodukt im engeren Sinne oder ein gewerbliches Produkt darstellen. **Zugekaufte Zutaten und Nebenstoffe oder Warenumschließungen** (z. B. Futtermittelzusätze, Gewürze, Konservierungsmittel, Siliermittel, Starterkulturen und Lab zur Milchverarbeitung, Trauben, Traubenmost und Verschnittwein zur Weinerzeugung, Verpackungsmaterial, Blumentöpfe für die eigene Produktion oder als handelsübliche Verpackung) sind bei der Prüfung dieser 25 %-Grenze **nicht zu berücksichtigen**.[2]

BEISPIELE ▸ 1. Der unter die Durchschnittssatzbesteuerung fallende Winzer W baut im Jahr 01 in seinen Edelstahltanks verschiedene Weißweine und einen Rotwein aus. Für die Weißweine verwendet er ausschließlich eigene Trauben, für den Rotwein kauft er 40 % der gesamten Traubenmenge zu. Bei der Herstellung, Lagerung und Abfüllung aller Weine fallen 8.000 € Vorsteuern an. Davon entfallen 4.000 € auf den Rotwein. W verkauft den Wein in den folgenden Jahren in seinem Hofladen. Insgesamt erzielt er für die Weißweine 50.000 € und den Rotwein 40.000 €.

Die Lieferungen der Weißweine unterliegen § 24 UStG, die Lieferungen des Rotweins wegen der zugekauften Trauben der Regelbesteuerung. W darf daher 4.000 € Vor-

1 Tehler in Reiß/Kraeusel/Langer, UStG, § 24 Rz. 45.6; Abschnitt 24.2 Abs. 2 Satz 4 UStAE.

2 Vgl. Sterzinger in Küffner/Zugmaier, USt, § 24 UStG Rz. 140; Abschnitt 24.2 Abs. 2 Satz 3 UStAE.

steuer für den Rotwein abziehen. Er muss sicherstellen, dass er die Verkäufe des Rotweins in den folgenden Jahren zutreffend der Regelbesteuerung zuordnet. Würde W den Rotwein zusammen mit den Weißweinen nach § 24 UStG besteuern, erhielte er neben dem tatsächlichen Vorsteuerabzug im Jahr 01 von 4.000 € zu Unrecht in den folgenden Jahren einen zusätzlichen pauschalen Vorsteuerabzug von 3.120 € (7,8 % der Umsätze von 40.000 €).

2. Ein Obstbauer hat sich verpflichtet, eine bestimmte Menge Apfelsaft in Flaschen zu liefern. Da die selbst erzeugte Menge von 700 kg Äpfeln für die Produktion nicht ausreicht, kauft er 300 kg hinzu und presst den Saft aus der Gesamtmenge.

Bei der Beurteilung, ob es sich noch um ein selbst erzeugtes Produkt handelt, bleiben die Flaschen als Warenumschließungen außer Betracht. Da der Saft der zugekauften Äpfel untrennbar mit dem Saft der selbst erzeugten Äpfel vermischt wurde und mehr als 25 % des Endprodukts beträgt, unterliegt die Lieferung des Apfelsafts insgesamt nicht der Durchschnittssatzbesteuerung.

dd) Auswirkungen des Verkaufs von Gegenständen des land- und forstwirtschaftlichen Unternehmensvermögens

1682 Die Lieferung von Gegenständen des luf Unternehmensvermögens (z. B. der **Verkauf gebrauchter landwirtschaftlicher Geräte**) unterliegt nicht der Durchschnittssatzbesteuerung.[1] Dafür spricht, dass Art. 295 Abs. 1 Nr. 4 MwStSystRL für landwirtschaftliche Erzeugnisse auf Gegenstände abstellt, die im Rahmen der in Anhang VII MwStSystRL aufgeführten Tätigkeiten von den land-, forst- oder fischwirtschaftlichen Betrieben „erzeugt" und damit nicht nur genutzt oder verwendet werden.

Die Verwaltung hat es jedoch **aus Vereinfachungsgründen** zugelassen, dass diese Umsätze **nach § 24 Abs. 1 UStG besteuert** werden, wenn diese Gegenstände zu mindestens 95 % für vorsteuerschädliche Umsätze i. S. des § 24 Abs. 1 Satz 4 UStG verwendet wurden und kein anteiliger Vorsteuerabzug vorgenommen wurde.[2] Aus Gründen des **Vertrauensschutzes**[3] wird es daher für bis zum 30.6.2026 ausgeführte Umsätze – auch für Zwecke des Vorsteuerabzuges – nicht beanstandet, wenn sich der Unternehmer auf die Regelungen des Abschnitts 24.2 Abs. 6 Sätze 3 bis 5 UStAE in der bis zum 11.11.2025 gültigen Fassung beruft und die Rechnung entsprechend ausstellt. Wird die ausgestellte Rechnung nachträglich unter Ausweis des regulären Steuersatzes berichtigt, ist

1 BFH, Urteil 17.8.2023 – V R 3/21, BStBl 2025 II S. 883 = UR 2024 S. 140 m. Anm. Tehler, Rz. 31; Abschnitt 24.2 Abs. 6 Satz 5 UStAE; a. A. noch BFH, Urteil 10.11.1994 – V R 87/93, BStBl 1995 II S. 218; offen gelassen in BFH, Urteil 28.8.2014 – V R 49/13, BStBl 2021 II S. 825, Rz. 37.

2 Vgl. Abschnitt 24.2 Abs. 6 Satz 3 UStAE a. F.

3 BMF, Schreiben v. 12.11.2025 – III C 2 - S 7410/00029/033/051, BStBl 2025 II S. 1934.

ggf. Abschnitt 14c.1 Abs. 1 Satz 6 Nr. 5 UStAE zu beachten. Wenn ein Verkauf von land- und forstwirtschaftlichen Unternehmensvermögen der Regelbesteuerung unterliegt (weil für einen Umsatz vor dem 1.7.2026 die vorstehende Regelung nicht in Anspruch genommen wird oder der Umsatz nach dem 30.6.2026 erfolgt), kann wegen dieser Änderung der Verhältnisse unter den übrigen Voraussetzungen eine zeitanteilige Berichtigung des – ursprünglich nur in Höhe des sich aus § 24 Abs. 1 Satz 3 UStG ergebenden Vorsteuerabzugs – nach § 15a Abs. 8 und 9 UStG erfolgen. Da hierbei auf den Beginn der erstmaligen Verwendung abzustellen ist, ist der fünfjährige Berichtigungszeitraum in vielen Fällen bereits abgelaufen.

b) Sonstige Leistungen eines Land- und Forstwirts

Neben den Lieferungen werden auch sonstige Leistungen von der Durch- 1683
schnittssatzbesteuerung erfasst. Dies gilt nach richtlinienkonformer Auslegung jedoch nur für luf Dienstleistungen i. S. des Art. 295 Abs. 1 Nr. 5 MwStSystRL. Diese setzen voraus, dass sie **mit Hilfe der Arbeitskräfte des Betriebes erbracht** werden und die dabei ggf. verwendeten **Wirtschaftsgüter der normalen Ausrüstung des Betriebes zuzurechnen** sind. Außerdem müssen diese sonstigen Leistungen zur landwirtschaftlichen Erzeugung beitragen.[1] Es kommt allerdings nicht ausnahmslos auf eine **unmittelbare Verwendung für luf Zwecke** beim Empfänger an. Eine landwirtschaftliche Dienstleistung unterliegt der Durchschnittssatzbesteuerung nach § 24 Abs. 1 UStG, wenn der Leistungsempfänger die Leistung aus Gründen des Natur- und Landschaftsschutzes bezieht.[2] Dementsprechend ist eine landwirtschaftliche Dienstleistung nicht ausgeschlossen, wenn die vertragliche Gegenleistung **aufgrund der gezogenen luf Eigennutzungen des Leistungserbringers** geleistet wird.[3] Soll die Zahlung die Art und Weise der landwirtschaftlichen Produktion beeinflussen, entfällt das Erfordernis einer eigenständigen Empfängerverwendung.[4] Entscheidend ist insoweit, dass der Empfänger der Tierwohlleistung mit dem Leistungsbezug keine weitergehenden Zwecke verfolgt, als die Art und Weise der landwirtschaftlichen Produktion beim Landwirt zu beeinflussen, so dass das ansonsten zu betrachtende Erfordernis der – eigenständigen – Empfängerverwendung entfällt.[5] Diese Erweite-

1 BFH, Urteil 8.2.2018 – V R 55/16, BStBl 2021 II S. 538, Rz. 23; siehe auch Abschnitt 24.3 Abs. 1 UStAE.

2 BFH, Urteil 6.9.2018 – V R 34/17, BStBl 2019 II S. 344.

3 BFH, Urteil 19.12.2024 – V R 18/22, BStBl 2025 II S. 756, Rz. 19; BFH, Urteil 8.2.2018 – V R 55/16, BStBl 2021 II S. 538, Rz. 27; vgl. auch BFH, Urteil 23.1.2013 – XI R 27/11, BStBl 2013 II S. 458, Rz. 29.

4 BFH, Urteil 29.8.2024 – V R 15/23; BStBl 2025 II S. 756, Rz. 19.

5 Vgl. Abschnitt 15a Abs. 2 Satz 2 Nr. 2 UStAE.

rung des Begriffs der landwirtschaftlichen Dienstleistung hat ganz erhebliche Auswirkungen und könnte dazu führen, dass aus ökologischen Gemeinwohlinteressen geleistete Zahlungen durch die Anwendung von § 24 UStG subventioniert werden.[1]

Die luf Dienstleistungen sind im **Anhang VIII der MwStSystRL** katalogmäßig, aber nicht abschließend aufgezählt und von der Verwaltung in Abschnitt 24.3 Abs. 1 Satz 2 UStAE übernommen worden:

1. Anbau-, Ernte-, Dresch-, Press-, Lese- und Einsammelarbeiten, einschließlich Säen und Pflanzen;
2. Verpackung und Zubereitung, wie bspw. Trocknung, Reinigung, Zerkleinerung, Desinfektion und Einsilierung landwirtschaftlicher Erzeugnisse;
3. Lagerung landwirtschaftlicher Erzeugnisse;
4. Hüten, Zucht und Mästen von Vieh;
5. Vermietung normalerweise in land-, forst- und fischwirtschaftlichen Betrieben verwendeter Mittel zu landwirtschaftlichen Zwecken;
6. technische Hilfe;
7. Vernichtung schädlicher Pflanzen und Tiere, Behandlung von Pflanzen und Böden durch Besprühen;
8. Betrieb von Be- und Entwässerungsanlagen;
9. Beschneiden und Fällen von Bäumen und andere forstwirtschaftliche Dienstleistungen.

Diese Aufzählung landwirtschaftlicher Dienstleistungen ist **nicht abschließend**.

Eine landwirtschaftliche Dienstleistung setzt nicht den Besitz und den Einsatz eigener landwirtschaftlicher Arbeitsgeräte voraus. Damit die Dienstleistung von einem landwirtschaftlichen Erzeuger mit Hilfe seiner Arbeitskräfte erbracht wird, muss es sich um eine Arbeitskraft handeln, die auch im landwirtschaftlichen Betrieb eingesetzt ist.[2] Folglich darf der landwirtschaftliche Erzeuger die entsprechende Dienstleistung nicht unter Einsatz von Arbeitskräften ausführen, die ausschließlich für solche Dienstleistungen eingesetzt werden.[3] Der **Einsatz der eigenen Arbeitskraft des Pauschallandwirts** genügt.[4]

1 Sterzinger, UStB 2025 S. 37, 39.

2 BFH, Urteil 24.8.2017 – V R 8/17, BFH/NV 2018 S. 65 = NWB XAAAG-63537, Rz. 10.

3 Abschnitt 24.3 Abs. 4 Satz 5 UStAE.

4 Abschnitt 24.3 Abs. 1 Satz 1 UStAE.

Nur ein **landwirtschaftlicher Erzeuger** kann solche luf Dienstleistungen erbringen. Allein mit der Erbringung luf Dienstleistungen wird ein Unternehmer nicht zu einem landwirtschaftlichen Erzeuger. Daher kann ein sog. Lohnunternehmer nicht die Durchschnittssatzbesteuerung anwenden.[1]

Außerdem können nur luf Dienstleistungen vorliegen, wenn sie **beim Leistungsempfänger für eine Tätigkeit der landwirtschaftlichen Erzeugung** nach Anhang VII MwStSystRL **verwertet** werden.[2] Landwirtschaftliche Dienstleistungen an Nichtsteuerpflichtige sind nicht möglich.[3] Keine Voraussetzung ist aber, dass der Leistungsempfänger die Erzeugertätigkeit im Rahmen eines luf Betriebs ausübt (Art. 300 Nr. 3 MwStSystRL).[4] Bei einer Leistung an eine Person, die keine Tätigkeit der luf Tätigkeit ausübt, ist aber zu vermuten, dass keine Nutzung zu luf Zwecken vorliegt.[5] Betreibt der Leistungsempfänger eine Tierzucht oder Tierhaltung außerhalb eines luf Betriebs, ist diese nur eine Tätigkeit der landwirtschaftlichen Erzeugung, wenn sie jeweils i. V. mit der Bodenbewirtschaftung (vgl. Anhang VII Nr. 2 MwStSystRL) und in den Fällen der Tierhaltung außerdem nicht lediglich aus privaten Gründen zu Freizeitzwecken erfolgt.

BEISPIEL ▸ Ein Landwirt räumt im Winter seinen Hof mit einem eigenen Schneepflug. Auf Anfrage der Kommune übernimmt er auch die Schneeräumung der Nebenstraßen in seinem Wohnort. Dafür erhält er jährlich pauschal 5.000 € von der Kommune.

Der Landwirt erbringt die Räumleistungen an den hoheitlichen Bereich der Kommune und damit an einen Nichtlandwirt. Die von der Gemeinde gezahlte jährliche Pauschale i. H. von 5.000 € unterliegt der Regelbesteuerung.

Wird durch einen Vertrag die Abnahmeverpflichtung eines Erwerbers von Waren eines landwirtschaftlichen Betriebs vorzeitig beendet und unterlagen die Warenumsätze der Durchschnittssatzbesteuerung nach § 24 Abs. 1 Satz 3 Nr. 3 UStG, so ist auf die Ausgleichszahlung, die als **Entschädigung** für denjenigen Zeitraum vereinbart wird, bis eine ordentliche Kündigung des ursprünglichen Warenlieferungsvertrages möglich wäre, der **Regelsteuersatz** anzuwenden.[6] Der **Verzicht auf ein Lieferrecht** ist weder eine landwirtschaftliche Dienstleistung i. S. des § 24 UStG, Art. 295 MwStSystRL, da sie nicht zu einer landwirtschaft-

1 Vgl. Abschnitt 24.3 Abs. 2 Satz 6 UStAE.

2 Vgl. Abschnitt 24.3 Abs. 5 Satz 1 UStAE.

3 BFH, Urteil 24.1.2013 – V R 34/11, BStBl 2013 II S. 460; BFH, Urteil 23.1.2013 – XI R 27/11, BStBl 2013 II S. 458.

4 BFH, Urteil 19.12.2024 – V R 18/22, BStBl 2025 II S. 756, Rz. 20; BFH, Urteil 8.2.2018 – V R 55/16, BStBl 2021 II S. 538, Rz. 23; BFH, Urteil 21.1.2015 – XI R 13/13, BStBl 2015 II S. 730.

5 Abschnitt 24.3 Abs. 5 Satz 5 UStAE.

6 BFH, Urteil 23.8.2023 – XI R 27/21, BStBl 2024 II S. 151.

lichen Erzeugung beiträgt, noch werden durch den Verzicht landwirtschaftliche Erzeugnisse i. S. des § 24 UStG, Art. 295 MwStSystRL geliefert, da hierfür keine Gegenstände im Rahmen der in Anhang VII aufgeführten Tätigkeiten vom landwirtschaftlichen Betrieb des Landwirts erzeugt werden. Hinzu kommt, dass die Ausrüstung des landwirtschaftlichen Betriebs für einen Verzicht nicht benötigt wird. Die Vorsteuer auf Eingangsleistungen ist bei ihm typischerweise niedriger als bei einem landwirtschaftlichen Umsatz (Lieferung oder Dienstleistung), weil die mit der landwirtschaftlichen Tätigkeit im direkten und unmittelbaren Zusammenhang stehenden, mit Vorsteuer belasteten Eingangsleistungen (z. B. Maschinen, Betriebsstoffe, Saatgut, Dünge- und Pflanzenschutzmittel) dafür typischerweise nicht benötigt werden. Eine einmalige pauschale Vorsteuerentlastung trotz Nichterzeugung von Lebensmitteln wäre in diesen Fällen system- und zweckwidrig.

Im Gegensatz dazu unterliegen folgende sonstige Leistungen **nicht der Durchschnittssatzbesteuerung**:[1]

- **Pensionshaltung von Pferden** für den Freizeitsport;[2] das gilt auch, wenn es sich bei den Pensionspferden um noch nicht berittene Fohlen handelt.[3] Die naturnahe Unterbringung von Pferden auf Weiden ohne Stall und mit reduziertem Pflegeaufwand für den Anbieter unterliegt ebenfalls dem Regelsteuersatz.[4] Ausschlaggebend ist, wie die gezüchteten Pferde von ihren Haltern eingesetzt werden sollen. Die Durchschnittssatzbesteuerung soll nur die landwirtschaftliche Erzeugung – vornehmlich die Nahrungsmittelproduktion – begünstigen, so dass § 24 UStG nicht greift, wenn die Pferde nicht für solche luf Zwecke, sondern für Freizeitzwecke genutzt werden.[5]

BEISPIEL A betreibt eine Pferdepension zu Freizeitzwecken. Im Rahmen des Betriebs wird Reitunterricht angeboten.

Sowohl die Pensionstierhaltung als auch der Reitunterricht unterliegen der Regelbesteuerung.

1 Vgl. Abschnitt 24.3 Abs. 12 UStAE.

2 BFH, Urteil 21.1.2015 – XI R 13/13, BStBl 2015 II S. 730; BFH, Urteil 13.1.2011 – V R 65/09, BStBl 2011 II S. 465; FG Münster, Urteil 11.12.2023 – 15 K 1787/20 U, EFG 2024 S. 338 m. Anm. Kessens; FG Münster, Urteil 20.2.2018 – 15 K 3117/17 U, NWB MAAAG-80795 = EFG 2018 S. 693; BMF 27.8.2015, BStBl 2015 I S. 656.

3 BFH, Urteil 10.9.2014 – XI R 33/13, BStBl 2015 II S. 720.

4 FG Nürnberg, Urteil 28.11.2017 – 2 K 1009/15, NWB SAAAG-79400 = EFG 2018 S. 591.

5 Gehm, USt direkt digital 2/2024 S. 19.

ABWANDLUNG ► B betreibt einen landwirtschaftlichen Betrieb der Rinderhaltung. Hieraus erzielt er jährliche Umsätze i. H. von 250.000 €. Weiterhin besitzt er zwei Pferde, welche er zur Erteilung von Reitunterricht nutzt. Hieraus erzielt er jährliche Umsätze i. H. von 3.000 €.

Die Umsätze i. H. von 250.000 € aus dem landwirtschaftlichen Betrieb unterliegen der Durchschnittssatzbesteuerung nach § 24 Abs. 2 Satz 1 Nr. 2 UStG.

Die Umsätze i. H. von 3.000 € aus der Erteilung von Reitunterricht unterliegen der Regelbesteuerung. Diese fallen nicht unter die Vereinfachungsregelung des Abschnitts 24.6 UStAE. Zwar wird die in Abschnitt 24.6 Abs. 2 UStAE geregelte Grenze von 4.000 € nicht überschritten, jedoch ist die erteilte sonstige Leistung nicht in Abschnitt 24.3 Abs. 1 Satz 2 UStAE aufgeführt. Eine Anwendung der Kleinunternehmerregelung scheidet ebenfalls aus (Abschnitt 24.7 Abs. 4 Satz 1 UStAE).

- **Zuchtdienstleistungen**, wenn die Pferde von ihren Haltern nicht zu landwirtschaftlichen Zwecken genutzt werden.[1]
- **Zahlungen der Gesellschaft zur Förderung des Tierwohls** in der Nutztierhaltung an Tierhalter im bis zum 30.6.2021 anzuwendenden **Fondsmodell** für die Schaffung bzw. Erfüllung der einzelnen Tierwohlanforderungen gemäß dem Tierwohlprogramm. Die „Initiative Tierwohl" (ITW) ist ein branchenübergreifendes Bündnis aus Landwirtschaft, Fleischwirtschaft und Lebensmitteleinzelhandel, die es sich zum Ziel gesetzt hat, eine tiergerechtere und nachhaltigere Schweine- und Geflügelfleischerzeugung zu fördern. Unter Einbeziehung von Wirtschaft, Wissenschaft und Interessengruppen wurde ein umfassendes Programm zur Förderung des Tierwohls auf Ebene der Tierhalter entwickelt und hierfür wissenschaftlich fundierte, messbare und belegbare Anforderungen an die Tierhaltung definiert (sog. Tierwohlprogramm). Selbst wenn der Tierhalter im Übrigen von der Durchschnittssatzbesteuerung nach § 24 UStG Gebrauch macht, handelt es sich um sonstige Leistungen an einen Nichterzeuger, die lediglich der Förderung der Erzeugertätigkeit beim leistenden Unternehmer, nicht aber beim Leistungsempfänger dienen.

  Seit dem 1.7.2021 werden die Leistungen im sog. **Marktmodell** abgerechnet. Anders als im bisherigen Fondsmodell erhalten die Tierhalter die Zahlungen nicht mehr von der Gesellschaft zur Förderung des Tierwohls, sondern von

1 BFH, Urteil 21.1.2015 – XI R 13/13, BStBl 2015 II S. 730. Die Haltung eigener Reitpferde zu privaten Zwecken führt hingegen nicht zu steuerbaren Einkünften, selbst wenn aus der Reitpferdehaltung ein Fohlen hervorgeht. Allein die einmalige Reproduktion eines Fohlens begründet keine erwerbswirtschaftliche Pferdezucht. Hierfür ist vielmehr erforderlich, dass diese auf hinreichend breiter Basis betrieben wird, da dort die Qualität aus der Quantität kommt, BFH, Urteil 8.5.2019 – VI R 8/17, NWB XAAAH-31772 = BFH/NV 2019 S. 1332.

den beteiligten Schlachtunternehmen, die einen Preisaufschlag für solche Schlachttiere zahlen, die nach den Anforderungen des Tierwohlprogramms gehalten und gemästet worden sind. Die nach diesem besonderen Standard erzeugten Schlachttiere werden separat und als gesonderte Qualitätsstufe vermarktet, so dass dieser Zuschlag ein Merkmal der Schweinelieferung darstellt. Im Gegenzug erzielt das Schlachtunternehmen bei Abverkauf an den Lebensmitteleinzelhandel höhere Preise. Dieser neu festgelegte Kaufpreisaufschlag im Rahmen des Marktmodells ist Teil des Entgelts für geliefertes Schlachtvieh, das unter Einhaltung bestimmter festgelegter Kriterien erzeugt wurde. Unabhängig von der Bezeichnung oder des separaten Ausweises in der Abrechnung ist dieser Aufschlag lediglich eine Vergütung der höheren Güteklasse der erhaltenen Ware und steht somit als Teil der Gegenleistung im unmittelbaren Zusammenhang mit der Leistung der Tierhalter. Im Unterschied zu dem bisherigen Fondsmodell hat der Preisaufschlag nunmehr preissauffüllenden Charakter und ist damit direkter Entgeltbestandteil. Soweit die Voraussetzungen nach § 24 UStG erfüllt sind, unterfallen diese Umsätze der Besteuerung nach Durchschnittssätzen. Kommt die Besteuerung nach Durchschnittssätzen nicht in Betracht, unterliegen die Entgelte für die Lieferung von Schlachtvieh einschließlich der Kaufpreisaufschläge dem ermäßigten Steuersatz nach § 12 Abs. 2 Nr. 1 UStG i. V. mit Anlage 2 Nr. 1.[1]

Bei der **Erzeugung von Ferkeln** gelten die Grundsätze des bisherigen Fondsmodells in der Umstellungsphase 2021 bis 2023 fort.[2] Soweit der Ferkelproduzent für seinen landwirtschaftlichen Betrieb die Durchschnittssatzbesteuerung nach § 24 UStG anwendet, unterliegt die Lieferung der Ferkel dem Durchschnittssatz nach § 24 Abs. 1 Satz 1 Nr. 3 UStG. Für die sonstige Leistung an die Trägergesellschaft ist die Durchschnittssatzbesteuerung nicht anwendbar, da die von der Trägergesellschaft empfangene Leistung in deren Sphäre nicht zu luf Zwecken genutzt wird. Die Vereinfachungsregelung des Abschnitts 24.6. UStAE kommt nicht zur Anwendung, weil die Leistung weder ihrer Art nach in Abschnitt 24.3. Abs. 1 Satz 2 UStAE genannt, noch mit den dort genannten Leistungen vergleichbar ist (vgl. Abschnitt 24.6. Abs. 4 UStAE).

1 LSt Niedersachsen, Vfg. 12.7.2023 – S 7410 - St 185a - 3984/2022 - 802/2023, UR 2023 S. 694, Tz. 3.2.

2 LSt Niedersachsen, Vfg. 12.7.2023 – S 7410 - St 185a - 3984/2022 - 802/2023, UR 2023 S. 694, Tz. 4.

Auf Vorschlag des Vermarkters konnten **Geflügelmäster** im Programmzeitraum 2018 bis 2020 ohne Anspruch auf Zahlung eines Tierwohlentgelts an der „Initiative Tierwohl“ teilnehmen, wobei sie bei Einhaltung der Tierwohlkriterien ein entsprechendes Zertifikat durch die Zertifizierungsstelle erhalten konnten. Sofern Geflügelmäster ausweislich der Quartalsabrechnung der Trägergesellschaft trotz Zertifizierung kein Tierwohlentgelt erhalten hatten, zahlten Schlachtbetriebe bzw. Vermarkter teilweise ein erhöhtes Schlachtentgelt, das insoweit dem Tierwohlentgelt entsprach. Über das erhöhte Schlachtentgelt wurde regelmäßig mit einer separaten Gutschrift abgerechnet. Soweit der Geflügelmäster die Voraussetzungen der Durchschnittssatzbesteuerung nach § 24 UStG für seinen luf Betrieb erfüllt, unterliegen die von den Schlachtunternehmen an die Geflügelmäster geleisteten Zahlungen – einschließlich der erhöhten Schlachtentgelte – dem Durchschnittssatz nach § 24 Abs. 1 Satz 1 Nr. 3 UStG.[1] Darüber hinaus **umfasst der Begriff „Vieh“ auch Geflügel**. Dies basiert auf der Überlegung, dass es sich bei dem Verzeichnis um eine beispielhafte Aufzählung handelt und der Begriff des „Viehs“ mit für den menschlichen Verzehr oder die landwirtschaftliche Nutzung geeigneten und bestimmten Tieren gleichzusetzen ist.[2] Kommt die Besteuerung nach Durchschnittssätzen nicht in Betracht, unterliegen die Entgelte für die Lieferung von Schlachtvieh – einschließlich der erhöhten Schlachtentgelte – dem ermäßigten Steuersatz nach § 12 Abs. 2 Nr. 1 UStG i. V. mit Anlage 2 Nr. 1 UStG.[3] Die Finanzverwaltung[4] beanstandet es für die bis zum 30.9.2025 ausgeführten Umsätze – auch für Zwecke des Vorsteuerabzuges – nicht, wenn der Leistende und der Leistungsempfänger übereinstimmend die Leistung den allgemeinen Regelungen des Umsatzsteuergesetzes unterwerfen. Andernfalls schuldet der Tierzuchtbetrieb den ausgewiesenen Mehrbetrag nach § 14c Abs. 1 UStG, bis der zu hohe Steuerausweis berichtigt worden ist. Ein vom Leistungsempfänger bereits in Anspruch genommener Vorsteuerabzug in Höhe des unzutreffend ausgewiesenen Mehrbetrags ist gemäß § 14c Abs. 1 UStG zu berichtigen, wenn diese Nichtbeanstandungsregelung nicht beansprucht wird.

1 BFH, Urteil 29.8.2024 – V R 15/23, BStBl 2025 II S. 754; Abschnitt 24.3 Abs. 5 Beispiel 3 UStAE.

2 BFH, Urteil 21.1.2015 – XI R 13/13, BStBl 2015 II S. 730, Rz. 41.

3 LSt Niedersachsen, Vfg. 12.7.2023 – S 7410 - St 185a - 3984/2022 - 802/2023, UR 2023 S. 694, Tz. 5.1.

4 BMF, Schreiben v. 30.9.2025 – III C 2 - S 7410/00029/042/052, BStBl 2025 I S. 1804.

- **Grabpflegeleistung.**[1] Die sog. Baumpacht für Urnenbeisetzungen und weitere Leistungen im Zusammenhang mit dem Betrieb eines Friedwalds/Bestattungswalds unterliegen der Regelbesteuerung.[2]
- **Verpachtung von Jagdrechten.**[3]
- Gestattung der **Teilnahme an Treibjagden** oder der Einräumung der Möglichkeit des Einzelabschusses von Wildtieren.[4]
- **Verpachtung von Milchquoten,**[5] Brennrechten oder Zuckerrübenlieferungsrechten. Entsprechendes gilt für den Verkauf, sofern das Wirtschaftsgut zur Zeit der Veräußerung zu regelbesteuerten Umsätzen verwendet worden ist.[6]
- **Ausgleichsbeträge nach § 58a Branntweinmonopolgesetz** (BranntwMonG). Bis 30.9.2013 konnten landwirtschaftliche Brennereien beantragen, vorzeitig aus dem mittlerweile ausgelaufenen Branntweinmonopol entlassen zu werden. Für dieses vorzeitige Ausscheiden erhalten sie in den nachfolgenden fünf Betriebsjahren von der Bundesmonopolverwaltung einen Ausgleichsbetrag von 51,50 € je hl des regelmäßigen Brennrechts. Dabei handelt sich um das Entgelt für eine steuerbare Leistung, die der Regelbesteuerung unterliegt.
- **Vergabe von Angelberechtigungen.**[7] Wenn keine Abrechnung nach dem Gewicht erfolgt, sondern nur Angelscheine (z. B. pro Stunde und Rute) abgerechnet werden, sind diese ihrem Wesen nach grundsätzlich solche aus Gewerbebetrieb. Dagegen liegt eine der Pauschalierung unterliegende Lieferung von Fischen vor, wenn lebende Tiere in einem Teich des Verkäufers ausgesetzt werden und dort geangelt werden können und das Entgelt nach der Art und dem Gewicht der geangelten Fische bemessen ist.[8]

---

1 BFH, Urteil 31.5.2007 – V R 5/05, BStBl 2011 II S. 289; BFH, Urteil 21.6.2001 – V R 60/09, BStBl 2003 II S. 810.

2 OFD Niedersachsen, Vfg. 30.7.2012 – S 7168 – 113 – St 173, ZKF 2012 S. 206; OFD Frankfurt, Vfg. 21.1.2013 – S 7168 A – 48 – St 112, juris.

3 BFH, Urteil 11.2.1999 – V R 27/97, BStBl 1999 II S. 378; OFD Frankfurt 13.1.2025 – S 7410 A - 004 St 110.2, UR 2025 S. 163; BayLfSt, Vfg. 1.3.2023 – S 7416.1.1 - 2/7 St33, NWB FAAAJ-34902.

4 BFH, Urteil 13.8.2008 – XI R 8/08, BStBl 2009 II S. 216; BayLfSt, Vfg. 1.3.2023 – S 7416.1.1 - 2/7 St33, NWB FAAAJ-34902; OFD Frankfurt 13.1.2025 – S 7410 A - 004 St 110.2, UR 2025 S. 163.

5 EuGH, Urteil 15.7.2004 – Rs. C-321/02 „Harbs", ECLI:EU:C:2004:447 = NWB OAAAB-79425; BFH, Urteil 25.11.2004 – V R 8/01, BStBl 2005 II S. 896.

6 FG Münster, Urteil 15.3.2016 – 15 K 1473/14 U, NWB CAAAF-73228 = EFG 2016 S. 840.

7 BFH, Beschluss 12.11.2009 – V B 60/09, NWB EAAAD-36750 = BFH/NV 2010 S. 480; BFH, Urteil 4.7.2002 – V R 41/01, NWB HAAAA-68507 = BFH/NV 2002 S. 1622.

8 FG Saarland, Urteil 16.1.1990 – 2 K 18/89, EFG 1990 S. 390.

- **Restaurantdienstleistungen** (z. B. in Strauß- und Besenwirtschaften).[1]
- **Beherbergung von Urlaubern** in Gästezimmern und Ferienwohnungen.[2] Entsprechendes gilt für die Vermietung von Stellplätzen an Wohnmobilbesitzer oder die Vermietung von Campingplätzen.
- Die nachhaltige und entgeltliche **Unterbringung und Verpflegung von** Arbeitnehmern (**Erntehelfern**) des luf Betriebs, da diese Leistungen überwiegend deren privaten Bedürfnissen dienen.[3] Entsprechendes gilt bei der Unterbringung und Verpflegung von Saisonarbeitskräften.[4]

Behält der Landwirt für die Gewährung von Unterkunft und Verpflegung ein Entgelt nach den **Werten der Sachbezugsverordnung** vom Arbeitslohn ein, liegt ein entgeltlicher Umsatz vor, selbst wenn kein eindeutiger Lohneinbehalt stattfindet und in den Arbeitsverträgen keine Aussage zu diesem Punkt getroffen wird. Das betriebliche Interesse des Landwirts, seine Saisonarbeitskräfte direkt vor Ort unterzubringen, wird von dem privaten Interesse in Form der Befriedigung des grundlegenden Bedürfnisses nach Wohnraum seitens der Saisonarbeitskräfte überlagert.

Mit der **Bereitstellung von Verpflegung und Unterkunft** erbringt der Landwirt **zwei getrennt zu behandelnde steuerbare und steuerpflichtige Leistungen** an die Erntehelfer, die nicht zu den typischen landwirtschaftlichen Dienstleistungen i. S. des Art. 295 Abs. 1 Nr. 5 MwStSystRL zählen (Anlage VIII der MwStSystRL). Die an den Erntehelfer erbrachten Leistungen unterliegen zwingend der Regelbesteuerung.[5] Bei der Beurteilung ist die Vereinfachungsregelung des Abschnitt 24.6 UStAE zu beachten.

Die Vermietung von Wohn- und Schlafräumen, die ein Unternehmer zur **kurzfristigen Beherbergung von Fremden** bereithält, ist nicht nach § 4 Nr. 12 Satz 2 Alt. 1 UStG befreit.

---

1 Tehler in Reiß/Kraeusel/Langer, UStG, § 24 Rz. 128; Abschnitt 24.3 Abs. 12 UStAE.

2 Tehler in Reiß/Kraeusel/Langer, UStG, § 24 Rz. 320 Beherbergungsumsätze; BMF 28.11.2005, BStBl 2005 I S. 1065; LfSt Bayern, Vfg. 17.12.2009 – S 7410.1.1 – 4/2 St 34, NWB RAAAD-34566; a. A. Schuhmann in Rau/Dürrwächter, UStG, § 24 Rz. 120 Feriengäste.

3 FG Hessen, Urteil 7.4.2014 – 6 K 1612/11, NWB XAAAE-69998 = EFG 2014 S. 1729; Niedersächsisches FG, Urteil 16.1.2012 – 16 K 68/11, NWB HAAAG-38509. Zur Anwendbarkeit des ermäßigten Steuersatzes s. BFH, Urteil 29.11.2022 – XI R 13/20, BStBl 2023 II S. 938 = UR 2023 S. 418.

4 BFH, Urteil 8.8.2013 – V R 7/13, NWB AAAAE-46613 = BFH/NV 2013 S. 1952.

5 Abschnitt 24.3 Abs. 12 UStAE.

Das **Merkmal der kurzfristigen Beherbergung** ist erfüllt, wenn die beabsichtigte Laufzeit weniger als sechs Monate beträgt.[1] Maßgeblich ist nicht die tatsächliche Dauer des Aufenthalts des Mieters, sondern die dahingehende Absicht des Vermieters.[2] Sofern im Einzelfall die Absicht nicht feststellbar ist, kann die tatsächliche Verweildauer des Gastes als Anhaltspunkt dienen. Die beabsichtigte Dauer der Beherbergung – bei der Überlassung „vollständig möblierter und mit Kochgelegenheiten ausgestatteter Zimmer", bei der der Vermieter „für die Gestellung und Reinigung der Bettwäsche sowie für die Reinigung der Flure, Treppenhäuser, Bäder und WCs" zu sorgen hat – ist das allein geeignete Kriterium für die Unterscheidung zwischen der Gewährung von Unterkunft im Hotelgewerbe (als steuerpflichtigem Umsatz) einerseits und der Vermietung von Wohnräumen (als befreitem Umsatz) andererseits.[3] Ein Bereithalten zur kurzfristigen Beherbergung liegt insbesondere nicht vor, wenn die beherbergte Person in den Wohn- und Schlafräumen ihren Wohnsitz i. S. des § 8 AO oder ihren gewöhnlichen Aufenthalt i. S. des § 9 AO begründet.[4] Eine Steuerbefreiung kommt nicht in Betracht, wenn der Unternehmer dieselben Räume wahlweise zur lang- oder kurzfristigen Vermietung anbietet. In diesem Fall sind sämtliche Umsätze steuerpflichtig.[5] Hat dagegen der Unternehmer den einen Teil der in seinem Gebäude befindlichen Räume längerfristig, den anderen Teil nur kurzfristig vermietet, so ist die Vermietung insoweit steuerfrei, als er die Räume eindeutig und leicht nachprüfbar zur nicht nur vorübergehenden Beherbergung von Fremden bereitgehalten hat.[6]

Das **Tatbestandsmerkmal der Beherbergung von „Fremden"**, ist weit auszulegen, da dieser Begriff nur der Abgrenzung von Logierbesuchen von Verwandten und Freunden dient.[7] Daher sind auch eigene Arbeitnehmer „Fremde" i. S. der Vorschrift, weshalb die entgeltliche kurzfristige Beherbergung von eigenem Personal des Unternehmers steuerpflichtig ist.[8]

1 BFH, Urteil 8.8.2013 – V R 7/13, NWB AAAAE-46613 = BFH/NV 2013 S. 1952; s. a. OFD Niedersachsen, Vfg. 4.11.2016 – S 7168 - 133 - St 173, NWB HAAAG-38509.

2 BFH, Urteil 25.1.1996 – V R 6/95, NWB BAAAB-38565 = BFH/NV 1996 S. 583; BFH, Urteil 20.4.1988 – X R 5/82, BStBl 1988 II S. 795.

3 EuGH, Urteil 12.2.1998 – Rs. C-346/95 „Blasi", ECLI:EU:C:1998:51 = NWB NAAAB-72743.

4 Abschnitt 4.12.9 Abs. 1 Satz 2 UStAE.

5 BFH, Urteil 20.4.1988 – X R 5/82, BStBl 1988 II S. 795.

6 BFH, Urteil 9.12.1993 – V R 38/91, BStBl 1994 II S. 585.

7 BFH, Urteil 6.8.1998 – V R 26/98, NWB FAAAA-62524 = BFH/NV 1999 S. 84.

8 BFH, Urteile 8.8.2013 – V R 7/13, NWB AAAAE-46613 = BFH/NV 2013 S. 1952; 13.9.1988 – V R 46/83, BStBl 1988 II S. 1021; 30.7.1987 – V R 2/79, BStBl 1988 II S. 88; Möller in Küffner/Zugmaier, USt, § 4 Nr. 12 UStG Rz. 142; a. A. FG München, Urteil 9.12.1991 – 3 K 1023/90, EFG 1992 S. 370; Englisch in Rau/Dürrwächter, UStG, § 4 Nr. 12 Rz. 118.

Nach § 12 Abs. 2 Nr. 11 UStG ist auf solche Beherbergungsumsätze der **ermäßigte Steuersatz** anzuwenden. Die Inanspruchnahme dieser Steuerermäßigung setzt nicht voraus, dass der Unternehmer einen hotelartigen Betrieb führt.[1] Die Vorschrift begünstigt nicht nur die Vermietung von Grundstücken und mit diesen fest verbundenen Gebäuden, sondern allgemein die Vermietung von Wohn- und Schlafräumen durch einen Unternehmer zur kurzfristigen Beherbergung von Fremden und damit auch die **Vermietung von Wohncontainern an Erntehelfer**.[2] Maßgeblich für die Anwendung des ermäßigten Steuersatzes ist neben der Kurzfristigkeit der Vermietung allein, dass der Schwerpunkt der Leistung in der Überlassung der Wohn- oder Schlafräume zur Beherbergung liegt.[3]

- Die **Vermietung von** landwirtschaftlich genutzten **Flächen an Betreiber von Mobilfunknetzen**, die darauf Funkfeststationen errichten.[4]
- **Veräußerung von Zahlungsansprüchen nach der GAP-Reform**.[5] Verpachtet oder veräußert der Inhaber eines luf Betriebs solche Zahlungsansprüche zusammen mit den den Zahlungsansprüchen zugrunde liegenden Flächen, handelt sich um zwei gesonderte, in ihrem umsatzsteuerrechtlichen Schicksal voneinander unabhängige Leistungen. Beide Umsätze sind weder eine Lieferung landwirtschaftlicher Erzeugnisse noch eine landwirtschaftliche Dienstleistung und unterliegen daher nicht der Durchschnittssatzbesteuerung.[6] Die Überlassung von Zahlungsansprüchen ist nicht steuerfrei, insbesondere nicht nach § 4 Nr. 8 Buchst. c UStG. Daher ist ein vereinbartes Gesamtentgelt im Wege der Schätzung aufzuteilen. Dabei kann die Bemessungsgrundlage für die Überlassung der Zahlungsansprüche nach deren Wert ermittelt werden, sofern für die Verpachtung der Flächen und der Zahlungsansprüche ein einheitliches Entgelt vereinbart worden ist.[7] Eine solche Schätzung ist nicht sachgerecht, wenn der auf die Zahlungsansprüche entfallende steuerpflichtige Entgeltanteil mit den Nominalwerten der Zah-

1 Forster in Wäger, UStG, 3. Aufl., Köln 2024, § 12 Nr. 11 UStG Rz. 29; Kraeusel in Reiß/Kraeusel/Langer, UStG, § 12 UStG Rz. 389.13.

2 BFH, Urteil 29.11.2022 - XI R 13/20, UR 2023 S. 418; BFH, Urteil 8.8.2013 – V R 7/13, BFH/NV 2013 S. 1952; Weymüller in Weymüller, BeckOK UStG, § 12 Abs. 2 Nr. 11 UStG, Rz. 13.1; Schüler-Täsch in Sölch/Ringleb, UStG, § 12 Rz. 895.

3 Abschnitt 12.16 Abs. 1 Satz 5 UStAE.

4 FinMin Sachsen-Anhalt, Erlass 8.10.2015 – 42 - S 7168 - 26, UR 2016 S. 248; OFD Frankfurt, Vfg. 15.10.2012 – S 7168 A - 44 - St 112, NWB GAAAE-20833 = UR 2013 S. 520.

5 BFH, Urteil 30.3.2011 – XI R 19/10, BStBl 2011 II S. 772; FG Schleswig-Holstein, Urteil 10.9.2014 – 4 K 5/12, NWB WAAAF-28852; Abschnitt 24.3 Abs. 9 Satz 2 UStAE.

6 FG Berlin-Brandenburg, Urteil 6.2.2019 – 2 K 2250/14, NWB PAAAH-30301.

7 FG Münster, Urteil 8.9.2015 – 15 K 594/14 U, NWB IAAAG-43846 = EFG 2017 S. 699.

lungsansprüche angesetzt wird, während der auf die Verpachtung der Ackerfläche entfallende steuerfreie Entgeltanteil nur in Höhe eines Bruchteils des üblichen Pachtpreises für eine vergleichbare Ackerfläche angesetzt wird.[1] Haben die Beteiligten das Entgelt in den Pachtverträgen aufgeteilt und das Entgelt für die Überlassung der Zahlungsansprüche in den jeweiligen Verträgen konkret beziffert, ist aber diese vereinbarte Aufteilung maßgeblich.[2]

- **Zurverfügungstellung eines Grundstücks für ökologische Ausgleichsmaßnahmen** nach dem BNatSchG und die Herstellung solcher Ausgleichsmaßnahmen.[3] Die vertragliche Verpflichtung zur Duldung der nutzungseinschränkenden Ausgleichsmaßnahme ist auch dann eine entgeltliche Leistung, wenn die Zahlung als Entschädigung bezeichnet wird oder durch eine juristische Person des öffentlichen Rechts (z. B. durch eine Kommune) erfolgt. Dieser Umsatz ist nicht nach § 4 Nr. 12 Buchst. c UStG steuerfrei, weil aufgrund der unwiderruflichen und dauerhaften Nutzungseinräumung keine Vermietungsleistung bewirkt wird. Außerdem geht es den Vertragsparteien nicht darum, eine Inbesitznahme zu ermöglichen, um Dritte wie ein Eigentümer von der Nutzung des Grundstückes auszuschließen.[4] Die Duldung der Nutzungseinschränkungen der Ausgleichsflächen ist kein Umsatz im Rahmen der Durchschnittssatzbesteuerung nach § 24 UStG, da weder eine Tätigkeit der landwirtschaftlichen Erzeugung noch eine landwirtschaftliche Dienstleistung vorliegt. Der Leistungsempfänger bezieht die sonstige Leistung nicht dazu, sie selbst zu landwirtschaftlichen Zwecken zu nutzen, sondern um die mit einer Maßnahme (z. B. Bebauung von Grundstücksflächen) verbundenen Eingriffe in den Naturraum entsprechend den gesetzlichen Vorgaben auszugleichen.[5] Deckt das gezahlte Entgelt für die Duldungsleistung auch die **Pflege/Erhaltung der durchgeführten Ausgleichsmaßnahme** ab, haben diese Pflegearbeiten (z. B. jährliches Mähen einer Streuobstwiese, Obstbaum- und Heckenschnitt) aufgrund des unerheblichen Aufwandes im Verhältnis zur Nutzungsbeschränkung aufgrund der

1 FG Münster, Urteil 25.3.2021 – 5 K 1132/18 U, NWB LAAAH-79499 = EFG 2021 S. 971 m. Anm. Wiesch.

2 FG Münster, Urteil 2.7.2019 – 15 K 1755/17 U, NWB JAAAH-32364 = EFG 2019 S. 1623.

3 BFH, Urteil 28.5.2013 – XI R 32/11, BStBl 2014 II S. 411; BFH, Urteil 8.11.2012 – V R 15/12, BStBl 2013 II S. 455; Abschnitt 24.3 Abs. 12 UStAE; zur ertragsteuerlichen Beurteilung einer Einnahme für die Zurverfügungstellung eines eigenen Grundstücks zum Zwecke der ökologischen Aufwertung zu einer Ausgleichs-/Ersatzfläche BFH, Urteil 20.7.2018 – IX R 3/18, NWB RAAAG-98240 = BFH/NV 2018 S. 1266.

4 BFH, Urteil 21.2.2013 – V R 10/12, NWB LAAAE-42088 = BFH/NV 2013 S. 1635; BFH, Urteil 8.11.2012 – V R 15/12, BStBl 2013 II S. 455.

5 LSt Niedersachsen, Vfg. 21.2.2023 – S 7100 - St 172 - 570/2023, UR 2023 S. 493 [494].

naturschutzrechtlichen Auflagen regelmäßig nur ein geringes Gewicht, so dass es sich um unselbständige Nebenleistungen handelt, die das Schicksal der Hauptleistung teilen und daher ebenfalls dem Regelsteuersatz zu unterwerfen sind. Ausnahmsweise kann in Einzelfällen eine selbständige Hauptleistung vorliegen, wenn die Kosten der Pflege und Erhaltung während des Vertragszeitraumes von besonderem wirtschaftlichen Gewicht sind und das wirtschaftliche Interesse des Eingriffsverursachers gleichwertig sowohl in der Beschaffung von Flächen zur Ausführung der Ausgleichsmaßnahme als auch in der Sicherstellung einer langfristigen, aufwendigen Pflege und Erhaltung bestehen. Diese kann jedoch ebenfalls nicht in die Durchschnittssatzbesteuerung einbezogen werden, da der Empfänger der Leistung sie nicht zu luf Zwecken bezieht, sondern um einen Eingriff in die Natur oder Landschaft zu kompensieren. Das gilt auch, wenn der LuF aus den Pflegeleistungen Gegenstände gewinnt (z. B. Gras oder Heu), die er für eigene unternehmerische Zwecke nutzt. Die vertragliche Gegenleistung für die Pflegeleistung wird nicht für die gezogenen (Eigen-)Nutzungen geleistet, sondern deswegen, weil eine Kompensation des Eingriffs nur so lange möglich ist, als der Eingriffsverursacher seinem Pflegeauftrag nachkommt.

Übernimmt der LuF auch die durchzuführende **Ausgleichsmaßnahme** und pflanzt er dazu selbst erzeugte oder zugekaufte Pflanzen an, liegen eigenständige Hauptleistungen vor. Die Umsätze werden unabhängig von der Duldungsleistung erbracht. Die Lieferung der Pflanzen und das Einpflanzen ist keine einheitliche Leistung. Der Auftraggeber (Eingriffsverursacher) ist verpflichtet, die für die Durchführung der Ausgleichsmaßnahme verwendeten Pflanzen genau zu bestimmen. Es handelt sich somit um zwei getrennte Umsätze.[1] Bei der Lieferung von selbst erzeugten Pflanzen sind die Durchschnittssätze des § 24 UStG anzuwenden. Die Lieferung von zugekauften Pflanzen im Rahmen der Regelbesteuerung unterliegt dem ermäßigten Steuersatz nach § 12 Abs. 2 Nr. 1 UStG i. V. mit der Anlage 2 zu § 12 Abs. 2 Nr. 1 und 2 UStG. Das Herstellen der Ausgleichsmaßnahme durch das Einpflanzen ist keine landwirtschaftliche Dienstleistung und unterliegt somit nicht der Durchschnittssatzbesteuerung. Sie wird ebenfalls beim Leistungsempfänger nicht für luf Zwecke verwendet. Sie unterliegt somit dem allgemeinen Steuersatz des § 12 Abs. 1 UStG.

Mit einem **Ökokonto** wird die Kompensation von Eingriffen in die Natur und Landschaft zeitlich und räumlich flexibilisiert. Das Ökokonto ist nach seiner Funktion ein Sparbuch für Naturschutzmaßnahmen. Bei der Einrichtung des

1 BFH, Urteil 9.10.2002 – V R 5/02, BStBl 2004 II S. 470.

Ökokontos und dem Verkauf von Ökopunkten handelt es sich um eine vorgezogene ökologische Ausgleichsmaßnahme. Die vorgenannten Grundsätze gelten entsprechend. Die Pflege der Ökokontoflächen kann vertraglich dem Maßnahmenträger übertragen werden. In diesem Fall sind die anfallenden Pflegekosten im Preis der Ökopunkte zu berücksichtigen. Der Verkauf der Ökopunkte einschließlich der Pflegemaßnahmen unterliegt – wie die Ausgleichsmaßnahme selbst – der Regelbesteuerung.[1]

BEISPIEL ► Ein Landwirt wird nach Anlage eines Biotops durch den Eingriffsverursacher verpflichtet, diese Naturschutzmaßnahme zu erhalten und auf Dauer zu pflegen. Die vorzunehmenden Leistungen werden vertraglich genau geregelt und entsprechend bezeichnet. Rein theoretisch könnte der Landwirt dann auch einen fremden Dritten mit diesen aufwendigen Pflegeleistungen beauftragen. In diesem Fall erbringt der Landwirt (ausnahmsweise) eine selbständige Hauptleistung an den Eingriffsverursacher, die dem Regelsteuersatz zu unterwerfen ist.

- **Zurverfügungstellung eines Grundstücks zur Anlage einer Ersatzaufforstung.**[2] Eine nach Aufforstung geleistete Zahlung dient nicht der Unterstützung des Grundstückseigentümers, damit dieser seine luf Tätigkeit ausüben kann, sondern dadurch soll ein Wertausgleich für die vereinbarte Nutzungsänderung des Grundstücks von der landwirtschaftlichen Nutzung zur forstwirtschaftlichen Nutzung erfolgen.
- Die **Aufforstung von Flächen** kann zwar als Gegenstück zu dem ausdrücklich in Anhang 8 Nr. 9 der MwStSystRL genannten „Fällen von Bäumen" eine andere forstwirtschaftliche Dienstleistung i. S. des Art. 295 Abs. 1 Nr. 5 MwStSystRL bzw. des § 24 Abs. 1 Satz 1 Nr. 3 UStG darstellen. Die Durchschnittssatzbesteuerung kommt aber nicht zur Anwendung, wenn die forstwirtschaftliche Tätigkeit **durch eine weitere Verpflichtung überlagert** wird, die die **erbrachte Gesamtleistung prägt**.[3] Eine prägende und damit die forstwirtschaftliche Tätigkeit überlagernde Verpflichtung liegt vor, wenn der Leistungsempfänger mit dem auf eigenen Flächen neu entstehenden Wald behördliche Auflagen erfüllen kann, so dass die Abholzung von Waldflächen an anderen Stellen ermöglicht wird. Eine etwaige **Folgenutzung des**

1 LSt Niedersachsen, Vfg. 21.2.2023 – S 7100 - St 172 - 570/2023, UR 2023 S. 493 [494]; OFD Frankfurt, Vfg. 7.7.2020 – S 7100 A - 023 - St 110, UR 2021 S. 369; OFD Karlsruhe, Vfg. 13.8.2019 – USt-Kartei S 7410 - Karte 6 , UR 2019 S. 751.

2 BFH, Urteil 28.5.2013 – XI R 32/11, BStBl 2014 II S. 411; FG Münster, Urteil 22.11.2011 – 15 K 698/08 U, EFG 2012 S. 274; FG Düsseldorf, Urteil 23.5.2014 – 1 K 4581/12 U, NWB YAAAE-69561 = EFG 2014 S. 1519.

3 BFH, Urteil 19.12.2024 – V R 18/22, BStBl 2025 II S. 756; Abschnitt 25.3 Abs. 5 Satz 8 und Abs. 12 elfter Spiegelstrich UStAE.

aufgeforsteten Waldes hat auf den Inhalt der erbrachten Leistung ebenfalls keinen Einfluss.

- Landwirte, die als Beitrag zum Umweltschutz und zum Erhalt der Artenvielfalt Teile ihrer Nutzfläche zu **Bienenwiesen** gegen Entgelt umwandeln, erbringen eine steuerbare und steuerpflichtige Leistung, die nicht der Durchschnittssatzbesteuerung für luf Betriebe nach § 24 UStG, sondern der Regelbesteuerung unterliegt. Die Zahlungen, die die Landwirte hierfür erhalten, sind als Entgelt nach § 10 Abs. 1 UStG der Umsatzsteuer zu unterwerfen. selbst wenn sie bei der Anlage Gemeinwohlleistungen zur Förderung der biologischen Vielfalt erbringen.[1]
- Vergütungen und Prämienzahlungen für die **Lieferung der Daten im Rahmen des BMEL-Testbetriebsnetzes Landwirtschaft** (TBN). Das TBN dient der Darstellung der Ertragslage der Landwirtschaft, insbesondere für den Agrarbericht der Bundesregierung. Es weist – neben verschiedenen betrieblichen Daten – im Wesentlichen die für die Gewinne aus den landwirtschaftlichen Aktivitäten der Unternehmerinnen und Unternehmer relevanten Angaben aus. Die freiwillig teilnehmenden Landwirte erhalten für die Bereitschaft zur Teilnahme eine Prämie. Außerdem erhalten die Steuerberater/Buchstellen für den entstehenden Buchführungsaufwand eine Grundvergütung für die Ablieferung eines geprüften und fehlerfreien Jahresabschlusses.

  Die **Prämienzahlung an die Landwirte** ist **Entgelt für eine steuerbare und steuerpflichtige Leistung**. Die Prämie wird den Landwirten für eine bestimmte Leistung (hier: Teilnahme am TBN und Weiterleitung der betrieblichen Daten zur Nutzung und Auswertung) gezahlt. Die Teilnahme erfolgt freiwillig. Die Zustimmung zur Teilnahme am TBN begründet einen Leistungsaustausch gegen Entgelt (hier: Prämie). Der Umstand, dass das Bundesministerium für Ernährung und Landwirtschaft durch die Daten der Landwirte seine öffentlich-rechtliche Verpflichtung gegenüber der EU-Kommission im Rahmen des Informationsnetzes landwirtschaftlicher Buchführungen der EU erfüllen kann, hat keine Auswirkung auf das Leistungsaustauschverhältnis zwischen Landwirt und dem Bundesministerium für Ernährung und Landwirtschaft. Die Finanzverwaltung beanstandet es im Rahmen einer Übergangsregelung nicht, wenn die **bis zum 31.12.2019 gezahlten Prämien** für die Teilnahme am TBN umsatzsteuerlich nicht als steuerpflichtiges Entgelt behandelt worden sind.[2]

---

1 BT-Drucks. 19/11515 S. 3; BT-Drucks. 19/12849 S. 11; siehe insoweit aber auch BFH, Urteil 29.8.2024 – V R 15/23, BStBl 2025 II S. 754.

2 FinMin Schleswig-Holstein v. 2.6.2020 – VI 3510 - S7200 - 693, DStR 2020 S. 1740.

Die an die Landwirte gezahlten **Prämien unterliegen auch nicht der Vereinfachungsregelung des Abschnitts 24.6 UStAE**. Die (Verpflichtung zur) Teilnahme am Testbetriebsnetz und die damit verbundene Übermittlung von Daten ist keine sonstige Leistung, die auch an andere Land- und Forstwirte erbracht werden könnte und dort der luf Erzeugertätigkeit dienen würde. Aufgrund eines Beschlusses der obersten Finanzbehörden des Bundes und der Länder sind die Prämien für die Teilnahme am Testbetriebsnetz Landwirtschaft aber aus verwaltungsökonomischen Gründen nach § 24 UStG zu besteuern, wenn der Unternehmer voraussichtlich keine weiteren Umsätze ausführen wird, die eine Verpflichtung zur Übermittlung einer Umsatzsteuererklärung für das Kalenderjahr nach § 18 Abs. 3 und Abs. 4a UStG nach sich ziehen.[1]

Die Durchschnittssatzbesteuerung setzt voraus, dass der Unternehmer mit seinen Umsätzen als landwirtschaftlicher Erzeuger handelt. Dazu zählt in gewissem Umfang auch das Erbringen von luf Dienstleistungen. Begründet wird die landwirtschaftliche Erzeugertätigkeit aber durch die **Urproduktion**. Nehmen die luf Dienstleistungen im Vergleich zur eigenen Urproduktion einen überdurchschnittlich hohen Anteil an den Umsätzen des luf Betriebes ein, sind diese einer neben dem luf Betrieb ausgeführten unternehmerischen Tätigkeit zuzuordnen.[2]

Überschreiten die luf Dienstleistungen im vorangegangenen Kalenderjahr eine **Umsatzgrenze von 51.500 €**, liegt nach Verwaltungsauffassung ein Indiz für einen überdurchschnittlich hohen Anteil vor, so dass im Einzelfall zu prüfen ist, ob die Leistungen noch im Rahmen des luf Betriebs erbracht werden.[3] Gegen eine Zurechnung zum luf Betrieb spricht u. a. ein unverhältnismäßig hoher Anteil der auf die Erbringung der auf die Dienstleistung entfallenden Arbeitszeit oder ein Maschinen- und Ausrüstungsbestand, der über die Anforderungen des eigenen Betriebs hinausgeht.[4] Bei der Berechnung der Umsatzgrenze sind sonstige Leistungen an Landwirte und Nichtlandwirte zusammenzufassen.[5] Umsätze aus Vermietungs- und Verpachtungsleistungen sowie die Veräußerung von

1 LSF Sachsen, Vfg. 4.11.2021 – 213 - S 7100/66/1-2021/60478, DStR 2021 S. 2976.

2 Vgl. Abschnitt 24.3 Abs. 1 Satz 7 UStAE.

3 Vgl. Abschnitt 24.3 Abs. 3 Satz 1 UStAE; a. A. BFH, Urteil 6.9.2018 – V R 55/17, NWB CAAAH-01426 = BFH/NV 2019 S. 125; FG Münster, Urteil 20.1.2015 – 15 K 2845/13 U, NWB GAAAE-87844 = EFG 2015 S. 782 = UR 2015 S. 482, m. Anm. Klenk; s. a. Niedersächsisches FG, Urteil 12.3.2009 – 16 K 450/07, NWB AAAAD-20650 = EFG 2009 S. 1071.

4 Vgl. Abschnitt 24.3 Abs. 3 Satz 6 UStAE.

5 Vgl. Abschnitt 24.3 Abs. 3 Satz 2 UStAE.

immateriellen Wirtschaftsgütern des Anlagevermögens (z. B. Milchquote) bleiben unberücksichtigt.[1] Wenngleich nach Abschnitt 24.3 Abs. 3 Satz 1 UStAE eine vertiefte Prüfung aus Vereinfachungsgründen erst bei einem Überschreiten der Umsatzgrenze vorgenommen werden sollte, schließt diese Regelung eine **Prüfung der Gesamtumstände des Einzelfalls** auch bei einem Unterschreiten nicht aus.

Die Pauschalregelung nach den Art. 295 ff. MwStSystRL bzw. nach § 24 UStG soll lediglich jene Vorsteuerbelastung landwirtschaftlicher Erzeuger ausgleichen, die deren Tätigkeit im Rahmen ihres luf Betriebs betrifft. Wenngleich der Wortlaut des Art. 295 Abs. 1 Nr. 5 MwStSystRL keine ausdrückliche Umsatzgrenze enthält, kann die Durchschnittssatzbesteuerung für Dienstleistungen an andere Landwirte nach der Systematik der Art. 295 ff. MwStSystRL nur insoweit zur Anwendung kommen, als der betreffende Unternehmer sich (noch) als landwirtschaftlicher Erzeuger i. S. des Art. 295 Abs. 1 Nr. 1 MwStSystRL betätigt. Dieser Erzeuger-Begriff stellt aber ausdrücklich auf eine Tätigkeit im eigenen landwirtschaftlichen Erzeugerbetrieb i. S. des Art. 295 Abs. 1 Nr. 2 MwStSystRL ab.

Den Regelungen in Abschnitt 24.3 Abs. 2 f. UStAE liegt die Überlegung zugrunde, dass ein Unternehmer nicht mehr als landwirtschaftlicher Erzeuger i. S. der MwStSystRL angesehen werden kann, soweit er **Lohnarbeiten bzw. Maschinenleistungen** in einem Ausmaß erbringt, das eine über das Maß seines landwirtschaftlichen Erzeugerbetriebs hinausgehende Organisation nach Art eines nichtlandwirtschaftlichen Lohnunternehmens erfordert, bzw. soweit seine Dienstleistungen mangels hinreichenden Zusammenhangs mit seiner eigenen Erzeugertätigkeit außerlandwirtschaftlichen Charakter besitzen. Mietet daher ein LuF Verlade- und Transportmittel an, um damit Dienstleistungen an Dritte zu erbringen, unterliegen diese Umsätze der Regelbesteuerung, da diese nicht dem normalem Ausrüstungsbestand des eigenen landwirtschaftlichen Betriebs zuzurechnen sind. Er wird als Fuhrdienstleister für andere Anbaubetriebe tätig. Entsprechendes gilt, wenn der LuF für die Arbeiten in seinem eigenen luf Erzeugerbetrieb Leistungen von Lohnunternehmern einkauft und deshalb den wesentlichen Teil seiner eigenen Arbeitsleistung für Dienstleistungen gegenüber einem fremden Betrieb aufwenden kann.[2] Außerdem weisen solche Arbeitsleistungen für einen fremden Betrieb keinen hinreichenden Zusammenhang mit dem eigenen Erzeugerbetrieb auf und werden somit außerhalb des eigenen

1 Vgl. Abschnitt 24.3 Abs. 3 Satz 3 UStAE.

2 BFH, Urteil 24.8.2017 – V R 8/17, NWB XAAAG-63537 = BFH/NV 2018 S. 65.

luf Betriebs im Rahmen eines daneben betriebenen außerlandwirtschaftlichen Lohnunternehmens erbracht. Setzt ein Landwirt eine Maschine nur geringfügig im eigenen Betrieb und zum überwiegenden Teil für Lohnarbeiten in fremden Betrieben ein, besteht ein der Durchschnittssatzbesteuerung entgegenstehender nicht betriebstypischer Überbestand an Ausrüstung zumindest in den Fällen nicht, in denen der Landwirt nur über eine, nicht aber über mehrere Maschinen im Fremdeinsatz verfügt und der **Nutzungsanteil im eigenen Betrieb zumindest 20 %** beträgt, selbst wenn die Lohnarbeiten eine Organisation erfordern, die für das Vorliegen eines neben seinem luf Erzeugerbetrieb unterhaltenen nichtlandwirtschaftlichen Lohnunternehmens sprechen.[1] Ein Maschinen- und Ausrüstungsbestand, der über die Anforderungen des eigenen Betriebs hinausgeht,[2] der zur Annahme einer Tätigkeit außerhalb der LuF führen soll, liegt **bei Erstmaschinen im Allgemeinen nicht** vor.[3]

BEISPIEL Ein Landwirt erwirbt einen zweiten Mähdrescher. Dieser wird von seinem Sohn ausschließlich entgeltlich zur Einbringung der Ernte anderer Landwirte genutzt.

Der zweite Mähdrescher wird ausschließlich zur Erbringung von Umsätzen an Dritte verwendet und ist daher kein normaler Ausrüstungsgegenstand eines luf Betriebes. Die damit erzielten Umsätze unterliegen der Regelbesteuerung. Unter den Voraussetzungen des § 15 UStG kann der Landwirt die bei Anschaffung des zweiten Mähdreschers ihm in Rechnung gestellte Umsatzsteuer als Vorsteuer berücksichtigen.

ABWANDLUNG Ein Landwirt erwirbt einen Mähdrescher, der sowohl im eigenen luf Betrieb als auch bei der Einbringung der Ernte anderer Landwirte eingesetzt wird. Der Nutzungsanteil im eigenen Betrieb beträgt 25 %. Der Landwirt vereinnahmt im Rahmen der Lohnarbeiten für andere Landwirte einen Betrag von 60.000 €.

Der Mähdrescher ist trotz der Nutzung zur Erbringung von Umsätzen an Dritte ein normaler Ausrüstungsgegenstand eines luf Betriebes, da er zu mehr als 20 % im eigenen Betrieb verwendet wird. Selbst wenn die Lohnarbeiten eine Organisation erfordern sollten, die für das Vorliegen eines neben seinem luf Erzeugerbetrieb unterhaltenen nichtlandwirtschaftlichen Lohnunternehmens sprechen, unterliegen diese unabhängig von der Höhe der erzielten Umsätze der Durchschnittssatzbesteuerung.

1 BFH, Urteil 6.9.2018 – V R 55/17, NWB CAAAH-01426 = BFH/NV 2019 S. 125; Abschnitt 24.3 Abs. 4 Satz 5 UStAE.

2 Vgl. Abschnitt 24.3 Abs. 3 Satz 6 UStAE.

3 BFH, Urteil 6.9.2018 – V R 55/17, NWB CAAAH-01426 = BFH/NV 2019 S. 125; Abschnitt 24.3 Abs. 4 Satz 4 UStAE.

aa) Auswirkungen von Vermietung und Verpachtung

Die Vermietung und Verpachtung von Gegenständen ist eine landwirtschaftliche Dienstleistung, wenn die Vermietung **Mittel** betrifft, **die zur normalen Ausrüstung des Betriebs des Pauschallandwirts gehören**, und die **Vermietung zu landwirtschaftlichen Zwecken** erfolgt. Die Anwendung der Durchschnittssatzbesteuerung setzt deshalb voraus, 1684

- dass das vermietete Wirtschaftsgut dem normalen Ausrüstungsbestand des luf Betriebs zuzurechnen ist,
- dass das Wirtschaftsgut trotz der Vermietung normalerweise im Rahmen der eigenen Erzeugertätigkeit verwendet wird und der Vermieter der gewöhnliche Nutzer des Gegenstandes bleibt und
- dass die Vermietung zu landwirtschaftlichen Zwecken erfolgt (der Mieter also das Wirtschaftsgut in seinem luf Betrieb nutzt).

Die Vermietung von Wirtschaftsgütern, die **im eigenen Betrieb nicht verwendet werden** oder einem nicht **betriebstypischen Überbestand** zuzurechnen sind oder ausschließlich zur Überlassung an Dritte vorgehalten werden, unterliegt deshalb **nicht der Durchschnittssatzbesteuerung**.

Entsprechendes gilt, wenn ein LuF einen betriebsgewöhnlichen Ausrüstungsbestand eines luf Betriebs langfristig vermietet, weil dann dieses aus dem luf Betrieb ausscheidet, sofern dadurch eine Nutzungsmöglichkeit im eigenen Betrieb ausgeschlossen ist. Eine **Mietdauer von mindestens zwölf Monaten** ist stets langfristig.[1] Solche Vermietungsumsätze unterliegen daher nicht der Durchschnittssatzbesteuerung.[2] Maßgeblich ist dabei die tatsächliche Dauer der Überlassung, während die vertraglichen Vereinbarungen nur für eine vorläufige Bestimmung der anzuwendenden Besteuerungsform herangezogen werden können.

1 Vgl. Abschnitt 24.3 Abs. 6 Satz 2 UStAE.

2 EuGH, Urteil 15.7.2004 – Rs. C-321/02 „Harbs", ECLI:EU:C:2004:447 = NWB OAAAB-79425; BFH, Urteil 25.11.2004 – V R 8/01, BStBl 2005 II S. 896; FG Düsseldorf, Urteil 24.7.2014 – 11 K 4587/12 BG, NWB SAAAE-93944 = EFG 2014 S. 1766.

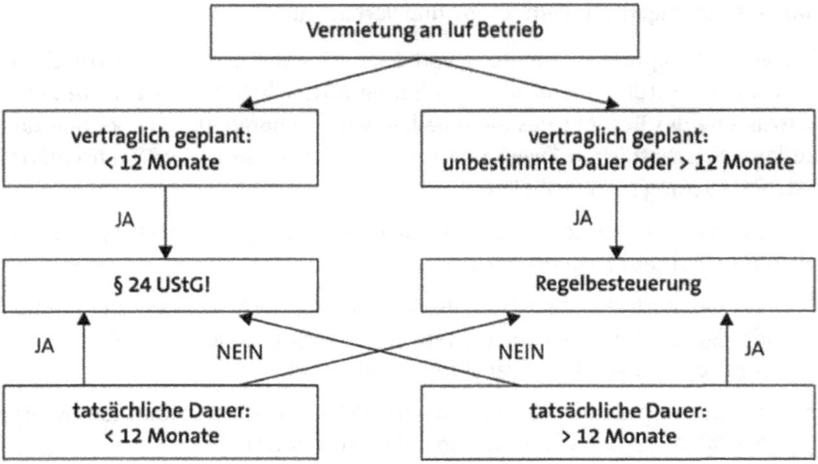

BEISPIELE 1. Ein Wirtschaftsgut wird auf unbestimmte Dauer vermietet. Der Vertrag kann monatlich gekündigt werden.

Die Vermietung ist als langfristig anzusehen und unterliegt somit nicht der Durchschnittssatzbesteuerung. Endet aber die tatsächliche Gebrauchsüberlassung vor Ablauf von zwölf Monaten, handelt es sich insgesamt nicht um eine langfristige Vermietung.

2. Ein Wirtschaftsgut wird für drei Monate vermietet. Der Mietvertrag verlängert sich automatisch um je einen Monat, wenn er nicht vorher gekündigt wird.

Die Vermietung ist nicht als langfristig anzusehen. Dauert aber die tatsächliche Gebrauchsüberlassung zwölf Monate oder länger, handelt es sich insgesamt um eine langfristige Vermietung.

Mit der Überlassung eines luf Betriebs, von Betriebsteilen oder einzelnen Wirtschaftsgütern durch **Verpachtung** oder **Einräumung eines Nießbrauchs** wird dem Pächter bzw. Nießbrauchsberechtigten die Möglichkeit des Gebrauchs und der Fruchtziehung eingeräumt. Der Verpächter bzw. Nießbrauchsverpflichtete kann die überlassenen Gegenstände für die Dauer der Pacht bzw. der Einräumung des Nießbrauchs nicht mehr für Zwecke der eigenen Erzeugertätigkeit einsetzen.[1] Daher scheiden mit Beginn der Überlassung die Wirtschaftsgüter aus dem normalen Ausrüstungsbestand des luf Betriebs aus. Auf entsprechen-

1 EuGH, Urteil 15.7.2004 – Rs. C-321/02 „Harbs", ECLI:EU:C:2004:447 = NWB OAAAB-79425 = UR 2004 S. 543.

de Umsätze findet die Durchschnittssatzbesteuerung nach § 24 UStG daher keine Anwendung.[1]

Entsprechendes gilt für die **Verpachtung eines Eigenjagdbezirks** durch einen LuF[2] oder den aus einem Eigenjagdrecht ableitbaren Leistungen (z. B. die Teilnahme an vom Eigenjagdrechtbesitzer veranstalteten Treibjagden, die Einräumung der Möglichkeit des Einzelabschusses von Wildtieren oder entgeltlich vergebene Jagderlaubnisscheine). Die Jagd umfasst, wildlebende, dem Jagdrecht unterliegende Tierarten zu hegen, auf sie Jagd auszuüben und sie sich anzueignen (§ 1 BundesJagdG). Dieses Jagdrecht ist untrennbar mit dem Grund und Boden verbunden. Es kann nicht selbständig begründet, veräußert, erworben oder belastet werden. Das Jagdrecht ist von dem Jagdausübungsrecht zu unterscheiden. Der Grundstückseigentümer darf das Jagdrecht nur ausüben, wenn ihm eine zusammenhängende Grundfläche von mehr als 75 ha gehört, die einen Eigenjagdbezirk bildet. Einem Eigenjagdbezirk können zwecks ordnungsgemäßer Jagdausübung auch Flächen angegliedert sein, die im Eigentum anderer Personen stehen (z. B. wenn fremde Flächen vollständig oder nahezu vollständig von Flächen eines Eigenjagdbezirks umschlossen sind). Das Jagdrecht steht dem Grundstückseigentümer unabhängig von der luf-lichen Nutzung seines Grundbesitzes zu. Außerdem dient die Jagdverpachtung in erster Linie der Erzielung von zusätzlichen Produkteinnahmen. Die Jagdverpachtung ist auch keine Verwertung von Walderzeugnissen, sondern Rechtspacht; sie dient beim Leistungsempfänger auch keinen luf Zwecken. Deswegen ist auch unerheblich, dass die Einnahmen einen Teil der Kosten der Wildbewirtschaftung des Forstbetriebs abdecken oder dass die Verpachtung der Bestandsregulierung zur Begrenzung von Wildschäden dient.[3]

Land- und Forstwirte, die unter 75 ha zusammenhängende Fläche bewirtschaften, sind aufgrund dieser Flächen kraft Gesetzes Mitglied in **einer Jagdgenossenschaft** (§ 8 BundesJagdG). Es handelt sich um eine Zwangsmitgliedschaft, so dass es weder einer Beitrittserklärung bedarf noch ein Austritt aus der Genossenschaft erklärt werden kann. Die Ausübung des Jagdrechts des gemeinschaftlichen Jagdbezirkes steht der aus den Grundeigentümern gebildeten Jagdgenossenschaft, einer öffentlich-rechtlichen Körperschaft (§ 9 BundesJagdG) zu,

1 BFH, Urteil 25.11.2004 – V R 8/01, BStBl 2005 II S. 896; BFH, Urteil 6.12.2001 – V R 6/01, BStBl 2002 II S. 555; Tehler in Reiß/Kraeusel/Langer, UStG, § 24 Rz. 46.7; Abschnitt 24.3 Abs. 7 UStAE.

2 BFH, Urteil 22.9.2005 – V R 28/03, BStBl 2006 II S. 290; BFH, Urteil 11.2.1999 – V R 27/97, BStBl 1999 II S. 378; Hessisches FG, Urteil 22.1.2019 – 6 K 812/18, CAAAH-11642; OFD Nürnberg 7.3.2001 – S 7416 - 27/St 41, UR 2001 S. 322.

3 EuGH, Urteil 26.5.2005 – Rs. C-43/04 „Stadt Sundern“, ECLI:EU:C:2005:324 = NWB FAAAB-79454.

die i. d. R. das Jagdrecht verpachtet. Die Einnahmen der Jagdgenossenschaft sind im Anwendungsbereich der Vorschrift des § 2 Abs. 3 UStG a. F. in den Fällen einer **Vermögensverwaltung** mangels Unternehmereigenschaft nicht steuerbar.[1] Dies ist insbesondere der Fall bei einer langfristigen Jagdverpachtung durch Jagdgenossenschaften an einen oder mehrere gleichbleibende Pächter. Eine andere Beurteilung ist vorzunehmen, wenn die Jagdgenossenschaft selbst im Rahmen eines luf Betriebs oder im Rahmen eines Betriebs gewerblicher Art tätig ist. Betreibt die Jagdgenossenschaft als solche die Jagd durch angestellte Jäger selbst, kommt aber die Durchschnittssatzbesteuerung nicht zur Anwendung, da es an einem Zusammenhang mit einem Betrieb der LuF fehlt. Die Auskehrung von Teilen der durch die Jagdgenossenschaft erzielten Erlöse an die einzelnen Mitglieder der Jagdgenossenschaften (Grundstückseigentümer) ist **kein umsatzsteuerbarer Umsatz** der Genossenschaft an das einzelne Mitglied. Zwischen dem Landwirt und dem Jagdausübenden besteht ebenfalls kein Leistungsaustausch.

Umsätze aus der zeitweiligen oder endgültigen **Übertragung immaterieller Wirtschaftsgüter** unterliegen nur der Durchschnittssatzbesteuerung, wenn sie im Rahmen der luf Erzeugertätigkeit entstanden sind.[2] Dementsprechend kann weder die Verpachtung (zeitweilige Übertragung) noch der Verkauf (endgültige Übertragung) von Zahlungsansprüchen nach der EU-Agrarreform (GAP-Reform) in den Anwendungsbereich der Durchschnittssatzbesteuerung fallen.[3] Aus Vereinfachungsgründen hat es die FinVerw in der Vergangenheit aber nicht beanstandet, wenn Umsätze aus der Veräußerung von immateriellen Wirtschaftsgütern, die die rechtliche Grundlage der Erzeugertätigkeit des Unternehmers darstellen (z. B. Milchquoten, Brennrechte oder Leistungen im Zusammenhang mit der Abgabe von Saatgut[4]), der Durchschnittssatzbesteuerung unterworfen wurden.[5] Aus Gründen des Vertrauensschutzes[6] wird es für bis zum 30.6.2026 ausgeführte Umsätze – auch für Zwecke des Vorsteuerabzuges – nicht beanstandet, wenn sich der Unternehmer auf die Regelungen des Abschnitts 24.3 Abs. 9 Sätze 3 und 4 UStAE in der bis zum 11.11.2025 gültigen Fassung beruft

1 OFD Baden-Württemberg 27.3.2025 – S. 7106, UR 2025 S. 357.

2 Abschnitt 24.3. Abs. 9 Satz 1 UStAE.

3 BFH, Urteil 30.3.2011 – XI R 19/10, BStBl 2011 II S. 772.

4 BMF 14.2.2006, BStBl 2006 I S. 240.

5 Vgl. Abschnitt 24.3 Abs. 9 Satz 3 UStAE a. F.; OFD Karlsruhe, Vfg. 13.8.2019 – USt-Kartei S 7410 - Karte 3, UR 2019 S. 673.

6 BMF, Schreiben v. 12.11.2025 – III C 2 - S 7410/00029/033/051, BStBl 2025 II S. 1934.

und die Rechnung entsprechend ausstellt. Wird die ausgestellte Rechnung nachträglich unter Ausweis des regulären Steuersatzes berichtigt, ist ggf. Abschnitt 14c.1 Abs. 1 Satz 6 Nr. 5 UStAE zu beachten.

bb) Weitere Einzelfälle

Die **eiserne Verpachtung** nach § 582a BGB ist zivilrechtlich eine Kombination 1685
aus Sachdarlehen und Verpachtung. Eiserne Verpachtung bedeutet die Verpachtung eines Betriebs mit der Auflage, dessen Substanz „eisern" zu erhalten. Der Verpächter überlässt dem Pächter das Inventar zum Schätzwert mit der Verpflichtung, es bei Beendigung des Pachtverhältnisses zum Schätzwert zurückzugewähren, wobei der Pächter die Gefahr des zufälligen Untergangs und der zufälligen Verschlechterung des Inventars trägt (§ 582a Abs. 1 Satz 1 BGB). Der Pächter darf innerhalb der Grenzen einer ordnungsmäßigen Wirtschaft über die einzelnen Inventarstücke verfügen (§ 582a Abs. 1 Satz 2 BGB). Der Pächter hat das Inventar in dem Zustand zu erhalten und in dem Umfang laufend zu ersetzen, der den Regeln einer ordnungsmäßigen Wirtschaft entspricht. Die von ihm angeschafften Stücke werden mit der Einverleibung in das Inventar Eigentum des Verpächters (§ 582a Abs. 2 BGB). Bei Beendigung des Pachtverhältnisses hat der Pächter das vorhandene Inventar dem Verpächter zurückzugewähren. Der Verpächter kann die Übernahme derjenigen von dem Pächter angeschafften Inventarstücke ablehnen, welche nach den Regeln einer ordnungsmäßigen Wirtschaft überflüssig oder zu wertvoll sind; mit der Ablehnung geht das Eigentum an den abgelehnten Stücken auf den Pächter über. Besteht zwischen dem Gesamtschätzwert des übernommenen und dem des zurückzugewährenden Inventars ein Unterschied, so ist dieser in Geld auszugleichen. Den Schätzwerten sind die Preise im Zeitpunkt der Beendigung des Pachtverhältnisses zugrunde zu legen (§ 582a Abs. 3 BGB). Umsatzsteuerlich unterliegt diese Verpachtung eines Produktionsbetriebes im Rahmen der eisernen Verpachtung dem Regelsteuersatz. Hin- und Rückgabe des Inventars sind mangels Lieferwillens keine steuerbaren Lieferungen. Ein vom Vermieter bei Rückgabe zu zahlender Wertausgleich ist aber die Gegenleistung für eine sonstige Leistung des Pächters, die in der Erhaltung der Substanz der Pachtsache besteht.[1] Hat hingegen der Pächter eine Ausgleichszahlung an den Verpächter zu entrichten, handelt es sich um ein zusätzliches Pachtentgelt.[2]

1 BMF 3.8.1992, UR 1992 S. 281.
2 OFD Karlsruhe, Vfg. 25.8.2011 – S 7416 – Karte 1, NWB YAAAD-91803 = juris.

Das **Erbringen von entgeltlichen Entsorgungsleistungen** an Personen, die keiner Tätigkeit der landwirtschaftlichen Erzeugung nachgehen (z. B. die Entsorgung von Klärschlamm oder Speiseresten), unterliegt nicht der Durchschnittssatzbesteuerung. Dabei ist es unerheblich, ob und inwieweit die zu entsorgenden Stoffe im luf Betrieb des Entsorgers Verwendung finden.[1] Liefert aber ein Landwirt Mais an den Betreiber einer Biogasanlage und holt nach Verwertung des Maises in der Biogasanlage die als Dünger verwendbaren Gärreste kostenfrei wieder ab, erbringt der Landwirt eine einzige Leistung, nämlich die Anlieferung des Maises einschließlich der in der Frischmasse enthaltenen Nährstoffe, die unter die Durchschnittssatzbesteuerung des § 24 Abs. 1 Satz 1 Nr. 3 UStG fällt.[2] Die Vergütung für die in der Frischmasse enthaltenen Nährstoffe ist ein Entgeltbestandteil für die Lieferung von Mais. Gleiches gilt bei einer entsprechenden **Gehaltslieferung i. S. des § 3 Abs. 5 UStG,** wenn aufgrund einer zwischen dem Betreiber der Anlage und dem Landwirt geschlossenen Vereinbarung von vornherein feststeht, dass der Abnehmer einen Teil der übergebenen Biomasse wieder zurückgeben muss, und sich deswegen der wesentliche wirtschaftliche Zweck der Lieferung auf das beim Abnehmer nach dem Inhalt der Leistungsvereinbarung verbleibende Biogas beschränkt. Der daraus resultierenden Annahme einer Gehaltslieferung steht die Nämlichkeit im Sinne einer bloßen Trennbarkeit der Inhaltsstoffe nicht entgegen, weil entscheidend ist, dass das Biogas aus den Pflanzensubstraten selbst gewonnen wird.[3]

Die **Aufzucht und** das **Halten von fremdem Vieh** durch LuF kann den im Rahmen eines luf Betriebs ausgeführten Umsätzen zuzurechnen sein, wenn dem Unternehmer nach § 24 Abs. 2 Nr. 2 UStG für die Tierhaltung in ausreichendem Umfang selbst bewirtschaftete Grundstücksflächen zur Verfügung stehen.[4] Wird aber die sonstige Leistung an eine Person erbracht, die keine Tätigkeit der landwirtschaftlichen Erzeugung ausübt, ist davon auszugehen, dass die Leistung nicht zur landwirtschaftlichen Erzeugung beiträgt. Sonstige Leistungen, die beim Leistungsempfänger nicht landwirtschaftlichen Zwecken dienen, sind

1 BFH, Urteil 24.1.2013 – V R 34/11, BStBl 2013 II S. 460; BFH, Urteil 23.1.2013 – XI R 27/11, BStBl 2013 II S. 458; Abschnitt 24.3 Abs. 10 UStAE.

2 BFH, Urteil 9.11.2022 – XI R 31/19, BStBl 2025 II S. 262 = UR 2023 S. 375; FG Münster, Urteil 1.10.2019 – 15 K 102/16 U, NWB WAAAH-37286 = EFG 2019 S. 1939; LfSt Niedersachsen, Vfg. 3.8.2020 – S 7100 - 658 - St 175, DStR 2020 S. 2076.

3 BFH 10.8.2017 – V R 3/16, BStBl 2017 II S. 1264.

4 Vgl. Abschnitt 24.3 Abs. 11 Satz 1 UStAE.

vom Anwendungsbereich der Durchschnittssatzbesteuerung ausgeschlossen.[1] Betreibt der Leistungsempfänger eine Tierzucht oder Tierhaltung außerhalb eines luf Betriebs, ist die Aufzucht und das Halten von fremdem Vieh nur eine Tätigkeit der landwirtschaftlichen Erzeugung, wenn sie jeweils i. V. mit der Bodenbewirtschaftung und in den Fällen der Tierhaltung und außerdem nicht lediglich aus privaten Gründen zu Freizeitzwecken erfolgt.[2]

Die **Besamung fremden Viehs** anderer Landwirte unterliegt der Pauschalierung.[3]

Die **Überlassung von Vieheinheiten**, die einer Empfänger-KG ermöglicht, gem. § 24 Abs. 2 Nr. 2 UStG als landwirtschaftlicher Betrieb zu agieren, unterliegt ihrerseits nicht der Besteuerung nach Durchschnittssätzen nach § 24 UStG.[4] Die Leistung des Gesellschafters unterstützt die Gesellschaft nicht unmittelbar dabei, Tiere zu halten, zu züchten und zu verwerten, sondern verschafft ihr vielmehr die Möglichkeit, diese Erzeugertätigkeit in einem vom BewG sowie vom EStG und vom UStG vorgegebenen (günstigen steuer-)rechtlichen Rahmen durchzuführen. Eine derartige Leistung betrifft keine Mittel, die der leistende Gesellschafter gewöhnlich zum Betrieb seiner eigenen Landwirtschaft verwendet. So wie dieses Merkmal im Falle einer langfristigen Vermietung/Verpachtung nicht erfüllt ist, weil der Landwirt den vermieteten Gegenstand einem Dritten überlässt, so stehen auch langfristig überlassene Vieheinheiten nicht mehr zum gewöhnlichen Nutzen des Leistenden zur Verfügung, weil sie dauerhaft aus seinem landwirtschaftlichen Betrieb entfernt sind und nur noch dem Betrieb des Empfängers – der seinerseits eine nach § 24 UStG begünstigte Tätigkeit ausüben kann – zur Verfügung stehen.

Umsätze aus der **Pensionshaltung von Pferden**, die von ihren Eigentümern zur Ausübung von Freizeitsport oder gewerblichen Zwecken oder zu anderen nicht luf Zwecken genutzt werden, unterliegen daher nicht der Durchschnittssatz-

1 BFH, Urteil 21.1.2015 – XI R 13/13, BStBl 2015 II S. 730.

2 Vgl. Abschnitt 24.3 Abs. 5 Satz 6 UStAE.

3 BFH, Beschluss 26.10.1998 – V B 80/98, NWB CAAAA-62512 = BFH/NV 1999 S. 529; BFH, Urteil 9.12.1971 – V R 64/70, BStBl 1972 II S. 242 = HFR 1972 S. 190.

4 BFH, Beschluss 12.11.2020 – V R 22/19, BStBl 2021 II S. 544; FG Schleswig-Holstein, Urteil 21.11.2016 – 4 K 84/14, NWB AAAAF-90671 = EFG 2017 S. 259; Abschnitt 24.3 Abs. 12 UStAE; s. a. FG Münster, Urteil 27.3.2018 – 5 K 3718/17 U, NWB JAAAG-82283 = MwStR 2018 S. 721, m. Anm. Raab.

besteuerung.[1] Eine Pensionspferdehaltung als einheitliche sonstige Leistung umfasst das Einstellen und Betreuen von Pferden, auch soweit einzelne Betreuungsleistungen (z. B. Füttern und Tränken, Einstreuen und Ausmisten oder Bewegen, Striegeln und Putzen der Pferde) nicht erbracht werden und dem Halter der Pferde selbst obliegen. Insoweit ist unerheblich, dass der leistende Unternehmer selbst erzeugtes Futter verfüttert und/oder den anfallenden Mist auf seinen eigenen Flächen ausbringt. Pferdezucht oder Pferdehaltung ist seitens der Eigentümer der Pferde nur eine Tätigkeit der landwirtschaftlichen Erzeugung, wenn sie i. V. mit der Bodenbewirtschaftung und außerdem nicht lediglich aus privaten Gründen zu Freizeitzwecken erfolgt. Auch der Halter der Tiere erzielt selbst dann nicht der Durchschnittssatzbesteuerung unterliegende Umsätze, wenn er über einen Betrieb in Form der Bodenbewirtschaftung verfügt, der aber nach der Verkehrsanschauung weder tätigkeitsspezifisch noch organisatorisch und auch wirtschaftlich nicht in einem solchen Maß mit der Tierhaltung verknüpft ist, dass er ohne diese andere Betriebseinheit nicht existieren könnte.[2] Ebenfalls der Regelbesteuerung unterliegt eine Vermietung von Pferden zu Reitzwecken.[3]

Eine zwangsläufig mit der Tierzuchtleistung erbrachte **Pensionsleistung bei kurzfristigem Aufenthalt der Stuten mit dem Ziel der Bedeckung** ist eine unselbständige Nebenleistung, die das Schicksal der Hauptleistung (Bedeckung) teilt. Soweit diese Leistung an andere Landwirte für deren land- oder forstwirtschaftlich genutzte Tiere erfolgt, kommt unter den weiteren Voraussetzungen des § 24 UStG einheitlich die Durchschnittssatzbesteuerung in Betracht. Für Deckleistungen an Pferden von Nichtlandwirten bzw. an Pferden von Landwirten zu nichtland- oder forstwirtschaftlichen Zwecken ist § 24 UStG nicht anzuwenden. Diese Umsätze unterliegen dem ermäßigten Steuersatz nach § 12 Abs. 2 Nr. 4 UStG.

Im Zusammenhang **mit Pflanzenlieferungen erbrachte Dienstleistungen**, die über den Transport und das Einbringen der Pflanze in den Boden hinausgehen

1 BFH, Urteil 13.12.2017 – XI R 12/16, NWB KAAAG-73205 = BFH/NV 2018 S. 448; BFH, Urteil 21.1.2015 – XI R 13/13, BStBl 2015 II S. 730; BFH, Urteil 10.9.2014 – XI R 33/13, BStBl 2015 II S. 720; BFH, Urteil 13.1.2011 – V R 65/09, BStBl 2011 II S. 465; FG Münster, Urteil 20.2.2018 – 15 K 3117/17 U, NWB MAAAG-80795 = EFG 2018 S. 693; BMF 27.8.2015, BStBl 2015 I S. 656, Abschnitt 24.3 Abs. 5 und Abs. 12 UStAE.

2 FG Münster, Urteil 13.1.2015 – 1 K 2332/12 F, NWB AAAAE-89440 = EFG 2015 S. 907.

3 BFH, Urteil 30.3.2011 – XI R 9/10, NWB HAAAD-86464 = BFH/NV 2011 S. 1405; BFH, Urteil 27.11.2003 – V R 28/03, NWB QAAAB-16077 = BFH/NV 2004 S. 449.

(z. B. Pflege-, Planungsleistungen, Gartengestaltung), führen regelmäßig zur Annahme einer einheitlichen sonstigen Leistung, die insgesamt nach den allgemeinen Vorschriften zu besteuern ist.

Leistet ein Landwirt **Zahlungen nach den Dauergrünlanderhaltungsgesetzen** der Länder an einen anderen Landwirt, der sich im Gegenzug dazu verpflichtet, auf seinen bewirtschafteten Flächen Dauergrünland als Ersatzfläche neu anzulegen, um selbst eine Genehmigung für den Umbruch von Grünland zu erhalten, liefert der die Zahlung empfangende Landwirt kein selbst erzeugtes landwirtschaftliches Erzeugnis, sondern verpflichtet sich, bestimmte Flächen künftig als Dauergrünland statt wie bisher als Ackerland zu nutzen. Er erbringt auch keine sonstige landwirtschaftliche Dienstleistung. Seine Leistung besteht in der Verpflichtung, seine Flächen künftig als Grünland statt als Ackerland zu nutzen. Der maßgebliche Bestandteil der erbrachten Leistung ist die Entäußerung des Rechts zur eigenen Intensivnutzung. Diese ist eine Reaktion auf naturschutzrechtliche Bestimmungen und keine der landwirtschaftlichen Produktion dienende Leistung, so dass sie dem Regelsteuersatz unterliegt.[1] Unerheblich ist auch, wenn der Landwirt aus der Nutzung der Ersatzflächen Erträge durch Schnitte des Grases erzielt oder das Gras als Viehfutter für seine Tiere verwendet, weil der maßgebliche Inhalt seiner Leistung darin besteht, die Fläche für eine bestimmte Zeit von der Fruchtfolge auszunehmen.

c) Vereinfachungsregel für bestimmte Umsätze von land- und forstwirtschaftlichen Betrieben

Abschnitt 24.6 Abs. 1 Satz 1 UStAE regelt, dass bestimmte, der Regelbesteuerung 1686
unterliegende Umsätze **aus Vereinfachungsgründen in den Anwendungsbereich der Durchschnittssatzbesteuerung einbezogen** werden können.[2] Werden im Rahmen des luf Betriebs auch der Regelbesteuerung unterliegende Umsätze ausgeführt (z. B. Lieferungen zugekaufter Erzeugnisse, Erbringung sonstiger Leistungen, die nicht landwirtschaftlichen Zwecken dienen, aber einen engen Bezug zur eigenen luf Erzeugertätigkeit des Unternehmers aufweisen), können diese unter folgenden Voraussetzungen in die Durchschnittssatzbesteuerung

1 BFH, Urteil 8.2.2018 – V R 55/16, BStBl 2021 II S. 538; Abschnitt 24.3 Abs. 12 UStAE; OFD Frankfurt 6.8.2018 – S 7410 A - 74 - St 112, NWB CAAAG-95948 = UR 2018 S. 931.

2 Kritisch dazu aber BFH, Urteil 17.8.2023 – V R 3/21, NWB JAAAJ-56568 = UR 2024 S. 140 m. Anm. Tehler, Rz. 36.

einbezogen werden, wenn sie einen engen Bezug zur eigenen luf Erzeugertätigkeit aufweisen:[1]

1. Die Umsätze betragen insgesamt **nicht mehr als 4.000 € (Nettobetrag) im laufenden Kalenderjahr**.
2. Der Unternehmer wird in dem betreffenden Kalenderjahr daneben voraussichtlich keine Umsätze ausführen, die eine **Verpflichtung zur Abgabe einer Umsatzsteuererklärung für das Kalenderjahr** nach § 18 Abs. 3 oder 4a UStG nach sich ziehen werden.

Im Interesse der Rechtssicherheit und zur Vermeidung rückwirkender Rechnungsberichtigungen bestehen keine Bedenken, diese Umsatzbagatellgrenze im Wege einer Vorausschau zu Beginn des Kalenderjahres zu prüfen. Die Vereinfachungsregelung ist demnach anwendbar, wenn **zu Beginn eines Kalenderjahres** zu erwarten ist, dass die in diesem Kalenderjahr ausgeführten Umsätze den Betrag von 4.000 € netto voraussichtlich nicht überschreiten werden. Somit müssen bei einem wider Erwarten eingetretenen Überschreiten der Bagatellgrenze – etwa aufgrund erstmaliger hoher Umsätze, die zu Beginn des Jahres nicht absehbar waren – nicht nachträglich die ausgestellten Rechnungen berichtigt werden.[2] Zwar wird in Abschnitt 24.6 Abs. 2 Satz 1 UStAE nicht zusätzlich auf den tatsächlichen Vorjahresumsatz abgestellt. Ein wiederholtes Überschreiten der Umsatzgrenze von 4.000 € könnte aber der Anlass sein, die abweichenden Prognosen des Pauschallandwirts in Zweifel zu ziehen. Zudem dürfte auch bei einem einmaligen deutlichen Überschreiten der Grenze die Prognose jedenfalls zu hinterfragen sein.

Bei der Vereinfachungsregelung handelt es sich **um keinen Freibetrag**. Übersteigen die Umsätze den Wert von 4.000 €, kommt die Vereinfachungsregelung insgesamt nicht zur Anwendung.

Ziel der Vereinfachungsregelung ist letztendlich, den Unternehmer bei Ausführung von geringfügigen Umsätzen von der Verpflichtung zur Abgabe von Umsatzsteuer-Voranmeldungen zu befreien. Sie ist daher **nur anzuwenden, wenn den Unternehmer nicht schon aus anderen Gründen Erklärungspflichten treffen**. Weitere Voraussetzung ist daher, dass der Unternehmer in dem Kalenderjahr voraussichtlich keine weiteren Umsätze ausführen wird, die eine Verpflichtung zur Übermittlung von Umsatzsteuer-Voranmeldungen oder einer Umsatz-

1 Vgl. Abschnitt 24.6 Abs. 1 und 2 UStAE.

2 Vgl. BMF 8.4.2011, BStBl 2011 I S. 307.

steuererklärung begründen.[1] Entsprechendes gilt bei innergemeinschaftlichen Erwerben, weil dann eine Steuererklärung nach § 18 Abs. 4a UStG abzugeben ist.[2] Eine Übermittlung von Voranmeldungen oder Jahreserklärungen in Vorjahren steht einer Inanspruchnahme der Vereinfachungsregelung nicht entgegen. Scheidet die Anwendung der Kleinunternehmerregelung für bestimmte Tätigkeiten aus, weil der Unternehmer unter Berücksichtigung des Gesamtumsatzes seines Unternehmens – in den auch die der Durchschnittssatzbesteuerung unterliegenden Umsätze einzubeziehen sind – die in § 19 Abs. 1 UStG genannten Grenzen überschreitet, ist Abschnitt 24.6 Abs. 1 UStAE nicht anwendbar.

Die Vereinfachungsregelung umfasst nach Abschnitt 24.6 Abs. 4 Satz 1 UStAE nur solche sonstigen Leistungen, die dem Grunde nach der Durchschnittssatzbesteuerung unterliegen, die beim Leistungsempfänger aber nicht zur landwirtschaftlichen Erzeugung beitragen (z. B. Maschinenleistungen für Nichtlandwirte mit zur normalen Ausrüstung des luf Betriebs gehörenden Maschinen). Die **Vereinfachungsregelung** ist daher wegen des fehlenden engen Bezuges zur eigenen luf Tätigkeit **nicht anzuwenden**, wenn der Unternehmer Umsätze aus dem Betrieb einer **Photovoltaikanlage**, aus der Tätigkeit als **Aufsichtsrat** einer Genossenschaft, als **Makler** landwirtschaftlicher Versicherungen oder aus der langfristigen **Vermietung von Wirtschaftsgütern** erzielt.[3] Entsprechendes gilt für die Umsätze aus der Vermietung von Ferienwohnungen und Gästezimmern, aus Restaurationsleistungen in Besen- und Straußenwirtschaften, der Verpachtung von Jagdrechten sowie aus der Überlassung von Unterkünften an Arbeitnehmer.[4]

Unter diesen Voraussetzungen kann aus Vereinfachungsgründen auch auf die Erhebung der Steuer auf die **Umsätze mit Getränken und alkoholischen Flüssigkeiten** verzichtet werden.[5] Der LuF darf in diesem Fall seinem Abnehmer die Umsatzsteuer mit 19 % in Rechnung stellen und einen pauschalen Vorsteuerabzug i. H. von 7,8 % beanspruchen. Der sich ergebende Differenzbetrag von 11,2 % wird nicht erhoben.

1 Vgl. Abschnitt 24.6 Abs. 2 Satz 2 UStAE.

2 Vgl. Abschnitt 18a.1 Abs. 3 UStAE.

3 LfSt Bayern, Vfg. 22.8.2011 – S 7410.1.1 - 10/3 St 33, NWB CAAAD-90419.

4 OFD Karlsruhe, Vfg. 13.8.2019 – USt-Kartei S 7410 - Karte 3, UR 2019 S. 673.

5 Vgl. Abschnitt 24.6 Abs. 1 Satz 2 und Abs. 2 UStAE; LfSt Bayern, Vfg. 22.8.2011 – S 7410.1.1 - 10/3 St 33, NWB CAAAD-90419.

BEISPIEL ▶ Der unter die Durchschnittssatzbesteuerung fallende Obstbauer O erzielt im Jahr 01 Umsätze i. H. von 400.000 € aus dem Vertrieb von eigenem Obst und 3.800 € aus dem Verkauf von Obstbrand. Weitere Umsätze erzielt O nicht. Den Obstbrand liefert er an seine Ehefrau, die eine Gaststätte betreibt. In seiner Rechnung über 4.522 € weist er 722 € Umsatzsteuer gesondert aus (19 % von 3.800 €).

Da Obstbrand ein Produkt der zweiten Verarbeitungsstufe ist, unterliegen diese an die Ehefrau ausgeführten Umsätze der Regelbesteuerung. O müsste somit 722 € an das Finanzamt abführen. Hiervon könnte er die Vorsteuerbeträge absetzen, die mit der Herstellung und dem Vertrieb seines Obstbrandes wirtschaftlich zusammenhängen.

Aufgrund der Vereinfachungsregelungen muss aber O für die Lieferung des Obstbrandes an seine Ehefrau keine Umsatzsteuer an das Finanzamt entrichten. Er erzielt dadurch zusätzliche Einnahmen von 665 €. Gleichwohl darf die Ehefrau die ausgewiesene Umsatzsteuer von 722 € als Vorsteuer abziehen.

Eine **rückwirkende Anwendung** dieser Vereinfachungsregelung ist **ausgeschlossen**. Zwar können Optionen oder Wahlmöglichkeiten – soweit nicht anders ausdrücklich geregelt – grundsätzlich in analoger Anwendung des Abschnitts 9.1 Abs. 3 UStAE so lange ausgeübt werden, wie die Steuerfestsetzung für das Jahr der Leistungserbringung anfechtbar oder aufgrund eines Vorbehalts der Nachprüfung noch änderbar ist.[1] Diese Grundsätze sind aber nicht auf die in Abschnitt 24.6 UStAE geregelte Vorschrift übertragbar, weil diese Billigkeitsregelung voraussetzt, dass der Unternehmer nicht aus anderen Gründen zur Übermittlung einer Umsatzsteuererklärung für das Kalenderjahr nach § 18 Abs. 3 und 4a UStG verpflichtet ist. Rechnet aber der LuF zunächst mit Steuerausweis ab und will erst später im Besteuerungszeitraum dieser Abrechnung von einer Vereinfachungsregelung Gebrauch machen und die Durchschnittssatzbesteuerung anwenden, führt der Steuerausweis in der Rechnung zu einer Steuer, die nach § 14c Abs. 1 UStG geschuldet wird. Da diese Steuerschuld nach § 16 Abs. 1 Satz 3 i. V. mit § 18 Abs. 3 UStG in einer Jahressteuererklärung anzugeben ist, ist die Erteilung einer Rechnung mit Steuerausweis in jedem Fall mit der Verpflichtung zur Abgabe der Jahressteuererklärung verbunden und der mit der Billigkeitsregelung beabsichtigte Vereinfachungszweck kann nicht eintreten.

1 BFH, Urteil 19.12.2013 – V R 6/12, BStBl 2017 II S. 837; BFH, Urteil 19.12.2013 – V R 7/12, BStBl 2017 II S. 841.

Übersicht zur Anwendbarkeit der Vereinfachungsregelung:[1]

	Vereinfachungsregelung
Pauschal besteuerte Umsätze, § 24 Abs. 1 Nr. 1 und 3 UStG: 150.000 € Umsätze i. S. des Abschnitts 24.6 Abs 1 UStAE: 2.000 €	anwendbar
Pauschal besteuerte Umsätze, § 24 Abs. 1 Nr. 1 und 3 UStG: 150.000 € Umsätze i. S. des Abschnitts 24.6 Abs. 1 UStAE: 6.000 €	nicht anwendbar, da die Umsätze i. S. des Abschnitts 24.6 Abs 1 UStAE die Grenze von 4.000 € übersteigen
Pauschal besteuerte Umsätze, § 24 Abs. 1 Nr. 1 und 3 UStG: 150.000 € Pauschal besteuerte Umsätze, § 24 Abs. 1 Nr. 2 UStG: 25.000 € Umsätze i. S. des Abschnitts 24.6 Abs. 1 UStAE: 2.000 €	nicht anwendbar, da für die Umsätze i. S. des § 24 Abs. 1 Nr. 2 UStG eine Erklärungspflicht besteht
Pauschal besteuerte Umsätze, § 24 Abs. 1 Nr. 1 und 3 UStG: 150.000 € Umsätze mit Photovoltaikanlage: 15.000 € Umsätze i. S. des Abschnitts 24.6 Abs. 1 UStAE: 2.000 €	nicht anwendbar, da für die Umsätze mit der Photovoltaikanlage eine Erklärungspflicht besteht
Pauschal besteuerte Umsätze, § 24 Abs. 1 Nr. 1 und 3 UStG: 150.000 € Steuerpflichtige regelbesteuerte Umsätze, die keinen engen Bezug zur Erzeugertätigkeit aufweisen: 2.000 € Umsätze i. S. des Abschnitts 24.6 Abs. 1 UStAE: 2.000 €	nicht anwendbar, da für die regelbesteuerten Umsätze ohne engen Bezug zur Erzeugertätigkeit eine Erklärungspflicht besteht

1 Sterzinger in Küffner/Zugmaier, USt, § 24 UStG Rz. 206.

5. Zusammenfassung: Land- und forstwirtschaftliche Umsätze eines land- und forstwirtschaftlichen Betriebes

1687

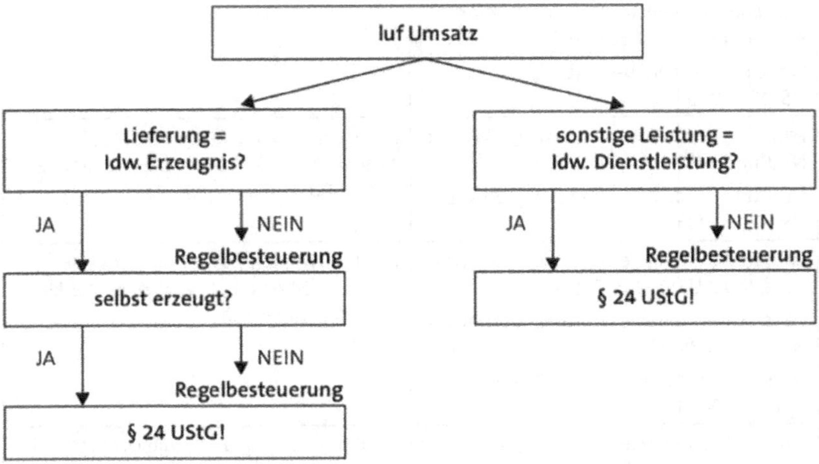

III. Steuerschuldner nach § 13b UStG

1688 Sind die Voraussetzungen des § 13b UStG erfüllt, ist der pauschal versteuernde LuF als Leistungsempfänger **Steuerschuldner**.[1] Er hat z. B. bei Werklieferungen oder sonstigen Leistungen eines im Ausland ansässigen Unternehmers (Regelbesteuerer) die dafür entstehende Umsatzsteuer abzuführen. Bei der Berechnung der Steuer ist der Steuersatz zugrunde zu legen, der sich für den maßgeblichen Umsatz nach § 12 UStG ergibt.[2]

Der pauschalierende Land- oder Forstwirt hat – soweit nicht andere Pflichten bestehen – **Voranmeldungen** nur für die Voranmeldungszeiträume abzugeben, in denen die Steuer für die Umsätze i. S. des § 13b Abs. 5 UStG zu erklären sind (§ 18 Abs. 4a Satz 2 UStG).[3] **Aufzeichnungspflichten** des pauschalierenden Land- oder Forstwirts ergeben sich aus § 67 UStDV i. V. mit § 22 Abs. 2 Nr. 4, 7 und 8 UStG.

Auch in diesen Fällen ist nach § 24 Abs. 1 Satz 4 UStG ein **über die Vorsteuerpauschale des § 24 Abs. 1 Satz 3 UStG hinausgehender Vorsteuerabzug aus-**

1 Tehler in Reiß/Kraeusel/Langer, UStG, § 24 Rz. 104; Abschnitt 24.1 Abs. 7 UStAE.
2 FG Rheinland-Pfalz, Urteil 22.12.2007 – 6 K 1996/02, NWB ZAAAB-78821.
3 Vgl. Abschnitt 18.6 Abs. 2 UStAE.

geschlossen, soweit die Eingangsumsätze für pauschal besteuerte Ausgangsumsätze verwendet werden.[1]

Schuldet ein LuF Umsatzsteuer nach § 13b Abs. 5 UStG, ist nach § 13b Abs. 8 UStG die **Durchschnittssatzbesteuerung nicht anzuwenden**.[2]

BEISPIELE ▸ 1. Ein Landwirt in Münster lässt Reparaturarbeiten (Werklieferung) an einem Schweinestall von einem niederländischen Unternehmer ausführen. Der Werkpreis beträgt 3.000 €.

Der Ort der Werklieferung ist Münster (§ 3 Abs. 7 Satz 1 UStG). Der Umsatz ist steuerbar und zu 19 % steuerpflichtig. Steuerschuldner ist der Landwirt (§ 13b Abs. 5 Satz 1, Abs. 2 Nr. 1, Abs. 7 UStG). Bei einer Bemessungsgrundlage von 3.000 € entsteht Umsatzsteuer i. H. von 570 €, die der Landwirt nicht als Vorsteuer abziehen kann.

2. Ein Landwirt in Greifswald lässt die Dächer und Dachrinnen seiner Wirtschaftsgebäude und seines privaten Wohnhauses von einem in Polen ansässigen Reinigungsunternehmen reinigen. Ihm werden dafür von dem Reinigungsunternehmen 2.000 € in Rechnung gestellt.

Der Landwirt bezieht eine sonstige Leistung. Der Ort dieser sonstigen Leistung ist Greifswald (§ 3a Abs. 3 Nr. 1 UStG). Der Umsatz ist steuerbar und zu 19 % steuerpflichtig. Nach § 13b Abs. 8 UStG kommt die Regelbesteuerung und nicht die Pauschalbesteuerung nach § 24 UStG zur Anwendung. Steuerschuldner ist der Landwirt (§ 13b Abs. 2 Nr. 1, Abs. 5 Satz 1 UStG). § 13b Abs. 2 Nr. 8 UStG kommt nicht zur Anwendung, weil der Landwirt selbst nicht nachhaltig Reinigungsleistungen erbringt. Die Steuerschuldnerschaft des Leistungsempfängers gilt auch für die Reinigungsleistungen im privaten Bereich (§ 13b Abs. 5 Satz 7 UStG). Bei einer Bemessungsgrundlage von 1.680,67 € entsteht Umsatzsteuer i. H. von 319,33 €, die der Landwirt nicht als Vorsteuer abziehen kann. Für einkommensteuerrechtliche Zwecke muss er die Aufwendungen einschließlich der dafür abzuführenden Umsatzsteuer auf Betriebsausgaben der Landwirtschaft (§ 4 Abs. 4 EStG) und Privataufwand (Reinigungsleistungen am Wohnhaus) nach § 12 Nr. 1 EStG aufteilen.

IV. Geschäftsveräußerung im Ganzen

Die Vorschrift des § 1 Abs. 1a UStG gilt auch bei der **Veräußerung oder Übertragung luf Vermögens**.[3] Die **Geschäftsveräußerung** einschließlich der Einbringung eines luf Betriebs in eine Gesellschaft des bürgerlichen Rechts ist eine nicht steuerbare Lieferung als letzter Akt im Rahmen eines luf Betriebs. 1689

1 BFH, Beschluss 5.5.1995 – V B 74/94, NWB JAAAB-37398 = BFH/NV 1995 S. 1029.

2 Janzen in Lippross/Seibel, Basiskommentar Steuerrecht, § 24 UStG Rz. 109.

3 Vgl. Abschnitt 24.1 Abs. 5 Satz 2 UStAE; a. A. Busch in Offerhaus/Söhn/Lange, UStG, § 24 UStG Rz. 525; Tehler in Reiß/Kraeusel/Langer, UStG, § 24 Rz. 301.

Dementsprechend ist die **Veräußerung eines Sauenbestands unter gleichzeitiger Verpachtung der Ställe** als eine nicht umsatzsteuerbare Geschäftsveräußerung zu beurteilen, was einen Vorsteuerabzug aus der Veräußerung ausschließt.[1]

BEISPIEL ▸ Eine GbR betreibt eine Ferkelaufzucht in einem dafür typischen Aufzuchtstall. Einer ihrer Gesellschafter hält Sauen im Rahmen eines landwirtschaftlichen Betriebs mit eigenen und zugepachteten Flächen. Diesem droht die Versagung der Durchschnittssatzbesteuerung wegen Überschreitung der Vieheinheitengrenze durch eine geplante Ausweitung der Sauenhaltung. Deshalb vereinbart die GbR mit ihrem Gesellschafter, die Sauenhaltung zu übernehmen und ihm im Gegenzug die Ferkelaufzucht zu übertragen. Dementsprechend erwirbt die GbR den Sauenbestand, nicht aber die Ackerflächen, und pachtet die bisherigen und weitere zu errichtende Sauenställe von ihrem Gesellschafter an. Gleichzeitig überträgt sie ihm ihren Ferkelbestand und verpachtet die Ferkelställe. Den in der Rechnung ihres Gesellschafters ausgewiesenen Umsatzsteuerbetrag für die Übertragung der Sauen macht die GbR als Vorsteuern geltend.

Der beantragte Vorsteuerabzug ist zu versagen, da die Voraussetzungen einer Geschäftsveräußerung im Ganzen erfüllt sind. Die GbR hat zunächst sämtliche wesentlichen Betriebsgrundlagen von ihrem Gesellschafter erworben, die zur Fortführung des Betriebs Sauenhaltung erforderlich gewesen sind. Hierfür genügt es, dass sie die erforderlichen Ställe lediglich angepachtet hat und die Fütterungsanlagen hat nutzen dürfen. Die nicht erworbenen Ackerflächen sind nicht als wesentliche Betriebsgrundlagen anzusehen, da sie den Charakter des Unternehmens des Veräußerers nicht beeinflusst haben. Den erworbenen Betrieb hat die GbR auch tatsächlich fortgeführt.

Wird ein luf **Betrieb oder Teilbetrieb übereignet oder in eine Gesellschaft eingebracht**, liegt eine Geschäftsveräußerung i. S. des § 1 Abs. 1a Satz 2 UStG auch vor, wenn **einzelne Wirtschaftsgüter von der Übereignung oder Einbringung ausgenommen** werden.[2] Das ergibt sich für die Einbringung eines landwirtschaftlichen Betriebs daraus, dass der Gesetzgeber[3] eine entsprechende ausdrückliche gesetzliche Regelung im Hinblick auf die Einfügung des § 1 Abs. 1a UStG als „entbehrlich" gestrichen hat.[4] Eine Geschäftsveräußerung kann auch vorliegen, wenn verpachtete Gegenstände nach Beendigung der Pacht veräußert werden.[5] Die **Vermietung oder Verpachtung eines** bei der Übertragung eines pauschalierenden Betriebs **zurückbehaltenen Wirtschaftsguts** kann aber schon deshalb nicht unter § 24 UStG fallen, weil die Vermietung nicht mehr im Rahmen eines luf Betriebs erfolgt.

1 FG Münster, Urteil 20.5.2020 – 15 K 1850/17 U, NWB ZAAAH-57571.

2 BFH, Urteil 15.10.1998 – V R 69/97, BStBl 1999 II S. 41; Abschnitt 24.1 Abs. 5 Satz 2 UStAE.

3 BT-Drucks. 12/6078 S. 135; BT-Drucks. 12/5940 S. 17, 30.

4 Hartmann, UR 1995 S. 297, 299; a. A. Schlienkamp, UR 1994 S. 133, 142.

5 BFH, Urteil 10.5.1961 – V 222/58 U, BStBl 1961 III S. 322; Abschnitt 24.1 Abs. 5 Satz 3 UStAE.

Wird ein **verpachtetes Teilvermögen veräußert**, setzt die Annahme einer Geschäftsveräußerung i. S. des § 1 Abs. 1a UStG **nicht** voraus, dass das Teilvermögen vorher organisatorisch getrennt behandelt wurde. Entscheidend ist vielmehr, ob die Verpachtung im Wesentlichen fortgeführt wurde.[1]

V. Steuerbefreiungen und Nichtanwendung von § 9 UStG (§ 24 Abs. 1 Satz 2 UStG)

1. Allgemeines

Nach § 24 Abs. 1 Satz 2 UStG sind die **Steuerbefreiungen nach § 4 Nr. 8 bis 28 UStG** auf die der Durchschnittssatzbesteuerung unterliegenden Umsätze **anwendbar**. Ein **Verzicht** auf diese Befreiungen nach § 9 UStG ist **ausgeschlossen**.[2] Für diese Umsätze wird kein Durchschnittssatz festgesetzt. Für damit in Zusammenhang stehende Eingangsleistungen entfällt der Vorsteuerabzug, weil die steuerfreien Ausgangsumsätze nicht in die Bemessungsgrundlage der Vorsteuerpauschale einzubeziehen sind (§ 24 Abs. 1 Satz 2 Halbsatz 1 UStG). 1690

§ 24 Abs. 1 Satz 2 UStG ist aber lediglich von Bedeutung für die **Lieferung landwirtschaftlicher Erzeugnisse und für landwirtschaftliche Dienstleistungen**, die **regelmäßig steuerpflichtig** sein dürften, wenn man vom Ausnahmefall der kurzfristigen Überlassung von Grundstücken für landwirtschaftliche Zwecke absieht.

Im Gegensatz dazu sind die **Befreiungsvorschriften nach § 4 Nr. 1 bis 7 UStG** auf luf Umsätze **nicht anwendbar**. Dies betrifft vor allem Ausfuhrlieferungen in ein Drittland (§ 4 Nr. 1 Buchst. a, § 6 UStG) und innergemeinschaftliche Lieferungen (§ 4 Nr. 1 Buchst. b, § 6a UStG). Trotz der Steuerpflicht unterliegt der pauschal besteuerte LuF dem Kontrollsystem für innergemeinschaftliche Lieferungen und ist deswegen verpflichtet, eine Zusammenfassende Meldung abzugeben.[3] § 18a UStG enthält insoweit keine Ausnahmeregelung.

1 BFH, Urteil 19.12.2012 – XI R 38/10, BStBl 2013 II S. 1053.

2 Janzen in Lippross/Seibel, Basiskommentar Steuerrecht, § 24 UStG Rz. 81.

3 Tehler in Reiß/Kraeusel/Langer, UStG, § 24 Rz. 84.

2. Grundstücksübertragungen (§ 4 Nr. 9 Buchst. a UStG)

1691 Im Rahmen der Regelbesteuerung wäre ein Grundstücksverkauf nach § 4 Nr. 9 Buchst. a UStG steuerbefreit, könnte aber unter den Voraussetzungen des § 9 UStG steuerpflichtig behandelt werden. Würde es sich bei der Übertragung um einen luf Umsatz handeln, entfiele nach § 24 Abs. 1 Satz 2 UStG diese Optionsmöglichkeit. Damit wäre die **Übertragung zwingend steuerbefreit**, selbst wenn die Voraussetzungen des § 9 UStG vorliegen.

Da aber die **Übertragung eines Grundstücks** selbst dann **kein luf Umsatz** ist, wenn der Veräußerer dieses Grundstück vor dem Verkauf zu luf Zwecken verwendet hat,[1] kann sich die Regelung allenfalls bei den zusammen mit dem Grund und Boden übergehenden luf Produkten auswirken.

Die Steuerfreiheit nach § 4 Nr. 9 Buchst. a UStG erfasst aber auch die mit dem Grundstück verbundenen

- Früchte auf dem Halm[2] oder
- Waldbestände,[3]

denn diese sind **wesentliche Bestandteile** (§ 94 Abs. 1 und 2 BGB) des Grundstücks, so dass insoweit eine einheitliche, **insgesamt** § 4 Nr. 9 Buchst. a UStG unterliegende **steuerbefreite Grundstückslieferung mit Optionsmöglichkeit** vorliegt.

BEISPIEL Ein forstwirtschaftlicher Unternehmer, der seine Umsätze nach § 24 UStG versteuert, veräußert ein Waldgrundstück seines forstwirtschaftlichen Betriebes.

Die Übertragung des Grundstückes ist kein luf Umsatz. Ein Verzicht auf die Steuerbefreiung (§ 4 Nr. 9 Buchst. a UStG) nach § 9 UStG ist möglich. Entsprechendes gilt für den im Zusammenhang mit der Grundstückslieferung übertragenen Waldbestand.

Im Gegensatz dazu handelt es sich um eine **separat zu behandelnde** und damit nicht nach § 4 Nr. 9 Buchst. a UStG steuerfreie **Lieferung** bei der Übertragung von

- Zubehör i. S. der §§ 97, 98 Nr. 2 BGB (Gerätschaften, Vieh, Saatgut),
- Betriebsvorrichtungen i. S. des § 2 Abs. 1 Satz 2 Nr. 1 GrEStG,[4]

1 EuGH, Urteil 15.9.2011 – Rs. C-180/10 und 181/10 „Slaby“, ECLI:EU:C:2011:589 = NWB HAAAD-92208.

2 FG Düsseldorf, Urteil 20.4.1993 – 8 K 250/89 U, EFG 1993 S. 814.

3 RFH 19.11.1935 – V A 349/34, RStBl 1936 S. 9.

4 BFH, Urteil 20.2.1991 – II R 61/88, BStBl 1991 II S. 531.

- Brenn- und Zuckerrübenrechten oder
- Milchreferenzmengen.[1]

BEISPIEL Der Pauschallandwirt L hat vor drei Jahren auf einem ihm schon seit Jahrzehnten gehörenden Grundstück einen Viehstall errichtet, den er im Januar 01 an einen gewerblichen Tierhalter veräußern möchte. Ein großer Teil der Baukosten entfiel auf die Stalleinrichtung (Betriebsvorrichtung), die nicht der Grunderwerbsteuer unterliegt (§ 2 Abs. 1 GrEStG). Die Vorsteuer aus den Baukosten hat L seinerzeit als laufenden Betriebsaufwand abgezogen. Für die Ermittlung des Kaufpreises errechnet der Erwerber den Zeitwert aus den Nettobaukosten, weil er bei Errichtung eines neuen Stalles die Vorsteuer gem. § 15 Abs. 1 Nr. 1 UStG abziehen könnte. Demgegenüber möchte L von den Bruttokosten ausgehen, weil die Vorsteuer mit seiner Vorsteuerpauschale nach § 24 Abs. 1 Satz 3 UStG abgegolten war. Auf den Kaufpreisteil für die Betriebsvorrichtung könnte er dem Käufer nach der Vereinfachungsregelung in Abschnitt 24.6 Abs. 3 (ab 1.1.2025 7,8 %) Umsatzsteuer in Rechnung stellen.

Der Erwerber wird nicht akzeptieren, dass L die Vorsteuerbelastung aus den Baukosten durch einen höheren Kaufpreis ohne Steuerausweis auf den Erwerber abwälzt. Dagegen wird er keine Einwendungen haben, auf den Kaufpreis Umsatzsteuer zu entrichten, die er als Vorsteuer abziehen kann.

L sollte daher auf den Verkauf des Viehstalles die Regelbesteuerung anwenden und für den Grundstücksteil nach § 9 Abs. 1 UStG auf die Anwendung der Vorschrift des § 4 Nr. 9 Buchst. a UStG verzichten. In diesem Fall kann L die Vorsteuer aus den Herstellungskosten des Stalles nach § 15a Abs. 1 UStG mit 70 % zu seinen Gunsten berichtigen. Dieser Verzicht auf die Steuerbefreiung setzt nicht voraus, dass er nach § 24 Abs. 4 UStG zur Regelbesteuerung optiert. Zwar ist § 9 UStG auf Umsätze mit Durchschnittssatzbesteuerung nach § 24 Abs. 1 Satz 2 2. HS UStG nicht anzuwenden. Der Verkauf gebrauchter landwirtschaftlicher Geräte und Grundstücke unterliegt aber der Regelbesteuerung, weil es sich nicht um luf Erzeugnisse handelt (Abschnitt 24.3 Abs. 6 Satz 2 UStAE).

Unterliegt der Verkauf des Viehstalles der Regelbesteuerung, muss L dem Erwerber für die Betriebsvorrichtungen Umsatzsteuer in Rechnung stellen, die er nach § 13a Abs. 1 Nr. 1 UStG schuldet. Hinsichtlich des Grundstücksteils muss L nach § 9 Abs. 1 UStG optieren. Schuldner der dafür zu entrichtenden Umsatzsteuer wird nach § 13b Abs. 2 Nr. 3, Abs. 5 Satz 1 UStG der Leistungsempfänger.

1 BFH, Urteil 17.3.1994 – V R 39/92, BStBl 1994 II S. 538.

3. Vermietung und Verpachtung (§ 4 Nr. 12 UStG)

1692 Die Vermietung und Verpachtung von luf Flächen ist zwingend – also ohne Optionsmöglichkeit – steuerbefreit, solange es sich trotz der Zurverfügungstellung an einen Dritten um einen **luf Umsatz** handelt.

Dies ist der Fall, wenn das überlassene Wirtschaftsgut

- dem Grunde oder der vorhandenen Anzahl nach dem betriebsgewöhnlichen, also dem **normalen Ausrüstungsgegenstand** des luf Betriebs des Vermieters zuzurechnen ist,
- trotz der Vermietung normalerweise **im Rahmen der eigenen Erzeugertätigkeit des Vermieters verwendet** wird, so dass der Vermieter trotz der Überlassung gewöhnlicher Nutzer des Gegenstandes bleibt, und
- **zu luf Zwecken überlassen** wird.

Ein zur Erbringung einer Vermietungsleistung verwendetes Wirtschaftsgut, das bis zur Vermietung als betriebsgewöhnlicher Ausrüstungsgegenstand zum luf Betrieb gehört, scheidet für die Dauer der Vermietung aus diesem Betrieb aus, wenn der Vermieter durch die **langfristige Vermietung** die Nutzungsmöglichkeit im eigenen Betrieb verliert. Von einer langfristigen Miete ist auszugehen, wenn diese mindestens **zwölf Monate** andauert.[1]

Unabhängig davon, ob es sich um wesentliche Bestandteile des Grundstücks handelt, können **ungetrennte Bodenerzeugnisse**, wie z. B. stehende Ernte oder Rebstöcke, selbständig nutzungsfähige und gegenüber dem Grund und Boden eigenständige umsatzsteuerliche Liefergegenstände sein.[2] Diese Grundsätze kommen aber nicht zur Anwendung, wenn die Pflanzen zusammen mit dem Grund und Boden übertragen werden. Daher ist die Steuerbefreiung für die Vermietung und Verpachtung von Grundstücken auch im Fall eines Vertrags über die **Überlassung eines landwirtschaftlichen Betriebs mit aus Rebflächen bestehenden landwirtschaftlichen Grundstücken** an eine im Weinbau tätige Gesellschaft zu gewähren.[3] Rebanlagen sind weder Vorrichtungen noch Maschinen

1 Vgl. Abschnitt 24.3 Abs. 6 UStAE.

2 BFH, Urteile 8.11.1995 – XI R 63/94, BStBl 1996 II S. 114; 1.2.1989 – II R 240/85, BStBl 1989 II S. 518.

3 EuGH, Urteil 28.2.2019 – Rs. C-278/18 „Sequeira Mesquita", ECLI:EU:C:2019:160 = UR 2019 S. 347.

i. S. von Art 135 Abs. 2 MwStSystRL bzw. § 4 Nr. 12 Satz 2 Alt. 4 UStG.[1] Fraglich ist allerdings, ob dies auch gilt, wenn die sich auf dem verpachteten Grundstück befindlichen Pflanzen innerhalb einer Wachstumsperiode vollständig abgeerntet werden (**Wiesen, Getreidefelder**).

Die Einräumung eines nicht ausschließlichen Fischereirechts an einer Wasserfläche ist steuerpflichtig.[2] Die **Verpachtung eines Fischereirechts** ist zwar eine Verpachtung von Grundstücken.[3] Diese ist jedoch nur steuerbefreit, wenn dem Pächter eine bestimmte, nur ihm zur Verfügung stehende Grundstücksfläche unter Ausschluss anderer zum Gebrauch überlassen wird. Die Gewährung der Steuerbefreiung ist daher ausgeschlossen, wenn sich der Verpächter im Pachtvertrag das Recht vorbehalten hat, selbst in diesen Gewässern zu fischen oder Dritten erlauben kann, dort zu fischen.

4. Warenkreditgewährung (§ 4 Nr. 8 Buchst. a UStG)

Warenkreditgewährungen sind **keine luf Umsätze**, so dass § 24 Abs. 1 Satz 2 1693
UStG nicht zur Anwendung kommt. Damit ist die Dienstleistung im Verfahren der Regelbesteuerung nach § 4 Nr. 8 Buchst. a UStG steuerbefreit, die Optionsmöglichkeit des § 9 UStG aber nicht zwingend ausgeschlossen.

5. Gestellung von land- und forstwirtschaftlichen Arbeitskräften (§ 4 Nr. 27 Buchst. b UStG)

Die Gestellung von Arbeitshelfern i. S. des § 4 Nr. 27 Buchst. b UStG ist **keine luf** 1694
Tätigkeit, weil der die Arbeitskräfte Überlassende nicht als luf Erzeuger handelt. Damit kommt § 24 Abs. 1 Satz 2 UStG nicht zur Anwendung. Die Dienstleistung ist im Verfahren der Regelbesteuerung nach § 4 Nr. 8 Buchst. a UStG steuerbefreit, die Optionsmöglichkeit des § 9 UStG aber nicht zwingend ausgeschlossen.

1 Siehe a. BFH, Urteil 12.5.2011 – V R 50/10, NWB ZAAAD-86727 = BFH/NV 2011 S. 1407, zur Verpachtung eines Grundstücks mit Obstbäumen.

2 EuGH, Urteil 6.12.2007 – Rs. C-451/06 „Walderdorff", ECLI:EU:C:2007:761 = NWB BAAAC-66063; OFD Baden-Württemberg 27.3.2025 – S. 7106, UR 2025 S. 357.

3 EuGH, Urteil 7.9.2006 – Rs. C-166/05 „Heger", ECLI:EU:C:2006:533 = NWB JAAAC-09453.

VI. Behandlung der land- und forstwirtschaftlichen Umsätze mit Auslandsbezug

1. Exportumsätze

1695 § 24 Abs. 1 Satz 2 UStG schließt die Anwendung der Steuerbefreiungen nach § 4 Nr. 1 bis 7 UStG aus. Daher sind die **Exportumsätze** luf Erzeugnisse (Ausfuhr, § 4 Nr. 1 Buchst. a, § 6 UStG, und innergemeinschaftliche Lieferung, § 4 Nr. 1 Buchst. b, § 6a UStG) **nicht steuerbefreit**.

Liegt der Ort der Lieferung im Inland, sind diese wie innerdeutsche Lieferungen eines LuF **im Rahmen der Durchschnittssatzbesteuerung zu versteuern**.[1] Dabei gilt der Durchschnittssatz, der für das betreffende Erzeugnis auch bei einer Inlandslieferung gelten würde. Werden die in § 24 Abs. 1 Satz 1 Nr. 2 UStG geregelten Sägewerkserzeugnisse, Getränke oder alkoholischen Flüssigkeiten in das Ausland geliefert, kommt die Rechtsfolge dieser Vorschrift nicht zur Anwendung. Die Auslandslieferungen dieser Gegenstände unterliegen dann der Durchschnittssatzbesteuerung des § 24 Abs. 1 Satz 1 Nr. 3 UStG.

Die (vom gelieferten Erzeugnis abhängigen) **Durchschnittssätze** sind in der Rechnung **gesondert auszuweisen**. Erfolgt der Export an einen unternehmerischen **Erwerber**, kann dieser die ihm gesondert in Rechnung gestellte Durchschnittssatzsteuer entsprechend § 15 UStG als **Vorsteuer** abziehen oder eine Vergütung im Vorsteuervergütungsverfahren nach § 18 Abs. 9 UStG i. V. mit §§ 59 ff. UStDV beantragen.

Die den Exportumsätzen zuzuordnenden Eingangsleistungen sind im Rahmen der **Vorsteuerpauschale** zu berücksichtigen, § 24 Abs. 1 Satz 3 UStG. Ein weitergehender Vorsteuerabzug ist ausgeschlossen, § 24 Abs. 1 Satz 4 UStG. Im Ergebnis entspricht der Vorsteuerabzug der Höhe der auf den Exportumsatz entfallenden Steuer, so dass es zu keiner Zahllast kommt.

LuF, die der Durchschnittssatzbesteuerung unterliegen und innergemeinschaftliche Lieferungen (§ 6a Abs. 1 UStG) oder innergemeinschaftliche Warenbewegungen (§ 6a Abs. 2 UStG) ausführen, müssen **Zusammenfassende Meldungen nach § 18a Abs. 2 UStG** abgeben.

BEISPIEL Ein Landwirt in Münster veräußert Schweine an einen Fleischverarbeitungsbetrieb in den Niederlanden und in der Schweiz.

1 Janzen in Lippross/Seibel, Basiskommentar Steuerrecht, § 24 UStG Rz. 86; Abschnitt 24.5 Abs. 1 Satz 1 UStAE.

Der Landwirt tätigt innergemeinschaftliche Lieferungen i. S. von § 6a Abs. 1 UStG bzw. Ausfuhrlieferungen i. S. von § 6 Abs. 1 UStG. Diese Steuerbefreiungen (§ 4 Nr. 1 UStG) sind jedoch nicht anwendbar. Daher ist der Landwirt verpflichtet, 7,8 % Umsatzsteuer in Rechnung zu stellen, die die Fleischverarbeitungsbetriebe im Vorsteuervergütungsverfahren als Vorsteuer abziehen können. Eine Steuerbelastung ergibt sich für den Landwirt nicht, weil er einen korrespondierenden Vorsteuerabzug hat. Der Landwirt muss allerdings die innergemeinschaftliche Lieferung in einer Zusammenfassenden Meldung (§ 18a Abs. 1 UStG) an das Bundeszentralamt für Steuern melden.

2. Im Ausland bewirkte Lieferungen

Die Durchschnittssatzbesteuerung kommt auch bei **im Ausland bewirkten Umsätzen** zur Anwendung.[1] Das gilt auch, wenn sich ohne Anwendung des § 24 UStG – also im Fall der Regelbesteuerung – eine niedrigere oder gar keine Umsatzsteuer ergeben würde.[2] 1696

BEISPIEL Ein Landwirt aus Schleswig-Holstein verkauft selbst erzeugtes Gemüse auf einem Stand auf einem Wochenmarkt in Dänemark. Zu seinen Kunden gehört auch ein Restaurant in Dänemark, das wöchentlich bei ihm einkauft und eine Rechnung verlangt.

Der Ort für die Lieferungen von Gemüse auf dem Wochenmarkt liegt nach § 3 Abs. 6 UStG in Dänemark (Abhollieferungen). Damit steht Dänemark das umsatzsteuerliche Besteuerungsrecht zu. Gleichwohl muss der Landwirt nach Abschnitt 24.5 Abs. 2 UStAE eine Rechnung mit Ausweis von deutscher Umsatzsteuer i. H. von 7,8 % erstellen.

Nach dem Wortlaut des § 24 UStG käme die **deutsche Durchschnittssatzbesteuerung** sogar bei Umsätzen zur Anwendung, die im Ausland ansässige Unternehmer dort – also **ohne jeglichen Inlandsbezug** – ausführen, da die Anwendbarkeit der Vorschrift nicht auf im Inland ansässige LuF beschränkt ist. Zudem erscheint es nicht praktikabel und mit dem von der Vorschrift verfolgten **Vereinfachungszweck nicht vereinbar**, die Umsätze eines im Inland ansässigen LuF im Ausland der Durchschnittssatzbesteuerung zu unterwerfen, denn jedenfalls bei Umsätzen an unternehmerische Leistungsempfänger müsste dieser somit sowohl pauschale deutsche als auch ausländische Umsatzsteuer in der Rechnung ausweisen. Hinzu kommt, dass lediglich tatsächlich nicht steuerbare Leistungen zu scheinbesteuerten Umsätzen umqualifiziert werden, weil sich **in beiden Fällen keine Zahllast** für den LuF ergibt.

Außerdem kann dies nach dem Wortlaut des § 24 UStG allenfalls für **Umsätze nach § 24 Abs. 1 Satz 1 Nr. 1 und § 24 Abs. 1 Satz 1 Nr. 2 Variante 4 UStG** gelten.

1 Vgl. Abschnitt 24.5 Abs. 1 Satz 1 Halbsatz 2 UStAE.

2 Vgl. Abschnitt 24.5 Abs. 2 UStAE.

§ 24 Abs. 1 Satz 1 Nr. 2 UStG nimmt hinsichtlich der ersten drei Varianten die im Ausland bewirkten Umsätze von der Besteuerung aus. Entsprechendes gilt für § 24 Abs. 1 Nr. 3 UStG, der Umsätze i. S. des § 1 Abs. 1 Nr. 1 UStG betrifft und damit nur im Inland ausgeführte Leistungen.[1]

3. Importumsätze

1697 Importumsätze (**innergemeinschaftliche Erwerbe**, § 1 Abs. 1 Nr. 5 UStG, und **Einfuhren**, § 1 Abs. 1 Nr. 4 UStG) sind **nicht von der Durchschnittssatzbesteuerung umfasst**.[2]

Als innergemeinschaftlicher Erwerb gegen Entgelt gilt auch das **innergemeinschaftliche Verbringen** eines Gegenstands des Unternehmens aus dem übrigen Gemeinschaftsgebiet in das Inland durch einen Unternehmer zu seiner Verfügung. Für Pauschallandwirte ist weitere Voraussetzung, dass sie die Erwerbsschwelle überschreiten oder auf ihre Anwendung verzichtet haben (§ 1a Abs. 2 bis 4 UStG). Ein innergemeinschaftliches Verbringen setzt voraus, dass der Gegenstand im Ausgangsmitgliedstaat bereits dem Unternehmen zugeordnet war und sich bei Beendigung der Beförderung oder Versendung im Bestimmungsmitgliedstaat weiterhin in der Verfügungsmacht des Unternehmers befindet. Von dem im Ausgangsmitgliedstaat gelegenen Unternehmensteil kann der Gegenstand erworben, hergestellt oder in diesen EU-Mitgliedstaat eingeführt worden sein. Kein Fall des innergemeinschaftlichen Verbringens liegt vor, wenn die Ware aus einem Drittland im Wege der Durchfuhr durch das Gebiet eines anderen EU-Mitgliedstaates in das Inland gelangt und erst hier einfuhrumsatzsteuerrechtlich zur Überlassung zum freien Verkehr abgefertigt wird.

Der Tatbestand des § 1a Abs. 2 UStG liegt aber nur vor, wenn der Gegenstand zu einer **nicht nur vorübergehenden Verwendung** in den Bestimmungsmitgliedstaat überführt wird. Diese Voraussetzung ist immer dann erfüllt, wenn der Gegenstand in dem dort gelegenen Unternehmensteil entweder dem Anlagevermögen zugeführt oder als Roh-, Hilfs- oder Betriebsstoff verarbeitet oder verbraucht oder im Bestimmungsmitgliedstaat (unverändert) veräußert wird. Das Verbringen zu einer nur vorübergehenden Verwendung ist von der Lieferungs- und Erwerbsfiktion ausgenommen.

---

1 Noch weitergehend Müller in Weymüller, BeckOK UStG, § 24 Rz. 477, wonach alle im Ausland bewirkten Umsätze vom Anwendungsbereich der Durchschnittssatzbesteuerung ausgenommen seien.

2 BFH, Urteil 24.9.1998 – V R 17/98, BStBl 1999 II S. 39.

BEISPIELE – INNERGEMEINSCHAFTLICHES VERBRINGEN ▶ Ein Landwirt verfüttert in seinem Betriebsteil in Frankreich geerntete Rüben in seinem inländischen Tierhaltungsbetrieb.

Ein Landwirt überführt einen für seinen Betriebsteil in Frankreich angeschafften und bisher dort verwendeten Mähdrescher ins Inland, um sie in seinem deutschen Landwirtschaftsbetrieb dauerhaft einzusetzen.

BEISPIELE – VORÜBERGEHENDE VERWENDUNG ▶ Ein Landwirt ist Eigentümer eines Traktors, den er in seinem inländischen landwirtschaftlichen Betrieb einsetzt. Für zwei Wochen verbringt der Landwirt diesen Traktor nach Frankreich, wo er ihn in seinem französischen Betriebsteil verwendet.

Der Traktor wurde nur zur vorübergehenden Verwendung nach Frankreich überführt. Die Voraussetzungen für einen innergemeinschaftlichen Erwerb nach § 1a Abs. 2 UStG in Frankreich bzw. Lieferung nach § 3 Abs. 1a UStG sind nicht erfüllt. Die Rückführung des Traktors nach Deutschland ist umsatzsteuerrechtlich ebenfalls unbeachtlich.

Entsprechendes gilt, wenn der Landwirt den Traktor an einen französischen Landwirt vermietet oder den Traktor in Frankreich reparieren lässt und deswegen der Traktor nach Frankreich überführt wird.

Da die Durchschnittssatzbesteuerung nach § 24 UStG auf die Veräußerung der selbsterzeugten landwirtschaftlichen Produkte im Inland eines im Ausland ansässigen landwirtschaftlichen Betriebs keine Anwendung findet,[1] erfolgt **bei einem innergemeinschaftlichen Verbringen keine Besteuerung des innergemeinschaftlichen Erwerbs**, wenn die Erwerbsschwelle nach § 1a Abs. 3 Nr. 2 UStG nicht überschritten ist.

BEISPIEL – IM AUSLAND ANSÄSSIGER LAND- UND FORSTWIRT ▶ Ein in Österreich ansässiger Land- und Forstwirt, der dort der Pauschalbesteuerung unterliegt, verkauft Milchprodukte aus eigener Ziegenhaltung auf einem Wochenmarkt in Deutschland.

Der Land- und Forstwirt verwirklicht durch das Verbringen der selbst erzeugten Produkte von Österreich nach Deutschland grds. einen innergemeinschaftlichen Erwerb im Inland (§ 1 Abs. 1 Nr. 5, § 1a Abs. 2, § 3d Satz 1 UStG), wenn die sog. Erwerbsschwelle nach § 1a Abs. 3 Nr. 2 UStG überschritten wird.

Nimmt er die nicht verkauften Milchprodukte am selben Tag wieder mit zurück nach Österreich, handelt es sich um eine nur vorübergehende Verwendung, so dass das Verbringen der nicht verkauften Produkte ins Inland nicht als innergemeinschaftlicher Erwerb nach § 1a Abs. 2 UStG und das Zurückverbringen der nicht verkauften Produkte nicht als innergemeinschaftliche Lieferung nach § 3 Abs. 1a und § 6a Abs. 2 UStG zu behandeln ist.

Importiert ein der Durchschnittssatzbesteuerung unterliegender LuF Waren aus dem übrigen Gemeinschaftsgebiet, hat er die **Erwerbsteuer** zu entrichten,

---

1 BFH, Urteil 22.3.2023 - XI R 14/21, BStBl 2023 II S. 945.

wenn die Erwerbsschwelle des § 1a Abs. 3 Nr. 2 UStG von derzeit 12.500 € überschritten ist oder er nach § 1a Abs. 4 UStG auf die Anwendung des § 1a Abs. 3 UStG verzichtet hat (und kein Fall des § 4b UStG vorliegt).

Obwohl für diese Erwerbe die **allgemeinen Steuersätze des § 12 UStG anzuwenden** sind, ist **ein über die Vorsteuerpauschale hinausgehender Vorsteuerabzug ausgeschlossen**, § 24 Abs. 1 Satz 3 und 4 UStG. Im Ergebnis verbleibt es daher bei einer Umsatzsteuerzahllast. Bei LuF, die der Durchschnittssatzbesteuerung unterliegen und die auf die Anwendung von § 1a Abs. 3 UStG verzichtet haben, ist der Abzug der Steuer für den innergemeinschaftlichen Erwerb als Vorsteuer durch die Pauschalierung abgegolten.[1] Der Abzug der Steuer auf den innergemeinschaftlichen Erwerb nach § 15 Abs. 1 Nr. 3 UStG ist daher nicht zulässig. Die Erwerbsteuer berechtigt aber zum Vorsteuerabzug, wenn der inländische Landwirt die landwirtschaftlichen Erzeugnisse weiterveräußert. Die veräußerten Erzeugnisse sind nicht eigene landwirtschaftliche Erzeugnisse des Landwirts; die Veräußerung unterliegt nicht der Durchschnittssatzbesteuerung.

Ist aber der Lieferant ebenfalls Pauschallandwirt, erfolgt eine **Vorsteuervergütung im Abgangsmitgliedstaat**.[2] Zwar steht dem Empfänger der Leistung auch nach dem Recht des anderen Mitgliedstaates nur eine pauschalierte Vorsteuer und darüber hinaus kein weiterer Vorsteuerabzug zu. Da es dadurch aber zu einer nicht systemgerechten Belastung des inländischen Landwirts kommt, verpflichtet die MwStSystRL die Mitgliedstaaten, dem inländischen Landwirt die ihm von einem pauschalierenden Landwirt eines anderen Mitgliedstaates in Rechnung gestellte Umsatzsteuer zu erstatten, wenn der innergemeinschaftliche Erwerb des inländischen Landwirts wegen Überschreitens der Erwerbsschwelle der Umsatzbesteuerung unterliegt (Art. 3, 303 MwStSystRL).[3] Lässt sich der Erwerber die ausländische Umsatzsteuer **nicht erstatten**, ist diese **Teil der Bemessungsgrundlage des von ihm zu versteuernden innergemeinschaftlichen Erwerbs** in Deutschland.[4]

---

1 BFH, Urteil 24.9.1998 – V R 17/98, BStBl 1999 II S. 39; Abschnitt 15.10 Abs. 2 Satz 3 UStAE.

2 Tehler in Reiß/Kraeusel/Langer, UStG, § 24 Rz. 100; OFD Frankfurt, Vfg. 8.6.2010 – S 7359 A-37-St 113, NWB XAAAD-47479; OFD Hannover, Vfg. 15.10.2008 – S 7103a – 14 – StO 183, NWB PAAAC-97259.

3 Sterzinger in Birkenfeld/Wäger, USt-Handbuch, § 1a UStG Rz. 441; Stadie in Rau/Dürrwächter, UStG, § 1a Rz. 368; a. A. Schüler-Täsch in Sölch/Ringleb, UStG, § 24 Rz. 122, wonach ein Vorsteuerabzug im Inland in Betracht komme, da der Landwirt bei der Weiterveräußerung nicht als Pauschallandwirt handele.

4 FG Saarland, Urteil 9.5.2001 – 1 K 1609/08, NWB GAAAD-87565.

BEISPIEL Ein Landwirt in Deutschland kauft jährlich Dünger für netto 25.000 € von einem dänischen Lieferanten. Der dänische Umsatzsteuersatz beträgt 25 %.

Die Erwerbsschwelle von 12.500 € nach § 1a Abs. 3 Nr. 2 UStG ist überschritten. Somit muss der Landwirt in Deutschland innergemeinschaftliche Erwerbe versteuern. Die Bemessungsgrundlage beträgt 25.000 €, die darauf entfallende Umsatzsteuer beträgt 4.750 €. Diese ist nicht als Vorsteuer abziehbar, § 24 Abs. 1 Satz 4 UStG. Für den Landwirt in Deutschland entsteht eine Zahllast i. H. von 4.750 €. Dies ist aber nur der Fall, wenn der Landwirt eine Umsatzsteuer-Identifikationsnummer beantragt (§ 27a Abs. 1 Satz 1 UStG) und diese gegenüber dem dänischen Lieferanten verwendet hat, weil nur dann der dänische Lieferant steuerfrei an den deutschen Landwirt liefern kann, mithin netto fakturieren (innergemeinschaftliche Lieferung in Dänemark). Sollte der deutsche Landwirt – aus welchen Gründen auch immer – seine deutsche Umsatzsteuer-Identifikationsnummer nicht verwendet und L daher brutto fakturiert haben, ist er gleichwohl zur Versteuerung der innergemeinschaftlichen Erwerbe verpflichtet. Zu seinen Lasten ist dabei zu berücksichtigen, dass als Bemessungsgrundlage die Bruttorechnungsbeträge – also zzgl. dänischer Mehrwertsteuer – anzusetzen sind und darauf noch einmal die deutsche Umsatzsteuer zu berechnen ist.

ABWANDLUNG 1 Ein Landwirt in Deutschland kauft jährlich Dünger für netto 10.000 € von einem dänischen Lieferanten. Der dänische Umsatzsteuersatz beträgt 25 %.

Der Landwirt hat keinen innergemeinschaftlichen Erwerb zu versteuern, weil die Erwerbsschwelle (12.500 €) unterschritten ist. Die wirtschaftliche Belastung aus diesem Einkauf beträgt 12.500 €.

ABWANDLUNG 2 Ein Landwirt in Deutschland kauft jährlich für netto 10.000 € Dünger vom dänischen Lieferanten. Der dänische Umsatzsteuersatz beträgt 25 %. Der Landwirt hat nach § 27a Abs. 1 Satz 1 UStG eine Umsatzsteuer-Identifikationsnummer beantragt, gibt diese gegenüber dem Lieferanten an und versteuert einen innergemeinschaftlichen Erwerb.

Durch die Verwendung seiner deutschen Umsatzsteuer-Identifikationsnummer kauft der Landwirt in Dänemark steuerfrei ein und optiert gleichzeitig zur Erwerbsbesteuerung in Deutschland, so dass das Unterschreiten der Erwerbsschwelle unbeachtlich ist. Die Bemessungsgrundlage beträgt 10.000 €, die darauf entfallende Umsatzsteuer beträgt 1.900 €. Dieser Umsatzsteuerbetrag ist nicht als Vorsteuer abziehbar, § 24 Abs. 1 Satz 4 UStG, so dass aus dem Einkaufsvorgang eine USt-Zahllast in Deutschland über 1.900 € entsteht.

Die wirtschaftliche Belastung aus diesem Einkauf beträgt lediglich 11.900 € = Einkauf 10.000 € + USt-Erwerb 1.900 €. Gegenüber der ersten Abwandlung ergibt sich ein finanzieller Vorteil i. H. von 600 € (12.500 € – 11.900 € = 600 €). Das Beispiel verdeutlicht, dass die Option zur Erwerbsbesteuerung wirtschaftlich sinnvoll ist, wenn der Steuersatz im europäischen Ausland über dem deutschen Steuersatz liegt.

Werden **verbrauchsteuerpflichtige Waren** aus dem übrigen Gemeinschaftsgebiet an einen LuF befördert oder versendet, der die Pauschalregelung für landwirtschaftliche Erzeuger anwendet (also in den Anwendungsbereich des § 24

UStG fällt), wird nach § 3 Abs. 5a, § 3c Abs. 1, Abs. 2 Nr. 1 UStG die Lieferung an dem Ort besteuert, an dem die Beförderung oder Versendung der Ware endet. Eine Erwerbs- oder Lieferschwelle ist insoweit unbeachtlich (§ 3c Abs. 5 Satz 2 UStG). Diese Lieferung ist im Bestimmungsland steuerbar, und der Lieferant ist dort Schuldner der Umsatzsteuer (und der ebenfalls zu entrichtenden Verbrauchsteuer). Holt der nicht der Erwerbsbesteuerung unterliegende Abnehmer oder ein in seinem Auftrag handelnder Dritter die Ware beim Lieferanten ab, wird sie ihm an dem Ort geliefert, an dem die Verfügungsmacht an der Ware auf ihn übergeht (§ 3 Abs. 6 UStG).

BEISPIEL Der in Deutschland tätige, ansässige und in den Anwendungsbereich des § 24 UStG fallende Landwirt L erwirbt durch Versendungslieferungen aus Holland

- Dieselkraftstoff für seine Traktoren,
- Schnaps für seine Geburtstagsfeier und
- Saatgut für seinen Betrieb.

Den Dieselkraftstoff und den Schnaps erwirbt L als verbrauchsteuerpflichtige Waren.

Der innergemeinschaftliche Erwerb des Dieselkraftstoffes ist für L in Deutschland steuerbar (§ 1a Abs. 1 Nr. 2 Buchst. a, § 3d Satz 1 UStG), weil er ihn für sein Unternehmen erwirbt. Auf eine Erwerbsschwelle kommt es nicht an. Ein Abzug der aus diesem innergemeinschaftlichen Erwerb resultierenden Umsatzsteuer als Vorsteuer nach § 15 Abs. 1 Nr. 3 UStG ist nach § 24 Abs. 1 Satz 4 UStG ausgeschlossen.

Den Schnaps erwirbt L nicht für sein Unternehmen. Im Falle der Beförderung oder Versendung durch den holländischen Lieferanten erbringt dieser eine – unabhängig von einer deutschen Lieferschwelle (§ 3 Abs. 5a, § 3c Abs. 1, 3, 5 Satz 2 UStG) – in Deutschland steuerbare und steuerpflichtige Lieferung. Würde L den Schnaps in Holland abholen, wäre die Abhollieferung in Holland steuerbar (vgl. § 3 Abs. 6 UStG) und nach holländischem Recht umsatz- und verbrauchsteuerpflichtig. Der innergemeinschaftliche Erwerb dieser verbrauchsteuerpflichtigen Ware ist somit für L in beiden Fällen in Deutschland nicht steuerbar.

In Bezug auf das Saatgut liegen die Tatbestandsvoraussetzungen eines innergemeinschaftlichen Erwerbs nur vor, wenn L als Person i. S. des § 1a Abs. 1 Nr. 2 Buchst. a, Abs. 3 Nr. 1 Buchst. c UStG die Erwerbsschwelle des § 1a Abs. 3 Nr. 2 UStG überschreitet oder auf deren Anwendung nach § 1a Abs. 4 UStG verzichtet hat. Bei der Berechnung der Erwerbsschwelle werden die Lieferungen von verbrauchsteuerpflichtigen Waren nicht berücksichtigt.

Entsprechendes gilt beim **Erwerb neuer Fahrzeuge**, die unabhängig von einem etwaigen Überschreiten einer Erwerbsschwelle immer der Erwerbsbesteuerung unterliegen (§ 1a Abs. 5 Satz 3 UStG). Zu den Fahrzeugen gehören u. a. Landfahrzeuge, die mit einem Motor mit einem Hubraum von mehr als 48 Kubikzentimetern oder einer Leistung von mehr als 7,2 Kilowatt angetrieben werden müssen (§ 1b Abs. 2 Nr. 1 UStG). Zu den Landfahrzeugen gehören auch **landwirtschaftliche Zugmaschinen,** soweit diese zur Personen- oder Güterbeförderung bestimmt sind.[1] Daher fallen auch **selbstfahrende Traktoren**, die neben dem Fahrersitz noch über mindestens einen weiteren Sitzplatz verfügen oder (z. B. unter Verwendung eines Anhängers) zur Beförderung von Gütern bestimmt und geeignet sind, unter den Begriff des Landfahrzeugs i. S. von § 1b UStG.[2] Eine straßenverkehrsrechtliche Zulassung ist nicht erforderlich.[3] Das Landfahrzeug ist neu, wenn es **nicht mehr als 6.000 km zurückgelegt hat oder wenn seine erste Inbetriebnahme im Zeitpunkt des Erwerbs nicht mehr als sechs Monate zurückliegt** (§ 1b Abs. 3 Nr. 1 UStG). Unerheblich ist der Zustand des Fahrzeuges, ob es z. B. beschädigt ist.[4]

BEISPIEL Der in Deutschland tätige, ansässige und in den Anwendungsbereich des § 24 UStG fallende Landwirt L erwirbt von einem Verkäufer aus den USA einen neuen Traktor. Das Fahrzeug wird per Schiff nach Rotterdam transportiert, dort der niederländischen Einfuhrumsatzsteuer unterworfen und gelangt von dort aus nach Deutschland.

L tätigt einen innergemeinschaftlichen Erwerb. Zwar beginnt die Versendung des neuen Fahrzeugs im Drittlandsgebiet (USA). Durch die Entrichtung der Einfuhrumsatzsteuer in einem anderen Mitgliedstaat ist das Fahrzeug aber dort in den freien Warenverkehr der Gemeinschaft überführt worden und von dort in das Bestimmungsland gelangt.

Erfolgt hingegen in den Niederlanden lediglich eine Durchfuhr und wird das Fahrzeug erst in Deutschland abgefertigt und die Einfuhrumsatzsteuer entrichtet, sind die Voraussetzungen für einen innergemeinschaftlichen Erwerb nicht erfüllt.

Im Fall des **innergemeinschaftlichen Erwerbs** hat ein der Durchschnittssatzbesteuerung unterliegender LuF für den Monat des Erwerbs eine **Umsatzsteuer-Voranmeldung** sowie eine **Umsatzsteuerjahreserklärung** abzugeben, § 18 Abs. 4a UStG. Ihn treffen außerdem die Aufzeichnungspflichten des § 22 Abs. 2 Nr. 7 UStG und des § 67 Satz 3 UStDV.[5]

Der Antrag auf Erteilung einer Umsatzsteuer-Identifikationsnummer, die der pauschalierende LuF für den innergemeinschaftlichen Erwerb benötigt, ist keine **Option nach § 1a Abs. 4 UStG**; jedoch gilt die Verwendung der erteilten Um-

1 Körner in Wäger, UStG, 3. Aufl., Köln 2024, § 1b UStG Rz. 33; Stadie in Rau/Dürrwächter, UStG, § 1b Rz. 28; Prätzler in Küffner/Zugmaier, USt, § 1b UStG Rz. 13; Abschnitt 1b.1 Satz 3 und Abschnitt 18.1 Satz 3 UStAE.

2 Sterzinger in Birkenfeld/Wäger, USt-Handbuch, § 1b UStG Rz. 68.

3 Vgl. Abschnitt 1b.1 Satz 4 UStAE.

4 BFH, Beschluss 16.6.2011 – XI B 103/10, NWB RAAAD-90401 = BFH/NV 2011 S. 1739.

5 Vgl. Abschnitt 22.3 Abs. 6 Satz 1 UStAE.

satzsteuer-Identifikationsnummer gegenüber dem Lieferer als Verzicht auf die Anwendung der Erwerbsschwelle. Dieser Verzicht bindet den Erwerber mindestens zwei Kalenderjahre.

Übersicht: Innergemeinschaftliche Erwerbe bei LuF[1]

<table>
<tr><td colspan="4">Nach § 24 UStG pauschalierender Landwirt</td></tr>
<tr><td colspan="4">↓</td></tr>
<tr><td colspan="4">Der erworbene Gegenstand wird zur Ausführung von Umsätzen verwendet, für die die Steuer nach § 24 UStG festgesetzt ist (§ 1a Abs. 3 Nr. 1 Buchst. c UStG).</td></tr>
<tr><td colspan="3">↓ ja</td><td>↓ nein</td></tr>
<tr><td colspan="3">Die Erwerbsschwelle von 12.500 € war im vorangegangenen Kalenderjahr überschritten oder wird im laufenden Kalenderjahr voraussichtlich überschritten (§ 1a Abs. 3 Nr. 2 UStG).</td><td rowspan="5">Hinsichtlich dieser Umsätze ist der luf Betrieb ein in der Gliederung des Unternehmens gesondert geführter Betrieb (§ 24 Abs. 3 UStG). Der LuF gilt insoweit nicht als Schwellenerwerber. Daher werden die für diese Tätigkeitsbereich aus anderen Mitgliedstaaten erworbenen Gegenstände nicht bei der Ermittlung der Erwerbsschwelle einbezogen (§ 1a Abs. 1 Nr. 2 Buchst. a UStG).</td></tr>
<tr><td>↓ ja</td><td colspan="2">↓ nein</td></tr>
<tr><td>Innergemeinschaftlicher Erwerb</td><td colspan="2">Verzicht auf die Anwendung der Erwerbsschwelle (§ 1a Abs. 4 UStG)</td></tr>
<tr><td rowspan="2"></td><td>↓ ja</td><td>↓ nein</td></tr>
<tr><td>Dieser Verzicht bindet den Erwerber für mindestens zwei Kalenderjahre.</td><td>Kein innergemeinschaftlicher Erwerb</td></tr>
</table>

VII. Steuersätze

1698 Für die Lieferung von **forstwirtschaftlichen Erzeugnissen mit Ausnahme von Sägewerkserzeugnissen** entfällt ein weiterer Vorsteuerabzug. Zu diesen Erzeugnissen zählen Stammholz (Stämme und Stammholz), Stangen, Schichtholz, Industrieholz oder Brennholz oder übrige forstwirtschaftliche Erzeugnisse wie

1 https://www.smartsteuer.de/online/lexikon/l/land-und-forstwirtschaft-lexikon-des-steuerrechts.

Forstsamen, Rinde, Pilze, Beeren, Wildbret, Weihnachtsbäume.[1] Auch Umsätze aus Erholungs- und Nichtwirtschaftswaldungen unterliegen dem Durchschnittssatz von 5,5 %. Bei Lieferungen von Erzeugnissen aus Sonderkulturen außerhalb des Waldes (z. B. Weidenbau, Baumschule, Obst- oder Weihnachtsbaumkultur, Schmuckreisig) handelt es sich nicht um Umsätze von forstwirtschaftlichen Erzeugnissen, sondern um eigenständige landwirtschaftliche Umsätze, die unter § 24 Abs. 1 Satz 1 Nr. 3 UStG fallen können.[2]

Für die Lieferungen der **in der Anlage 2 zum UStG nicht aufgeführten Sägewerkserzeugnisse**[3] und **Getränke** sowie von **alkoholischen Flüssigkeiten**, ausgenommen die Lieferungen in das Ausland und die im Ausland bewirkten Umsätze, und für sonstige Leistungen, soweit in der Anlage 2 zum UStG nicht aufgeführte Getränke abgegeben werden, beträgt der Durchschnittssatz 19 % und der Vorsteuerabzug 7,8 % der Bemessungsgrundlage (**§ 24 Abs. 1 Satz 1 Nr. 2 UStG**).[4] Ein weiterer Vorsteuerabzug entfällt. Damit ergibt sich eine Zahllast von 10,0 %.[5] § 24 Abs. 1 Satz 1 Nr. 2 UStG dient der Verhinderung von Wettbewerbsverzerrungen gegenüber der Regelbesteuerung unterliegenden Unternehmern, weil die von diesem Durchschnittssatz erfassten Umsätze bei Anwendung der Regelbesteuerung dem allgemeinen Steuersatz unterliegen würden. Getränke i. S. des § 24 Abs. 1 Satz 1 Nr. 2 Alt. 2 UStG sind Frucht- oder Gemüsesäfte, Mineralwasser,[6] Milchmischgetränke mit weniger als 75 % Milchanteil oder unvergorener Most. Nicht darunter fallen Milch (aus Kapitel 4 des

1 Vgl. Abschnitt 24.2 Abs. 4 Satz 1 UStAE.

2 Vgl. Abschnitt 24.2 Abs. 4 Satz 3 UStAE.

3 Vgl. Abschnitt 24.2 Abs. 5 Satz 1 UStAE: Balken, Bohlen, Kanthölzer, besäumte und unbesäumte Bretter sowie Holzwolle und Holzmehl. Für die Lieferung der in der Anlage 2 zu § 12 Abs. 2 Nr. 1 UStG aufgeführten Sägewerkserzeugnisse ist der Durchschnittssatz für die übrigen Umsätze des § 24 Abs. 1 Satz 1 Nr. 3 UStG anzuwenden. Darunter fallen Brennholz oder Holz, das vierseitig oder zweiseitig grob zugerichtet, aber nicht weiter bearbeitet ist, sowie (als Holzabfälle nicht in Tischlereien verwendbare) Schwarten, Hobel-, Hack- und Sägespäne.

4 Nach Art. 3 des Zweiten Gesetzes zur Umsetzung steuerlicher Hilfsmaßnahmen zur Bewältigung der Corona-Krise (Zweites Corona-Steuerhilfegesetz v. 29.6.2020, BGBl 2020 I S. 1512, sind für den Übergangszeitraum vom 1.7.2020 bis 31.12.2020 der allgemeine Umsatzsteuersatz von 19 % auf 16 % (§ 12 Abs. 1 i. V. mit § 28 Abs. 1 UStG), der ermäßigte Umsatzsteuersatz von 7 % auf 5 % (§ 12 Abs. 2 i. V. mit § 28 Abs. 2 UStG) sowie der im Rahmen der Durchschnittssatzbesteuerung nach § 24 UStG für die Lieferungen bestimmter Sägewerkserzeugnisse, von Getränken und alkoholischen Flüssigkeiten geltende Steuersatz (§ 24 Abs. 1 Satz 1 Nr. 2 i. V. mit § 28 Abs. 3 UStG) von 19 % auf 16 % gesenkt worden.

5 Wegen der durch das Zweite Corona-Steuerhilfegesetz v. 29.6.2020, BGBl 2020 I S. 1512 abgesenkten Steuersätze ergibt sich für nach dem 30.6.2020 und vor dem 1.1.2021 ausgeführte Umsätze eine Zahllast von 5,3 % der Bemessungsgrundlage.

6 Vgl. Abschnitt 24.2 Abs. 5 Satz 3 UStAE.

Zolltarifs), Milchmischgetränke mit einem Anteil an Milch von mindestens 75 % des Fertigerzeugnisses oder Wasser.[1] Alkoholische Flüssigkeiten i. S. des § 24 Abs. 1 Satz 1 Nr. 2 Alt. 1 UStG sind insbesondere Wein, Obstwein und andere alkoholische Getränke.[2]

BEISPIEL ▸ Ein Forstwirt betreibt ein Sägewerk. Er verarbeitet das in seinem Wald geschlagene Holz in seinem Sägewerk und verkauft dort produzierte Balken, Bohlen und Kanthölzer und außerdem dort aus Rohholz gewonnenes Brennholz in Form von Rundlingen oder Scheiten.[3]

---

1 Vgl. Abschnitt 24.2 Abs. 5 UStAE. Hierfür kann nach § 24 Abs. 1 Satz 1 Nr. 3 UStG der Durchschnittssatz von 7,8 % zur Anwendung kommen, sofern es sich um landwirtschaftliche Erzeugnisse handelt.

2 Vgl. Abschnitt 24.2 Abs. 5 Satz 2 UStAE, außerdem Milchmischgetränke mit Alkoholzusätzen, Traubenmost (Federweißer) sowie Sekt oder Schaumweine.

3 Nach BFH, Urteil 21.4.2022 – V R 2/22, BStBl 2023 II S. 460 (siehe auch vorhergehend EuGH, Urteil 3.2.2022 – Rs. C-515/20 „Finanzamt A", ECLI:EU:C:2022:73 = UR 2022 S. 693 m. Anm. Vogel; sowie Sterzinger, USt direkt digital 16/2022 S. 8; kritisch aber Neeser, UVR 2022 S. 274 [277]; a. A. noch BFH, Urteil 26.6.2018 - VII R 47/17, BStBl 2023 II S. 457) ist auf die Lieferung von Holzhackschnitzeln der ermäßigte Steuersatz nach § 12 Abs. 2 Nr. 1 UStG i. V. mit der Anlage 2 Nr. 48 Buchst. a zum UStG anzuwenden, wenn diese bei richtlinienkonformer Auslegung entsprechend Art. 122 MwStSystRL als Brennholz i. S. der Warenbeschreibung der Anlage 2 Nr. 48 Buchst. a zum UStG einzuordnen sind. Der Gesetzgeber hat im Jahressteuergesetz 2024 v.5.12.2024, BGBl 2024 I Nr. 387 = BStBl 2024 I S. 1484 auf diese Rechtsprechung reagiert. Diese Änderung bewirkt, dass auch Holzhackschnitzel dem ermäßigten Steuersatz unterliegen. Holzhackschnitzel sind als Brennholz anzusehen, wenn sie in Position 4401 des Zolltarifs eingereiht werden und sie nach ihren objektiven Eigenschaften im Zeitpunkt der Lieferung ausschließlich zum Verbrennen bestimmt und geeignet sind. Hierfür ist neben der Art der Aufmachung bei der Abgabe oder beim Verkauf (Bestimmung) ein im Voraus festgelegter Trocknungsgrad (Eignung) maßgebend. Bei einem Trocken- und Darrgewicht (Holz im absolut trockenen Aggregatzustand) unter 25 % wird eine Bestimmung ausschließlich zum Verbrennen angenommen. Zu welchem Zweck der Leistungsempfänger die Holzhackschnitzel tatsächlich verwendet, ist unbeachtlich. Bei Lieferung von Holzhackschnitzeln mit einem Feuchtegehalt von 25 % und mehr kann der ermäßigte Steuersatz gleichwohl zur Anwendung kommen, wenn die Holzhackschnitzel im Einzelfall ohne weitere Bearbeitung (wie z. B. Lagerung oder Trocknung) unmittelbar thermisch vom Erwerber verwertet werden können, etwa weil er über eine Anlage verfügt, bei der auch eine Verbrennung von Holz mit einem höheren Feuchtegehalt möglich ist. Hierfür ist es ausreichend, wenn der Erwerber dies – ohne, dass es offensichtlich unzutreffend ist – gegenüber dem leistenden Unternehmer versichert. Im Rahmen einer Übergangsregelung beanstandet es die Finanzverwaltung (BMF, Schreiben 15.7.2025 – III C 2 - S 7221/00019/005/056, BStBl 2025 I S. 1513) nicht, wenn sich der Leistende und der Leistungsempfänger übereinstimmend – auch für Zwecke des Vorsteuerabzuges – auf die Regelungen des BMF-Schreibens v. 4.4.2023 – III C 2 - S 7221/19/10002 :004, BStBl 2023 I S. 733 berufen. Der Regelsteuersatz kann daher für im Zeitraum vom 6.12.2024 bis zum 30.9.2025 ausgeführte Lieferungen von Holzhackschnitzeln zur Anwendung kommen, wenn sich aus der Abgabemenge beim Verkauf ergibt, dass diese tatsächlich nicht zum Verbrennen bestimmt sind Für vor dem 6.12.2024 ausgeführte Umsätze bleibt die Anwendung der BMF-Schreiben v. 4.4.2023 – III C 2 - S 7221/19/10002 :004, BStBl 2023 I S. 733 und v. 29.9.2023 – III C 2 - S 7221/19/10002: 004, BStBl 2023 I S. 1702 unberührt.

Umsätze eines Sägewerkes sind grundsätzlich als gewerblich zu qualifizieren, so dass auf die Erzeugnisse § 24 UStG nicht zur Anwendung kommt. Etwas anderes gilt ausnahmsweise, wenn – wie im Beispielsfall – ein forstwirtschaftlicher Hauptbetrieb vorhanden ist und das im Hauptbetrieb gewonnene Holz im Sägewerk verarbeitet wird, so dass das Sägewerk als Nebenbetrieb zu qualifizieren ist.

Beim Verkauf der Balken, Bohlen und Kanthölzer (in der Anlage 2 zum UStG nicht aufgeführte Sägewerkserzeugnisse) beträgt der Durchschnittssatz 19 % und der Vorsteuerabzug 7,8 % der Bemessungsgrundlage (§ 24 Abs. 1 Satz 1 Nr. 2 Alt. 1 UStG). Diese Produkte sind mit dem Steuersatz des § 24 Abs. 1 Satz 1 Nr. 2 UStG zu versteuern, auch wenn sie im Rahmen eines luf Betriebes (Nebenbetrieb) veräußert werden. Da ein weiterer Vorsteuerabzug entfällt, ergibt sich eine Zahllast von 10,0 %. Die Regelung beseitigt Wettbewerbsverzerrungen, die zum Nachteil gewerblicher Sägewerksbesitzer entstehen würden, die ihre Umsätze von den in der Anlage zu § 12 Abs. 2 Nr. 1 und 2 UStG nicht aufgeführten Erzeugnissen mit dem allgemeinen Steuersatz des § 12 Abs. 1 UStG versteuern müssen.

Beim Verkauf des Brennholzes (in der Anlage 2 zum UStG aufgeführtes Sägewerkserzeugnis) beträgt der Durchschnittssatz 7,8 % der Bemessungsgrundlage (§ 24 Abs. 1 Satz 1 Nr. 3 UStG). Die Vorsteuer wird nach § 24 Abs. 1 Satz 3 UStG ebenfalls auf 7,8 % festgesetzt.

ABWANDLUNG ▸ Der Forstwirt hat zur Besteuerung nach den allgemeinen Vorschriften optiert (§ 24 Abs. 4 UStG). Er verkauft Holzhackschnitzel, die zur Verwendung als Brennmaterial bestimmt sind.

Verarbeitet und veräußert er im Wald geschlagenes Holz bis zur Produktionsstufe von Holzscheiten, unterliegt er mit seinen Lieferungen dem ermäßigten Steuersatz nach § 12 Abs. 2 Nr. 1 i. V. mit Anlage 2 Nr. 48 Buchst. a UStG. Zerkleinert er im Wald das Holz zu Schnitzeln, die wie Holzscheite als Brennholz verwendet werden (Waldhackschnitzel), kommt der Regelsteuersatz von 19 % zur Anwendung. Diese Hackschnitzel sind nicht als Abfall angefallen, sondern als eigentliches Produkt aus dem Stamm hergestellt worden.

Hat er das bei der Weiterverarbeitung von dem Holz in seinem Sägewerk angefallene Rest- und Abfallholz zu Schnitzeln (Industriehackschnitzel) verarbeitet, handelt es sich um begünstigte Gegenstände i. S. von Anlage 2 Nr. 48 Buchst. b UStG, die mit dem ermäßigten Steuersatz von 7 % zu besteuern sind.

Die Regelung in **§ 24 Abs. 1 Nr. 2 Alt. 4 UStG** erfasst sonstige Leistungen im Zusammenhang mit der Abgabe von Getränken, die nicht in der Anlage 2 zum UStG enthalten sind. Nach dem Wortlaut der Vorschrift könnten sogar **Restaurationsumsätze** der Durchschnittssatzbesteuerung unterliegen. Diese Auslegung ist jedoch vor dem Hintergrund bedenklich, dass derartige Umsätze keine luf Leistung i. S. des Art. 295 Abs. 1 Nr. 5 MwStSystRL sind. Dies wirkt sich zwar bei den Ausgangsumsätzen nicht aus, weil § 24 Abs. 1 Nr. 2 UStG sowie der für einen Regelbesteuernden geltende § 12 Abs. 1 UStG eine Umsatzsteuerbelastung von 19 % bewirken. Bedenklich ist jedoch der auf 7,8 % beschränkte Vorsteuerabzug des § 24 Abs. 1 Satz 3 und 4 UStG. Vor diesem Hintergrund kann ein LuF hinsichtlich der mit der Abgabe von Getränken in Zusammenhang stehenden Eingangsumsätzen unter Berufung auf die Grundsätze der MwStSystRL den vollen Vorsteuerabzug geltend machen, sofern die übrigen Voraussetzungen des § 15 UStG erfüllt sind.[1] Da aber die Finanzverwaltung unter den Voraussetzungen des Abschnitts 24.6 UStAE auf die Erhebung der Steuer verzichtet, dürfte das (unmittelbar aus der MwStSystRL abgeleitete) Recht des Unternehmers auf Abzug des vollen Vorsteuerbetrages die praktische Relevanz fehlen.

Für die Umsätze, die nicht unter § 24 Abs. 1 Satz 1 Nr. 1 und 2 UStG fallen, betragen der Steuersatz und der Vorsteuerabzug 7,8 % der Bemessungsgrundlage. Ein weiterer Vorsteuerabzug entfällt. Der **Durchschnittssatz nach § 24 Abs. 1 Satz 1 Nr. 3 UStG** gilt insbesondere für die Umsätze aus dem **Verkauf der wichtigsten landwirtschaftlichen Erzeugnisse** wie z. B. Getreide, Getreideerzeugnisse, Vieh, Fleisch, Milch, Obst, Gemüse und Eier.[2] Diese Durchschnittssätze gelten außerdem bei der **Erbringung von luf Dienstleistungen**.[3]

Überblick Durchschnittssätze nach § 24 UStG:

Art der Umsätze	**Durchschnittssatz**		**Steuerzahllast**
	Umsatz	**Vorsteuer**	
Lieferungen von forstwirtschaftlichen Erzeugnissen, ausgenommen Sägewerkserzeugnisse	5,5	5,5	0
Lieferungen der in der Anlage 2 aufgeführten Sägewerkserzeugnisse und Getränke	7,8	7,8	0
Ausfuhrlieferungen und im Ausland bewirkte Umsätze der in der Anlage 2 nicht aufgeführten Sägewerkserzeugnisse und Getränke sowie von alkoholischen Flüssigkeiten	7,8	7,8	0

1 Schilcher in Hartmann/Metzenmacher, UStG, § 24 Abs. 1 Rz. 127; Müller in Weymüller, BeckOK UStG, § 24 Rz. 415.

2 Vgl. Abschnitt 24.2 Abs. 6 Satz 1 UStAE.

3 Die in § 24 Abs. 1 Satz 1 Nr. 1 und Nr. 2 UStG genannten Varianten beschränken sich auf die Lieferung bestimmter luf Erzeugnisse.

Art der Umsätze	Durchschnittssatz		Steuerzahllast
	Umsatz	Vorsteuer	
Lieferungen der in der Anlage 2 nicht aufgeführten Sägewerkserzeugnisse und Getränke sowie von alkoholischen Flüssigkeiten und für sonstige Leistungen, soweit in der Anlage nicht aufgeführte Getränke abgegeben werden	19	7,8	11,2
Übrige landwirtschaftliche Umsätze (z. B. Getreide, Vieh, Fleisch, Milch, Obst, Gemüse, Eier)	7,8	7,8	0

Durch Art. 3 des Zweiten Gesetzes zur Umsetzung steuerlicher Hilfsmaßnahmen zur Bewältigung der Corona-Krise[1] sind für den **Übergangszeitraum vom 1.7.2020 bis 31.12.2020** der allgemeine Umsatzsteuersatz von 19 % auf 16 % (§ 12 Abs. 1 i. V. mit § 28 Abs. 1 UStG), der ermäßigte Umsatzsteuersatz von 7 % auf 5 % (§ 12 Abs. 2 i. V. mit § 28 Abs. 2 UStG) sowie **der im Rahmen der Durchschnittssatzbesteuerung nach § 24 UStG für die Lieferungen bestimmter Sägewerkserzeugnisse, von Getränken und alkoholischen Flüssigkeiten geltende Steuersatz (§ 24 Abs. 1 Satz 1 Nr. 2 i. V. mit § 28 Abs. 3 UStG) von 19 % auf 16 % gesenkt worden.** Die geminderten Umsatzsteuersätze sind auf die Lieferungen anzuwenden, die nach dem 30.6.2020 und vor dem 1.1.2021 bewirkt worden sind. Maßgebend ist bei Anwendung der **Soll-Besteuerung** der Zeitpunkt, in dem der jeweilige Umsatz ausgeführt worden ist. Der Zeitpunkt der vertraglichen Vereinbarung, der Zeitpunkt der Entgeltsvereinnahmung oder der Zeitpunkt der Rechnungserteilung sind nicht maßgeblich.[2] Hatte der Unternehmer in den Fällen der **Ist-Versteuerung** (§ 13 Abs. 1 Nr. 1 Buchst. a Satz 4, Buchst. b oder § 13b Abs. 4 Satz 2 UStG) vor dem 1.7.2020 Entgelte oder Teilentgelte für Lieferungen vereinnahmt, die nach dem 30.7.2020 ausgeführt worden sind und der Besteuerung unterlagen, waren auch auf diese Beträge nachträglich die ab dem 1.7.2020 geltenden Umsatzsteuersätze von 16 % anzuwenden (§ 27 Abs. 1 Satz 2 UStG). Wurden aber nach dem 30.6.2020 Entgelte oder Teilentgelte für Leistungen vereinnahmt, die der Unternehmer bereits vor dem 1.7.2020 ausgeführt hatte, war die auf diese Beträge entfallende Umsatzsteuer nach den bis zum 30.6.2020 geltenden Umsatzsteuersätzen von 19 % zu berechnen. Die vorstehenden Regelungen gelten für die Anhebung des Umsatzsteuersatzes

1 Zweites Corona-Steuerhilfegesetz v. 29.6.2020, BGBl 2020 I S. 1512.

2 Vgl. Abschnitt 12.1 Abs. 3 UStAE. Wegen weiterer Auswirkungen der befristeten Absenkung der Umsatzsteuersätze s. BMF 30.6.2020 – III C 2 - S 7030/20/10009 :004, BStBl 2020 I S. 584.

von 16 % auf 19 % zum 1.1.2021 entsprechend. Im Fall der Ist-Versteuerung war nach § 27 Abs. 1 Satz 3 UStG die für die vor dem 1.1.2021 vereinnahmten Entgelte und Teilentgelte geschuldete weitere Umsatzsteuer für den Voranmeldungszeitraum zu berechnen und zu entrichten, in dem die Leistung bzw. Teilleistung ausgeführt worden ist. Der Unternehmer konnte die für die vor dem 1.1.2021 vereinnahmten Teilentgelte geschuldete weitere Umsatzsteuer für den Voranmeldungszeitraum berechnen und entrichten, in dem das restliche Entgelt vereinnahmt wird. Hat der Unternehmer das restliche Entgelt nach dem 31.12.2020 in mehreren Teilbeträgen vereinnahmt, konnte er die Umsatzsteuer, soweit sie noch auf die vor dem 1.1.2021 vereinnahmten Teilentgelte entfällt, für den Voranmeldungszeitraum berechnen und entrichten, in dem er den letzten Teilbetrag vereinnahmt hat.

Durch Art. 1 Nr. 5 Buchst. a des Gesetzes zur Umsetzung unionsrechtlicher Vorgaben im Umsatzsteuerrecht[1] ist der in § 24 Abs. 1 Satz 1 Nr. 3 und Satz 3 UStG geregelte Durchschnittssatz **von bisher 10,7 % auf 9,5 % zum 1.1.2022 gesenkt** worden. Der bisherige Durchschnittssatz (für Umsätze nach § 24 Abs. 1 Satz 1 Nr. 3 UStG) sowie die Vorsteuerpauschale nach § 24 Abs. 1 Satz 3 UStG wurden jeweils um 1,2 % abgesenkt.

Zwar führt diese Änderung des § 24 Abs. 1 UStG für die Pauschallandwirte zu **Mehrbelastungen in Höhe von rund 95 Mio. € jährlich**.[2] Andererseits dürfte die Umsatzsteuerpauschalierung in der Landwirtschaft mit den erfolgten Rechtsänderungen auf eine rechtssichere Basis gestellt worden sein. Für viele kleinere landwirtschaftliche Betriebe wird das Fortbestehen der damit verbundenen Erleichterungen trotz der finanziellen Einbußen vermutlich eine positive Nachricht sein, für die anderen wäre der Wechsel zur Regelbesteuerung möglicherweise eine überlegenswerte Alternative.[3]

Da zu den europäischen Vorgaben auch eine regelmäßige Überprüfung und ggf. Anpassung des Durchschnittssatzes gehört, wird gleichzeitig in § 24 Abs. 5 UStG die **Berechnung des Durchschnittssatzes** (Pauschalausgleich-Prozentsat-

1 Gesetz zur Umsetzung unionsrechtlicher Vorgaben im Umsatzsteuerrecht v. 21.12.2021, BGBl 2021 I S. 5250= BStBl 2022 I S. 195.

2 BR-Drucks. 776/21 v. 28.10.2021 S. 6; siehe auch Kruhl, UStB 2022 S. 55, 57, der davon ausgeht, dass diese steuerliche Mehrbelastung die kleineren landwirtschaftlichen Betriebe treffen wird, da die großen landwirtschaftlichen Betriebe wegen ihres überdurchschnittlichen Bedarfs an Vorleistungen einen höheren Preis-Mengenrabatt bei ihren Lieferanten aushandeln können als die kleinen und mittleren landwirtschaftlichen Betriebe.

3 Hörster, NWB 2022 S. 18, 21.

zes) für Landwirte im Gesetz verankert. § 24 UStG fingiert mittels eines übereinstimmenden Pauschalsatzes, dass sich Umsatzsteuer und Vorsteuer in derselben Höhe neutralisieren. Der land- und forstwirtschaftliche Unternehmer vereinnahmt zwar die in Rechnung gestellte Umsatzsteuer, muss diese aus Gründen der Erleichterung jedoch nicht abführen. In vielen Fällen ergibt sich daher eine Überkompensation. Dieser Vorteil aus der „Erleichterung" ist umso höher, je höher die Wertschöpfung des Betriebes ist. Betrieben mit einer geringen Wertschöpfung bleibt der Ausweg, auf eine Pauschalierung zu verzichten. Diese Evaluierung ist auch deshalb geboten, weil selbst durch die Einführung einer 600.000 €-Umsatzgrenze ab 2022 durch das JStG 2020[1] eine Besserstellung gegenüber dem gewerblichen Bereich erfolgt. Dort wird die vergleichbare „unbürokratische" Kleinunternehmerschaft nur bei Bruttoumsätzen bis 22.000 € pro Jahr gewährt. § 24 Abs. 5 UStG stellt gesetzlich sicher, dass eine Überkompensation auch in künftigen Jahren ausgeschlossen ist. Die Ermittlung des Durchschnittssatzes soll dabei unter Berücksichtigung der Kritik des Bundesrechnungshofes an der bisherigen Berechnungsmethode erfolgen.[2]

Die Pauschalausgleich-Prozentsätze sind regelmäßig fortzuschreiben (Art. 298 MwStSystRL) und dürfen bei einer Gesamtbetrachtung[3] die Mehrwertsteuer-Vorbelastung aller dem Pauschalausgleich unterliegenden Land- und Forstwirte (vgl. Art. 295 Abs. 1 Nr. 6 MwStSystRL) nicht überkompensieren (Art. 299 MwStSystRL). Die Pauschallandwirte dürfen in ihrer Gesamtheit keine Umsatzsteuer-Erstattungen erhalten, die über ihre tatsächliche Vorsteuer-Belastung hinausgehen. Wäre das der Fall, würde ein Mitgliedstaat seinen Landwirten unzulässige Beihilfen gewähren und damit gegen Unionsrecht verstoßen, was ein Vertragsverletzungsverfahren der EU-Kommission auslösen könnte. Daher sind in dem **durch § 24 Abs. 5 UStG und der Anlage 5 geregelten Monitoring** die Vorsteuern aller pauschalierenden Landwirte zu den Umsätzen aller pauschalierenden Landwirte jeweils eines Dreijahreszeitraums ins Verhältnis zu setzen (gewichteter Mittelwert). Der so ermittelte Durchschnittssatz wird auf eine Nachkommastelle kaufmännisch gerundet. Die Vorsteuerbelastung der Pauschallandwirte wird dabei anhand der Landwirtschaftlichen Gesamtrechnung für Deutschland (LGR) und der Umsatzsteuerstatistik (Voranmeldungen) ermittelt. Diese beiden Statistiken enthalten die makroökonomischen Daten

1 Jahressteuergesetz 2020, BGBl 2020 I S. 3096 = BStBl 2021 I S. 6.

2 Vgl. BT-Drucks. 19/25160 S. 197 und Bericht Bundesrechnungshof vom 24.8.2021 abrufbar unter: https://www.bundesrechnungshof.de/de/veroeffentlichungen/produkte/pruefungsmitteilungen/2021/Vorsteuerbelastung-Pauschallandwirte.

3 EuGH, Urteil 12.10.2017 – C-262/16 Rs. „Shields & Sons", ECLI:EU:C:2017:756 = NWB LAAAG-87537 = UR 2018 S. 131.

i. S. des Art. 298 Satz 1 MwStSystRL. In die Berechnung fließen die letzten drei Jahre ein, für die sowohl die LGR als auch die Umsatzsteuerstatistiken vorliegen.[1] Diese Überprüfung hat **jährlich** zu erfolgen und bezieht sich nur auf den Durchschnittssatz nach § 24 Abs. 1 Satz 1 Nr. 3 UStG. Der Durchschnittssatz nach § 24 Abs. 1 Satz 1 Nr. 1 UStG ist nicht erfasst.

Durch Art. 12 Nr. 3 des **Achten Gesetzes zur Änderung von Verbrauchsteuergesetzen** vom 24.10.2022, BGBl 2022 I S. 1838 wird durch die Änderung des § 24 Abs. 1 Satz 1 Nr. 3 und Satz 3 UStG der Durchschnittssatz und die Vorsteuerpauschale für Landwirte **ab 1.1.2023 auf 9,0 %** angepasst. Diese Absenkung des Durchschnittssatzes dient der Vermeidung eines systemwidrigen Begünstigungseffekts und soll damit missbräuchlichen Gestaltungen entgegenwirken.[2] Dadurch erleiden Pauschallandwirte Einkommenseinbußen, von denen der Fiskus durch ein erhöhtes Umsatzsteueraufkommen profitiert. Vor dem Hintergrund erheblicher Kostensteigerungen insbesondere für Energie und damit höherer tatsächlicher Vorsteuern bietet sich eine Prüfung an, ob sich für die betroffenen Betriebe ein Wechsel zur Regelbesteuerung lohnt.

Durch Art. 24 Nr. 13 des **Jahressteuergesetzes 2024**[3] ist in § 24 Abs. 1 Satz 1 Nr. 3 und Satz 3 UStG jeweils die Angabe 9,0 % am Tag nach der Verkündung des Gesetzes, also am 6.12.2024, durch die Angabe 8,4 % ersetzt worden. Diese Änderung sollte ursprünglich bereits durch das sog. Wachstumschancengesetz[4] erfolgen, war dort aber im Vermittlungsverfahren gescheitert. Durch die weitere Änderung des § 24 Abs. 1 Satz 1 Nr. 3 und Satz 3 UStG wird durch Art. 25 Nr. 21 des Jahressteuergesetzes 2024 der Durchschnittssatz und die Vorsteuerpauschale für Landwirte **zum 1.1.2025 auf 7,8 %** erneut **angepasst**. Das bedeutet im Ergebnis, dass für die Zeit vom 6.12.2024 bis 31.12.2024 die erste Steuersatzsenkung (unterjährig) und nur für einen kurzen Zeitraum vorzunehmen ist. Dies begegnet angesichts des damit für die Land- und Forstwirte verbundenen Aufwands erheblichen Bedenken, zumal bereits zum 1.1.2025 ein neuer Pauschalierungssatz zur Anwendung kommt.[5] Unter Umständen hat der Gesetzgeber mit dieser einmalig kurzfristigen Änderung eines Steuersatzes gegen das Verhältnismäßigkeitsprinzip in Form des Übermaßverbots verstoßen. Vermutlich werden viele das Gesetz nicht sofort ab dem 6.12.2024 beachtet haben, so dass

1 Kruhl, UStB 2022 S. 55, 56.

2 Sterzinger, UR 2023 S. 5, 17; Kraeusel, UVR 2022 S. 322, 323.

3 Jahressteuergesetz 2024 v. 5.12.2024, BGBl 2024 I Nr. 387 = BStBl 2024 I S. 1484.

4 Gesetz zur Stärkung von Wachstumschancen, Investitionen und Innovation sowie Steuervereinfachung und Steuerfairness v. 27.3.2024, BGBl 2024 I Nr. 108 = BStBl 2024 I S. 666.

5 Sterzinger, UR 2024 S. 869, 872; Grune, Stbg 2024 S. 361, 365.

falsche Rechnungen und Gutschriften in Umlauf gekommen sind, die korrigiert werden müssten. Geschieht dies nicht, kommt es zu einem vom Gesetzgeber geschaffenen strukturellen Vollzugsdefizit, das gegen das Gleichheitsgebot des Art. 3 GG verstößt.[1]

Überblick Entwicklung der Durchschnittsätze[2]

	Forstwirtschaft	Landwirtschaft	Sägewerkserzeugnisse/Getränke
bis 30.6.2020	5,5 %	10,7 %	19 %
vom 1.7.2020 bis 31.12.2020	5,5 %	10,7 %	16 %
vom 1.1.2021 bis 31.12.2021	5,5 %	10,7 %	19 %
vom 1.1.2022 bis 31.12.2022	5,5 %	9,5 %	19 %
ab 1.1.2023 bis 5.12.2024	5,5 %	9,0 %	19 %
vom 6.12.2024 bis 31.12.2024	5,5 %	8,4 %	19 %
vom 1.1.2025	5,5 %	7,8 %	19 %

Außerdem ist durch Art. 25 Nr. 21 Buchst. b des Jahressteuergesetzes 2024[3] die Neuregelung des § 24 Abs. 5 UStG in das Gesetz aufgenommen worden. Diese enthält eine Ermächtigung und eine Verpflichtung, **den nach Anlage 5 für das Folgejahr ermittelten Durchschnittssatz durch Rechtsverordnung festzusetzen**. Ergibt sich daher in einem Folgejahr aus der Berechnung nach Anlage 5 eine Abweichung zum Prozentsatz nach § 24 Abs. 1 Satz 1 Nr. 3 UStG, ändert nach § 24 Abs. 5 UStG das Bundesministerium der Finanzen diesen durch Rechtsverordnung mit Zustimmung des Bundesrates jeweils mit Wirkung zum 1.1. des Folgejahres entsprechend. Der Gesetzgeber reagiert damit auf den Umstand, dass in der Vergangenheit notwendige Anpassungen des Durchschnittssatzes aus politischen Gründen nicht oder nicht rechtzeitig umsetzbar waren.[4] So konnte eine noch im Entwurf des Wachstumschancengesetzes vorgesehene Absenkung des Durchschnittssteuersatzes und der Vorsteuerpauschale für land- und forstwirtschaftliche Umsätze im weiteren Gesetzgebungsverfahren nicht umgesetzt werden. Dies hatte zur Folge, dass die unionsrechtlich zwingende Anpassung der Vorsteuerpauschale und des Pauschalsteuersatzes nicht rechtzeitig stattfand und die Gefahr bestand, dass die Bundesregierung vor dem EuGH für diesen unionsrechtswidrigen Zustand mitverantwortlich gemacht werden konnte.

1 Widmann, MwStR 2025 S. 6, 9.

2 Rondorf, NWB 2022 S. 3086, 3090.

3 Jahressteuergesetz 2024 v. 5.12.2024, BGBl 2024 I Nr. 387 = BStBl 2024 I S. 1484.

4 Sterzinger, UR 2024 S. 869, 872.

Gegen die Neuregelung bestehen **keine verfassungsrechtlichen Bedenken**, obwohl sich im Ergebnis die Höhe des Durchschnittssatzes nicht mehr aus dem Umsatzsteuergesetz, sondern aus einer auf der Grundlage des UStG erlassenen Rechtsverordnung ergibt.[1]

Der Vorbehalt des Gesetzes gebietet, dass (belastende) Hoheitsakte nur aufgrund einer gesetzlichen Rechtsgrundlage ergehen dürfen. Darauf aufbauend hat das BVerfG[2] die **Wesentlichkeitstheorie** entwickelt, wonach der Gesetzgeber staatliches Handeln in grundlegenden Bereichen durch ein förmliches Gesetz legitimieren muss und deswegen alle wesentlichen Entscheidungen selbst treffen muss.

Im Steuerrecht, dessen Steuerbelastungsentscheidungen und Tarifgestaltungen weitgehend vom Willen des Gesetzgebers abhängen, ist **von einem strengen Gesetzesvorbehalt auszugehen**.[3] Insoweit konkretisiert der Grundsatz der Tatbestandsmäßigkeit der Besteuerung den Vorbehalt des Gesetzes. Dieser verlangt, dass sowohl der Tatbestand als auch die Rechtsfolge im Gesetz niedergelegt sein müssen. Zu den wesentlichen Entscheidungen, die der Gesetzgeber daher selbst regeln muss und nicht anderen Normgebern überlassen darf, zählen die Entscheidungen über den Belastungsgegenstand und den Steuertarif.[4] Das BVerfG hat allerdings bislang offengelassen, ob das Gesetz auch den Steuersatz bestimmen muss.[5]

Dementsprechend muss bei der Rechtsverordnung die Ermächtigung in einem formellen Gesetz nach Inhalt, Zweck und Ausmaß genügend bestimmt sein (Art. 80 Abs. 1 Satz 2 GG). Ein wesentlicher Unterschied danach, ob das Gesetz zu belastenden oder begünstigenden Verordnung ermächtigt, besteht nicht. Hat aber der Gesetzgeber – wie hier in § 24 UStG und in der dazu im Gesetz enthaltenen Anlage 5 – alle wesentlichen Entscheidungen über die steuerliche Belastung im Hinblick auf Steuerschuldner, Steuertatbestand, Steuerbemessungsgrundlage und Steuertarif ausreichend vorgezeichnet, ist den Anforde-

1 Sterzinger, UR 2024 S. 869, 873.

2 BVerfG, Urteil 8.4.1997 – 1 BvR 48/94, BVerfGE 95 S. 267 (307); BVerfG, Urteil 27.11.1990 – 1 BvR 402/87, BVerfGE 83 S. 130 (142, 151 f.); BVerfG, Urteil 8.8.1978 – 2 BvL 8/77, BVerfGE 49 S. 89 (126); BVerfG, Urteil 28.10.1975 – 2 BvR 883/73, 2 BvR 379/74, 2 BvR 497/74, 2 BvR 526/74, BVerfGE 40 S. 237 (249).

3 BVerfG, Urteil 5.11.2014 – 1 BvF 3/11, BVerfGE 137 S. 350 (364).

4 BVerfG, Urteil 23.10.1986 – 2 BvL 7/84, BVerfGE 73 S. 388 (400), fordert, dass steuerbegründende Tatbestände im Gesetz so bestimmt sein müssen, dass der Steuerpflichtige die auf ihn entfallende Steuerlast vorausberechnen kann.

5 BVerfG, Urteil 17.7.2003 – 2 BvL 1/99, BVerfGE 108 S. 186 (235).

rungen des Vorbehalts des Gesetzes genügt, selbst **wenn eine Verordnungsermächtigung dem Verordnungsgeber eine Neuberechnung der Steuersätze nach genau bestimmten Vorgaben überlässt**, die nicht zu einer abweichenden Entscheidung über das „Ob" und „Wie" einer Steuer führt.[1] Letztlich ist die Höhe des Durchschnittssatzes das Ergebnis einer gesetzlich abschließend vorgegebenen Berechnung mit jährlich zu ermittelnden, vom Willen des Verordnungsgebers unabhängigen Faktoren, nicht aber Folge einer Ermessensausübung des Verordnungsgebers.

VIII. Vorsteuerabzug (§ 24 Abs. 1 Satz 3 und 4 UStG)

1. Vorsteuern beim Land- und Forstwirt

Nach § 24 Abs. 1 Satz 4 UStG sind bei einem LuF, der die Durchschnittssatzbe- 1699
steuerung anwendet, **sämtliche Vorsteuern durch die Pauschalsätze des § 24 Abs. 1 Satz 3 UStG abgegolten**. Dazu zählen auch die Vorsteuern aus Einfuhren und innergemeinschaftlichen Erwerben[2] oder Vorsteuern für Umsätze, für die der pauschalierende LuF als Leistungsempfänger die Steuer nach § 13b UStG schuldet.[3] Dadurch wird aber Land- und Forstwirten, die ihre Umsätze nach Durchschnittssätzen nach § 24 Abs. 1 UStG besteuern, nicht der Vorsteuerabzug aus dem Bezug des für die Ausführung dieser Umsätze verwendeten Anlagevermögens versagt. Vielmehr wird ihnen der Vorsteuerabzug im Hinblick auf die für ihre von § 24 Abs. 1 Satz 1 Nr. 3 UStG erfassten Ausgangsumsätze verwendeten Eingangsumsätze nach Maßgabe der pauschalierten Vorsteuer nach § 24 Abs. 1 Satz 3 UStG (Art. 301 Abs. 1 MwStSystRL) gewährt. Nur ein darüber hinausgehender Vorsteuerabzug bleibt ihnen versagt. Durch die Pauschalierung werden Vorsteuern abhängig von den Ausgangsumsätzen in Ansatz gebracht – inwieweit tatsächlich Eingangsleistungen bezogen werden, ist unerheblich.

Veräußert ein Landwirt Gegenstände, der diese unter Anwendung der Durchschnittssätze nach § 24 Abs. 1 UStG erworben und im Anschluss weiterveräußert hat, an einen Wiederverkäufer, kommt die Differenzbesteuerung beim Erwerber nach § 25a UStG nicht zur Anwendung. Voraussetzung für die Anwendung der Differenzbesteuerung ist, dass der Gegenstand im Gemeinschaftsgebiet an den Wiederverkäufer geliefert wurde und für diese Lieferung Umsatzsteuer nicht geschuldet, nach § 19 Abs. 1 UStG nicht erhoben oder die Differenzbesteuerung

1 BVerfG, Urteil 5.11.2014 – 1 BvF 3/11, BVerfGE 137 S. 350 (365 f.).

2 BFH, Urteil 24.9.1998 – V R 17/98, BStBl 1999 II S. 39.

3 BFH, Beschluss 5.5.1995 – V B 74/94, NWB JAAAB-37398 = BFH/NV 1995 S. 1029.

vorgenommen wurde (§ 25 Abs. 1 Nr. 2 UStG). Anders als diese Anbieter ist ein **Land- und Forstwirt auch bei Anwendung der Durchschnittssatzbesteuerung dem Grunde nach zum Vorsteuerabzug berechtigt**, so dass in diesen Fällen keine die Anwendung der Differenzbesteuerung nach § 25a UStG rechtfertigende Situation besteht. Außerdem hat der Wiederverkäufer, anders als in den typischen Anwendungsfällen der Differenzbesteuerung, die Möglichkeit des Vorsteuerabzugs, da der Landwirt zum Ausweis der auf seine Ausgangsumsätze entfallenden Umsatzsteuer berechtigt ist.[1]

Nach § 24 Abs. 1 Satz 3 UStG betragen die zuzurechnenden Vorsteuern hinsichtlich der **Umsätze i. S. des § 24 Abs. 1 Satz 1 Nr. 1 UStG 5,5 %,** hinsichtlich der übrigen **Umsätze i. S. des § 24 Abs. 1 Satz 1 Nr. 2 und 3 UStG 7,8 %** der Bemessungsgrundlage dieser Umsätze.

Da die Prozentsätze und Bemessungsgrundlagen für die Berechnung der Vor- und Umsatzsteuer bei den Umsätzen nach § 24 Abs. 1 Satz 1 Nr. 1 und 3 UStG identisch sind, gleichen sich Umsatzsteuer und Vorsteuer aus, so dass sich **weder eine Zahllast noch ein Erstattungsanspruch** ergeben kann.[2]

Anders ist das bei den Umsätzen des § 24 Abs. 1 Satz 1 Nr. 2 UStG. Hier steht der Umsatzsteuer von 19 % der Bemessungsgrundlage ein Vorsteueranspruch von 7,8 % der Bemessungsgrundlage gegenüber, so dass stets ein **Umsatzsteuerüberhang von 11,2 % der Bemessungsgrundlage** und damit immer eine Zahllast entsteht.[3]

BEISPIEL Landwirt L liefert Schlachtvieh an einen Schlachthof. Der Betreiber des Schlachthofes S holt das Vieh bei L ab und fährt es zum Schlachthof. Mit Aufladen des Schlachtviehs auf den Lkw des S hat L keinen Einfluss mehr auf die Tiere. S und L haben vereinbart, dass zu diesem Zeitpunkt der Besitz und die Nutzungsberechtigung an den Tieren auf S übergehen. Außerdem haben S und L vereinbart, dass die Gefahr des Untergangs bzw. der Beschädigung der Schlachttiere erst nach vollendeter Wägung in der Schlachtstelle übergehen soll.

Bei der umsatzsteuerlichen Behandlung sog. Vorkosten im Zusammenhang mit der Lieferung von Schlachtvieh an Schlachtstätten ist abzugrenzen, ob es sich um eine dem Regelsteuersatz unterliegende sonstige Leistung der Schlachtstätten handelt

1 FG Münster, Gerichtsbescheid 29.3.2022 – 5 K 1589/21 U, NWB SAAAI-62779 = EFG 2022 S. 1244 m. Anm. Wiesch, Rev. BFH XI R 12/22; Ulbrich, MwStR 2022 S. 734, 735; Ulbrich, USt direkt digital 14/2022 S. 10; Grebe, UStB 2022 S. 172, 173; Stadie in Rau/Dürrwächter, UStG, § 25a Rz. 62.2.

2 Scheinbesteuerung mit scheinbarem Vorsteuerabzug; Klenk, UR 2002 S. 597, 598.

3 Wegen der durch das Zweite Corona-Steuerhilfegesetz v. 29.6.2020, BGBl 2020 I S. 1512, abgesenkten Steuersätze ergibt sich für nach dem 30.6.2020 und vor dem 1.1.2021 ausgeführte Umsätze eine Zahllast von 5,3 % der Bemessungsgrundlage.

(z. B. Transportleistung) oder um eine Entgeltminderung hinsichtlich der Lieferung des Schlachtviehs im Rahmen der Abrechnung durch den Schlachthof. Dies ist insbesondere von Bedeutung, wenn der liefernde Landwirt der Durchschnittssatzbesteuerung unterliegt und nach § 24 Abs. 1 Satz 4 UStG aus einer Abrechnung des Schlachthofs über eine Transportleistung nicht zum Vorsteuerabzug berechtigt ist.

Unabhängig von der umsatzsteuerlichen Bestimmung des Leistungszeitpunkts kommt es dabei, unabhängig von der begrifflichen Bezeichnung der Abrechnungspositionen, allein auf den Moment des zivilrechtlichen Gefahrenübergangs an.[1]

Geht die Gefahr des zufälligen Untergangs – wie im Beispielsfall – erst mit vollendeter Wägung am Schlachthof über, erbringt der Betreiber des Schlachthofes mit den Leistungen, die bis zur Vollendung der Wägung ausgeführt und als Vorkosten abgerechnet werden, sonstige Leistungen an L, die dem Regelsteuersatz unterliegen. S erbringt Dienstleistungen an Gegenständen, die zum Zeitpunkt der Ausführung der Dienstleistung noch dem L zuzurechnen sind.

Je nach zivilrechtlicher Ausgestaltung kann es sich bei den als Vorkosten abgerechneten Leistungen aber (anteilig) sowohl um sonstige Leistungen an den Landwirt (z. B. Transportkosten) als auch um Entgeltminderungen hinsichtlich der Lieferungen des Landwirts handeln.

Probleme ergeben sich hinsichtlich des Vorsteuerabzugs bei **von Dritten gezahlten Entgelten.**

BEISPIEL Eine Erzeugerorganisation schafft eine landwirtschaftliche Maschine im eigenbetrieblichen Interesse eines Mitglieds der Erzeugerorganisation an. Diese Maschine liefert die Erzeugerorganisation an den Erzeuger weiter, der hierfür 50 % der Anschaffungskosten zu entrichten hat. Die restlichen 50 % werden von dem Betriebsfonds an die Erzeugerorganisation gezahlt, der das Geld hierfür wiederum als EU-Beihilfe erhalten hat.

Der Anteil der vom Betriebsfonds getragenen Anschaffungskosten gehört zum Entgelt für die Lieferung der Erzeugerorganisation an den Erzeuger.[2]

Dies hat zur Folge, dass die Erzeugerorganisation die nachzufordernde Umsatzsteuer weiterberechnen muss – die Erzeuger also mit der Umsatzsteuer belastet werden. Handelt es sich um Landwirte, die ihre Umsätze nach Durchschnittssätzen besteuern, werden sie mit dieser Steuer endgültig belastet.

Trotz § 24 Abs. 1 Satz 4 UStG ist ein über § 24 Abs. 1 Satz 3 UStG hinausgehender Vorsteuerabzug nach den allgemeinen Grundsätzen des § 15 UStG möglich, soweit Eingangsumsätze unmittelbar mit nicht § 24 UStG unterfallenden

1 LfSt Bayern, Vfg. 28.2.2012, NWB FAAAE-03576; OFD Niedersachsen, Vfg. 24.3.2016, NWB NAAAF-70560.

2 EuGH, Urteil 9.10.2019 – Rs. C-573/18 und C-574/18 „C", ECLI:EU:C:2019:847 = UR 2019 S. 844; BFH, Urteile 22.1.2020 – XI R 26/19, BStBl 2020 II S. 421; XI R 27/19, NWB RAAAH-48548 = BFH/NV 2020 S. 714.

Ausgangsumsätzen des LuF in Zusammenhang stehen. § 24 UStG und damit auch § 24 Abs. 1 Satz 4 UStG ist nicht betriebsbezogen, sondern **umsatzbezogen auszulegen**. Zwar gilt § 24 UStG für die im Rahmen des luf Betriebs ausgeführten Umsätze. Damit können aber nur die Lieferungen luf Erzeugnisse und luf Dienstleistungen gemeint sein, auf die die Pauschalregelung der Art. 295 ff. MwStSystRL anzuwenden ist.[1] **Abzugsumsätze** kommen daher in Betracht, wenn der LuF

- insgesamt nach § 24 Abs. 4 UStG zur Regelbesteuerung optiert hat oder
- auch andere, nicht luf Umsätze ausführt und dafür Eingangsleistungen bezieht.

2. Vorsteuerabzug bei gemischten Unternehmen

1700 Die Aufteilung nach § 24 Abs. 3 UStG hat auch zur Folge, dass die Begrenzung auf den pauschalen Vorsteuerabzug (§ 24 Abs. 1 Satz 3 und 4 UStG) nur für die dem luf Bereich zuzuordnenden Eingangsumsätze gilt. Soweit der Unternehmer **Leistungen für den anderen Teil des Unternehmens bezieht, das nicht der Sondervorschrift des § 24 UStG unterliegt**, ist der Vorsteuerabzug unter den Voraussetzungen des § 15 UStG zu gewähren.

Erwirbt der Unternehmer einen einheitlichen Gegenstand, der **in beiden Unternehmensteilen verwendet** werden soll, ist die Vorsteuer nach den Grundsätzen des § 15 Abs. 4 UStG aufzuteilen.[2] Verwendet ein Pauschallandwirt einen einheitlich genutzten Gegenstand sowohl für pauschal besteuerte als auch regelbesteuerte Umsätze, ist daher die Vorsteuer nach dem Umsatzschlüssel aufzuteilen. Der auf den luf Betrieb entfallende Anteil ist mit der Vorsteuerpauschale abgegolten. Der auf den anderen Betriebsteil entfallende Anteil ist unter den Voraussetzungen des § 15 UStG abziehbar.

Dementsprechend sind **Vorsteuerbeträge für die Sanierung eines asbesthaltigen Daches eines landwirtschaftlich genutzten Stallgebäudes, auf dem eine Photovoltaikanlage errichtet wird**, nur anteilig abzugsfähig, wenn der landwirtschaftliche Betrieb der Durchschnittssatzbesteuerung nach § 24 UStG unterliegt. Die Dachsanierung steht nach ihrem objektiven Inhalt sowohl in direktem und unmittelbarem Zusammenhang mit der Photovoltaikanlage als auch mit

1 BFH, Urteil 13.11.2013 – XI R 2/11, BStBl 2014 II S. 543; Abschnitt 24.7 Abs. 2 Satz 1 UStAE.

2 BFH, Urteil 16.11.2016 – V R 1/15, NWB HAAAF-89559 = UR 2017 S. 153; Abschnitt 24.7 Abs. 2 Satz 2 UStAE.

dem Stallgebäude, auch wenn sie ausschließlich durch die Errichtung und den Betrieb der Photovoltaikanlage veranlasst worden ist. Die Aufteilung der Vorsteuerbeträge ist anhand eines Umsatzschlüssels vorzunehmen, der sich aus dem Verhältnis des fiktiven Mietumsatzes für die von der Photovoltaikanlage bedeckte Dachfläche zum fiktiven Mietumsatz für das Innere des Stallgebäudes ergibt.[1]

Die notwendige **Aufteilung** erfolgt **nach der bei Leistungsbezug bestehenden Verwendungsabsicht.**[2] Ist bei Bezug der jeweiligen Eingangsleistung noch keine eindeutige Zuordnung möglich, ist die Aufteilung notfalls im Wege einer Schätzung vorzunehmen, wobei diese nach der wahrscheinlichen späteren Verwendung der erworbenen Güter zu erfolgen hat.[3] Für die dem Prinzip der wirtschaftlichen Zurechnung entsprechende Zuordnung kommt es nicht darauf an, in welchem Unternehmensteil die bezogenen Eingangsleistungen tatsächlich verwendet wurden.[4] Da der Ausschluss des Vorsteuerabzugs nach § 24 Abs. 1 Satz 4 UStG tätigkeits- bzw. umsatzbezogen und nicht betriebsbezogen auszulegen ist,[5] kommt es allein darauf an, ob der Unternehmer mit den bezogenen Eingangsleistungen der Durchschnittssatzbesteuerung nach § 24 UStG oder der Regelbesteuerung unterliegende Umsätze ausführen will. Weicht die spätere tatsächliche Verwendung von der ursprünglichen Absicht ab, ist eine **Berichtigung des Vorsteuerabzugs nach § 15a UStG** zu prüfen. Diese Aufteilung der Vorsteuerbeträge ist regelmäßig auch durchzuführen, wenn die für den landwirtschaftlichen Unternehmensteil angeschaffte Warenmenge relativ gering ist.[6]

BEISPIEL Landwirt L erwirbt zum 1.1.01 einen Mähdrescher und beabsichtigt, diesen zu 60 % in seinem luf Betrieb und zu 40 % in seinem Gewerbebetrieb (Lohnunternehmen) einzusetzen. Das Entgelt für den Mähdrescher beträgt 200.000 € und die darauf entfallende Umsatzsteuer 38.000 €.

Von diesen Vorsteuerbeträgen sind 22.800 € (= 60 % von 38.000 €) nicht abziehbar, da sie den im Rahmen des luf Betriebs ausgeführten Umsätzen zuzurechnen und damit durch die Pauschalisierung nach § 24 Abs. 1 Satz 3 und 4 UStG abgegolten sind. Die restlichen 15.200 € (= 40 % von 38.000 €) kann L unter den übrigen Voraus-

1 FG Schleswig-Holstein, Urteil 23.10.2013 – 4 K 90/13, NWB OAAAE-62078 und nachfolgend BFH, Beschluss 12.3.2014 – XI B 136/13, NWB VAAAE-64183 = BFH/NV 2014 S. 1095.

2 Vgl. Abschnitt 24.7 Abs. 3 Satz 1 UStAE.

3 BFH, Urteil 13.11.2013 – XI R 2/11, BStBl 2014 II S. 543.

4 Schuhmann in Rau/Dürrwächter, UStG, § 24 Rz. 205.1; widersprüchlich Müller in Weymüller, BeckOK UStG, § 24 Rz. 561.6 und 612.3; a. A. noch BFH, Beschluss 11.6.2008 – XI B 194/07, NWB CAAAC-86755 = BFH/NV 2008 S. 1548.

5 Hennigfeld, EFG 2024 S. 505.

6 BFH, Urteil 25.6.1987 – V R 121/86, BStBl 1988 II S. 150.

setzungen des § 15 UStG abziehen, weil sie den Umsätzen seines Gewerbebetriebs zuzurechnen sind.

Ändern sich in den folgenden Jahren diese Nutzungsverhältnisse, ist eine Berichtigung des Vorsteuerabzugs nach § 15a UStG zu prüfen.

Wechselt die Verwendung eines Gegenstandes vom gewerblichen in den luf Bereich (oder umgekehrt), handelt es sich um einen **nicht steuerbaren Innenumsatz**.[1] Wird intern über den Wechsel mit Steuerausweis abgerechnet, liegt keine Rechnung i. S. des § 14c UStG, sondern lediglich ein buchungsinterner Zahlungsbeleg vor.[2] Unentgeltliche Wertabgaben von einem Bereich an den anderen führen auch nicht zu fiktiven Umsätzen in Gestalt von Entnahmen i. S. des § 3 Abs. 1b Nr. 1 bzw. Abs. 9a Nr. 1 UStG, da sie nicht für Zwecke außerhalb des Unternehmens erfolgen.

BEISPIEL ▸ Überlässt ein selbständiger Betriebsteil eines Gartenbaus (eine Baumschule), der seinen Umsatz nach Durchschnittssätzen besteuert, einem anderen selbständigen und regelbesteuerten Betriebsteil (z. B. Gartencenter) eines einheitlichen Unternehmens einen Teil der von ihm gezogenen Jungpflanzen zum Verkauf, handelt es sich um einen nicht steuerbaren Innenumsatz innerhalb des Unternehmens, der nicht zur Bemessungsgrundlage i. S. des § 24 Abs. 1 Satz 1 UStG gehört und deshalb auch keine pauschale Vorsteuer nach § 24 Abs. 1 Satz 3 UStG auslöst.

Das bedeutet aber nicht, dass es wegen des Vorliegens eines nicht steuerbaren Innenumsatzes gerechtfertigt wäre, entgegen der Vorschrift des § 24 Abs. 1 Satz 4 UStG einen Vorsteuerabzug nach § 15 Abs. 1 Nr. 1 UStG in Bezug auf die Eingangsleistungen zuzulassen, die auf den in der Baumschule gezogenen Teil der Pflanzen entfallen und über den Betriebsteil Gartencenter im Rahmen der Regelbesteuerung veräußert worden sind. Insbesondere rechtfertigt alleine der Verkauf dieses Teils der Pflanzen über den der Regelbesteuerung unterliegenden Betriebsteil des Unternehmens der Klägerin nicht die Annahme, der Vorsteuerabzug richte sich nach der allgemeinen Regelung des § 15 Abs. 1 Nr. 1 UStG und nicht nach § 24 Abs. 1 Satz 3 UStG.

Stattdessen kommt in diesen Fällen eine **Berichtigung des Vorsteuerabzugs** in Betracht, wenn ein Gegenstand (Wirtschaftsgut, Investitionsgut) innerhalb des Berichtigungszeitraums von dem einen Bereich in den anderen zeitweilig oder auf Dauer verbracht wird, so dass eine Änderung der Verwendung i. S. des § 15a Abs. 7 UStG vorliegt.[3]

---

1 FG Köln, Urteil 22.5.2013 – 8 K 2094/10, NWB IAAAE-41386 = EFG 2013 S. 1448.

2 BFH, Urteil 28.10.2010 – V R 7/10, BStBl 2011 II S. 391; Abschnitt 14.1 Abs. 4 und Abschnitt 14c.2 Abs. 2a UStAE.

3 BFH, Urteil 6.12.2001 – V R 6/01, BStBl 2002 II S. 555; BFH, Urteil 16.12.1993 – V R 79/91, BStBl 1994 II S. 339; Abschnitt 15a.9 Abs. 5 und 6 UStAE; Abschnitt 24.7 Abs. 3 Satz 2 UStAE.

BEISPIEL Landwirt L erwirbt zum 1.1.01 einen Mähdrescher und beabsichtigt, diesen zu 60 % in seinem luf Betrieb und zu 40 % in seinem Gewerbebetrieb (Lohnunternehmen) einzusetzen. Das Entgelt für den Mähdrescher beträgt 200.000 € und die darauf entfallende Umsatzsteuer 38.000 €.

Im Kalenderjahr 02 verwendet L den Mähdrescher zu 50 % in seinem Gewerbebetrieb und zu 50 % in seinem landwirtschaftlichen Betrieb.

L kann im Jahr 01 15.200 € (= 40 % von 38.000 €) unter den übrigen Voraussetzungen des § 15 UStG abziehen, weil sie den Umsätzen seines Gewerbebetriebs zuzurechnen sind.

Im Jahr 02 erhält er aufgrund der gegenüber dem Jahr des Erwerbes geänderten Verhältnisse einen zusätzlichen Vorsteuerabzug i. H. von (50 % – 40 % =) 10 % von (38.000 € : 5 =) 7.600 € = 760 €.

Eine **Vorsteuerberichtigung nach § 15a UStG** ist auch vorzunehmen, wenn im Zeitpunkt des Leistungsbezugs nur ein Unternehmensteil besteht, im Zeitpunkt der späteren Verwendung dann jedoch zwei Unternehmensteile bestehen und das Wirtschaftsgut in beiden Unternehmensteilen verwendet wird. Ebenfalls ist die Vorsteuer zu berichtigen, wenn bei zwei Unternehmensteilen das Wirtschaftsgut erst ausschließlich in einem Teil verwendet wird und sich die Nutzung in einem Folgejahr ändert.[1]

BEISPIEL Landwirt L erwirbt am 1.1.01 einen Mähdrescher für 200.000 € zuzüglich 38.000 € Umsatzsteuer, der zunächst ausschließlich im gewerblichen Unternehmensteil (Lohnunternehmen) verwendet wird. Ab dem Jahr 02 nutzt L den Mähdrescher dauerhaft zu 50 % im landwirtschaftlichen Unternehmensteil (§ 24 UStG).

Im Jahr 01 sind sämtliche Vorsteuern (38.000 €) abziehbar. In den Jahren 02 bis 05 sind jeweils 3.800 € (= 50 % von 7.600 €) nach § 15a UStG an das Finanzamt zurückzuzahlen.

ABWANDLUNG Landwirt L erwirbt am 1.1.01 einen Mähdrescher für 200.000 € zuzüglich 38.000 € Umsatzsteuer, der zunächst ausschließlich im landwirtschaftlichen Unternehmensteil (§ 24 UStG) verwendet wird. Ab dem Jahr 02 wird der Mähdrescher dauerhaft ausschließlich im gewerblichen Unternehmensteil (Lohnunternehmen) genutzt.

Im Jahr 01 entfällt der Vorsteuerabzug (§ 24 Abs. 1 Satz 3 und 4 UStG). In den Jahren 02 bis 05 erhält der Unternehmer eine Vorsteuererstattung nach § 15a UStG von jeweils 7.600 € (= 1/5 von 38.000 €).

Die Vorsteuerberichtigung betrifft **Wirtschaftsgüter** und im Rahmen des § 15a Abs. 4 UStG auch sonstige Leistungen.

Auch in der **Massentierhaltung** von Mastschweinen (Ferkeln) ist **Wirtschaftsgut** und damit Berichtigungsobjekt – unabhängig davon, ob es nur einmalig

1 Vgl. Abschnitt 15a.9 Abs. 6 UStAE.

oder mehrmalig zur Ausführung von Umsätzen verwendet werden soll oder ob eine Einzeltier- oder Bestandskennzeichnung erfolgt – **das einzelne Tier**, auch wenn in einem Verkaufsgeschäft eine Partie von mehreren Tieren gleicher Art und Güte verkauft wird.[1] Diese Einzelbetrachtung bei Tieren wird auch durch die handelsrechtlichen und ertragsteuerlichen Wertungen gestützt. Tiere, die ertragsteuerlich dem Umlaufvermögen zuzurechnen sind, sind grundsätzlich einzeln zu bewerten. Die Möglichkeit, aus Gründen der Praktikabilität bei der Bewertung von Tierbeständen von einer Gruppenbewertung gem. § 240 Abs. 4 HGB Gebrauch machen zu können, führt nicht zu einer Zusammenfassung mehrerer Wirtschaftsgüter zu einem Wirtschaftsgut, sondern nur zu einem einheitlichen Wertansatz für mehrere Wirtschaftsgüter.[2] Dies hat zur Folge, dass eine Vorsteuerberichtigung regelmäßig deswegen unterbleibt, weil die Betragsgrenze des § 44 Abs. 1 UStDV von 1.000 € pro Tier nicht überschritten wird.

Bei der **Lieferung vertretbarer Sachen** wie Getreide, Futtermittel oder Betriebsstoffe ist i. d. R. auf die zwischen leistendem Unternehmer und Leistungsempfänger geschlossenen vertraglichen Vereinbarungen abzustellen.[3] Berichtigungsobjekt ist bei diesen vertretbaren Sachen und im Gegensatz zu den Tieren das einzelne Verkaufsgeschäft. Maßgebend ist, welche Liefermengen für das Produkt vertraglich vereinbart werden. Es ist nicht ausschlaggebend, ob das Produkt in einem oder mehreren Transportvorgängen ausgeliefert wird. Gerade bei diesen Produkten kommt der Prüfung der 1.000 €-Grenze des § 44 UStDV eine Schlüsselrolle zu. Bei kleineren Verkaufsmengen ist die Grenze regelmäßig nicht überschritten, so dass es zumeist nicht zu einer Vorsteuerberichtigung kommt. Demnach ist regelmäßig zu ermitteln, ab welcher verkauften Menge die Grenze überschritten wird und eine Vorsteuerberichtigung in Frage kommt.

BEISPIEL ▶ Ein Landwirt wendet im Jahr 01 § 24 UStG an. Ab 02 muss er aufgrund seiner Umsatzhöhe im Vorjahr zur Regelbesteuerung wechseln. Er hat am Ende des Jahres 01 bereits alle Vorbezüge für das Jahr 02 eingekauft. Hierfür ist ein Vorsteuervolumen i. H. von 5.000 € angefallen – ein Vorsteuerabzug war aufgrund der Anwendung des § 24 UStG nicht möglich. Mit den Vorbezügen baut er im Jahr 02 auf 25 ha 1.000 t Kartoffeln an und verkauft diese Menge vollständig noch in 02.

1 BFH, Urteil 3.11.2011 – V R 32/10, BStBl 2012 II S. 525; Sterzinger, UR 2023 S. 711, 714; LfSt Bayern, Vfg. 10.4.2015 – S 7316.2.1-3/5 St 33, UR 2015 S. 448.

2 BFH, Urteil 13.2.2003 – IV R 72/00, NWB KAAAA-70495 = BFH/NV 2003 S. 1155; BFH, Urteil 6.8.1998 – IV R 67/97, BStBl 1999 II S. 14.

3 Vgl. Abschnitt 15a.11 Abs. 1 UStAE; Sterzinger, UR 2023 S. 711, 714; a. A FG Niedersachen, Urteil 18.2.2016 – 11 K 10076/15, NWB SAAAF-89940 = DStRE 2018 S. 99, wonach nicht die vertragliche Vereinbarung mit dem Lieferanten, sondern entsprechend der Sicht eines Durchschnittsverbrauchers die handelsübliche Anzahl, Größe oder Menge maßgebend sei.

Anhand der angebauten Menge und der Höhe der Vorsteuern lässt sich feststellen, ab welcher Verkaufsmenge eine ausreichende Menge erreicht ist, um die 1.000 €-Grenze zu überschreiten und in Folge eine Berichtigung durchzuführen.

Hier entfallen auf eine Tonne Kartoffeln 5.000 €/1.000 t = 5 €/t an Vorsteuer. Der Landwirt müsste also eine Menge > 200 t im Rahmen eines Geschäftsvorfalls verkaufen, um eine Vorsteuerberichtigung vornehmen zu können. Daher wären für eine Vorsteuerberichtigung nur Umsätze relevant, die entsprechende Größenordnungen haben. Für die Prüfung einer Vorsteuerberichtigung können mengenmäßig kleinere Umsätze ignoriert werden bzw. evtl. vorgenommene Berichtigungen für solche Umsätze sind zu korrigieren.

Bei **selbst hergestellten luf Erzeugnissen** ist das fertige Endprodukt Berichtigungsobjekt. Die auf die Vorbezüge wie Saatgut, Dünger, Pflanzenschutz, Lohnarbeiten etc. entfallende Vorsteuer wird somit bei der Vorsteuerberichtigung der Endprodukte berücksichtigt. Nicht einzubeziehen sind die Vorsteuerbeträge, die auf die eingesetzten eigenen Maschinen entfallen. Diese werden bei der Vorsteuerberichtigung für die betreffende Maschine nach § 15a Abs. 1 UStG berücksichtigt.

BEISPIEL[1] Landwirt L unterliegt im Jahr 01 der Durchschnittssatzbesteuerung nach § 24 UStG. In diesem Jahr erwirbt er eine größere Anzahl Mastschweine. Für die Mästung des Viehs erwirbt er ebenfalls in 01 spezielles Kraftfutter von einem anderen Landwirt für 10.000 € zuzüglich 1.070 € USt.

L entscheidet sich, ab 1.1.02 die Regelbesteuerung anzuwenden.

Zum 31.12.01 liegt noch ein Kraftfutterbestand im Wert von 6.000 € (netto) im Lager. Im April 02 verkauft er das gesamte im Jahr 01 erworbene Mastvieh. Das verbrauchte Kraftfutter (9/10 vom Gesamteinkauf) wurde vollständig für die Mästung der verkauften Schweine verwendet.

Nach dem Verkauf des Mastviehs ist noch ein Kraftfutterrestbestand im Wert von 1.000 € (1/10 vom Gesamteinkauf) vorhanden. Diesen Restbestand veräußert L noch im Jahr 02 an einen anderen Landwirt. L ist seinen Aufzeichnungs- und Aufbewahrungspflichten i. S. der §§ 14b und 22 UStG nachgekommen.

Wegen des Übergangs von der Durchschnittssatzbesteuerung nach § 24 UStG zur Regelbesteuerung ist eine Vorsteuerberichtigung durchzuführen (§ 15a Abs. 7 und 2 UStG). Berichtigungsobjekt ist das einzelne Stück Vieh. In das Berichtigungsobjekt gehen alle Vorbezüge (Anschaffungskosten, Kraftfutter etc.) ein. Die Summe der in den Vorbezügen enthaltenen Vorsteuer wird bei dem einzelnen Tier die Bagatellgrenze von 1.000 € nach § 44 Abs. 1 UStDV nicht überschreiten. Aus diesem Grund kommt eine Vorsteuerberichtigung für das Mastvieh nicht in Betracht.

Das nicht verbrauchte Kraftfutter ist ein eigenständiges Berichtigungsobjekt, in dem Vorsteuer aus den Vorbezügen i. H. von 107 € (1/10 von 1.070 €) enthalten ist. Wegen

1 Sterzinger in Küffner/Zugmaier, USt, § 24 UStG Rz. 840.

Anwendung der Bagatellgrenze des § 44 Abs. 1 UStDV kommt es auch hier nicht zu einer Vorsteuerberichtigung.

Wäre hinsichtlich der Vorsteuer aus dem nicht verbrauchten Kraftfutter die Bagatellgrenze des § 44 Abs. 1 UStDV überschritten, käme es im Zeitpunkt der tatsächlichen Verwendung des Kraftfutters (Verkauf in 02) zu einer Vorsteuerberichtigung nach § 15a Abs. 2 UStG. Der beim Übergang zur Regelbesteuerung (1.1.02) vorhandene Kraftfutterbestand führt noch nicht zu einer Vorsteuerberichtigung, weil noch keine von der ursprünglichen Absicht abweichende Verwendung erfolgt ist.

Die **Vorsteuerberichtigung nach § 15a Abs. 2 UStG** hat bei luf Betrieben nur beim Verkauf größerer Partien vertretbarer Sachen, z. B. Getreide, andere geerntete Feldfrüchte oder der stehenden Ernte, Bedeutung. Der Anwendungsbereich reduziert sich auf diejenigen vertretbaren Sachen, deren Herstellungskosten in „handelsüblichen Mengen" (also z. B. Tonne oder Dezitonne) bereits Vorsteuern von mehr als 1.000 € auslösen.[1]

In der **Forstwirtschaft** ist das geschlagene Holz bzw. der einzelne Baum Berichtigungsobjekt nach § 15a Abs. 2 UStG. Ziel der forstwirtschaftlichen Bewirtschaftung ist die Verwertung der erzeugten Bäume durch den Verkauf des Holzes, so dass nicht auf den stehenden Baumbestand abgestellt werden kann. Hinzu kommt, dass sich erst durch die Entnahme zur Verwertung die für die Berichtigung erforderliche Verwendungsänderung ergibt.[2]

Zum **Berichtigungsvolumen** zählen vorrangig die vorsteuerbelasteten Kosten der Pflanzung, der Löhne und der Holzrückung sowie der Fällarbeiten für Zwecke der Verwertung. Kosten für vergebliche Planzungen (Planzungen ohne Ertrag z. B. aufgrund von Sturmschäden oder Insektenbefall) gehören deswegen nicht zum Berichtigungsvolumen, da mit dem Untergang der Pflanzen eine Verwendung i. S. von § 15a UStG ausgeschlossen ist. Auch Absetzungen für die Abnutzung selbständiger Berichtigungsobjekte (z. B. Maschinen) sind aus dem Berichtigungsvolumen auszuscheiden. Diese können ggf. unter den weiteren Voraussetzungen einer eigenständigen Berichtigung nach § 15a Abs. 1 UStG unterliegen. Die Kosten der Durchforstung gehören ebenfalls nicht zum berichtigungsfähigen Volumen. Wird ein Waldbestand durchforstet, wird das gewonnene Kleinholz in der Regel verwertet (sog. Vornutzung). Das Kleinholz bildet nach Maßgabe von Abschnitt 15a.11. Abs. 1 UStAE eigenständige Berichtigungsobjekte. Die für die Durchforstung angefallenen vorsteuerbelasteten Kosten zählen daher regelmäßig zum Berichtigungsvolumen des verwendeten Kleinholzes.

1 Potjans/Joost, NWB 2021 S. 3032, 3037 = NWB MAAAH-90995.

2 Sterzinger, UR 2023 S. 711, 715.

Da bei der Prüfung der Grenze des § 44 UStDV auf den einzelnen Gegenstand und bei der Lieferung vertretbarer Sachen regelmäßig auf die vertraglichen Vereinbarungen im Verwendungszeitpunkt abzustellen ist (siehe Abschnitt 15a.11 Abs. 1 UStAE) wird eine **Berichtigung für kleine Holzkontrakte und einzelne Bäume** aufgrund der 1.000 €-Grenze des § 44 UStDV regelmäßig **entfallen**.

Bei landwirtschaftlichen Dauerkulturen kann der ertragsteuerlichen Beurteilung gefolgt werden, so dass die jeweilige Dauerkultur ein Berichtigungsobjekt i. S. des § 15a Abs. 1 UStG ist.[1] **Landwirtschaftliche Dauerkulturen** sind nicht in die Fruchtfolge einbezogene Kulturen, die über mehrere Jahre auf einer Fläche angebaut werden und wiederkehrende Erträge erbringen. Dazu gehören der **Obstbau** an Bäumen und Sträuchern; der Spargelbau; der Weinbau oder der Hopfenbau. Demgegenüber werden Baumschulkulturen, die nach einer Gesamtkulturzeit von mehr als einem Jahr einmalig einen Ertrag liefern, als mehrjährige Kulturen bezeichnet. Wie andere Wirtschaftsgüter des Anlagevermögens dient auch eine Dauerkultur wie z. B. eine Obstbaumanlage dazu, dem Unternehmen wiederkehrende Erträge zu bringen – hier in Form der mit dem geernteten Obst erzielten Umsätze. Anders als in der Forstwirtschaft findet z. B. bei einer Obstbaumanlage keine fortlaufende Entnahme der Obstbäume selbst statt. Für die Erzeugnisse der Dauerkultur (Obst, Spargel usw.) kommt eine Vorsteuerberichtigung nach § 15a Abs. 2 UStG in Betracht. Daher sind die Pflanzen der Dauerkultur wesentliche Bestandteile des Grundstücks, so dass der zehnjährige Berichtigungszeitraum zur Anwendung kommt. Der Berichtigungszeitraum beginnt, sobald die Ertragsreife eintritt, spätestens also im Zeitpunkt der ersten Ernte. Deswegen sind die Aufwendungen zur Herstellung der Dauerkultur bis zur ersten Ernte dem Berichtigungsobjekt „Dauerkultur" nach § 15a Abs. 1 UStG zuzuordnen. Für die ab dem Beginn der Verwendung der Dauerkultur anfallenden Vorsteuerbeträge aus Aufwendungen für die Bewirtschaftung, Erhaltung oder Erweiterung der Dauerkultur ist eine Vorsteuerberichtigung nach § 15a Abs. 3 UStG (nachträgliche Anschaffungs- oder Herstellungskosten oder Erhaltungsaufwendungen der Dauerkultur) oder nach § 15a Abs. 6 UStG (für eine an einer Dauerkultur ausgeführte sonstige Leistung) unter den näheren Voraussetzungen dieser Normen zu prüfen. Dafür spricht, dass diese Eingangsleistungen eher für die langjährig genutzte Pflanzenanlage selbst verwendet werden als für die damit gewonnenen landwirtschaftlichen Erzeugnisse.

1 Sterzinger, UR 2023 S. 711, 715. Siehe auch BFH, Urteil 8.11.1995 – XI R 63/94, BStBl 1996 II S. 114, wonach eine Rebanlage als Sachgesamtheit ein eigenständiger Liefergegenstand und damit auch ein Berichtigungsobjekt sein kann.

Wechselkulturen bzw. Kulturen, die der Fruchtfolge unterliegen und nicht über mehrere Jahre hinweg Ertrag bringen, stellen mangels Verwendung keine Berichtigungsobjekte dar. Maßgeblich ist hier die Verwendung des jeweiligen Endprodukts.

Anders als z. B. im Obstbau werden aber im **Weinbau** die geernteten Früchte nicht unmittelbar veräußert, sondern zu Saft bzw. Wein weiterverarbeitet. Dabei fallen auch nach der Ernte noch weitere Vorsteuerbeträge an, die einem Ernte-/Weinjahrgang zuzurechnen sind. Daher werden beim Weinbau keine Berichtigungsobjekte nach § 15a Abs. 3 bzw. Abs. 4 UStG gebildet, sondern die Vorsteuerbeträge aus der Pflege des Weinbergs und dem Ausbau des Weins werden insgesamt dem fertigen (Flaschen-)Wein als Berichtigungsobjekt des Umlaufvermögens i. S. des § 15a Abs. 2 UStG zugeordnet und bei dessen späterer Veräußerung, die sich über mehrere auf das Erntejahr folgende Jahre erstrecken kann, ggf. berichtigt.[1] **Weine** gelten, unabhängig von ihrer Gattung, stets als vertretbare Sachen, auch wenn es sich um Spitzenerzeugnisse des Winzers (wie z. B. Auslese, Beerenauslese, Trockenbeerenauslese und Eiswein) handelt.

Aus Billigkeitsgründen kann auch den Betreibern landwirtschaftlicher Dauerkulturen beim Wechsel der Besteuerungsform von § 24 UStG zum 1.1.2022 ermöglicht werden, das betreffende Vorsteuervolumen bzw. die **Berichtigungsbeträge nach § 15a UStG für die einzelnen Berichtigungsobjekte zu schätzen oder durch Kalkulationen zu ermitteln**, wenn dies nach den Umständen des Einzelfalls – insbesondere der individuellen Unternehmensstruktur und Vorsteuerbelastung – nicht zu einem offensichtlich unzutreffenden Ergebnis führt.[2]

3. Vorsteuern bei Abwicklungsumsätzen

1701 Die Anwendung des § 24 UStG setzt voraus, dass der landwirtschaftliche Betrieb noch **aktiv bewirtschaftet** wird.[3] Wird der Betrieb lediglich verpachtet oder ist der Betrieb bereits aufgegeben und befindet er sich nur noch im Stadium der Abwicklung, ist § 24 UStG nicht mehr anwendbar.[4] Nach Einstellung der Erzeugertätigkeit erbrachte Leistungen unterliegen daher grundsätzlich der allgemeinen Regelung des Umsatzsteuergesetzes.[5]

1 Sterzinger, UR 2023 S. 711, 715.

2 Sterzinger, UR 2023 S. 711, 716; siehe aber auch BFH, Urteil 12.10.2006 – V R 36/04, BStBl 2007 II S. 485; Abschnitt 15a.12 UStAE.

3 BFH, Urteil 21.4.1993 – XI R 50/90, BStBl 1993 II S. 696; FG Schleswig-Holstein, Urteil 31.3.2003 – 4 K 282/01, NWB AAAAB-13100 = EFG 2003 S. 1055.

4 BFH, Urteil 21.4.1993 – XI R 50/90, BStBl 1993 II S. 696; Abschnitt 24.1 Abs. 4 Satz 1 UStAE.

5 Abschnitt 24.1 Abs. 4 Satz 2 UStAE.

Allerdings unterliegt die **Lieferung selbst (vor Verpachtung) erzeugter landwirtschaftlicher Erzeugnisse** durch einen Landwirt auch dann (noch) der Besteuerung nach Durchschnittssätzen, wenn sie nach Verpachtung seiner landwirtschaftlichen Nutzflächen erfolgt.[1] Dies gilt für sämtliche **nach Aufgabe des landwirtschaftlichen Betriebs ausgeführte Umsätze aus der Lieferung selbst erzeugter Produkte**[2] und nicht nur für die Lieferung **der „letzten Ernte“** eines Landwirts. Allerdings handelt es sich bei den auf den Feldern befindlichen Früchten („stehende Ernte“) und damit erst recht auch beim Feldinventar vor der Ernte (noch) nicht um landwirtschaftliche Erzeugnisse. Als **Feldinventar** gilt die aufgrund der Feldbestellung auf einer landwirtschaftlichen Nutzfläche vorhandene Kultur mit einer Kulturdauer von bis zu einem Jahr. Die **„stehende Ernte“** umfasst den erntereifen Bestand. Vielmehr ermöglicht deren Lieferung dem Erwerber lediglich, landwirtschaftliche Erzeugnisse zu gewinnen.[3] Aus Gründen des **Vertrauensschutzes**[4] beanstandet es die Finanzverwaltung für bis zum 30.6.2026 ausgeführte Umsätze – auch für Zwecke des Vorsteuerabzuges – nicht, wenn sich der Unternehmer auf die Regelungen des Abschn. 24.2 Abs. 6 Sätze 3 bis 5 UStAE in der bis zum 11.11.2025 gültigen Fassung beruft und die Rechnung entsprechend ausstellt. Wird die ausgestellte Rechnung nachträglich unter Ausweis des regulären Steuersatzes berichtigt, ist ggf. Abschn. 14c.1 Abs. 1 Satz 6 Nr. 5 UStAE zu beachten.

Geht aber mit der Veräußerung der stehenden Ernte eine entsprechende Erntevereinbarung einher, gilt das Ernteprodukt im Zeitpunkt der Ernte (Lieferzeitpunkt) als erzeugt und kann damit als landwirtschaftliches Erzeugnis i. S. des § 24 Abs. 1 Satz 1 UStG beim Veräußerer der Durchschnittssatzbesteuerung unterliegen.[5]

Aus Gründen des Vertrauensschutzes beanstandet es die Finanzverwaltung für bis zum 30.6.2026 ausgeführte Umsätze – auch für Zwecke des Vorsteuerabzuges – nicht, wenn sich der Unternehmer auf die Regelungen des Abschnitts 24.2 Abs. 6 Sätze 3 bis 5 UStAE in der bis zum 11.11.2025 gültigen Fassung beruft und die Rechnung entsprechend ausstellt.[6] Wird die ausgestellte Rechnung

1 BFH, Urteil 19.11.2009 – V R 16/08, BStBl 2010 II S. 319; Tehler, UVR 2010 S. 125; Abschnitt 24.1 Abs. 4 Satz 2 UStAE.

2 Abschnitt 24.1 Abs. 4 Satz 3 UStAE.

3 BFH, Urteil 17.8.2023 – V R 3/21, BStBl 2025 II S. 883 = UR 2024 S. 140 m. Anm. Tehler, Rz. 37; Wild, USt direkt digital 23/2025 S. 12; Abschnitt 24.2 Abs. 6 Satz 3 UStAE.

4 BMF v. 12.11.2025 – III C 2 - S 7410/00029/033/051, BStBl 2025 I S. 1934.

5 Abschnitt 24.2 Abs. 6 Satz 4 UStAE.

6 BMF 12.11.2025 -- III C 2 - S 7410/00029/033/051, NWB BAAAK-03837.

nachträglich unter Ausweis des regulären Steuersatzes berichtigt, ist ggf. Abschnitt 14c.1 Abs. 1 Satz 6 Nr. 5 UStAE zu beachten.

Im Rahmen der **Aufgabe oder Veräußerung** eines luf Betriebs kann auch eine Vorsteuerberichtigung nach § 15a Abs. 2 UStG in Betracht kommen, wenn der Unternehmer selbst erzeugte landwirtschaftliche **Produkte zurückbehält** und diese erst **nach** der Aufgabe oder Veräußerung des luf Betriebs **veräußert**. Der zu berichtigende Vorsteuerbetrag kann aus **Vereinfachungsgründen** in Höhe der maßgeblichen Durchschnittssätze des § 24 Abs. 1 Satz 3 UStG für diese Veräußerungsumsätze **geschätzt** werden. Dabei ist die vorzunehmende Vorsteuerberichtigung auf die Höhe der aus dem Ausgangsumsatz resultierenden Steuer zu **begrenzen**.[1]

BEISPIEL ▶ Der bisher die Durchschnittssatzbesteuerung anwendende Landwirt L gibt zum 31.12.01 seinen luf Betrieb auf. Er verfügt aus der zurückliegenden Ernte noch über größere Restbestände von selbst erzeugten landwirtschaftlichen Erzeugnissen (Kartoffeln), die er nach der Betriebsaufgabe im Jahr 02 steuerpflichtig für 25.000 € zuzüglich 1.750 € Umsatzsteuer veräußert.

Die Umsätze aus der Veräußerung der Ernterestbestände unterliegen nicht der Durchschnittssatzbesteuerung nach § 24 UStG, da sie nicht mehr im Rahmen eines aktiv bewirtschafteten luf Betriebs erfolgen. Der Wechsel der Besteuerungsform führt zu einer Änderung der Verhältnisse, die für den ursprünglichen Vorsteuerabzug maßgebend waren. Die bei der Erzeugung angefallenen und in den luf Erzeugnissen enthaltenen Vorsteuern (z. B. aus Düngemitteln, Maschinen) waren bisher nicht abziehbar (§ 24 Abs. 1 Satz 4 UStG). Durch den Übergang zur Regelbesteuerung steht L ein nachträglicher Vorsteuerabzug zu, soweit bisher nicht abziehbare Vorsteuern den zurückbehaltenen landwirtschaftlichen Erzeugnissen zuzurechnen sind. Der zu berichtigende Vorsteuerbetrag kann aus Vereinfachungsgründen in Höhe der maßgeblichen Durchschnittssätze des § 24 Abs. 1 Satz 3 UStG für die Umsätze aus der Veräußerung der Ernte geschätzt werden. L kann daher unter Berücksichtigung der Begrenzung auf die Höhe der aus dem Ausgangsumsatz resultierenden Steuer einen Vorsteuerbetrag von 7 % von 25.000 € (= 1.750 €) als Berichtigungsbetrag geltend machen.

4. Vorsteuern beim Leistungsempfänger

1702 Dem **Abnehmer** einer Lieferung eines luf Erzeugnisses bzw. dem Leistungsempfänger einer luf Dienstleistung steht bei Vorliegen der Voraussetzungen des § 15 UStG der Vorsteuerabzug in Höhe der nach den entsprechenden Durchschnittssätzen berechneten Steuer zu. Das trifft jedoch nur für die Regelbesteuerer zu.

Ist der Leistungsempfänger seinerseits **ein der Durchschnittssatzbesteuerung unterliegender Land- oder Forstwirt**, darf er nach § 24 Abs. 1 Satz 4 UStG und abweichend von § 15 Abs. 1 UStG den ihm gesondert in Rechnung gestellten

1 BMF 6.12.2005 – IV A 5 - S 7316 - 25/05, BStBl 2005 I S. 1068, Tz. 56.

oder in einer Gutschrift (zu hoch) ausgewiesenen Steuerbetrag nur bis zur Höhe der sich bei zutreffender Anwendung der Durchschnittssätze ergebenden Umsatzsteuer als Vorsteuer abziehen.[1]

Entsprechendes gilt für **nichtsteuerbare oder steuerbefreite Umsätze**, die ebenfalls unter die Regelung des § 24 Abs. 1 Satz 4 UStG fallen. Dies ergibt sich aus dem Wortlaut der Vorschrift und ihrem erkennbaren Sinn, der darin besteht, den Vorsteuerabzug des Leistungsempfängers der Höhe nach auf den Betrag zu begrenzen, den der leistende Landwirt nach § 24 Abs. 1 Satz 1 UStG für den entsprechenden Umsatz schuldet. Entsteht beim leistenden Unternehmer keine Umsatzsteuer nach § 24 Abs. 1 Satz 1 UStG, weil der Umsatz nicht steuerbar oder steuerbefreit ist, steht dem Leistungsempfänger kein Vorsteuerabzug zu.[2]

5. Missbrauch von rechtlichen Gestaltungsmöglichkeiten

Bei einer missbräuchlichen Gestaltung ist der Vorsteuerabzug zu versagen. Dies 1703
ist der Fall, wenn die fraglichen Umsätze trotz formaler Anwendung der einschlägigen Vorschriften einen Steuervorteil zum Ergebnis haben, dessen Gewährung den mit den Vorschriften verfolgten Zielen zuwiderlaufen würde.[3] Der unionsrechtliche Grundsatz des Verbots des Missbrauchs von Rechtsvorschriften gilt auch, wenn es keine innerstaatliche Maßnahme gibt, mit der dieser in nationales Recht umgesetzt wird.[4] Der Grundsatz der Neutralität kann verletzt sein, wenn dem Steuerpflichtigen der gesamte Vorsteuerabzug gewährt würde, während dieser aufgrund seiner laufenden Geschäftstätigkeit weitgehend ausgeschlossen ist. Andererseits muss auch **aus einer Reihe objektiver Anhaltspunkte ersichtlich** sein, dass mit den fraglichen Umsätzen im Wesentlichen ein **Steuervorteil bezweckt** wird.[5] Dies ist nicht der Fall, wenn die **gewählte Ge-**

1 Tehler, UR 2007 S. 917, 918.

2 BFH, Urteil 15.10.1998 – V R 69/97, BStBl 1999 II S. 41.

3 EuGH, Urteil 22.11.2017 – Rs. C-251/16 „Cussens“, ECLI:EU:C:2017:881 = NWB IAAAG-70093; EuGH, Urteil 17.12.2015 – Rs. C-419/14 „WebMindLicenses“, ECLI:EU:C:2015:832 = NWB KAAAF-66132; EuGH, Urteil 21.2.2006 – Rs. C-255/02 „Halifax“, ECLI:EU:C:2006:121 = NWB KAAAB-80335; EuGH, Urteil 21.2.2006 – Rs. C-223/03 „University of Huddersfield“, ECLI:EU:C:2006:124 = NWB ZAAAB-83175; BFH, Beschluss 23.7.2019 – XI B 29/19, NWB WAAAH-33404 = BFH/NV 2019 S. 1363; s. a. EuGH, Urteil 26.2.2019 – Rs. C-116/16 und 117/16 „T Danmark und Y Denmark“, ECLI:EU:C:2019:135 = NWB AAAAH-12914.

4 EuGH, Urteil 22.11.2017 – Rs. C- 251/16 „Cussens“, ECLI:EU:C:2017:881 = NWB IAAAG-70093.

5 EuGH, Urteil 27.10.2011 – Rs. C-504/10 „Tanoarch“, ECLI:EU:C:2011:707 = NWB JAAAD-95612; BFH, Beschluss 23.7.2019 – XI B 29/19, NWB WAAAH-33404 = BFH/NV 2019 S. 1363; BFH, Urteil 16.6.2015 – XI R 17/13, BStBl 2015 II S. 1024; FG München, Urteil 5.4.2016 – 2 K 1767/13, NWB XAAAF-77398 = EFG 2016 S. 385.

staltung durch wirtschaftliche oder sonst beachtliche außersteuerliche Gründe gerechtfertigt ist.[1] Dabei kommt es insbesondere darauf an, ob es sich um Umsätze zwischen zwei Parteien handelt, zwischen denen keine rechtliche Verbindung besteht, und ob Umsätze vorliegen, die zu den üblichen Lieferbedingungen des Handels mit einer gewöhnlichen Marge abgewickelt werden.[2] Von Bedeutung kann auch sein, wer das Vermarktungs- und Ausfallrisiko trägt. Hat aber der Unternehmer die Wahl zwischen zwei Gestaltungsmöglichkeiten, muss er nicht diejenige wählen, die zur höheren Steuerbelastung führt. Er hat das Recht, seine Tätigkeit so zu gestalten, dass sich seine Steuerbelastung in Grenzen hält.[3]

Liegt eine missbräuchliche Gestaltung vor, kann dies allein nicht zu einer Sanktion führen, sondern nur zu einem **Rückzahlungsanspruch des Fiskus** als Folge der Feststellung, die den Rechtsgrund des Vorsteuerabzugs ganz oder teilweise entfallen lässt. Daraus folgt, dass Umsätze im Rahmen einer missbräuchlichen Praxis in der Weise neu zu bewerten sind, indem man auf die Lage abstellt, die ohne die die missbräuchliche Praxis darstellenden Umsätze bestanden hätte.[4] Insoweit kann die FinVerw die Rückerstattung des Vorsteuerabzugs rückwirkend für alle Umsätze verlangen, die rechtsmissbräuchlich bewirkt wurden. Sie muss aber alle Ausgangssteuern auf Umsätze anrechnen, die der Unternehmer im Rahmen seines „Steuersparplans" willkürlich geschuldet hat. Etwaige Guthaben müssen erstattet werden. Außerdem ist dem Unternehmer, der – bei Annahme einer missbrauchsfreien Gestaltung – Empfänger des streitigen Umsatzes gewesen ist, der Vorsteuerabzug auf diesen Umsatz (soweit er missbrauchsfrei bewirkt worden wäre) zu gewähren.[5]

a) Trennungsmodell bzw. Vorschaltmodell

1704 Beim Trennungsmodell bzw. Vorschaltmodell erwirbt ein Angehöriger des LuF Wirtschaftsgüter, die er diesem im Anschluss vermietet bzw. verpachtet. Ziel dieser Gestaltung ist der **Vorsteuerabzug aus dem Erwerb beim Angehörigen**, den der LuF selbst nicht in Anspruch nehmen könnte. Abgerundet wird die steueroptimale Gestaltung, indem der Angehörige nach Ablauf des Berichtigungszeitraums des § 15a Abs. 1 UStG das Objekt steuerfrei vermietet bzw. verpachtet.

1 FG Baden-Württemberg, Urteil 26.1.2005 – 12 K 493/00, NWB PAAAB-50884 = EFG 2005 S. 761.

2 EuGH, Urteil 22.12.2010 – Rs. C-277/09 „RBS Deutschland", ECLI:EU:C:2010:810 = NWB EAAAD-59842; BFH, Urteil 11.4.2013 – V R 28/12, NWB OAAAE-43247 = BFH/NV 2013 S. 1638.

3 Wäger, UR 2006 S. 240, 241.

4 Nieskens, EU-UStB 2018 S. 5, 7.

5 Huschens, EU-UStB 2006 S. 3, 4; Wäger, UR 2006 S. 240, 242; Heinrichshofen, IStR 2006 S. 280.

Handelt es sich bei dem vermieteten oder verpachteten Wirtschaftsgut um ein **Grundstück i. S. des § 4 Nr. 12 UStG**, stellt sich die Frage eines etwaigen Rechtsmissbrauchs nicht. Die Nutzungsentgelte sind beim Investor nach § 4 Nr. 12 UStG steuerfrei und ein Verzicht auf die Steuerbefreiung nach § 9 Abs. 2 UStG ist nur wirksam, wenn der Leistungsempfänger Umsätze erzielt, die zum Vorsteuerabzug berechtigen. Überlässt der Angehörige ein Grundstück, setzt der Vorsteuerabzug eine **Option nach § 9 UStG** gegenüber dem LuF voraus. Andernfalls erbringt der Angehörige einen steuerbefreiten Ausgangsumsatz, der ihn nicht zum Vorsteuerabzug berechtigt. Die Option ist ausgeschlossen, weil § 9 Abs. 2 UStG leistungsbezogen und nicht unternehmensbezogen auszulegen ist.[1] Auf der Grundlage dieser leistungsbezogenen Betrachtungsweise muss ein konkreter Zusammenhang zwischen der Vermietungsleistung und den Ausgangsleistungen des Mieters bestehen. Da § 9 Abs. 2 Satz 1 UStG das Ziel verfolgt, Vorschaltmodelle zu vermeiden, kann für Pauschallandwirte, die ihre Umsätze nach § 24 UStG versteuern, keine andere Regelung als für solche Unternehmer gelten, die steuerfreie Ausgangsumsätze erbringen. Dafür spricht auch der Regelungszusammenhang zwischen § 9 Abs. 2 UStG und § 15 UStG. Daher ist bei Auslegung von § 9 Abs. 2 Satz 1 UStG auch zu beachten, dass ein Pauschallandwirt mit Umsätzen nach § 24 Abs. 1 UStG aufgrund des Abzugsverbots nach § 24 Abs. 1 Satz 4 UStG nicht zum (weiteren) Vorsteuerabzug aus den von ihm bezogenen Leistungen berechtigt ist. Die Möglichkeit des pauschalierten Vorsteuerabzugs ist kein Vorsteuerabzug i. S. des § 15 UStG, sondern ein Ausfluss der pauschalierenden Besteuerung der Land- und Forstwirte.[2] Die Höhe der Vorsteuerbeträge nach § 24 Abs. 1 Satz 3 UStG hängt nicht von der Verwendung des Grundstücks sondern von der Höhe der ausgeführten Ausgangsumsätze ab.[3] Relevant bleibt die Frage eines etwaigen Rechtsmissbrauchs bei der **Überlassung von beweglichen Wirtschaftsgütern oder Betriebsvorrichtungen** (wenn keine einheitliche Leistung vorliegt oder eine einheitliche Leistung vorliegt, bei der die Verpachtung von Inventar oder von Betriebsvorrichtungen nicht als Nebenleistung zu einer insgesamt steuerfreien Leistung anzusehen ist),[4] da es sich

1 BFH, Urteil 24.8.2023 – V R 49/20, NWB YAAAJ-51307 = UR 2023 S. 906, Rz. 14; BFH, Urteil 1.3.2018 – V R 35/17, BStBl 2020 II S. 749; FG München, Urteil 5.4.2016 – 2 K 1767/13, NWB XAAAF-77398 = EFG 2016 S. 1385; Becker, NWB 2021 S. 336; s. a. Abschnitt 9.2 Abs. 2 Satz 2 UStAE; a. A. Widmann, UR 2024 S. 5, 6.

2 Siehe a. Art. 302 MwStSystRL; kritisch aber Becker, NWB 2018 S. 2200, 2205.

3 Eversloh, jurisPR-SteuerR 33/2018 Anm. 6.

4 Siehe insoweit EuGH, Urteil 4.5.2023 – C-516/21 Rs. „Finanzamt X", ECLI:EU:C:2023:372 = UR 2023 S. 441 m. Anm. Nieskens und nachfolgend BFH, Urteil 17.8.2023 – V R 7/23 (V R 22/20), NWB GAAAJ-47860 = UR 2023 S. 805 m. Anm. Widmann.

insoweit um gegenüber dem LuF erbrachte steuerpflichtige Ausgangsumsätze handelt, die zum Vorsteuerabzug berechtigen.

Halten die Pachtverträge (auch hinsichtlich der Höhe der Pacht gegenüber ortsüblichen Pachtpreisen) einem Fremdvergleich stand, werden diese Verträge auch tatsächlich durchgeführt und ist der Investor/Verpächter auch in der Lage, die Errichtung des verpachteten Objekts überwiegend aus eigenen Mitteln zu finanzieren, liegt **kein Rechtsmissbrauch** vor.[1]

Im Falle der Anerkennung des Trennungsmodells ist bei Leistungen, die unter den eigenen Gestehungskosten liegen, die **Anwendung der Mindestbemessungsgrundlage nach § 10 Abs. 5 UStG** zu prüfen.[2] Soweit keine einheitliche Leistung vorliegt, ist die Anwendung der Mindestbemessungsgrundlage nur bezogen auf die dann steuerpflichtige Überlassung von Inventar oder von Betriebsvorrichtungen zu prüfen. Die Mindestbemessungsgrundlage wird nach oben durch das marktübliche Entgelt für die Leistung begrenzt (§ 10 Abs. 5 Satz 1 Halbsatz 2 UStG).[3] Die Gefahr einer Steuerhinterziehung oder -umgehung besteht nicht, wenn das tatsächliche Entgelt dem marktüblichen Entgelt entspricht oder der Unternehmer seine Leistung in Höhe des marktüblichen Entgelts versteuert. **Marktübliches Entgelt** ist der gesamte Betrag, den ein Leistungsempfänger an einen Unternehmer unter Berücksichtigung der Handelsstufe zahlen müsste, um die betreffende Leistung zu diesem Zeitpunkt unter den Bedingungen des freien Wettbewerbs zu erhalten.[4] Nach bisheriger Verwaltungsauffassung in Abschnitt 10.7 Abs. 1 Satz 7 UStAE ist das marktübliche Entgelt der gesamte Betrag, den ein Leistungsempfänger an einen Unternehmer unter Berücksichtigung der Handelsstufe zahlen müsste, um die betreffende Leistung zu diesem Zeitpunkt unter den Bedingungen des freien Wettbewerbs zu erhalten. Dabei soll die Ortsbezogenheit eine entscheidende Rolle spielen. Sofern keine ortsbezogenen Vergleichspachten zu ermitteln sind, ist auf die beim Umsatz entstandenen Ausgaben nach § 10 Abs. 5 i. V. mit Abs. 4 Nr. 2 UStG zurückzugreifen. Im Gegensatz dazu vertritt der V. Senat des BFH die Ansicht, dass für die Beurteilung des Marktpreises auch Leistungen in Vergleichsregionen herangezogen werden können.[5] Im Ergebnis ist daher nicht auf die Marktverhältnisse vor Ort

1 BFH, Urteil 29.9.2022 – V R 29/20, BStBl 2023 II S. 986; BFH, Urteil 4.5.1994 – XI R 67/93, NWB XAAAH-87115 = BStBl 1994 II S. 829.

2 BFH, Urteil 5.6.2014 – XI R 44/12, BStBl 2016 II S. 187; Gehm, USt direkt digital 18/2021 S. 4.

3 BFH, Urteil 7.10.2010 – V R 4/10, BStBl 2016 II S. 181; Abschnitt 10.7 Abs. 1 Satz 6 UStAE.

4 Abschnitt 10.7 Abs. 1 Satz 7 UStAE. Diese Definition entspricht der des Nominalwertes nach Art. 72 Abs. 1 MwStSystRL.

5 BFH, Urteil 24.8.2023 – V R 49/20, NWB YAAAJ-51307 = UR 2023 S. 906, Rz. 29.

abzustellen, sondern darauf, zu welchen Konditionen z. B. vergleichbare Ställe in den Regionen vermietet oder verpachtet werden.

Erwirbt die einen Landhandel treibende **Ehefrau eines Landwirts** landwirtschaftliche **Geräte und Maschinen**, die sie im Rahmen ihres Lohnunternehmens an den Ehemann vermietet, der seine Umsätze nach Durchschnittssätzen versteuert, liegt darin ein Missbrauch von Gestaltungsmöglichkeiten, der den Vorsteuerabzug ausschließt, wenn die Auslagerung der Eingangsumsätze des Ehemannes auf die Ehefrau ausschließlich darauf abzielt, dem Ehemann die „Nullbesteuerung" zu erhalten, gleichzeitig aber der Ehefrau den Vorsteuerabzug zu verschaffen, der bei unmittelbarem Bezug der Leistungen durch den Ehemann nicht möglich wäre.[1]

Entsprechendes gilt, wenn eine aus Ehegatten bestehende regelversteuernde Gesellschaft, deren Unternehmen die Erstellung und nachfolgende Verpachtung eines Wirtschaftsgutes ist, ein **Gebäude** auf dem einem Mehrheitsgesellschafter allein gehörenden Grundstück nach dessen Wünschen und Bedürfnissen errichtet und dieses an den Mehrheitsgesellschafter verpachtet, der es in seinem luf Betrieb nutzt, in dem er die erzielten Umsätze nach Durchschnittssätzen versteuert.[2] Hat der Pächter selbst den Bauantrag gestellt und deckt die Pacht nicht die aus der Errichtung und Unterhaltung der Pachtsache resultierenden Aufwendungen, so dass sich der Pächter in nicht unwesentlichem Umfang an diesen Aufwendungen beteiligen muss, führt die gewählte Gestaltung zu einem Steuervorteil, der dem Sinn der Regelung über den Vorsteuerabzug zuwiderläuft. Dem äußeren Anschein nach sind sämtliche Umsatzsteuerbeträge, die im Zusammenhang mit der Errichtung des Gebäudes angefallen sind, als Vorsteuerbeträge abziehbar. Das wäre nicht der Fall gewesen, wenn der Pächter das – offenbar allein auf seine Bedürfnisse zugeschnittene – Gebäude selbst errichtet hätte. Dann wäre der Vorsteuerabzug des Pächters nach § 24 Abs. 1 Satz 4 UStG insoweit ohne Belang gewesen, weil die Umsatzsteuer bei dem Pächter nach den Durchschnittssätzen des § 24 Abs. 1 Satz 1 UStG zu bestimmen war.

Ein Missbrauch rechtlicher Gestaltungsmöglichkeiten dürfte insbesondere vorliegen, wenn **in einem überschaubaren Zeitraum** vom Zeitpunkt der Vermietung an die **Aufwendungen für Zins und Tilgung der aufgenommenen Fremd-**

1 Hessisches FG, Urteil 28.6.1988 – 6 V 1599/88, EFG 1989 S. 87.

2 FG München, Urteil 5.4.2016 – 2 K 1767/13, NWB XAAAF-77398 = EFG 2016 S. 1385; FG Baden-Württemberg, Urteil 7.2.2013 – 12 K 4855/09, NWB TAAAE-32066 = EFG 2013 S. 731; FG Baden-Württemberg, Urteil 26.1.2005 – 12 K 493/00, NWB PAAAB-50884 = EFG 2005 S. 761; FG Rheinland-Pfalz, Urteil 24.8.2000 – 6 K 2993/99, NWB IAAAB-12053, bestätigt durch BFH, Beschluss 14.12.2001 – V B 184/00, NWB MAAAA-68433 = BFH/NV 2002 S. 681.

mittel und für die Erhaltung des vermieteten Gegenstands nicht aus der Miete und aus sonstigen Einkommen des Vermieters gedeckt werden können und sich deswegen der Mieter über die Mietzahlung hinaus in einem nicht unwesentlichen Umfang an diesen Aufwendungen beteiligen muss. Etwas anderes gilt, wenn der Mieter dem Vermieter beim Erwerb des Grundstückes oder bei Errichtung des Gebäudes Mittel in ausreichender Höhe überlässt (z. B. durch Schenkung), die dem Vermieter die Lastentragung aus eigener wirtschaftlicher Kraft ermöglicht.

b) Einschaltmodell

1705 Durch **Einschaltung eines Zwischenhändlers** kann – grundsätzlich ohne Rechtsmissbrauch – die Steuerbelastung verringert werden. Das wird anerkannt, wenn die abziehbaren Vorsteuerbeträge aus Rechnungen über die Anlieferung (von Pflanzen durch einen pauschal besteuerten Landwirt) höher als die Steuern für die regelbesteuerte Weiterlieferung sind. Liefert ein seine Umsätze pauschal nach § 24 Abs. 1 UStG versteuernder Landwirt von ihm gezogene Jungpflanzen an seinen Sohn, der sie wetterhart macht und weiterveräußert, so ist der Vorsteuerabzug beim Sohn anzuerkennen. Daran ändert auch der Umstand nichts, dass der Sohn im Betrieb des Vaters zusätzlich als Arbeitnehmer beschäftigt ist.[1]

c) Missbrauch durch Verkauf und Rückkauf

1706 Es ist regelmäßig rechtsmissbräuchlich, wenn ein Händler und ein Landwirt die Umsätze des Landwirts durch **Verkauf und Rückkauf von Tieren oder sonstigen landwirtschaftlichen Produkten** ohne Rücksicht auf den wirtschaftlichen Gehalt der vom Landwirt erbrachten Leistung künstlich erhöhen und der Händler in den Genuss eines hierdurch erhöhten Vorsteuerabzugs zu gelangen versucht.[2] Es handelt sich um eine klassische „sit and wait"-Transaktion, die ein „gebündeltes" Scheingeschäft ist oder zumindest dem Scheingeschäft deswegen wertungsmäßig nahesteht, weil die Vertragsparteien kein „normales Handelsgeschäft" mit dem Ziel des Übergangs des wirtschaftlichen Eigentums zur freien Verfügung des Erwerbers wollen. Ein Viehhändler, der Vieh vor dem Weiterverkauf bei einem Landwirt kurzfristig unterstellen oder mästen lassen will, schließt mit diesem gewöhnlich einen entsprechenden Verwahrungs- oder Mastvertrag. Er verkauft ihm aber nicht das Vieh, um es anschließend wieder zum ursprünglichen Verkaufspreis ohne Handelsspanne zurückzukaufen. Mit diesem vereinbarten Verkauf und Rückkauf wird das UStG umgangen. Die Ge-

1 FG Rheinland-Pfalz, Urteil 7.8.1989 – 5 K 405/87, EFG 1990 S. 137.

2 BFH, Urteil 9.7.1998 – V R 68/96, BStBl 1998 II S. 637; Abschnitt 24.2 Abs. 7 UStAE.

staltung dient der Erzielung eines sachlich nicht gerechtfertigten Vorsteuerabzugs und ist durch wirtschaftliche oder sonst beachtliche außersteuerliche Gründe nicht zu rechtfertigen. Die Tierlieferungen des Landwirts berechtigen den Abnehmer nach § 15 UStG zum Vorsteuerabzug. Da die Weiterlieferung der Tiere dem ermäßigten Steuersatz von 7 % unterliegt (§ 12 Abs. 2 UStG), erzielt der Abnehmer regelmäßig einen Vorsteuerüberschuss; jedenfalls steht seinem Vorsteuerabzug keine entsprechende Zahllast beim Landwirt gegenüber. Der Landwirt wird nicht nur unmittelbar durch den ihm nach § 24 UStG zustehenden Vorsteuerabzug begünstigt, sondern auch mittelbar, indem sein Abnehmer einen Vorsteuerabzug mit einem Steuersatz (hier: 11 %) erhält, der den Ausgangssteuersatz des Abnehmers (hier: 7 %) übersteigt. Insoweit wirkt der Vorsteuerabzug beim Abnehmer des Landwirts wie eine staatliche Subvention, die an ihn zur Weiterleitung an den Landwirt ausgezahlt wird. Dies entspricht weder dem Zweck des § 24 UStG noch der Art. 295 bis 305 MwStSystRL.[1]

Nicht rechtsmissbräuchlich ist hingegen die Errichtung eines arbeitsteiligen Systems in der Ferkelerzeugung, wonach ein Unternehmer mehrfach in Liefervorgänge als Leistungsempfänger (teilweise mit einem Vorsteuerabzug i. H. von 9 %, § 24 Abs. 1 Nr. 3 UStG) und Leistender (mit einem Steuersatz von 7 %, § 12 Abs. 2 UStG) eingeschaltet ist, wenn sich dadurch die **Umsatzsumme nicht künstlich und ohne wirtschaftlichen Grund erhöht**.[2] Dabei ist zu berücksichtigen, dass sich der Händler einerseits jeweils vertraglich dazu verpflichtet hatte, die Tiere in der jeweiligen Erzeugerstufe vom Leistenden abzunehmen, und dass es andererseits in der Landwirtschaft gängige Praxis ist, dass der einzelne Landwirt seine Erzeugnisse an andere Unternehmer, die nicht selbst Landwirte sind, veräußert.

§ 42 AO kommt in den **Fällen des überhöhten Entgelts** grds. nicht zur Anwendung. Die Vorschrift dient nicht der Korrektur von Gestaltungen, die zu einer höheren Steuer führen, als sie bei einer den wirtschaftlichen Vorgängen angemessenen rechtlichen Gestaltung angefallen wäre.[3] Die Höhe des Entgelts spricht für sich genommen nicht für das Vorliegen eines Missbrauchs.[4] Deutschland hat von der Option des Art. 80 Abs. 1 Satz 1 Buchst. c MwStSystRL keinen Gebrauch gemacht. Dies hat der Gesetzgeber durch § 10 Abs. 5 Satz 2 UStG mit Wirkung vom 31.7.2014 gesetzlich klargestellt. Daher ist nur im Sonderfall der verbilligten Leistungen an den in § 10 Abs. 5 UStG benannten Personenkreis die

1 BFH, Urteil 9.7.1998 – V R 68/96, BStBl 1998 II S. 637; FG München, Urteil 1.7.2015 – 3 K 2165/12, NWB YAAAF-68197.

2 Niedersächsisches FG, Urteil 27.9.2007 – 16 K 44/04, NWB BAAAC-85095.

3 BFH, Urteil 3.3.1988 – V R 183/83, BStBl 1989 II S. 205.

4 BFH, Urteil 1.6.2016 – XI R 17/11, BStBl 2017 II S. 581.

Mindestbemessungsgrundlage zu prüfen und eine Begrenzung auf das marktübliche Entgelt vorzunehmen. Diese Grundsätze kommen auch in Fällen zur Anwendung, in denen der liefernde Unternehmer seine Umsätze nach Durchschnittssätzen versteuert.[1]

Selbst wenn die Beteiligten **ein über dem Marktpreis liegendes Entgelt** vereinbart haben, liegt unter dem Gesichtspunkt des dadurch bedingten höheren Vorsteuerabzugs des Erwerbers kein Missbrauch rechtlicher Gestaltungsmöglichkeiten vor, wenn der Lieferer die mit dem Vorsteuerabzug korrespondierende Umsatzsteuerschuld aufgrund der Fiktion des § 24 UStG nicht tatsächlich an das Finanzamt abführen muss.[2] Die Korrektur eines unangemessenen Entgelts erfolgt nur in den Fällen der Mindestbemessungsgrundlage (§ 10 Abs. 5 UStG). Darüber hinaus bleibt es bei dem Grundsatz des § 10 Abs. 1 Satz 2 UStG, wonach Entgelt alles ist, was der Leistungsempfänger aufwendet, um die Leistung zu erhalten, jedoch abzgl. der Umsatzsteuer. Die Frage der Angemessenheit des Entgelts im Hinblick auf den objektiven Wert von Leistung und Gegenleistung bzw. danach, was zwischen fremden Dritten üblicherweise für eine entsprechende Leistung entrichtet wird, stellt sich im Umsatzsteuerrecht grds. nicht.

d) Auslagerungsmodell

1707 Fälle einer **Aufteilung landwirtschaftlicher Produktionsketten auf mehrere Unternehmer** sind insbesondere dort anzutreffen, wo der jeweilige landwirtschaftliche Erzeugungsprozess seiner Art nach in deutlich voneinander abgrenzbare Wachstums- bzw. Vegetationsschritte unterteilt ist. Dies betrifft neben der Erzeugung von Schweinen mit ihren klar abgrenzbaren Aufzuchtstadien und dem damit jeweils verbundenen Stallwechsel der Tiere insbesondere auch die Erzeugung von Geflügel und die Erzeugung von Pflanzen in Baumschulen. Für eine solche Aufteilung landwirtschaftlicher Produktionsketten kann es eine Vielzahl außersteuerlicher Gründe geben. Eine Spezialisierung einzelner Unternehmer auf einzelne Produktionsstufen erfolgt z. B. im Bereich der Erzeugung von Schweinen vor dem Hintergrund der unterschiedlichen baulichen Anforderungen an die verschiedenen Aufzuchtstadien aus Gründen der Kostenersparnis. Außerdem kann die Einschaltung einer Handelsgesellschaft zur Vermarktung landwirtschaftlicher Erzeugnisse wirtschaftlich sinnvoll sein, weil diese Gesellschaft aufgrund ihrer Größe und Marktmacht bessere Verkaufspreise bei den Mästern bzw. Schlachtbetrieben erzielen kann, als dies der einzelne Landwirt

1 BFH, Urteil 10.5.1990 – V R 47/86, BStBl 1990 II S. 757.

2 Niedersächsisches FG, Urteil 7.3.2019 – 11 K 23/18, juris, NZB BFH: XI B 29/19.

könnte. Der Handel über eine Vermarktungsgesellschaft ist daher grds. zulässig, wenn er wie unter fremden Dritten stattfindet und die getroffenen Vereinbarungen tatsächlich eingehalten werden.

Wegen der sich ergebenden steuerlichen Vorteile stellt sich in Zweifelsfällen allerdings die Frage, ob tatsächliche Lieferungen zwischen dem die Tiere abgebenden Landwirt an den regelbesteuernden Zwischenhändler sowie von diesem an den die Tiere aufnehmenden Landwirt stattgefunden haben. Dies gilt insbesondere in Fällen, bei denen sich alle beteiligten Landwirte eine Produktionsstätte teilen. Eine beim Verkauf von Ferkeln vom Erzeuger an den Mäster zwischengeschaltete GmbH ist nicht zum Vorsteuerabzug aus Lieferungen der Erzeuger nach § 15 Abs. 1 Satz 1 Nr. 1 UStG berechtigt, wenn sie bei den Ferkelverkäufen lediglich für das **Erstellen von Gutschriften und die buchhalterische Erfassung anhand der Lieferscheine zuständig** ist. Sollte von vornherein der Verkauf der Tiere allein zwischen den an der geschlossenen Produktionskette beteiligten Landwirten geplant worden sein, erlangt der Zwischenhändler keine **Verfügungsmacht an den Tieren,** sondern wird nur für Abrechnungszwecke zwischengeschaltet, so dass davon auszugehen ist, dass tatsächlich keine Lieferungen stattfinden, sondern lediglich Scheingeschäfte vorliegen, um steuerliche Vorteile zu generieren.[1] Selbst wenn von einer Verschaffung der Verfügungsmacht an den Ferkeln durch die GmbH auszugehen wäre, ist bei einer solchen lediglich formellen Zwischenschaltung in den Züchter-Mäster-Direktverkehr von einer den Vorsteuerabzug der GmbH ausschließenden **rechtsmissbräuchlichen Gestaltung** auszugehen.[2] Alleiniges Ziel ist die **Erlangung eines Vorsteuerüberschusses**, wenn der Vorsteuerabzug aus der Gutschrift gegenüber dem Erzeuger (Steuersatz 7,8 %) die durch die Weiterlieferung ausgelöste Ausgangssteuer von nur 7 % übersteigt.[3] Dies gilt insbesondere in Fällen, in denen während der Endmast der Tiere eine Weiterveräußerung erfolgt, weil es für solche Veräußerungen regelmäßig keinen sachlichen Grund gibt. Dieser von der unterstellten missbräuchlichen Gestaltung abweichende Steueranspruch des Fiskus besteht nur auf der Ebene der zwischengeschalteten Gesellschaft und beim Mäster der Tiere, nicht aber beim Züchter der Ferkel.[4]

Schließlich lagern Pauschallandwirte sonstige Leistungen – etwa auf einen Angehörigen oder auf eine GbR – aus. Liegen die Umsätze aus diesen Leistungen

1 FG Münster, Beschluss 23.1.2017 – 15 V 2563/16 U, NWB VAAAG-40463 = EFG 2017 S. 530.

2 BFH, Urteil 9.7.1998 – V R 68/96, BStBl 1998 II S. 637; a. A. Niedersächsisches FG, Urteile 27.9.2007 – 16 K 44/04, NWB BAAAC-85095; 18.3.2004 – 5 K 642/98, NWB IAAAB-50895.

3 FG Münster, Beschluss 23.1.2017 – 15 V 2563/16 U, NWB VAAAG-40463 = EFG 2017 S. 530.

4 FG Baden-Württemberg, Urteil 11.3.2016 – 9 K 1572/13, NWB RAAAG-57192.

unterhalb der **Umsatzgrenzen des § 19 Abs. 1 UStG**, kann der andere Unternehmer die Kleinunternehmerregelung in Anspruch nehmen und eine Umsatzbesteuerung erfolgt nicht. Da auch bei solchen Gestaltungen Scheingeschäfte und Gestaltungsmissbräuche möglich sind, sind diese daraufhin zu prüfen, ob insbesondere klare, tatsächlich durchgeführte Vereinbarungen vorliegen, die auch außerhalb der steuerlichen Verhältnisse umgesetzt sind.[1]

IX. Rechnungsausstellung (§ 24 Abs. 1 Satz 5 UStG)

1708 Obwohl die unter § 24 Abs. 1 Satz 1 Nr. 1 und 3 UStG fallenden LuF keine Umsatzsteuer an das Finanzamt abführen, sind sie berechtigt, ihren Leistungsempfängern eine Rechnung i. S. der § 14 und § 14a UStG zu erteilen und die Umsatzsteuer gesondert auszuweisen. Dabei ist der **Durchschnittssatz von 5,5 %, 19 % oder 7,8 % anzugeben** (§ 24 Abs. 1 Satz 5 UStG).

Insbesondere ist der auf das jeweilige Entgelt entfallende **Steuerbetrag** anzugeben. § 24 Abs. 1 Satz 5 UStG regelt, dass in der Rechnung der für den Umsatz maßgebliche **Durchschnittssteuersatz** (gem. § 24 Abs. 1 Satz 1 Nr. 1 bis 3 UStG) zusätzlich anzugeben ist, obwohl sich diese Verpflichtung schon aus § 14 Abs. 4 Satz 1 Nr. 8 UStG ergibt.

Auch in den Fällen der **Mindestbemessungsgrundlage** des § 10 Abs. 5 UStG darf nur die auf das tatsächlich gezahlte Entgelt entfallende Steuer ausgewiesen werden (§ 14 Abs. 4 Satz 3 i. V. mit Satz 2 UStG). Die Besteuerung nach § 24 UStG führt regelmäßig zu einer Subventionierung des leistenden Unternehmers durch die Verlagerung einer nicht bestehenden Umsatzsteuerbelastung über den Preis auf den Leistungsempfänger. Bei Anwendung des § 14 Abs. 4 Satz 2 UStG, d. h. die Inrechnungstellung einer Steuer, die tatsächlich nicht vom Leistungsempfänger als Teil des Preises gezahlt wird, würde der (höher bemessene) Vorsteuerabzug zu einer Subventionierung beim Leistungsempfänger führen.[2]

Stellt der Pauschallandwirt für mehrere **Umsätze, die verschiedenen Steuersätzen unterliegen**, nur eine Rechnung aus, sind nach § 14 Abs. 4 Satz 1 Nr. 7 UStG die Entgelte und Steuerbeträge in der Rechnung nach Steuersätzen zu trennen.

1 LfSt Bayern, Vfg. 17.12.2009 – S 7410.1.1 - 4/2 St 34, NWB RAAAD-34566; s. a. FG Berlin-Brandenburg, Urteil 21.6.2017 – 7 K 7096/15, NWB HAAAG-54803 = EFG 2017 S. 1373 und nachfolgend BFH, Urteil 11.7.2018 – XI R 26/17, NWB NAAAH-01431 sowie FG Rheinland-Pfalz, Urteil 26.9.2017 – 3 K 1461/16, NWB JAAAG-60740 = EFG 2017 S. 1847 und nachfolgend BFH, Urteil 11.7.2018 – XI R 36/77, NWB PAAAG-92685 jeweils zur missbräuchlichen Aufspaltung von unternehmerischen Tätigkeiten zwecks Anwendung des § 19 UStG.

2 Abschnitt 14.5 Abs. 22 UStAE und Abschnitt 24.9 Satz 2 Halbsatz 2 UStAE.

§ 24 Abs. 1 Satz 5 UStG erfordert lediglich die **Angabe des Durchschnittssatzes** an sich (5,5 %, 7,8 % oder 19 %). Eine darüber hinausgehende Klarstellung in der Rechnung, dass es sich dabei um einen Durchschnittssatz handelt, ist nicht erforderlich. Fehlt die Angabe des Durchschnittssatzes, entfällt der Vorsteuerabzug deswegen nicht, weil diese Angabe keine materiell-rechtliche Voraussetzung für den Vorsteuerabzug ist.

Zu den Rechnungspflichtangaben gehört außerdem nach § 14 Abs. 4 Satz 1 Nr. 2 UStG die **Angabe der Steuernummer** des LuF.[1]

Entsprechendes gilt für die Ausstellung von **Gutschriften**. Der LuF und sein Abnehmer können frei vereinbaren, wer die Abrechnung durchführt.[2] Die Möglichkeit einer Abrechnung durch Gutschrift entspricht in besonderer Weise dem Zweck der Durchschnittssatzbesteuerung, Land- und Forstwirten die Erfüllung ihrer steuerlichen Mitwirkungspflichten zu erleichtern. Der Leistungsempfänger muss dafür **im Vorfeld abfragen**, ob der Land- oder Forstwirt der Durchschnittssatzbesteuerung unterliegt.

Weist der LuF eine **höhere Steuer** aus, schuldet er den Mehrbetrag nach **§ 14c Abs. 1 UStG.**[3] Dies ist der Fall, wenn in der Rechnung ein falscher Durchschnittssatz angegeben ist. Die Rechtsfolgen treten ebenfalls ein, wenn der Leistungsempfänger die Abrechnung mittels Gutschrift nach § 14 Abs. 2 Satz 2 und 3 UStG erteilt. Darüber hinaus kann im Einzelfall auch die Erteilung einer unberechtigten Rechnung nach § 14c Abs. 2 UStG in Betracht kommen, etwa wenn der pauschalierende Landwirt eine Rechnung über eine Leistung erteilt, die er überhaupt nicht ausgeführt hat.

BEISPIEL ▸ Eine Molkerei rechnet die Anlieferung von Milch durch die angeschlossenen Landwirte per Gutschrift ab. In allen Gutschriften ist der Steuersatz i. H. von 7,8 % ausgewiesen, den die Molkerei als Vorsteuer in ihren USt-Voranmeldungen geltend macht.

Wenden die anliefernden Landwirte § 24 UStG an, ist der Ausweis der Umsatzsteuer in der Gutschrift zutreffend. Haben aber einzelne anliefernde Landwirte nach § 24 Abs. 4 UStG zur Regelbesteuerung optiert, ist der Ausweis von Umsatzsteuer von 7,8 % unrichtig, da Milch dem ermäßigten Steuersatz von 7 % unterliegt.

In diesen Fall entsteht in Höhe des Differenzbetrags von 0,8 % für den anliefernden Landwirt eine Steuer nach § 14c Abs. 1 UStG. Bei der Molkerei ist aus den Gutschriften über Anlieferungen von optierenden Landwirten nur ein Vorsteuerabzug i. H. von 7 % möglich.

---

1 FinMin Brandenburg 9.1.2009 – 31 - S 7280 - 2/05, NWB RAAAD-02901 = UR 2009 S. 177.

2 Vgl. Abschnitt 14.3 Abs. 2 UStAE.

3 Janzen in Lippross/Seibel, Basiskommentar Steuerrecht, § 24 UStG Rz. 105; Abschnitt 24.9 Sätze 3 bis 5 UStAE.

Die **Regelung des § 14c UStG (unrichtiger oder unberechtigter Steuerausweis)** kommt auch zur Anwendung, wenn ein LuF die Steuer bei Umsätzen gesondert ausweist, die unter § 4 Nr. 1 bis 7 UStG fallen, oder bei im Ausland bewirkten Umsätzen. Kein Fall des § 14c Abs. 1 UStG liegt hingegen vor, wenn der Pauschallandwirt die Steuer auf Basis des Steuersatzes nach § 24 Abs. 1 UStG für einen Umsatz berechnet, der tatsächlich der Regelbesteuerung unterliegt. In diesem Fall schuldet der Pauschallandwirt die gesetzliche Steuer, die aus dem Gesamtrechnungsbetrag herauszurechnen ist.[1]

X. Erklärungs- und Aufzeichnungspflichten

1709 LuF, die die Durchschnittssätze des § 24 UStG anwenden, haben über die Verpflichtung nach § 18 Abs. 4a UStG hinaus (Umsätze nach § 1 Abs. 1 Nr. 5, § 13b Abs. 2 UStG oder als Fahrzeuglieferer nach § 2a UStG) insbesondere **Voranmeldungen abzugeben** und **Vorauszahlungen zu entrichten**, wenn

- Umsätze von Sägewerkserzeugnissen bewirkt werden, für die der Durchschnittssatz nach § 24 Abs. 1 Satz 1 Nr. 2 UStG gilt, oder
- Umsätze ausgeführt werden, die unter Berücksichtigung der Vereinfachungsregelung in Abschnitt 24.6 UStAE zu einer Vorauszahlung oder einem Überschuss führen und für die wegen der Übermittlung keine besondere Ausnahmeregelung gilt, oder
- Steuerbeträge nach § 14c UStG geschuldet werden.

In diesen Fällen müssen die übrigen Umsätze, die den Durchschnittssätzen des § 24 UStG unterliegen und für die keine Steuer zu entrichten ist, **in den Voranmeldungen nicht aufgeführt** werden.[2]

Sind die Voraussetzungen für die Abgabe von Voranmeldungen **erst im Laufe des Kalenderjahres eingetreten**, sind erst ab diesem Zeitpunkt Voranmeldungen einzureichen und Zahlungen zu entrichten.[3] Auf vorangegangene Voranmeldungszeiträume entfallende Umsatzsteuerbeträge müssen erst einen Monat nach Eingang der Umsatzsteuerjahreserklärung für das jeweilige Kalenderjahr entrichtet werden.[4] In den Fällen des Abschnitts 18.6 Abs. 2 Nr. 2 UStAE (wenn also Umsätze ausgeführt werden, die unter Berücksichtigung der Verein-

1 Vgl. Abschnitt 14c.1 Abs. 9 UStAE.

2 Vgl. Abschnitt 18.6 Abs. 3 Satz 1 UStAE.

3 Vgl. Abschnitt 18.6 Abs. 3 Satz 2 UStAE.

4 Vgl. § 18 Abs. 4 Satz 1 UStG; Abschnitt 18.6 Abs. 3 UStAE.

fachungsregelung in Abschnitt 24.6 UStAE zu einer Vorauszahlung oder einem Überschuss führen und für die wegen der Übermittlung keine besondere Ausnahmeregelung gilt) erstreckt sich die Verpflichtung zur Übermittlung der Voranmeldung und zur Entrichtung der Vorauszahlungen auf die Voranmeldungszeiträume, für die diese Steuerbeträge geschuldet werden. Die Möglichkeit, den Unternehmer unter den Voraussetzungen des § 18 Abs. 2 Satz 3 UStG von der Übermittlung der Voraussetzungen zu befreien, bleibt davon unberührt.[1]

Für die **Abgabe der Umsatzsteuerjahreserklärung** gilt – mangels besonderer Regelung – der Grundsatz, dass diese der unter die Durchschnittssatzbesteuerung fallende LuF nur bei einer besonderen Aufforderung durch die Finanzbehörde einzureichen hat.

In **Neugründungsfällen** gilt für pauschalierende LuF die Verpflichtung zur Abgabe von monatlichen Voranmeldungen in den ersten beiden Kalenderjahren nach § 18 Abs. 2 Satz 4 UStG[2] nicht.[3]

Führen pauschalierende LuF innergemeinschaftliche Lieferungen i. S. des § 4 Nr. 1b, § 6a UStG aus, müssen sie diese in einer **Zusammenfassenden Meldung** nach § 18a UStG angeben.[4] In einer Zusammenfassenden Meldung hat der Pauschallandwirt auch seine im übrigen Gemeinschaftsgebiet ausgeführten sonstigen Leistungen (§ 3a Abs. 2 UStG) anzugeben.

Nach § 67 Satz 1 UStDV sind grundsätzlich LuF, die die Durchschnittssatzbesteuerung anwenden, **von den Aufzeichnungspflichten des § 22 UStG befreit**. Etwas **anderes** gilt nach § 67 Satz 2 UStDV für solche **LuF, die Umsätze** von alkoholischen Flüssigkeiten sowie den nicht in der Anlage des UStG aufgeführten Getränken und Sägewerkserzeugnissen **i. S. des § 24 Abs. 1 Satz 1 Nr. 2 UStG ausführen**, weil insoweit die Umsatzsteuer die Vorsteuerpauschale übersteigt und sich eine Zahllast ergibt. Der Unternehmer muss die Bemessungsgrundlagen für die Lieferungen und unentgeltlichen Wertabgaben aufzeichnen. Entsprechendes gilt bei Ausfuhrlieferungen. Dabei sind die Entgelte für die Aus-

---

1 Vgl. Abschnitt 18.6 Abs. 3 Satz 2 bis 5 UStAE.

2 Durch Art. 7 Nr. 1 i. V. mit Art. 16 Abs. 3 des Dritten Gesetzes zur Entlastung insbesondere der mittelständischen Wirtschaft von Bürokratie (Drittes Bürokratieentlastungsgesetz) v. 22.11.2019, BGBl 2019 I S. 1746, wurde zum 1.1.2021 § 18 Abs. 2 Satz 5 UStG geändert und ein neuer Satz 6 angefügt. Durch diese Regelung wird für die Besteuerungszeiträume 2021 bis 2026 die generelle Verpflichtung zur monatlichen Übermittlung von Umsatzsteuer-Voranmeldungen in Neugründungsfällen ausgesetzt; s. a. BMF 16.12.2020, BStBl 2020 I S. 1379.

3 Vgl. Abschnitt 18.7 Abs. 1 Satz 3 UStAE.

4 Vgl. Abschnitt 18a.1 Abs. 3 UStAE.

fuhrlieferungen von den Bemessungsgrundlagen für die übrigen Umsätze zu trennen.

Die Befreiung von den Aufzeichnungspflichten gilt auch nicht für die Umsätze des Pauschallandwirts, die der Regelbesteuerung unterliegen und allein aufgrund der **Vereinfachungsregelung in Abschnitt 24.6 UStAE** der Durchschnittssatzbesteuerung unterworfen werden, weil andernfalls nicht kontrollierbar wäre, ob die Betragsgrenze von 4.000 € eingehalten wird.[1]

Schließlich bleiben nach § 67 Satz 3 UStDV **die sich aus § 22 Abs. 2 Nr. 4, 7 und 8 UStG ergebenden Aufzeichnungspflichten** von der Durchschnittssatzbesteuerung unberührt. Dies erfasst

- Fälle des unberechtigten und unrichtigen Steuerausweises,
- den innergemeinschaftlichen Erwerb und
- Sachverhalte, in denen der LuF die Steuer nach § 13b UStG schuldet.

Nach § 68 Abs. 1 Nr. 2 UStDV sind LuF, die die Durchschnittssatzbesteuerung anwenden, **von der Verpflichtung zur Führung eines Umsatzsteuerheftes befreit**. Soweit diese Umsätze i. S. des § 24 Abs. 1 Satz 1 Nr. 2 UStG ausführen, gilt dies nur, wenn sie im Erhebungsgebiet eine gewerbliche Niederlassung besitzen und ordnungsgemäße Aufzeichnungen nach § 22 i. V. mit §§ 63 bis 66 UStDV führen (§ 68 Abs. 1 Nr. 1 UStDV). Auf Antrag erteilt das Finanzamt eine Bescheinigung zur Vorlage bei Prüfern von Steuer- und Ordnungsbehörden, dass sie von der Pflicht zur Führung des Steuerhefts befreit sind (§ 68 Abs. 2 UStDV). Die Befreiungsbescheinigung ist stets unter dem Vorbehalt des Widerrufs zu erteilen. Nach Ablauf der Gültigkeitsdauer ist beim Finanzamt ggf. eine neue Bescheinigung zu beantragen.

Bewirkt ein LuF neben den in § 24 Abs. 1 UStG bezeichneten Umsätzen noch andere, nicht unter die Durchschnittssatzbesteuerung fallende Umsätze (**Mischbetriebe**), muss, sofern die Umsatzsteuer wegen der Kleinunternehmerregelung nicht erhoben wird, der Gesamtumsatz des vorangegangenen und des laufenden Kalenderjahrs unter Einschluss der Umsätze aus LuF aufgezeichnet werden. Nach § 22 Abs. 1 Satz 3 UStG hat ein Unternehmer, der einen luf Betrieb nach § 24 Abs. 3 UStG als gesondert geführten Betrieb behandelt, die Aufzeichnungspflichten für diesen Betrieb gesondert zu erfüllen. Führt der Unternehmer über die luf Umsätze in allen anderen Fällen keine Aufzeichnungen, sind

1 Vgl. Abschnitt 24.6 Abs. 3 Satz 2 UStAE.

diese nach den Betriebsmerkmalen und unter Berücksichtigung der besonderen Verhältnisse des Unternehmens zu schätzen.

Verpächter von luf Betrieben fallen nicht in den Anwendungsbereich des § 24 UStG, weil diese Tätigkeit vermögensverwaltend ist. Das in diesen Fällen regelmäßig vereinbarte einheitliche Pachtentgelt ist in einen nach § 4 Nr. 12 Buchst. a UStG steuerfreien Pachtanteil für den Grund und Boden und in einen steuerpflichtigen Anteil für die mitverpachteten Betriebsvorrichtungen (ohne Feldinventar und Feldfrüchte als wesentliche Grundstücksbestandteile i. S. des § 94 BGB) aufzuteilen. Diese Aufteilung kann anhand der ortsüblichen Pachten unter Berücksichtigung einer angemessenen Verzinsung für die mitverpachteten Betriebsvorrichtungen und andere Wirtschaftsgüter erfolgen. Bei den auf den Feldern befindlichen Früchten („stehende Ernte") vor der Ernte handelt es sich (noch) nicht um landwirtschaftliche Erzeugnisse, so dass die Durchschnittssatzbesteuerung nicht zur Anwendung kommt. Vielmehr ermöglicht deren Lieferung dem Erwerber lediglich, landwirtschaftliche Erzeugnisse zu gewinnen.[1]

XI. Verzicht auf die Durchschnittssatzbesteuerung und Widerruf (§ 24 Abs. 4 UStG)

1. Allgemeines

1710 Sind die Tatbestandsvoraussetzungen des § 24 UStG erfüllt, fallen luf Umsätze kraft Gesetzes – also ohne jegliche Anzeige oder Beantragung – unter die Besteuerung nach Durchschnittssätzen.[2] Um der Regelbesteuerung zu unterfallen, muss der LuF bei dem für ihn zuständigen Finanzamt eine Erklärung hierüber abgeben. Es handelt sich um einen **Verzicht auf die Durchschnittssatzbesteuerung**.

2. Zweckmäßigkeit der Option

1711 Ein LuF wird sich für die Anwendung der allgemeinen Besteuerungsgrundsätze entscheiden und optieren, wenn dies im Vergleich zur Durchschnittssatzbesteuerung günstiger ist. Dies ist insbesondere regelmäßig der Fall, wenn **bei umfangreichen Investitionen** seine Vorsteuern höher sind als die Steuern, die

1 BFH, Urteil 17.8.2023 – V R 3/21, BStBl 2025 II S. 883 = UR 2024 S. 140 m. Anm. Tehler, Rz. 37; Abschnitt 24.2 Abs. 6 Satz 3 UStAE.

2 FG Münster, Urteil 20.2.2018 – 15 K 3117/17 U, NWB MAAAG-80795.

sich für seine Lieferungen und sonstigen Leistungen ergeben. Bei der Vergleichsberechnung ist im Falle der Option außerdem nicht nur von den im Rahmen der Durchschnittssatzbesteuerung höheren Steuersätzen, sondern auch von den u. U. ermäßigten Steuersätzen des § 12 Abs. 2 UStG auszugehen. Andererseits ist zu berücksichtigen, dass der pauschalierende LuF höhere Steuerbeträge in Rechnung stellen kann, die ein regelversteuernder Abnehmer als Vorsteuern abziehen kann.

Wegen der **Bindungsfristen** an die Option ist diese Entscheidung nicht nur auf der Grundlage der Steuerlast für das Jahr der Option zu treffen. Zu berücksichtigen ist auch die voraussichtliche Steuerlast der folgenden fünf Jahre, für die im Falle der Option eine Versteuerung nach den allgemeinen Grundsätzen erfolgen muss.

Selbst wenn sich **im Rahmen der Vergleichsberechnung** eine **Mindereinnahme** ergibt, sollte diese u. U. in Kauf genommen werden, da bei der Durchschnittssatzbesteuerung Verwaltungskosten (keine Aufzeichnung der Vorumsätze und Vorsteuern, keine Erklärungspflichten) eingespart werden können. Schließlich vermeidet der LuF etwaige Abgrenzungsfragen, ob die Durchschnittssatzbesteuerung zur Anwendung kommt, wenn er sich freiwillig für die Regelbesteuerung entscheidet.

3. Form der Optionserklärung

1712 Die einseitige, bedingungsfeindliche, an das Finanzamt zu richtende Erklärung des Unternehmers, dass er auf die Durchschnittssatzbesteuerung verzichtet (§ 24 Abs. 4 Satz 1 UStG), ist **nicht an eine bestimmte Form gebunden**.[1] Wirksam ist auch die Abgabe einer Voranmeldung oder Jahreserklärung, in der der Pauschallandwirt seine Umsätze nach den allgemeinen Grundsätzen versteuert,[2] oder eine im Rahmen des Klageantrags gegenüber dem Finanzgericht abgegebene Optionserklärung.[3] In Zweifelsfällen muss die Finanzbehörde durch Nachfrage ermitteln, welcher Besteuerungsform die Umsätze unterworfen werden

1 Schuhmann in Rau/Dürrwächter, UStG, § 24 Rz. 191; Abschnitt 24.8 Abs. 1 Satz 1 UStAE.

2 Niedersächsisches FG, Urteil 24.6.1986 – V 488/82, EFG 1986 S. 631; einschränkend aber FG Mecklenburg-Vorpommern, Urteil 16.3.1994 – I 230/93, EFG 1994 S. 857, wonach die Abgabe von Voranmeldungen nicht ausreicht, wenn diese nur deswegen abgegeben wird, weil der Unternehmer irrtümlich davon ausgeht, ein Gewerbetreibender zu sein.

3 BFH, Urteil 13.12.1984 – V R 32/74, BStBl 1985 II S. 173.

sollen. Verbleiben Zweifel, kann eine Option zur Regelbesteuerung nicht angenommen werden. Der getrennte Ausweis von Ausgangsumsatzsteuer und Vorsteuer in der Überschussrechnung eines Landwirts,[1] der Antrag auf Erteilung der Umsatzsteuer-Identifikationsnummer[2] oder der Ausweis von Umsatzsteuern zu den Steuersätzen des § 12 UStG in Rechnungen an die Kunden[3] reichen allein nicht als Optionserklärung zur Regelbesteuerung.

Die **Erteilung der Umsatzsteuer-Identifikationsnummer** kann einem pauschalierenden LuF gegenüber **nicht mit der Bedingung** verknüpft werden, **dass er vorsorglich die Option nach § 1a Abs. 4 UStG erklärt**. Eine derartige Bedingung für die Erteilung der Umsatzsteuer-Identifikationsnummer ist weder im nationalen Recht (§ 27a UStG) noch unionsrechtlich vorgesehen und wäre deshalb unzulässig.

Mit der Erklärung, die rechtsgestaltend auf das Umsatzsteuerrechtsverhältnis einwirkt,[4] übt der LuF ein **steuerliches Wahlrecht** aus.[5] Als Willens- (nicht Wissens-)Erklärung ist sie nach zivilrechtlichen Grundsätzen (§§ 119, 123 BGB) anfechtbar.

4. Frist für die Optionserklärung

Die Option ist **bis zum 10.1. eines Jahres rückwirkend zu Beginn des vorangegangenen Kalenderjahres** zu erklären. Diese Optionsfrist ist verfassungsrechtlich unbedenklich, weil noch bis zum zehnten Tag nach Ablauf des Kalenderjahres die Möglichkeit besteht, rückwirkend zu optieren.[6] Da die Mitgliedstaaten nach Art. 296 Abs. 3 MwStSystRL die Einzelheiten und Voraussetzungen der Option eigenständig regeln, dürfte die Ausschlussfrist auch unionsrechtskonform sein. Im Gegensatz dazu wäre eine Verlängerung der Frist bis zur Unanfechtbarkeit der Steuerfestsetzung unionsrechtlich deswegen bedenklich, weil dadurch die Ermittlung der Vorsteuerpauschale der jeweils letzten drei Jahre nach Art. 298 MwStSystRL verfälscht werden könnte. 1713

1 Niedersächsisches FG, Urteil 12.12.2002 – 5 K 96/01, NWB NAAAB-11519 = EFG 2003 S. 656.

2 OFD Frankfurt, Vfg. 8.6.2010 – S 7359 A-37-St 113, NWB XAAAD-47479; OFD Hannover, Vfg. 15.10.2008 – S 7103a - 14 - StO 183, NWB PAAAC-97259.

3 FG Nürnberg, Urteil 18.10.2005 – II 364/2004, NWB TAAAB-76947 = DStRE 2006 S. 682.

4 BFH, Urteil 16.3.1988 – X R 7/80, NWB MAAAB-30693 = BFH/NV 1989 S. 197.

5 BFH, Urteil 9.4.1975 – I R 55/73, BStBl 1975 II S. 616.

6 BFH, Beschluss 29.5.2000 – V B 25/00, NWB QAAAA-65763 = UR 2001 S. 315; BFH, Urteil 23.4.1998 – V R 64/96, BStBl 1998 II S. 494.

BEISPIEL ▸ Ein Landwirt, der bisher der Durchschnittssatzbesteuerung nach § 24 UStG unterliegt, errichtet im Jahr 04 ein neues Stallgebäude. Um Vorsteuern abziehen zu können, beabsichtigt er, zur Regelbesteuerung zu optieren.

Der Landwirt kann die Option für das Kalenderjahr 04 bis zum 10.1.05 gegenüber der Finanzbehörde erklären. Dazu reicht die Abgabe von Umsatzsteuer-Voranmeldungen oder eine Umsatzsteuerjahreserklärung für das Jahr 04 aus.

Der LuF muss aber seiner Erklärung nicht diese lange Rückwirkung zugrunde legen, sondern kann die **Option auch mit Beginn des laufenden Kalenderjahres** erklären. Er hat insoweit ein Wahlrecht.

Die Option kann auch **schon vor Aufnahme der Tätigkeit** erfolgen. Deshalb ist einem Unternehmer, der im Zusammenhang mit dem Erwerb eines luf Betriebs umsatzsteuerpflichtige Eingangsleistungen bezieht, der Vorsteuerabzug unter den übrigen Voraussetzungen des § 15 UStG zu gewähren, wenn er im Zeitpunkt des Leistungsbezugs beabsichtigt, die im Rahmen des luf Betriebs beabsichtigten Ausgangsumsätze nach § 24 Abs. 4 UStG der Regelbesteuerung zu unterwerfen, und diese Absicht nachvollziehbar belegt.[1]

Es handelt sich um eine **nicht verlängerbare Ausschlussfrist**. Als gesetzliche Frist, die nicht die Einreichung einer Steuererklärung betrifft, ist diese auch nicht nach § 109 AO verlängerbar. Fällt das Ende der Frist zur Abgabe der Optionserklärung jedoch auf einen Sonntag, Feiertag oder Sonnabend, endet die Frist erst mit Ablauf des nachfolgenden Werktags (§ 108 Abs. 3 AO).[2] Bei Versäumen der Frist kommt lediglich eine Wiedereinsetzung in den vorigen Stand in Betracht.

5. Geltungszeitraum der Regelbesteuerung

1714 Der Wechsel zur Regelbesteuerung ist **nur zum 1.1. des jeweiligen Kalenderjahres** möglich. Die Option führt zu einem Wechsel der Besteuerungsform des Unternehmens und nicht etwa wie § 9 UStG zu einer abweichenden Besteuerung eines bestimmten Umsatzes.

Die Erklärung nach § 24 Abs. 4 Satz 1 UStG bindet den Unternehmer nach § 24 Abs. 4 Satz 2 UStG für **mindestens fünf Kalenderjahre** an die Regelbesteuerung. Innerhalb dieses Zeitraumes ist eine Rückkehr zur Besteuerung nach Durchschnittssätzen ausgeschlossen. Bei der Veräußerung eines luf Betriebs (Geschäftsveräußerung nach § 1 Abs. 1a UStG; Abschnitt 1.5 UStAE), ist der Be-

1 BFH, Urteil 22.3.2001 – V R 39/00, NWB UAAAA-67185 = UR 2001 S. 361.

2 LSt Niedersachsen, Vfg. 26.7.2021 – S 7418 - 53 - St 186, UR 2021 S. 803, 804.

triebserwerber als Rechtsnachfolger des Veräußerers anzusehen und demgemäß an die Optionsfrist gebunden.[1]

Nach § 71 UStDV greift die Bindungswirkung nicht, wenn der Unternehmer nach dem Ausscheiden aus der Durchschnittssatzbesteuerung des § 24 UStG die **Kleinunternehmerregelung** anwendet. Er kann die Option mit Wirkung vom Beginn eines jeden folgenden Kalenderjahres an widerrufen. Das gilt aber nicht, wenn der Unternehmer nach dem Ausscheiden aus der Durchschnittssatzbesteuerung des § 24 UStG eine weitere Erklärung nach § 19 Abs. 3 Satz 1 UStG abgegeben hat.[2] In diesem Fall gilt für ihn die Bindungsfrist des § 19 Abs. 3 Satz 2 UStG.

Beim **Übergang des luf Betriebes infolge eines Erbfalls** ist wie folgt zu differenzieren: Beendet der Erbe das Unternehmen des Erblassers, tritt er in die Rechtsstellung des Erblassers ein, so dass die Bindungsfrist weiter gilt.[3] Führt er hingegen das Unternehmen im Sinne einer eigenen nachhaltigen Tätigkeit fort, steht es ihm frei, die Durchschnittssatzbesteuerung anzuwenden oder zur Regelbesteuerung zu optieren. In diesem Fall beginnt die Bindungsdauer mit Abgabe seiner Optionserklärung von neuem.

Beim **Ausscheiden eines Gesellschafters aus einer zweigliedrigen Personengesellschaft** gilt die Bindungsfrist ebenfalls.[4] Durch dieses Ausscheiden ändert sich – unabhängig von den gesellschaftsrechtlichen Grundsätzen oder der ertragsteuerlichen Behandlung – lediglich die Rechtsform des Unternehmens, nicht aber seine wirtschaftliche Struktur und sein wesentlicher Inhalt.[5]

Die Bindungsfrist kommt aber in den Fällen nicht zur Anwendung, in denen der LuF nicht aufgrund eigener Entscheidung, sondern wegen **Wegfalls der Voraussetzungen des § 24 UStG** aus der Durchschnittssatzbesteuerung ausgeschieden ist. Er unterfällt also wieder der Durchschnittssatzbesteuerung, sobald die Voraussetzungen für sie wieder erfüllt sind. In diesem Fall tritt außerdem der Wechsel abweichend von § 24 Abs. 4 Satz 1 UStG nicht zum Jahresbeginn ein, sondern dann, wenn ein luf Betrieb nicht mehr vorliegt. Dieser Wechsel kann daher zur Folge haben, dass für einen Teil des Besteuerungszeitraums § 24 UStG gilt und für den Rest des Jahres eine Besteuerung nach §§ 16 bis 18 UStG erfolgt.

1 Janzen in Lippross/Seibel, Basiskommentar Steuerrecht, § 24 UStG Rz. 113; Abschnitt 24.8 Abs. 3 Satz 2 UStAE.

2 Vgl. Abschnitt 24.8 Abs. 3 Satz 5 und 6 UStAE.

3 Vgl. Abschnitt 24.8 Abs. 3 Satz 2 UStAE.

4 BFH, Urteil 18.9.1980 – V R 175/84, BStBl 1981 II S. 293; BFH, Urteil 17.11.1960 – 170/58 U, BStBl 1961 III S. 86.

5 OFD Nürnberg, Vfg 16.9.1991 – S 7416 - 22/St 43, UR 1991 S. 211.

6. Einheitlichkeit der Option

1715 Hat ein Unternehmer mehrere luf Betriebe, so kann er die Erklärung nur **einheitlich für sämtliche Betriebe** vornehmen.[1] Dies ergibt sich daraus, dass § 24 UStG stets unternehmens- und nicht betriebsbezogen auszulegen ist. Die in § 24 Abs. 1 und Abs. 2 UStG enthaltene Bezugnahme auf den luf Betrieb dient der Abgrenzung der Umsätze, die im Rahmen des Unternehmens einer besonderen Besteuerung unterliegen. Sie gibt keine Begründung für die Zulassung einer betriebsbezogenen Einzeloption. Innerhalb eines Besteuerungszeitraumes (§ 16 Abs. 1 UStG) kann daher nur eine einheitliche Besteuerung in Betracht kommen.[2] Auch in dem Jahr, in dem der LuF seinen bisherigen Betrieb veräußert und einen neuen Betrieb erwirbt, ist eine Option nur für den veräußerten bzw. erworbenen Betrieb ausgeschlossen.

Auch bei einem **Nacheinander unterschiedlicher luf Betriebe** in einem Kalenderjahr und Veranlagungszeitraum kann die Option nur einheitlich erklärt werden. Stellt ein LuF seinen bisherigen Betrieb im Laufe des Jahres ein und eröffnet im selben Jahr einen neuen Betrieb, kann er die Option für beide Betriebe nur einheitlich ausüben. Eine betriebsbezogene Einzeloption ist nicht möglich, da trotz zeitlicher Unterbrechung beide Betriebe ein einheitliches Unternehmen bilden.

Für einen pauschalierenden Landwirt, der z. B. seinen bisherigen Betrieb veräußert und im selben Jahr einen neuen Betrieb erwirbt oder zu seinem eigenen Betrieb einen weiteren landwirtschaftlichen Betrieb erwirbt, für den der Veräußerer optiert hatte und bei dem er an diese Option gebunden ist (§ 24 Abs. 4 Satz 2 Halbsatz 2 UStG) bezieht sich die **Option auf den gesamten Betrieb**.[3]

Erwirbt ein die Durchschnittssatzbesteuerung anwendender Unternehmer ein weiteres Unternehmen oder einen gesondert geführten Teilbetrieb im Ganzen (§ 1 Abs. 1a UStG) und überschreitet die Summe der Vorjahresumsätze des bisherigen und des neu hinzu erworbenen Unternehmens(-teils) die in die in § 24 Abs. 1 Satz 1 UStG geregelte Umsatzgrenze nicht, hat aber der Rechtsvorgänger des neu erworbenen Unternehmens(-teils) zur Regelbesteuerung optiert und ist die Optionsfrist zum Zeitpunkt des Erwerbs noch nicht abgelaufen, ist der **Erwerber an die Optionsfrist gebunden**.[4] Ist diese noch nicht abgelaufen, wirkt

1 BFH, Urteil 23.4.1998 – V R 64/96, BStBl 1998 II S. 494; Abschnitt 24.8 Abs. 1 Satz 3 UStAE.

2 LSt Niedersachsen, Vfg. 26.7.2021 – S 7418 - 53 - St 186, UR 2021 S. 803, 804.

3 LSt Niedersachsen, Vfg. 26.7.2021 – S 7418 - 53 - St 186, UR 2021 S. 803, 804.

4 Abschnitt 24.8 Abs. 3 Satz 2 UStAE.

sich die Option ab Beginn des Kalenderjahres des Erwerbs auf sämtliche luf Umsätze des Unternehmens aus.

Ehegatten, die eine landwirtschaftliche Tätigkeit selbständig ausüben, sind jeweils eigenständig zu beurteilende Unternehmer, selbst wenn sie diese Tätigkeit unter Verwendung von Vermögensgegenständen ausüben, die zum Gesamtgut ihrer ehelichen Gütergemeinschaft gehören. Insoweit ist der Umstand, dass die Ehegatten ihre Tätigkeiten im Rahmen ein und desselben landwirtschaftlichen Betriebs ausüben, den sie in ehelicher Gütergemeinschaft besitzen, für die umsatzsteuerliche Beurteilung nicht von Belang, wenn sie die für die Aufzuchtbetriebe bestimmten Mittel getrennt verwalten und diese Betriebe in wirtschaftlicher, finanzieller und organisatorischer Hinsicht getrennt sind.[1] Daher hat die **Entscheidung des einen Ehegatten**, für die von ihm ausgeübte Tätigkeit auf die Anwendung der Pauschalbesteuerung zu verzichten, **nicht zur Folge, dass auch der andere Ehegatte automatisch den Status eines Pauschallandwirts verlieren muss**. Die etwaige Gefahr des Missbrauchs oder verwaltungstechnische Schwierigkeiten, die eine Ausnahme von diesem Grundsatz rechtfertigen würden, bestehen nicht, soweit eine eindeutige Unterscheidung zwischen den Vermögensgegenständen möglich ist, die jeder der Ehegatten selbständig und unabhängig zu Zwecken der ausgeübten wirtschaftlichen Tätigkeit nutzt.

Sind aber an der Bewirtschaftung des Hofes und/oder der Vermarktung seiner Erzeugnisse **mehrere Unternehmer beteiligt**, können dadurch Umsätze in die Regelbesteuerung fallen, auf die bei nur einem Unternehmer die Pauschalregelung anzuwenden wäre. Für jeden Unternehmer ist gesondert zu prüfen, ob er landwirtschaftlicher Erzeuger ist. Erfüllt er die Voraussetzungen nicht, unterliegen seine Umsätze der Regelbesteuerung.

BEISPIEL Die Ehegatten A und B bewirtschaften einen landwirtschaftlichen Betrieb. Die Ehegatten treten bei der Bewirtschaftung des Betriebs gemeinsam nach außen als Gütergemeinschaft auf. Die Ehefrau verkauft Erzeugnisse des Betriebes in eigenem Namen und auf eigene Rechnung. Sie hat die Direktvermarktung bei den Behörden unter ihrem Namen angemeldet. Rechnungen und Quittungen schreibt sie unter ihrem Namen. Der Ehemann verwendet landwirtschaftliche Maschinen der Gütergemeinschaft, um im eigenen Namen und auf eigene Rechnung Dienstleistungen bei anderen Landwirten auszuführen. Rechnungen und Quittungen lauten auf seinen Namen. Bei Behörden, Versicherungen und Berufsorganisationen ist er mit dieser Tätigkeit gemeldet.

Insgesamt liegen drei Unternehmer und Unternehmen vor. Die Gütergemeinschaft unterhält einen luf Betrieb, da diese im Rahmen der in § 24 Abs. 2 Satz 1 UStG ge-

1 EuGH, Urteil 24.3.2022 – Rs. C-697/20 „Dyrektor Izby Skarbowej w L.", ECLI:EU:C:2022:210 = MwStR 2022 S. 387 m. Anm. Sterzinger.

nannten Erzeugertätigkeiten unter planmäßiger Nutzung der natürlichen Kräfte des Bodens Pflanzen und Tiere erzeugt sowie die dadurch selbstgewonnenen Erzeugnisse verwertet. Die Gütergemeinschaft kann die Durchschnittssätze anwenden.

Die Ehegatten A und B unterliegen mit ihren im eigenen Namen ausgeführten Tätigkeiten jeweils der Regelbesteuerung. Sie üben keine Erzeugertätigkeit aus, sondern entnehmen der Gütergemeinschaft Gegenstände und Nutzungen, die sie im Rahmen ihrer Unternehmen verwenden. Die Anwendung der Durchschnittssatzbesteuerung kommt nicht in Betracht, obwohl ertragsteuerlich ihre Gewinne den Einkünften nach § 13 EStG im Rahmen einer die gesamten Tätigkeiten umfassenden Mitunternehmerschaft zugerechnet werden. Die Gütergemeinschaft erbringt insoweit unentgeltliche Wertabgaben, die den Durchschnittssätzen unterliegen.

7. Folgen der Optionserklärung beim Wechsel zur Regelbesteuerung

1716 Optiert der LuF, unterliegt er den allgemeinen Bestimmungen mit allen Rechten und Pflichten, die mit der von ihm gewählten Besteuerungsform verknüpft sind. Im Regelfall erfolgt die **Besteuerung nach vereinnahmten Entgelten** (§ 16 Abs. 1 Satz 1 UStG). Der Unternehmer hat insbesondere die **Aufzeichnungspflichten nach § 22 UStG und §§ 63 ff. UStDV** zu erfüllen.

Die ausgeführten **Umsätze unterliegen den Steuersätzen des § 12 UStG**. Bei Lieferungen luf Erzeugnisse wird das im Regelfall der ermäßigte Steuersatz nach § 12 Abs. 2 Nr. 1 UStG i. V. mit Nr. 1 der Anlage 2 zum UStG i. H. von 7 % sein. Bei sonstigen Leistungen können die Steuerermäßigungen des § 12 Abs. 2 Nr. 3 oder Nr. 4 UStG erfüllt sein.

Rechnet der Unternehmer nach der Option nach Durchschnittssätzen ab und weist in seinen Rechnungen Umsatzsteuer i. H. von 7,8 % aus, **schuldet** er die in seinen Rechnungen bei Anwendung des ermäßigten Steuersatzes **zu hoch ausgewiesene Steuer nach § 14c Abs. 2 UStG**, sofern er diese Rechnungen nicht berichtigt.

Im Falle einer Option sind **vierteljährliche Umsatzsteuer-Voranmeldungen** abzugeben. Grundsätzlich bestimmt sich der Voranmeldungszeitraum des laufenden Kalenderjahres regelmäßig nach der Steuer des Vorjahres und der Voranmeldungszeitraum umfasst grds. das Kalendervierteljahr. Abweichend hiervon ist der Voranmeldungszeitraum der Kalendermonat, wenn die Steuer für das vorangegangene Kalenderjahr mehr als 7.500 € betragen hat (§ 18 Abs. 2 Satz 2 UStG). Entscheidend für die Einordnung, ob Umsatzsteuer-Voranmeldungen für das Folgejahr vierteljährlich oder monatlich abzugeben sind, ist demnach die Höhe der tatsächlichen Umsatzsteuer im Jahr des Überschreitens der Umsatzgrenze. Mit Ausnahme bestimmter Sonderfälle (vgl. Abschnitt 18.6. Abs. 2 UStAE) werden bei Inanspruchnahme der Durchschnittssatzbesteuerung nach § 24 UStG keine Voranmeldungen abgegeben, in denen eine Umsatzsteuer berechnet wird. Eine Befreiung von der Verpflichtung zur Übermittlung von Voranmeldungen, wenn die Steuer im Jahr des Überschreitens der Umsatzgrenze nicht mehr als 1.000 € betragen hat (§ 18 Abs. 2 Satz 3 UStG), kommt nicht in Betracht, da im Folgejahr wegen der Option mit einer wesentlich höheren Steuer zu rechnen ist.

Ob im Falle eines Wechsels von der Besteuerung nach § 24 Abs. 1 bis 3 UStG zur Besteuerung nach den allgemeinen Vorschriften des UStG ein Umsatz noch der Besteuerung nach Durchschnittssätzen unterliegt, richtet sich nach dem **Zeitpunkt, zu dem die Steuer nach § 13 Abs. 1 UStG** entstanden ist. Die Beurteilung von **Anzahlungen** hängt also davon ab, wann der maßgebliche Umsatz ausgeführt wurde. Fällt die Ausführung der Umsätze in die Zeit der Durchschnittssatzbesteuerung, bleibt die Steuerentstehung für den Umsatz (im Fall der Soll-Besteuerung) trotz Option unverändert, auch wenn das Entgelt erst im Zeitpunkt der Geltung der Regelbesteuerung vereinnahmt wird.[1] Anzahlungen vor dem Wechsel zur Regelbesteuerung für nach dem Wechsel bewirkte Leistungen sind mit den Steuersätzen des § 12 UStG zu versteuern. Erfolgt die Besteuerung nach vereinnahmten Entgelten, muss der Unternehmer die Anzahlung im ersten Voranmeldungszeitraum nach dem Übergang berücksichtigen.

Vorsteuern aus Eingangsumsätzen vor dem Übergang zur Regelbesteuerung sind durch die Durchschnittssätze abgegolten. Erst für nach dem Übergang empfangene Leistungen sind Vorsteuern unter den Voraussetzungen des § 15 UStG abziehbar.[2] Dies gilt auch, wenn die erstmalige Verwendung von Wirtschaftsgütern in ein Jahr fällt, in dem der Landwirt zur Regelbesteuerung übergegangen ist und/oder die Absicht der späteren vorsteuerabzugsunschädlichen Verwendung während der Durchschnittssatzbesteuerung bestand.[3]

Der Zeitpunkt des Rechnungseingangs oder die Entrichtung der Einfuhrumsatzsteuer ist für die Beurteilung des Vorsteuerabzugs nicht maßgeblich.[4]

---

1 Vgl. Abschnitt 13.6 Abs. 3 Satz 4 UStAE.

2 FG Baden-Württemberg, Urteil 7.2.2013 – 12 K 4855/09, NWB TAAAE-32066 = EFG 2013 S. 732; Abschnitt 15.1 Abs. 5 UStAE.

3 BFH, Urteil 12.6.2008 – V R 22/06, BStBl 2009 II S. 165.

4 BFH, Urteil 17.9.1981 – V R 76/75, BStBl 1982 II S. 198; BFH, Urteil 6.12.1979 – V R 87/12, BStBl 1980 II S. 2779; Sterzinger in Küffner/Zugmaier, USt, § 24 UStG Rz. 839; Abschnitt 15.1 Abs. 5 Satz 5 UStAE.

BEISPIEL Ein Landwirt errichtet in den Jahren 01 und 02 ein Stallgebäude. Für die verschiedenen Leistungen im Zusammenhang mit der Herstellung des Stalles stellen die verschiedenen Unternehmer Rechnungen mit offenem Umsatzsteuerausweis aus. Die Fertigstellung des Stalles und die erstmalige Verwendung erfolgt in 02. L optiert zum 1.1.02 zur Regelbesteuerung.

Obwohl L den Stall erstmalig als regelbesteuernder Unternehmer nutzt, können Vorsteuerbeträge, die vor dem Wechsel in 01 angefallen sind, erst ab dem Zeitpunkt der erstmaligen Verwendung (zeitanteilig) nach § 15a UStG geltend gemacht werden. Für alle nach dem 1.1.02 an L ausgeführten Leistungen ist hingegen der Vorsteuerabzug nach § 15 UStG vorzunehmen.

Optiert der LuF nach § 24 Abs. 4 UStG zu der Besteuerung nach den allgemeinen Grundsätzen, können die Voraussetzungen des § 15a Abs. 7 UStG erfüllt sein, so dass eine Vorsteuerkorrektur zu seinen Gunsten erfolgt, ohne dass sich die Nutzung der Wirtschaftsgüter oder sonstigen Leistungen geändert haben muss. Für Zwecke der Vorsteuerberichtigung wird der Pauschallandwirt trotz des pauschalen Vorsteuerabzugs nach § 24 Abs. 1 Satz 3 UStG im Ergebnis so behandelt, als würde ihm für Zeiträume, in denen er die Pauschalierung nach § 24 UStG anwendet, kein Vorsteuerabzug zustehen. Eine Vorsteuerberichtigung zu seinen Gunsten kommt daher bei vor dem Wechsel angeschafften langlebigen Wirtschaftsgütern in Betracht, wenn im Zeitpunkt der Option der Berichtigungszeitraum nach § 15a Abs. 1a UStG noch nicht abgelaufen ist.[1] Die Höhe des noch nicht in Anspruch genommenen Vorsteuerabzugs kann nach § 162 AO geschätzt werden, wenn feststeht, dass vollständige Unterlagen für den Vorsteuerabzug im Zeitpunkt des Leistungsbezugs vorhanden waren.[2]

Beim **Übergang von der Regel- zur Durchschnittssatzbesteuerung** verteilen LuF gelegentlich eine bestimmte vorher vereinbarte Liefermenge abrechnungstechnisch auf mehrere kleinere Liefervorgänge, um so das Überschreiten der Bagatellgrenze des § 44 Abs. 1 UStDV zu vermeiden. Beim Wechsel von der Pauschalierung zur Regelbesteuerung ist auch der umgekehrte Fall denkbar. In diesen Fällen kann ein Gestaltungsmissbrauch i. S. des § 42 AO vorliegen.

Nach § 22 Abs. 4 UStG hat der Unternehmer in den Fällen des § 15a UStG die Berechnungsgrundlagen für den Ausgleich aufzuzeichnen, der von ihm in den in Betracht kommenden Kalenderjahren vorzunehmen ist. Allerdings sind LuF, die die Durchschnittssatzbesteuerung anwenden, von dieser Aufzeichnungs-

1 BFH, Urteil 6.12.2001 – V R 6/01, BStBl 2002 II S. 555.

2 FG Rheinland-Pfalz, Urteil 8.4.2004 – 6 K 1254/02, NWB KAAAB-22439 = EFG 2004 S. 1410; Abschnitt 15.11 Abs. 6 UStAE.

pflicht befreit (§ 67 UStDV). In diesen Fällen muss der Unternehmer die von ihm begehrte Vorsteuerberichtigung anhand von sonstigen Aufzeichnungen oder durch Einzelbelege nachweisen. Eine **vereinfachte Ermittlung des Berichtigungsbetrages** ist nur in Einzelfällen zulässig, wenn eine Einzelermittlung nicht oder nur mit erheblichem Ermittlungsaufwand möglich ist.[1]

8. Folgen der Optionserklärung und Beantragung der Ist-Besteuerung

Der Unternehmer kann mit der Erklärung über den Verzicht auf die Durch- 1717
schnittssatzbesteuerung gleichzeitig die **Ist-Besteuerung nach § 20 UStG** beantragen. Im Fall der Ist-Besteuerung muss der Unternehmer die nach § 12 UStG geschuldete Steuer für vor der Option ausgeführte Umsätze abführen, wenn er das Entgelt für diesen Umsatz (Forderung) erst nach dem Übergang zur Regelbesteuerung vereinnahmt.

9. Folgen der Optionserklärung beim Eingreifen der Kleinunternehmerregelung

Sind die Voraussetzungen des § 19 UStG erfüllt (der Gesamtumsatz im vorange- 1718
gangenen Kalenderjahr hat den Betrag von 25.000 € nicht überstiegen und wird im laufenden Kalenderjahr den Betrag von 100.000 € voraussichtlich nicht übersteigen), kann der Unternehmer auch beim Wechsel zur Regelbesteuerung der **Nichtbesteuerung als sog. Kleinunternehmer** unterliegen. Bei der Bestimmung der **Umsatzgrenzen** von Kleinunternehmern ist auf das reguläre Entgelt ohne Anwendung von Sonderregelungen abstellen. Die Grundsätze der Entscheidung des EuGH vom 29.7.2019,[2] das zur Differenzbesteuerung ergangen ist, sind auf die Pauschalbesteuerung bei LuF übertragbar. Da der LuF seine im Rahmen des luf Betriebes ausgeführten Umsätze bei Anwendung der Durchschnittssatzbesteuerung nach § 67 UStDV nicht (vollständig) aufzeichnen musste, ist der für die Anwendung der Kleinunternehmerregelung maßgebliche Umsatz ggf. zu schätzen.[3]

Verpachtet der LuF seinen gesamten Betrieb und **optiert im Zuge der Verpachtung zur Regelbesteuerung**, ist bezüglich der Anwendbarkeit des § 19 UStG

1 LfSt Bayern, Vfg. 10.4.2015 – S 7316.2.1-3/5 St 33, UR 2015 S. 448.

2 EuGH, Urteil 29.7.2019 – Rs. C-388/18 „B", ECLI:EU:C:2019:642 = NWB IAAAH-29425 = UR 2019 S. 662; s. a. nachfolgend BFH, Urteil 23.10.2019 – XI R 17/19, NWB NAAAH-41572.

3 Vgl. Abschnitt 24.7 Abs. 4 Satz 2 UStAE.

die Vereinfachungsregelung des Abschnitts 19.1 Abs. 4 UStAE zu beachten. Danach werden bei einem Unternehmer, der mit der Verpachtung seines landwirtschaftlichen Betriebes beginnt und dessen unternehmerische Betätigung im Bereich der Landwirtschaft sich in dieser Verpachtung erschöpft, so dass die Durchschnittssatzbesteuerung nach § 24 UStG nicht mehr angewendet werden kann, die vor der Verpachtung erzielten Umsätze, die unter die Durchschnittssatzbesteuerung nach § 24 UStG fallen, bei der Ermittlung des Gesamtumsatzes für Zwecke des § 19 Abs. 1 UStG nicht berücksichtigt. Für die Ermittlung des Gesamtumsatzes für Zwecke der Kleinunternehmerregelung nach § 19 Abs. 1 UStG sind demnach für den Bereich der Landwirtschaft ausschließlich die Verpachtungsumsätze maßgeblich.

BEISPIEL Ein Landwirt erzielt im Kalenderjahr 01 Umsätze nach § 24 UStG i. H. von 200.000 € und von Januar bis Juni 02 i. H. von 100.000 €. Ab Juli 09 verpachtet er seinen Betrieb für monatlich 2.000 €. Auf die Verpachtung der Grundstücke entfallen 1.000 € pro Monat, auf die beweglichen Wirtschaftsgüter ebenfalls 1.000 €. Daneben erzielt er keine weiteren Umsätze.

Die Umsätze aus der Verpachtung der Grundstücke sind steuerfrei nach § 4 Nr. 12 Buchst. a UStG, nicht jedoch die Umsätze aus der Verpachtung der beweglichen Wirtschaftsgüter. Nach § 19 UStG könnte der Landwirt für diese Umsätze erst ab 04 die Kleinunternehmerregelung anwenden, da der Gesamtumsatz in 01 (200.000 €) und in 02 (106.000 €) noch über der schädlichen Grenze von 25.000 € lag. Aufgrund der Billigkeitsregelung in Abschnitt 19.1 Abs. 4 UStAE sind aber die in 01 und von Januar bis Juni 02 getätigten Pauschalierungsumsätze für die Berechnung der Kleinunternehmergrenze unbeachtlich.

Kommt § 19 UStG zur Anwendung, besteht **trotz Option keine Vorsteuerabzugsberechtigung**.[1] Daher ergeben sich durch den Wechsel der Besteuerungsart auch keine Vorsteuerkorrekturen nach § 15a Abs. 7 UStG. Um dies zu vermeiden, muss der Unternehmer mit seiner Optionserklärung eine Erklärung i. S. des § 19 Abs. 3 UStG abgeben, wonach § 19 UStG nicht zur Anwendung kommen soll.[2] Allein die Option zur Regelbesteuerung beinhaltet diese Aussage nicht.

Der Landwirt ist aber nicht verpflichtet, die Billigkeitsregelung der Finanzverwaltung zur Anwendung des § 19 Abs. 1 UStG für die Verpachtung in Anspruch zu nehmen. Insbesondere wenn zunächst hohe Vorsteuerbeträge anfallen, kann es günstiger sein, im Kalenderjahr der erstmaligen Verpachtung und ggf. im folgenden Kalenderjahr das allgemeine Besteuerungsverfahren anzuwenden und erst danach die Kleinunternehmerregelung in Anspruch zu nehmen, sofern die Vor-

1 Vgl. Abschnitt 19.5 Abs. 10 Satz 2 UStAE.

2 Vgl. Abschnitt 24.8 Abs. 2 Satz 4 UStAE.

aussetzungen dafür eingetreten sind, d. h. die Umsatzgrenze des § 19 Abs. 1 UStG überschritten worden ist. Anders als bei einer Option zur Regelbesteuerung gem. § 19 Abs. 3 UStG greift in diesem Falle nicht die fünfjährige Bindungsdauer ein.

BEISPIEL Ein Pauschallandwirt verpachtet seinen Landwirtschaftsbetrieb ab 1.7.2025 im Ganzen an seinen Sohn. Im Kalenderjahr 2024 betrug sein Gesamtumsatz (§ 19 Abs. 2 UStG) 200.000 €, vom 1.1. bis 30.6.2025 beträgt er 50.000 €. Von dem jährlichen Pachtzins sind 8.000 € steuerpflichtig, der Rest entfällt auf die Überlassung von Grundstücken und ist deshalb nach § 4 Nr. 12 Buchst. a UStG steuerbefreit. Der Pächter wendet die Durchschnittssätze nach § 24 Abs. 1 UStG an. Von August bis Oktober 2025 fallen beim Verpächter größere Reparaturaufwendungen an einem Wirtschaftsgebäude an, das im Jahre 1990 errichtet worden ist. Dafür werden ihm Vorsteuern i. H. von 4.500 € in Rechnung gestellt, die nicht nach § 15a Abs. 3 UStG der Vorsteuerberichtigung unterliegen. Auf das Gebäude entfällt ein monatlicher Pachtzinsanteil von 300 €. Im Kalenderjahr 2026 entstehen Vorsteuerbeträge i. H. von 500 € i. Z. mit den steuerpflichtig überlassenen Maschinen und Betriebsvorrichtungen. Außerdem kann der Verpächter Vorsteuerberichtigungen nach § 15a Abs. 1 UStG vom 1.7.2025 bis Herbst 2026 für während der Durchschnittssatzbesteuerung (bis 30.6.01) angeschaffte Maschinen und Fahrzeuge i H. von 2.500 € geltend machen.

Mit Beginn der Verpachtung kommt die Durchschnittssatzbesteuerung nach § 24 Abs. 1 UStG nicht mehr zur Anwendung. Die Voraussetzungen nach § 19 Abs. 1 UStG werden frühestens ab 1.1.2027 erfüllt, weil dann der maßgebliche Vorjahresumsatz 25.000 € nicht überstiegen hat und im laufenden Kalenderjahr voraussichtlich 100.000 € nicht übersteigen wird.

Aufgrund der Billigkeitsregelung kann der Verpächter § 19 Abs. 1 UStG bereits ab 1.7.2025 anwenden. Macht er von dieser Billigkeitsregelung keinen Gebrauch, sind vom 1.7.2025 bis 31.12.2026 die allgemeinen Besteuerungsvorschriften anzuwenden. Er muss von dem nicht steuerbefreiten Teil der Pachtzinsen 19 % Umsatzsteuer abführen und kann die auf die Maschinen und Betriebsvorrichtungen entfallenden Vorsteuern abziehen und auch die Vorsteuerberichtigung nach § 15a Abs. 1 UStG in Anspruch nehmen.

Es empfiehlt sich, für den Pachtzins, der auf das von August bis Oktober 2025 reparierte Wirtschaftsgebäude entfällt, nach § 9 UStG auf die Steuerbefreiung zu verzichten, weil dann der Verpächter die Vorsteuerbeträge aus den Reparaturkosten abziehen kann. Für die Dauer der Reparatur muss er von dem Pachtzins, das sind 900 €, 19 % Umsatzsteuer abführen. Die Option nach § 9 UStG ist für jeden einzelnen Umsatz zulässig. Weil Reparaturkosten und keine Herstellungskosten angefallen sind, unterliegen die Vorsteuerbeträge keiner Vorsteuerberichtigung nach § 15a Abs. 1 UStG, da die Voraussetzungen des § 15a Abs. 3 UStG ggf. i. V. mit § 44 Abs. 1 und 4 UStDV nicht erfüllt sind. Deshalb kann der Verpächter für das Wirtschaftsgebäude bereits ab 1.11.2025 wieder die Steuerbefreiung in Anspruch nehmen. Die Option nach § 9 UStG ist zulässig, auch wenn der Pächter die Durchschnittssatzbesteuerung nach § 24 UStG anwendet, weil für den Altbau die Übergangsregelung des § 27 Abs. 2 Nr. 3 UStG gilt.

Ein Wechsel der Besteuerungsform von § 24 Abs. 1 bis Abs. 3 UStG zur allgemeinen Besteuerung ist nach § 15a Abs. 7 UStG als Änderung der Verhältnisse zu qualifizieren. Im Gegensatz dazu führt der Übergang von der Durchschnittssatzbesteuerung zur Kleinunternehmerregelung nach § 19 Abs. 1 UStG zu keiner Vorsteuerberichtigung, weil sich die für den Vorsteuerabzug maßgebenden Verhältnisse nicht geändert haben. Der Kleinunternehmer ist nicht zum Vorsteuerabzug berechtigt, und die Vorsteuerpauschale nach § 24 Abs. 1 UStG wird für die Anwendung des § 15a Abs. 1 UStG nicht als Abzug der tatsächlich angefallenen Vorsteuer beurteilt. Entsprechendes gilt für den Übergang von der Kleinunternehmerregelung nach § 19 Abs. 1 UStG zur Durchschnittssatzbesteuerung nach § 24 Abs. 1 UStG.

BEISPIEL Der Vater hat seinen Landwirtschaftsbetrieb ab 1.7.01 an seinen Sohn verpachtet. Bis dahin hat er § 24 Abs. 1 UStG angewendet, der Pächter hat sich ebenfalls für die Durchschnittssatzbesteuerung entschieden. Vom 1.7.01 bis 31.12.02 wendet der Verpächter die Regelbesteuerung an, ab 1.1.03 § 19 Abs. 1 UStG. Im Oktober 03 ist der Vater verstorben und wird von seinem Sohn, dem Pächter, beerbt. Das verpachtete Anwesen geht durch einen nicht steuerbaren Vorgang auf den Sohn über. Bei den vom Vater in 00 getätigten Investitionen waren die Vorsteuerbeträge mit der Vorsteuerpauschale nach § 24 Abs. 1 UStG abgegolten. Im Kalenderjahr 02 hat der Vater Investitionen in Maschinen und Gebäudeumbau eines Altgebäudes i. S. von § 27 Abs. 2 Nr. 3 UStG vorgenommen und die Vorsteuer abgezogen, hinsichtlich des Gebäudeumbaus aufgrund einer Option für die Steuerpflicht der anteiligen Pachtumsätze nach § 9 UStG. Anfang 03 hat der Vater nochmals eine Maschine angeschafft und ein Wirtschaftsgebäude (ebenfalls Altgebäude i. S. von § 27 Abs. 2 Nr. 3 UStG) erweitert (nachträgliche Herstellungskosten).

Für die Investitionen aus dem Kalenderjahr 00 kann der Verpächter vom 1.7.01 bis 31.12.02 Vorsteuerberichtigungen nach § 15a Abs. 1 UStG zu seinen Gunsten geltend machen, wenn er die Wirtschaftsgüter steuerpflichtig verpachtet (hinsichtlich der Gebäude aufgrund einer Option nach § 9 UStG). Ab 1.1.03 entfällt die Berichtigung der Vorsteuer, weil § 19 Abs. 1 UStG zur Anwendung kommt. Auch der Sohn, der die Investitionen des Jahres 00 seines Rechtsvorgängers ab Oktober 03 als Eigentümer im Rahmen der Durchschnittssatzbesteuerung nach § 24 Abs. 1 UStG verwendet, kann keine Vorsteuerberichtigung in Anspruch nehmen.

Die im Kalenderjahr 02 für Investitionen abgezogenen Vorsteuerbeträge sind ab 1.1.03 hinsichtlich der Gebäudeinvestitionen nach § 15a Abs. 1 UStG zu Ungunsten des Verpächters zu berichtigen. Als Kleinunternehmer kann er auf die Steuerbefreiung der Verpachtungsumsätze nicht verzichten, so dass insoweit eine Änderung der Verhältnisse eingetreten ist. Die auf die Maschinen entfallenden Pachtzinsen sind zwar nicht steuerbefreit. Trotzdem haben sich durch den Übergang zur Kleinunternehmerregelung die für den Vorsteuerabzug maßgebenden Verhältnisse geändert (§ 15a Abs. 7 UStG), weil Kleinunternehmer keine Vorsteuer abziehen können. Deshalb sind die auf die Maschineninvestitionen entfallenden Vorsteuerbeträge nach § 15a Abs. 1 UStG zu berichtigen. Die Verwendung der Wirtschaftsgüter durch den Sohn ab Oktober 03 im

Rahmen seines aktiven Landwirtschaftsbetriebes mit Durchschnittssatzbesteuerung hat hinsichtlich der Investitionen des Kalenderjahres 02 Vorsteuerberichtigungen zur Folge, das gilt auch für die Vorsteuerbeträge der Gebäudeinvestitionen.

Die im Kalenderjahr 03 angefallenen Vorsteuerbeträge konnte der Vater als Kleinunternehmer nicht abziehen. Der Sohn muss diese Vorsteuerbeträge ab Oktober 03 nicht berichtigen.

Übersicht: Anwendung der Kleinunternehmerregelung[1]

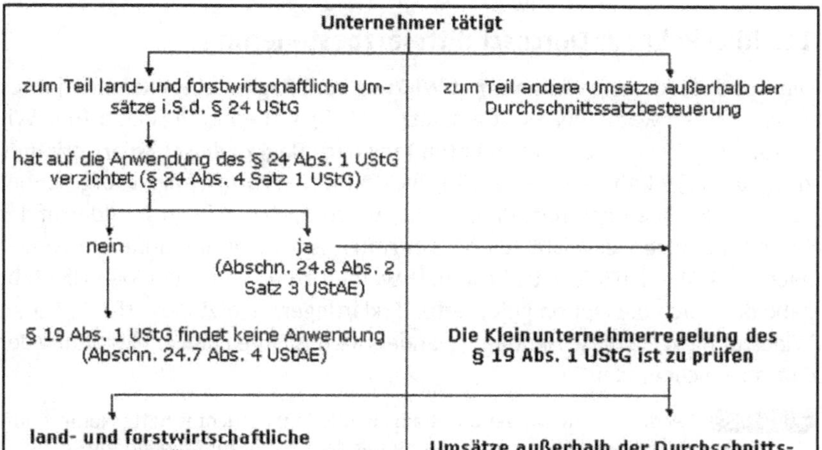

1 https://www.smartsteuer.de/online/lexikon/l/land-und-forstwirtschaft-lexikon-des-steuerrechts/.

10. Wechsel der Besteuerungsform kraft Gesetzes

1719 Die vorstehenden Ausführungen gelten entsprechend – **mit Ausnahme der fünfjährigen Bindungsfrist** –, wenn nachträglich festgestellt wird, dass die Voraussetzungen für einen luf Betrieb nicht erfüllt waren, und der Unternehmer deshalb rückwirkend nach den allgemeinen Vorschriften besteuert werden muss.

11. Rückkehr zur Durchschnittssatzbesteuerung

1720 Die Optionserklärung kann **nur mit Wirkung vom Beginn eines Kalenderjahres** an widerrufen werden (§ 24 Abs. 4 Satz 3 UStG). Der empfangsbedürftige Widerruf ist spätestens **bis zum zehnten Tage nach Beginn dieses Kalenderjahres** zu erklären (§ 24 Abs. 4 Satz 4 UStG); eine bestimmte Form ist nicht vorgeschrieben. Der Unternehmer muss dabei nicht ausdrücklich den Begriff „Widerruf der Option" benutzen; es reicht aus, dass er zum Ausdruck bringt, nunmehr wieder nach § 24 Abs. 1 bis 3 UStG besteuert werden zu wollen. Die bloße Nichtabgabe der durch die Option geforderten Erklärungen ersetzt den erforderlichen Widerruf nicht, da diese Handlung – anders als das Einreichen der Erklärung der Option – nicht eindeutig ist.

BEISPIEL Bei dem Landwirt, der das Stallgebäude in 04 errichtet hatte, kommt aufgrund seiner Option die Regelbesteuerung seit dem 1.1.04 zur Anwendung.

Er kann frühestens zum 1.1.09 zur Durchschnittssatzbesteuerung zurückkehren. Der Widerruf muss bis zum 10.1.10 erfolgt sein.

Eine **Fristverlängerung** ist nach § 24 Abs. 4 Satz 5 UStG **möglich**. War die Frist bereits abgelaufen, kann sie nach § 24 Abs. 4 Satz 6 UStG rückwirkend verlängert werden, wenn es unbillig wäre, die durch den Fristablauf eingetretenen Rechtsfolgen bestehen zu lassen. Fristverlängerung ist zu gewähren, wenn der LuF im maßgeblichen Zeitpunkt entscheidungserhebliche Umstände nicht erkennen konnte, weil sie zwar bereits eingetreten, aber noch nicht erkennbar waren, oder weil sie noch nicht eingetreten und auch nicht vorhersehbar waren.[1] Derart unvorhergesehene Ereignisse müssen außerhalb der persönlichen Einflusssphäre des LuF gelegen haben; in Betracht kommen Katastrophenfälle (Brand, Sturmschaden, Überschwemmung) oder Ereignisse, die eine vom Unternehmer bereits getroffene Investitionsentscheidung, die für die Anwendung der Regelbe-

1 BFH, Urteil 13.6.1991 – V R 68/87, NWB EAAAB-32657 = BFH/NV 1992 S. 208; BFH, Urteil 9.6.1983 – V R 170/82, UR 1983 S. 160; FG Rheinland-Pfalz, Urteil 18.9.1984 – 3 K 326/83, EFG 1985 S. 45; Niedersächsisches FG, Urteil 8.11.1982 – V 100/82, UR 1983 S. 38.

steuerung ausschlaggebend war, ohne sein Dazutun unmöglich oder jedenfalls unwirtschaftlich gemacht haben.[1] Unbilligkeit liegt hingegen nicht vor, wenn es sich um Umstände handelt, die jeden LuF gleichermaßen treffen können. Zu den regelmäßig vorliegenden Umständen gehört, dass einige Steuerpflichtige – ob mit oder ohne steuerliche Beratung – die steuerliche Gestaltungsmöglichkeit nicht kennen oder sie zwar generell kennen, aber nicht im Einzelfall prüfen. Fehlende steuerliche Beratung oder die Unkenntnis der Widerrufsmöglichkeit oder der Frist hierfür rechtfertigen keine rückwirkende Verlängerung der Frist.[2]

Bei dieser Entscheidung über die rückwirkende Fristverlängerung handelt es sich um eine **Ermessensentscheidung**, die gerichtlich nur darauf überprüft werden kann, ob die gesetzlichen Grenzen des Ermessens überschritten sind oder von dem Ermessen in einer dem Zweck der Ermächtigung nicht entsprechenden Weise Gebrauch gemacht ist.

Mit dem Beginn des Kalenderjahres des Widerrufs gelten für den Unternehmer wieder **alle Rechte und Pflichten, die mit der Durchschnittssatzbesteuerung nach § 24 UStG verbunden sind**. Insbesondere sind die Steuersätze nach § 24 Abs. 1 UStG anzuwenden und entsprechende Steuern in Rechnung zu stellen. Macht der leistende Unternehmer den Verzicht auf eine Steuerbefreiung wirksam rückgängig, wird der Umsatz rückwirkend steuerfrei. Der Leistungsempfänger verliert den Vorsteuerabzug rückwirkend für das Jahr der Ausübung des Vorsteuerabzugsrechts; § 14 Abs. 2 Satz 2, § 17 Abs. 1 Satz 1 Nr. 2 UStG finden insoweit keine Anwendung.[3] Im Übrigen ist so wie beim Wechsel zur Regelbesteuerung auch bei der Rückkehr zur Durchschnittssatzbesteuerung zu beachten, dass durch den Wechsel der Besteuerungsform steuerpflichtige Vorgänge nicht unversteuert bleiben oder doppelt erfasst werden.

Entsprechendes gilt für **Anzahlungen**, die vor dem Wechsel für Umsätze eingegangen sind, wenn die der Anzahlung zugrunde liegende Leistung erst nach dem Beginn des Kalenderjahres des Widerrufs ausgeführt wird. Andererseits bleibt dem Unternehmer der Vorsteuerabzug für Leistungen und Gegenstände erhalten, die er vor Rückkehr zur Durchschnittssatzbesteuerung bezogen oder für sein Unternehmen eingeführt hat. Auf den Zeitpunkt des Rechnungseingangs kommt es nicht an. Erhält der Unternehmer die Rechnung erst nach dem Übergang für während der Regelversteuerung empfangene Leistungen, kann er

1 OFD Koblenz, Vfg. 30.12.1987 – S 7527 A – St 51 1/St 51 2/St 51 3, UR 1998 S. 264.

2 BFH, Urteil 13.6.1991 – V R 68/87, NWB EAAAB-32657 = BFH/NV 1992 S. 208; FG Nürnberg, Urteil 18.11.1986 – II 23/82, EFG 1987 S. 483.

3 BFH, Urteil 6.10.2005 – V R 8/04, NWB MAAAB-77609 = BFH/NV 2006 S. 835.

die Erstattung für den Voranmeldungs- oder Besteuerungszeitraum beantragen, in dem die Rechnung mit Steuerausweis eingegangen ist. Dies gilt auch, wenn die Umsätze, die mit den bezeichneten Vorsteuern zusammenhängen, erst nach dem Wechsel zur Durchschnittssatzbesteuerung ausgeführt werden.

Ebenso wie der Übergang von der Besteuerung nach § 24 UStG zur Regelbesteuerung führt auch der Wechsel von der Regelbesteuerung zur Durchschnittssatzbesteuerung zu einer **Änderung der für den Vorsteuerabzug maßgeblichen Verhältnisse** i. S. des § 15a Abs. 7 UStG für diejenigen Wirtschaftsgüter, deren Berichtigungszeitraum nach § 15a UStG im Zeitpunkt des Wechsels noch nicht abgelaufen ist, ohne dass sich die tatsächliche Nutzung der Wirtschaftsgüter oder sonstigen Leistungen geändert haben muss. Dies gilt auch, wenn der Steuerpflichtige im Zeitpunkt des Leistungsbezuges Einkünfte aus Gewerbebetrieb erklärte, obwohl er tatsächlich als Landwirt der Durchschnittssatzbesteuerung gem. § 24 UStG unterlägen hätte. Für die Fälle des Übergangs von der allgemeinen Besteuerung zur Durchschnittssatzbesteuerung nach § 24 UStG beinhaltet § 15a Abs. 7 UStG eine rechtssystematisch vorrangige Spezialregelung. Darauf, ob die vorgelagerte allgemeine Besteuerung zu Recht erklärt wurde, kommt es nicht an. Entscheidend ist allein der durch den Übergang der Besteuerungsform bewirkte Systembruch, der im Interesse der gleichmäßigen Besteuerung eine nachträgliche Steuerkorrektur erfordert. Allein der Umstand, dass wegen der Nichtaufgriffsgrenze nach § 15a Abs. 11 UStG i. V. mit § 44 Abs. 1 UStDV im Einzelfall eine Steuerberichtigung zu unterbleiben hat, rechtfertigt es nicht, das rechtssystematische Verhältnis der §§ 15, 15a Abs. 7 UStG zu durchbrechen.[1]

1 FG Schleswig-Holstein, Urteil 17.5.2022 – 4 K 55/21, NWB ZAAAJ-15292 = EFG 2022 S. 1334 m. Anm. Engellandt.

F. Grunderwerbsteuer

I. Vorbemerkung – Rechtsgrundlage

Die LuF ist in besonderem Maße mit dem Grundstücksverkehr verbunden. 1721
Grundsätzlich unterliegen auch luf Grundstücke der Grunderwerbsteuer. Rechtsgrundlage ist das Grunderwerbsteuergesetz in der seit 1.1.1997 geltenden Fassung.[1]

II. Steuerpflichtiger Grunderwerb – Begriff des Grundstücks

Der Steuerpflicht unterliegen die in § 1 GrEStG genannten Rechtsvorgänge, 1722
soweit sie sich auf inländische Grundstücke beziehen. Was unter den Grundstücksbegriff fällt, richtet sich nach den Vorschriften des bürgerlichen Rechts.[2] Aus dieser Anknüpfung an das bürgerliche Recht folgt, dass auch die Bestandteile eines Grundstücks einzubeziehen sind. **Bestandteile** des Grundstücks sind diejenigen körperlichen Gegenstände, die entweder von Natur aus eine Einheit bilden oder durch Verbindung miteinander ihre Selbständigkeit in der Weise verloren haben, dass sie solange die Verbindung dauert, gemeinsam als Ganzes (einheitliche Sache) erscheinen.[3] Bestandteile sind insbesondere der Grund und Boden, aufstehende Gebäude und die Erzeugnisse eines Grundstücks, solange sie mit dem Boden zusammenhängen.[4]

Zivilrechtlich wird zwischen wesentlichen und unwesentlichen Bestandteilen 1723
unterschieden. **Wesentliche Bestandteile** sind Bestandteile einer Sache, die voneinander nicht getrennt werden können, ohne dass der eine oder der andere Teil zerstört oder in seinem Wesen verändert wird. Sie können nicht Gegenstand besonderer Rechte sein.[5] Demgegenüber können **unwesentliche Bestandteile** unabhängig von der Hauptsache übereignet oder aber von einer Übereignung ausgenommen werden. Sachen, die nur zu einem vorübergehenden Zweck mit dem Grund und Boden oder mit dem Gebäude verbunden sind (sog. Scheinbe-

1 Grunderwerbsteuergesetz (GrEStG) i. d. F. der Bek. vom 26.2.1997, BGBl 1997 I S. 418, 1804, zuletzt geändert durch Art. 33 des Jahressteuergesetzes (JStG) 2024 vom 2.12.2024, BGBl 2024 I Nr. 387.

2 § 2 Abs. 1 Satz 1 GrEStG.

3 Viskorf in Viskorf, Rz. 36 zu § 2.

4 § 94 Abs. 1 BGB.

5 § 93 BGB.

standteile), sind unwesentliche Bestandteile.[1] Hierzu zählen z. B. Gehölze, wenn bereits zum Zeitpunkt von Aussaat oder Pflanzung vorgesehen war, sie wieder von dem Grundstück zu entfernen.[2] Zubehör sind bewegliche Sachen, die, ohne Bestandteile der Hauptsache zu sein, dem wirtschaftlichen Zwecke der Hauptsache zu dienen bestimmt sind und zu ihr in einem dieser Bestimmung entsprechenden räumlichen Verhältnis stehen,[3] z. B. Inventar wie Einbauküchen und Gartengeräte eines Wohnhauses. Zubehör zählt damit ebenfalls nicht zu den wesentlichen Bestandteilen eines Grundstücks.

Über die Anknüpfung an den Grundstücksbegriff des BGB wird bestimmt, welche Erwerbsvorgänge der Grunderwerbsteuer unterliegen. Entscheidend für die Höhe der Besteuerung ist aber, in welchem tatsächlichem Zustand das Grundstück Gegenstand des Erwerbsvorgangs ist.[4] Treffen die Vertragsparteien in der schuldrechtlichen Vereinbarung (z. B. dem Kaufvertrag) zum Grundstücksübergang besondere Regelungen zur Behandlung der wesentlichen Bestandteile des Grundstücks, ist der Inhalt dieser Vereinbarung für die Besteuerung maßgebend. Der Besteuerung unterliegt das Grundstück in der Form, in der es nach der schuldrechtlichen Vereinbarung übergehen soll. Wird z. B. im Kaufvertrag vereinbart, dass der Veräußerer das Grundstück noch abernten darf, ist Besteuerungsgegenstand das abgeerntete Grundstück.[5] Werden mit dem Grundstücksverkauf auch unwesentliche Bestandteile übertragen, unterliegt der hierauf entfallende Kaufpreis nicht der Grunderwerbsteuer.[6]

1724 Bestimmte Bestandteile nimmt das Grunderwerbsteuerrecht vom Grundstücksbegriff aus. Ihre Übertragung unterliegt folglich nicht der GrESt, ihr Wertanteil scheidet aus der Bemessungsgrundlage für die Steuer aus.

Nicht zum Grundstück gerechnet werden Maschinen und sonstige Vorrichtungen aller Art, die zu einer **Betriebsanlage** gehören.[7]

- ► Rohrsysteme einer Drainageanlage zur Entwässerung landwirtschaftlicher Nutzflächen.[8]

1 § 95 Abs. 1 und 2 BGB.
2 BFH 25.1.2022 – II R 36/19, BStBl 2023 II S. 719; BFH 23.2.2022 – II R 45/19, BStBl 2023 II S. 721.
3 § 97 BGB.
4 Hofmann, Rz. 7 zu § 8.
5 Hofmann, Rz. 4 zu § 2.
6 Loose in Viskorf, Rz. 104 zu § 9.
7 § 2 Abs. 1 Satz 2 Nr. 1 GrEStG. Zur Abgrenzung Grundvermögen/Betriebsvorrichtungen vgl. gleich lautenden Erlass der obersten Finanzbehörden der Länder v. 5.6.2013, BStBl 2013 I S. 734.
8 BFH 20.2.1991 – II R 61/ 88, BStBl 1991 II S. 531.

- Photovoltaikanlagen, soweit die Anlagen ausschließlich oder teilweise der Energieerzeugung und Einspeisung in öffentliche Energienetze dienen und sofern es sich um auf eine Trägerkonstruktion montierte Photovoltaik-Module handelt (Aufdachmontage). Dient die Anlage gleichzeitig auch als Ersatz für eine ansonsten erforderliche Dacheindeckung (z. B. anstelle von Ziegel- oder Schiefereindeckung) – sog. dachintegrierte Photovoltaikanlagen –, ist sie als Gebäudebestandteil zu behandeln. Das dafür gezahlte Entgelt gehört bei der GrESt zur steuerpflichtigen Gegenleistung.[1] Obwohl die FinVerw ertragsteuerlich und umsatzsteuerlich ihre Auffassung geändert hat und bezüglich dieser Steuerarten der Meinung ist, dass es sich hierbei um selbständige, vom Gebäude losgelöste bewegliche Wirtschaftsgüter handelt, gilt dies nicht für die GrESt.[2]
- Im Weinbau werden Stützen, Spann-, Halte- und Erziehungsvorrichtungen als Betriebsvorrichtungen angesehen.[3] Die Rebstöcke selbst gelten allerdings nicht als zu einer Betriebsanlage gehörende sonstige Vorrichtungen.[4]
- Pflanzen sind grds. keine sonstige Vorrichtung i. S. des § 2 Abs. 1 Satz 2 Nr. 1 GrEStG. Zu einer Betriebsanlage gehörende Vorrichtungen müssen „von Menschenhand hergestellt sein, so dass Pflanzen ausscheiden".[5] So fällt z. B. ein Obstbaumbestand nicht in den Anwendungsbereich der Vorschrift des § 2 Abs. 1 Satz 2 Nr. 1 GrEStG.[6]

Nach § 2 Abs. 1 Satz 2 Nr. 2 und Nr. 3 GrEStG rechnen Mineralgewinnungsrechte und sonstige Gewerbeberechtigungen sowie das Recht des Grundstückseigentümers auf den Erbbauzins nicht zu den Grundstücken. Zu Bodenschätzen, auf die sich das Eigentum nicht erstreckt, vgl. Rz. 239.

Zivilrechtlich gelten auch Rechte, die mit dem Eigentum am Grundstück ver- 1725
bunden sind, als Bestandteile.[7] Aus § 2 Abs. 1 Satz 2 Nr. 2 GrEStG wird aber gefolgert, dass grundsätzlich nur der Erwerb von Grundstücken besteuert werden soll, während der Erwerb von Geldforderungen oder anderen vergleichbaren Vermögenspositionen unabhängig von der zivilrechtlichen Behandlung als

1 GrESt-Kartei Sachsen-Anhalt, § 9 GrEStG Karte 22.
2 VV Bayerisches Landesamt für Steuern 5.8.2010 – S 2190.1.1-1/3 St32, NWB YAAAD-48575.
3 BFH 1.2.1989 – II R 240/85, BStBl 1989 II S. 518.
4 BFH 1.2.1989 – II R 240/85, BStBl 1989 II S. 518; anders für Zwecke der USt: BFH 8.11.1995 – XI R 63/94, BStBl 1996 II S. 114.
5 BFH 1.2.1989 – II R 240/85, BStBl 1989 II S. 518.
6 BFH 12.5.2011 – V R 50/10, BFH/NV 2011 S. 1407.
7 § 96 BGB.

Grundstücksbestandteil grunderwerbsteuerrechtlich unerheblich ist.[1] Es ist in jedem Einzelfall zu prüfen, ob mit dem Eigentum verbundene und deshalb nach § 96 BGB als Grundstücksbestandteile geltende Rechte geldwerte Vermögenspositionen vermitteln, die nicht unter den Grundstücksbegriff des GrEStG fallen.[2]

- Der sog. Ausgleich für eine vorhandene Instandhaltungsrückstellung vermittelt keine geldwerte Vermögensposition, da es sich um Verwaltungsvermögen handelt, über das ein Eigentümer nicht eigenständig verfügen kann.[3]
- Die einer landwirtschaftlichen Grundfläche zugewiesene Milchreferenzmenge ist kein mit dem Eigentum verbundenes Recht.[4]
- Gleiches gilt für Rübenlieferungsrechte.[5] Rübenlieferungsrechte können entweder im Zusammenhang mit Zuckerfabrikaktien oder als an den Betrieb gebundene Rübenlieferungsrechte (sog. Betriebslieferrechte) vorkommen. Die Übertragung von Aktien und der damit zusammenhängenden Lieferrechte ist kein der GrESt unterliegender Vorgang. Das an den Betrieb gebundene Lieferrecht ist nicht mit dem Eigentum am Grundstück untrennbar verbunden. Ein Grundstückskaufvertrag über eine entsprechende Ackerfläche erfasst ein anteiliges Lieferrecht für Zuckerrüben nur dann, wenn die Parteien dies vereinbart haben.[6] Für die GrESt folgt daraus, dass der vom Erwerber für das Betriebslieferrecht zu zahlende Preis nicht der GrESt zu unterwerfen ist.[7]
- Bezüglich eines mitveräußerten (späteren) Pflanzrechts an einem bestockten Weinberggrundstück hat das FG Nürnberg entschieden, dass der dafür gezahlte Kaufpreis der GrESt unterliegt. Maßgebend für die Entscheidung war, dass das Pflanzrecht im Erwerbszeitpunkt hinsichtlich des Erwerbsgrundstücks nicht in Form eines handelbaren und übertragbaren Rechts bestand, sondern durch die bestehende Bestockung an das Grundstück gebunden war.[8]

---

1 BFH 16.9.2020 – II R 49/17, BStBl 2021 II S. 339; BFH 17.4.2013 – II R 1/12, BStBl 2013 II S. 637.

2 Viskorf in Viskorf, Rz. 52 zu § 2.

3 BFH 16.9.2020 – II R 49/17, BStBl 2021 II S. 339.

4 FG Niedersachsen 28.8.1991, EFG 1992 S. 551 unter Bezugnahme auf FG Schleswig-Holstein 17.12.1985, EFG 1986 S. 250; OFD Niedersachsen 31.5.2011, GrESt-Kartei ND § 9 Karte 12.

5 FG Nürnberg 6.12.2001 – IV 324/00, EFG 2002 S. 575.

6 BGH 30.3.1990 – V ZR 113/89, BGHZ 111 S. 110.

7 Vgl. OFD Niedersachsen 6.9.2017, GrESt-Kartei ND § 9 Karte 18.

8 FG Nürnberg 6.12.2001 – IV 324/00, EFG 2002 S. 575.

Haubergsanteile sind keine Grundstücke i. S. von § 2 GrEStG. Beim Hauberg handelt es sich um eine Form der genossenschaftlichen Waldbewirtschaftung. Die Anteilsberechtigten bilden zur Bewirtschaftung und Verwaltung des Gemeinschaftsvermögens eine Waldgenossenschaft, die Körperschaft des öffentlichen Rechts ist. Das Gemeinschaftsvermögen kann aufgrund seiner Eigenständigkeit den Anteilsberechtigten grunderwerbsteuerlich nicht zugerechnet werden.[1] Es steht den Anteilsberechtigten jedoch zur gesamten Hand zu. Sie bilden eine Gesamthandsgemeinschaft.[2] Die Übertragung von einem Anteil oder mehreren kann somit zur Verwirklichung des Tatbestandes des § 1 Abs. 2a, Abs. 3 oder Abs. 3a GrEStG beitragen, da auch wesentliche Veränderungen im Gesellschafterbestand Grunderwerbsteuer auslösen können.

III. Nicht steuerbare Vorgänge im Flurbereinigungsverfahren

Von der GrESt erfasst werden grundsätzlich auch Rechtsvorgänge, die sich auf inländische Grundstücke beziehen, wenn kein einen Übereignungsanspruch begründendes Rechtsgeschäft (also z. B. ein Kaufvertrag) vorausgegangen ist. Es reicht z. B. auch der Eigentumsübergang aufgrund eines Gesetzes oder eines behördlichen Aktes.[3] Ausnahmen sieht das Gesetz für den gesetzlichen Eigentumsübergang im Flurbereinigungsverfahren vor. Nach § 1 Abs. 1 Nr. 3 Satz 2 Buchst. a GrEStG ist der Übergang des Eigentums durch Abfindung in Land und die unentgeltliche Zuteilung von Land für gemeinschaftliche Anlagen im **Flurbereinigungsverfahren** sowie durch die entsprechenden Rechtsvorgänge im beschleunigten Zusammenlegungsverfahren und im Landtauschverfahren nach dem Flurbereinigungsgesetz (FlurbG) in seiner jeweils geltenden Fassung von der GrESt befreit. Flurbereinigung ist die Neuordnung von ländlichem Grundbesitz zur Verbesserung der Produktions- und Arbeitsbedingungen in der LuF sowie zur Förderung der allgemeinen Landeskultur und Landentwicklung.[4] 1726

Von der Steuerbefreiung erfasst werden nur die durch das Flurbereinigungsverfahren bewirkten Eigentumsübergänge kraft Gesetzes, nicht dagegen freiwilli-

1 BFH 9.11.2016 – II R 17/15, BStBl 2017 II S. 281.

2 § 2 Abs. 2 GWaldG NW.

3 Pahlke, Rz. 181 zu § 1.

4 § 1 FlurbG.

ge Umlegungen. Für die vergleichbare Problematik bei der Baulandumlegung[1] hat das BVerfG entschieden, dass die unterschiedliche grunderwerbsteuerliche Behandlung von amtlichen und freiwilligen Umlegungen verfassungsgemäß ist. Zur Begründung führt das Gericht an, dass die Unterschiede bezüglich des Verfahrens und der Freiwilligkeit der Teilnahme von solchem Gewicht sind, dass der Gesetzgeber freiwillige und amtliche Umlegungen im Hinblick auf den Charakter der GrESt als Rechtsverkehrsteuer unterschiedlich behandeln darf.[2]

Unter die Befreiungsvorschrift fallen:[3]

1. Die wertgleiche Landabfindung nach § 44 Abs. 1 FlurbG einschließlich unvermeidbarer Mehrausweisungen nach § 44 Abs. 3 FlurbG, die ebenfalls als Abfindung in Land anzusehen sind. Ist die unvermeidbare Mehrausweisung größer als 20 % des Sollanspruchs, so ist sie i. H. der Differenz zwischen Zuteilung und Sollanspruch grunderwerbsteuerpflichtig.[4]
2. die Landabfindung nach § 44 Abs. 6 FlurbG im Wege des Austausches in einem anderen Flurbereinigungs- oder Zusammenlegungsgebiet;
3. die Landabfindung nach § 44 Abs. 7 FlurbG beim Austausch eines Grundstückes zwischen einem Umlegungsgebiet und einem Flurbereinigungsgebiet;
4. die Landabfindung nach § 48 FlurbG bei Teilung oder Bildung von gemeinschaftlichem Eigentum;
5. die Landabfindung nach § 49 Abs. 1 und § 73 FlurbG zum Ausgleich für aufgehobene bzw. in Land abzufindende Rechte an einem Grundstück;
6. die Landabfindung nach § 50 Abs. 4 FlurbG für nicht unter § 50 Abs. 1 FlurbG fallende wesentliche Grundstücksbestandteile;
7. der wertgleiche Grundstückstausch in einem freiwilligen Landtauschverfahren nach § 103b Abs. 1 FlurbG einschließlich unvermeidbarer Mehrausweisungen;
8. die unentgeltliche Zuteilung der gemeinschaftlichen Anlagen[5] nach § 42 Abs. 2 Satz 1 FlurbG;

1 § 1 Abs. 1 Nr. 3 Satz 2 Buchst. b GrEStG. Zum Verfahren der Baulandumlegung s. im Übrigen gleich lautenden Erlass der obersten Finanzbehörden der Länder v. 3.6.2021, BStBl 2021 I S. 731 (für Vorgänge nach dem 28.12.2020). Zur Frage der wirtschaftlichen Einheit i. S. des § 2 Abs. 3 Satz 1 GrEStG bei teilweiser Baulandqualifikation siehe BFH, Beschluss 28.7.2022 – II B 98/21, BFH/NV 2022 S. 1063 = NWB JAAAJ-20723.

2 BVerfG 24.3.2015 – 1 BvR 2880/11, BStBl 2015 II S. 622.

3 Gemäß RdErl. des MF und MWL ST v. 1.9.2022, GrESt-Kartei ST § 1 Abs. 1 GrEStG Karte 11.

4 Dies gilt für Rechtsvorgänge, die nach dem 28.12.2020 verwirklicht wurden, § 23 Abs. 17 GrEStG.

5 § 39 Abs. 1 FlurbG.

9. die unentgeltliche Zuteilung von Flächen für öffentliche Anlagen nach § 40 FlurbG, soweit diese zugleich gemeinschaftliche Anlagen[1] sind;
10. die unentgeltliche Zuteilung der gemeinschaftlichen Anlagen (§ 42 Abs. 2 Satz 2 FlurbG).

Steuerpflichtig sind demgegenüber (bei Überschreiten der Freigrenze von 2.500 €[2]):[3]

1. privatrechtliche Vorgänge (z. B. Kauf oder Tausch);
2. Landzuteilung nach § 54 Abs. 2 FlurbG aus Land, das durch Verzicht auf Landabfindung,[4] durch Aufbonitierung[5] oder in sonstiger Weise[6] anfällt und zur Abfindung der Teilnehmer nicht benötigt wird;
3. Landzuteilung nach § 55 Abs. 1 FlurbG an Siedler aus dem Landabfindungsanspruch eines Siedlungsunternehmens;
4. die Mehrausweisung in einem freiwilligen Landtausch nach § 103b Abs. 1 FlurbG, soweit es nicht um unvermeidbare Mehrausweisungen handelt (s. o. Nr. 7);
5. der Ankauf von Land im Rahmen der Bodenbevorratung nach § 26c Abs. 1 FlurbG.

Verzichtet ein Teilnehmer am Flurbereinigungsverfahren auf eine Landabfindung (§ 52 FlurbG), stellt dieser Verzicht keinen grunderwerbsteuerbaren Vorgang dar. Es handelt sich bei der Verzichtserklärung nicht um ein Rechtsgeschäft, das einen Übereignungsanspruch begründet.[7] Die der Verzichtserklärung nachfolgende Eigentumseinweisung unterliegt der GrESt. Die Steuerbefreiung des § 1 Abs. 1 Nr. 3 Satz 2 Buchst. a GrEStG greift in einem solchen Fall nur dann, wenn die vom Teilnehmer in das Flurbereinigungsverfahren eingebrachten Grundstücke ihrem Wert nach den diesem Teilnehmer bei Beendigung des Flurbereinigungsverfahrens zugeteilten Flächen entsprechen.[8] Dagegen ist die Eigentumszuweisung an einen Dritten, der erst durch den Landabfindungsverzicht eines Teilnehmers in das Flurbereinigungsverfahren einbezogen wurde, nicht steuer-

1 § 39 Abs. 1 FlurbG.
2 § 3 Nr. 1 GrEStG.
3 Gemäß RdErl. des MF und MWL ST v. 1.9.2022, GrESt-Kartei ST § 1 Abs. 1 GrEStG Karte 11.
4 § 52 Abs. 1 FlurbG.
5 § 46 FlurbG.
6 Z. B. § 49 FlurbG.
7 BFH 17.5.2000 – II R 47/99, BStBl 2000 II S. 627.
8 BFH 22.10.2014 – II R 10/14, BStBl 2015 II S. 401, Rz. 14; Anm. Loose, jurisPR-SteuerR 7/2015.

frei. Gleiches gilt, wenn der durch die Landverzichtserklärung begünstigte Dritte bereits Teilnehmer der Flurbereinigung war und aufgrund der Verzichtserklärung eine weitere Zuteilung von Land beanspruchen kann.[1] Die Rechtsprechung legt die Befreiungsnorm in diesen Fällen ausgehend vom Zweck, den Erwerb des Eigentums durch die Abfindung in Land in dem Umfang von der GrESt zu befreien, in dem der Teilnehmer eigenes Land hergeben musste, einschränkend aus.[2]

Die Begrenzung der Steuerbegünstigung des § 1 Abs. 1 Nr. 3 Satz 2 Buchst. a GrEStG auf eine Mehrzuteilung von bis zu 20 % des Sollanspruchs ist erstmals auf Erwerbsvorgänge anzuwenden, die nach dem 28.12.2020 verwirklicht werden.[3] Übersteigt der Wert des zugeteilten Grundstücks den Wert des eingebrachten Grundstücks um höchstens 20 %, ist diese Zuteilung insgesamt steuerfrei. Erfolgt jedoch eine Zuteilung, die den Sollanspruch um mehr als 20 % übersteigt, ist diese Zuteilung i. H. der Differenz zwischen der Zuteilung und dem Sollanspruch grunderwerbsteuerpflichtig.[4]

Die Flurbereinigungsbehörde hat dem zuständigen Finanzamt Anzeige über die Entscheidungen zu erstatten, durch die ein Wechsel im Grundstückseigentum bewirkt wird.[5] Dies gilt auch dann, wenn der Vorgang von der Besteuerung ausgenommen ist.[6]

IV. Steuerbefreiungen

1727 Land- und forstwirtschaftliche Grundstücke werden häufig an **Angehörige** übertragen, z. B. im Rahmen von Hofübergaben und Erbauseinandersetzungen. Das GrEStG sieht für diese – und weitere – Fälle Ausnahmen von der Besteuerung vor.

Als **Befreiungsgründe** kommen in Betracht:

1728 (1) Grundstückserwerbe von Todes wegen und Grundstücksschenkungen unter Lebenden i. S. des Erbschaftsteuer- und Schenkungsteuergesetzes.[7]

1 BFH 23.8.2006 – II R 41/05, BStBl 2006 II S. 919, Rz. 14; Niedersächsisches FG 6.5.2013 – 7 K 32/11, NWB VAAAE-70543.

2 BFH 22.10.2014 – II R 10/14, BStBl 2015 II S. 401, Rz. 13.

3 § 23 Abs. 17 GrEStG.

4 Gemäß RdErl. des MF und MWL ST v. 1.9.2022, GrESt-Kartei ST § 1 Abs. 1 GrEStG Karte 11.

5 § 18 Abs. 1 Nr. 3 GrEStG.

6 § 18 Abs. 3 Satz 2 GrEStG, vgl. RdErl. des MF und MWL ST v. 1.9.2022, GrESt-Kartei ST § 1 Abs. 1 GrEStG Karte 11.

7 § 3 Nr. 2 GrEStG. Zur Anwendung des § 3 Nr. 2 GrEStG bei Grundstückskaufvermächtnissen s. FinMin Bayern v. 26.10.2020 (GrESt-Kartei BY, § 3 GrEStG, Erlasse, Karte 6).

Der Erwerb von Todes wegen ist in § 3 ErbStG geregelt, der durch Schenkung unter Lebenden in § 7 ErbStG. Grund der Steuerbefreiungsregelung im GrEStG ist, eine steuerliche Doppelbelastung zu vermeiden. Maßgebend dafür, ob der Erwerb von der GrESt befreit ist, ist allein die Steuerbarkeit nach dem ErbStG. Es kommt nicht darauf an, ob tatsächlich Erbschaft- oder Schenkungsteuer festgesetzt wird.[1]

Für eine **Grundstücksschenkung unter einer Auflage** (z. B. Wohnrecht, Nießbrauch) ergibt sich eine Ausnahme von der GrESt-Befreiung hinsichtlich des Werts solcher Auflagen, die bei der Schenkungsteuer abziehbar sind. Auflagen, die bei der SchenkSt abziehbar sind, mindern die SchenkSt für die Schenkung des Grundstücks. Insoweit kann keine Doppelbelastung eintreten, so dass hinsichtlich dieser Auflagen nach dem GrEStG keine Befreiung in Betracht kommt.[2] Der Wert der Auflage ist bei der GrESt als Gegenleistung zu erfassen.[3]

Grundsätzlich liegt auch im Fall der **Sondererbfolge nach der HöfeO** ein der ErbSt unterliegender Erwerb von Todes wegen vor. Nach § 4 HöfeO fällt der Hof einschließlich der dazugehörigen Grundstücke[4] als Teil der Erbschaft kraft Gesetzes dem Hoferben zu. Die Hoferbenbestimmung wirkt dabei wie eine Teilungsanordnung.[5] Der Erwerb der zum Hof gehörenden Grundstücke durch den **Hoferben** ist im Umfang seines Erbteils am gesamten Nachlass nach § 3 Nr. 2 GrEStG i. V. mit § 3 Abs. 1 Nr. 1 ErbStG von der GrESt befreit. Übersteigt die Zuweisung den Erbteil des Hoferben, ist hinsichtlich des übersteigenden Teils § 3 Nr. 2 GrEStG nicht einschlägig. Es kommt aber die Anwendung der Steuerbefreiung nach § 3 Nr. 3 GrEStG (Erwerb eines zum Nachlass gehörenden Grundstücks durch Miterben zur Teilung des Nachlasses, s. u.) in Betracht.[6]

Den Miterben, die nicht Hoferben geworden sind, steht an Stelle eines Anteils am Hof ein Anspruch gegen den Hoferben auf Zahlung einer Abfindung in Geld zu.[7] Es kann sich auch ein Nachabfindungsanspruch ergeben.[8] Wird zur Abgeltung dieses Anspruchs ein Grundstück übertragen, ist dieser Vorgang grund-

1 Pahlke, Rz. 35 zu § 3; BFH 14.6.1995 – II R 92/92, BStBl 1995 II S. 609, Rz. 12.

2 § 3 Nr. 2 Satz 2 GrEStG; Meßbacher-Hönsch in Viskorf, Rz. 256 zu § 3.

3 Pahlke, Rz. 141 zu § 3; Meßbacher-Hönsch in Viskorf, Rz. 154 zu § 3.

4 § 2 HöfeO.

5 BFH 1.4.1992 – II R 21/89, BStBl 1992 II S. 669, Rz. 22.

6 Pahlke, Rz. 105 zu § 3.

7 § 12 Abs. 1 HöfeO.

8 § 13 HöfeO: Ergänzung der Abfindung wegen Wegfalls des höferechtlichen Zwecks, z. B. bei Veräußerung des Hofes durch den Hoferben.

erwerbsteuerpflichtig.[1] Eine Befreiung nach § 3 Nr. 2 GrEStG kommt nicht in Betracht, da keine Doppelbelastung eines Lebensvorgangs sowohl mit Erbschaft-/Schenkungsteuer als auch mit GrESt besteht. Der Abfindungsanspruch ist ein auf Geld gerichteter Anspruch.[2] Erfüllt der Hoferbe diesen Anspruch nicht durch Geldleistung, sondern durch Übertragung eines Grundstücks, ist eine „Leistung an Erfüllung statt" gegeben. Es handelt sich um zwei separate Vorgänge, die unabhängig voneinander Besteuerungstatbestände auslösen. Der Erwerb des Geldanspruchs unterliegt der ErbSt/SchenkSt, die Übertragung des Grundstücks (zur Abgeltung dieses Anspruchs) der GrESt. § 3 Nr. 3 GrEStG, der den Erwerb eines zum Nachlass gehörigen Grundstücks durch Miterben zur Teilung des Nachlasses von der GrESt befreit, greift ebenfalls nicht, wenn es sich um ein Grundstück aus dem Hofesvermögen handelt. Mit der Übertragung des Grundstücks auf den Hoferben hat das Grundstück seine Eigenschaft als Nachlassgrundstück verloren.[3] Die Steuerbefreiung nach § 3 Nr. 3 GrEStG kommt jedoch in Betracht, wenn zur Abfindung ein Grundstück aus dem Nachlass hingegeben wird, das nicht zum Hofesvermögen zählt (hoffreies Vermögen) und diesbezüglich noch keine Erbauseinandersetzung erfolgt ist.[4]

1729 (2) Erwerb eines zum Nachlass gehörenden Grundstücks durch Miterben zur Teilung des Nachlasses.[5]

Zweck der Vorschrift ist es, die **Übertragung von Grundstücken zur Teilung eines Nachlasses** zu erleichtern, und zwar gerade in den Fällen, in denen Nachlassgrundstücke abweichend vom Verhältnis der Erbanteile geteilt werden.[6] Sind in einem Erbfall mehrere Erben vorhanden, ist der Übergang eines Grundstücks auf die Erbengemeinschaft nach § 3 Nr. 2 GrEStG von der GrESt befreit (s. o.). Teilen die Miterben die Nachlassgrundstücke im Verhältnis ihrer Erbteile untereinander auf, kann sich für diese Erwerbe eine teilweise Befreiung von der GrESt nach den Bestimmungen über den Übergang eines Grundstücks von einer Gesamthand auf einen Gesamthänder ergeben[7] oder über die Umwandlung von

1 BFH 29.9.2015 – II R 23/14, BStBl 2016 II S. 104; vgl. auch Rothenberger, Anm. zum BFH Urteil in ErbStB 2016 S. 40.

2 §§ 12, 13 HöfeO.

3 Vgl. OFD Niedersachsen 26.1.2016, GrESt-Kartei ND, § 3 GrEStG Karte 8.

4 Meßbacher-Hönsch in Viskorf, Rz. 155 zu § 3.

5 § 3 Nr. 3 GrEStG. Die Steuerbefreiung nach § 3 Nr. 3 GrEStG ist auf die Abwicklung von Bruchteilsgemeinschaften, die im Wege der vorweggenommenen Erbfolge entstanden sind, nicht entsprechend anwendbar (BFH, Beschluss v. 25.5.2021 – II B 87/20, BFH/NV 2021 S. 1208).

6 BFH 15.12.1972 – II R 123/66, BStBl 1973 II S. 363, Rz. 6.

7 § 6 Abs. 2 GrEStG.

gemeinschaftlichem Eigentum in Flächeneigentum.[1] § 3 Nr. 3 GrEStG bewirkt, dass auch in Fällen, in denen die Nachlassgrundstücke abweichend vom Verhältnis der Erbanteile geteilt oder von einem Miterben ungeteilt übernommen werden, eine Befreiung eintritt. Ob der Erwerber den Grundstückswert gegenüber seinen Miterben ausgleichen muss, ist für die Befreiung unerheblich.[2]

Den Miterben steht der überlebende Ehegatte oder Lebenspartner gleich, wenn er mit den Erben des verstorbenen Ehegatten oder Lebenspartners gütergemeinschaftliches Vermögen zu teilen hat oder wenn ihm in Anrechnung auf eine Ausgleichsforderung am Zugewinn des verstorbenen Ehegatten oder Lebenspartners ein zum Nachlass gehöriges Grundstück übertragen wird.[3] Außerdem stehen den Miterben ihre Ehegatten oder ihre Lebenspartner gleich.[4]

Gehört ein Grundstück nicht zum Nachlass, weil es z. B. durch Sonderrechtsnachfolge auf einen Hoferben übergegangen ist, kann bei einer späteren Übertragung, z. B. zur Abgeltung eines Abfindungsanspruchs, die Befreiung nach § 3 Nr. 3 GrEStG keine Anwendung finden (s. o.).

(3) Grundstückserwerb durch den Ehegatten oder den Lebenspartner des Ver- 1730
äußerers.[5]

(4) Grundstückserwerb durch den früheren Ehegatten des Veräußerers im Rah- 1731
men der Vermögensauseinandersetzung nach der Scheidung.[6]

(5) Grundstückserwerb durch den früheren Lebenspartner des Veräußerers im Rahmen der Vermögensauseinandersetzung nach der Aufhebung der Lebenspartnerschaft.[7]

(6) Grundstückserwerb durch Personen, die mit dem Veräußerer in gerader Li- 1732
nie verwandt sind oder deren Verwandtschaft durch die Annahme als Kind bürgerlich-rechtlich erloschen ist. Den Abkömmlingen stehen Stiefkinder gleich. Den Verwandten in gerader Linie sowie den Stiefkindern stehen deren Ehegat-

1 § 7 Abs. 2 GrEStG.

2 Meßbacher-Hönsch in Viskorf, § 3 Rz. 277.

3 § 3 Nr. 3 Satz 2 GrEStG.

4 § 3 Nr. 3 Satz 3 GrEStG.

5 § 3 Nr. 4 GrEStG.

6 § 3 Nr. 5 GrEStG.

7 § 3 Nr. 5a GrEStG. Die Vorschrift des § 3 Nr. 5a GrEStG erfasst den Grundstückserwerb durch den früheren Lebenspartner i. S. des Lebenspartnerschaftsgesetzes. Die Norm erfasst indes nicht den Grundstückserwerb durch den früheren Partner einer nichtehelichen Lebensgemeinschaft (BFH, Beschluss v. 1.12.2020 – II B 53/20, BFH/NV 2021 S. 540).

ten oder deren Lebenspartner gleich.[1] In gerader Linie sind Personen verwandt, die voneinander abstammen.[2] Nicht in gerader Linie verwandt sind z. B. Geschwister.

(7) Erwerb eines zum Gesamtgut gehörigen Grundstücks durch Teilnehmer an einer fortgesetzten Gütergemeinschaft zur Teilung des Gesamtguts.[3]

(8) Rückererwerb eines Grundstücks durch den Treugeber bei Auflösung des Treuhandverhältnisses.[4]

1733 Neben den allgemeinen Steuerbefreiungen in § 3 GrEStG finden sich für Sonderfälle bezüglich Grundstücksübertragungen zwischen Gesamthandsgemeinschaften und ihren Beteiligten weitere Befreiungsnormen in den §§ 5 bis 7 GrEStG. Bei Übergang eines mehreren Miteigentümern gehörenden Grundstücks auf eine Gesamthand (z. B. auf eine Personengesellschaft) findet § 5 GrEStG Anwendung. Die Steuer wird nicht erhoben, soweit der Anteil der einzelnen am Vermögen der Gesamthand Beteiligten ihrem Bruchteil am Grundstück entspricht.[5] Entsprechendes gilt bei Übergang eines Grundstücks eines Alleineigentümers auf die Gesamthand.[6] **Befreiungsvorschriften in Sonderfällen** und die **Befreiungsvorschriften nach § 3 GrEStG** können **nebeneinander** zur Anwendung kommen.[7]

V. Bemessungsgrundlage

1734 Die Steuer bemisst sich regelmäßig nach dem **Wert der Gegenleistung.**[8] Was für die GrESt als Gegenleistung anzusehen ist, zählt § 9 GrEStG auf. So bestimmt § 9 Abs. 1 Nr. 1 GrEStG für den Fall des Grundstückskaufs, dass der Kaufpreis einschließlich der vom Käufer übernommenen sonstigen Leistungen und der dem

1 § 3 Nr. 6 GrEStG.

2 § 1589 Abs. 1 Satz 1 BGB.

3 § 3 Nr. 7 GrEStG.

4 § 3 Nr. 8 GrEStG. Ein Erwerbsvorgang ist nicht bereits deshalb grunderwerbsteuerfrei, weil der Erwerber das Grundstück lediglich als Treuhänder für den Veräußerer als Treugeber halten soll (BFH, Beschluss v. 30.11.2020 – II B 41/20, BFH/NV 2021 S. 447).

5 § 5 Abs. 1 GrEStG.

6 § 5 Abs. 2 GrEStG.

7 Gleich lautender Erlass der obersten Finanzbehörden der Länder v. 5.3.2024, BStBl 2024 I S. 410, Tz. 5.

8 § 8 Abs. 1 GrEStG.

Verkäufer vorbehaltenen Nutzungen als Gegenleistung gilt. Als Gegenleistung kommen solche Leistungsverpflichtungen in Betracht, die der Erwerber an den Veräußerer um den Erwerb des Grundstücks willen zu erbringen hat.[1] Maßgebend ist der grunderwerbsteuerliche Grundstücksbegriff (s. o.).[2]

Zur Frage, wie die **Prämienberechtigung** für die Erzeuger bestimmter landwirtschaftlicher Kulturpflanzen – sog. **Ackerquote** – grunderwerbsteuerlich zu behandeln ist, vertritt die FinVerw die Auffassung, dass diese Prämienberechtigung eine **eigene Vermögensposition** darstellt, die nicht als Grundstücksbestandteil zu qualifizieren und damit auch **nicht** in die **Bemessungsgrundlage** der GrEStG einzubeziehen ist.[3]

Die GrESt bemisst sich ausnahmsweise nach der sog. **Ersatzbemessungsgrundlage,** wenn:[4]

- eine Gegenleistung nicht vorhanden ist oder nicht zu ermitteln ist,
- bei Umwandlungen aufgrund eines Bundes- oder Landesgesetzes, bei einer Einbringung sowie bei anderen Erwerbsvorgängen auf gesellschaftsvertraglicher Grundlage,
- in den Fällen der Änderung im Gesellschafterbestand nach § 1 Abs. 2a GrEStG oder § 1 Abs. 2b GrEStG, der Anteilsvereinigung nach § 1 Abs. 3 GrEStG sowie § 1 Abs. 3a GrEStG.

Für Grunderwerbsteuervorgänge bemisst sich die Steuer in den Fällen, in denen die Ersatzbemessungsgrundlage zur Anwendung kommt, nach der erbschaftsteuerlichen verkehrswertorientierten Grundbesitzbewertung.[5]

1 BFH 8.9.2010 – II R 28/09, BStBl 2011 II S. 227, Rz. 10.

2 Zur Bemessungsgrundlage bei der GrEStG in Fällen der Flurbereinigung und der Zuweisung von Land aufgrund des Abfindungsverzichts eines Teilnehmers gem. § 52 FlurbG s. a. den gemeinsamen Runderlass des FinMin Baden-Württemberg sowie des Ministeriums Ländlicher Raum Baden-Württemberg v. 27.3.2013, StEd 2013 S. 301.

3 FinMin Baden-Württemberg 16.12.2005, GrESt-Kartei BW §§ 8-10 GrEStG Karte 20; zur grunderwerbsteuerlichen Behandlung von Zahlungsansprüchen aufgrund des Betriebsprämiendurchführungsgesetzes bei der Veräußerung landwirtschaftlicher Flächen s. Bayerisches LfSt 18.11.2005, GrESt-Kartei BY § 8 GrEStG Verfügungen Karte 3.

4 § 8 Abs. 2 GrEStG.

5 § 151 Abs. 1 Nr. 1 i. V. mit § 157 Abs. 1 bis 3 BewG.

VI. Steuersatz

1735 Die Steuer beträgt 3,5 %,[1] wobei auf volle Euro nach unten abzurunden ist (§ 11 Abs. 2 GrEStG).

Aufgrund des Gesetzes zur Änderung des Grundgesetzes vom 28.8.2006[2] ist Art. 105 Abs. 2a GG mit Wirkung vom 1.9.2006 ergänzt und in Satz 2 den **Ländern die Befugnis zur Bestimmung des Steuersatzes bei der Grunderwerbsteuer** eingeräumt worden. Die Ergänzung der Norm als Ergebnis der sog. **Föderalismusreform I** zielt auf die Stärkung der Steuerautonomie der Länder; gleichzeitig ist es bei der Kompetenz des Bundes zur Festlegung der steuerlich maßgebenden Bemessungsgrundlage geblieben. Die Befugnis der Länder zur Bestimmung des Steuersatzes bei der GrESt ist indessen auf solche steuerbaren Rechtsvorgänge begrenzt, die sich auf im Gebiet des jeweiligen Landes belegene Immobilien beziehen. Die nachfolgende Übersicht dokumentiert, welche **Dynamik** die Ergänzung des Art. 105 Abs. 2a GG hinsichtlich des **Steuersatzniveaus in den Ländern** entfaltet hat.

Bundesland	**GrESt-Satz in %**	**Gültig seit**	**Rechtsgrundlage**
Baden-Württemberg	5,0	5.11.2011	GrEStFestG BW
Bayern	3,5	---	§ 11 GrEStG
Berlin	6,0	1.1.2014	RealSt2007-2011HebSFudG BE
Brandenburg	6,5	1.7.2015	GrEStFestG BB
Bremen	5,5	1.7.2025	GrEStFestG BR
Hamburg	5,5	1.1.2023	GrEStFestG HA
Hessen	6,0	1.8.2014	GrEStFestG HE
Mecklenburg-Vorpommern	6,0	1.7.2019	GrEStSG MV
Niedersachsen	5,0	1.1.2014	GrEStFestG ND
Nordrhein-Westfalen	6,5	1.1.2015	GrEStFestG NW
Rheinland-Pfalz	5,0	1.3.2012	GrEStSatzG RP

1 § 11 Abs. 1 GrEStG.

2 BGBl 2006 I S. 2034.

Bundesland	GrESt-Satz in %	Gültig seit	Rechtsgrundlage
Saarland	6,5	1.1.2015	GrEStFestG SL 2010
Sachsen	5,5	1.1.2023	SächsGrEStSatzG
Sachsen-Anhalt	5,0	1.3.2012	GrEStFestG ST
Schleswig-Holstein	6,5	1.1.2014	GrEStSatzG
Thüringen	5,0	1.1.2024	GrEStSatzG TH

Von Bedeutung ist, dass das FA im Einvernehmen mit dem Stpfl. von der genauen Ermittlung des Steuerbetrages absehen und die **Steuer in einem Pauschbetrag** festlegen kann, wenn dadurch die Besteuerung vereinfacht und das steuerliche Ergebnis nicht wesentlich geändert wird.[1]

(Einstweilen frei) 1736–1753

1 § 12 GrEStG.

G. Kraftfahrzeugsteuer

I. Rechtlicher Rahmen

1754 Bei der Kraftfahrzeugsteuer handelt sich um eine **pauschalierte Steuer**, deren Besteuerungssubjekt das Fahrzeug ist. Der Begriff des Fahrzeugs umfasst nach § 2 Abs. 1 KraftStG Kraftfahrzeuge und Kraftfahrzeuganhänger. Die Tatbestandsmerkmale, an die die Besteuerung anknüpft, sind in § 1 Abs. 1 Nr. 1 bis 4 KraftStG[1] normiert. Haupttatbestandsmerkmal ist hierbei das **Halten eines inländischen Fahrzeugs** zum Verkehr auf öffentlichen Straßen nach § 1 Abs. 1 Nr. 1 KraftStG. Neben dem KraftStG kommen der KraftStDV[2] sowie der FZV[3] und der StVZO[4] als Rechtsgrundlagen für das Verfahren zur Festsetzung und Erhebung der Kraftfahrzeugsteuer besondere Bedeutung zu. Darüber hinaus finden nach § 1 Abs. 2 KraftStG hierbei diejenigen Vorschriften der AO Anwendung, die für andere Steuern als Zölle und Verbrauchsteuern gelten. Die Verwaltungs- und Ertragshoheit der Kraftfahrzeugsteuer liegt beim Bund,[5] hier liegt die Zuständigkeit beim Bundesministerium der Finanzen. Für den Vollzug des Kraftfahrzeugsteuergesetzes sind die Dienststellen der Zollverwaltung, namentlich die Hauptzollämter als örtliche Bundesbehörden zuständig.[6] Die örtliche Zuständigkeit ist in § 1 KraftStDV normiert.[7]

1 Kraftfahrzeugsteuergesetz – KraftStG 2002 – i. d. F. v. 26.9.2002, BGBl 2002 I S. 3818, zuletzt geändert durch Art. 1 des Achten Gesetzes zur Änderung des Kraftfahrzeugsteuergesetzes v. 22.12.2025, BGBl 2025 I Nr. 342.

2 Kraftfahrzeugsteuer-Durchführungsverordnung v. 12.7.2017, BGBl 2017 I S. 2374, zuletzt geändert durch Art. 3 der Verordnung zum Neuerlass der Fahrzeug-Zulassungsverordnung und zur Änderung weiterer Vorschriften v. 20.7.2023, BGBl 2023 I Nr. 199.

3 Fahrzeug-Zulassungsverordnung – FZV – v. 20.7.2023, BGBl 2023 I Nr. 199, zuletzt geändert durch Art. 1 der Verordnung zur Änderung der Fahrzeug-Zulassungsverordnung und weiterer Vorschriften v. 19.12.2025, BGBl 2025 I Nr. 382.

4 Straßenverkehrs-Zulassungs-Ordnung v. 26.4.2012, BGBl 2012 I S. 679, zuletzt geändert durch Art. 1 der Sechsundfünfzigsten Verordnung zur Änderung straßenverkehrsrechtlicher Vorschriften v. 10.6.2024, BGBl 2024 I Nr. 191.

5 Art. 108 Abs. 1 GG.

6 Vgl. hierzu auch Zens, NWB 2009 S. 1580 ff.

7 Vgl. hierzu auch Verordnung zur Übertragung von Zuständigkeiten auf Hauptzollämter für den Bereich mehrerer Hauptzollämter (Hauptzollamtszuständigkeitsverordnung – HZAZustV) v. 22.11.2022, BGBl 2022 I S. 2118, zuletzt geändert durch Art. 1 der Dritten Verordnung zur Änderung der Hauptzollamtszuständigkeitsverordnung – HZAZustV v. 1.12.2025, BGBl 2025 I Nr. 300.

Die Vorschrift des § 8 KraftStG normiert verschiedene Besteuerungsgrundlagen für die einzelnen Fahrzeugarten, bei Fahrzeugen der Klasse M1[1] noch in Abhängigkeit vom Datum der erstmaligen Zulassung des Kraftfahrzeugs.

Die Vorschriften des Kraftfahrzeugsteuergesetzes enthalten eine Reihe von begünstigenden Regelungen in Form von Steuerermäßigungen und -befreiungen oder zur Nichterhebung der Steuer. Gründe für die Inanspruchnahme der einzelnen Vergünstigungen können in der Nutzung oder den technischen Eigenschaften des Fahrzeugs, aber auch in der Person des Fahrzeughalters liegen.

Mit der Vorschrift des § 3 KraftStG enthält das Gesetz eine enumerative Aufzählung der Fahrzeuge, deren Halten von der Kraftfahrzeugsteuer befreit ist. Auf diese Vergünstigungen hat der Halter einen Rechtsanspruch, der vor den Finanzgerichten durchgesetzt werden kann. Neben den in § 3 KraftStG normierten Befreiungstatbeständen enthält das KraftStG weitere Befreiungs- und Begünstigungsnormen, z. B. §§ 3a, 3b und 3d und § 10 Abs. 1 KraftStG. Darüber hinaus existieren auch außerhalb des KraftStG noch besondere Vorschriften zur Befreiung von der Kraftfahrzeugsteuer, z. B. nach zwischenstaatlichen Vereinbarungen vorgesehene Befreiungen. Für die Inanspruchnahme der Steuerbefreiung nach § 3 Nr. 7 KraftStG hält die Zollverwaltung ein entsprechendes Formular (Nr. 3813) „Antrag auf Steuerbefreiung nach § 3 Nr. 7 Kraftfahrzeugsteuergesetz" unter www.zoll.de bereit. Ein solcher Antrag ist schriftlich zu stellen. Dies kann zum Zeitpunkt der Zulassung des Fahrzeugs bei den Zulassungsbehörden oder zu jedem späteren Zeitpunkt beim örtlich nach § 1 KraftStDV i. V. mit der HZAZustV zuständigen Hauptzollamt geschehen.

1 EG-Fahrzeugklasse: Kraftfahrzeuge zur Personenbeförderung mit mindestens vier Rädern und mit höchstens acht Sitzplätzen außer dem Fahrersitz (gem. Rahmenrichtlinie 2007/46/EG Anh. II und VO (EU) 2018/858 Anh. 1). Hierzu zählen auch Geländewagen (M1G); vgl. Teil A 1 A Nr. 2 des Verzeichnisses zur Systematisierung von Kraftfahrzeugen und ihrer Anhänger unter www.kba.de, Stand November 2025.

II. Kraftfahrzeugsteuervergünstigung im Bereich der Land- und Forstwirtschaft

1755 Aus agrarpolitischen Gründen sieht das Kraftfahrzeugsteuergesetz für Kraftfahrzeuge und Kraftfahrzeuganhänger, die zu bestimmten land- und forstwirtschaftlichen Zwecken genutzt werden, Vergünstigungen vor. Im Rahmen der Vorschrift des **§ 3 Nr. 7 KraftStG** hat der Gesetzgeber umfangreiche kraftfahrzeugsteuerrechtliche Begünstigungen geschaffen, die für bestimmte Fahrzeuge – **Zugmaschinen, Sonderfahrzeuge und Anhänger** – im Umfeld der Land- oder Forstwirtschaft (LuF) in Anspruch genommen werden können. Nach dieser Norm ist das Halten von

1. Zugmaschinen (ausgenommen Sattelzugmaschinen),
2. kraftfahrzeugsteuerrechtlich anerkannten Sonderfahrzeugen,
3. Kraftfahrzeuganhängern hinter Zugmaschinen oder Sonderfahrzeugen und
4. einachsigen Kraftfahrzeuganhängern (ausgenommen Sattelanhänger, aber einschließlich der zweiachsigen Anhänger mit einem Achsabstand von weniger als einem Meter)

von der **Kraftfahrzeugsteuer befreit**, solange diese Fahrzeuge **ausschließlich**

a) **in** luf Betrieben,
b) zur Durchführung von Lohnarbeiten **für** luf Betriebe,
c) zu Beförderungen **für** luf Betriebe, wenn diese Beförderungen in einem luf Betrieb beginnen oder enden,
d) zur Beförderung von Milch, Magermilch, Molke oder Rahm oder
e) von Land- oder Forstwirten zur Pflege von öffentlichen Grünflächen oder zur Straßenreinigung im Auftrag von Gemeinden oder Gemeindeverbänden

verwendet werden. Für eine Vergünstigung nach § 3 Nr. 7 KraftStG kommen Fahrzeuge **besonderer Fahrzeugarten** so lange in Betracht, wie sie ausschließlich zu **besonderen Zwecken** verwendet, d. h. tatsächlich genutzt werden. Nicht von Bedeutung ist, ob der Halter des Fahrzeugs – natürliche Person, juristische Person oder Personenmehrheit – Land- oder Forstwirt ist oder in diesem Bereich, z. B. als Lohnunternehmer, tätig ist.

Übersicht zu den nach § 3 Nr. 7 KraftStG begünstigten Fahrzeugarten und Verwendungen

Rechtsgrundlage	**Begünstigte Fahrzeugart**	**Begünstigte Verwendung**	**Bemerkung**
§ 3 Nr. 7 Buchst. a KraftStG	Zugmaschine Sonderfahrzeug Anhänger hinter Zugmaschinen oder Sonderfahrzeugen	ausschließliche Verwendung in LuF Betrieben	ausgeschlossen für Pkw und Lkw[1] sowie Sattelzugmaschinen[2] und Sattelauflieger,
§ 3 Nr. 7 Buchst. b KraftStG		Lohnarbeiten für LuF Betriebe	
§ 3 Nr. 7 Buchst. c KraftStG		Beförderungen für LuF Betriebe, Beförderungen muss in LuF Betrieb beginnen oder enden	
§ 3 Nr. 7 Buchst. d KraftStG		Beförderung von Milch, Magermilch, Molke oder Rahm	
§ 3 Nr. 7 Buchst. e KraftStG		von LuF Wirten zur Pflege von öffentlichen Grünflächen oder zur Straßenreinigung	im Auftrag von Gemeinden oder Gemeindeverbänden

Die Steuerbefreiung nach § 3 Nr. 7 KraftStG steht dem Fahrzeughalter kraft Gesetzes zu. Sie wird auf schriftlichen Antrag gewährt, der beim zuständigen Hauptzollamt[3] gestellt werden kann. Soweit die Voraussetzungen für die Anwendung der Begünstigungsnorm vorlagen, kann diese Steuerbefreiung regelmäßig auch für **Zeiträume** in Anspruch genommen werden, die vor dem Zeitpunkt der entsprechenden Antragstellung liegen.[4] Eine rückwirkende Inanspruchnahme ist nach der Verwaltungspraxis jedoch für solche Zeiträume ausgeschlossen, für die bereits ein bestandskräftiger Kraftfahrzeugsteuerbescheid vorliegt und für die eine Änderung des Bescheides nach § 12 Abs. 2 KraftStG oder §§ 172 ff. AO nicht mehr in Betracht kommt. Soweit sich aufgrund der Feststellung der Zulassungsbehörden eine Änderung der Fahrzeugart ergibt, z. B. zu

1 Fahrzeuge der EG-Fahrzeugklasse: M und N; vgl. Verzeichnis zur Systematisierung von Kraftfahrzeugen und ihrer Anhänger unter www.kba.de, Stand November 2025.

2 Siehe § 2 Nr. 15 FZV.

3 Antragsvordrucke halten die Hauptzollämter bereit, sie stehen daneben auf der Internetseite www.zoll.de – Formular 3813 – zur Verfügung.

4 Vgl. § 7 Abs. 1 Satz 1 KraftStDV.

einer nach § 3 Nr. 7 begünstigten, wird diese in der Zulassungsbescheinigung[1] dokumentiert und den Hauptzollämtern im automatisierten Verfahren übermittelt. Die Feststellungen der Zulassungsbehörden haben hier die Wirkung eines Grundlagenbescheids mit der Folge, dass für die Kraftfahrzeugsteuerfestsetzung eine Änderung nach § 175 Abs. 1 Satz 1 Nr. 1 AO in Betracht kommt.

Mit der Inanspruchnahme der Kraftfahrzeugsteuerbefreiung nach § 3 Nr. 7 KraftStG bedarf es auch nicht der Erteilung des für die Erhebung der Kraftfahrzeugsteuer nach § 13 Abs. 1 Satz 2 Nr. 1 KraftStG regelmäßig erforderlichen SEPA-Mandats[2] bei Zulassung eines entsprechenden Fahrzeugs. Nach § 13 Abs. 1 Satz 2 Nr. 2 KraftStG ist im Falle einer Steuerbefreiung eine Zulassung lediglich davon abhängig, dass die Voraussetzungen hierfür nachgewiesen oder glaubhaft gemacht sind.

1. Begünstigte Fahrzeugarten

1756 Die Einstufung eines Fahrzeugs in eine bestimmte Fahrzeugart richtet sich gem. § 2 Abs. 1 Nr. 1 KraftStG – soweit im **KraftStG nichts anderes bestimmt** ist – nach den **verkehrsrechtlichen Vorschriften**, insbesondere nach der FZV und der StVZO. Nach § 2 Abs. 2 Nr. 2 KraftStG sind für die Beurteilung der Schadstoff-, Kohlendioxid- und Geräuschemissionen, anderer Bemessungsgrundlagen technischer Art sowie **der Fahrzeugklassen und Aufbauarten** die Feststellungen der Zulassungsbehörden verbindlich. Die Hauptzollämter sind als für die Festsetzung und Erhebung der Kraftfahrzeugsteuer zuständigen Behörden nach § 2 Abs. 1 Nr. 2 KraftStG im Rahmen der Kraftfahrzeugsteuerfestsetzung auch an die Auslegung der verkehrsrechtlichen Vorschriften durch die Verkehrsbehörden, dies sind die örtlichen Zulassungsbehörden und das Kraftfahrt-Bundesamt (KBA), gebunden. Ihre Entscheidung zur Einstufung eines Fahrzeugs in eine bestimmte Fahrzeugart dokumentiert die Zulassungsbehörde in der Zulassungsbescheinigung (§§ 13, 14 FZV). Grundlage für die Einstufung ist das Verzeichnis zur Systematisierung von Kraftfahrzeugen und ihrer Anhänger.[3] Die Zulassungsbescheinigung entfaltet damit insoweit für die Kraftfahrzeugsteuerfestsetzung die Wirkung eines Grundlagenbescheids i. S. des § 171 Abs. 10 AO.[4] Rechtliche

1 Zulassungsbescheinigung Teil I und II, §§ 13, 14 FZV.

2 Das SEPA-Mandat hat im Februar 2014 das Verfahren für eine Lastschrift abgelöst. SEPA steht für Single Euro Payments Area.

3 Siehe Verzeichnis zur Systematisierung von Kraftfahrzeugen und ihrer Anhänger unter www.kba.de, Stand November 2025.

4 Vgl. auch BFH 21.2.2019 – III R 20/18, NWB SAAAH-22573 = BFH/NV 2019 S. 1031.

Grundlage für die Mitwirkung der Zulassungsbehörden am Verfahren zur Festsetzung der Kraftfahrzeugsteuer ist § 5 KraftStDV. Für Fahrzeuge, deren Halten nach § 3 Nr. 7 KraftStG von der Kraftfahrzeugsteuer befreit ist, wird von den Zulassungsbehörden nach § 10 Abs. 2 Satz 1 FZV ein Kennzeichen mit grüner Beschriftung auf weißem Grund (grünes Kennzeichen) zugeteilt.

Wird ein Fahrzeug, für das ein solches Kennzeichen zugeteilt ist und dessen Halten von der Kraftfahrzeugsteuer befreit ist, zu anderen als den steuerbegünstigten Zwecken verwendet, liegt eine **zweckfremde Benutzung** i. S. des § 5 Abs. 2 Satz 3 KraftStG vor. Eine solche zweckfremde Benutzung hat der Halter nach § 7 Abs. 2 KraftStDV dem Hauptzollamt unverzüglich anzuzeigen. Aufgrund der zweckfremden Benutzung entsteht die Kraftfahrzeugsteuer (§ 6 KraftStG). Die Steuerpflicht dauert solange die zweckfremde Benutzung währt, mindestens jedoch einen Monat (§ 5 Abs. 2 Satz 4 KraftStG). Das Hauptzollamt setzt für diesen Zeitraum die Kraftfahrzeugsteuer **befristet** fest.

a) Zugmaschinen

Der Begriff der Zugmaschine ist **nicht im KraftStG definiert**, entsprechend fin- 1757
den Vorschriften des Verkehrsrechts Anwendung. Nach § 2 Nr. 14 FZV handelt es sich bei Zugmaschinen um Kraftfahrzeuge, die nach ihrer Bauart überwiegend zum Ziehen von Anhängern bestimmt und geeignet sind. Im für die verkehrsrechtliche Einstufung maßgeblichen System der EG-Fahrzeugklassen sind Zugmaschinen im Verzeichnis zur Systematisierung von Kraftfahrzeugen und ihrer Anhänger unter Teil A 1 A Ziff. 8 und 9, Klassen T und C ausgewiesen:[1]

- Klasse T: land- oder forstwirtschaftliche Zugmaschinen auf Rädern (s. Richtlinie 2003/37/EG Anhang II und Anlage 1 sowie Art. 4 der Verordnung (EU) Nr. 167/2013 in der jeweils gültigen Fassung). Hierzu gehören auch Zugmaschinen mit besonderer Zweckbestimmung und
- Fahrzeuge der Klasse C: Zugmaschinen auf Gleisketten (GLK) oder einer Kombination aus Rädern und Gleisketten (s. Art. 4 der Verordnung (EU) Nr. 167/2013 in der jeweils gültigen Fassung.

Sattelzugmaschinen sind besondere Zugmaschinen zum Ziehen von Sattelanhängern (Sattelaufliegern) und in § 2 Nr. 15 FZV als „Zugmaschinen für Sattelanhänger“ besonders ausgewiesen. Darüber hinaus stellen die luf Zugmaschinen als Kraftfahrzeuge, deren Funktion im Wesentlichen in der Erzeugung einer Zug-

1 Abschnitt A Teil A Nr. 8 und 9 des Verzeichnisses zur Systematisierung von Kraftfahrzeugen und ihrer Anhänger unter www.kba.de, Stand November 2025.

kraft besteht und die besonders zum Ziehen, Schieben, Tragen und zum Antrieb von auswechselbaren Geräten für luf Arbeiten oder zum Ziehen von Anhängern in luf Betrieben bestimmt und geeignet sind, eine weitere Art der Zugmaschinen dar. Dieser Einstufung steht nicht entgegen, wenn solche Zugmaschinen zum Transport von Lasten im Zusammenhang mit luf Arbeiten eingerichtet oder mit Beifahrersitzen ausgestattet sind. Für eine Begünstigung nach § 3 Nr. 7 KraftStG kommen hierbei „Sattelzugmaschinen" nicht in Betracht. Im Verzeichnis zur Systematisierung von Kfz und ihren Anhängern des KBA sind **luf Zugmaschinen** im Teil 1 A 1 Fahrzeuge der EG-Fahrzeugklasse 8 als luf Zugmaschinen auf Rädern ausgewiesen, s. Richtlinie 2003/37/EG[1] Anhang II und Anlage 1 sowie Art. 4 der Verordnung (EU) Nr. 167/2013.[2] Anders als bei den „normalen" Zugmaschinen, bei denen die Sattelzugmaschinen besonders abgegrenzt sind, fehlt diese besondere Abgrenzung zwischen den luf Zugmaschinen und den luf Sattelzugmaschinen, so dass nach der Rechtsprechung[3] ein von den Zulassungsbehörden als luf Zugmaschine eingestuftes Fahrzeug unter die **Begünstigung** des § 3 Nr. 7 KraftStG fällt, auch wenn es sich technisch und **tatsächlich** um eine Sattelzugmaschine handelt. Aus Sicht des Kraftfahrzeugsteuerrechts ist diese Entscheidung, aber in erster Linie auch die Einstufung der Zulassungsbehörde, nicht ohne weiteres nachvollziehbar. Nach dem in der Vorschrift des § 2 Abs. 2 Nr. 2 KraftStG zum Ausdruck kommenden Willen des Gesetzgebers ist die in dieser Vorschrift gleichwohl von den Zulassungsbehörden getroffene Entscheidung zur Einstufung dieses Fahrzeugs als luf Zugmaschine der Kraftfahrzeugbesteuerung zugrunde zu legen.[4]

b) Sonderfahrzeuge

1758 Für den Begriff des Sonderfahrzeugs enthält das KraftStG **eine eigene Definition**, so dass hier verkehrsrechtliche Vorschriften nach der Vorschrift des § 2 Abs. 2 Satz 1, Halbsatz 1 KraftStG nicht zur Anwendung kommen. Die Vorschrift des § 3 Nr. 7 Satz 2 KraftStG definiert Sonderfahrzeuge als Fahrzeuge, die nach ihrer Bauart und ihren besonderen, mit ihnen fest verbundenen Einrichtungen nur für die bezeichneten Verwendungszwecke **geeignet und bestimmt** sind.

1 ABl. L 171 v. 9.7.2003, S. 1–80.

2 ABl. L 60 v. 2.3.2013, S. 1–51.

3 Vgl. hierzu auch die Entscheidung des Niedersächsischen FG 30.6.2016 – 14 K 16/16, NWB HAAAG-63992 = EFG 2016 S. 1671 = juris. Gegen die Entscheidung war zunächst Revision beim BFH eingelegt worden (Az. des BFH: II R 28/16). Das Revisionsverfahren wurde nach Rücknahme der Revision eingestellt (BFH 31.8.2016 – II R 28/16).

4 Eine Liste solcher Fahrzeuge, die von den Zulassungsbehörden regelmäßig als Zugmaschinen eingestuft werden, findet sich bei Strodthoff, Kraftfahrzeugsteuer, § 3 KraftStG Rz. 68a.

Sowohl Kraftfahrzeuge als auch Anhänger können als Sonderfahrzeuge i. S. dieser Vorschrift in Betracht kommen. Da es sich bei § 3 Nr. 7 Satz 2 KraftStG um eine kraftfahrzeugsteuerrechtliche Spezialvorschrift handelt, ist die kraftfahrzeugsteuerrechtliche Einstufung eines Fahrzeugs nach § 2 Abs. 2 KraftStG maßgebend. Die durch die Bezeichnung in den Fahrzeugpapieren – Zulassungsbescheinigung Teil I und II, §§ 13, 14 FZV – dokumentierte Einstufung durch die Verkehrsbehörden tritt hier zurück. Gleichwohl kann die Eintragung in den Fahrzeugpapieren dabei **Hinweise auf die Bauart** und den Einsatzzweck eines Fahrzeugs geben. Die Einordnung von Fahrzeugen unter die Kategorie Sonderfahrzeuge i. S. des § 3 Nr. 7 KraftStG unterliegt nach dem Wortlaut der Vorschrift und auch dem im Gesetzgebungsverfahren deutlich gewordenen Willen des Normgebers engen Grenzen.[1] Nicht befreit ist z. B. ein Transportfahrzeug für Pferde (Sonderfahrzeug), da es nicht **nur** für den landwirtschaftlichen Betrieb geeignet ist. Grundsätzlich ist nach Rechtsprechung des BFH bereits die Möglichkeit der sinnvollen Verwendung in einem vergleichbaren gewerblichen Betrieb für die Einstufung als Sonderfahrzeug i. S. des § 3 Nr. 7 Buchst. a KraftStG schädlich. Kraftfahrzeuge und Anhänger, die nach ihrer Bauart und Einrichtung auch in einem anderen Betrieb, z. B. Viehwirtschaftsbetrieb, verwendet werden können, sind keine Sonderfahrzeuge für die Landwirtschaft i. S. des § 3 Nr. 7 Buchst. a KraftStG. Hierbei spielt es nach dem Wortlaut des Gesetzes und der zwischenzeitlich vom BFH mehrfach bestätigten Darstellung keine Rolle, ob es sich bei dem Fahrzeug um ein reines Transportfahrzeug oder um ein anderes Fahrzeug handelt. Bei dieser Betrachtung sind jedoch nicht alle theoretischen Nutzungsmöglichkeiten eines Fahrzeugs zu berücksichtigen. Vielmehr ist auf die **übliche** Nutzung eines solchen Fahrzeuges abzustellen. Im Ergebnis schließen daher nach der Bestimmung und eigentlichen Eignung völlig zweckfremde Nutzungsmöglichkeiten des Fahrzeuges eine Einordnung als Sonderfahrzeug i. S. des § 3 Nr. 7 KraftStG nicht aus. Eine entsprechende Liste wird von der FinVerw geführt, sie umfasst aktuell 45 als Sonderfahrzeuge anerkannte Fahrzeuge.[2] Hierzu kann neben dem Sonderfahrzeug selber auch das für dieses Sonderfahrzeug speziell benötigte Transportfahrzeug gehören, z. B. ein Spezialfahrzeug zur Beförderung einer Holzrückemaschine.[3] Daneben gibt es einen Katalog von Fahrzeugen, für die im Laufe der Zeit eine Anerkennung als Sonderfahrzeug i. S. des § 3 Nr. 7 KraftStG versagt worden ist; hierzu gehören z. B. Langholztransporter, Lkws zur

1 Vgl. auch BFH 16.7.2014 – II R 39/12, NWB HAAAE-73559 = BFH/NV 2014 S. 1863, und die dortigen weiterführenden Nachweise.

2 Zur Auflistung und zu weiteren Einzelheiten vgl. Strodthoff, Kraftfahrzeugsteuer, § 3 KraftStG Rz. 79.

3 Vgl. BFH 22.6.2004 – VII R 42/03, BStBl 2004 II S. 903.

Beförderung von Rennpferden oder Transportfahrzeuge zur Beförderung von Kartoffeln zum Zwecke des Verkaufs im Rahmen der Selbstvermarktung.[1] Die Eigenschaft „luf Sonderfahrzeug" liegt regelmäßig dann nicht vor, wenn das Fahrzeug auch für andere Zwecke nutzbar ist.

c) Kraftfahrzeuganhänger hinter Zugmaschinen oder Sonderfahrzeugen

1759 Begünstigt ist ausschließlich das Halten solcher Anhänger, die keine Sattelanhänger (Sattelauflieger) sind, die hinter **Zugmaschinen oder Sonderfahrzeugen** i. S. des § 3 Nr. 7 KraftStG mitgeführt werden. Hierbei ist nicht von Bedeutung, wenn das Halten des ziehenden Fahrzeugs i. S. des § 3 Nr. 7 Satz 1 KraftStG selber nicht begünstigt ist, z. B. weil es nicht ausschließlich in luf Betrieben verwendet wird. Für Anhänger, die hinter Fahrzeugen mitgeführt werden, die **keine Zugmaschinen oder Sonderfahrzeuge** sind, scheidet die Inanspruchnahme der Begünstigung auch dann aus, wenn sie ausschließlich zu Fahrten i. S. des § 3 Nr. 7 KraftStG verwendet werden. Die verkehrsrechtlich relevanten Fahrzeugklassen sind für die kraftfahrzeugsteuerrechtliche Beurteilung verbindlich, eine kraftfahrzeugsteuerrechtliche Sonderregelung findet sich an dieser Stelle nicht. Im Einzelnen sind diese Anhänger unter der Fahrzeugklasse R1a bis R4b im Verzeichnis zur Systematisierung von Kraftfahrzeugen und ihren Anhängern ausgewiesen.

d) Einachsige Kraftfahrzeuganhänger

1760 Das Halten der in § 3 Nr. 7 Satz 1 KraftStG genannten **einachsigen Anhänger** ist durch eine eigene von der Fahrzeugart des Zugfahrzeuges unabhängige Steuerbefreiung begünstigt. Diese Kraftfahrzeugsteuerbefreiung gilt für solche einachsigen Anhänger, die **keine Sattelanhänger** (Sattelauflieger) sind, dann, wenn sie **ausschließlich** zu den begünstigten Zwecken verwendet werden. Die Fahrzeugart des ziehenden Fahrzeugs oder dessen kraftfahrzeugsteuerrechtliche Einstufung – Begünstigung – sind hierbei nicht von Bedeutung. Für die Einordnung des Anhängers ist die von der Zulassungsbehörde in der Zulassungsbescheinigung dokumentierte Einstufung nach § 2 Abs. 1 Nr. 2 KraftStG maßgebend. Zu den einachsigen Anhängern in diesem Sinne gehören auch Anhänger mit zwei Achsen, wenn der Achsabstand weniger als einen Meter beträgt (Doppelachse). Gleiches gilt auch für Anhänger, die **selber als Sonderfahrzeug** anerkannt sind, solange sie ausschließlich zu den begünstigten Zwecken eingesetzt werden. Diese Voraussetzung erfüllen nach Verwaltungsauffassung

1 Für eine Auflistung und zu weiteren Einzelheiten vgl. Strodthoff, Kraftfahrzeugsteuer, § 3 KraftStG Rz. 80 ff.

auch Tiefladeanhänger, die von landwirtschaftlichen Lohnbetrieben ausschließlich zum schnelleren Transport von Arbeitsmaschinen (Sonderfahrzeugen) eingesetzt werden.

2. Land- oder forstwirtschaftlicher Betrieb

Das Kraftfahrzeugsteuergesetz sieht die Begünstigungen des § 3 Nr. 7 KraftStG 1761
für das Halten von Fahrzeugen, die zu **bestimmten land- und forstwirtschaftlichen Zwecken** genutzt werden aus „agrarpolitischen Gründen" vor. Diese soll nach dem gesetzgeberischen Willen nur die Land- und Forstwirtschaft, nicht jedoch gewerbliche Unternehmen begünstigen und nach ihrem Sinn und Zweck so weit wie nur möglich auf den Bereich der Land- und Forstwirtschaft beschränkt bleiben. Dementsprechend kommt dem Begriff des luf Betriebs i. S. des KraftStG eine besondere Bedeutung zu. Er kann, in Anknüpfung an bewertungsrechtliche Gesichtspunkte, bestimmt werden. Das Bewertungsrecht selbst enthält in den Vorschriften des § 158 BewG[1] „Begriff des land- und forstwirtschaftlichen Vermögens" und § 160 BewG „Betrieb der Land- und Forstwirtschaft" entsprechende Einstufungskriterien. Land- und Forstwirtschaft ist die planmäßige Nutzung der natürlichen Kräfte des Bodens zur Erzeugung von Pflanzen und Tieren sowie die Verwertung der dadurch selbst gewonnenen Erzeugnisse. Zum land- und forstwirtschaftlichen Vermögen gehören alle Wirtschaftsgüter, die einem Betrieb der Land- und Forstwirtschaft zu diesem Zweck auf Dauer zu dienen bestimmt sind, dies schließt auch Zugmaschinen und Anhänger ein. Ein luf Betrieb ist im Ergebnis eine Wirtschaftseinheit, in der die Produktionsfaktoren Boden, Betriebsmittel und menschliche Arbeit zusammengefasst sind und aufeinander abgestimmt planmäßig eingesetzt werden, um Güter (z. B. Nahrungsmittel, Rohstoffe, Pflanzen, Zuchttiere) zu erzeugen und zu verwerten oder Dienstleistungen bereitzustellen. Für die Prüfung, ob ein solcher Betrieb vorliegt, ist die bewertungsrechtliche Einstufung von Bedeutung, wenn auch für das Verfahren zur Festsetzung der **Kraftfahrzeugsteuer nicht bindend**.[2] Die tatsächliche bewertungsrechtliche Einstufung ergibt sich aus dem vom Finanzamt erlassenen **Einheitswertbescheid** nach § 19 BewG oder dem Bescheid über den Ersatzwirtschaftswert nach § 125 BewG. Aus diesen sind diejenigen Grundstücke bzw. Flächen ersichtlich, die dem luf Vermögen zugeordnet werden. Sie dienen als **Anhaltspunkt** für die Betriebseinstufung. Ein weiteres objektives Be-

1 Bewertungsgesetz i. d. F. der Bekanntmachung v. 1.2.1991, BGBl 1991 I S. 230, zuletzt geändert durch Art. 36 des Jahressteuergesetzes 2024 (JStG2024) v. 2.12.2024, BGBl 2024 I Nr. 387.

2 Vgl. BFH, Urteil 6.3.2013 – II R 55/11, BStBl 2013 II S. 518.

weisanzeichen für das Bestehen eines selbstbewirtschafteten luf Betriebes ist die Mitgliedschaft in der **landwirtschaftlichen Berufsgenossenschaft**. Zu den luf Betrieben gehören nach den Vorschriften der §§ 33, 34 BewG im Ergebnis alle Betriebe mit:

1. landwirtschaftlicher Nutzung,
2. forstwirtschaftlicher Nutzung,
3. weinbaulicher Nutzung,
4. gärtnerischer Nutzung,
5. sonstiger luf Nutzung i. S. des § 62 BewG, wie Binnenfischerei, Teichwirtschaft, Fischzucht, Imkerei, Wanderschäferei, Saatzucht, Pilzanbau und Weihnachtsbaumkulturen sowie
6. gemeinschaftlicher Tierhaltung, § 51a BewG.

Weiter gelten bei der **Abgrenzung** des luf Betriebs zum nicht begünstigten Gewerbebetrieb bzw. in Fällen, in denen neben dem luf auch ein gewerblicher Betrieb besteht, außerdem die ertragsteuerlichen Grundsätze sinngemäß. Diese sind im Ergebnis auch für die kraftfahrzeugsteuerrechtliche Beurteilung insoweit maßgebend.

1762 **Nebenbetriebe** i. S. des § 42 BewG gehören auch zu den luf Betrieben, wenn sie keinen selbständigen gewerblichen Betrieb darstellen und bei der Einheitsbewertung entsprechend behandelt worden sind. Als Nebenbetriebe kommen dabei insbesondere folgende Betriebe, die dem luf Hauptbetrieb zu dienen bestimmt sind, in Betracht:

1. Verarbeitungsbetriebe (Brennereien, Molkereien, Brauereien, Sägewerke, Gemüse und Blumenhandel, Obstsaftpressereien, Forellenräuchereien u. Ä.), welche die Erzeugnisse des Hauptbetriebs durch Verarbeitung verwerten und ggf. Rückstände für Fütterungszwecke an den Hauptbetrieb liefern.
2. Substanzbetriebe (Ziegeleien, Steinbrüche, Sand- und Kiesgruben, Torfstiche u. Ä.), wenn die dort gewonnenen Erzeugnisse überwiegend im Hauptbetrieb verwendet werden und der Substanzbetrieb gegenüber der Landwirtschaft nur eine untergeordnete Rolle spielt.

Kleinbetriebe gehören nach den allgemeinen Grundsätzen des Bewertungsrechts auch zu den luf Betrieben. Das Bewertungsrecht sieht hier weder das Betreiben mit Gewinnabsicht noch eine Mindestgröße des Betriebs vor. Das Vorhandensein einer Hofstelle, von Ställen, Scheunen, Werkstatt und Garagen, ein voller Besatz an Betriebsmitteln wie Saat- und Pflanzgut sowie Dünge- und Futtermittel oder ein Mindestrohertrag bzw. -gewinn, sind ebenfalls keine Voraussetzung für eine bewertungsrechtliche Einstufung als Betrieb der LuF. Voraussetzung für eine solche Einstufung ist jedoch eine tatsächliche, nachhaltige Nutzung von entsprechenden Grundstücksflächen und deren Zweckbestimmung i. S. einer wirtschaftlich relevanten Betätigung durch den Nutzer. Eine solche nachhaltige Nutzung ist nur dann gegeben, wenn die Grundstücke hinsichtlich Arbeitseinsatz, Investitionen und erzielbarem Ertrag mit einem durchschnittlichen Haupterwerbsbetrieb der gleichen Nutzungsart verglichen werden können.

Als Abgrenzung zu den Kleinbetrieben fallen Betätigungen in Form einer **Hobbylandwirtschaft** nicht unter den Begriff des luf Betriebs. Hierbei handelt es sich in erster Linie um Tätigkeiten, die lediglich der Freizeitgestaltung, der ausschließlichen Deckung des Eigenbedarfs, der Erfüllung ehrenamtlicher Funktionen oder der Pflege von privaten Garten- und Wiesengrundstücken, wie z. B. Streuobstwiesen, dienen, ohne zu einer Beteiligung am allgemeinen wirtschaftlichen Verkehr zu führen. Bei den Betätigungen innerhalb derartiger Betriebe mangelt es an der nachhaltigen Nutzung bzw. Ertragsfähigkeit im Vergleich mit einem entsprechenden Haupterwerbsbetrieb. 1763

In der Verwaltungspraxis des Vollzugs des Kraftfahrzeugsteuergesetzes gehören zu den begünstigten Betrieben neben solchen mit luf Nutzung auch Weinbaubetriebe, gärtnerische Betriebe und sonstige Betriebe der Land- und Forstwirtschaft, wie z. B. Fischzuchtbetriebe, Binnenfischereibetriebe, Wanderschäfereien und Imkereien.

Tierzuchtbetriebe, Viehmästereien, Abmelkställe, Geflügelfarmen und ähnliche Betriebe gelten als luf Betriebe, wenn zur Tierzucht oder Tierhaltung überwiegend Erzeugnisse verwendet werden, die im eigenen luf Betrieb gewonnen werden.

Zu den luf Betrieben gehören auch deren Nebenbetriebe (Verarbeitungs- und Substanzbetriebe). Nebenbetriebe sind Betriebe, die dem land- oder forstwirtschaftlichen Hauptbetrieb zu dienen bestimmt und kein selbständiger Gewerbebetrieb sind.

Betriebe, die bewertungsrechtlich Gewerbebetriebe sind, wie z. B. Handelsgärtnereien sind keine luf Betriebe i. S. des § 3 Nr. 7 KraftStG.

3. Ausschließliche Verwendung

1764 Das Tatbestandsmerkmal der „ausschließlichen Verwendung" setzt voraus, dass ein für eine Begünstigung nach § 3 Nr. 7 KraftStG in Betracht kommendes Fahrzeug ausschließlich – **alleine und ohne eine anderweitige Mitbenutzung** – den in § 3 Nr. 7 Satz 1 Buchst. a bis e KraftStG aufgeführten Zwecken dient. Beispiele aus der Verwaltungspraxis für eine Verwendung, die eine Vergünstigung nach § 3 Nr. 7 KraftStG **nicht ausschließt, sind**:

1. Fahrten mit einer Zugmaschine zu einer rein landwirtschaftlichen Ausstellung oder Teilnahme an einem Schau- oder Wettpflügen,
2. Benutzung von luf Fahrzeugen anlässlich von Protestaktionen zu luf Themen wie der Landwirtschafts- oder Energiepolitik,
3. Aus- und Fortbildung von luf Personal in der Handhabung entsprechender Fahrzeuge bzw. Maschinen, einschließlich Fahrausbildung und Fahrerlaubnisprüfung,
4. Anlage und Auswertung luf Versuche, wie Saatzucht- und Düngeversuche,
5. Unterstellung und Fütterung fremder Pferde gegen Entgelt (Pferdepension) sowie Vermietung von Pferden zu Reitzwecken, sofern die erforderliche Futtergrundlage flächenmäßig vorhanden ist und keine weiteren Leistungen erbracht werden, die für die LuF untypisch sind,

6 Arbeiten auf Wildäckern bzw. Transport von Personen und Wild zur Durchführung von Jagdveranstaltungen, sofern dies durch luf Personal im Auftrag und auf Rechnung der Jagdpächterin bzw. des Jagdpächters erfolgt.

Beispiele aus der Verwaltungspraxis für eine Verwendung, die eine Vergünstigung nach § 3 Nr. 7 KraftStG **ausschließt**:

1. Fahrten zu Veranstaltungen, die nicht ausschließlich luf Zwecke verfolgen, bzw. die Verwendung im Rahmen derartiger Veranstaltungen,
2. Familienbesuche, Haushaltseinkäufe, Besuch von Sportveranstaltungen o. Ä.,
3. Vorführung von Zugmaschinen durch Landmaschinenbetriebe, auch wenn dabei landwirtschaftliche Arbeiten durchgeführt werden, da die Verwendung im gewerblichen Handelsbetrieb erfolgt, um landwirtschaftliche Betriebe zum Kauf anzuregen,
4. Verwendung von luf Fahrzeugen durch Jagdpächterinnen bzw. Jagdpächter zur Anlage/Bewirtschaftung von Wildäckern oder zum Transport im Rahmen von Jagdveranstaltungen, da die Jagdpacht selbst kein luf Betrieb ist,

5. Verwendung eines Schleppers durch einen Reit- und Fahrverein zum Mähen von Wiesen und Koppeln, die als Auslauf für Reitpferde dienen, sofern das dabei nur gelegentlich anfallende Heu nicht die Futtergrundlage für die Pferde ist,
6. Haltung von Reitpferden ausschließlich zur privaten Freizeitgestaltung,
7. Anmietung von luf Fahrzeugen durch eine Fahrschule zur Durchführung von Ausbildungs- oder Prüfungsfahrten,
8. Erprobung von luf Fahrzeugen durch bzw. für gewerbliche Fahrzeughersteller, bei denen die praktische Handhabung der Fahrzeuge bzw. deren Eignung in der Praxis getestet wird. Üblicherweise erfolgt dies, indem die Fahrzeuge unentgeltlich bzw. gegen Erstattung der Kraftstoffkosten in luf Betrieben eingesetzt werden. In derartigen Fällen sind die betrieblichen Interessen des gewerblichen Fahrzeugherstellers dem Gebrauchs- und Verwendungsinteresse des luf Einsatzbetriebes eindeutig übergeordnet.

Die Formulierung „Verwendung **in einem land- und forstwirtschaftlichen Betrieb**" legt fest, dass das Fahrzeug tatsächlich in einem solchen Betrieb eingesetzt wird. Eine alleinige Nutzung des Fahrzeuges **„wie in einem land- und forstwirtschaftlichen Betrieb**" reicht nicht aus. Bei der Anwendung des § 3 Nr. 7 Satz 1 Buchst. a KraftStG kommt es nicht auf die zulassungsrechtliche Haltereigenschaft, sondern nur auf die Verwendung der Fahrzeuge an, entsprechend ist nicht von Bedeutung, ob der Fahrzeughalter auch Inhaber eines luf Betriebs ist. Folglich führt auch die Überlassung eines Fahrzeugs, dessen Halten begünstigt ist, an Dritte zur Verwendung **in einem anderen Betrieb der LuF** nicht zum Ende oder zur Unterbrechung der Steuerbefreiung nach § 3 Nr. 7 KraftStG. Der Begünstigung steht weiter nicht entgegen, wenn ein landwirtschaftlicher Betrieb seine landwirtschaftlichen Fahrzeuge anderen Landwirtinnen bzw. Landwirten zur Verwendung in deren landwirtschaftlichen Betrieben im Rahmen eines sog. Maschinenrings überlässt; hierbei spielt es keine Rolle, ob es sich um eine entgeltliche oder unentgeltliche Überlassung handelt. Die Begünstigung nach § 3 Nr. 7 KraftStG kommt auch in Betracht, wenn mehrere landwirtschaftliche Betriebe gemeinsam ein begünstigtes Fahrzeug erwerben, um dieses in ihren Betrieben einzusetzen. Auch in Fällen, in denen eine Reparaturwerkstatt (Gewerbebetrieb) ein solches Fahrzeug als **Werkstattersatzfahrzeug** ausschließlich zur Verwendung in landwirtschaftlichen Betrieben vermietet oder Landwirten für die Dauer der Reparatur eines defekten Fahrzeugs zur Verfügung stellt, kann eine Vergünstigung nach § 3 Nr. 7 KraftStG in Betracht kommen. **Nicht erfüllt** sind die Voraussetzungen für eine Begünstigung nach § 3 Nr. 7 KraftStG, soweit 1765 die Standzeiten der Zugmaschine nicht einer ausschließlichen Verwendung in einem luf Betrieb zugeordnet werden können, weil die Zugmaschine z. B. auch für den Verkauf im Rahmen eines Landmaschinenhandels vorgehalten wird. Insbesondere stellen weder das Warten des Halters auf eine mögliche Vermietung zum Einsatz in einem luf oder anderen Betrieb noch das Warten auf einen Verkauf des Fahrzeuges Befreiungstatbestände i. S. des § 3 Nr. 7 KraftStG dar.[1]

Weiter hat der BFH deutlich gemacht, dass eine Kraftfahrzeugsteuerbefreiung nach § 3 Nr. 7 KraftStG nicht an die Rechtsform des Steuerschuldners, sondern an den Zusammenhang zwischen der Verwendung des betreffenden Fahrzeugs und der privilegierten land- und forstwirtschaftlichen Tätigkeit anknüpft.[2] Vor diesem Hintergrund kommt im entschiedenen Fall eine Befreiung für das Halten von Fahrzeugen nicht in Betracht, wenn sie von einer Personengesellschaft eingesetzt werden, um von ihr landwirtschaftlich erzeugte Produkte zu einer ebenfalls von ihr **gewerblich** betriebenen Biogasanlage zu befördern. Solche Fahrzeuge werden aus Sicht des BFH nicht **ausschließlich** zu Beförderungen für land- oder forstwirtschaftliche Betriebe verwendet. Diese Entscheidung macht die engen Grenzen der Vergünstigung des § 3 Nr. 7 KraftStG deutlich, die insbesondere auf das Kriterium der **ausschließlichen Verwendung** setzt.

1766 Begünstigt ist die **Durchführung von Lohnarbeiten** aller Art für den luf Betrieb oder Nebenbetrieb. Hierbei ist nicht von Bedeutung, ob der Auftraggeber Landwirt ist.[3] Die Begünstigung stellt nach Verwaltungsauffassung auch nicht auf typisch landwirtschaftliche Arbeiten ab. Als begünstigte Lohnarbeiten für luf Betriebe kommen dementsprechend nicht nur die typischen Arbeiten, wie beispielsweise Pflügen, Dreschen, Mähen oder Stallmiststreuen, sondern **alle Lohnarbeiten** in Betracht. Das gilt auch, wenn der Verkäufer von Pflanzen und Düngemitteln (Landhandel) deren Ausbringung als zusätzliche an landwirtschaftliche Betriebe fakturierte Lohnunternehmerleistung übernimmt und dabei Fahrzeuge einsetzt, die für den Transport der Pflanzen und Düngemittel ungeeignet sind. Es **genügt jedoch nicht**, dass das Fahrzeug „wie von einem Land- oder Forstwirt" benutzt wird, ebenso ist die Durchführung von Lohnarbeit für Wasser- oder Bodenverbände nicht begünstigt. Im Ergebnis ist entscheidend, ob die Lohnarbeiten vertragsgemäß unmittelbar einem oder mehreren luf Betrieben zugutekommen. Begünstigt ist daher auch das Halten von Fahrzeugen

1 Sächsisches FG 6.4.2017 – 4 K 720/16, NWB CAAAG-77966 = juris, rkr.
2 BFH 18.12.2024 – IV R 11/23, BFH/NV 2025 S. 486 = NWB KAAAJ-86017.
3 BFH 17.10.1984 – II R 156/81, BStBl 1985 II S. 313.

von Genossenschaften und anderen Gewerbetreibenden (= Gewerbebetriebe), sofern die Arbeiten **nur für luf Betriebe ausgeführt** werden.

Solche Beförderungen sind dann begünstigt, wenn sie in **einem Betrieb der** 1767
LuF beginnen **oder** enden. Es muss sich um eine reine Beförderungsleistung für einen solchen Betrieb handeln, gleichwohl muss sie im Auftrag und für Rechnung eines luf Betriebes vorgenommen werden. Von einheitlichen Liefer- oder Kaufgeschäften (z. B. Landhandel: Verkauf Düngemittel zzgl. Anlieferung zur Hofstelle) kann nicht eine Beförderungsleistung abgespalten werden, so dass auf die hierbei verwendeten Fahrzeuge die Steuerbefreiung nicht greift. Begünstigt sind daher insbesondere auch Fahrzeuge gewerblicher Unternehmen, die Transportleistungen übernehmen, die vertragsgemäß einem oder mehreren luf Betrieben zugutekommen; z. B. Abtransport von Erntegut, Gras oder Rüben im Auftrag eines landwirtschaftlichen Betriebs direkt von dessen Feld. Nicht begünstigt ist allerdings das Befördern von Gütern für eigene Zwecke des beauftragten Unternehmens. Wird z. B. Erntegut von einer gewerblich tätigen Genossenschaft mit Eigentumsübergang direkt ab Feld angekauft und mit eigenen Fahrzeugen im Rahmen ihres Gewerbebetriebs abtransportiert, führt die Genossenschaft keine begünstigten Beförderungen i. S. des § 3 Nr. 7 Satz 1 Buchst. c KraftStG durch. Das Fahrzeug wird in diesem Fall im gewerblichen Betrieb der Genossenschaft (Handelsgeschäft) genutzt. Nicht begünstigt ist auch das Halten von Fahrzeugen gewerblicher Genossenschaften oder Landhandelsunternehmen, die Saatgut oder Düngemittel an landwirtschaftliche Betriebe zustellen. Eine Aufspaltung des einheitlichen Kauf-/Liefergeschäfts ist hier nicht möglich.

Bei Vorliegen der übrigen Voraussetzungen gilt die Sonderregelung nach § 3 1768
Nr. 7 Satz 1 Buchst. d KraftStG zur **Begünstigung bei Beförderung von Magermilch, Molke oder Rahm** ohne jegliche örtliche Einschränkung. Nicht von Bedeutung ist, wo die Fahrt beginnt oder wo sie endet. Die Steuerbefreiung wird auch nicht dadurch ausgeschlossen, dass ein Fahrzeug, dessen Halten begünstigt ist, auf der Rückfahrt von einer Molkerei Milcherzeugnisse[1] befördert. Unschädlich ist nach § 3 Nr. 7 Satz 4 KraftStG, wenn in dem Milchfahrzeug **Untersuchungsproben zur Tierseuchenbekämpfung** oder – auf dem Rückweg von einer Molkerei – **Milcherzeugnisse** transportiert werden.[2] **Ausgeschlossen** ist die Begünsti-

1 Eine Liste der anerkannten Milcherzeugnisse findet sich bei Strodthoff, Kraftfahrzeugsteuer, § 3 KraftStG Rz. 102; vgl. auch Art. 1 Nr. 8 der Vierten VO zur Änderung der Beförderungssteuer-Durchführungsverordnung v. 22.3.1962, BGBl 1962 I S. 182.

2 Eingefügt durch Art. 1 Nr. 1 Fünftes Gesetz zur Änderung des Kraftfahrzeugsteuergesetzes v. 27.5.2010, BGBl 2010 I S. 668 = BStBl 2010 I S. 550.

gung jedoch dann, wenn andere Güter als Milcherzeugnisse, wie z. B. Ersatzteile und Zubehör für landwirtschaftliche Milchviehbetriebe wie Melksalbe, Eutergel, Reinigungsmittel, Filter, befördert werden. Die Beförderung nicht begünstigter Handelsware erfüllt nicht die engen Voraussetzungen der Vorschrift des § 3 Nr. 7 Satz 1 Buchst. c KraftStG, da es sich um Beförderung für eigene Zwecke der Molkerei handelt. Eine Aufteilung in einen Kauf- und Beförderungsvertrag ist auch hier, wie bei Beförderungen i. S. des § 3 Nr. 7 Satz 1 Buchst. c KraftStG, ausgeschlossen. In Fällen, in denen der Warenwert nicht mehr als 2 % des jeweiligen Milchwerts beträgt, besteht die Möglichkeit, dass das Hauptzollamt auf die Festsetzung/Erhebung der entstandenen Kraftfahrzeugsteuer im Wege des Erlasses aus Billigkeitsgründen nach §§ 163, 227 AO verzichtet.

1769 Die Begünstigung für das Halten von Fahrzeugen, die zur **Pflege öffentlicher Grünflächen und zur Straßenreinigung** im Auftrag von Gemeinden oder Gemeindeverbänden genutzt werden, umfasst den Einsatz entsprechender Fahrzeuge durch Angehörige luf Betriebe, ausschließlich oder neben den anderen begünstigten Zwecken. Die Begünstigung umfasst auch Fälle, in denen diese Arbeiten von Gemeinden oder Gemeindeverbänden mit im Rahmen eigener luf Betriebe gehaltenen Fahrzeugen durchgeführt werden. Die Pflege der öffentlichen Grünflächen umfasst alle Arbeiten, die zu ihrem Erhalt und ihrer Verschönerung, nicht aber zur Erweiterung der Grünflächen, durchgeführt werden. Der Begriff der Straßenreinigung umfasst die Reinigung öffentlicher Straßen, nicht jedoch die Reinigung von Flächen, die keine Straßen sind, wie z. B. Firmen- oder Supermarktparkplätze. Voraussetzung ist auch hier, dass die Pflege- oder Straßenreinigungsarbeiten im Auftrag von Gemeinden oder Gemeindeverbänden durchgeführt werden.

1770–1806 *(Einstweilen frei)*

H. Verfahrensfragen

I. Überblick über die Besteuerungsverfahren

1. Besteuerungsverfahren bei der Einkommensteuer

a) Allgemeines

Die ESt wird nach Ablauf des Kj (Veranlagungszeitraum – VZ) nach dem Einkommen veranlagt, das der Stpfl. in diesem VZ bezogen hat. In der Veranlagung wird die Steuer vom FA durch Steuerbescheid festgesetzt. Der Stpfl. hat für den abgelaufenen VZ eine Steuererklärung abzugeben. Die **Steuererklärungsfrist** endet bei LuF mit abweichendem Wj nicht vor Ablauf des siebten Monats, der auf den Schluss des in dem Kalenderjahr begonnenen Wj folgt.[1] Sofern Personen i. S. der §§ 3 und 4 StBerG mit der Erstellung von Steuererklärungen von LuF beauftragt sind, sind die Erklärungen spätestens bis zum 31.7. des zweiten auf den Besteuerungszeitraum folgenden Kalenderjahres abzugeben. Die FÄ können aber einzelne Erklärungen mit angemessener Frist vor Ende der verlängerten Frist anfordern. 1807

Die Erklärungsfristen des § 149 der Abgabenordnung (AO) und die damit zusammenhängenden Fristen und Termine (§ 109 Abs. 2, § 149 Abs. 4, § 152 Abs. 2 und § 233a Abs. 2 AO) wurden durch das Vierte Gesetz zur Umsetzung steuerlicher Hilfsmaßnahmen zur Bewältigung der Corona-Krise (Viertes Corona-Steuerhilfegesetz) vom 19.6.2022[2] für den Besteuerungszeitraum 2020 erneut verlängert. Ferner wurden auch für die Besteuerungszeiträume 2021 bis 2024 vergleichbare Regelungen getroffen, durch die die gesetzlichen Fristverlängerungen (spätestens) bis zum Besteuerungszeitraum 2025 wieder abgebaut werden.

1 § 149 Abs. 2 Satz 2 AO.

2 BGBl 2022 I S. 911.

Die Fristen für die Abgabe der Einkommensteuererklärungen für nicht beratene Personen:

Abgabefristen ESt-Erklärung	**2020**	**2021**	**2022**	**2023**	**2024**	**2025**
Unberatene mit WJ 1.1. – 31.12.	31.10.2021	31.10.2022	30.9.2023	31.8.2024	31.7.2025	31.7.2026
Unberatene mit WJ 1.5. – 30.4.	28.2.2022	28.2.2023	31.1.2024	31.12.2024	30.11.2025	30.11.2026
Unberatene mit WJ 1.7. – 30.6.	30.4.2022	30.4.2023	31.3.2024	28.2.2025	31.1.2026	31.1.2027
Unberatene mit WJ 1.9. – 31.8.	30.6.2022	30.6.2023	31.5.2024	30.4.2025	31.3.2026	31.3.2027
Unberatene mit WJ 1.10. – 30.9.	31.7.2022	31.7.2023	30.6.2024	31.5.2025	30.4.2026	30.4.2027

Die Fristen für die Abgabe der Einkommensteuererklärungen für steuerlich beratene Personen:

Abgabefristen ESt-Erklärung	**2020**	**2021**	**2022**	**2023**	**2024**	**2025**
Beratene mit WJ 1.1. – 31.12.	31.8.2022	31.8.2023	31.7.2024	31.5.2025	30.4.2026	28.2.2027
Beratene mit abweichendem WJ	31.1.2023	31.1.2024	31.12.2024	31.10.2025	30.9.2026	31.7.2027

1808 Durch das Unternehmensteuerreformgesetz 2008[1] wurde die Besteuerung der Einkünfte aus Kapitalvermögen auch für Landwirte auf eine neue Grundlage gestellt. Abgeltungsteuer und Teileinkünfteverfahren wurden eingeführt, die Einkünfte aus Kapitalvermögen wurden auf die Vermögenssubstanz von Wertpapieren und anderen Kapitalanlagen ausgedehnt. Im Einzelnen bedeutet dies:

Die Einkünfte aus Kapitalvermögen werden bereits im Auszahlungszeitpunkt durch einen Steuerabzug abschließend („abgeltend") besteuert. Die Einkünfte werden im Regelfall nicht mehr in die Veranlagung mit einbezogen.

Die Abgeltungsteuer beträgt einheitlich 25 % der erzielten Kapitalerträge, unabhängig davon, ob es sich um Zinsen oder um Dividenden handelt. Freistellung wie bisher über einen Freistellungsauftrag ist weiterhin möglich.

1 14.8.2007, BGBl 2007 I S. 1912.

Ein Werbungskostenabzug in tatsächlicher Höhe ist nicht mehr möglich. Abgezogen wird nur noch ein Sparerpauschbetrag von 801 € bzw. 1.602 € bei Zusammenveranlagung (§ 20 Abs. 9 EStG).

Wertveränderungen in der Vermögenssubstanz werden ohne zeitliche Begrenzung zukünftig besteuert. Die Besteuerung erfolgt über § 20 Abs. 2 EStG.

Für Beteiligungen im Betriebsvermögen gilt das **Teileinkünfteverfahren** mit einer Steuerpflicht von 60 % der Einnahmen (§ 20 Abs. 8 i. V. mit § 3 Nr. 40 EStG).

Jeder Steuerpflichtige hat ein Veranlagungswahlrecht, d. h., er kann beantragen, die Einkünfte aus **Kapitalvermögen** in seine Veranlagung einzubeziehen, wobei das Finanzamt bei Ausübung des Wahlrechts prüft, ob die Einbeziehung tatsächlich günstiger ist als die **Abgeltungsteuer.**[1] Falls dies nicht der Fall ist, bleibt es bei der Abgeltungsteuer.

Unbeschränkt stpfl. und nicht dauernd getrennt lebende Ehegatten können 1809
zwischen getrennter Veranlagung und Zusammenveranlagung wählen. Ehegatten werden **getrennt veranlagt**, wenn **einer der Ehegatten** getrennte Veranlagung wählt. Ehegatten werden **zusammen veranlagt**, wenn **beide Ehegatten** die Zusammenveranlagung wählen. Werden die zur Ausübung der Wahl erforderlichen Erklärungen nicht abgegeben, so wird **unterstellt**, dass die Ehegatten die **Zusammenveranlagung** wählen. Bei getrennter Veranlagung von Ehegatten sind jedem Ehegatten die von ihm bezogenen Einkünfte zuzurechnen. Bei der Zusammenveranlagung werden die Einkünfte, die die Ehegatten erzielt haben, zusammengerechnet, den Ehegatten gemeinsam zugerechnet und die Ehegatten im Regelfall sodann als Stpfl. behandelt. Gegen zusammenveranlagte Ehegatten können wahlweise Einzelbescheide oder ein zusammengefasster Bescheid ergehen.[2]

Die tarifliche ESt bemisst sich nach dem zu versteuernden Einkommen. Sie er- 1810
gibt sich aus der dem EStG beigefügten ESt-Splitting-Tabelle (bei Zusammenveranlagung) bzw. der ESt-Grundtabelle. Soweit für außerordentliche Einkünfte (z. B. für Holznutzungen, s. Rz. 1254 ff.) ermäßigte Steuersätze gelten, ist die ESt außerhalb der ESt-Tabellen zu ermitteln.

1 Z. B. wenn der persönliche Steuersatz niedriger als 25 % ist, Günstigerprüfung nach § 32d Abs. 6 EStG.

2 BFH 24.5.1985, BStBl 1985 II S. 583.

1811 Von der ermittelten ESt sind die **Steuerermäßigungsbeträge** abzuziehen. Auf die ESt anzurechnen sind u. a. die geleisteten ESt-Vorauszahlungen, die einbehaltene LSt und die einbehaltene Kapitalertragsteuer. Auf die voraussichtlich zu zahlende ESt sind vierteljährliche **Vorauszahlungen** zu entrichten, wenn die Vorauszahlung im Kj insgesamt mindestens 400 €[1] beträgt. Die Vorauszahlungen werden vom FA durch Vorauszahlungsbescheid (Steuerbescheid) festgesetzt. Die Vorauszahlungen bemessen sich grds. nach der ESt, die sich nach Anrechnung der Steuerabzugsbeträge bei der letzten Veranlagung ergeben hat.

b) Gesonderte und einheitliche Gewinnfeststellung

1812 In einer Reihe von Besteuerungsfällen ist eine gesonderte Feststellung von Besteuerungsgrundlagen erforderlich.[2] Sie kann gerade auch bei der Besteuerung von Einkünften aus LuF in Betracht kommen und wirft eine Reihe verfahrensrechtlicher Fragen auf. Der Zweck der gesonderten Feststellung von Besteuerungsgrundlagen besteht darin, das **Verfahren zu vereinheitlichen und zu rationalisieren**. Der Gesetzgeber sieht die gesonderte Feststellung vor allem dann vor, wenn eine einzelne Besteuerungsgrundlage sich bei mehreren Steuern oder bei mehreren Personen auswirkt.

1813 Unter Umständen werden nach § 180 Abs. 1 Nr. 2 Buchst. a AO gesondert und einheitlich festgestellt die einkommensteuerpflichtigen Einkünfte – zu denen auch Veräußerungsgewinne rechnen –, wenn an den Einkünften **mehrere Personen beteiligt** sind (z. B. PersGes oder andere Mitunternehmerschaften; Forstgenossenschaften und Realgemeinden, deren Einkünfte unter § 13 Abs. 1 Nr. 4 EStG fallen, s. Rz. 101 ff.) und die **Einkünfte diesen Personen steuerlich zuzurechnen** sind. Nicht erforderlich ist, dass die einzelnen Mitunternehmer Einkünfte aus derselben Einkunftsart haben. So konnte eine einheitliche und gesonderte Gewinnfeststellung auch dann vorgenommen werden, wenn eine GmbH & Co. KG Einkünfte aus LuF bezog, die Beteiligung der GmbH aber bewirkte, dass diese Einkünfte anteilig, soweit sie der GmbH zuzurechnen waren, im Rahmen der gesonderten und einheitlichen Feststellung in Einkünfte aus Gewerbebetrieb umzuqualifizieren und umzurechnen waren.[3] Feststellungszeitraum für die gesonderte und einheitliche Feststellung der Einkünfte aus LuF ist das Kj und nicht das davon abweichende Wj.[4] Eine gesonderte und einheitliche Fest-

1 § 37 Abs. 5 EStG.

2 § 180 AO.

3 BFH 17.1.1985, BStBl 1985 II S. 291; aufgrund der sog. Gepräge-Gesetzgebung, s. Rz. 120, ist das Urteil aber nunmehr überholt.

4 BFH 19.7.1984, BStBl 1985 II S. 148.

stellung unterbleibt ausnahmsweise dann, wenn es sich um einen Fall von geringer Bedeutung handelt, insbesondere weil die Höhe des festgestellten Betrages und die Aufteilung feststehen.[1] Deshalb kann nach Auffassung des BFH vom 4.7.1985[2] bei den Einkünften aus LuF im Fall der **Mitunternehmerschaft von Eheleuten aufgrund Gütergemeinschaft**[3] im Allgemeinen, wenn keine Besonderheiten vorliegen, auf die Durchführung einer gesonderten und einheitlichen Gewinnfeststellung verzichtet werden; in derartigen Fällen ist der Gewinn aus LuF im ESt-Bescheid je zur Hälfte beiden Ehegatten zuzurechnen. Beruht die Mitunternehmerschaft zwischen Eheleuten in der LuF nicht auf Gütergemeinschaft, sondern auf anderen unterschiedlichen Eigentumsverhältnissen (z. B. wenn Eheleute landwirtschaftliche Nutzflächen in die Ehe einbringen und ohne Gütergemeinschaft die LuF gemeinsam betreiben), so kann auf die einheitliche Gewinnfeststellung im Regelfall wohl nicht verzichtet werden.[4]

Darüber hinaus werden in anderen Fällen als denen der Rz. 1813 u. a. Einkünfte 1814
aus LuF gesondert festgestellt, wenn das für die gesonderte Feststellung zuständige FA nicht auch für die Steuern vom Einkommen zuständig ist.[5] Abweichend von der nach § 19 AO grds. an dem Wohnsitz ausgerichteten Zuständigkeit können sich landesspezifisch zentrale Zuständigkeiten in Schwerpunktfinanzämtern für die Besteuerung von Personen mit Einkünften aus LuF ergeben.[6]

Wird der Gewinn gesondert und einheitlich festgestellt, so werden die Voraus- 1815
setzungen und Sonderregelungen, die sich auf die Gewinnermittlung des Betriebes beziehen, bei der gesonderten und einheitlichen Gewinnfeststellung berücksichtigt. Die Voraussetzungen und Sonderregelungen, die **den einzelnen Stpfl.** betreffen, sind bei der Ermittlung des Gesamtbetrags der Einkünfte des Stpfl. bei dessen ESt-Veranlagung vom Wohnsitz-FA zu beachten. Bei dieser Abgrenzung können sich mitunter Zweifel ergeben. Es kann auch vorkommen, dass Voraussetzungen oder Sonderregelungen zum Teil bei der gesonderten und einheitlichen Gewinnfeststellung und zum Teil bei der Veranlagung zu berücksichtigen sind.

1 § 180 Abs. 3 Satz 1 Nr. 2 AO.
2 Az. IV R 136/83, BStBl 1985 II S. 576.
3 Vgl. AEAO zu § 180, Nr. 4.
4 BFH 10.10.1990, BFH/NV 1990 S. 485.
5 § 180 Abs. 1 Nr. 2 Buchst. b AO.
6 Z. B. in NRW: § 3 Finanzamtszuständigkeitsverordnung (FA-ZVO).

BEISPIEL

- Der Freibetrag nach § 13 Abs. 3 EStG (s. Rz. 1013 ff.) kann nicht bei der gesonderten und einheitlichen Feststellung der Einkünfte aus LuF, sondern nur bei der Einkommensteuer-Veranlagung abgezogen werden.[1]
- Ob und in welcher Höhe in den gewerblichen Einkünften einer Personenhandelsgesellschaft **Verluste aus gewerblicher Tierzucht oder Tierhaltung** enthalten sind und wie sich diese Verluste auf die Gesellschafter verteilen, ist im Verfahren der gesonderten und einheitlichen Feststellung zu entscheiden, die Entscheidung über die daran geknüpften Rechtsfolgen – Versagung des Verlustausgleichs oder des Verlustabzugs – ist bei den ESt-Veranlagungen der Gesellschafter zu treffen.[2]
- Der Stpfl. kann bei Vorliegen der Voraussetzungen vom FA im Bescheid über die gesonderte und einheitliche Feststellung den Ausweis eines Gewinns aus gewerblicher Tierzucht oder Tierhaltung verlangen.[3]

1816–1829 *(Einstweilen frei)*

2. Besteuerungsverfahren bei der Umsatzsteuer

1830 Der luf Unternehmer hat, wie jeder andere Unternehmer auch, regelmäßig **USt-Voranmeldungen** anzugeben.[4] Voranmeldungszeitraum ist im Allgemeinen der Monat. Beträgt die Steuer für das vorangegangene Kj nicht mehr als 7.500 €, so ist das Kalendervierteljahr Voranmeldungszeitraum.[5]

1831 Die Voranmeldung ist **bis zum 10. Tag nach Ablauf des Voranmeldungszeitraums** nach amtlich vorgeschriebenem Datensatz durch Datenfernübertragung zu übermitteln. Der Unternehmer hat dabei die Steuer für den Voranmeldungszeitraum (Vorauszahlung) selbst zu berechnen. Gibt er die Voranmeldung nicht ab oder hat er die Vorauszahlung nicht richtig berechnet, so kann das FA die Vorauszahlung festsetzen. Die Vorauszahlung ist am 10. Tag nach Ablauf des jeweiligen Voranmeldungszeitraums fällig. Auf Antrag hat das FA dem Unternehmer die Fristen für die Abgabe der Voranmeldungen und für die Entrichtung der Vorauszahlungen, um einen Monat zu verlängern.[6] Die Fristverlängerung ist allerdings nur unter der Auflage einer Sondervorauszahlung zu gewähren.[7]

1 BFH 15.3.1990, BStBl 1990 II S. 689.
2 BFH 14.8.1985, BStBl 1986 II S. 146.
3 BFH 14.9.1989, BStBl 1990 II S. 152.
4 § 18 UStG.
5 § 18 Abs. 2 UStG.
6 § 46 UStDV.
7 § 47 UStDV.

Der Unternehmer hat für das Kj oder für den kürzeren Besteuerungszeitraum nach § 18 Abs. 3 UStG eine Steuererklärung nach amtlich vorgeschriebenem Datensatz durch Datenfernübertragung zu übermitteln, in der er die zu entrichtende Steuer oder den Überschuss, der sich zu seinen Gunsten ergibt, selbst zu berechnen hat **(Steueranmeldungen)**. Berechnet er die zu entrichtende Steuer oder den Überschuss in der Steueranmeldung für das Kj abweichend von der Summe der Vorauszahlungen, so ist der Unterschiedsbetrag zugunsten des FA einen Monat nach Eingang der Steueranmeldung fällig. Ein besonderer USt-Bescheid ergeht nur, wenn das FA von der Berechnung des Stpfl. abweicht. 1832

Die Erklärungsfristen des § 149 der Abgabenordnung (AO) und die damit zusammenhängenden Fristen und Termine (§ 109 Abs. 2, § 149 Abs. 4, § 152 Abs. 2 und § 233a Abs. 2 AO) wurden durch das Vierte Gesetz zur Umsetzung steuerlicher Hilfsmaßnahmen zur Bewältigung der Corona-Krise (Viertes Corona-Steuerhilfegesetz) vom 19.6.2022 für den Besteuerungszeitraum 2020 erneut verlängert. Ferner wurden auch für die Besteuerungszeiträume 2021 bis 2024 vergleichbare Regelungen getroffen, durch die die gesetzlichen Fristverlängerungen (spätestens) bis zum Besteuerungszeitraum 2025 wieder abgebaut werden. 1833

Die Fristen für die Abgabe der Umsatzsteuererklärungen für steuerlich nicht beratene Personen:

Abgabefristen USt-Erklärung	**2020**	**2021**	**2022**	**2023**	**2024**	**2025**
Unberatene	31.10.2021	31.10.2022	30.9.2023	31.8.2024	31.7.2025	31.7.2026

Die Fristen für die Abgabe der Umsatzsteuererklärungen für steuerlich beratene Personen:

Abgabefristen USt-Erklärung	**2020**	**2021**	**2022**	**2023**	**2024**	**2025**
Beratene	31.8.2022	31.8.2023	31.7.2024	31.5.2025	30.4.2026	28.2.2027

(Einstweilen frei) 1834

3. Besteuerungsverfahren bei der Grundsteuer

1835 Die GrSt wird für jedes einzelne Grundstück und für jeden einzelnen Betrieb der LuF erhoben.[1] Die Festsetzung der GrSt ist in drei Verfahrensstufen zu sehen, nämlich der Berechnung des Grundsteuerwerts, dem Steuermessbetragsverfahren und dem Veranlagungsverfahren.

Zum **Einheitswertverfahren** Hinweis auf Rz. 1412 ff.

1836 Die **Steuermessbeträge** werden auf den Hauptfeststellungszeitpunkt allgemein festgesetzt (Hauptveranlagung[2]). Dieser Zeitpunkt ist der **Hauptveranlagungszeitpunkt**. Die derzeit letzte Hauptveranlagung ist auf den 1.1.1974 durchgeführt worden (auf der Grundlage der Einheitswerte nach dem Stand von 1964). Bei Veränderungen kann es auch hier zur Neuveranlagung oder Nachveranlagung kommen.[3] Jede Änderung in der Nutzung oder in den Eigentumsverhältnissen eines ganz oder teilweise von der Grundsteuer befreiten Steuergegenstandes hat derjenige anzuzeigen, der als Steuerschuldner in Betracht kommt.

1837 Die Grundsteuer wird von der Gemeinde veranlagt und erhoben. Dabei wird ein besonderer **Hebesatz**, der von der Gemeinde allgemein bestimmt wird, auf den **Steuermessbetrag** angewendet. Die Gemeinde muss einheitliche Hebesätze bestimmen; diese können aber für Betriebe der LuF einerseits und Grundstücke andererseits unterschiedlich hoch sein (Grundsteuer A und Grundsteuer B).

Die Ermittlung des Grundstückswertes erfolgte bisher nach dem Einheitswert. Die Einheitswerte sind jedoch völlig veraltet und nach der Entscheidung des Bundesverfassungsgerichts aus dem Jahre 2018 verfassungswidrig und können zur Ermittlung der Grundsteuer nicht mehr herangezogen werden. Mit dem Gesetz zur Reform des Grundsteuer- und Bewertungsrechts (Grundsteuer-Reformgesetz – GrStRefG) wurde die Bewertung des Grundbesitzes für Zwecke der Grundsteuer ab dem 1.1.2022 (Hauptfeststellung) neu geregelt.

Auf den Stichtag 1.1.2022 sind bundesweit alle von der Steuerpflicht betroffenen Grundstücke neu bewertet worden. Dazu war für jedes Grundstück bis zum 31.1.2023 eine Feststellungserklärung abzugeben. In einem typisierten Verfahren und abhängig von der regionalen Rechtslage haben die Finanzämter den Grundsteuerwert ermittelt, der den Einheitswert ersetzt. Das Finanzamt

1 §§ 1, 2 GrStG.
2 § 16 GrStG.
3 §§ 17, 18 GrStG.

erstellt den Grundsteuerwertbescheid. Dieser Bescheid ist die Grundlage für den Grundsteuermessbescheid. Der Grundsteuermessbetrag wird anhand des Grundsteuerwerts und einer gesetzlich festgeschriebenen Steuermesszahl berechnet. Der Grundsteuerwert und der Grundsteuermessbescheid sind Grundlagenbescheide. Sie dienen lediglich zur Berechnung bzw. der Gemeinde als Grundlage für die Festsetzung der Grundsteuer. Erhoben wird die neue Grundsteuer erstmals ab 2025.

Bis Ende 2024 blieb das bisherige Verfahren gültig.

II. Außenprüfung (Betriebsprüfung)

Stpfl., die einen luf Betrieb unterhalten, unterliegen der Außenprüfung (Betriebsprüfung) durch das FA.[1] Die Außenprüfung dient der Ermittlung der steuerlichen Verhältnisse des Stpfl. Nach § 3 BpO[2] werden Stpfl., die der Betriebsprüfung (Bp) unterliegen, in **Größenklassen** eingeordnet. Nach dieser Einordnung richtet sich die turnusmäßige Bp, insbesondere auch der zeitliche Umfang der Bp. So soll bei Großbetrieben der Prüfungszeitraum an den vorhergehenden Prüfungszeitraum anschließen. Bei anderen Betrieben soll, zumindest im Regelfall, der Prüfungszeitraum nicht über die letzten drei Besteuerungszeiträume, für die vor Bekanntgabe der Prüfungsanordnung Steuererklärungen für die Ertragsteuern abgegeben wurden, zurückreichen. 1838

Nach BMF-Schreiben vom 15.12.2022[3] gelten für die Einordnung in Größenklassen nach § 3 BpO ab 1.1.2019 für luf Betriebe die folgenden Abgrenzungsmerkmale: 1839

TAB.	Größenklassen der Betriebe			
Betriebsart	Betriebsmerkmale	Großbetriebe (G)	Mittelbetriebe (M)	Kleinbetriebe (K)
LuF	Umsatzerlöse oder steuerlicher Gewinn über	6.000.000 €	2.600.000 €	610.000 €
		475.000 €	135.000 €	60.000 €

1 § 193 AO.

2 Betriebsprüfungsordnung v. 15.3.2000.

3 BStBl 2022 I S. 1669.

1840 Für die Bp ist eine **schriftliche Prüfungsanordnung** erforderlich, die insbesondere auch den Umfang der Prüfung festlegen muss (z. B. die zu prüfenden Steuerarten, den zu prüfenden Sachverhalt und den Prüfungszeitraum). Die Bp hat sowohl die tatsächlichen als auch die rechtlichen Verhältnisse, die für die Steuerpflicht und für die Bemessung der Steuer maßgebend sind (Besteuerungsgrundlagen), zugunsten wie zuungunsten des Stpfl. zu prüfen. Der Stpfl. ist während der Bp über die festgestellten Sachverhalte und die möglichen steuerlichen Auswirkungen **zu unterrichten**, wenn dadurch Zweck und Ablauf der Prüfung nicht beeinträchtigt werden. Andererseits ist der Stpfl. verpflichtet, bei der Feststellung der Sachverhalte, die für die Besteuerung erheblich sein können, **mitzuwirken**.[1]

1841 Ein Anspruch des Stpfl. auf Durchführung einer Bp (um etwa zu einer Aufhebung oder Änderung eines Steuerbescheides wegen neuer Tatsachen oder Beweismittel nach § 173 AO zu kommen) besteht nicht. So hat z. B. auch ein buchführungspflichtiger Landwirt, der erforderliche Bücher und Aufzeichnungen nicht geführt hat und dessen Gewinn nach einer anerkannten Schätzungsmethode ermittelt worden ist, i. d. R. selbst im Rechtsbehelfsverfahren keinen Anspruch darauf, dass für die Veranlagung seine Gewinne durch eine Bp genauer ermittelt werden.[2] Nach § 147 Abs. 6 AO hat die Außenprüfung das Recht Einsicht in gespeicherte Daten zu nehmen und das **Datenverarbeitungssystem** zur Prüfung dieser Unterlagen zu nutzen. Im BMF-Schreiben vom 14.11.2014[3] sind die „Grundsätze zur ordnungsmäßigen Führung und Aufbewahrung von Büchern, Aufzeichnungen und Unterlagen in elektronischer Form sowie zum Datenzugriff (GoBD)" niedergelegt. Zur Aufbewahrung **digitaler Unterlagen** bei **Bargeschäften** vgl. BMF-Schreiben vom 26.11.2010.[4]

Als ergänzende Aufzeichnungsvorschrift speziell für LuF regelt § 142 AO, dass LuF, die nach § 141 Abs. 1 Nr. 1, 3 oder 5 AO zur Buchführung verpflichtet sind, neben den jährlichen Bestandsaufnahmen und den jährlichen Abschlüssen ein Anbauverzeichnis zu führen haben. In dem Anbauverzeichnis ist nachzuweisen, mit welchen Fruchtarten die selbstbewirtschafteten Flächen im abgelaufenen Wirtschaftsjahr bestellt waren.

---

1 § 200 AO.

2 BFH 8.11.1984, BStBl 1985 II S. 352.

3 BStBl 2014 I S. 1450.

4 BStBl 2010 I S. 1342.

Wenn sich Besteuerungsgrundlagen durch die Bp ändern, hat der Stpfl. das Recht auf eine **Schlussbesprechung**. Über das Ergebnis der Bp ergeht bei Änderung der Besteuerungsgrundlage ein **schriftlicher Prüfungsbericht**, der vom FA steuerrechtlich ausgewertet wird. Dabei können ggf. auch bestandskräftige Steuerbescheide aufgehoben oder geändert werden.[1] Hat z. B. das FA den Gewinn eines buchführungspflichtigen, aber pflichtwidrig keine Bücher führenden Landwirts mangels genauer Unterlagen nach Richtsätzen geschätzt und werden erst durch eine spätere Bp die für einen Vermögensvergleich erforderlichen tatsächlichen Besteuerungsgrundlagen und ein sich daraus ergebender, gegenüber dem Richtsatzgewinn weit höherer Vermögenszuwachs bekannt, so sind das Tatsachen i. S. des § 173 Abs. 1 Nr. 1 AO, die zu einer **Änderung einer bestandskräftigen Veranlagung** berechtigen.[2] 1842

Sofern in einem Einkommen- oder Körperschaftsteuerbescheid bei der erstmaligen Festsetzung die luf Einkünfte überwiegen, beginnt der Zinslauf für Nachzahlungszinsen gem. § 233a Abs. 2 Satz 2 AO erst 23 Monate nach Ablauf des Veranlagungszeitraums.[3]

III. Rechtsbehelfe und Rechtsmittel

Gegen alle in § 348 AO genannten Verwaltungsakte (Steuerbescheide, Steueranmeldungen, Feststellungsbescheide, Steuermessbescheide etc.) kann **Einspruch** eingelegt werden. Gegen ablehnende Bescheide des FA ist der Finanzrechtsweg zu den Finanzgerichten gegeben.[4] 1843

Im Bereich der luf Besteuerung können folgende Rechtsbehelfsmöglichkeiten bestehen:

- Die **Mitteilung des FA nach § 141 Abs. 2 Satz 1 AO über die Buchführungspflicht** (s. Rz. 217 ff.) ist ein belastender Verwaltungsakt, gegen den das Einspruchsverfahren gegeben ist. Durch die Einlegung des Rechtsbehelfs wird die Vollziehung jedoch nicht gehemmt (§ 361 Abs. 1 AO), so dass die Buchführungspflicht dennoch beginnt.[5] Das FA kann aber die Aussetzung der Vollziehung anordnen, wenn ernstliche Zweifel an seiner Rechtmäßigkeit bestehen oder wenn die Vollziehung für den Betroffenen eine unbillige, 1844

1 § 173 AO.

2 BFH 24.10.1985, BStBl 1986 II S. 233; vgl. auch BFH 3.12.1981, BStBl 1982 II S. 273.

3 Siehe auch Rz. 8 und 9 AEAO zu § 233a AO.

4 § 33 FGO.

5 BMF 15.12.1981, BStBl 1981 I S. 878, zu Tz. 2.1.3; vgl. auch BFH 6.12.1979, BStBl 1980 II S. 427.

nicht durch überwiegend öffentliche Interessen gebotene Härte zur Folge hätte.[1] Die **Aussetzung der Vollziehung** bewirkt, dass die getroffene Feststellung über den Beginn der Buchführungspflicht noch offen bleibt. Der Zeitpunkt der Buchführungspflicht kann dadurch aber nicht hinausgeschoben werden, wenn später die Buchführungspflicht zu Recht festgestellt wird (dann Buchführungspflicht vom ursprünglich festgesetzten Zeitpunkt an); die Aussetzung der Vollziehung soll dem Stpfl. nur einen vorläufigen Rechtsschutz bis zum Abschluss eines Hauptverfahrens zubilligen.[2]

1845 ► Die **Mitteilung über den Wegfall einer der Voraussetzungen des § 13a Abs. 1 Nr. 1 bis 5 EStG** (s. Rz. 425 ff.) ist im Regelfall ein belastender Verwaltungsakt, gegen den dann das Einspruchsverfahren gegeben ist. Durch die Einlegung wird die Vollziehung nicht gehemmt. Es besteht auch hier wie im Fall der Rz. 1844 die Möglichkeit, die Vollziehung auszusetzen.

1846 ► Die **Prüfungsanordnung über die beabsichtigte Durchführung einer Bp** stellt ebenfalls einen belastenden Verwaltungsakt dar, der mit dem Einspruch angefochten werden kann.[3] Bei erkannter Rechtswidrigkeit muss sogar zunächst gegen die Prüfungsanordnung Einspruch eingelegt werden. Denn hat das FA eine Außenprüfung durchgeführt, so kann die Verwertung der dadurch erlangten Erkenntnisse nur verhindert werden, wenn die Rechtswidrigkeit der Prüfungsanordnung festgestellt wird. Zum Rechtsschutz sowie zum vorläufigen Rechtsschutz wegen der Verwertung der durch eine Außenprüfung erlangten Erkenntnisse Hinweis auf BFH vom 24.6.1982,[4] BFH vom 25.11.1997.[5]

IV. Verbindliche Auskunft

1847 Bei geplanten Umstrukturierungen besteht zumeist Rechtsunsicherheit, ob das FA den steuerlichen Überlegungen im Rahmen des – oft Jahre späteren – Festsetzungsverfahrens folgen wird. Um hier frühzeitig Rechtssicherheit zu erlangen und die finanziellen Auswirkungen von Umstrukturierungen planbar machen zu können, besteht die Möglichkeit der Einholung einer verbindlichen

1 § 361 Abs. 2 Satz 2 AO; § 69 FGO.
2 BFH 6.12.1979, BStBl 1980 II S. 427.
3 BFH 25.1.1989, BStBl 1989 II S. 483.
4 BStBl 1982 II S. 659.
5 BStBl 1998 II S. 461.

Auskunft des zuständigen FA.[1] An die mit der verbindlichen Auskunft bestätigte Rechtsauffassung ist das FA im Festsetzungsverfahren gebunden, selbst wenn sie sich dabei als materiell-rechtlich unzutreffend herausstellen sollte. Die Beantragung einer verbindlichen Auskunft ist kostenpflichtig.[2] Dies gilt auch im Fall einer Ablehnung, weil das FA zu der konkret angefragten Rechtsfrage eine andere Auffassung vertritt. Näheres regelt eine dazu ergangene Rechtsverordnung.[3]

Die Ablehnung einer verbindlichen Auskunft ist ein Verwaltungsakt, der mit dem Einspruch angefochten werden kann. Allerdings ist dabei zu beachten, dass Einwände gegen die materiell-rechtliche Einschätzung des FA zum angefragten Sachverhalt nicht Erfolg versprechend sein dürften. Denn in einem Einspruchs- und ggf. anschließenden Klageverfahren wird der Inhalt einer abgelehnten verbindlichen Auskunft nur darauf überprüft, ob die rechtliche Einordnung des FA zum Zeitpunkt der Entscheidung über den Antrag auf verbindliche Auskunft in sich schlüssig und nicht evident rechtsfehlerhaft ist. Eine vollständige materiell-rechtliche Überprüfung findet nicht statt.[4] Damit bleibt bei einer aus materiell-rechtlichen Gründen abgelehnten verbindlichen Auskunft die Rechtsunsicherheit bis zur Durchführung des Festsetzungsverfahrens bestehen. Vielmehr noch: Nach der Ablehnung ist bereits abzusehen, dass nach Durchführung der Steuerfestsetzung der Klageweg zu bestreiten sein wird, falls der Stpfl. die Umstrukturierung wie geplant durchführt und an seiner steuerlichen Würdigung festhalten möchte.

1 § 89 Abs. 2 ff. AO.

2 Verfassungsmäßigkeit bejaht durch BFH 30.3.2011 – I R 61/10, BStBl 2011 II S. 536.

3 Steuer-Auskunftsverordnung (StAuskV) v. 30.11.2007.

4 BFH 29.2.2012 – IX R 11/11, BStBl 2012 II S. 651.

STICHWORTVERZEICHNIS

Die Zahlen hinter den Stichworten verweisen auf die Randziffern.

B

E

F

G

H

I

J

N

V

W

Z